Wolfgang Grill und Hans Perczynski

Wirtschaftslehre des Kreditwesens

bearbeitet von
Dipl.-Betriebsw. Thomas Int-Veen
Hannover

Sparkassendirektor Heiko Menz
Hannover

Ass. jur. Dominik Pastor
Hannover

52. Auflage

Stand 1. April 2018

Bestellnummer 30318

Bildungsverlag EINS
westermann

Die in diesem Produkt gemachten Angaben zu Unternehmen (Namen, Internet- und E-Mail-Adressen, Handelsregistereintragungen, Bankverbindungen, Steuer-, Telefon- und Faxnummern und alle weiteren Angaben) sind i. d. R. fiktiv, d. h., sie stehen in keinem Zusammenhang mit einem real existierenden Unternehmen in der dargestellten oder einer ähnlichen Form. Dies gilt auch für alle Kunden, Lieferanten und sonstigen Geschäftspartner der Unternehmen wie z. B. Kreditinstitute, Versicherungsunternehmen und andere Dienstleistungsunternehmen. Ausschließlich zum Zwecke der Authentizität werden die Namen real existierender Unternehmen und z. B. im Fall von Kreditinstituten auch deren IBANs und BICs verwendet.

Bildquellenverzeichnis

- Seiten 151, 163, 165, 176 (2x), 184 (2x), 571 und 586 – Abdruck mit freundlicher Genehmigung des Deutschen Sparkassen Verlages
- Angelika Brauner/Bildungsverlag EINS, Seite 554 (Position 2, 3, 4 und 6)
- DekaBank, Seite 294 (2x)
- Deutsche Post AG, Seite 281
- Postbank, Seite 168

Umschlag: fotolia.com, New York (Tomasz Zajda, md3d, NicoElNino)

service@bv-1.de
www.bildungsverlag1.de

Bildungsverlag EINS GmbH
Ettore-Bugatti-Straße 6-14, 51149 Köln

ISBN 978-3-427-**30318**-3

westermann GRUPPE

Vorwort

Der rasante Strukturwandel in der deutschen Kreditwirtschaft hinterlässt Spuren bei der Anzahl der Beschäftigten, da langfristig erprobte Geschäftsmodelle der Banken kurzfristig verändert werden müssen. Einfache Tätigkeiten werden durch die Digitalisierung von Geschäftsprozessen erheblich betroffen. Hochqualifizierte Tätigkeiten, beispielsweise in der anspruchsvollen Beratung, haben dagegen weiterhin Bestand.

Für alle Mitarbeiter im Bankgewerbe ist daher die permanente Aktualisierung des Wissens eine Pflichtaufgabe zur Sicherung der Beschäftigungsfähigkeit. Die Wirtschaftslehre des Kreditwesens stellt das dafür notwendige Fachwissen in anschaulicher und strukturierter Weise zur Verfügung.

Dabei ist die Aktualität der Inhalte des Buches eine unabdingbare Voraussetzung. Abgeleitet aus der Ausbildungsordnung für Bankkaufleute aus dem Jahr 1997 und dem darauf aufbauenden Lehrplan der Berufsschulen, wird dieser Rahmen in der jährlichen Neuauflage immer aktuell gefüllt. Auch nach dem erklärten Austritt Großbritanniens aus der EU bleibt das Land zunächst Mitgliedstaat der EU, sodass im Buch entsprechende Nennungen nicht korrigiert wurden.

In der 52. Auflage (Stand: 1. April 2018) ergeben sich gegenüber der Vorauflage folgende wesentliche Veränderungen:

Kapitel 1	Aktualisierung der Informationen zu FINREP und AnaCredit
Kapitel 2	Neufassung des GwG, erweiterter Anwendungsbereich des § 154 AO aufgrund Steuerumgehungsbekämpfungsgesetz (Kap. 2.3.1.3, Kap. 2.7); Inkrafttreten der EU-Datenschutz-Grundverordnung (Kap. 2.6.3)
Kapitel 3	Nationale Umsetzung der Zweiten EU-Zahlungsdiensterichtlinie (PSD II) mit Auswirkungen u.a. auf den Überweisungsverkehr und Online-Zahlungsdienste (Kap. 3.4.3, Kap. 3.4.7); Einführung einer ultraschnellen europaweiten Zahlungsübermittlung, sog. „Instant Payments“ (Kap. 3.4.3.3); Einführung von kontaktlosen Zahlungsmitteln, girocard kontaktlos/Kreditkarte kontaktlos (Kap. 3.4.6); neue Sicherheitsmedien bei Internetzahlungen mit Kreditkarte (Kap. 3.4.6.2); Neuerungen im Bereich des Mobile Payments, u.a. „Peer-to-Peer“-Überweisung, P2P (Kap. 3.4.7)
Kapitel 4	Änderungen durch das Betriebsrentenstärkungsgesetz, u.a. bei Riester-Verträgen; Einführung der elektronischen Vermögensbildungsbescheinigung (Kap. 4.2.6); Erhöhung Grundzulage (Kap. 4.3.3.3); Vorgaben MiFID II und PRIIPS-VO ab 2018 (Kap. 4.4.8); neues Kapitel zur Investmentsteuerreform 2018 (Kap. 4.7)
Kapitel 5	Möglichkeiten der BaFin zur Begrenzung der Darlehensvergabe für Wohnimmobilien aufgrund des Finanzaufsichtsrechtergänzungsgesetzes (Kap. 5.1.3.1); Überarbeitung der Ausführungen zur Kreditwürdigkeitsprüfung bei Verbraucherdarlehen auf Basis des Finanzaufsichtsrechtergänzungsgesetzes und des Gesetzes zur Umsetzung der Zweiten EU-Zahlungsdiensterichtlinie (Kap. 5.1.3.2.2); Aktualisierung der Übersicht zum SCHUFA-Scoring (Kap. 5.2.3.3); BGH-Rechtsprechung zur Unwirksamkeit einer Bearbeitungsgebühr in Darlehensverträgen mit Unternehmen (Kap. 5.4.2.1.3)
Kapitel 6	Einheitliche ICC-Richtlinien für auf Anfordern zahlbare Garantien (Kap. 6.4.3)
Kapitel 7	Aufhebung der Liquiditätsverordnung

Hannover, im März 2018 *Die Verfasser*

Inhaltsverzeichnis

Inhaltsverzeichnis

Inhaltsverzeichnis

Inhaltsverzeichnis

Inhaltsverzeichnis

Inhaltsverzeichnis

1 Grundstrukturen und rechtliche Rahmenbedingungen des Kreditwesens

1.1 Kreditinstitute als Dienstleistungsbetriebe

1.1.1 Überblick über Leistungen und Geschäfte der Kreditinstitute

Bankleistungen

Bankleistungen

In der arbeitsteiligen Volks- und Weltwirtschaft werden Leistungen zwischen den Wirtschaftsteilnehmern unter Zwischenschaltung von Geld ausgetauscht. Kreditinstitute sind Mittler bei Transaktionen im Geldkreislauf. Sie wickeln Zahlungen für andere Wirtschaftsteilnehmer ab und stellen den Ausgleich zwischen Geldanlage- und Finanzierungsbedarf verschiedener Wirtschaftsteilnehmer her.

Im wirtschaftlichen Sinne sind Kreditinstitute Dienstleistungsbetriebe. Sie erstellen Bankleistungen, die sie anderen Wirtschaftsteilnehmern anbieten.

Bankleistungen

Zahlungsverkehrsleistungen	Geldanlageleistungen	Finanzierungsleistungen	sonstige Bankleistungen
Ausführung von Zahlungen	Angebot von Geldanlagemöglichkeiten	z. B. Vergabe von Krediten	z. B. Vermögensverwaltungen

Bei Geldanlage- und Finanzierungsleistungen übernehmen die Kreditinstitute **Transformationsaufgaben**:

Transformationsaufgaben

- **Betragstransformation:** Kreditinstitute nehmen Geld in vielen kleinen Beträgen herein und leihen es in größeren Beträgen aus. Sie nehmen aber ebenso auch Geld in großen Beträgen entgegen und leihen es in kleinen Beträgen aus.
- **Fristentransformation:** Kreditinstitute leihen Geld mit Laufzeiten und Zinsbindungsfristen aus, die von den Laufzeiten und Zinsbindungsfristen der hereingenommenen Gelder abweichen.
- **Risikotransformation:** Kreditinstitute gleichen latente Ausfallrisiken ihrer Einleger bei der Ausleihe der hereingenommenen Gelder durch Risikostreuung und Kreditselektion aus. Dadurch ergibt sich für den Geldeinleger ein niedrigeres Anlagerisiko als bei einer Direktanlage.

Bankrisiken ▸ Kapitel 7.1

- **Räumliche Markttransformation:** Kreditinstitute schaffen einen Ausgleich zwischen Geldangebot und Geldnachfrage an verschiedenen Plätzen und in verschiedenen Ländern.
- **Informationstransformation:** Kreditinstitute ersparen Geldgebern und Geldnehmern eine individuelle Suche nach Marktpartnern, indem sie Informationen (z. B. über Risiken bei der Geldanlage in Wertpapieren) zur Verfügung stellen.

Allfinanzangebot

Kreditinstitute sind bestrebt, ein möglichst umfassendes, aufeinander abgestimmtes Angebot unterschiedlicher Leistungen an ihre Kunden heranzutragen (**Allfinanzangebot**). Sie bieten daher neben **Bankleistungen** weitere **Finanzdienstleistungen** an, z. B. **Versicherungen, Leasing- und Factoringleistungen, Vermögensverwaltungen, Testamentsvollstreckungen und Immobilienvermittlungen**. Dies geschieht vor allem durch

- **Kooperation mit anderen Finanzunternehmen**, z. B. mit Versicherungs-, Factoring- und Leasinggesellschaften,
- **Gründung von Tochterunternehmen**, z. B. von Lebensversicherungs- oder Vermögensverwaltungsgesellschaften,
- FinTechs: **Erwerb von oder Beteiligung an anderen Finanzunternehmen**, z. B. Erwerb einer Beteiligung an einem Unternehmen aus dem Technologiebereich (sog. FinTechs).

Bankgeschäfte

Geschäfte der Kreditinstitute

Die **Geschäfte der Kreditinstitute** können unterteilt werden

- nach Art der Bankgeschäfte und
- nach Art der Auftraggeber.

Zu den Bankgeschäften zählen traditionell das Aktivgeschäft, das Passivgeschäft und die Dienstleistungsgeschäfte. Das **Aktivgeschäft** stellt die Mittelverwendung dar. Es umfasst im Wesentlichen das Kreditgeschäft. Das **Passivgeschäft** stellt die Mittelbeschaffung dar. Es umfasst das Einlagengeschäft, die Refinanzierung bei anderen Kreditinstituten und die Emission eigener Bankschuldverschreibungen. Zu den **Dienstleistungsgeschäften** zählen Zahlungsverkehrs-, Wertpapier- und sonstige Bankgeschäfte.

Geschäfte der Kreditinstitute (nach Art der erbrachten Bankgeschäfte)

Aktiv- und Passivgeschäfte		Dienstleistungsgeschäfte		
Mittelverwendung	**Mittelbeschaffung**	**Zahlungsverkehrsgeschäfte**	**Wertpapiergeschäfte**	**sonstige Bankgeschäfte**
Beispiele: ▸ Kontokorrentkredite ▸ Investitionskredite ▸ Baufinanzierungskredite	Beispiele: ▸ Einlagengeschäfte ▸ Aufnahme von Gelddarlehen ▸ Ausgabe von Bankschuldverschreibungen	Beispiele: ▸ Barzahlungsverkehr ▸ Überweisungs-, Lastschrift- und Scheckverkehr ▸ Inkassogeschäfte ▸ Sorten- und Devisengeschäfte	Beispiele: ▸ An- und Verkauf von Wertpapieren ▸ Verwahrung und Verwaltung von Wertpapieren ▸ Emissionsgeschäfte	Beispiele: ▸ Vermögensverwaltungen ▸ Beratungen ▸ Vermittlungen ▸ Testamentsvollstreckungen

Nach Auftraggebern unterscheiden Kreditinstitute **Geschäfte mit Kunden** und **Eigengeschäfte**. Bankgeschäfte für Kunden sind stark erklärungsbedürftig, da sie sich auf physisch nicht greifbare Inhalte beziehen.

Geschäfte der Kreditinstitute (nach Art des Auftraggebers)

Kundengeschäfte	Eigengeschäfte
▸ Geschäfte für Rechnung von Kunden ▸ Geschäfte im Auftrag und aufgrund der Initiative von Kunden ▸ Geschäfte mit Nichtbanken	▸ Geschäfte für eigene Rechnung ▸ Geschäfte aufgrund eigener Initiative oder aufgrund der Initiative anderer Kreditinstitute ▸ Geschäfte mit Kreditinstituten

Rechtsrahmen der Bankgeschäfte

Bei einer Tätigkeit in der Kreditwirtschaft ist ein breites Spektrum an Rechtsnormen zu beachten, das in der Gesamtheit als Bankrecht bezeichnet wird. Im vorliegenden Buch werden die Rechtsgrundlagen jeweils bei den einzelnen Geschäftsarten behandelt.

Bankrecht im Überblick

Bankrecht

Gesetze mit speziellen Regelungen für das Bankwesen	Gesetze für bestimmte Gruppen von Kreditinstituten i. S. des KWG
Beispiele: ▸ **Kreditwesengesetz** ▸ **Wertpapierhandelsgesetz** ▸ **Bundesbankgesetz** ▸ **Börsengesetz** ▸ **Depotgesetz**	Beispiele: ▸ **Sparkassengesetze der Länder** (mit Mustersatzungen und Verordnungen) ▸ **Pfandbriefgesetz** ▸ **Bausparkassengesetz**

Das Bankrecht ist kein abgrenzbares Rechtsgebiet. Es ist überwiegend öffentliches Recht, da es Gebote und Verbote für Kreditinstitute aufstellt und Fragen der Beaufsichtigung von Kreditinstituten (Bankenaufsicht) regelt (Beispiele: Kreditwesengesetz, Börsengesetz, Sparkassenrecht). **Zum Teil ist das Bankrecht auch Privatrecht** (Beispiele: Allgemeine Geschäftsbedingungen der Banken und der Sparkassen), das rechtssetzend wirkt. Bankrechtliche Gesetze enthalten zum Teil sowohl öffentlich-rechtliche als auch privatrechtliche Vorschriften (Beispiele: Depotgesetz, Kapitalanlagegesetzbuch).

Darüber hinaus gelten für Kreditinstitute Rechtsvorschriften, die allgemeine Regelungen für das Bank- und Kreditwesen enthalten, wie z. B. BGB, HGB, AktG.

1.1.2 Begriffsbestimmungen des Kreditwesengesetzes

Begriff Kreditinstitute

Kreditinstitute und Bankgeschäfte

Kreditinstitute betreiben gewerbsmäßig die im KWG definierten **Bankgeschäfte**.

§ 1 Abs. 1b KWG

Übersicht über die Begriffsbestimmungen nach § 1 KWG

Institute

Kreditinstitute betreiben Bankgeschäfte.

Bankgeschäfte sind:
- Einlagengeschäfte
- Pfandbriefgeschäfte
- Kreditgeschäfte
- Diskontgeschäfte
- Depotgeschäfte
- Revolvinggeschäfte
- Garantiegeschäfte
- Scheckeinzugsgeschäfte, Wechseleinzugsgeschäfte, Reisescheckgeschäfte
- Tätigkeit als zentraler Kontrahent
- Finanzkommissionsgeschäfte
- Emissionsgeschäfte

Finanzdienstleistungsinstitute erbringen Finanzdienstleistungen für andere.

Finanzdienstleistungen sind:
- Anlagevermittlungen
- Anlageberatung
- Betrieb multilateraler Handelssysteme
- Platzierungsgeschäfte
- Abschlussvermittlungen
- Finanzportfolioverwaltungen
- Eigenhandel für andere
- Drittstaateneinlagenvermittlungen
- Sortengeschäfte
- Factoring
- Finanzierungsleasing
- Anlageverwaltung
- eingeschränktes Verwahrgeschäft

Wertpapierhandelsbanken: Zur Abgrenzung von Wertpapierhandelsunternehmen siehe § 1 Abs. 3d S. 2 und 3 KWG.

CRR-Kreditinstitute betreiben das Einlagen- und Kreditgeschäft.

E-Geld-Institute betreiben das E-Geld-Geschäft.

Kreditinstitute, die nur das Einlagen- und Kreditgeschäft betreiben, werden nach einer EU-Verordnung als **CRR-Institute** bezeichnet. **Wertpapierhandelsbanken** sind Kreditinstitute, die nur den in der Übersicht gezeigten Teil an Bankgeschäften und Finanzdienstleistungen anbieten.

§ 2 Abs. 1 KWG

Keine Kreditinstitute im Sinne des Kreditwesengesetzes sind die Deutsche Bundesbank, die Kreditanstalt für Wiederaufbau, die Kapitalverwaltungsgesellschaften, die Sozialversicherungsträger, die Bundesagentur für Arbeit, Versicherungsunternehmen und Zahlungsinstitute i. S. des ZAG sowie die weiteren in § 2 Abs. 1 KWG aufgezählten Unternehmen. Diese Institutionen und Unternehmen unterliegen aber zum Teil bestimmten Einzelvorschriften des KWG.

Finanzdienstleistungsinstitute

Finanzdienstleistungsinstitute

Finanzdienstleistungsinstitute sind keine Kreditinstitute. Sie erbringen gewerbsmäßig die im KWG definierten **Finanzdienstleistungen**.

Institute

Im KWG werden Kreditinstitute und Finanzdienstleistungsinstitute unter dem Begriff **Institute** zusammengefasst. Die Abgrenzung der Begriffe im KWG ist u. a. für die notwendige Eigenkapitalausstattung, die Beaufsichtigung sowie Meldepflichten gegenüber der Bankenaufsicht wichtig. Der Institutsbegriff wird auch im Zahlungsdiensteaufsichtsgesetz (ZAG) als Oberbegriff für Zahlungsinstitute und E-Geld-Institute verwendet.

Zahlungsinstitute und E-Geld-Institute

Zahlungs-institute
§ 2 ZAG

Zahlungsinstitute werden von der BaFin zugelassen und von ihr beaufsichtigt. Rechtsgrundlage für diese Institute ist das Zahlungsdiensteaufsichtsgesetz (ZAG). Zahlungsinstitute sind keine Kreditinstitute. Sie dürfen für ihre Kunden Zahlungskonten führen, diese jedoch nur für die Abwicklung des Zahlungsverkehrs und nicht zur Unterhaltung von Einlagen nutzen. Gelder auf Zahlungskonten sind abzusichern, z. B. durch Versicherungen oder eine Anlage auf Treuhandkonten bei Banken. Das Zahlungsdiensteaufsichtsgesetz untersagt die Verzinsung von Kundengeldern auf Zahlungskonten. Zahlungsinstitute dürfen Kredite nur aus eigenen Mitteln und nur in Verbindung mit Zahlungsdiensten wie z. B. Kartenzahlungen gewähren. Dabei ist die Kreditlaufzeit auf 12 Monate begrenzt. Ebenfalls unter das ZAG fallen erlaubnispflichtige **Zahlungsauslösedienste** und bei der BaFin registrierungspflichtige **Kontoinformationsdienste**.

Zahlungsaus-lösedienste

Kontoinforma-tionsdienste
§ 1a Abs. 1 Nr. 5 ZAG

E-Geld-Institute sind Unternehmen, die nur das E-Geld-Geschäft betreiben.

1.2 Leistungserstellung und Leistungsverwertung in Kreditinstituten

1.2.1 Produktionsfaktoren im Bankbetrieb

Produktions-faktoren

Produktionsfaktoren im Bankbetrieb

- **im technisch-organisatorischen Bereich**
  - **objektbezogene Arbeit**: ausführende Arbeit
  - **dispositive Arbeit**:
    - Leitung
    - Planung
    - Organisation
    - Überwachung
  - **Betriebsmittel**
- **im liquiditätsmäßig-finanziellen Bereich**
  - **monetärer Faktor**: Faktor, mit dem Potenziale an liquiden Mitteln **und** Potenziale an haftenden Mitteln zur Verfügung stehen

- **Objektbezogene Arbeit ist Tätigkeit, die auf Anordnung erfolgt.** In vielen Aufgabenbereichen (Stellen) des Bankbetriebs erledigt der Mitarbeiter (Stelleninhaber) nur ausführende Arbeit. In anderen Stellen wird ausführende und dispositive oder ausschließlich dispositive Arbeit geleistet.
- **Dispositive Arbeit ist leitende Arbeit.** Disponieren bedeutet Anordnen und Entscheiden. Dispositive Arbeit wird als selbstständiger Produktionsfaktor angesehen, weil sie über den Einsatz der übrigen Produktionsfaktoren bestimmt und diese miteinander kombiniert. Der Umfang dispositiver Arbeit nimmt umso mehr zu, je höher eine Stelle in der Betriebshierarchie angesetzt ist und je mehr ihr Inhaber Verantwortung für die Aufgabenerfüllung anderer trägt.
- **Betriebsmittel umfassen die sachliche Ausstattung des Bankbetriebs.** Dazu zählen Grundstücke und Gebäude, Einrichtungen, Ausstattungen mit EDV-Anlagen, PC-Software, Büromaschinen usw.
- **Der monetäre Faktor umfasst liquide Mittel und finanzielle Haftungsleistungen.** Liquide Mittel sind Zentralbankgeld (= Bargeld und Buchgeldguthaben bei Zentralbanken). Finanzielle Haftlungsleistungen werden z. B. erbracht vom Eigenkapital, Genussrechtskapital und nachrangigen Haftungskapital.

Erstellung von Bankleistungen

1.2.2 Erstellung von Bankleistungen

Bankleistungen werden durch Kombination der Produktionsfaktoren erstellt. Als Dienstleistungen können sie in der Regel nicht auf Vorrat produziert werden. Sie werden hergestellt, wenn sie benötigt werden. Das ist z. B. der Fall, wenn ein Kunde eine Überweisung veranlasst, eine Beratung in Anspruch nimmt, Geld anlegt oder einen Kredit aufnimmt.

Stückleistungen und Wertleistungen

Bankleistungen können Stückleistungen (Betriebsleistungen) oder Wertleistungen (Kapitalleistungen) sein. Die Betriebsleistung wird im technisch-organisatorischen Leistungsbereich erbracht, die Wertleistung im liquiditätsmäßig-finanziellen Leistungsbereich (Kapitalbereich).

In den meisten Fällen sind beide Leistungsarten miteinander verknüpft. Das gilt z. B. für die Bearbeitung eines Kreditantrags (Betriebsleistung) und die Bereitstellung dieses Kredits (Wertleistung).

Bankleistungen

Stückleistungen (Betriebsleistungen)	Wertleistungen (Kapitalleistungen)
‣ Erstellung im technisch-organisatorischen Bereich ‣ stückzahlmäßige Erfassung Beispiele: ‣ Bearbeitung einer Überweisung ‣ Ankauf von Wertpapieren	‣ Erstellung im liquiditätsmäßig-finanziellen Bereich ‣ wertmäßige Erfassung Beispiele: ‣ Hereinnahme einer Termineinlage ‣ Bereitstellung eines Kredits

1.2.3 Absatz von Bankleistungen

Bankleistungen werden von den Kreditinstituten am Absatzmarkt angeboten. Verkaufsorientiertes Denken bestimmt heute weitgehend das Verhalten der Kreditinstitute am Markt.

Bankmarketing

1.2.3.1 Marketing der Kreditinstitute (Bankmarketing)

Verkaufsorientiertes Denken ist auf Erhöhung, zumindest aber auf Sicherung von Marktanteilen (kunden- und produktbezogen) gerichtet. Es verlangt eine **konsequent marktgerichtete Unternehmenskonzeption.** Diese wird **Marketing** genannt.

Marketing

Marketing-Konzeptionen	Marketing-Instrumente
Marketing-Konzeptionen orientieren sich an den Kundenbedürfnissen (**„Marketing-Philosophie“**)	Marketing-Instrumente sind absatzpolitische Instrumente, die aufeinander abgestimmt eingesetzt werden (**„Marketing-Mix“**)

Marketing-Management

Das **Marketing-Management** hat die **Aufgabe, kundengruppenbezogen und produktbezogen Marktanteile zu sichern und zu erhöhen.**

Es soll die **Marketing-Instrumente** so einsetzen, dass **Nachfrage erhalten** bleibt und **zusätzliche Nachfrage geweckt** wird.

1.2.3.2 Absatzpolitische Instrumente der Kreditinstitute

Die absatzpolitischen Instrumente sollen nach den Erkenntnissen der Marktforschung bestmöglich aufeinander abgestimmt und gebündelt werden (Marketing-Mix).

Absatzpolitische Instrumente

Absatzpolitische Instrumente der Kreditinstitute

Produkt- und Sortimentspolitik	Distributionspolitik	Preis- und Konditionenpolitik	Kommunikationspolitik
▸ Gestaltung der Bankleistungen (Produktpolitik) ▸ Aufbau und Gestaltung einer Angebotspalette (Sortimentspolitik) ▸ Neuentwicklung von Produkten (Innovationspolitik)	▸ Absatzmethoden ▸ Absatzwege	Gestaltung der Preise/Konditionen für Bankleistungen (Festsetzung von Zinsen, Provisionen und Gebühren)	Maßnahmen zur positiven Beeinflussung der Marktsituation des Kreditinstituts (z. B. Öffentlichkeitsarbeit, Werbung, Verkaufsförderung)

1.2.3.2.1 Produkt- und Sortimentspolitik

Produktpolitik

Ziel der Produktpolitik der Kreditinstitute ist, Bankleistungen anzubieten, die an den Kundenwünschen orientiert sind. Ein Produkt muss so gestaltet sein, dass es dem Kunden auf einfache Weise nahe gebracht werden kann und von ihm akzeptiert wird. Es sollte kaum erklärungsbedürftig sein. Die Kreditinstitute sind dabei bemüht, ihren Produkten einprägsame, möglichst institutsbezogene und werbewirksame Bezeichnungen zu geben.

Sortimentspolitik

Die Sortimentspolitik ist darauf gerichtet, ein umfassendes Leistungsangebot aufzubauen. Es soll möglichst viele der denkbaren Kundenwünsche abdecken und sich zugleich von Angeboten anderer Kreditinstitute abheben. Häufig unterscheiden sich sonst identische Produkte verschiedener Kreditinstitute nur im Produktnamen.

Produktinnovation

Zur Produkt- bzw. Sortimentspolitik zählt auch die **Produktinnovation**, die Neuentwicklung von Produkten. Eine wachstumsträchtige Neuerung in der Sortimentspolitik der Kreditinstitute stellt das „**Islamic Banking**“ (oder „Sharia Banking“) dar. Hier werden schariagerechte Finanzprodukte angeboten, die z. B. dem islamischen Zinsverbot Rechnung tragen. Auch die ökologisch nachhaltige und die ethische Geld- und Vermögensanlage zählen zu den zukunftsträchtigen Produktinnovationen.

1.2.3.2.2 Distributionspolitik

Distributionspolitik umfasst die Gestaltung der Absatzmethode und der Absatzwege (Vertriebswege).

Absatzmethode

Die **Absatzmethode** stellt auf den Verkauf mehrerer unterschiedlicher Leistungen oder von Leistungspaketen ab, so genanntes „Cross Selling“.

Absatzwege

Der **Absatzweg** ist der Weg, auf dem die Bank den Kunden erreichen und ihn mit bedarfsgerechten Bankleistungen versorgen will.

Multikanalstrategie

Da die Kreditinstitute alle drei Absatzwege offen halten, spricht man von einer Multikanalstrategie.

Stationäre Absatzwege

Zu den stationären Absatzwegen zählt der traditionelle Verkauf von Bankleistungen an festen Standorten. Als Standorte wählen die Kreditinstitute

- zentralisierte Standorte (Vertrieb durch Zentralen von filiallosen Kreditinstituten) oder
- dezentralisierte Standorte (Vertrieb über Filialen von Filialkreditinstituten).

Direktbanken

Zu den filiallosen Kreditinstituten zählen auch die **Direktbanken**. Direktbanken verzichten vollständig auf den personalintensiven Vertrieb über Filialen. Der Kunde kann das Kreditinstitut ausschließlich über zentrale Ansprechstellen erreichen, auch außerhalb der üblichen Öffnungszeiten. Direktbanken bieten überwiegend Standardlösungen an, die wenig erklärungsbedürftig sind. Derartige Standardprodukte sind z. B. Führung von Girokonten, Erteilen von Wertpapieraufträgen (Discount-Brokerage), leicht verständliche Geldanlagemöglichkeiten. Hinsichtlich der Preis- und Konditionengestaltung können Direktbanken preisgünstiger als Filialkreditinstitute sein, da sie sich auf Standardprodukte beschränken, keine kostenintensiven Vertriebswege unterhalten und keine aufwendigen Beratungsleistungen bieten.

Angesichts der Kostenintensität eines Filialnetzes mit Fullservice und vor dem Hintergrund moderner Vertriebswege hat sich die Ausrichtung der stationären Vertriebswege geändert. Das zeigt sich in

Kompetenzzentren

- der Schaffung von örtlichen **Kompetenzzentren** und **Standardfilialen** sowie
- der zunehmenden Einrichtung von **Selbstbedienungs-Bankstellen** (SB-Bankstellen).

Kompetenzzentren halten maßgeschneiderte Leistungsangebote für genau definierte Kundengruppen an ausgewählten Standorten bereit. Kompetenzzentren sind

- **Vermögensanlagezentren**, die vermögenden Individualkunden Problemlösungen bei der Vermögensanlage anbieten,
- **Immobilienzentren**, die alle Leistungen anbieten, die mit dem Kauf, der Vermittlung und Finanzierung von Immobilien in Verbindung stehen,
- **Firmenkundenzentren**, die spezielle Bankleistungen für Unternehmen anbieten, z. B. Überbrückungskredite, Investitionskredite, Abwicklungen von Auslandszahlungen.

Standardfilialen befinden sich in der räumlichen Nähe des Kunden. Sie bieten ein stark gestrafftes Produktbündel an, das sich ausschließlich an den Hauptbedürfnissen von Privatkunden mittlerer und unterer Einkommensschichten orientiert. Standardfilialen

Um dem Kostendruck, vor allem im Personalbereich, entgegenzuwirken, werden zunehmend **Selbstbedienungs-Bankstellen** (SB-Bankstellen) eingerichtet. Über SB-Bankstellen kann der Kunde Routinegeschäfte unter Einsatz von SB-Geräten erledigen. Derartige SB-Geräte sind Geldautomaten, Kontoauszugsdrucker, Einzahlungsautomaten, Terminals für den SB-Sparverkehr, Sortenwechsler, Kundeninformationsterminals.

Mediale Absatzwege

Zu den medialen Absatzwegen zählt vor allem der Vertrieb von Bankleistungen unter Einsatz von Technik, die Bankkunden selbst bedienen. Dies wird auch als **Electronic Banking** bezeichnet. Electronic Banking

Der bedeutendste mediale Absatzweg ist das Onlinebanking, d. h. die in der Regel auf das Smartphone gestützte elektronische Abwicklung von Bankgeschäften. Onlinebanking

Die stationären Absatzwege der Kreditinstitute geraten durch die zunehmende Digitalisierung der Gesellschaft stark unter Druck. Neue Wettbewerber aus dem Technologiebereich (sog. FinTechs) bieten Finanzdienstleistungen kostengünstig über mediale Absatzwege an und gefährden die Geschäftsmodelle der traditionellen Universalbank.

Beispiele	
Geld- und Vermögensanlage	Auf Internetplattformen können Anleger nach Eingabe bestimmter Parameter ohne Anlageberater ein Wertpapierdepot zusammenstellen (sog. Robo-Adviser).
Kreditgeschäft	Auf Internetplattformen werden Kredite zwischen Teilnehmern vermittelt (sog. Crowdfinance bzw. Crowdfunding). Eine Bonitätsprüfung durch ein Kreditinstitut findet nicht statt; der Anleger und nicht ein Institut trägt das Kreditausfallrisiko.
Zahlungsverkehr	Ohne Einschaltung von Banken können Überweisungen und andere Zahlungen direkt zwischen Teilnehmern abgewickelt werden.

Das Telefonbanking stellt den Vertrieb von Bankdienstleistungen mithilfe des Telefons unter Einschaltung eines Callcenters dar. Das Callcenter kann eine organisatorische Einheit einer Bank oder ein selbständiges Unternehmen sein. Telefonbanking

Mobile Absatzwege

Zu den mobilen Absatzwegen zählen
- der **Bankaußendienst** mit eigenen Mitarbeitern des Kreditinstituts,
- der **freie Vermittler**, der zumeist auf Provisionsbasis arbeitet, sowie
- im ländlichen Raum die **fahrbare Geschäftsstelle.**

1.2.3.2.3 Preis- und Konditionenpolitik

Die Preis- und Konditionenpolitik der Kreditinstitute beinhaltet die Festsetzung der Preise für Dienstleistungen und der Zinsen im Einlagen- und Kreditgeschäft. Sie ist ein wichtiges Mittel im Wettbewerb um den Kunden.

Preisaushang

Preis- und Leistungsverzeichnis

Im **Geschäftsverkehr mit Privatkunden** ist für die Kreditinstitute im Interesse der Verbraucherinformation und des Verbraucherschutzes ein **Preisaushang** vorgeschrieben. Rechtsgrundlage hierzu ist die Preisangabenverordnung. Dadurch werden die Kreditinstitute verpflichtet, ein **Verzeichnis mit den Preisen für ihre wesentlichen Leistungen** aufzustellen und auszuhängen.

Der im Kreditgewerbe einheitlich angewandte Preisaushang informiert über die **„Regelsätze im standardisierten Privatkundengeschäft".**

Im Preisaushang wird darauf hingewiesen, dass die Preise für weitere Dienstleistungen und die Wertstellungsregelungen im normalen Geschäftsverkehr mit Privatkunden einem **besonderen Preis- und Leistungsverzeichnis** zu entnehmen sind.

1.2.3.2.4 Kommunikationspolitik

Die Kommunikationspolitik soll über das Kreditinstitut und seine Produkte informieren und Kunden zur Nachfrage nach Bankleistungen motivieren.

Public Relations

Öffentlichkeitsarbeit (**Public Relations**) soll den Ruf des Kreditinstituts sowie seine Stellung und sein Ansehen in Wirtschaft und Gesellschaft verdeutlichen und im positiven Sinne beeinflussen. Herausgestellt werden Qualitätsbemühen bei den Leistungen, Verantwortung für die Mitarbeiter, Nutzen für die Gesellschaft usw.

Werbung

Werbung umfasst Maßnahmen, die direkt das Nachfrageverhalten von Kunden zugunsten des Kreditinstituts und seiner Leistungen beeinflussen soll.

Kreditinstitute betreiben **Einzelwerbung** (z. B. Werbung der Deutschen Bank) und **Gemeinschaftswerbung** (z. B. Werbung der deutschen Sparkassenorganisation).

Kreditinstitute werben beispielsweise durch Anzeigen in Tageszeitungen und Publikumszeitschriften. Sie nutzen aber auch zunehmend den direkten Werbeweg zum Kunden (Direktmarketing), z. B. mit Werbesendungen über die Post mit Anschrift und persönlicher Anrede.

Imagewerbung

Imagewerbung ist **Vertrauenswerbung.** Man findet sie als **Werbung für ein Institut,** z. B. „Deutsche Bank – Leistung aus Leidenschaft". Imagewerbung kann auch **Werbung für eine ganze Institutsgruppe** sein, z. B. „Wir machen den Weg frei" (Volksbanken und Raiffeisenbanken). Werbung dieser Art hat zum Ziel, Vertrauen zu vermitteln („die Bank an Ihrer Seite") oder auf die Kompetenz der Mitarbeiter hinzuweisen („Leistung aus Leidenschaft“). Die Werbung soll in der Öffentlichkeit ein bestimmtes Bild von dem Unternehmen schaffen.

Produktwerbung

Produktwerbung ist **Werbung für Bankleistungen.** Da Bankleistungen immateriell, also abstrakt sind, ist die Werbung der Kreditinstitute in besonderem Maße darauf ausgerichtet, den **Nutzen** der Bankleistung **für den Nachfrager** zu verdeutlichen. Bankleistungen sind bei allen Kreditinstituten in ihrem Inhalt grundsätzlich gleich. Die Bankleistung, die z. B. eine Sparkasse bei Einräumung eines Ratenkredits zur Konsumfinanzierung erbringt, gleicht ihrem Inhalt nach der Bankleistung, die eine Genossenschaftsbank bei Einräumung eines Ratenkredits erbringt. Unterschiede ergeben sich bei den Konditionen (Bedingungen) und in der Abwicklung des Kredits. Um zu verhindern, dass man mit der eigenen Produktwerbung indirekt Produktwerbung für die Konkurrenz betreibt, verbinden Kreditinstitute Produktwerbung mit Imagewerbung (Institutswerbung). Imagewerbung bedeutet ein gleich bleibender institutsspezifischer Werbestil mit stets sich wiederholenden Werbeelementen (Farben, Symbole).

Sales Promotion

Verkaufsförderung (Sales Promotion) umfasst unterstützende und motivierende Maßnahmen, die Anstöße für Nachfrageentscheidungen geben sollen.

Sponsoring

Auch **Sponsoring** (finanzielle Förderung und Unterstützung) von kulturellen, gesellschaftlichen und sportlichen Aktivitäten sowie gemeinnützigen und wohltätigen Bemühungen ist ein wichtiger Teil der Kommunikationspolitik der Kreditinstitute geworden.

1.2.4 Controlling und Treasury

▸ Kapitel 7.2

Controlling und Treasury sind Managementaufgaben. Sie dienen der systematischen ziel- und erfolgsorientierten Planung und Steuerung des Bankbetriebs.

Controlling

Aufgabe des Controlling ist die Unterstützung der Unternehmensleitung bei der Entwicklung und Steuerung aller Aktivitäten des Bankbetriebs. Globalisierung und Automatisierung verlangen eine Steuerung des Unternehmens nach markt- und ergebnisorientierten Kriterien. Controlling-Funktionen sind Planen, Durchführen, Messen und Informieren sowie Analysieren und Korrigieren. **Strategisches Controlling** soll die Existenz des Kreditinstituts langfristig in Übereinstimmung mit den Zielen und Grundsätzen des Instituts sichern. Es zielt auf die Entwicklung, Strukturierung und Sicherung des Kreditinstituts. Die Steuerungsgrößen sind überwiegend global formuliert, z. B. Marktrisiken, Bilanzstrukturrisiken, Wachstumspotenziale. Strategisches Controlling dient der Globalsteuerung der Bank. **Operatives Controlling** dient der eher kurzfristigen Steuerung der Geschäftsentwicklung. Steuerungsgrößen sind Informationen aus dem Rechnungswesen, insbesondere aus der Bankkalkulation, z. B. Konditionsmargen, Deckungsbeiträge, Betriebsergebnisse der Geschäftsstellen. Operatives Controlling dient der Feinsteuerung der Bankgeschäfte des Instituts.

Strategisches Controlling

Operatives Controlling

Treasury

Hauptaufgabe des Treasury ist die Finanzdisposition. Gemeint ist damit die Liquiditätssicherung und die Finanzierung unter Einhaltung der Vorschriften über ausreichende Eigenmittel und ausreichende Liquidität der Kreditinstitute.

1.3 Kunden der Kreditinstitute

Kunden-segmente

1.3.1 Privatkunden und Firmenkunden

1.3.2 Natürliche und juristische Personen sowie nicht rechtsfähige Personenvereinigungen

1.3.2.1 Natürliche Personen

Natürliche Personen sind Menschen. Sie sind von Geburt an rechtsfähig, aber zunächst geschäftsunfähig. Mit Erreichen bestimmter Altersstufen werden sie zunächst beschränkt und dann voll geschäftsfähig.

§ 1 BGB

Rechtsfähigkeit ist die Fähigkeit, Träger von Rechten und Pflichten zu sein. Die Rechtsfähigkeit natürlicher Personen beginnt mit der Vollendung der Geburt und endet mit Eintritt des Todes. Ein ungeborenes Kind ist zwar noch nicht rechtsfähig, kann jedoch bereits Erbe sein.

Seite 96

Geschäftsfähigkeit ist die Fähigkeit, Rechte und Pflichten durch Rechtsgeschäft erwerben zu können. Wer voll geschäftsfähig ist, kann allein rechtswirksame Willenserklärungen abgeben. Die Geschäftsfähigkeit richtet sich nach dem Lebensalter. Sie kann aber auch durch eine Störung der Geistestätigkeit aufgehoben sein.

1.3.2.2 Juristische Personen

Juristische Personen sind Personenvereinigungen oder Vermögensmassen, die selbst Träger von Rechten und Pflichten und damit rechtsfähig sind. Sie werden durch Organe, z. B. Vorstand einer AG, vertreten.

Zu unterscheiden sind juristische Personen des privaten Rechts und juristische Personen des öffentlichen Rechts.

Juristische Personen des privaten Rechts

juristische Personen des privaten Rechts

Juristische Personen des privaten Rechts haben in der Regel private Zielsetzungen. Ihre Entstehung und ihre Verfassung sind im privaten Recht geregelt.

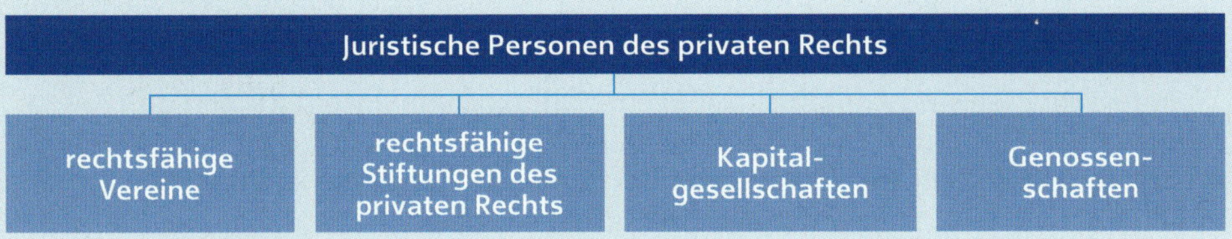

rechtsfähige Vereine
§ 21 BGB

Rechtsfähige Vereine, deren Zweck nicht auf einen wirtschaftlichen Geschäftsbetrieb gerichtet ist, erlangen als sog. **Idealvereine** ihre Rechtsfähigkeit durch Eintragung in das Vereinsregister beim zuständigen Amtsgericht. Hierzu zählen z. B. Sportvereine, Fördervereine, Verbände in der Rechtsform eines eingetragenen Vereins (e. V.).

wirtschaftliche Vereine
§ 22 BGB

Vereine, deren Zweck auf einen wirtschaftlichen Geschäftsbetrieb gerichtet ist (z. B. freie Sparkassen), erlangen als **wirtschaftliche Vereine** Rechtsfähigkeit durch staatliche Verleihung des Landes, in dem sie ihren Sitz haben.

Stiftungen des privaten Rechts
§§ 80 – 88 BGB

Rechtsfähige Stiftungen des privaten Rechts sind rechtlich selbstständige Vermögensmassen, deren Erträgnisse dauernd einem bestimmten Zweck gewidmet sind. Sie entstehen durch das Stiftungsgeschäft und Anerkennung durch die zuständige Landesbehörde.

Vereine und Stiftungen des privaten Rechts werden durch einen **Vorstand** vertreten. Er hat als Organ die Stellung eines gesetzlichen Vertreters (organschaftliche Vertretung).

Kapitalgesellschaften
§ 41 AktG und § 11 GmbHG
§§ 13 und 17 GenG

Kapitalgesellschaften, die z. B. als Aktiengesellschaft (AG) oder Gesellschaft mit beschränkter Haftung (GmbH) zu jedem gesetzlich zulässigen Zweck errichtet werden dürfen, entstehen durch die Eintragung in das Handelsregister. Mit ihrer Eintragung sind sie rechtsfähig. Zu den Kapitalgesellschaften zählt auch die Kommanditgesellschaft auf Aktien (KGaA).

Genossenschaften entstehen durch die Eintragung in das Genossenschaftsregister. Dadurch erlangen sie auch ihre Rechtsfähigkeit.

Juristische Personen des öffentlichen Rechts

Juristische Personen des öffentlichen Rechts

Juristische Personen des öffentlichen Rechts dienen der Erfüllung öffentlicher Aufgaben. Ihre Entstehung und ihre Verfassung sind im öffentlichen Recht geregelt. Sie erlangen Rechtsfähigkeit durch Gesetz oder hoheitlichen Akt.

Anstalten des öffentlichen Rechts

Anstalten des öffentlichen Rechts sind zur Erfüllung öffentlicher Aufgaben errichtete Organisationen, die einen offenen Benutzerkreis haben. Man unterscheidet bundesunmittelbare Anstalten, z. B. Deutsche Bundesbank, landesunmittelbare Anstalten, z. B. Landesbanken, und kommunale Anstalten, z. B. Sparkassen.

Juristische Personen des öffentlichen Rechts

- **Anstalten**
  - bundesunmittelbare
  - landesunmittelbare
  - kommunale
- **Körperschaften**
  - Gebietskörperschaften
  - Personalkörperschaften
- **Stiftungen des öffentlichen Rechts, z. B.**
  - Kulturstiftungen für Museen, Bibliotheken, Gedenkstätten
  - Stiftungshochschulen

Zu unterscheiden sind Anstalten mit Rechtsfähigkeit von unselbstständigen Anstalten, die keine Rechtsfähigkeit besitzen. Rechtsfähige Anstalten sind z. B. Rundfunkanstalten und öffentliche Sparkassen. Zu den Anstalten ohne Rechtsfähigkeit zählen z. B. Schulen, Versorgungsbetriebe, Krankenhäuser, Theater.

Körperschaften des öffentlichen Rechts

Körperschaften des öffentlichen Rechts sind zur Erfüllung öffentlicher Aufgaben errichtete Organisationen, die Mitglieder haben. Man unterscheidet Gebietskörperschaften, z. B. Gemeinden, und Personalkörperschaften, z. B. Industrie- und Handelskammern, Handwerkskammern. Ihr Benutzerkreis ist geschlossen.

Stiftungen des öffentlichen Rechts

Stiftungen des öffentlichen Rechts sind Vermögensmassen, die auf einen bestimmten gemeinnützigen Zweck gerichtet sind. Sie werden vom Staat durch Gesetz oder Verordnung errichtet.

1.3.2.3 Nicht rechtsfähige Personenvereinigungen

nicht rechtsfähige Personenvereinigungen

Gesamthandsgemeinschaft

Die nicht rechtsfähige Personenvereinigung ist eine Gesamthandsgemeinschaft. Den Beteiligten steht ein Vermögen **nicht anteilig,** sondern **gemeinschaftlich** („zur gesamten Hand") zu. Nicht die Personengemeinschaft als solche ist rechtsfähig, sondern ihre **Mitglieder sind rechtsfähig und damit gemeinschaftlich Träger der Rechte und Pflichten.**

§§ 421 und 427 BGB

Guthaben, das eine nicht rechtsfähige Personenvereinigung bei Kreditinstituten auf Konten (Gemeinschaftskonten) anlegt, ist Sondervermögen der Mitglieder in Form von Gesamthandsvermögen. Für Kreditverpflichtungen haften die Mitglieder gesamtschuldnerisch.

Nicht rechtsfähige Personenvereinigungen sind

- die **Erbengemeinschaft,** (§ 2032 BGB)
- die **eheliche Gütergemeinschaft** sowie in der Regel (§ 1415 BGB)
- die **Gesellschaft des bürgerlichen Rechts** und (§ 705 BGB)
- der **nicht rechtsfähige Verein.** (§ 54 BGB)

§ 124 HGB

Zu den nicht rechtsfähigen Personenvereinigungen zählen auch die **Personenhandelsgesellschaften (Offene Handelsgesellschaft, Kommanditgesellschaft).** In ihrer Rechtskonstruktion sind sie aber den juristischen Personen angenähert. Da sie weitgehend wie juristische Personen behandelt werden, heißen sie auch quasijuristische Personen. Bei Personenhandelsgesellschaften zeigt sich dies u. a. darin, dass sie unter der Firma der Gesellschaft Rechte erwerben und Verbindlichkeiten eingehen, Eigentum an Grundstücken erwerben und vor Gericht klagen und verklagt werden können. Sie können auch Inhaber eines Kontos sein.

1.3.3 Rechtsformen der Unternehmen

Unternehmen können in privatrechtlicher und in öffentlich-rechtlicher Form geführt werden.

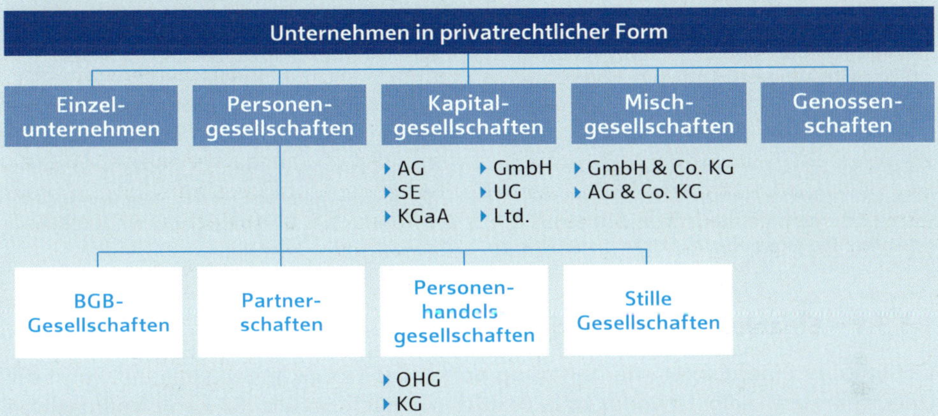

Personenhandelsgesellschaften, Kapital- und Mischgesellschaften werden auch als Handelsgesellschaften bezeichnet.

Die **Europäische Wirtschaftliche Interessenvereinigung** (EWIV) ist eine Gesellschaftsform europäischen Rechts. Sie dient der Förderung der grenzüberschreitenden Zusammenarbeit. Die EWIV wird in das Handelsregister eingetragen und gleicht weitgehend der OHG. Mitglieder der EWIV können natürliche Personen, Gesellschaften und andere juristische Einheiten aus EU-Mitgliedstaaten sein.

EWIV-Verordnung

Unternehmen in öffentlich-rechtlicher Form sind Körperschaften und Anstalten des öffentlichen Rechts (juristische Personen) sowie unselbstständige Anstalten (Unternehmen ohne eigene Rechtspersönlichkeit).

Kaufmann und Firma

Kaufmann und Firma

Kaufmann nach § 1 HGB ist, wer ein Handelsgewerbe betreibt (Istkaufmann).
Ein **Handelsgewerbe** ist jeder Gewerbebetrieb, der einen in kaufmännischer Weise eingerichteten Geschäftsbetrieb erfordert.
Für einen **Gewerbebetrieb** müssen folgende Voraussetzungen erfüllt sein: Selbstständigkeit, Nachhaltigkeit der Betätigung, Absicht der Gewinnerzielung und Beteiligung am allgemeinen wirtschaftlichen Verkehr.
Jeder Kaufmann ist verpflichtet, sich in das **Handelsregister** eintragen zu lassen.
Kein Handelsgewerbe üben Rechtsanwälte, Ärzte, Steuerberater, Architekten usw. aus. Sie zählen zu den **freien Berufen** und sind **keine Kaufleute.** Auch eine künstlerische oder wissenschaftliche Tätigkeit ist kein Gewerbe.

Die für Kaufleute anzuwendenden Vorschriften gelten auch für Handelsgesellschaften.
Kapitalgesellschaften (AG, KGaA und GmbH) sind ohne Rücksicht auf die Art des von ihnen betriebenen Unternehmens allein wegen ihrer Rechtsform Handelsgesellschaften (§ 3 Abs. 1 AktG, § 1 GmbHG). Sie sind daher stets Kaufleute (**Formkaufleute**).
Land- und Forstwirte, die einen in kaufmännischer Weise eingerichteten Geschäftsbetrieb führen, haben gem. § 3 HGB ein Wahlrecht zur Eintragung in das Handelsregister (**Kannkaufleute**).
Die **eingetragene Genossenschaft** ist keine Handelsgesellschaft, da ihre Tätigkeit nicht auf Gewinnerzielung gerichtet ist. Sie hat aber nach dem Genossenschaftsgesetz immer die Stellung eines Kaufmanns.

Keine Kaufleute im handelsrechtlichen Sinne sind die in kaufmännischen Betrieben tätigen vertretungsberechtigten Personen, wie Prokuristen oder Handlungsbevollmächtigte. Auch Vorstandsmitglieder der AG und Geschäftsführer der GmbH sind keine Kaufleute im Sinne des HGB.
Der Kaufmann führt eine **Firma. Die Firma ist der Name, unter dem der Kaufmann seine Geschäfte betreibt und seine Unterschrift abgibt.** Unter seiner Firma kann ein Kaufmann klagen und verklagt werden (§ 17 HGB). Jeder Kaufmann kann seinen Geschäftsnamen frei wählen. Die Firma muss nicht nach dem Inhaber der Unternehmung oder nach dem Unternehmensgegenstand benannt werden. Sie muss aber die Unterscheidung zu anderen Unternehmen ermöglichen und darf nicht irreführend sein.
Die Firma muss als **Zusatz** zwingend die **Bezeichnung der Rechtsform** des Unternehmens oder eine allgemein verständliche Abkürzung dieser Bezeichnung enthalten. Bei Einzelkaufleuten muss z. B. die Angabe „eingetragener Kaufmann“, „eingetragene Kauffrau“ bzw. die Abkürzungen „e. K.“, „e. Kfm.“, „e. Kffr.“ enthalten sein; bei der Offenen Handelsgesellschaft kann z. B. die Abkürzung „OHG“, bei der Kommanditgesellschaft „KG“ (§ 19 Abs. 1 HGB) im Geschäftsnamen stehen. Der Zusatz „haftungsbeschränkt“ bei der Unternehmergesellschaft (UG), der Sonderform der GmbH, darf dagegen aus Gläubigerschutzgründen nicht abgekürzt werden.

Einzelunternehmung

1.3.3.1 Einzelunternehmung

Der Inhaber einer Einzelunternehmung bringt das Eigenkapital allein auf, führt die Unternehmung selbstständig und vertritt sie nach außen. Er kann Vollmachten erteilen. Er trägt das Unternehmerrisiko und haftet allein mit seinem gesamten Vermögen, auch dem Privatvermögen, für sämtliche Geschäftsverbindlichkeiten. Die Haftung ist unbeschränkt und unmittelbar.

Handelsregister
§ 8 a HGB

Handelsregister

Das Handelsregister ist ein Verzeichnis der Kaufleute. Es wird beim Amtsgericht geführt und dient der Unterrichtung der Öffentlichkeit über Rechtsverhältnisse und andere für den Geschäftsverkehr wichtige Tatbestände eines Unternehmens. Das Handelsregister besteht aus **zwei Abteilungen**:

- **Abteilung A** mit Eintragungen von Einzelunternehmen, offenen Handelsgesellschaften (OHG) und Kommanditgesellschaften (KG).
- **Abteilung B** mit Eintragungen von Aktiengesellschaften (AG), Gesellschaften mit beschränkter Haftung (GmbH) und anderen Kapitalgesellschaften.

Eintragungen in das Handelsregister können konstitutiv (rechtsbegründend) sein, z. B. der Erwerb der Rechtsfähigkeit einer GmbH durch Registereintragung. Eine Eintragung kann auch nur deklaratorisch (rechtsbekundend) sein, z. B. die Eintragung eines Kaufmanns, der nach § 1 HGB ein Handelsgewerbe betreibt.
Handelsregistereintragungen haben für die Rechtssicherheit im Wirtschaftsleben erhebliche Bedeutung:

- **Eingetragene und veröffentlichte Tatbestände** können jedermann gegenüber geltend gemacht werden, da sie als allgemein bekannt gelten. Ein Geschäftspartner kann sich nicht auf Unkenntnis über die Handelsregistereintragung berufen.
- **Eintragungspflichtige, aber nicht eingetragene Tatbestände** können einem gutgläubigen Dritten gegenüber nicht geltend gemacht werden (z. B. Erlöschen einer Prokura).

Das Handelsregister wird seit dem 01.01.2007 elektronisch geführt.

www.unternehmensregister.de
§§ 8b, 9 HGB

Unternehmensregister

Seit dem 1. Januar 2007 besteht das sog. Unternehmensregister. In diesem Register werden die wesentlichen publikationspflichtigen Unternehmensdaten erfasst und im elektronischen Bundesanzeiger veröffentlicht. Eingestellt werden z. B. Eintragungen und Bekanntmachungen im Handels-, Genossenschafts- und Partnerschaftsregister. Jeder Interessierte kann über das Internet Einsicht in das Unternehmensregister nehmen. Möglich ist es nach wie vor, unmittelbar beim Gericht in das jeweilige Register Einblick zu nehmen. Rechtsgrundlage für die Führung des Unternehmensregisters ist die Unternehmensregisterverordnung (URV).

1.3.3.2 BGB-Gesellschaft

BGB-Gesellschaft

Die BGB-Gesellschaft (Gesellschaft des bürgerlichen Rechts, GbR) ist eine Personenvereinigung, deren Zweck nicht auf den Betrieb eines Handelsgewerbes ausgerichtet ist. Sie kann von natürlichen und juristischen Personen für gewerbliche und nicht gewerbliche Zwecke gegründet werden. Sie ist keine Handelsgesellschaft, da sie den Vorschriften des BGB und nicht des HGB unterliegt. § 705 ff. BGB

Die BGB-Gesellschaft ist eine häufig vorkommende **Rechtsform zur Verwirklichung von Gemeinschaftsinteressen,** z. B. für Arbeitsgemeinschaften in der Bauwirtschaft oder als Emissionskonsortium zur Platzierung von Wertpapieren.

Die Zahl der Gesellschafter ist nicht begrenzt. Die Geschäftsführung und Vertretung steht allen Gesellschaftern gemeinsam zu, wird jedoch durch den Gesellschaftsvertrag häufig einem Gesellschafter übertragen. § 709 BGB Die Finanzierung erfolgt durch Beiträge, die von jedem Gesellschafter zu leisten sind. Das Vermögen der Gesellschaft ist gemeinschaftliches Vermögen der Gesellschafter (Eigentum zur gesamten Hand). Für Verbindlichkeiten haften die Gesellschafter unmittelbar, unbeschränkt und gesamtschuldnerisch.

Die BGB-Gesellschaft kann, da sie nicht rechtsfähig ist, grundsätzlich auch nicht Inhaber eines Kontos sein. Kontoinhaber sind vielmehr die einzelnen Gesellschafter. ▸ Kapitel 2.3.1.2.2 Allerdings geht die Rechtsprechung (BGH-Urteil vom 29.01.2001) dahin, zumindest der unternehmerisch tätigen BGB-Gesellschaft (sog. Außen-GbR), Rechtsfähigkeit und damit auch Kontofähigkeit beizumessen.

1.3.3.3 Partnerschaftsgesellschaft (Partnerschaft)

Partnerschaftsgesellschaft

Die Partnerschaft ist eine Gesellschaft, in der sich Angehörige freier Berufe zur Ausübung ihrer Berufstätigkeit zusammenschließen. Sie übt **kein Handelsgewerbe** aus. Angehörige einer Partnerschaft können nur natürliche Personen sein.

Die Ausübung eines freien Berufes im Sinne des Gesetzes über Partnerschaftsgesellschaften ist die selbstständige Berufstätigkeit von Ärzten, Anwälten, Wirtschaftsprüfern, Steuerberatern, Architekten und anderen Freiberuflern. § 1 Abs. 2 PartGG

Der **Name der Partnerschaft** muss den Namen mindestens eines Partners, den Zusatz „und Partner" oder „Partnerschaft" sowie die Berufsbezeichnungen aller in der Partnerschaft vertretenen Berufe enthalten. § 2 PartGG

Die Partnerschaft wird mit der Eintragung in das Partnerschaftsregister im Verhältnis zu Dritten wirksam. § 7 Abs. 1 PartGG Zur Vertretung der Partnerschaft ist jeder Partner berechtigt. Grundsätzlich besteht Einzelvertretungsberechtigung. Gesamtvertretungsberechtigung kann vereinbart werden. Für Verbindlichkeiten der Partnerschaft haften den Gläubigern neben dem Vermögen der Partnerschaft die Partner als Gesamtschuldner persönlich, d.h. mit ihrem Privatvermögen. § 8 Abs. 2 PartGG Die Haftung für berufliche Fehler kann in bestimmten Fällen auf den oder die Partner beschränkt werden, die die Leistung erbringen.

Durch eine **Partnerschaft mit beschränkter Berufshaftung (Part mbB)** kann die Haftung für Berufsfehler auf das **Vermögen der Gesellschaft beschränkt** werden. Voraussetzung für die Haftungsbeschränkung ist der Abschluss einer Berufshaftpflichtversicherung mit angemessener Versicherungssumme.

Partnerschaft mit beschränkter Berufshaftung (Part mbB)

1.3.3.4 Personenhandelsgesellschaften

Personenhandelsgesellschaften

Personenhandelsgesellschaften (OHG, KG) sind Handelsgesellschaften, bei denen die persönliche Mitgliedschaft der Gesellschafter im Vordergrund steht.

Die Offene Handelsgesellschaft (OHG) und die Kommanditgesellschaft (KG) sind Personenvereinigungen, sie sind aber der juristischen Person angenähert:

- OHG und KG können unter ihrer Firma Rechte erwerben und Verbindlichkeiten eingehen, z.B. Verträge schließen, im Grundbuch als Eigentümer von Grundstücken eingetragen werden,
- OHG und KG können unter ihrer Firma vor Gericht klagen und verklagt werden.

Offene Handelsgesellschaft (OHG)

Offene Handelsgesellschaft (OHG)

Die Offene Handelsgesellschaft ist ein Zusammenschluss von zwei oder mehr Kaufleuten zum gemeinsamen Betrieb eines kaufmännischen Handelsgewerbes unter einer Firma. Alle Gesellschafter haften unbeschränkt.

	Kennzeichnung der OHG	
§ 19 Abs. 1 Nr. 2 HGB	Firma	Die Firma der OHG muss die Bezeichnung „Offene Handelsgesellschaft" oder „OHG" enthalten.
	Eigenkapital	**Die Gesellschafter sind zur Kapitalaufbringung verpflichtet:** ▸ Die Gesellschafter haben ihre **Kapitaleinlage** entsprechend den Vereinbarungen des Gesellschaftsvertrages zu leisten (Bar- oder Sacheinlagen). ▸ Die Einlagen werden gemeinschaftliches Eigentum der Gesellschafter (**Eigentum zur gesamten Hand**).
§§ 105, 128 HGB § 421 BGB	Haftung	Jeder **Gesellschafter haftet** gegenüber den Gläubigern der Gesellschaft: ▸ **unbeschränkt,** d.h. mit seinem Privatvermögen, ▸ **unmittelbar,** d.h., jeder Gläubiger kann sich statt an die OHG an irgendeinen Gesellschafter wenden und von ihm Befriedigung seiner Forderung verlangen, ohne dass dem Gesellschafter die Einrede der Vorausklage zusteht, ▸ **gesamtschuldnerisch** (solidarisch), d.h. für die gesamten Schulden der Gesellschaft. Eine Regelung zur Beschränkung der Haftung ist zwar im Innenverhältnis möglich (Gesellschaftsvertrag), Dritten gegenüber (Außenverhältnis) jedoch unwirksam.
§ 114 HGB § 114 ff. HGB	Geschäftsführung und Vertretung	Jeder Gesellschafter ist zur **Geschäftsführung und Vertretung** berechtigt und verpflichtet. ▸ **Geschäftsführung** ist das im Innenverhältnis geregelte Recht zur Erledigung von Handlungen, die der gewöhnliche Geschäftsbetrieb mit sich bringt. Jeder Gesellschafter hat **Einzelgeschäftsführungsbefugnis.** Der Gesellschaftsvertrag kann **Gesamtgeschäftsführung** vorsehen. Es können einzelne Gesell schafter von der Geschäftsführung ausgeschlosen werden. Für außergewöhnliche Geschäfte ist der Beschluss aller Gesellschafter erforderlich. ▸ **Vertretung** ist das Recht, im Außenverhältnis für die OHG zu handeln. Jeder Gesellschafter hat **Einzelvertretungsbefugnis.** Der Gesellschaftsvertrag kann **Gesamtvertretung** vorsehen. **Unechte Gesamtvertretung** ist möglich, d.h. ein Gesellschafter ist gemeinsam mit einem Prokuristen zur Vertretung berechtigt.

Kommanditgesellschaft (KG)

Kommanditgesellschaft (KG)

§ 19 Abs. 1 Nr. 3 HGB

Die Kommanditgesellschaft ist wie die OHG ein Zusammenschluss zum Betrieb eines kaufmännischen Handelsgewerbes unter gemeinsamer Firma. Die Firma der

KG muss die Bezeichnung „Kommanditgesellschaft" oder „KG" enthalten. Im Gegensatz zur OHG gibt es **zwei Arten von Gesellschaftern: persönlich haftende und eingeschränkt haftende Gesellschafter**.

§ 161 Abs. 1 HGB

Komplementär

Der **persönlich haftende Gesellschafter (Vollhafter = Komplementär)** hat im Wesentlichen die gleiche Rechtsstellung wie der Gesellschafter einer OHG. Er haftet wie der Gesellschafter einer OHG.

Kommanditist

§ 161 Abs. 1 HGB

§ 164 ff. HGB

§ 166 Abs. 1 HGB

Der **eingeschränkt haftende Gesellschafter wird als Kommanditist bezeichnet**. Seine **Haftung** ist auf seine Einlage beschränkt. Der Kommanditist hat kein Recht zur Geschäftsführung und Vertretung. Er ist berechtigt, eine Abschrift des Jahresabschlusses zu verlangen und dessen Richtigkeit unter Einsicht der Bücher und Papiere zu prüfen. Bei außergewöhnlichen Geschäften hat er ein Widerspruchsrecht.

1.3.3.5 Stille Gesellschaft

Stille Gesellschaft

§ 230 Abs. 1 HGB

Eine Stille Gesellschaft liegt vor, wenn ein Kapitalgeber (Privatperson, Kaufmann oder Gesellschaft) sich an einem bestehenden Handelsgewerbe durch eine Vermögenseinlage still beteiligt. Das Gesellschaftsverhältnis wird nicht in der Firma erkennbar und wird auch nicht durch Handelsregistereintragungen oder auf andere Weise bekannt gemacht (stiller Teilhaber).

§ 232 HGB

Der stille Gesellschafter hat eine ähnliche Stellung wie der Kommanditist. Er kann entweder nur am Gewinn oder sowohl am Gewinn als auch am Verlust des Unternehmens beteiligt sein. Er haftet für die Schulden des Unternehmens nur bis zum Betrag seiner Einlage.

1.3.3.6 Kapitalgesellschaften

Kapitalgesellschaften

Kapitalgesellschaften (Aktiengesellschaften, Kommanditgesellschaften auf Aktien und Gesellschaften mit beschränkter Haftung) sind Handelsgesellschaften, bei denen die Kapitalbeteiligung der Gesellschafter im Vordergrund steht. Kapitalgesellschaften müssen ein gesetzlich festgelegtes Mindesteigenkapital haben.

Aktiengesellschaft (AG)

Aktiengesellschaft (AG)

Die Aktiengesellschaft (AG) ist eine Gesellschaft mit eigener Rechtspersönlichkeit (juristische Person), die zu jedem gesetzlich zulässigen Zweck errichtet werden kann. Die Aktiengesellschaft gilt als Handelsgesellschaft, auch wenn der Gegenstand des Unternehmens nicht im Betrieb eines Handelsgewerbes besteht. Eine AG kann durch eine oder mehrere Personen gegründet werden.

Kennzeichnung der AG	
Firma	Die Firma der AG muss die Bezeichnung „Aktiengesellschaft" oder „AG" enthalten.
Eigenkapital	Das **Eigenkapital** der AG besteht aus **Grundkapital** und **Rücklagen**. ▸ Das **Grundkapital** wird durch Ausgabe von Aktien aufgebracht. Die Inhaber von Aktien heißen Aktionäre. **Mindestnennbetrag des Grundkapitals** ist **50000 Euro. Mindestnennbetrag einer Aktie ist ein Euro.** Anstelle von Nennbetragsaktien können auch nennwertlose Stückaktien ausgegeben werden. Sie stellen einen Bruchteilsanteil am Grundkapital einer AG dar.

§ 4 AktG

▸ Kapitel 4.4.3.2

§ 7 AktG

§ 8 AktG

	Kennzeichnung der AG	
§ 266 Abs. 3 HGB § 272 HGB § 150 Abs. 1 AktG § 150 Abs. 2 AktG		▸ **Als Eigenkapital ist in der Bilanz auszuweisen:** I. Gezeichnetes Kapital (Ausweis des Grundkapitals) II. Kapitalrücklage III. Gewinnrücklagen: 1. gesetzliche Rücklage 2. Rücklage für Anteile an einem herrschenden oder mehrheitlich beteiligten Unternehmen 3. satzungsmäßige Rücklagen 4. andere Gewinnrücklagen IV. Gewinnvortrag/Verlustvortrag V. Jahresüberschuss/Jahresfehlbetrag ▸ Als **Kapitalrücklage** ist z. B. ein Aufgeld (Agio) bei der Ausgabe von Aktien auszuweisen. **Gewinnrücklagen** werden aus dem Ergebnis gebildet. ▸ In die **gesetzliche Rücklage** müssen so lange jährlich 5 % des Jahresüberschusses (gemindert um einen Verlustvortrag) eingestellt werden, bis die gesetzliche Rücklage und die Kapitalrücklage zusammen 10 % des Grundkapitals betragen.
	Haftung	**Den Gläubigern der Aktiengesellschaft haftet nur das Gesellschaftsvermögen.** Für Verbindlichkeiten besteht nur eine **Haftung der AG,** aber **keine persönliche Haftung** der Aktionäre.
§ 76 ff. AktG § 111 AktG § 80 AktG § 95 AktG §§ 1, 4 DrittelbG § 119 AktG § 133 AktG	Geschäftsführung und Vertretung	**Organe der AG sind:** **1. Vorstand** **2. Aufsichtsrat** **3. Hauptversammlung** ▸ **Der Vorstand leitet die AG und vertritt sie gerichtlich und außergerichtlich.** Das Aktiengesetz sieht Gesamtvertretung vor, d. h. sämtliche Vorstandsmitglieder sind **gemeinschaftlich** zur Geschäftsführung und zur Vertretung berechtigt. Die Satzung kann **Einzelvertretungsbefugnis** vorsehen. ▸ **Der Aufsichtsrat überwacht die Geschäftsführung des Vorstands. Er bestellt und entlässt den Vorstand.** Der Aufsichtsrat besteht aus mindestens 3, höchstens 21 Mitgliedern. Er wird von der Hauptversammlung gewählt. Der Aufsichtsrat setzt sich aus **Vertretern der Aktionäre** und **Vertretern der Arbeitnehmer** sowie aus weiteren Vertretern zusammen. Bei Aktiengesellschaften mit mehr als 500 Beschäftigten muss der Aufsichtsrat zu einem Drittel aus Arbeitnehmervertretern bestehen. Weitere Bestimmungen zur Zusammensetzung des Aufsichtsrates enthalten das Mitbestimmungsgesetz und das Montan-Mitbestimmungsgesetz. ▸ **Die Hauptversammlung beschließt in den durch Gesetz und Satzung bestimmten Angelegenheiten.** **Beschlüsse der Hauptversammlung** bedürfen der Mehrheit der abgegebenen Stimmen (einfache Mehrheit), in besonderen Fällen, z. B. bei Satzungsänderungen, einer ¾-Mehrheit (sog. qualifizierte Mehrheit) des bei der Beschlussfassung vertretenen Grundkapitals. **Das Stimmrecht in der Hauptversammlung** wird nach Aktiennennbeträgen ausgeübt. Das Stimmrecht kann durch einen Bevollmächtigten ausgeübt werden. Für die Ausübung des Stimmrechts durch Kreditinstitute (Depotstimmrecht) gelten besondere Bestimmungen.

Europäische Gesellschaft (SE)

SE **Die Europäische (Aktien-)Gesellschaft (Societas Europaea – SE) ist eine für alle EU-Mitgliedstaaten einheitliche Gesellschaftsform für europaweit tätige Unternehmen.** Unmittelbar geltende Rechtsgrundlage für die SE ist eine EU-Verordnung. Sie wird durch zwei EU-Richtlinien ergänzt, die in Deutschland durch das Gesetz zur Einführung der Europäischen Gesellschaft (SEEG) vom 22.12.2004 näher ausgeführt wurden. SEEG

Die Einführung der Europäischen Gesellschaft erleichtert europaweit tätigen deutschen Unternehmen die grenzüberschreitende Betätigung. Sie ermöglicht Unternehmen eine Expansion über EU-Ländergrenzen hinweg, ohne auf die kostspielige und zeitaufwendige Gründung von Tochtergesellschaften angewiesen zu sein.

Kennzeichnung der SE			
Firma	Hat die Europäische Gesellschaft ihren Sitz in Deutschland, firmiert sie mit dem Zusatz „SE“, den sie ihrem Firmennamen voran- oder nachstellen muss.		
Eigenkapital	▸ Das gezeichnete Kapital einer SE ist in Aktien aufgeteilt. ▸ Die Aktien sind börsenfähig. ▸ Das Mindesteigenkapital beträgt 120 000 Euro.		EU-Verordnung
Gründung	Für die Gründung einer SE durch eine **juristische Person oder Körperschaft** stehen vier verschiedene Wege zur Verfügung: Gründung durch ▸ Verschmelzung, ▸ Errichtung einer Holding-SE, ▸ Errichtung einer Tochter-SE, ▸ Umwandlung einer Aktiengesellschaft nationalen Rechts. An der Gründung einer SE müssen immer Gesellschaften beteiligt sein, die mindestens zwei unterschiedlichen Rechtsordnungen innerhalb der EU angehören (**Prinzip der Mehrstaatlichkeit**).		§ 5 ff. SEAG
Geschäftsführung und Vertretung	**Hauptversammlung** Die SE hat stets eine Hauptversammlung, in der die Aktionäre der SE vertreten sind. Die Hauptversammlung hat die freie Wahl zwischen einem monoistischen und einem dualistischen Leitungssystem.		§ 50 SEAG
	▸ **Monoistische Leitung: ein Verwaltungsorgan (Verwaltungsrat) für Leitung und Aufsicht** Der **Verwaltungsrat** besteht aus mindestens drei Mitgliedern. Er wird von der Hauptversammlung bestellt. Der Verwaltungsrat bestimmt einen oder mehrere **geschäftsführende Direktoren** für die Führung der laufenden Geschäfte.	▸ **Dualistische Leitung: getrennte Organe für Leitung und Aufsicht** Ein **Leitungsorgan** führt die Geschäfte der SE. Daneben besteht ein **Aufsichtsorgan** als Kontrollinstanz. Die dualistische Leitung entspricht dem deutschen Aktienrecht.	§ 15 ff. SEAG § 20 ff. SEAG
Sitzverlegung in ein anderes EU-Mitgliedsland	Die SE kann unter Beachtung der Vorschriften des SE-Statuts ohne Auflösung ihren Sitz in ein anderes europäisches Mitgliedsland verlegen. (Eine deutsche AG, die ihren Sitz in ein anderes europäisches Mitgliedsland verlegen will, müsste zuvor aufgelöst werden.)		§ 12 SEAG

Kommanditgesellschaft auf Aktien (KGaA)

Kommanditgesellschaft auf Aktien (KGaA)

Die Kommanditgesellschaft auf Aktien ist eine Gesellschaft mit eigener Rechtspersönlichkeit (juristische Person), bei der mindestens ein Gesellschafter den Gläubigern unbeschränkt haftet (persönlich haftender Gesellschafter) und die übrigen an dem in Aktien zerlegten Grundkapital beteiligt sind, ohne persönlich für die Verbindlichkeiten der Gesellschaft zu haften (Kommanditaktionäre). § 278 AktG

§ 285 Abs. 1 AktG

Die Organe entsprechen denen der AG, wobei die Komplementäre einem nicht absetzbaren Vorstand entsprechen. In der Hauptversammlung haben Komplementäre nur Stimmrecht für ihre eigenen Aktien. Sie dürfen aber u. a. nicht mitstimmen bei der Wahl und Abberufung des Aufsichtsrats, bei der Entlastung der persönlich haftenden Gesellschafter und der Mitglieder des Aufsichtsrats und bei der Wahl der Abschlussprüfer.

Gesellschaft mit beschränkter Haftung
§ 1 GmbHG

Gesellschaft mit beschränkter Haftung (GmbH)

Die Gesellschaft mit beschränkter Haftung ist eine Gesellschaft mit eigener Rechtspersönlichkeit (juristische Person), die zu jedem gesetzlich zulässigen Zweck errichtet werden kann. Die GmbH gilt als Handelsgesellschaft, auch wenn der Gegenstand des Unternehmens nicht im Betrieb eines Handelsgewerbes besteht.

Eine Gesellschaft mit beschränkter Haftung kann auch eine **Einmann-GmbH** sein. Die Haftungsbeschränkung der GmbH ist dann mit den Vorzügen der Einzelunternehmung verbunden.

§ 4 GmbHG; Eigenkapital der GmbH; § 266 Abs. 3 HGB; § 5 Abs. 1 GmbHG; § 5 Abs. 2 GmbHG; § 5 Abs. 3 GmbHG; § 14 GmbHG; § 26 GmbHG

Kennzeichnung der GmbH	
Firma	Die Firma muss den Zusatz „GmbH“ haben. Sie kann Personen- oder Sachfirma und auch gemischte Firma sein.
Eigenkapital	Das **Eigenkapital** der GmbH besteht aus **Stammkapital** und **Rücklagen.** ▸ **Als Eigenkapital ist in der Bilanz auszuweisen:** I. Gezeichnetes Kapital (Ausweis des Stammkapitals) II. Kapitalrücklage III. Gewinnrücklagen: 1. gesetzliche Rücklage 2. Rücklage für Anteile an einem herrschenden oder mehrheitlich beteiligten Unternehmen 3. satzungsmäßige Rücklagen 4. andere Gewinnrücklagen IV. Gewinnvortrag/Verlustvortrag V. Jahresüberschuss/Jahresfehlbetrag ▸ Das **Mindeststammkapital** beträgt **25 000 Euro.** ▸ Ein Gesellschafter kann bei Errichtung der Gesellschaft mehrere Geschäftsanteile übernehmen. Die Summe der Nennbeträge aller Geschäftsanteile entspricht dem Stammkapital. ▸ Auf jeden Geschäftsanteil ist eine Einlage zu leisten. Die Höhe richtet sich nach dem bei der Errichtung der Gesellschaft im Gesellschaftsvertrag festgelegten Nennbetrag des Geschäftsanteils. ▸ In der Satzung (Gesellschaftsvertrag) kann bestimmt sein, dass die Gesellschafter über die Nennbeträge der Geschäftsanteile hinaus die Einforderung von weiteren Einzahlungen (**Nachschüsse**) beschließen können. Die Satzung kann eine **beschränkte oder eine unbeschränkte Nachschusspflicht** vorsehen.
Haftung	**Den Gläubigern der GmbH haftet nur das Gesellschaftsvermögen.**

Kennzeichnung der GmbH	
Geschäftsführung und Vertretung	**Organe der GmbH sind** die **Gesellschafterversammlung**, die **Geschäftsführer** und der **Aufsichtsrat.** ▸ Die **Gesellschafterversammlung** kann grundsätzlich über alle Angelegenheiten der GmbH beschließen, sofern das nach Satzung oder Gesetz zulässig ist. Nach § 46 GmbHG unterliegen der Bestimmung der Gesellschafter u. a. – die Feststellung des Jahresabschlusses und die Verwendung des Ergebnisses, die Einforderung der Einlagen, – die Teilung, Zusammenlegung sowie die Einziehung von Geschäftsanteilen, – die Bestellung und die Abberufung von Geschäftsführern sowie die Entlastung, – die Grundsätze zur Prüfung und Überwachung der Geschäftsführung, – die Bestellung von Prokuristen und von Handlungsbevollmächtigten, – die Billigung eines von den Geschäftsführern aufgestellten Konzernabschlusses. Beschlüsse der Gesellschafter bedürfen der Mehrheit der abgegebenen Stimmen. Jeder Euro eines Geschäftsanteils gewährt eine Stimme. ▸ Die GmbH muss einen oder mehrere **Geschäftsführer** haben. Geschäftsführer können Gesellschafter oder auch gesellschaftsfremde Dritte (sog. „Fremdorganschaft") sein. Die Geschäftsführer vertreten die Gesellschaft gerichtlich und außergerichtlich. Sind mehrere Geschäftsführer bestellt, sind sie grundsätzlich alle nur gemeinschaftlich zur Geschäftsführung und Vertretung berechtigt (**Gesamtgeschäftsführungs- und Vertretungsbefugnis**). Der Geschäftsvertrag (Satzung) kann **Einzelvertretungsbefugnis** vorsehen. Unechte Gesamtvertretung (ein Geschäftsführer zusammen mit einem Prokuristen) ist zulässig. ▸ Nach dem **GmbH-Gesetz kann** bei der GmbH ein **Aufsichtsrat** gebildet werden.

§ 46 GmbHG

§ 47 GmbHG

§§ 6, 35 Abs. 1 GmbHG

§ 35 Abs. 2 GmbHG

§ 52 GmbHG

Unternehmergesellschaft (haftungsbeschränkt) und Limited (Ltd.)

Bei der **Unternehmergesellschaft (haftungsbeschränkt)**, oder kurz (**UG (haftungsbeschränkt)**, handelt es sich um eine Sonderform der GmbH mit einem Mindesteigenkapital von einem Euro (daher auch die Bezeichnung Ein-Euro-GmbH oder Mini-GmbH). Sie ist als Einstiegsvariante zur eigentlichen GmbH zu verstehen und kann unter vereinfachten Bedingungen gegründet werden. Durch die UG (haftungsbeschränkt) hat die englische **Limited (Ltd.)**, eine häufig als „Briefkastenfirma" in England gegründete Gesellschaft mit Zweigniederlassung in Deutschland, stark an Bedeutung verloren.

UG

Ltd.

Gegenüberstellung der UG (haftungsbeschränkt) und der Limited (Ltd.)

Merkmale	UG (haftungsbeschränkt)	Limited (Ltd.)
Firma	Die Unternehmergesellschaft (UG) führt den Zusatz „haftungsbeschränkt".	Die Firma führt den Zusatz „Ltd."
Eigenkapital	Mindestens ein Euro (+ Gewinnrücklagen bis 25000 Euro)	Mindestens ein britischer Penny (in der Praxis ist ein Nennkapital von mind. einem britischen Pfund üblich)
Haftung	Den Gläubigern gegenüber haftet nur das Gesellschaftsvermögen.	
Geschäftsführung und Vertretung	**Organe der UG sind** ▸ Gesellschafter und ▸ Geschäftsführer (auch in Personalunion)	**Organe der Ltd. sind** ▸ Directors (= Geschäftsführung) ▸ Company Secretary (= Verwaltungsführung als formelle Kontaktperson zu britischen Behörden) ▸ General Meeting (= Gesellschafterversammlung)

§ 5a GmbHG

1.3.3.7 Mischgesellschaften

Mischgesellschaften sind Gesellschaften, die sowohl Elemente einer Kapitalgesellschaft als auch einer Personenhandelsgesellschaft aufweisen. Eine solche Mischgesellschaft ist z. B. die GmbH & Co KG. Bei ihr ist eine GmbH mit einer KG kombiniert.

Beispiel für eine GmbH & Co. KG

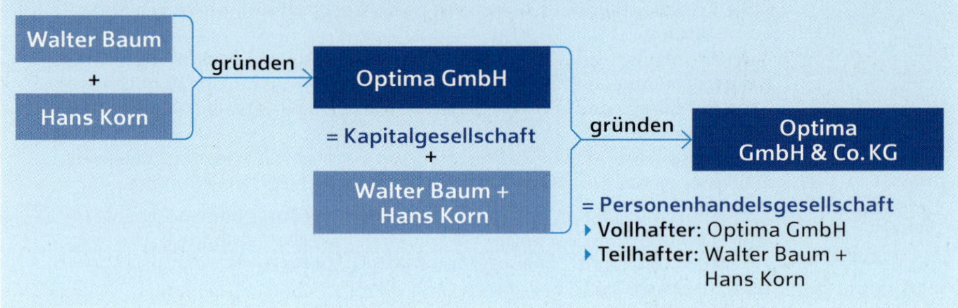

Eine weitere Form der Mischgesellschaft ist die AG & Co. KG, bei der eine AG mit einer KG verknüpft ist. Selbst eine Limited (Ltd.) wie auch eine Unternehmergesellschaft könnten mit einer KG zur Limited & Co. KG bzw. zur UG (haftungsbeschränkt) & Co. KG kombiniert werden. Sämtliche Mischgesellschaften sind Personenhandelsgesellschaften und damit einkommensteuerrechtlich keine selbstständigen Steuersubjekte. Die Einkünfte der Kommanditisten unterliegen der Einkommensteuer, die Einkünfte der Kapitalgesellschaften als Komplementäre der Körperschaftsteuer.

1.3.3.8 Genossenschaft

Genossenschaften

§ 1 GenG

Genossenschaften sind Betriebe, die den Erwerb und die Wirtschaft ihrer Mitglieder oder deren soziale oder kulturelle Belange mittels gemeinschaftlichen Geschäftsbetriebs fördern. Genossenschaften sind juristische Personen. Sie erlangen Rechtsfähigkeit durch Eintragung in das elektronisch geführte Genossenschaftsregister. Die Zahl der Mitglieder muss mindestens drei betragen.

Neben der Genossenschaft nach nationalem Recht gibt es die Europäische Genossenschaft (Societas Cooperative Europea – SCE) nach europäischem Gemeinschaftsrecht.

Kennzeichnung der Genossenschaft		
Firma	Die Firma der Genossenschaft muss eine Sachfirma mit dem Zusatz „eG“ sein.	§ 3 GenG
Eigenkapital	▸ Das **Eigenkapital** der Genossenschaft besteht aus der **Summe der Geschäftsguthaben** und den **Ergebnisrücklagen (gesetzliche Rücklagen und andere Ergebnisrücklagen)**. Die Satzung kann ein Mindesteigenkapital vorsehen. ▸ Mitglieder zeichnen mit ihrem Beitritt zur Genossenschaft einen **Geschäftsanteil,** auf den sie die geschuldeten Einzahlungen zu leisten haben. ▸ Die Höhe der Einzahlungen ergibt das **Geschäftsguthaben**.	§ 337 Abs. 2 HGB § 7 GenG § 15a GenG
Haftung	**Den Gläubigern der Genossenschaft haftet das Vermögen der Genossenschaft.** Die Satzung der Genossenschaft muss festlegen, ob im Insolvenzfall von den Mitgliedern Nachschüsse zur Insolvenzmasse unbeschränkt, beschränkt auf eine bestimmte Haftsumme oder überhaupt nicht geleistet werden müssen.	§§ 2, 6 Nr. 3 GenG
Geschäftsführung und Vertretung	**Organe der Genossenschaft sind Vorstand, Aufsichtsrat** und **Generalversammlung.** ▸ **Der Vorstand ist Geschäftsführungs- und Vertretungsorgan.** Er besteht nach dem Genossenschaftsgesetz aus zwei Personen, kann nach der Satzung bei nicht mehr als 20 Mitgliedern auch nur aus einer Person bestehen. Besteht der Vorstand aus zwei Personen, sind sie nur gemeinschaftlich zur Vertretung der Genossenschaft befugt, soweit die Satzung nichts Abweichendes bestimmt. ▸ **Der Aufsichtsrat hat die Geschäftsführung des Vorstands zu überwachen.** ▸ **Auf der Generalversammlung werden die Rechte der Mitglieder ausgeübt.** Sie beschließt mit der Mehrheit der abgegebenen Stimmen. Die Generalversammlung beschließt über die Feststellung des Jahresabschlusses, über die Verwendung des Jahresüberschusses (oder die Deckung des Jahresfehlbetrags) sowie über die Entlastung von Vorstand und Aufsichtsrat. Die Generalversammlung setzt **Kredithöchstgrenzen.** Bei Genossenschaften mit mehr als 1 500 Mitgliedern kann die Generalversammlung nur aus Vertretern der Mitglieder (**Vertreterversammlung**) bestehen.	§§ 24, 25 GenG § 38 Abs. 1 GenG § 48 GenG § 49 GenG § 43a GenG

1.4 Struktur der Kreditwirtschaft

1.4.1 Eurosystem und Europäische Zentralbank

Seit der Einführung des Euro als gemeinsame Währung in der Europäischen Wirtschafts- und Währungsunion (WWU) am 1. Januar 1999 trägt das **Eurosystem** die Verantwortung für die **einheitliche Geldpolitik im Euro-Währungsgebiet**, d.h. in den Ländern, in denen der Euro bereits eingeführt ist. Eurosystem

Das Eurosystem umfasst

- die **Europäische Zentralbank** (EZB) mit Sitz in Frankfurt am Main und EZB
- die rechtlich selbstständigen **nationalen Zentralbanken** (NZB) **der 19 Mitgliedstaaten** der Europäischen Union, **die den Euro eingeführt haben.** NZB

Das Europäische System der Zentralbanken (ESZB) besteht aus der EZB und den Zentralbanken aller 28 Mitgliedstaaten der EU. Es umfasst neben den Mitgliedern des Eurosystems auch die NZB der Mitgliedstaaten, die den Euro noch nicht eingeführt haben. ESZB Europäisches System der Zentralbanken

1.4.1.1 Beschlussorgane des Eurosystems

Beschluss-organe

Das Eurosystem wird von den Beschlussorganen der EZB, dem EZB-Rat und dem Direktorium der EZB, geleitet.

EZB-Rat
EZB-Direktorium

Beschlussorgane der EZB

EZB-Rat

- Der EZB-Rat besteht aus den 6 Mitgliedern des Direktoriums der EZB und den 19 Präsidenten der nationalen Zentralbanken der Länder, die den Euro eingeführt haben.
- Der EZB-Rat
  - erlässt Leitlinien zur Erfüllung der Aufgaben des Eurosystems und
  - legt die Geldpolitik für den Euro-Raum fest, z. B. Beschlussfassung über Leitzinsänderung, Bereitstellung von Zentralbankguthaben im Eurosystem.

EZB-Direktorium

- Das EZB-Direktorium besteht aus dem Präsidenten, dem Vizepräsidenten und vier weiteren Mitgliedern, die von den Staats- und Regierungschefs der Mitgliedstaaten, die den Euro eingeführt haben, ernannt werden.
- Das Direktorium
  - ist für die Umsetzung der Beschlüsse des EZB-Rats verantwortlich und
  - führt die laufenden Geschäfte der EZB.

Das ESZB wird vom EZB-Rat und dem EZB-Direktorium sowie dem Erweiterten Rat der EZB als drittem Beschlussorgan geleitet. Der Erweiterte Rat setzt sich aus dem Präsidenten und dem Vizepräsidenten der EZB sowie den Präsidenten der nationalen Zentralbanken der 28 EU-Mitgliedstaaten zusammen. Die geldpolitischen Befugnisse liegen jedoch ausschließlich beim EZB-Rat.

Um die Beschlussfähigkeit des EZB-Rats in einem erweiterten Euro-Währungsgebiet zu sichern, sind seit 2015 nicht mehr alle im EZB-Rat vertretenen Präsidenten stimmberechtigt. Stimmberechtigte und nicht stimmberechtigte Präsidenten werden nach einem Rotationssystem ausgewechselt, wobei Präsidenten großer Mitgliedstaaten öfter für einen bestimmten Zeitraum stimmberechtigt sind als die kleinerer Länder.

Für das gesamte Euro-Währungsgebiet wird eine einheitliche Geldpolitik festgelegt und umgesetzt. Zur Ausführung der im EZB-Rat zentral beschlossenen Geldpolitik und zur Durchführung der entsprechenden Operationen werden die nationalen Zentralbanken eingeschaltet.

▸ Kapitel 1.5

Seit dem Jahr 2014 ist die EZB auch für die Bankenaufsicht zuständig.

1.4.1.2 Ziele des Eurosystems

Ziel: Preisstabilität

Vorrangiges Ziel des Eurosystems ist es, die Preisstabilität im Euro-Währungsgebiet zu gewährleisten. Darüber hinaus unterstützt das Eurosystem – soweit dies ohne Beeinträchtigung des Ziels der Preisstabilität möglich ist – die allgemeine Wirtschaftspolitik im Euro-Währungsraum.

HVPI

Der EZB-Rat hat als quantitative Definition der Preisstabilität den „Anstieg des Harmonisierten Verbraucherpreisindex (HVPI) für das Euro-Währungsgebiet von unter, aber nahe bei 2 % gegenüber dem Vorjahr" bezeichnet. Diese Preisstabilität ist mittelfristig beizubehalten.

Dabei wird der **Geldmenge M 3** (weit gefasstes Geldmengenaggregat) eine tragende Rolle **als Orientierungsmittel** zugewiesen. Es wird angenommen, dass die in M 3 enthaltenen Komponenten kurzfristig Nachfrage und damit preissteigernde Effekte auslösen können.

Geldmenge M 3

Berechnung der Geldmenge M 3 im Euro-Währungsgebiet
Bargeldumlauf (ohne Kassenbestände der Banken)
+ Täglich fällige Einlagen von Nichtbanken
+ Einlagen von Nichtbanken mit vereinbarter Laufzeit von bis zu zwei Jahren
+ Einlagen von Nichtbanken mit vereinbarter Kündigungsfrist von bis zu drei Monaten
+ Repogeschäfte, Geldmarktfondsanteile
+ Bankschuldverschreibungen mit einer Laufzeit von bis zu zwei Jahren (einschl. Geldmarktpapiere)

Referenzwert

Der **Referenzwert für das Wachstum der Geldmenge M 3** ist die Jahreswachstumsrate, die auf mittlere Sicht mit der Gewährleistung der Preisstabilität vereinbar ist. Derzeit beträgt der nicht mehr veröffentlichte Referenzwert für das jährliche M3-Wachstum unverändert 4,5 %.

1.4.1.3 Geldpolitische Instrumente des Eurosystems

Geldpolitische Instrumente

Zur Erreichung seiner Ziele stehen dem EZB-Rat bestimmte geldpolitische Instrumente zur Verfügung:
- **Offenmarktgeschäfte,**
- **Ständige Fazilitäten,**
- **Mindestreserven.**

Mit den geldpolitischen Instrumenten wird die Geldmenge beeinflusst.

Wirkungen der Geldpolitik

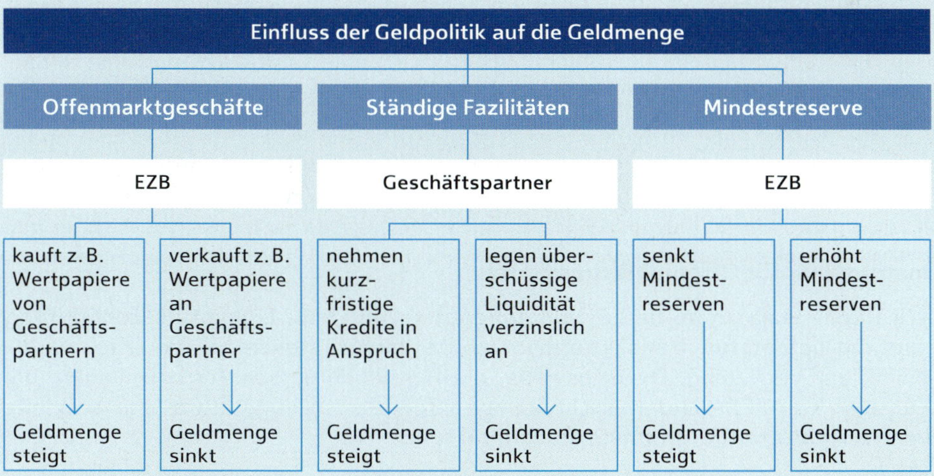

1.4.1.3.1 Offenmarktgeschäfte

Offenmarktgeschäfte

Offenmarktgeschäfte sind auf Initiative der Zentralbank durchgeführte Finanzmarktgeschäfte. Die EZB entscheidet über das einzusetzende Instrument und die Konditionen für die Durchführung.

Offenmarktgeschäfte im Eurosystem

Offenmarktgeschäfte im Eurosystem

	Transaktionsart				
	Liquiditätsbereitstellung	**Liquiditätsabschöpfung**	**Laufzeit**	**Rhythmus**	**Verfahren**
Hauptrefinanzierungsgeschäfte	Befristete Transaktionen	–	Eine Woche	Wöchentlich	Standardtender
Längerfristige Refinanzierungsgeschäfte	Befristete Transaktionen	–	Drei Monate	Monatlich	Standardtender
Feinsteuerungsoperationen	Befristete Transaktionen, Devisenswaps	Befristete Transaktionen, Hereinnahme von Termineinlagen, Devisenswaps	Nicht standardisiert	Unregelmäßig	Schnelltender, Bilaterale Geschäfte
Strukturelle Operationen	Befristete Transaktionen	Emission von Schuldverschreibungen der EZB	Standardisiert/nicht standardisiert	Regelmäßig und unregelmäßig	Standardtender
	Endgültige Käufe	Endgültige Verkäufe	–	Unregelmäßig	Bilaterale Geschäfte

Quelle: Europäische Zentralbank, Durchführung der Geldpolitik im Euro-Währungsgebiet, Stand: 1. Januar 2012 (die Publikation ist kostenfrei auf der EZB-Website erhältlich)

Instrumente für Offenmarktgeschäfte

befristete Transaktionen

Wichtigste Maßnahme zur Liquiditätsbereitstellung bzw. Liquiditätsabschöpfung sind die befristeten Transaktionen. Darüber hinaus stehen für die Offenmarktpolitik zur Verfügung: Devisenswaps, die Hereinnahme von Termineinlagen, die Emission von EZB-Schuldverschreibungen sowie endgültige Käufe und Verkäufe von Wertpapieren (Outright-Geschäfte).

Pensionsgeschäfte

Pfandkredite

Bei **Pensionsgeschäften** entspricht die Differenz zwischen Kaufpreis und Rückkaufspreis den für die Laufzeit des Geschäfts anfallenden Zinsen für den aufgenommenen Betrag. Der Rückkaufspreis schließt also die jeweils zu zahlenden Zinsen ein. Bei befristeten Transaktionen in Form von **Pfandkrediten** werden die Zinsen mit dem festgesetzten Zinssatz auf den Kreditbetrag für die Laufzeit des Geschäfts berechnet.

Befristete Transaktionen

können durchgeführt werden als

Pensionsgeschäfte

= Ankauf notenbankfähiger Sicherheiten mit Rückkaufsvereinbarung

Pfandkredite

= Kreditgeschäfte gegen Verpfändung notenbankfähiger Sicherheiten

Verfahren zur Durchführung von Offenmarktgeschäften

Die Offenmarktgeschäfte werden überwiegend in Form von Tenderverfahren durchgeführt. Die nationalen Zentralbanken können die Operationen auch als bilaterale Geschäfte ausführen.

Verfahren bei Offenmarktgeschäften

Verfahren bei der Durchführung von Offenmarktgeschäften

Tenderverfahren

- Standardtender
- Schnelltender

bilaterale Geschäfte

Verfahrensschritte bei Tenderverfahren

Schritt 1: Tenderankündigung
- a) Ankündigung durch die EZB über Wirt schafts informa tionsdienste
- b) Ankündigung durch die nationalen Zentralbanken über nationale Wirtschafts-informa tionsdienste und direkt gegenüber einzelnen Geschäftspartnern (wenn dies notwendig erscheint)

Schritt 2: Vorbereitung und Abgabe von Geboten durch die Geschäfts partner

Schritt 3: Zusammenstellung der Gebote durch das Eurosystem

Schritt 4: Tenderzuteilung und Bekanntmachung der Tenderergebnisse
- a) Zuteilungsentscheidung der EZB
- b) Ankündigung der Zuteilungsergebnisse über Wirtschaftsinformationsdienste und die Website der EZB

Schritt 5: Bestätigung der einzelnen Zuteilungsergebnisse

Schritt 6: Abwicklung der Transaktionen

Quelle: Europäische Zentralbank, Durchführung der Geldpolitik im Euro-Währungsgebiet, Stand: 1. Januar 2012 (die Publikation ist kostenfrei auf der EZB-Website erhältlich)

Der Tender ist ein Verfahren, bei dem die Zentralbank über eine Ausschreibung Gebote der Geschäftspartner einholt und anschließend die Zuteilung vornimmt. Tender

Standardtender sollen allen Geschäftspartnern die Teilnahme ermöglichen. Sie werden insbesondere bei der Durchführung von Haupt- und längerfristigen Re- Standardtender finanzierungsgeschäften eingesetzt. Die Abwicklung von Standardtendern dauert von der Tenderankündigung bis zur Bestätigung des Zuteilungsergebnisses höchstens 24 Stunden.

Schnelltender

Schnelltender werden mit einem beschränkten Kreis von Geschäftspartnern durchgeführt. Sie werden im Rahmen von Feinsteuerungsoperationen angewandt. Schnelltender weisen die gleichen Verfahrensschritte wie Standardtender auf. Sie werden aber zeitlich stark verkürzt durchgeführt. In der Regel vergehen von der Tenderankündigung bis zur Bekanntgabe des Zuteilungsergebnisses nicht mehr als 90 Minuten. Auf diese Weise soll die Liquidität der Banken möglichst kurzfristig beeinflusst werden.

▸ Seite 277

Je nach Art des Tenders müssen die Banken entweder nur Betragsgebote abgeben (**Mengentender**) oder sie müssen in ihrem Gebot Beträge und Zinssätze nennen (**Zinstender**).

bilaterale Geschäfte

Bilaterale Geschäfte sind Direktabschlüsse mit einem oder wenigen Geschäftspartnern ohne vorhergehendes Ausschreibungsverfahren. Sie kommen bei Feinsteuerungsoperationen und bei strukturellen Operationen für definitive Käufe bzw. Verkäufe von refinanzierungsfähigen Sicherheiten vor. Bilaterale Geschäfte werden auf einen engen Kreis von Teilnehmern beschränkt.

Kategorien von Offenmarktgeschäften

Offenmarktgeschäfte können in vier Kategorien eingeteilt werden:
- **Hauptrefinanzierungsgeschäfte**
- **längerfristige Refinanzierungsgeschäfte**
- **Feinsteuerungsoperationen**
- **strukturelle Operationen**

Hauptrefinanzierungsgeschäfte

Hauptrefinanzierungsgeschäfte

Als **Hauptrefinanzierungsgeschäfte** (HRG), auch als **Haupttender** bezeichnet, **dienen regelmäßig stattfindende liquiditätszuführende Transaktionen in wöchentlichem Abstand und mit einer Laufzeit von einer Woche.** Die Transaktionen werden dezentral von den nationalen Zentralbanken im Rahmen von Standardtendern durchgeführt. Über Hauptfinanzierungsgeschäfte wird dem Finanzsektor im Euro-Währungsgebiet der größte Teil des Refinanzierungsvolumens zur Verfügung gestellt.

längerfristige Refinanzierungsgeschäfte

Längerfristige Refinanzierungsgeschäfte

Die längerfristigen Refinanzierungsgeschäfte (LRG) **sind liquiditätszuführende befristete Transaktionen im monatlichen Abstand und mit einer Laufzeit von drei Monaten.** Über diese Geschäfte, die auch als **Basistender** bezeichnet werden, sollen den Geschäftspartnern längerfristige Mittel zur Verfügung gestellt werden. Sie werden von den nationalen Zentralbanken als Standardtender durchgeführt.

Feinsteuerungsoperationen

Feinsteuerungsoperationen

Feinsteuerungsoperationen werden von Fall zu Fall zur Steuerung der Marktliquidität und der Zinssätze durchgeführt. Sie sollen insbesondere die Auswirkungen unerwarteter marktmäßiger Liquiditätsschwankungen auf die Zinssätze ausgleichen. Die Feinsteuerung erfolgt in erster Linie über **befristete Transaktionen.** Möglich ist eine Feinsteuerung auch in Form von Devisenswapgeschäften und der Hereinnahme von Termineinlagen. Feinsteuerungsoperationen werden von den nationalen Zentralbanken meist über Schnelltender oder bilaterale Geschäfte durchgeführt.

Strukturelle Operationen

strukturelle Operationen

Das Eurosystem kann strukturelle Operationen über die Emission von Schuldverschreibungen, befristete Transaktionen und endgültige Käufe bzw. Verkäufe durchführen. Diese Operationen werden genutzt, wenn die EZB die strukturelle Liquiditätsposition des Finanzsektors gegenüber dem Eurosystem anpassen will. Strukturelle Operationen in Form von befristeten Transaktionen oder im Wege der Emission von Schuldtiteln werden von den nationalen Zentralbanken über Standardtender abgewickelt. Endgültige Käufe bzw. Verkäufe erfolgen im Wege bilateraler Geschäfte.

1.4.1.3.2 Ständige Fazilitäten

Fazilität ist ein international gebräuchlicher Ausdruck für Kreditlinie oder Kreditrahmen.

ständige Fazilitäten

Mit den ständigen Fazilitäten bietet das Eurosystem den zugelassenen Geschäftspartnern an, in eigener Initiative Geld aufzunehmen (Spitzenrefinanzierungsfazilität) oder Geld anzulegen (Einlagefazilität).

Die ständigen Fazilitäten setzen Signale zum allgemeinen Kurs der Geldpolitik und stecken die Ober- und Untergrenze für Tagesgeldsätze ab.

Spitzenrefinanzierungsfazilität

Spitzenrefinanzierungsfazilität

Die Geschäftspartner können die Spitzenrefinanzierungsfazilität nutzen, um sich von den nationalen Zentralbanken Übernachtliquidität (Übernachtkredit) zu einem vorgegebenen Zinssatz gegen notenbankfähige Sicherheiten zu beschaffen. In der Regel gibt es keine Kredithöchstgrenzen. Der Zinssatz für die Spitzenrefinanzierungsfazilität bildet im Allgemeinen die Obergrenze des Tagesgeldsatzes.

Einlagefazilität

Einlagefazilität

Die Geschäftspartner können die Einlagefazilität nutzen, um bei den nationalen Zentralbanken überschüssige täglich fällige Einlagen bis zum nächsten Geschäftstag (Übernachtguthaben) zu einem vorgegebenen Zinssatz anzulegen. In der Regel gibt es keine Betragsbegrenzungen. Der Zinssatz bildet im Allgemeinen die Untergrenze des Tagesgeldsatzes.

1.4.1.3.3 Mindestreservesystem

Pflichteinlagen

Höhe der Mindestreserve

Die EZB verlangt, dass jedes Kreditinstitut Pflichteinlagen (Mindestreserven) auf Girokonten bei der nationalen Zentralbank unterhält. Ihre Höhe ergibt sich als **Prozentwert der Verbindlichkeiten des jeweiligen Kreditinstituts** (Mindestreserve-Soll).

Mindestreserve-Soll

Das **Mindestreserve-Soll** wird errechnet, indem die in die Mindestreserve einbezogenen Verbindlichkeiten (Mindestreservebasis) mit einem Mindestreservesatz multipliziert werden.

Verzinsung der Mindestreserve

Die **Mindestreserve wird verzinst**. Der Zinssatz richtet sich nach dem durchschnittlichen Zinssatz der Hauptrefinanzierungsgeschäfte während der Mindestreserve-Erfüllungsperiode. Er liegt daher sehr nahe bei den kurzfristigen Geldmarktzinssätzen. Die **Mindestreservepolitik** besteht in der Festsetzung der Mindestreservesätze.

Mindestreservepolitik

Ziele der Mindestreservepolitik sind
- die Stabilisierung der Geldmarktsätze im Euro-Währungsgebiet,
- Herbeiführung oder Vergrößerung einer strukturellen Liquiditätsknappheit.

Mindestreservebasis und Mindestreservesätze

Mindestreservebasis

Die Mindestreservebasis eines Instituts wird aus einzelnen Positionen seiner Bilanz ermittelt. Die Bilanzangaben sind den nationalen Zentralbanken im Rahmen der Geld- und Bankenstatistik zu melden. Die **Mindestreservesätze** werden von der EZB festgesetzt. Die EZB kann die Reservesätze jederzeit ändern. Sie können höchstens 10 % betragen.

Reservesätze

Reservesätze für Verbindlichkeiten

Reservebasis und Mindestreservesätze

A. In die Mindestreservebasis einbezogene Verbindlichkeiten mit positivem Reservesatz (1 % seit Januar 2012)

Einlagen:
- Täglich fällige Einlagen
- Einlagen mit vereinbarter Laufzeit von bis zu zwei Jahren
- Einlagen mit vereinbarter Kündigungsfrist von bis zu zwei Jahren

Ausgegebene Schuldverschreibungen:
- Schuldverschreibungen mit einer Ursprungslaufzeit von bis zu zwei Jahren

B. In die Mindestreservebasis einbezogene Verbindlichkeiten mit einem Reservesatz von 0 %

Einlagen:
- Einlagen mit vereinbarter Laufzeit von mehr als zwei Jahren
- Einlagen mit vereinbarter Kündigungsfrist von mehr als zwei Jahren
- Repogeschäfte

Ausgegebene Schuldverschreibungen:
- Schuldverschreibungen mit einer Ursprungslaufzeit von mehr als zwei Jahren

C. Nicht in die Mindestreservebasis einbezogene Verbindlichkeiten
- Verbindlichkeiten gegenüber Instituten, die ihrerseits den Mindestreservevorschriften des Eurosystems unterliegen
- Verbindlichkeiten gegenüber der EZB und den teilnehmenden nationalen Zentralbanken

Quelle: Europäische Zentralbank, Durchführung der Geldpolitik im Euro-Währungsgebiet, Stand: 1. Januar 2012 (die Publikation ist kostenfrei auf der EZB-Website erhältlich)

mindestreservepflichtige Institute

Mindestreservepflichtige Institute

Mindestreservepflichtig sind alle im Euro-Währungsraum niedergelassenen Kreditinstitute, die das Kredit- und das Einlagengeschäft mit jedermann durchführen.

Die Mindestreservepflicht macht das Kreditinstitut zum Geschäftspartner, der berechtigt ist, an geldpolitischen Geschäften des Eurosystems teilzunehmen.

Ausgenommen von der Mindestreservepflicht können u. a. sein:
- Kreditinstitute, denen die Zulassung entzogen worden ist,
- Kreditinstitute, die Sanierungsmaßnahmen unterworfen sind,
- bestimmte Spezialinstitute.

Ermittlung und Erfüllung der Mindestreserven

Kriterien	Mindestreserve-Soll	Mindestreserve-Ist
Ermittlungsbasis	Summe der reservepflichtigen Verbindlichkeiten der Kreditinstitute.	Tagesendguthaben auf Mindestreservekonten bei der NZB.
Ermittlungsmethode	▸ Die reservepflichtigen Verbindlichkeiten werden auf Basis der im Rahmen der Geld- und Bankenstatistiken gemeldeten Monatsendbestände festgelegt (Mindestreservebasis). ▸ Durch Anwendung des Mindestreservesatzes (zurzeit 1 %) auf die entsprechenden reservepflichtigen Verbindlichkeiten wird das Mindestreserve-Soll ermittelt. Von der Gesamtsumme des Reserve-Solls kann ein Freibetrag von 100 000 Euro pauschal abgezogen werden. ▸ Das Reserve-Soll ist jeweils maßgeblich für die im übernächsten Monat beginnende Mindestreserve-Erfüllungsperiode (**Beispiel:** Das im Monat August ermittelte Reserve-Soll ist maßgeblich für die im Oktober beginnende Erfüllungsperiode).	▸ Das Mindestreserve-Ist wird als Durchschnitt aller Tagesendbestände auf den Mindestreservekonten der jeweiligen Mindestreserve-Erfüllungsperiode errechnet. ▸ Unterschreitet das Reserve-Ist das Reserve-Soll an einzelnen Tagen der Erfüllungsperiode, können Defizite durch höhere Guthaben an anderen Tagen derselben Erfüllungsperiode ausgeglichen werden.
Erfüllungsperiode	▸ Das Direktorium der EZB veröffentlicht spätestens drei Monate vor Beginn eines Kalenderjahrs einen Kalender der Mindestreserve-Erfüllungsperioden. ▸ Alle Erfüllungsperioden beginnen grundsätzlich am Tag der Abwicklung des ersten Hauptrefinanzierungsgeschäfts, das auf die Sitzung des EZB-Rats folgt, in der die monatliche Beurteilung des geldpolitischen Kurses vorgesehen ist.	
Sanktionen	Zum Beispiel Strafzins von bis zu 5 % über den Satz der Spitzenrefinanzierungsfazilität auf den Fehlbetrag; Haltung einer unverzinslichen Einlage bis zum Dreifachen des Mindestreservefehlbetrages; bei schwerwiegendem Verstoß Ausschluss von der Teilnahme an Offenmarktgeschäften.	

Mindestreserve-Soll
Mindestreserve-Ist

1.4.1.4 Notenbankfähige Sicherheiten

notenbankfähige Sicherheiten

Alle liquiditätszuführenden Operationen des Eurosystems müssen mit notenbankfähigen Sicherheiten unterlegt werden, die von den Geschäftspartnern zu stellen sind. Für notenbankfähige Sicherheiten besteht ein einheitlicher Rahmen: das „einheitliche Sicherheitenverzeichnis“ (Single List). Es umfasst zwei Arten von Sicherheiten: marktfähige und nicht marktfähige Sicherheiten.

marktfähige und nicht marktfähige Sicherheiten

Notenbankfähige Sicherheiten	
marktfähige Sicherheiten	**nicht marktfähige Sicherheiten**
‣ EZB-Schuldverschreibungen ‣ sonstige auf Euro lautende erstrangige Schuldtitel	‣ Kreditforderungen ‣ RMBDs

RMBDs (Retail Mortage-Backed Debt Instruments) sind mit hypothekarischen Darlehen an Privatkunden besicherte Schuldtitel. Sie spielen im Eurosystem zurzeit nur eine sehr untergeordnete Rolle.

Für geldpolitische Geschäfte des Eurosystems zugelassene Sicherheiten

Überblick über notenbankfähige Sicherheiten

Zahlungskriterien	marktfähige Sicherheiten	nicht marktfähige Sicherheiten
Art der Sicherheit	‣ EZB-Schuldverschreibungen ‣ sonstige marktfähige Schuldtitel	Kreditforderungen
Bonitätsanforderungen	Die Sicherheit muss den hohen Bonitätsanforderungen genügen. Die Bonitätsanforderungen werden anhand besonderer Regeln (ECAF-Regeln) für marktfähige Sicherheiten beurteilt.	Der Schuldner/Garant muss den hohen Bonitätsanforderungen genügen. Die Kreditwürdigkeit wird anhand besonderer Regeln (ECAF-Regeln) für Kreditforderungen beurteilt.
Emissionsort	EWR	nicht zutreffend
Abwicklung/ Hinterlegung/ Bearbeitungsverfahren	‣ Abwicklungsort: Euro-Währungsgebiet ‣ Hinterlegung: Die Sicherheiten müssen zentral in girosammelverwahrfähiger Form bei NZBen oder einem Wertpapierabwicklungssystem hinterlegt werden, das den EZB-Mindeststandards entspricht.	Verfahren des Eurosystems
Art des Emittenten/Schuldners/ Garanten	‣ Zentralbanken ‣ öffentliche Hand ‣ privater Sektor ‣ internationale und supranationale Organisationen	‣ öffentliche Hand ‣ nicht finanzielle Unternehmen ‣ internationale und supranationale Organisationen
Sitz des Emittenten/Schuldners oder Garanten	‣ Emittent: EWR oder G-10-Länder außerhalb des EWR ‣ Schuldner: EWR ‣ Garant: EWR	Euro-Währungsgebiet
Zugelassene Märkte	‣ geregelte Märkte ‣ von der EZB zugelassene nicht geregelte Märkte	nicht zutreffend
Währung	Euro	Euro

Zahlungskriterien	marktfähige Sicherheiten	nicht marktfähige Sicherheiten
Mindestbetrag	nicht zutreffend	Einheitlicher Mindestbetrag von 500000 Euro im gesamten Euro-Währungsgebiet
Grenzüberschreitende Nutzung	ja	ja

Quelle: In Anlehnung an Europäische Zentralbank, Durchführung der Geldpolitik im Euro-Währungsgebiet, Stand: 1. Januar 2012 (die Publikation ist kostenfrei auf der EZB-Website erhältlich)

Alle notenbankfähigen Finanzaktiva (Wertpapiere, Kreditforderungen) werden dem **Sicherheitenpool** des jeweiligen Kreditinstituts zugeführt. Die Gesamtheit der im Pool enthaltenen **Pfandgegenstände** dient gemeinsam der Besicherung aller vom Kreditinstitut aufgenommenen Notenbankkredite.

Sicherheitenpool

1.4.1.5 Zugelassene Geschäftspartner

Die Geschäftspartner, die zu den geldpolitischen Geschäften des Eurosystems zugelassen sind, müssen bestimmte operationale und aufsichtsrechtliche Anforderungen erfüllen. Sie müssen

Geschäftspartner

Zulassungskriterien

- in das **Mindestreservesystem** einbezogen sein,
- einer Form der auf EU- bzw. EWR-Ebene harmonisierten Aufsicht durch die nationalen Behörden unterliegen und finanziell solide sein,
- sämtliche vertraglichen oder öffentlich-rechtlichen Regelungen der betreffenden NZB oder EZB erfüllen, die eine effiziente Durchführung der geldpolitischen Geschäfte des Eurosystems gewährleisten.

Institute, die als Geschäftspartner zugelassen sind, können

- die ständigen Fazilitäten des Eurosystems in Anspruch nehmen und
- an den Offenmarktgeschäften des Eurosystems über Standardtender teilnehmen.

1.4.2 Bankensystem in Deutschland

Bankensystem in Deutschland

Bankensystem in Deutschland

Zentralbanksystem

- **Zentralbanksystem**
  Deutsche Bundesbank mit Hauptverwaltungen und Filialen

Geschäftsbankensystem (Kreditinstitute)

- **Universalbanken**
  - Kreditbanken
  - Sparkassen
  - Kreditgenossenschaften
- **Spezialbanken**
  - Realkreditinstitute
  - Ratenkreditbanken
  - Kreditinstitute mit Sonderaufgaben
  - Transaktionsbanken
  - Bausparkassen
  - Bürgschaftsbanken

1.4.2.1 Deutsche Bundesbank

Aufgaben der Bundesbank

Aufgaben der Deutschen Bundesbank

Kapitel 1.4.1
§ 3 BBankG

Die Deutsche Bundesbank ist die nationale Zentralbank (NZB) der Bundesrepublik Deutschland. Sie ist integraler Bestandteil des Europäischen Systems der Zentralbanken und verpflichtet, an der Erfüllung seiner Aufgaben mitzuwirken. Sie hat ein Mitentscheidungsrecht bei der Geldpolitik der EZB und wirkt an der Vorbereitung, Umsetzung und Vermittlung von Entscheidungen des EZB-Rats mit. Die Deutsche Bundesbank besitzt keine eigenständigen geldpolitischen Machtbefugnisse.

§ 2 BBankG

Die Deutsche Bundesbank ist eine bundesunmittelbare juristische Person des öffentlichen Rechts. Ihr Grundkapital von 2,5 Mrd. Euro steht dem Bund zu. Die Bundesbank hat ihren Sitz in Frankfurt am Main.

Aufgaben der Bundesbank

Aufgaben der Deutschen Bundesbank

- **Mitwirkung an der Erfüllung der Aufgaben des Eurosystems** mit dem vorrangigen Ziel, Preisstabilität zu gewährleisten (§ 3 BBankG)
-
  - **Verwaltung der Währungsreserven**
  - **Sorge für die bankmäßige Abwicklung des Zahlungsverkehrs** im Inland und mit dem Ausland
  - **Stabilisierung der Zahlungs- und Verrechnungswege**

  (§ 3 BBankG)
- **Befugnis zur Notenausgabe** unter Beachtung des Rechts der EZB, hierfür die Genehmigung zu erteilen (§ 14 Abs. 1 BBankG)
- **Mitwirkung bei der Bankenaufsicht** und Zusammenarbeit mit der BaFin und der EZB (§ 7 KWG)

Die Deutsche Bundesbank ist von Weisungen der Bundesregierung unabhängig. Soweit dies unter Wahrung ihrer Aufgabe als Bestandteil des Eurosystems möglich ist, unterstützt sie die allgemeine Wirtschaftspolitik der Bundesregierung.

§§ 12, 13 BBankG

Leitung und Organisation der Deutschen Bundesbank

Organisation der Bundesbank

Organisation der Deutschen Bundesbank

Vorstand	Hauptverwaltungen mit Filialen
▸ **Zusammensetzung:** Präsident, Vizepräsident und vier weitere Mitglieder. ▸ **Aufgaben:** – Leitung und Verwaltung der Bundesbank – Verteilung der Zuständigkeiten innerhalb des Vorstands – Beschlussfassung über die den Hauptverwaltungen zu übertragenden Aufgaben	▸ **Leitung der Hauptverwaltung:** Präsident der jeweiligen Hauptverwaltung mit Weisungsabhängigkeit gegenüber dem Bundesbankvorstand. ▸ **Anzahl und Sitz der Hauptverwaltungen:** Neun Hauptverwaltungen mit Sitz in den einzelnen Bundesländern (wobei einige Hauptverwaltungen für mehrere Bundesländer zuständig sind). ▸ **Filialen:** Von der Bundesbank unterhaltene Filialen, die den zuständigen Hauptverwaltungen unterstellt sind.

§§ 7, 8 und 10 BBankG

Die Geschäfte der Deutschen Bundesbank

Geschäfte der Bundesbank

Die Deutsche Bundesbank darf mit Kreditinstituten und anderen Marktteilnehmern (natürliche und juristische Personen) folgende Geschäfte betreiben:

§§ 19, 22 BBankG

- Gewährung von Darlehen gegen Sicherheiten (nicht an natürliche und juristische Personen),
- Kauf und Verkauf von Forderungen, börsengängigen Wertpapieren und Edelmetallen am offenen Markt,
- Verkauf von Pfändern bei Pfandreife,
- Annahme von Giroeinlagen und anderen Einlagen von Kreditinstituten, Zahlungsinstituten, öffentlichen Verwaltungen sowie in Ausnahmefällen auch von Wirtschaftsunternehmen und Privaten,
- Verwahrung und Verwaltung von Wertgegenständen, insbesondere Wertpapieren,
- Einzug von Schecks, Lastschriften, Wechseln und anderen Inkassopapieren,
- Ausführung sonstiger bankmäßiger Auftragsgeschäfte,
- Kauf und Verkauf von nicht auf Euro lautenden Devisen sowie von Wertpapieren und Edelmetallen,
- Vornahme aller Bankgeschäfte im Verkehr mit dem Ausland.

AGB Deutsche Bundesbank II. 1. (2)

Die **Hauptverwaltungen** der Bundesbank führen das operative Geschäft der vom EZB-Rat beschlossenen geldpolitischen Maßnahmen durch, z. B. Entgegennahme von Geboten der Geschäftspartner bei Tenderverfahren. Sie verwalten die von den

Geschäfte der Hauptverwaltungen

Kreditinstituten für den Sicherheitenpool eingebrachten Pfänder. Außerdem überwachen sie die Unterhaltung der Mindestreserven und ermöglichen den Kreditinstituten die verzinsliche Anlage überschüssiger Liquidität als Einlagefazilität.

§ 247 BGB

Basiszinssatz

Soweit der frühere Diskontsatz der Bundesbank als Bezugsgröße für Zinsen und andere Leistungen verwendet wird, ist an seine Stelle der jeweils von der Bundesbank im Bundesanzeiger bekanntgegebene **Basiszinssatz** getreten.

Zielsetzung der Kreditinstitute

1.4.2.2 Kreditinstitute

Nach der Zielsetzung der Kreditinstitute werden unterschieden:
- **privatwirtschaftliche Kreditinstitute,**
- **gemeinwirtschaftliche bzw. gemeinnützige Kreditinstitute,**
- **genossenschaftliche Kreditinstitute.**

Rechtsform der Kreditinstitute

Nach der Rechtsform der Kreditinstitute werden unterschieden:

- **Kreditinstitute in privatrechtlicher Unternehmungsform,** z.B. Aktienbanken, Genossenschaftsbanken,
- **Kreditinstitute in öffentlich-rechtlicher Unternehmungsform,** z.B. Sparkassen in der Rechtsform der Anstalt des öffentlichen Rechts.

Freie Sparkassen zählen zu den Kreditinstituten in privatrechtlicher Unternehmungsform.

Nach der Breite des Angebots an Bankleistungen werden unterschieden:
- **Universalbanken** und
- **Spezialbanken.**

§ 1 KWG

Universalbanken betreiben die in § 1 KWG genannten Bankgeschäfte. Spezialbanken betreiben nur wenige der in § 1 KWG genannten Bankgeschäfte. Sie sind auf bestimmte Bankleistungen spezialisiert.

Nach der **Statistik der Deutschen Bundesbank** werden die Kreditinstitute in **Bankengruppen** eingeteilt.

Die Interessen der Kreditinstitute werden durch **Verbände** vertreten. Die **Spitzenverbände der deutschen Kreditwirtschaft** arbeiten im Zentralverband **„Die Deutsche Kreditwirtschaft“** (kurz DK) zusammen.

Kreditbanken

1.4.2.2.1 Kreditbanken

Kennzeichnung der Kreditbanken

Die Deutsche Bundesbank verwendet die Bezeichnung Kreditbanken für Großbanken, Regionalbanken und sonstige Kreditbanken, Zweigstellen ausländischer Banken und Privatbankiers. Kreditbanken werden als Unternehmen in privatrechtlicher Form geführt.

Allen Kreditbanken gemeinsam ist:

- Sie betreiben **grundsätzlich alle Bankgeschäfte** (mit Ausnahme des E-Geld-Geschäfts). Kreditbanken betreiben auch internationale Bankgeschäfte. Großbanken und Regionalbanken, aber auch einige große Privatbankhäuser, unterhalten im Ausland Niederlassungen (Auslandsfilialen) bzw. Repräsentanzen an wichtigen ausländischen Bankplätzen. Vielfach sind sie auch über Auslandstöchter und Beteiligungsgesellschaften im Ausland vertreten.

- Im Kreditgeschäft überwiegt das kürzerfristige Geschäft. Dem entspricht die Refinanzierung, die überwiegend aus kurzfristigen Einlagen erfolgt.
- Sie widmen sich allen Arten von Wertpapiergeschäften und sind fast alle im Emissionsgeschäft tätig.
- Die meisten Kreditbanken sind kapitalmäßig an anderen Wirtschaftsunternehmungen beteiligt.
- Zur **Sicherung der Kundeneinlagen** bei den Kreditbanken bestehen die **Entschädigungseinrichtung deutscher Banken GmbH (EdB) und der Einlagensicherungsfonds.**

Kapitel 7.3

Arten von Kreditbanken

Kreditbanken werden unterschieden in:
- Großbanken,
- Regional- und sonstige Kreditbanken,
- Zweigstellen ausländischer Banken und
- Privatbankiers.

Großbanken

Großbanken werden als Aktiengesellschaften geführt. Sie unterhalten **Filialnetze,** die das gesamte Bundesgebiet erfassen. Sie sind

- über Tochtergesellschaften (private Hypothekenbanken, Leasinggesellschaften) auch im langfristigen Kreditgeschäft und langfristigen Refinanzierungsgeschäft tätig sowie
- durch Kooperationsverträge mit führenden europäischen Kreditinstituten geschäftsmäßig verbunden.

Regionalbanken

Regionalbanken und sonstige Kreditbanken werden überwiegend als Aktiengesellschaften, zum Teil als Kommanditgesellschaften auf Aktien und Gesellschaften mit beschränkter Haftung geführt. Sie haben meist Filialnetze, die aber regional begrenzt sind.

Zweigstellen ausländischer Banken

Zweigstellen ausländischer Banken in der Bundesrepublik Deutschland unterliegen dem KWG. Sie befassen sich mit der bankmäßigen Abwicklung von Export- und Importgeschäften, betreuen die Tochtergesellschaften ausländischer Unternehmen und können grundsätzlich alle Bankgeschäfte betreiben.

Privatbankiers

Privatbankiers sind Banken in der Rechtsform der Personenhandelsgesellschaft. Sie werden in der Statistik der Deutschen Bundesbank innerhalb der Gruppe „Regionalbanken und sonstige Kreditbanken" aufgeführt.

Privatbankiers sind vor allem an den großen Bankplätzen Frankfurt am Main, Hamburg, Düsseldorf, München vertreten. Nicht selten bilden sie in ihrer Geschäftstätigkeit bestimmte Schwerpunkte, so z. B. Emissions- und Konsortialgeschäfte, Industriefinanzierungen, Vermögensverwaltungen, Außenhandelsfinanzierungen.

Verbandswesen

Verbandswesen der Kreditbanken

Spitzenverband der Kreditbanken ist der Bundesverband deutscher Banken e. V. Ihm gehören neben den Regionalverbänden des privaten Bankgewerbes auch der **Verband deutscher Pfandbriefbanken e. V.** und der **Verband deutscher Schiffsbanken e. V.** an. Mitglied des Bundesverbandes ist weiterhin der **Ostdeutsche Bankenverband e. V.**, der insbesondere die Privatbanken in den neuen Bundesländern repräsentiert. Die durch den Bundesverband deutscher Banken vertretenen Kreditbanken gehören dem **Prüfungsverband deutscher Banken e. V.** an.

1.4.2.2.2 Sparkassen und Girozentralen

Kennzeichnung der Sparkassen

Sparkassen sind gemeinnützige Kreditinstitute. Sie haben gesetzlich festgelegte Aufgaben (öffentlicher Auftrag):

- Sparkassen dienen der **sicheren Geldanlage.** Dabei haben sie den **Sparsinn** und die **Vermögensbildung der Bevölkerung** in ihrer Region zu fördern.
- Sparkassen dienen der **Kreditversorgung der Bevölkerung ihres Geschäftsgebiets** (Regionalprinzip). Dabei haben sie vornehmlich die **Kreditausstattung des Mittelstands** und der **wirtschaftlich schwächeren Bevölkerungskreise** zu berücksichtigen.
- Sparkassen dienen der **Kreditversorgung ihres Gewährträgers.**
- Sparkassen haben als Wirtschaftsprinzip **nicht Gewinnerzielung,** sondern Erfüllung eines öffentlichen Auftrags. Gewinne der Sparkassen sollen in erster Linie die **Rücklagen** stärken (**Sicherung des Geschäftsbetriebs**). In begrenztem Umfang kann die Sparkasse auch Überschüsse an ihren Gewährträger abführen. Der Gewährträger muss diese Zuführungen dann für gemeinnützige Zwecke zur Verfügung stellen.

Sparkassenbereich

Der Sparkassenbereich ist dreistufig gegliedert.

Gliederung des Sparkassenbereichs

Gliederung des Sparkassenbereichs		
Überregionale Ebene	Bundesgebiet	DekaBank
Regionale Ebene	Länder	Landesbanken/Girozentralen
Lokale Ebene	Städte, Gemeinden, Kreise	Sparkassen

Sparkassen

Sparkassen

§ 40 KWG

Sparkassen werden überwiegend in **öffentlich-rechtlicher Form** betrieben. Daneben gibt es einige **freie Sparkassen.** Der Name „Sparkasse" ist gesetzlich geschützt.

öffentlich-rechtliche Sparkassen

Die **öffentlich-rechtlichen Sparkassen** sind **Anstalten des öffentlichen Rechts.** Sie besitzen eine eigene Rechtspersönlichkeit. Ihre Träger sind Gemeinden, Städte, Kreise und Zweckverbände. Sparkassen besitzen kein Grundkapital, sondern nur eine aus Überschüssen gebildete **Sicherheitsrücklage.**

Sparkassen können von ihrem Gewährträger mit Kapital ausgestattet werden (**Dotationskapital**).

Gewährträgerhaftung

Für Verbindlichkeiten einer Sparkasse haftete früher uneingeschränkt ihr Träger. Diese **Gewährträgerhaftung** ist abgeschafft worden, weil sie mit geltendem EU-Wettbewerbsrecht nicht in Einklang stand.

Anstaltslast

Von der Gewährträgerhaftung zu unterscheiden ist die **Anstaltslast**. Die Anstaltslast ist die interne Verpflichtung des Trägers, die Sparkasse finanziell instand zu halten, beispielsweise Verluste auszugleichen. Seit 2005 kommt die Anstaltslast in modifizierter Form zur Anwendung. Der Träger unterstützt die Sparkasse bei der Erfüllung ihrer Aufgaben nur noch mit der Maßgabe, dass ein Anspruch der Sparkasse gegen den Träger zur Bereitstellung finanzieller Mittel nicht mehr besteht.

freie Sparkassen

Freie Sparkassen sind überwiegend Stiftungen des privaten Rechts oder wirtschaftliche (rechtsfähige) Vereine. Sie sind wie die öffentlich-rechtlichen Sparkassen gemeinnützige Kreditinstitute. Grundsätzlich betreiben freie Sparkassen die gleiche Geschäftspolitik wie die öffentlichen Sparkassen. Verfassung und Verwaltung sind aber anders geregelt.

Sparkassengesetze

Mustersatzungen

Rechtsgrundlagen der Sparkassen sind die **Sparkassengesetze** der Länder. Die Sparkassengesetze geben grundlegende Vorschriften für die Verfassung und Verwaltung der Sparkassen und regeln die öffentliche Aufsicht über die Sparkassen. Einige Länder erlassen aufgrund der Sparkassengesetze **Mustersatzungen.** Auf der Grundlage der Mustersatzung muss der Gewährträger eine **Satzung** für seine Sparkasse aufstellen. Die Satzung muss von der Aufsichtsbehörde des Landes genehmigt werden. Die Satzung legt die für die Sparkasse zulässigen Geschäfte fest.

Für sparkassenrechtlich nicht zulässige Geschäfte bedarf die Sparkasse der Genehmigung durch die zuständige Aufsichtsbehörde des Landes. In den meisten Bundesländern besteht eine Dreiteilung im Sparkassenrecht: Neben den Sparkassengesetzen und Mustersatzungen existieren noch Sparkassenverordnungen, die das Geschäftsrecht im Einzelnen regeln.

Im Rahmen der satzungsmäßigen Zulässigkeit betreiben Sparkassen **alle Bankgeschäfte.** Sie pflegen besonders das **Spargeschäft** und die **Gewährung von Realkrediten.**

Für die **Geschäftstätigkeit der Sparkassen** gilt:

Universalitäts- und Enumerationsprinzip

- In den einzelnen Bundesländern dürfen die Sparkassen alle banküblichen Geschäfte betreiben, soweit nicht in der Satzung oder Sparkassenverordnung für besonders risikoträchtige Geschäfte Einschränkungen vorgesehen sind (**Universalitätsprinzip**). Früher durften Sparkassen nur die Geschäfte betreiben, die ihnen ausdrücklich durch die Satzung bzw. Verordnung erlaubt waren (**Enumerationsprinzip**).

Regionalprinzip

- Kredite sollen grundsätzlich nur an Personen oder Unternehmen gewährt werden, die ihren Wohnsitz oder ihre Niederlassung im räumlichen Geschäftsbereich der jeweiligen Sparkasse haben (**Regionalprinzip**).

Verbundprinzip

- Als Verbundunternehmen in der Sparkassen-Finanzgruppe stehen den Sparkassen Versicherungen, Bausparkassen, Kapitalverwaltungsgesellschaften, Leasinggesellschaften und ein Factoring-Institut zur Verfügung (**Verbundprinzip**).

▸ Kapitel 7.3 Für den **Schutz der Einlagen** bei Sparkassen ist neben der Eigenkapitalausstattung die Einlagensicherung durch **regionale Stützungsfonds** von Bedeutung.

Organe einer Sparkasse

Die **Organe** einer Sparkasse sind:

- der **Verwaltungsrat,** der die Richtlinien der Geschäftspolitik bestimmt und die Geschäftsführung des Vorstands überwacht,
- der **Vorstand,** der gesetzlicher Vertreter der Sparkasse ist und grundsätzlich die Geschäftsführung nach Maßgabe der Gesetze, der Satzung und der Geschäftspolitik ausübt.

Der **Verwaltungsrat** ist gesetzlich für bestimmte Geschäfte zuständig. Neben Verwaltungsrat und Vorstand wird bei Sparkassen (ausgenommen die meisten bayerischen Sparkassen) ein **Kreditausschuss** gebildet, dessen Zustimmung für die Bewilligung von Kreditanträgen bestimmter Größenordnung erforderlich ist.

Landesbanken/Girozentralen und DekaBank

Landesbank/ Girozentrale

Eine **Landesbank/Girozentrale** hat eine zweifache Aufgabe zu erfüllen:

1. Sie hat als **Landesbank** eines oder mehrerer Bundesländer die bankmäßigen Geschäfte des Landes bzw. der Länder zu besorgen, den Kommunalkredit zu pflegen und der Wirtschaft des Landes zu dienen. Sie ist berechtigt, im Rahmen ihrer Satzung alle bankmäßigen Geschäfte zu betreiben.
2. Sie ist das **zentrale Kreditinstitut** (**Girozentrale**) **für die angeschlossenen Sparkassen** und dient ihnen als zentrale Verrechnungsstelle für den bargeldlosen Zahlungsverkehr. Sie hat die Aufgabe, die Liquiditätsguthaben der Sparkassen zu verwalten. Als **Sparkassenzentralbank** ist sie auch Refinanzierungsstelle der Sparkassen.

Träger der Landesbanken sind meist die einzelnen Bundesländer zusammen mit den regionalen Sparkassenverbänden. Gewährträgerhaftung und Anstaltslast sind bei den Landesbanken wie im Sparkassensektor abgeschafft oder modifiziert worden.

Die Landesbanken geben als langfristige Refinanzierungsquelle Pfandbriefe aus.

DekaBank

Spitzeninstitut und Zentralbank des Sparkassenbereichs ist die DekaBank mit Sitz in Frankfurt/Main und Berlin. Sie ist eine bundesunmittelbare Anstalt des öffentlichen Rechts und kann alle Bankgeschäfte betreiben. Eigentümer sind die Sparkassen (über ihre Regionalverbände), die die DekaBank als zentrales Wertpapierhaus der Sparkassen nutzen.

Verbandswesen

Verbandswesen im Sparkassenbereich

Spitzenverband der Sparkassen ist der **Deutsche Sparkassen- und Giroverband e. V.** mit Sitz in Berlin. Die Landesbanken/Girozentralen und die DekaBank gehören außerdem dem Bundesverband Öffentlicher Banken Deutschlands an.

Die freien Sparkassen gehören dem Verband der Deutschen Freien Öffentlichen Sparkassen e. V. an.

Die regionalen Sparkassenverbände unterhalten Prüfungsstellen, die das Recht zur Jahresabschlussprüfung der Mitgliedssparkassen haben (Verbandsprüfung).

1.4.2.2.3 Kreditgenossenschaften

Kennzeichnung der Kreditgenossenschaften

§ 1 GenG

Kreditgenossenschaften sind Kreditinstitute, die den Erwerb oder die Wirtschaft ihrer Mitglieder oder deren soziale oder kulturelle Belange mittels gemeinschaftlichen Geschäftsbetriebs fördern sollen (Förderungsprinzip).

Kreditgenossenschaften

- sind einerseits „Banken für jedermann", andererseits besonders den Kunden verpflichtet, die als Mitglieder Eigenkapital aufbringen.
- sind rechtlich und wirtschaftlich selbstständig arbeitende Kreditinstitute. Sie betreiben alle Bankgeschäfte. Im Rahmen des **Genossenschaftsverbundes** (DZ Bank AG Deutsche Zentral-Genossenschaftsbank, Deutsche Genossenschafts-Hypothekenbank AG, Bausparkasse Schwäbisch Hall AG sowie andere gemeinsame Institutionen) bieten die Kreditgenossenschaften darüber hinaus ergänzende Geldanlage- und Finanzierungsgeschäfte an.
- bemühen sich um die Betreuung des Mittelstands, insbesondere Landwirtschaft, Handel, Handwerk, freie Berufe, Unselbstständige. Zur Erfüllung ihres Förderungsauftrags suchen sie größtmögliche Kundennähe. Die Kreditgenossenschaften verfügen über das größte Bankstellennetz in der Bundesrepublik.
- bieten ihren Kunden die Möglichkeit der aktiven Mitarbeit im Aufsichtsrat und in der Generalversammlung. Jedes Mitglied hat in der Generalversammlung in der Regel eine Stimme ohne Rücksicht auf die Anzahl der Geschäftsanteile.

Gewinne sollen die Rücklagen der Kreditgenossenschaften stärken bzw. an die Mitglieder verteilt werden.

Genossenschaftsbereich

Gliederung des Genossenschaftsbereichs

Der zweistufige Genossenschaftsbereich besteht aus der DZ Bank AG als Spitzeninstitut und den regionalen Kreditgenossenschaften.

Kreditgenossenschaften

Kreditgenossenschaften

Volksbanken Raiffeisenbanken

Kreditgenossenschaften werden heute überwiegend unter den Unternehmensbezeichnungen **Volksbanken** und **Raiffeisenbanken** geführt. Sie verstehen sich als eine einheitliche genossenschaftliche Bankengruppe. Raiffeisenbanken betreiben zum Teil neben dem Bankgeschäft noch das Warengeschäft.

Die Volksbanken sind von ihrer Entstehung her **gewerbliche Kreditgenossenschaften.** Gewerbliche Kreditgenossenschaften gehen auf Hermann Schulze-Delitzsch zurück, der Mitte des 19. Jahrhunderts die ersten „Vorschussvereine" gründete. Raiffeisenbanken sind von ihrer Entstehung her **ländliche Kreditgenossenschaften.** Sie gehen auf Friedrich-Wilhelm Raiffeisen zurück. Sie entstanden ebenfalls in der Mitte des 19. Jahrhunderts. Aus „Hilfsvereinen" entwickelten sich Raiffeisen-Kreditgenossenschaften, die später als Spar- und Darlehenskassen, Raiffeisenkassen, Raiffeisenbanken oder Spar- und Kreditbanken firmierten.

Die aus den früheren Eisenbahn-Spar- und Darlehenskassen entstandenen **Sparda-Banken** werden (mit einer Ausnahme) ebenfalls in der Rechtsform der eingetragenen Genossenschaft geführt. Zu den Kreditgenossenschaften zählen außerdem die regional tätigen PSD-Banken (vormals Post-Spar- und Darlehensvereine).

▸ Kapitel 7.3.1

Die im **Genossenschaftsgesetz** vorgesehenen Regelungen der Nachschusspflicht haben in der Praxis keine haftungsrechtliche Bedeutung. Die **Haftsumme** ist heute in erster Linie für die **Berechnung des haftenden Eigenkapitals** wichtig. Der Sicherheit der Einlagen bei Kreditgenossenschaften dient ein Institutssicherungssystem.

§ 53 ff. GenG

Das Genossenschaftsgesetz schreibt zum Schutz der Genossenschaftsmitglieder regelmäßig wiederkehrende **Pflichtprüfungen der gesamten genossenschaftlichen Geschäftsverhältnisse** vor.

Organe

Eine Kreditgenossenschaft hat folgende **Organe:**
- den **Vorstand** als Geschäftsführungs- und Vertretungsorgan,
- den **Aufsichtsrat** als Überwachungsorgan,
- die **Generalversammlung** als beschlussfassendes Organ.

Deutsche Zentral-Genossenschaftsbank

DZ Bank AG Deutsche Zentral-Genossenschaftsbank

Spitzeninstitut im kreditgenossenschaftlichen Bereich ist die **DZ Bank AG Deutsche Zentral-Genossenschaftsbank.** Die DZ Bank übt die Zentralbankfunktion für alle Volksbanken, Raiffeisenbanken und sonstigen Genossenschaftsbanken aus. Sie ist damit Geldausgleichsstelle und Refinanzierungsstelle sowie Ringhauptstelle im bargeldlosen Zahlungsverkehr des Genossenschaftsrings. Außerdem unterstützt die DZ Bank in ihrer Eigenschaft als genossenschaftliches Spitzeninstitut die Kreditgenossenschaften bei der Vergabe von Gemeinschaftskrediten sowie bei der Emission von Wertpapieren. Darüber hinaus nimmt die DZ Bank unmittelbar Geschäftsbankenfunktion wahr. In dieser Funktion ist sie vor allem Partner international tätiger Großunternehmen.

Verbandswesen

Verbandswesen der Kreditgenossenschaften

Spitzenverband der Kreditgenossenschaften ist der Bundesverband der Deutschen Volksbanken und Raiffeisenbanken e. V. mit Sitz in Berlin.

Die **regionalen Genossenschaftsverbände** dienen der Beratung, der Aus- und Weiterbildung der Mitarbeiter und der Prüfung der Kreditgenossenschaften (**genossenschaftliche Prüfungsverbände**). Primäre Aufgabe ist die Prüfung des Jahresabschlusses von Genossenschaftsbanken. Die Verbandsprüfung erstreckt sich aber nicht nur auf den Jahresabschluss, sondern auch auf Einrichtungen, die Vermögenslage und die Geschäftsführung der Kreditgenossenschaften.

Die Interessen der Sparda-Banken werden durch den **Verband der Sparda-Banken e. V.** mit Sitz in Frankfurt am Main vertreten. Er arbeitet als zentraler Fachprüfungsverband im Sinne des Genossenschaftsgesetzes.

Realkreditinstitute

1.4.2.2.4 Realkreditinstitute

Kennzeichnung der Realkreditinstitute

▸ Kapitel 4.4.2.3.2

Realkreditinstitute sind Kreditinstitute, die langfristige Kreditgeschäfte betreiben. Sie refinanzieren sich über den Kapitalmarkt durch Emission von Pfandbriefen.

Aufgrund des Pfandbriefgesetzes können alle Kreditinstitute Pfandbriefe emittieren, soweit sie das Kreditgeschäft betreiben und eine besondere Zulassung von der BaFin erhalten haben.

Arten der Realkreditinstitute

Realkreditinstitute werden eingeteilt in
- **privatrechtliche Realkreditinstitute** und
- **öffentlich-rechtliche Grundkreditanstalten.**

privatrechtliche Realkreditinstitute

Privatrechtliche Realkreditinstitute sind
- die **privaten Hypothekenbanken,**
- die **Schiffspfandbriefbanken.**

Rechtsgrundlage der privatrechtlichen Realkreditinstitute ist das Pfandbriefgesetz.

öffentlich-rechtliche Grundkreditanstalten

Öffentlich-rechtliche Grundkreditanstalten sind Spezialbanken, die das Realkreditgeschäft und das Kommunalkreditgeschäft betreiben. Sie refinanzieren sich zum Teil durch Ausgabe von Pfandbriefen und Kommunalschuldverschreibungen. Zu dieser Bankengruppe zählen nach der Bankenstatistik **Landschaften, Ritterschaften** und **sonstige öffentlich-rechtliche Grundkreditanstalten.**

Große Bedeutung haben die sonstigen öffentlich-rechtlichen Grundkreditanstalten, wie z. B. die **Landeskreditanstalten** und die **Wohnungsbaukreditanstalten.** Sie geben keine Schuldverschreibungen aus, sondern leiten als **Organe der staatlichen Wohnungsbaupolitik** öffentliche Mittel weiter.

Verbandswesen

Die privatrechtlichen Realkreditinstitute sind über den **Verband deutscher Pfandbriefbanken e. V.** und den **Verband deutscher Schiffsbanken e. V.** im **Bundesverband deutscher Banken e. V.** vertreten.

Spitzenverband für die öffentlich-rechtlichen Grundkreditanstalten ist der **Bundesverband Öffentlicher Banken Deutschlands (VÖB) e. V.**

1.4.2.2.5 Ratenkreditbanken

Ratenkreditbanken

Ratenkreditbanken (früher als **Teilzahlungsbanken** bezeichnet) sind **Spezialbanken,** die **Ratenkredite zur Finanzierung von Konsumgütern an private Haushalte** gewähren. Insbesondere finanzieren sie den Autokauf. Darüber hinaus geben sie **Kredite an Unternehmen und Selbstständige (Produktivkredite).** Diese Kredite sind meistens mittelfristige, objektbezogene Investitions- und Absatzkredite. Ratenkreditbanken betreiben zum Teil auch das Leasing- und Factoringgeschäft. Sie finanzieren sich durch Geldaufnahme bei Banken und Sparkassen und durch Einlagen von Nichtbanken (Spareinlagen, Sparbriefe).

Die meisten Ratenkreditbanken haben von der Bundesanstalt für Finanzdienstleistungsaufsicht eine sog. erweiterte Konzession (Erlaubnis zum Betreiben eines erweiterten Kreises von Bankgeschäften) erhalten. Einige sind reine Finanzierungsbanken für den gewerblichen Mittelstand, andere verfügen über eine Vollbankenkonzession und stehen damit im direkten Wettbewerb mit Kreditbanken, Sparkassen und Genossenschaftsbanken.

Spitzenverband der Ratenkreditbanken ist der **Bankenfachverband e.V.** mit Sitz in Berlin. Soweit Ratenkreditbanken eine Vollbankenkonzession haben, gehören sie zum Teil auch dem Bundesverband deutscher Banken e.V. an.

Kreditinstitute mit Sonderaufgaben

1.4.2.2.6 Kreditinstitute mit Sonderaufgaben

Für bestimmte kreditwirtschaftliche Spezialaufgaben haben die Kreditinstitute, die gewerbliche Wirtschaft und die öffentliche Hand Sonderinstitute gegründet.

Kreditinstitute mit Sonderaufgaben

Kreditinstitut	Aufgaben	Eigenkapitalaufbringung
AKA Ausfuhrkredit-Gesellschaft mbH Frankfurt am Main	Unterstützung der deutschen und europäischen Exportwirtschaft	Bankenkonsortium
IKB Deutsche Industriebank AG Düsseldorf – Berlin	langfristige Unternehmensfinanzierung	Investmentgesellschaft Lone Star (Mehrheitsaktionär)
Liquiditäts-Konsortialbank GmbH Frankfurt am Main	Liquiditätshilfen für notleidende Kreditinstitute	Bundesbank, Bankenkonsortium
Aareal Bank AG Wiesbaden	Immobiliengeschäfte	Aareal Holding Verwaltungsgesellschaft mbH als Großaktionär, Streubesitz
DVB Bank SE Frankfurt am Main	Dienstleistungen auf ausgewählten Segmenten des internationalen Verkehrsmarkts	DZ Bank AG, Streubesitz
KfW-Bankengruppe		Bund und Länder
▸ KfW Privatkundenbank	▸ Wohnraum-, Bildungsfinanzierung	
▸ KfW Kommunalbank	▸ Infrastruktur-, Umweltfinanzierung, Finanzierung energetischer Sanierungsmaßnahmen	
▸ KfW Mittelstandsbank	▸ Förderung von Existenzgründern, mittelständischen Unternehmen, Freiberuflern	
▸ KfW Entwicklungsbank	▸ Förderung der Entwicklungszusammenarbeit	
▸ KfW IPEX-Bank	▸ Finanzierung von Exporten und Projekten	

1.4.2.2.7 Transaktionsbanken und sonstige Spezialbanken

Transaktionsbanken

Transaktionsbanken

Transaktionsbanken sind Spezialinstitute, die sich ausschließlich auf die standardisierte und damit kostengünstige Abwicklung von auslagerungsfähigen Prozessbündeln aus dem Kreditgewerbe konzentrieren. Sie machen sich dabei industrielle Produktionsvorteile zu Nutze. Betätigungsfelder von Transaktionsbanken sind vor allem Prozesse aus dem Zahlungsverkehr oder der Wertpapierabwicklung. Weitere

Betätigungsfelder sind das Kartenprocessing und Kreditprocessing (Kreditfabrik). Der Vorteil von Transaktionsbanken besteht in

- der automatisierten Abwicklung ausgelagerter Prozesse mit hohen Volumina und damit fallenden Stückkosten,
- der Bündelung des Fachwissens auf wenige Betätigungsfelder, insbesondere im IT-Bereich,
- der Reduzierung operationaler Risiken.

Beispiel einer Transaktionsbank

„dwp bank" Deutsche WertpapierServiceBank AG
Betätigungsfeld: Bündelung der Wertpapierabwicklung
Eigenkapitalaufbringung: DZ Bank, Landesbanken, Sparkassenverbände

Sonstige Spezialbanken

sonstige Spezialbanken

Kreditinstitut	Aufgaben	Eigenkapitalaufbringung
Bausparkassen	Annahme von Bauspareinlagen und Vergabe von Bauspardarlehen	unterschiedlich für private und für öffentliche Bausparkassen
Clearstream Banking AG	Verwahrung und Verwaltung von Wertpapieren, Effektengiroverkehr	Clearstream International
Investmentgesellschaften (Kapitalverwaltungsgesellschaften)	Anlage fremder Gelder in Sondervermögen und Ausgabe von Anteilscheinen über Sondervermögen	Kreditinstitute
Bürgschaftsbanken (Kreditgarantiegemeinschaften)	Übernahme von Ausfallbürgschaften bei Krediten an kleine und mittlere Unternehmen	Gewerbliche Wirtschaft, öffentliche Hand, Kreditinstitute

1.4.3 Schattenbanken

Schattenbanken

Schattenbanken sind Unternehmen, die Finanzgeschäfte betreiben, ohne der Bankaufsicht zu unterliegen. Dabei handelt es sich vor allem um Hedgefonds, Private-Equity-Fonds und Zweckgesellschaften von Kreditinstituten, die nicht in den Bilanzen dieser Institute ausgewiesen werden. Schattenbanken sind ähnlichen, zum Teil sogar höheren Risiken ausgesetzt als Kreditinstitute. Nach Schätzungen des IWF ist das Volumen der Schattenbanken in den USA doppelt so groß wie der gesamte Bankenbereich, in Europa etwa halb so groß.

Hedgefonds
▸ Kapitel 4.6.3.3

Hedgefonds sind Investmentfonds, die spekulative Anlagestrategien verfolgen. Sie nutzen u.a. Leerverkäufe und Derivate, um überdurchschnittliche Renditen zu erzielen. Sie beschränken sich bei der Geldanlage nicht nur auf Kapitalmarktprodukte, sondern engagieren sich z.B. auch an Rohstoff-, Kredit- und Edelmetallmärkten.

Private-Equity-Fonds
▸ Kapitel 4.6.3.1

Private-Equity-Fonds sammeln Anlagegelder für Beteiligungen in nicht börsennotierten Unternehmen. Das Beteiligungskapital kann sowohl in etablierte Unternehmen als auch in junge, innovative Unternehmen (Venture Capital) fließen. Private-Equity-Fonds setzen teilweise auch Fremdkapital ein, um höhere Renditen zu erzielen.

Zweckgesellschaften

Zweckgesellschaften werden von Kreditinstituten z. B. für strukturierte Finanzierungen gegründet. Die Zweckgesellschaft erwirbt Kreditforderungen und refinanziert den Kaufpreis durch Verbriefung der Anlage und Emission von Wertpapieren. Eine Zweckgesellschaft kann aber auch ein ausfallrisikobehaftetes Kreditportfolio einer Bank übernehmen oder Ausfallrisiken für ein Kreditportfolio als Sicherungsgeber übernehmen (sog. CDS = Credit Default Swap). Kreditinstitute können auf diese Weise Kreditrisiken aus ihren Bilanzen ausgliedern.

1.5 Finanzmarktaufsicht

1.5.1 Struktur der europäischen Finanzmarktaufsicht

SSM

Bankenunion

Als direkte Folge der weltweiten Finanzkrise im Jahr 2008 wurde die Finanzmarktaufsicht weitgehend von der nationalen Ebene (in Deutschland BaFin und Deutsche Bundesbank) auf die europäische Ebene (EZB) verlagert. Der hier verankerte einheitliche Aufsichtsmechanismus (SSM, Single Supervisory Mechanism) ist eine Säule der europäischen Bankenunion.

Europäische Bankenunion

Einheitlicher Aufsichtsmechanismus (SSM)

- Direkte Aufsicht der EZB über bedeutende Banken im Euroraum und freiwillig teilnehmende andere EU-Staaten seit November 2014
- Aufsicht durch BaFin und Bundesbank über weniger bedeutende Banken in Deutschland
- Harmonisierung der Arbeit aller Institutionen durch einheitlichen Prozess (SREP, Supervisory Review and Evaluation Process)

Einheitlicher Abwicklungsmechanismus für Banken (SRM)

- Schaffung einer Abwicklungsbehörde und eines Abwicklungsfonds für insolvente Banken in Europa
- Vorschriften zur Sanierungsplanung zur Vermeidung von Schieflagen
- Beteiligung von Gläubigern an der Bankenrettung (Bail-in-Mechanismus) (▸ Kapitel 1.5.3)

Harmonisierte Einlagensicherung

- Einheitliches Schutzniveau für Sparer von 100000 Euro
- Aufbau nationaler Einlagensicherungsfonds bis 2024 mit einem Volumen von 0,8 % der gedeckten Einlagen
- EU-Plan: Zusammenführung der nationalen Fonds (▸ Kapitel 7.3)

Ziele der Finanzmarktaufsicht

Die einheitliche europäische Finanzmarktaufsicht wurde geschaffen, um

- einheitliche Regeln für das Verhalten von Kreditinstituten in Europa zu schaffen, damit künftige Finanzkrisen mit ihren Auswirkungen auf die Realwirtschaft besser vermieden werden können, und
- durch länderübergreifende Informationen und Quervergleiche frühzeitiger eingreifen und Risiken besser erkennen zu können.

Der SSM ist als Netzwerk aus verschiedenen nationalen Aufsichtsbehörden und der EZB unter Leitung der EZB ausgestattet.

Um die Zusammenarbeit zwischen den nationalen Aufsichtsbehörden und der EZB im SSM zu organisieren, werden bedeutende Banken (unter EZB-Aufsicht) und weniger bedeutende Banken unterschieden. Letztere stehen in Deutschland unter Aufsicht der BaFin in Zusammenarbeit mit der Bundesbank.

Zusammenarbeit im SSM

Sofern weniger bedeutende Institute systemrelevant sind, erhöhte Risiken aufweisen oder unter besonderer Beobachtung stehen, besteht eine Anzeigepflicht an die EZB. Die EZB hat dann bei jedem aufsichtlichen Verwaltungsakt gegenüber diesem Institut ein Mitentscheidungsrecht.

Einteilung der Banken im SSM

bedeutende Banken (129 EZB-Banken)	weniger bedeutende Banken
▸ Banken mit Bilanzsumme über 30 Mrd. Euro bzw. ▸ Banken, die mehr als 20 % der Wirtschaftsleistung des Sitzlandes haben, bzw. ▸ die drei bedeutendsten Banken des Staates, ▸ Banken, die Finanzhilfen vom ESM erhalten, ▸ Banken auf Anordnung der EZB.	▸ Alle übrigen Banken des Euroraums, wobei die EZB die Einordnung eines Instituts jährlich überprüft, ▸ in Deutschland ca. 1 600 Institute, ▸ direkte Aufsicht nur durch BaFin und Bundesbank, ▸ keine direkte Berichtspflicht des Instituts an die EZB.

1.5.2 Institutionen der Finanzmarktaufsicht

1.5.2.1 EZB-Aufsichtsgremium

Struktur des Aufsichtsgremiums

Das bei der EZB angesiedelte Aufsichtsgremium (Supervisory Board) wird von einem auf fünf Jahre bestellten Vorsitzenden geleitet. Die nationalen Aufsichtsbehörden aus jedem SSM-Mitgliedstaat entsenden je einen Vertreter in das Gremium. Für die direkte Aufsicht der bedeutenden Institute in Deutschland werden Mitarbeiter der EZB und der BaFin zu gemeinsamen Aufsichtsteams für jedes Institut (JST, Joint Supervisory Teams) zusammengestellt.

EZB-Aufsichtsgremium

Befugnisse

Nach der SSM-Verordnung der EU hat die EZB Anweisungsrechte gegenüber den nationalen Aufsichtsbehörden sowie Informations- und Untersuchungsrechte gegenüber den Kredit- und Finanzinstituten. Nach einem jährlich festgelegten Aufsichtsprogramm werden angekündigte oder unangekündigte Vor-Ort-Prüfungen durchgeführt. Dabei kommt der einheitliche Überprüfungs- und Überwachungsprozess (SREP) zum Einsatz.

SREP

Supervisory Review and Evaluation Process (SREP)

Proportionalität

Die Intensität der laufenden Bankenaufsicht richtet sich nach der Größe und Struktur des Instituts sowie der Art, dem Umfang und der Komplexität der vom Institut betriebenen Geschäfte. Dieser Grundsatz der Verhältnismäßigkeit (Proportionalität) gilt auch bei der Aufsicht durch die BaFin. Zur Umsetzung der Verhältnismäßigkeit der Aufsicht werden die Institute in vier Klassen eingeteilt. Die Klassifikation bestimmt u. a. die Häufigkeit der Überprüfung.

Klassifikation der Institute im SREP

Klasse	Überprüfung (mindestens)	Austausch der Aufsicht mit Geschäftsleitung des Instituts
1 (global und anderweitig systemrelevante Institute)	jährlich	fortlaufender Austausch
2 (große Institute mit grenzüberschreitenden Aktivitäten)	alle 2 Jahre	fortlaufender Austausch
3 (mittlere Institute ohne große grenzüberschreitende Aktivitäten)	alle 3 Jahre	risikobasierter Austausch
4 (alle nicht komplexen Institute)	alle 3 Jahre	Austausch mindestens alle 3 Jahre

Für die Zuordnung zu einer Klasse werden die Institute in vier Bereichen untersucht.

Elemente im SREP-Kernprozess

- **Analyse Geschäftsmodell**: z. B. Ist das Geschäftsmodell auf Jahressicht rentabel und werden auf Sicht von 3 Jahren – abgeleitet aus dem Strategie- und Finanzplan des Instituts – ausreichend Erträge erzielt (Nachhaltigkeit)?
- **Analyse Führungs- und Kontrollprozesse**: z. B. Sind die Führungs- und Kontrollstrukturen geeignet, die Risiken des Geschäftsmodells steuern zu können?
- **Bewertung Kapitalausstattung**: z. B. Bewertung der Art und Zusammensetzung des Zinsänderungsrisikos, Bewertung der Qualität des Kreditportfolios
- **Bewertung Liquidität und Refinanzierung**: z. B. Abschätzung des Risikos steigender Refinanzierungskosten auf das Institut

Mindestkapitalquoten

SREP-Zuschlag

▸ Kapitel 7.2.2.1

Um wesentliche Verschlechterungen der Risikoprofile und Finanzlagen der beaufsichtigten Institute erkennen zu können, werden quartalsweise erhobene Schlüsselindikatoren überwacht. Grundlage ist die EZB-Verordnung über die Meldung aufsichtlicher Finanzinformationen (sog. Financial Reporting, FINREP). Als Ergebnis des SREP werden für jedes Institut zusätzlich zu den Mindestkapitalanforderungen nach Basel III individuelle Eigenkapitalzuschläge zwischen 1 % bis 3 % festgesetzt.

FINREP und AnaCredit

Nach einer EU-Verordnung sind alle Institute in Europa verpflichtet, ihre Finanzinformationen (**Financial Reporting**, FINREP) quartalsweise für die Zwecke der Bankenaufsicht der EZB bereitzustellen. Der Umfang dieser FINREP-Meldungen hängt von der Größe des Instituts ab. Für große Institute unter EZB-Aufsicht mit IFRS-Bilanzierung sind 4700 Datenfelder, bei kleinen Instituten mit HGB-Bilanzierung 580 Datenfelder zu melden.

Das **Analytical Credit Dataset** (AnaCredit) ist ein bei der EZB geführtes europäisches Kreditregister. Es soll allen an der Aufsicht beteiligten Institutionen (EZB, EBA, ERSB) Transparenz über die Kreditvergabe der Banken in ganz Europa verschaffen. Dazu sind auf Einzelebene alle Kreditvergaben an juristische Personen und Personenhandelsgesellschaften ab 25000 Euro mit den persönlichen Daten der Kreditnehmer und den gestellten Sicherheiten zu melden. Das Kreditregister wird stufenweise ab dem Jahr 2018 aufgebaut. Für die Aufsicht sollen sich aus der Analyse der Daten Erkenntnisse zur Stabilität des Finanzsystems ableiten lassen. Auf meist monatlicher Basis sind 89 Merkmale für jeden Kreditnehmer elektronisch an die Bundesbank zu übertragen. Für rund 750 kleine deutsche Institute bestehen Erleichterungen durch einen reduzierten Umfang der Meldung.

1.5.2.2 Bundesanstalt für Finanzdienstleistungsaufsicht (BaFin)

Aufgaben

Die BaFin ist eine rechtsfähige, bundesunmittelbare Anstalt des öffentlichen Rechts im Geschäftsbereich des Bundesfinanzministeriums. Sie hat ihren Sitz in Frankfurt am Main und Bonn. Aufgaben der BaFin

Aufgaben der Bundesanstalt für Finanzdienstleistungsaufsicht § 4 FinDAG

in den Bereichen

Bankenaufsicht

- Überwachung der Einhaltung der Vorschriften des KWG
- Aufsicht über Kreditinstitute und Finanzdienstleistungsinstitute
- Erteilung und Rücknahme der Betriebserlaubnis für Kreditinstitute und Finanzdienstleistungsinstitute
- Einschreiten gegen ungesetzlich betriebene Geschäfte
- Anordnung von Maßnahmen bei unzureichenden haftenden Eigenmitteln und unzureichender Liquidität

Versicherungsaufsicht

- Überwachung der Einhaltung der Vorschriften des VAG
- Rechts- und Finanzaufsicht über die privaten Versicherungsunternehmen
- Erteilung und Widerruf der Erlaubnis für den Geschäftsbetrieb
- Anordnungen zur Vermeidung und Beseitigung von Missständen im Versicherungsbereich
- Prüfung und Genehmigung der Geschäftspläne der privaten Versicherungsunternehmen

Wertpapieraufsicht/ Asset-Management

- Überwachung der Einhaltung der Vorschriften des WpHG
- Aufsicht über die Geschäfte der Kreditinstitute und Finanzdienstleistungsinstitute mit Wertpapieren und Finanzderivaten
- Überwachung von Mitteilungs-, Veröffentlichungs- und Hinterlegungspflichten für bestimmte Wertpapiere
- Insiderüberwachung und Anzeige von Insidergeschäften bei der zuständigen Staatsanwaltschaft
- Aufsicht über Kapitalverwaltungsgesellschaften und Investmentfonds

Da Kreditinstitute, Finanzdienstleistungsinstitute und Versicherungen in vielfältiger Weise miteinander vernetzt sind, nimmt die BaFin nicht nur die Bankenaufsicht, sondern eine integrierte Finanzmarktaufsicht wahr. Ihre Aufgaben beziehen sich damit auf das gesamte Banken-, Versicherungs- und Wertpapierhandelssystem in Deutschland.

Zusammenarbeit mit anderen Institutionen

Um ihre Aufgaben zu erfüllen, arbeitet die BaFin mit anderen Institutionen in einem Netzwerk zusammen. BaFin und Deutsche Bundesbank arbeiten in der Aufsicht eng zusammen.

Beispiel für die Zusammenarbeit

Alle Institute müssen den Jahresabschluss (Bilanz, Erfolgsrechnung und Anhang) und den Lagebericht beiden Institutionen unverzüglich einreichen. Der Abschlussprüfer (Wirtschaftsprüfer) des Instituts hat seinen Bericht über die Prüfung des Jahresabschlusses (Prüfungsbericht) unverzüglich nach Beendigung der Prüfung wiederum beiden Institutionen einzureichen.

Die BaFin übt als oberste Verwaltungsbehörde die Aufsicht über die Institute nach dem KWG aus. Die Bundesbank ist für die laufende Aufsicht verantwortlich und wertet deshalb von den Instituten regelmäßig einzureichende Meldungen aus. So werden Informationen aus den Solvenz-, Liquiditäts- oder Risikotragfähigkeitsberichten analysiert und bewertet. Nach Übermittlung an die BaFin werden hier im Rahmen der laufenden Überwachung abschließende Beurteilungen und Entscheidungen vorgenommen.

▸ Kapitel 7.2.2.4

Im Rahmen des SSM informiert die deutsche Bankenaufsicht die EZB über die Situation bei den weniger bedeutenden Instituten mit einem jährlichen Bericht. Dieser Bericht erlaubt der EZB, ihrer Rolle als Aufsicht über alle Institute in Europa nachzukommen.

Befugnisse

Ausgewählte Befugnisse der BaFin

Beispiele für Befugnisse der BaFin

Ziel: Solvenzsicherung	Ziel: Anleger- und Verbraucherschutz	Ziel: Markttransparenz
▸ Abberufung von Geschäftsleitern bei Vorliegen bestimmter Tatbestände (§ 33 Abs. 1 KWG) ▸ Anordnung von Maßnahmen bei unzureichender Liquidität oder Eigenmittelausstattung (§ 45 KWG) ▸ Auskunftsrecht und Recht zur Anordnung von Sonderprüfungen (§ 44 KWG) ▸ Vorgabe Obergrenze im Verhältnis von Darlehen und Immobilienwert bei Gefahren für Finanzstabilität (§ 48u KWG)	▸ Anordnung von Vermarktungsbeschränkungen oder Verbot des Produktverkaufs unter bestimmten Bedingungen (§ 4b WpHG) ▸ Untersagung bestimmter Werbung (§ 23 Abs. 1 KWG) ▸ Verhängung eines Zahlungs- und Veräußerungsverbots (Moratorium) bei Banken (§ 46a KWG)	▸ Auskunfts-, Vorladungs- und Vernehmungsrecht gegen jedermann bei bestimmten Anhaltspunkten (§ 4 WpHG) ▸ Überwachung des Verbots von Insidergeschäften und des Verbots der Marktmanipulation nach europäischen Vorgaben

Um die übertragenen Aufgaben erfüllen zu können, hat die BaFin zahlreiche gesetzlich verankerte Befugnisse. Nach der Zielrichtung lassen sich Solvenzsicherung, Anleger- und Verbraucherschutz und Markttransparenz unterscheiden.

Transparente Kapitalmärkte dienen auch dem Anleger- und Verbraucherschutz. Für die Durchsetzung des Ziels bestehen europaweit einheitliche Vorgaben, die Insidergeschäfte und die Manipulation von Kapitalmärkten – sei es durch unfaire Handelspraktiken oder durch die Nutzung von Insiderinformationen – verbieten. Um eine handels- oder informationsgestützte Marktmanipulation zu unterbinden und damit die Verbote durchzusetzen, müssen Emittenten von Finanzinstrumenten neue, nicht öffentlich bekannte Tatsachen unverzüglich veröffentlichen, wenn sie geeignet sind, den Börsenpreis der zugelassenen Wertpapiere erheblich zu beeinflussen (Ad-hoc-Publizität von Insiderinformationen). Die Tatsache ist zuvor der Bundesanstalt für Finanzdienstleistungsaufsicht und den Geschäftsführungen der Börsen mitzuteilen. Die Mitteilungen erfolgen in der Regel über elektronische Informationsverarbeitungssysteme.

§ 15 WpHG

Verbot der Marktmanipulation

Ad-hoc-Publizität

Außerdem müssen Personen, die bei Emittenten von Aktien Führungsaufgaben wahrnehmen, eigene Geschäfte mit diesen Aktien oder sich darauf beziehende Derivate dem Emittenten und der BaFin innerhalb von fünf Werktagen anzeigen (Directors' Dealings). Näheres regelt die Wertpapierhandelsanzeige- und Insiderverzeichnisverordnung (WpAIV).

Directors' Dealings

Vorschriften zur Insiderüberwachung	
Insiderinformationen	Insiderinformationen sind konkrete Informationen über den Emittenten oder vom Emittenten ausgegebene Finanzinstrumente, die geeignet sind, im Falle ihres öffentlichen Bekanntwerdens den Börsen- oder den Marktpreis erheblich zu beeinflussen.
Insiderpapiere	Insiderpapiere sind alle Finanzinstrumente (z. B. Aktien oder Aktienoptionen), die an einem von der MiFID regulierten Handelsplatz gehandelt werden.
Insiderverzeichnis	Emittenten von Wertpapieren und Derivaten haben ein Verzeichnis über solche Personen zu führen, die für sie tätig sind und Zugang zu Insiderinformationen haben. Dadurch soll eine erleichterte Überwachung des Verbots von Insidergeschäften und des Verbots der Marktmanipulation durch die BaFin erreicht werden.
Verbot von Insidergeschäften	Es ist verboten, unter Verwendung von Insiderinformationen Insiderpapiere für sich oder einen Dritten zu erwerben oder zu veräußern oder eine entsprechende Empfehlung abzugeben sowie Insiderinformationen unbefugt weiterzugeben. Verstöße können mit einer Freiheitsstrafe bis zu fünf Jahren oder mit Geldbußen geahndet werden.

Art. 14 MAR

1.5.2.3 Europäische Bankaufsichtsbehörde (EBA)

Die European Banking Authority (EBA) mit Sitz in Paris ist die europäische **Bankaufsichtsbehörde.** Sie ist eine der drei europäischen Behörden der Finanzmarktaufsicht (European Supervisory Authorities, ESA).

EBA

Die **ESMA** (Sitz: Paris) ist für die Wertpapier- und Marktaufsicht in Europa zuständig, die **EIOPA** (Sitz: Frankfurt) beaufsichtigt Versicherungen und die betriebliche Altersvorsorge.

ESMA

EIOPA

Die Aufgabe der EBA im Rahmen des SSM ist es, das Funktionieren des Binnenmarktes durch eine harmonisierte Aufsicht und Regulierung der Banken in Europa zu verbessern. Dazu werden verbindliche Standards (sog. Single Rulebook) in Form von regulatorischen technischen Standards (RTS) und Implementierungsstandards (ITS) auf Basis entsprechender europäischer Vorgaben erlassen.

1.5.2.4 Europäischer Ausschuss für Systemrisiken (ESRB)

Europäischer Ausschuss für Systemrisiken (ESRB)

Die zweite Säule der europäischen Finanzmarktaufsicht **ist der Europäische Ausschuss für Systemrisiken (ESRB)** mit Sitz in Frankfurt/Main. Aufgabe des ESRB als unabhängiges EU-Gremium ist die Makroaufsicht über das gesamte EU-Finanzsystem. Der ESRB soll insbesondere einen Beitrag zur Abwendung oder Eindämmung von Systemrisiken leisten, die die Stabilität des gesamten EU-Finanzsystems gefährden können.

In Deutschland besteht entsprechend der Ausschuss für Finanzstabilität, dem Vertreter des Bundesfinanzministeriums, der BaFin, der Bundesbank und der FMSA angehören.

1.5.3 Einheitlicher Abwicklungsmechanismus

Die Insolvenz eines Kreditinstituts ist zwar selten, kann aber – wie im Jahr 2008 – auch bei relativ kleinen Instituten zu erheblichen wirtschaftlichen Belastungen der Gesamtwirtschaft führen. Ein übergeordnetes Ziel der Finanzmarktaufsicht ist daher die Vermeidung wirtschaftlicher Schieflagen von Banken als Vorbeugung gegen Insolvenzen. Für alle unter direkter EZB-Aufsicht stehenden Institute wurde daher der einheitliche Abwicklungsmechanismus (SRM, Single Resolution Mechanism) als Teil der europäischen Bankenunion geschaffen.

SRM

Wirtschaftliche Schieflagen von Instituten

- können entweder in einem geordneten Sanierungsverfahren nach einem festgelegten Sanierungsplan überwunden werden oder
- führen zum Ausscheiden aus dem Markt durch Abwicklung.

Sanierungspläne

1.5.3.1 Sanierungspläne

Um einen Marktaustritt eines Instituts durch Abwicklung zu verhindern, sind europarechtlich alle Institute verpflichtet, eigenständig Sanierungspläne (sog. Bankentestament) aufzustellen und jährlich zu aktualisieren. Banken mit Institutssicherung, von denen keine Gefährdung des Finanzsystems ausgeht, beispielsweise kleinere Volksbanken oder Sparkassen, können Erleichterungen nutzen. Sie stellen entweder einen vereinfachten Sanierungsplan auf oder werden von der Einzelaufstellung ganz befreit, da das Sicherungssystem einen Plan vorlegt.

§§ 19 und 20 SAG

Die Sanierungspläne sollen der Aufsicht vor Eintritt des Sanierungsfalls aufzeigen, durch welche Maßnahmen des Managements die finanzielle Stabilität wiederhergestellt werden kann. In Deutschland konkretisieren die Mindestanforderungen an die Ausgestaltung von Sanierungsplänen (MaSan) der BaFin den Inhalt.

MaSan

So sind u. a. die Kapital- und Liquiditätsmaßnahmen, die Regelungen zur Aufrechterhaltung der Finanzierung und die Maßnahmen zur Reduzierung von Risiken und zur Restrukturierung von Verbindlichkeiten darzustellen.

1.5.3.2 Abwicklungsinstrumente

Abwicklung von Banken

Falls ein Sanierungsversuch für ein Institut scheitert und das Abwicklungsverfahren eingeleitet wurde, stehen der zuständigen Abwicklungsbehörde verschiedene Instrumente zur Verfügung. Zuständige Abwicklungsbehörden sind:

- auf EU-Ebene die EU-Abwicklungsbehörde (Single Resolution Board), SRB
- in Deutschland die Bundesanstalt für Finanzmarktstabilisierung (FMSA). FMSA

Instrumente zur Bankenabwicklung

Unternehmensveräußerung	Brückeninstitut	Ausgliederung von Vermögenswerten	Bail-in-Mechanismus
Anteile an abzuwickelnder Bank oder einzelne Vermögenswerte werden an ein anderes Institut verkauft (z. B. durch Übertragungsanordnung gemäß § 48a ff. KWG).	Kritische Funktionen der abzuwickelnden Bank werden auf ein neu gegründetes Brückeninstitut übertragen und so erhalten (z. B. nach § 5 Restrukturierungsfondsgesetz).	Ausgliederung von Vermögenswerten nicht mit dem Ziel des Erhalts, sondern der späteren Veräußerung oder geordneten Liquidation (z. B. durch Einrichtung einer Abwicklungsanstalt).	Unmittelbare Beteiligung von Anteilseignern (Eigenkapital) und Gläubigern (Fremdkapital) in einer bestimmten Reihenfolge (Haftungskaskade) an den Verlusten und der Rekapitalisierung des Instituts anstelle der Rettung durch öffentliche Steuermittel (dem sog. Bail-out).

Haftungskaskade im Bail-in-Mechanismus	
Stufe 1	Eigentümer bzw. Kapitalinstrumente des harten Kernkapitals
Stufe 2	Kapitalgeber des zusätzlichen Kernkapitals
Stufe 3	Kapitalgeber des Ergänzungskapitals
Stufe 4	Nachrangige Gläubiger
Stufe 5	Sonstige Gläubiger, ohne durch Einlagensicherungssysteme gedeckte Einlagen

1.5.3.3 Europäischer Abwicklungsfonds (SRF)

SRF

Da trotz des Bail-in-Mechanismus nicht auszuschließen ist, dass öffentliche Mittel zur Rettung von in Schieflage geratenen Banken eingesetzt werden müssen, wurde ein europäischer Fonds zur Bankenabwicklung eingerichtet (SRF, Single Resolution Fonds).

Der einheitliche europäische Abwicklungsfonds wird von allen europäischen Instituten angespart. Er soll 1 Prozent der gedeckten Einlagen aller Institute in Europa (ca. 55 Mrd. Euro) enthalten. Er besteht aus einzelnen nationalen Abwicklungsfonds (in Deutschland: Restrukturierungsfonds), die stufenweise zusammengefasst werden, bis am 01.01.2024 der einheitliche EU-weite Fonds vollständig aufgebaut ist.

Bankenabgabe

Das Fondsvolumen wird durch die Institute in Form einer jährlichen Bankenabgabe an den SRF in Brüssel angespart. In Deutschland werden die für die Meldung zur Bankenabgabe notwendigen Daten durch die FMSA erhoben.

Der Fonds ist dem Bail-in-Mechanismus nachgeschaltet. In Ausnahmefällen darf sich der Fonds auch am Kapitalmarkt oder bei Mitgliedstaaten Finanzmittel beschaffen.

2 Konten für Kunden

2.1 Bedeutung des Kontos für die Geschäftsverbindung

Geschäfte zwischen Kreditinstituten und ihren Kunden werden in der Regel über Konten (Bankkonten) abgewickelt. Geschäftsverbindungen zwischen Kreditinstituten und ihren Kunden sind daher grundsätzlich Kontoverbindungen.

Bankkonto

Das Bankkonto ist eine Rechnung zur Erfassung von Forderungen und Verbindlichkeiten aus der Geschäftsverbindung zwischen Kreditinstitut und Kunde. Es ist ein **Handelsbuch**, das die Geschäftsbeziehungen zwischen Kreditinstitut und Kontoinhaber zahlenmäßig festhält. Es zeigt Bestände und erläutert Veränderungen dieser Bestände aufgrund von Gutschriften und Belastungen. Daneben dient es in der Form des Depotkontos auch der Erfassung und Verwaltung von Wertpapierbeständen.

Handelsbuch gem. § 238 ff. HGB

Kontoverbindung

Die **Kontoverbindung** ermöglicht dem Kreditinstitut, alle Geschäfte mit seinen Kunden zweckmäßig, weitgehend einheitlich und damit wirtschaftlich abzuwickeln. Über die Kontoverbindung kann das Kreditinstitut Einlagen gewinnen, Kredite gewähren, Anschlussgeschäfte tätigen sowie Zins- und Provisionserträge erzielen. Dem Kontoinhaber bietet die Kontoverbindung die Möglichkeit, Geldbeträge zinsbringend anzulegen, bargeldlose Zahlungen abzuwickeln und andere Leistungen seines Kreditinstituts, z. B. Kredite, in Anspruch zu nehmen.

Vorteile der Kontoverbindung

Vorteile der Kontoverbindung	
für den Kunden	**für das Kreditinstitut**
▸ Schutz gegen Verlust und Diebstahl von Bargeld durch Verminderung der Bargeldhaltung ▸ Teilnahme am bargeldlosen Zahlungsverkehr ▸ Erzielung von Zinserträgen je nach Art der Kontoverbindung ▸ Inanspruchnahme weiterer Bankleistungen, z. B. Kreditkarte, Kredite, Wertpapiererwerb	▸ Verrechnung aller Forderungen und Verbindlichkeiten mit dem Kunden ▸ Beschaffung von Einlagen ▸ Abwicklung von Krediten ▸ Erzielung von Zins- und Provisionserträgen ▸ Verkauf weiterer Bankleistungen („Cross Selling")

Alle Geschäfte mit einem Kreditinstitut können auf der Grundlage von Einzelverträgen abgewickelt werden. Die Art des Vertrages hängt von der Art des Geschäfts ab, das der Kunde mit seinem Kreditinstitut im Einzelfall abschließt. Das Zivilrecht sieht ein ganzes Spektrum an Vertragstypen vor:

Vertragstypen

- **Darlehensvertrag**, z. B. bei Aufnahme eines Anschaffungskredits, bei Begründung einer Spareinlage oder bei Verkauf von Sparbriefen,
- **Girovertrag (Zahlungsdiensterahmenvertrag)**, z. B. bei Eröffnung eines Girokontos,
- **Depotvertrag**, bei Einrichtung eines Depotkontos,
- **Mietvertrag**, z. B. bei Anmietung eines Schließfaches,
- **Verwahrungsvertrag**, z. B. bei Hinterlegung von Verwahrstücken,
- **Kaufvertrag**, z. B. bei Verkauf oder Kauf von Wertpapieren, Gold und Devisen,
- **Bürgschaftsvertrag**, z. B. bei Übernahme einer Mietbürgschaft für einen Kunden.

§ 675f Abs. 2 BGB

Besondere Bedeutung für die Geschäftsbeziehung hat der **Zahlungsdiensterahmenvertrag (ehemals „Girovertrag")**, der ein entgeltlicher Geschäftsbesorgungsvertrag ist. Seine nähere Ausgestaltung erfährt der Zahlungsdiensterahmenvertrag u. a. durch die zum Vertragsinhalt gehörenden Allgemeinen Geschäftsbedingungen und die Sonderbedingungen.

2.2 Kontoarten

Kreditinstitute unterscheiden Konten vor allem nach dem Zweck der Kontoverbindung und nach der Art der Kundschaft.

Kontoarten nach dem Zweck

Kontoarten nach dem Zweck der Kontoverbindung

- **Konten für den Zahlungsverkehr**
  - Kontokorrentkonten
  - Girokonten
- **Konten für die Geldanlage**
  - Sparkonten
  - Termingeldkonten
  - Tagesgeldkonten (Geldmarktkonten)
- **Konten für die Wertpapierverwahrung**
  - Depotkonten
- **Konten für das Kreditgeschäft**
  - Kontokorrentkonten
  - Darlehenskonten

Kontoarten nach Kundengruppen

Konten nach der Art der Kundschaft

- **Konten für die Nichtbankenkundschaft**
  - Konten für Privatkunden
  - Konten für Firmenkunden
- **Konten für die Bankenkundschaft**
  - Interbankenkonten

Kontokorrentkonten

2.2.1 Kontokorrentkonten

Kontokorrentkonten dienen der Abwicklung von Bankgeschäften, insbesondere der Verbuchung von Sichteinlagen und Kontokorrentkrediten. Sichteinlagen sind täglich fällige Gelder. Kontokorrentkredite sind kurzfristige Kredite, die in laufender Rechnung auf Kontokorrentkonten in Anspruch genommen werden.

Kontokorrentkonten werden für Privat- und Firmenkunden (**Kunden-Kontokorrentkonten**) und für Kreditinstitute (**Banken-Kontokorrentkonten**) geführt.

Kunden-Kontokorrentkonten

2.2.1.1 Kunden-Kontokorrentkonten

Über Kunden-Kontokorrentkonten werden gegenseitige Geldforderungen zwischen Kreditinstituten und der Nichtbankenkundschaft gebucht und verrechnet. Kontokorrentkonten werden sowohl kreditorisch als auch debitorisch geführt. Für Guthaben vergütet das Kreditinstitut in der Regel Habenzinsen, für in Anspruch genommene Kredite belastet es Sollzinsen. Außerdem werden Provisionen oder Kontoführungsgebühren berechnet. Über Kontobewegungen und Salden werden die Kunden durch **Kontoauszüge** unterrichtet.

Kreditorisches und debitorisches Kontokorrentkonto (aus Bankensicht)

Soll	Kreditorisches Konto	Haben
Belastungen (= Soll-Umsätze)		Gutschriften (= Haben-Umsätze)
Guthabensaldo		

- Kunde ist Gläubiger (Kreditor) des Kreditinstituts
- Guthabensaldo = Forderung des Kunden = Verbindlichkeit des Kreditinstituts

Soll	Debitorisches Konto	Haben
Belastungen (= Soll-Umsätze)		Gutschriften (= Haben-Umsätze)
		Schuldensaldo

- Kunde ist Schuldner (Debitor) des Kreditinstituts
- Schuldsaldo = Verbindlichkeit des Kunden = Forderung des Kreditinstituts

Die Rechtsnatur des Kontokorrentkontos

Definition des Kontokorrents
§ 355 Abs. 1 HGB definiert das Kontokorrent (laufende Rechnung) in der Weise, dass „jemand mit einem Kaufmann derart in Geschäftsverbindung" steht, „dass die aus der Verbindung entspringenden beiderseitigen Ansprüche und Leistungen nebst Zinsen in Rechnung gestellt und in regelmäßigen Zeitabschnitten durch Verrechnung und Feststellung des für den einen oder anderen Teil sich ergebenden Überschusses ausgeglichen werden". Die Berechnung von Zinseszinsen ist dabei zulässig.

Definition
§ 355 Abs. 1 HGB

Merkmale eines Kontokorrentkontos sind:
- Ein Vertragspartner muss Kaufmann sein (das Kreditinstitut ist stets Kaufmann gemäß § 1 Abs. 1 HGB).
- Es muss eine Geschäftsverbindung mit gegenseitigen Geldforderungen bestehen.
- Die Geschäftspartner müssen eine Vereinbarung (Kontokorrentabrede) getroffen haben, dass alle aus der Geschäftsverbindung resultierenden beiderseitigen Forderungen nebst Zinsen zunächst nur in Rechnung gestellt werden, ohne dass eine sofortige Zahlungspflicht besteht. Erst am Ende der vereinbarten Rechnungsperioden erfolgt eine Verrechnung, d. h. Saldierung.

Merkmale

Kontokorrentabrede

Rechnungsabschluss nach AGB
Kreditinstitute erteilen Rechnungsabschlüsse, sofern nicht etwas anderes vereinbart ist, jeweils zum Ende eines Kalenderquartals [Nr. 7 AGB].
Durch den Rechnungsabschluss werden die gegenseitigen Ansprüche (Kontogutschriften und -belastungen) auf den Saldo, d. h. eine einzige Forderung oder Schuld, reduziert. Der Saldo soll festgestellt und dem Geschäftspartner zur Genehmigung zugestellt werden. Bis zum Rechnungsabschluss gelten alle Einzelansprüche als gestundet. Die Ermittlung eines Tagessaldos stellt nur einen rechnerischen, keinen rechtlichen Abschluss dar.

Girokonto als Kontokorrentkonto
Girokonten werden nach den Allgemeinen Geschäftsbedingungen stets als Kontokorrentkonten geführt [Nr. 7 AGB]. Wird ein Giro-/Kontokorrentkonto durch die Bank oder Sparkasse gekündigt, ist eine Kündigungsfrist von mindestens zwei Monaten einzuhalten [Nr. 19 Abs. 1 AGB Banken; Nr. 26 Abs. 1 AGB Sparkassen].

Kündigungsfrist
§ 675h Abs. 2 BGB
▸ Kapitel 2.5.3

Kontokorrentkonten können auch als **Fremdwährungskonten** eingerichtet werden, z. B. für US-Dollar.

2.2.1.2 Banken-Kontokorrentkonten

Banken-Kontokorrentkonten

Kreditinstitute führen untereinander Banken-Kontokorrentkonten. Durch die Bezeichnung „Loro" und „Nostro" kann deutlich gemacht werden, welches Konto als Konto für eine andere Bank oder als Gegenkonto für ein eigenes Konto bei einer anderen Bank geführt wird. Der Kontoführer führt das Konto der Korrespondenzbank als Lorokonto. Der Kontoinhaber führt das Gegenkonto als Nostrokonto („unser Konto").

Nostrokonto und Lorokonto

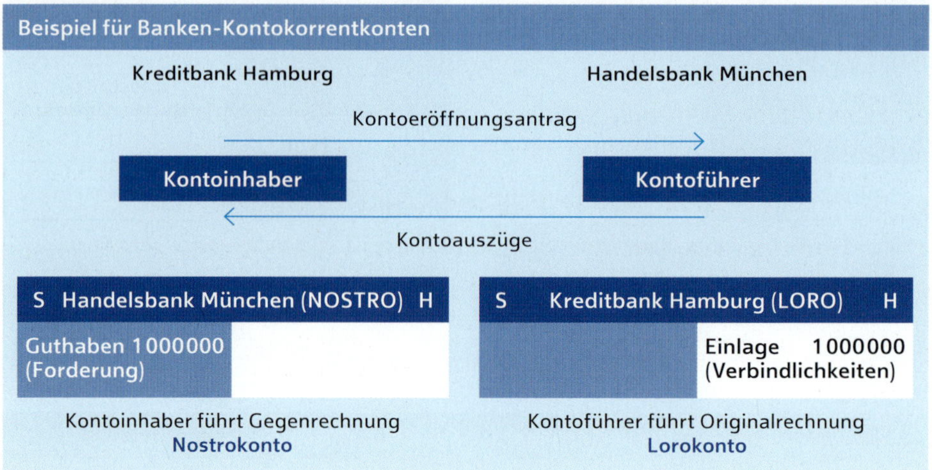

2.2.2 Girokonten

Girokonten
▸ Kapitel 4.2.2

Girokonten dienen der Abwicklung von Bankgeschäften, insbesondere der Verbuchung von Sichteinlagen. Die Bezeichnung „Giro" deutet darauf hin, dass sie vor allem zur Abwicklung des bargeldlosen Zahlungsverkehrs bestimmt sind. Girokonten bei Banken und Sparkassen haben nach den Allgemeinen Geschäftsbedingungen stets den Status von Kontokorrentkonten. Sie können in der Regel im Rahmen von Dispositionskrediten überzogen werden.

Basiskonto

Im Juni 2016 haben europäische Verbraucher durch Inkrafttreten des Zahlungskontengesetzes (ZKG) erstmalig in Deutschland einen gesetzlichen Anspruch auf ein Girokonto mit grundlegenden Funktionen, sog. **Basiskonto,** erhalten.

Sämtliche Kreditinstitute – auch Privatbanken – sind zur Kontoeröffnung verpflichtet.

1. Das Basiskonto wird als Guthabenkonto ohne Überziehungsmöglichkeit geführt und soll den Zugang zum bargeldlosen Zahlungsverkehr für sämtliche Bevölkerungsschichten sicherstellen.
   Es ermöglicht die wichtigsten Kontofunktionen:
   - Bareinzahlungen und Barauszahlungen,
   - Lastschriften und Überweisungen,
   - Zahlungskartengeschäft.

   § 31 ZKG

   Folgende Personengruppen haben Anspruch auf ein Basiskonto:
   - jeder Verbraucher mit rechtmäßigem Aufenthalt in der Europäischen Union einschließlich
   - Personen ohne festen Wohnsitz und Asylsuchende sowie
   - Personen ohne Aufenthaltstitel, die aus rechtlichen oder tatsächlichen Gründen nicht abgeschoben werden können (sog. Geduldete).

   §§ 34, 35–37 ZKG

   Eine Kontoablehnung ist nur in engen Grenzen zulässig. Gründe sind insbesondere:

- ein bereits vorhandenes Zahlungskonto in Deutschland,
- strafbares Verhalten gegenüber Mitarbeitern des Kreditinstituts,
- frühere Kündigung wegen Zahlungsverzugs bei dem betreffenden Institut.

Bei unberechtigter Ablehnung kann die BaFin ein Kreditinstitut durch einen Verwaltungsakt zur Kontoeröffnung zwingen. Überdies kann ein Bußgeld verhängt werden (Bußgeldkatalog in § 52 ZKG).

2. Zudem sieht das ZKG vor, mittels EU-weit einheitlicher Begrifflichkeiten für Kontodienste und -entgelte eine bessere **Vergleichbarkeit** für den Kunden herbeizuführen. Vorvertragliche Entgeltinformationen sowie jährliche Aufstellungen über angefallene Entgelte sind für jedes Basiskonto bereitzustellen.

3. Kreditinstitute werden ferner zur Unterstützung des Kunden beim **Kontowechsel** verpflichtet. Auf nationaler Ebene muss der Kontowechsel auch technisch begleitet werden. Bei einem grenzüberschreitenden Kontowechsel bestehen lediglich Pflichten zur Herausgabe bestimmter Kontoinformationen an den Kunden, wie z. B. erteilte Daueraufträge oder Lastschriften (Informations-Katalog in § 29 ZKG).

2.2.3 Sparkonten

Sparkonten
▸ Kapitel 4.2.4

Sparkonten dienen der Verbuchung von Spareinlagen i. S. der RechKredV. Spareinlagen sind Gelder, die bestimmte Voraussetzungen erfüllen.

1. Sie sind durch **Ausfertigung einer Urkunde,** insbesondere eines Sparbuchs, gekennzeichnet.

2. Sie dienen der **Ansammlung oder Anlage von Vermögen.** Sie sind **nicht für den Zahlungsverkehr** und **nicht für den Geschäftsverkehr** bestimmt.

3. Sie weisen eine **Kündigungsfrist von mindestens drei Monaten** auf und dürfen **nicht befristet** sein (Ausnahme: Spareinlagen nach dem 5. VermBG).

Die Sparbedingungen der Kreditinstitute können vorsehen, dass Sparer über Spareinlagen mit dreimonatiger Kündigungsfrist bis zu einem Betrag, der pro Sparkonto und Kalendermonat 2000 Euro nicht übersteigen darf, ohne Kündigung verfügen dürfen.

Über Spareinlagen kann grundsätzlich nur unter Vorlage der Sparurkunde und nicht durch Scheck oder Überweisung verfügt werden. Sparguthaben werden verzinst. Die Kontoführung ist im Allgemeinen provisions- und gebührenfrei.

2.2.4 Termingeldkonten

Termingeldkonten
▸ Kapitel 4.2.3

Termingeldkonten dienen der Verbuchung von Termineinlagen. Termineinlagen sind befristete Einlagen. Die Einleger verzichten mindestens für einen Monat auf die Verfügung, um eine höhere Verzinsung als für Sichteinlagen zu erhalten. Die Zinssätze für Termineinlagen richten sich nach der Festlegungsdauer bzw. der Dauer der Kündigungsfrist und nach der Höhe der Einlagen. Die Kontoführung ist gebührenfrei.

Kreditinstitute unterscheiden **Termingeldkonten in Festgeldkonten** für Termineinlagen mit festgelegtem Fälligkeitsdatum und **Kündigungsgeldkonten** für Termineinlagen mit vereinbarter Kündigungsfrist. Termingeldkonten erlöschen mit Rückzahlung der Einlage. Für jede Termineinlage wird in der Regel ein eigenes Konto geführt. Im Nichtbankenbereich überwiegt die Termineinlage in der Form des Festgeldes. Termingeldkonten werden auch für Kreditinstitute geführt.

2.2.5 Depotkonten

Depotkonten

Depotkonten dienen der Verbuchung von Wertpapieren, die Kreditinstitute von ihren Kunden zur Verwahrung und Verwaltung entgegennehmen. Depotkonten zeigen die Wertpapierbestände der Kunden. Sie enthalten die Wertpapierbezeichnung, den Nennbetrag oder die Stückzahl der gebuchten Wertpapiere, die Verwahrart (Girosammelverwahrung oder Streifbandverwahrung) und den Lagerort.

Depotkonten werden auch unter Kreditinstituten geführt (Lorodepots, Nostrodepots).

2.2.6 Darlehenskonten

Darlehenskonten

Darlehenskonten dienen der Erfassung von Krediten, die in Form von Darlehen gewährt werden. Sie werden aufgrund von Darlehensverträgen eingerichtet, z. B. für ein Anschaffungsdarlehen. Darlehenskonten nehmen den Kreditbetrag, die Auszahlung des Kreditbetrags sowie die Tilgungs- und Zinszahlungen für den Kredit auf. Darlehenskonten erlöschen mit vollständiger Rückzahlung des Darlehens.

Vergleich der Kontoarten

2.2.7 Vergleich der Kontoarten

Vergleichende Übersicht über die Kontoarten

Kontoarten	Zweck aus der Sicht der Beteiligten	Art der Kontoführung	Rechtsgrundlagen	Erträge für das Kreditinstitut
Kontokorrentkonten	‣ **Verbuchung von Sichteinlagen** ‣ **Verbuchung von Kontokorrentkrediten und Dispositionskrediten** (Überziehungskrediten) ‣ Abwicklung des Zahlungsverkehrs ‣ Abwicklung anderer Bankgeschäfte	kreditorisch und debitorisch	§ 355 HGB (laufende Rechnung, Kontokorrent) AGB § 675f Abs. 2 BGB (Zahlungsdiensterahmenvertrag) § 700 BGB (unregelmäßige Verwahrung)	**direkte Erträge** – Sollzinsen – Provisionen – Gebühren **indirekte Erträge** – Zinsspanne* – Erträge aus Anschlussgeschäften
Girokonten	‣ **Verbuchung von Sichteinlagen** ‣ Abwicklung des Zahlungsverkehrs ‣ Abwicklung anderer Bankgeschäfte	vorwiegend kreditorisch	§ 355 HGB AGB § 675f Abs. 2 BGB § 700 BGB	**direkte Erträge** – Provisionen – Gebühren **indirekte Erträge** – Zinsspanne* – Erträge aus Anschlussgeschäften

Kontoarten	Zweck aus der Sicht der Beteiligten	Art der Kontoführung	Rechtsgrundlagen	Erträge für das Kreditinstitut
Sparkonten	▸ **Verbuchung von Spareinlagen** ▸ Ansammlung und Anlage von Vermögen	kreditorisch	§ 21 Abs. 4 RechKredV Bedingungen für den Sparverkehr Sparkassenverordnungen und -satzungen § 488 ff. BGB (Gelddarlehen)	**indirekte Erträge** – Zinsspanne* – Erträge aus Anschlussgeschäften
Termingeldkonten	▸ **Verbuchung von Termineinlagen** ▸ Zinsbringende Geldanlage	kreditorisch	AGB § 488 ff. BGB § 700 BGB	**indirekte Erträge** – Zinsspanne* – Erträge aus Anschlussgeschäften
Depotkonten	▸ **Verbuchung von Wertpapierbeständen** ▸ Verwahrung und Verwaltung von Wertpapieren		§ 14 DepotG (Verwahrungsbuch) AGB § 688 ff. BGB (Verwahrung)	**direkte Erträge** – Depotgebühren **indirekte Erträge** – Provisionen aus Wertpapiergeschäften
Darlehenskonten	▸ **Verbuchung von Darlehensforderungen** ▸ Abwicklung der Auszahlung, Rückzahlung und Zinszahlung	debitorisch	§ 488 ff. BGB AGB Kreditbedingungen Kreditvertrag	**direkte Erträge** – Darlehenszinsen – Provisionen – Gebühren

* Einlagen verursachen Kosten für die Kreditinstitute (Zinskosten). Sofern die Einlagengegenwerte im Kreditgeschäft ausgeliehen werden, entstehen Erträge aus Sollzinsen (Zinserträge). Die Differenz zwischen den Zinserträgen und den Zinskosten (Zinsspanne) kann als indirekter Ertrag aufgefasst werden.

2.3 Kontovertrag

2.3.1 Kontoeröffnung

2.3.1.1 Kontoeröffnungsantrag

Der Kontovertrag kommt wie jeder Vertrag durch zwei gegeneinander gerichtete, übereinstimmende Willenserklärungen zustande.

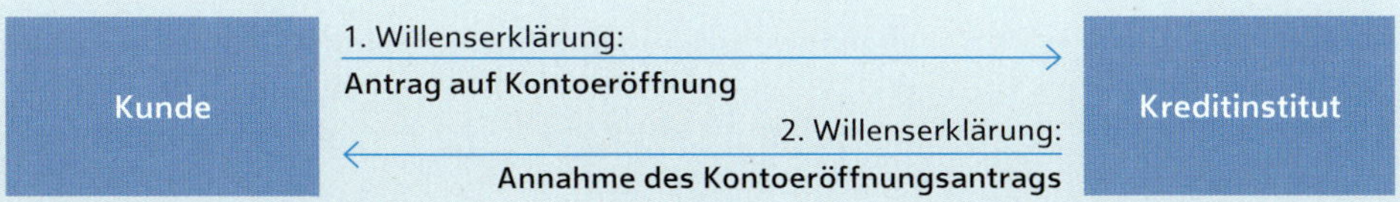

Zustandekommen des Kontovertrages

Um wichtige Einzelheiten der Kontovereinbarung jederzeit nachweisen zu können, verlangen Kreditinstitute schriftliche Kontoeröffnungsanträge.

Der schriftliche Kontoeröffnungsantrag enthält folgende Angaben und Klauseln:

- Kontoart, z. B. Giro- oder Sparkonto, mit genauer Kontobezeichnung,
- Gläubigerbezeichnung bei Sparkonten (Kontoinhaber oder Antragsteller),
- ▸ Kapitel 2.3.1.3.1 Angaben zur Person des Kontoinhabers,
- §3 GwG §11 Abs. 6 GwG — Geldwäscherechtliche Angaben (Angaben zum wirtschaftlich Berechtigten, Klausel zur GwG-Mitwirkungspflicht des Kunden),
- §305 BGB — AGB-Einbeziehungshinweis,
- Unterschrift des Kunden (zugleich Unterschriftsprobe),
- ▸ Kapitel 2.3.1.2.3 Oder- bzw. Und-Klausel bei Gemeinschaftskonten,
- ▸ Kapitel 2.4.1.3 Vollmachtsklausel mit Unterschriftsprobe des Bevollmächtigten,
- §23a KWG — Hinweis auf bestehende Sicherungseinrichtungen,
- bei Girokonten Übermittlungsweg der Kontoauszüge/Rechnungsabschlüsse, z. B. Abholung, Kontoauszugsdrucker, Postversand, elektronisch im Onlinebanking, sowie Häufigkeit der Übermittlung (täglich, wöchentlich, 14-täglich oder monatlich),
- Beantragung einer Kundenkarte,
- Klausel zum Werbewiderspruch,
- ▸ Kapitel 2.6.4 SCHUFA-Klausel und Datenschutzerklärung,
- Klausel über private und betriebliche Nutzung des Kontos,
- Regelungen zur Umsatzsteuer (bei Geschäftsgirokonten),
- Legitimationsvermerke zum Antragsteller,
- Bearbeitungsvermerke.

§675d BGB Art. 248 §4 EGBGB

Außerdem muss das Kreditinstitut vor Abschluss eines Zahlungskontovertrages **vorvertragliche Informationspflichten** erfüllen und bei Vertragsabschluss dem Kunden weitere umfangreiche **Vertragsinformationen** und **Vertragsbedingungen** in Textform übermitteln.

2.3.1.2 Kontoinhaber

Kontoinhaber

Kontoinhaber können natürliche und juristische Personen sowie Einzelunternehmen und bestimmte Personenvereinigungen sein. Die Kontobezeichnung muss klar und eindeutig sein und den Kontoinhaber zweifelsfrei erkennen lassen.

Kontoinhaber

Kontoinhaber

- **Natürliche Personen**
  - Privatpersonen
  - Handwerker
  - Freiberufler
- **Juristische Personen**
  - **des Privatrechts**
    - eingetragene Vereine (e. V.)
    - Stiftungen des Privatrechts
    - Aktiengesellschaften (AG)
    - Kommanditgesellschaften auf Aktien (KGaA)
    - Gesellschaften mit beschränkter Haftung (GmbH)
    - UG (haftungsbeschränkt)
    - eingetragene Genossenschaften (eG)
    - Versicherungsvereine auf Gegenseitigkeit (VVaG)
  - **des öffentlichen Rechts**
    - Gebietskörperschaften
    - Personenkörperschaften
    - Anstalten
    - Stiftungen des öffentlichen Rechts
- **Einzelunternehmen**
  - eingetragene Einzelunternehmen
- **Personenvereinigungen (Gesamthandsgemeinschaften)**
  - **des Gesellschaftsrechts**
    - Offene Handelsgesellschaften (OHG)
    - Kommanditgesellschaften (KG)
    - Partnerschaftsgesellschaften
    - Partenreedereien
    - Gesellschaften bürgerlichen Rechts (GbR) (Kontofähigkeit nur unter bestimmten Voraussetzungen)
  - **außerhalb des Gesellschaftsrechts**
    - nicht eingetragene Vereine
    - Wohnungseigentümergemeinschaften (WEG)

    (Kontofähigkeit des nicht eingetragenen Vereins und der WEG nur unter bestimmten Voraussetzungen)

Kreditinstitute unterscheiden Konten für Privatkunden und Konten für Firmenkunden.

2.3.1.2.1 Konten der Privatkundschaft

Konten der Privatkundschaft

Konten der Privatkundschaft

Kontoinhaber	Kontobezeichnung	Beispiel zur Kontobezeichnung	Legitimation
Natürliche Personen	▸ Zuname des Kontoinhabers und mindestens ein ausgeschriebener Vorname (bürgerlicher Name) ▸ Zusätze sind möglich	▸ Matthias Massa ▸ Erika Berger ▸ Thomas Tulpe Sonderkonto Urlaub	Amtlicher Lichtbildausweis ▸ Personalausweis ▸ Reisepass
Juristische Personen des privaten Rechts ▸ eingetragene Vereine	▸ Name des Vereins gemäß Vereinsregistereintragung	▸ Chorvereinigung München e. V.	▸ beglaubigter Auszug neueren Datums aus dem Vereinsregister ▸ persönliche Legitimation (amtlicher Lichtbildausweis) der vertretungsberechtigten Antragsteller

Kontoinhaber	Kontobezeichnung	Beispiel zur Kontobezeichnung	Legitimation
‣ rechtsfähige Stiftungen	‣ Name der Stiftung gemäß Urkunde über die staatliche Genehmigung der Stiftung	‣ Stiftung Altendank	‣ Genehmigungsurkunde und Bescheinigung des Aufsichtsgremiums zur Legitimation der Vertretungsberechtigten ‣ persönliche Legitimation der vertretungsberechtigten Antragsteller
Kontofähige Personenvereinigungen ‣ Nicht eingetragene Vereine	‣ Name des nicht eingetragenen Vereins gemäß Satzung	‣ Schrebergartenverein „Goldene Erde“ Seehausen ‣ Sportclub „Frisch Auf“ Angershausen	‣ Voraussetzungen für die Kontofähigkeit – Gesamtname – gemeinsamer Zweck – Vorstand ‣ Legitimation – der vertretungsberechtigten Vorstandsmitglieder – Vorlage der Satzung
‣ Wohnungseigentümergemeinschaften (WEG)*	‣ Name der WEG	‣ Wohnungseigentümergemeinschaft „Vor dem Edelhof“ Nordhausen	‣ Verwalter durch Verwaltervertrag oder Beschluss der Wohnungseigentümergemeinschaft ‣ Vorlage einer aktuellen Liste der Wohnungseigentümer

‣ Kapitel 2.3.1.2.5

* Die Kontofähigkeit der WEG ergibt sich aus einem Beschluss des BGH vom 02.06.2005. Aus Vereinfachungsgründen werden WEG-Konten häufig auch als Treuhandkonten mit dem Verwalter als Kontoinhaber geführt. Die WEG selbst ist dann aber nicht mehr Kontoinhaber.

Nicht rechtsfähige Personenvereinigungen

Nicht rechtsfähige Personenvereinigungen, die mangels Rechtsfähigkeit nie Inhaber eines Kontos sein können, sind z. B.

- Erbengemeinschaften,
- eheliche Gütergemeinschaften.

Für derartige Personenvereinigungen kommt nur die Einrichtung eines Gemeinschaftskontos mit den Namen aller Mitglieder in Betracht.

‣ Seite 85

2.3.1.2.2 Konten der Firmenkundschaft

Firma
§ 17 Abs. 1 HGB

Die Firma ist der Name, unter dem ein Kaufmann im Handel seine Geschäfte betreibt und seine Unterschrift abgibt (§ 17 HGB). Konten für Firmen werden unter dem Firmennamen geführt. Konten für Handwerker, Kaufleute, Gewerbetreibende und Freiberufler, die keine Firma im Sinne des HGB haben, werden unter der Bezeichnung geführt, unter der sie im Rechtsverkehr auftreten.

Im Geschäft mit öffentlichen Haushalten werden auch Konten für Behörden und Verwaltungsstellen geführt, die keine juristische Selbstständigkeit besitzen, z. B. Finanzämter, Krankenhäuser, Schulen. Rechtsträger und damit Vertragspartner des

Kreditinstituts ist in diesem Fall stets die juristische Person, die Träger der Behörde oder Verwaltungsstelle ist, z. B. die Gemeinde, die ein Krankenhaus betreibt. Kontoinhaber des Kontos eines Kreiskrankenhauses ist z. B. der Landkreis, nicht das Kreiskrankenhaus.

Konten der Firmenkundschaft

Konten der Firmenkundschaft

Kontoinhaber	Kontobezeichnung	Beispiel zur Kontobezeichnung	Legitimation
Einzelunternehmen	Firma gemäß Eintragung im Handelsregister	▸ Stefan Breuer eingetragener Kaufmann ▸ Jochen Mast e. K. ▸ Anna Joop e. Kffr.	▸ beglaubigter Auszug neueren Datums aus dem Handelsregister ▸ persönliche Legitimation des vertretungsberechtigten Antragstellers
Handwerker, Freiberufler und andere Gewerbetreibende ohne Handelsregistereintragung	▸ bürgerlicher Name des Kontoinhabers ▸ Zusätze sind möglich	▸ Anton Pfeiffer ▸ Ingenieurbüro Karl Bodenstedt ▸ Modeatelier Ann-Kathrin Steg	persönliche Legitimation des Antragstellers (amtlicher Lichtbildausweis)
Juristische Personen des öffentlichen Rechts ▸ Gebietskörperschaften, z. B. Bund, Länder, Gemeinden und Gemeindeverbände mit ihren Behörden, Verwaltungsstellen und Betrieben ▸ Personenkörperschaften, z. B. Kirchen, Kirchengemeinden, Industrie- und Handelskammern, Handwerkskammern, Architektenkammern ▸ Anstalten, z. B. Rundfunkanstalten, Universitäten, ▸ Stiftungen	eindeutige Kontobezeichnung, die den öffentlich-rechtlichen Kontoinhaber klar erkennen lässt	▸ Zweckverband des Taunuskreises ▸ Stadt Frankfurt Amtskasse ▸ St. Andreas-Kirchengemeinde Seehausen wg. Kindergarten An der Seestraße ▸ Landkreis Unterneustadt wg. Kreiskrankenhaus ▸ Handelskammer Hamburg ▸ Stiftung „Preußischer Kulturbesitz“	▸ Gesetze, Rechtsverordnungen, Satzungen, Statuten, Verfassungen, Protokolle, Bescheinigungen der Aufsichtsbehörden, aus denen der Rechtscharakter der Antragsteller eindeutig hervorgeht ▸ persönliche Legitimation der Vertretungsberechtigten, die den Kontoeröffnungsantrag stellen (Die Prüfung der Vertretungsberechtigten ist oft schwierig, weil bei vielen Körperschaften nicht ohne Weiteres klar ist, wer sie vertritt und welchen Umfang die Vertretungsmacht hat. Oftmals helfen hier nur besondere Erkundigungen bei übergeordneten Stellen, deren Zuständigkeit gesetzlich geregelt ist. Die Kreditinstitute genießen nicht den Schutz des guten Glaubens hinsichtlich des Bestehens und/ oder des Umfangs der Vertretungsbefugnis. Zum Beispiel sind öffentliche Schulen nicht rechtsfähige Anstalten. Sie haben weder durch Gesetz oder Satzung noch durch staatlichen Hoheitsakt Rechtsfähigkeit erhalten. Sie können nur über ihren Träger am Rechtsverkehr teilnehmen.)

Konten der Firmenkundschaft

Kontoinhaber	Kontobezeichnung	Beispiel zur Kontobezeichnung	Legitimation
‣ Partnerschaften (PartG) ‣ Partnerschaften mit beschränkter Berufshaftung (Part mbB)	Name der Gesellschaft gemäß Eintragung im Partnerschaftsregister	‣ Steuerberater Ingo Kirschke und Partner ‣ Theo Martens Partnerschaft Patentanwälte	‣ beglaubigter Auszug neueren Datums aus dem Partnerschaftsregister ‣ persönliche Legitimation der Partner
Personengesellschaften ‣ Offene Handelsgesellschaften (OHG) ‣ Kommanditgesellschaften (KG)	Firma gemäß Eintragung im Handelsregister	‣ Anton Burg OHG ‣ Sieh & Biegel OHG ‣ Marktverwertung Erich Zangerl KG ‣ Horst Erdmann GmbH & Co. KG	‣ beglaubigter Auszug neueren Datums aus dem Handelsregister ‣ persönliche Legitimation der vertretungsberechtigten Antragsteller
Kapitalgesellschaften und Genossenschaften ‣ Aktiengesellschaften (AG) ‣ Gesellschaften mit beschränkter Haftung (GmbH) ‣ Unternehmergesellschaft (haftungsbeschränkt) ‣ eingetragene Genossenschaften (eG) ‣ Kommanditgesellschaften auf Aktien (KGaA) ‣ Versicherungsvereine auf Gegenseitigkeit (VVaG)	Firma gemäß Eintragung im Handels- bzw. Genossenschaftsregister	‣ Metallgesellschaft AG ‣ Gesellschaft für Energieverwertung GmbH ‣ Autohaus Hildesheim UG (haftungsbeschränkt) ‣ Absatzgenossenschaft Südheide eG ‣ Kaufhaus Bergstraße KGaA ‣ Schwarzwälder Brandkasse VVaG	‣ beglaubigter Auszug neueren Datums aus dem Handels- oder Genossenschaftsregister ‣ persönliche Legitimation der vertretungsberechtigten Antragsteller
BGB-Gesellschaften ‣ Arbeitsgemeinschaften ‣ Konsortien ‣ Sozietäten, die nicht als Partnerschaftsgesellschaften eingetragen sind	Name der Gesellschaft bürgerlichen Rechts (Die GbR ist nur dann kontofähig, wenn sie als Außengesellschaft am Rechtsverkehr teilnimmt. Wird die GbR als reine Innengesellschaft geführt, kann sie nicht Inhaber eines Kontos sein, z. B. Fahrgemeinschaft.)	‣ Betonbau GmbH, ARGE Baulos 7 ‣ Arbeitsgemeinschaft U-Bahn-Bau Frankfurter Allee ‣ Bohrkonsortium Nordsee II ‣ Anwaltssozietät Dres. Baden, Huber Möller & Suck	‣ Legitimation aller vertretungsberechtigten Gesellschafter ‣ persönliche Legitimation der vertretungsberechtigten Antragsteller ‣ Vorlage des Gesellschaftsvertrags ‣ Bescheinigung über den aktuellen Gesellschafterbestand

2.3.1.2.3 Einzelkonten und Gemeinschaftskonten

Einzelkonten

Nach der Zahl der Kontoinhaber unterscheiden die Kreditinstitute Einzelkonten und Gemeinschaftskonten:

- **Einzelkonten** haben nur **einen einzelnen Kontoinhaber,** z. B. Kurt Bauer, Alf & Behn OHG. Sie können aber mehrere Verfügungsberechtigte (Bevollmächtigte) haben.
- **Gemeinschaftskonten** haben **mehrere Kontoinhaber,** z. B. Eheleute Udo und Ina Sorg.

Gemeinschaftskonten

Inhaber von Gemeinschaftskonten sind zumeist mehrere natürliche Personen. Inhaber können aber auch mehrere juristische Personen, mehrere Firmen oder auch Mitglieder nicht rechtsfähiger Personenvereinigungen (Erbengemeinschaften, nicht eingetragene Vereine) sein.

Gemeinschaftskonten

Oder-Konten
Und-Konten

mit Einzelverfügungsberechtigung (sog. Oder-Konto)

- Im Kontoeröffnungsantrag wird die Oder-Klausel angekreuzt
- Jeder Kontoinhaber ist Gläubiger des Kreditinstituts (Gesamtgläubiger nach § 428 BGB)
- Jedem Kontoinhaber steht im Innenverhältnis ein gleich großer Anteil am Kontoguthaben zu, soweit nichts anderes vereinbart ist
- Jeder Kontoinhaber kann allein
  - über das gesamte Guthaben verfügen
  - eingeräumte Kreditlinien ausnutzen
  - das Konto mit Wirkung gegenüber dem anderen Kontoinhaber im bankküblichen Rahmen überziehen
  - das Guthaben abtreten und verpfänden
- Eine Kontoauflösung ist nur durch alle Kontoinhaber gemeinschaftlich zulässig
- Bei Tod eines Kontomitinhabers bleibt das Verfügungsrecht des überlebenden Kontoinhabers uneingeschränkt bestehen

mit gemeinschaftlicher Verfügungsberechtigung (sog. Und-Konto)

- Im Kontoeröffnungsantrag wird die Und-Klausel angekreuzt
- Die Kontoinhaber sind gemeinschaftlich Gläubiger des Kreditinstituts (Bruchteilsgemeinschaft gem. § 741 ff. BGB)
- Jedem Kontoinhaber steht im Innenverhältnis ein gesetzlich geregelter oder vertraglich vereinbarter Anteil am Kontoguthaben zu
- Die Kontoinhaber können nur gemeinschaftlich über das Konto verfügen
- Eine Kontoauflösung ist nur durch alle Kontoinhaber gemeinschaftlich zulässig
- Bei Tod eines Kontoinhabers kann der überlebende Kontoinhaber nur gemeinsam mit den Erben des verstorbenen Inhabers verfügen

Einzelverfügung

gemeinschaftliche Verfügung

Die Kontoinhaber müssen bei der Eröffnung eines Gemeinschaftskontos bindend erklären, ob Einzelverfügung oder gemeinschaftliche Verfügung gewollt ist. Ohne eindeutige Weisung gehen Kreditinstitute aus Sicherheitsgründen zunächst von einem Und-Konto aus, soweit es sich um ein Spar- oder Depotkonto handelt. Hauptfall des Und-Kontos sind Konten von Erbengemeinschaften (gesetzliches Und-Konto).

Kreditaufnahmen können bei einem Oder-Konto, soweit der bankübliche Rahmen überschritten wird, nur von allen Kontomitinhabern gemeinschaftlich vorgenommen werden. Die Auflösung eines Oder-Kontos sowie die Umschreibung in ein Einzelkonto können – mit Ausnahme bei Tod eines Kontomitinhabers – nur alle Kontoinhaber gemeinschaftlich veranlassen. Die Umwandlung in ein Und-Konto kann jeder Kontoinhaber allein vornehmen, sofern eine entsprechende Vereinbarung bei Kontoeinrichtung getroffen worden ist. An der Erteilung einer Kontovollmacht müssen alle Inhaber des Oder-Kontos mitwirken.

Für Verbindlichkeiten aus einem Gemeinschaftskonto haftet jeder einzelne Kontoinhaber dem Kreditinstitut in voller Höhe als Gesamtschuldner. Das gilt auch für Kontoüberziehungen in einem der Kontoverbindung angemessenen Rahmen (= 10 % über den banküblich eingeräumten Dispositionskredit hinaus).

▸ Kapitel 4.7.2.2

Bei Gemeinschaftskonten können Freistellungsaufträge zwecks Abstandnahme von der Erhebung der Abgeltungsteuer nur für Ehegatten-Gemeinschaftskonten erteilt werden.

2.3.1.2.4 Konten zugunsten Dritter

Konten zugunsten Dritter

Oftmals wünschen Kunden ein Konto für eine dritte Person einzurichten. So möchte beispielsweise eine Großmutter ihrem Enkelkind auf diesem Wege einen bestimmten Geldbetrag zuwenden.

Konten auf den Namen eines Dritten

Bei der **Kontoeröffnung auf den Namen eines Dritten** sind zwei Fälle zu unterscheiden:

§ 328ff. BGB

1. Der Dritte soll sofort Gläubiger und damit auch verfügungsberechtigt werden. Der Dritte erlangt die Gläubigereigenschaft dann aufgrund eines Vertrages zugunsten Dritter. In diesem Fall sind sowohl die Legitimation des Antragstellers als auch die Legitimation des Dritten bzw. seiner gesetzlichen Vertreter zu prüfen.

2. Der Dritte soll zunächst nur Kontoinhaber, nicht sofort Gläubiger und damit auch nicht sofort verfügungsberechtigt werden. Der Antragsteller will sich das Gläubiger- bzw. Verfügungsrecht bis auf Weiteres vorbehalten. In diesem Fall muss zunächst nur die Legitimation des Antragstellers geprüft werden. Für den Dritten reicht ein Existenznachweis aus. Das Auseinanderklaffen von Gläubigereigenschaft und Kontoinhaberschaft kommt in der Praxis aber kaum noch vor, da derartige Konten nicht von der Abgeltungsteuer freigestellt werden können.

Vertrag zugunsten Dritter

▸ Kapitel 4.2.4.4

Bei der **Kontoeröffnung auf der Grundlage eines Vertrags zugunsten Dritter** soll der Dritte das Recht am Kontoguthaben in der Regel erst mit Eintritt bestimmter im Vertrag festgelegter Bedingungen erwerben, z. B. bei Volljährigkeit des begünstigten Dritten oder bei Tod des Antragsstellers (Sparer). Insbesondere die Todesfallbegünstigung spielt in der Praxis der Kreditinstitute im Sparkontenbereich eine sehr bedeutsame Rolle. Dadurch kann der bisherige Gläubiger ein Sparguthaben für den Fall seines Todes ohne Einhaltung erbrechtlicher Formvorschriften und ohne Kenntnis der Erben einer dritten Person außerhalb des Nachlasses zuwenden.

2.3.1.2.5 Treuhandkonten

Treuhandkonten und Treuhanddepots

Treuhandkonten (Treuhanddepots) dienen der Verwaltung von Vermögenswerten, die nicht dem Kontoinhaber gehören. Der Kontoinhaber unterhält das Konto im eigenen Namen für fremde Rechnung.

- **Offene Treuhandkonten** lauten auf den Namen des Treuhänders mit einem Zusatz, der das Treuhandverhältnis anzeigt, z. B. Treubau AG; Heinz Moser, Mietkautionskonto; Horst Mehl, wg. Wohnungseigentümergemeinschaft „Vor dem Edelhof“.

- **Verdeckte Treuhandkonten** lauten auf den Namen des Treuhänders ohne einen besonderen Zusatz. Das Treuhandverhältnis ist nicht erkennbar. Kreditinstitute behandeln verdeckte Treuhandkonten wie Eigenkonten des Treuhänders.

Übersicht offene Treuhandkonten

Offene Treuhandkonten

Anderkonten

- **Kontoinhaber**
  - Notare
  - Rechtsanwälte
  - Patentanwälte
  - Angehörige der öffentlich bestellten wirtschaftsprüfenden und wirtschafts- und steuerberatenden Berufe (Treuhänder), z. B. Wirtschaftsprüfer, Steuerberater
- **Kontobezeichnung**
  Beispiel:
  „Notar Otto Kiencke, Notar-Anderkonto 1“

andere offene Treuhandkonten

Treuhandkonten gesetzlicher Treuhänder

- **Kontoinhaber z. B.**
  - Testamentsvollstrecker
  - Nachlassverwalter
  - Insolvenzverwalter
  - Zwangsverwalter
- **Kontobezeichnung**
  Beispiele:
  „Anton Wolf, Nachlassverwaltung Ida Koel“
  „Karl-Hugo Lattig, Insolvenzverwaltung Drengstein KG“

Treuhandkonten privater Treuhänder

- **Kontoinhaber z. B.**
  - Verwalter einer Wohnungseigentümergemeinschaft
  - Vorstand eines nicht eingetragenen Vereins
  - Vermieter (für Mietkautionen)
- **Kontobezeichnung**
  Beispiel:
  „Gerhard Menge, Mietkautionskonto Frieda Tödt“

Anderkonten

Anderkonten

Anderkonten dürfen nur von Angehörigen bestimmter Berufsgruppen eröffnet werden, die einer besonderen, gesetzlich geregelten Standesaufsicht unterliegen. Das sind Notare, Rechts- und Patentanwälte sowie Angehörige der öffentlich bestellten wirtschaftsprüfenden und wirtschafts- und steuerberatenden Berufe (Treuhänder). Anderkonten können als Kontokorrent-, Spar-, Termingeld- und Depotkonten eingerichtet werden. Zum Schutz des Treugebers (Klient, Mandant) gelten besondere Anderkontenbedingungen (AKB). Notaranderkonten spielen in der Bankpraxis mittlerweile eine untergeordnete Rolle, da insbesondere bei der Abwicklung von Immobilienkäufen eine Direktvalutierung üblich ist.

Besonderheiten von Anderkonten

Besonderheiten von Anderkonten aufgrund der Anderkontenbedingungen (AKB)

- Anderkonten werden unter dem Namen des Treuhänders geführt. Sie tragen den Zusatz „Anderkonto". Der Name des Treugebers wird in der Kontobezeichnung nicht genannt.
- Anderkonten dienen ausschließlich der Verwaltung fremden Vermögens. Sie sind nicht dafür bestimmt, eigenen Zwecken des Kontoinhabers zu dienen.
- Der Kontoinhaber ist verpflichtet, bei jeder Eröffnung eines Anderkontos den Namen und die Anschrift desjenigen mitzuteilen, für dessen Rechnung er handelt.
- Kontovollmachten dürfen nur einem eng begrenzten Personenkreis erteilt werden, die selbst zur Führung eines Anderkontos befugt sind (z. B. für Rechtsanwalts-Anderkonten andere Rechtsanwälte).
- Kreditinstitute machen weder das Recht der Aufrechnung mit anderen Forderungen oder Verbindlichkeiten noch ein Pfand- oder Zurückbehaltungsrecht geltend.
- Guthaben auf Anderkonten sind nicht abtretbar oder verpfändbar.
- Persönliche Gläubiger des Treugebers können nicht in Anderkonten vollstrecken, wohl aber persönliche Gläubiger des Treuhänders. Der Treugeber kann sich dann aber durch das Recht der Drittwiderspruchsklage gegen die Pfändung wehren.
- Beim Tod des Kontoinhabers (Treuhänder) gehen Forderungen aus Anderkonten aufgrund von Vorschriften über eine Sondererbfolge nicht auf die Erben des Kontoinhabers über.

Andere Treuhandkonten

andere offene Treuhandkonten

Andere offene Treuhandkonten können für gesetzliche und private Treuhänder eingerichtet werden. Diese Treuhänder dürfen keine Anderkonten eröffnen. Dazu zählen z. B. Nachlassverwalter, Wohnungsverwalter, Treuhandgesellschaften. Voraussetzung ist, dass dem Kreditinstitut das Treuhandverhältnis zur Kenntnis gebracht wird und dass das Konto durch einen entsprechenden Zusatz in der Kontobezeichnung als Treuhandkonto kenntlich gemacht wird. Unterbleibt die Kennzeichnung, wird das Konto (verdecktes Treuhandkonto) wie ein Eigenkonto des Inhabers behandelt. Strafrechtliche Folgen sind dann für den Kontoinhaber nicht ausgeschlossen.

Mietkautionskonten gem. **§ 551 BGB**

Mietkautionskonten werden auf den Namen des Vermieters mit einem das Treuhandverhältnis kennzeichnenden Zusatz geführt. Mietkautionen dienen dem Vermieter als Sicherheit für eventuelle Ansprüche gegen den Mieter aus dem Mietvertrag, z. B. rückständige Miete.

Sonderkonto

Die Einrichtung eines **Sonderkontos** begründet in der Regel kein Treuhandkonto. Kreditinstitute gehen grundsätzlich davon aus, dass Sonderkonten **Eigenkonten** sind und eigene Mittel des Kontoinhabers aufnehmen, die z. B. aus steuerlichen oder organisatorischen Gründen gesondert gebucht werden sollen.

▸ Kapitel 4.7.2.2

Zinsen aus Treuhandkonten unterliegen der Abgeltungsteuer. Eine Freistellung ist nicht möglich. Sie sind steuerlich dem Treugeber zuzurechnen und von ihm zu versteuern.

Nr. 14 AGB Banken, Nr. 21 AGB Sparkassen

Die Unterscheidung zwischen Eigenkonten und Treuhandkonten eines Kontoinhabers ist für die Kreditinstitute wegen der Geltendmachung eigener Sicherungsrechte wichtig. Bei Treuhandkonten haben Kreditinstitute grundsätzlich kein AGB-Pfandrecht. Ebenfalls verzichten sie auf ihr gesetzliches Aufrechnungs- und Zurückbehaltungsrecht.

2.3.1.3 Prüfung und Annahme des Kontoeröffnungsantrags

2.3.1.3.1 Prüfungspflichten des Kreditinstituts

Prüfungspflichten bei Kontoeröffnung

Prüfungspflichten

gesetzliche Prüfungspflichten	Prüfung aufgrund der Sorgfaltspflicht eines ordentlichen Kaufmanns
▸ **steuerrechtliche Legitimationsprüfung** (Zweck: Verhinderung von Steuerhinterziehungen) ▸ **geldwäscherechtliche Legitimationsprüfung** (Zweck: Verhinderung von Geldwäsche, Terrorismusfinanzierung oder sonstiger strafbarer Handlungen) ▸ **außenwirtschaftsrechtliche Legitimationsprüfung** (Zweck: Feststellung der devisenrechtlichen Stellung)	**Prüfung der Rechts- und Geschäftsfähigkeit**

Steuerrechtliche Legitimationsprüfung

Kontenwahrheit

Legitimationsprüfung und Auskunftsbereitschaft

Kontosperre

Vorschriften des § 154 AO

▸ **Kontenwahrheit** (§ 154 Abs. 1 AO) ▸ **Verbot, unter einem falschen oder erdichteten Namen** – Konten einzurichten – Schließfächer zu überlassen – Verwahrstücke abzugeben – Buchungen vorzunehmen	▸ **Legitimationsprüfung** (§ 154 Abs. 2 Satz 1 AO) Verschaffung von Gewissheit über Person und Anschrift der Verfügungsberechtigten und wirtschaftlich Berechtigten (i. S. d. GwG) ▸ **Herstellung jederzeitiger Auskunftsbereitschaft** (§ 154 Abs. 2 Satz 2 AO) Führung eines alphabetischen Verzeichnisses der Verfügungsberechtigten und wirtschaftlich Berechtigten (mit Angabe der Konten, Depots und Schließfächer, Kontenabrufdatei, § 24c KWG) ▸ **Erfassung von** – steuerlicher Identifikationsnummer (ID) – Wirtschafts-ID der o. g. Personen (§ 154 Abs. 2a Satz 1 AO)	▸ **Kontosperre** (§ 154 Abs. 3 AO) Sperrung des Kontos/Depots bei einem Verstoß gegen das Prinzip der Kontenwahrheit nach Absatz 1 ▸ **Haftung** Haftung des Kreditinstituts für Steuerausfälle bei Auszahlung ohne Freigabe durch das Finanzamt (§ 72 AO)

Kontenwahrheit
§ 154 Abs. 1 AO

Es ist verboten, unter einem falschen oder erdichteten Namen Konten oder Depots einzurichten (formale Kontenwahrheit). Das Gleiche gilt für die Überlassung eines Schließfaches, die Abgabe von Verwahrstücken oder die Vornahme von Buchungen.

Die Vorschrift richtet sich in erster Linie an den Kunden des Kreditinstituts. Ihm ist es untersagt, Gelder unter einem falschen oder erdichteten Namen anzulegen, um sie so der Erfassung durch den Fiskus zu entziehen. Für die formale Kontenwahrheit ist es unerheblich, wem das Guthaben auf einem Konto in Wahrheit gehört.

Legitimationsprüfung
§ 154 Abs. 2 Satz 1 AO

Vor Erledigung von Aufträgen, die über ein Konto abgewickelt werden sollen, bzw. vor Überlassung eines Schließfachs müssen Kreditinstitute sich Gewissheit über die Person und Anschrift der Verfügungsberechtigten und der wirtschaftlich Berechtigten verschaffen (Legitimationsprüfung). Diese Vorschrift soll dazu beitragen, Steuerhinterziehungen zu verhindern.

Gewissheit über eine Person

Gewissheit über die Person eines Verfügungsberechtigten besteht grundsätzlich nur, wenn der vollständige Name, das Geburtsdatum sowie der Geburtsort, die Nationalität und der Wohnsitz bekannt sind. Eine vorübergehende Anschrift, z. B. eine Hoteladresse, reicht nicht aus. Juristische Personen werden durch Bezugnahme auf eine amtliche Veröffentlichung oder ein amtliches Register unter Angabe der Registernummer identifiziert. Wird ein Konto auf den Namen eines verfügungsberechtigten Dritten eröffnet, müssen sowohl die Person des Kontoinhabers als auch die Person desjenigen, der das Konto eröffnet, legitimiert werden.

AEAO zu § 154

Ausweisvorlage

Kreditinstitute verlangen zur Legitimationsprüfung grundsätzlich die Vorlage eines gültigen amtlichen Personalausweises oder des Reisepasses aller verfügungsberechtigten Personen. In Einzelfällen können auch andere amtliche Urkunden mit Lichtbild als Legitimationsdokument dienen. Bei Kontoeröffnungen für Minderjährige genügt neben der Legitimation der gesetzlichen Vertreter die Vorlage der Geburtsurkunde des Kindes. Bei Firmen und juristischen Personen sind Registerauszüge oder entsprechende Dokumente vorzulegen.

Art und Nummer des Legitimationspapiers, ausstellende Behörde und Ausstellungsdatum sind neben dem Namen, dem Geburtsdatum sowie dem Geburtsort, der Nationalität und der Anschrift auf dem Konto bzw. in den Kontounterlagen (Kontostammblatt, Kontoeröffnungsunterlagen) festzuhalten. Die Feststellung und Überprüfung dieser Angaben verlangt auch das Geldwäschegesetz.

§ 11 Abs. 4 GwG
§ 12 GwG

Das Kreditinstitut prüft bei natürlichen Personen:

- Gültigkeit des Ausweises,
- Übereinstimmung der Person auf dem Lichtbild mit dem Vorleger des Ausweises,
- Übereinstimmung der Angaben im Kontoeröffnungsantrag bzw. auf dem Unterschriftsprobenblatt mit den Angaben im Ausweis,
- Übereinstimmung der Unterschrift im Ausweis mit der Unterschrift auf dem Kontoeröffnungsantrag bzw. auf dem Unterschriftsprobenblatt.

Verfügungsberechtigte

Als Verfügungsberechtigte, für die eine Legitimationsprüfung im Sinne des § 154 Abs. 2 Satz 1 AO vorzunehmen ist, gelten

- der **Kontoinhaber** sowie dessen
- **gesetzliche Vertreter** und
- **rechtsgeschäftliche Vertreter** (Bevollmächtigte).

Die Kreditinstitute müssen daher nicht nur für die Kontoinhaber, sondern auch für gesetzliche Vertreter und für Bevollmächtigte eine Legitimationsprüfung durchführen, sofern für sie nicht Ausnahmeregelungen gelten.

Ausnahmen von der Pflicht zur Legitimationsprüfung (gemäß Anwendungserlass zur Abgabenordnung – AEAO)

gesetzliche Vertreter natürlicher Personen	Vollmachten für Geschäfts- und Behördenkonten	auf bestimmte Vorgänge beschränkte Vollmachten
‣ Eltern, wenn die Voraussetzungen für die gesetzliche Vertretung bei Kontoeröffnung durch amtliche Urkunden nachgewiesen wurden ‣ Vormund, Pfleger und Betreuer ‣ Vertreter kraft Amtes (Insolvenzverwalter, Zwangsverwalter, Nachlassverwalter, Testamentsvollstrecker und ähnliche Personen)	‣ Vertreter juristischer Personen des öffentlichen Rechts ‣ Vertreter von Kreditinstituten und Versicherungsunternehmen ‣ Personen, die in öffentlichen Registern (z. B. Handelsregister) als Vertreter eingetragener Firmen oder Personen registriert sind ‣ Verfügungsberechtigte über Geschäftskonten, wenn schon mindestens 5 Personen des Unternehmens in einem öffentlichen Register eingetragen sind oder wenn bereits für mindestens 5 Verfügungsberechtigte eine Legitimationsprüfung durchgeführt worden ist	‣ Vollmachten zur einmaligen Verfügung über ein Konto (sog. Einmalvollmachten) ‣ Verfügungsberechtigte im Lastschriftverfahren ‣ Vollmachten für den Todesfall (sog. postmortale Vollmachten) ‣ Pfandnehmer

Ausnahmen von der Pflicht zur Legitimationsprüfung
gemäß AEAO zu §154

Kreditinstitute müssen außerdem ein besonderes alphabetisch geordnetes Namensverzeichnis der Verfügungsberechtigten führen (Kontenabrufdatei), um jederzeit über die Konten und Schließfächer eines Verfügungsberechtigten Auskunft geben zu können (Herstellung jederzeitiger Auskunftsbereitschaft).

Herstellung der Auskunftsbereitschaft
§154 Abs. 2 Satz 2 AO

Ist gegen die Kontenwahrheit nach Abs. 1 der Vorschrift verstoßen worden, ist das Konto/Depot zu sperren (Kontosperre). Verfügungen sind nur noch mit Zustimmung des für die Einkommen- und Körperschaftsteuer des Verfügungsberechtigten zuständigen Finanzamts zulässig. Werden entgegen der Kontosperre dennoch Verfügungen zugelassen, haftet das Kreditinstitut, wenn es dadurch zu Steuerausfällen kommt. Die Haftung ist auf den Auszahlungsbetrag beschränkt.

Kontosperre
§154 Abs. 3 AO

Haftung
§72 AO

Geldwäscherechtliche Legitimationsprüfung

Nach dem Geldwäschegesetz (GwG) müssen die Kreditinstitute den Vertragspartner durch Ausweisvorlage identifizieren, wenn dieser eine auf Dauer angelegte Geschäftsbeziehung begründet. Dies gilt insbesondere bei Eröffnung eines Kontos und bei den sonstigen in § 154 Abs. 2 AO genannten Geschäften, z. B. Vermietung eines Schließfaches oder Annahme von Verwahrstücken. Zu identifizieren ist nach dem GwG nur der Vertragspartner (Kunde), nicht dagegen Bevollmächtigte oder gesetzliche Vertreter. Das Kreditinstitut muss eine Kopie des Ausweises anfertigen.

Identifizierung
gem. §§2, 10 GwG
‣ Kapitel 2.7
§10 Abs. 3 Nr. 1 GwG
§11 Abs. 1 GwG

Ausweiskopie
§8 Abs. 2 GwG

Außerdem besteht eine Identifizierungspflicht bei **Transaktionen im Wert von 15000 Euro oder mehr von Nichtkunden oder von Kunden außerhalb der Geschäftsbeziehung**. Identifizierungspflichtig sind ferner **Geldtransfers** i. S. der EU-Geldtransferverordnung, soweit der **Geldtransfer** außerhalb einer Geschäftsverbin-

§10 Abs. 3 Nr. 2 GwG
Geldtransfer-VO

dung erfolgt und einen Betrag von **1 000 Euro** oder mehr ausmacht. Dadurch wurde der Schwellenbetrag für Bareinzahlungen von Nichtkunden (klassisches Zahlscheingeschäft) von 15 000 Euro auf 1 000 Euro abgesenkt.

wirtschaftlich Berechtigter
§ 3 GwG
§ 11 Abs. 5 GwG

Darüber hinaus müssen die Kreditinstitute nach dem Geldwäschegesetz feststellen, dass der Kontoinhaber im eigenen wirtschaftlichen Interesse und nicht auf fremde Veranlassung, z. B. eines Treugebers, handelt. Handelt der Kontoinhaber nicht für eigene Rechnung, muss das Kreditinstitut vom Kontoeinrichter zumindest den Namen des wirtschaftlich Berechtigten erfahren und festhalten. Soweit dies in Ansehung des im Einzelfall bestehenden Risikos der Geldwäsche oder Terrorismusfinanzierung angemessen ist, hat das Kreditinstitut weitere Identifizierungsmerkmale zu erheben.

Identifizierungsverfahren

In der Bankpraxis wird die Legitimationsprüfung auf verschiedene Arten durchgeführt.

Arten der Legitimationsprüfung

- **Persönlich**
  Legitimation in Anwesenheit des Kunden bei der Kontoeröffnung
- **Postident-Verfahren**
  Legitimation durch Einschaltung zuverlässiger Dritter (z. B. Deutsche Post)
  → Weiterleitung der Daten an das kontoführende Institut
- **Videolegitimation**
  Kunde hält seinen Lichtbildausweis in seine PC-Webcam
  → Übertragung der Daten auf gesicherter Internetverbindung und Prüfung durch das kontoführende Institut
  (ggf. mit anschließender Videoberatung, z. B. im Wertpapiergeschäft)

Prüfung der Rechts- und Geschäftsfähigkeit

Kontofähigkeit

Bei bestimmten Gemeinschaften und Personenvereinigungen muss zunächst die Rechtsfähigkeit und damit die Kontofähigkeit geprüft werden. Das gilt insbesondere für BGB-Gesellschaften und nicht eingetragene Vereine, da hier die Kontofähigkeit nicht von vornherein feststeht. Darüber hinaus verbinden die Kreditinstitute mit der Legitimationsprüfung bei natürlichen Personen die Feststellung der Geschäftsfähigkeit. Sie ist wichtig für die Gültigkeit des Kontovertrages und damit für die Rechtswirksamkeit späterer Verfügungen.

Prüfung der Geschäftsfähigkeit

2.3.1.3.2 Annahme des Kontoeröffnungsantrags

Annahme des Kontoeröffnungsantrags

Der Kontoeröffnungsantrag kann vom Kreditinstitut ausdrücklich oder durch schlüssiges Handeln angenommen werden. Mit Annahme des Eröffnungsantrags durch das Kreditinstitut ist der Kontovertrag geschlossen.

2.3.2 Allgemeine Geschäftsbedingungen und Sonderbedingungen

§ 305 BGB

Allgemeine Geschäftsbedingungen sind für eine Vielzahl von Verträgen vorformulierte Vertragsbedingungen, die der Verwender (das Kreditinstitut) der anderen

Vertragspartei (dem Kunden) bei Abschluss eines Vertrages, z. B. des Kontovertrages, vorgibt.

§ 305 Abs. 1 Satz 2 BGB

Allgemeine Geschäftsbedingungen (AGB)

äußerlich gesonderter Bestandteil des Kontovertrages	unmittelbarer Bestandteil des Kontovertrages
▸ Allgemeine Geschäftsbedingungen ▸ Bedingungen für einzelne Geschäftszweige, z. B. – Scheckverkehr – Überweisungs- und Lastschriftverkehr – Sparverkehr – Onlinebanking	Standardisierte Vertragsbedingungen im Kontoeröffnungsantrag, z. B. – Oder-Klausel – Und-Klausel – Vollmachtsklausel

Die AGB sind Rahmenvereinbarungen, die für die gesamte Geschäftsverbindung zwischen dem Kunden und seinem Kreditinstitut gelten. Sie regeln allgemeine Rechte und Pflichten der Kunden und der Kreditinstitute mit dem Ziel, eine weitgehend einheitliche und dadurch schnelle und Kosten sparende Abwicklung der Geschäftsfälle zu ermöglichen.

Die Allgemeinen Geschäftsbedingungen und die Sonderbedingungen haben Vertragscharakter. Sie gelten nicht automatisch. Insbesondere im Verhältnis zu Privatleuten müssen bestimmte Voraussetzungen eingehalten werden, damit die AGB verbindlich werden. Für einzelne Produkte gelten Sonderbedingungen. Diese Bedingungen entfalten aber erst im Zusammenhang mit den jeweiligen Produktverträgen rechtliche Wirkung für den Kunden. So gelten z. B. die „Bedingungen für das Onlinebanking" erst, wenn auch die entsprechenden Onlinebanking-Vereinbarungen mit dem Kunden getroffen worden sind.

§ 305 Abs. 2 BGB
§ 310 Abs. 1 BGB

Verbindlichkeit der AGB und der Sonderbedingungen

im Verhältnis zu Privatleuten	im Verhältnis zu Kaufleuten und juristischen Personen des öffentlichen Rechts
▸ ausdrücklicher Hinweis auf die Geltung der AGB (Hinweis im Kontoeröffnungsantrag) ▸ Möglichkeit der Kenntnisnahme in zumutbarer Weise (durch Aushändigung oder durch Aushang der AGB im Kassenraum) ▸ Anerkennung der AGB (durch Unterzeichnung des Kontoeröffnungsantrags)	stillschweigende Anerkennung der AGB

Die AGB der Banken und der Sparkassen sind weitgehend identisch. Sie unterscheiden sich teilweise nur redaktionell.

Inhalte der AGB

Im Wesentlichen enthalten die Allgemeinen Geschäftsbedingungen

- Grundlagen der Geschäftsbeziehung,
- Vorschriften über die Kontoführung,

- Mitwirkungspflichten des Kunden,
- Entgeltregelungen,
- Vereinbarungen eines Pfandrechts zugunsten des Kreditinstituts,
- Kündigungsregelungen,
- Haftungsfragen.

2.4 Verfügungsberechtigung

2.4.1 Verfügungsberechtigung im Regelfall

2.4.1.1 Verfügungsberechtigte im Überblick

Verfügungsberechtigte

Verfügungsberechtigte

- **Kontoinhaber**
- **gesetzliche und organschaftliche Vertreter des Kontoinhabers**
  Beispiele:
  - Eltern als Vertreter ihrer minderjährigen Kinder
  - Geschäftsführer einer GmbH
- **rechtsgeschäftliche Vertreter des Kontoinhabers**
  Beispiele:
  - Bevollmächtigte (Zeichnungsberechtigte)
  - Prokuristen
  - Handlungsbevollmächtigte

Kontoinhaber

Kontoinhaber sind verfügungsberechtigt, wenn sie unbeschränkt geschäftsfähig sind. Beschränkt geschäftsfähige Kontoinhaber bedürfen zur Verfügung über ihr Konto der Zustimmung des gesetzlichen Vertreters. Über Konten von Einzelunternehmen verfügt der Inhaber unter dem Firmennamen.

gesetzliche Vertreter

Gesetzliche Vertreter von natürlichen Personen sind die **Eltern** für ihre minderjährigen Kinder (§ 1629 BGB) und der **Vormund** für das Mündel (§ 1773 BGB). Ebenfalls sind der **Betreuer** innerhalb des zugewiesenen Aufgabenkreises (§ 1902 BGB) sowie der **Pfleger** bei bestimmten Anlässen gesetzlicher Vertreter.

organschaftliche Vertreter

Organschaftliche Vertreter sind die Organe von juristischen Personen. Sie haben die Stellung eines gesetzlichen Vertreters. Organschaftlicher Vertreter einer AG ist der Vorstand, der einer GmbH der Geschäftsführer.

rechtsgeschäftliche Vertreter
§ 164 ff. BGB

Rechtsgeschäftliche Vertreter sind vom Kontoinhaber bevollmächtigt, über seine Konten zu verfügen. Sie haben **Kontovollmacht.** Der Bevollmächtigte ist berechtigt, im Namen des Vollmachtgebers Willenserklärungen abzugeben, deren Folgen den Vollmachtgeber berechtigen und verpflichten.

§ 167 Abs. 1 BGB

Die Vollmacht wird vom Vollmachtgeber entweder dem Vertragspartner (**Außenvollmacht**) oder unmittelbar dem Vollmachtnehmer (**Innenvollmacht**) gegenüber erklärt. Im letzteren Fall erhält der Bevollmächtigte eine Vollmachtsurkunde, die er aus Akzeptanzgründen bei jeder Verfügung vorlegen muss.

Unterschriftsproben

Kreditinstitute erfassen die ihnen mitgeteilten **Verfügungsberechtigten** (Zeichnungsberechtigten) in den Kontounterlagen. **Unterschriftsproben** werden auf dem Kontoeröffnungsantrag oder auf besonderen Unterschriftsblättern festgehalten.

Dadurch können Unterschriften bei Kontoverfügungen jederzeit durch Vergleich geprüft werden. Nach den Allgemeinen Geschäftsbedingungen gelten rechtsgeschäftliche Verfügungsberechtigungen gegenüber dem Kreditinstitut bis zum schriftlichen Widerruf.

Verfügungsberechtigte im Sinne von §154 AO

Gesetzliche, organschaftliche und rechtsgeschäftliche Vertreter gelten als Verfügungsberechtigte im Sinne von § 154 Abgabenordnung, soweit deren Verfügungsberechtigung dem Kreditinstitut mitgeteilt worden ist. Kreditinstitute sind daher grundsätzlich verpflichtet, für diese Personen eine Legitimationsprüfung durchzuführen. Zusätzlich sind die Namen in einem alphabetischen Register festzuhalten, aus dem auch die jeweiligen Konten, Depots und Schließfächer ersichtlich sein müssen, über die verfügt werden kann (**Kontenabrufdatei nach § 24c KWG**).

2.4.1.2 Gesetzliche Vertreter als Verfügungsberechtigte

Gesetzliche Vertreter

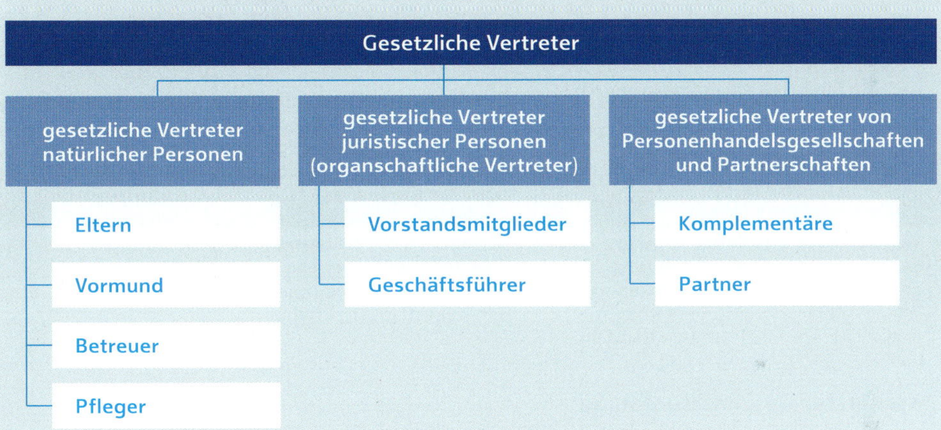

2.4.1.2.1 Gesetzliche Vertreter natürlicher Personen

Eltern

Elterliche Sorge

elterliche Sorge

Der Vater und die Mutter haben die Pflicht und das Recht, für das minderjährige Kind zu sorgen. Die elterliche Sorge umfasst

§1626 BGB

- die Vertretung des Kindes,
- die Sorge für die Person des Kindes (Personensorge),
- die Sorge für das Vermögen des Kindes (Vermögenssorge).

Vertretung des Kindes und Vermögenssorge

Vertretung des Kindes (§ 1629 BGB)	Vermögenssorge (§ 1638 ff. BGB)
Grundsatz: Die Eltern vertreten das Kind gemeinsam (Gesamtvertretung). Das gilt auch für geschiedene und getrennt lebende Eltern. Bei nicht miteinander verheirateten Eltern besteht gemeinschaftliche elterliche Sorge nur, wenn sie eine gemeinsame Sorgeerklärung abgegeben haben; andernfalls hat die Mutter das Alleinsorgerecht. **Einzelvertretung:** Ein Elternteil vertritt das Kind allein (Einzelvertretung), wenn ‣ der andere Elternteil gestorben, minderjährig oder geschäftsunfähig ist, ‣ der andere Elternteil verhindert ist, die elterliche Sorge wahrzunehmen, z. B. wegen Krankheit oder längerer Abwesenheit, ‣ das Familiengericht die elterliche Sorge einem Elternteil allein übertragen hat, ‣ die Mutter unverheiratet ist und keine gemeinschaftliche Sorge besteht (Nachweis der Mutter ggf. durch eine Negativerklärung, die vom zuständigen Jugendamt erteilt wird). **Gegenseitige Bevollmächtigung:** Ein Elternteil kann vom anderen Elternteil bevollmächtigt werden, bei Willenserklärungen für das Kind im Namen beider Elternteile zu handeln.	**Grundsatz:** Die Eltern haben das ihrer Verwaltung unterliegende Geld des Kindes nach den Grundsätzen einer wirtschaftlichen Vermögensverwaltung anzulegen. **Genehmigungspflichtige Rechtsgeschäfte:** Zu folgenden beispielhaft aufgeführten Rechtsgeschäften für das Kind bedürfen die Eltern der Genehmigung des Familiengerichts: ‣ Verfügungen über Grundstücke und Grundstücksrechte (ausgenommen Hypotheken, Grund- und Rentenschulden), ‣ Erwerb oder Veräußerung eines Erwerbsgeschäftes, ‣ Aufnahme eines (Dispositions-)Kredits, ‣ Eingehung von Scheck- und Wechselverbindlichkeiten, ‣ Übernahme einer fremden Verbindlichkeit, insbesondere Übernahme einer Bürgschaft. Das **Familiengericht** erteilt die Genehmigung gegenüber den Eltern. Maßgeblich ist das Interesse des Kindes. Die Zustimmung kann im Voraus oder nachträglich erteilt werden. Wirksam wird das genehmigungsbedürftige Rechtsgeschäft (z. B. eine Kreditaufnahme) aber erst, wenn die Eltern dem Vertragspartner (z. B. dem Kreditinstitut) die familiengerichtliche Genehmigung auch tatsächlich vorlegen, nicht dagegen schon zum Zeitpunkt der Erteilung der Genehmigung durch das Familiengericht. Der Genehmigungsbeschluss muss Rechtskraft erlangt haben.

Konten für Geschäftsunfähige

Konten für Geschäftsunfähige

Konten und Depots für Geschäftsunfähige können in deren Namen nur durch die gesetzlichen Vertreter eröffnet werden. Verfügen können ebenfalls nur die gesetzlichen Vertreter, gegebenenfalls die von ihnen Bevollmächtigten. Die Eltern können im Rahmen ihrer gesetzlichen Vertretungsmacht unbeschränkt über das Vermögen des Kindes verfügen. Die Nutznießung des Vermögens steht aber grundsätzlich dem Kind zu.

Geschäftsunfähigkeit

Geschäftsunfähigkeit	
Geschäftsunfähige haben nach dem Gesetz keinen rechtsgeschäftlich bedeutsamen Willen. Für sie handeln stets die gesetzlichen Vertreter. Geschäftsunfähig ist (§ 104 BGB): 1. wer nicht das siebente Lebensjahr vollendet hat, 2. wer sich in einem die freie Willensbildung ausschließenden Zustand krankhafter Störung der Geistestätigkeit befindet, sofern dieser Zustand nicht von vorübergehender Art ist.	**Willenserklärungen Geschäftsunfähiger sind nichtig,** d. h. von Anfang an unwirksam. Die Nichtigkeit kann auch nicht dadurch geheilt werden, dass der gesetzliche Vertreter der Willenserklärung vorher oder nachträglich zustimmt. Nicht auf Dauer geschäftsunfähig ist, wer bewusstlos oder vorübergehend in seiner Geistestätigkeit gestört ist. Im Zustand der Bewusstlosigkeit oder vorübergehender Störung der Geistestätigkeit abgegebene Willenserklärungen sind aber ebenfalls nichtig (§ 105 BGB).

Konten für beschränkt Geschäftsfähige

Beschränkte Geschäftsfähigkeit

Beschränkt Geschäftsfähige bedürfen zu Willenserklärungen, durch die sie nicht lediglich einen rechtlichen Vorteil erlangen, der Zustimmung ihrer gesetzlichen Vertreter. Beschränkt geschäftsfähig ist, wer als Minderjähriger zwischen 7 und 17 Jahre alt ist (§ 106 BGB). Schließt ein Minderjähriger einen Vertrag, durch den er nicht lediglich einen rechtlichen Vorteil erlangt, ohne die vorherige Zustimmung (Einwilligung) des gesetzlichen Vertreters, so hängt die Wirksamkeit des Vertrages von der nachträglichen Zustimmung (Genehmigung) des Vertreters ab (§ 108 BGB). Bis zur Zustimmung bzw. Verweigerung der Zustimmung ist der Vertrag schwebend unwirksam.

Ein Vertrag kann ohne die Zustimmung des gesetzlichen Vertreters rechtswirksam geschlossen werden, wenn der Minderjährige die vertragsgemäße Leistung aus Mitteln erbringt, die ihm für diesen Zweck oder zur freien Verfügung überlassen worden sind (Taschengeld, § 110 BGB). Einseitige Rechtsgeschäfte Minderjähriger, z. B. eine Kündigung oder Vollmachtserteilung, sind nur mit Einwilligung des gesetzlichen Vertreters wirksam (§ 111 BGB). Sie können nicht nachträglich genehmigt werden. Eine ähnliche Rechtsstellung wie ein beschränkt geschäftsfähiger Minderjähriger hat ein **Betreuter, für den ein Einwilligungsvorbehalt angeordnet ist.**

beschränkte Geschäftsfähigkeit

Betreuung mit Einwilligungsvorbehalt
▸ Seite 99

Konten für beschränkt Geschäftsfähige können entweder durch die Eltern als gesetzliche Vertreter oder durch den Minderjährigen selbst eröffnet werden, wenn er die Zustimmung der Eltern hat. Die Kreditinstitute verlangen in der Regel die Mitunterschrift beider gesetzlichen Vertreter auf dem Kontoeröffnungsantrag.

Erweiterung der beschränkten Geschäftsfähigkeit Minderjähriger

Erweiterung

Die beschränkte Geschäftsfähigkeit Minderjähriger kann partiell erweitert werden:

1. Der Minderjährige wird durch seinen gesetzlichen Vertreter mit Genehmigung des Familiengerichts zum selbstständigen Betrieb eines Erwerbsgeschäfts ermächtigt (sog. Handelsmündigkeit gem. § 112 BGB).
2. Der Minderjährige wird durch seinen gesetzlichen Vertreter zur Eingehung eines Dienst- oder Arbeitsverhältnisses und zur Erfüllung aller sich daraus ergebenden Verpflichtungen ermächtigt (sog. Arbeitsmündigkeit gem. § 113 BGB).

Der Minderjährige ist in diesen Fällen voll geschäftsfähig für Rechtsgeschäfte, die im Rahmen der erteilten Ermächtigungen liegen. **Das Ausbildungsverhältnis zählt nicht zu den Dienst- oder Arbeitsverhältnissen im Sinne von § 113 BGB. Die Eingehung eines Ausbildungsvertrages erweitert die Geschäftsfähigkeit daher nicht.**

Führung (Eröffnung, Verfügung und Kündigung) von Konten Minderjähriger

Kontoführung

	Konten und Depots für geschäftsunfähige Minderjährige	Konten und Depots für beschränkt geschäftsfähige Minderjährige
Kontoeröffnung	Der Kontovertrag muss vom gesetzlichen Vertreter (Eltern, Vormund) oder einem Bevollmächtigten des gesetzlichen Vertreters geschlossen werden.	Der Kontovertrag kann abgeschlossen werden: 1. durch den gesetzlichen Vertreter (Eltern, Vormund) oder dessen Bevollmächtigten, 2. durch den Minderjährigen selbst mit Zustimmung des gesetzlichen Vertreters, 3. durch den Minderjährigen allein im Rahmen der erweiterten Geschäftsfähigkeit.

	Konten und Depots für geschäftsunfähige Minderjährige	Konten und Depots für beschränkt geschäftsfähige Minderjährige
Kontoverfügungen	Kontoverfügungen, z. B. Abhebungen, Überweisungen, können nur durch den gesetzlichen Vertreter (Eltern, Vormund) oder dessen Bevollmächtigten vorgenommen werden.	▸ Verfügungsberechtigt können sein: 1. der gesetzliche Vertreter (Eltern gemeinsam, ein Elternteil allein bei Alleinvertretungsberechtigung, Vormund mit Genehmigung des Familiengerichts), 2. der Minderjährige mit Genehmigung der gesetzlichen Vertreter oder allein im Rahmen der erweiterten Geschäftsfähigkeit. ▸ Kreditaufnahmen, Wechselakzepte und Bürgschaftsübernahmen von Minderjährigen bedürfen der Genehmigung der gesetzlichen Vertreter sowie des Familiengerichts. Auch Schecks dürfen nur mit Genehmigung der gesetzlichen Vertreter und des Familiengerichts ausgestellt werden.
Kontokündigung	Die Kündigung des Kontovertrages kann nur durch den gesetzlichen Vertreter (Eltern, Vormund) oder dessen Bevollmächtigten vorgenommen werden.	▸ Kündigung des Kontovertrages durch den gesetzlichen Vertreter (Eltern, Vormund). ▸ Die Kündigung des Kontovertrages durch den Minderjährigen bedarf der vorherigen Zustimmung (Einwilligung) des gesetzlichen Vertreters, da die Kündigung ein einseitiges Rechtsgeschäft ist und deshalb nachträglich nicht genehmigt werden kann.

Bereich der erweiterten Geschäftsfähigkeit eines Minderjährigen
§§ 112, 113 BGB

Die **Führung eines Lohn- und Gehaltskontos** fällt in den **Bereich der erweiterten Geschäftsfähigkeit** eines Minderjährigen, wenn der gesetzliche Vertreter ihn ermächtigt hat, allein ein Dienst- oder Arbeitsverhältnis einzugehen (sog. Arbeitsmündigkeit).

Die erweiterte Geschäftsfähigkeit gilt auch für die **Führung eines Geschäftskontos,** wenn der Minderjährige zum Betrieb eines Erwerbsgeschäftes durch den gesetzlichen Vertreter mit Genehmigung des Familiengerichts ermächtigt worden ist.

Vormund

Vormund

Ein Vormund wird vom Familiengericht bestellt, wenn ein Minderjähriger nicht unter elterlicher Sorge steht. Das ist der Fall, wenn beide Eltern verstorben sind oder ihnen die elterliche Sorge entzogen worden ist. Auch unbegleitete minderjährige Flüchtlinge erhalten in der Regel einen Vormund. Das Gesetz bezeichnet solche Minderjährige als „Mündel“.

Aufgaben des Vormunds

Der Vormund übernimmt für das Mündel

- die **Vertretung**,
- die **Personensorge** und
- die **Vermögenssorge.**

Mündelkonten

Kreditinstitute müssen bei Mündelkonten Anlage- und Verfügungsvorschriften beachten:

§ 1791 BGB

- Der Vormund muss sich bei der Errichtung des Kontos durch seine **Bestallungsurkunde** ausweisen.

- Der Vormund muss das Mündelvermögen **getrennt von seinem persönlichen Vermögen** anlegen. Auch ein Treuhandkonto unter dem Namen des Vormunds kommt nicht in Betracht. §1805 BGB
- Der Vormund muss das Vermögen des Mündels grundsätzlich **verzinslich** und **mündelsicher** anlegen, z.B. in mündelsicheren Wertpapieren oder als Anlagen bei Kreditinstituten, die einer Einlagensicherungseinrichtung angehören. Für **nicht mündelsichere** Anlagen benötigt der Vormund stets eine Anlagegenehmigung des Familiengerichts. §§1806, 1807 BGB
- Zur Geldanlage bedarf der Vormund der **Genehmigung des Familiengerichts.** Diese Genehmigung muss er dem Anlageinstitut nicht vorlegen. Ein ohne familiengerichtliche Genehmigung getätigtes Anlagegeschäft ist aber gleichwohl wirksam. §1810 BGB
- Der Vormund soll **Mündelgeld versperrt anlegen.** Er soll mit dem Kreditinstitut eine Vereinbarung treffen, dass zur Abhebung des Geldes die Genehmigung des Familiengerichts erforderlich ist (Sperrklausel). §1809 BGB
- Der Vormund kann über das Guthaben auf einem Mündelkonto grundsätzlich nur mit Genehmigung des Familiengerichts verfügen. §§1812, 1813 BGB
- Ohne Genehmigung des Familiengerichts kann der Vormund über Konten des Mündels verfügen, wenn es sich handelt um
  - Verfügungen eines befreiten Vormunds,
  - Guthaben auf einem Giro- bzw. Kontokorrentkonto, unabhängig von der Höhe des Kontostandes,
  - Zinsen und andere Erträgnisse aus dem Mündelvermögen.

Über Zinsen aus einem Sparkonto, die bereits kapitalisiert sind, kann der Vormund ohne Genehmigung durch das Familiengericht innerhalb einer Frist von zwei Monaten nach Gutschrift verfügen. Bei Freigabebeschlüssen zur Verfügung über Mündelkonten hat das Kreditinstitut darauf zu achten, dass der Beschluss eine Rechtskraftbescheinigung aufweist. §40 Abs. 2 FamFG

Betreuer

Betreuer

Ein Betreuer kann vom Betreuungsgericht für einen Volljährigen bestellt werden, wenn dieser aufgrund einer psychischen Krankheit oder einer körperlichen, geistigen oder seelischen Behinderung seine Angelegenheiten ganz oder teilweise nicht besorgen kann und andere Hilfen nicht vorhanden sind. Der Betreuer darf nur für Aufgabenkreise bestellt werden, in denen eine Betreuung erforderlich ist. Der Betreuer hat hierbei die Stellung eines gesetzlichen Vertreters. Die Anordnung einer Betreuung bedeutet nicht, dass der Betreute dadurch geschäftsunfähig oder beschränkt geschäftsfähig wird. Soweit eine Betreuung für Geld- und Vermögensangelegenheiten bestellt wurde, können sowohl der geschäftsfähige Betreute als auch der Betreuer über Konten und Depots des Betreuten verfügen. Bei sich widersprechenden Verfügungen ist grundsätzlich die Verfügung rechtswirksam, die zeitlich zuerst abgegeben wurde. §1896 BGB

Einwilligungsvorbehalt §1903 BGB

Ist es zur Abwendung einer erheblichen Gefahr für die Person oder das Vermögen des Betreuten erforderlich, so kann das Betreuungsgericht im erforderlichen Umfang anordnen, dass der Betreute für Willenserklärungen, die den Aufgabenkreis des Betreuers betreffen, der Einwilligung des Betreuers bedarf (**Einwilligungsvor-**

behalt). Dadurch wird der Betreute in rechtlicher Sicht einem beschränkt geschäftsfähigen Minderjährigen gleichgestellt.

Kreditinstitute müssen vor Kontoverfügungen des Betreuers prüfen, ob ihm die Vermögenssorge zugewiesen wurde. Der zugewiesene Aufgabenkreis ist im Betreuerausweis vermerkt. Der Betreuerausweis genießt **keinen öffentlichen Glauben**. Verfügt ein entlassener Betreuer missbräuchlich noch unter Vorlage des Ausweises, ist das Kreditinstitut nicht geschützt. Das gilt selbst dann, wenn es von der Betreuerentlassung keine Kenntnis hatte.

§40 Abs. 2 FamFG

§1908i BGB

Wie ein Vormund hat auch der Betreuer vor jeder Verfügung eine Genehmigung des Gerichts mit Rechtskraftvermerk vorzulegen. Eine betreuungsgerichtliche Verfügungsgenehmigung entfällt in den Fällen, in denen ein Vormund der Genehmigung des Familiengerichts nicht bedarf, z. B. wenn er über ein Giro- oder Kontokorrentkonto des Betreuten verfügen will. Das gilt unabhängig davon,

- wie hoch das Guthaben auf dem Girokonto ist (auch mehr als 3000 Euro),
- wer auf das Girokonto eingezahlt hat.

befreite Betreuung

Außerdem entfällt eine betreuungsgerichtliche Genehmigung für Verfügungen durch **befreite Betreuer**. Befreite Betreuer sind zum einen Familienbetreuer (Vater, Mutter, Ehegatte, Lebenspartner nach dem LPartG, Kinder, Enkelkinder) und zum anderen Vereins- und Behördenbetreuer (Mitarbeiter eines Betreuungsvereins bzw. einer Betreuungsbehörde). Für **mündelsichere** Geldanlagen benötigt der **befreite Betreuer** keine Genehmigung des Betreuungsgerichts. **Nicht mündelsichere** Anlagen sind jedoch auch für ihn – wie für den nicht befreiten Betreuer – genehmigungsbedürftig.

Pfleger

Pfleger

Fürsorge- oder Schutzbedürfnis

Ein Pfleger wird vom Familiengericht (bei Nachlassangelegenheiten vom Nachlassgericht) bestellt, wenn für die Besorgung bestimmter einzelner Angelegenheiten ein Fürsorge- oder Schutzbedürfnis besteht.

Formen der Pflegschaft

Formen der Pflegschaft	
Ergänzungspflegschaft (§1909 BGB)	Wer unter elterlicher Sorge oder unter Vormundschaft steht, erhält für Angelegenheiten, an deren Besorgung die Eltern oder der Vormund verhindert sind, einen Pfleger (**Beispiel:** Erbschaft eines Minderjährigen, die nach dem Willen des Erblassers nicht von den Eltern verwaltet werden soll, §1638 BGB).
Abwesenheitspflegschaft (§1911 BGB)	Ein abwesender Volljähriger, dessen Aufenthalt unbekannt ist, erhält für seine Vermögensangelegenheiten, soweit sie der Fürsorge bedürfen, einen Abwesenheitspfleger. Das Gleiche gilt für einen Abwesenden, dessen Aufenthalt bekannt ist, der aber an der Rückkehr und der Besorgung seiner Vermögensangelegenheiten gehindert ist.
Nachlasspflegschaft (§1960 BGB)	Bis zur Annahme der Erbschaft hat das Nachlassgericht für die Sicherung des Nachlasses zu sorgen, soweit ein Bedürfnis besteht. Das Gleiche gilt, wenn der Erbe unbekannt oder wenn ungewiss ist, ob er die Erbschaft angenommen hat. Das Nachlassgericht kann für denjenigen, der Erbe wird, einen Pfleger (Nachlasspfleger) als gesetzlichen Vertreter bestellen.

Ein Pfleger als gesetzlicher Vertreter des Pflegebefohlenen kann stets nur im Rahmen der ihm gerichtlich zugewiesenen Aufgaben und unter Beachtung der ihm auferlegten Grenzen tätig werden. Zum Nachweis seiner Stellung erhält er vom Familiengericht (der Nachlasspfleger vom Nachlassgericht) eine **Bestallungsurkunde**, die aber – wie die Bestallungsurkunde eines Vormundes bzw. wie der Betreuerausweis – keinen öffentlichen Glauben genießt. Kreditinstitute können sich nicht auf den guten Glauben der Bestallungsurkunde berufen. Auf die Pflegschaft finden die für die Vormundschaft geltenden Vorschriften entsprechende Anwendung, z.B. Geldanlage- und Verfügungsregelungen.

2.4.1.2.2 Gesetzliche Vertreter von juristischen Personen und Personengesellschaften

Organe

Gesetzliche Vertreter von juristischen Personen und die Inhaber von Personengesellschaften sind Organe dieser Rechtspersonen. Sie werden daher auch als organschaftliche Vertreter bezeichnet.

Formen organschaftlicher Vertretung

Formen organschaftlicher Vertretung

Einzelvertretung	Gesamtvertretung	unechte Gesamtvertretung
Alle Vorstandsmitglieder, Geschäftsführer oder Gesellschafter sind allein zur Vertretung berechtigt.	Alle oder mehrere Vorstandsmitglieder, Geschäftsführer oder Gesellschafter sind nur gemeinsam zur Vertretung berechtigt.	Ein Vorstandsmitglied, ein Geschäftsführer oder ein Gesellschafter ist gemeinsam mit einem Prokuristen zur Vertretung berechtigt.

gesetzliche Vertreter von juristischen Personen und Personengesellschaften

Gesetzliche Vertreter

Art der juristischen Person oder Personengesellschaft	gesetzlicher Vertreter	Art der Vertretung
rechtsfähige Stiftung	**Vorstand** (§ 86 in Verbindung mit § 26 BGB)	**Gesamtvertretung** (Anwendung des Vereinsrechts)
Gesellschaft mit beschränkter Haftung (einschl. UG)	**Geschäftsführer** (§ 35 GmbHG)	**Gesamtvertretung** Die Satzung kann Einzelvertretung vorsehen. Unechte Gesamtvertretung ist möglich.
Aktiengesellschaft	**Vorstand** (§ 78 AktG)	**Gesamtvertretung** Die Satzung kann Einzelvertretung vorsehen. Unechte Gesamtvertretung ist möglich.
Kommanditgesellschaft auf Aktien	**persönlich haftende Gesellschafter** (§ 278 AktG mit §§ 161 Abs. 2 und 125 HGB)	**Einzelvertretung** Die Satzung kann Gesamtvertretung vorsehen. Unechte Gesamtvertretung ist möglich.

Art der juristischen Person oder Personengesellschaft	gesetzlicher Vertreter	Art der Vertretung
eingetragene Genossenschaft	Vorstand (§§ 24, 25 GenG)	**Gesamtvertretung** Der Umfang der Vertretungsmacht kann mit Wirkung gegenüber Dritten (Außenverhältnis) beschränkt werden, sofern dies im Genossenschaftsregister eingetragen ist. Die Satzung kann Einzelvertretung vorsehen. Unechte Gesamtvertretung ist möglich.
offene Handelsgesellschaft	Gesellschafter (§ 125 HGB)	**Einzelvertretung** Die Satzung kann Gesamtvertretung vorsehen. Unechte Gesamtvertretung ist möglich.
Kommanditgesellschaft	persönlich haftende Gesellschafter (§§ 161 und 125 HGB)	**Einzelvertretung** Die Satzung kann Gesamtvertretung vorsehen. Unechte Gesamtvertretung ist möglich.
GmbH & Co. KG	Geschäftsführer der persönlich haftenden GmbH	**Gesamtvertretung** (Anwendung des GmbH-Rechts)
Partnerschaftsgesellschaft	Partner (§ 7 Abs. 3 PartGG)	**Einzelvertretung** Der Gesellschaftsvertrag kann Gesamtvertretung vorsehen.
BGB-Gesellschaft	Gesellschafter (§§ 709, 710 und 714 BGB)	**Gesamtvertretung** Der Gesellschaftsvertrag kann Einzelvertretung vorsehen. Der Umfang der Vertretungsmacht ist gesetzlich nicht geregelt. Maßgebend ist der Gesellschaftsvertrag bzw. die Satzung.
eingetragener Verein	Vorstand (§ 26 BGB)	**Gesamtvertretung** Vereine mit mehrköpfigem Vorstand bestimmen in der Satzung häufig nur einige Vorstandsmitglieder als vertretungsberechtigt. Im Zweifel gilt das Mehrheitsprinzip. Die Satzung kann auch Einzelvertretung vorsehen, die im Vereinsregister eingetragen wird. Der Umfang der Vertretungsmacht ist gesetzlich nicht geregelt. Maßgebend hierfür ist die Satzung.

2.4.1.3 Rechtsgeschäftliche Vertreter (Bevollmächtigte) als Verfügungsberechtigte

rechtsgeschäftliche Vertreter

Vollmacht

§ 164 BGB

Rechtsgeschäftliche Vertreter erhalten Vertretungsmacht durch Vollmacht. Die Vollmacht ermächtigt den Bevollmächtigten, Rechtsgeschäfte im Namen und für Rechnung des Vollmachtgebers vorzunehmen. Eine Willenserklärung, die jemand im Rahmen der ihm zustehenden Vertretungsmacht im Namen des Vertretenen abgibt, wirkt unmittelbar für und gegen den Vertretenen.

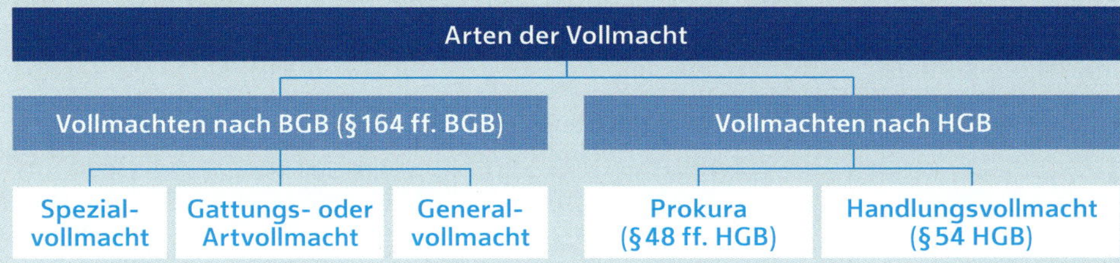

Die **Spezialvollmacht** bezieht sich **auf ein bestimmtes einzelnes Rechtsgeschäft** (Beispiel: Einmalverfügung), die **Gattungs- oder Artvollmacht auf bestimmte Arten von Rechtsgeschäften** (Beispiel: Kontovollmacht). Die **Generalvollmacht** berechtigt den Bevollmächtigten **zum Abschluss aller Rechtsgeschäfte,** sofern eine Vertretung nicht gesetzlich ausgeschlossen ist, wie z. B. Testamentserrichtung, Eheschließung. Vollmachten, die erst im Falle der alters- oder krankheitsbedingten Geschäftsunfähigkeit des Vollmachtgebers Wirksamkeit erlangen (sogenannte Vorsorgevollmachten), sollten stets als Generalvollmacht erteilt werden. ▸ Seite 105

Die Prokura ermächtigt zu allen Arten von gerichtlichen und außergerichtlichen Geschäften und Rechtshandlungen, die der Betrieb eines Handelsgewerbes mit sich bringt (§ 49 Abs. 1 HGB). Zur Veräußerung und Belastung von Grundstücken muss der Prokurist allerdings besonders ermächtigt werden (§ 49 Abs. 2 HGB). **Die Handlungsvollmacht berechtigt zur Vornahme aller oder bestimmter Geschäfte und Rechtshandlungen, die der Betrieb eines derartigen Handelsgewerbes gewöhnlich mit sich bringt (§ 54 Abs. 1 HGB).** Zur Veräußerung oder Belastung von Grundstücken, zur Eingehung von Wechselverbindlichkeiten, zur Aufnahme von Darlehen und zur Prozessführung ist der Handlungsbevollmächtigte nur ermächtigt, wenn ihm diese Befugnis besonders erteilt ist (§ 54 Abs. 2 HGB). Die Handlungsvollmacht kann als Spezialvollmacht, Artvollmacht oder Generalvollmacht erteilt werden.

Ein Vollmachtgeber kann mehrere Personen bevollmächtigen. In diesem Fall hängt es vom Inhalt der Vollmachtserklärung ab, ob die Bevollmächtigten einzeln oder nur gemeinsam vertretungsberechtigt sind.

Kreditinstitute müssen für Konto- und Depotbevollmächtigte eine Legitimationsprüfung durchführen. ▸ Seite 89

Vom Vertreter ist der Bote zu unterscheiden. Während der Vertreter eine eigene Willenserklärung im Namen des Vertretenen abgibt, übermittelt der Bote nur eine fremde Willenserklärung. Daher kann ein Bote auch geschäftsunfähig sein, während ein Bevollmächtigter mindestens beschränkt geschäftsfähig sein muss.

Vollmachten über Konten der Privatkundschaft

Vollmachten der Privatkundschaft

Vollmachten können erteilt werden als

- **Vollmacht für ein einzelnes Konto (Kontovollmacht),**
- **Vollmacht für die gesamte Geschäftsverbindung,**
- **Vollmacht für alle Konten unter einer Kundenstammnummer,** sofern ein Kreditinstitut Konten unter Stammnummern führt.

Berechtigungen aus Konto- und Depotvollmachten

Konto- und Depotvollmachten berechtigen zur Vornahme aller Geschäfte, die mit der Konto- bzw. Depotführung in unmittelbarem Zusammenhang stehen. Bevollmächtigte können

- über Konten und Depots ab Vollmachtserteilung Auskunft verlangen,
- über Kontoguthaben verfügen, zum Beispiel durch Barabhebungen, Überweisungen, Schecks, Lastschriften,
- eingeräumte Kredite in Anspruch nehmen,
- von der Möglichkeit vorübergehender Kontoüberziehungen im banküblichen Rahmen Gebrauch machen,
- Wertpapiere und Devisen ankaufen und verkaufen sowie deren Auslieferung verlangen,
- Abrechnungen, Kontoauszüge, Wertpapiere-, Depot- und Erträgnisaufstellungen sowie sonstige Abrechnungen und Mitteilungen entgegennehmen und anerkennen,
- bei entsprechender Vereinbarung das Konto nach dem Tod des Kontoinhabers auflösen.

Beschränkungen von Kontovollmachten

Kontovollmachten berechtigen im Allgemeinen nicht

- zur Eröffnung weiterer Konten und Depots,
- zum Abschluss oder zur Änderung von Kreditverträgen,
- zur Bestellung oder Rücknahme von Sicherheiten,
- zum Abschluss von Börsentermin- und Devisentermingeschäften,
- zum Abschluss von Schließfach- und Verwahrverträgen,
- zur Beantragung von Bank- und Kreditkarten,
- zur Entgegennahme von Konto- und Kreditkündigungen,
- zur Erteilung von Untervollmachten.

§§ 305c, 307 BGB

Die Beschränkung der Kontovollmacht auf Geschäfte, die mit der Kontoführung in unmittelbarem Zusammenhang stehen, entspricht dem allgemeinen Verbraucherschutz. Eine formularmäßig erteilte Vollmacht kann gegen den im Bürgerlichen Gesetzbuch verankerten Verbraucherschutz verstoßen, wenn sie überraschend weit gefasst ist und dem Bevollmächtigten Befugnisse einräumt, die für den normalen Geschäftsverkehr unnötig und für den Kontoinhaber gefährlich sind. Im Einzelfall können weitergehende Vollmachten vereinbart werden, z. B. Vollmacht zur uneingeschränkten Kreditaufnahme oder zur Wahrnehmung von Finanztermingeschäften. In der Praxis kommen sie unter Privatleuten nur selten vor.

jederzeitiger Widerruf

Erlöschen

Kontovollmachten können vom Kontoinhaber jederzeit widerrufen werden. Kreditinstitute verlangen unverzügliche und möglichst schriftliche Erklärung. Kontovollmachten erlöschen automatisch ohne besondere Erklärung, beispielsweise bei

- Tod des Bevollmächtigten,
- Geschäftsunfähigkeit des Bevollmächtigten,
- Anordnung von Nachlassverwaltung (nicht bei Nachlasspflegschaft),
- Eröffnung des Insolvenzverfahrens über das Vermögen des Kontoinhabers.

Vollmachtsurkunden

Kontovollmachten werden auf dem Kontoeröffnungsantrag oder dem Unterschriftenblatt festgehalten. Sie können auch durch **Vollmachtsurkunden** nachgewiesen werden, die dem Kreditinstitut vom Bevollmächtigten stets im Original und möglichst in notariell beurkundeter Form vorzulegen sind. Eine amtlich beglaubigte Fotokopie reicht nicht aus. Das Kreditinstitut muss bei Vollmachtsurkunden den Umfang und die Echtheit der Vollmacht sorgfältig prüfen.

Vollmachten im Todesfall des Kontoinhabers

Kontovollmachten im Todesfall des Kontoinhabers

Kontovollmacht über den Tod hinaus (sog. transmortale Vollmacht)	Kontovollmacht für den Todesfall (sog. postmortale Vollmacht)
▸ Der Bevollmächtigte kann auch nach dem Tod des Kontoinhabers weiter verfügen. ▸ Formularmäßig vorgesehener Regelfall der Kontovollmacht.	▸ Der Bevollmächtigte kann erst nach dem Tod des Kontoinhabers verfügen. ▸ Der Tod des Kontoinhabers ist z. B.durch Sterbeurkunde nachzuweisen.

Kontovollmachten bis zum Tode werden von Kreditinstituten in der Regel abgelehnt, da sie bei jeder Verfügung des Bevollmächtigten prüfen müssten, ob der Vollmachtgeber noch am Leben ist.

Vorsorgevollmacht

Eine Sonderform der Vollmacht von Privatleuten ist die Vorsorgevollmacht. Mit der Vorsorgevollmacht erteilt der Vollmachtgeber einer Person seines Vertrauens für den Fall Vertretungsmacht, dass er krankheits- oder unfallbedingt oder wegen Altersdemenz nicht mehr in der Lage ist, seinen Willen frei zu äußern. Einschränkende Absprachen zwischen Vollmachtgeber und Vollmachtnehmer, etwa darüber, wann von der Vollmacht Gebrauch gemacht werden soll, betreffen nur das Innenverhältnis. Im Außenverhältnis, also im Verhältnis zu Dritten, sind die Kreditinstitute im Allgemeinen nicht verpflichtet, den Eintritt des Vorsorgefalls und damit das Wirksamwerden der Vorsorgevollmacht zu überprüfen. Mit der Vorsorgevollmacht soll häufig die Anordnung einer rechtlichen Betreuung verhindert werden.

§ 167 Abs. 1 1. Alt. BGB

§ 167 Abs. 1 2. Alt. BGB

Die Vorsorgevollmacht kann als Innen- und als Außenvollmacht vorkommen.

Vorsorgevollmacht als Innen- und Außenvollmacht

Vorsorgevollmacht

als Innenvollmacht (z. B. notarielle Vorsorgevollmacht)	als Außenvollmacht (z. B. Bankvorsorgevollmacht)
▸ Erklärung des Vollmachtgebers gegenüber dem Vollmachtnehmer ▸ umfassende Generalvollmacht ▸ Vorlage der Vollmachtsurkunde stets im Original ▸ erlischt mit dem Tode des Vollmachtgebers, soweit nichts anderes geregelt ist ▸ keine AGB-Regelung ▸ sollte möglichst notariell beurkundet werden	▸ Erklärung des Vollmachtgebers gegenüber dem Kreditinstitut ▸ umfasst nur Bankgeschäfte ▸ Erteilung auf Bankformular (Bankvorsorgevollmacht) ▸ gilt gemäß Formularvereinbarung über den Tod des Vollmachtgebers hinaus ▸ Regelung in den AGB

Die Bankvorsorgevollmacht als Außenvollmacht ist auf Betreiben des Bundesjustizministeriums vom Zentralen Kreditausschuss (ZKA), heute Die Deutsche Kreditwirtschaft (DK), entwickelt worden. Sie wird den Kunden von allen Kreditinstitutsgruppen in inhaltlich ähnlicher Form angeboten.

Vollmachten über Konten der Firmenkundschaft

Bevollmächtigte bei Firmenkonten können sein:
- **Prokuristen,**
- **Handlungsbevollmächtigte,**
- **sonstige Bevollmächtigte** (Umfang der Vollmacht wie bei Konten der Privatkundschaft).

Kontobevollmächtigte werden mit Namen und Unterschriftsproben in den Kontounterlagen ausgewiesen. Eine Legitimationsprüfung nach der Abgabenordnung muss nur für die ersten fünf gesetzlichen und rechtsgeschäftlichen Vertreter durchgeführt werden.

Prokuristen

Prokuristen sind generell zu allen Kontoverfügungen berechtigt. Sie können auch Kredite aufnehmen. Der Umfang der Prokura ist gesetzlich geregelt und kann im Außenverhältnis nicht eingeschränkt werden. Insoweit braucht das Kreditinstitut Verfügungen des Prokuristen nicht besonders zu überprüfen. Ausnahmen bestehen lediglich bei der Gesamtprokura und der Filialprokura. Während bei der Gesamtprokura der Prokurist die Firma nur mit einem anderen Prokuristen gemeinsam vertreten darf, ist die Filialprokura auf bestimmte Filialen der Unternehmung beschränkt. **Die Prokura kann nur von einem Kaufmann oder dessen gesetzlichem Vertreter erteilt werden.** Sie wird mit rechtsbekundender Wirkung im Handelsregister eingetragen. Die Prokura erlischt mit dem Tod des Prokuristen sowie mit Widerruf, Beendigung des Arbeitsvertrags oder Insolvenz des Unternehmens. Gegenüber Banken bleibt die Vertretungs- und Verfügungsberechtigung eines Prokuristen gemäß AGB so lange bestehen, bis das Erlöschen dem Kreditinstitut angezeigt worden ist. Das gilt auch für den Fall, dass das Erlöschen durch Eintragung in das Handelsregister bekannt gemacht worden ist.

Nr. 11 AGB Banken
Nr. 4 AGB Sparkassen

Handlungsbevollmächtigte

Der Umfang der Handlungsvollmacht ist stets näher zu klären, da Handlungsbevollmächtigte nur zur Vornahme der Geschäfte und Rechtshandlungen ermächtigt sind, die das konkrete Handelsgewerbe gewöhnlich mit sich bringt. Handlungsvollmachten können als General-, Art- oder Spezialvollmacht erteilt werden. Eine Handlungsvollmacht kann nicht im Handelsregister eingetragen werden.

Prokura und Handlungsvollmacht im Bankverkehr

Gegenüberstellung von Prokura und Handlungsvollmacht

Prokura	Handlungsvollmacht
Berechtigung zu allen Geschäften **irgendeines** Handelsgewerbes, u. a. ‣ Kontoverfügungen ‣ Ankauf/Verkauf von Wertpapieren und Devisen ‣ Aufnahme von Darlehen	Berechtigung zu allen Geschäften eines **derartigen** Handelsgewerbes, u. a. ‣ Kontoverfügungen ‣ Ankauf/Verkauf von Wertpapieren und Devisen
Ermächtigung durch Geschäftsinhaber nach § 49 Abs. 2 HGB erforderlich zur ‣ Veräußerung und Belastung von Grundstücken	Ermächtigung durch Geschäftsinhaber nach § 54 Abs. 2 HGB erforderlich zur ‣ Veräußerung und Belastung von Grundstücken ‣ Aufnahme von Darlehen ‣ Eingehung von Wechselverbindlichkeiten ‣ Prozessführung
Eintragung im Handelsregister	**Keine** Eintragung im Handelsregister

2.4.2 Sonderfälle der Verfügungsberechtigung

2.4.2.1 Kontoführung und Verfügungsberechtigung im Todes- und Erbfall

Konten und Depots eines Erblassers werden mit seinem Tod Nachlasskonten bzw. Nachlassdepots. Sie sind entsprechend zu kennzeichnen, z. B. „Otto Meyer Erben" oder „Heinrich Eitel Nachlass".

Nachlasskonten

Innerhalb eines Monats nach Bekanntwerden des Todes muss das Kreditinstitut der Erbschaftsteuerstelle des zuständigen Finanzamtes Meldung erstatten, sofern

▸ Seite 118

- **Guthaben oder andere Werte zu Beginn des Todestages mehr als 5000 Euro betragen und/oder**
- **ein Schließfach vorhanden ist.**

Meldung gem. § 33 ErbStG, § 1 Abs. 4 ErbstDV

Bei der Feststellung der zu meldenden Werte dürfen Konto- und Depotguthaben nicht mit beanspruchten Krediten verrechnet werden.

Mit dem Tod einer natürlichen Person geht deren Nachlass als Ganzes auf einen oder mehrere Erben über. Der Erblasser kann durch **Verfügung von Todes wegen** (Testament oder Erbvertrag) bestimmen, wer Erbe sein soll. Hat der Erblasser keine Verfügung von Todes wegen getroffen, gilt die gesetzliche Erbfolge. Gesetzliche Erben sind die Verwandten des Erblassers, unterteilt nach Erbordnungen, sein Ehegatte oder Lebenspartner (nach dem Lebenspartnerschaftsgesetz). Ist kein Erbe vorhanden oder haben alle Erben die Erbschaft ausgeschlagen, erbt zuletzt der Staat. Der Erbe tritt vermögensrechtlich an die Stelle des Verstorbenen (sog. „Fußstapfentheorie"). Er wird damit auch Inhaber der Konten und Depots des Verstorbenen und haftet grundsätzlich für Nachlassverbindlichkeiten. Der Erbe kann aber durch bestimmte Maßnahmen, z. B. durch Beantragung von Nachlassverwaltung, seine Haftung auf den Wert des Nachlasses beschränken.

Erben § 1922 Abs. 1 BGB

gesetzliche Erbfolge § 1924 ff. BGB

Am 17.08.2015 ist die **EU-Erbrechtsverordnung** (**EU-ErbVO**) in Deutschland in Kraft getreten. Es handelt sich um die grundlegendste Änderung des deutschen Erbrechts seit Inkrafttreten des BGB. Bei Erbfällen mit Auslandsberührung richtet sich das national anwendbare Erbrecht künftig nicht mehr nach der Staatsangehörigkeit des Erblassers, sondern nach dessen gewöhnlichem Aufenthalt vor seinem Tod. Der Erblasser kann jedoch – abweichend von seinem gewöhnlichen Aufenthalt – durch Testament oder Erbvertrag das nationale Erbrecht seiner Staatsangehörigkeit wählen.

EU-ErbVO

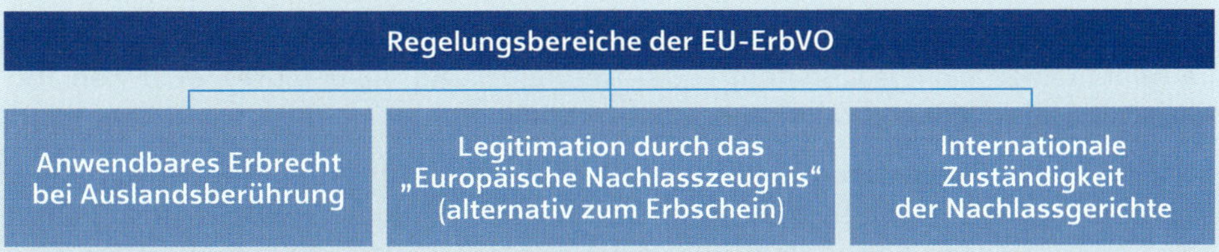

Mehrere Erben können nur gemeinsam verfügen (**Erbengemeinschaft als Gesamthandsgemeinschaft**). Das bisherige Einzelkonto des verstorbenen Kunden wird in

gemeinschaftliche Verfügungen der Erben

diesem Fall zu einem Gemeinschaftskonto mit gemeinschaftlicher Verfügungsberechtigung aller Erben (gesetzliches Und-Konto).

Ein Miterbe einer Erbengemeinschaft kann nicht allein über seinen Anteil am Konto- oder Depotguthaben verfügen. Auch wenn ihm nachweislich die Hälfte des Nachlasses zusteht, darf das Kreditinstitut ihm nicht den entsprechenden Anteil zulasten eines Nachlasskontos auszahlen. Das Kreditinstitut kann nicht übersehen, ob das Konto- oder Depotguthaben den gesamten Nachlass darstellt. Es hat in der Regel auch keine Informationen, ob woanders noch Nachlassverbindlichkeiten bestehen. Die Erben haften für die Nachlassverbindlichkeiten grundsätzlich als Gesamtschuldner.

Weitergeltung von Willenserklärungen des Verstorbenen

Willenserklärungen des Verstorbenen bleiben über den Tod hinaus bis zum Widerruf durch die Erben gültig. Schecks und Überweisungsaufträge, die der Verstorbene noch zu Lebzeiten unterzeichnet hatte, werden auch nach seinem Tode eingelöst bzw. ausgeführt. Daueraufträge und Lastschriften aufgrund von Einzugsermächtigungen sind bis zum Widerruf durch die Erben weiter auszuführen. Voraussetzung für die Einlösung bzw. Ausführung ist allerdings ein ausreichendes Kontoguthaben.

Verfügungsberechtigte nach dem Tod des Kontoinhabers

Verfügungsberechtigte nach dem Tod des Kontoinhabers

Kontobevollmächtigter	Erben	Testamentsvollstrecker	Nachlasspfleger und Nachlassverwalter
bestellt durch Erklärung des Erblassers gegenüber dem Kreditinstitut **Legitimation** ▸ persönliche Legitimation ▸ keine erbrechtliche Legitimation ▸ Nachweis des Todes durch Sterbeurkunde bei Vollmacht auf den Todesfall	bestimmt durch Testament, Erbvertrag oder Gesetz **Legitimation** ▸ Erbschein oder ▸ Europäisches Nachlasszeugnis oder ▸ Ausfertigung oder beglaubigte Abschrift der Verfügung von Todes wegen (Testament oder Erbvertrag) nebst zugehörigem Eröffnungsprotokoll	bestellt vom Nachlassgericht aufgrund eines Testaments oder Erbvertrages **Legitimation** ▸ Testamtentsvollstreckerzeugnis oder ▸ Ausfertigung oder beglaubigte Abschrift der Verfügung von Todes wegen (Testament oder Erbvertrag jeweils mit Eröffnungprotokoll) nebst Bescheinigung des Nachlassgerichts über die Amtsannahme (sog. Annahmezeugnis)	bestellt vom Nachlassgericht **Legitimation** ▸ Bestallungsurkunde

Kontovollmachten, die der Kontoinhaber zu seinen Lebzeiten erteilt hat, erlöschen im Allgemeinen nicht mit seinem Tode. Sie bleiben als **Vollmachten über den Tod hinaus** bis zum Widerruf durch die Erben in Kraft.

Kontovollmachten über den Tod hinaus
Kontovollmachten für den Todesfall

Kreditinstitute akzeptieren neben Kontovollmachten über den Tod hinaus auch Kontovollmachten für den Todesfall. Der Bevollmächtigte kann in beiden Fällen ohne erbrechtliche Legitimation über Nachlasskonten und -depots verfügen und diese bei entsprechender Vereinbarung auch auflösen. Er ist den Erben gegenüber verantwortlich und muss deren Weisungen ausführen. Die Erteilung von Vollmachten erleichtert Verfügungen über Nachlasskonten, weil die Erbberechtigung gegenüber dem Kreditinstitut nicht nachgewiesen werden muss. Es ist nicht erforderlich, seitens des Kreditinstituts Rücksprache bei den Erben zu halten, wenn der Bevollmächtigte verfügt. Etwas anderes gilt, wenn der Bevollmächtigte in ersichtlich verdächtiger Weise handelt. Die Erben bzw. der Testamentsvollstrecker oder ein Nachlasspfleger können Kontovollmachten jederzeit widerrufen. Bei einer Erbengemeinschaft können alle Erben gemeinschaftlich die Vollmacht widerrufen. Es reicht aber auch der Widerruf nur eines Miterben aus. In diesem Fall könnte der Bevollmächtigte weiterhin über Nachlasskonten verfügen, wenn derjenige Miterbe, der der Vollmacht widersprochen hat, der Verfügung zustimmt. Soweit Erben aus einer Erbengemeinschaft eine Vollmacht erteilen, müssen alle Miterben an der Bevollmächtigung mitwirken.

Erben müssen sich nach allgemeinen zivilrechtlichen Beweisregeln als Erb- und Verfügungsberechtigte legitimieren (vgl. Nr. 5 AGB Banken und Sparkassen). Das Kreditinstitut kann dabei zur Klärung der Verfügungsberechtigung einen Erbschein oder bei Erbfällen mit Auslandsberührung alternativ ein Europäisches Nachlasszeugnis verlangen. **Erbschein und Europäisches Nachlasszeugnis** genießen öffentlichen Glauben, d.h. Kreditinstitute zahlen an den/die darin benannten Erben mit schuldbefreiender Wirkung aus, auch falls sich nachträglich eine abweichende Erbfolge herausstellen sollte, z.B. durch späteres Auffinden eines abweichenden Testaments. Der BGH hat in diesem Zusammenhang klargestellt, dass das Verlangen nach einem Erbschein grundsätzlich auf solche Fälle beschränkt werden sollte, in welchen der angebliche Erbe sein Erbrecht nicht zweifelsfrei „durch andere Dokumente einfacher und/oder kostengünstiger“ nachweisen kann. Mit solchen Dokumenten sind gemeint:

Erbschein
§ 2353 ff. BGB, Europäisches Nachlasszeugnis (EU-ErbVO)

BGH-Urteil vom 08.10.2013

- **Testament** oder
- **Erbvertrag**

jeweils in Ausfertigung oder beglaubigter Abschrift über die zugehörige Eröffnungsverhandlung (**Eröffnungsprotokoll**). Das Eröffnungsprotokoll gibt an, wie viele letztwillige Verfügungen in einem konkreten Erbfall vorliegen.

Eröffnungsprotokoll

Kreditinstitute können auch an die darin als Erben bezeichneten Personen mit befreiender Wirkung leisten und sie verfügen lassen (vgl. Nr. 5 Abs. 2 Satz 1 AGB Sparkassen). Die Vorlage eines Originaltestaments/Erbvertrags ohne Eröffnungsprotokoll reicht zur Legitimation der Erben nicht aus, denn der Erblasser könnte mehrere Testamente errichtet haben. Das Kreditinstitut muss sich daher alle aus dem Eröffnungsprotokoll ersichtlichen Testamente vorlegen lassen, da grundsätzlich das zeitlich letzte Geltung hat. Im Übrigen hat jeder, der ein Testament auffindet und vom Sterbefall Kenntnis erlangt, es beim Nachlassgericht abzuliefern, wo es dann eröffnet wird.

Bei unbedeutenden Nachlasswerten kann auf die Vorlage von Urkunden verzichtet werden. Die Kreditinstitute lassen sich dann eine **Haftungserklärung** unterzeichnen. Ohne Vorlage eines Erbscheins oder Testaments bezahlen die Kreditinstitute vom Nachlasskonto zumeist Beerdigungskosten.

Beerdigungskosten
§ 1968 BGB

Hat das Nachlassgericht auf Veranlassung des Erblassers einen Testamentsvollstrecker ernannt, können die Erben nicht verfügen. Der Testamentsvollstrecker verwaltet den Nachlass, bis die letztwilligen Verfügungen des Verstorbenen durchgeführt sind. Das Nachlasskonto erhält einen entsprechenden Zusatz in der Kontobezeichnung. Der Zusatz könnte etwa lauten: „Heinrich Eitel Nachlass, verfügungs-

Testamentsvollstrecker
§ 2197 ff. BGB

berechtigt Testamentsvollstrecker Kurt Becker". Der Testamentsvollstrecker legitimiert sich durch ein vom Nachlassgericht ausgestelltes **Testamentsvollstreckerzeugnis**. Verfügt er über Nachlasskonten, benötigt er nicht die Genehmigung des Nachlassgerichts.

Nachlassverwaltung
§ 1975 ff. BGB

Nachlassverwaltung wird entweder auf Antrag von Nachlassgläubigern oder auf Antrag von Erben durch das Nachlassgericht angeordnet. Beantragen Nachlassgläubiger Nachlassverwaltung, besteht Grund zu der Annahme, dass die Begleichung von Nachlassverbindlichkeiten nicht gesichert ist. Erben beantragen Nachlassverwaltung, um ihre Haftung auf den Wert des Nachlasses zu beschränken und damit einer persönlichen Haftung zu entgehen. Mit Anordnung von Nachlassverwaltung verlieren die Erben ihr Verfügungsrecht über den Nachlass. Verfügen kann nur noch der Nachlassverwalter. Die Genehmigung des Nachlassgerichts ist bei Kontoverfügungen nicht erforderlich. Der Nachlassverwalter weist sich durch eine vom Nachlassgericht ausgefertigte **Bestallungsurkunde** aus.

Nachlasspflegschaft
§ 1960 ff. BGB

Nachlasspflegschaft wird ebenfalls vom Nachlassgericht angeordnet. Sie dient der Sicherung und Verwaltung des Nachlasses und der Ermittlung unbekannter Erben, soweit ein Bedürfnis hierfür besteht. Tätig wird das Nachlassgericht entweder von Amts wegen oder auf Antrag eines Nachlassgläubigers. Durch eine vom Nachlassgericht ausgefertigte **Bestallungsurkunde** legitimiert sich der Nachlasspfleger. Für Verfügungen über Nachlasskonten benötigt der Nachlasspfleger grundsätzlich die Genehmigung des Nachlassgerichts. Einzig über Giro- und Kontokorrentkonten kann er genehmigungsfrei verfügen.

Verfügungsbeschränkungen im Insolvenzfall

2.4.2.2 Verfügungsbeschränkungen

Insolvenzfall

Mit der Eröffnung des Insolvenzverfahrens verliert der Insolvenzschuldner das Verfügungs- und Verwaltungsrecht über sein Vermögen. Es geht auf den Insolvenzverwalter über. Über Konten und Depots des Schuldners kann daher nur noch der Insolvenzverwalter verfügen. Er legitimiert sich durch eine gerichtliche Bestallungsurkunde. Der Insolvenzverwalter kann grundsätzlich allein verfügen. Bankvollmachten, die der Schuldner erteilt hat, erlöschen automatisch mit Eröffnung des Insolvenzverfahrens. Die Eröffnung des Insolvenzverfahrens wird öffentlich bekannt gemacht (www.insolvenzbekanntmachungen.de).

§ 80 Abs. 1 InsO

Soweit ein **Gläubigerausschuss** gebildet ist, unterstützt und kontrolliert dieser den Insolvenzverwalter. Insbesondere prüft der Gläubigerausschuss die Abwicklung des Geldverkehrs. Verfügungen kann der Insolvenzverwalter aber grundsätzlich allein treffen.

▸ Kapitel 5.5.5

§ 270 InsO

Für Verbraucher gilt ein besonders geregeltes Verbraucherinsolvenzverfahren. In Verfahren seit dem 01.07.2014 wird auch hier ein regulärer Insolvenzverwalter bestellt. Eine Eigenverwaltung durch den Schuldner ist ausgeschlossen. Kontoverfügungen sind nur mit Zustimmung des Insolvenzverwalters zulässig.

Zur **Abwicklung des Insolvenzfalles** kann der Insolvenzverwalter ein Sonderkonto eröffnen. Dieses Konto wird auf den Namen des Schuldners mit dem Zusatz „Insolvenzeröffnung: Name des Insolvenzverwalters" eingerichtet. Ist der Insolvenzverwalter Rechtsanwalt oder Notar, kann das Abwicklungskonto auch als Anderkonto geführt werden.

Im Insolvenzfall eines Einzelkaufmanns sind auch die Privatkonten des Firmeninhabers vom Insolvenzverfahren betroffen. Wird über das Vermögen einer Personengesellschaft das Insolvenzverfahren eröffnet, fallen Privatkonten und Privatdepots der Gesellschafter erst dann in die Masse, wenn ein besonderes Verfahren über das Vermögen der persönlich haftenden Gesellschafter eröffnet wird.

Pfändung des Kontoguthabens

Wirkung und Verfahren der Pfändung

Pfändung des Kontoguthabens

Ein Bankguthaben oder ein Wertpapierdepot kann durch Zustellung eines gerichtlichen Pfändungsbeschlusses zwangsweise gepfändet werden. Der Pfändungsbeschluss muss den gepfändeten Anspruch (Forderung, Herausgabeanspruch) genau beschreiben (sog. Bestimmtheitsgebot).

Schon vor dem Erlass eines Pfändungsbeschlusses kann dem Kreditinstitut ein **vorläufiges Zahlungsverbot** (auch als Pfändungsankündigung oder Vorpfändung bezeichnet) zugestellt werden, wenn der Pfändungsgläubiger einen vollstreckbaren Titel besitzt, z. B. ein Gerichtsurteil.

Durch Zustellung eines Pfändungsbeschlusses wird dem Kreditinstitut die Auszahlung des Guthabens an den Kontoinhaber verboten. Das Guthaben wird gesperrt. **Auszahlungen an den Pfändungsgläubiger** dürfen nur geleistet werden, wenn außer dem Pfändungsbeschluss ein **Überweisungsbeschluss** vorgelegt wird. In der Regel werden beide Maßnahmen zu einem **Pfändungs- und Überweisungsbeschluss** verbunden.

Kontopfändung
§ 829 ff. ZPO

Die **Pfändung eines Girokontos** erfasst gemäß § 357 HGB **den Saldo im Zeitpunkt der Pfändung** (**Zustellungssaldo**). Falls das Konto zu diesem Zeitpunkt kein Guthaben aufweist, ist die Pfändung zunächst gegenstandslos. Um dennoch aus dem Konto Befriedigung zu erlangen, wird zusätzlich von der Möglichkeit der **Pfändung künftiger Kontoguthaben** Gebrauch gemacht. Zu den künftigen pfändbaren Kontoguthaben zählen künftige Abschlusssalden und alle künftigen Tagesguthaben. Der Kontoinhaber kann in diesen Fällen bis zur vollständigen Befriedigung des Pfändungsgläubigers nicht mehr verfügen. Das Kreditinstitut darf zulasten des Kundenkontos auch keine Einzugspapiere (Schecks, Lastschriften, Wechsel) mehr einlösen.

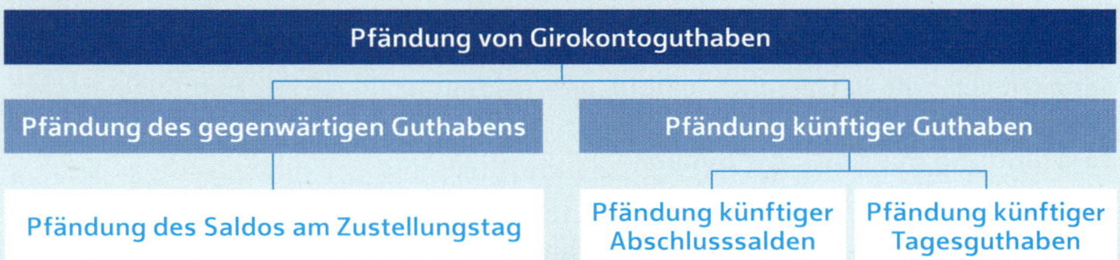

Die Pfändung des künftigen Abschluss- oder Tagessaldos erstreckt sich nach herrschender Auffassung auf alle künftigen Salden bis zur vollständigen Befriedigung des Pfändungsgläubigers. Eine Pfändung künftiger Kontogutschriften ist wirkungslos, wenn das Konto debitorisch bleibt.

Drittschuldner-erklärung §840 ZPO

Das Kreditinstitut muss dem Pfändungsgläubiger auf Verlangen innerhalb von zwei Wochen nach Zustellung eines Pfändungsbeschlusses oder einer Pfändungsankündigung Auskunft geben, ob und wieweit es die Forderung anerkennt. Ferner ist mitzuteilen, ob andere Gläubiger Ansprüche auf die Forderung geltend machen (sog. Drittschuldnererklärung). Arbeitseinkommen und Sozialleistungen sind nicht oder nur begrenzt pfändbar. Pfändbar sind grundsätzlich auch noch nicht ausgenutzte Kreditlinien, soweit der Kontoinhaber darüber verfügt.

Gepfändete **Sparguthaben** werden nur bei Vorlage des Sparbuchs ausgezahlt. Notfalls muss der Pfandgläubiger sich das Sparbuch im Wege der Hilfspfändung verschaffen (§ 836 ZPO). Gepfändet werden kann nur das gegenwärtige Guthaben (Kapitalanspruch und aufgelaufene Zinsen). Außerdem muss der Pfändungsgläubiger das Sparguthaben kündigen. Nur fällige Sparbeträge dürfen an den Pfändungsgläubiger überwiesen werden.

Pfändungsschutzkonto (P-Konto)

P-Konto

Das Pfändungsschutzkonto (P-Konto) bietet dem Kontoinhaber ohne Einschaltung des Gerichts automatischen Pfändungsschutz. Jeder Kontoinhaber kann, soweit er eine natürliche Person ist, die Umstellung seines Girokontos in ein Pfändungsschutzkonto beantragen. Das Recht auf Umstellung ist in der ZPO gesetzlich geregelt. Für jede Person darf nur ein P-Konto geführt werden. Für das P-Konto wird vom Kreditinstitut automatisch Pfändungsschutz in Höhe des Pfändungsfreibetrags von zurzeit **1 133,80 Euro pro Monat (Grundfreibetrag)** berücksichtigt. Darüber hinaus können auch Kindergeldzahlungen und weitere Sozialleistungen vom Pfändungsschutz des P-Kontos erfasst werden, wenn entsprechende Nachweise, z. B. der Familienkasse oder des Sozialleistungsträgers, vorgelegt werden.

§ 850k Abs. 7 ZPO

Wird das Guthaben auf dem P-Konto gepfändet, kann der Kontoinhaber bis zur Höhe des Pfändungsfreibetrages über das Guthaben frei verfügen, z. B. durch Barauszahlung, Überweisung oder Lastschrift. Das entsprechende Guthaben wird nicht von der Pfändung erfasst. Das Konto ist somit für den Zahlungsverkehr nicht blockiert. Nach der Rechtsprechung des Bundesgerichtshofes dürfen für ein P-Konto keine höheren Gebühren erhoben werden als für ein Standardgirokonto. Das folgt daraus, dass die Führung von P-Konten einer gesetzlichen Verpflichtung entspricht, wofür kein gesondertes Entgelt verlangt werden darf.

Das Vollstreckungsgericht kann auf Antrag einen höheren pfändungsfreien Betrag festsetzen, der dem Kreditinstitut entsprechend nachzuweisen ist. Wenn der Kontoinhaber im laufenden Monat nicht über den pfändungsfreien Betrag verfügt, wird der nicht verfügte Betrag auch im folgenden Monat nicht von der Pfändung erfasst.

Verpfändung des Kontoguthabens

Verpfändung des Kontoguthabens §§ 1274, 1279 BGB

Wird die Forderung aus einem Kontoguthaben zugunsten eines Dritten verpfändet, kommt es zum Abschluss eines Pfandvertrages und damit zur Begründung eines Pfandrechts. Das Pfandrecht entsteht nur, wenn der Kontoinhaber dem Kreditinstitut die Verpfändung des Guthabens anzeigt. Das Pfandrecht ist an die Höhe der Forderung gebunden, zu deren Sicherung es bestellt wurde. Bis zum Eintritt der Pfandreife können Pfandgläubiger und Pfandschuldner nur gemeinsam über das Kontoguthaben verfügen. Erst bei Eintritt der Pfandreife, d. h. bei Fälligkeit der Forderung, kann der Pfandgläubiger das Pfand verwerten. Mietkautionen werden häufig in der Weise gestellt, dass der Mieter sein Sparguthaben zugunsten des Vermieters **verpfändet.** Dabei wird regelmäßig vereinbart, dass der Vermieter auch ohne Nachweis der Pfandreife jederzeit Zugriff auf das verpfändete Guthaben nehmen kann. Im Sparkassenbereich und teilweise auch im übrigen Bankenbereich wird die Auszahlung an den Vermieter von der Einhaltung einer vierwöchigen Sperre abhängig gemacht. Der Mieter wird über das Auszahlungsverlangen informiert.

Mietkaution
§ 551 BGB

Abtretung des Kontoguthabens

Eine Forderung aus einem Kontoguthaben wird durch einen Abtretungsvertrag (Zession) abgetreten. Durch den Abtretungsvertrag geht die Kontoforderung gegen das Kreditinstitut vom bisherigen Kontoinhaber (Zedent) auf einen Dritten (den Zessionar) über. Der Zessionar erwirbt das Guthaben mit allen Rechten und Pflichten. Erfährt das Kreditinstitut zunächst nichts von der Abtretung (stille Abtretung), kann es weiterhin mit schuldbefreiender Wirkung an den bisherigen Kontoinhaber zahlen. Wird dagegen ein **Sparguthaben still abgetreten**, kann das Kreditinstitut schuldbefreiend nur noch dann an den alten Kontoinhaber leisten, wenn dieser auch das Sparbuch vorlegen kann. Wird dem Kreditinstitut die Abtretung angezeigt (offene Zession), kann es mit befreiender Wirkung nur noch an den neuen Kontoinhaber leisten.

Abtretung des Kontoguthabens
§ 398 BGB

§ 407 BGB

2.5 Kontoführung, Kontoabschluss und Kontoauflösung

2.5.1 Kontoführung

Kreditinstitute führen Konten und Depots mithilfe der elektronischen Datenverarbeitung (DV). Zur Kontoführung gehören die Erfassung, Verarbeitung und Ausgabe kunden- und auftragsbezogener Daten sowie die Beratung und Betreuung des Kunden. Beratungs- und Betreuungsaufgaben sind z. B.:

Kontoführung
auftragsbezogene Daten
Beratungs- und Betreuungsaufgaben

- Informationen über Bankgeschäfte,
- Anbahnung und Abschluss von Bankgeschäften,
- Prüfung der Ordnungsmäßigkeit erteilter Kundenaufträge,
- Behandlung von Reklamationen und Einwendungen, z. B. Rücknahme von Lastschriften, Bearbeitung von Einwendungen gegen Belastungen und Rechnungsabschlüsse,
- Beachtung besonderer Weisungen, z. B. Schecksperren, Überwachung von Pfändungs- und Überweisungsbeschlüssen.

Nach den AGB gelten für die Kontoführung folgende besondere Regeln:

Kontoführungsregeln der AGB

- **Fehlerhafte Gutschriften auf Kontokorrentkonten,** z. B. wegen einer falschen IBAN (International Bank Account Number) oder wegen Fehlens eines Überweisungsauftrags, dürfen bis zum nächsten Rechnungsabschluss durch einfache Buchung rückgängig gemacht werden (**Stornobuchung** gem. Nr. 8 Abs. 1 AGB).

- **Nach dem Rechnungsabschluss entdeckte fehlerhafte Gutschriften** können dem Kontokorrentkonto auch nach Rechnungsabschluss wieder belastet werden (**Korrektur- bzw. Berichtigungsbuchung**). Widerspricht der Kunde der Berichtigungsbuchung, so wird das Kreditinstitut den Betrag wieder gutschreiben und seinen Rückzahlungsanspruch gesondert geltend machen (Nr. 8 Abs. 2 AGB).
- **Storno- und Berichtigungsbuchungen** werden im Kontoauszug gekennzeichnet (Nr. 8 Abs. 3 AGB Sparkassen) bzw. der Kunde wird unverzüglich unterrichtet (Nr. 8 Abs. 3 AGB Banken). Storno- und Berichtigungsbuchungen **werden wertstellungsmäßig unter dem Tag der fehlerhaften Buchung erfasst.**
- Der **Gegenwert von Einzugspapieren,** z. B. Schecks und Lastschriften, wird unter dem **Vorbehalt der Einlösung und des Eingangs des Gegenwerts** gutgeschrieben (E. v.-Gutschrift gem. Nr. 9 Abs. 1 AGB).
- **Lastschriften und vom Kunden ausgestellte Schecks** sind eingelöst, wenn die **Belastungsbuchung** nicht spätestens am zweiten Bankarbeitstag nach ihrer Vornahme rückgängig gemacht wird (Nr. 9 Abs. 2 AGB).
- **Kunden haben Änderungen aller für die Geschäftsbeziehung wichtigen Daten unverzüglich mitzuteilen,** z. B. Namens-, Anschriften-, Vertretungs- und Verfügungsbefugnisänderungen (Nr. 11 Abs. 1 AGB Banken; Nr. 20 Abs. 1a AGB Sparkassen).
- **Aufträge und Weisungen müssen ihren Inhalt zweifelsfrei erkennen lassen.** Änderungen, Bestätigungen oder Wiederholungen müssen als solche gekennzeichnet sein (Nr. 11 Abs. 2 AGB Banken; Nr. 20 Abs. 1b AGB Sparkassen).
- **Kreditinstitute haften bei der Erfüllung ihrer Verpflichtungen für jedes Verschulden ihrer Mitarbeiter** und der Personen, die sie zur Erfüllung ihrer Verpflichtungen hinzuziehen. Sie haften nicht für Schäden, die durch höhere Gewalt, Kriegs- und Naturereignisse oder andere nicht von ihnen zu vertretende Vorkommnisse, z. B. Streik, Verkehrsstörungen, Verfügungen von hoher Hand im In- und Ausland, verursacht werden (Nr. 3 AGB Banken, Nr. 19 AGB Sparkassen).

2.5.2 Kontoabschluss

Rechnungsabschlüsse

Kreditinstitute schließen die von ihnen geführten Girokonten in regelmäßigen Zeitabständen ab und erteilen Rechnungsabschlüsse. Rechnungsabschlüsse dienen

- der **Verrechnung der im Verrechnungszeitraum entstandenen beiderseitigen Ansprüche** (Ermittlung des Saldos),
- der **Ermittlung von Zinsen** (Haben- und Sollzinsen),
- der **Erstellung von Kontrollunterlagen** für die Kreditinstitute und ihre Kunden.

§ 675t Abs. 1 BGB

Mit Erstellung des Rechnungsabschlusses werden die Umsätze auf Kontokorrentkonten saldiert. Zur Ermittlung des Saldos werden Staffeln erstellt, in denen die einzelnen Umsätze nach Wertstellungen geordnet werden. Die Wertstellung legt fest, zu welchem Zeitpunkt ein Umsatz in die Zinsberechnung einbezogen wird.

Saldo

Der **Saldo eines Girokontos** am Ende einer Rechnungsperiode wird durch Verrechnung von Zinsen (Haben- und Sollzinsen) und anderen Entgelten verändert.

- **Habenzinsen** zahlen Kreditinstitute ihren Kunden als Entgelt für Kapitalnutzung. Einige Institute verzinsen Salden erst von einem bestimmten Mindestguthaben an, z. B. ab 5000 Euro. Andere Institute machen die Verzinsung von einem Durchschnittsguthaben abhängig oder zahlen überhaupt keine Zinsen.
- **Sollzinsen** belasten Kreditinstitute ihren Kunden als Entgelt für Kapitalüberlassung, d. h. für eingeräumte und beanspruchte Kredite. Für nicht genehmigte Kontoüberziehungen oder Überziehungen eingeräumter Kreditlinien (geduldete Überziehungskredite) werden Überziehungsprovisionen bzw. Überziehungszinsen in Rechnung gestellt.

▸ Kapitel 5.4.2.1.3

- **Andere Entgelte** werden über das Preis- und Leistungsverzeichnis vereinbart, z. B. Postenentgelte, Portokosten, Auslagen u. Ä.

Kreditinstitute sind verpflichtet, Kunden mindestens einmal im Monat über die im Zahlungsverkehr angefallenen Kosten zu informieren. Viele Kreditinstitute belasten daher auch die Entgelte monatlich und damit unabhängig vom vierteljährlichen Rechnungsabschluss.

Einwendungen gegen einen Rechnungsabschluss

Einwendungen gegen einen Rechnungsabschluss müssen gegenüber dem Kreditinstitut innerhalb einer Ausschlussfrist von sechs Wochen nach Zugang des Rechnungsabschlusses beim Kunden erhoben werden. Geschieht das nicht, gilt der Abschluss als genehmigt (Nr. 7 AGB). Kunde und Bank können auch noch nach Fristablauf eine Berichtigung verlangen, wenn sie die Unrichtigkeit beweisen.

2.5.3 Kontoauflösung

Kontoauflösung

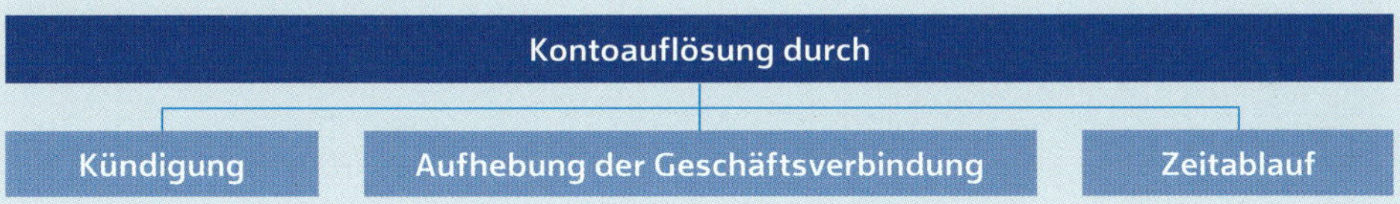

Kündigung durch Kunden

Kunden können die gesamte Geschäftsverbindung oder einzelne Geschäftsbeziehungen, z. B. den Scheckvertrag, für die weder eine Laufzeit noch eine Kündigungsregelung vereinbart ist, jederzeit ohne Einhaltung einer Kündigungsfrist beenden. Bestehen Kündigungs- und Laufzeitregelungen, kann der Kunde nur fristlos kündigen, wenn ein wichtiger Grund vorliegt (Nr. 18 Abs. 1 und Abs. 2 AGB Banken, Nr. 26 Abs. 1 AGB Sparkassen).

Ordentliche Kündigung durch Bank bzw. Sparkasse

BGH-Urteil vom 05.05.2015 zu Nr. 26 AGB Sparkassen

Banken können jederzeit unter Einhaltung einer angemessenen Kündigungsfrist die gesamte Geschäftsbeziehung oder Teile davon kündigen, wenn weder eine Laufzeit noch eine Kündigungsregelung vereinbart ist. Eine Bank wird aber bei der Kündigung solcher Geschäftsbeziehungen auf die berechtigten Belange des Kunden angemessen Rücksicht nehmen. Für die Kündigung eines Zahlungsdiensterahmenvertrages, z. B. laufendes Konto oder Kartenvertrag, oder eines Depots beträgt die Kündigungsfrist mindestens zwei Monate (Nr. 19 Abs. 1 AGB Banken, Nr. 26 Abs. 1 AGB Sparkassen). Der BGH hat das ordentliche Kündigungsrecht der Sparkassen weitgehend eingeschränkt. Eine ordentliche Kündigung durch eine Sparkasse setzt danach stets das Vorliegen eines sachgerechten Grundes voraus.

Rechnungsabschluss für einen Privatkunden

Beispiel eines Rechnungsabschlusses für einen Privatkunden

Auszug aus dem Preisverzeichnis

Zinssatz für Guthaben ab 10000,00 Euro	1,00 %
Zinssatz für Dispositionskredite	10,00 %
Zinsatz für geduldete Überziehungen	15,00 %
Grundpreis des Kontos je Quartal	5,00 Euro
Postenentgelt je Buchungsposten (3 Freiposten je Monat)	0,25 Euro

Kontoabschluss zum 31. März 20..

10 % Sollzinsen für eingeräumten Dispositionskredit von 10000,00 Euro aus Z 4393	Soll	122,03 Euro
15 % Sollzinsen für geduldeten Überziehungskredit aus Z 1244	Soll	51,83 Euro
1 % Habenzinsen aus Z 738	Haben	2,05 Euro
	Soll	171,81 Euro
Grundpreis des Kontos	Soll	5,00 Euro
Postenentgelte	Soll	1,25 Euro
Wert 31.03.20..	Soll	178,06 Euro

Wert		Euro	Zinstage	# Soll 10 %	# Soll 15 %	# Haben 1 %
31.12.	H	7200,00	3			0
03.01.	H	5220,00				
	H	12420,00	6			145
09.01.	H	4800,00				
	H	17220,00	7			505
16.01.	S	20000,00				
	S	2780,00	2	56		
18.01.	S	12000,00				
	S	14780,00	10	1000	478	
28.01.	S	3580,00				
	S	18360,00	4	400	334	
02.02.	H	20000,00				
	H	1640,00	1			0
03.02.	S	4830,00				
	S	3190,00	12	383		
15.02.	S	7900,00				
	S	11090,00	12	1200	131	
27.02.	S	3920,00				
	S	15010,00	6	600	301	
03.03.	H	16200,00				
	H	1190,00	9			0
12.03.	S	6810,00				
	S	5620,00	5	281		
17.03.	S	2000,00				
	S	7620,00	3	229		
20.03.	H	22000,00				
	H	14380,00	2			88
22.03.	S	17430,00				
	S	3050,00	8	244		
			90	4393	1244	738

Jederzeit möglich ist eine **Kündigung durch das Kreditinstitut aus wichtigem Grund**. Das ist der Fall, wenn der Kunde unrichtige Angaben über seine Vermögenslage gemacht hat oder eine wesentliche Verschlechterung seines Vermögens eintritt.

Kündigung aus wichtigem Grund

Die Geschäftsverbindung kann auch durch **Zeitablauf** des Vertrages enden, z. B., wenn eine Frist vereinbart ist.

Zeitablauf des Vertrages

Mit der Auflösung der Geschäftsverbindung werden die auf den betroffenen Konten geschuldeten Beträge sofort fällig. Der Kunde ist verpflichtet, das Kreditinstitut von allen für ihn übernommenen Verpflichtungen zu befreien. Auch nach Auflösung der Geschäftsverbindung gelten die AGB weiter.

Nr. 27 AGB Sparkassen

Der Kontovertrag endet nicht durch den Tod des Kontoinhabers. Er wird in diesem Fall mit den Rechtsnachfolgern des Kunden, den Erben, fortgesetzt. Die Erben sind berechtigt, die Geschäftsverbindung zu kündigen.

2.6 Bankgeheimnis und Bankauskunft

2.6.1 Bankgeheimnis

2.6.1.1 Verschwiegenheitspflicht und Auskunftsverweigerungsrecht

Die Geschäftsbeziehungen zwischen Bank und Kunden beruhen auf einem gegenseitigen besonderen Vertrauensverhältnis. Im Rahmen der Geschäftsabwicklung erhält das Kreditinstitut eine Vielzahl von Informationen über die persönlichen und finanziellen Verhältnisse des Kunden. Darüber ist das Kreditinstitut zur absoluten Verschwiegenheit verpflichtet. Der Kunde muss sich darauf verlassen können, dass das Kreditinstitut kundenbezogene Tatbestände und Wertungen nicht unbefugt an Dritte weiterleitet (**Bankgeheimnis**).

Vertrauensverhältnis
Nr. 2 AGB Banken
Nr. 1 AGB Sparkassen

Bankgeheimnis

Bankgeheimnis

Verschwiegenheitspflicht	Auskunftsverweigerungsrecht
Pflicht des Kreditinstituts, Verschwiegenheit über seine Kunden und deren persönliche, wirtschaftliche und finanzielle Verhältnisse zu wahren.	Recht des Kreditinstituts, Auskünfte über seine Kunden und deren persönliche, wirtschaftliche und finanzielle Verhältnisse zu verweigern.

Das Bankgeheimnis ist das Berufs- und Geschäftsgeheimnis im Kreditgewerbe. Es ist nicht ausdrücklich gesetzlich geregelt. Das Bankgeheimnis besteht über die Dauer der Geschäftsverbindung hinaus auch dann weiter, wenn die Geschäftsverbindung aufgelöst ist.

Die Verletzung der **Verschwiegenheitspflicht** des Kreditinstituts ist ein Vertragsbruch. Der Kunde ist berechtigt, die Geschäftsverbindung fristlos zu kündigen und Schadenersatz zu verlangen. Mitarbeiter eines Kreditinstituts, die das Bankgeheimnis nicht wahren, setzen sich der Gefahr einer fristlosen Kündigung und der Möglichkeit einer Schadenersatzforderung aus.

Verschwiegenheitspflicht

Auskunftsverweigerungsrecht

Neben der Verpflichtung zur Verschwiegenheit hat das Kreditinstitut ein **Recht zur Auskunftsverweigerung.** Es hat das Recht, Auskünfte an Dritte über seine Kunden und deren persönliche, wirtschaftliche und finanzielle Situation zu verweigern, es sei denn, der Kunde willigt ein.

2.6.1.2 Gesetzliche Ausnahmen von der Verschwiegenheitspflicht

Das Bankgeheimnis besteht nicht uneingeschränkt. Es wird begrenzt durch gesetzliche Vorschriften, die ein Auskunftsrecht für Dritte begründen.

Auskünfte an Finanzbehörden

Besteuerungsverfahren
§ 93 AO
§ 85ff. AO
§ 208 AO
Einzelauskunftsersuchen

Gegenüber Finanzbehörden besteht im Besteuerungsverfahren eine bedingte Auskunftspflicht. Im allgemeinen Besteuerungsverfahren und im Steuerfahndungsverfahren sind schriftliche Einzelauskunftsersuchen an Kreditinstitute zulässig. Das Kreditinstitut soll **aber erst** um Auskunft und Vorlage von Urkunden gebeten werden, **wenn ein Auskunftsersuchen an den Steuerpflichtigen nicht zum Ziele führt oder keinen Erfolg verspricht** (Prinzip der Erstbefragung). Im Auskunftsersuchen muss angegeben werden, worüber Auskünfte erteilt werden sollen und ob die Auskunft für die Besteuerung des Auskunftspflichtigen oder anderer Personen angefordert wird.

Zugriff auf das Kontenabrufsystem
§§ 93 Abs. 7, 93b AO

Aufgrund des Gesetzes zur Förderung der Steuerehrlichkeit können die Finanzbehörden über das Bundeszentralamt für Steuern (BZSt) auch das Kontenabrufsystem nach § 24c KWG nutzen. Weder Kreditinstitute noch Kunden erfahren von einer Abfrage. Erfragt werden kann nur das Vorhandensein von Konten, nicht aber Kontostände und Kontobewegungen.

§ 385ff. AO

Im Steuerstrafverfahren haben die Finanzbehörden die gleichen Rechte und Pflichten wie die Staatsanwaltschaft in Strafermittlungsverfahren. Auch in Finanzgerichtsverfahren können als Zeugen geladene Mitarbeiter von Kreditinstituten sich nicht auf das Bankgeheimnis berufen.

Daten vorliegender Freistellungsaufträge
§ 45d EStG

Dem Bundeszentralamt für Steuern müssen die Kreditinstitute im Rahmen der Zinsbesteuerung die Daten sämtlicher bei ihnen vorliegender Freistellungsaufträge mitteilen (Namen, Vornamen, Identifikationsnummer, Geburtsdatum und Anschriften für jeden Auftraggeber). Fehlt die Angabe der Identifikationsnummer, hat das Auswirkungen auf den weiteren Bestand des Freistellungsauftrags. Darüber hinaus ist der tatsächlich in Anspruch genommene Freistellungsbetrag zu melden. Diese Mitteilungen dürfen ausschließlich zur Prüfung der rechtmäßigen Inanspruchnahme des Sparer-Pauschbetrages bei Einkünften aus Kapitalvermögen verwendet werden.

Auskünfte an das Erbschaftsteuerfinanzamt (Erbfallanzeige)

Anzeige an das Erbschaftsteuerfinanzamt
§ 33 ErbStG

Kreditinstitute müssen im Todesfall eines Kunden eine Anzeige an das zuständige Erbschaftsteuerfinanzamt senden. Die Erbfallanzeige muss innerhalb eines Monats nach Bekanntwerden des Todes abgegeben werden, sofern der Gesamtwert aller Konten- und Depotbestände **zu Beginn des Todestages 5000 Euro übersteigt oder der Verstorbene ein Schließfach oder ein Verwahrstück** beim Kreditinstitut hat. Ein Schließfach oder Verwahrstück ist auf jeden Fall zu melden, weil das Kreditinstitut den Wert der verwahrten Gegenstände nicht kennt. Guthabenzinsen und Stückzinsen sind ebenfalls generell zu melden. Guthaben können nicht gegen Verbindlichkeiten aufgerechnet werden. Verbindlichkeiten können, müssen aber nicht gemeldet werden. Erben erhalten keine Mitteilung über die Erbfallanzeige.

Auskünfte an weitere Behörden und Auskunftsberechtigte

Vorschriften des Straf-, Bank-, Arbeits- und Sozialrechts verpflichten die Kreditinstitute ebenfalls in bestimmten Fällen zur Auskunftserteilung an Behörden.

Auskünfte durch Kreditinstitute an weitere Behörden		
Strafverfolgungsbehörden	▸ Strafverfolgungsbehörden (z. B. Staatsanwaltschaft) haben im Strafprozess ein uneingeschränktes Auskunftsrecht (z. B. Durchsuchung von Geschäftsräumen, Beschlagnahme von Kundenunterlagen). ▸ Mitarbeiter von Kreditinstituten können als Zeugen vorgeladen werden. Für sie besteht eine Ausnahme vom Zeugnisverweigerungsrecht. ▸ Strafverfolgungsbehörden können auf das Kontenabrufsystem nach dem KWG zurückgreifen. ▸ Im Zivilprozessverfahren haben Mitarbeiter von Kreditinstituten ein Auskunftsverweigerungsrecht.	§ 161a StPO §§ 48 ff., 53 StPO §§ 383, 384 ZPO
Aufsichtsbehörden	▸ Der Deutschen Bundesbank sind Groß- und Millionenkredite anzuzeigen. ▸ Der Deutschen Bundesbank sowie der BaFin sind auf Verlangen Auskünfte über alle Geschäftsangelegenheiten zu erteilen und Unterlagen vorzulegen. ▸ Die BaFin sowie die Deutsche Bundesbank können jederzeit Prüfungen bei den Kreditinstituten vornehmen.	§§ 13, 14 KWG § 44 KWG
Arbeitsagenturen	▸ Auskünfte dienen der Bedürftigkeitsprüfung bei der Zahlung von Arbeitslosengeld II/Hartz IV. ▸ Auskünfte werden über den Arbeitslosen, dessen Ehegatten, Lebenspartner (nach LPartG) und Partner einer eheähnlichen Lebensgemeinschaft erteilt. ▸ Auskünfte werden unter Einsatz eines speziellen Formulars über alle Geld- und Depotkonten erteilt. ▸ Der Arbeitsagentur ist zwecks Überprüfung der Zahlung von Arbeitslosengeld II/Hartz IV über die Finanzbehörden und das BZSt der Zugriff auf die Kontenabrufdatei nach dem KWG gestattet.	§ 315 Abs. 2 und 5 SGB III § 60 Abs. 1, 2 und 4 SGB II § 93 Abs. 8 AO § 24c KWG
Renten- und Unfallversicherungsträger	▸ Auskünfte dienen der Rückforderung zuviel gezahlter Renten, insbesondere in Todesfällen. ▸ Dem Versicherungsträger müssen mitgeteilt werden: – Name und Anschrift der Personen, die Geldleistungen empfangen haben, – Name und Anschrift der Personen, die verfügt haben, – Name und Anschrift etwaiger neuer Kontoinhaber.	§ 118 Abs. 4 SGB VI § 96 Abs. 4 SGB VII § 66 Abs. 2 BVG
Sozialhilfeträger	▸ Auskünfte dienen der Überprüfung sozialhilferechtlicher Hilfebedürftigkeit. ▸ Auskünfte werden über alle Konten und sonstige Vermögensverhältnisse erteilt, ggf. am Sozialhilfeempfänger vorbei. ▸ Dem Sozialhilfeträger ist über die Finanzbehörden und das BZSt der Zugriff auf die Kontenabrufdatei nach dem KWG gestattet.	§ 117 Abs. 3 SGB XII § 93 Abs. 8 AO § 24c KWG
weitere Behörden (z. B. BAföG-Ämter, Jugendämter, Stadtverwaltungen)	▸ Alle Behörden, die mit der Anwendung eines Gesetzes zu tun haben, in dem Begriffe des Einkommensteuergesetzes vorkommen, ist über die Finanzbehörden und das BZSt der Zugriff auf das Kontenabrufsystem nach dem KWG gestattet. ▸ Voraussetzung für den Zugriff ist, dass eigene Ermittlungen der Behörde nicht zum Ziel geführt haben.	§ 93 Abs. 8 AO § 24c KWG

weitere Auskunftsberechtigte

Außerdem haben **gesetzliche Auskunftsansprüche** beispielsweise

- **Insolvenzverwalter** nach Eröffnung eines Insolvenzverfahrens,
- **Nachlasspfleger** als gesetzlicher Vertreter der Erben über Erbangelegenheiten unbekannter Erben,
- **Nachlassverwalter** nach Anordnung einer Nachlassverwaltung,
- **Pfändungsgläubiger** im Rahmen der vom kontoführenden Kreditinstitut zu erstellenden Drittschuldnererklärung,
- **Testamentsvollstrecker,** der auf Veranlassung des Erblassers durch das Nachlassgericht bestellt wird und den letzten Willen des Erblassers zügig und sachkundig ausführt.

2.6.2 Bankauskünfte

Bankauskünfte

Bankauskünfte enthalten allgemein gehaltene Feststellungen und Bemerkungen über die wirtschaftlichen Verhältnisse eines Kunden, über seine Kreditwürdigkeit und über seine Zahlungsfähigkeit. Sie enthalten keine betragsmäßigen Angaben über Kontostände, Depotguthaben oder sonstige dem Kreditinstitut anvertraute Vermögenswerte sowie über die Höhe von Kreditinanspruchnahmen.

Regelungen über die Erteilung von Bankauskünften

Vereinbarungen mit Kunden	Vereinbarungen unter Kreditinstituten
Nr. 2 AGB Banken bzw. Nr. 3 AGB Sparkassen	Grundsätze für die Durchführung des Bankauskunftsverfahrens zwischen Kreditinstituten
‣ Zulässigkeit von Bankauskünften ‣ Inhalt von Bankauskünften ‣ Empfänger von Bankauskünften	‣ Auskunftsfragen ‣ Auskunftserteilungen ‣ Auskunftsverweigerung ‣ Auskunftsweitergabe

Regelungen in den AGB

Nr. 2 AGB Banken, Nr. 3 AGB Sparkassen

Die **Allgemeinen Geschäftsbedingungen** regeln:

1. Kreditinstitute sind berechtigt, Bankauskünfte über juristische Personen und im Handelsregister eingetragene Kaufleute (Geschäftskunden) zu erteilen, sofern sich die Anfrage auf ihre geschäftliche Tätigkeit bezieht und keine anders lautende Weisung des Kunden vorliegt. Bankauskünfte über Privatkunden werden nur erteilt, wenn der Kunde allgemein oder im Einzelfall ausdrücklich zugestimmt hat.
2. Bankauskünfte beschränken sich auf allgemein gehaltene Feststellungen, Bemerkungen und Urteile über die wirtschaftlichen Verhältnisse des Kunden.
3. Bankauskünfte werden nur an eigene Kunden und an andere Kreditinstitute für deren eigene Zwecke oder für Zwecke ihrer Kunden erteilt. Der Anfragende muss ein berechtigtes Interesse an der gewünschten Auskunft glaubhaft darlegen.
4. Durch die Auskunfterteilung dürfen keine schutzwürdigen Belange des Kunden beeinträchtigt werden.

Bankauskünfte über

Geschäftskunden	Privatkunden
Kreditinstitute erteilen Auskünfte, sofern keine anders lautende Weisung des Kunden vorliegt.	Kreditinstitute erteilen Auskünfte nur, wenn der Kunde allgemein oder im Einzelfall ausdrücklich zugestimmt hat.

Geschäftskunden = Juristische Personen und im Handelsregister eingetragene Kaufleute.
Privatkunden = Natürliche Personen, Freiberufler, nicht eingetragene Gewerbetreibende, Personenvereinigungen.

Bankauskunftsverfahren

Grundsätze für die Durchführung des Bankauskunftsverfahrens zwischen Kreditinstituten regeln die technische Abwicklung.

Grundsätze für die Durchführung des Bankauskunftsverfahrens

Bankauskunftsverfahren zwischen Kreditinstituten	
Auskunfts-anfrage	▸ Auskunftsanfragen sollen schriftlich gestellt werden. ▸ Auskunftsanfragen müssen den Anfragegrund enthalten, mit dem das berechtigte Interesse an der Bankauskunft glaubhaft gemacht wird.
Auskunfts-erteilung	▸ Bankauskünfte sollen allgemein gehalten werden. ▸ Bankauskünfte werden nur aufgrund von Erkenntnissen erteilt, die der auskunftgebenden Stelle vorliegen. Recherchen werden nicht angestellt.
Auskunfts-verweigerung	▸ Auskunftsverweigerungen sollen allgemein gehalten werden. ▸ Auskunftsverweigerungen sollen so formuliert werden, dass sie nicht als negative Auskunft verstanden werden, wenn bei Privatleuten keine Einwilligung vorliegt oder bei Geschäftskunden die Erteilung von Auskünften untersagt ist. ▸ Hat die angefragte Stelle keinen Einblick in die wirtschaftlichen Verhältnisse des Kunden, ist dies in der Antwort deutlich zum Ausdruck zu bringen. **Beispiele:** „Über Privatkunden erteilen wir ohne Zustimmung des Kunden keine Auskunft." „Mit Rücksicht auf das Bankgeheimnis können wir keine Auskunft erteilen." „Wir haben keinen Einblick in die wirtschaftlichen Verhältnisse des Kunden."
Auskunfts-weitergabe	▸ Im Kundeninteresse bei Dritten eingeholte Auskünfte werden inhaltlich unverändert weitergegeben. ▸ Der Kunde muss darauf hingewiesen werden, dass er die erhaltene Auskunft nur für den angegebenen Zweck verwenden und nicht an Dritte weitergeben darf.

Interesse der Kunden

Auskünfte, die Kreditinstitute über Kunden geben, stehen eigentlich im Widerspruch zum Bankgeheimnis, sofern es sich nicht um Informationen aus Registern handelt, z. B. Handelsregister, Güterrechtsregister. Bankauskünfte dienen vor allem der Beurteilung von Geschäftsrisiken. Sie sind internationale Praxis. Bankauskünfte liegen auch im Interesse der Kunden, über die Auskunft erteilt wird. Das gilt besonders für Auskünfte, an die bestimmte Folgen geknüpft sind, z. B. Ausstellung einer Kreditkarte, Zustandekommen einer Geschäftsverbindung, Abschluss eines Vertrages, Vereinbarung bestimmter Zahlungsbedingungen.

2.6.3 Datenschutz

Datenschutzvorschriften
EU-DSGVO
§ 1 BDSG
§ 3 BDSG

Kreditinstitute haben die Datenschutzvorschriften der EU-Datenschutz-Grundverordnung (EU-DSGVO) und des ergänzend geltenden nationalen Bundesdatenschutzgesetzes (BDSG) zu beachten. Diese Regelungen sollen den Einzelnen davor schützen, dass er durch den Umgang mit seinen personenbezogenen Daten in seinem Persönlichkeitsrecht beeinträchtigt wird. Personenbezogene Daten sind Einzelangaben über persönliche oder sachliche Verhältnisse einer bestimmten oder bestimmbaren natürlichen Person.

Zulässigkeit der Verarbeitung personenbezogener Daten

Das Verarbeiten (Speichern, Verändern, Übermitteln, Sperren oder Löschen) und das Nutzen (Verwenden) personenbezogener Daten ist nur zulässig,

- wenn ein Gesetz, z. B. das BDSG, dies erlaubt oder anordnet
- oder wenn der Betroffene eingewilligt hat.

Nicht öffentliche Stellen und öffentlich-rechtliche Wettbewerbsunternehmen dürfen personenbezogene Daten speichern, verändern, übermitteln und für die Erfüllung eigener Geschäftszwecke nutzen

1. im Rahmen der Zweckbestimmung ihrer mit Kunden abgeschlossenen Verträge oder vertragsähnlichen Vertrauensverhältnisse,
2. soweit es zur Wahrung ihrer berechtigten Interessen erforderlich ist und kein Grund zu der Annahme besteht, dass das schutzwürdige Interesse des Betroffenen an dem Ausschluss der Verarbeitung oder Nutzung überwiegt,
3. wenn die Daten aus allgemein zugänglichen Quellen entnommen werden können.

Benachrichtigung des Kunden bei erstmaliger Speicherung

Bei der erstmaligen Speicherung personenbezogener Daten ist der Kunde von der Speicherung und der Art der gespeicherten Daten zu benachrichtigen. Kreditinstitute weisen ihre Kunden mittels eines entsprechenden Informationsblattes (sog. „Datenschutzhinweise") darauf hin, dass sie personenbezogene Daten im Rahmen der Geschäftsverbindung speichern und verarbeiten.

Auskunftsrecht
§ 34 BDSG
Art. 15 DSGVO

Jeder Kunde kann Auskunft verlangen über

1. die zu seiner Person gespeicherten Daten,
2. den Empfänger oder Kategorien von Empfängern, an die Daten weitergegeben werden, und
3. den Zweck der Speicherung.

Die Auskunft ist grundsätzlich unentgeltlich.

Berichtigung
Löschung
§ 35 BDSG
Art. 16, 17 DSGVO

Personenbezogene Daten sind unverzüglich zu berichtigen, wenn sie unrichtig sind. Sie sind zu löschen, wenn ihre Speicherung unzulässig oder nicht mehr erforderlich ist.

An die Stelle der Löschung tritt eine Sperre, wenn

- einer Löschung gesetzliche, satzungsmäßige oder vertragliche Aufbewahrungsfristen entgegenstehen,
- Grund zur Annahme besteht, dass durch eine Löschung schutzwürdige Interessen des Betroffenen beeinträchtigt würden, oder
- eine Löschung wegen der besonderen Art der Speicherung nicht oder nur mit unverhältnismäßig hohem Aufwand möglich ist.

Personenbezogene Daten sind ferner zu sperren, sofern ihre Richtigkeit vom Betroffenen bestritten wird und sich weder die Richtigkeit noch die Unrichtigkeit feststellen lässt.

Für die Beachtung der Vorschriften des Datenschutzgesetzes ist grundsätzlich ein **Datenschutzbeauftragter** zu bestellen.

Datenschutzbeauftragter
§5 BDSG

EU-DSGVO

EU-Datenschutz-Grundverordnung (EU-DSGVO)

Seit Mai 2018 ist die **EU-Datenschutz-Grundverordnung** (EU-DSGVO) in Kraft. Sie löst die vorherige EU-Datenschutzrichtlinie ab. Damit sollen das Datenschutzrecht in der EU weiter vereinheitlicht und gleiche Datenschutzstandards in den Mitgliedstaaten geschaffen werden. Die EU-DSGVO sieht u.a. verschärfte Datenschutzregelungen für den Onlinehandel vor und gilt ergänzend zum deutschen BDSG. Bei Verstößen drohen Bußgelder in Millionenhöhe.

2.6.4 SCHUFA-Meldungen

SCHUFA-Meldungen

Kreditinstitute, die Vertragspartner der Schutzgemeinschaft für allgemeine Kreditsicherung (SCHUFA) sind, melden der SCHUFA Daten aus dem Privatkundengeschäft (Konsumentengeschäft) sowie aus dem Geschäft mit Freiberuflern, Selbstständigen und Kleingewerbetreibenden. Gemeldet werden die

- Eröffnung und Schließung von Girokonten sowie nicht vertragsgemäßes Verhalten bei der Benutzung von Girokonten,
- Führung eines Pfändungsschutzkontos (Merkmal: „P-Konto"),
- Ausgabe von Kreditkarten sowie nicht vertragsgemäßes Verhalten bei der Benutzung von Kreditkarten,
- Vergabe von Krediten und die Übernahme von Bürgschaften sowie deren vertragsgemäße bzw. nicht vertragsgemäße Abwicklung.

Die Tätigkeit der SCHUFA muss sich im Rahmen der datenschutzrechtlichen Regelungen bewegen. Kreditinstitute sind daher grundsätzlich verpflichtet, vor der Weitergabe personenbezogener Daten die Einwilligung des Betroffenen einzuholen. Sie lassen sich aus diesem Grunde bei der Eröffnung eines Girokontos oder eines Kreditkartenkontos, bei Abschluss eines Kreditvertrags und bei Ausfertigung von Bürgschaftsübernahmeerklärungen von ihren Kunden die **SCHUFA-Klausel** unterschreiben. Verweigert der Kunde die Unterzeichnung der SCHUFA-Klausel, kann das Kreditinstitut entscheiden, das Konto ausschließlich auf Guthabenbasis zu führen.

SCHUFA-Klausel

Bestandteile der SCHUFA-Klausel	
1. Einwilligung	Ausdrückliche Einwilligung des Kunden, dass das Kreditinstitut Daten über die Beantragung, die Aufnahme und die vertragliche Abwicklung der Geschäftsbeziehung (sog. Positivmerkmale) an die SCHUFA weitergeben darf.
2. Übermittlung von Negativdaten	Information an den Kunden, dass das Kreditinstitut nicht vertragsgemäßes Verhalten bis hin zu gerichtlichen Vollstreckungsmaßnahmen (sog. Negativmerkmale) an die SCHUFA meldet.
3. Befreiung vom Bankgeheimnis	Befreiung des Kreditinstituts vom Bankgeheimnis, damit Positiv- oder Negativmerkmale übermittelt werden können.

Bestandteile der SCHUFA-Klausel	
4. Kundeninformation	Information des Kunden über den Zweck der Datenspeicherung sowie über Empfänger von SCHUFA-Auskünften.
5. Selbstauskünfte	Information über die Einholung von Selbstauskünften über gespeicherte Daten.

Positivmerkmale dürfen der SCHUFA aufgrund des Bundesdatenschutzgesetzes nicht gegen den Willen des Kunden gemeldet werden. Die Mitteilung von **Negativmerkmalen** bedarf jeweils der Interessenabwägung, ob die Weitergabe der Daten zur Wahrnehmung berechtigter Interessen des Kreditinstituts, anderer Partner der SCHUFA oder der Allgemeinheit erforderlich ist oder ob dadurch schutzwürdige Interessen des Kunden beeinträchtigt werden.

SCHUFA-Meldungen (Beispiele)

Positivmerkmale

Negativmerkmale

	Daten über Giro- und Kreditkartenkonten	Daten über Kredite
Positivmerkmale	▸ Kontoantrag, Kontoeröffnung ▸ Beendigung der Kontoverbindung	▸ Kreditantrag, Kreditgewährung (Kreditnehmer, Mitschuldner, Kreditbetrag, Laufzeit, Ratenbeginn) ▸ vereinbarungsgemäße Abwicklung (Rückzahlung, auch Laufzeitverlängerung)
Negativmerkmale	▸ Kündigung wegen Bankkartenmissbrauchs durch den rechtmäßigen Inhaber ▸ Kündigung wegen Verzugs bei Zahlungsunfähigkeit oder -unwilligkeit ▸ Saldo nach Gesamtfälligstellung offener Forderungen ▸ Saldo nach gerichtlicher Titulierung, z. B. Vollstreckungsbescheid ▸ Saldovergleich zur gesamtfällig gestellten Forderung	▸ Kündigung wegen Verzugs bei Zahlungsunfähigkeit oder -unwilligkeit ▸ Saldo nach Gesamtfälligstellung offener Forderungen ▸ Saldo nach gerichtlicher Titulierung, z. B. Vollstreckungsbescheid ▸ Saldovergleich zur gesamtfällig gestellten Forderung

Löschungsfristen

Im SCHUFA-Datenbestand gespeicherte Informationen haben unterschiedliche Speicherfristen. Aus dem Datenbestand gelöscht werden

- Giro- und Kreditkartenkonten sofort, wenn das Konto aufgelöst wird,
- Angaben über Anfragen durch SCHUFA-Vertragspartner nach 12 Monaten (Sie werden in Auskünften an Vertragspartner aber nur zehn Tage lang weiter gegeben.),
- Erledigte Kreditverpflichtungen drei Jahre nach Zahlungsausgleich (Notleidende Kredite bis 2000 Euro, die innerhalb von sechs Monaten zurückgezahlt werden, werden sofort gelöscht, wenn der Gläubiger der SCHUFA die Rückzahlung mitteilt.),
- Bürgschaften nach der Rückzahlung der Kreditverpflichtung (Hauptschuld),
- Daten über nicht vertragsgemäß abgewickelte Geschäfte einschließlich ihrer Erledigung zum Ende des dritten Kalenderjahres nach dem Jahr der Speicherung (Titulierte Forderungen [Urteile, Vollsteckungsbescheide] bleiben bis zu ihrer Erledigung gespeichert und werden drei Jahre nach dem Jahr der Rückzahlung entfernt.),

- Daten aus den Schuldnerverzeichnissen der Amtsgerichte (Haftbefehl zur Erzwingung der eidesstattlichen Versicherung, eidesstattliche Versicherung sowie Insolvenzmerkmale) nach drei Jahren, jedoch vorzeitig, wenn der SCHUFA eine Löschung durch das Amtsgericht nachgewiesen wird.

Recht auf Auskunft Eigenauskunft

Jeder Verbraucher kann der SCHUFA-Klausel widersprechen und seine Einwilligung zur Datenübermittlung zurückziehen. Er hat außerdem jederzeit das Recht, bei der SCHUFA eine Eigenauskunft in Textform über alle zu seiner Person gespeicherten Daten einzuholen. Dies kann über das Verbraucherportal www.meineSCHUFA.de erfolgen. Die Eigenauskunft muss einmal im Jahr kostenfrei erteilt werden. Wenn die über ihn gespeicherten Informationen nicht korrekt sind, kann der Verbraucher eine Berichtigung verlangen.

SCHUFA

SCHUFA-Scoring-Verfahren

▸ Kapitel 5.2.3.3

Die Schutzgemeinschaft für allgemeine Kreditsicherung (SCHUFA Holding AG)

Die SCHUFA ist eine nicht börsennotierte AG mit Hauptsitz in Wiesbaden. Sie arbeitet mit rund 7000 Vertragspartnern zusammen. Dabei handelt es sich im Wesentlichen um Kreditinstitute, Handels- und Telekommunikationsunternehmen. Die Vertragspartner der SCHUFA werden in Kategorien unterteilt, z.B.:

- **A-Vertragspartner** (Kreditinstitute, Kreditkartenunternehmen, Leasinggesellschaften) erhalten sowohl Positiv- als auch Negativmerkmale.
- **B-Vertragspartner** (Handels-, Versandhandels-, E-Commerce-, Telekom- und sonstige Unternehmen, die Leistungen und Lieferungen gegen Kredit gewähren) erhalten nur Negativmerkmale.
- **F-Vertragspartner** (Inkassounternehmen) erhalten nur Daten aus öffentlichen Registern.

Die SCHUFA erbringt darüber hinaus für Versicherungen wie auch für Selbstständige, Gewerbetreibende und andere Unternehmen, die ein berechtigtes Interesse nachweisen, Dienstleistungen zur Risikosteuerung und Kundenbetreuung.

Die SCHUFA arbeitet nach dem Prinzip der Gegenseitigkeit. Auskünfte werden nur an Vertragspartner gegeben, die selbst Daten an die SCHUFA übermitteln. Die Übermittlung kreditrelevanter Informationen an einen definierten Empfängerkreis mit festgelegten Nutzungsrechten gewährleistet, dass Vertragspartner nur Daten erhalten, wenn sie gemäß Datenschutzgesetz ein berechtigtes Interesse an den Daten haben.

Der SCHUFA-Datenbestand enthält Angaben

- zur Person (Vorname, Name, Geburtsdatum, Geburtsort, Anschrift, Voranschriften),
- über die Aufnahme und vertragsgemäße Abwicklung eines Geschäfts, z.B. Ausgabe einer Kreditkarte,
- über nicht vertragsgemäße Geschäftsabwicklungen, z.B. Kündigung wegen Zahlungsunfähigkeit oder -unwilligkeit,
- aus den Schuldnerverzeichnissen der Amtsgerichte.

Der Datenbestand enthält keine Angaben zu Familienstand, Staatsangehörigkeit, Religionszugehörigkeit, Beruf sowie Kontoguthaben, Depotbestände, Einkommens- und Vermögensverhältnisse.

2.7 Verhinderung von Geldwäsche, Terrorismusfinanzierung und sonstigen strafbaren Handlungen

Es gehört zur ordnungsgemäßen Geschäftspolitik eines jeden Kreditinstituts, Transaktionen mit kriminellem Hintergrund zu verhindern. Dies betrifft in besonderem Maße Vorgänge, die

- **der Geldwäsche dienen**, womit die Einschleusung von Unrechtsgewinnen in den legalen Finanz- und Wirtschaftskreislauf gemeint ist,
- **auf die Terrorismusfinanzierung ausgerichtet sind**, d.h. finanzielle Unterstützung von Aktivitäten terroristischer Vereinigungen und Organisationen,

- **sonstige strafbare Handlungen zum Inhalt haben,** die zu einer Gefährdung des Vermögens des Instituts führen können.

Allgemeine Sorgfaltspflichten

Allgemeine Sorgfaltspflichten nach § 3 GwG

Identifizierungs- und Abklärungspflichten („Know Your Customer-Prinzip“)	Identifizierungs- und Abklärungsanlässe
▸ Identifizierung des Vertragspartners ▸ Abklärung der geschäftlichen Hintergründe ▸ Abklärung des wirtschaftlich Berechtigten – Wer ist tatsächlich Eigentümer? – Wer übt (im Hintergrund) die Kontrolle aus? ▸ Kontinuierliche Überwachung der Geschäftsbeziehung	▸ Begründung einer Geschäftsbeziehung ▸ Transaktionen von 15 000 Euro oder mehr außerhalb einer Geschäftsbeziehung, z. B. Auszahlung ▸ Bareinzahlung durch einen Nichtkunden zur Überweisung oder Einzahlung unter Umgehung des eigenen Kundenkontos (Schwellenwert: 1 000 Euro) ▸ Sortengeschäfte von 2 500 Euro oder mehr außerhalb einer Geschäftsbeziehung

Bekämpfung von Geldwäsche, der Terrorismusfinanzierung und sonstigen strafbaren Handlungen	
Identifizierungspflichten	§ 2 GwG ▸ **Zur Identifizierung verpflichtete Institute bzw. Personen, z. B.** – Kreditinstitute – Finanzdienstleistungsinstitute – Versicherungsunternehmen – Investmentgesellschaften – Rechtsanwälte, Wirtschaftsprüfer, Steuerberater § 10 GwG ▸ **Zu identifizierende Personen** – Vertragspartner (nicht Bevollmächtigte) § 3 GwG – wirtschaftlich Berechtigte (= die natürliche Person, unter deren Kontrolle der Vertragspartner letztlich steht oder auf deren Veranlassung der Vertragspartner handelt) § 11 GwG, § 25j KWG ▸ **Identifizierungszeitpunkt** – vor Begründung der Geschäftsbeziehung – spätestens vor der ersten Verfügung § 10 Abs. 3 GwG ▸ **Identifizierungsanlässe** – Begründung einer Geschäftsbeziehung, z. B. Kontoeröffnung – Durchführung von Transaktionen im Werte von 15 000 Euro oder mehr durch Nichtkunden oder durch Kunden außerhalb der Kontoverbindung – Transfers i. S. der GeldtransferVO im Werte von 1 000 Euro oder mehr außerhalb einer bestehenden Geschäftsverbindung – Verdacht auf Geldwäsche, Terrorismusfinanzierung oder sonstige strafbare Handlungen – Zweifel an der Richtigkeit erhobener Daten § 25k KWG – Sortengeschäfte im Werte von 2 500 Euro oder mehr mit Nichtkunden oder mit Kunden außerhalb der Geschäftsbeziehung § 11 Abs. 4, § 12 Abs. 1 GwG ▸ **Identifizierung natürlicher Personen** – Feststellung von Name, Geburtsort, Geburtstag, Staatsangehörigkeit, Anschrift – Vorlage eines gültigen amtlichen Ausweises mit Lichtbild, z. B. Personalausweis, Reisepass – Anfertigung einer Ausweiskopie (nach § 8 Abs. 2 GwG) § 11 Abs. 4, § 12 Abs. 2 GwG ▸ **Identifizierung juristischer Personen und Personengesellschaften** – Feststellung von Firma, Rechtsform, Registernummer, Anschrift des Sitzes, Namen der Mitglieder des Vertretungsorgans oder der gesetzlichen Vertreter – Vorlage eines Registerauszugs oder von Gründungsdokumenten

Bekämpfung von Geldwäsche, der Terrorismusfinanzierung und sonstigen strafbaren Handlungen		
	▸ **Vereinfachte Identifizierungs- und Sorgfaltspflichten** – Bei Eingehen von Geschäftsbeziehungen und Vornahme von Geschäftsvorfällen mit geringem Risiko, z. B. mit Kreditinstituten, börsennotierten Gesellschaften, Rechtsanwälten und Behörden, kann der Umfang der durchzuführenden Maßnahmen auf Grundlage einer individuellen Risikoanalyse verringert werden. – Eine Identifizierung des Vertragspartners ist aber in diesen Fällen zwingend durchzuführen. ▸ **Verstärkte Identifzierungs- und Sorgfaltspflichten** – Soweit erhöhte Risiken bezüglich der Geldwäsche oder Terrorfinanzierung bestehen, sind dem Risiko angemessene verstärkte Überprüfungspflichten vorzunehmen. – Erhöhte Risiken werden bei „politisch exponierten Personen" (sog. PEPs), bei Korrespondenzbanken im Ausland sowie bei „Non face-to-face-Customers" angenommen. ▸ **Absehen von einer Identifizierung** – bei bereits vorgenommener Identifizierung	§ 14 GwG § 15 GwG § 25k KWG § 11 Abs. 3 GwG
Meldepflichten	▸ Unverzügliche Meldung von Verdachtsfällen (Verdachtsmeldung) an die Generalzolldirektion – Zentralstelle für Finanztransaktionsuntersuchungen (kurz: FIU) ▸ **Sperre der verdächtigen Transaktion grundsätzlich bis zur Zustimmung durch die FIU oder die zuständige Staatsanwaltschaft** ▸ **Bei Ausbleiben der Zustimmung** Durchführung der Transaktion am dritten Werktag nach dem Anzeigetag	§ 43 GwG § 46 GwG
Aufzeichnungs- und Aufbewahrungspflichten	▸ **Aufzeichnung der erhobenen Angaben über Vertragspartner, wirtschaftlich Berechtigte, Geschäftsbeziehungen und Transaktionen** ▸ **Aufzeichnung der Ausweisart, der Nummer und der ausstellenden Behörde** ▸ **Anfertigung einer Kopie der zur Identifizierung vorgelegten Dokumente genügt der Aufzeichnungspflicht** ▸ **Aufbewahrung der aufgezeichneten Daten für einen Zeitraum von mindestens 5 Jahren** ▸ **Schaffung eines europaweit abrufbaren Registers mit Angaben zu den wirtschaftlich Berechtigten (sog. Transparenzregister)**	§ 8 GwG § 18 GwG
Interne Sicherungsmaßnahmen	▸ **Implementierung interner Grundsätze und geschäfts- und kundenbezogener Sicherungssysteme zur Verhinderung von Geldwäsche, Terrorismusfinanzierung und sonstiger strafbarer Handlungen** – Bestellung eines der Geschäftsleitung unmittelbar unterstellten Geldwäschebeauftragten, – Schulung von Mitarbeitern, z. B. über Typologien und aktuelle Methoden der Geldwäsche und der Terrorismusfinanzierung, – Durchführung einer Gefährdungsanalyse, – Optimierung des internen Kontrollsystems, – Betrieb von Datenverarbeitungssystemen zur Analyse von Geschäftsbeziehungen (DV-Monitoring).	§ 6 GwG § 25h KWG
Schaffung eines Kontenabrufsystems	▸ **Schaffung und laufende Aktualisierung eines automatisierten Kontenabrufsystems durch die Kreditinstitute** ▸ Inhalt des Kontenabrufsystems: – Name und Geburtstag des Konto-, Depot- oder Schließfachinhabers sowie weiterer Verfügungsberechtigter – Konto-, Depot- oder Schließfachnummer sowie Tag der Eröffnung und Auflösung – Name und Anschrift der wirtschaftlich Berechtigten – Steuerliche Identifikationsnummer (ID) und Wirtschafts-ID der Verfügungsberechtigten und wirtschaftlich Berechtigten – Datum der Änderungen der Daten ▸ Automatischer Zugriff von BaFin und FIU auf das Kontenabrufsystem zwecks Bekämpfung der Geldwäsche und der Terrorismusfinanzierung	§ 24c KWG § 93b AO

Bekämpfung von Geldwäsche, der Terrorismusfinanzierung und sonstigen strafbaren Handlungen	
Übermittlung von Auftraggeberangaben bei Geldtransfers (nach GeldtransferVO)	▸ **Zielsetzung** Zielsetzung ist die lückenlose Rückverfolgbarkeit des Auftraggebers von Geldüberweisungen in der Transferkette zwecks Bekämpfung von Geldwäsche und Terrorismusfinanzierung. ▸ **Pflichten des Instituts des Auftraggebers bei Zahlscheingeschäften** – Geldtransfers in Nicht-EU-Länder: Weiterleitung des Namens, der IBAN und der Anschrift des Auftraggebers an das Kreditinstitut des Begünstigten, Übermittlung des Namens des Begünstigten und seiner IBAN, – Geldtransfers innerhalb der EU: Weiterleitung der IBAN des Auftraggebers oder einer eindeutigen, kundenbezogenen Identifikationsnummer, Übermittlung des Namens des Begünstigten und seiner IBAN, – Dokumentation der Auftraggeberdaten bei Einzahlungen ab 0,01 Euro auf dem Zahlschein, – Überprüfung der Auftraggeberdaten bei Einzahlungen ab 1 000,01 Euro durch Nichtkunden mittels Ausweispapier, – Aufbewahrung der Auftraggeberdaten für 5 Jahre. ▸ **Pflichten des Instituts des Begünstigten** – Überprüfung, ob die jeweils vorgeschriebenen Auftraggeberangaben in den dafür vorgesehenen Datenfeldern des benutzten Informations- oder Zahlungssystems vollständig vermerkt sind, – fehlende oder unvollständige Datensätze sind im Einzelfall beim Auftraggeberinstitut unter Fristsetzung zu erfragen, – wiederholte unvollständige Datensätze führen zu Sanktionen (Verwarnung, Nichtausführung der Transaktion, Abbruch der Geschäftsbeziehung, Mitteilung an die BaFin), – Aufbewahrung der Auftraggeberdaten für 5 Jahre.

GeldtransferVO

Kontoeröffnung für Flüchtlinge: Zahlungskonto-Identitätsprüfungsverordnung (ZIdPrüfV)

Als rechtspolitische Reaktion auf die Flüchtlingskrise ist im Juli 2016 die **Zahlungskonto-Identitätsprüfungsverordnung (ZIdPrüfV)** in Kraft getreten. Die Verordnung enthält weitreichende **Erleichterungen** im Rahmen der **geldwäscherechtlichen Legitimationsprüfung** und löst die bisherige diesbezügliche Verwaltungspraxis der BaFin ab. Insbesondere **Duldungsbescheinigungen** und **Ankunftsnachweise** sind nunmehr ergänzend als Identifikationsdokumente zugelassen.

2.8 Beschwerderegelungen

2.8.1 Beschwerdestellen der Kreditinstitute

internes Beschwerde-Management

Um zügig und möglichst institutsneutral auf Kundenbeschwerden reagieren zu können, sind viele Kreditinstitute institutsübergreifenden Beschwerdestellen angeschlossen (Ombudsverfahren). Bankintern sind häufig spezielle Kundendienstabteilungen für die Entgegennahme, Behandlung und Auswertung von Kundenbeschwerden zuständig (Beschwerde-Management).

2.8.2 Ombudsmann-Verfahren

Ombudsmann

Der Ombudsmann ist ein unabhängiger und neutraler Schlichter. Er kann beim jeweiligen Spitzenverband der Kreditinstitute angerufen werden, soweit hier ein Ombudsmann bestellt ist. Für Streitigkeiten im Zusammenhang mit dem Kapitalanlagegesetzbuch ist die Ombudsstelle für Investmentfonds des BVI anzurufen.

Ombudsmann-Verfahren

Ombudsmann-Verfahren bei Banken und Sparkassen

Kredit-institut	Ombudsstelle (Schlichtungsstelle)	Zielgruppe	Wirkung des Schlichtungsspruchs
private Banken	Bundesverband deutscher Banken e. V. Ombudsmann der privaten Banken Geschäftsstelle Postfach 04 03 07 10062 Berlin http://verbraucher.bankenverband.de/beschwerdestelle	▸ Privatkunden (Verbraucher) ▸ Firmenkunden und Selbstständige, soweit es um Streitigkeiten aus dem Überweisungsverkehr oder dem Missbrauch von Zahlungskarten geht	▸ nicht bindend für Kunden ▸ für die Bank bindend bis 5000 Euro Streitwert, darüber hinaus nicht bindend ▸ Ordentliche Gerichte können vom Kunden immer angerufen werden.
Volks-banken und Raiffeisen-banken	Bundesverband der Deutschen Volksbanken und Raiffeisenbanken (BVR) Kundenbeschwerdestelle Schellingstraße 4 10785 Berlin www.bvr.de	▸ Privatkunden (Verbraucher) ▸ Firmenkunden	▸ nicht bindend für Kunden ▸ nicht bindend für die Bank ▸ Ordentliche Gerichte können vom Kunden immer angerufen werden.
öffentliche Banken	Bundesverband Öffentlicher Banken Deutschlands (VÖB) e. V. Verbraucherschlich-tungsstelle beim VÖB Postfach 11 02 72 10832 Berlin www.voeb.de	▸ Privatkunden (Verbraucher) ▸ Firmenkunden und Selbstständige, soweit es um Streitigkeiten aus dem Überweisungs-verkehr oder dem Missbrauch von Zahlungskarten geht	▸ nicht bindend für Kunden ▸ nicht bindend für die Bank ▸ Ordentliche Gerichte können vom Kunden immer angerufen werden.
Sparkassen	Deutscher Sparkassen- u. Giroverband (DSGV) e. V. Schlichtungsstelle Charlottenstr. 47 10117 Berlin www.dsgv.de/schlichtungsstelle Regionale Sparkassenverbände	▸ Privatkunden (Verbraucher) ▸ Firmenkunden	▸ nicht bindend für Kunden ▸ bindend für Sparkassen bei Beschwerden über das Bürgerkonto ▸ teilweise bindend für Sparkassen bei einem Streitwert von nicht mehr als 5000 Euro ▸ Ordentliche Gerichte können vom Kunden immer angerufen werden.

3 Zahlungsverkehr

Zahlungsverkehr als Ertragsbringer
E-Commerce
▸ Kapitel 3.4.7

Der Zahlungsverkehr stellt in Zeiten der Niedrigzinsphase einen immer bedeutsameren **Ertragsbringer** für Kreditinstitute dar, da in den übrigen Geschäftszweigen Zins- und Provisionserträge zurückgehen. Die klassische Kreditwirtschaft gerät dabei zunehmend in Konkurrenz zu Nichtbanken aus der digitalen Finanzdienstleistungsbranche (sog. „FinTechs"), die insbesondere aus dem Bereich des elektronischen Handels kommen (**E-Commerce**).

3.1 Zahlungsmittel und Zahlungsformen

3.1.1 Zahlungsmittel

Zahlungsmittel

Zahlungen erfolgen im Wesentlichen durch Übertragung von **Bargeld** oder **bargeldlos**. Verbraucher bezahlen Einkäufe des täglichen Bedarfs traditionell mit Bargeld. Unternehmen und öffentliche Haushalte begleichen ihre Rechnungen bargeldlos durch Überweisungen und Schecks. Auch für Privatkunden gewinnt der bargeldlose Zahlungsverkehr – insbesondere durch den Einsatz von Bankkarten und Kreditkarten – immer mehr an Bedeutung.

Bedeutung des bargeldlosen Zahlungsverkehrs

Bargeldlose Zahlungen im Überblick

Aufträge/ Anweisungen	Karten- zahlungen	Mobile Payment (M-Commerce)	Onlinehandel (E-Commerce)	Elektronisches Geld (E-Geld)
– Überweisung – Lastschrift – Scheck (▸ Kapitel 3.4)	mit – Bankkarten (Girocard) (▸ Kapitel 3.4.6.1) – Kreditkarten (▸ Kapitel 3.4.6.2)	mittels – Mobiltelefon (Smartphone), z. B. „Peer-to-Peer"-Überweisung (P2P) – Tablet-PC (▸ Kapitel 3.4.7)	über – Internetzahlungssysteme, z. B. PayPal, paydirekt, SOFORT Überweisung (▸ Kapitel 3.4.7) – andere Finanzdienstleister (sog. FinTechs)	– Kartengeld – Netzgeld (▸ Kapitel 3.1.1)

Geld

Geld ist ein Gut, das im Sachgüter- und Dienstleistungsverkehr regelmäßig als Tauschmittel verwendet wird. Es ist Anweisung auf einen Anteil am Sozialprodukt. Es verkörpert Verfügungsmacht über wirtschaftliche Güter.

Aufgaben des Geldes

Geld erfüllt in der modernen arbeitsteiligen Wirtschaft vier Aufgaben:
- **allgemeines Tauschmittel,**
- **Wertmesser und Recheneinheit,**
- **Wertaufbewahrungsmittel,**
- **Wertübertragungsmittel.**

Als allgemeines Tauschmittel dient das Geld dem Austausch von Waren und Dienstleistungen. Es kann jederzeit zum Tausch verwendet werden und wird von jedermann angenommen.

Wertmesser und Recheneinheit ist das Geld, weil es ständig zur Bewertung der Tauschgüter benutzt wird. Jedes Gut wird in Geldeinheiten bewertet, jeder Tausch wird über Geldeinheiten verrechnet. Alle Güter werden durch Geld vergleichbar und addierbar.

Zur **Wertaufbewahrung** kann Geld verwendet werden, weil es haltbar und wertbeständig ist. Voraussetzung für die Wertaufbewahrungsfunktion des Geldes ist das Vertrauen in die Stabilität des Geldwertes.

Zur **Wertübertragung** eignet sich Geld, weil es Tauschmittel und Wertaufbewahrungsmittel ist. Auf der Wertübertragungsfunktion beruht das gesamte Kreditsystem.

Bargeld

Bargeld

Bargeld sind umlaufende Banknoten und Münzen, die gesetzliche Zahlungsmittel sind. Für gesetzliche Zahlungsmittel in Form von Banknoten besteht uneingeschränkter Annahmezwang. Sie müssen von jedermann in Zahlung genommen werden. Das gilt nach Empfehlungen der Europäischen Kommisssion grundsätzlich auch für große Scheine. Bei Münzen ist der Annahmezwang eingeschränkt. Ihre Annahme kann abgelehnt werden, wenn bei einer einzelnen Zahlung mehr als 50 Münzen hingegeben werden.

EG-VO Nr. 974/98
Euro als gesetzliches Zahlungsmittel

Euro-Banknoten und **Euro-Münzen** gelten seit 01.01.2002 in allen Teilnehmerstaaten der Europäischen Währungsunion als **alleiniges gesetzliches Zahlungsmittel**. Ungültig gewordene nationale Banknoten und Münzen können bei den jeweiligen Zentralbanken der einzelnen Mitgliedstaaten teilweise unbefristet, zum Teil nur bis zu bestimmten Terminen umgetauscht werden. Auf DM lautende Banknoten und auf DM und Pfennige lautende Münzen können bei der Deutschen Bundesbank unbefristet und gebührenfrei in Euro umgetauscht werden.

Bargeldlogistik

Die Verwaltung von Bargeldbeständen und die Annahme sowie Ausgabe an Geschäftskunden sind für Kreditinstitute mit erheblichen Kosten verbunden. Bargeldlose Kartenzahlungen gewinnen daher auch aus diesem Grund stetig an Bedeutung.

Buchgeld

Buchgeld

Buchgeld oder Giralgeld sind Geldbeträge, die auf Zahlungskonten (Giro- und Kontokorrentkonten) für Zahlungszwecke zur Verfügung stehen. Zum Buchgeld rechnen **Sichteinlagen,** die aus Einzahlungen oder aus Kreditgewährungen herrühren. Nicht zum Buchgeld rechnen Spareinlagen und Termineinlagen.

Buchgeld ist **kein gesetzliches Zahlungsmittel.** Es kann aber grundsätzlich jederzeit in Bargeld umgewandelt werden.

Elektronisches Geld

Elektronisches Geld

Elektronisches Geld (E-Geld) sind vorausbezahlte Zahlungseinheiten, die anstelle von Bargeld oder Buchgeld verwendet werden können. Zum Elektronischen Geld zählt das kartenbasierte E-Geld (kurz Kartengeld) und das softwarebasierte Netzgeld.

Kartengeld
▸ Kapitel 3.4.6.1.6

Beim Kartengeld sind die elektronischen Werteinheiten auf einer vorausbezahlten Wertkarte (z. B. der GeldKarte) gespeichert. Bei der Bezahlung einer Ware oder Dienstleistung wird der Geldbetrag anonym von der Karte abgebucht. Kartengeld dient vor allem der Bezahlung von Kleinbeträgen.

Netzgeld

Beim Netzgeld handelt es sich um softwaregestütztes elektronisches Geld. Die vorausbezahlten elektronischen Zahlungseinheiten werden auf Internetplattformen gespeichert. Sie werden zwischen den beteiligten Nutzern zu Zahlungszwecken transferiert , ohne dass Bankkonten berührt werden.

Damit die Wirksamkeit geldpolitischer Maßnahmen sichergestellt wird, ist es für die EZB von wesentlicher Bedeutung, dass bestimmte **Mindestanforderungen an elektronisches Geld** (**E-Geld**) erfüllt werden:

- Die Emittenten von elektronischem Geld müssen der Finanzaufsicht unterliegen.
- Die Ausgabe von elektronischem Geld muss transparenten Rechtsvereinbarungen, dem Gebot der technischen Sicherheit und des Schutzes vor Missbrauch sowie Meldepflichten zu monetären Statistiken unterliegen.
- Die Emittenten von E-Geld müssen gesetzlich verpflichtet werden, dieses auf Wunsch des Inhabers zum Nennwert in Zentralbankgeld zurückzuzahlen.
- Die EZB muss die Möglichkeit haben, Mindestreservepflichten für alle Emittenten von elektronischem Geld einzuführen.

Durch mehrere E-Geldrichtlinien der EU ist ein einheitlicher Rechtsrahmen für die Ausgabe von elektronischem Geld im europäischen Binnenmarkt geschaffen worden. Für die Bundesrepublik sind die Richtlinien in deutsches Recht umgesetzt worden.

3.1.2 Zahlungsformen

Barzahlungen

Barzahlungen erfolgen durch formlose Einigung und Übergabe von Bargeld. Da Bargeld als einziges gesetzliches Zahlungsmittel dem Annahmezwang unterliegt, steht der Barzahlungsverkehr an erster Stelle aller Zahlungsformen.

▸ Kapitel 3.4.6

Bar gezahlt wird überwiegend beim Kauf von Waren des täglichen Bedarfs und entsprechender Dienstleistungen. Bargeldlose Zahlungen, z. B. mit Bankkarte (Girocard), Kreditkarte oder Smartphone, dringen aber auch in diesen Bereich ein. Für den Kunden bedeutet dies größeren Zahlungskomfort, Kreditinstitute können ihre Bargeldverwaltung verschlanken. Barzahlungen von Kleinbeträgen werden zum Teil durch Zahlungen mit Kartengeld aus der „elektronischen Geldbörse" ersetzt.

bargeldlose Zahlungen

Bargeldlose Zahlungen erfolgen durch Übertragung von Buchgeld oder elektronischem Geld. Der Zahlungspflichtige verfügt durch Überweisung, Lastschrift oder Verrechnungsscheck über Guthaben oder eingeräumten Kredit auf dem Kontokorrentkonto bzw. durch Verfügungen über Karten- und Netzgeld. Der Zahlungsempfänger erhält Buchgeld durch Gutschrift auf seinem Konto oder Ansprüche aus Karten- oder Netzgeld.

Bitcoins als Beispiel für Netzgeld

Bitcoins wurden erstmals im Jahr 2009 als elektronisches Geld nicht von einer Zentralbank, sondern auf Basis eines dezentralen Computernetzwerks geschaffen. Bitcoins entstehen im Netzwerk durch sog. Mining. Damit Nutzer einen Anreiz haben, dem Netzwerk Rechnerleistung zur Verfügung zu stellen, wird erfolgreiches Mining mit 50 Bitcoins vergütet. Systemseitig ist der Umlauf an Bitcoins auf 21 Millionen begrenzt. Um Fälschungen zu verhindern, werden seit Beginn des Systems alle Transaktionen im Netzwerk in einer Datenbank („Block chain") aufgezeichnet und mit einer digitalen Signatur versehen. Die virtuelle Währung ist an keine andere Währung gekoppelt oder durch Werte gedeckt, kann aber im Internet bei ca. 9000 Händlern für Bezahlvorgänge eingesetzt werden. Die Verwahrung erfolgt in einer „digitalen Geldbörse" („Wallet"). Bitcoins werden auch auf speziellen Internetplattformen gegen reale Währungen getauscht. Daneben bieten Finanzdienstleister verschiedene Bitcoin-Wertpapiere an, die an die Wertentwicklung gekoppelt sind. Die Bundesbank stuft Bitcoins nicht als Währung ein, sondern spricht vielmehr von einem Spekulationsobjekt.

Bitcoins

Bedeutung des bargeldlosen Zahlungsverkehrs		
für Zahlungspflichtige und Zahlungsempfänger	**für Kreditinstitute**	**für die Gesamtwirtschaft**
bargeldlose Zahlungen ▸ sind sichere und bequeme Zahlungen, ▸ verringern die Bargeldhaltung und damit das Verlust-, Diebstahl- und Unterschlagungsrisiko, ▸ vereinfachen den Zahlungsverkehr.	**bargeldlose Zahlungen** ▸ bringen Sichteinlagen und dadurch Möglichkeiten zur Kreditgewährung (Kreditschöpfung), ▸ ermöglichen Anschlussgeschäfte (Cross Selling).	**bargeldlose Zahlungen** ▸ sind die Voraussetzung für die rationelle Abwicklung des Massenzahlungsverkehrs, ▸ schaffen Sichteinlagen bei Kreditinstituten und dadurch die Voraussetzungen für ihre Kreditschöpfung.

3.2 Kassengeschäfte

Kassengeschäfte

Kassengeschäfte der Kreditinstitute sind zumeist halbbare Zahlungen. Bei Einzahlungen wird Bargeld entgegengenommen und als Buchgeld einem Konto gutgeschrieben. Bei Auszahlungen zu Lasten eines Kontos wird Buchgeld vermindert („vernichtet") und Bargeld ausgehändigt.

3.2.1 Einzahlungen

Einzahlungen

Einzahlungen von Bargeld

- auf das eigene Konto mit Einzahlungsbeleg
- auf ein fremdes Konto mit Zahlschein

Bare Einzahlungen von Kunden oder Nichtkunden können zur Gutschrift auf Kontokorrent-, Darlehens- oder Sparkonten bestimmt sein. Bei **Einzahlungen auf Sparkonten** muss der Einzahlungsbetrag im Sparbuch erfasst werden. Anschließend muss das neue Sparguthaben darin ausgewiesen werden.

Bei der Entgegennahme wird die **Echtheit des Bargeldes** und die **Übereinstimmung des Betrages mit der Angabe auf dem Einzahlungsbeleg** geprüft. Die Registrierung des Einzahlungsbetrages erfolgt durch Eingabe in ein Terminal. Der Einzahlende erhält eine Quittung durch maschinellen Belegaufdruck.

Falschgeld
§ 36 BBankG

Stellt der Kassierer oder der Kundenbetreuer fest, dass ihm **nachgemachte oder verfälschte Banknoten (Falsifikate)** vorgelegt werden, ist er verpflichtet, das **Falschgeld** ersatzlos einzuziehen. Dem Vorleger muss eine Empfangsbescheinigung ausgestellt werden. Er erhält in diesem Fall keine Kontogutschrift. Das Falschgeld ist mit einem Bericht der Polizei zu übersenden. Als Falschgeld verdächtige Banknoten und Münzen sind der Bundesbank zur Prüfung vorzulegen. Stellt diese die Unechtheit des Geldes fest, so übersendet sie das Falschgeld der Polizei und benachrichtigt das Kreditinstitut, das das Bargeld angehalten hat.

Tag- und Nachttresor

Der **Tag- und Nachttresor** dient Geschäftsinhabern zur Einlieferung von Bargeld außerhalb der Öffnungszeiten ihres Kreditinstituts. **Bargeld** darf **nur für eigene Rechnung** des Benutzers eingeliefert werden. Der Einwurf erfolgt in verschließbaren Kassetten, in die auch der jeweilige ausgefüllte Einzahlungsvordruck zu legen ist. Ein Duplikat des Vordrucks muss in den Briefkasten des Kreditinstituts eingeworfen werden.

Tresor und Kassette werden von zwei Angestellten geöffnet, die gemeinsam den Inhalt der Kassette feststellen. Stimmen Barbetrag und Betrag auf dem Einzahlungsbeleg überein, wird der Betrag dem Konto des Einlieferers gutgeschrieben. Bei Abweichung wird der Kunde unverzüglich benachrichtigt.

Geldeinzahlungsautomaten

Für Bareinzahlungen auf eigene Konten stehen vielfach **Bareinzahlungsautomaten** bzw. **Geldautomaten mit einer Bareinzahlungsfunktion** zur Verfügung (Kombinierter Bareinzahlungs- und Geldausgabeautomat). Aus geldwäscherechtlichen Gründen dürfen Bareinzahlungsautomaten aber nur von Personen benutzt werden, die über ein Konto bei dem betreffenden Kreditinstitut verfügen und hier bereits dokumentenmäßig identifiziert worden sind. Außerdem müssen sich diese Personen verpflichtet haben, Gelder nur für eigene Rechnung einzuzahlen. Das Kreditinstitut muss technisch sicherstellen, dass nur der genannte Personenkreis den Bareinzahlungsautomaten bzw. die Bareinzahlungsfunktion eines Bankomaten zur Einzahlung auf eigene Konten benutzen kann. Die Nutzung von Einzahlungsautomaten zur direkten Überweisung auf Fremdkonten sowie auf Eigenkonten des Einzahlers bei Drittinstituten ist ausgeschlossen.

Bei der Bearbeitung von eingezahltem Bargeld werden **Geldbearbeitungsautomaten** eingesetzt. Vor der erneuten Ausgabe der Banknoten muss deren Echtheit überprüft werden. Um dies sicherzustellen, setzen Kreditinstitute und Wertdienstleister zertifizierte Geldbearbeitungssysteme ein. Damit übernehmen heute Banken mehr und mehr (anstelle der Bundesbank) die Qualitätskontrolle des von ihnen wieder in Umlauf gesetzten Bargelds.

Geldwäschegesetz
§ 10 Abs. 3 GwG
▸ Kapitel 2.7
▸ Kapitel 2.3.1.3.1

Bei der **Abgabe oder Annahme von Bargeld im Wert von 15000 Euro oder mehr von Nichtkunden oder von Kunden außerhalb der Geschäftsbeziehung** sind Kreditinstitute nach dem **Geldwäschegesetz** verpflichtet, den Vertragspartner anhand des Personalausweises oder Reisepasses zu identifizieren. Die Identifizierungspflicht gilt ferner für **Geldtransfers** i. S. der EU-Geldtransferverordnung, soweit der **Geldtransfer** außerhalb einer bestehenden Geschäftsverbindung erfolgt und einen Betrag von **1 000 Euro** oder mehr ausmacht. Damit ist der Schwellenbetrag für Bareinzahlungen von Nichtkunden (klassisches Zahlscheingeschäft) von 15000 Euro auf 1 000 Euro abgesenkt.

3.2.2 Auszahlungen

Baraus-
zahlungen

Auszahlungen von Bargeld

- **an Kassen**
  - **Barauszahlung an Kassen des kontoführenden Instituts** gegen
    - **Quittung**
    - **Barscheck**
  - **Barauszahlung an Kassen fremder Institute** gegen
    - **Reisescheck**
- **an anderen Stellen**
  - **Barauszahlung an Geldautomaten** Kundenselbstbedienung mit
    - **Bankkarte (Girocard)**
    - **Kreditkarte**
  - **Barauszahlung an automatischen Kassentresoren** gegen
    - **Quittung**
    - **Barscheck**

Vor der Auszahlung an Kassen oder an automatischen Kassentresoren wird die Unterschrift auf dem Beleg geprüft. Die Unterschriftsprüfung dient zur Feststellung der Verfügungsberechtigung. Auszahlungsbeträge müssen grundsätzlich „disponiert", d. h. auf Deckung durch Guthaben oder Krediteinräumung überprüft werden. Kreditinstitute verzichten bis zu bestimmten Beträgen vielfach auf eine vorherige Disposition der Kundenverfügung, um Kosten zu sparen.

Bei **Auszahlungen von Sparkonten** ist grundsätzlich das Sparbuch vorzulegen. Der Auszahlungsbetrag wird im Sparbuch erfasst. Das neue Sparguthaben wird ausgewiesen. Sofern das Sparbuch selbstbedienungsfähig ist (SB-Sparbuch), kann von diesem Sparbuch auch am Geldautomaten des kontoführenden Instituts verfügt werden. Die Verfügungsgrenze liegt bei 2000 Euro p. M.

Bei **Auszahlungen von Reiseschecks** muss der Vorleger eine zweite Unterschrift auf dem Reisescheck leisten. Diese muss mit der ersten Unterschrift, die der Inhaber bei Erwerb des Reileschecks geleistet hat, übereinstimmen.

▸ Kapitel 3.5.2

automatische Kassentresore

Automatische Kassentresore (AKT) werden von Kundenberatern bedient. So ist es möglich, während eines Beratungsgesprächs die Ein- und Auszahlungswünsche des Kunden zu erfüllen, ohne dass ein Kassierer eingeschaltet werden muss.

Geldautomaten

Geldautomaten (GA, Bankomaten) ermöglichen die Kundenselbstbedienung mit Bargeld. Sie dienen zur Abhebung von Bargeld innerhalb und außerhalb der Öffnungszeiten der Kreditinstitute.

Um Geldautomaten benutzen zu können, muss der Kunde
- eine entsprechende **Bankkarte** (Girocard) besitzen und
- eine **persönliche Geheimzahl** (PIN)

von seinem Kreditinstitut erhalten haben.

▸ Kapitel 3.4.6.1.1
▸ Kapitel 3.4.6.1.2

Rahmenbedingungen bargeldloser Zahlungsverkehr

3.3 Rahmenbedingungen für den bargeldlosen Zahlungsverkehr

Eine einheitliche Abwicklung von beleghaften Zahlungsvorgängen setzt Regelungen voraus, die für die beteiligten Kreditinstitute bindend sind und klare Rechtsverhältnisse schaffen.

Rahmenbedingungen des bargeldlosen Zahlungsverkehrs

- einheitliche Zahlungsverkehrsvordrucke
- Zahlungsverkehrsabkommen
- Bank- und Kontoidentifikationen
- Gironetze und Clearingsysteme

einheitliche Zahlungsverkehrsvordrucke

3.3.1 Einheitliche Zahlungsverkehrsvordrucke

Rechtlich gesehen könnten Aufträge und Anweisungen, z. B. Überweisungsaufträge, den Kreditinstituten formlos erteilt werden. Der Umfang des unbaren Zahlungsverkehrs hat die Kreditinstitute jedoch zur Entwicklung rationeller Verfahren für die Abwicklung bargeldloser Zahlungen gezwungen. Eine wichtige Voraussetzung für die automatisierte Belegbearbeitung und für den Einsatz der elektronischen Datenverarbeitung sind einheitlich gestaltete Zahlungsverkehrsvordrucke.

Die Codierzeile der Scheckvordrucke zur Abwicklung zwischen Kreditinstituten

Scheck

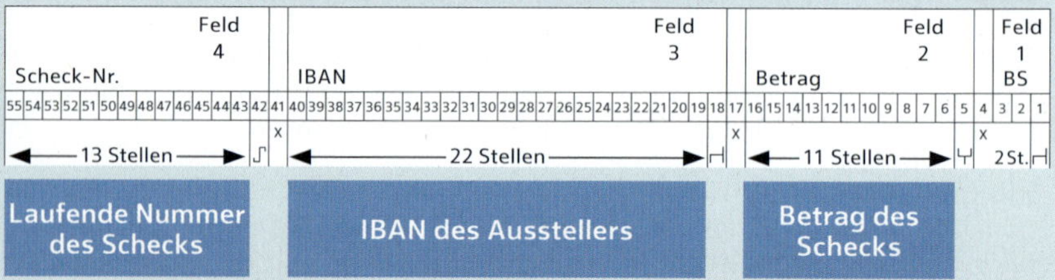

vorcodiert beim Drucken der Formulare

vorcodiert bei Ausgabe der Vordrucke an den Kunden

Codierpflicht für die erste Inkassostelle (Kreditinstitut des Zahlungsempfängers)

Im Feld 1 bedeutet „BS“ Belegschlüssel für die Belegart. Die Belegart wird einheitlich gekennzeichnet und vorcodiert beim Formulardruck, z. B. „BC“ = Inhaberscheck, „OC“ = Orderscheck.

Die Sonderzeichen Stuhl, Haken und Gabel grenzen beim Lesevorgang die Felder voneinander ab bzw. öffnen die Felder für den Lesevorgang:

⑁ für die Felder „Belegschlüssel“ und „IBAN“,
⑀ für das Feld „Scheck-Nr.“,
⑂ für das Feld „Betrag“.

Für Scheckvordrucke sind die Richtlinien (2016) seit dem 22.11.2016 anzuwenden.

Nach den **Richtlinien für einheitliche Zahlungsverkehrsvordrucke** (2016) der Spitzenverbände der Kreditinstitute und der Deutschen Bundesbank stellen alle Kreditinstitute ihren Kunden im Überweisungs-, Lastschrift- und Scheckverkehr einheitlich gestaltete, automationsfähige Vordrucke zur Verfügung. Die Zahlungsverkehrsvordrucke müssen **einheitlich sein in den Formaten, der Papierqualität, der Raumaufteilung** (z. B. Zeilenabstand und Schriftgröße) **und der Farbgebung**. Nach den Richtlinien dürfen Zahlungsverkehrsvordrucke nicht zur Übermittlung von geschäftlichen oder sonstigen Nachrichten benutzt werden. Scheck- und Summenbelegvordrucke enthalten im einheitlich gestalteten Vordruckfuß eine **Codierzeile.**

Codierzeile des Schecks

3.3.2 Zahlungsverkehrsabkommen

Regelungen zur Abwicklung von Zahlungsvorgängen im Interbankenverkehr sind in Deutschland in Abkommen zwischen den Spitzenverbänden der Kreditwirtschaft festgelegt. In vielen Fällen ist die Deutsche Bundesbank mit einbezogen. Die Abkommen regeln Rechte und Pflichten der Institute untereinander. Sie regeln nicht die Rechtsbeziehungen zu den am Zahlungsverkehr teilnehmenden Kunden. Die Zahlungsverkehrsabkommen vereinheitlichen Verfahrensabläufe. Neben verfahrenstechnischen enthalten sie auch haftungsrechtliche Regelungen. Abkommen und Vereinbarungen dienen dazu, den bargeldlosen Zahlungsverkehr einheitlich, wirtschaftlich und sicher abzuwickeln.

Zahlungsverkehrsabkommen

Zahlungsverkehrsabkommen gibt es als

- Überweisungsabkommen,
- Lastschriftabkommen,
- Scheckabkommen.

3.3.3 Bank- und Kontoidentifikation

3.3.3.1 Bankidentifikation (BIC)

Der **BIC** (**Business Identifier Code) ist eine international gültige Bankleitzahl**. Da der BIC von der SWIFT (Society for Worldwide Interbank Financial Telecommunication) vergeben wird, wird er häufig auch als **SWIFT-Code** bezeichnet. Er ersetzt die nationalen Bankleitzahlen. Zusammen mit der IBAN als international einheitlicher Kontonummer liefert er die Daten, die zur Identifizierung eines Kontos im Rahmen von SEPA-Zahlungen erforderlich sind.

BIC

Der BIC besteht aus 8 oder 11 alphanumerischen Zeichen.

Seit dem 1. Februar 2016 ist die Angabe des BIC nur noch für Zahlungen in Staaten außerhalb des Europäischen Wirtschaftsraumes erforderlich. Für grenzüberschreitende SEPA-Zahlungen innerhalb der EU-Mitgliedstaaten reicht dagegen die Angabe der IBAN.

Beispiel BIC

Business Identifier Code (BIC) der Hamburger Sparkasse

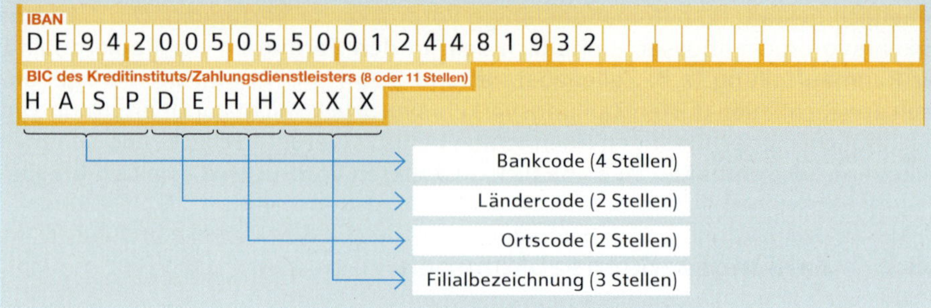

3.3.3.2 Kontoidentifikation (IBAN)

Die IBAN (International Bank Account Number) ist eine international standardisierte Bank- und Kundenkontonummer. Sie bezeichnet und definiert eindeutig jedes Girokonto in einem der an diesem System teilnehmenden Länder. Die IBAN wird durch das kontoführende Kreditinstitut ausgegeben.

IBAN

Die IBAN hat für jedes Land eine feste Länge von maximal 34 Stellen. Für Deutschland besteht sie aus 22 Stellen.

Beispiel IBAN

International Bank Account Number (IBAN) für ein Konto, das unter der Nummer 124481932 bei der Hamburger Sparkasse geführt wird

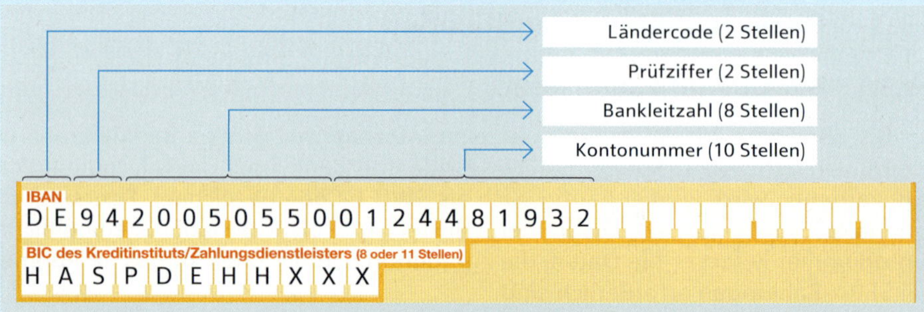

* Die IBAN hält für die Kontonummer 10 Stellen vor. Kürzere Kontonummern werden mit führenden Nullen aufgefüllt.

Die IBAN wurde von der ISO (International Organization for Standardization) und dem ECBS (European Committee for Banking Standards) entwickelt

3.3.4 Gironetze und Clearingsysteme

3.3.4.1 Gironetze

Gironetze

Gironetze sind Zahlungsverkehrsnetze. Über ein Netz von überregionalen Kontoverbindungen zwischen den Zentralstellen aller Kreditinstitutsgruppen und der Deutschen Bundesbank werden Überweisungen ausgeführt sowie Lastschriften und

Schecks eingezogen. Der beleglose (elektronische) Zahlungsverkehr wird über die Rechenzentren der Zentralstellen in den Gironetzen abgewickelt. In der Eurozone sind die Gironetze über das Zahlungsverkehrssystem Target 2 miteinander verbunden.

Die Gironetze dienen

- der kostengünstigen beleglosen Ausführung von Überweisungs- und Einzugsaufträgen durch Datenfernübertragung,
- der Vermeidung von Liquiditätsabflüssen aus der eigenen Institutsgruppe.

Clearing bezeichnet die Abwicklung und Verrechnung von Geldforderungen im Zahlungsverkehr zwischen verschiedenen Parteien. Im nationalen und internationalen Zahlungsverkehr erfolgt das Clearing als **bilaterales Clearing** oder unter Einsatz von **Clearingsystemen.**

Arten von Clearing im Zahlungsverkehr

Clearing

Bilaterales Clearing	Clearing unter Einsatz von Clearingsystemen
Abwicklung und Verrechnung **unmittelbar** zwischen den Instituten aufgrund der Gruppengröße ▸ in der Sparkassen-Finanzgruppe (ca. 400 Institute) ▸ bei den Genossenschaftsbanken (ca. 900 Institute) ▸ Großbanken mit ihren Auslandstöchtern	Abwicklung und Verrechnung über Clearingsysteme (**europaweit**) ▸ SEPA-Clearer des elektronischen Massenzahlungsverkehrs (EMZ) (über Deutsche Bundesbank) ▸ TARGET 2 (über Deutsche Bundesbank) (→ Kap. 3.3.4.2)

Gironetz der Deutschen Bundesbank

Das Gironetz der Deutschen Bundesbank besteht aus

- den **Hauptverwaltungen** der Deutschen Bundesbank und
- den **Filialen** der Deutschen Bundesbank.

Die Filialen der Deutschen Bundesbank versorgen die Kreditinstitute mit Bargeld und stehen zur Abwicklung des unbaren Zahlungsverkehr zur Verfügung. Insbesondere Kreditinstitute ohne eigenes Gironetz sind auf das Gironetz der Deutschen Bundesbank angewiesen. Selbst Kreditinstute mit einem eigenen Gironetz schalten häufig das Bundesbanknetz ein, z. B. für die Abwicklung von Großbetrags- und eiligen Überweisungen.

Spargironetz

In der Sparkassen-Finanzgruppe besteht das Gironetz aus

- den **Landesbanken,** die als **Girozentralen** auf regionaler Ebene tätig sind,
- den **Sparkassen,** die als **Girostellen** auf örtlicher Ebene tätig sind sowie
- dem **Verbandsrechenzentrum** als Clearingstelle.

Die Girostellen verrechnen über ihr Konto bei der zuständigen Girozentrale. Die Girozentralen verrechnen direkt untereinander.

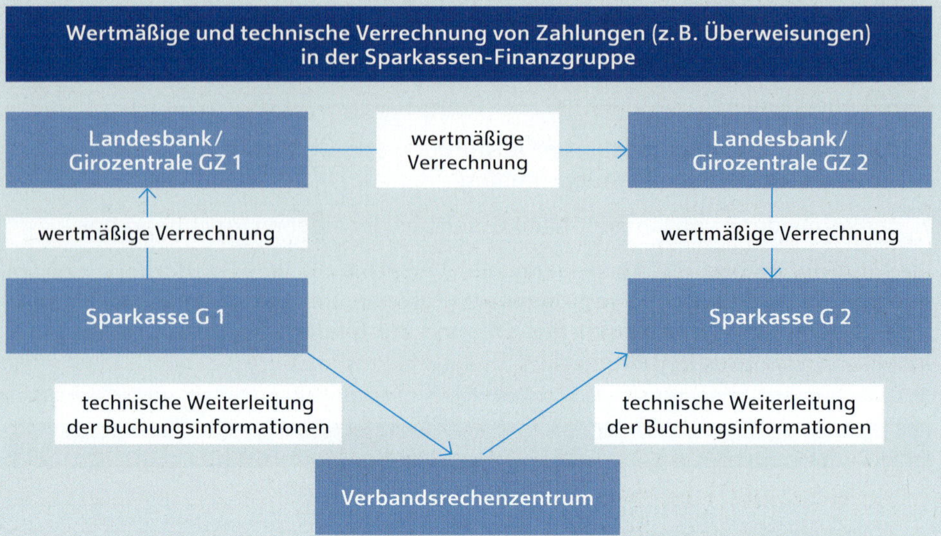

Zahlungspflichtiger und Zahlungsempfänger haben ihr Girokonto bei unterschiedlichen Sparkassen.
Die Belastungsbuchung bei einer Überweisung erfolgt zunächst auf dem Kundenkonto durch die Sparkasse G 1. Die technische Weiterleitung der Buchungsinformationen an die Sparkasse G 2 erfolgt elektronisch über das Verbandsrechenzentrum. Bei der Sparkasse G 2 wird dann der Überweisungsgegenwert dem Zahlungsempfänger gutgeschrieben. Die wertmäßige Verrechnung läuft über die Girozentralen (GZ 1 und GZ 2). Bei der Girozentrale (GZ 1) wird das Konto der Sparkasse G 1 mit dem Überweisungsbetrag belastet und das Konto der Sparkasse G 2 bei der Girozentrale GZ 2 mit der entsprechenden Summe erkannt.

Deutscher Genossenschaftsring

Das genossenschaftliche Gironetz besteht aus

- der **DZ Bank Deutsche Zentral-Genossenschaftsbank** als Spitzeninstitut,
- einigen **Genossenschaftsbanken,** die als **Ringhauptstellen** auf regionaler Ebene tätig sind,
- den **Volksbanken und Raiffeisenbanken** sowie **sonstigen Kreditgenossenschaften,** die als **Ringstellen** auf örtlicher Ebene fungieren.

Die örtlichen Ringstellen verrechnen mit ihrer Ringhauptstelle, der sie zugeordnet sind. Als Ringhauptstelle im Giroverkehr fungieren die DZ Bank und ihre regionalen Niederlassungen sowie weitere genossenschaftliche Kreditinstitute, z. B. die Deutsche VerkehrsBank. Für Zahlungen, die über den regionalen Tätigkeitsbereich einer Ringhauptstelle hinausgehen, wird als Spitzeninstitut die DZ Bank eingeschaltet. Neben ihrer Funktion als Ringhauptstelle nimmt die DZ Bank auch Geschäftsbankenfunktionen wahr.

Gironetze der Großbanken

Die Gironetze der Großbanken bestehen aus

- den **Zentralen,**
- den **Hauptfilialen und Filialen.**

Regional- und Privatbanken verfügen teilweise über regional bzw. lokal begrenzte Gironetze.

3.3.4.2 Clearingsysteme

Zu den Aufgaben der Deutschen Bundesbank gehört die bankmäßige Abwicklung des Zahlungsverkehrs im Inland und mit dem Ausland. Dazu stellt sie verschiedene Clearingsysteme bereit oder ist an europäischen Clearingsystemen beteiligt. §3 BBankG

Elektronischer Massenzahlungsverkehr (EMZ) der Bundesbank

EMZ

Beim Elektronischen Massenzahlungsverkehr (EMZ) der Deutschen Bundesbank handelt es sich um ein kostengünstiges Clearingsystem zur Abwicklung nicht eilbedürftiger nationaler und grenzüberschreitender Euro-Massenzahlungen. Es gelten die „Verfahrensregeln EMZ" der Bundesbank. Teilnehmen können Kreditinstitute und sonstige Kontoinhaber der Deutschen Bundesbank, z.B. öffentliche Verwaltungen. Überweisungen und Einzugsaufträge (Scheck- und Lastschrifteinzüge) müssen der Bundesbank in belegloser Form durch Datenfernübertragung (DFÜ) eingereicht werden. Sie werden von ihr auf dem gleichen Wege unter Einschaltung von Bundesbank-Rechenzentren weitergeleitet.

Leistungsmerkmale

Leistungsmerkmale des EMZ sind
- Dateiorientierung bei Ein- und Auslieferungen von Zahlungen,
- kurze Laufzeiten (in der Regel weniger als 24 Stunden),
- günstige Transaktionspreise,
- floatfreie Geldverrechnung,
- Ein- und Auslieferungen der Zahlungen per DFÜ,
- vorbehaltlose Gutschrift von Überweisungen beim Empfänger; Gutschrift von Schecks und Lastschriften erfolgen „Eingang vorbehalten".

TARGET 2

TARGET 2

TARGET 2 ist ein europäisches Clearing- und Zahlungssystem, das vor allem der sicheren und schnellen Abwicklung eilbedürftiger Großbetragszahlungen dient. TARGET steht für **T**rans-European **A**utomated **R**eal-time **G**ross settlement **E**xpress **T**ransfer system. Es handelt sich dabei um ein RTGS-Zahlungssystem. Ein RTGS-System ist ein Echtzeit-Bruttozahlungssystem mit liquiditätssparenden Elementen. Es ist gekennzeichnet durch

RTGS-System

- **Echtzeitverarbeitung:** Die Verarbeitung der Transaktionen und das Settlement erfolgt in Echtzeit, d.h. kontinuierlich, also nicht in Stapelverarbeitung.
- **Bruttoabwicklung:** Jede einzelne Überweisung wird gesondert abgewickelt.

Alle nationalen RTGS-Zahlungssysteme der einzelnen EU-Zentralbanken sind in TARGET 2 integriert. Mit TARGET 2 gibt es nur noch eine einheitliche technische Plattform. Diese Gemeinschaftsplattform (Single Shared Platform – SSP) wird von allen Zentralbanken des Eurosystems gemeinschaftlich genutzt.

Die Teilnahme am TARGET 2-Zahlungssystem erfolgt
- direkt oder
- indirekt.

Direkte Teilnehmer benötigen ein eigenes Konto, zumeist das sogenannte PM-Konto, und ein eigenes Informations- und Kontrollmodul. **Indirekte Teilnehmer** wickeln ihren TARGET 2-Zahlungsverkehr über einen direkten Teilnehmer ab. Sie besitzen kein eigenes Konto.

Für die Teilnahme an TARGET 2 ist von den EU-Zentralbanken ein Transaktionsentgelt zu zahlen, das von der Anzahl der durchgeführten Zahlungen abhängig ist.

Vorteile von TARGET 2

Vorteile von TARGET 2 bestehen in

- einer verbesserten europaweiten Steuerung der Zentralbankliquidität,
- einer kostengünstigeren Zahlungsabwicklung,
- der Schaffung eines einheitlichen Preisschemas für TARGET 2-Kernleistungen,
- der europaweiten Standardisierung des technischen TARGET-Zugangs unter Nutzung von SWIFT,
- der vollständigen Harmonisierung des TARGET-Leistungsangebots,
- der Verarbeitung von Interbanken-Lastschriften,
- der Erteilung von Zahlungen im Voraus (bis zu 5 Geschäftstagen),
- der Abwicklung eines sehr hohen Verrechnungsvolumens,
- der direkten Verrechnung des Geldausgleichs von Nebensystemen (z. B. Wertpapierverrechnung) über die Gemeinschaftspattform,
- der Unterstützung einer reibungslosen Umsetzung der EZB-Geldpolitik, da Offenmarktgeschäfte zwingend über TARGET 2 im PM-Konto abgewickelt werden müssen.

Jede Zentralbank gilt aber als eigenständiger Systembetreiber. In Deutschland unterliegen damit die Beziehungen zwischen den Teilnehmern und der Bundesbank dem deutschen Recht und werden durch die TARGET 2-Bedingungen der Bundesbank geregelt. Das deutsche System trägt die Bezeichnung TARGET 2-Bundesbank (TARGET 2-BBk).

TARGET-Tage

TARGET 2 ist täglich, außer samstags, sonntags und den offiziellen TARGET-2-Feiertagen geöffnet (sog. TARGET-Tage). Die Annahmeschlusszeiten sind 17:00 Uhr für Kundenzahlungen sowie 18:00 Uhr für Interbankzahlungen.

EBA Step 2

EBA Step 2

EBA

EBA Step 2 ist eine Einrichtung der European Banking Authority (EBA), die ausschließlich Clearingfunktionen ausübt, d. h. die Entgegennahme, Sortierung, gegenseitige Verrechnung und Ausübung von Zahlungsinformationen. EBA ist eine private Clearing-Organisation, die von der Euro Banking Association in Paris gegründet wurde. Die Übertragung der Geldbeträge, also das Settlement, verläuft in bestehenden Zahlungssystemen wie TARGET oder auch EBA Step 1. Letzteres ist ein Euro-Massenzahlungsverkehrssystem der EBA.

3.4 Instrumente des bargeldlosen Zahlungsverkehrs

3.4.1 Zahlungsverkehrsinstrumente im Überblick

Instrumente des bargeldlosen Zahlungsverkehrs

Instrumente des bargeldlosen Zahlungsverkehrs

Aufträge und Anweisungen
- Überweisungen
- Lastschriften
- Schecks

Karten
- Bankkarten (Girocard)
- Kreditkarten

(▸ Kapitel 3.4.6)

Mobile Payment
- Mobiltelefon (Smartphone)
- Tablet-PC

(▸ Kapitel 3.4.7)

Zahlungen mit Überweisungen, Lastschriften und Schecks sowie mit Bank- und Kreditkarten dienen dazu, Buchgeld vom Konto des Zahlungspflichtigen auf das Konto des Zahlungsempfängers zu übertragen. Voraussetzung ist, dass Zahlungspflichtiger und Zahlungsempfänger ein Konto bei einem Kreditinstitut unterhalten. Zahlungen mit einer GeldKarte bewirken, dass elektronisches Geld (Kartengeld) des Zahlungspflichtigen in Buchgeld des Zahlungsempfängers umgewandelt wird.

Die technische Abwicklung von Zahlungsaufträgen, Zahlungsanweisungen und Kartenzahlungen erfolgt beleglos (elektronisch).

Auslösung des Zahlungsvorgangs

Der Zahlungsvorgang kann vom Zahlungspflichtigen oder vom Zahlungsempfänger in Gang gesetzt werden.

Der **Zahlungspflichtige** löst den Zahlungsvorgang aus bei Zahlungen

- durch Scheck und Überweisung,
- mit Karte durch Unterschrift auf einem Kartenbeleg (SEPA-ELV), durch Einführen der Karte in ein Terminal und Eingabe der Geheimzahl (PIN) oder durch kontaktloses Bezahlen (Girocard/Kreditkarte kontaktlos),
- mit GeldKarte, wobei weder eine Unterschrift noch die Geheimzahl erforderlich ist.

Der **Zahlungsempfänger** löst den Zahlungsvorgang aus bei Zahlungen

- mittels Lastschrift.

Dienstleistungen der Kreditinstitute

Dienstleistungen der Kreditinstitute

für den Zahlungspflichtigen
- Ausführung von Überweisungsaufträgen
- Einlösung von Lastschriften und Schecks
- Abwicklung von Kartenzahlungen
- Aufladen von GeldKarten und PC-Speichern

für den Zahlungsempfänger
- Entgegennahme von Überweisungseingängen
- Einzug von Lastschriften und Schecks
- Einzug von Kartenzahlungen

3.4.2 Einheitliche EU-Zahlungsverkehrsinstrumente (SEPA-Zahlungsinstrumente)

EU-Zahlungsinstrumente

Mit Einführung einheitlicher EU-Zahlungsverkehrsinstrumente ist ein einheitlicher Euro-Zahlungsverkehrsraum entstanden (SEPA = Single Euro Payments Area), in dem die Unterscheidung zwischen nationalen und grenzüberschreitenden Zahlungen entfällt.

SEPA

SEPA
SEPA (= Single Euro Payments Area) ist der einheitliche Euro-Zahlungsverkehrsraum, in dem inländische und grenzüberschreitende Zahlungen in Euro auf der Grundlage eines harmonisierten europäischen Rechtsrahmens nach gleichem Recht, einheitlichen Regeln, einheitlichen technischen Standards und mit einheitlichem Datenformat abgewickelt werden. An SEPA sind gegenwärtig 34 Länder beteiligt. Dies sind die 28 EU-Länder, die drei EWR-Staaten Norwegen, Island und Liechtenstein sowie die Schweiz, Monaco und San Marino.

SEPA-Zahlungsinstrumente

SEPA-Zahlungsinstrumente sind:
- **SEPA-Überweisung** (SEPA Credit Transfer – SCT),
- **SEPA-Lastschrift** (SEPA Direct Debit – SDD),
- **SEPA-Debitkarte** (SEPA Cards Framework).

SEPA-Zahlungsinstrumente werden im XML-basierten SEPA-Datenformat verarbeitet.

Für den Scheckverkehr gibt es kein entsprechendes SEPA-Zahlungsinstrument, da Schecks von der EU-Zahlungsdiensterichtlinie (PSD II) nicht erfasst sind. Ebenfalls nicht betroffen ist der Zahlungsverkehr mit Staaten außerhalb des Europäischen Wirtschaftsraums.

Vorteile des Einsatzes von SEPA-Zahlungsinstrumenten		
für Privatkunden (Verbraucher)	**für Firmenkunden (Unternehmen)**	**für Kreditinstitute**
‣ Abwicklung des gesamten Eurozahlungsverkehrs über ein Konto bei einer beliebigen Bank im Euroraum. ‣ Keine Abzüge von den überwiesenen Zahlungsbeträgen. ‣ Europaweiter Einsatz von Debitkarten (nicht nur für Geldabhebungen am Geldautomaten, sondern auch zur Bezahlung von Rechnungen, z. B. in Geschäften und Restaurants). ‣ Benutzung des Lastschriftverfahrens im europäischen Ausland, z. B. – zur Bezahlung von Dienstleistungen und Käufen von Sachgütern, – für Mietzahlungen, – für Zahlungen im Versandhandel.	‣ Abwicklung des gesamten Eurozahlungsverkehrs über ein einziges Konto bei einer beliebigen Bank im Euroraum. ‣ Kostensenkung durch – Straffung der Bankverbindungen, – taggenaue Liquiditätsplanung und -steuerung. ‣ Beschleunigung der Zahlungsabwicklung und dadurch Verbesserung des Cashflows. ‣ Einheitliche Zahlungsverkehrsprodukte für alle Euro-Zahlungen. ‣ Europaweite Auswahl des günstigsten Anbieters von Zahlungsverkehrsleistungen. ‣ Verbesserung der Verzahnung von Zahlungsvorgängen mit dem internen Rechnungswesen.	‣ Möglichkeit zur Gewinnung neuer Kunden. ‣ Intensivierung der Geschäftsverbindung mit der bestehenden Kundschaft. ‣ Abgrenzung gegen Wettbewerber durch Zusatzleistungen. ‣ Kostensenkung durch – Vergrößerung des Zahlungsvolumens (Losgrößenvorteile), – Vereinheitlichung der Zahlungsprozesse durch Verwendung einheitlicher SEPA-Dateiformate.

Seit dem 1. Februar 2016 werden Zahlungsaufträge von Zahlungsdienstleistern im SEPA-Raum ausschließlich im SEPA-Zahlverfahren angenommen.

3.4.3 Überweisung

3.4.3.1 Begriff der Überweisung

Begriff der Überweisung

Eine Überweisung ist die buchmäßige Übertragung einer Geldsumme vom Konto des Zahlungspflichtigen (Überweisender) auf das Konto des Zahlungsempfängers (Überweisungsempfänger). Der Kontoinhaber erteilt seiner Bank den Auftrag, einen bestimmten Geldbetrag von seinem Konto abzubuchen und einem anderen Konto gutzuschreiben.

Rechtscharakter der Zahlung durch Überweisung

Die **Zahlung durch Überweisung ist Erfüllung** der geschuldeten Leistung. Das ursprüngliche Schuldverhältnis, z. B. die Zahlungsverpflichtung aus einem Kaufvertrag, erlischt, wenn die Gutschrift auf dem Konto des Gläubigers erfolgt und die Buchung **endgültig** geworden ist. Der Gläubiger hat dann eine Forderung gegen sein Kreditinstitut (Zahlungsdienstleister). Eine **endgültige Buchung** liegt vor, wenn das Kreditinstitut die Daten der Gutschrift zur **vorbehaltlosen Bekanntgabe** an den Empfänger bereitgestellt, z. B. den Kontoauszug mit der Gutschrift herausgegeben oder bei Benutzung des Kontoauszugsdruckers (KAD) autorisierte Abrufpräsenz hergestellt hat.

Da Buchgeld kein gesetzliches Zahlungsmittel ist, muss der Gläubiger damit einverstanden sein, dass die Tilgung der Schuld anstelle durch Bargeld durch Überweisung von Buchgeld erfolgt. Dieses Einverständnis (Zahlungsabrede) erteilt der Gläubiger durch „schlüssiges Handeln“, z. B. wenn er seine Kontoverbindung auf Briefen oder Rechnungen angibt.

3.4.3.2 Rechtliche Grundlagen des Überweisungsverkehrs

Rechtsgrundlagen des Überweisungsverkehrs
§§ 675c–676c BGB

Rechtliche Grundlagen des inländischen und grenzüberschreitenden Überweisungsverkehrs sind

- Bestimmungen des Bürgerlichen Gesetzbuchs in der Fassung der EU-Zahlungsdiensterichtlinie (PSD I und PSD II),
- Bedingungen für den Überweisungsverkehr,
- Abkommen zum Überweisungsverkehr,
- SEPA Credit Tansfer Rulebook (SCT-Rulebook).

§ 675f BGB

Durch die Umsetzung der Ersten EU-Zahlungsdiensterichtlinie (PSD I) in nationales Recht sind die bisherigen Überweisungs-, Zahlungs- und Giroverträge in einem einheitlichen **Zahlungsdienstevertrag** aufgegangen. Der Zahlungsdienstevertrag kann zwei Ausprägungen haben:

- **Einzelzahlungsvertrag**, z. B. Zahlschein, Bareinzahlung zugunsten Dritter,
- **Zahlungsdiensterahmenvertrag**, z. B. Girovertrag.

Im Januar 2018 ist die Zweite EU-Zahlungsdiensterichtlinie (PSD II) in nationales Recht umgesetzt worden. Die Richtlinie verfolgt folgende Ziele:

- Förderung des Zahlungsverkehrswettbewerbs im Internet,
- Regulierung des Kontozugriffs durch Zahlungsdienstleister im Internet, ▸ Kapitel 3.4.7
- Stärkung der Verbraucherrechte (insbesondere bei Internetzahlungen).

PSD II

Wesentliche Regelungsbereiche der PSD II (seit Januar 2018)		
Absenkung der Mithaftung des Kunden von 150 Euro auf 50 Euro bei ↓ nicht autorisierten Zahlungsvorgängen, z. B. bei missbräuchlicher Verwendung nach Verlust der Bankkarte (▸ Kapitel 3.4.6.1.2) (▸ Seite 178)	Regulierung des **Kontozugriffs** durch ↓ ▸ **Zahlungsauslösedienste** (Beispiel: SOFORT Überweisung) (▸ Kapitel 3.4.7) ▸ **Kontoinformationsdienste** (Beispiel: finanzblick) – Lizensierungs-/ Registrierungspflicht des Anbieters – erhöhte Datenschutz-/ Transparenzanforderungen zugunsten des Kunden	**Erhöhte Legitimationsanforderungen** bei ↓ ▸ Onlinezugriff auf ein Zahlungskonto ▸ Auslösung eines elektronischen Zahlungsvorgangs **Beispiele:** Eingabe von Kreditkartennummer, Prüfziffer und zusätzlichem persönlichem Sicherheitscode (sog. „SecureCode") bei Zahlungen im Internet (▸ Kapitel 3.4.6.2) (▸ Seite 187)

Überweisungsauftrag

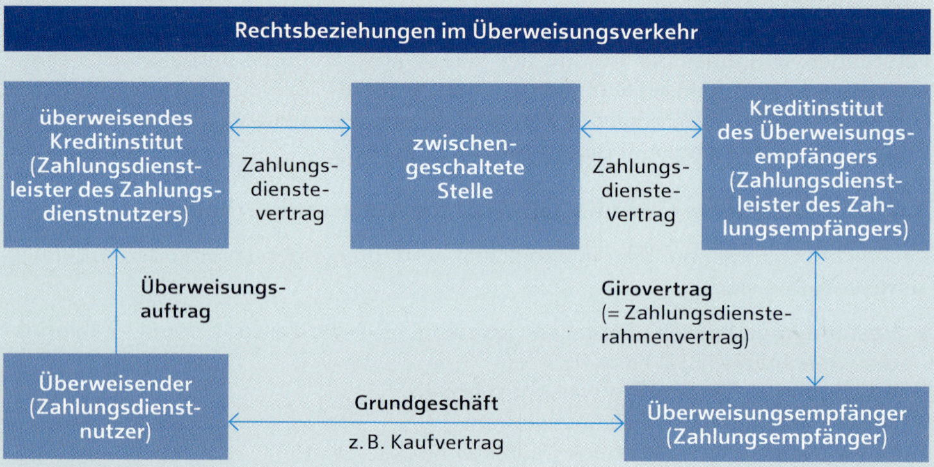

Ausführung des Überweisungsauftrags

Überweisungsauftrag
§675f Abs. 3 BGB

Ausführungsfristen
§675s Abs. 1 BGB

Der Überweisungsauftrag ist ein Zahlungsauftrag des Zahlers an den Zahlungsdienstleister (überweisendes Kreditinstitut). Er bedarf keiner besonderen Form. In der Praxis ist aber die Verwendung bestimmter Überweisungsformulare bzw. Datenformate vorgeschrieben. Aufgrund des übernommenen Überweisungsauftrags hat die überweisende Bank sicherzustellen, dass der Überweisungsbetrag beim Kreditinstitut des Zahlungsempfängers innerhalb einer bestimmten **Ausführungsfrist** eingeht. Die Ausführungsfrist ist die Zeitspanne vom Zeitpunkt des Zugangs des Auftrags beim Überweisungsinstitut bis zum Eingangstag des Überweisungsbetrags beim Kreditinstitut des Zahlungsempfängers. Damit werden Prüfung und

Annahme des Auftrags auf die Laufzeit angerechnet. Die vorgegebenen maximalen Ausführungsfristen gelten auch, wenn andere Interbankstellen in den Überweisungsvorgang eingeschaltet sind.

Dauer-aufträge

Daueraufträge und terminierte Überweisungen, die an einem Tag ausgeführt werden sollen, der kein Geschäftstag ist, werden am darauffolgenden Geschäftstag ausgeführt.

Übersicht über die Ausführungsfristen

Überweisungsraum	Überweisungs-währung	Art der Überweisung	Ausführungsfrist
Überweisungen innerhalb Deutschlands und in andere Staaten des Europäischen Wirtschafts-raums (EWR)	Euro	beleglos (elektronisch)	max. 1 Geschäftstag
		beleghaft	max. 2 Geschäftstage
	andere europäische Währung, z. B. GBP	beleglos und beleghaft	max. 4 Geschäftstage
	Drittstaatenwährung, z. B. USD	beleglos und beleghaft	baldmöglichst
Überweisungen in Staaten außerhalb des Europäischen Wirtschaftsraums (Drittstaaten)	alle Währungen	beleglos und beleghaft	baldmöglichst

Eingangsprinzip
§ 675n Abs. 1 BGB

Als **Zugang des Überweisungsauftrags** gilt der Eingang des Auftrags in den dafür vorgesehenen Empfangseinrichtungen, z. B. Abgabe des Überweisungsformulars am Schalter, Eingang auf dem Onlinebanking-Server. Fällt der Zeitpunkt des Zugangs nicht auf einen Geschäftstag des Kreditinstituts, gilt der Überweisungsauftrag als am darauffolgenden Geschäftstag zugegangen. Das Kreditinstitut kann z. B. im Preis- und Leistungsverzeichnis festlegen, dass Überweisungsaufträge, die nach einem bestimmten Zeitpunkt kurz vor Ende eines Geschäftstages zugehen (sog. „Cut-off"-Zeitpunkt), am darauffolgenden Geschäftstag als zugegangen gelten. Geschäftstag ist jeder Tag, an dem die überweisende Bank ihren Geschäftsbetrieb unterhält.

Beispiel für Ausführung einer Überweisung

Ein Kunde gibt am Montag, dem 02.07. um 16:55 Uhr, einen Überweisungsauftrag (beleghaft) kurz vor Geschäftsschluss bei seiner Sparkasse am Schalter ab. Der Annahmezeitpunkt („Cut-off"-Zeitpunkt) ist nach dem Preis- und Leistungsverzeichnis der Sparkasse auf 16:00 Uhr festgelegt. Bank des Überweisungsempfängers ist der Crédit Lyonnais in Frankreich.

Zugegangen ist der Überweisungsauftrag bei der Sparkasse am 03.07., da er erst nach der „Cut-off"-Zeit eingereicht worden ist. Für beleghafte Überweisungen in Euro in Staaten des Europäischen Wirtschaftsraums (EWR) gilt eine Ausführungsfrist von maximal zwei Geschäftstagen. Der Überweisungsbetrag muss spätestens am Ende des auf den Zugangstag folgenden zweiten Geschäftstags, also am 05.07., auf dem Konto des Zahlungsdienstleisters des Zahlungsempfängers, also beim Crédit Lyonnais, eingegangen sein.

Ausführungspflicht

Das Kreditinstitut ist zur Ausführung des Überweisungsauftrags verpflichtet, wenn

- alle erforderlichen Angaben vorliegen, z. B. persönliche Daten des Zahlers und Zahlungsempfängers, Betrag und Währung,
- der Auftrag durch Unterschrift auf dem Überweisungsbeleg oder in anderer mit dem Kreditinstitut vereinbarter Art und Weise autorisiert ist, z. B. im Onlinebanking mittels PIN und TAN,
- ein ausreichendes Guthaben vorhanden oder ein ausreichender Kredit eingeräumt ist.

Ablehnung
§ 675o Abs. 1 BGB

Sind die Ausführungsbedingungen nicht eingehalten, kann das Kreditinstitut die **Ausführung des Überweisungsauftrags ablehnen**. Darüber ist der Kunde innerhalb der Ausführungsfrist unverzüglich zu unterrichten. Der Grund für die Ablehnung ist mitzuteilen.

§ 675q Abs. 1 BGB

Das Kreditinstitut des Überweisenden wie auch alle weiteren zwischengeschalteten Stellen sind verpflichtet, den **Überweisungsbetrag ungekürzt** zu übermitteln.

Zahlungsauslösedienst
▸ Seite 146
▸ Kapitel 3.4.7

Der Kunde ist berechtigt, für die Erteilung des Überweisungsauftrages an sein Kreditinstitut auch online einen Zahlungsauslösedienst zu nutzen.

Wertstellung
§ 675t Abs. 3 BGB

Die Wertstellung einer Belastungsbuchung ist der Zeitpunkt, zu dem der tatsächliche Mittelabfluss vom Konto des Überweisenden stattfindet. Die Wertstellung darf damit nicht vor dem Buchungstag liegen. Das heißt z. B., dass Geldautomatenverfügungen am Wochenende, die erst am nächsten Geschäftstag dem Kundenkonto belastet werden (Buchungstag), nicht mit dem tatsächlichen früheren Verfügungsdatum wertstellungsmäßig gebucht werden können.

Für die Wertstellung einer Gutschriftsbuchung ist der Geschäftstag maßgeblich, an dem der Zahlungsbetrag auf dem Konto des Zahlungsdienstleisters des Zahlungsempfängers eingegangen ist (Mittelzuflussprinzip). Das gilt auch für den Fall, dass der Gutschriftbetrag erst später auf dem Konto des Überweisungsempfängers verbucht wird.

§ 676b Abs. 2 BGB

Für von ihm nicht autorisierte oder fehlerhaft ausgeführte Zahlungen hat der Kunde einen **Erstattungsanspruch** von 13 Monaten ab dem Belastungsdatum.

Widerruf des Überweisungsauftrags

Widerruf
§ 675p Abs. 1, Abs. 4 BGB

Der Überweisende (Zahler) kann einen Überweisungsauftrag schriftlich oder auf elektronischem Wege widerrufen, solange der Überweisungsauftrag dem beauftragten Kreditinstitut (Zahlungsinstitut) nicht zugegangen ist. Nach Zugang des Überweisungsauftrags ist ein Widerruf ausgeschlossen, soweit der Zahler mit seinem Zahlungsdienstleister nicht etwas anderes vereinbart hat. Das gilt auch für den Fall, dass mit der Ausführung des Auftrags noch nicht begonnen worden ist. Irrtümlich doppelt ausgeführte oder gefälschte Überweisungsaufträge können dagegen jederzeit widerrufen werden.

Beispiel für Überweisungswiderruf

Ein Kunde wirft am Freitag um 18:00 Uhr einen Überweisungsauftrag in den für die Annahme von Überweisungen vorgesehenen Briefkasten seiner Bank ein. Die Annahmefrist ist im Preis- und Leistungsverzeichnis der Bank auf 16:00 Uhr festgeschrieben („Cut-off"-Zeitpunkt). Die Überweisung gilt in diesem Fall als am Montag, dem nächsten Geschäftstag, zugegangen. Dann beginnt auch erst die Ausführungsfrist zu laufen. Bis zu diesem Zeitpunkt kann die Überweisung noch widerrufen werden. Der Widerruf muss spätestens am Montag vor Geschäftsbeginn beim Kreditinstitut vorliegen. Das wäre z. B. per Fax oder E-Mail möglich.

Haftung des überweisenden Kreditinstituts

Haftungsgründe

- nicht autorisierte Ausführung
- keine Ausführung
- fehlerhafte Ausführung
- verspätete Ausführung

Haftung §§ 675u, 675y BGB

Im Falle eines nicht autorisierten, nicht erfolgten oder fehlerhaft ausgeführten Überweisungsauftrags hat der überweisende Kunde einen verschuldensunabhängigen Anspruch auf unverzügliche und ungekürzte **Erstattung des Überweisungsbetrags**. Das Konto des Zahlers ist auf den Stand zu bringen, den es ohne die ausgeführte Überweisung aufweisen würde. Die Gutschrift muss grundsätzlich spätestens bis zum Ende des auf die Kundenreklamation folgenden Geschäftstags erfolgt sein.

Zahlungsauslösedienst ▸ Seite 146 ▸ Kapitel 3.4.7

Bei Nutzung eines **Zahlungsauslösediensts** trifft diese Haftung allein das kontoführende Institut. Dieses wiederum hat einen Ausgleichsanspruch gegen den Zahlungsauslösedienst.

§ 675z BGB

Bei verspäteter (aber erfolgter) Gutschrift auf dem Konto des Überweisungsempfängers besteht kein Erstattungsanspruch. Das überweisende Institut muss jedoch auf Verlangen seines Kunden der Empfängerbank mitteilen, dass die Wertstellung beim Empfänger berichtigt wird. Ein **Schadensersatzanspruch** besteht lediglich für Folgeschäden, die über den Erstattungsanspruch hinausgehen. Dieser Schadensersatzanspruch kann auf 12500 Euro begrenzt werden. Die Haftungsbegrenzung gilt jedoch nicht

- für nicht autorisierte Überweisungen,
- bei Vorsatz oder grober Fahrlässigkeit des Kreditinstituts,
- für Zinsschäden, soweit der Kunde Verbraucher ist.

Haftung des Überweisenden

Haftung § 675v Abs. 1 BGB

Bei missbräuchlicher Nutzung von PIN oder TAN haftet der Überweisende voll, wenn ihm Vorsatz oder grobe Fahrlässigkeit zur Last gelegt werden kann. Im Falle einfacher Fahrlässigkeit ist die Haftung auf 50 Euro beschränkt.

Zahlungsdienstevertrag

Zwischen den beim Überweisungsverkehr zwischengeschalteten Stellen besteht jeweils ein selbstständiger **Zahlungsdienstevertrag**. Daraus ergibt sich die Verpflichtung, zugeleitete Überweisungsaufträge an die nächste Stelle bzw. an das Kreditinstitut des endbegünstigten Zahlungsempfängers weiterzuleiten. Außerdem bestehen Ausgleichsansprüche gem. § 676a BGB. Die in die Überweisungskette zwischengeschalteten Kreditinstitute sind selbstständige Vertragspartner, nicht Vertreter oder Bote der Überweisungsbank.

Zahlungsdiensterahmenvertrag (ehemals „Girovertrag")

Zahlungsdiensterahmenvertrag
§ 675f Abs. 2 BGB

Das Gesetz klassifiziert die Rechtsbeziehung zwischen dem Kreditinstitut des Überweisungsempfängers (Zahlungsdienstleister des Zahlungsempfängers) und dem Überweisungsempfänger als **Zahlungsdiensterahmenvertrag**. Dadurch wird der Zahlungsdienstleister verpflichtet,

- für den Zahlungsempfänger bestimmte Zahlungsvorgänge, z. B. Gutschrift eines Überweisungsbetrags, vorzunehmen,
- für den Zahlungsempfänger ein auf seinen Namen oder auf die Namen mehrerer Zahlungsdienstnutzer lautendes Zahlungskonto einzurichten sowie
- vor Abschluss des Rahmenvertrags bestimmte Informationen, z. B. über Voraussetzungen und Fristen zur Ausführung von Überweisungsaufträgen, mitzuteilen.

§ 675t Abs. 1 BGB

Das Kreditinstitut des Zahlungsempfängers ist verpflichtet, dem Zahlungsempfänger **den Überweisungsbetrag unverzüglich verfügbar zu machen**, sobald er auf dem Konto des Kreditinstituts des Überweisungsempfängers eingegangen ist. Dieser Gutschriftstag ist auch der Wertstellungstag (Mittelzuflussprinzip). Unzulässig ist damit ein Hinausschieben der Wertstellung über den Buchungstag hinaus. Möglich ist indessen eine nachträgliche Buchung, soweit die Wertstellung dem Tag des Mittelzuflusses bei der Bank des Zahlungsempfängers entspricht.

Kontoanrufprüfung
§ 675r Abs. 1 BGB
§ 675y Abs. 5 BGB

Die am Überweisungsverkehr beteiligten **Kreditinstitute**, d. h. das Institut des Überweisenden, des Überweisungsempfängers und alle zwischengeschalteten Stellen, **sind berechtigt, sich bei der Buchung ausschließlich anhand** der vom Überweisenden angegebenen **IBAN zu orientieren**. Damit entfällt z. B. bei einer Kontogutschrift der Abgleich zwischen der IBAN und dem Empfängernamen (**Kontoanrufprüfung**). Das Kreditinstitut übernimmt keine Haftung, wenn z. B. eine Gutschrift aufgrund einer vom Auftraggeber fehlerhaft angegebenen Kundenkennung nicht korrekt ausgeführt wird und es dadurch zu einem Schaden für den Überweisenden kommt. Sowohl Zahler- als auch Empfängerbank sind jedoch verpflichtet, den Kunden bei der Wiedererlangung des Zahlungsbetrages zu unterstützen.

§ 675r Abs. 3 BGB

Ist eine vom Überweisenden (Zahler) angegebene Kundenkennung des Zahlungsempfängers für die Überweisungsbank aufgrund von vorgeschriebenen **Prüfzifferberechnungsverfahren erkennbar** keinem Zahlungsempfänger oder keinem Zahlungskonto zuzuordnen, ist die überweisende Bank verpflichtet, den Zahler hierüber unverzüglich zu unterrichten und ihm gegebenenfalls den Zahlungsbetrag wieder gutzuschreiben.

Vertragsänderung

Eine **Änderung des Zahlungsdiensterahmenvertrags** (Girovertrag) auf Veranlassung des kontoführenden Kreditinstituts muss dem Kunden spätestens zwei Monate vor dem Wirksamwerden der geplanten Änderung in Textform übermittelt werden. Widerspricht der Kunde nicht, gelten die vorgeschlagenen Änderungen als genehmigt. Der Kunde ist aber berechtigt, den Zahlungsdiensterahmenvertrag vor dem Wirksamwerden der Änderung kostenfrei und fristlos zu kündigen. Das Gleiche gilt, wenn die Änderung des Zahlungsdiensterahmenvertrags durch eine Änderung der Bedingungen für Zahlungsdienste (z. B. Überweisungsbedingungen) hervorgerufen worden ist.

3.4.3.3 Zahlungsabwicklung durch Überweisung

Erteilung des Überweisungsauftrags

Überweisungsaufträge können
- **beleghaft** oder
- **beleglos (elektronisch)**

erteilt werden.

Beleghafte Auftragserteilung

Die **„Richtlinien für einheitliche Zahlungsverkehrsvordrucke (2016)“** sehen für beleghaft ausgeführte Überweisungen spezielle Überweisungs-Vordrucke vor.

SEPA-Überweisung

- Für Überweisungen
  - in Deutschland und
  - in andere SEPA-Teilnehmerstaaten
- Überweisungsvordruck enthält den Aufdruck „SEPA-Überweisung“
- SEPA-Überweisungen können nur über Euro erteilt werden
- Aufträge werden immer in voller Originalbetragshöhe gutgeschrieben
- Angabe der IBAN des Auftraggebers
- Keine Betragsbegrenzung (Meldepflicht nach AWV ist zu beachten)

Unternehmen, die Rechnungen versenden und den Zahlungseingang steuern wollen, nutzen den Vordruck **SEPA-Überweisung/Zahlschein**. Der Vordruck wird auch von karitativen Organisationen für Spendenaufrufe verwendet. Durch die vorgegebenen Daten des Zahlungsempfängers (Name, Kontoverbindung, ggf. Betrag und Verwendungszweck) werden Zuordnungen beim Zahlungseingang erleichtert und Fehlbuchungen vermieden.

Verfügbar ist der Vordruck SEPA-Überweisung/Zahlschein auch mit vorgedrucktem **prüfzifferngesichertem Verwendungszweck**. Der Verwendungszweck beginnt dann mit den Buchstaben RF für die strukturierte Creditor-Reference. Durch den strukturierten Verwendungszweck können die eingehenden Überweisungsbeträge im Buchhaltungssystem des Zahlungsempfängers automatisch gegen die ausstehenden Rechnungsbeträge der Kunden gestellt werden. Dazu dürfen keine Veränderungen an den vorgedruckten Daten vorgenommen werden.

Zahlungen außerhalb des SEPA-Raumes, z. B. in die USA, oder in Fremdwährungen, z. B. GBP, müssen mit einem Zahlungsauftrag im Außenwirtschaftsverkehr (Z 1) veranlasst werden.

Meldepflicht
§ 67 AWV
▸ Kapitel 6.1.1

Grenzüberschreitende Überweisungen von mehr als 12500 Euro sind nach der Außenwirtschaftsverordnung meldepflichtig.

Die Meldung ist von den Meldepflichtigen (Auftraggeber sowie Empfänger) online bei der Deutschen Bundesbank vorzunehmen.

Einzelüberweisung
Dauerüberweisung

Beleghafte Überweisungen können sowohl als Einzelüberweisung als auch als Dauerüberweisung erteilt werden. Einzelüberweisungen werden einmalig erteilt und einmalig ausgeführt. **Daueriüberweisungen** werden von den Kreditinstituten aufgrund eines einmalig als Dauerauftrag erteilten Auftrags zu bestimmten, regelmäßig wiederkehrenden Terminen an denselben Zahlungsempfänger ausgeführt. Sie gelten bis zum Widerruf. Daueraufträge eignen sich für regelmäßig wiederkehrende Zahlungen in gleich bleibender Höhe, wie z. B. Mietzahlungen, Vereinsbeiträge oder Kredittilgungsraten. Beleggebundene Überweisungen können auch als **Sammelüberweisungen** erteilt werden. Dabei führt eine einmalige Auftragserteilung zu einer Mehrzahl von Überweisungen.

Sammelüberweisung

Beleglose Auftragserteilung

beleglose Auftragserteilung

Überweisungsaufträge werden heute überwiegend beleglos erteilt. Möglichkeiten der beleglosen Auftragserteilung sind:

- **Benutzung eines Selbstbedienungsterminals des Kreditinstituts.** Dabei gibt der Auftraggeber die Überweisungsdaten in ein Bankterminal in den Räumlichkeiten des Kreditinstituts ein. Viele Terminals bieten auch die Möglichkeit, vom Zahlungsempfänger vorbereitete Überweisungsbelege einlesen zu lassen.
- **Erteilung eines elektronischen Einzel- oder Dauerauftrags** im
  - Onlinebanking einschl. Mobile-Banking unter Verwendung spezieller Softwareprogramme,
  - Internetbanking mit unmittelbarem Kontenzugriff über das Internet.
- **Erteilung eines elektronischen Sammelauftrags** im Onlinebanking durch Übertragung einer XML-formatierten Datei oder durch Einreichung von elektronischen **Datenträgern**, auf denen die Überweisungsdatensätze ebenfalls im XML-basierten Datenformat gespeichert sind.
- **Nutzung des Telefon-Banking** durch Anruf im Servicecenter der Bank oder Kommunikation mittels Telefontastatur bzw. automatischer Spracherkennung.

Ausführung von Überweisungen

SEPA-Überweisungen werden aufgrund des einheitlichen XML-basierten Datenformats vollautomatisiert ausgeführt.

Überweisungsverfahren

Abhängig vom angegebenen Kreditinstitut des Empfängers werden Überweisungsaufträge

- als Übertrag oder
- als mehrstufige Überweisung (Fernüberweisung) abgewickelt.

Kontoübertrag

Auftraggeber und Empfänger haben das Konto beim gleichen Kreditinstitut. Der Überweisungsbetrag wird lediglich zwischen den Konten umgebucht.

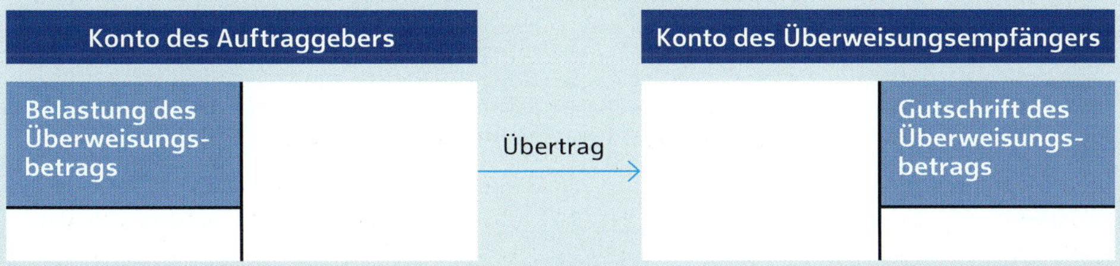

Mehrstufige Überweisung (Fernüberweisung)

Auftraggeber und Empfänger haben Konten bei verschiedenen Kreditinstituten. Für die Übertragung des Überweisungsbetrages werden Konten bei Zentralen (Clearingstellen) eingeschaltet.

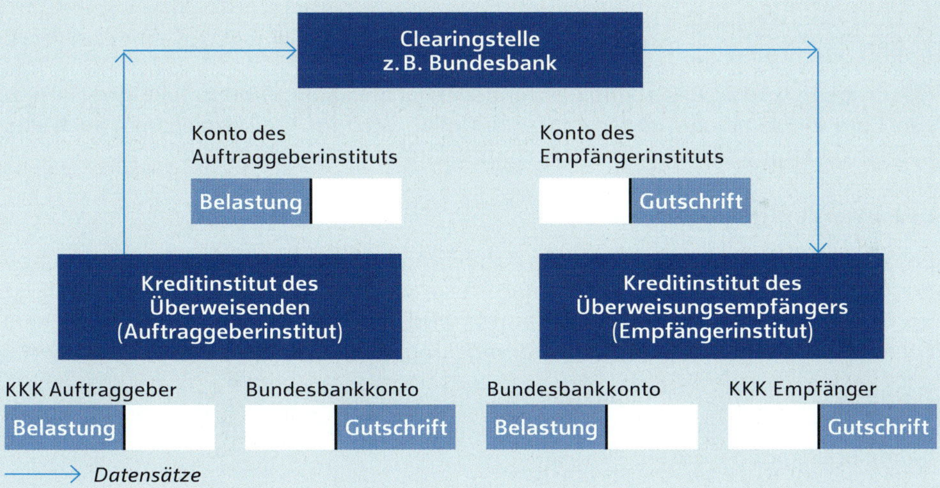

Ausführungsfristen

Die maximale Ausführungsfrist für SEPA-Überweisungen beträgt **ab elektronischem Eingang** des Zahlungsauftrags bei der Auftraggeberbank (Kreditinstitut des Zahlers) **einen Geschäftstag.** Bei beleghaft erteilten Aufträgen verlängert sich die Ausführungsfrist um einen Geschäftstag. Annahmeschlusszeiten (Cut-off-Zeiten) können dem jeweiligen Preis- und Leistungsverzeichnis entnommen werden.

EU-Richtlinie über Zahlungsdienste

Die Empfängerbank (Kreditinstitut des Begünstigten) muss den Überweisungsbetrag am selben Tag gutschreiben, an dem sie selbst den Betrag erhalten hat.

Das Konto des Überweisenden wird mit **Wertstellung** Tag des Überweisungsausgangs bei seinem Kreditinstitut belastet (Mittelabflussprinzip). Für Gutschriften ist

Wertstellungen
§ 675t BGB

der Wertstellungstag der Tag, an dem der Geldbetrag beim Kreditinstitut des Zahlungsempfängers eingegangen ist (Mittelzuflussprinzip).

Instant Payments (SEPA-Echtzeit-Überweisung)

Instant Payments (SEPA-Echtzeit-Überweisung)

Die EZB plant im Zuge der stetig wachsenden Digitalisierung, den Zahlungsverkehr in Europa deutlich zu beschleunigen. „Instant Payments" sollen dabei eine verbindliche und finale Belastung des Zahlers und die Gutschrift beim Empfänger innerhalb weniger Sekunden ermöglichen. Der Empfänger kann sofort in vollem Umfang über den Betrag verfügen, ein Widerruf ist nicht möglich (SEPA-Echtzeit-Überweisung). Die zahlungsverkehrstechnische Umsetzung in Deutschland ist für 2018 geplant.

Entgelte

SEPA-Überweisungen müssen in voller Höhe ohne Gebührenabzüge gutgeschrieben werden.

„Share-Regelung"
§ 675q Abs. 3 BGB

Für andere Zahlungsaufträge gilt grundsätzlich die Regel, dass Zahler und Zahlungsempfänger jeweils die von ihren Kreditinstituten erhobenen Entgelte selbst zu tragen haben (**Share-Regelung**).

Von der „Share-Regelung" kann abgewichen werden, wenn das Zielland kein EWR-Mitglied ist oder der Zahlungsauftrag in einer Nicht-EWR-Währung erfolgt.

OUR-Regelung
BEN-Regelung

- **OUR-Überweisung:** Überweisender trägt alle Entgelte,
- **BEN-Überweisung:** Begünstigter (= beneficiary) trägt alle Entgelte.

Alle Entgelte sind im Preis- und Leistungsverzeichnis aufzuführen. Bei Umrechnung von Euro in Fremdwährungen, z. B. US-Dollar, wird im Preisverzeichnis auch das System genannt, aus dem die Umrechnungskurse bezogen werden.

Beschwerderegelung

Schlichtungsstelle

Bei außergerichtlichen Streitigkeiten kann sich der Kunde an die bei der Deutschen Bundesbank eingerichtete Schlichtungsstelle wenden. Die Verfahrensordnung ist bei der Bundesbank erhältlich. Der Kunde wird im Preis- und Leistungsverzeichnis der Kreditinstitute auf die Beschwerderegelung bei der Bundesbank hingewiesen.

§ 14 UKlaG

Teilweise ist die Wahrnehmung der Schlichtungsaufgaben von der Bundesbank auf einige Spitzenverbände der Kreditwirtschaft sowie auf regionale Sparkassenverbände übertragen worden.

§ 60 ZAG

Zudem besteht die Möglichkeit, eine Beschwerde bei der **Bundesanstalt für Finanzdienstleistungsaufsicht** einzulegen, wenn Verstöße gegen das Zahlungsdiensteaufsichtsgesetz, gegen die §§ 675c–676c BGB sowie gegen Art. 248 EGBGB behauptet werden.

3.4.4 SEPA-Lastschriftverfahren

Begriff der Lastschrift

Eine Lastschrift ist ein vom Zahlungsempfänger ausgelöster Zahlungsvorgang zulasten des Kontos des Zahlungspflichtigen, bei dem die Höhe des jeweiligen Zahlungsbetrags vom Zahlungsempfänger angegeben wird. Der Zahlungsempfänger reicht die Lastschrift beleglos bei seinem Kreditinstitut (erste Inkassostelle) ein. Die erste Inkassostelle schreibt ihm den Betrag gut und zieht ihn vom Kreditinstitut des Zahlungspflichtigen (Zahlstelle) ein.

Grundschema des SEPA-Lastschriftverfahrens

Grundschema des SEPA-Basis- und SEPA-Firmen-Lastschriftverfahrens

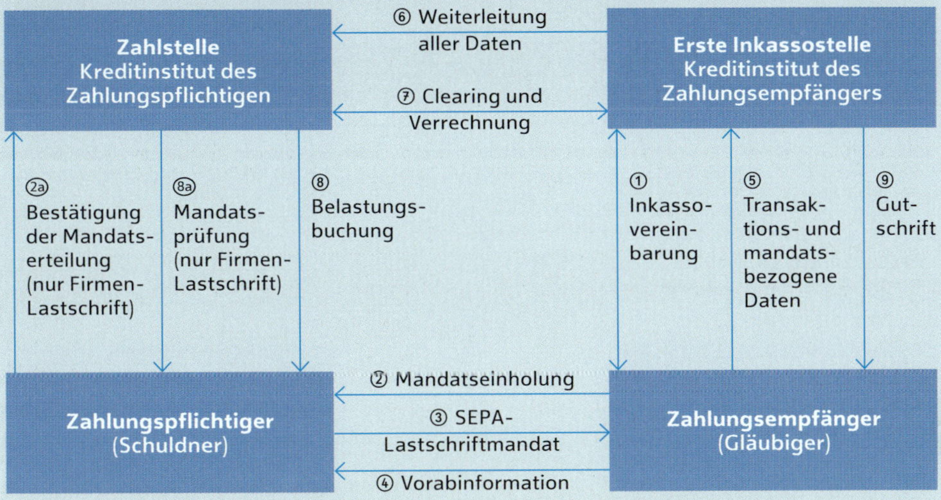

Bedeutung des SEPA-Lastschriftverfahrens

Bedeutung des SEPA-Lastschriftverfahrens für Zahlungsempfänger und Zahlungspflichtigen

Der Zahlungsempfänger
- kann wiederkehrende Forderungen gegen eine Vielzahl von Zahlungspflichtigen rationell einziehen,
- löst den Zahlungsvorgang aus,
- kann seine eigenen Zahlungsverpflichtungen besser mit Zahlungseingängen koordinieren und eine taggenaue Liquiditätsplanung und -steuerung vornehmen,
- kann anhand von nicht eingelösten Lastschriften, die seinem Konto wieder belastet werden, das Mahnverfahren gegen säumige Schuldner einleiten.

Der Zahlungspflichtige
- braucht seine Zahlungstermine nicht zu überwachen,
- braucht keine Zahlungen zu veranlassen, z. B. Überweisungen beim Kreditinstitut einzureichen,
- kann aufgrund des angegebenen Fälligkeitsdatums eine taggenaue Liquiditätsplanung und -steuerung vornehmen.

3.4.4.1 Rechtliche Grundlagen

Rechtliche Grundlagen

Rechtliche Grundlagen für die Durchführung des SEPA-Lastschriftverkehrs sind:

- die Bestimmungen des Bürgerlichen Gesetzbuches in der Fassung der Zweiten EU-Zahlungsdiensterichtline (PSD II),
- die Vorschriften des SEPA Core Direct Debit Scheme Rulebook und SEPA Business to Business Direct Debit Scheme Rulebook des European Payments Council (EPC) in der jeweiligen Fassung.

Regelwerke

Für die am SEPA-Lastschriftverkehr Beteiligten (Zahlstelle, Erste Inkassostelle, Zahler und Zahlungsempfänger) gelten verschiedene Regelwerke.

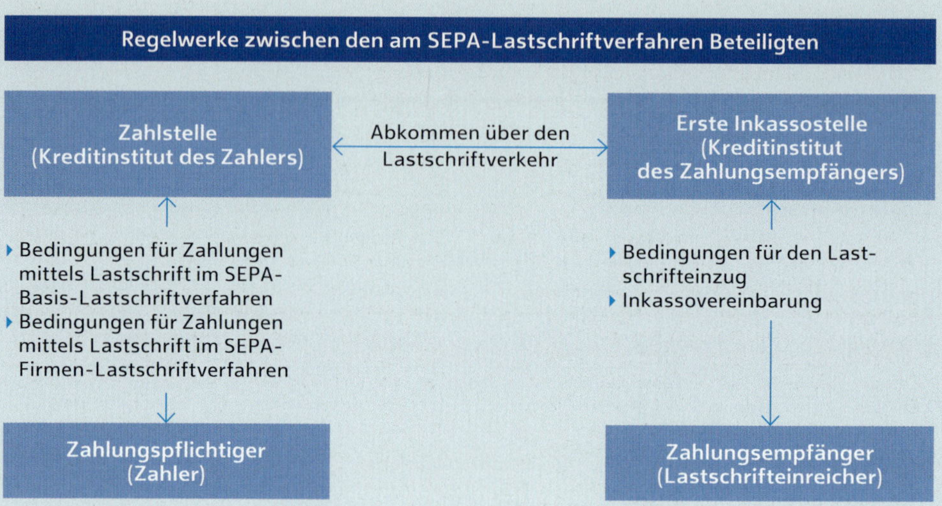

3.4.4.2 Merkmale der SEPA-Lastschrift

Merkmale der SEPA-Lastschrift

Besondere Merkmale der SEPA-Lastschrift sind:

- Einzug von Euro-Forderungen im gesamten SEPA-Raum.
- Die Lastschrift hat ein Fälligkeitsdatum, das vom Gläubiger angegeben werden muss.
- Als Kundenkennung werden IBAN und ggf. BIC benutzt.
- Die Lastschrift enthält Mandatsinformationen, z. B. Gläubiger-ID und Mandatsreferenz.
- Lastschriftmandate verfallen 36 Monate nach ihrer letzten Nutzung.

3.4.4.2.1 Arten der SEPA-Lastschrift

Das SEPA-Lastschriftverfahren wird in zwei Versionen angeboten:

- **SEPA-Basis-Lastschriftverfahren (SEPA Core Direct Debit),**
- **SEPA-Firmen-Lastschriftverfahren (SEPA Business to Business Direct-Debit).**

Arten der Lastschrift

Basis-Lastschrift
Firmen-Lastschrift

Arten der SEPA-Lastschrift

SEPA-Basis-Lastschrift	SEPA-Firmen-Lastschrift
▸ Zahlungspflichtiger kann Privatkunde (Verbraucher § 13 BGB) oder Firmenkunde sein. ▸ Erteilung des Lastschriftmandats muss nicht gegenüber der Zahlstelle bestätigt werden. ▸ Der Lastschriftabbuchung kann bis zu 8 Wochen nach Belastung ohne Angabe von Gründen widersprochen werden (bei fehlendem Lastschriftmandat bis 13 Monate). Der belastete Betrag wird erstattet. ▸ Die Lastschrift muss der Zahlstelle mindestens einen TARGET-Tag* vor Fälligkeit vorliegen.** ▸ Lastschriftrückgabe durch die Zahlstelle, z. B. bei fehlendem Kontoguthaben, ist bis höchstens 5 Tage nach Fälligkeit möglich.	▸ Zahlungspflichtiger kann nur ein Firmenkunde (Unternehmer § 14 BGB) sein. ▸ Erteilung des Lastschriftmandats muss vom Zahlungspflichtigen gegenüber der Zahlstelle bestätigt werden. ▸ Ein Widerspruch gegen die Lastschriftabbuchung ist nicht möglich. Der Zahlungspflichtige hat im Lastschriftmandat auf den Erstattungsanspruch verzichtet. ▸ Die Lastschrift muss der Zahlstelle mindestens 1 TARGET-Tag vor Fälligkeit vorliegen. ▸ Lastschriftrückgabe durch die Zahlstelle ist bis höchstens 3 Bankarbeitstage nach Fälligkeit möglich.

* TARGET-Tage sind Buchungs- und Clearingtage im SEPA-Interbankzahlungsverkehr.

** Seit dem 20.11.2016 gilt die Vorlagefrist D – 1 für sämtliche Basis-Lastschriften, unabhängig davon, ob es sich um eine Erst- oder Folgelastschrift handelt.

Kartengenerierte Lastschriften im früheren ELV-Verfahren können seit dem 01.02.2016 ausschließlich im SEPA-Basis-Lastschriftverfahren abgewickelt werden.

SEPA-ELV-Verfahren
▸ Kapitel 3.4.6.1.4 ▸ Seite 180

3.4.4.2.2 Voraussetzungen für den Lastschrifteinzug

Voraussetzungen für den Lastschrifteinzug sind:

- Abschluss einer **Inkassovereinbarung** zwischen Zahlungsempfänger und seinem Kreditinstitut,
- Anerkennung der **Sonderbedingungen** für Zahlungen mittels Lastschrift im SEPA-Basis- bzw. im SEPA-Firmen-Lastschriftverfahren,
- **Lastschriftmandat** des Zahlungspflichtigen,
- **Gläubiger-Identifikation** des Zahlungsempfängers,
- **Vorabinformation** des Zahlungspflichtigen durch den Zahlungsempfänger.

Inkassovereinbarung

Der Zahlungsempfänger muss mit seinem Kreditinstitut (Erste Inkassostelle) einen Inkassovertrag schließen, der die Rechte und Pflichten der beiden Vertragspartner regelt:

Inkassovertrag

- Der Kunde als Zahlungsempfänger muss berechtigt sein, fällige Forderungen, für deren Geltendmachung die Vorlage von Urkunden nicht erforderlich ist, durch Lastschriften einzuziehen.
- Lastschriften sind der Bank grundsätzlich mittels elektronischer Datensätze einzureichen.

- Der Zahlungsempfänger verpflichtet sich, Lastschriften nur einzureichen, wenn ihm hierfür schriftliche SEPA-Lastschriftmandate vorliegen.
- Die Einreicherbank muss den Kunden über die geltenden Einreichungsfristen (Annahmefristen, Cut-off-Zeiten) und das Inkassoentgelt für die Bearbeitung einer nicht eingelösten oder wegen Widerspruchs zurückgegebenen Lastschrift informieren.
- Nicht eingelöste Lastschriften werden dem Zahlungsempfänger mit der Einreichungswertstellung zurückbelastet.

Bedingungen für den Lastschrifteinzug

Die Bedingungen für Zahlungen mittels Lastschrift im SEPA-Basis-Lastschriftverfahren bzw. im SEPA-Firmen-Lastschriftverfahren regeln Einzelfragen des Verhältnisses zwischen Kunden und Kreditinstituten, z. B. Entgelte, Kundenkennungen, Übermittlung von Lastschriftdaten, Einlösung, Zahlungsausführung.

SEPA-Lastschriftmandat

Zum Einzug von Lastschriften benötigt der Gläubiger die Zustimmung des Schuldners. Diese Zustimmung wird durch ein **SEPA-Lastschriftmandat** erteilt.

SEPA-Lastschriftmandat

Das Lastschriftmandat ist die rechtliche Legitimation für den Einzug von Lastschriften. Es enthält

1. die Ermächtigung des Zahlungspflichtigen an den Zahlungsempfänger, Zahlungen vom Konto des Zahlungspflichtigen mittels Lastschrift einzuziehen (**Einzugsermächtigung**) und
2. die Weisung an das Kreditinstitut des Zahlungspflichtigen, die vom Zahlungsempfänger auf sein Konto gezogenen Lastschriften einzulösen (**Zahlungsauftrag**).

Das Mandat muss vom Zahlungspflichtigen unterschrieben sein. Es bleibt beim Zahlungsempfänger. Bei einer Firmen-Lastschrift muss der Zahlungspflichtige seinem Kreditinstitut die Erteilung des Mandats bestätigen

Beispiel

MUSTER GMBH, ROSENWEG 2, 00000 IRGENDWO

Gläubiger-Identifikationsnummer DE99ZZZ05678901234
Mandatsreferenz 987543CB2

SEPA-Lastschriftmandat

Ich ermächtige die Muster GmbH, Zahlungen von meinem Konto mittels Lastschrift einzuziehen. Zugleich weise ich mein Kreditinstitut an, die von der Muster GmbH auf mein Konto gezogenen Lastschriften einzulösen.

Hinweis: Ich kann innerhalb von acht Wochen, beginnend mit dem Belastungsdatum, die Erstattung des belasteten Betrages verlangen. Es gelten dabei die mit meinem Kreditinstitut vereinbarten Bedingungen.*

____
Vorname und Name (Kontoinhaber)

____
Straße und Hausnummer

____
Postleitzahl und Ort

______________________________ ________|___
Kreditinstitut (Name und BIC)

DE__|____|____|____|____|__
IBAN

____
Datum, Ort und Unterschrift

* In einem Firmen-Lastschriftmandat lautet der Hinweis: Dieses Lastschriftmandat dient nur dem Einzug von Lastschriften, die auf Konten von Unternehmen gezogen sind. Wir sind nicht berechtigt, nach der erfolgten Einlösung eine Erstattung des belasteten Betrages zu verlangen. Wir sind berechtigt, unser Kreditinstitut bis zum Fälligkeitstag anzuweisen, Lastschriften nicht einzulösen.

und wesentliche Daten des Mandats mitteilen. Dadurch wird sichergestellt, dass nur Lastschriften eingelöst werden, für die der Zahlungspflichtige ein Mandat erteilt und auf seinen Erstattungsanspruch verzichtet hat.

Das Mandat gilt grundsätzlich **unbefristet**. Es kann jederzeit widerrufen werden. Es **verfällt bei Nichtbenutzung** 36 Monate nach dem letzten Einzug. Ein Kontoinhaber ist berechtigt, sein Konto generell für den Einzug von Basis-Lastschriften sperren zu lassen.

Das Lastschriftmandat muss die Gläubiger-Identifikationsnummer und die Mandatsreferenz enthalten, die bei allen Lastschrifteinzügen anzugeben ist. Die **Mandatsreferenz** wird vom Zahlungsempfänger vergeben, z. B. Kunden-Nummer, Rechnungsnummer. Sie kann bis zu 37 alphanumerische Zeichen lang sein. Außerdem ist das Datum des Lastschriftmandats Pflichtfeld jeder Lastschrift. Mandatsreferenz

Gläubiger-Identifikationsnummer (Creditor Identifier)

Mit der Gläubiger-Identifikationsnummer (Gläubiger-ID) kann jeder Gläubiger eindeutig und kontounabhängig identifiziert werden. Alle Zahlungsempfänger, die SEPA-Lastschriften einreichen, müssen eine Gläubiger-ID besitzen. Gläubiger-ID

Gläubiger in Deutschland können die Gläubiger-Identifikationsnummer bei der Deutschen Bundesbank über deren Website (www.glaeubiger-id.bundesbank.de) beantragen.

Die Gläubiger-ID kann bis zu 35 Stellen lang sein. In Deutschland hat sie 18 Stellen. Jeder Gläubiger kann nur eine Gläubiger-ID beantragen.

Beispiel Gläubiger-ID

DE98Z1B09999999999

DE	→ ISO-Ländercode
98	→ Prüfziffer (analog zur IBAN-Prüfziffer)
Z1B	→ Kennziffer, die vom Gläubiger vergeben wird*
09999999999	→ nationales Identifikationsmerkmal

* Geht nicht in die Prüfziffernberechnung ein.

Vorabinformation des Zahlungspflichtigen (Pre-Notification)

Vorab-information

Der Zahlungsempfänger hat den Zahlungspflichtigen spätestens 14 Tage vor Fälligkeit über den Zeitpunkt und den Betrag des Lastschrifteinzugs zu informieren. Damit kann der Zahlungspflichtige sich auf die Kontobelastung einstellen und für entsprechende Deckung sorgen. Die **Vorabinformation** muss das Fälligkeitsdatum, den genauen Betrag, die Gläubiger-ID und die Mandatsreferenz enthalten und kann auch mehrere Lastschrifteinzüge ankündigen. Als Vorabinformation gelten auch Rechnungen, Vertragskopien, Policen u. Ä. Bei wiederkehrenden Lastschriften über denselben Betrag und dieselbe Fälligkeit genügt eine einmalige Vorabinformation. Bei Betragsänderungen ist eine neue Mitteilung erforderlich. **Die Bank ist nicht verpflichtet zu prüfen, ob eine Vorabinformation vorliegt**, da diese ausschließlich das Verhältnis zwischen Gläubiger und Schuldner betrifft.

3.4.4.2.3 Einzug von Lastschriften und Zahlung

Der Zahlungsempfänger überträgt die erforderlichen Daten in die Datensätze zur Einziehung der SEPA-Lastschrift und übermittelt sie unter Beachtung der Annahmefristen an sein Kreditinstitut. Im Lastschriftdatensatz muss das **Fälligkeitsdatum** (Belastungsdatum, „Due Day" oder kurz „D") der Lastschrift angegeben sein. Die Bank des Zahlungsempfängers übermittelt die Datensätze im Rahmen der Vorlegungsfristen an die Bank des Zahlungspflichtigen (Zahlstelle).

Fälligkeit einer Lastschrift

Vorlagefristen	
	Bankgeschäftstage
Bei Firmen-Lastschriften	D – 1
Bei Basis-Lastschriften* ▸ Erstlastschriften ▸ Folgelastschriften	D – 1

* Seit dem 20.11.2016 gilt die Vorlagefrist D – 1 für sämtliche Basis-Lastschriften, unabhängig davon, ob es sich um eine Erst- oder Folgelastschrift handelt.

Die Lastschrift muss der Zahlstelle eine bestimmte Anzahl von Tagen vor dem Fälligkeitstermin zugehen (**Vorlagefrist**).

Von der Vorlagefrist sind die Annahmeschlusszeiten (Cut-off-Zeiten) der Ersten Inkassostelle zu unterscheiden, in denen auch die Uhrzeit festgelegt wird, wann die Aufträge vorzuliegen haben. Sie können dem Preis- und Leistungsverzeichnis der Einreicherbank entnommen werden. Kreditinstitute empfehlen, Lastschriften grundsätzlich einen Tag früher einzureichen.

Mit Lastschriften wird das Konto des Zahlungspflichtigen am Fälligkeitstag belastet und der Gegenwert zwischen Zahlstelle und Erster Inkassobank, ggf. unter Einschaltung von Clearingstellen, verrechnet.

3.4.4.2.4 Rückgabe von Lastschriften (R-Transaktionen)

Rückgabeverfahren

Nach den SEPA-Rulebooks gibt es verschiedene Lastschrift-Rückgabeverfahren:

Lastschrift-Rückgabeverfahren vor Fälligkeit und Belastung

Bezeichnung	Auslösender	Begründung (Ursache)
Refusal (Ablehnung)	Zahlungspflichtiger	Ablehnung einer unberechtigten Lastschrift, z. B. bei Sperrung des Kontos eines Privatkunden für Basis-Lastschriften
Reject (Rückweisung)	Zahlstelle (Bank des Zahlungspflichtigen)	Auftrag kann nicht verarbeitet werden, z. B. bei ungültiger IBAN, nicht bestehendem Konto, Formfehler
Revocation (Rückruf)	Zahlungsempfänger	Auftrag ist fehlerhaft, z. B. ungültige/fehlerhafte IBAN
Request for Cancellation (Bitte um Stornierung)	Erste Inkassostelle (Bank des Zahlungsempfängers)	Rückruf vor Belastung, z. B. bei Doppeleinreichungen

Lastschrift-Rückgabeverfahren nach Fälligkeit und Belastung

Bezeichnung	Auslösender	Begründung (Ursache)
Refund (Erstattung)	Zahlungspflichtiger	Widerspruch bei Basis-Lastschrift ohne Angabe von Gründen (bis D + 8 Wochen) bzw. fehlender Autorisierung (bis D + 13 Monate)
Return (Rückgabe)	Zahlstelle (Bank des Zahlungspflichtigen)	Rückgabe nach Verrechnung mit Rückgabegrund, z. B. Konto erloschen, fehlerhafte IBAN (bis D + 5 TARGET-Tage)
Reversal (Rückbuchung)	Zahlungsempfänger	Stornierung eines ausgeführten Lastschrifteinzugs nach Belastung, z. B. bei Doppelausführung (bis D + 2 TARGET-Tage)

3.4.5 Scheck

3.4.5.1 Begriff des Schecks

Begriff des Schecks

Der Scheck ist eine Anweisung an ein Kreditinstitut, für Rechnung des Ausstellers eine bestimmte Geldsumme zu zahlen. Der Scheck ist ein Verfügungsinstrument zur Übertragung von Buchgeld.

Der Scheck ist kein SEPA-Zahlungsinstrument.

Der Scheck wird vom Zahlungspflichtigen ausgestellt und dem Empfänger (Schecknehmer) übergeben. Der Schecknehmer legt den Scheck dem Kreditinstitut des Zahlungspflichtigen (bezogenes Kreditinstitut) vor oder lässt ihn über seine Hausbank einziehen. Eine Weitergabe des Schecks als Zahlungsmittel kommt in der Praxis zumeist nicht vor. Der Scheck hat in der Bankpraxis erheblich an Bedeutung verloren und ist größtenteils vom Kartenzahlungsgeschäft verdrängt worden.

Grundschema Barscheck

Grundschema der Zahlungsabwicklung mittels Scheck (Barscheck)

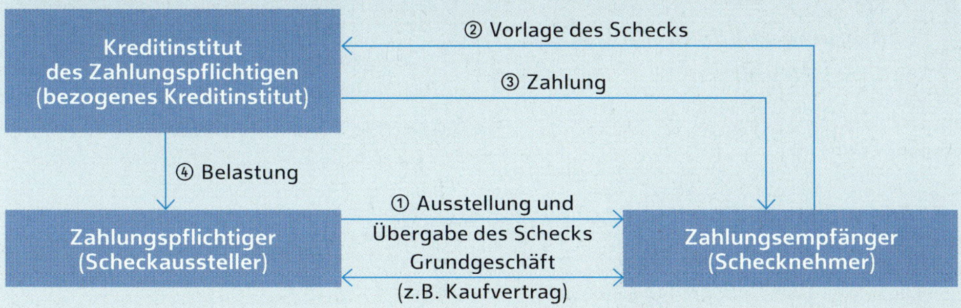

Rechtsnatur des Schecks

Die Rechtsnatur des Schecks

- Der Scheck ist eine bei Sicht fällige **Zahlungsanweisung**. Er ermächtigt
  - das angewiesene Institut, für Rechnung des Ausstellers zu zahlen,
  - den Scheckempfänger, die Zahlung von dem angewiesenen Institut in Empfang zu nehmen.
- Der Scheck ist ein **Wertpapier**. Die Rechte aus dem Scheck kann nur derjenige geltend machen, der im Besitz der Scheckurkunde ist.
- Der Scheck ist ein **streng förmliches Wertpapier**. Nur solche Zahlungsanweisungen sind Schecks, die bestimmte im Scheckgesetz vorgeschriebene Bestandteile enthalten.

Der Scheck ist kein gesetzliches Zahlungsmittel. Die Übergabe eines Schecks zur Tilgung einer Schuld ist eine **Leistung erfüllungshalber (zahlungshalber).** Die Schuld ist erst getilgt, wenn das bezogene Kreditinstitut den Scheck eingelöst hat.

Die Rechtsbeziehungen der Beteiligten werden im **Scheckgesetz** und in den **Bedingungen für den Scheckverkehr,** die der Kontoinhaber im **Scheckvertrag** anerkennt, geregelt. Ergänzend gelten aufgrund des Kontovertrags die Allgemeinen Geschäftsbedingungen.

3.4.5.2 Inhalt der Scheckurkunde

Formularstrenge

Formularstrenge
Nr. 20 Abs. 1 Buchst. d AGB Sparkassen

Kreditinstitute erkennen aus Sicherheitsgründen nur Scheckziehungen auf den von ihnen zugelassenen Vordrucken an (Formularstrenge).

Die nach den Richtlinien für einheitliche Zahlungsverkehrsvordrucke genormten Schecks ermöglichen die maschinelle Bearbeitung und Einziehung der Scheckbeträge auf elektronischem Wege.

Gesetzliche Bestandteile

Bestandteile der Scheckurkunde nach dem Scheckgesetz (gesetzliche Bestandteile)

Art. 1 ScheckG

③ DEUTSCHE BANK AG
④ Hamburg
② ①
zahlen Sie gegen diesen Scheck
② Euro fünfhundert
⑤ Braunschweig, den 11. Mai 20..
⑥ *Peter Fürst*

Die Scheckurkunde muss enthalten:

① Die Bezeichnung als „Scheck“ im Text der Urkunde.
② die unbedingte Anweisung, eine bestimmte Geldsumme zu zahlen,
③ das bezogene Kreditinstitut (Bezogener),
④ den Zahlungsort,
⑤ Ort und Tag der Ausstellung,
⑥ die Unterschrift des Ausstellers.

Art. 2 ScheckG

- Mit Ausnahme der Angaben über den Zahlungsort und den Ausstellungsort sind die gesetzlichen Bestandteile für die Scheckurkunde wesentlich. Fehlt einer dieser wesentlichen Bestandteile, liegt kein Scheck vor.
- Der Scheck darf keine Bedingungen enthalten.
- Die Angaben über Ort und Tag der Ausstellung brauchen nicht zu stimmen, müssen aber möglich sein. Ein Scheck ohne besondere Angabe des Ausstellungsortes gilt als ausgestellt an dem Ort, der bei dem Namen des Ausstellers angegeben ist.
- Ein Scheck muss vom Kontoinhaber oder seinem Bevollmächtigten handschriftlich unterzeichnet sein. Trägt er eine gestempelte Unterschrift (Faksimile), so liegt keine Scheckurkunde im Sinne des Scheckgesetzes vor. Die Kreditinstitute behandeln solche Papiere jedoch wie Schecks.

Eine Scheckurkunde muss bestimmte im Scheckgesetz vorgeschriebene Angaben enthalten (gesetzliche Bestandteile). Fehlt ein gesetzlicher Bestandteil, liegt aus scheckrechtlicher Sicht grundsätzlich kein Scheck vor. Die Scheckausstellung wäre unwirksam.

gesetzliche Bestandteile
Art. 1 ScheckG

Kaufmännische Bestandteile

kaufmännische Bestandteile

Die von allen Kreditinstituten ausgegebenen einheitlichen Scheckformulare enthalten neben den gesetzlichen Bestandteilen noch weitere Angaben (sog. **kaufmännische Bestandteile**).

Art. 9 ScheckG

Angaben auf einem Scheck nach den Richtlinien für einheitliche Zahlungsverkehrsvordrucke (kaufmännische Bestandteile)

① Die **Schecksumme** wird in Ziffern wiederholt, um den Kreditinstituten eine schnelle Bearbeitung zu ermöglichen. Bei Abweichungen gilt die in Buchstaben angegebene Summe.
② Als **Zahlungsempfänger** kann der Aussteller selbst oder eine dritte Person namentlich angegeben sein.
③ Durch die **Überbringerklausel** wird der Scheck als geborenes Orderpapier zum Inhaberpapier und kann formlos durch Einigung und Übergabe weitergegeben werden.
④ Die **Schecknummer** ermöglicht die Beachtung eines Widerrufs (Schecksperre).
⑤ Die IBAN des Ausstellers ist für die Belastungsbuchung erforderlich.

Die Codierzeile im Vordruckfuß enthält die für die automatisierte Belegbearbeitung erforderlichen Angaben in maschinell lesbarer Schrift.

Codierzeile
▸ Seite 136

3.4.5.3 Arten des Schecks

Arten des Schecks

Scheckarten

nach Art der Einlösung
- Barscheck
- Verrechnungsscheck

nach Art der Übertragung der Scheckrechte
- Orderscheck
- Inhaberscheck
- Rektascheck

nach der Einlösungsgarantie

bestätigter Bundesbank-Scheck

Barscheck und Verrechnungsscheck

Barscheck

Barschecks können durch Barauszahlung an den Vorleger eingelöst werden.

Verrechnungsscheck
Art. 39 Abs. 1, 2 und 3 ScheckG

Verrechnungsschecks dürfen vom bezogenen Kreditinstitut nur im Wege der Gutschrift eingelöst werden. Die Gutschrift gilt als Zahlung. Verrechnungsschecks tragen den Vermerk „Nur zur Verrechnung". Eine Streichung des Verrechnungsvermerks gilt als nicht erfolgt.

Grundschema Verrechnungsscheck

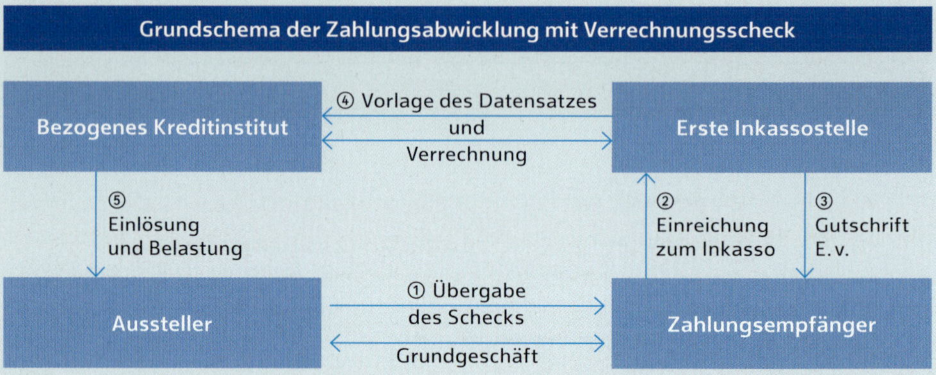

Verrechnungsvermerk
Art. 39 Abs. 1 ScheckG

Der Verrechnungsvermerk kann vom Aussteller und von jedem Inhaber angebracht werden. Kreditinstitute geben auch Vordrucke aus, auf denen der Vermerk „Nur zur Verrechnung" bereits eingedruckt ist.

gekreuzter Scheck
Art. 38a ScheckG

Gekreuzte Schecks dürfen nur an bestimmte Personen bar ausgezahlt werden. Die Bestimmungen des deutschen Scheckgesetzes über gekreuzte Schecks sind bisher nicht in Kraft gesetzt worden. Im Ausland ausgestellte gekreuzte Schecks werden in Deutschland als Verrechnungsschecks behandelt.

Vergleich von Barscheck und Verrechnungsscheck

	Barscheck	Verrechnungsscheck
Verwendung	Barauszahlung an den Kontoinhaber oder an einen Dritten	Gutschrift auf dem Konto eines Dritten
Vorteil	Zahlung auch an Nichtkontoinhaber	Sicherheit (keine Barauszahlung durch das bezogene Kreditinstitut; Einzugsweg lässt sich zurückverfolgen)
Nachteil	Gefahr der Zahlung an Unberechtigte bei Diebstahl oder Verlust	Keine Zahlung an Nichtkontoinhaber

Orderscheck, Inhaberscheck, Rektascheck

Der Scheck ist nach dem Scheckgesetz ein Orderpapier. Er wird daher als „geborenes Orderpapier" bezeichnet.

Orderscheck
Art. 14 ScheckG

Orderschecks sind an den legitimierten Vorleger zahlbar. Sie tragen in der Praxis die Klausel **„oder Order"**, die aber rechtlich entbehrlich ist. Orderscheckvordrucke sind am rechten Rand mit einem roten Streifen versehen, der das Wort „Orderscheck" im Negativdruck trägt.

Orderscheckvordrucke werden in erster Linie an Geschäftskunden ausgegeben, die aus Sicherheitsgründen Orderschecks bevorzugen. Im Auslandszahlungsverkehr werden überwiegend Orderschecks verwandt.

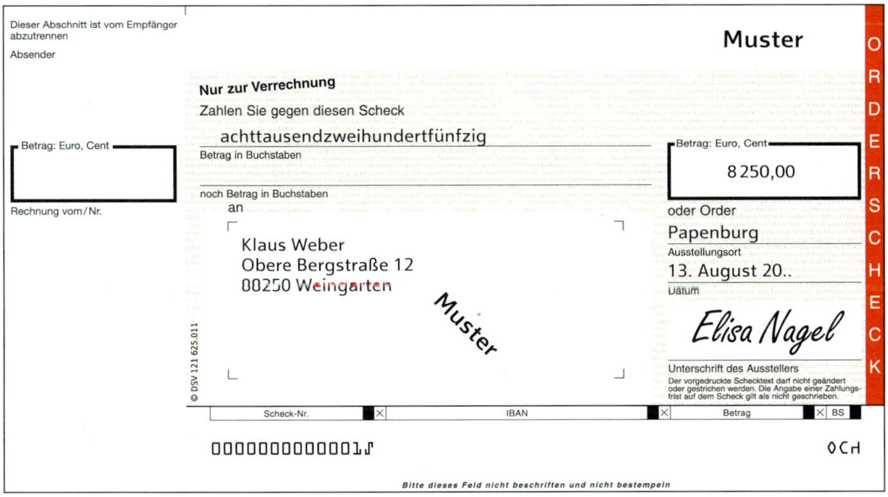
Dieser Abschnitt ist vom Empfänger abzutrennen
Absender
Betrag: Euro, Cent
Rechnung vom/Nr.
Muster
Nur zur Verrechnung
Zahlen Sie gegen diesen Scheck
achttausendzweihundertfünfzig
Betrag in Buchstaben
noch Betrag in Buchstaben
an
Klaus Weber
Obere Bergstraße 12
00250 Weingarten
Muster
Betrag: Euro, Cent
8 250,00
oder Order
Papenburg
Ausstellungsort
13. August 20..
Datum
Elisa Nagel
Unterschrift des Ausstellers
Der vorgedruckte Schecktext darf nicht geändert oder gestrichen werden. Die Angabe einer Zahlungsfrist auf dem Scheck gilt als nicht geschrieben.
ORDERSCHECK
© DSV 121 625.011
Scheck-Nr. | IBAN | Betrag | BS
0000000000001⑈ 0CH
Bitte dieses Feld nicht beschriften und nicht bestempeln

Orderscheck

Orderschecks, wie auch andere Orderpapiere, z. B. der Wechsel, werden vor Weitergabe mit einem **Indossament** versehen. Das Indossament hat verschiedene Funktionen.

Indossament

Funktionen des Indossaments

- **Transportfunktion:** Übertragung der Scheckrechte auf den neuen Scheckinhaber
- **Garantiefunktion:** Übernahme der Haftung für Bezahlung des Schecks durch den Indossanten
- **Legitimationsfunktion:** Nachweis der Berechtigung des Scheckinhabers durch eine ununterbrochene Indossamentenkette

Mit dem **Indossament** (Vermerk auf der Rückseite des Schecks) überträgt der Scheckberechtigte als Indossant das Recht aus dem Scheck auf einen anderen (den Indossatar), z. B. auf sein Kreditinstitut. Der Indossant (im Beispiel: Klaus Weber) übernimmt die scheckrechtliche Haftung. Er kann bei Nichteinlösung im Wege des Rückgriffs zur Zahlung gezwungen werden. Das Indossament kann ein **Vollindossament** oder ein **Blankoindossament** sein.

Beispiel

Vollindossament:

Für mich an die Order der
Sparkasse Hildesheim

Klaus Weber

Blankoindossament:

Klaus Weber

Die einheitlichen Orderscheckvordrucke enthalten auf der Rückseite den zweisprachigen Hinweis „Bitte den Orderscheck bei Weitergabe durch Unterschrift indossieren. Please endorse the order cheque with signature if negotiated".

Kreditinstitute versehen Orderschecks nach dem **Scheckabkommen** nur mit einem Stempelaufdruck, der das Indossament ersetzt. Der Stempelaufdruck bedarf keiner Unterschrift.

Das bezogene Kreditinstitut muss vor der Einlösung eines Orderschecks die Lückenlosigkeit der Indossamentenkette und die Legitimation des Vorlegers prüfen. Nach dem Orderscheckabkommen ist auch die Bank, bei der ein Orderscheck zum Inkasso eingereicht wird, zur entsprechenden Prüfung verpflichtet.

Inhaberscheck
Art. 5 Abs. 2 ScheckG

Inhaberschecks sind an den Vorleger zahlbar. Durch den Eindruck der Überbringerklausel wird aus dem geborenen Orderpapier ein Inhaberpapier, sog. Überbringerscheck.

Art. 20 ScheckG

Inhaberschecks werden durch **formlose Übereignung** (Einigung und Übergabe) des Papiers übertragen. Sie können zusätzlich ein Indossament erhalten, werden dadurch aber nicht zum Orderpapier. In der Praxis werden Inhaberschecks selten indossiert.

Das bezogene Kreditinstitut ist berechtigt, aber nicht verpflichtet, die Legitimation des Vorlegers eines Inhaberschecks zu prüfen.

Rektascheck
§ 398 BGB

Rektaschecks sind an den namentlich genannten Empfänger zahlbar. Sie tragen die Klausel „nicht an Order" (negative Orderklausel). Der auf dem Scheck genannte Empfänger kann seine Rechte nur durch Abtretung übertragen. Rektaschecks kommen in der Praxis nicht vor.

Vergleich von Orderscheck, Inhaberscheck und Rektascheck

Kriterien	Orderscheck	Inhaberscheck	Rektascheck
Möglichkeiten zur Angabe des Zahlungsempfängers	‣ Klaus Weber ‣ Klaus Weber oder Order ‣ eigene Order vgl. Abbildung Seite 165	‣ Inhaber ‣ Walter Flebbe oder Überbringer ‣ keine Empfängerangabe, aber Zusatz „oder Überbringer" vgl. Abbildung Seite 163	‣ Jens Bode nicht an Order
Übertragung der Scheckrechte (Weitergabe des Schecks)	Übereignung des indossierten Schecks (Einigung + Indossament + Übergabe)	Übereignung des Schecks (Einigung + Übergabe)	Abtretung (Zession) der Scheckrechte und Übergabe des Schecks

Bestätigter Bundesbank-Scheck

Art. 4 ScheckG

Ein Scheck kann grundsätzlich nicht mit einem Annahmevermerk (Akzept) versehen werden. Ein dennoch auf den Scheck gesetzter Annahmevermerk gilt als nicht geschrieben. Als Annahme ist dabei eine Erklärung des Bezogenen auf der Urkunde zu verstehen, durch die er sich zur Einlösung verpflichtet.

Bestätigte BBk-Schecks

Zulässig sind nach deutschem Scheckrecht lediglich Scheckbestätigungen der Deutschen Bundesbank. Die Deutsche Bundesbank versieht auf sie gezogene Schecks auf Antrag des Ausstellers mit einem **Bestätigungsvermerk.** Sie übernimmt mit der Bestätigung die Verpflichtung zur Einlösung des Schecks bei Vorlage innerhalb von acht Tagen nach Ausstellung.

§ 23 BBankG

II. F. 1. AGB Bundesbank

Beispiel Bestätigung auf der Rückseite eines Bundesbank-Schecks

Die Deutsche Bundesbank verpflichtet sich, diesen Scheck über
Euro ......Zehntausend......
....
bis zum ......14. Februar 20.. ......
während der Geschäftsstunden bar einzulösen.
Ist der Scheck mit einem die Barauszahlung ausschließenden Vermerk versehen, wird er innerhalb der Bestätigungsfrist mit Vordruck 4102 der Bank zur sofortigen vorbehaltlosen Gutschrift auf dem Girokonto hereingenommen.

Hamburg, ...6. Februar 20.. ......
DEUTSCHE BUNDESBANK
Hauptverwaltung Hamburg
Siegel

II. F. 1.-3. AGB Bundesbank

Die bezogene Bundesbank-Hauptverwaltung bringt auf der Rückseite des Schecks den Bestätigungsvermerk an und belastet das Girokonto des Ausstellers mit dem Scheckbetrag zuzüglich einer Bestätigungsgebühr. Acht Tage nach Ausstellung des **bestätigten Bundesbank-Schecks** erlischt die Einlösungsverpflichtung der Bundesbank. Wird der Scheck danach vorgelegt, behandelt ihn die Bundesbank wie einen unbestätigten Scheck. Fünfzehn Tage nach der Ausstellung schreibt die Bundesbank dem Aussteller den Scheckbetrag wieder gut, sofern der Scheck bis dahin nicht bei der bezogenen oder einer anderen Stelle vorgelegt worden ist.

§ 23 Abs. 3 BBankG
II. F. 3. AGB Bundesbank

Ein bestätigter Bundesbank-Scheck wird von der Bundesbank bar ausgezahlt. Ist der Scheck mit einem die Barauszahlung ausschließenden Vermerk versehen, wird er innerhalb der Bestätigungsfrist zur sofortigen vorbehaltlosen Gutschrift auf einem Bundesbank-Girokonto hereingenommen.

II. F. 1. (3) AGB Bundesbank

Kreditinstitute beschaffen ihren Kunden bestätigte Bundesbank-Schecks, indem sie Schecks auf ihr Bundesbank-Girokonto ziehen, sie bestätigen lassen und den Kunden aushändigen.

Bestätigte Bundesbank-Schecks werden vor allem für Kunden ausgestellt, die auf Auktionen oder Zwangsversteigerungen mitbieten wollen (seit 01.02.2007 kann als Sicherheit kein Bargeld mehr hinterlegt werden).

3.4.5.4 Zahlungsanweisung zur Verrechnung

Zahlungsanweisung zur Verrechnung

Die Zahlungsanweisung zur Verrechnung (ZzV) ist ein Zahlungsinstrument der Postbank. Sie ist rechtlich kein Scheck, da die Bezeichnung „Scheck“ in der Urkunde fehlt. Der Vordruck enthält den Text: „Zahlen Sie gegen diese Anweisung ... EUR an ... oder Überbringer." Zahlungsanweisungen zur Verrechnung werden aber nach dem Scheckabkommen wie Schecks behandelt.

Auftraggeber, Verwendungszweck
Igenia-Versicherungs AG
Hamburg
Prämienerstattung 07823
Hinweise auf Rückseite beachten
Zahlungsanweisung zur Verrechnung Postbank Saarbrücken
Zahlen Sie gegen diese Anweisung
achthundertdreiundsechzig
Betrag in Buchstaben
noch Betrag in Buchstaben
Betrag: Euro, Cent
863,20
an
oder Überbringer
Marianne Groth
Birkenallee 29
25524 Itzehoe
Vorzulegen innerhalb **eines Monats** nach dem im Stempelabdruck angegebenen Tag.
Der vorgedruckte Text darf nicht geändert oder gestrichen werden.
Auftr.-Nr. IBAN Betrag BS
Bitte dieses Feld nicht beschriften und nicht bestempeln

Zahlungsanweisung zur Verrechnung

Die Zahlungsanweisung zur Verrechnung eignet sich für **Zahlungen an Empfänger, deren Kontoverbindung nicht bekannt** ist. Kunden der Postbank mit umfangreichen Zahlungsverpflichtungen (Firmenkunden oder öffentliche Kassen) stellen Zahlungsanweisungen zur Verrechnung aus und übergeben sie der Postbank. Diese bucht die Beträge vom Konto des Ausstellers ab und sendet die Zahlungsanweisungen den Empfängern zu.

Der **Zahlungsempfänger** kann die Zahlungsanweisung zur Verrechnung **wie einen Verrechnungsscheck** bei der Postbank oder einem anderen Kreditinstitut zur Gutschrift einreichen. Dabei soll eine Frist von einem Monat eingehalten werden. Zahlungsanweisungen zur Verrechnung können bis 10000 Euro ausgestellt werden. Ist der Zahlungsempfänger eine natürliche Person, kann er sie auch innerhalb der Vorlegungsfrist von einem Monat in einer Filiale der Postbank oder einer Partner-Agentur der Deutschen Post, die die Finanzdienstleistungen der Postbank anbietet, vorlegen und sich den Betrag bar auszahlen lassen. Zahlungsanweisungen mit Barauszahlungsmöglichkeit sind auf 1500 Euro begrenzt.

Zahlung von Arbeitslosengeld

Insbesondere die **Bundesagentur für Arbeit** bedient sich der von der Postbank ausgestellten Zahlungsanweisung zur Verrechnung für die Auszahlung von Arbeitslosengeld, wenn der Zahlungsempfänger kein Konto besitzt.

3.4.5.5 Aktive und passive Scheckfähigkeit

aktive Scheckfähigkeit

Die aktive Scheckfähigkeit ist die Fähigkeit, Schecks zu ziehen. Aktiv scheckfähig ist, wer rechts- und geschäftsfähig ist. Alle voll geschäftsfähigen natürlichen und alle juristischen Personen sowie die Personenhandelsgesellschaften (OHG, KG) besitzen die aktive Scheckfähigkeit.

passive Scheckfähigkeit
Art. 3 ScheckG

Die passive Scheckfähigkeit ist die Fähigkeit, Schecks auf sich ziehen zu lassen. Nach dem deutschen Scheckrecht sind nur Kreditinstitute und die Deutsche Bundesbank passiv scheckfähig.

3.4.5.6 Scheckvertrag

Scheckvertrag

Der Scheckvertrag regelt das Rechtsverhältnis zwischen dem bezogenen Institut und dem Scheckaussteller. Er ist ein Geschäftsbesorgungsvertrag.

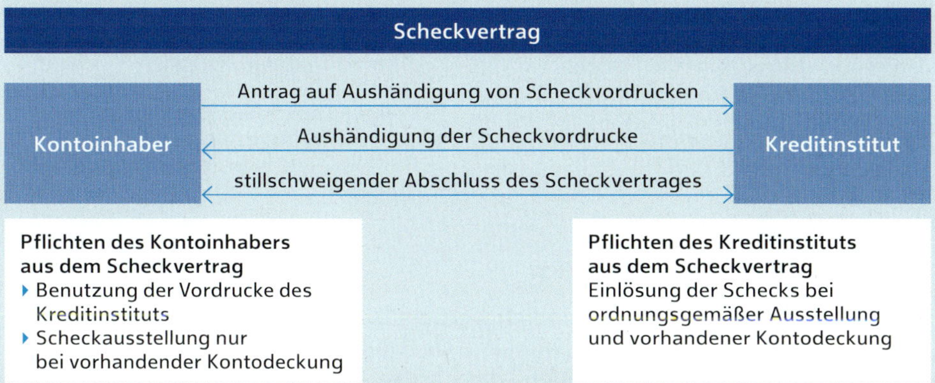

Kreditinstitute schließen grundsätzlich nur mit solchen Kunden einen Scheckvertrag, deren Kontoführung einwandfrei ist. Der Kontoinhaber muss die **Bedingungen für den Scheckverkehr** anerkennen. Sie sind Bestandteil des Scheckvertrags.

Bedingungen für den Scheckverkehr

3.4.5.7 Vorlegungsfristen für Schecks

Vorlegungsfristen

Der Scheck ist bei Sicht zahlbar. Er soll für den Aussteller kein Kreditmittel sein. Schecks sollen daher den bezogenen Kreditinstituten so schnell wie möglich zur Einlösung vorgelegt werden. Das Scheckgesetz

- begrenzt die Umlaufzeit von Schecks durch **Vorlegungsfristen,** Art. 29 ScheckG
- bestimmt, dass auch **vordatierte** Schecks **bei Vorlage** (bei Sicht) zahlbar sind. Art. 28 ScheckG

Die Vorlegungsfristen beziehen sich nur auf in Deutschland zahlbare Schecks. Für Schecks, die im Ausland zahlbar sind, gelten die Vorlegungsfristen des betreffenden Landes.

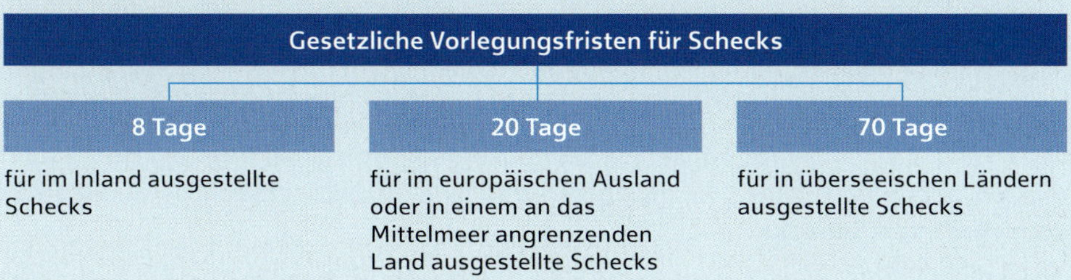

Art. 29 ScheckG

Die Vorlegungsfrist beginnt an dem Tage, der auf dem Scheck als Ausstellungstag angegeben ist. Bei vor- und nachdatierten Schecks ist der angegebene, nicht der tatsächliche Ausstellungstag maßgebend. Der Ausstellungstag wird bei der Berechnung der Vorlegungsfrist nicht mitgezählt. Die Frist verlängert sich bis zum nächsten Geschäftstag, wenn der letzte Tag ein Samstag oder ein gesetzlicher Feiertag ist.

Bedeutung der Vorlegungsfristen

Die Bedeutung der Vorlegungsfristen beim Scheck

Art. 32 Abs. 2 ScheckG

Rechtslage bis zum Ablauf der Vorlegungsfrist	Rechtslage nach Ablauf der Vorlegungsfrist
▸ Der Scheckinhaber sichert sich durch rechtzeitige Vorlage des Schecks die scheckrechtlichen Rückgriffsansprüche gegen Indossanten und Aussteller. ▸ Das bezogene Kreditinstitut ist dem Aussteller gegenüber zur Einlösung des Schecks verpflichtet, sofern er ordnungsgemäß ausgestellt wurde und das Konto des Ausstellers Deckung aufweist.	▸ Der Scheckinhaber verliert bei nicht rechtzeitiger Vorlage des Schecks seine scheckrechtlichen Rückgriffsansprüche. Er kann dann nur noch bürgerlich-rechtliche Ansprüche geltend machen. ▸ Das bezogene Kreditinstitut ist zur Einlösung des Schecks berechtigt, aber nicht verpflichtet. In der Praxis werden verspätet vorgelegte Schecks in der Regel eingelöst.

Widerruf von Schecks

3.4.5.8 Widerruf von Schecks

Art. 32 Abs. 1 ScheckG

Nr. 5 Scheckbedingungen

Schecks können widerrufen (gesperrt) werden. Der Widerruf eines Schecks ist erst nach Ablauf der Vorlegungsfrist wirksam. Der Bundesgerichtshof hat allerdings in einem Grundsatzurteil entschieden, dass diese Regelung den Aussteller unangemessen benachteiligt und dass eine Schecksperre auch vor Ablauf der Vorlegungsfrist zu beachten ist. Nach den Bedingungen für den Scheckverkehr der Banken und der Sparkassen kann der **Widerruf** nur beachtet werden, wenn er dem bezogenen Kreditinstitut so **rechtzeitig** zugeht, dass seine Berücksichtigung **im Rahmen des ordnungsgemäßen Arbeitsablaufs** möglich ist. Sparkassen regeln zusätzlich in ihren Scheckbedingungen, dass das bezogene Institut nach Ablauf der Vorlegungsfrist eine Schecksperre nur noch 6 Monate, gerechnet vom Eingang des Widerrufs, zu beachten hat. Später vorgelegte Schecks kann das bezogene Institut einlösen, sofern der Aussteller die Sperre nicht schriftlich um weitere 6 Monate verlängert hat.

3.4.5.9 Gutschrift und Einlösung von Schecks

Gutschrift und Einlösung von Schecks

Scheckgutschrift und Scheckeinlösung

Gutschrift	Einlösung
Gutschrift E.v. (Eingang vorbehalten)	▸ Barschecks durch Barauszahlung an den Einreicher ▸ Verrechnungsschecks durch Belastung des Kontos des Ausstellers

Gutschrift von Schecks

Nr. 9 Abs. 1, Nr. 23 AGB

Zum Einzug hereingenommene Schecks und andere Einzugspapiere (wie z.B. Lastschriften) werden unter dem Vorbehalt der Einlösung und des Eingangs des Gegenwerts gutgeschrieben. Erst mit Eingang des Gegenwerts wird die e.V.-Gutschrift endgültig. Bleibt der Gegenwert aus, wird die Gutschriftsbuchung rückgängig gemacht. Das gilt auch nach einem Rechnungsabschluss.

Einlösung von Schecks

Barschecks sind mit Auszahlung an den Vorleger eingelöst. Zum Einzug hereingenommene Schecks sind erst eingelöst, wenn die Belastungsbuchung nicht bis zum Ablauf des übernächsten Bankarbeitstages rückgängig gemacht wird. Damit kann nach der Belastungsbuchung noch eine Nachdisposition erfolgen.

Nr. 9 Abs. 2 AGB

Vor der Einlösung eines Schecks prüft das bezogene Kreditinstitut, ob

Prüfungen vor Einlösung von Schecks

- das Konto des Ausstellers ausreichend Deckung aufweist,
- die Unterschrift des Ausstellers mit der hinterlegten Unterschriftsprobe übereinstimmt,
- ein Widerruf vorliegt.

Nach den **Scheckbedingungen** ist das bezogene Kreditinstitut berechtigt, Schecks **auch bei mangelnder Kontodeckung einzulösen.** Die Einlösung führt zu einer geduldeten Kontoüberziehung. Die Bank kann hierfür den Zinssatz für geduldete Überziehungen berechnen.

Nr. 4 Scheckbedingungen

3.4.5.10 Einzug von Schecks

Der Einzug von Schecks und Zahlungsanweisungen zur Verrechnung erfolgt aufgrund des Scheckabkommens nach unterschiedlichen Verfahren.

Belegloser Scheckeinzug im

belegloser Scheckeinzug

BSE-Verfahren (belegloser Scheckeinzug)	ISE-Verfahren (imagegestützter Scheckeinzug)
▸ Schecks bis unter 6000 Euro ▸ Überleitung durch Kreditinstitute (erste Inkassostelle) ▸ keine Vorlage des Originalschecks beim bezogenen Kreditinstitut ▸ keine scheckrechtlichen Rückgriffsansprüche	▸ Schecks ab 6000 Euro ▸ Weiterleitung eines eingescannten Scheckbildes ▸ keine Vorlage des Originalschecks beim bezogenen Kreditinstitut ▸ scheckrechtliche Rückgriffsansprüche

Beim Scheckeinzug muss das den Scheck zum Einzug annehmende Kreditinstitut prüfen, ob der Scheckeinreicher mit dem in der Scheckurkunde genannten Schecknehmer identisch ist. Ist das nicht der Fall (sog. **disparische Schecks**), muss die erste Inkassostelle die Berechtigung des Scheckeinreichers überprüfem, z. B. durch Rückfrage beim Schecknehmer. Das gilt insbesondere bei Verdacht auf Scheckmissbrauch.

disparische Schecks

BGH-Urteil vom 15.02.2000

BSE-Verfahren

Das beleglose Scheckeinzugsverfahren (BSE-Verfahren) gilt für Schecks, die auf inländische Kreditinstitute gezogen sind und auf einen Betrag von unter 6000 Euro lauten. Das erste am Scheckeinzug beteiligte Kreditinstitut, die **erste Inkassostelle**, ist verpflichtet, eingereichte Inhaber- und Orderschecks

BSE-Schecks

erste Inkassostelle

- auf ihre formelle Ordnungsmäßigkeit i. S. des Scheckgesetzes zu prüfen,
- die Scheckdaten zu erfassen und
- in elektronische Clearingdatensätze umzuwandeln.

Art. 1 und 2 ScheckG

Schecklagerstelle

Der Originalscheck wird im BSE-Verfahren körperlich nicht versandt. In den meisten Fällen ist damit die erste Inkassostelle auch **Schecklagerstelle**, die die Originalschecks bzw. davon erstellte Mikrokopien nach handels- und steuerrechtlichen Vorschriften zeitlich befristet aufbewahrt.

belegloser Einzug

Die Gegenwerte der umgewandelten BSE-Schecks ziehen die Kreditinstitute entweder in ihren eigenen Gironetzen oder im EMZ der Deutschen Bundesbank beleglos ein.

Das **bezogene Kreditinstitut** belastet die eingehenden Verrechnungsschecks ohne vorherige Deckungsprüfung den Konten der Aussteller und führt eine Nachdisposition durch.

ISE-Verfahren

ISE-Schecks

Beim imagegestützten Scheckeinzugsverfahren (ISE-Verfahren) übermittelt die erste Inkassostelle der Deutschen Bundesbank ein eingescanntes Bild („Image") der bei ihr zum Inkasso eingereichten Schecks zur Vorlage beim bezogenen Kreditinstitut. Auf diese Weise entfällt der zeit- und kostenintensive Transport der Originalschecks wie beim abgelösten Großbetrag-Scheckeinzugsverfahren (GSE-Verfahren). Das ISE-Verfahren kommt für Schecks ab 6000 Euro zur Anwendung.

§ 1 AbrStV
Art. 31 Abs. 1 ScheckG
§ 2 AbrStV

Die Deutsche Bundesbank ist Abrechnungsstelle im Sinne des Scheckgesetzes. Diese Funktion hat die Bundesbank aufgrund der Abrechnungsstellenverordnung inne. Durch diese Verordnung ist es möglich geworden, Schecks beim Inkasso nicht mehr in Papierform, sondern in Form eines elektronischen Bildes an das bezogene Kreditinstitut zu versenden.

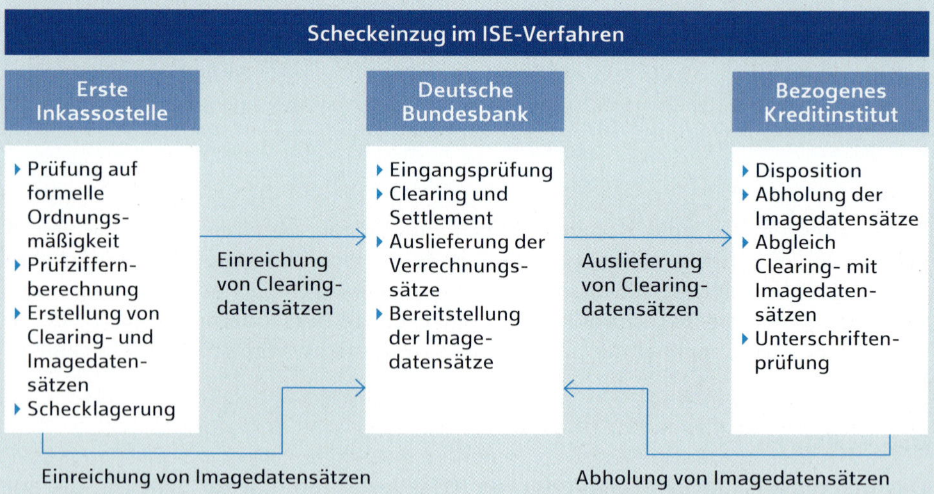

Die erste Inkassostelle

- prüft die eingereichten Schecks auf ihre formelle Ordnungsmäßigkeit,
- erstellt die ISE-Image- und ISE-Clearingdatensätze (aktive ISE-Pflicht),
- reicht sämtliche Datensätze an die Bundesbank als Abrechnungsstelle weiter,

- verwahrt die Originalschecks drei Kalenderjahre lang (Schecklagerstelle) und das Scheckabbild nach handels- und steuerrechtlichen Vorschriften,
- überprüft die richtige Erfassung der IBAN des Ausstellers anhand einer Prüfzifferberechnung.

Die Deutsche Bundesbank als Clearing- und Abrechnungsstelle

- nimmt einen Abgleich der bei ihr eingereichten Image- und Clearingdatensätze vor,
- verrechnet die Scheckgegenwerte anhand der Clearingdatensätze und leitet diese an die bezogenen Institute weiter,
- stellt die Imagedatensätze den bezogenen Instituten im ExtraNet zur Abholung bereit.

Das bezogene Kreditinstitut

- muss die Clearingdatensätze aufnehmen und die Imagedatensätze im ExtraNet der Bundesbank abholen (passive ISE-Pflicht),
- prüft anhand des Scheckabbildes die Einlösung (kann in Zweifelsfällen den Originalscheck von der ersten Inkassostelle zur Vornahme weiterer Kontrollen anfordern),
- verrechnet die Scheckgutschrift im üblichen Scheckeinzugsverfahren.

Vorteile des ISE-Verfahrens sind

- Kosteneinsparung durch Verringerung der körperlichen Weitergabe von Scheckdokumenten,
- Aufgabe der Kosten verursachenden Korrekturhüllenverarbeitung und Codierung,
- Möglichkeit der Führung eines Scheckprozesses trotz Nichtvorlage des Originalschecks beim bezogenen Institut durch den Schecknehmer.

3.4.5.11 Nichteinlösung und Rückgabe von Schecks

Nichteinlösung von Schecks

Gründe für die Verweigerung der Einlösung

Das bezogene Kreditinstitut kann die Einlösung von Schecks verweigern, wenn
- das Konto des Ausstellers keine ausreichende Deckung aufweist oder
- die Vorlegungsfrist abgelaufen ist.

Das bezogene Kreditinstitut muss die Einlösung von Schecks verweigern, wenn
- die Unterschrift des Ausstellers nicht der hinterlegten Unterschriftsprobe entspricht,
- ein rechtzeitig eingegangener Widerruf (Schecksperre) vorliegt oder
- ein erkennbarer Fall nicht berechtigter Vorlage gegeben ist.

Art. 42 ScheckG

Der Scheckinhaber hat die Pflicht, seinen unmittelbaren Vormann sowie den Aussteller innerhalb von vier Werktagen von der Nichteinlösung des Schecks zu benachrichtigen. Jeder Indossant muss seinen unmittelbaren Vormann innerhalb von zwei Werktagen nach Kenntnisnahme benachrichtigen.

Nichteinlösung von BSE-Schecks

Die Nichteinlösung von körperlich nicht vorgelegten Schecks (BSE-Schecks) bestätigt die 1. Inkassostelle im Auftrag des bezogenen Kreditinstituts durch den Nichteinlösungsvermerk (Nicht-Bezahlvermerk): „Vom bezogenen Kreditinstitut am ... nicht bezahlt". Der Vermerk ist auf dem Originalscheck oder der Scheckkopie anzubringen.

Ausschluss scheckrechtlicher Rückgriffsansprüche **Art. 40 ScheckG**

Dieser Vermerk ist nicht gleichzusetzen mit dem Nichteinlösungsvermerk, der Voraussetzung für die Geltendmachung scheckrechtlicher Rückgriffsansprüche ist und auf körperlich vorgelegten Schecks angebracht wird. Der Schecknehmer kann daher bei Nichteinlösung beleglos eingezogener Schecks keine scheckrechtlichen Regressansprüche geltend machen. Er muss seine Rechte gegen den Aussteller des nicht eingelösten Schecks im ordentlichen Gerichtsverfahren geltend machen. Für Schäden, die dem Schecknehmer dadurch entstehen können, muss die erste Inkassostelle aufkommen. Auf diesen Sachverhalt muss die erste Inkassostelle im Falle der Nichteinlösung eines beleglos eingezogenen Schecks den Schecknehmer aufgrund des Scheckabkommens ausdrücklich hinweisen.

Informationspflicht

Bei Nichteinlösung eines ISE-Schecks durch die bezogene Bank erhält der Scheckeinreicher den bei der ersten Inkassostelle eingereichten Originalscheck, eine Rückrechnung und einen Anforderungsbogen für die Nichteinlösungserklärung gem. Scheckgesetz. Mithilfe dieses Anforderungsbogens kann sich der Scheckeinreicher von der Bundesbank den Ausdruck der elektronisch erstellten Nichteinlösungserklärung zusenden lassen. Diese Erklärung hat die gleiche scheckrechtliche Wirkung wie der Nichtbezahltvermerk eines bezogenen Kreditinstituts auf einem nicht eingelösten Scheck. Der Schecknehmer ist dann berechtigt, einen Scheckprozess zu führen. Er kann auf die Indossanten und den Aussteller Rückgriff zu nehmen.

elektronische Nichteinlösungserklärung gem. **Art. 40 Nr. 3 ScheckG**

Rückgriffsansprüche **Art. 52 ScheckG**

Die **Rückgriffsansprüche** des Inhabers gegen die Indossanten, den Aussteller und die anderen Scheckverpflichteten verjähren in sechs Monaten nach Ablauf der Vorlegungsfrist.

Die Rückgriffsansprüche eines Verpflichteten gegen einen anderen Scheckverpflichteten verjähren in sechs Monaten von dem Tage, an dem der Scheck von dem Verpflichteten eingelöst oder ihm gegenüber gerichtlich geltend gemacht worden ist.

Rückgabe von Schecks

Rückgabe von Schecks

Für die Rückgabe von Schecks hat das bezogene Kreditinstitut nach dem Scheckabkommen zu beachten:

- **Scheckgegenwerte von nicht eingelösten Schecks, die**
  - nach dem **BSE-Verfahren** eingezogen werden, sind spätestens an dem auf den Eingangstag der Scheckdaten folgenden Bankarbeitstag an die erste Inkassostelle zurückzurechnen,
  - nach dem **ISE-Verfahren** eingezogen werden, sind spätestens an dem auf den Tag der Vorlage des Scheckbildes folgenden Bankarbeitstag über die Deutsche Bundesbank an die erste Inkassostelle zurückzurechnen.
- Bei Schecks im Betrag von **6000 Euro** und darüber ist eine **Eilnachricht** an die erste Inkassostelle erforderlich. Die Eilnachricht hat bis spätestens 14:30 Uhr an dem auf dn Tag der Vorlage folgenden Bankarbeitstag mittels Telex, Telefax, Telefon oder gesicherter E-Mail zu erfolgen.

3.4.6 Kartengestützte Zahlungen

kartengestützte Zahlungen

Zahlungsverfahren, bei denen eine Bankkarte eingesetzt wird, werden als kartengestützt oder kartengesteuert bezeichnet. Unter der Bankkarte versteht man alle Karten, die im bargeldlosen Zahlungsverkehr sowie zur Nutzung von Serviceleistungen und Zusatzanwendungen eingesetzt und von einem Zahlungsinstitut ausgegeben werden.

Kartenzahlungen im Überblick

Bezahlverfahren	Electronic Cash/ Girocard	Elektronisches Lastschriftverfahren (SEPA-ELV)	Maestro-Karte	Geldkarte (inkl. Girogo)	Kreditkarte
Legitimation	PIN	Unterschrift	PIN	Prüfung des Chips	Unterschrift/ PIN
Zahlungsgarantie	ja	nein	ja	ja	ja
Sperrabfrage	ja	nein	ja	nein	je nach Betrag
Limits	bankenindividuell; häufig 2000 Euro pro Tag	nein	bankenindividuell; häufig 2000 Euro pro Tag	gespeicherter Geldbörsenbetrag (max. 200 Euro)	kartenindividuell
Kosten für Händler	individuell, derzeit ca. 0,2 % des Umsatzes	keine	individuell, derzeit ca. 0,8 % des Umsatzes	maximal 0,2 % des Umsatzes	individuell, derzeit ca. 1,0 % bis 3,0 % des Umsatzes

Die anfallenden Entgelte zwischen den an der Zahlungsabwicklung beteiligten Banken (sog. **Interchange Fees**) wurden 2016 durch eine EU-Verordnung gedeckelt (Debitkarte 0,2 %/Kreditkarte 0,3 % des Umsatzes). Die **Kosten für den Händler** liegen jedoch tatsächlich höher, da er branchen- und umsatzabhängig an seine Bank noch ein zusätzliches Disagio zahlen muss.

3.4.6.1 Zahlungen mit Bankkarte

Kreditinstitute geben instituts- oder institutsgruppenbezogene Bankkarten (Debitkarten) heraus, z. B. die

- **VR-BankCard** der Volks- und Raiffeisenbanken,
- **SparkassenCard** der Sparkassenorganisation,
- **Deutsche Bank Card** der Deutschen Bank,
- **Postbank Card** der Postbank.

Als einheitliches Akzeptanzzeichen für die **Bargeldbeschaffung** an deutschen Geldautomaten und für das Bezahlen im **Electronic-Cash-System** hat die Deutsche Kreditwirtschaft (DK) die Bezeichnung **„Girocard“** eingeführt. Die **Girocard** ist eine Bankkarte, die mit Zahlungsfunktionen (Geldbeschaffung an Geldautomaten sowie Einsatz im Electronic-Cash-Verfahren) ausgestattet und auf deren Rückseite das **girocard-Logo** (anstelle des ec-Symbols) angebracht ist. In diesem Zusammenhang kann man

Bankkarte

den Begriff Bankkarte durch Girocard ersetzen. Die Girocard ist aber nicht als Identifikationskarte für die Nutzung von Serviceleistungen und Inanspruchnahme von Zusatzanwendungen zu verstehen. Die Girocard erleichtert durch Co-Branding mit Maestro bzw. V PAY auch die internationale Akzeptanz der deutschen Bankkarte.

Aufgrund einer EU-Verordnung muss der Händler den Käufer künftig nach der von ihm gewünschten Zahlungsfunktion fragen.

Beispiel für eine Bankkarte (SparkassenCard)

Auf der Rückseite der jeweiligen Bankkarte sind IBAN und BIC aufgedruckt.

Funktionen der Bankkarte

3.4.6.1.1 Funktionen der Bankkarte

Die Bankkarte besitzt eine Vielzahl von Funktionen. Sie wird deshalb auch als Multifunktionskarte bezeichnet.

Dienstleistungsangebote der Kreditwirtschaft

Der **Karteninhaber** kann die Bankkarte für folgende **Dienstleistungsangebote** der Kreditwirtschaft nutzen:

ohne Einsatz der PIN

- **ohne Einsatz der persönlichen Geheimzahl** (PIN)
  - **als GeldKarte,**
  - **als Servicekarte für Selbstbedienungseinrichtungen des Kreditinstituts,**
  - **als girogo kontaktlos,**
  - **als girocard kontaktlos,**

in Verbindung mit der PIN

- in **Verbindung mit der persönlichen Geheimzahl** (PIN)
  - **zum Abheben von Bargeld an Geldautomaten,** die mit dem girocard-Logo (früher ec-Zeichen) gekennzeichnet sind,
  - **zum bargeldlosen Bezahlen an Kassen bei Handels- und Dienstleistungsunternehmen, die mit dem girocard-Logo gekennzeichnet sind,** im Rahmen des **Electronic-Cash-Systems und des internationalen Maestro- und V PAY-Systems,**
  - **zum Aufladen der GeldKarte an Geldautomaten oder Ladeterminals,**
  - **zum Aufladen eines Prepaid-Mobilfunk-Kontos an Geldautomaten.**

Bedingungen für Bankkarten

Die **Bankkarte** gilt für das auf ihr **angegebene Konto.** Sie kann nur auf den Namen des **Kontoinhabers oder eines Bevollmächtigten** ausgestellt werden. **Die Kunden müssen für die Bankkarte besondere Bedingungen anerkennen.** Diese Bedingungen regeln:

- Bargeldloses Bezahlen in garantierten Zahlungsformen,
- Eingabe von Überweisungen an Selbstbedienungsterminals,

- Abruf von Kontoauszügen an Kontoauszugsdruckern oder auf elektronischem Wege,
- Speicherung von unternehmensbezogenen Zusatzanwendungen.

Multifunktionskarte

3.4.6.1.2 Einsatz der Bankkarte an Geldautomaten

Einsatz der Bankkarte an Geldautomaten

Unter Eingabe seiner persönlichen Geheimzahl (PIN) kann sich der Karteninhaber mit der Bankkarte (Girocard) Bargeld an Geldautomaten, die das girocard-Logo tragen, beschaffen.

Wird die PIN am Geldautomaten dreimal hintereinander falsch eingegeben, wird die Bankkarte automatisch eingezogen.

Verfügungsrahmen

Für **Abhebungen an Geldautomaten** (und **Zahlungen an automatisierten Kassen im Electronic-Cash-System**) teilt das Kreditinstitut dem Kontoinhaber einen für einen bestimmten Zeitraum geltenden **Verfügungsrahmen** mit. Im Rahmen dieses individuellen Verfügungsrahmens kann der Karteninhaber an Geldautomaten seines Instituts und an fremden Geldautomaten Barabhebungen vornehmen. Bei jeder Nutzung der Bankkarte (Girocard) wird geprüft, ob der Verfügungsrahmen durch vorangegangene Verfügungen bereits ausgeschöpft ist.

An Geldautomaten im Ausland, die das Maestro-Logo oder das V PAY-Logo aufweisen, können deutsche Karteninhaber Bargeld bis zu bestimmten Höchstbeträgen abheben. Dabei ist Maestro das Zahlungssystem von **MasterCard** und **V PAY das Zahlungssystem von Visa**. Der Höchstbetrag ist von Institutsgruppe zu Institutsgruppe unterschiedlich. So können beispielsweise Kunden mit der SparkassenCard bis zu 500 Euro oder Gegenwert in Landeswährung pro Tag abheben, soweit dabei der individuelle Verfügungsrahmen nicht überschritten wird. Im Genossenschaftssektor liegt dieser Höchstbetrag bei 1 000 Euro pro Tag. Soweit ausländische Geldautomaten eine Online-Autorisierung aufweisen, können auch höhere Beträge abgehoben werden.

Das Institut, das Geldautomaten betreibt, ist berechtigt, von dem Karten ausgebenden Institut zusammen mit dem Verfügungsbetrag ein Entgelt für die Benutzung seines Geldautomaten zu verlangen. **Verfügungsbetrag und Entgelt** werden durch **Lastschrift** eingezogen. Eine **Rückgabe der Lastschrift** wegen Widerspruchs, wegen fehlender Deckung oder aus anderen Gründen **ist nicht möglich.**

missbräuchliche Verwendung der Bankkarte
§ 675l BGB
§ 675v BGB

Missbräuchliche Verwendung der Bankkarte (am Beispiel der SparkassenCard)

Der Karteninhaber hat seine SparkassenCard sorgfältig aufzubewahren. Der Karteninhaber muss außerdem dafür sorgen, dass keine andere Person Kenntnis von seiner persönlichen Geheimzahl erlangt. Jeder, der die persönliche Geheimzahl kennt und in den Besitz der Karte kommt, kann zulasten des auf der Karte angegebenen Kontos Geld an Geldautomaten abheben. Die **Aufteilung des entstandenen Schadens** bei missbräuchlicher Verwendung der SparkassenCard bemisst sich nach dem Grad des Verschuldens des Kunden.

Haftungsregelung

	Haftungsregelung (vor Verlustanzeige)	
	Verhalten des Karteninhabers	**Übernahme des Schadens**
§ 675v Abs. 2 BGB	▸ kein Verschulden (Verlust war nicht bemerkbar)	in vollem Umfang durch die Sparkasse
§ 675v Abs. 1 BGB	▸ leicht fahrlässige Verletzung der Pflichten	in Höhe von 50 Euro durch den Kontoinhaber
§ 675v Abs. 3 BGB	▸ Handlung in betrügerischer Absicht ▸ vorsätzliche oder grob fahrlässige Verletzung von Sicherheitspflichten, z. B. Notierung der PIN auf der Karte	in vollem Umfang durch den Kontoinhaber
	Haftungsregelung (nach Verlustanzeige)	
§ 675v Abs. 5 BGB	Anzeige des Verlustes	volle Schadensübernahme durch die Sparkasse, soweit der Karteninhaber nicht in betrügerischer Absicht gehandelt hat

3.4.6.1.3 Einsatz der Bankkarte im Electronic-Cash-System

Begriff des Electronic-Cash-Verfahrens

Electronic-Cash-Verfahren mit PIN/ohne PIN (girocard kontaktlos)
▸ „Kontaktlos-Symbol", Seite 176

Im Electronic-Cash-System können Kunden an Kassen von Einzelhandels- und anderen Dienstleistungsunternehmen, die das girocard-Logo tragen (Electronic-Cash-Terminals), unter Einsatz ihrer Bankkarte (Girocard) bargeldlos zulasten ihres Girokontos zahlen. Die Zahlung kann alternativ erfolgen

1. durch Eingabe der PIN,
2. kontaktlos ohne PIN, bis 25 Euro über den Kontaktlos-Leser des Terminals (Nahfunktechnik), sofern die Girocard mit dem „Kontaktlos-Symbol" ausgestattet ist (girocard kontaktlos).

Händlerbedingungen

Händler müssen die besonderen Bedingungen für die Teilnahme am Electronic-Cash-System der deutschen Kreditwirtschaft akzeptieren.

In Anlehnung an die englische Bezeichnung wird das elektronische Zahlen an der Ladenkasse mitunter auch als **POS-Zahlung** (Zahlen am Point of Sale = Ort des Verkaufs) bezeichnet.

POS-Zahlung

Das nationale Electronic-Cash-System arbeitet mit dem **grenzüberschreitenden Maestro-Verfahren** zusammen. Deutsche Bankkarteninhaber können dadurch an automatisierten Kassen, die das Maestro-Logo aufweisen, im Ausland bezahlen. Deutsche Handels- und Dienstleistungsunternehmen haben die Möglichkeit, die von ausländischen Emittenten ausgegebenen Maestro-Karten an ihren Terminals zu akzeptieren. Auch mit **V PAY-Karten** von Visa können Zahlungen an ausländischen Händlerterminals vorgenommen werden, allerdings beschränkt auf Europa. Aufgrund einer EU-Verordnung muss der Händler den Käufer künftig nach der von ihm gewünschten Zahlungsfunktion fragen.

Maestro-Verfahren

Visa-Verfahren

Ablauf des Zahlungsvorgangs

Zahlung bei Online-Autorisierung

Nachdem der Kassierer den Rechnungsbetrag in die Kasse eingegeben hat, schiebt der Kunde seine Karte in die entsprechende Vorrichtung des Electronic-Cash-Terminals, tippt seine Geheimzahl ein und bestätigt die Transaktion. Damit veranlasst er gleichzeitig die **Autorisierungsanfrage bei der Autorisierungszentrale.** Bei einer Zahlung bis 25 Euro mittels girocard kontaktlos entfällt die PIN-Eingabe.

Autorisierungsanfrage

Autorisierung ist das Verfahren zur **Prüfung der Ordnungsmäßigkeit der Zahlung.** Bei der im Electronic-Cash-System betriebenen **Online-Autorisierung** werden die Daten nach Erfassung in der Kasse an die **Autorisierungszentralen** der Kreditinstitutsgruppen (Rechenzentren der Spitzenverbände) übermittelt. Die Autorisierung umfasst:

- Kontrolle der eingegebenen PIN,
- Prüfung der Echtheit der Karte,
- Kontrolle einer möglichen Sperre,
- Prüfung der Einhaltung des Verfügungsrahmens.

Bei **positiver Autorisierung** erscheint die Antwort **„Zahlung erfolgt"** im Display des Electronic-Cash-Terminals. Damit gibt das Karten ausgebende Kreditinstitut eine **Zahlungsgarantie** gegenüber dem Unternehmen ab.

Zahlungsgarantie

Das Unternehmen übermittelt die Beträge aus den Electronic-Cash-Zahlungen beleglos über den jeweiligen Terminalnetzbetreiber an sein Kreditinstitut und erhält den Gesamtbetrag gutgeschrieben. Das Kreditinstitut zieht die einzelnen Forderungsbeträge bei den Banken bzw. Sparkassen der Käufer ein.

Da das Kreditinstitut des Käufers dem Verkäufer die **Zahlung garantiert** hat, kann es die Einlösung der Lastschrift **nicht verweigern.** Der Käufer kann der Lastschrift auch **nicht widersprechen.**

Abwicklung von Electronic-Cash-Zahlungen

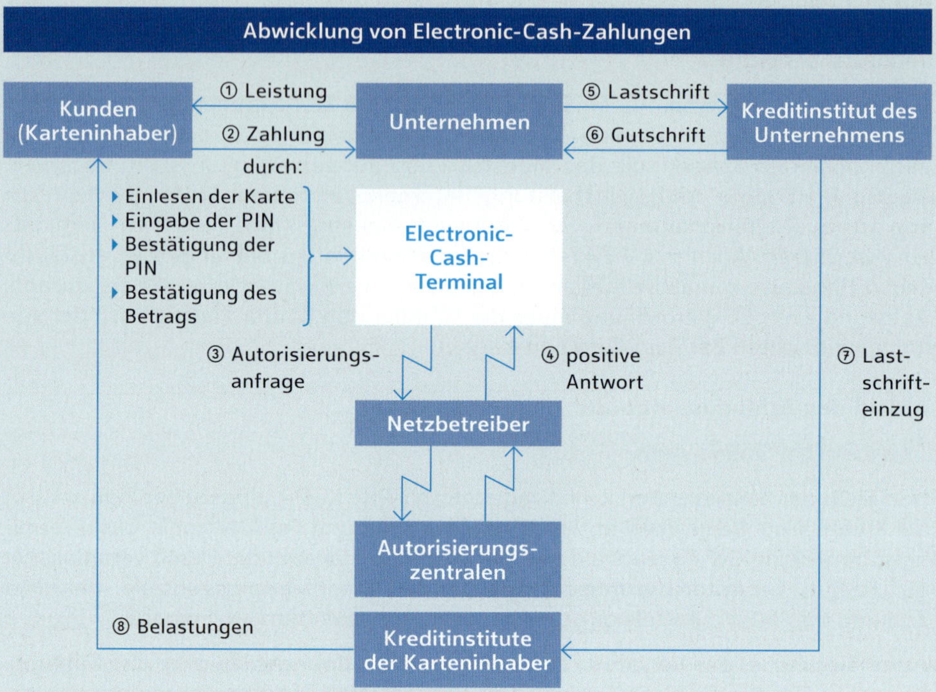

Zahlung bei Offline-Autorisierung

Ist die Bankkarte mit einem Chip versehen, besteht die Möglichkeit,

- einen **Offline-Verfügungsrahmen** sowie
- eine **Transaktionsperiode**

für das Electronic-Cash-Verfahren auf der Karte zu speichern (z. B. 1 000 Euro). Alle an Electronic-Cash-Terminals getätigten Umsätze, die den eingespeicherten Verfügungsrahmen nicht übersteigen, werden **dann ohne Kontoautorisierung** abgewickelt. Reicht der Verfügungsrahmen nicht mehr aus, kommt es automatisch zu einer Online-Autorisierung und bei vorhandener Kontodeckung wird ein neuer Verfügungsrahmen auf den Chip übertragen. Der Offline-Verfügungsrahmen hat den Vorteil, dass die bei jeder Transaktion sonst notwendige Kontoautorisierung entfällt. Damit spart der Händler Telekommunikationskosten und kann Zahlungen schneller abwickeln.

Dieses Verfahren, bei dem auf eine ständige Kontoautorisierung verzichtet wird, heißt **Electronic-Cash-offline** oder **Electronic-Cash-Chip**. Offline-Transaktionen sind – bonitätsabhängig – auch bei Zahlungen mit „girocard kontaktlos" möglich.

3.4.6.1.4 Einsatz der Bankkarte im SEPA-ELV-Verfahren

SEPA-ELV-Verfahren

keine Sperrdatei

Beim elektronischen Lastschriftverfahren (SEPA-ELV-Verfahren) des Handels gestattet der Karteninhaber dem Händler, den Kaufpreis mittels Lastschrift direkt von seinem Konto einzuziehen. Es besteht keine Zahlungsgarantie. Außerdem besteht weder die Pflicht noch die Möglichkeit zur Abfrage einer Sperrdatei. Das Verfahren ist damit für den Händler sehr **kostengünstig**, weist aber auch beträchtliche **Risiken** auf. Bei Nichteinlösung der Lastschrift sind die Kreditinstitute nicht verpflichtet, dem Händler auf Anfrage Namen und Anschrift des Kunden mitzuteilen. Dies gilt selbst für den Fall, dass der Kunde bei Erteilung der Einzugsermächtigung sein Einverständnis abgegeben hat.

keine Weitergabe persönlicher Daten

3.4.6.1.5 Einsatz der Bankkarte im SEPA-Raum (SEPA-Debitkarte)

Alle Bankkarten können unbeschränkt europaweit eingesetzt werden, d.h., es ist möglich, in Europa mit jeder Bankkarte an jedem Geldautomat Geld abzuheben bzw. an jedem Händlerterminal zu bezahlen („Any card at any terminal"). Einheitliche Sicherheitsstandards erhöhen den Schutz vor missbräuchlicher Verwendung der Debitkarte.

3.4.6.1.6 Einsatz der Bankkarte als GeldKarte (Prepaidkarte)

Begriff der GeldKarte

Die GeldKarte ist zumeist eine kontogebundene Karte. Sie ist keine besondere Bankkarte, sondern eine zusätzliche Nutzungsart der Bankkarte: Die mit Chip ausgestattete Bankkarte kann als GeldKarte zum bargeldlosen Bezahlen kleinerer Geldbeträge eingesetzt werden.

Aufladen und Entladen von GeldKarten

Aufladen

Der Kontoinhaber kann eine mit GeldKartenfunktion ausgestattete Bankkarte bis zum Höchstbetrag von 200 Euro innerhalb seines individuellen Verfügungsrahmens aufladen. Die Aufladung ist an entsprechenden Ladeterminals möglich, die das GeldKarten-Logo aufweisen. **Für die Aufladung ist grundsätzlich die Eingabe der persönlichen Geheimzahl (PIN) des Karteninhabers erforderlich.** Gleichzeitig mit dem Ladevorgang wird das Girokonto des Karteninhabers belastet.

Neben kontogebundenen GeldKarten können auch **kontoungebundene GeldKarten gegen Barzahlung** erworben werden.

Börsenevidenzzentrale

Geladene Beträge werden einem Börsenverrechnungskonto des kartenausgebenden Kreditinstituts gutgeschrieben und einer **Börsenevidenzzentrale** gemeldet. Die Evidenzzentrale führt für jede Karte einen sog. „Schattensaldo", der durch Ladevorgänge erhöht und durch Verfügungen entsprechend vermindert wird.

Entladen

Aufgeladene Beträge, über die der Karteninhaber nicht mehr mittels GeldKarte verfügen möchte, kann er an den Ladeterminals seines Kreditinstituts entladen. Bei der kontogebundenen GeldKarte wird der Betrag dem Konto des Karteninhabers gutgeschrieben; bei der kontoungebundenen GeldKarte wird er bar ausgezahlt.

GeldKarten

kontogebundene GeldKarte	kontoungebundene GeldKarte
‣ Bankkarte mit GeldKartenfunktion ‣ Aufladen unter Eingabe der PIN an Ladeterminals und Kontobelastung ‣ Entladen an Terminals des kartenausgebenden Kreditinstituts; Gutschrift auf dem Girokonto	‣ Chipkarte ohne Verbindung zu einem Konto; auch als White Card mit GeldKartenfunktion bezeichnet ‣ Erwerb gegen Barzahlung ‣ Entladen beim kartenausgebenden Kreditinstitut; Barauszahlung

Zahlungen mit der kontogebundenen GeldKarte

Die GeldKarte wird im Handel und im Dienstleistungsbereich an allen mit dem **Geld-Karten-Logo** bzw. dem neuen **girocard-Logo** versehenen Kassen (Händlerterminals) akzeptiert. Das bargeldlose Bezahlen mit der GeldKarte erfolgt so anonym wie eine Barzahlung. Weder die Eingabe einer Geheimzahl noch die Unterschrift des Karteninhabers sind erforderlich.

kontaktbehaftete Zahlung

Beim kontaktbehafteten Zahlen schiebt der Käufer seine GeldKarte in das Händlerterminal und erteilt damit seine Zustimmung (Autorisierung) zur Ausführung der Kartenzahlung. Ein Widerruf der Transaktion ist danach nicht mehr möglich. Das Händlerterminal meldet die kontaktbehaftete Zahlung durch die Anzeige „Zahlung erfolgt" und zeigt abschließend das Restguthaben auf der GeldKarte an. Bei jeder Zahlung wird der Betrag über eine Chipkarten lesende Händlerkarte im Terminal vom gespeicherten Guthaben abgebucht. Die einzelnen Zahlungen erscheinen nicht im Kontoauszug des Käufers. Gegenüber dem Kartenakzeptanten übernimmt das kartenausgebende Kreditinstitut die Zahlungsgarantie. Bei Zahlungsproblemen, z. B. keine Kontodeckung oder Karte gesperrt, erhält der Händler im Kassenterminal die neutrale Meldung „Vorgang abgebrochen".

kontaktlose Zahlung

Beim kontaktlosen Zahlen mit einer kontogebundenen GeldKarte hält der Zahler seine Karte in geringer Distanz von wenigen Zentimetern an den Kontaktlos-Leser eines entsprechend ausgestatteten Händlerterminals. Einschieben der Karte und PIN-Eingabe sind nicht erforderlich. Die Zahlung erfolgt aus dem in der Karte gespeicherten Kartenguthaben, dauert weniger als 1 Sekunde und wird offline durchgeführt. Der Zahlungsbetrag ist grundsätzlich auf maximal 25 Euro begrenzt.

Abo-Laden

Die GeldKarte kann unter Eingabe der PIN oder im Rahmen eines kontaktlosen Zahlvorgangs auch an Electronic-Cash-Terminals automatisch geladen werden, sog. Abo-Laden. Wenn das Restguthaben auf der Karte für eine kontaktlose Kleinbetragszahlung bis 25 Euro am POS nicht mehr ausreicht, wird die Karte automatisch um einen mit dem Karten ausgebenden Kreditinstitut vorher vereinbarten Ladebetrag (meistens max. 50 Euro) geladen. Die Aufladung ist nur einmal pro Tag möglich.

Verhältnis von girogo zu girocard kontaktlos

Terminals, die zum kontaktlosen Bezahlen geeignet sind, weisen das **girogo-Logo** auf. Soweit die GeldKarte mit der girogo-Funktion ausgestattet ist, ist auf der Rückseite das girogo-Logo abgebildet. **Girogo** erschließt damit Bereiche für das unbare Zahlen, in denen auch langfristig die **Girocard** (mit PIN oder kontaktlos) nicht einsatzfähig ist, da bei der Girocard eine Abbuchung vom Girokonto online veranlasst werden muss. Dies sind sog. „Offline-Bereiche", wie z. B. der öffentliche Personennahverkehr oder Automatenlösungen.

Zahlungen mit der kontoungebundenen GeldKarte

White Card mit Geldkartenfunktion

Kontoungebundene GeldKarten, die auch als White Card mit Geldkartenfunktion bezeichnet werden, haben keine Verbindung zu einem Konto. Sie werden von einigen Kreditinstituten, aber auch von anderen Dienstleistungsunternehmen, wie z. B. Nahverkehrsunternehmen oder in Fußballstadien, herausgegeben. Der Zahlvorgang läuft ähnlich wie bei der kontogebundenen GeldKarte ab. Die Karten können z. B. an Fahrkarten- und Zigarettenautomaten oder auch bei der Post eingesetzt werden. Kontoungebundene GeldKarten können an speziellen ungebundenen Ladeterminals gegen Barzahlung oder Kontobelastung aufgeladen werden. Eine Aufladung an den Geldautomaten der Kreditinstitute ist nicht möglich.

Vorteile und Risiken der GeldKarte

Vorteile und Risiken

Sowohl für den Käufer als auch für den Verkäufer von Waren und Dienstleistungen bietet das Zahlen mit der GeldKarte Vorteile im Vergleich zur Barzahlung. Insbesondere Kleinstbeträge können schnell und kostensparend bezahlt werden.

Verlust einer GeldKarte

Nachteilig ist, dass bei **Verlust einer GeldKarte** noch enthaltene Beträge vom Kartenemittenten nicht erstattet werden. Jeder nicht berechtigte Besitzer der GeldKarte kann den im Chip gespeicherten Geldbetrag ohne Einsatz einer PIN nutzen und verbrauchen. Kartenemittenten begrenzen daher im Interesse ihrer Kunden den Höchstbetrag, der auf einer kontogebundenen GeldKarte gespeichert werden kann, z. B. auf 200 Euro (Minimum ein Euro).

Vorteile der Zahlung mit der GeldKarte

Vorteile der Zahlung mit der GeldKarte	
für den Käufer	**für den Verkäufer**
▸ Verminderung der Bargeldhaltung ▸ Unabhängigkeit von abgezähltem Kleingeld ▸ Schnelligkeit des Bezahlvorganges ▸ Wiederauflademöglichkeit der GeldKarte ▸ jederzeitige Überprüfbarkeit des aktuellen Guthabensaldos ▸ bei Verwendung eines Chipkartenlesers, der am PC angeschlossen ist, Bezahlung von Onlinegeschäften.	▸ Verminderung des Beraubungsrisikos ▸ Vermeidung von Fehlern bei der Wechselgeldausgabe ▸ schnelle Abwicklung des Bezahlvorgangs ▸ Vermeidung von Geldbearbeitungskosten ▸ Kostengünstigkeit des Systems: – nur Anschaffungskosten für Terminal – keine Kommunikationskosten für Autorisierungen – geringes Händlerentgelt ▸ Zahlungsgarantie der Kreditinstitute ▸ gleichtägige Gutschrift aller zur Verrechnung eingereichten Umsätze

Schäden, die durch missbräuchliche Aufladevorgänge entstehen, werden bei institutsbezogenen Karten vom Kartenemittenten übernommen, wenn der Verlust der Karte angezeigt worden ist.

3.4.6.2 Zahlungen mit Kreditkarte

Funktionen der Kreditkarte

Funktionen der Kreditkarte

Funktionen der Kreditkarte sind:

- **Zahlungsfunktion:** In erster Linie dienen Kreditkarten der bargeldlosen Zahlung von Waren und Dienstleistungen bei Vertragsunternehmen der Kartenherausgeber.
- **Bargeldbeschaffungsfunktion:** Kreditkarten können darüber hinaus zur Bargeldbeschaffung an Geldautomaten und bei Kreditinstituten „am Schalter" genutzt werden. Dabei können aber nicht unerhebliche Gebühren anfallen.

Kreditkarten werden vorwiegend zum bargeldlosen Bezahlen größerer Beträge bei Vertragsunternehmen (Akzeptanzstellen) eingesetzt. Sie ermöglichen dem Karteninhaber **Zahlungsvereinfachung und kurzfristige Kreditinanspruchnahme.**

Kreditkarten können Zusatzangebote verkörpern, z. B. Versicherungsleistungen. Für die Nutzung der Karte an Geldautomaten und automatisierten Kassen wird dem Karteninhaber eine persönliche Geheimzahl (PIN) zur Verfügung gestellt.

Emittenten

Emittenten von Kreditkarten sind Kreditkartengesellschaften und Kreditinstitute sowie Nichtbanken im Rahmen von Co-Branding-Verträgen. Co-Branding-Karten werden z. B. von Bahngesellschaften, Autovermietern, Fluglinien, Touristikunternehmen, Versicherungen und Automobil- und Freizeitclubs angeboten. Häufig gewährt der Emittent Zusatzleistungen, z. B. Preisnachlässe bei Einkäufen.

Beispiel einer Kreditkarte: Visa

Arten von Kreditkarten

Arten von Kreditkarten

Kreditkarten werden unterschieden

Kreditkarten nach der Ausstattung

- **nach der Ausstattung,**
- **nach dem Abrechnungssystem.**

Kreditkarten nach der Ausstattung

- Standardkarten (Classic-Karten)
- Gold-/Platinkarten (Premium-Karten)
- Firmenkarten (Businesskarten)

Kreditkarten nach dem Abrechnungssystem

Kreditkarten nach dem Abrechnungssystem

Charge-Karten	Credit-Karten	Debit-Karten
Die Kartenumsätze eines Abrechnungsmonats, die sich im Rahmen eines Verfügungslimits bewegen müssen, werden auf einem Kartenkonto gesammelt. Das Konto wird monatlich abgerechnet. Der Abrechnungsbetrag wird – meist per Lastschrift – vom Girokonto des Karteninhabers einbezogen. Es erfolgt keine Berechnung von Zinsen bis zur Belastung der Kreditkarten-Umsätze.	Die Kartenumsätze eines Abrechnungsmonats werden auf dem Kartenkonto gesammelt, auf dem ein echter Kreditrahmen eingeräumt ist. Das Konto wird monatlich abgerechnet. Der Karteninhaber kann entscheiden, ob er die Monatsabrechnung in einer Summe oder in Raten bezahlt und damit den Kreditrahmen, für den Zinsen zu zahlen sind, in Anspruch nimmt. Das Kartenkonto kann auch auf Guthabenbasis geführt werden. Guthaben werden verzinst.	Kartenumsätze werden sofort taggenau zinswirksam erfasst. Das Kartenkonto wird wie ein Kontokorrentkonto geführt. Es kann auch kreditorisch geführt werden. Das Konto wird monatlich abgerechnet. Der Karteninhaber kann bei einem Schuldsaldo entscheiden, ob er ihn in einer Summe oder in Raten ausgleicht.

Bei allen Karten, auch bei den Standardkarten, sind oft Versicherungen im Grundpreis einbegriffen, z.B. Verkehrsmittelunfallversicherungen, Auslandsreisekranken- und -unfallversicherungen, Autoschutzbriefe, Haftpflichtversicherungen, Gepäckversicherungen. In vielen Fällen ist der Versicherungsschutz an das Bezahlen mit der Kreditkarte geknüpft.

In Deutschland emittierte Kreditkarten sind meist Charge- oder Credit-Karten.

Rechtsbeziehungen beim Kreditkartengeschäft	
zwischen Kartenherausgeber und Vertragsunternehmen (Aquisitionsvertrag)	▸ Verpflichtungen des Kartenherausgebers – Übernahme einer Zahlungsverpflichtung (Garantieleistung) aufgrund eines abstrakten Schuldverhältnisses gem. § 780 BGB – sofortige Bezahlung der Forderungen – Übernahme des in der Person des Karteninhabers bestehenden Zahlungsrisikos ▸ Verpflichtungen des Vertragsunternehmens – Akzeptierung der Kreditkarte als Zahlungsmittel bei Vertragsabschluss – Abgabe der Leistungen an Karteninhaber zu Barzahlungsbedingungen (Preisaufschlagsverbot) – Autorisierungsabfrage bei Karteneinsatz – Zahlung eines Disagios an Kartenherausgeber
zwischen Kartenherausgeber und Karteninhaber (Kreditkartenvertrag)	▸ Verpflichtungen des Kartenherausgebers – Aushändigung der Kreditkarte an den Kunden – Bezahlung der Forderungen des Vertragsunternehmens gegenüber dem Karteninhaber ▸ Verpflichtungen des Karteninhabers – Bezahlung des Jahresbeitrags für die Kreditkarte – Beachtung des eingeräumten Verfügungsrahmens – Sorge für ausreichende Deckung auf dem Kreditkartenkonto
zwischen Karteninhaber und Vertragsunternehmen (Ausführungsvertrag)	▸ Verpflichtungen für Karteninhaber und Händler, z.B. aus – Kaufvertrag – Mietvertrag – Beförderungsvertrag

Basis-Kreditkarten

Um eine spezielle Art von Kreditkarte handelt es sich bei der Prepaid-Kreditkarte. Sie basiert auf einem vorausbezahlten Kartenguthaben, aus dem dann unter Einsatz der Karte wie mit einer üblichen Kreditkarte Zahlungen getätigt werden können. Die Prepaid-Kreditkarte ist geeignet zur Zahlung an den entsprechenden Akzeptanzstellen, zum Einsatz im Internet sowie unter Einsatz einer PIN zur Beschaffung von Bargeld. Prepaid-Kreditkarten werden unter der Bezeichnung Basis-Kreditkarte ausgegeben.

Abwicklung von Kreditkartenzahlungen

Kreditkartenausgabe

Kreditkartenvertrag

Durch den Antrag des Kunden und die Annahme des Kartenantrags durch den Kartenherausgeber kommt es zum Abschluss eines Kreditkartenvertrages. Die deutschen Kreditinstitute bieten ihren Kunden im Wesentlichen zwei Kreditkarten an:

- MasterCard,
- Visa Card.

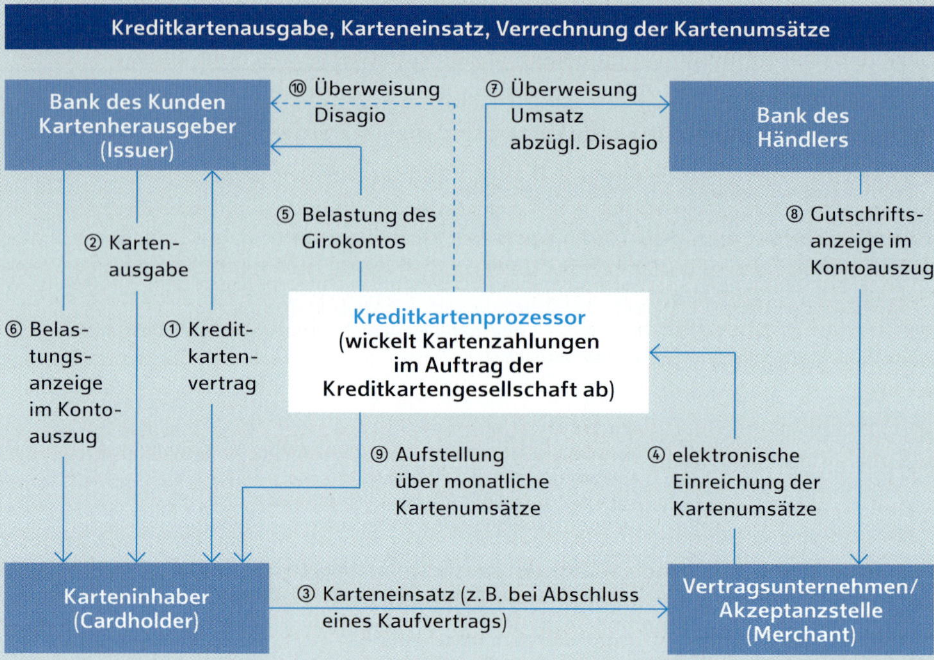

Lizenz- oder Kooperationsvertrag

Das Kreditinstitut muss sich entscheiden, ob es das rechtliche und wirtschaftliche oder nur das wirtschaftliche Risiko einer Kartenausgabe übernehmen will. Im ersteren Fall kommt es zum Abschluss eines Lizenzvertrags, im anderen Fall zu einem Kooperationsvertrag mit der Kreditkartenorganisation (z. B. MasterCard International). Neben der Hauptkarte können noch Zusatz- oder Nebenkarten ausgegeben werden, deren Preise unterhalb des Preises für die Hauptkarte liegen.Vor der Kreditkartenausgabe an den Kunden ist eine eingehende Bonitätsprüfung vorzunehmen. Außerdem muss der Kunde die entsprechenden Kundenbedingungen anerkennen („Bedingungen für die MasterCard/Visa Card“).

Kreditkartenzahlung

Einlesen der Karte

Erstellung eines Leistungsbelegs

Autorisierungsabfrage

Der Karteninhaber legt zur bargeldlosen Bezahlung der von ihm gekauften Ware oder in Anspruch genommenen Dienstleistung seine Kreditkarte beim Vertragsunternehmen (Akzeptanzstelle) vor. Die Kreditkarte wird in ein Terminal eingeführt, durch das die Kreditkartendaten aus dem Magnetstreifen oder dem Chip der Karte ausgelesen werden. Außerdem wird ein Leistungsbeleg gedruckt. Der Beleg wird vom Karteninhaber unterschrieben. Mit der Unterschrift auf dem Leistungsbeleg erklärt der Karteninhaber sein Einverständnis zur Abbuchung des Zahlungsbetrags von seinem Kartenkonto. Vermehrt werden Kreditkarten ausgegeben, bei denen die Legitimation alternativ mittels PIN-Eingabe erfolgt. Mit dem Einlesen der Karte erfolgt zugleich eine Überprüfung des dem Karteninhaber eingeräumten und ihm mitgeteilten monatlichen Verfügungsrahmens sowie einer eventuellen Kartensperre. Nach positiver Autorisierung erscheint im Display des Händlerterminals eine Autorisierungsnummer und die Angabe „Genehmigung erteilt". Die übermittelte Autorisierungsnummer ist für das Vertragsunternehmen die Zahlungsgarantie. Nach der Autorisierung kann der Karteninhaber den Zahlungsauftrag nicht mehr widerrufen.

Sofern sowohl Bezahlterminal als auch Kreditkarte mit der „Kontaktlos-Technik" (NFC-Technik) ausgestattet sind, kann die Bezahlung bis zur Höhe von 25 Euro auch ohne Unterschrift kontaktlos erfolgen.

kontaktloses Bezahlen

Bei Internetzahlungen muss der Karteninhaber neben der Kartennummer die **Prüfziffer** (dreistellig auf der Kartenrückseite) eingeben. Ergänzend werden zusätzliche Sicherungsverfahren angeboten, bei denen beim Bezahlvorgang – neben der Prüfziffer – ein weiterer **persönlicher Sicherheitscode (sog. „SecureCode")** eingetippt werden muss. Diese verstärkten Sicherungsverfahren verlangt auch die Zweite EU-Zahlungsdiensterichtlinie (PSD II) von den Zahlungsanbietern.

Zahlung im Internet (Prüfziffer/ „SecureCode")

Händler dürfen vom Kunden grundsätzlich keine zusätzlichen Gebühren für eine Kartenzahlung verlangen.

Gebührenverbot
§ 270a BGB

Verrechnung der Kreditkartenumsätze

Das Vertragsunternehmen leitet die autorisierten Kartenumsätze über das Kartenterminal elektronisch an den Kreditkartenprozessor weiter. Der Kreditkartenprozessor (Abwickler) wickelt Kartenzahlungen im Auftrag des Kartenherausgebers bzw. der Kartengesellschaft ab.

Zahlungsabwicklung über Kartenprozessor

Kreditkartenprozessoren arbeiten im Wesentlichen in folgenden Geschäftsfeldern:

- Issuing Processing (Verarbeitung und Verrechnung von Kreditkartenzahlungen).
- Merchant Processing (Verrechnung der Kreditkartenzahlungen mit den Vertragsunternehmen).

Der Karteninhaber erhält **monatlich eine Abrechnung** über alle von ihm getätigten Kreditkartenumsätze. Wenig später zieht der Kartenprozessor per Lastschrift, der nicht widersprochen werden kann, den gesamten Rechnungsbetrag in einer Summe vom Girokonto des Karteninhabers (Abrechnungskonto) ein. Der Karteninhaber ersieht aus dem Kontoauszug den Lastschrifteinzug. Danach schreibt der Kartenprozessor dem Händler den Gegenwert der angefallenen Kartenumsätze unter Abzug eines Disagios auf dem Konto bei der Händlerbank gut. Aus dem Kontoauszug kann der Händler die Umsatzgutschriften ablesen. Zum Abschluss überweist der Kartenprozessor das **einbehaltene Disagio** an die kartenausgebenden Kreditinstitute (sog. Interchange Fee). Die Verteilung ist abhängig von der Umsatzhöhe, die auf die einzelnen ausgegebenen Karten entfällt.

Monatsabrechnung

Gutschrift auf Händlerkonto

Die Höhe des Disagios ist abhängig von der Art des Vertragsunternehmens, der Höhe der Kartenumsätze sowie der Art der Einreichung der Umsätze.

Disagioaufteilung

Haftung des Karteninhabers für nicht autorisierte Kartenzahlungen

Der Karteninhaber muss die ihm ausgehändigte Kreditkarte mit besonderer Sorgfalt aufbewahren. Jede Person, die unberechtigt in den Besitz der Karte gelangt, kann mit ihr missbräuchliche Verfügungen treffen. Ein Verlust der Karte muss unverzüglich an den Kartenherausgeber gemeldet werden (Kartensperre), sonst haftet der Karteninhaber.

Sorgfältige Aufbewahrung

Die **Haftung des Karteninhabers** ist davon abhängig, ob die nicht autorisierte Kartenzahlung

- **vor der Sperranzeige oder**
- **nach der Sperranzeige**

erfolgte.

Haftung bis zur Sperranzeige

Bis zur Sperranzeige haftet der Karteninhaber für nicht autorisierte Kartenverfügungen nach dem Gesetz grundsätzlich bis höchstens 50 Euro. Er haftet jedoch für einen entstandenen Schaden voll, wenn er seine Sorgfaltspflichten grob fahrlässig verletzt oder in betrügerischer Absicht gehandelt hat.

Haftung ab der Sperranzeige

Ab der Sperranzeige haftet der Karteninhaber für nicht autorisierte Kartenverfügungen nicht mehr, es sei denn, er hat in betrügerischer Absicht gehandelt.

3.4.7 Mobile Payment und Online-Zahlungssysteme im E-Commerce

Mobile Payment

Mobile Payment bezeichnet den Einsatz von Smartphones und anderen mobilen Endgeräten beim Bezahlvorgang beim Einkauf

- im stationären Handel (auch als Proximity Payment, also Nahzahlungsverkehr, bezeichnet) oder
- im Onlinehandel, also der mobilen Produktsuche und Produktnutzung, die auch als Mobile Commerce (**M-Commerce**) bezeichnet wird.

Beispiel 1 zum Mobile Payment (Smartphone mit digitaler Bankkarte)

Der Inhaber eines NFC-fähigen Smartphones lädt die Bezahl-App „Mobiles Bezahlen“ aus dem Google Play Store herunter. Anschließend registriert er sich in seinem Online-Banking und fügt die Daten seiner physischen Girocard oder Kreditkarte digital in die Bezahl-App ein. Beim Bezahlvorgang hält der Kunde sein Smartphone (anstelle der Bankkarte) an das Bezahlterminal. Der Bezahlvorgang erfolgt dann kontaktlos ohne PIN (bis 25 Euro) oder bei Beträgen über 25 Euro mittels Eingabe der PIN der in der App hinterlegten physischen Karte. Die weitere Zahlungsabwicklung entspricht derjenigen bei der physischen Girocard oder Kreditkarte (vgl. Kap. 3.4.6.1.3 und 3.4.6.2).

Beispiel 2 zum Mobile Payment (Peer-to-Peer-Zahlung)

▸ Seite 130

Nutzer von Smartphones haben die Möglichkeit, Geldbeträge unmittelbar von Handy zu Handy zu „verschicken“ (**Peer-to-Peer-Zahlung, P2P**). Die Zahlung wird dabei über die Banking-App als SEPA-Überweisung direkt zwischen den Girokonten der Beteiligten ohne zusätzliches E-Geld-Konto ausgeführt. Sind sowohl Zahlender als auch Empfänger für die Banking-App-Funktion (z. B. „Kwitt“) registriert, kann der Geldübertrag **ohne Kenntnis der Empfänger-IBAN** ausgelöst werden. Die App verknüpft die Mobilfunknummer mit der vom Empfänger bei Registrierung hinterlegten IBAN. Nicht registrierte Empfänger werden auf eine Homepage weitergeleitet, auf der sie ihre IBAN eingeben können, um eine Gutschrift zu erhalten.

Bedeutende Anbieter im Mobile Payment kommen nicht aus dem Bereich der Kreditwirtschaft, sondern aus dem Bereich des elektronischen Handels (**E-Commerce**),

z. B. PayPal oder Amazon Pay, oder sie sind Technologieunternehmen, z. B. Google Wallet. Daneben drängen zunehmend „junge“ Start-up-Unternehmen aus der digitalen Finanzdienstleistungsbranche (sog. FinTechs) auf den Markt. Diese bieten vermehrt verschiedenste innovative Onlinezahlungsmöglichkeiten an.

Gefahren für die Kreditinstitute

Dadurch geraten Kreditinstitute unter Ertragsdruck und laufen Gefahr, ihre Marktposition im Zahlungsverkehr zu verlieren, da die Anbieter aus dem Nichtbankenbereich durch die Übernahme von Kundendaten und die Weiterleitung von Zahlungsströmen auch weitere Dienstleistungsangebote der klassischen Kreditwirtschaft anbieten können.

Die wesentlichen technischen Verfahren für mobile Bezahlvorgänge sind:

- die **Nahfunktechnik** (Near Field Communication) zur kontaktlosen Datenübertragung zwischen einem Smartphone mit NFC-Chip und einem Bezahlterminal,
- die Übertragung über einen **QR-Code**, der als quadratische Matrix mittels kostenloser App die Daten für den Bezahlvorgang auf das Smartphone sendet.

Bei der Abwicklung von Bezahlvorgängen im **E-Commerce** stehen Zahlungssysteme der Banken mit anderen Anbietern im direkten Wettbewerb.

Beispiele für Internet-Zahlungssysteme	
PayPal (Anbieter: Nichtbank)	Das PayPal-Konto stellt ein virtuelles Konto dar, von dem unmittelbar Geldbeträge versendet oder Zahlungen per Lastschrift ausgelöst werden können. Getätigte Zahlungen werden sofort dem PayPal-Konto des Zahlungsempfängers gutgeschrieben. PayPal bucht anschließend den Zahlungsbetrag vom hinterlegten Girokonto des Zahlungspflichtigen ab.
paydirekt (Anbieter: gesamte Kreditwirtschaft über DK)	Nach einmaliger Registrierung und Freischaltung des Dienstes durch den Kunden im Onlinebanking seines Kreditinstituts wird der Kaufpreis beim Bezahlvorgang im Onlineshop unmittelbar vom hinterlegten Girokonto abgebucht. Der Kunde gibt dabei Benutzername und Passwort ein. Bei höheren Beträgen kann – institutsabhängig – zusätzlich die Eingabe einer Transaktionsnummer (TAN) verlangt werden. Der Händler erhält vom Kreditinstitut des Kunden eine bedingte Zahlungsgarantie.
SOFORT Überweisung (Anbieter: Nichtbank, sog. Zahlungsauslösedienst)	Der Kunde wird auf ein Zahlformular des Anbieters weitergeleitet, das die Überweisungsdaten automatisch übernimmt. Der Kunde gibt dort seine Onlinebanking-Zugangsdaten ein und gibt die Überweisung mit einer TAN frei (**Zahlungsauslösedienst**). Der Zahlungsdienstleister erhält hierbei Zugriff auf das Bankkonto des Zahlers. Das Auslesen weiterer Kontodaten ohne Zustimmung des Kontoinhabers ist nach den Datenschutzregelungen der PSD II jedoch unzulässig.
giropay (Anbieter: Sparkassen und weitere Teile der Deutschen Kreditwirtschaft)	Der Kunde wird unmittelbar zum Onlinebanking seines Kreditinstituts weitergeleitet, wo er die Bezahlung der vorausgefüllten Online-Überweisung mit seinen gewohnten Zugangsdaten und einer TAN-Freigabe abschließt. Der Händler erhält vom Kreditinstitut des Kunden eine bedingte Zahlungsgarantie.

PSD II
Seite 146

Die Autorisierung der Internetzahlungen in den vorgenannten Systemen der Kreditwirtschaft setzt die Übermittlung der Transaktionsdaten und der Daten zur Freigabe der Transaktion auf unterschiedlichen Übertragungskanälen (sog. **Kanaltrennung**) voraus. Es stehen verschiedene Verfahren zur Auswahl:

Technische Grundlagen der Sicherungsverfahren im Onlinebanking

HBCI-Kartenleser

- Der spezielle Kartenleser wird an den PC angeschlossen.
- Die Transaktion wird bei Einstecken der mit einem **HBCI-Chip** ausgestatteten Bankkarte in den Kartenleser und nach Eingabe der speziellen **HBCI-PIN** freigegeben.
- Im Firmenkundengeschäft kann bei Gesamtvertretung mittels **HBCI-Technik** die Freigabe sämtlicher Vertretungsberechtigter eingeholt werden.

TAN-Generator

- Die TAN wird durch einen vom PC unabhängigen TAN-Generator aus den jeweiligen Transaktionsdaten berechnet.
- Die Transaktionsdaten übernimmt der TAN-Generator durch einen optischen Sensor, der in geringem Abstand vor den Bildschirm des PCs gehalten wird, auf dem ein schwarz-weißer Blinkcode (Flickercode) angezeigt wird (**chipTANcomfort-Verfahren, smartTANplus-Verfahren**).
- Sind die Transaktionsdaten in der Anzeige des TAN-Generators mit den Eingaben des Kunden identisch, so wird auf Knopfdruck die TAN erzeugt.
- Verfügt der TAN-Generator über keinen optischen Sensor, müssen die Transaktionsdaten manuell erfasst werden (**chipTAN-Verfahren, eTAN-Verfahren, smartTAN-Verfahren**).

Mobiltelefon oder Tablet-PC

- Die TAN und die Transaktionsdaten werden mit einer SMS übermittelt (**smsTAN-Verfahren, mTAN-Verfahren**).
- Die TAN und die Transaktionsdaten werden durch eine spezielle Applikation übermittelt (**PushTAN-Verfahren**).
- Die TAN und die Transaktionsdaten werden mit einem farbigen Barcode auf den PC übermittelt, der mit dem Mobiltelefon oder einem Lesegerät gescannt wird (**PhotoTAN-Verfahren**).
- Die TAN und die Transaktionsdaten werden mit einem QR-Code auf den PC übermittelt, der mit dem Mobiltelefon gescannt wird (**QR-TAN-Verfahren**).

3.5 Reisezahlungsmittel

3.5.1 Arten von Reisezahlungsmitteln

▸ Kapitel 3.4.6.1
▸ Kapitel 3.4.6.2

Als Reisezahlungsmittel werden heute überwiegend die Bankkarte (Girocard) **und die Kreditkarte eingesetzt.** Mit beiden Karten kann der Inhaber im In- und Ausland an entsprechend gekennzeichneten Händlerterminals Zahlungen vornehmen oder sich an Bankautomaten mit Bargeld versorgen. **Außerdem werden als Reisezahlungsmittel Sorten und Reiseschecks eingesetzt.**

3.5.1.1 Sorten

Ausländisches Bargeld = Sorten

Beschaffung im Inland	Beschaffung im Ausland
Kauf bei Kreditinstituten (Sortenkauf)	▸ Kauf bei Kreditinstituten ▸ Auszahlung an Geldautomaten

ausländisches Bargeld

Sorten sind Noten und Münzen in fremder Währung. Damit können deutsche Reisende Barzahlungen im Ausland vornehmen.

Sorten kann sich der Reisende durch **Kauf im Inland** oder durch **Kauf** bzw. **Auszahlung direkt im Ausland** beschaffen.

Sortenbeschaffung im Inland

Sortenbeschaffung im Inland

Kreditinstitute bieten ihren Kunden für den Reisezahlungsverkehr Sorten zum Kauf an. Sie kaufen nicht benötigte Sorten zurück. Sorten werden zu Schalterpreisen angekauft und verkauft. Bei den Preisen wird die Menge der Fremdwährung angegeben, die einem Euro entspricht. Sortenkurse, die von den Kreditinstituten selbstständig festgesetzt werden, orientieren sich am Devisenkurs.

Beispiel

Preise am Bankschalter für US-Dollar: Verkauf 1,27; Ankauf 1,43

- Die Bank verkauft US-Dollar: Der Kunde erhält für einen Euro 1,27 US-Dollar.
- Die Bank kauft US-Dollar an: Der Kunde muss für einen Euro 1,43 US-Dollar geben.

1,27 wird als Geldkurs; 1,43 wird als Briefkurs bezeichnet.

Gründe für die hohe Spanne zwischen Verkaufskurs (Geldkurs) und Ankaufskurs (Briefkurs) sind u. a.:

- Kursrisiken bei unsicheren Devisenmärkten,
- hohe Beschaffungs- und Transportkosten für Bargeld,
- Kosten für die Versicherung von Transport und Lagerhaltung ausländischer Banknoten und Münzen,
- Personal- und Sachkosten bei Ausgabe und Tresorverwahrung.

Sortenbeschaffung im Ausland

Sortenbeschaffung im Ausland

Der Reisende kann sich die benötigten Sorten auch im Ausland beschaffen, entweder durch Kauf beim ausländischen Kreditinstitut oder durch Auszahlung an Geldautomaten im Ausland. Mithilfe der Bankkarte (Girocard) oder der Kreditkarte kann sich der Reisende ausländische Währung bis zum jeweils geltenden Höchstbetrag beschaffen. An ausländischen Geldautomaten beschaffte Sorten werden zum Devisenkurs abgerechnet.

3.5.1.2 Reiseschecks

Der Reisescheck (Traveller Cheque) ist ein Instrument zur Bargeldbeschaffung und zur unbaren Bezahlung im internationalen Reiseverkehr. Die Bedeutung des

Reisezahlungsmittels ist stark rückläufig, sodass der Vertrieb von American Express Reiseschecks in Deutschland bereits Ende 2015 eingestellt wurde. Grund ist die hohe Akzeptanz elektronischer Kartenzahlungen in den meisten Reiseländern.

Reiseschecks

Reiseschecks können im In- und Ausland als

- **Euro-Reiseschecks** (in den Stückelungen 50, 100, 200 Euro) und
- **Fremdwährungsreiseschecks**

verwendet werden.

Ausgabe

Einlösung

Verlust von Reiseschecks

Reiseschecks sind bei Kreditinstituten und Postämtern erhältlich. Die Kreditinstitute geben keine eigenen Reiseschecks aus, sondern verkaufen kommissionsweise Reiseschecks fremder Institute. **Der Gegenwert von Reiseschecks** zuzüglich einer Provision muss **bei Erwerb bezahlt** werden. Der Käufer muss in Gegenwart eines Mitarbeiters des verkaufenden Geldinstituts auf jedem Reisescheck eine **erste Unterschrift** leisten. Bei **Auszahlung** des Reiseschecks muss eine **zweite Unterschrift** auf dem Scheck (Kontrollunterschrift) erfolgen. Die auszahlende Stelle kann die Legitimation des Vorlegers prüfen. Sie tut dies in der Regel, wenn beim Vergleich der Unterschriften Zweifel auftauchen. Reiseschecks können bei allen Kreditinstituten (Amexco-Schecks auch bei Postämtern) eingelöst werden. Im Ausland (z. B. in den USA) werden **Fremdwährungsreiseschecks** auch von Einzelhandelsunternehmen, Hotels und Restaurants in Zahlung genommen. Reiseschecks sind zeitlich unbegrenzt gültig. Nicht verbrauchte Reiseschecks können zurückgegeben werden. Bei Verlust von Reiseschecks wird Ersatz geleistet, wenn der Kaufnachweis vorliegt und die anderen in den Verkaufsbedingungen genannten Voraussetzungen für die Erstattung erfüllt sind. Fremdwährungsreiseschecks werden in den Währungen US-Dollar, Kanadischer Dollar, Pfund Sterling, Schweizer Franken, Australischer Dollar, Japanischer Yen, Südafrikanischer Rand und Saudi Riyal angeboten.

3.5.2 Deklarierungspflicht von Reisezahlungsmitteln

Deklarierungspflicht

Aufgrund einer EU-Verordnung sind mitgeführte Barmittel ab 10000 Euro bei Einreisen in und Ausreisen aus EU-Ländern beim Zoll deklarierungspflichtig. Nicht angemeldete Barmittel können eingezogen werden. Außerdem können bei Nicht- oder Falschangaben Geldbußen bis zu 1 Million Euro verhängt werden.

Anmeldung von Barmitteln

Anmeldung von Barmitteln ab 10000 Euro

- Bargeld
- Aktien
- Inhaberschuldverschreibungen
- Reiseschecks, Inhaberschecks
- Wechsel, Zahlungsanweisungen

bei Einreisen in und Ausreisen aus Nicht-EU-Staaten	bei Einreisen in und Ausreisen aus EU-Staaten
▸ schriftliche Anmeldung der Barmittel ▸ Anmeldung bei der Zollstelle, z. B. am Flug- oder Seehafen	mündliche Anmeldung der Barmittel nach Aufforderung durch einen Zollbeamten

4 Geld- und Vermögensanlagen

Angebote der Kreditinstitute

Angebote der Kreditinstitute zur Geld- und Vermögensanlage der Kunden

Einlagen

Anlagen auf Konten bei Kreditinstituten

(▸ Kapitel 4.2)

Beispiele:
- Spareinlagen
- Termineinlagen
- Sichteinlagen

Bausparverträge, Kapitallebensversicherungen und Altersvorsorgeprodukte

Vermittlung von Bausparverträgen, Lebensversicherungen und Angebote von Altersvorsorgeprodukten

(▸ Kapitel 4.3)

Beispiele:
- Rürup-Rente
- Riester-Produkte

Kauf, Verkauf, Verwahrung und Verwaltung von Wertpapieren und Finanzderivaten

Anlagen in Finanzinstrumenten

(▸ Kapitel 4.4 und 4.5)

Beispiele:
- Anleihen
- Aktien
- Optionen

andere Geld- und Vermögensanlagen

(▸ Kapitel 4.6)

Beispiele:
- Immobilien
- Beteiligungen
- Edelmetalle

Je nach Art des angebotenen Produkts sind unterschiedliche Beratungs- und Serviceleistungen der Kreditinstitute erforderlich.

4.1 Anlageziele und Beratung der Anleger

4.1.1 Anlageziele

Anlageziele

Anlageziele

Rentabilität	Sicherheit	Liquidität
Ertragsfähigkeit der Anlage	Risiko der Anlage	Verfügbarkeit der Anlage

Rentabilität

Rentabilität bezeichnet den finanziellen Erfolg einer Geld- und Vermögensanlage. Sie ergibt sich aus den Erträgen der Anlage unter Berücksichtigung der Kosten und der Steuern. Als Erträge kommen infrage:

- laufende, gleich bleibend feste Erträge, z. B. Zinsen aus festverzinslichen Wertpapieren und Einlagen,
- laufende variable Erträge, z. B. Dividendenerträge und Zinsen aus variabel verzinslichen Schuldverschreibungen,

- staatliche Zuwendungen, z. B. Steuervorteile, Sparprämien und Zulagen,
- Kurs- und Veräußerungsgewinne.

Rendite

Messziffer für die Rentabilität und den Vergleich unterschiedlicher Anlageformen ist die **Rendite.** Sie zeigt das prozentuale Verhältnis der Erträge zum eingesetzten Kapital nach Abzug der zurechenbaren Kosten und Steuern.

Einzelheiten ▸ Kapitel 4.7

Erträge aus Geld- und Vermögensanlagen sind zu versteuern. Alle Anleger sind an einer niedrigen Besteuerung interessiert. Steuerliche Überlegungen ergeben sich u. a. aus

- der Ausnutzung von Freibeträgen, z. B. Sparer-Pauschbetrag,
- dem individuellen Einkommensteuersatz des Kapitalanlegers,
- der unterschiedlichen Besteuerung der verschiedenen Arten von Kapitalerträgen,
- Steuervorteilen bestimmter Anlageformen.

Sicherheit

Sicherheit

Anlagerisiken

Die Sicherheit einer Geld- und Vermögensanlage richtet sich nach den Risiken, denen sie unterworfen ist. Risiken sind in der Zukunft liegende Unsicherheiten, Unwägbarkeiten und Gefahren. Sie können zu einem teilweisen oder totalen Verlust der Anlage führen. Anlagerisiken sind z. B.

- Rückzahlungsrisiken (Emittentenrisiko),
- Zinsänderungs- und Ertragsrisiken,
- Kursrisiken,
- Geldwert- und Währungsrisiken,
- politische Risiken.

Bei der Beurteilung der Sicherheit einer Geld- und Vermögensanlage wird geprüft, ob und wie die Erhaltung des angelegten Geldbetrages gewährleistet ist:

Geldwertanlage

1. Wer Einlagen unterhält, Darlehen gewährt, Schuldverschreibungen erwirbt oder eine Lebensversicherung abschließt, hat einen Rechtsanspruch auf Rückzahlung in Geld (**Geldwertanlage**). Sein Risiko liegt in der Bonität des Schuldners. Zusätzlich geht er das Risiko einer Geldwertverschlechterung ein, weil sich die Kaufkraft des Geldes in der Zeit zwischen Geldhingabe und Geldrückzahlung entscheidend vermindern kann.

Sachwertanlage

2. Wer Grund und Boden, Immobilien, Rohstoffe und andere Sachgüter erwirbt oder besitzt, hat ein dingliches Recht an diesen Objekten. Er ist Eigentümer eines Sachwertes (**Sachwertanlage**). Seine Sicherheit liegt im Eigentum an Sachwerten. Er geht damit aber das Risiko einer Wertänderung des Sachwertes ein. Gemeint ist damit das Risiko, dass der Wert der Vermögensanlage unter den Erwerbspreis sinkt und dass die Vermögensanlage nicht oder nicht ohne Verlust veräußert werden kann.

Nach der Rechtsprechung sind Geldforderungen und Geldschulden grundsätzlich nach dem **Nominalwertprinzip** zu bestimmen (Euro = Euro) und nicht nach ihrer Kaufkraft. Die Sicherheit einer Geldanlage wird daher in der Praxis in erster Linie nach der Sicherheit ihrer nominalen Rückzahlung beurteilt.

Liquidität

Liquidität

Die Liquidität einer Geld- und Vermögensanlage richtet sich nach der Möglichkeit, die Anlage in Bargeld umzuwandeln. Eine Anlage ist umso liquider, je schneller und einfacher sie ohne Verlust in Bargeld umgewandelt werden kann. Bei Anlagen auf Konten hängt die Liquidität von der vereinbarten Kündigungsfrist oder Laufzeit ab. Bei börsennotierten Wertpapieren ist eine hohe Liquidität durch die jederzeitige Verkaufsmöglichkeit an den Wertpapierbörsen gegeben. Schwieriger ist die Einschätzung des Liquiditätsgrades bei Immobilien oder bei Beteiligungen, die nicht an einer Börse gehandelt werden.

Liquiditätsstufen

Anlageformen nach Liquiditätsstufen

Liquiditätsstufe	Anlageform
1 (sehr liquide)	▸ Bargeld ▸ Sichteinlagen (Guthaben auf Kontokorrentkonten) ▸ Termineinlagen ▸ Spareinlagen mit vereinbarter Kündigungsfrist von drei Monaten
2	▸ Festverzinsliche Wertpapiere ▸ Aktien ▸ Investmentanteile ▸ Optionen ▸ Spareinlagen mit vereinbarter Kündigungsfrist von mehr als drei Monaten
3	▸ Sparbriefe ▸ börsenmäßig nicht gehandelte Wertpapiere
4	▸ Kapitallebensversicherungen ▸ Beteiligungen an offenen Immobilienfonds
5 (wenig liquide)	▸ Rohstoffanlagen ▸ Steuerbegünstigte Anlagen ▸ Immobilien ▸ Kunstgegenstände, Antiquitäten, Schmuck

Zielkonflikte

Zielkonflikte

Die Anlageziele Rentabilität, Sicherheit und Liquidität stehen zueinander in einem Spannungsverhältnis. Anlageberater sprechen vom magischen Dreieck der Geld- und Vermögensanlage. Die „Magie" besteht darin, dass die Ziele miteinander konkurrieren und nicht gleichzeitig und nicht mit der gleichen Intensität angesteuert werden können. Zwischen den Zielen bestehen Wechselbeziehungen, z. B.:

- Hohe Rentabilität ist in der Regel mit hohen Risiken verbunden. Hohe Sicherheit muss mit Abstrichen an der Rendite erkauft werden.
- Kurzfristige Geldanlagen erbringen in der Regel niedrigere Renditen als langfristige Anlagen. Ausnahmen hiervon zeigen sich in gelegentlich vorkommenden Perioden mit inversen Zinsstrukturen, in denen für kurzlaufende Anlagen höhere Zinsen als für Langläufer bezahlt werden.

Kundenberatung
Bedeutung

4.1.2 Kundenberatung

Grundlagen und Bedeutung der Kundenberatung

Kundenberatung über Geld- und Vermögensanlagen ist eine qualifizierte Dienstleistung der Kreditinstitute. Zu unterscheiden sind

Anlageprodukte

- **Beratungen über kontobezogene Anlageprodukte, über Bausparverträge, Lebensversicherungen und Altersvorsorgeprodukte,**

Wertpapier-dienstleistungen

- **Beratungen im Zusammenhang mit Wertpapierdienstleistungen.**

Für Beratungen im Zusammenhang mit Wertpapierdienstleistungen gelten nach dem Wertpapierhandelsgesetz besondere Beratungsregelungen.

Beratungsregeln
▸ Kapitel 4.4.8

In allen Kreditinstituten gelten außerdem interne Kompetenzregelungen, für welche Produkte und in welchem Umfang die jeweiligen Mitarbeiter Kundenberatungen durchführen dürfen.

Bedeutung der Kundenberatung bei Geld- und Vermögensanlagen	
für Kreditinstitute	**für Kunden**
▸ Instrument zur Sicherung und Förderung der Kundenzufriedenheit und Kundenbindung ▸ Instrument zur Sicherung und zur Gewinnung von Marktanteilen im Wettbewerb mit anderen Kreditinstituten und anderen Finanzdienstleistern, z. B. Versicherern und privaten Anlageberatern ▸ Absatzförderung für bankeigene Produkte, insbesondere für beratungsintensive Produkte	▸ Nutzung von Fachkompetenz ▸ Unterstützung bei der Gewinnung eines Produktüberblicks (Markttransparenz) ▸ bedarfsgerechte Informationen über Anlagemöglichkeiten ▸ Hilfe beim Vergleich unterschiedlicher Anlageprodukte ▸ Unterstützung bei Anlageentscheidungen ▸ Unterstützung beim Aufbau und bei der Analyse des Vermögens

Voraussetzungen für eine erfolgreiche Kundenberatung

Beratungs-
kompetenz

Kundenberatung erfordert formelle und persönliche Beratungskompetenz. Voraussetzungen einer kompetenten Kundenberatung sind

- die Ermächtigung seitens der Geschäftsleitung zur Durchführung von Beratungsleistungen, die grundsätzlich jeweils nach Art und Umfang festgelegt sind,
- umfassende Kenntnisse des Beraters über die Produkte, die er anbietet,
- verkäuferisches Potenzial des Beraters.

Beratungsvor-
aussetzungen

Voraussetzungen einer erfolgreichen Kundenberatung	
Kenntnis der persönlichen Rahmenbedingungen des Kunden	**Kenntnis der angebotenen Anlageformen**
▸ Anlagemotive und Anlageziele des Kunden ▸ Einkommensverhältnisse des Kunden ▸ Vermögensverhältnisse des Kunden ▸ bisheriges Anlegerverhalten: konservativ, risikobewusst oder spekulativ ▸ steuerliche Belastung des Kunden	▸ Eignung der Anlage für den Kunden ▸ Ertrag der Anlage (Rentabilität) ▸ Sicherheit der Anlage (Risiken) ▸ Verfügbarkeit der Anlage (Liquidität) ▸ Kosten der Anlage ▸ Besteuerung der Anlage

Bei der Anlageberatung über Finanzinstrumente ist die notwendige Sachkunde der Anlageberater jährlich durch das Institut zu überprüfen.

Grundsätze der Kundenberatung

Grundsätze

Kundenberatung muss Beratungsbedarfe des Kunden erkennen und aktiv auf den Kunden zugehen. Sie muss die gesetzlichen und betrieblichen Rahmenbedingungen beachten. Sie muss sich dem Kundeninteresse verpflichtet fühlen, auch wenn sie den geschäftspolitischen Zielen des jeweiligen Instituts unterworfen ist und der Absatzförderung dient. Kundenberatung ist für den Kunden eine im Allgemeinen kostenfreie Dienstleistung, die über Erträge finanziert wird, die aus dem Verkauf von Bankprodukten erzielt werden. Allerdings sind dem Kunden im Rahmen einer Anlageberatung sämtliche Zuwendungen, egal ob offen ausgewiesen oder im Anlagebetrag enthalten und unabhängig davon, ob hierfür eine aufsichtsrechtliche Offenlegungspflicht besteht, ungefragt offenzulegen. Dies gilt insbesondere auch für Kapitalanlagen, die nicht dem Anwendungsbereich des WpHG unterliegen.

BGH-Urteil vom 01.08.2014

Grenzen sind der Kundenberatung gezogen durch mangelndes Fachwissen des Beraters, die Qualität der Beratungsunterlagen, die Geschäftspolitik des jeweiligen Kreditinstituts sowie die Unvorhersehbarkeit der politischen und wirtschaftlichen Entwicklungen. Außerdem wird die Kundenberatung begrenzt durch gesetzliche Vorschriften, insbesondere hinsichtlich der Beratung über Wertpapierdienstleistungen und der Rechts- und Steuerberatung. Kreditinstitute dürfen in Rechts- und Steuerangelegenheiten zwar Rat und Auskunft im Zusammenhang mit einer bestimmten Kapitalanlage oder in allgemeiner Form im Zusammenhang mit einem Anlagegespräch erteilen. Beratungen, bei denen Rechts- oder Steuerprobleme im Mittelpunkt stehen, sind dagegen aufgrund des Rechtsdienstleistungsgesetzes (RDG) grundsätzlich Anwälten und Steuerberatern vorbehalten.

Grenzen

Grundsätze der Kundenberatung

- **objektive Kundenberatung**
  Der Kunde muss offen über Nutzen und Risiken geeigneter Anlageformen informiert werden. Im Sinne einer vertrauensvollen und langfristigen Kundenbeziehung ist Geld- und Vermögensberatung am erfolgreichsten, wenn sie einen auf Dauer mit seiner Anlageentscheidung zufriedenen Kunden schafft.
- **umfassende Kundenberatung**
  Der Kunde muss ausführlich über Rentabilität, Sicherheit, Liquidität, Kosten und die steuerliche Behandlung der für ihn infrage kommenden Anlagealternativen informiert werden.
- **individuelle Kundenberatung**
  Der Kunde muss entsprechend seinen persönlichen Wünschen und Anlagezielen, seiner individuellen Einkommens- und Vermögenslage und seinen besonderen steuerlichen Verhältnissen beraten werden. Die Beratung sollte sich nicht auf die Beschreibung und Empfehlung einer bestimmten Anlageform beschränken, sondern auch die persönlichen Umstände des Kunden und seine Anlegermentalität berücksichtigen. Risikobereite Kunden erfordern eine andere Beratung als sicherheits- oder liquiditätsorientierte Kunden.
- **aktive Kundenberatung**
  Der Kundenberater sollte von sich aus an den Kunden herantreten, z. B. wenn sich die Rahmenbedingungen beim Anleger ändern oder wenn sich akute Anlässe ergeben. Beratungsanlässe sind auffallend hohe Kontoguthaben, fällige Sparverträge, Erledigung von Ratenkrediten.

Phasen eines Beratungsgesprächs

Ein Beratungsgespräch hat in der Regel drei Kernphasen. Es wird im Allgemeinen nach der sog. KIV-Formel geführt:

Kernphasen

- Kontaktphase,
- Informationsphase,
- Verkaufsphase.

Kontaktphase

Ziel der Kontaktphase ist die Schaffung einer angenehmen Gesprächsatmosphäre. Es soll ein vertrauensvoller Kontakt zum Kunden hergestellt werden. Dazu ist empfehlenswert, dass sich der Kundenberater persönlich vorstellt, den Kunden mit Namen anspricht und Blickkontakt hält. Auch sollte der Kundenberater gegebenenfalls auf besondere Kontaktthemen eingehen, wie z. B. Geburt eines Kindes.

Informationsphase

In der Informationsphase erfragt und analysiert der Kundenberater die Bedürfnisse des Kunden. Er verschafft sich ein Bild über die Ertragserwartungen und Risikoneigung des Kunden sowie über dessen Liquiditätspräferenzen. Er informiert sich eingehend über den Kundenwunsch und die Anlegermentalität. Dabei stellt der Kundenberater offene Fragen, hört aktiv zu, macht sich Notizen und fasst das bisherige Gespräch zusammen.

Verkaufsphase

In der Verkaufsphase bietet der Kundenberater passende Problemlösungen an. Er überzeugt den Kunden mit Argumenten, beispielsweise dadurch, dass er besonders den Nutzen des ausgewählten Produkts für den Kunden herausstellt. Es ist aber nicht Aufgabe des Beraters, dem Kunden ein ganzes Sortiment möglicher Angebote zu erklären. Ziel ist der Vertragsabschluss. Dieses Ziel darf der Kundenberater nicht aus den Augen verlieren. Dabei muss aber auch ein Ausgleich zwischen den Interessen des Kunden und denen des Kreditinstituts Berücksichtigung finden. Günstig wirkt sich im Verkaufsgespräch der Einsatz von verkaufsunterstützenden Hilfsmitteln aus, z. B. Prospektmaterial oder Basisinformationsblätter. Der Berater sollte darauf achten, dass der Kunde selbst die endgültige Entscheidung trifft. In der Verkaufsphase erkennt der Kundenberater auch weitere Beratungs- und Verkaufschancen (Cross-Selling-Ansätze).

Cross Selling

Phasen eines Beratungsgesprächs

- **Kontaktphase:**
  Schaffung einer positiven Gesprächsatmosphäre
- **Informationsphase:**
  Ermittlung des Kundenwunsches
- **Verkaufsphase:**
  Vorschlag des Beraters, Entscheidung des Kunden, Abschluss

Nach dem Vertragsabschluss übernimmt der Berater die erforderlichen Formalitäten, z. B. Ausfertigung des Sparvertrags, Ausdruck der Geeignetheitserklärung und Eingabe des Wertpapierauftrags, soweit dies nicht im nachgelagerten backoffice erledigt wird.

Haftung des Kreditinstituts für fehlerhafte Beratungen

Haftung des Kreditinstituts für fehlerhafte Beratungen

Verschuldenshaftung

Anlageempfehlungen

Bei einem Beratungsgespräch kommt durch schlüssiges Verhalten ein Auskunfts- und Beratungsvertrag zustande. Aus diesem Vertrag heraus sind die Kreditinstitute verpflichtet, dem Kunden alle für seine Entscheidung wichtigen Tatbestände mitzuteilen, die ihnen zum Zeitpunkt der Beratung zur Verfügung stehen. **Kreditinstitute haften** dabei **für jedes Verschulden ihrer Mitarbeiter** und der Personen, die sie zur Erfüllung ihrer Verpflichtungen heranziehen. Der Bundesgerichtshof hat 1993 in einem Grundsatzurteil über die Beratungs- und Aufklärungspflichten herausgestellt, dass Anlageempfehlungen eines Kreditinstituts anlegergerecht sein müssen. Eine empfohlene Anlage muss der Person des Kunden und seinem Anlageziel entsprechen. Verliert ein Kunde durch eine falsche Beratung Geld, kann er sein Kreditinstitut haftbar machen. Anspruch auf Schadenersatz kann ein Kunde allerdings nur geltend machen, wenn die Beratung durch das Kreditinstitut schuldhaft fehlerhaft war. Ein Anspruch auf Schadenersatz besteht dagegen nicht, wenn der Kunde ohne Beratung einen gezielten Auftrag erteilt hat, aus dem ihm ein Verlust entsteht.

§§ 195, 199 BGB

Die Verjährungsfrist für Ansprüche aus fehlerhaften Beratungen beträgt drei Jahre. Sie beginnt zumeist mit dem Tag zu laufen, an dem die fehlerhafte Beratung stattfand.

4.2 Anlagen auf Konten und in Sparbriefen

Passivgeschäfte

Anlagen auf Konten und in Sparbriefen finden ihren Niederschlag auf der Passivseite der Bilanz der Kreditinstitute. Derartige Anlagen werden daher auch als Passivgeschäfte bezeichnet. Die von Kunden auf Konten und in Sparbriefen angelegten Beträge werden von den Kreditinstituten als Mittel zur Finanzierung ihres Kreditgeschäfts (**Aktivgeschäfte**) verwendet.

Bilanzausweis von Einlagen

Bilanz einer Kreditbank (Kurzform)

Aktiva	Passiva
Barreserve Schuldtitel öffentlicher Stellen Forderungen an Kreditinstitute Forderungen an Kunden Schuldverschreibungen und andere festverzinsliche Wertpapiere Aktien und andere nicht festverzinsliche Wertpapiere Beteiligungen Sachanlagen	Verbindlichkeiten gegenüber Kreditinstituten a) täglich fällig b) mit vereinbarter Laufzeit oder Kündigungsfrist Verbindlichkeiten gegenüber Kunden a) Spareinlagen b) andere Verbindlichkeiten Verbriefte Verbindlichkeiten a) begebene Schuldverschreibungen b) andere verbriefte Verbindlichkeiten Rückstellungen Eigenkapital

Einlagengeschäft

Anlagen auf Konten sind Einlagen. Kreditinstitute bezeichnen das Geschäft mit Anlagen auf Konten entsprechend der Begriffsfassung im Kreditwesengesetz auch als **Einlagengeschäft.**

4.2.1 Begriff und Arten der Einlagen

Guthaben auf Konten

Einlagen sind Guthaben auf Giro-(Kontokorrent-), Termingeld- und Sparkonten. Danach werden Einlagen unterschieden in Sicht-, Termin- und Spareinlagen.

Einlagen

Einlagen von Kunden
- Sichteinlagen
- Termineinlagen
- Spareinlagen

Einlagen von Kreditinstituten
- Sichteinlagen
- Termineinlagen

Einlagen

Übersicht über die Einlagen

	Sichteinlagen	Termineinlagen	Spareinlagen
Zweck der Einlage	▸ Teilnahme am bargeldlosen Zahlungsverkehr ▸ Einschränkung der Bargeldhaltung	Zinsen bringende Anlage von Geldbeträgen, die vorübergehend nicht für den Zahlungsverkehr oder den Geschäftsbetrieb benötigt werden	▸ Ansammlung von Vermögen ▸ Anlage von Vermögen
Einleger	▸ Privatkunden ▸ Firmenkunden ▸ Kreditinstitute ▸ öffentliche Haushalte	▸ Privatkunden ▸ Firmenkunden ▸ Kreditinstitute ▸ öffentliche Haushalte	▸ Privatpersonen ▸ juristische Personen und Personengemeinschaften (ausgenommen Kapitalgesellschaften, Genossenschaften, Personengesellschaften und Wirtschaftsvereine)
Verfügbarkeit (Mindestfestlegungsdauer)	täglich fällig	Festlegungs- bzw. Kündigungsfrist mindestens ein Monat	▸ Kündigungsfrist mindestens drei Monate ▸ Freibetrag vereinbar bei dreimonatiger Kündigungsfrist bis zu 2000 Euro je Sparkonto und Kalendermonat
Verzinsung	▸ keine oder nur sehr niedrige, teilweise negative Verzinsung, z. B. 0,05 % ▸ häufig Mindestguthaben, z. B. 5000 Euro	▸ abhängig von – Anlagehöhe – Anlagedauer – Zinsniveau auf dem Geldmarkt – Verhandlungsmacht des Einlegers – Liquidität des Kreditinstituts – Weiterverwendungsmöglichkeiten	▸ abhängig von – Anlagehöhe – Anlagedauer – Zinsnivau auf dem Kapitalmarkt
Rechtsgrundlagen	▸ Kontokorrentverhältnis ▸ Geschäftsbesorgung ▸ unregelmäßige Verwahrung	▸ Darlehen ▸ unregelmäßige Verwahrung	▸ Darlehen ▸ Verordnung über die Rechnungslegung der Kreditinstitute und Finanzdienstleistungsinstitute (RechKredV)

4.2.2 Sichteinlagen

Sichteinlagen
tägliche Fälligkeit

Sichteinlagen sind Guthaben auf Kontokorrent- und Girokonten. Sie sind täglich fällig. Die Einleger können ohne vorherige Kündigung jederzeit („bei Sicht") über ihre Guthaben verfügen.

Als Sichteinlagen gelten auch Einlagen, für die eine Kündigungsfrist oder eine Laufzeit von weniger als einem Monat vereinbart worden ist.

Zweck

Kunden unterhalten Sichteinlagen

- **zur Abwicklung ihres Zahlungsverkehrs:** Über Sichteinlagen kann jederzeit durch Barabhebung, Überweisung, Lastschrift oder Scheck verfügt werden.

- **zur Einschränkung ihrer Bargeldhaltung:** Sichteinlagen sind im Vergleich zu Bargeld gegen Verlust und Diebstahl geschützt. Da über Sichteinlagen genauso freizügig verfügt werden kann wie über Bargeld, kann der Einleger seine Bargeldbestände niedrig halten.

Verzinsung
Verwahrentgelt

Zur Erzielung von Zinserträgen sind Sichteinlagen für den Kunden ungeeignet. Kreditinstitute gewähren für Sichteinlagen häufig keine Zinsen oder berechnen sogar für größere Beträge einen negativen Zins, z. B. –0,4 % ab Einlagen von 100 000 Euro. Kreditinstitute begründen die geringe Verzinsung von Sichteinlagen mit den hohen Kosten für die Abwicklung des Zahlungsverkehrs, die nur zum Teil durch Provisionen und andere Erträge gedeckt sind. Die Berechnung negativer Zinsen wird als Verwahrentgelt begründet.

„Goldene Bankregel"

Nach der „Goldenen Bankregel" dürfen Sichteinlagen im Kreditgeschäft nur so ausgeliehen werden, dass sie jederzeit verfügbar sind. In der Praxis werden täglich fällige Einlagen auch für längere Fristen ausgeliehen. Die Erfahrung zeigt, dass ein Teil der Sichteinlagen, der sogenannte **Bodensatz,** von den Kreditinstituten langfristig ausgeliehen werden kann. Die Bodensatzbildung ist auf folgende Komponenten zurückzuführen:

Bodensatz

- **Reservehaltung:** Nur wenige Einleger disponieren stets über ihr gesamtes Kontoguthaben. Viele Einleger halten Sichteinlagen als Liquiditätsreserven. Ihre Einlagen sind höher als zur Abwicklung des Zahlungsverkehrs nötig.
- **Mittelausgleich:** Ein Teil der Verfügungen über Sichteinlagen wird durch Umbuchungen auf Konten beim gleichen Kreditinstitut ausgeführt. Es entstehen keine Mittelabflüsse.
- **Kompensation:** Die täglichen Abflüsse an Sichteinlagen werden zu einem erheblichen Teil durch entsprechende Zuflüsse aus Zahlungseingängen ausgeglichen.

Float-Gewinne

§ 675t Abs. 1 und Abs. 3 BGB

Kreditinstitute erzielen aus der Ausleihung von Sichteinlagen Zinserträge. Aufgrund der Zahlungsdiensterichtlinie sind die zivilrechtlichen Bestimmungen zur Wertstellung neu geregelt. Danach darf der Tag einer Belastungs- bzw. Gutschriftsbuchung nicht vom Tag der Wertstellung abweichen. Im Ergebnis wird damit für Banken die früher gegebene Möglichkeit, Floatgewinne zu erzielen, drastisch eingeschränkt.

4.2.3 Termineinlagen

Festgeld und Kündigungsgeld

Termineinlagen

Festgelder	Kündigungsgelder
▸ Vereinbarung einer festen Laufzeit von mindestens einem Monat ▸ feste Verzinsung ▸ Zinsgutschrift am Ende der Laufzeit	▸ Vereinbarung einer Kündigungsfrist von mindestens einem Monat ▸ variable Verzinsung ▸ Zinsgutschrift nach Fälligkeit oder am Jahresende

Termineinlagen

Termineinlagen sind Guthaben auf Termingeldkonten. Sie stehen den Kreditinstituten als befristete Einlagen für bestimmte Zeiträume zur Verfügung. Die Einleger verzichten für diese Zeit, mindestens für einen Monat, auf ihr Verfügungsrecht,

um einen höheren Zins als bei Sichteinlagen zu erhalten. Termineinlagen werden im Allgemeinen in größeren, runden Beträgen angelegt.

Vertrag über Termineinlagen

Bei der Anlage von Termingeld wird ein Vertrag über Termineinlagen geschlossen. Zwischen Kreditinstitut und Einleger werden vereinbart

- Höhe der Termineinlage,
- Laufzeit bei Festgeld bzw. Kündigungsfrist bei Kündigungsgeld,
- Zinssatz.

Verzinsung

Der Zinssatz hängt von der Höhe der Einlage und zumeist von der vereinbarten Laufzeit bzw. Kündigungsfrist ab. In der Praxis werden Festgelder bevorzugt, weil ihr Rückzahlungstermin bei der Geldanlage festgelegt wird und keine Kündigungsfristen beachtet und überwacht werden müssen. Für jede Termineinlage eines Kunden wird ein gesondertes Konto eingerichtet. **Zinsen** werden gutgeschrieben:

- für Festgelder am Ende der vereinbarten Laufzeit,
- für Kündigungsgelder bei Fälligkeit nach Kündigung bzw. am Ende des Geschäftsjahres.

Nach Fälligkeit nicht abgerufene Termineinlagen werden als Sichteinlagen behandelt, falls nicht Prologationen vereinbart worden sind. Bei großen Beträgen bitten die Kreditinstitute oft von sich aus einige Tage vor Fälligkeit um Weisungen.

Zweck

Als Termineinlagen werden Gelder angelegt,

- die für größere Zahlungsverpflichtungen zu bestimmten, späteren Terminen bereitstehen müssen, z. B. für Steuerzahlungen oder Gewinnausschüttungen,
- für die kurzfristig keine Verwendung besteht,
- für die günstigere Anlagemöglichkeiten abgewartet werden sollen.

Termineinlagen verursachen nur geringen Personal- und Sachaufwand, da sie in großen Beträgen bereitgestellt werden. Termingeldkonten weisen außer Einzahlungen, Zinsgutschriften und Rückzahlungen keine Bewegungen auf.

vorzeitige Verfügung

Bei unerwartet auftretendem Geldbedarf kann es vorkommen, dass Einleger vorzeitig verfügen möchten. Rechtlich sind die Kreditinstitute zu vorzeitigen Rückzahlungen nicht verpflichtet. Aus Kulanzgründen kommen sie ihren Kunden aber häufig entgegen. In diesem Fall wird

- entweder der vereinbarte Zinssatz rückwirkend auf den Zinssatz der verkürzten Anlagedauer gesenkt
- oder entsprechend der Regelung bei Spareinlagen ein Vorfälligkeitspreis berechnet und mit den zu vergütenden Habenzinsen verrechnet.

▸ Kapitel 4.2.4.6

Anstelle der vorzeitigen Rückzahlung können auch Kredite angeboten werden, für die das Guthaben auf dem Termingeldkonto als Sicherheit dient und die mit Fälligkeit des Termingeldes getilgt werden.

Tagesgeldkonto

Statt einer Termineinlage wird von den Kreditinstituten für eine verzinsliche Zwischenanlage häufig das Tagesgeldkonto (auch als Geldmarktkonto bezeichnet) angeboten. Es ist durch folgende Merkmale gekennzeichnet:

- **Geldanlage:** Das Tagesgeldkonto ist ein Girokonto. Es dient aber ausschließlich der verzinslichen Geldanlage und ist nicht zur Abwicklung des Zahlungsverkehrs bestimmt. Mitunter verpflichten sich Kunden in einer Zusatzvereinbarung, das Tagesgeldkonto ausschließlich für Geldanlagegeschäfte zu nutzen.

- **Verzinsung:** Die Verzinsung des Tagesgeldkontos erfolgt zumeist gestaffelt nach Größenklassenordnungen, z. B. ab 5000 Euro, ab 25000 Euro und ab 50000 Euro. Für Anlagebeträge unter 5000 Euro gibt es häufig keine Zinsen.
- **Kontoauszug und Rechnungsabschluss:** Alle Bewegungen auf dem Tagesgeldkonto werden in einem Kontoauszug dokumentiert. Die Kontoauszüge können alternativ per Post zugestellt oder vom Kunden online abgerufen werden. Meist werden Tagesgeldkonten vierteljährlich abgeschlossen.
- **Einzahlungen:** Auf das Tagesgeldkonto können Einzahlungen nur durch Belastung des vom Kunden angegebenen Referenzkontos (zumeist das übliche Girokonto) vorgenommen werden.
- **Verfügungen:** Über das Tagesgeldkonto kann jederzeit ohne Einhaltung einer Kündigungsfrist verfügt werden, allerdings nur durch Überweisung auf das Referenzkonto. Zahlungsverkehrsvorgänge, wie z. B. Lastschriften, Daueraufträge, Verfügungen mittels Bank- oder Kreditkarte, können nicht direkt über das Tagesgeldkonto abgewickelt werden.

4.2.4 Spareinlagen

4.2.4.1 Merkmale der Spareinlagen

Spareinlagen
§ 21 Abs. 4 RechKredV

Spareinlagen sind Guthaben auf Sparkonten. Es sind unbefristete Gelder, die die Voraussetzungen des § 21 Absatz 4 der Verordnung über die Rechnungslegung der Kreditinstitute und Finanzdienstleistungsinstitute erfüllen. Die Spareinlagendefinition nach der RechKredV ist eine reine Bilanzierungsvorschrift.

Merkmale von Spareinlagen nach RechKredV

Merkmale der Spareinlage

- **Urkundenausfertigung**
  - Spareinlagen sind durch Ausfertigung einer Sparurkunde, insbesondere eines Sparbuches gekennzeichnet.
- **Vermögensbildung**
  - Spareinlagen dienen der Ansammlung und Anlage von Vermögen.
- **Zahlungsverkehrsverbot**
  - Spareinlagen sind nicht für den Zahlungsverkehr bestimmt.
- **Befristungsverbot**
  - Spareinlagen sind unbefristete Gelder (Ausnahme: VL-Spareinlagen).

- Spareinlagen werden nicht von Kapitalgesellschaften, Genossenschaften, wirtschaftlichen Vereinen oder Personenhandelsgesellschaften angenommen, es sei denn, diese Unternehmen dienen gemeinnützigen, mildtätigen oder kirchlichen Zwecken oder es handelt sich um die Anlage von Mietkautionen.

§ 21 Absatz 4 RechKredV

Als Spareinlagen sind nur unbefristete Gelder auszuweisen, die folgende vier Voraussetzungen erfüllen:

1. Sie sind durch Ausfertigung einer Urkunde, insbesondere eines Sparbuchs, als Spareinlagen gekennzeichnet;
2. sie sind nicht für den Zahlungsverkehr bestimmt;
3. sie werden nicht von Kapitalgesellschaften, Genossenschaften, wirtschaftlichen Vereinen, Personenhandelsgesellschaften oder von Unternehmen mit Sitz im Ausland mit vergleichbarer Rechtsform angenommen, es sei denn, diese Unternehmen dienen gemeinnützigen, mildtätigen oder kirchlichen Zwecken oder es handelt sich bei den von diesen Unternehmen angenommenen Geldern um Sicherheiten gemäß § 551 des Bürgerlichen Gesetzbuchs oder § 14 Abs. 4 des Heimgesetzes;
4. sie weisen eine Kündigungsfrist von mindestens drei Monaten auf.

Sparbedingungen, die dem Kunden das Recht einräumen, über seine Einlagen mit einer Kündigungsfrist von drei Monaten bis zu einem bestimmten Betrag, der jedoch pro Sparkonto und Kalendermonat 2000 Euro nicht überschreiten darf, ohne Kündigung zu verfügen, schließen deren Einordnung als Spareinlagen im Sinne dieser Vorschrift nicht aus. Geldbeträge, die auf Grund von Vermögensbildungsgesetzen geleistet werden, gelten als Spareinlagen. Bauspareinlagen gelten nicht als Spareinlagen.

Der Hinweis in der RechKredV auf § 14 Abs. 4 HeimG (Stellung von Kautionen) ist gegenstandslos geworden, da nach dem Heimgesetz als Bundesgesetz keine Kautionen mehr zu stellen sind. Kautionsleistungen von Heimbewohnern sind heute in entsprechenden landesgesetzlichen Bestimmungen geregelt.

kein Schutz der Bezeichnung Spareinlage

Die Bezeichnung „Spareinlage“ ist gesetzlich nicht geschützt. Den Kreditinstituten ist es unbenommen, Einlagen gegenüber Kunden als Spareinlagen zu bezeichnen, die nicht den Bedingungen des § 21 Abs. 4 RechKredV entsprechen, z. B. täglich fällige Einlagen oder Einlagen mit einer Kündigungsfrist von weniger als drei Monaten. Sofern sie davon Gebrauch machen, ist es ihnen aber untersagt, solche Spareinlagen unter dem Bilanzposten 2a) als Spareinlagen auszuweisen.

Nach dem Ausweis in der Bilanz unterscheiden Kreditinstitute

- Spareinlagen mit vereinbarter Kündigungsfrist von drei Monaten,
- Spareinlagen mit vereinbarter Kündigungsfrist von mehr als drei Monaten.

4.2.4.2 Bedeutung des Sparens

Spartätigkeiten haben Bedeutung für den Sparer selbst und für die Kreditinstitute, aber auch für die gesamte Wirtschaft.

Bedeutung des Sparens

Bedeutung für Sparer, Kreditinstitute und Gesamtwirtschaft

für den Sparer	für die Kreditinstitute	für die Gesamtwirtschaft
▸ Sparen ermöglicht die Ansammlung von Vermögen – für die Ausbildung, für die Altersvorsorge, für unvorhersehbare Notfälle u. Ä. (Vorsorgesparen), – für größere Anschaffungen, für Reisen, für den Erwerb eines Eigenheims u. Ä. (Zwecksparen). ▸ Sparen ermöglicht die zinsbringende Anlage von Vermogen.	▸ Spareinlagen sind eine stabile Fremdkapitalquelle. ▸ Spareinlagen können im Kreditgeschäft langfristig ausgeliehen werden.	▸ Sparen ist Voraussetzung für die Bildung von Produktivkapital. ▸ Sparen dient der Vermögensbildung breiter Bevölkerungsschichten. ▸ Sparen ermöglicht Investitionen und Wirtschaftswachstum.

4.2.4.3 Sparurkunde

Formen der Sparurkunde

Nach Auffassung der Bundesanstalt für Finanzdienstleistungsaufsicht (BaFin) muss eine Sparurkunde folgende wesentlichen Merkmale aufweisen:

Merkmale der Sparurkunde

1. Firmenbezeichnung des Kreditinstituts,
2. Name des Sparers,
3. Kennzeichnung der Einlage als Spareinlage,
4. Höhe des Sparguthabens (aktueller Kontostand),
5. Raum für Vermerke über Umsätze (Ein- und Auszahlungen, Zinsgutschriften).

Formen der Sparurkunde

Formen der Sparurkunde

Sparbücher	Einzelsparurkunden
▸ gebundene Sparbücher ▸ Loseblatt-Sparbücher	Sparzertifikate

Die **Grundform der Sparurkunde ist das gebundene oder geheftete Sparbuch** (**bei Sparkassen: Sparkassenbuch**). Es wird bei der ersten Einzahlung einer Spareinlage ausgestellt. Es ist bei allen Barverfügungen vorzulegen. Unbare Umsätze werden bei der nächsten Vorlage nachgetragen.

Sparbuch
Sparkassenbuch

Bei **Loseblatt-Sparbüchern** gilt – je nach Ausgestaltung – **als Sparurkunde**

Loseblatt-Sparbücher

- der einzelne Sparkontoauszug, sofern er sämtliche Merkmale einer Sparurkunde aufweist,
- der jeweils letzte Kontoauszug zusammen mit der Sparbuchhülle und dem Stammblatt.

Auch bei Loseblatt-Sparbüchern ist die jeweilige Sparurkunde bei Barverfügungen vorzulegen. Über unbare Umsätze informiert der Kontoauszug.

Sparzertifikate (**Sparkassenzertifikate**) sind wertpapierähnlich ausgestaltete Urkunden über einmalige Einzahlungen von Spargeldern. **Sparmarken** beim Schulsparen und **Sparquittungen** bei Sparvereinen sind **keine Sparurkunden.** Sie kommen kaum noch vor.

Sparkarten

Sparkarten, mit denen an Geldautomaten über Sparguthaben verfügt werden kann, sind keine Sparurkunden im Sinne des § 21 Abs. 4 RechKredV. Es muss weiterhin eine Urkunde neben der Sparkarte ausgefertigt werden. Der Sparer muss die Möglichkeit haben, nach jeder Transaktion einen aktuellen Sparkontoauszug zu erhalten.

Sparkarten dienen der Kundenselbstbedienung (SB-Sparen). Die BaFin stellt an ihre Ausgabe u.a. folgende Bedingungen:

- Grundlage müssen Spareinlagen mit dreimonatiger Kündigungsfrist sein.
- Die Verwendung für den Zahlungsverkehr muss ausgeschlossen sein, d.h. die Verwendung an elektronischen Kassen des Handels, z.B. ec-Cash, muss unmöglich sein.
- Es muss gewährleistet sein, dass unter Zugrundelegung einer Onlineverbindung zur kontoführenden Stelle Auszahlungen nur aus Guthaben erfolgen und die automatisierten Auszahlungen 2000 Euro pro Monat nicht übersteigen.

Rechtsnatur des Sparbuchs

Rechtsnatur des Sparbuchs

Rechtsnatur des Sparbuchs

Beweis- und Schuldurkunde	qualifiziertes Legitimationspapier	hinkendes Inhaberpapier
▸ Das Sparbuch beweist das Bestehen einer Spareinlage. ▸ Das Sparbuch enthält ein Zahlungsversprechen.	Das Kreditinstitut kann auf die Legitimationswirkung des Sparbuchs vertrauen und ist **berechtigt, aber nicht verpflichtet,** die versprochene Leistung an jeden Vorleger des Sparbuchs mit befreiender Wirkung auszuzahlen.	Das Kreditinstitut ist nicht zur Zahlung an den Inhaber des Sparbuchs verpflichtet, sondern kann die Legitimation des Vorlegers verlangen. Der Inhaber ist nicht berechtigt, ohne Nachweis seiner Berechtigung die Leistung zu verlangen.

Schuldurkunde gemäß § 808 BGB

Das Sparbuch ist eine Urkunde mit Wertpapiercharakter, in der der Gläubiger benannt ist und die mit der Bestimmung ausgegeben wird, dass die in der Urkunde versprochene Leistung an jeden Inhaber bewirkt werden kann:

- Das Sparbuch beweist das Bestehen der Spareinlage (Beweisurkunde).
- Das Sparbuch enthält die Verpflichtung des Kreditinstituts, den in der Urkunde eingetragenen Sparbetrag auf Verlangen des Gläubigers bei Fälligkeit zurückzuzahlen (Schuldurkunde).

- Das Sparbuch ermöglicht dem Kreditinstitut, ohne Legitimationsprüfung an jeden Inhaber des Sparbuchs die versprochene Leistung mit befreiender Wirkung auszuzahlen und ihn als zur Kündigung der Spareinlage berechtigt anzusehen (**qualifiziertes Legitimationspapier**). Das gilt grundsätzlich auch für Zahlungen an geschäftsunfähige oder beschränkt geschäftsfähige Personen. Als **versprochene Leistung** gilt
  - bei gekündigten Spareinlagen der nach Ablauf der Kündigungsfrist fällige Betrag,
  - bei ungekündigten Spareinlagen mit einer Kündigungsfrist von drei Monaten der vereinbarte Freibetrag von 2000 Euro je Sparkonto und Kalendermonat,
  - der Zinsbetrag innerhalb einer Frist von zwei Monaten nach Gutschrift,
  - der aufgelaufene Zinsbetrag bei Auflösung des Sparkontos.

Auszahlung mit befreiender Wirkung

versprochene Leistung gemäß §808 BGB

- Der Inhaber des Sparbuchs ist nicht berechtigt, die Auszahlung der versprochenen Leistung gegen Vorlage des Sparbuchs zu verlangen (**hinkendes Inhaberpapier**).
- Weichen Namensträger im Sparbuch und Gläubiger der Spareinlage voneinander ab, z. B. im Falle einer stillen Abtretung, so steht das Recht an der Sparurkunde dem Gläubiger zu.

Auch wenn die gewünschte Abhebung im Rahmen der versprochenen Leistung liegt, kann das Kreditinstitut verlangen, dass der Vorleger des Sparbuchs seine Berechtigung zur Verfügung über das Sparguthaben nachweist.

Recht zur Legitimationsprüfung

Die **Legitimationswirkung des Sparbuchs** erstreckt sich nach allgemeiner Rechtsauffassung nicht auf vorzeitige Verfügungen, d.h. auf Verfügungen über ungekündigte Guthaben. Kreditinstitute können sich auch nicht auf die Legitimationswirkung des Sparbuchs (Sparkassenbuch) berufen, wenn ihnen bekannt oder infolge grober Fahrlässigkeit unbekannt war, dass der Buchvorleger keine Verfügungsberechtigung besaß. Das ist z. B. der Fall bei Auszahlungen trotz

Pflicht zur Legitimationsprüfung

- angezeigten Verlusts (z. B. Diebstahl) eines Sparbuchs,
- auffällig verdächtigen Verhaltens des Sparbuchvorlegers.

Der Sparer kann sich gegen Verfügungen Unberechtigter schützen, indem er vereinbart, dass außer der Vorlage des Sparbuchs die **Vorlage von Ausweispapieren oder die Nennung eines Kennwortes** oder einer **Kennzahl** notwendig ist.

Kennwort

Vorlage des Sparbuchs

Für Auszahlungen ist grundsätzlich die Vorlage des Sparbuchs erforderlich.

Vorlage des Sparbuchs

Aufgrund der Bedingungen für den Sparverkehr sowie wegen der Bestimmung des § 808 BGB kann das Konto führende Kreditinstitut Verfügungen über Sparkonten stets von der Vorlage der Sparurkunde abhängig machen. **Ohne Vorlage des Sparbuchs** werden Verfügungen in folgenden beispielhaft aufgeführten Fällen zugelassen:

- Daueraufträge zugunsten eines anderen Sparkontos des Sparers bei demselben Kreditinstitut, z. B. Dauerauftrag zugunsten eines Gewinnsparkontos,
- Belastungen durch das Konto führende Kreditinstitut wegen fälliger Forderungen gegen den Sparer, z. B. Darlehenszinsen, Tilgungsraten, Depotgebühren, Tresormieten, Ansprüche aus dem Kauf von Wertpapieren,

Verfügungen an Geldautomaten

- Verfügungen an Geldautomaten im zulässigen Rahmen zulasten von SB-Sparkonten. Unmittelbar nach der Verfügung muss die Möglichkeit bestehen, an einem Kontoauszugsdrucker ein neues Sparurkundenblatt auszudrucken. Auf dem Display des Geldautomaten muss ein entsprechender Hinweis erscheinen.

Verfügungen ohne Buchvorlage dürfen aber nicht dazu führen, dass das Sparkonto den Charakter eines Zahlungsverkehrkontos annimmt.

Einzahlungen sind **ohne Vorlage des Sparbuchs** möglich. Sie werden bei der nächsten Buchvorlage nachgetragen.

Verlust des Sparbuchs

Abhandenkommen oder Zerstörung eines Sparbuchs

Das Abhandenkommen oder die Zerstörung eines Sparbuchs muss dem Kreditinstitut unverzüglich angezeigt werden. Aufgrund der Anzeige wird das Sparkonto gesperrt.

Da Verfügungen über Spareinlagen grundsätzlich nur gegen Vorlage des Sparbuchs möglich sind, muss dem Sparer bei Verlust ein neues Sparbuch ausgestellt werden. Grundsätzlich gibt es zwei Wege:

- Das Kreditinstitut kann dem Sparer ohne Aufgebotsverfahren ein neues Sparbuch ausstellen, wenn der Verlust des alten Sparbuchs glaubhaft nachgewiesen wird. Der Verlust ist nachgewiesen, wenn der Sparer die Reste eines zerrissenen oder stark beschädigten Sparbuchs vorlegt. Das alte Sparbuch verliert in diesem Fall aber nicht seine rechtliche Gültigkeit.

Aufgebotsverfahren
§ 433 FamFG

- Das Kreditinstitut kann den Sparer an das zuständige Amtsgericht verweisen, um das abhanden gekommene oder vernichtete Sparbuch im Wege des Aufgebotsverfahrens für kraftlos erklären zu lassen. Das Sparbuch wird öffentlich aufgeboten und nach Ablauf der Aufgebotsfrist durch Ausschließungsbeschluss für kraftlos erklärt. Danach kann ein neues Sparbuch ausgestellt werden.

Bei den meisten Sparkassen ist die Kraftloserklärung auch durch Vorstandsbeschluss möglich. Dieses sog. sparkasseninterne Aufgebotsverfahren ist im Sparkassenrecht (Sparkassengesetz oder Sparkassenverordnung) der meisten Bundesländer im Einzelnen geregelt.

4.2.4.4 Sparvertrag

Sparvertrag

Begriff des Sparvertrags

Darlehensvertrag
§ 488 BGB

Der Sparvertrag ist eine besondere Form des Geld-Darlehensvertrags. Er wird bestimmt durch:

- § 488 ff. BGB (Darlehensvertrag),
- § 21 Abs. 4 RechKredV,
- aufsichtsrechtliche Mitteilungen, insbesondere die Mitteilung 1/64 vom 3. August 1964 des damaligen Bundesaufsichtsamtes für das Kreditwesen zum Sparverkehr, die im Grundsatz weiterhin von den Kreditinstituten beachtet wird,
- die Sonderbedingungen der einzelnen Kreditinstitute über den Sparverkehr.

Aufgrund des Sparvertrags überlässt der Sparer dem Kreditinstitut die Spareinlage zur Nutzung. Für diese Nutzung zahlt das Kreditinstitut Zinsen. Es ist außerdem verpflichtet, die Einlage auf Verlangen des Kunden bei Fälligkeit zurückzuzahlen.

Gläubigereigenschaft bei Spareinlagen

Gläubiger-
eigenschaft

Gläubiger einer Spareinlage und Sparkontoinhaber sind zumeist identisch. Das ist der Fall, wenn der Sparer das Konto für sich selbst unter seinem eigenen Namen einrichtet, den Sparbetrag einzahlt und das Sparbuch in Besitz nimmt. Richtet der Einzahler das Konto auf den Namen einer **anderen Person ein,** bestimmt er, wer Gläubiger werden soll. Entweder ist das zunächst noch der Einzahler selbst oder die andere Person, auf deren Namen das Konto lautet. **Entscheidend ist der Wille des Einzahlenden.** Über Einzelfragen zur Gläubigereigenschaft hat der Bundesgerichtshof mehrfach entschieden.

Leitsätze
des BGH

Leitsätze des BGH zur Gläubigereigenschaft bei Spareinlagen

Der Bundesgerichtshof hat 1965 **Leitsätze** verkündet. Danach gilt:

1. Gläubiger einer Spareinlage wird grundsätzlich der Einzahlende und nicht derjenige, auf dessen Namen das Sparbuch ausgestellt wird.
2. Über die Gläubigereigenschaft entscheidet letztlich allein der Wille des Einzahlenden. Er kann die Forderung auf Rückzahlung der Spareinlage unmittelbar in der Person eines Dritten entstehen lassen.
3. Ein Übergang der Forderung aus dem Sparguthaben auf einen Dritten kann nicht schon aus der Tatsache gefolgert werden, dass der Einzahlende Sparkonto und Sparbuch auf den Namen des Dritten errichtet. Im Streitfall kommt diesem Umstand aber wesentliche Bedeutung zu.
4. In der Übergabe des Sparbuchs ist regelmäßig auch eine Abtretung des Sparguthabens zu sehen. Der rechtmäßige Inhaber des Sparbuchs soll auch Gläubiger der Spareinlage sein. Diese Annahme entspricht der Verkehrsauffassung, denn in der Vorstellung weiter Bevölkerungskreise verkörpert der Besitz des Sparbuchs das Recht an der Forderung aus dem Sparguthaben.

Sparverträge mit Minderjährigen

Sparkonten
für Kinder
▸ Kapitel
2.4.1.2.1

Sparkonten für geschäftsunfähige Kinder werden in der Regel nur durch gesetzliche Vertreter (Eltern, Vormund) eröffnet. Verfügungen sind ebenfalls nur durch gesetzliche Vertreter möglich.

Sparkonten für
Jugendliche

Sparkonten für beschränkt geschäftsfähige Jugendliche können entweder durch die gesetzlichen Vertreter oder durch den Minderjährigen selbst eröffnet werden. Handelt der Minderjährige selbst, so kann die Zustimmung der gesetzlichen Vertreter schon vorliegen (Einwilligung) oder sie wird noch nachträglich eingeholt (Genehmigung).

Zustimmung der
gesetzlichen
Vertreter

Taschengeld
§ 110 BGB

Sparkonten können von beschränkt Geschäftsfähigen ohne Zustimmung der gesetzlichen Vertreter eingerichtet werden, wenn der Jugendliche die Spareinlagen aus seinem Taschengeld erbringt. Taschengeld wird dem Minderjährigen vom gesetzlichen Vertreter oder von einem Dritten mit Zustimmung des gesetzlichen Vertreters zur freien Verfügung überlassen.

Sparverträge zugunsten Dritter

Vertrag
zugunsten
Dritter
§ 328 BGB

Sparer können mit ihrem Kreditinstitut durch Vertrag zugunsten Dritter vereinbaren, dass das Recht an der Spareinlage nicht dem Sparer selbst, sondern einer dritten Person, dem Begünstigten, zustehen soll. Das Kreditinstitut verspricht dem Sparer in diesem Fall, an den Begünstigten sofort oder erst später bei Eintritt eines bestimmten Ereignisses zu leisten.

Vertrag zugunsten Dritter (über Sparguthaben)

Vertrag zugunsten Dritter mit sofortigem Rechtserwerb (§ 328 Abs. 1 BGB)	Vertrag zugunsten Dritter mit späterem Rechtserwerb (§ 328 Abs. 2 BGB)
Begünstigter wird sofort Gläubiger ‣ eines neu begründeten Sparguthabens ‣ eines bereits vorhandenen Sparguthabens (sofortiger Gläubigerwechsel)	**Begünstigter wird erst später Gläubiger bei Eintritt eines bestimmten Ereignisses, z. B.** ‣ Tod des Sparers (§§ 328, 331 BGB) ‣ Volljährigkeit des Begünstigten ‣ Heirat des Begünstigten

Widerruf des Vertrags zugunsten Dritter

Wird im Vertrag zugunsten Dritter vereinbart, dass das Kreditinstitut erst später an den Begünstigten leisten soll, so kann die Vereinbarung

- entweder unwiderruflich oder
- widerruflich sein.

Bei Widerruflichkeit kann der Vertrag zugunsten Dritter jederzeit vom Sparer widerrufen werden. Der Begünstigte kann sich nicht gegen einen solchen Widerruf wehren, selbst wenn er von der für ihn bestimmten Zuwendung bereits Kenntnis hat. Ist der Vertrag zugunsten Dritter unwiderruflich abgeschlossen, kann der Sparer den Vertrag nicht mehr lösen. Da er aber über das Konto weiterhin verfügen kann, ist es möglich, das gesamte Guthaben abzuheben und auf diese Weise das Konto aufzulösen. Damit ginge dann der unwiderrufliche Vertrag zugunsten Dritter und damit die Begünstigungsvereinbarung ins Leere.

Schenkungsvertrag § 516 BGB

Der Rechtsgrund, warum der Sparer sein Sparguthaben über einen Vertrag zugunsten Dritter sofort oder erst später dem Begünstigten zuwendet, liegt zumeist in einer Schenkung. **Der Schenkungsvertrag** wird zwischen dem Sparer und dem Begünstigten abgeschlossen. Die Annahme des Schenkungsangebots durch den Begünstigten

- erfolgt zumeist sofort bei Vertragsabschluss, indem der Begünstigte auf dem Vertragsformular mit unterschreibt,
- kann bereits vor Abschluss des Vertrages zugunsten Dritter geschehen, indem der Sparer den Begünstigten selbst informiert,
- kann auch erst nach Vertragsabschluss und nach dem Tod des Sparers erfolgen. In diesem Fall informiert das Kreditinstitut aufgrund eines vom Sparer erteilten Auftrags den Begünstigten, der im Moment des Todes des Sparers automatisch neuer Gläubiger wird, und unterbreitet ihm so das Schenkungsangebot.

Todesfallbegünstigung §§ 328, 331 BGB

Bei einer **Todesfallbegünstigung** kann es gelegentlich vorkommen, dass der Begünstigte entsprechend dem Willen des Sparers erst nach dem Ableben des Sparers von der Zuwendung erfährt. Das Kreditinstitut leitet dann dem Begünstigten das Schenkungsangebot in Erfüllung eines vom Sparer erteilten Auftrags zu. In der Praxis wird davon aber von den Kreditinstituten abgeraten. Hat nämlich der Begünstigte von dem Vertrag zu seinen Gunsten noch keine Kenntnis, besteht die Gefahr, dass die Erben des Sparers das vom Begünstigten noch nicht angenommene Schenkungsangebot widerrufen und ihm unter Berufung auf die Vorschriften zur **ungerechtfertigten Bereicherung** das Recht an der Spareinlage entziehen. Den Widerruf des Schenkungsangebots können die Erben dem Kreditinstitut oder dem Begünstigten gegenüber äußern. Den eigenständigen Vertrag zugunsten Dritter können die Erben dagegen nie widerrufen, unabhängig davon, ob dieser vom Sparer ursprünglich widerruflich oder unwiderruflich abgeschlossen wurde.

§ 812 BGB

4.2.4.5 Verzinsung von Spareinlagen

Verzinsung von Spareinlagen

Die Höhe des Zinses richtet sich nach der Marktsituation. Soweit nichts Anderes vereinbart ist, wenden die Kreditinstitute die jeweils durch Aushang im Kassenraum, im Preisaushang oder im Preis- und Leistungsverzeichnis bekannt gegebenen Zinssätze an. Für bestehende Spareinlagen tritt eine Änderung des Zinssatzes, unabhängig von der Kündigungsfrist, mit Änderung des Aushangs in Kraft.

Die **Bedingungen für den Sparverkehr** legen fest:

Beginn der Verzinsung

- Die Verzinsung beginnt mit dem Tag der Einzahlung und endet am Kalendertag vor der Rückzahlung. Der Monat wird zu 30 Tagen, das Jahr zu 360 Tagen gerechnet (Bedingungen der Sparkassen und Kreditgenossenschaften).

Gutschrift der Zinsen

- Die Zinsen werden zum Ende des Kalenderjahres abgerechnet, gutgeschrieben und mit dem Kapital zusammen vom Beginn des neuen Jahres an verzinst. Bei Auflösung des Sparkontos werden die Zinsen sofort gutgeschrieben.

Verfügung über gutgeschriebene Zinsen

- Über gutgeschriebene Zinsen kann der Kunde innerhalb von zwei Monaten nach Gutschrift ohne Einhaltung von Kündigungsfristen verfügen. Wird über die gutgeschriebenen Zinsen nicht innerhalb von zwei Monaten nach Gutschrift verfügt, unterliegen sie der für die Spareinlage vereinbarten Kündigungsfrist.

Zinsanpassungsklauseln in langfristigen Sparverträgen

Der Bundesgerichtshof hat in mehreren Entscheidungen eine formularmäßige Zinsänderungsklausel in einem langfristigen Sparvertrag für unwirksam erklärt, die dem Kreditinstitut eine inhaltlich unbegrenzte und für den Sparer nicht nachprüfbare Zinsänderungsbefugnis einräumt. Eine derartige Zinsanpassungsklausel, die ein uneingeschränktes Leistungsbestimmungsrecht für das kontoführende Institut enthalte, verstoße gegen § 308 Nr. 4 BGB. Danach ist ein in Allgemeinen Geschäftsbedingungen, wozu auch Formularvereinbarungen zählen, enthaltenes einseitiges Leistungsänderungsrecht unwirksam, wenn eine solche Vereinbarung für den anderen Teil nicht nachvollziehbar, nicht kalkulierbar und somit unzumutbar sei. Insbesondere sind Zinsanpassungsklauseln unwirksam, wenn sie nicht an einen Referenzzinssatz gebunden sind.

Mit diesem Urteil will der BGH offenbar Praktiken der Kreditinstitute entgegenwirken, in Niedrigzinsphasen den Grundzins in Sparverträgen relativ schnell und in Hochzinsphasen nur mit zeitlichen Verzögerungen anzupassen. Im Übrigen meint der BGH, dass Geldanleger ebenso schutzwürdig sind wie Kreditnehmer. Intransparente Zinsanpassungsklauseln sind im Darlehensbereich seit jeher unzulässig.
Aufgrund des BGH-Urteils weisen die betroffenen langfristigen Sparverträge, so beispielsweise das Sparkassen-Prämiensparen-flexibel, folgende Zinsanpassungsklausel auf:

> *„Das Sparguthaben wird variabel, zunächst mit jährlich ... % verzinst. Die Zinsanpassung während der Vertragslaufzeit erfolgt nach dem in der Anlage beschriebenen Verfahren."*

Zinsen und sonstige Erträge, z. B. Erträge aus Bonifizierungen, zählen zu den einkommensteuerpflichtigen Einkünften aus Kapitalvermögen. Zinsgutschriften unterliegen der Abgeltungsteuer von 25 % und dem Solidaritätszuschlag, sofern kein Freistellungsauftrag erteilt worden ist. Ggf. kommt noch die Kirchensteuer hinzu.

steuerliche Behandlung

▸ Kapitel 4.7.2

4.2.4.6 Abrechnung von Sparkonten

Abrechnung von Sparkonten

Sparkonten werden zum 31. Dezember abgerechnet. Die Zinsen werden jeweils bis zum Jahresende vorausgerechnet (sog. progressive Postenmethode). Bei Einzahlungen oder Auszahlungen während des Jahres müssen die bereits vorgerechneten Zinsen entsprechend korrigiert werden. Für jedes Sparkonto wird eine eigene Zinsstaffel geführt, die jeweils die bis zum 31.12. gerechneten Zinsen ausweist.

Beispiel Abrechnung eines Sparkontos mit vereinbarter Kündigungsfrist von 3 Monaten

Zinssatz laut Preis- und Leistungsverzeichnis: 2,5 % p. a. (ausreichender Freistellungsauftrag des Sparers liegt vor)

Vorgang	Einzahlungs-/ Auszahlungstag	Wert	Betrag Euro	Tage	Zinszahlen (#)	Zinsen Euro
Vortrag	01.01.	01.01.	5400,00	360	19440	135,00
Einzahlung	15.06.	15.06.	2500,00	196	4900	34,03
			7900,00			169,03
Abhebung	10.08.	10.08.	– 3000,00	141	– 4230	– 29,38
			4900,00			139,65
Einzahlung	29.11.	29.11.	1200,00	32	384	2,67
			6100,00		20524	142,32
Zinsgutschrift	31.12.	31.12.	142,32			
Guthaben	31.12.	31.12.	6242,32			

4.2.4.7 Rückzahlung von Spareinlagen

Kündigung von Spareinlagen zur Rückzahlung

Kündigung

Spareinlagen sind Kündigungsgelder. Sie müssen durch Kündigung zur Rückzahlung fällig gestellt werden. Nach Ablauf der Kündigungsfrist können sie zurückgefordert werden. Die Kündigung kann nicht gleichzeitig mit der Geldanlage ausgesprochen werden, da Spareinlagen nach der RechKredV zeitlich nicht befristet sein dürfen. Derartige Spareinlagen würden sonst unzulässigerweise Festgeldcharakter annehmen.

Kündigungsfrist

Die **Mindestkündigungsfrist** bei Spareinlagen beträgt nach der RechKredV **drei Monate**. Der Sparer kann eine längere Kündigungsfrist vereinbaren.

Kündigungsfreibetrag

§ 21 Abs. 4 RechKredV räumt Kreditinstituten das Recht ein, für Spareinlagen mit dreimonatiger Kündigungsfrist einen Kündigungsfreibetrag von bis zu 2000 Euro je Kalendermonat zu vereinbaren. Von dieser Möglichkeit machen alle Kreditinstitute zumeist über ihre Sparbedingungen Gebrauch. Danach gilt: Von Spareinlagen mit einer Kündigungsfrist von drei Monaten können grundsätzlich bis zu 2000 Euro je Kalendermonat ohne Kündigung abgehoben werden. Unterhält der Sparer mehrere Sparkonten mit dreimonatiger Kündigungsfrist, gilt der monatliche Freibetrag für jedes Konto. Die kalendermonatliche Regelung bedeutet, dass ein Sparer gegebenenfalls innerhalb von zwei Bankarbeitstagen (Monatsende/Monatsanfang)

4000 Euro ohne Zinsnachteile von einem Sparkonto mit dreimonatiger Kündigungsfrist abheben kann.

nicht ausgenutzte Freibeträge

Nicht ausgenutzte Freibeträge verfallen. Ein Ansammeln der monatlichen Freibeträge ist nicht möglich.

Wird ein gekündigter Betrag nicht innerhalb bestimmter Fristen abgehoben, gelten unterschiedliche Regelungen:

- Die Bedingungen für den Sparverkehr der Kreditbanken sehen zumeist vor, dass der Sparvertrag für den gekündigten Betrag mit einer Kündigungsfrist von drei Monaten fortgesetzt wird, sofern der Kunde den Betrag nicht innerhalb eines Monats abhebt oder eine anderweitige Vereinbarung trifft.
- Die Bedingungen für den Sparverkehr der Sparkassen und Kreditgenossenschaften enthalten keine Regelung. Der Sparer muss daher im Kündigungsvordruck eine von mehreren Möglichkeiten ankreuzen, wie bei Nichtabhebung einer gekündigten Spareinlage zu verfahren ist.

Vorzeitige Verfügungen

vorzeitige Verfügungen

Vorzeitige Verfügungen liegen vor, wenn Sparer

- bei Spareinlagen mit vereinbarter Kündigungsfrist von drei Monaten innerhalb eines Kalendermonats ohne fristgerechte Kündigung mehr als 2000 Euro abheben,
- bei Spareinlagen mit vereinbarter Kündigungsfrist von mehr als drei Monaten ohne fristgerechte Kündigung Geld abheben.

Vorfälligkeitspreis

Sparer haben keinen Anspruch auf vorzeitige Verfügungen über ihre Sparguthaben. Werden Spareinlagen ausnahmsweise vor Fälligkeit zurückgezahlt, sind die Kreditinstitute berechtigt, einen Vorfälligkeitspreis zu verlangen. Die Höhe dieses Preises wird im Preisaushang bzw. im Preis- und Leistungsverzeichnis der Konto führenden Stelle bekannt gemacht.

Methoden der Berechnung des Vorfälligkeitspreises

Formen des Vorfälligkeitspreises

Vorschusszins

- Sonderzins auf den Betrag und für den Zeitraum der vorzeitigen Verfügung (i. d. R. ein Viertel des Habenzinssatzes).
- Bei Spareinlagen mit vereinbarter Kündigungsfrist von drei Monaten und einem Monatsfreibetrag von 2000 Euro bestehen unterschiedliche Berechnungsmethoden:
  - **Staffelmethode:** Genaue Berechnung unter Beachtung der Tatsache, dass zu Beginn jedes neuen Kalendermonats erneut 2000 Euro kündigungsfrei verfügbar sind.
  - **90-Tage-Methode:** Berechnung für 90 Tage auf den Betrag, der den Freibetrag von 2000 Euro pro Monat übersteigt.

Bei Verfügungen über längerfristige Spareinlagen wird der Zeitraum der Vorschusszinsberechnung auf maximal $2^1/_2$ Jahre begrenzt.

Vorfälligkeitsentgelt

- Prozentsatz vom vorzeitig verfügten Betrag (laufzeitunabhängiges Entgelt),
- Festbetrag (laufzeit- und betragsunabhängiges Entgelt).

Als Obergrenze für die Erhebung eines Vorfälligkeitspreises gelten im Allgemeinen die zu vergütenden Habenzinsen des laufenden Jahres sowie ggf. die kapitalisierten Zinsen der Vorjahre. Vorschusszinsen bzw. Vorfälligkeitsentgelte sind im Sparbuch offen auszuweisen.

Verzicht auf Erhebung des Vorfälligkeitspreises

Auf die Berechnung eines Vorfälligkeitspreises kann nach der in der Praxis weiterhin angewendeten Mitteilung 1/64 des ehemaligen BAKred im Falle einer wirtschaftlichen Notlage des Sparers verzichtet werden. Als wirtschaftliche Notlagen gelten z.B. Erwerbsunfähigkeit, Arbeitslosigkeit und längere Krankheit. Die Berechnung eines Vorfälligkeitspreises kann außerdem unterbleiben, wenn

- Spareinlagen vor Fälligkeit zum Erwerb von Wertpapieren verwendet werden (Bei Veräußerung der Wertpapiere vor Ablauf der für die verwendete Spareinlage maßgeblichen Kündigungsfrist wird ein Vorfälligkeitspreis für die Restkündigungsfrist berechnet.),
- Spareinlagen auf andere Sparkonten oder Bausparkonten bei demselben Institut übertragen werden, sofern diese Konten eine gleiche oder längere Kündigungsfrist vorsehen,
- der Sparer seinen Wohnsitz wechselt und das Sparkonto auf ein anderes Kreditinstitut übertragen wird, sofern das empfangende Kreditinstitut dem abgebenden Kreditinstitut schriftlich bestätigt, dass durch die Übertragung keine Verkürzung der Kündigungsfrist eintritt,
- nach dem Tode des Kontoinhabers über eine zum Nachlass gehörende Spareinlage im Rahmen der Erbauseinandersetzung oder Vermächtniserfüllung verfügt wird.

Mündelsicherheit
§ 1807 BGB

4.2.4.8 Mündelsicherheit von Spareinlagen

Spareinlagen bei einer inländischen Sparkasse sind mündelsicher, wenn die Sparkasse zur Anlage von Mündelgeld für geeignet erklärt ist. Spareinlagen bei anderen Kreditinstituten sind mündelsicher, wenn das Institut einer für die Anlage ausreichenden Sicherungseinrichtung angehört.

Mündelsicherheit

Der Vormund hat das zum Vermögen des Kindes gehörende Geld verzinslich in bestimmten, in § 1807 BGB vorgeschriebenen Anlagen festzulegen, soweit es nicht zur Bestreitung von Ausgaben bereitzuhalten ist. Mündelgeld soll nur angelegt weden:

1. in Forderungen, für die eine sichere Hypothek an einem inländischen Grundstück besteht, oder in sicheren Grundschulden oder Rentenschulden an inländischen Grundstücken,
2. in verbrieften Forderungen gegen den Bund oder ein Bundesland sowie in Forderungen, die in das Bundesschuldbuch oder in das Landesschuldbuch eines Bundeslandes eingetragen sind,
3. in verbrieften Forderungen, deren Verzinsung vom Bund oder einem Bundesland gewährleistet ist,
4. in Wertpapieren, insbesondere Pfandbriefen, sowie in verbrieften Forderungen jeder Art gegen eine inländische kommunale Körperschaft oder die Kreditanstalt einer solchen Körperschaft, sofern die Wertpapiere oder die Forderungen von der Bundesregierung mit Zustimmung des Bundesrats zur Anlegung von Mündelgeld für geeignet erklärt sind,
5. bei einer inländischen öffentlichen Sparkasse, wenn sie von der zuständigen Behörde des Bundeslandes, in welchem sie ihren Sitz hat, zur Anlegung von Mündelgeld für geeignet erklärt ist, oder bei einem anderen Kreditinstitut, das einer für die Anlage ausreichenden Sicherungseinrichtung angehört.

Sparkonten, auf denen Mündelgeld angelegt ist, sollen mit einem Sperrvermerk „Mündelgeld“ versehen werden. Der Vormund soll Mündelgeld auf Sparkonten nur mit der Bestimmung anlegen, dass zur Abhebung des Geldes die Genehmigung des Gegenvormundes oder des Familiengerichts notwendig ist.

Sperrvermerk „Mündelgeld“

§ 1809 BGB
§ 1812 BGB
§§ 1806, 1807 BGB

Zur mündelsicheren und versperrten Anlage ist auch ein nicht befreiter Betreuer verpflichtet, wenn er Gelder eines Betreuten anlegt. Verfügt ein Betreuer über ein solches versperrtes Guthaben seines Betreuten, so ist hierzu die Genehmigung des Betreuungsgerichts erforderlich.

§§ 1807, 1809, 1908i BGB

4.2.4.9 Sondersparformen

Neben den Regelsparformen bieten Kreditinstitute Sondersparformen an. Grundsätzlich lassen sich dabei unterscheiden

Sondersparformen

- Sondersparformen für die Anlage vermögenswirksamer Leistungen,
- andere Sondersparformen.

▸ Kapitel 4.2.6

Sondersparformen unterscheiden sich von den Regelformen des Sparens vor allem durch eine attraktivere Zinsgestaltung (Prämiengewährung) oder durch Zusatzleistungen, z. B. Versicherungsschutz, Bonifikationen. Außerdem unterscheiden sie sich durch die Art der Einzahlung, z. B. Einmalsparverträge, Überschusssparverträge, Ratensparverträge, und durch Zweckbindungen, z. B. Existenzgründung, Ausbildung, Altersvorsorge.

attraktivere Zinsgestaltung

Zusatzleistungen

Zweckbindungen

Neben Verträgen über Spareinlagen im Sinne des § 21 Abs. 4 RechKredV bieten Kreditinstitute auch **Wertpapiersparverträge** und **Sparpläne** an. Es handelt sich in beiden Fällen um Ratensparverträge. Bei Wertpapiersparverträgen werden die Einzahlungen regelmäßig in Wertpapieren, in der Regel in Investmentanteilen, festgelegt. Sparpläne haben ein festgelegtes Sparziel. Sie bieten meistens eine Kombination verschiedener Sparformen an, z. B. Kontensparen, Versicherungssparen, Wertpapiersparen. Sparpläne können auf die individuellen Wünsche und Sparziele des Sparers hinsichtlich Laufzeit, Rendite, Sicherheit, Verfügbarkeit und Anlageschwerpunkt abgestimmt werden. Erträge werden in der Regel wieder angelegt. Sparpläne können auch die regelmäßige Rückzahlung von bestimmten Beträgen vorsehen, sog. Rentensparpläne oder Auszahlsparpläne.

Wertpapiersparverträge

Sparpläne

Beispiele für Sondersparformen

Beispiele für Sondersparformen	
Bezeichnung	**Besondere Merkmale**
Bonussparen, Prämiensparen	Spareinlagen mit der Vereinbarung, dass nach Ablauf einer bestimmten Anlagedauer oder Spartätigkeit neben den Zinsen ein einmaliger oder jährlicher Bonus (Prämie) auf die Sparleistung gezahlt wird. Der Vertrag kann für eine Einmalanlage oder als Ratensparvertrag geschlossen werden.
Wachstumssparen, Zuwachssparen	Spareinlage mit jährlich steigendem Zinssatz oder Zusatzverzinsung. Die Grundverzinsung kann fest oder variabel sein. Der Vertrag kann für eine Einmalanlage oder als Ratensparvertrag geschlossen werden.

Beispiele für Sondersparformen	
Bezeichnung	**Besondere Merkmale**
Sparen mit Versicherungs-schutz	Spareinlage mit fester oder flexibler Laufzeit und vereinbartem Sparziel, für das das Todesfallrisiko des Sparers durch Abschluss einer Risikolebensversicherung versichert wird. Der Vertrag wird als Ratensparvertrag geschlossen. Im Todesfall übernimmt die Lebensversicherung die fehlenden Sparraten und ermöglicht die Auszahlung des vereinbarten Zielbetrages. Die Risikolebensversicherung kann durch eine Berufsunfähigkeitsversicherung ergänzt werden.
Geldmarkt-sparen	Spareinlage, deren Verzinsung sich nach dem aktuellen Geldmarktniveau richtet (Referenzzins z. B. Euribor).
Ultimosparen, Überschuss-sparen, Plus-Sparen	Ultimosparen bezeichnet eine besondere Spartechnik. Der Sparer erteilt seinem Kreditinstitut den Auftrag, monatlich zu einem bestimmten Zeitpunkt von seinem Lohn- oder Gehaltskonto das gesamte Restguthaben, einen ein festgelegtes Mindestguthaben übersteigenden Betrag oder einen Mindestbetrag auf sein Sparkonto zu übertragen.
Dauerauftrags-sparen	Beim Dauerauftragssparen vereinbart der Sparer mit dem Kreditinstitut einen festen Sparbetrag, der zu einem bestimmten Termin monatlich vom Girokonto abgebucht und auf ein Sparkonto eingezahlt wird.
Gewinnsparen, Lossparen	Sparvertrag mit festgelegten Sparraten. Der Sparer erwirbt monatlich ein oder mehrere Sparlose. Ein Teil des Einzahlungsbetrages und die Zinsen werden lotteriemäßig ausgelost. Die Sparsumme wird einmal jährlich dem Sparkonto des Sparers gutgeschrieben.

4.2.5 Sparbriefe und Sparschuldverschreibungen

Neben den verschiedenen Formen des Kontensparens bieten Kreditinstitute ihren Kunden zur Geldanlage an:

Sparbriefe

Sparschuldverschreibungen

- **Sparbriefe (Sparkassenbriefe),**
- **Sparschuldverschreibungen (Sparkassenobligationen, Sparobligationen, Sparkassen-Inhaberschuldverschreibungen).**

keine Spareinlagen

Sparbriefe und Sparschuldverschreibungen verbriefen keine Spareinlagen gemäß § 21 Abs. 4 RechKredV. Sie nehmen in der Praxis eine Zwischenstellung zwischen Spareinlagen auf Konten und börsengängigen festverzinslichen Wertpapieren ein. **Sparbriefe** werden in der Regel als Schuldverschreibungen auf den Namen des Gläubigers ausgestellt. Sie sind Rektapapiere. **Sparschuldverschreibungen** werden meistens als nicht börsenfähige Order- oder Inhaberschuldverschreibungen ausgegeben. In der Standardausstattung gelten sie nicht als Finanzinstrumente i. S. des WpHG. Ihre Bezeichnung und Ausstattung wird vor allem von Marketingüberlegungen der emittierenden Institute bestimmt.

Merkmale von Sparbriefen und Sparschuldverschreibungen

Sparbriefe und Sparschuldverschreibungen

Merkmale	Sparbriefe (Sparkassenbriefe)	Sparschuldverschreibungen (Spar[kassen]obligationen)
Rechtsnatur	Namensschuldverschreibungen (Rektapapiere), Darlehensurkunden, Schuldurkunden	Orderschuldverschreibungen oder Inhaberschuldverschreibungen
Laufzeit	ab 1 Jahr, meistens 2–6 Jahre	ab 1 Jahr, meistens 4–10 Jahre
Verzinsung	Festzins für die gesamte Laufzeit	
Formen	▸ **normalverzinsliche Sparbriefe und Sparschuldverschreibungen** – Ausgabe zum Nennwert (Sparschuldverschreibungen gelegentlich zum „Hauskurs") – laufende Zinszahlung, in der Regel jährlich nachträglich (bei Sparschuldverschreibungen auch gegen Zinsschein) – Rückzahlung bei Fälligkeit zum Nennwert ▸ **abgezinste Sparbriefe und Sparschuldverschreibungen** – Ausgabe zum Nennwert abzüglich Zinsen und Zinseszinsen für die gesamte Laufzeit – keine laufenden Zinszahlungen – Rückzahlung bei Fälligkeit zum Nennwert ▸ **aufgezinste Sparbriefe und Sparschuldverschreibungen** – Ausgabe zum Nennwert (Sparschuldverschreibungen auch zum „Hauskurs") – keine laufenden Zinszahlungen – Rückzahlung zum Nennwert zuzüglich Zinsen und Zinseszinsen für die gesamte Laufzeit ▸ **Tilgungssparbriefe und Tilgungssparschuldverschreibungen** – Normalverzinsliche Sparbriefe bzw. Sparschuldverschreibungen, die in gleich bleibenden Raten getilgt werden – Tilgungsbeginn frühestens ein Jahr nach Verkauf – Tilgungsbeträge setzen sich aus Kapitalrückzahlungen und Zinsen zusammen	
Rückgabemöglichkeiten während der Laufzeit	Rückgabe vor Fälligkeit in der Regel ausgeschlossen	▸ Rückgabe vor Fälligkeit in der Regel ausgeschlossen. ▸ Manchmal Rücknahme zu besonders festgesetztem Rücknahmepreis („Hauskurs")
Übertragung	Übertragung durch Abtretung. Aus Gründen der Beweissicherung möglichst schriftlich mit Anzeige an das Kreditinstitut und Übergabe der Urkunde an den Abtretungsempfänger	▸ Übertragung durch Einigung, Indossament und Übergabe (Orderpapier) oder ▸ Übertragung durch Einigung und Übergabe (Inhaberpapier)
Liquidierbarkeit	▸ **Liquidierbarkeit** eingeschränkt durch feste Laufzeit und Unkündbarkeit ▸ **Liquidierung möglich** durch – Verkauf (Abtretung) an Dritte – Beleihung beim Kreditinstitut	▸ **Liquidierbarkeit** eingeschränkt durch feste Laufzeit und Unkündbarkeit ▸ **Liquidierung möglich** durch – Verkauf (Abtretung) an Dritte – Beleihung beim Kreditinstitut – Verkauf über die Börse, sofern als Inhaberschuldverschreibung börsenmäßig gehandelt

„Hauskurs" ist ein Ausgabe- oder Rücknahmepreis, der vom Kreditinstitut unter Berücksichtigung der jeweils aktuellen Kapitalmarktzinssätze festgesetzt wird.

Das Angebot der einzelnen Institute oder Institutsgruppen ist sehr unterschiedlich. Der Übergang zwischen Sparschuldverschreibungen und börsengängigen festverzinslichen Wertpapieren ist fließend. Inhabersparschuldverschreibungen (Sparkassen-Inhaberschuldverschreibungen) werden gelegentlich in den Börsenhandel eingeführt.

Haftung

Für Sparbriefe und andere Sparschuldverschreibungen haften die Emittenten mit ihrem gesamten Vermögen. Sparkassenbriefe und Sparkassenobligationen sind mündelsicher, weil die ausgebende Sparkasse als Anlageinstitut mündelsicher ist (sog. subjektive Mündelsicherheit).

Nachrangabrede

Sparbriefe und Sparschuldverschreibungen können mit einer **Nachrangabrede** ausgestattet werden. Nachrangabrede bedeutet, dass der Gläubiger bei Insolvenz oder Liquidation des ausgebenden Instituts erst dann sein eingezahltes Kapital zurück erhält, wenn alle nicht nachrangigen Gläubiger zuvor befriedigt worden sind. Sparbriefe bzw. Sparobligationen mit Nachrangabrede tragen zur Ergänzung des aufsichtsrechtlichen Eigenkapitals bei.

▸ Kapitel 4.4.8

Sparbriefe mit Nachrangabrede fallen als Vermögensanlagen und somit Finanzinstrumente unter die Vorgaben des Wertpapierhandelsgesetzes (WpHG). Beim Verkauf müssen damit alle Informations- und Dokumentationspflichten des WpHG erfüllt werden. So muss eine Geeignetheitserklärung bei der Anlageberatung erstellt werden, ein gebilligter Verkaufsprospekt für ein öffentliches Angebot vorliegen und ein Vermögensanlagen-Informationsblatt erstellt werden.

steuerliche Behandlung

▸ Kapitel 4.7.2

Zinsen aus Sparbriefen und Sparschuldverschreibungen zählen zu den einkommensteuerpflichtigen Einkünften aus Kapitalvermögen. Zinsen sind im Jahr des Zuflusses zu versteuern, d. h. bei normalverzinslichen Papieren sind die Zinsen jährlich zu versteuern, bei abgezinsten und aufgezinsten Papieren bei Rückzahlung im Jahr der Fälligkeit. Aufgezinste und abgezinste Papiere bieten damit Gestaltungsmöglichkeiten, Steuerzahlungen in Jahre mit niedrigerem Jahreseinkommen und niedrigerer Steuerprogression zu verschieben.

Bedeutung

Bedeutung von Sparbriefen und Sparschuldverschreibungen	
für den Kunden	**für das Kreditinstitut**
▸ Zinsen bringende Vermögensanlage mit mittlerer Laufzeit ▸ höhere Zinsen als bei Spareinlagen ▸ fester Zinssatz für die gesamte Laufzeit, keine Anpassung der Zinsen bei Änderungen des Kapitalmarktzinses ▸ keine Kosten bei Erwerb und Rückzahlung ▸ häufig gebührenfreie Verwahrung und Verwaltung durch die Emissionsinstitute ▸ hohe Beleihbarkeit ▸ nur geringe Liquidität, dafür kein Kursrisiko ▸ fester Rückzahlungstermin	▸ Beschaffung mittel- und langfristiger Mittel für das Aktivgeschäft ▸ Ausleihung der Mittel zu festen Laufzeiten und zu festen Zinssätzen ▸ bei Sparbriefen: keine Liquiditätsabflüsse durch vorzeitige Rückgaben während der Laufzeit ▸ bei Sparschuldverschreibungen: Feinsteuerung des Effektivzinssatzes durch Festsetzung von „Hauskursen“ bei Ausgabe und vorzeitiger Rücknahme ▸ Verstärkung des aufsichtsrechtlichen Eigenkapitals bei Ausstattung mit Nachrangabrede

4.2.6 Staatliche Förderung des Sparens

Staatliche Sparförderung

staatliche Sparförderung

Sparzulagen und Prämien	Steuervergünstigungen
▸ Arbeitnehmer-Sparzulage für vermögenswirksame Leistungen nach dem 5. Vermögensbildungsgesetz ▸ Wohnungsbau-Prämien für Aufwendungen zur Förderung des Wohnungsbaus nach dem Wohnungsbau-Prämiengesetz (▸ Kapitel 4.3.1.3) ▸ Zulagen nach dem Altersvermögensgesetz (▸ Kapitel 4.3.3.3)	▸ Berücksichtigung von Beiträgen zu Lebensversicherungen als Vorsorgeaufwendungen gemäß § 10 EStG ▸ Sonderausgabenabzug nach § 10a Abs. 1 EStG (▸ Kapitel 4.3.3.3.1)

Vermögenswirksame Leistungen

Vermögenswirksame Leistungen sind Geldleistungen, die der Arbeitgeber für den Arbeitnehmer in Anlage- und Vertragsformen nach dem 5. Vermögensbildungsgesetz (5. VermBG) anlegt. Vermögenswirksame Leistungen können erbracht werden

vermögenswirksame Leistungen
§ 2 5. VermBG

- **als Leistungen des Arbeitgebers,** die er gemäß Tarifvertrag, Betriebsvereinbarung oder freiwillig zusätzlich neben dem Lohn oder Gehalt zahlt,
- **als Leistungen des Arbeitnehmers,** die er aus seinem eigenen, bereits versteuerten Lohn oder Gehalt erbringt (Lohn- bzw. Gehaltsumwandlung), §§ 10, 11 5. VermBG
- **als Kombination beider Formen.**

Die vermögenswirksame Leistung muss vom Arbeitgeber unmittelbar an das Kreditinstitut, die Kapitalverwaltungsgesellschaft, die Bausparkasse oder das Versicherungsunternehmen überwiesen werden, bei dem die Anlage erfolgen soll. Bei Beteiligungen am Unternehmen des Arbeitgebers und bei Arbeitnehmer-Darlehen an den Arbeitgeber müssen die vermögenswirksamen Leistungen verrechnet werden.

§ 3 Abs. 2 5. VermBG

Vermögenswirksame Leistungen, die der Arbeitgeber zusätzlich neben dem Lohn oder Gehalt erbringt, stehen allen Arbeitnehmern zu, also auch denjenigen, die die Einkommensgrenzen für die Gewährung der Arbeitnehmer-Sparzulage überschritten haben. Sie können Einzahlungen auf Lebensversicherungsverträge im Rahmen der Höchstbeträge u. U. als Sonderausgaben geltend machen.

Vermögenswirksame Leistungen, die der Arbeitgeber erbringt, sind Entgelt im Sinne der Sozialversicherung und arbeitsrechtlich Bestandteil des Lohns oder Gehalts. Sie unterliegen dem Lohnsteuerabzug bzw. der Einkommensteuer sowie der Sozialversicherung.

Anlageformen für vermögenswirksame Leistungen

Das 5. Vermögensbildungsgesetz führt verschiedene Anlageformen für vermögenswirksame Leistungen auf. Kreditinstitute unterscheiden:

Anlageformen

- Anlagen bei Kreditinstituten
  - Sparverträge über Wertpapiere oder andere Vermögensbeteiligungen,
  - Kontensparverträge,
- Anlagen, die von Kreditinstituten vermittelt werden,
  - Bausparverträge,
  - Kapitallebensversicherungen,
- andere Anlagen.

Vermögenswirksame Anlagen bei Kreditinstituten

	Bezeichnung	Vertragsmerkmale	AN-Sparzulage
Wertpapier-sparverträge §4 5. VermBG	**Wertpapier-sparvertrag (Sparvertrag über Wert-papiere oder andere Vermögens-beteiligungen)**	Sparvertrag, in dem sich der Arbeitnehmer verpflichtet, als Sparbeiträge zum Erwerb bestimmter Wertpapiere oder zur Begründung oder zum Erwerb von Rechten einmalig oder laufend über die Dauer von 6 Jahren vermögenswirksame Leistungen einzahlen zu lassen oder andere Beträge einzuzahlen und über die Wertpapiere oder Rechte vor Ablauf einer Frist von 7 Jahren (Sperrfrist) nicht zu verfügen.	20 Prozent auf maximal 400 Euro
Kontenspar-verträge §8 5. VermBG	**Sparvertrag (VL-Sparver-trag, Konten-sparvertrag)**	Sparvertrag, in dem sich der Arbeitnehmer verpflichtet, einmalig oder laufend über die Dauer von 6 Jahren vermögenswirksame Leistungen einzahlen zu lassen oder andere Beträge einzuzahlen und bis zum Ablauf einer Frist von 7 Jahren (Sperrfrist) festzulegen.	0 Prozent (keine AN-Sparzulage)

§4 Abs. 2 Nr. 1 5. VermBG

Auf einen Wertpapiersparvertrag eingezahlte vermögenswirksame Leistungen sind spätestens bis zum Ablauf des Kalenderjahres, das dem Kalenderjahr der Einzahlung folgt, für den Erwerb von Wertpapieren oder anderen Vermögensbeteiligungen zu verwenden.

Anlagen in Wertpapieren und anderen Vermögensbeteiligungen (Produktivkapital)

Wertpapiere

Wertpapiere §2 Abs. 1 Nr. 1 a–f 5. VermBG

- **Aktien**, die vom Arbeitgeber ausgegeben oder zum Börsenhandel zugelassen sind.
- **Wandelschuldverschreibungen**, die vom Arbeitgeber ausgegeben oder zum Börsenhandel zugelassen sind, sowie vom Arbeitgeber ausgegebene **Gewinnschuldverschreibungen**. Bei Verbriefung in Namensschuldverschreibungen des Arbeitgebers sind die Wandel- bzw. Gewinnschuldverschreibungen durch eine Bankbürgschaft oder Versicherung abzusichern.
- **Genussscheine**, die vom Arbeitgeber als Wertpapiere ausgegeben oder zum Börsenhandel zugelassen sind.
- Anteile an **Investmentfonds,** die nach dem KAGB öffentlich vertrieben werden dürfen, wenn der Wert der Aktien 60% des Sondervermögens nicht unterschreitet.

▸ Kapitel 4.4.4.2.2

andere Vermögensbeteiligung

andere Vermögens-beteiligungen §2 Abs. 1 Nr. 1 g–l 5. VermBG

- Begründung oder Erwerb eines **Geschäftsguthabens bei einer Genossenschaft** (Ist die Genossenschaft nicht der Arbeitgeber, muss es sich um eine Kreditgenossenschaft oder eine Bau- und Wohnungsgenossenschaft handeln).
- Übernahme einer **Stammeinlage** oder Erwerb eines **Geschäftsanteils an der GmbH** des Arbeitgebers.
- Begründung oder Erwerb einer **stillen Beteiligung** am Unternehmen des Arbeitgebers.
- Begründung oder Erwerb einer **Darlehensforderung** gegen den Arbeitgeber, soweit die Darlehensforderung durch eine Bankbürgschaft oder eine Versicherung abgesichert ist
- Begründung oder Erwerb eines **Genussrechts** am Unternehmen des Arbeitgebers (unverbrieftes Genussrecht).

Bei Beteiligungen des Arbeitnehmers am Unternehmen des Arbeitgebers hat der Arbeitgeber in Zusammenarbeit mit dem Arbeitnehmer Vorkehrungen zu treffen, die der Absicherung der angelegten vermögenswirksamen Leistungen bei einer während der Dauer der Sperrfrist eintretenden Zahlungsunfähigkeit dienen.

Insolvenzschutz
§2 Abs. 5a 5. VermBG

Vermögenswirksame Anlagen, die von Kreditinstituten vermittelt werden

Bezeichnung	Vertragsmerkmale	AN-Sparzulage
Vertrag nach dem Wohnungsbau-Prämiengesetz (Bausparvertrag)	Aufwendungen des Arbeitnehmers nach den Vorschriften des WoPG. Vereinbarung, dass die Aufwendungen aus vermögenswirksamen Leistungen erfolgen oder andere Beträge eingezahlt werden. Die Voraussetzungen für die Gewährung der Wohnungsbau-Prämie brauchen nicht vorzuliegen. Sperrfrist: 7 Jahre seit Vertragsabschluss (für Verträge vor dem 01.01.2009).	9 Prozent auf maximal 470 Euro
Aufwendungen für den Wohnungsbau	Aufwendungen des Arbeitnehmers zum Bau, zum Erwerb, zum Ausbau oder zur Erweiterung eines inländischen Wohngebäudes oder einer inländischen Eigentumswohnung, zum Erwerb eines Dauerwohnrechts oder eines Wohnbaugrundstücks sowie zur Erfüllung von Verpflichtungen aus den genannten Maßnahmen.	9 Prozent auf maximal 470 Euro

Bausparverträge
§2 Abs. 1 Nr. 4 5. VermBG
▸ Kapitel 4.3.1

§2 Abs. 1 Nr. 5 5. VermBG

Andere Vertragsarten des 5. Vermögensbildungsgesetzes

weitere Vertragsarten des 5. VermBG

Bezeichnung	Vertragsmerkmale	AN-Sparzulage
Wertpapier-Kaufvertrag	Kaufvertrag zwischen Arbeitnehmer und Arbeitgeber über den Erwerb von bestimmten Wertpapieren durch den Arbeitnehmer. Vereinbarung, dass der Kaufpreis mit vermögenswirksamen Leistungen verrechnet oder mit anderen Beträgen bezahlt wird. Sperrfrist: 6 Jahre.	20 Prozent
Beteiligungs-Vertrag	Vertrag zwischen Arbeitnehmer und Arbeitgeber über die Begründung eines Beteiligungsverhältnisses oder einer Darlehensforderung gegen den Arbeitgeber. Vereinbarung, dass die geschuldete Geldsumme mit vermögenswirksamen Leistungen verrechnet oder mit anderen Beträgen bezahlt wird. Sperrfrist: 6 Jahre.	20 Prozent
Beteiligungs-Kaufvertrag	Kaufvertrag zwischen Arbeitnehmer und Arbeitgeber über den Erwerb von Beteiligungsrechten oder Darlehensforderungen gegen den Arbeitgeber. Vereinbarung, dass der Kaufpreis mit vermögenswirksamen Leistungen verrechnet oder mit anderen Beträgen bezahlt wird. Sperrfrist: 6 Jahre.	20 Prozent
Kapitalversicherungsvertrag (Lebensversicherungsvertrag)	Vertrag über eine Kapitalversicherung auf den Erlebens- oder Todesfall mit einem Versicherungsunternehmen. Vereinbarung, dass laufend vermögenswirksame Leistungen oder andere Beträge als Versicherungsbeiträge eingezahlt werden. Mindestvertragsdauer: 12 Jahre.	0 Prozent (keine AN-Sparzulage)

§5 5. VermBG

§6 5. VermBG

§7 5. VermBG

Lebensversicherungen
§9 5. VermBG
▸ Kapitel 4.3.2

Förderung vermögenswirksamer Anlagen

Förderung
§13 5. VermBG

Förderung durch Arbeitnehmer-Sparzulagen

Anlagen in Produktivkapital	Anlagen im Wohnungsbau und in Bausparverträgen	Anlagen auf Konten und in Kapitallebensversicherungen
20% AN-Sparzulage	9% AN-Sparzulage	0% AN-Sparzulage

Arbeitnehmer-Sparzulagen

geförderte Höchstbeträge

Anlagen in Produktivkapital (höchstens 400 Euro im Jahr) und Anlagen im Wohnungsbau (höchstens 470 Euro im Jahr) werden nebeneinander gefördert, sodass bis zu 870 Euro je Arbeitnehmer und Kalenderjahr mit Arbeitnehmer-Sparzulage in Höhe von insgesamt 123 Euro gefördert werden können.

§12 5. VermBG

Vermögenswirksame Leistungen werden nur gefördert, wenn der Arbeitnehmer Anlageform und Unternehmen der Anlage frei bestimmen kann. Wird durch Tarifvertrag die Anlage vermögenswirksamer Leistungen auf bestimmte Anlageformen beschränkt, bleibt die Förderung gleichwohl erhalten.

staatliche Förderung

Übersicht über die Förderung nach dem 5. Vermögensbildungsgesetz

§1 Abs. 2 5. VermBG §1 Abs. 4 5. VermBG	**begünstigte Personen**	▸ Arbeitnehmer, d. h. Arbeiter, Angestellte, Auszubildende und in Heimarbeit Beschäftigte; ferner Beamte, Richter, Berufssoldaten und Soldaten auf Zeit. ▸ Nicht begünstigt sind u. a. Selbstständige, Rentner, Pensionäre sowie Vorstandsmitglieder und Geschäftsführer von juristischen Personen.	
§2 Abs. 1 5. VermBG	**Anlageformen**	▸ **Anlagen nach dem Wohnungsbau-Prämiengesetz und für andere begünstigte Baumaßnahmen** ▸ **Anlage auf Sparverträgen für vermögenswirksame Leistungen (VL-Kontensparverträge)** ▸ **Anlagen aufgrund von Kapitalversicherungsverträgen** Der Anlagehöchstbetrag von 470 Euro kann auf verschiedene Anlageformen aufgeteilt werden, z. B. 310 Euro Bausparen + 160 Euro Lebensversicherung.	▸ **Erwerb von Wertpapieren oder anderen Vermögensbeteiligungen** über Sparverträge mit Kreditinstituten und Kapitalverwaltungsgesellschaften (Wertpapiersparverträge) oder Verträge mit dem Arbeitgeber **(Anlagen in Produktivkapital)**
§13 Abs. 2 5. VermBG	**Sparhöchstbeträge**	▸ 470 Euro je Kalenderjahr und Arbeitnehmer ▸ Jeder Arbeitnehmer kann beide Anlageformen nebeneinander in Anspruch nehmen, also insgesamt 870 Euro vermögenswirksam anlegen. ▸ Sind beide Ehegatten Arbeitnehmer, können beide die Höchstbeträge ausnutzen.	▸ 400 Euro je Kalenderjahr und Arbeitnehmer
§13 Abs. 2 5. VermBG	**Arbeitnehmer-Sparzulage**	▸ 9% bei Anlagen nach dem Wohnungsbau-Prämiengesetz und für andere begünstigte Baumaßnahmen ▸ 0% für VL-Kontensparen und Anlage in Kapitallebensversicherungen	▸ 20% für Anlagen in Produktivkapital

Übersicht über die Förderung nach dem 5. Vermögensbildungsgesetz		
Höchstbetrag der Sparzulage	▸ 43 Euro (auf volle Euro aufgerundet) ▸ 80 Euro ▸ insgesamt höchstens 123 Euro	§6 Abs. 1 1. VermBDV
Einkommensgrenzen	▸ **zu versteuerndes Einkommen im Jahr der Sparleistung** – 17900 Euro für Alleinstehende – 20000 Euro für Alleinstehende – 35800 Euro für Verheiratete (Zusammenveranlagung) – 40000 Euro für Verheiratete (Zusammenveranlagung) ▸ Kinder erhöhen nicht die Einkommensgrenze.	§13 Abs. 1 5. VermBG
Sperrfristen	▸ 6 Jahre bei Wertpapier-Kaufverträgen, Beteiligungs-Verträgen und Beteiligungs-Kaufverträgen Beginn: 1. Januar des Jahres, in dem die Wertpapiere bzw. Beteiligungsrechte erworben werden. ▸ 7 Jahre bei Konten- und Wertpapiersparverträgen Beginn: 1. Januar des Jahres, in dem die erste vermögenswirksame Leistung eingeht. ▸ 12 Jahre bei Kapitalversicherungsverträgen Beginn: wie bei Konten- bzw. Wertpapiersparverträgen ▸ 7 Jahre bei Bausparverträgen (Vertragsabschluss vor dem 01.01.2009) Beginn: Datum des Vertragsabschlusses	§§5, 6, 7 5. VermBG §§4, 8 5. VermBG §9 5. VermBG §2 Abs. 3 WoPG
Unterbrechung	▸ Werden auf einen Vertrag über laufend einzuzahlende vermögenswirksame Leistungen oder andere Beträge in einem Kalenderjahr, das dem Kalenderjahr des Vertragsabschlusses folgt, weder vermögenswirksame Leistungen noch andere Beträge eingezahlt, so ist der Vertrag unterbrochen. Er kann dann nicht fortgeführt werden. ▸ Der Vertrag ist auch unterbrochen, wenn mindestens alle Einzahlungen eines Kalenderjahrs zurückgezahlt oder die Rückzahlungsansprüche aus dem Vertrag abgetreten oder beliehen werden.	§4 Abs. 6 5. VermBG §9 5. VermBG
zulagenunschädliche vorzeitige Verfügungen (am Beispiel eines Sparvertrages über Wertpapiere)	Eine vorzeitige Verfügung ist unschädlich, wenn ▸ der Arbeitnehmer, sein Ehegatte oder Lebenspartner (LPartG) nach Vertragsabschluss gestorben oder völlig erwerbsunfähig geworden ist, ▸ der Arbeitnehmer nach Vertragsabschluss, aber vor der vorzeitigen Verfügung geheiratet oder eine Lebenspartnerschaft begründet hat und zum Zeitpunkt der vorzeitigen Verfügung mindestens zwei Jahre seit Beginn der Sperrfrist vergangen sind, ▸ der Arbeitnehmer nach Vertragsabschluss arbeitslos geworden ist, die Arbeitslosigkeit mindestens ein Jahr lang ununterbrochen bestanden hat und im Zeitpunkt der vorzeitigen Verfügung noch besteht, ▸ der Arbeitnehmer den Erlös innerhalb der folgenden drei Monate unmittelbar für die eigene Weiterbildung oder die seines Ehegatten oder Lebenspartners einsetzt, ▸ der Arbeitnehmer nach Vertragsabschluss die nichtselbstständige Arbeit aufgibt und eine selbstständige Erwerbstätigkeit aufnimmt, ▸ festgelegte Wertpapiere veräußert werden und der Erlös spätestens bis zum Ablauf des folgenden Kalendermonats wieder in Wertpapieren angelegt wird. Ein am Ende eines Kalendermonats verbleibender Rest, der nicht umgewandelt worden ist, ist unschädlich, wenn er 150 Euro nicht übersteigt.	§4 Abs. 4 5. VermBG
Gewährung und Zahlung der Arbeitnehmer-Sparzulage	Die Arbeitnehmer-Sparzulage wird auf Antrag des Arbeitnehmers durch das für ihn zuständige Finanzamt festgesetzt. Die Auszahlung an den Sparer geschieht nach Ablauf der vorgeschriebenen Sperrfristen, mit Zuteilung eines Bausparvertrages und in den Fällen vorzeitiger unschädlicher Verfügung. Der Anspruch auf Arbeitnehmer-Sparzulage entsteht mit Ablauf des Sparjahrs. Banken übermitteln – erstmals in 2018 für das Sparjahr 2017 – die **elektronische Vermögensbildungsbescheinigung** an das Finanzamt. Diese Meldung setzt eine Steuer-ID des Kunden voraus und enthält alle notwendigen Daten für die Festsetzung der Sparzulage.	§14 5. VermBG §§13 Abs. 4, 14 Abs. 4 5. VermBG

4.3 Anlagen in Bausparverträgen, Lebensversicherungen und staatlich geförderten Altersvorsorgeprodukten

4.3.1 Bausparen

4.3.1.1 Grundgedanke des Bausparens

Definition

Selbsthilfe-kollektiv

Bausparen ist kollektives Zwecksparen mit dem Ziel einer beschleunigten zinsgünstigen Finanzierung eines Wohngebäudes, eines Eigenheims oder einer Eigentumswohnung. Grundgedanke des Bausparens ist die Idee der Selbst- bzw. Gemeinschaftshilfe. Bausparer schließen sich zu einem Kollektiv zusammen, das aus eigener Kraft eine zinsgünstige Finanzierung ihrer Bauvorhaben ermöglichen soll.

Phasen des Bausparens

In der **Sparphase** sammeln die Bausparer durch Bauspareinlagen Eigenkapital auf Bausparkonten an. Die Bauspareinlagen fließen zusammen mit den Tilgungsrückflüssen aus gewährten Bauspardarlehen in die sog. Zuteilungsmasse. Aus der Zuteilungsmasse wird bei **Zuteilung** und Annahme der Zuteilung die vertraglich vereinbarte Bausparsumme zur Verfügung gestellt. Sie setzt sich aus dem angesparten Guthaben einschließlich der angesparten Zinsen und einem zinsgünstigen, nachrangig gesicherten Bauspardarlehen zusammen. In der **Darlehensphase** wird das ausgezahlte Darlehen in monatlichen Raten getilgt.

Beispiel zum System des Bausparens

20 Bauherren möchten bauen.

Baukosten eines Hauses: 240000 Euro

Jährliche Sparrate: 12000 Euro (1000 Euro monatlich)

<u>Realisierung des Bauwunsches **ohne Bausparen** (und ohne andere Baufinanzierung)</u>

Jeder Bauwillige spart jährlich 12000 Euro. Ohne weitere Finanzierungsmaßnahmen kann er in 20 Jahren bauen. Dann hat er den Betrag von 240000 Euro zusammengespart.

<u>Realisierung des Bauwunsches **mit Bausparen**</u>

Jeder Bauwillige zahlt jährlich 12000 Euro (monatlich 1000 Euro) in den Zuteilungstopf des Bausparkollektivs. Im Topf kommen auf diese Weise jedes Jahr 240000 Euro zusammen.

	1. Jahr	2. Jahr	3. Jahr	...	19. Jahr	20. Jahr
Sparleistung:	20 x 12000 = 240000	19 x 12000 = 228000	18 x 12000 = 216000		2 x 12000 = 24000	1 x 12000 = 12000
Tilgung:	0 = 0	1 x 12000 = 12000	2 x 12000 = 24000		18 x 12000 = 216000	19 x 12000 = 228000
Summe im Zuteilungstopf	240000	240000	240000	...	240000	240000

Ergebnis:

In jedem Jahr kann ein Haus für 240000 Euro gebaut werden. Die durchschnittliche Wartezeit sinkt von 20 auf 10,5 Jahre.

Das **Bauspargeschäft** darf **nur von Bausparkassen** betrieben werden. Bausparkassen sind Kreditinstitute, deren Geschäftsbetrieb darauf ausgerichtet ist, Einlagen von Bausparern (Bauspareinlagen) entgegenzunehmen und den Bausparern aus den angesammelten Beträgen Gelddarlehen (Bauspardarlehen) für wohnungswirtschaftliche Maßnahmen zu gewähren.

Bausparkassen

§ 2 Abs. 1 Nr. 1 WoPG
§ 1 Abs. 1 BauSparG

Wohnungswirtschaftliche Maßnahmen sind insbesondere

wohnungswirtschaftliche Maßnahmen
§ 1 Abs. 3 BauSparG

- der Erwerb von Bauland und Erbbaurechten zur Errichtung von überwiegend zu Wohnzwecken bestimmten Gebäuden,
- die Errichtung, Beschaffung, Erhaltung und Verbesserung von überwiegend zu Wohnzwecken bestimmten Gebäuden und von Wohnungen, Eigenheimen und Eigentumswohnungen,
- der Erwerb von Rechten zur dauerhaften Nutzung von Wohnraum (z. B. in Altenwohnheimen),
- Maßnahmen zur Erschließung und zur Förderung von Wohngebieten,
- die Ablösung von Verbindlichkeiten, die zur Durchführung der genannten Maßnahmen eingegangen wurden.

Bausparkassen sind häufig Verbundunternehmen von Kreditinstituten und Versicherungen. Sie unterliegen den Vorschriften des Bausparkassengesetzes und des Kreditwesengesetzes und stehen unter der Aufsicht der BaFin.

4.3.1.2 Der Bausparvertrag

Motive für den Abschluss von Bausparverträgen

Wichtige Motive für den Abschluss von Bausparverträgen sind in erster Linie in der Zukunft geplante wohnungswirtschaftliche Maßnahmen des Bausparers:

Motive für den Abschluss von Bausparverträgen

- Kauf eines Baugrundstücks für die Errichtung eines überwiegend zu Wohnzwecken bestimmten Gebäudes,
- Kauf, Bau oder Umbau von Wohngebäuden, Eigenheimen oder Eigentumswohnungen,
- Ausbau-, Reparatur- oder Werterhaltungsmaßnahmen an bestehenden Wohngebäuden, Eigenheimen, Eigentums- oder Mietwohnungen (Modernisierung, Instandsetzung, Renovierung, Energiesparmaßnahmen),
- Entschuldung von Grundeigentum, auch als private Altersvorsorge.

Weitere Motive sind:

- Inanspruchnahme der Wohnungsbauprämie und/oder der Arbeitnehmer-Sparzulage im Rahmen der staatlichen Sparförderung,
- Inanspruchnahme der Riester-Förderung,
- Vermögensbildung durch verzinsliche Geldanlage.

Kündigung von Bausparverträgen in der Niedrigzinsphase

Im Niedrigzinsumfeld verzichten viele Kunden mit älteren Bausparverträgen auf das Darlehen, um von der vergleichsweise höheren Guthabenverzinsung zu profitieren. Um das Gleichgewicht zwischen Spar- und Darlehensseite im Bausparkollektiv wiederherzustellen, kündigen einige Bausparkassen diese Verträge.

Gekündigt werden **übersparte Verträge**, bei denen das Guthaben bereits die volle Bausparsumme erreicht hat und daher kein Darlehensanspruch mehr besteht. Nach dem BGH-Urteil vom 21.02.2017 kann eine Bausparkasse gemäß § 489 Abs. 1 BGB kündigen, wenn die Verträge seit mehr als zehn Jahren zuteilungsreif sind. Dies gilt auch, wenn diese noch nicht voll angespart sind.

Abschluss des Bausparvertrages

Abschluss eines Bausparvertrages
Prüfungspflichten
▸ Kapitel 2.3.1.3.1

Der Bausparvertrag wird zwischen dem Bausparer und der Bausparkasse geschlossen. Er kann durch Vermittlung eines Kreditinstituts oder eines anderen Vermittlers zustande kommen. Bei Abschluss eines Bausparvertrages sind die Vorschriften über die Legitimationsprüfung und zur Feststellung des wirtschaftlich Berechtigten zu beachten. Über den Vertragsabschluss erhält der Bausparer eine Bestätigung, die alle Merkmale des Bausparvertrages enthält, z. B. Abschlussdatum, Bausparsumme, Bauspartarif, Regelsparbeitrag.

Bauspareinlagen unterliegen nicht den Vorgaben des § 21 Abs. 4 RechKredV. Bausparer können daher z. B. auch Kapitalgesellschaften und Personengesellschaften sein.

Festlegung des Sparziels

Der Bausparer legt durch die Wahl der Bausparsumme und des Bauspartarifs sein Sparziel fest. Die Bausparsumme umfasst

- das Ansparguthaben von 40 bis 50 % der Bausparsumme,
- das Bauspardarlehen von 50 bis 60 % der Bausparsumme.

Der **Bauspartarif** bestimmt die Zinssätze, z. B. 0,5 % Sparzins bei 2,5 % Darlehenszins. Außerdem hat der Bauspartarif Einfluss auf eine eventuelle Mindestwartezeit, das Mindestguthaben und die Voraussetzung einer Mindestbewertungszahl bei Zuteilung. Regelspar- und Tilgungsbeiträge sowie die Abschlussgebühr sind ebenfalls vom Bauspartarif abhängig. Bausparkassen bieten unterschiedliche Bauspartarife an, z. B. Standardtarife, Schnellspartarife, Langzeittarife, variable Tarife. Die Laufzeit eines Standardtarifs beträgt zwischen 18 und 20 Jahren, davon sind etwa 8 Jahre Regelansparzeit.

Beispiel eines Bausparvertrages

Beispiel eines typischen Bausparvertrages

Bausparsumme (BS):	50000 Euro
Guthabenzins:	2,5 % p. a.
Regelsparrate:	4‰ der BS pro Monat
Darlehenszins:	4,5 % p. a.
Zins- und Tilgungsrate:	6‰ der BS pro Monat

1. Sparphase

monatliche Regelsparrate:	200 Euro
Guthaben nach 8 Jahren:	
ca. 40 % der BS =	20000 Euro

2. Zuteilung

Auszahlung der Bausparsumme

Guthaben	20000 Euro
Darlehen	30000 Euro
Bausparsumme	50000 Euro

3. Darlehensphase

Zins- und Tilgungsrate pro Monat	300 Euro

Tilgung nach ca. 12 Jahren

Der Bausparer vereinbart mit der Bausparkasse die Einzahlung von Bauspareinlagen. Er erwirbt durch seine Sparleistungen den Rechtsanspruch auf Gewährung eines unkündbaren Tilgungsdarlehens (Bauspardarlehen), das durch ein nachrangiges Grundpfandrecht besichert werden kann.

Abwicklung des Bausparvertrages

Abwicklungsphasen

Bausparen gliedert sich in drei Phasen:

- Ansparphase,
- Zuteilung,
- Darlehensphase.

Ansparphase

Sparphase

In der Ansparphase wird das für die Zuteilung notwendige Mindestguthaben durch Regelsparbeiträge und ggf. durch zusätzliche Sonderzahlungen angesammelt. Die monatlichen Sparleistungen liegen zwischen 3 und 10 Promille der vereinbarten Bausparsumme. Guthaben werden verzinst. Der Zinssatz für das Guthaben wird fest vereinbart und ist vom gewählten Tarif abhängig.

Zinsgutschriften auf Bauspareinlagen unterliegen der Abgeltungsteuer von 25 % und dem Solidaritätszuschlag, soweit kein Freistellungsauftrag gestellt worden ist.

Von den ersten Sparbeiträgen wird die Abschlussgebühr einbehalten. Sie wird mit Abschluss des Bausparvertrages zur Zahlung fällig und beträgt i. d. R. 1 % der Bausparsumme. Sie gehört zu den prämienbegünstigten Aufwendungen nach dem WoPG.

Zuteilung

Zuteilung

Mit der Zuteilung erreicht der Bausparer sein Vertragsziel. Er kann ohne Kündigung über sein Bausparguthaben verfügen und das Bauspardarlehen in Anspruch nehmen. Das Bauspardarlehen ist ausreichend zu sichern. Es kann nur für wohnungswirtschaftliche Maßnahmen des Bausparers oder eines seiner Angehörigen, z. B. Eltern, Geschwister, Kinder, verwendet werden.

Zuteilungsmasse

Die Bausparkasse stellt die Bausparsumme aus der Zuteilungsmasse bereit. Das jeweilige Volumen der Zuteilungsmasse hängt von den Spar- und Tilgungsleistungen des Bausparkollektivs ab. Bausparkassen können daher bei Vertragsabschluss keine verbindlichen Erklärungen über das Zuteilungsdatum machen.

Bewertungszahl

Mit Erfüllung des individuellen Mindestsparguthabens und einer Mindestbewertungszahl oder Mindestwartezeit begründet der Bausparer seine Zuteilungsanwartschaft. Wann der Bausparvertrag zugeteilt wird, hängt jedoch von der erreichten Bewertungszahl ab, mit der die Zuteilungsreihenfolge festgelegt wird. Die Bewertungszahlen werden an festgelegten Bewertungsstichtagen berechnet und der Höhe nach geordnet. Der Bausparvertrag mit der höheren Bewertungszahl hat für die Zuteilung den Vorrang gegenüber einem Bausparvertrag mit einer geringeren Bewertungszahl. Die Bewertungszahl wird bei den Bausparkassen nach unterschiedlichen Verfahren ermittelt.

Bewertungszahl

Beispiel zur Berechnung einer Bewertungszahl

Berechnungsformel (öffentliche Bausparkasse):

$$\text{Bewertungszahl (B)} = \frac{\text{Sparguthaben einschl. Zinsen + (Summe der Zinsgutschriften x Zinsfaktor)}}{\text{4 v. Tsd. Euro der Bausparsumme}}$$

Bedingungen des Vertragsbeispiels:

Bausparsumme: 10000,00 Euro,

Bausparguthaben: 5157,90 Euro, davon 357,90 Euro Zinsen

Monatlicher Regelsparbeitrag: 4,00 Euro je 1000,00 Euro Bausparsumme, also 40 Euro p. M.

Bisherige Ansparzeit: 5 Jahre mit jeweils 2 Bewertungsstichtagen

Zinsfaktor: z. B. 10 (in Abhängigkeit vom Bauspartarif vorgegebene Konstante)

$$\text{Bewertungszahl (B)} = \frac{5157{,}90 + (357{,}90 \times 10)}{40} = \frac{8736{,}90}{40} = 218{,}42$$

Die Mindestbewertungszahl legt die jeweilige Bausparkasse in Abhängigkeit vom gewählten Bauspartarif in ihren Bausparbedingungen fest (z. B. §4 Abs. 2 ABB der LBS).

Der Bausparer muss eine Zuteilung nicht sofort annehmen. Er kann den zugeteilten Vertrag auch später in Anspruch nehmen. Zugeteilte, nicht abgerufene Verträge können von den Bausparkassen für die Gewährung von Zwischenkrediten verwendet werden.

Darlehensphase

Darlehensphase

Bauspardarlehen

Bei Annahme der Zuteilung erhält der Bausparer die Bausparsumme, d.h. das Bausparguthaben einschl. der Zinsen und das Bauspardarlehen. Für das Bauspardarlehen wird der bei Vertragsbeginn zugesagte Festzins berechnet. Als **Sicherheit** werden auch nachrangige Grundschulden im Rahmen einer Beleihungsgrenze von bis zu 100 Prozent genommen. Zum Ausgleich der Zinsen und zur Tilgung des Bauspardarlehens dient ein monatlicher Tilgungsbeitrag, dessen Höhe sich aus dem gewählten Tarif ergibt. Er wird je 1 000 Euro Bausparsumme unabhängig von der tatsächlichen Höhe des Bauspardarlehens festgelegt.

Beispiel

Bei einem Standardtarif (40 % Bausparguthaben, 1,5 % Jahreszins, Tilgungsdauer 12 Jahre) beträgt die monatliche Tilgungsrate z. B. 6,00 Euro je 1 000,00 Euro Bausparsumme.

Die Entwicklung eines Bausparvertrages

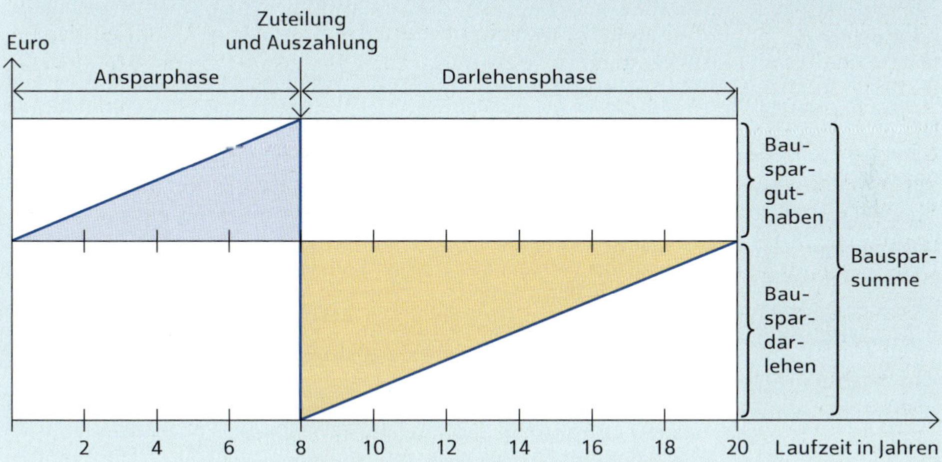

4.3.1.3 Staatliche Förderung des Bausparens

Bausparen wird staatlich gefördert

- durch Arbeitnehmer-Sparzulagen für vermögenswirksame Leistungen nach dem Fünften Vermögensbildungsgesetz (5. VermBG),
- durch Wohnungsbau-Prämien nach dem Wohnungsbau-Prämiengesetz (WoPG).

▸ Kapitel 4.2.6

Förderung nach WoPG

Übersicht über die Förderung nach dem Wohnungsbau-Prämiengesetz	
begünstigte Personen	▸ **Begünstigt sind Personen, die** – im Sparjahr das 16. Lebensjahr vollendet haben, – unbeschränkt einkommensteuerpflichtig oder – Vollwaisen sind. ▸ **Unbeschränkt einkommensteuerpflichtig** sind im Wesentlichen natürliche Personen, die im Inland einen Wohnsitz oder ihren gewöhnlichen Aufenthalt haben, wobei es auf die Staatsangehörigkeit nicht ankommt.
geförderte Anlagen	▸ **Beiträge an Bausparkassen zur Erlangung von Baudarlehen** ▸ **Ersterwerb von Anteilen an Bau- und Wohnungsgenossenschaften** ▸ **Wohnbau-Sparverträge** mit einem Kreditinstitut zum Bau oder Erwerb einer Kleinsiedlung, eines Eigenheims, einer Eigentumswohnung oder eines eigentumsähnlichen Dauerwohnrechts ▸ **Baufinanzierungsverträge** mit einem Wohnungs- oder Siedlungsunternehmen oder einem Organ der staatlichen Wohnungspolitik nach Art von Sparverträgen mit festgelegten Sparraten

§ 1 Satz 1 WoPG

§ 1 EStG

§ 2 Abs. 1 WoPG

<table>
<tr><th></th><th colspan="3">Übersicht über die Förderung nach dem Wohnungsbau-Prämiengesetz</th></tr>
<tr><td>§ 3 Abs. 2 WoPG</td><td>Sparhöchstbeträge</td><td colspan="2">▸ 512 Euro je Kalenderjahr für Alleinstehende
▸ 1 024 Euro je Kalenderjahr für Verheiratete (Höchstbetragsgemeinschaft)</td></tr>
<tr><td>§ 3 Abs. 1 WoPG

§ 2 Abs. 1 Nr. 1 WoPG</td><td>Wohnungsbau-Prämie</td><td colspan="2">▸ 8,8 % der erbrachten Sparleistung
▸ Zinsen für Bausparguthaben und Abschlussgebühren zählen zur erbrachten Sparleistung und sind prämienbegünstigt.
▸ Eine Wohnungsbau-Prämie wird nur gewährt, wenn die Sparleistung im Kalenderjahr mindestens 50 Euro beträgt.</td></tr>
<tr><td></td><td>Prämienhöchstbetrag</td><td colspan="2">▸ Alleinstehende 45,06 Euro
▸ Verheiratete 90,11 Euro</td></tr>
<tr><td>§ 2a WoPG</td><td>Einkommensgrenzen</td><td colspan="2">▸ zu versteuerndes Einkommen im Jahr der Sparleistung
– 25 600 Euro für Alleinstehende
– 51 200 Euro für Verheiratete
▸ Kinder erhöhen die Einkommensgrenze nicht. Jugendliche haben mit Eintritt in das 16. Lebensjahr einen eigenen Anspruch auf Bausparförderung.</td></tr>
<tr><td rowspan="6">§ 2 Abs. 2 WoPG</td><td rowspan="6">Festlegungsfristen und unschädliche Verfügungen</td><td>Altverträge (Vertragsabschluss bis 31.12.2008)</td><td>Neuverträge (Vertragsabschluss seit 01.01.2009)</td></tr>
<tr><td>▸ Festlegungsfrist 7 Jahre
▸ eine vorzeitige Verfügung ist prämienunschädlich, wenn</td><td>▸ keine Festlegungsfrist („ewige Bindung“)
▸ eine Verfügung ist prämienunschädlich, wenn</td></tr>
<tr><td colspan="2">– die Bausparsumme unverzüglich und unmittelbar zum Wohnungsbau verwendet wird,
– im Falle der Abtretung der Erwerber die Bausparsumme unmittelbar zum Wohnungsbau für den Abtretenden oder dessen Angehörige verwendet,
– der Bausparer oder sein Ehegatte nach Vertragsabschluss gestorben oder völlig erwerbsunfähig geworden ist,</td></tr>
<tr><td></td><td>wobei die Unschädlichkeit auf die Prämien der letzten 7 Jahre beschränkt ist,</td></tr>
<tr><td colspan="2">– der Bausparer nach Vertragsabschluss arbeitslos geworden ist, die Arbeitslosigkeit mindestens ein Jahr ununterbrochen bestanden hat und zum Zeitpunkt der Verfügung noch besteht,</td></tr>
<tr><td></td><td>wobei die Unschädlichkeit auf die Prämien der letzten Jahre beschränkt ist,
▸ Eine Verfügung ist prämienunschädlich, wenn der Bausparer bei Vertragsabschluss das 25. Lebensjahr noch nicht vollendet hat, über die Beiträge frühestens 7 Jahre nach Vertragsabschluss nur einmal verfügt und sie nicht für den Wohnungsbau verwendet, wobei die Wohnungsbauprämie nur für die letzten sieben Sparjahre erhalten bleibt.</td></tr>
</table>

Übersicht über die Förderung nach dem Wohnungsbau-Prämiengesetz	
Gewährung und Zahlung der Wohnungsbau-Prämie	▸ Die Wohnungsbau-Prämie wird auf Antrag des Bausparers von der Bausparkasse ermittelt und nach Zuteilung oder bei prämienunschädlicher vorzeitiger Verfügung von der Bausparkasse bei ihrem zuständigen Finanzamt angefordert. ▸ Der Anspruch auf Wohnungsbau-Prämie entsteht mit Ablauf des Sparjahrs. ▸ Anträge auf Gewährung der Wohnungsbau-Prämie sind spätestens bis zum 31. Dezember des zweiten auf das Anlagejahr (Sparjahr) folgenden Kalenderjahres auf amtlich vorgeschriebenem Vordruck zu stellen.

§4 WoPG

§4 Abs. 1 WoPG

§4 Abs. 2 WoPG

Eine maximale Ausnutzung staatlicher Förderung für einen Bausparvertrag ergibt sich durch

maximale Ausnutzung staatlicher Förderung

- Bausparbeiträge nach dem Wohnungsbau-Prämiengesetz unter Ausnutzung des Höchstbetrages von 512 Euro bei Alleinstehenden bzw. 1 024 Euro bei Verheirateten und
- vermögenswirksame Leistungen unter Ausnutzung des Höchstbetrages von 470 Euro je Arbeitnehmer.

4.3.2 Lebensversicherungen

4.3.2.1 Begriff der Lebensversicherung

Begriff der Lebensversicherung

Versicherungen sollen den Einzelnen vor den wirtschaftlichen Folgen beim Eintritt von Schadensereignissen schützen (Personenversicherung). Lebensversicherungen dienen der Absicherung des wirtschaftlichen Risikos, das sich aus der Unsicherheit über die Dauer des menschlichen Lebens ergibt. Sie bieten

Leistungen

- **finanzielle Sicherheit für die Hinterbliebenen** im Todesfall und/oder
- **finanzielle Sicherheit für das Alter, bei Berufsunfähigkeit, für die Ausbildung von Kindern u. Ä.**

Lebensversicherungsschutz

Lebensversicherungsschutz wird gegen die Zahlung eines Einmalbetrages oder gegen Zahlung laufender Prämien gewährt. Je nach Vertragsgestaltung wird die Versicherungsleistung im Todes- oder Erlebensfall in Form einer einmaligen Kapitalzahlung oder in Form regelmäßig wiederkehrender Zahlungen fällig.

Die Leistungen der Lebensversicherung werden häufig durch Zusatzversicherungen ergänzt, z. B.: Unfalltod-Zusatzversicherung (UZV), Berufsunfähigkeits-Zusatzversicherung (BUZ), Pflegerenten-Zusatzversicherung.

Versicherungsunternehmen

Das **Lebensversicherungsgeschäft** darf **nur von Versicherungsunternehmen** in der Rechtsform der Aktiengesellschaft, des Versicherungsvereins auf Gegenseitigkeit und der Anstalt oder Körperschaft des öffentlichen Rechts betrieben werden. Versicherungsunternehmen unterliegen den Vorschriften des Versicherungsaufsichtsgesetzes (VAG) und des Gesetzes über den Versicherungsvertrag (VVG). Sie stehen unter der Aufsicht der Bundesanstalt für Finanzdienstleistungsaufsicht (BaFin).

Protektor Lebensversicherungs-AG

Sicherungseinrichtung für die im Gesamtverband der Deutschen Versicherungswirtschaft e. V. organisierten Lebensversicherer ist die **Protektor Lebensversicherungs-AG**. Die Gesellschaft schützt die Versicherten vor den Folgen der Insolvenz eines Not leidend gewordenen Lebensversicherers.

4.3.2.2 Formen der Lebensversicherung

Formen

Formen der Lebensversicherung

- **Risikoversicherung** – auf den Todesfall
- **Kapitalversicherung** – auf den Todes- und Erlebensfall (gemischte Versicherung, z. B. fondsgebundene Lebensversicherung)
- **Private Rentenversicherung** – auf einen festen Auszahlungstermin (Term-Fix-Versicherung)

Risikoversicherung

Risikoversicherung

Restschuldversicherung

Versicherung auf verbundene Leben

Die Risikoversicherung sichert das Todesfallrisiko der versicherten Person während einer fest vereinbarten Vertragszeit, z. B. 10 Jahre. Mit Ablauf der Vertragszeit erlischt die Versicherung, ohne dass das Versicherungsunternehmen eine Zahlung geleistet hat. Eine besondere Form der Risikoversicherung ist die **Restschuldversicherung**. Stirbt der Versicherungsnehmer innerhalb der Kredit- bzw. Versicherungslaufzeit, wird die vereinbarte Leistung sofort fällig und kann zur Abdeckung des Kredites verwendet werden. Bei der **Versicherung auf verbundene Leben** sind mehrere Personen versichert, z. B. Eheleute, die i. d. R. wirtschaftlich voneinander abhängig sind. Stirbt eine der versicherten Personen, wird die Todesfallleistung sofort fällig. Die Todesfallleistung wird nur einmal gezahlt.

Kapitalversicherung

Kapitalversicherung auf den Todesfall

Die Kapitalversicherung auf den Todesfall wird beim Tod der versicherten Person fällig. Sie kann z. B. zur Versorgung Hinterbliebener oder zur Deckung von Bestattungskosten oder der Erbschaftsteuer dienen. Beiträge sind bis zum Tod des Versicherten, längstens bis zum 85. Lebensjahr zu zahlen.

gemischte Versicherung

Bei der gemischten Versicherung wird die Versicherungsleistung beim Tod der versicherten Person, spätestens bei Ablauf der vereinbarten Versicherungsdauer fällig, z. B. bei Vollendung des 65. Lebensjahrs der versicherten Person. Die gemischte Versicherung verbindet Altersvorsorge und Hinterbliebenenversorgung. Es ist die in Deutschland am häufigsten vorkommende Art der Lebensversicherung.

fondsgebundene Lebensversicherung

Eine besondere Form der gemischten Lebensversicherung ist die fondsgebundene Lebensversicherung (Sachwertpolice). Während bei einer Kapitallebensversicherung der Sparanteil überwiegend in sicheren Geldanlagen investiert wird, erfolgt bei einer fondsgebundenen Lebensversicherung die Anlage des **Sparanteils in Investmentanteilen, Aktien, festverzinslichen Wertpapieren oder Immobilien**. Im Gegensatz zur Kapitallebensversicherung mit garantierter Versicherungssumme bietet die fondsgebundene Lebensversicherung die Chance des Wertzuwachses, beinhaltet allerdings auch das Risiko einer Werteinbuße. Sie ist geeignet als Ergänzung bei ausreichender Grundsicherung.

Kapitalversicherung mit festem Auszahlungstermin

Bei der Kapitalversicherung mit festem Auszahlungstermin soll ein künftiger Kapitalbedarf zu einem bestimmten Termin abgedeckt werden, d. h. die Fälligkeit der

Versicherungsleistung ist auf diesen Zeitpunkt fixiert (Term-Fix-Versicherung). Typische Beispiele sind die Ausbildungs- und die Heiratsversicherung. Bei diesen Versicherungen ist der Auszahlungstermin auf den voraussichtlichen Beginn der Ausbildung bzw. den Tag der Eheschließung eines Kindes abgestellt. Versicherungsnehmer und versicherte Person ist meist ein Elternteil. Stirbt die versicherte Person vor Fälligkeit, läuft die Versicherung beitragsfrei bis zum Fälligkeitstermin weiter. Stirbt das Kind, bevor die Leistung fällig ist, erstatten die Versicherer im Allgemeinen die eingezahlten Beträge.

Private Rentenversicherung

private Rentenversicherung

Leibrente

Die private Rentenversicherung bietet als Ersatz oder in Ergänzung für die Altersrente aus der gesetzlichen Rentenversicherung Leibrenten, die bis zum Tode des Versicherten regelmäßig gezahlt werden. Der Beginn der Rente wird vertraglich vereinbart. Bei der **sofort beginnenden Leibrente** setzt die Rentenzahlung sofort ein. Sie kann daher nur gegen Einmalzahlung eines größeren Kapitalbetrages abgeschlossen werden. Bei der **aufgeschobenen Leibrente** setzt die Rentenzahlung nach einer Ansparzeit ein. Stirbt die versicherte Person vor Rentenbeginn, werden die angesparten Beiträge von den meisten Versicherern erstattet. Für die Rentenzahlung kann eine Rentengarantiezeit vereinbart werden. Stirbt der Versicherte bei einer Rentengarantiezeit von z. B. 10 Jahren nach 6 Jahren, wird die Rente noch 4 Jahre an seine Hinterbliebenen weitergezahlt.

Kapitalwahlrecht

Rentenleistungen können auf Wunsch des Kunden auch zu Beginn der Rentenzahlung oder am Ende der Ansparzeit kapitalisiert werden (Kapitalwahlrecht).

Seit 2005 gibt es eine neue private kapitalgedeckte Rentenversicherungsform, die speziell der Altersvorsorge nach dem Alterseinkünftegesetz dient.

▸ Kapitel 4.3.3.2

Vergleich von Lebensversicherungen

Vergleich der Formen der Lebensversicherungen

Merkmale	Risikoversicherung	Kapitalversicherung	Private Rentenversicherung
Eignung	▸ Risikoschutz für die Hinterbliebenen gegen – finanzielle Notlagen – Ansprüche Dritter, z. B. aus Krediten	▸ Absicherung der Familie ▸ Aufbau einer (zusätzlichen) Altersversorgung ▸ Kapitalanlage	▸ Altersvorsorge bei bestehender Grundsicherung
Leistung	▸ Auszahlung der vereinbarten Versicherungssumme bei Tod während der Versicherungsdauer	▸ Auszahlung der vereinbarten Versicherungssumme bei Tod oder Ablauf der Laufzeit ▸ ggf. Verrentung im Erlebensfall	▸ Rentenzahlung, solange der Versicherte lebt (Vereinbarung einer Garantiezeit möglich) ▸ ggf. Kapitalrückzahlung
Leistungsausschlüsse	Verletzung der vorvertraglichen Anzeigepflichten, z. B. Verschweigen von Vorerkrankungen		

4.3.2.3 Lebensversicherungsvertrag

Motive

Motive für den Abschluss von Lebensversicherungen

Wichtige Motive für den Abschluss von Lebensversicherungen sind:

- Aufbau einer Alters- und Hinterbliebenenversorgung,
- Schließen von Versorgungslücken aus der gesetzlichen Rentenversicherung, z. B. bei Berufsunfähigkeit,
- Bildung von Vermögen mit garantiertem Zuwachs,
- Absicherung von kreditfinanzierten Investitionen,
- Sicherung der Ausbildung oder finanziellen Grundausstattung von Kindern, z. B. Studium oder Heirat.

Abschluss des Lebensversicherungsvertrages

Kapitel 4.7.3.4

Abschluss des Lebensversicherungsvertrages

Der Lebensversicherungsvertrag wird zwischen dem Versicherungsnehmer und dem Versicherer (Versicherungsunternehmen) geschlossen. Er kann durch Vermittlung eines Kreditinstituts oder eines anderen Vermittlers zustande kommen. Der Zeitpunkt des Vertragsabschlusses ist für die Besteuerung der Lebensversicherung bedeutend.

§ 150 ff. VVG

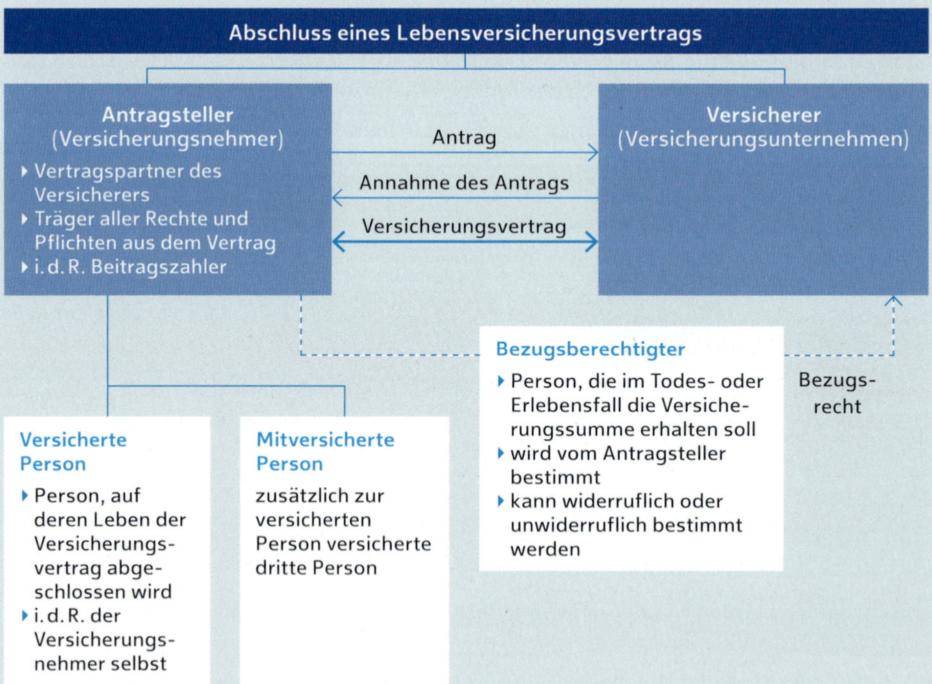

Für den Lebensversicherungsvertrag gelten insbesondere folgende Merkmale:

- Es bestehen verbesserte Beratungs-, Informations- und Dokumentationspflichten.
- Der Versicherungsnehmer muss vor Vertragsabschluss nur solche für die Versicherung bedeutsamen Umstände angeben, nach denen der Versicherer in Textform gefragt hat. Nicht erfragte Umstände können nicht zum Nachteil des Versicherungsnehmers ausgelegt werden.
- Das Widerrufsrecht beträgt 30 Tage ab Zugang aller Vertragsbedingungen.
- Die Abschlusskosten der Lebensversicherung werden bei einer Kündigung auf die ersten 5 Jahre verteilt.
- Der Versicherer muss die Abschluss- und Vertriebskosten beziffern und offenlegen.
- Der Versicherungsnehmer ist über die mögliche Ablaufleistung unter Zugrundelegung realistischer Modellrechnungen zu unterrichten.
- Der Rückkaufswert der Lebensversicherung ist nach dem Deckungskapital der Versicherung und nicht nach dem Zeitwert zu berechnen.
- Der Versicherungsnehmer ist an den stillen Reserven zu beteiligen.

Versicherungsbeitrag

Versicherungsbeitrag

Beitragszusammensetzung bei einer Lebensversicherung

Kapitalversicherung und Rentenversicherung	Risikoversicherung
Risikobeitrag	Risikobeitrag
+ Sparbeitrag	
+ Kostenbeitrag	+ Kostenbeitrag
= Tarifbeitrag	= Tarifbeitrag

Todesfallrisiko

riskiertes Kapital

Der Risikobeitrag deckt das Todesfallrisiko. Stirbt die versicherte Person vor Ablauf des Vertrages, wird das **riskierte Kapital** (Differenz zwischen Versicherungssumme und den zu diesem Zeitpunkt angesammelten Sparbeiträgen) aus den Risikobeiträgen aller Versicherungsnehmer gedeckt (Solidargemeinschaft der Versicherten).

Deckungskapital

Der Sparbeitrag dient der Ansparung der Versicherungssumme. Er wird verzinslich angelegt und ergibt zusammen mit den Zinsen das Deckungskapital. Bei Fälligkeit der Versicherung sollen Sparbeiträge und Zinsen die Versicherungssumme abdecken.

Garantiezins

§ 2 Abs. 1 DeckRV

Der gesetzlich garantierte Mindestzins für das angesammelte Vermögen (Sparanteil) beträgt für Neuverträge seit dem 01.01.2017 0,90 %. Der Garantiezins (Höchstrechnungszins) wird von der BaFin im Verordnungswege festgesetzt und darf von den Versicherungsunternehmen aus Wettbewerbsgründen nicht überschritten werden. Aufgrund der lang anhaltenden Niedrigzinsphase an den Kapitalmärkten werden die meisten Neuverträge von Lebensversicherungen ohne Garantiezins angeboten.

Der Kostenbeitrag deckt die laufenden Verwaltungskosten und die Inkassokosten.

Die **Höhe des Versicherungsbeitrags** hängt ab von der Versicherungssumme, der Art und Laufzeit der Versicherung, dem Eintrittsalter und dem Gesundheitszustand des Versicherten sowie von den Rechnungsgrundlagen. Der Versicherungsbeitrag gilt für die gesamte Laufzeit der Versicherung.

Verlauf des Deckungskapitals ohne Berücksichtigung von Abschlusskosten

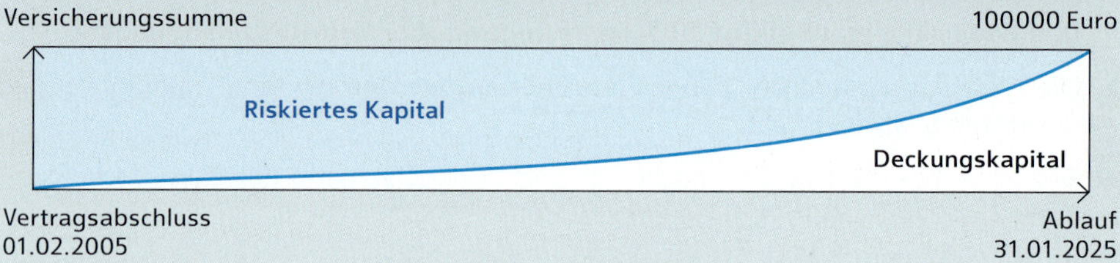

Rückkaufswert einer Lebensversicherung
§ 169 Abs. 3 VVG

Rückkaufswert

Der **Rückkaufswert** gibt den Betrag an, der dem Versicherungsnehmer bei vorzeitiger Kündigung ausgezahlt wird. Bei einer vorzeitigen Kündigung erhält der Versicherungsnehmer sein Deckungskapital (einschließlich Überschussbeteiligungen) abzüglich eines Abschlags zurück.

Überschussbeteiligung
§ 153 VVG

Überschussbeteiligung

Lebensversicherungen haben lange Laufzeiten. Der Versicherungsbeitrag ist für die gesamte Laufzeit fest vereinbart. Da eine Beitragserhöhung während der Vertragslaufzeit nicht möglich ist, wird der Versicherungsbeitrag mit Sicherheitszuschlägen kalkuliert. Auch die rechnerischen Grundlagen, mit denen die Beiträge kalkuliert wurden, können sich stark verändern. So entsteht beispielsweise ein positives Kapitalanlageergebnis, wenn der Erfolg aus der Anlage der Sparanteile über dem kalkulierten Zins liegt. Weitere Gewinne ergeben sich durch eine vorsichtige Kalkulation des Sterblichkeitsrisikos und der Kosten (Risiko- und Kostengewinn). Durch Überschussbeteiligungen werden Versicherte an diesen Erfolgen angemessen beteiligt. Die Überschussbeteiligungen werden nicht laufend ausgeschüttet, sondern bei Fälligkeit der Versicherungsleistung ausgezahlt.

Beteiligung an Bewertungsreserven
§§ 153 Abs. 3 und 155 VVG

Beteiligung an stillen Reserven

Versicherungsnehmer werden an den stillen Reserven (Bewertungsreserven) der Versicherungsunternehmen verursachungsgemäß und angemessen beteiligt. Darüber ist der Versicherungsnehmer jährlich zu unterrichten. Die Beteiligung am Ende der Vertragslaufzeit ist begrenzt, sofern dies zur Erfüllung der den Bestandskunden zugesagten Garantien erforderlich ist.

Grundlagen für die Ermittlung der Beitragsanteile und Zusammenhänge zur Überschussbeteiligung

Beitragselement	Rechnungsgrundlage	Überschussquellen	Bezugsgrundlage der Überschussverteilung
▸ **Risikoanteil**	Wahrscheinlichkeit des Todesfalls bzw. anderer versicherter Ereignisse (ermittelt anhand entsprechender Statistiken, z. B. Sterbetafeln)	Risikogewinn (Risikoverlauf, z. B. Sterblichkeitsverlauf günstiger als kalkuliert)	Risikobeitrag
▸ **Sparanteil**	Rechnungszinssatz (höchstens 60 % des langfristigen Durchschnittszinssatzes von Staatsanleihen, § 65 VAG)	Zinsgewinn (Erträge aus der Vermögensanlage höher als kalkuliert)	Deckungskapital
▸ **Kostenanteil**	Kostenzuschläge (ermittelt durch die Kostenrechnung des Versicherers)	Kostengewinn (Kostenverlauf niedriger als kalkuliert)	Versicherungssumme

4.3.2.4 Alternativen zur Kapitallebensversicherung

Geldanlagen als Alternative zur Kapitallebensversicherung

Alternativen zur Geldanlage in Kapitallebensversicherungen sind Geldanlagen, zu denen zusätzlich eine Risikolebensversicherung abgeschlossen wird, insbesondere

- Sparpläne mit Lebensversicherungsschutz, insbesondere Ratensparverträge mit Zinsen, die über dem rechnerischen Sparzins einer Lebensversicherung liegen,
- Investmentsparpläne mit einer zusätzlichen Risikolebensversicherung.

Vergleich Lebensversicherung und Investmentsparplan

Vergleich einer Geldanlage in einer Lebensversicherung und in einem Investmentsparplan

Kapitalversicherung	Investmentsparplan
▸ regelmäßige Versicherungsbeiträge ▸ Versicherungsbeitrag enthält Risikobeitrag, Sparbeitrag, Verwaltungsbeitrag ▸ niedriger Rückzahlungswert bei vorzeitiger Rückzahlung nach Kündigung ▸ keine Zins- und Gewinnbesteuerung bzw. hälftige Ertragsanteilbesteuerung bei Auszahlung nach 12 und mehr Jahren ▸ niedriger, garantierter Rechnungszins ▸ feststehender Auszahlungsbetrag bei Fälligkeit (Versicherungssumme + Überschussbeteiligung + Beteiligung an stillen Reserven) ▸ Risikoabsicherung und Vermögensbildung	▸ regelmäßige Sparbeiträge ▸ Sparbeitrag wird voll in Investmentanteilen angelegt ▸ Kündigung jederzeit möglich, Auszahlung zum aktuellen Marktpreis ▸ steuerpflichtig in Höhe der Tariffreistellungsquoten ▸ grundsätzlich keine Bindungsfristen ▸ in der Regel deutlich höherer laufender Ertrag als bei Lebensversicherungen ▸ Risiko der Kursentwicklung des Investments ▸ vorwiegend Vermögensbildung

▸ Kapitel 4.7.3.3

Alterseinkünftegesetz

4.3.3 Staatlich geförderte Altersvorsorge

4.3.3.1 Altersvorsorgeprodukte

Die verschiedenen Altersvorsorgeprodukte lassen sich nach steuerlichen Gesichtspunkten in drei Gruppen (Schichten) einteilen.

▸ Kapitel 4.3.3.2
▸ Kapitel 4.3.3.3

Altersvorsorge

1. Schicht – Geförderte Basisversorgung

- Gesetzliche Altersversorgung
- Kapitalgedeckte private Leibrentenversicherung (sog. Basisrente oder „Rürup-Rente")
- Berufsständische Versicherung, z. B. der Ärzte
- Beamtenversorgung

2. Schicht – Geförderte kapitalgedeckte Zusatzversorgung

- Private Zusatzversorgung (sog. „Riester-Rente")
- Betriebliche Zusatzversorgung

3. Schicht – Sonstige Kapitalanlagen und Versicherungsprodukte

Die Bezeichnungen Rürup- und Riester-Rente beziehen sich auf die Initiatoren dieser Vorsorgeprodukte. Bert Rürup war Vorsitzender des Sachverständigenrats und des Sozialbeirats der Bundesregierung. Walter Riester war Bundesminister für Arbeit und Sozialordnung.

Förderungswürdigkeit
§ 3 AltZertG

Voraussetzung für die staatliche Förderungswürdigkeit von Produkten der Basisrentenversicherung, z. B. Rürup-Verträge, und der kapitalgedeckten Zusatzversorgung, z. B. Riester-Verträge, ist eine Zertifizierung durch das **Bundeszentralamt für Steuern**.

Zertifizierung von privaten Altersvorsorgeprodukten

Zertifizierungsstelle:
Bundeszentralamt für Steuern (BZSt).

Voraussetzungen für die Zertifizierung:

- Die Altersversorgung muss lebenslang unabhängig vom Geschlecht berechnet sein (Unisex-Tarif).
- Die Rentenzahlung darf frühestens mit dem 62. Lebensjahr bzw. mit Beginn der gesetzlichen Altersrente beginnen (bei Vertragsabschluss vor dem 01.01.2012 frühestens mit dem 60. Lebensjahr).
- Der Anbieter muss eine Kapitalerhaltungsgarantie abgeben (Nominalwertzusage).
- Die Leistung muss in einer monatlichen lebenslangen Leibrente oder in einer Auszahlung aus einem Auszahlungsplan mit gleichen oder steigenden Raten bestehen. Eine einmalige Kapitalauszahlung von bis zu 30 % des zu Beginn der Auszahlung zur Verfügung stehenden Kapitals ist möglich.
- Die Vertragsbedingungen müssen Regelungen zum Ruhenlassen, zur Kündigung und zur Übertragung des Altersvorsorgevertrags enthalten.

Die Zertifizierungsstelle prüft nicht, ob der Altersvorsorgevertrag wirtschaftlich tragfähig ist, ob die Vertragsbedingungen zivilrechtlich wirksam sind und ob der Anbieter die Zusagen erfüllen kann.

Produktinformationsblatt
§ 7 AltZertG
§ 15 AltvPIBV

Der Anbieter eines zertifizierten Altersvorsorge- und Basisrentenvertrags hat den Kunden rechtzeitig durch ein individuelles **Produktinformationsblatt** (PIB) über wesentliche Merkmale des Altersvorsorgeprodukts zu informieren. Bei Riester-Verträgen in Form von Fondssparplänen („Fonds-Riester") sind zusätzlich die wesentlichen Anlegerinformationen zum Investmentfonds auszuhändigen. Altersvorsorgesparer sollen dadurch in gebündelter, leicht verständlicher und standardisierter Form einen Produktvergleich anstellen können. Zusätzlich müssen Anbieter im Internet vier Muster-Produktinformationsblätter für vier Vertragslaufzeiten bereitstellen. Den Berechnungen sind gesetzlich definierte Musterdaten zugrunde zu legen. Verbraucher können so vor einer persönlichen Beratung einen Produktvergleich anstellen.

Informationspflicht

Informationspflichten der Anbieter

vor Vertragsabschluss (Produktinformationsblatt)	jährlich in der Sparphase	vor Beginn der Auszahlphase
▸ Produkttyp, z. B. Banksparplan ▸ Produktbezeichnung ▸ Zertifizierungsnummer ▸ Risikoklasse gemäß Altersvorsorge-PIB-Verordnung ▸ Kosten ▸ Informationen zum Anbieterwechsel und zur Förderung	▸ Verwendung der eingezahlten Beträge ▸ Höhe des gebildeten Kapitals ▸ Im Beitragsjahr angefallene Kosten ▸ Zur Auszahlphase voraussichtlich verfügbares Kapital	Information frühestens zwei Jahre und spätestens drei Monate vor Beginn der Auszahlphase über – Form und Höhe der Auszahlungen – Kosten in der Auszahlphase

Bei der Bankberatung über Altersvorsorgeprodukte stehen Rürup- und Riester-Renten sowie sonstige Kapitalanlagen und Versicherungsprodukte im Vordergrund.

4.3.3.2 Basisversorgung

Altersvorsorgeprodukte der Basisversorgung

Zur Basisversorgung gehören Altersvorsorgeprodukte, bei denen die erworbenen Ansprüche nicht beleihbar, vererblich, übertragbar, veräußerbar oder kapitalisierbar sind. Leistungen werden durch die Zahlung einer monatlichen Altersrente erbracht. Gemeinsames Merkmal der Produkte ist die nachgelagerte Besteuerung.

Altersvorsorgeprodukte der Basisversorgung sind

- die gesetzlichen Altersrenten,
- die kapitalgedeckte private Leibrentenversicherung (sog. Rürup-Rente),
- Versorgungsleistungen der berufsständischen Versorgungseinrichtungen (z. B. für Ärzte, Architekten, Rechtsanwälte),
- die Beamtenversorgung.

Rürup-Rente

Rürup-Rente

Die **sog. „Rürup-Rente" beruht auf einem privaten Rentenversicherungsvertrag,** der in seinen Leistungskriterien und seiner steuerlichen Behandlung weitgehend der gesetzlichen Altersrente entspricht. Im Unterschied zur umlagefinanzierten gesetzlichen Rentenversicherung ist sie jedoch kapitalgedeckt. **Bedingungen sind:**

§ 10 Abs. 1 Nr. 2b EStG

- Der Versicherungsvertrag darf **nur die Auszahlung einer lebenslangen monatlichen Leibrente** vorsehen (keine Kapitalauszahlung).
- Die **Auszahlung darf nicht vor dem 62. Lebensjahr beginnen** (bei Vertragsabschluss vor dem 01.01.2012 nicht vor dem 60. Lebensjahr).

§ 2 Abs. 1 AltZertG

- Die Ansprüche dürfen nicht beleihbar, nicht vererblich, nicht übertragbar, nicht veräußerbar (kein vorzeitiger Rückkauf) und nicht kapitalisierbar sein.
- Die zusätzliche Absicherung gegen Berufsunfähigkeit oder Erwerbsminderung ist möglich.

Mit einer Rürup-Rente (Basisrentenvertrag) können auch Personen steuerbegünstigt für das Alter vorsorgen, die nicht der gesetzlichen Rentenversicherung angehören, z. B. Selbstständige, Freiberufler und Unternehmer. Die Riester-Förderung ist hier aber ausgeschlossen.

Das Vertragsunternehmen meldet die Vertragsdaten und die jeweils geleisteten Beiträge einschließlich der Steueridentifikationsnummer elektronisch an die Zentrale Zulagestelle für Altersvermögen (ZfA). Dazu ist die Einwilligung des Vorsorgesparers notwendig.

Produkte aus der Basisversorgung können nicht nur **von Versicherungen**, sondern auch von **Banken und Kapitalverwaltungsgesellschaften angeboten werden**.

Steuerliche Behandlung der Altersvorsorgeprodukte aus der Basisversorgung

Grundsatz: Einheitliche Besteuerung von Alterseinkünften aus der Basisversorgung

Renten aus der gesetzlichen Rentenversicherung unterlagen bis 2004 der Einkommensteuer nur mit ihrem Ertragsanteil, Beamtenpensionen mussten dagegen voll versteuert werden.

Aufgrund des Alterseinkünftegesetzes werden Renten und Pensionen seit 2005 grundsätzlich gleich behandelt. Das geschieht über die schrittweise einsetzende **nachgelagerte Besteuerung der Einkünfte aus der gesetzlichen Rentenversicherung.**

Steuerliche Behandlung in der Erwerbsphase

§ 10 Abs. 3 Satz 1 EStG

Beiträge zur Altersvorsorge aus der Basisversorgung können bei der Einkommensteuer als Altersvorsorgeaufwendungen geltend gemacht werden.

Altersvorsorge-Freibetrag

Die steuerliche Abzugsfähigkeit bis zum **Altersvorsorge-Freibetrag** von 20000 Euro (Verheiratete 40000 Euro) ist bis zum Jahr 2025 durch ein Stufenmodell begrenzt. Auch der Altersvorsorge-Freibetrag nach dem Alterseinkünftegesetz kann bis zum Jahr 2025 nur begrenzt ausgeschöpft werden.

Altersvorsorgeaufwendungen und Altersvorsorge-Freibetrag

Jahr	Maximal abzugsfähige Altersvorsorgeaufwendungen	Maximale Ausschöpfung des Freibetrags von 20000 Euro
2018	86 % der Beitragssumme	max. 86 % von 20000 Euro = 17200 Euro
⋮	⋮	⋮
2025	100 % der Beitragssumme	100 % von 20000 Euro = 20000 Euro

Beispiel für Berücksichtigung von Altersvorsorgeaufwendungen

Der ledige Arbeitnehmer Hans Lang hat 4000 Euro an die gesetzliche Rentenversicherung (Deutsche Rentenversicherung Bund) abgeführt. Der Arbeitgeberanteil beläuft sich ebenfalls auf 4000 Euro. Außerdem hat Hans Lang an eine private Rentenversicherung 2400 Euro geleistet.

Altersvorsorgeaufwendungen insgesamt	10400 Euro
davon abzugsfähig 86 %	8944 Euro
abzüglich Arbeitgeberanteil	./. 4000 Euro
	= 4944 Euro

Im Jahr 2018 kann Hans Lang Altersvorsorgeaufwendungen in Höhe von 4944 Euro von der Steuer absetzen.

Nachgelagerte Besteuerung in der Rentenphase

Nachgelagerte Besteuerung bedeutet, dass Beiträge zur Rentenversicherung in der Ansparphase (Erwerbsphase) steuerfrei bleiben und Rentenzahlungen in der Auszahlphase (Rentenphase) der vollen Besteuerung unterliegen.

§ 22 Nr. 1 EStG

schrittweise nachgelagerte Besteuerung

Der Einstieg in die nachgelagerte Rentenbesteuerung erfolgt schrittweise. Der Besteuerungsanteil für Renten aus der Basisversorgung, die erstmals im Jahr 2005 gezahlt wurden, beträgt 50 % der Jahresbruttorente. Das gilt auch für Bestandsrenten, die schon vor 2005 bestanden. Bis zum Jahr 2020 steigt der Besteuerungsanteil für jedes spätere Jahr des Rentenbeginns um 2 Prozentpunkte, ab 2020 um 1 Prozentpunkt, bis im Jahr 2040 die Renten voll zu 100 % versteuert werden. Für das Jahr 2018 beträgt der steuerpflichtige Rentenanteil 76 %.

Der bei Rentenbeginn für den einzelnen Rentner steuerfrei bleibende Rentenbetrag wird als **Rentenfreibetrag** festgeschrieben. Er ändert sich für den betreffenden Rentner während der Laufzeit seiner Rente in aller Regel nicht mehr. Renten bleiben damit auf Dauer bis zum individuellen Freibetrag steuerfrei.

Beispiel für eine nachgelagerte Besteuerung

Johannes Bergmann, alleinstehend, bezog erstmals im Jahr 2006 aus der gesetzlichen Rentenversicherung eine jährliche Rente von 25000 Euro. Davon sind 52 % (50 % + 2 %), also 13000 Euro, als sonstige Einkünfte zu versteuern, während 12000 Euro steuerfrei bleiben und als Freibetrag für die gesamte Rentenzahldauer von Johannes Bergmann festgeschrieben werden. Bezieht Johannes Bergmann z. B. im Jahr 2018 eine erhöhte Rente von 25500 Euro, dann würden 13500 Euro (25500 Euro ./. 12000 Euro) sonstige Einkünfte darstellen. Die Rentenerhöhung von 500 Euro unterliegt voll der Besteuerung.

4.3.3.3 Kapitalgedeckte Zusatzversorgung

Zur geförderten Zusatzversorgung zählen Altersvorsorgeprodukte der 2. Schicht. Sie zeichnen sich gegenüber den Produkten der Basisversorgung (1. Schicht) durch eine größere Flexibilität in der Leistungsgestaltung aus, z. B. durch die Möglichkeit der Kapitalauszahlung. Anlagen zum Aufbau einer zusätzlichen Altersversorgung können erfolgen in

- **Produkten der privaten Altersvorsorge oder**
- **Produkten der betrieblichen Altersvorsorge.**

4.3.3.3.1 Altersvorsorgeprodukte der privaten Zusatzversorgung (sog. „Riester-Rente")

Merkmale der Riester-Vorsorgeprodukte

Gemeinsame Merkmale aller Riester-Vorsorgeprodukte sind:

- Beiträge werden aus dem versteuerten und mit Sozialversicherungsbeiträgen belasteten Einkommen bezahlt.
- Beiträge werden während der Einzahlungsphase über staatliche Altersvorsorgezulagen oder Sonderausgabenabzüge bei der Einkommensteuer gefördert.
- Vorsorgeprodukte müssen zertifiziert sein.
- Geförderte Verträge, die nach dem 31.12.2011 abgeschlossen worden sind, dürfen frühestens mit dem 62. Lebensjahr ausgezahlt werden, sonst bereits mit dem 60. Lebensjahr.

Vergleichende Übersicht über Riester-Verträge der privaten Altersvorsorge

	Riester-Banksparplan	Riester-Rentenversicherung	Riester-Fondssparplan	Fondsgebundene Riester-Rentenversicherung	Eigenheimrente („Wohn-Riester")
Merkmale	Sparvertrag mit einem Kreditinstitut	Rentenversicherungsverträge, durchgängig von der Anspar- bis zur Verwendungsphase, Unisextarif	Anlage in Wertpapierfonds	Rentenversicherungsverträge mit Gesellschaften mit deutschem Insolvenzschutz. Drei miteinander kombinierte Anlagebausteine: ▸ Fonds zur freien Auswahl (ohne Garantiefonds) ▸ vom Anbieter vorgegebene Fondsauswahl ▸ Standardlebensversicherung	Bausparverträge und Riester-Wohnbaudarlehen

	Riester-Banksparplan	Riester-Rentenversicherung	Riester-Fondssparplan	Fondsgebundene Riester-Rentenversicherung	Eigenheimrente („Wohn-Riester")
Vorteile	keine Abschlusskosten, kein Zahlungsrisiko	Rentenversicherung mit Kapitalschutz	Wertsteigerungsmöglichkeiten durch Kursgewinne, Erträge durch Zinsen und Dividenden (bei Aktienfonds)	Kombination aus den Vorteilen der Rentenversicherung und der Fondssparpläne	günstige Finanzierung selbstgenutzten Wohnraums
Nachteile	feste, relativ niedrige Verzinsung, kein Inflationsschutz	relativ hohe Abschlusskosten, kein Inflationsschutz	Ausgabeaufschläge bei Fondskauf, Kursverluste möglich, Managementgebühren	hohe Gebühren der Versicherungsunternehmen	niedrige Verzinsung der Sparsumme
Eignung	Altersgruppe 40 bis 50 Jahre	Altersgruppe 40 bis 50 Jahre	Altersgruppe bis 45 Jahre	Altersgruppe unter 40 Jahren	Riester-Sparer, die eine Immobilie zur Eigennutzung erwerben wollen

Geförderter Personenkreis

Anspruch auf eine staatliche Förderung ihrer privaten Altersvorsorge haben im Wesentlichen diejenigen Personen, die von der Absenkung der Leistungen in der gesetzlichen Rentenversicherung aufgrund der Rentenreform betroffen sind.

begünstigter Personenkreis

§ 10a Abs. 1 EStG

Geförderter Personenkreis	Nicht geförderter Personenkreis
‣ Sozialversicherungspflichtige und unbeschränkt steuerpflichtige Arbeitnehmer und Auszubildende ‣ Beamte, Richter, Berufssoldaten und Angestellte im öffentlichen Dienst ‣ Selbstständige, die kraft Gesetzes sozialversicherungspflichtig sind, ‣ Bezieher von Lohnersatzleistungen (Arbeitslosengeld, Krankengeld) ‣ Arbeitnehmer in Elternzeit ‣ Personen, die auf eigenen Antrag pflichtversichert sind ‣ Pflichtversicherte nach dem Gesetz über die Alterssicherung der Landwirte ‣ Rentenbezieher wegen völliger Erwerbsminderung oder Dienstunfähigkeit ‣ Mittelbar zulagebegünstigte Personen (nicht unmittelbar begünstigte Ehegatten von förderungsberechtigten Personen)	‣ Selbstständige, soweit sie nicht in der gesetzlichen Rentenversicherung pflichtversichert sind ‣ Sozialhilfeempfänger ‣ Rentner und Pensionäre ‣ Personen, die freiwillig in der gesetzlichen Rentenversicherung versichert sind ‣ Studenten ohne versicherungspflichtige Beschäftigung

Förderung

Staatliche Förderung privater Altersvorsorgeverträge

- Altersvorsorgezulagen
  - Grundzulage
  - Kinderzulage
- Sonderausgabenabzug

Staatliche Altersvorsorgezulage

Altersvorsorgezulage
§83 EStG

Die staatliche Altersvorsorgezulage setzt sich zusammen aus
- **der Grundzulage und**
- **der Kinderzulage.**

Grund- und Kinderzulage werden unabhängig vom Einkommen des Vorsorgesparers gezahlt. Anspruch hat, wer zum begünstigten Personenkreis zählt und einen zertifizierten Altersvorsorgevertrag abgeschlossen hat. Vermögenswirksame Leistungen nach dem 5. VermBG sowie prämienbegünstigte Aufwendungen nach dem WoPG sind keine mit Zulagen geförderten Altersvorsorgebeiträge.

Grundzulage
§84 EStG

Die **Grundzulage** beträgt seit 2018 jährlich 175 Euro. Für Zulageberechtigte, die zu Beginn des Beitragsjahres das 25. Lebensjahr noch nicht vollendet haben, erhöht sich die Grundzulage um einmalig 200 Euro („Berufseinsteigerbonus"). Die erhöhte Grundzulage für Jugendliche wird ohne besonderen Antrag gezahlt.

Kinderzulage
§85 EStG

Die **Kinderzulage** wird für jedes Kind gewährt, für das Kindergeld gezahlt wird (seit 2007 bis zum 25. Lebensjahr). Sie beträgt seit 2008 jährlich 185 Euro. Für ein nach dem 31.12.2007 geborenes Kind erhöht sich die Kinderzulage auf 300 Euro.

Antrag auf Zulage
§89 EStG

Die Zulage muss vom Vorsorgesparer beim Anbieter des Vorsorgeprodukts auf amtlich vorgeschriebenem Vordruck beantragt werden. Seit 2005 genügt ein **Dauerzulageantrag**, in dem der Anbieter bevollmächtigt wird, jedes Jahr auf elektronischem Weg einen Anlageantrag bei der zentralen Zulagenstelle (ZfA) für den Vorsorgesparer zu stellen. Änderungen in seinen persönlichen Verhältnissen muss der Vorsorgesparer von sich aus dem Anbieter melden.

Steigt das Einkommen, muss die Sparrate angepasst werden, damit weiterhin die Mindesteigenleistung erbracht wird und der Anspruch auf die volle staatliche Förderung gewahrt bleibt. Riester-Sparer, die zu geringe Eigenbeiträge gezahlt haben, müssen zu viel erhaltene Riester-Zulagen zurückzahlen. Dies können sie durch eine Nachzahlung der fehlenden Beiträge verhindern. Die Nachzahlungsmöglichkeit besteht bis zum Beginn der Auszahlungsphase.

§§89, 90 EStG

Der Anbieter leitet die Vertragsdaten an die Deutsche Rentenversicherung Bund (früher Bundesversicherungsanstalt für Angestellte) weiter, die als zentrale Stelle die Zulagenberechtigung prüft und die Zulagen anschließend auf den Altersvorsorgevertrag überweist. Der Antrag auf Zulage muss spätestens zum Ende des zweiten Kalenderjahrs, das auf das Beitragsjahr folgt, gestellt werden.

Eigenbeitrag

Voraussetzung für die Zulage ist ein Eigenbeitrag (**Mindesteigenbeitrag**). Er beträgt 4% des in der gesetzlichen Rentenversicherung beitragspflichtigen Einkommens des Vorjahres. Bleibt der Vorsorgesparer mit seinen Sparleistungen unterhalb des Mindesteigenbeitrags, wird die Altersvorsorgezulage anteilig gekürzt. Leistet ein Vorsorgesparer z.B. nur 70% seines Mindesteigenbeitrags, erhält er auch nur 70% der Zulage.

Mindesteigenbeitrag
§86 EStG

Der **Beitragshöchstbetrag** beträgt derzeit 2100 Euro. Beiträge über dem Höchstbetrag werden nicht gefördert.

Dem Vorsorgesparer zustehende Zulagen werden auf den Eigenbeitrag angerechnet. Erhält ein Vorsorgesparer z.B. 175 Euro Grundzulage und 185 Euro bzw. 300 Euro Kinderzulage, muss er bei 2100 Euro Eigenbeitrag nur 1740 Euro bzw. 1625 Euro einzahlen.

Bei Personen mit sehr geringen Einkommen könnte dieses Verfahren dazu führen, dass der Eigenbeitrag durch die anzurechnende Altersvorsorgezulage voll aufgefangen wird. Er würde die staatlichen Zulagen dann ohne Eigenbeteiligung erhalten. Der Gesetzgeber hat daher einen **Sockelbetrag** von 60 Euro festgelegt, der vom Vorsorgesparer immer zu erbringen ist, um eine Förderung zu erhalten. Ist der Sockelbetrag höher als der Mindesteigenbeitrag, so ist der Sockelbetrag von 60 Euro als Mindesteigenbeitrag zu leisten.

Sockelbetrag
§86 Abs. 1 EStG

Nicht pflichtversicherte und damit nicht zum begünstigten Personenkreis zählende Ehegatten haben einen **abgeleiteten Zulagenanspruch,** wenn der pflichtversicherte Ehegatte seinen Mindesteigenbeitrag erbringt. Voraussetzung ist, dass jeder Ehegatte einen eigenständigen Altersvorsorgevertrag abgeschlossen hat. Der nicht begünstigte Ehegatte erhält auf diese Weise Anspruch auf die staatliche Förderung. Voraussetzung ist aber, dass seit dem Beitragsjahr 2012 auch mittelbar Zulageberechtigte mindestens 60 Euro pro Jahr einzahlen müssen, um die volle Altersvorsorgezulage beanspruchen zu können.

abgeleiteter Zulagenanspruch
§§79, 86 EStG

Sonderausgabenabzug

Eigenleistungen und Altersvorsorgezulagen können bei der Einkommensteuerveranlagung im Rahmen festgelegter Höchstbeträge als **Sonderausgaben** geltend gemacht werden. Das Finanzamt prüft von Amts wegen, ob der Sonderausgabenabzug zu einer Steuerermäßigung führt, die höher ist als die gezahlten staatlichen Zulagen (Günstigerprüfung). Ein entsprechender Differenzbetrag wird dem Vorsorgesparer vom Finanzamt ausgezahlt.

Sonderausgabenabzug
§10a Abs. 1 EStG

Voraussetzung für die Günstigerprüfung durch das Finanzamt ist seit 2010 eine **elektronische Übermittlung** verschiedener Vertragsdaten durch den Anbieter an die Zentrale Stelle. Die **elektronische Datenübermittlung** setzt die **Einwilligung des Steuerpflichtigen** voraus. Sie gilt als erteilt, wenn der Zulagenantrag vorliegt. Übermittelt werden die geleisteten Altersvorsorgebeiträge des Steuerpflichtigen, seine ID-Nummer, die Vertragsdaten und die Zulagen- oder Versicherungsnummer.

§10a Abs. 2a, Abs. 5 EStG

Förderung privater Altersvorsorgeverträge §§83, 84 EStG

§85 EStG

§86 EStG

§86 EStG

§10a EStG

Förderung privater Altersvorsorgeverträge (seit dem Jahr 2018)		
Altersvorsorgezulagen	Grundzulage	**175 Euro** **200 Euro** einmalig für Sparer, die zu Beginn des Beitragsjahres das 25. Lebensjahr noch nicht vollendet haben
	Kinderzulage	**185 Euro** **300 Euro** für nach dem 31.12.2007 geborene Kinder
Eigenleistung	Mindesteigenleistung	4% des beitragspflichtigen Einkommens, höchstens 2100 Euro, zuzüglich 60 Euro bei mittelbar zulageberechtigten Ehegatten, abzüglich Zulagen
	Sockelbeitrag	**60 Euro**
Sonderausgabenabzug (Höchstbetrag)		**2100 Euro** bzw. 2160 Euro bei nicht direkt förderberechtigten Ehegatten mit einem abgeleiteten Zulagenanspruch von 60 Euro

Schädliche Verwendung

Förderschädliche Verwendung bei Riester-Produkten

Folgen einer schädlichen Verwendung sind:

- die Rückzahlung aller Zulagen und erhaltener Steuervorteile sowie
- die Steuerpflicht der Erträge und Wertsteigerungen.

Eine schädliche Verwendung liegt vor

- bei Auszahlung des Altersvorsorgevermögens (Ausnahmen: Teilkapitalauszahlung bis 30% und die Abfindung von Mindestrenten),
- bei Abtretung, Beleihung oder vorzeitiger Kündigung des Vertrages,
- bei Tod des Sparers und Auszahlung des angesammelten Kapitals (Ausnahme: Übertragung des angesammelten Kapitals auf einen eigenen Altersvermögensgesetz-Vertrag (AVmG-Vertrag) des überlebenden Ehegatten),
- bei Aufgabe der Selbstnutzung für eine geförderte Wohnimmobilie (Ausnahmen: Anschaffung einer neuen selbstgenutzten Immobilie innerhalb von fünf Jahren, befristete Vermietung unter der Voraussetzung der Selbstnutzung der Immobilie spätestens mit dem 67. Lebensjahr, Einzahlung des Kapitals in Höhe des Wohnförderkontos auf einen AVmG-Vertrag innerhalb eines Jahres).

Verwendung zur Finanzierung von selbst genutztem Wohneigentum

Altersvorsorge-Eigenheimbetrag

§92a EStG

Zur Finanzierung selbst genutzten Wohneigentums kann aus **allen privaten Altersvorsorgeverträgen** (z.B. Banksparplan, Investmentsparplan) das aus Eigenbeiträgen und Zulagen angesparte Kapital förderungsunschädlich entnommen werden (**Altersvorsorge-Eigenheimbetrag**). Die entnommenen Beträge müssen unmittelbar für wohnwirtschaftliche Zwecke verwendet werden. Die Entnahme ist bei der zentralen Stelle zu beantragen. Der Mindestentnahmebetrag liegt bei 3000 Euro. Das nach Entnahme verbleibende Restkapital muss ebenfalls 3000 Euro betragen. Bei Entnahmen zur Finanzierung eines behindertengerechten Umbaus sind Mindestentnahmebeträge in Abhängigkeit vom Alter der Wohnung geregelt.

Riesterzertifiziertes Bausparen

Aufgrund des Eigenheimrentengesetzes, auch „Wohn-Riester" genannt, können Leistungen auf zertifizierte Bausparverträge in die Riester-Förderung einbezogen werden. Damit zählen Bausparkassen zu den zugelassenen Anbietern von Altersvorsorgeverträgen. §1 Abs. 1a AltZertG

Die Förderung erstreckt sich auf

- die **Ansparleistungen** während der Ansparphase sowie
- die **Tilgungsleistungen** während der Darlehensphase.

zertifizierter Bausparvertrag

Spar- und Darlehensvertrag werden als einheitlicher Altersvorsorgevertrag behandelt. Darüber hinaus können auch

- **Tilgungsleistungen auf zertifizierte Wohnungsbaudarlehen**, denen keine Ansparphase vorausgeht,

zertifiziertes Wohnungsbaudarlehen

direkt in die Riester-Förderung einbezogen werden.

Ist der Bausparvertrag zum Zeitpunkt des Finanzierungsbedarfs noch nicht zuteilungsreif, kann die Bausparkasse zur Überbrückung der Wartezeit einen **Vorfinanzierungskredit** bereitstellen, für den ebenfalls die Riester-Förderung gilt.

Vorfinanzierungskredit

Bedingung für die Zertifizierbarkeit von Altervorsorgeverträgen mit Darlehenskomponenten ist die Darlehenstilgung spätestens bis zur Vollendung des 68. Lebensjahres.

Der Altersvorsorgesparer kann das in einem Altersvorsorgesparvertrag durch Spar- und Darlehensbeträge sowie durch staatliche Zulagen gebildete Kapital (**Altersvorsorge-Eigenheimbetrag**) bis zum Beginn der Auszahlungsphase verwenden

Altersvorsorge-Eigenheimbetrag
§92a Abs. 1 EStG

- für den Kauf oder Bau einer selbstgenutzten Wohnung oder zur Tilgung eines zu diesem Zweck aufgenommenen Darlehens,
- für den Erwerb von Geschäftsanteilen (Pflichtanteilen) an einer Genossenschaft für eine selbst genutzte Wohnung oder zur Tilgung eines hierfür aufgenommenen Darlehens,
- für die Finanzierung eines behindertengerechten bzw. barrierereduzierten Umbaus einer selbst genutzten Wohnimmobilie.

behindertengerechter Wohnungsumbau

Die Immobilie muss den Lebensmittelpunkt des Vorsorgesparers bilden oder von ihm als Hauptwohnsitz genutzt werden. Sie kann sich im gesamten EU-Raum oder in einem Staat befinden, auf den das EWR-Abkommen Anwendung findet.

Renten aus allen Riester-Produkten müssen nachgelagert versteuert werden. Dies gilt auch für das Bausparen mit Riester-Förderung. Dabei ist aber keine Geldrente, sondern eine Wohnrente, die sog. **Eigenheimrente**, zu versteuern. Das ist die ersparte Miete im Alter. §22 Nr. 5 EStG

Als Grundlage der Besteuerung führt die Deutsche Rentenversicherung Bund ein (fiktives) **Wohnförderkonto**. Darin erfasst werden

nachgelagerte Besteuerung

§92a Abs. 2 EStG

- das für den Immobilienerwerb oder Umbau entnommene steuerlich geförderte Altersvorsorgekapital,
- die während der Darlehensphase geförderten Tilgungsleistungen sowie
- ein 2%iger Zinszuschlag auf den jeweils am Jahresende noch vorhandenen Bestand des Wohnförderkontos.

Mit Beginn der Rentenphase zwischen dem 60. und 68. Lebensjahr ist der im Wohnförderkonto erfasste Betrag nachgelagert zu versteuern. Die Versteuerung zum persönlichen Steuersatz erfolgt in jährlich gleichbleibenden Raten bis zur Vollendung des 85. Lebensjahres. Alternativ kann jederzeit während der Auszahlungsphase die Ablösung der Steuerschuld in einer Summe vorgenommen werden. In diesem Fall gewährt der Staat einen Steuernachlass von 30%.

§22 Nr. 5 Satz 5 EStG

Beispiel einer Baufinanzierung mit Riester-Förderung

Frank Bender hat auf einen zertifizierten Altersvorsorge-Bausparvertrag 11 Jahre lang 2100 Euro einschl. Zulagen eingezahlt. Das angesammelte Guthaben in Höhe von 25000 Euro einschließlich Zinsen hat er für den Erwerb einer Wohnimmobilie verwendet. Außerdem hat Herr Bender ein Bauspardarlehen in Höhe von 58800 Euro aufgenommen. Bei einer jährlichen Tilgungsrate von 2100 Euro ist das Darlehen getilgt, wenn Herr Bender mit 65 Jahren in Rente geht (28 Jahre x 2100 Euro Tilgungsrate p. a. = 58800 Euro).

§92a Abs. 2 Satz 1 EStG

Das Wohnförderkonto, in das die Bauspar- und Tilgungsraten, staatliche Zulagen und steuerliche Vergünstigungen sowie ein Zinszuschlag eingebucht worden sind, weist zum Renteneintrittszeitpunkt (Beginn der Auszahlungsphase) einen Bestand von ca. 120000 Euro auf. Dieser Betrag ist in gleichbleibenden jährlichen Raten (sog. Verminderungsbetrag) bis zum 85. Lebensjahr nachgelagert zu versteuern und vermindert damit das Wohnförderkonto. (Im Todesfall haben die Erben die Steuerschuld zu übernehmen.)

$$\textbf{Verminderungsbetrag} = \frac{\text{Stand des Wohnförderkontos bei Renteneintritt}}{\text{85 – Lebensalter bei Renteneintritt}}$$

$$\textbf{Verminderungsbetrag} = \frac{\text{120000 Euro}}{85 - 65} = \underline{\underline{\text{6000 Euro}}}$$

Herr Bender muss ab Zeitpunkt Renteneintritt (65 Jahre) bis zum 85. Lebensjahr 6000 Euro p. a. mit seinem persönlichen Steuersatz versteuern.

§22 Nr. 5 Satz 5 EStG

Anstelle der jährlichen Versteuerung könnte Herr Bender zu Beginn der Auszahlungsphase oder auch zu einem späteren Zeitpunkt den gesamten Bestand auf dem Wohnförderkonto unter Abzug eines Nachlasses von 30% in einer Summe versteuern. Macht Herr Bender zu Beginn der Auszahlungsphase davon Gebrauch, müsste er 84000 Euro (= 70% von 120000 Euro) in einer Summe versteuern. Bei einem angenommenen persönlichen Steuersatz von 30% müsste Herr Bender 25200 Euro an das Finanzamt abführen.

Rückzahlungsbetrag
§93 Abs. 1 Satz 2 EStG

Wird über einen „Riester"-Bausparvertrag vorzeitig verfügt, sind die gewährten Zulagen und Steuervorteile zurückzuzahlen. Das Gleiche gilt, wenn die Eigennutzung der Immobilie, z. B. durch Verkauf, aufgegeben wird. Bei einem Wohnortwechsel, der mit dem Verkauf der geförderten Wohnung einhergeht, kann die Steuerschädlichkeit vermieden werden, wenn der Betrag in eine neue selbstgenutzte Wohnung investiert wird. Die neue Wohnung kann innerhalb von fünf Jahren nach dem Veranlagungszeitraum erworben werden, in welchem die ursprünglich geförderte Wohnung verkauft wurde. Ausgenommen von der Rückzahlungsverpflichtung ist auch die Übertragung des gebildeten geförderten Kapitals auf einen anderen Altersvorsorgevertrag des Zulageberechtigten. Ebenso unschädlich ist die Übertragung auf den Ehegatten bei Tod des Zulageberechtigten.

Beispiel zur Altersvorsorge und zum Sonderausgabenabzug (Ehepaar, 2 Kinder)

Das Ehepaar Anton und Beate Huber hat 2 Kinder (ein Kind ist im Jahre 2011 geboren). Nur Anton Huber gehört zum begünstigten Personenkreis. Er hat im Vorjahr Einkünfte in Höhe von 40000 Euro bezogen und Eigenbeiträge in Höhe von 900 Euro auf seinen Vorsorgevertrag bei der Sparkasse (VorsorgePlus) eingezahlt. Für Beate Huber, die nicht berufstätig ist, besteht ein eigener Altersvorsorgevertrag. Sie hat dort den jährlichen Sockelbetrag von 60 Euro eingezahlt. Die Kinderzulage wird Beate Huber zugeordnet. Das Ehepaar hat die Zusammenveranlagung gewählt.

Ermittlung der Altersvorsorgezulage für Anton Huber in 2018 (§ 86 Abs. 1 Satz 2 EStG)

Bruttogehalt im Vorjahr		40000 Euro
Geleistete Altersvorsorgebeiträge (ohne Zulagen)		900 Euro
Mindesteigenbeitrag		
4 % von 40000 Euro (höchstens 2100 Euro)	1600 Euro	
∕. Grundzulage (2 x 175 Euro)	∕. 350 Euro	
∕. Kinderzulage (185 Euro + 300 Euro)	∕. 485 Euro	
= Mindesteigenbeitrag zur Erlangung der Höchstzulage		765 Euro
Sockelbetrag		60 Euro

§ 86 Abs. 1 Satz 4 EStG

Der Mindesteigenbeitrag übersteigt den Sockelbetrag.

Anton Huber muss mindestens 765 Euro leisten, um die volle Zulagenförderung zu erhalten. Da er mit 900 Euro den erforderlichen Mindesteigenbeitrag überschritten hat, steht ihm die volle Grundzulage in Höhe von 175 Euro zu. (Die Kinderzulage wird bei zusammen veranlagten Eheleuten grundsätzlich der Mutter zugeordnet.)

Ermittlung der Altersvorsorgezulagen für Beate Huber in 2018

Grundzulage	175 Euro	
Kinderzulage (185 Euro + 300 Euro)	485 Euro	
Da Anton Huber seinen Mindesteigenbeitrag geleistet und Beate den Mindesteinzahlungsbetrag von 60 Euro erbracht hat, erhält Beate die volle Zulage in Höhe von		660 Euro

§§ 79, 86 EStG

Sonderausgabenabzug für Eheleute Huber (Günstigerprüfung)

Sonderausgabenbeträge für staatlich geförderte private Altersvorsorge (§ 10a EStG)

Grundzulage (2 x 175 Euro)	350 Euro	
+ Kinderzulage (185 Euro + 300 Euro)	485 Euro	
Eigenleistung Ehemann	900 Euro	
Eigenleistung Ehefrau	60 Euro	
= Sonderausgaben		1795 Euro
Verminderung der tariflichen Einkommensteuer bei einem angenommenen Steuersatz von 20 % auf die Sonderausgaben in Höhe von 1795 Euro		359 Euro

Da der Anspruch auf die staatlichen Zulagen in Höhe von 835 Euro höher ist als die aus dem Sonderausgabenabzug resultierende Steuerermäßigung von 359 Euro, kommt es nicht zu einer zusätzlichen Steuererstattung. (§ 10a Abs. 1 EStG)

4.3.3.3.2 Altersvorsorgeprodukte der betrieblichen Zusatzversorgung

Zusammen mit der privaten Riester-Rente bildet die betriebliche Altersversorgung die zweite Schicht des Drei-Schichten-Modells der Altersvorsorge. Produkte der betrieblichen Altersvorsorge erfüllen zum Teil die Voraussetzungen der staatlichen

▸ Kapitel 4.3.3.3.1

Riester-Förderung. Leistungen aus der betrieblichen Altersvorsorge sind grundsätzlich als lebenslange Renten zu zahlen. Anders als Produkte der privaten Altersversorgung („Riester-Produkte") müssen Produkte der betrieblichen Altersversorgung nicht zertifiziert werden.

Für die Durchführung der betrieblichen Altersversorgung stehen verschiedene Wege zur Auswahl.

Betriebliche Altersvorsorge	
Formen	**Merkmale**
Direktzusage (Pensionszusage)	▸ Der Arbeitgeber sichert dem Arbeitnehmer vertraglich die Zahlung einer Versorgungsleistung (Renten- oder Kapitalzahlung) nach Eintritt in den Ruhestand zu. ▸ Die Beitragszahlung geht vom Arbeitgeber aus. ▸ Der Arbeitgeber muss in der Anwartschaftsphase gewinnmindernde Pensionsrückstellungen bilden.
Unterstützungskasse	▸ Der Arbeitgeber verspricht dem Arbeitnehmer eine Alterversorgung durch eine rechtlich selbstständige Versorgungseinrichtung, die aus Zuwendungen eines oder mehrerer Trägerunternehmen finanziert wird. ▸ Die Beitragszahlung geht vom Arbeitgeber aus. ▸ Der Arbeitnehmer erwirbt keinen Rechtsanspruch auf die Versorgungsleistung.
Direktversicherung	▸ Der Arbeitgeber schließt als Versicherungsnehmer und Beitragszahler zu Gunsten seines Arbeitnehmers eine Kapitallebens- oder Rentenversicherung bei einer Versicherungsgesellschaft ab. ▸ Die Versorgungsleistung in Form einer Rentenversicherung kann so ausgestaltet sein, dass sie den Förderungsvoraussetzungen nach § 10 a EStG genügt (Riester-Variante).
Pensionskasse	▸ Der Arbeitgeber schließt wie bei der Direktversicherung eine Kapitallebens- oder Rentenversicherung zu Gunsten seines Arbeitnehmers ab. ▸ Die Lebensversicherungsgesellschaft ist eine rechtlich selbstständige Alterversorgungseinrichtung, die vom Arbeitgeber allein oder von mehreren Trägerunternehmen finanziert wird. ▸ Die Versorgungsleistung in Form einer Rentenversicherung kann so ausgestaltet sein, dass sie den Förderungsvoraussetzungen nach § 10 a EStG genügt (Riester-Variante).
Pensionsfonds	▸ Der Arbeitnehmer erwirbt gegenüber dem Pensionsfonds Rechtsansprüche auf künftige Versorgungsleistungen. ▸ Das angesammelte Versorgungskapital kann von der Versorgungseinrichtung relativ frei auf dem Kapitalmarkt investiert werden, sodass höhere Renditen und höhere Versorgungsleistungen erzielt werden können. ▸ Die Rückzahlung der Beiträge ist garantiert. ▸ Die Versorgungsleistung in Form einer Rentenversicherung kann so ausgestaltet sein, dass sie den Förderungsvoraussetzungen nach § 10 a EStG genügt (Riester-Variante).

sonstige Altersvorsorgeprodukte

4.3.3.4 Sonstige Kapitalanlage- und Versicherungsprodukte

Der dritten Schicht der Altersvorsorgeprodukte werden sonstige Kapitalanlageprodukte zugeordnet, die der Altersvorsorge, aber auch anderen Zwecken dienen können. Sie erfüllen nicht die Voraussetzungen der Basis- oder der Zusatzversorgung aus der ersten bzw. der zweiten Schicht. Hierzu gehören z.B. private Kapitallebens- und Rentenversicherungen mit Kapitalwahlrecht sowie Sparpläne.

Im Gegensatz zu Vorsorgeprodukten der ersten und zweiten Schicht können Kapitalanlageprodukte aus der dritten Schicht unmittelbar Angehörigen des Beitragszahlers zugute kommen. Sie sind daher vererbbar, veräußerbar, kapitalisierbar und übertragbar.

Beiträge zu Kapitalversicherungen und Rentenversicherungen, die nach dem 31.12.2005 abgeschlossen wurden, können in der Ansparphase nicht mehr steuermindernd abgezogen werden. Kapital- und Rentenversicherungen sind nachgelagert mit dem Ertragsanteil zu versteuern.

4.4 Anlagen in Wertpapieren

Wertpapiere verbriefen Vermögenswerte. In börsenfähigen Wertpapieren verbriefte Vermögenswerte können an Börsen und anderen geregelten Wertpapiermärkten schnell bewertet, erworben oder verkauft werden. Börsenfähige Wertpapiere dienen

Zweck von Wertpapieren

- den Anlegern zur Geld- und Vermögensanlage,
- den Emittenten zur Beschaffung von Eigen- oder Fremdkapital.

Anleger können Wertpapiere veräußern oder beleihen, wenn sie liquide Mittel benötigen.

4.4.1 Grundlagen

4.4.1.1 Begriff und Merkmale der Wertpapiere

Ein Wertpapier ist eine Urkunde, in der ein privates Vermögensrecht so verbrieft ist, dass zur Ausübung des Rechts der Besitz an der Urkunde erforderlich ist.

Begriff Wertpapier

Merkmale eines Wertpapiers

1. Ein Wertpapier ist eine Urkunde.

Urkunden entstehen, wenn rechtlich oder wirtschaftlich bedeutsame Erklärungen verbrieft werden. Im Rechtssinne ist jede schriftliche Gedankenäußerung mit rechtserheblichem Inhalt eine Urkunde.

Urkunden

Urkunden nach ihrer Herkunft

Öffentliche Urkunden	Private Urkunden
Sie werden von einer Behörde oder einer mit öffentlichem Glauben ausgestatteten Person aufgenommen.	Sie werden von einer Privatperson ohne Mitwirkung einer Amtsperson errichtet.
Beispiele: ‣ öffentliches Testament (Notar) ‣ Grundschuldbrief (Grundbuchamt) ‣ Geburtsurkunde (Standesamt) ‣ Personalausweis (Gemeindeamt) ‣ Grundstückskaufvertrag (Notar)	**Beispiele:** ‣ eigenhändiges Testament ‣ Scheck ‣ Sparbrief ‣ Aktie ‣ schriftlicher Kaufvertrag über eine Ware

Funktion von Urkunden

Urkunden nach ihrer Funktion

Beweisurkunden	Legitimationsurkunden	Wertpapiere
Sie erleichtern dem Inhaber den Beweis einer rechtserheblichen Tatsache, falls sie vom Verpflichteten bestritten wird.	Sie erleichtern dem Verpflichteten die Prüfung des Berechtigten. Der gutgläubige Verpflichtete kann mit befreiender Wirkung an den Inhaber einer Legitimationsurkunde leisten.	Sie verkörpern ein Vermögensrecht. Der Verpflichtete muss nur bei Vorlage der Urkunde leisten. Er kann die Leistung verweigern, solange die Urkunde nicht vorgelegt wird.
Beispiele: ▸ Quittung ▸ Schuldschein ▸ Bürgschaftsurkunde ▸ GmbH-Anteilschein	**Beispiele:** ▸ Gepäckschein ▸ Garderobenmarke	**Beispiele:** ▸ Scheck ▸ Konnossement ▸ Aktie ▸ Schuldverschreibung

2. Ein Wertpapier verbrieft ein privates Vermögensrecht.

Private Vermögensrechte

Forderungsrechte	Sachenrechte	Mitgliedschaftsrechte
Geldforderungen	▸ Eigentum ▸ Pfandrecht ▸ Besitz	Teilhaberrechte an einem Unternehmen

Bedeutung der Wertpapierurkunde

3. Zur Ausübung des Rechts ist der Besitz des Wertpapiers erforderlich.

Recht und Urkunde sind so eng miteinander verknüpft, dass
- der Berechtigte das Recht nur durch die Vorlage der Urkunde geltend machen kann und
- der Verpflichtete nur bei Vorlage der Urkunde leisten muss.

Recht und Urkunde bilden eine Einheit.

Wertpapiere

im weiteren Sinne	im engeren Sinne
Aus der Übertragung des Rechts folgt der Rechtsübergang der Urkunde, da das Recht ohne Urkunde nicht ausgeübt werden kann. Das Recht wird nach schuldrechtlichen Grundsätzen durch Abtretung übertragen: ▸ Rektapapiere ▸ Qualifizierte Legitimationspapiere Das Recht am Papier folgt dem Recht aus dem Papier.	Die Übertragung des Rechts erfolgt durch Übertragung der Urkunde. Das Recht ist so in der Urkunde verkörpert, dass es nach sachenrechtlichen Grundsätzen durch Einigung und Übergabe der Urkunde übertragen wird: ▸ Inhaberpapiere ▸ Orderpapiere Das Recht aus dem Papier folgt dem Recht am Papier.

§ 433 ff. FamFG

Bei Verlust oder Vernichtung des Wertpapiers geht das verbriefte Recht nicht unter. Über ein besonders geregeltes, gerichtliches Verfahren (früher Aufgebotsverfahren) kann die Urkunde für kraftlos erklärt und die Ausübung des Rechts über die Kraftloserklärung und die Ausstellung einer neuen Urkunde gesichert werden.

4.4.1.2 Einteilung der Wertpapiere

Einteilung der Wertpapiere

Einteilung der Wertpapiere

- nach der Art des verbrieften Rechts
- nach der Art der Übertragung
- nach der Art des verbrieften Vermögenswertes

Wertpapiere nach der Art des verbrieften Rechts

Wertpapiere nach der Art des verbrieften Rechts

Forderungspapiere	Sachenrechtliche Wertpapiere	Mitgliedschaftspapiere
Beispiele: ▸ Scheck ▸ Schuldverschreibung ▸ Sparbrief ▸ Sparkassenbuch	**Beispiele:** ▸ Investmentfondsanteil ▸ Grundschuldbrief ▸ Hypothekenbrief ▸ Konnossement	**Beispiel:** Aktie

Wertpapiere nach der Art der Übertragung

Wertpapiere nach der Art der Übertragung

Inhaberpapiere	Orderpapiere	Rektapapiere (Namenspapiere)
Beispiele: ▸ Inhaberschuld-verschreibung ▸ Inhaberaktie ▸ Inhaberscheck	**Beispiele:** ▸ Orderschuld-verschreibung ▸ Namensaktie ▸ Orderscheck ▸ Wechsel	**Beispiele:** ▸ Grundschuldbrief ▸ Hypothekenbrief ▸ Sparkassenbrief

Inhaberpapiere

Inhaberpapiere lauten auf den Inhaber. Jeder, der das Papier in Händen hat, kann das verbriefte Recht geltend machen. Inhaberpapiere werden wie bewegliche Sachen durch Einigung über den Eigentumsübergang und Übergabe der Urkunde übertragen. §929 BGB

Gemäß § 1006 BGB gilt die Vermutung, dass der Besitzer einer beweglichen Sache zugleich ihr Eigentümer ist. Gutgläubiger Erwerb vom Nichtberechtigten ist daher möglich. Der Erwerber ist allerdings nicht in gutem Glauben, wenn ihm bekannt ist, dass die Sache dem Veräußerer nicht gehört, oder wenn ihm dieser Tatbestand infolge grober Fahrlässigkeit unbekannt ist. Kreditinstitute handeln darüber hinaus nicht in gutem Glauben, wenn der Verlust eines Wertpapiers im Bundesanzeiger veröffentlicht und seither weniger als ein Jahr vergangen ist. §932 BGB

Orderpapiere

Orderpapiere lauten auf einen namentlich Berechtigten. Nur der Berechtigte oder eine vom Berechtigten durch Indossament benannte Person können das verbriefte Recht geltend machen. Orderpapiere werden durch Übereignung der indossierten Urkunde übertragen.

Ein Blankoindossament verwandelt das indossierte Orderpapier praktisch in ein Inhaberpapier, da es jeden Besitzer der Urkunde zur Ausübung des verbrieften

§ 367 Abs. 1 HGB

Rechts legitimiert. Blankoindossierte Orderpapiere können daher unter denselben Voraussetzungen wie Inhaberpapiere gutgläubig erworben werden.

Geborene und gekorene Orderpapiere

Geborene und gekorene Orderpapiere

Geborene Orderpapiere	Gekorene Orderpapiere
Geborene Orderpapiere sind kraft Gesetzes Orderpapiere. Sie sind auch ohne Orderklausel Orderpapiere. Geborene Orderpapiere sind Scheck, Wechsel, Namensaktie und Namensinvestmentzertifikat. Indossamente haben mit Ausnahme von Scheck und Wechsel nur Übertragungs- und Ausweiswirkung, aber keine Haftungswirkung.	**Gekorene Orderpapiere** werden nur durch die Orderklausel zu Orderpapieren. Zu ihnen gehören gemäß § 363 HGB Konnossement, Ladeschein, Lagerschein, kaufmännische Anweisung, kaufmännischer Verpflichtungsschein (wichtigster Fall: Orderschuldverschreibung) und Transportversicherungspolice.

Rekta- oder Namenspapiere

Rekta- oder Namenspapiere lauten auf den Namen einer bestimmten Person. Das verbriefte Recht wird im Gegensatz zu den Inhaber- und Orderpapieren nicht durch Übereignung der Urkunde übertragen, sondern durch Abtretung des in der Urkunde verbrieften Rechts.

Fungibilität

Vertretbarkeit (Fungibilität)

Vertretbar (fungibel) sind bewegliche Sachen, die von gleicher Beschaffenheit sind und im Verkehr nach Zahl, Maß oder Gewicht bestimmt werden (§ 91 BGB). Schuldverschreibungen, Aktien und Investmentzertifikate sind fungibel, weil bei gleichem Nennwert bzw. gleicher Stückelung jedes Papier die gleichen Rechte verkörpert. Die Stücke können untereinander ausgetauscht werden, ohne dass der Inhaber der Urkunde eine Minderung oder Mehrung seiner Rechte erfährt. Grundschuld- und Hypothekenbriefe sind nicht fungibel, weil der Umfang der verbrieften Rechte in jeder Urkunde unterschiedlich ist.

Wertpapiere
nach der Art des verbrieften Vermögenswertes

Geldwertpapiere

Sie verkörpern kurzfristige Forderungen.

Beispiele:
- Scheck
- Wechsel
- Schatzwechsel
- Unverzinsliche Schatzanweisung
- Zinsschein
- Dividendenschein

Kapitalwertpapiere

Sie verkörpern langfristige Forderungen oder Teilhaberrechte.

nicht vertretbare Kapitalwertpapiere

Beispiele:
- Sparbrief
- Grundschuldbrief
- Hypothekenbrief

vertretbare (fungible) Kapitalwertpapiere

Beispiele:
- Schuldverschreibung
- Aktie
- Investmentanteil
- Genussschein
- Optionsanleihe
- Optionsschein

= börsenfähige Wertpapiere (Effekten)

Warenwertpapiere

Sie verkörpern Rechte an schwimmender oder lagernder Ware.

Beispiele:
- Konnossement
- Ladeschein
- Lagerschein

Aufgrund ihrer Vertretbarkeit können Kapitalwertpapiere an Börsen zum Handel zugelassen werden (börsenfähige Wertpapiere). Sie werden auch als **Effekten** bezeichnet. **Effektive Stücke** bezeichnen Wertpapiere, die in Urkundenform körperlich verfügbar sind. Dies ist in der Praxis sehr selten, da mit dem Urkundendruck und der Verwahrung sehr hohe Kosten verbunden sind. Investmentanteile als effektive Stücke sind zum 31.12.2016 per Gesetz für kraftlos erklärt worden (§ 358 Abs. 3 KAGB). Effektive Stücke bestehen aus Mantel und Bogen.

Mantel
Bogen

Der **Mantel** verkörpert das Gläubiger- oder Teilhaberrecht. Er heißt so, weil die Wertpapierurkunde früher aus einem Doppelbogen bestand, in den der **Bogen** mit den Zins- oder Gewinnanteilscheinen (Kupons) und dem Erneuerungsschein (Talon) hineingelegt wurde.

§ 2 Abs. 1 WpHG

Definition der Wertpapiere im Wertpapierhandelsgesetz

Wertpapiere sind insbesondere:
1. Aktien,
2. andere Anteile an in- oder ausländischen juristischen Personen, Personengesellschaften und sonstigen Unternehmen, soweit sie Aktien vergleichbar sind, sowie Zertifikate, die Aktien vertreten,
3. Schuldtitel,
   a) insbesondere Genussscheine und Inhaberschuldverschreibungen und Orderschuldverschreibungen sowie Zertifikate, die Schuldtitel vertreten,
   b) sonstige Wertpapiere, die zum Erwerb oder zur Veräußerung von Wertpapieren nach den Nummern 1 und 2 berechtigen oder zu einer Barzahlung führen, die in Abhängigkeit von Wertpapieren, von Währungen, Zinssätzen oder anderen Erträgen, von Waren, Indizes oder Messgrößen bestimmt wird.

4.4.1.3 Wertpapiere als Teil der Finanzinstrumente

Der Begriff der Finanzinstrumente ist weiter gefasst als der Begriff der Wertpapiere.

Finanzinstrumente nach dem Wertpapierhandelsgesetz (WpHG)

Wertpapiere	Geldmarktinstrumente	Derivate	Rechte auf die Zeichnung von Wertpapieren	Vermögensanlagen	Anteile an Investmentvermögen
z. B. ▸ Aktien ▸ Inhaber- und Orderschuldverschreibungen ▸ Zertifikate	z. B. ▸ Commercial Papers (▸ Kapitel 4.6.1)	z. B. ▸ Optionen und Futures (▸ Kapitel 4.5.1.1)	z. B. ▸ Bezugsrechte	z. B. ▸ Namensschuldverschreibungen (▸ Kapitel 4.6.3.1)	z. B. ▸ Offene Immobilienfonds (▸ Kapitel 4.4.4)

Mit der **Einordnung von Vermögensanlagen unter die Finanzinstrumente** werden bisher unregulierte Finanzprodukte den Regelungen des WpHG und des KWG unterworfen. Hierzu gehören spezielle Namensschuldverschreibungen, z. B. Sparbriefe mit Nachrangabrede und Genussrechte.

Sparbriefe
▸ Seite 218

▸ Kapitel 4.4.8

4.4.1.4 Wertrechte

Wertrechte

Wertrechte sind Kapitalwerte, die nicht in einer Wertpapierurkunde verbrieft sind. An die Stelle von verbrieften Schuldverschreibungen treten **Schuldbuchforderungen.** Schuldbuchforderungen sind eine kostengünstige Art der Schuldaufnahme.

Kapitel 4.4.2.3.1

Deshalb begibt die Bundesrepublik Deutschland alle Bundeswertpapiere in dieser Form.

Schuldbuchforderungen entstehen durch Eintragung in ein Schuldenbuch. Für den Bund und seine Sondervermögen wird das Bundesschuldenbuch als öffentlich-rechtliches Register bei der Deutschen Finanzagentur elektronisch geführt. Eingetragen werden Sammel- oder Einzelschuldbuchforderungen. Sammelschuldbuchforderungen sind börsenfähigen Wertpapieren gleichgestellt.

Deutsche Finanzagentur

Deutsche Finanzagentur

Die Bundesrepublik Deutschland wird auf den Finanzmärkten ausschließlich durch die Deutsche Finanzagentur vertreten. Die **Bundesrepublik Deutschland – Finanzagentur GmbH (Deutsche Finanzagentur)**, deren einziger Gesellschafter der Bund, vertreten durch das Bundesfinanzministerium, ist, erfüllt Aufgaben der Haushalts- und Kassenfinanzierung, die bis zum Jahr 2006 u.a. durch die Bundeswertpapierverwaltung wahrgenommen wurden. Aufgaben der Deutschen Finanzagentur sind:

- **Beurkundung** der vom Bund und seinen Sondervermögen aufgenommenen Kredite und übernommenen Gewährleistungen **im Bundesschuldenbuch,**
- **Verwaltung** der Schulden, z.B. Zinszahlungen und Tilgungen.

Sammel- und Einzelschuldbuchforderung

Sammelschuldbuchforderungen werden im Schuldenbuch auf den Namen der Clearstream Banking AG eingetragen. Käufer erhalten an dem so gebildeten Wertpapiersammelbestand durch Depotgutschrift ihres Kreditinstituts Miteigentum zu Bruchteilen. Verfügungen sind im Rahmen des Effektengiroverkehrs möglich. Bei **Einzelschuldbuchforderungen** weist das Bundesschuldenbuch dann eine namentlich berechtigte natürliche oder juristische Person als Gläubiger aus.

4.4.1.5 Basisrisiken von Wertpapieranlagen

Basisrisiken

Alle Wertpapieranlagen unterliegen bestimmten Basisrisiken. Basisrisiken sind unbestimmte Verlustgefahren, die für alle Wertpapieranlagen zu beachten sind.

Basisrisiken	
Konjunkturrisiken	Gefahr von Kursverlusten durch Konjunkturschwankungen
Inflationsrisiken	Gefahr von Kaufkraftverlusten durch Geldentwertung
Liquiditätsrisiken	Gefahr, dass eine Wertpapieranlage bei Geldbedarf nicht jederzeit oder nur unter ungünstigen Bedingungen verkauft und in liquide Mittel umgewandelt werden kann
Steuerliche Risiken	Gefahr, dass der Wert und die Erträge von Wertpapieranlagen durch steuerliche Belastungen beeinträchtigt oder gemindert werden (Risiko der Änderung der Einkommenbesteuerung, Risiko der Doppelbesteuerung bei Auslandsanlagen)
Psychologische Marktrisiken	Gefahr, dass Stimmungen, Meinungen, Gerüchte und Ängste (massenpsychologische Einflüsse) Kursverluste bewirken, ohne dass es rationale, insbesondere wirtschaftliche Gründe gibt
Währungsrisiken	Verlustgefahr bei Veränderung des Devisenkurses bei Anlagen in fremder Währung (Risiko der Abwertung der Auslandswährung)
Länder- und Transferrisiken	Gefahr, dass ausländische Schuldner trotz Zahlungsfähigkeit aufgrund von Devisenbeschränkungen Kapitalleistungen nicht fristgerecht oder überhaupt nicht erbringen können

Weitere Basisrisiken

Bei kreditfinanzierten Wertpapierengagements besteht die Gefahr, dass die beliehenen Wertpapiere bei Kursrückgängen zur Kreditabdeckung verkauft werden und die anteiligen eigenen Mittel verloren sind (**Exekutionsrisiko**).

Risiken können auch bei der Wertpapierverwahrung entstehen (**Verwahrrisiko**). Bei der Eigenverwahrung drohen Nachteile bei Verlust oder Zerstörung der Wertpapiere und bei mangelnder Überwachung von Terminen, z. B. Fälligkeiten von Zinskupons. Bei nicht im Inland verwahrten Wertpapieren bestehen Rechtsrisiken bezüglich der Durchsetzung der Ansprüche der Anleger im Ausland. Zudem kann bei ausländischen Wertpapieren eine Auskunftspflicht gegenüber ausländischen Institutionen bestehen, z. B. gegenüber Steuerbehörden.

Bei allen Wertpapieranlagen bestehen Gefahren durch Entscheidungen aufgrund fehlender, unvollständiger oder fehlerhafter Informationen (**Informationsrisiko**) und durch unvollständige oder fehlerhafte Übermittlung von Weisungen (**Übermittlungsrisiko**). Einfluss auf den Erfolg oder Misserfolg einer Wertpapieranlage kann auch die Höhe der Nebenkosten haben (**Nebenkostenrisiko**).

4.4.2 Schuldverschreibungen

4.4.2.1 Begriff, Einteilungsmöglichkeiten und Emittenten

Begriff

Begriff Schuldverschreibung

Schuldverschreibungen (Anleihen) sind Wertpapiere, die Forderungsrechte verkörpern. Der Inhaber einer Schuldverschreibung hat grundsätzlich
- **Anspruch auf Zinsen und**
- **Anspruch auf Rückzahlung.**

Beschaffung von Fremdkapital

Schuldverschreibungen dienen den Ausstellern (Emittenten) zur Beschaffung von Fremdkapital auf dem Kapitalmarkt. Es sind verbriefte Kredite.

Der Gesamtbetrag des benötigten Kredits (Anleihe) wird in Teilbeträge gestückelt und in standardisierten Urkunden (Teilschuldverschreibungen) verbrieft, die an Anleger verkauft werden. Die Aussteller der Teilschuldverschreibungen verpflichten sich, den verbrieften Kreditbetrag entsprechend den Anleihebedingungen zu verzinsen und zurückzuzahlen. Sie sind Anleiheschuldner.

Käufer von Schuldverschreibungen erwerben eine verbriefte, verzinsliche Forderung. Sie sind Anleihegläubiger.

Rechtsverhältnisse

Rechtsverhältnisse zwischen Schuldner und Gläubiger einer Schuldverschreibung

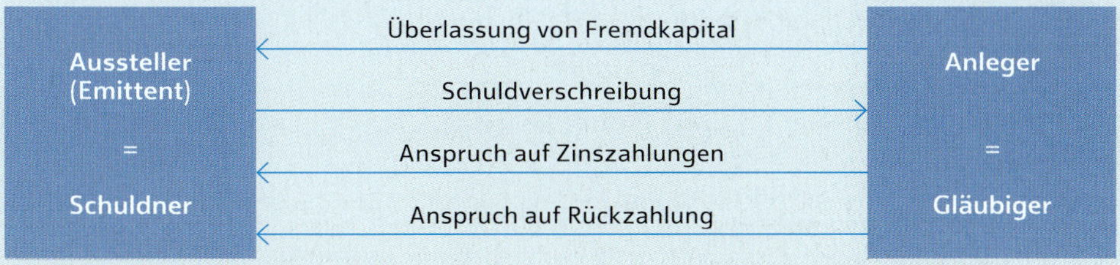

Die Begriffe Anleihe, Schuldverschreibung und Obligation werden sowohl für den Gesamtbetrag einer Anleihe als auch für die einzelnen Stücke (Teilschuldverschreibungen) verwendet.

Verjährung von Ansprüchen aus Schuldverschreibungen

Verjährung
§801 BGB

Die Verjährung der Ansprüche aus Schuldverschreibungen und aus Zins- und Gewinnanteilscheinen ist im BGB geregelt. Dabei ist zwischen der **Vorlegungsfrist für die Wertpapiere** und der **Verjährungsfrist für die Ansprüche aus den Wertpapieren** zu unterscheiden.

Die **Vorlegungsfrist** endet, sofern die Anleihebedingungen nichts anderes regeln,

- bei Kapitalansprüchen aus Schuldverschreibungen 30 Jahre nach Fälligkeit,
- bei Ansprüchen aus Zins- und Gewinnanteilscheinen am 31.12. des vierten auf die Fälligkeit folgenden Jahres.

Mit Ablauf der Vorlegungsfrist erlöschen die Ansprüche aus dem Papier.

Die **Verjährung der Ansprüche** tritt zwei Jahre nach Ablauf der Vorlegungsfrist ein, sofern die Urkunde innerhalb der Vorlegungsfrist vorgelegt wurde. Der Eintritt der Verjährung gibt dem Schuldner ein Leistungsverweigerungsrecht.

Einteilungsmöglichkeiten

Einteilung von Schuldverschreibungen

Einteilung von Schuldverschreibungen nach

Emittenten	Verzinsung	Laufzeit	Rückzahlung	Sitz des Ausstellers	Währung
▸ Anleihen der öffentlichen Hand ▸ Bankschuldverschreibungen ▸ Industrieobligationen	▸ festverzinsliche Anleihen ▸ variabel verzinsliche Anleihen ▸ unverzinsliche Anleihen	▸ kurzfristige Anleihen ▸ mittelfristige Anleihen ▸ langfristige Anleihen	▸ gesamtfällige Anleihen ▸ Tilgungsanleihen ▸ ewige Anleihen	▸ Inlandsanleihen ▸ Auslandsanleihen	▸ Euro-Anleihen ▸ Währungsanleihen

Emittenten

Daueremittenten
Einmalemittenten

Daueremittenten, z.B. Pfandbriefbanken und Kreditinstitute mit Sonderaufgaben, beschaffen sich laufend Mittel am Kapitalmarkt. **Einmalemittenten** gehen nur gelegentlich an den Kapitalmarkt.

4.4.2.2 Ausstattungsmerkmale

Ausstattungsmerkmale

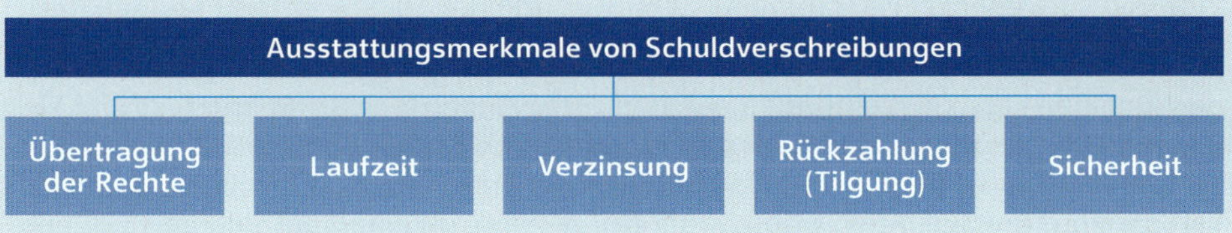

Die Ausstattungsmerkmale einer Anleihe werden durch die Anleihebedingungen festgelegt.

Übertragung der Rechte

Übertragung der Rechte
▸ Kapitel 4.4.1.2

Schuldverschreibungen können als Inhaberpapiere oder als Namenspapiere ausgestellt werden. In der Regel werden sie als **Inhaberschuldverschreibungen** emittiert. In diesem Fall können sie wie eine bewegliche Sache **durch Einigung und Übergabe der Urkunde** übertragen werden. Der Emittent kann **Namensschuldverschreibungen** ausgeben, wenn er Zins- und Tilgungszahlungen nur an ihm namentlich bekannte, in der Urkunde genannte Personen leisten will.

Laufzeit

Laufzeit

Laufzeit ist der Zeitraum zwischen dem in den Anleihebedingungen genannten **Verzinsungsbeginn und der Fälligkeit** der Anleihe. **Kurzfristige Anleihen** haben eine Laufzeit bis zu 4 Jahren, **mittelfristige Anleihen** von 4 bis 8 Jahren und **langfristige Anleihen** von mehr als 8 Jahren. **Ewige Anleihen** haben keine von vornherein festgelegte Laufzeit.

Verzinsung

Verzinsung

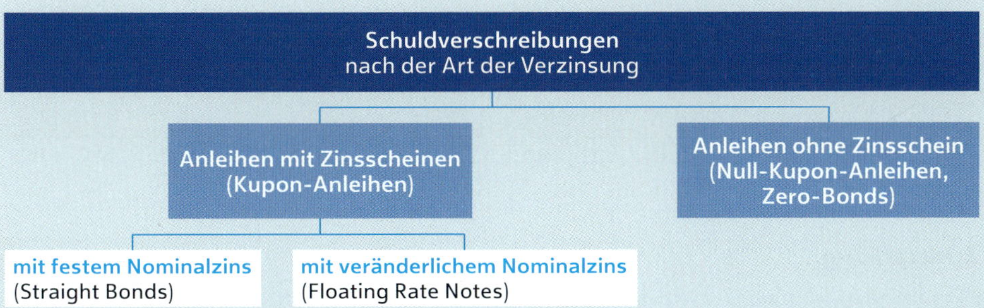

Sonderform: inflationsindexierter Zins

feste Zinsen

Festzinsanleihen haben in der Regel einen festen Nominalzins über die gesamte Laufzeit. Der Zinssatz kann an einen Inflationsindex gekoppelt sein (inflationsindexierte Anleihe). Der Zins kann aber auch während der Laufzeit abgestuft steigen oder fallen. Die Zinsen werden in Deutschland meist jährlich, in anderen Ländern häufig halbjährlich nachträglich gezahlt.

variable Zinsen

Anleihen mit veränderlichen Zinssätzen gewähren keinen festen, sondern einen variablen Zinsertrag. Der für jede Zinsperiode gültige Zinssatz wird auf der Grundlage eines Referenzzinssatzes, z. B. EURIBOR oder LIBOR jeweils neu festgesetzt.

Null-Kupon-Anleihen

Bei **Anleihen ohne Zinsschein (Null-Kupon-Anleihen)** werden während der Laufzeit der Anleihe keine Zinszahlungen geleistet. Der Zinsertrag des Anlegers ergibt sich aus der Differenz zwischen Rückzahlungskurs und Emissionskurs. Der Anleger erhält statt periodischer Zinszahlungen eine Einmalzahlung bei Fälligkeit der Schuldverschreibung. Neben den originär als Null-Kupon-Anleihen aufgelegten Emissionen können Null-Kupon-Anleihen auch aus der Trennung von Kapital- und Zinsansprüchen entstehen. Bei bestimmten Bundesanleihen entstehen so durch die Zerlegung in Zins- und Kapitalansprüchen (sog. stripping) getrennt handelbare Null-Kupon-Anleihen (stripped bonds).

▸ Kapitel 4.4.2.3.6

In der Regel werden Null-Kupon-Anleihen mit Abschlag (Disagio) auf den Nennwert emittiert und im Tilgungszeitpunkt zum Kurs von 100 % („zu pari") zurückgezahlt.

LIBOR

LIBOR

LIBOR ist der Referenzzinssatz am Londoner Markt (**L**ondon **I**nterbank **O**ffered **R**ate.). Der LIBOR wird zweimal banktäglich als arithmetisches Mittel aus den Zinssätzen errechnet, zu denen Londoner Banken mit erstklassigem Standing bereit sind, Geld an andere Banken mit gleichem Standing auszuleihen. LIBOR-Sätze werden für verschiedene Währungen und Laufzeiten veröffentlicht.

EURIBOR

EONIA

EURIBOR und EONIA

EURIBOR ist die Abkürzung für **EURo** **I**nter**b**ank **O**ffered **R**ate.
Zur Ermittlung der EURIBOR-Sätze melden zurzeit 21 Banken, darunter 2 deutsche Institute, Briefsätze („Offered Rates") für Ein- und Zweiwochengelder und 1, 2, 3, 6, 9 und 12 Monatsgelder im Interbankengeschäft an den Informationsanbieter Telerate. Dieser errechnet und veröffentlicht geschäftstäglich um 11:00 Uhr MEZ die Durchschnittssätze, nachdem 15 % der höchsten und 15 % der niedrigsten Sätze gestrichen wurden. Die EURIBOR-Sätze werden mit drei Nachkommastellen notiert. Zinsen werden nach der Eurozinsmethode (Monat taggenau, Jahr zu 360 Tagen [act /360]) berechnet.

Für Tagesgeld wird von der EZB ein eigener Referenzzinssatz EONIA ermittelt. **EONIA** steht für **E**uro **O**vernight **I**ndex **A**verage. Die an der Ermittlung beteiligten Banken melden der EZB an jedem Handelstag abends das Volumen ihrer Tagesgeldumsätze und den individuellen Zinssatz. Die EZB gewichtet die bis 18:00 Uhr gemeldeten Tagesgeldsätze mit den jeweiligen Umsätzen und errechnet daraus den EONIA. Der EONIA wird mit drei Nachkommastellen im Anschluss an die Meldezeiten veröffentlicht.

Rückzahlung von Schuldverschreibungen

Rückzahlung

Schuldverschreibungen nach der Art der Rückzahlung

- Gesamtfällige Anleihen
- Tilgungsanleihen
- Ewige Anleihen

gesamtfällige Anleihen

Bei **gesamtfälligen Anleihen** wird der gesamte Anleihebetrag am Ende der Laufzeit in einer Summe zurückgezahlt.

Bei **Tilgungsanleihen** wird der Anleihebetrag über die Laufzeit der Anleihe verteilt in Teilbeträgen (Raten) zurückgezahlt. Die Tilgung erfolgt durch

Tilgungsanleihen

- Auslosungen von Serien, Reihen, Gruppen oder Endziffern,
- Rückkauf von Anleihestücken an der Börse.

Auslosungen können mit Rückkäufen kombiniert werden, z. B. kann sich der Emittent vorbehalten, Rückkäufe auf die für Auslosungen zur Verfügung stehende Rate anzurechnen. Für Rückkäufe kann ein Tilgungsfonds gebildet werden, dem planmäßig Mittel zugeführt werden. Die Tilgung beginnt häufig erst nach einer tilgungsfreien Zeit.

Besondere Formen der Tilgung sind die **Annuitätentilgung,** bei der die jährlich vom Emittenten für Zins- und Tilgungsleistungen aufzubringende Summe konstant bleibt und der Tilgungsanteil durch ersparte Zinsen steigt, und die sog. Gummitilgung, bei der die Tilgungsregelung weitgehend in das Ermessen des Emittenten gestellt ist.

Neben **planmäßige Tilgungen** können **außerplanmäßige Tilgungen** treten:

- vorzeitige Kündigung der gesamten Anleihe oder eines Teiles der Anleihe durch den Anleiheschuldner,
- zusätzliche Auslosungen,
- zusätzliche Rückkäufe.

Ewige Anleihen

Ewige Anleihen müssen nicht zurückgezahlt werden. Der Emittent kann die Anleihe aber nach Ablauf einer Festzinsperiode durch Kündigung zur Rückzahlung fällig stellen. Kreditinstitute begeben ewige Anleihen mit Nachrangabrede, um die Ausstattung mit bankaufsichtsrechtlich anerkanntem Eigenkapital zu verbessern (Tier-I-Anleihen).

Tier-I-Anleihen

Eine **Kündigung durch die Anleihegläubiger** ist in den Anleihebedingungen in der Regel ausgeschlossen. Die Anleihegläubiger können börsennotierte Schuldverschreibungen aber jederzeit über die Börse verkaufen.

Sicherheit

Sicherheit von Anleihen

Unter Sicherheit von Schuldverschreibungen ist die Sicherstellung der Rückzahlung und der vereinbarten Zinszahlungen durch den Emittenten zu verstehen. Sie hängt entscheidend von der Bonität der Emittenten ab.

Die Begriffe mündelsicher und deckungsstockfähig weisen auf die Eignung bestimmter Wertpapiere für besondere Geldanlagen und Verwendungsmöglichkeiten hin. Sie sind Kennzeichen besonders sicherer und marktgängiger Wertpapiere von Emittenten mit hohem Bonitätsgrad.

Mündelsicherheit

Vermögenswerte von Personen, die unter Vormundschaft stehen, unterliegen einem besonderen Anlegerschutz. Sie dürfen nur in bestimmten Anlageformen angelegt werden. Mündelsicher sind verbriefte Forderungen gegen den Bund oder ein Bundesland, unverbriefte Forderungen, die in das Bundesschuldbuch oder in ein Landesschuldbuch eingetragen sind, Schuldverschreibungen, deren Verzinsung vom Bund oder einem Bundesland gewährleistet ist, Pfandbriefe und Schuldverschreibungen von Gebietskörperschaften oder ihren Kreditanstalten.

§ 1807 BGB

▸ Kapitel 4.2.4.8

Deckungsstockfähigkeit

Versicherungsunternehmen müssen zur Besicherung der Ansprüche ihrer Versicherungsnehmer das Sicherungsvermögen als gesondertes Vermögen bilden. **Deckungsstockfähige Wertpapiere erfüllen besondere Anforderungen hinsichtlich Sicherheit, Liquidität und Rentabilität. Sie können von Versicherungsunternehmen für das gebundene Vermögen erworben werden.** Bis zum Jahr 2003 erfüllte der Deckungsstock die Funktion des Sicherungsvermögens.

Deckungsstockfähigkeit besitzen gemäß Anlageverordnung für Versicherungsunternehmen u.a. alle im Inland ausgegebenen Schuldverschreibungen. Aktien können für das gebundene Vermögen erworben werden, wenn sie voll eingezahlt und an einer inländischen Börse in einen regulierten Markt eingeführt sind.

Negativklausel

Bei Industrie- und Bankschuldverschreibungen können besondere Sicherheiten gestellt werden, z.B. Grundschulden. Gelegentlich enthalten die Anleihebedingungen auch eine **Negativklausel** (Negativerklärung, Negativverpflichtung). **Mit dieser Klausel verpflichtet sich der Emittent, die aktuelle Anleihe hinsichtlich der Besicherung gegenüber früheren und künftigen Emissionen mindestens gleichzustellen.** Schuldverschreibungen mit einer Negativklausel werden auch als erstrangige Anleihen bezeichnet.

4.4.2.3 Arten der Schuldverschreibungen

4.4.2.3.1 Öffentliche Anleihen

öffentliche Anleihen

Öffentliche Anleihen sind Wertpapiere und Schuldbuchforderungen, die von der Bundesrepublik Deutschland, den Bundesländern, Gebietskörperschaften (Städte, Kommunen, Kommunalverbände) und den Sondervermögen des Bundes ausgegeben werden bzw. wurden. Sie sind durch das gegenwärtige und zukünftige Vermögen und die Steuerkraft bzw. Einnahmen der Aussteller gesichert.

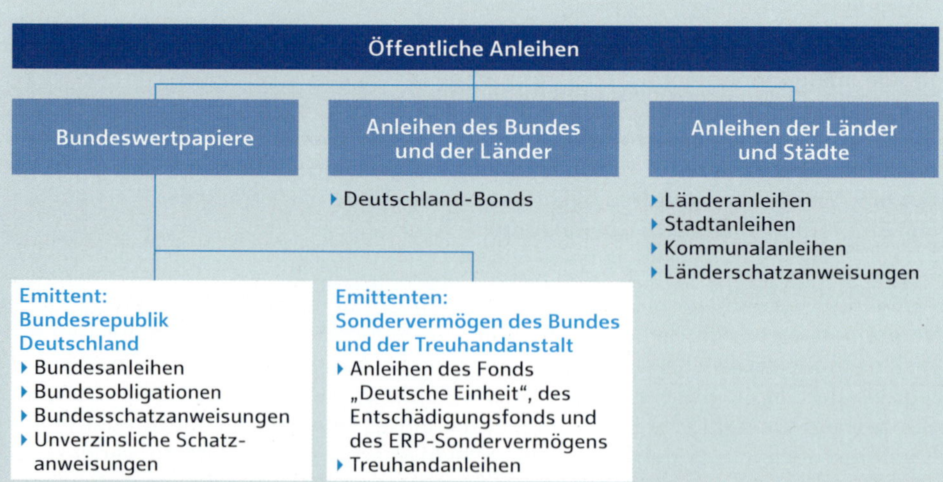

Öffentliche Anleihen dienen der Beschaffung mittel- und langfristiger Mittel zur Finanzierung von öffentlichen Vermögenshaushalten, öffentlichen Investitionen und zur Konsolidierung kurz- und mittelfristiger Kredite.

Emissionsgründe

Bundeswertpapiere

Wertpapiere des Bundes und seiner Sondervermögen werden als **Bundeswertpapiere** bezeichnet. Über Ausgabezeitpunkt, Konditionen und Emissionsvolumen entscheidet die **Bundesrepublik Deutschland – Finanzagentur GmbH** auf Basis der haushaltsrechtlichen Vorgaben. Sie steuert auch den Einsatz derivativer Finanzinstrumente, z. B. Zinsswaps.

Bundeswertpapiere

Die Zinsberechnung erfolgt bei Bundeswertpapieren kalendertaggenau (actual/actual [365 bzw. 366 Tage]). Ausgenommen sind Bundesanleihen mit variabler Verzinsung (Floater) und unverzinsliche Schatzanweisungen. Für sie gilt, wie auch für die Referenzzinssätze Euribor und EONIA, die gültige Eurozinsmethode (actual/360).

Zinsberechnungsmethode

Bundesanleihen dienen der Beschaffung langfristiger Mittel. Ihre Laufzeit beträgt meist zehn Jahre, es werden aber auch 30-jährige Anleihen begeben. Es handelt sich um Einmalemissionen im Tenderverfahren in Euro oder fremder Währung, z. B. USD.

Bundesanleihen

Die Gläubiger bestimmter, vom Bund ausgewählter Bundesanleihen sind berechtigt, ihre Bestände in den reinen Kapitalanspruch und die einzelnen Zinsansprüche aufteilen zu lassen.

gestrippte Bundesanleihen
▸ Kapitel 4.4.2.3.6
Antiinflations-Anleihen

Inflationsindexierte Bundesanleihen und Bundesobligationen

Klassische Festzinsanleihen sichern Anlegern lediglich einen festen **nominalen** Ertrag. Der reale **Ertrag** ergibt sich erst im Nachhinein durch Abzug der durch einen Preisindex gemessenen inflationsbedingten Kaufkraftverluste. Bei inflationsindexierten Anleihen übernimmt der Emittent das bisher beim Anleger liegende Inflationsrisiko. Anleger erhalten feststehende Kuponzahlungen und zusätzlich einen Ausgleich für den während der Laufzeit eingetretenen inflationsbedingten Kaufkraftverlust. Die Höhe der nominalen Zinszahlungen und die Höhe der Rückzahlung bei Fälligkeit ist an die Veränderung eines Preisindex gekoppelt, z. B. im Euro-Raum an den harmonisierten Verbraucherpreisindex (HVPI).

Bundesobligationen werden mit einer Laufzeit von 5 Jahren im Tenderverfahren begeben und zum Handel an allen deutschen Börsen eingeführt. Es werden jährlich im Voraus die Begebungstermine und Emissionsvolumina über den Emissionskalender bekannt gemacht.

Bundesobligationen

Alle seit 2013 begebenen Bundeswertpapiere sind aufgrund einer EU-Vereinbarung mit einer **Umschuldungsklausel** ausgestattet. Umschuldungsklauseln (Collective Action-Clauses) besagen, dass alle Gläubiger eines Landes zu einer Umschuldung gezwungen werden können, wenn die Mehrheit der Anleihegläubiger dafür stimmt.

Umschuldungsklausel

Hauptmerkmale von Bundesanleihen und Bundesobligationen

Hauptmerkmale von Bundesanleihen und -obligationen

Merkmale	Bundesanleihen	Bundesobligationen
Emissionsverfahren	Tenderverfahren (nur Mitglieder der Bietergruppe Bundesemissionen)	
Börsenhandel	Handel an allen deutschen Wertpapierbörsen	
Mindestauftragsgröße	Mindestauftragswert der Kreditinstitute	
Anlagehöchstbetrag	unbeschränkt	
Zinszahlung	jährlich nachträglich	
Zinsmethode	taggenau (actual/actual)	
Laufzeit	Neuemissionen: überwiegend 10 Jahre; börsennotierte Titel: von ca. 1 Monat bis unter 30 Jahre	Neuemissionen: 5 Jahre börsennotierte Titel: von ca. 1 Monat bis unter 5 Jahre
Rückzahlung	zum Nennwert	
Erwerber	jedermann	
Verkauf bzw. vorzeitige Rückgabe	nach Börseneinführung täglicher Verkauf zum Börsenkurs; bei außerbörslichem Verkauf über die Deutsche Finanzagentur unter Abzug einer Gebühr von 0,4 % vom Kurswert	
Übertragbarkeit auf Dritte	jederzeit	
Verkaufsstellen	Kreditinstitute	
Lieferung	Wertrechte (= Anteile an einer Sammelschuldbuchforderung oder Einzelschuldbuchforderungen), keine effektiven Stücke	
Verwahrung/ Verwaltung	Kreditinstitute	
Kosten und Gebühren Erwerb ex Emission	übliche Provision	
Einlösung bei Fälligkeit	gebührenfrei bei der Deutschen Finanzagentur	
Verwaltung durch ▸ Kreditinstitute ▸ Deutsche Finanzagentur	Depotgebühren gebührenfrei	

Bundesschatzanweisungen

Bundesschatzanweisungen sind festverzinsliche Inhaberschuldverschreibungen mit einer Anfangslaufzeit von 2 Jahren. Sie werden in regelmäßigen Abständen im Tenderverfahren (amerikanische Zuteilung) begeben und an allen deutschen Wertpapierbörsen gehandelt. **Länderschatzanweisungen** haben Anfangslaufzeiten bis zu 10 Jahren. Gemeinschaftliche Emissionen mehrerer Bundesländer werden als **Länder-Jumbos** bezeichnet. Gemeinschaftliche Emissionen verschiedener Bundesländer zusammen mit dem Bund werden unter der Bezeichnung **„Deutschland-Bonds“** emittiert. Für sie besteht aber – ebenso wie bei Länder-Jumbos – keine gemeinsame Haftung der Emittenten. Durch gemeinschaftliche Emissionen sollen Renditevorteile erschlossen werden, da höhere Emissionsvolumina als bei Einzelemissionen erreicht werden.

Länder-Jumbos

Deutschland-Bonds

Unverzinsliche Schatzanweisungen und Bundeskassenscheine dienen der Beschaffung kurzfristiger Mittel für den Bund und seine Sondervermögen sowie für die Länder.

▸ Kapitel 4.6.1

Bankschuldverschreibungen

4.4.2.3.2 Schuldverschreibungen der Kreditinstitute

Kreditinstitute emittieren Schuldverschreibungen (Bankschuldverschreibungen) zur Beschaffung mittel- und langfristiger Mittel für die Finanzierung ihres Kreditgeschäfts oder zur Stärkung des bankaufsichtlich anerkannten Eigenkapitals.

Bankschuldverschreibungen

Pfandbriefe
- öffentliche Pfandbriefe
- Hypothekenpfandbriefe
- Schiffspfandbriefe
- Flugzeugpfandbriefe

Schuldverschreibungen von Kreditinstituten mit Sonderaufgaben

z.B. Anleihen der KfW-Bankengruppe

Sonstige Bankschuldverschreibungen

z.B. Inhaberschuldverschreibungen, Asset Backed Securities (ABS), Mortgage Backed Securities (MBS)

Pfandbriefe

Pfandbriefe

Pfandbriefe werden als gedeckte Schuldverschreibungen von Kreditinstituten begeben, die dafür besonders von der BaFin zugelassen sind. Aufgrund der Deckung durch erworbene Hypotheken (Hypothekenpfandbrief), erworbene Forderungen gegen staatliche Stellen (öffentlicher Pfandbrief), erworbene Flugzeughypotheken (Flugzeugpfandbrief) oder erworbene Schiffshypotheken (Schiffspfandbrief) gelten diese verzinslichen Schuldverschreibungen als besonders sicher.

Die Erlaubnis zur Emission von Pfandbriefen kann allen Kreditinstituten erteilt werden, die das Kreditgeschäft betreiben. Voraussetzungen sind:

§2 PfandBG

- Das Kernkapital des Kreditinstituts muss mindestens 25 Mill. Euro betragen.
- Das Kreditinstitut muss über geeignete Risikomanagementsysteme für die Deckungsmassen und das Emissionsgeschäft verfügen.
- Das Pfandbriefgeschäft muss regelmäßig und nachhaltig betrieben werden.
- Für das Pfandbriefgeschäft muss ein angemessener organisatorischer Rahmen zur Verfügung stehen.

Merkmale von Pfandbriefen

Merkmale von Pfandbriefen	
Zweck der Ausgabe	Pfandbriefe dienen der Beschaffung langfristiger Mittel zur Refinanzierung von Forderungen an staatliche Stellen oder von durch Hypotheken und Grundschulden abgesicherten Krediten für Immobilien, Flugzeuge oder Schiffe.
Deckungsprinzip	Der Gesamtbetrag der in Umlauf befindlichen Pfandbriefe einer Gattung muss sowohl in Höhe des Nennwerts als auch in Höhe des Barwerts jederzeit durch Deckungswerte in mindestens gleicher Höhe und mit mindestens gleichem Zinsertrag gedeckt sein. Zusätzlich muss der Barwert der schnell liquidierbaren Deckungswerte den Gesamtbetrag der zu deckenden Verbindlichkeiten um 2 % übersteigen (sichernde Überdeckung).

Hypotheken-pfandbriefe

Öffentliche Pfandbriefe

Schiffs-pfandbriefe

Flugzeug-pfandbriefe

Merkmale von Pfandbriefen	
Deckungs-register	Die zur Deckung der Pfandbriefe verwendeten Deckungswerte müssen für die jeweilige Gattung einzeln in ein Deckungsregister eingetragen werden. Ein vom BaFin bestellter Treuhänder hat die Eintragung der Deckungswerte und die Einhaltung des Deckungsprinzips zu überwachen. Näheres regelt die Deckungsregister-Verordnung der BaFin. Die Zusammensetzung der Deckungsmassen muss vierteljährlich veröffentlicht werden.
Hauptdeckungs-werte	**Hypothekenpfandbriefe** werden durch Hypotheken oder Grundschulden auf Grundstücke und grundstücksgleiche Rechte in der EU, dem EWR, den USA, Kanada, Japan oder der Schweiz gedeckt. Die Wertermittlung ist durch einen von der Kreditentscheidung unabhängigen Gutachter vorzunehmen. Näheres regelt die Beleihungswertermittlungsverordnung der BaFin. **Öffentliche Pfandbriefe** werden durch Geldforderungen gedeckt, die aus Darlehen, Schuldverschreibungen und einredefrei anerkannten Forderungen gegen inländische Gebietskörperschaften, Staaten, Regionalregierungen oder Gebietskörperschaften in der EU, EWR, Schweiz, Kanada, Japan oder USA bestehen müssen. **Schiffspfandbriefe** werden durch Schiffshypotheken auf in öffentlichen Registern eingetragene Schiffe gedeckt. **Flugzeugpfandbriefe** werden durch Hypotheken auf in öffentlichen Registern eingetragene Flugzeuge gedeckt.
Insolvenz-vorrecht	Bei Insolvenz der Emittentin fallen die im Deckungsregister eingetragenen Werte nicht in die Insolvenzmasse. Die Pfandbriefgläubiger werden voll aus den im Deckungsregister eingetragenen Werten befriedigt.

Sicherheit der Pfandbriefe

Sicherheit der Pfandbriefe am Beispiel Hypothekenpfandbrief

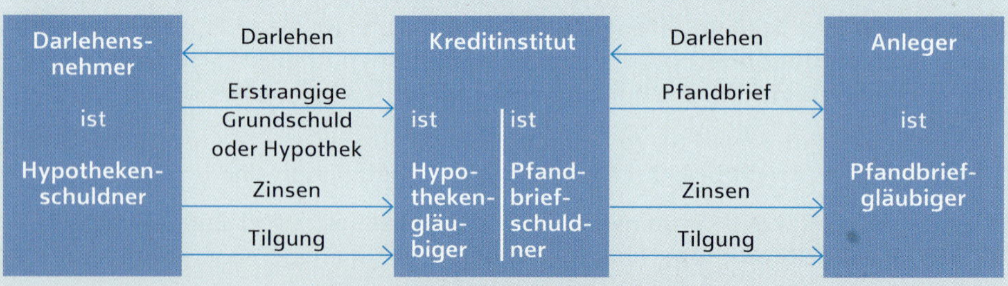

Besondere Sicherheiten:
1. Deckungsprinzip: $\sum$ Umlaufende Pfandbriefe $\leqq \sum$ Hypothekardarlehen
2. Eintragung aller Deckungswerte im Deckungsregister
3. Haftung der Deckungswerte plus Haftung des gesamten Vermögens des Kreditinstituts
4. Insolvenzvorrecht für die Forderungen der Pfandbriefgläubiger
5. Ermittlung der Beleihungswerte gesetzlich geregelt (Beleihungswertermittlungsverordnung der BaFin)

Jumbo-Pfand-briefe

Jumbo-Pfandbriefe sind festverzinsliche, endfällige Pfandbriefe mit jährlich nachträglicher Zinszahlung und einem Emissionsvolumen von mindestens 1 Mrd. Euro. Mindestens fünf Market-Maker müssen handelbare An- und Verkaufskurse stellen. **Globalpfandbriefe** sind Jumbo-Pfandbriefe, die wegen ihrer speziellen Ausstattung auch von internationalen Investoren erworben werden können.

Durch eine Novelle des Bausparkassengesetzes soll die Ausgabe von Hypothekenpfandbriefen künftig auch für Bausparkassen möglich werden. Hierdurch bekämen die Bausparkassen im aktuellen Niedrigzinsumfeld eine alternative Möglichkeit der Refinanzierung von Bauspardarlehen.

Schuldverschreibungen von Kreditinstituten mit Sonderaufgaben

Schuldverschreibungen von Kreditinstituten mit Sonderaufgaben

Schuldverschreibungen von Kreditinstituten mit Sonderaufgaben dienen der Beschaffung von Mitteln zur Finanzierung ihrer gesetzlichen oder satzungsmäßigen Aufgaben. Das Forderungsrecht der Anleihegläubiger kann gesichert sein:

- durch selbstschuldnerische Bürgschaft oder Garantie einer öffentlich-rechtlichen Körperschaft, zumeist durch den Bund oder ein Bundesland,
- durch Bildung einer besonderen Deckungsmasse,
- durch eine Negativklausel.

Sonstige Bankschuldverschreibungen

Inhaberschuldverschreibungen

Inhaberschuldverschreibungen und **Kassenobligationen** dienen der Beschaffung mittel- und langfristiger Mittel zur Kreditgewährung an die gewerbliche Wirtschaft. Zu den sonstigen Bankschuldverschreibungen gehören außerdem „ungedeckte" Schuldverschreibungen der Kreditinstitute, börsenfähige Sparschuldverschreibungen, Gewinnschuldverschreibungen, Optionsanleihen, Wandelschuldverschreibungen und Schuldverschreibungen mit besonderen Ausstattungsmerkmalen, z.B. Floater, Zero-Bonds, Indexanleihen, Aktienanleihen und Zertifikate.

▸ Kapitel 4.4.6

Tier-I-Anleihen

Tier-I-Anleihen sind ewige Anleihen, die aufgrund der Nachrangabrede bei den emittierenden Banken als aufsichtsrechtlich anerkanntes Eigenkapital angerechnet werden. Sie bieten Anlegern für das höhere Risiko im Falle der Insolvenz der Emittentin als Ausgleich eine höhere Rendite.

Asset Backed Securities

Mortgage Backed Securities

Asset Backed Securities (ABS) sind Bankschuldverschreibungen, die durch Kreditforderungen gedeckt und besichert sind. **Mortgage Backed Securities** (MBS) sind Bankschuldverschreibungen, die durch nachrangige private Hypothekenforderungen gedeckt und besichert sind.

Mit ABS und MBS werden in der Bankbilanz gebundene Finanzmittel für andere Bankaktivitäten freigesetzt.

Funktionsweise einer ABS-Transaktion

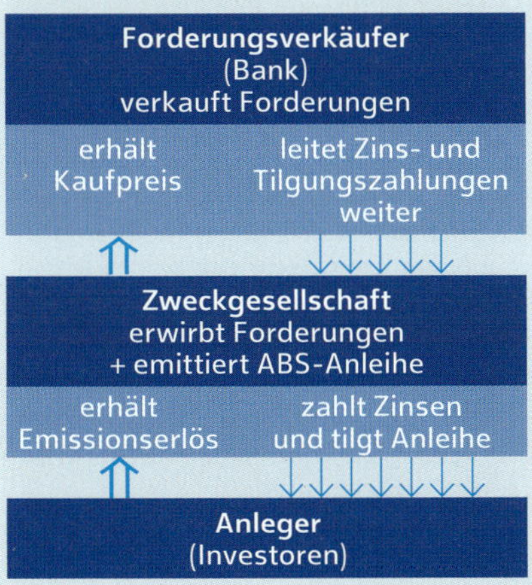

Ein Pool gleichartiger Forderungen, z. B. aus dem Kreditkartengeschäft, wird von einem Forderungsverkäufer (Bank) an eine speziell dafür gegründete Zweckgesellschaft verkauft. Diese finanziert den Ankauf durch die Ausgabe von Wertpapieren am Kapitalmarkt (ABS-Anleihe). Der Zins- und Tilgungsdienst für die Anleihen wird aus den weitergeleiteten Zahlungen der Schuldner des Forderungsverkäufers geleistet. Nach dem Risikogehalt der zugrundeliegenden Forderungen werden die Wertpapiere in Tranchen aufgeteilt (Senior = niedriges Risiko, Mezzanine = mittleres Risiko, Junior = hohes Risiko). Neben dieser als **True Sale** bezeichneten Transaktion gibt es auch **synthetische Verbriefungen**. Hier werden die Forderungen nicht verkauft, sondern lediglich das Ausfallrisiko der Forderungen über Derivate an einen Sicherungsgeber übertragen.

Bedeutung der Bankschuldverschreibungen	
für Anleger	**für Kreditinstitute**
▸ zinsbringende Vermögensanlage zu kapitalmarktgerechten Zinssätzen ▸ sichere Vermögensanlage durch Haftung des Emittenten mit dem gesamten Vermögen; bei Pfandbriefen zudem besondere Deckungsvorschriften ▸ fungible Kapitalanlage, die durch Verkauf an der Börse jederzeit realisiert werden kann	▸ Beschaffung mittel- und langfristiger Mittel am Kapitalmarkt ▸ bei festem Zinssatz für die gesamte Laufzeit der Anleihe langfristig kalkulierbare Zinskosten ▸ feste Rückzahlungstermine, dadurch eindeutige Vorgaben für die Liquiditätsplanung

4.4.2.3.3 Industrieobligationen

Industrieobligation

Industrieobligationen sind Schuldverschreibungen, mit denen sich große und namhafte Unternehmen aus Industrie, Handel und Verkehr langfristiges Fremdkapital für Investitionen und Umschuldungen beschaffen. Für die Bonität dieser Papiere sind in erster Linie der Ruf, die wirtschaftliche Lage und die Ertragskraft des Anleiheschuldners maßgebend.

▸ Kapitel 4.4.2.2

Industrieobligationen sind grundsätzlich durch die Substanz und die Ertragskraft des emittierenden Unternehmens gesichert. Besondere Sicherheiten werden in der Regel nicht bestellt. Üblich ist aber die **Abgabe einer Negativerklärung.**

Die Bedeutung der Industrieobligationen ist gemessen am Gesamtvolumen der umlaufenden festverzinslichen Wertpapiere gering.

Commercial Papers

Medium Term Notes

Commercial Papers (CP) und Medium Term Notes (MTN)

Commercial Papers sind unbesicherte, kurzfristige Inhaberschuldverschreibungen. Sie werden von Industrie-, Handels- und Dienstleistungsunternehmen mit überdurchschnittlicher Bonität sowie von der öffentlichen Hand als Daueremissionen im Rahmen eines CP-Programms begeben. Ein CP-Programm ist eine Rahmenvereinbarung zwischen einem Emittenten und einem Kreditinstitut (Arrangeur), durch die der Emittent das Recht erhält, Schuldverschreibungen (sog. Notes) bis zu einer vereinbarten Obergrenze zu begeben. Die Notes werden in Tranchen an den Markt gebracht und über Kreditinstitute (Platzeure) in der Regel direkt bei interessierten Investoren untergebracht. Das Platzierungsrisiko trägt der Emittent. Die Notes haben Laufzeiten zwischen sieben Tagen bis zu zwei Jahren. Sie werden abgezinst ausgegeben. Eine Börsennotierung ist nicht üblich. Anleger sind insbesondere Investmentfonds, Versicherungen und Großunternehmen.

Medium Term Notes sind Inhaberschuldverschreibungen, die in der Regel eine nicht nachrangige Verbindlichkeit verbriefen. Sie werden von Kreditinstituten aufgrund eines MTN-Programms begeben. MTN können auch in US-Dollar, Yen und anderen international gehandelten Währungen emittiert werden. Im Rahmen eines MTN-Programms kann ein Emittent seinem Finanzbedarf entsprechend Daueremissionen oder einzelne Tranchen mit Laufzeiten zwischen neun Monaten und 30 Jahren auflegen. Nach der Emission werden Medium Term Notes häufig in den amtlichen Börsenhandel, den geregelten Markt oder den Freiverkehr eingeführt. Die Rückzahlung erfolgt zum Nennwert. Zinsen werden in der Regel jährlich gezahlt.

Schuldscheindarlehen

Schuldscheindarlehen

Schuldscheine sind keine fungiblen Wertpapiere, sondern lediglich Beweisurkunden über eine Darlehensforderung. Zur Geltendmachung der Forderung ist die Vorlage des Schuldscheins nicht erforderlich. Schuldscheine sind nicht börsenfähig und nicht girosammelverwahrfähig. Sie können jedoch im Telefonverkehr wie Wertpapiere gehandelt werden.

Wesentliche Merkmale von Schuldscheindarlehen sind:

- Beträge meist zwischen 1 und 100 Mio. Euro, jedoch ohne Begrenzung nach oben,
- Ursprungslaufzeiten zwischen 3 und 7 Jahren,
- i. d. R. endfällige und unbesicherte Kapitalüberlassung.

Der Darlehensnehmer spart Emissions- und Verwaltungskosten. Der Aufwand für Börsenzulassung, Kurspflege, Einlösung von Zinsscheinen usw. entfällt. Auch nicht emissionsfähige Unternehmungen können über Schuldscheindarlehen große Darlehensbeträge zu anleiheähnlichen Konditionen beschaffen.
Kreditinstitute refinanzieren Schuldscheindarlehen bei Großanlegern (Banken, Versicherungsgesellschaften) durch Abtretung von Teilbeträgen.

4.4.2.3.4 Auslandsanleihen

Auslandsanleihen

Auslandsanleihen sind Schuldverschreibungen ausländischer Emittenten. Sie lauten auf Euro oder auf fremde Währungen, z. B. USD oder sfr sowie auf Rechnungseinheiten (RE). Rechnungseinheiten sind z. B. SDR (Special Drawing Rights = Sonderziehungsrechte des Internationalen Währungsfonds).

Auslandsanleihen

Euro-Auslandsanleihen

- Anleihen lauten auf Euro.
- Zins- und Tilgungszahlungen werden in Euro geleistet.
- Der deutsche Anleger trägt kein Wechselkursrisiko.

Währungsanleihen

reine Währungsanleihen

- Zins- und Tilgungszahlungen werden in fremder Währung geleistet.
- Der deutsche Anleger trägt das volle Wechselkursrisiko.

kursgesicherte Währungsanleihen

- Zins- und Tilgungszahlungen werden in Fremdwährung oder in Euro geleistet.
- Das Wechselkursrisiko ist durch ein bei Emission festgelegtes, festes Umrechnungsverhältnis ausgeschaltet.

Die Ausgabe von Auslandsanleihen sowie der Zinsen- und Tilgungsdienst werden in der Regel über deutsche Kreditinstitute bzw. Bankenkonsortien mit deutscher Konsortialführung abgewickelt. Auslandsanleihen entsprechen in ihrer Ausstattung weitgehend den Anleihen inländischer Emittenten. Wegen der schwieriger einzuschätzenden Schuldnerbonität bringen sie aber häufig einen höheren Zinsertrag.

Eine Sonderform der Währungsanleihen sind **Doppelwährungsanleihen**, bei denen zwei Währungen beteiligt sind. Bei einer auf USD begebenen Doppelwährungsanleihe werden beispielsweise Zinszahlungen in USD geleistet, während die Tilgung bei Fälligkeit in einer anderen Währung zu einem bei Emission festgelegten Wechselkurs erfolgt.

Euroanleihen

Euroanleihen

Als Euroanleihen werden Schuldverschreibungen bezeichnet, die von international zusammengesetzten Bankenkonsortien für Emittenten mit internationalem Standing an mehreren Finanzplätzen gleichzeitig platziert werden. Der Nennbetrag lautet für alle in die Platzierung einbezogenen Finanzplätze auf die gleiche Währung.

Euroanleihen werden weltweit gehandelt. Die meisten Euroanleihen werden in Luxemburg und London notiert. Die Abwicklung der Geschäfte erfolgt durch Wertpapierclearingsysteme, z. B. Clearstream International.

Schuldverschreibungen mit Sonderrechten

4.4.2.3.5 Schuldverschreibungen mit Sonderrechten

Schuldverschreibungen mit Sonderrechten

Wandelanleihen	Optionsanleihen	Gewinnschuldverschreibungen
Recht auf Umtausch	Bezugsrecht auf Aktien	Recht auf Gewinnbeteiligung (Zusatzverzinsung)

Wandelanleihen, Optionsanleihen und Gewinnschuldverschreibungen sind Bank- oder Industrieschuldverschreibungen, die neben dem Forderungsrecht bestimmte Sonderrechte verbriefen.

§ 221 Abs. 1 AktG
§ 221 Abs. 4 AktG

Die Ausgabe von Schuldverschreibungen mit Sonderrechten ist von der Zustimmung der Hauptversammlung der emittierenden Gesellschaft abhängig. Der Beschluss bedarf einer Mehrheit von mindestens drei Viertel des bei der Beschlussfassung vertretenen Grundkapitals. Aktionäre haben ein gesetzliches Bezugsrecht.

§ 192 AktG

Zur Ausgabe von Wandel- und Optionsanleihen ist eine Erhöhung des Grundkapitals erforderlich, die nur so weit durchgeführt werden soll, wie von einem Umtausch- oder Bezugsrecht Gebrauch gemacht wird (bedingte Kapitalerhöhung).

Wandelanleihen

Arten von Wandelschuldverschreibungen

Normale Wandelanleihe	Umgekehrte Wandelanleihe (sog. Pflichtwandelanleihe oder Contingent Convertible Bonds, CoCos)
Die Wandelanleihe verbrieft das Recht für den **Anleihegläubiger,** statt der Rückzahlung der Schuldverschreibung Aktien der Gesellschaft zu beziehen. Bei Ausübung des Rechts wird der Gläubiger zum Aktionär. **Sonderform:** Umtauschanleihe (Tausch in Aktien einer anderen Gesellschaft).	Die umgekehrte Wandelanleihe verbrieft das Recht für den **Anleiheschuldner** (emittierende AG), bei Eintritt definierter Ereignisse die Schuldverschreibung in einem definierten Verhältnis in Aktien zu tauschen.

Wandelanleihen sind Schuldverschreibungen, die entweder dem Käufer der Anleihe (Anleihegläubiger) oder der Gesellschaft (Anleiheschuldner) das Recht einräumen, die Schuldverschreibungen in Aktien der Gesellschaft zu tauschen.

Wandelanleihen

Umgekehrte Wandelanleihen werden insbesondere von Banken zur Stärkung des bankaufsichtlich anerkannten Eigenkapitals (i.d.R. zusätzliches Kernkapital) genutzt. Sie bieten im Krisenfall des Instituts eine einfache Möglichkeit der Bilanzentlastung, da eine Eigenkapitalerhöhung an die Stelle einer Fremdkapitaltilgung in Geld tritt.

Bis zur Wandlung bieten Wandelanleihen den Emittenten eine günstige Form der Fremdkapitalaufnahme.

Bei Ausgabe einer Wandelschuldverschreibung sind festzulegen:
- das Wandlungsverhältnis,
- die Wandlungsfrist,
- eine u.U. erforderliche Zuzahlung

Für die Wandelentscheidung ist der Börsenkurs der Aktie maßgeblich. Steigt dieser über den Wandlungspreis, wird eine Wandlung attraktiv.

Nicht gewandelte Schuldverschreibungen werden am Ende der Laufzeit getilgt.

Umtauschanleihen (exchangeables) räumen dem Inhaber das Recht ein, die Schuldverschreibungen in Aktien einer anderen als der die Anleihe ausgebenden Unternehmung zu tauschen. Mit Ausübung des Umtauschrechts wird der Gläubiger Aktionär. Der Emittent der Umtauschanleihe tilgt die Verbindlichkeit aus der Anleihe durch Hergabe von Beteiligungsvermögen (Aktien aus dem eigenen Wertpapierbestand).

Umtauschanleihen

Beispiel zur Umtauschanleihe

Eine Bank begibt eine Anleihe mit Umtauschrecht in Aktien einer Versicherungsgesellschaft. Die Aktien befinden sich im eigenen Wertpapierbestand der Bank.

Erläuterungen zur Wandelanleihe

Wandlungsverhältnis (Umtauschverhältnis)
Das Wandlungsverhältnis gibt an, wie viele Aktien für einen bestimmten Anleihenennbetrag bezogen werden können. Die Anleihebedingungen legen z.B. fest, dass für nominal 10000 Euro je 100 Aktien bezogen werden können.

Wandlungsfrist (Umtauschfrist)
Die Wandlungsfrist gibt an, innerhalb welchen Zeitraums der Umtausch beantragt werden kann. „Jederzeit, außer vom 15.12. bis 02.01." bedeutet, dass ein Umtausch während der letzten 16 Tage des Jahres ausgeschlossen ist.

Zuzahlung
Der Emittent kann bei Ausgabe festlegen, dass bei der Wandlung zusätzlich eine Barzahlung zu leisten ist.
Beispiel:
1.–3. Jahr Zuzahlung 10 Euro
4.–6. Jahr Zuzahlung 25 Euro
Die Zuzahlung soll die erwartete Wertsteigerung der Aktie berücksichtigen und zu einem frühen Umtausch Anreiz geben.

Erläuterungen zur Wandelanleihe
Wandlungspreis (Umtauschpreis) Der Umtauschpreis setzt sich aus dem Wandlungsverhältnis und der Zuzahlung zusammen. So beträgt der Umtauschpreis für eine Aktie bei Wandlung in den ersten drei Jahren 110 Euro (10000 Euro nominal : 100 Aktien + 10 Euro Zuzahlung je Aktie). Steigt der Aktienkurs über den Wandlungspreis, lohnt sich eine Wandlung grundsätzlich. Bei zwischenzeitlichen Kapitalerhöhungen wird i. d. R. ein sog. Verwässerungsschutz eingeräumt durch ‣ Gewährung eines Bezugsrechts, ‣ Herabsetzung der Zuzahlung oder ‣ Änderung des Wandlungsverhältnisses oder des Wandlungspreises.

Vorzüge von Wandelanleihen	
für den Emittenten	**für den Anleger**
‣ Die Zinssätze für Wandelanleihen liegen unter den Zinssätzen für Schuldverschreibungen. Die Finanzierung über Wandelanleihen kann daher kostengünstig sein. ‣ Das Fremdkapital braucht nicht getilgt zu werden, wenn die Gläubiger wandeln. Aus dem befristet verfügbaren Fremdkapital wird unbefristet verfügbares Eigenkapital. ‣ Zinsen für Wandelanleihen vermindern – wie alle Darlehenszinsen – als Kosten den steuerpflichtigen Gewinn des Unternehmens.	‣ Der Anleger hat Anspruch auf feste Verzinsung und auf Rückzahlung, solange er nicht gewandelt hat. ‣ Der Börsenkurs der Wandelanleihe wird vom Börsenkurs der Aktie bestimmt. Kurssteigerungen der Aktie führen auch zu steigenden Notierungen der Wandelanleihe. Kursverluste sind durch den Rückzahlungsanspruch begrenzt. ‣ Der Anleger kann die Vorteile des Eigentümers bei Wertzuwächsen mit den Rechten des Gläubigers auf Kapitalrückzahlung zum Nennwert und auf laufende, feste Verzinsung verbinden.

Optionsanleihen

Optionsanleihen

Optionsanleihen verbriefen neben dem Forderungsrecht ein Bezugsrecht auf Aktien der ausgebenden Gesellschaft. Das Forderungsrecht wird durch die Ausübung des Bezugsrechts nicht berührt. Die Optionsrechte sind in Optionsscheinen verbrieft, die von der Anleihe getrennt und selbstständig gehandelt werden können.

An der Börse werden notiert:

volle Stücke
leere Stücke

1. die **Optionsanleihe mit Optionsschein** (Anleihe cum = „volle Stücke"),
2. die **Optionsanleihe ohne Optionsschein** (Anleihe ex = „leere Stücke"),
3. der **Optionsschein allein.**

Bei Ausgabe sind festzulegen:

- das Optionsverhältnis,
- die Optionsfrist,
- der Bezugspreis.

Hebelwirkung

‣ Kapitel 4.5.3.6

Der Kurs der Optionsanleihe mit Optionsschein orientiert sich am Kurs der Optionsaktie, der Kurs ohne Optionsschein orientiert sich am Kursniveau des Marktes für festverzinsliche Wertpapiere. Die Notierung des Optionsscheins wird durch den Kurs der Bezugsaktie bestimmt. Ihren besonderen Akzent erhält die Kursentwicklung des Optionsscheins durch die sog. **Hebelwirkung.** Die Hebelwirkung beruht darauf, dass für den Erwerb des Optionsscheins ein geringerer Kapitaleinsatz erforderlich ist als für den Erwerb der Aktie, sodass der Optionsschein auf Kursänderungen der Aktie überproportional reagiert. Der **Hebel** gibt an, um wie viel Prozent sich der Kurs des Optionsscheins verändert, wenn der Kurs der Aktie um 1 % steigt oder fällt.

Erläuterungen zur Optionsanleihe

Optionsverhältnis
Das Optionsverhältnis gibt an, wie viele Optionsscheine zum Bezug einer Aktie erforderlich sind. Ein Optionsverhältnis von 2 : 1 bedeutet z. B., dass zum Bezug einer Aktie zwei Optionsscheine benötigt werden.

Bezugspreis
Der Bezugspreis ist der Preis, den der Optionsscheininhaber während der Optionsfrist bei Ausübung der Option für eine Aktie zahlen muss. Ein Bezugspreis von 100 Euro bei einem Optionsverhältnis von 2 : 1 bedeutet, dass bei Einreichung von 2 Optionsscheinen 100 Euro für den Erwerb einer Aktie bezahlt werden müssen.

Rechnerischer Wert des Optionsscheins

Optionspreis = Bezugspreis	**Börsenkurs der Aktie**	**Differenz**	**rechnerischer Wert des Optionsscheins**
100	80	– 20	0
100	100	± 0	0
100	120	+ 20	10
100	140	+ 40	20
100	180	+ 80	40
100	250	+ 150	75

Optionsprämie
Optionsscheine werden meistens mit einem Aufgeld gehandelt. Setzt man das Aufgeld ins prozentuale Verhältnis zum Kurs der Aktie, erhält man die Optionsprämie. Bei Notierung des Optionsscheins mit einem Aufgeld gibt die Optionsprämie an, wie viel Prozent der Erwerb einer Aktie über den Optionsschein teurer ist als der direkte Bezug über die Börse.

▸ Kapitel 4.5.3.6

Vor- und Nachteile

Vor- und Nachteile des Erwerbs von Optionsscheinen für den Anleger

Vorteile	Nachteile
Der Anleger ▸ setzt für eine Aktienspekulation erheblich weniger Kapital ein als ein Aktienkäufer, ▸ nimmt an Kurssteigerungen der Bezugsaktie überproportional teil, ▸ kann die Bezugsaktien zu einem von vornherein feststehendem Kurs erwerben, wenn er das Optionsrecht ausübt.	Der Anleger ▸ trägt das Risiko, das gesamte eingesetzte Kapital bei Kursrückschlägen der Bezugsaktie zu verlieren, ▸ nimmt an Kursverlusten der Bezugsaktie überproportional teil, ▸ ist im Gegensatz zum Aktionär nicht dividendenberechtigt, ▸ verliert das eingesetzte Kapital, wenn er den Optionsschein bis zum Ablauf der Optionsfrist nicht verwertet hat.

Gewinnschuldverschreibungen

Gewinnschuldverschreibungen

Gewinnschuldverschreibungen verbriefen statt des Zinsanspruchs oder zusätzlich zum Zinsanspruch **einen Anspruch auf Anteil am Gewinn der ausgebenden Gesellschaft.** Gewinnschuldverschreibungen können auch mit fester Grundverzinsung und gewinnabhängiger Zusatzverzinsung ausgestattet sein.

4.4.2.3.6 Schuldverschreibungen mit besonderen Ausstattungsmerkmalen

Schuldverschreibungen können hinsichtlich der Zinsgestaltung, der Zinszahlung, der Geldwertsicherung und der Gestaltung der Rückzahlung Besonderheiten aufweisen.

Schuldverschreibungen mit besonderen Ausstattungsmerkmalen

	Name	Kennzeichnung	Emissionsgründe
Floating Rate Notes	**Floating Rate Notes** (FRNs, Floater) Sonderformen: Cap-Floater Floor-Floater Collar-Floater Umgekehrte Floater	Schuldverschreibungen mit variabler Verzinsung, deren Zinsen in regelmäßigen Zeitabständen, z. B. alle 3–6 Monate, an die aktuellen Geldmarktsätze angepasst werden. Bezugszinssätze (Basiszins) für deutsche FRNs sind vor allem EURIBOR und Euro-LIBOR. Auf den Basiszins wird ein Aufschlag gezahlt, der von der Bonität des Schuldners abhängig ist. ▸ Floater mit Zinsobergrenzen ▸ Floater mit Zinsuntergrenzen ▸ Floater mit Zinsunter- und Zinsobergrenze ▸ Floater, die mit einem Festzins ausgestattet sind, von dem der Basiszins abgezogen wird	Der Emittent kann langfristige Mittel zu Geldmarktkonditionen beschaffen. Der Anleger hat ein verringertes Kursrisiko, da der Kurs sich spätestens bei Neufestlegung des Zinses in der Nähe des Nennwertes einpendelt.
Zero-Bonds	**Zero-Bonds** (Null-Kupon-Anleihen)	Schuldverschreibungen ohne laufende Zinszahlung. Die Zinsen werden bei Fälligkeit zusammen mit dem Anleihebetrag ausgezahlt: ▸ Emission zum Nennwert (sog. Kapitalzuwachsanleihen) und Rückzahlung zum Nennwert + Zinsen + Zinseszinsen ▸ Emission zum abgezinsten Kapitalwert und Rückzahlung zum Nennwert.	Der Emittent hat Liquiditätsvorteile, da Liquidität für Tilgung und Zinsen erst bei Endfälligkeit benötigt wird. Der Anleger braucht sich während der Laufzeit nicht um die Wiederanlage von Kapital und Zinsen zu kümmern und kann den Steuerstundungseffekt nutzen. Die Besteuerung erfolgt erst bei Fälligkeit bzw. bei Weiterverkauf.
Stripped Bonds	**Stripped Bonds**	Stripped Bonds entstehen durch Trennung der Zinsansprüche vom Rückzahlungsanspruch (Trennung von Mantel und Zinsscheinen). Das Stripping führt zu einer Vielzahl von Null-Kupon-Anleihen, z. B. entstehen aus einer zehnjährigen Anleihe mit zehn Zinsterminen elf Null-Kupon-Anleihen (ein Kapital-Strip und zehn Zins-Strips), die selbstständig neben der ursprünglichen Anleihe gehandelt werden können.	Stripped Bonds werden nach Emission und Platzierung durch Anleger geschaffen, die auf diese Weise Zinsansprüche bereits vor Fälligkeit verkaufen können.
Gleitzinsanleihen	**Gleitzinsanleihen** (Stufenzinsanleihen, Staffelzinsanleihen) Sonderform: Kombizinsanleihe	Festzinsanleihen mit während der Laufzeit steigenden oder fallenden Zinsen. Die Zinssätze stehen bei Ausgabe fest. Sie sind in den Anleihebedingungen festgelegt. Kombination von Null-Kupon- und Festzinsanleihe. Zinszahlung wird erst nach zinsfreier Zeit aufgenommen, dann aber zu höheren Zinssätzen.	Der Emittent kann Zins- oder Steuererwartungen der Anleger nutzen.
Indexanleihen	**Indexanleihen** (Bull- und Bear-Anleihen)	Schuldverschreibungen, deren Rückzahlungskurs an einen Index gebunden ist, z. B. an den Dax oder Stoxx. Bull-Tranchen zielen auf Anleger, die auf steigende Kurse der Indexwerte setzen, Bear-Tranchen auf Anleger, die auf fallende Kurse der Indexwerte setzen.	Der Emittent kann Fremdkapital zu günstigen Konditionen aufnehmen. Der Anleger kann an der Kursentwicklung des Index teilnehmen.

Name	Kennzeichnung	Emissionsgründe
Preisindexierte Anleihen (Linker, Anti-Inflations-anleihen)	Anleihen staatlicher Schuldner, deren Zins- und Tilgungsleistungen an einen Preisindex gekoppelt sind.	Der Emittent dokumentiert, dass er an einer Senkung der realen Staatsschuld durch Inflation nicht interessiert ist. Der Anleger ist gegen Inflation geschützt.
Doppel-währungs-anleihen	Schuldverschreibungen, bei denen Zeichnung, Zinszahlungen und Tilgungen in unterschiedlicher Währung erfolgen, z. B. Zeichnung und Zinszahlung in Euro und Rückzahlung in US-Dollar. Der Fremdwährungkurs wird bei Emission der Anleihe verbindlich festgesetzt.	Tochtergesellschaften ausländischer Unternehmen können auf diese Weise Fremdkapital beschaffen und den Zinsendienst übernehmen. Die Rückzahlung wird von der Muttergesellschaft in ihrer Landeswährung vorgenommen.

Preisindexierte Anleihen

Doppelwährungsanleihen

4.4.2.4 Emission und Handel von Schuldverschreibungen

4.4.2.4.1 Ausgabe und Unterbringung von Schuldverschreibungen

Emissionsgründe

Die Emission von Schuldverschreibungen dient der Beschaffung von Fremdkapital über den Kapitalmarkt. Emission ist die Ausgabe von Wertpapieren und ihre Unterbringung bei Kapitalanlegern.

Arten der Emission

Selbstemission	Fremdemission
▸ Der Emittent führt die Ausgabe und Unterbringung der Wertpapiere allein durch. ▸ Der Emittent trägt das Absatzrisiko allein. ▸ Der Emittent übernimmt die technische Abwicklung selbst.	▸ Der Emittent bedient sich bei der Ausgabe und Unterbringung der Wertpapiere Dritter. ▸ Der Emittent nutzt Sachkenntnis und Absatzorganisation von Spezialisten. ▸ Der Emittent überträgt die technische Abwicklung und bei fester Übernahme auch das Absatzrisiko auf Dritte.

Typisches Beispiel für eine Selbstemission ist die Ausgabe und Unterbringung von Pfandbriefen durch Kreditinstitute.

Fremdemission

Bei der **Fremdemission** übernehmen Kreditinstitute, die sich in der Regel zu einem Emissionskonsortium zusammenschließen, oder Wertpapierdienstleistungsunternehmen die technische Abwicklung der Emission und die Unterbringung der Wertpapiere bei den Anlegern. Die Art der Übernahme wird im Emissionsvertrag (Übernahmevertrag) festgelegt.

Übernahme

Übernahme

Feste Übernahme (Kauf)	Kommissionsweise Übernahme	Geschäftsbesorgung
Das Konsortium kauft die Wertpapiere im eigenen Namen für eigene Rechnung. Der Emittent erhält den vollen Gegenwert der Emission. Das Absatzrisiko liegt beim Konsortium.	Das Konsortium übernimmt die Wertpapiere zum Verkauf in eigenem Namen für fremde Rechnung. Der Emittent erhält jeweils den Erlös aus den abgesetzten Stücken.	Das Konsortium übernimmt die Wertpapiere zum Verkauf im Namen und für Rechnung des Emittenten (offene Stellvertretung). Der Emittent erhält den Erlös aus den abgesetzten Stücken.

Funktionen der Kreditinstitute bei Fremdemissionen

Funktionen der Kreditinstitute bei Fremdemissionen	
Beratung	Kreditinstitute können die jeweilige Kapitalmarktsituation beurteilen und die Kapitalmarktkonditionen abschätzen. Sie können den Emittenten daher bei der Vorbereitung der Emission und der Festsetzung der Konditionen beraten.
Überlassung ihres Emissionskredits	Das Vertrauen, das die beteiligten Kreditinstitute genießen, wird für die über sie emittierten Wertpapiere genutzt. Anleger verlassen sich darauf, dass Kreditinstitute keine Emissionen zweifelhafter Emittenten anbieten. Bei der Emission von Anleihen steht der Emissionskredit sowohl für die Bonität des Emittenten als auch für die Marktüblichkeit der Anleihebedingungen.
Unterbringung	Kreditinstitute übernehmen den Absatz der Wertpapiere. Sie stellen ihr Filialnetz als Absatzorganisation zur Verfügung und erreichen damit eine große Zahl interessierter Kapitalanleger.
Risikoübernahme	Kreditinstitute übernehmen bei fester Übernahme das Absatzrisiko und bei öffentlicher Platzierung Risiken aus der Prospekthaftung.
Technische Abwicklung	Kreditinstitute übernehmen die technische Abwicklung der Emission, z. B. Prospektausarbeitung, Werbung, Beantragung der Zulassung zur Sammelverwahrung, Verkauf, Börseneinführung.

Prospekthaftung
▸ Kapitel 4.4.3.4.2

Schuldverschreibungen können öffentlich oder privat platziert werden. Bei öffentlicher Platzierung wird das Verkaufsangebot veröffentlicht, bei einer Privatplatzierung richtet sich das Angebot nur an wenige kapitalkräftige Investoren.

Unterbringung einer Emission

Unterbringung einer Emission

- Öffentliche Platzierung
  - Auflegung zur öffentlichen Zeichnung
    Sonderform: Tenderverfahren
  - Freihändiger Verkauf
  - Börsenmäßiger Verkauf
- Private Platzierung

öffentliche Zeichnung

Bei **Auflegung einer Anleihe zur öffentlichen Zeichnung** veröffentlicht das Konsortium Verkaufsprospekte und fordert die Anleger zur Abgabe von Zeichnungsangeboten innerhalb einer Zeichnungsfrist auf. Nach Ablauf der Zeichnungsfrist werden die Schuldverschreibungen den Anlegern zugeteilt.

Beim **Tenderverfahren** werden die Schuldverschreibungen gegen Gebot zugeteilt: Tenderverfahren

- Beim **Mengentender** werden die Zeichner aufgefordert, ihre **Zeichnungsbeträge** aufzugeben. Die Konditionen der Emission stehen fest und sind den Zeichnern bekannt. Jedes Gebot wird mit dem gleichen Zuteilungssatz bedient.
- Beim **Zinstender** (**Preistender**) werden die Zeichner aufgefordert, **Zeichnungsbeträge und Zinssätze** (**Zeichnungskurse**) aufzugeben. Ein Zeichner kann auch mehrere Gebote abgeben. Der Emittent kann einen Mindestzins (Mindestkurs) vorgeben, er kann die Preisfindung aber auch den Zeichnungsergebnissen überlassen.

Die Emission kann zugeteilt und abgerechnet werden:
- zu einem einheitlichen Zinssatz oder Verkaufskurs (**Holländisches Verfahren**)
- oder zu den individuellen Bietungssätzen (**Amerikanisches Verfahren**).

Gebote über dem festgesetzten bzw. über dem niedrigsten zum Zuge kommenden Zins oder Kurs werden voll bedient, Gebote zu diesem Zins oder Kurs werden ggf. nur teilweise bedient (repartiert).

Bietergruppe Bundesemissionen

Bundesanleihen, Bundesobligationen, Bundesschatzanweisungen und Unverzinsliche Schatzanweisungen werden einheitlich im Tenderverfahren über die Bietergruppe Bundesemissionen begeben. Mitglieder können nur Institute sein, die im vorangehenden Kalenderjahr ihre Platzierungskraft durch Übernahme von mindestens 0,05 % der Gesamtzuteilungen bewiesen haben. Die Bietergruppe umfasst zurzeit 36 Institute.

Beim **freihändigen Verkauf** werden die Schuldverschreibungen fortlaufend verkauft. Statt einer Zeichnungsfrist wird der erste Verkaufstag angegeben. Der im Verkaufsprospekt angegebene Preis ist freibleibend. Er kann im Verlauf des Verkaufs jederzeit verändert und der Kapitalmarktlage angepasst werden. freihändiger Verkauf

Der freihändige Verkauf wird vor allem von Daueremittenten genutzt, z. B. von Kreditinstituten zum Absatz von Pfandbriefen.

Beim **börsenmäßigen Verkauf** werden die Papiere zunächst an der Börse eingeführt und über die Börse verkauft. Diese Form der Unterbringung ist selten. börsenmäßiger Verkauf

4.4.2.4.2 Handel von Schuldverschreibungen (Rentenhandel)

Schuldverschreibungen werden gehandelt

- **börsenmäßig im Parketthandel (Präsenzhandel) sowie in elektronischen Handelssystemen,** börsenmäßiger Handel Kapitel 4.4.7.1.3
- **außerhalb der Wertpapierbörsen im OTC-Handel** („Over the Counter-Handel").

Der **OTC-Handel** findet als **Handel am Telefon oder Bildschirm** statt. Kreditinstitute und andere Unternehmen, die sich am Rentenhandel beteiligen, stehen untereinander in Kontakt und sind an große Finanz-Informationssysteme angeschlossen, z. B. Reuters. Die Rentenhändler können am Terminal die Angebote anderer Marktteilnehmer sichten und eigene Geld- und Briefkurse für bestimmte Anleihen eingeben. Die in die Systeme eingestellten Geld- und Briefkurse sind freibleibend. Sie zeigen OTC-Handel näherungsweise, zu welchen Konditionen ein Rentenhändler bereit ist, bestimmte Papiere zu kaufen oder zu verkaufen. Geschäfte kommen telefonisch oder über Bildschirmnachrichten durch feste Vereinbarung von Mengen und Kursen zustande. Gültig sind nur diese Preise. Für bestimmte Papiere, z. B. für Bundesanleihen, gibt es auch Market Maker, die verbindliche Kurse stellen.

Für den elektronischen Rentenhandel hat sich europaweit das Handelssystem Bondcube mit Sitz in London etabliert. Neben Staatsanleihen können hier auch Jumbopfandbriefe und Unternehmensanleihen elektronisch gehandelt werden.

4.4.2.5 Risiken bei Anlagen in Schuldverschreibungen

Kapitel 4.4.1.5

Neben den Basisrisiken einer Geld- und Vermögensanlage in Wertpapieren gibt es für einen Erwerber von Schuldverschreibungen spezielle Risiken, auch wenn verzinsliche Wertpapiere im Vergleich zu Aktien oder Finanzderivaten als relativ sichere Kapitalanlage gelten.

spezielle Risiken

Spezielle Risiken bei Anlagen in Schuldverschreibungen

- Bonitätsrisiko
- Zinsrisiko (Zinsänderungsrisiko)
- Kündigungs- und Auslosungsrisiko
- Besondere Risiken einzelner Anleiheformen

Bonitätsrisiko

Das **Bonitätsrisiko** ist die Gefahr der Zahlungsunfähigkeit des Schuldners, d. h. eine mögliche vorübergehende oder endgültige Unfähigkeit zur Erfüllung seiner Zins- und Tilgungsverpflichtungen. Das Bonitätsrisiko ist auch von der Laufzeit der Anleihe und von der Anleihewährung abhängig.

Das Bonitätsrisiko schlägt sich im Kurs und in der Rendite einer Anleihe nieder. Erstklassige Schuldner können ihre Anleihen von vornherein mit einem niedrigeren Nominalzins ausstatten. Anleihen von Emittenten mit niedriger Bonitätseinschätzung erzielen höhere Renditen, bergen aber auch höhere Risiken.

Ratings

Bonitätseinschätzung durch Ratings

Zur Einschätzung von Schuldnerqualitäten und Bonitätsrisiken werden Ratings verwendet. Internationale Ratingunternehmen, z. B. Moody's Investors Service und Standard & Poor's, werden von den Emittenten beauftragt, die Bonität ihrer Anleihen zu beurteilen. Eine Bonitätsanalyse umfasst die Beurteilung

- des Länderrisikos,
- des Branchenrisikos und
- des Ausfallrisikos des Emittenten.

§17 WpHG

Das Ergebnis der Analyse wird mit Noten bewertet. Moody's und Standard & Poor's haben jeweils 20 Notenstufen von Aaa bis D (Moody's) bzw. von AAA bis D (S&P). D steht für Default (= Ausfall). Die entscheidende Grenze liegt zwischen Baa 3 und Ba 1 (Moody's) bzw. BBB– und BB+ (S&P).

Darüber eingestufte Anleihen gelten als gute oder akzeptable Anlagen, darunter bewertete als spekulative Anlagen (Junk bonds).

Für den Emittenten entstehen durch das Rating Kosten. Das Rating erleichtert aber die Platzierung und die Marktpflege der Anleihe, weil Gläubiger ein objektiviertes Bild über die Schuldnerbonität erhalten.

Ratingagenturen sind nach einer EU-Verordnung zur Vermeidung von Interessenkonflikten und zur Transparenz verpflichtet. Sie müssen z. B. ihre Methoden und Modelle veröffentlichen und von der European Securities and Markets Authority (ESMA) genehmigen lassen.

Das **Zinsrisiko** (**Zinsänderungsrisiko**) ergibt sich aus der Ungewissheit über die zukünftige Zinsentwicklung. Beim Besitzer eines verzinslichen Wertpapiers wirkt sich das Zinsänderungsrisiko in Form von Kursverlusten aus, wenn der Marktzins steigt. Die Zinsänderungsempfindlichkeit ist umso höher, je niedriger der Nominalzins und je länger die Restlaufzeit einer Anleihe ist. Zinsrisiko

Das **Kündigungsrisiko** besteht in der Gefahr, dass der Anleiheschuldner bei sinkenden Marktzinsen eine vorzeitige Kündigung vornimmt, wenn eine entsprechende Kündigungsklausel in den Anleihebedingungen enthalten ist. Er kann auf diese Weise seine Zinslast senken. Das **Auslosungsrisiko** ist die Gefahr bei Auslosungsanleihen, dass eine frühzeitige Auslosung zu einem Renditeverlust gegenüber der auf der Grundlage der durchschnittlichen Laufzeit errechneten Emissionsrendite führen kann. Kündigungsrisiko

Besondere Risiken bestehen bei Anleihen mit Sonderrechten und Anleihen mit besonderen Ausstattungsmerkmalen, z. B. haben Fremdwährungsanleihen ein zusätzliches Währungsrisiko, Wandelanleihen ein zusätzliches Kursrisiko durch den Kursverlauf der Wandelaktie.

Beispiel für besondere Risiken bei einer Aktienanleihe ▸ Kapitel 4.4.6

12,25 % Inhaber-Teilschuldverschreibung mit Rückzahlungswahlrecht der Emittentin in SAP AG-Vorzugsaktien.
Rückzahlungsvariante A: Bei Endfälligkeit wird die Anleihe zu 100 % zurückgezahlt.
Rückzahlungsvariante B: Je 5000 Euro Nennbetrag werden 19 SAP AG-Vorzugsaktien zum Basispreis von 269,10 Euro je Aktie geliefert. Der Marktpreis der Aktie am Rückzahlungstag bleibt unberücksichtigt.
Risikobeurteilung: Bei wirtschaftlicher Betrachtungsweise ist der Anleger sowohl Darlehensgeber der Emittentin als auch Verkäufer von Put-Optionen auf SAP AG-Vorzugsaktien. Für das verkaufte Optionsrecht erhält er eine Prämie in Form einer Verzinsung, die bei Emission der Schuldverschreibung über dem Marktniveau für vergleichbare Laufzeiten und Emittenten liegt.

4.4.3 Aktien

4.4.3.1 Begriff der Aktie und Rechte der Aktionäre

Aktien verbriefen Teilhaberrechte an einer Aktiengesellschaft. Der Eigentümer einer Aktie ist am Grundkapital der Aktiengesellschaft beteiligt. Teilhaberrechte

Aktien können entweder **Nennbetragsaktien oder Stückaktien** sein: §8 Abs. 1 AktG

- **Nennbetragsaktien** müssen auf mindestens einen Euro lauten. Aktien über einen geringeren Nennbetrag sind nichtig. Höhere Aktienbeträge müssen auf volle Euro lauten. Der Anteil am Grundkapital bestimmt sich nach dem Verhältnis des Aktiennennbetrags zum Grundkapital. Nennbetragsaktien §8 Abs. 2 AktG
- **Stückaktien** lauten auf keinen Nennbetrag, sondern auf einen Anteil am Grundkapital. Der Anteil am Grundkapital bestimmt sich nach der Zahl der Aktien. Alle Stückaktien einer Gesellschaft sind am Grundkapital in gleichem Umfang beteiligt. Stückaktien §8 Abs. 3 AktG

Aktien werden an den deutschen Wertpapierbörsen in Euro pro Stück notiert.

§ 3 Abs. 2 AktG

Börsennotiert sind Gesellschaften, deren Aktien an einem Markt gehandelt werden, der von staatlich anerkannten Stellen geregelt und überwacht wird, regelmäßig stattfindet und für das Publikum mittelbar oder unmittelbar zugänglich ist.

	Rechte der Aktionäre	
§ 58 Abs. 4 AktG	1. Beteiligung am Gewinn (Dividendenrecht)	Die Aktionäre haben Anspruch auf den Bilanzgewinn. Die Anteile der Aktionäre am Gewinn bestimmen sich nach dem Verhältnis der Anteile am Grundkapital. Der auf die einzelne Aktie entfallende Gewinnanteil wird als Dividende bezeichnet. Die Dividende ist am dritten Geschäftstag nach dem Beschluss fällig.
§ 118 AktG	2. Teilnahmerecht an der Hauptversammlung	Die Aktionäre üben ihre Aktionärsrechte in der Hauptversammlung aus. Die Jahreshauptversammlung hat in den ersten acht Monaten des Geschäftsjahres stattzufinden. Die Satzung kann eine Teilnahme der Aktionäre an der Hauptversammlung mittels Internet und die elektronische Ausübung der Stimm- und Fragerechte vorsehen.
§ 119 AktG § 134 AktG ▸ Kapitel 4.4.8.3.4	3. Stimmrecht in der Hauptversammlung	Die Hauptversammlung beschließt in den im Gesetz und in der Satzung der Gesellschaft bestimmten Fällen, insbesondere über 1. die Bestellung der Mitglieder des Aufsichtsrats (ausgenommen Mitglieder nach dem Mitbestimmungsgesetz, dem Mitbestimmungsergänzungsgesetz oder dem Drittelbeteiligungsgesetz), 2. die Verwendung des Bilanzgewinns, 3. die Entlastung der Mitglieder des Vorstands und des Aufsichtsrats, 4. die Bestellung des Abschlussprüfers, 5. Satzungsänderungen, 6. Maßnahmen der Kapitalbeschaffung und der Kapitalherabsetzung, 7. die Bestellung von Prüfern für die Prüfung von Vorgängen bei der Gründung oder der Geschäftsführung, 8. die Auflösung der Gesellschaft. Das Stimmrecht wird nach Aktiennennbeträgen, bei Stückaktien nach deren Zahl ausgeübt. Das Stimmrecht kann schriftlich auf einen Bevollmächtigten übertragen werden. Bevollmächtigte können auch Kreditinstitute oder von der Gesellschaft benannte Stimmrechtsvertreter sein.
§ 131 AktG	4. Auskunft durch den Vorstand (Auskunftsrecht)	Jedem Aktionär ist auf Verlangen in der Hauptversammlung vom Vorstand Auskunft über Angelegenheiten der Gesellschaft zu geben. Das Frage- und Rederecht des Aktionärs kann zeitlich beschränkt werden, wenn die Satzung dies vorsieht. Der Vorstand darf die Auskunft u. a. verweigern, ▸ soweit sie nach vernünftiger kaufmännischer Beurteilung der Gesellschaft oder einem verbundenen Unternehmen einen nicht unerheblichen Nachteil zufügen kann, ▸ soweit sie sich auf steuerliche Wertansätze oder auf die Höhe einzelner Steuern bezieht, ▸ soweit die Auskunft auf der Internetseite der Gesellschaft über mindestens sieben Tage vor Beginn der Hauptversammlung sowie in der Hauptversammlung durchgängig zugänglich ist.
§ 186 AktG	5. Bezug junger Aktien (Bezugsrecht)	Bei Kapitalerhöhungen muss jedem Aktionär ein seinem Anteil an dem bisherigen Grundkapital entsprechender Teil der neuen Aktien zugeteilt werden. Das Bezugsrecht kann im Beschluss über die Erhöhung des Grundkapitals ganz oder teilweise ausgeschlossen werden. Als Ausschluss des gesetzlichen Bezugsrechts ist nicht anzusehen, wenn die neuen Aktien von einem Kreditinstitut oder Bankenkonsortium mit der Verpflichtung übernommen werden sollen, sie den Aktionären zum Bezug anzubieten.
§ 271 AktG	6. Anteil am Liquidationserlös	Bei Auflösung der Gesellschaft wird das nach Begleichung der Verbindlichkeiten verbleibende Vermögen unter die Aktionäre verteilt.

Aktie

4.4.3.2 Arten der Aktien

Aktien können eingeteilt werden
- nach dem Umfang der verbrieften Rechte in Stamm- und Vorzugsaktien,
- nach der Art der Übertragung der Aktie in Inhaber- und Namensaktien.

Stammaktien verbriefen die gewöhnlichen gesetzlichen und satzungsmäßigen Aktionärsrechte.

Stammaktien
▸ Kapitel 4.4.3.1

Vorzugsaktien haben gegenüber Stammaktien einen Vorteil bei der Verteilung des Bilanzgewinns einer AG. Entweder erhalten Vorzugsaktien ihren Gewinnanteil vor den Stammaktien (Vorabdividende) oder sie erhalten einen erhöhten Gewinnanteil (Mehrdividende). Diesen Vorzug erkauft sich der Aktionär durch einen Verzicht auf das Stimmrecht in der Hauptversammlung, weshalb diese Aktien als **stimmrechtslose Vorzugsaktien** bezeichnet werden.

§ 139 Abs. 1 AktG

Fällt in Verlustjahren die Dividendenzahlung auf Vorzugsaktien aus, so hat der Aktionär nach dem AktG einen Anspruch auf Nachzahlung des ausgefallenen Vorzugs in späteren Geschäftsjahren. Da sich der Anspruch auf den Vorteil bei Ausfall aufsummiert, werden diese Aktien als **kumulative Vorzugsaktien** bezeichnet. Das Stimmrecht des Vorzugsaktionärs lebt wieder auf, wenn die Zahlung des Vorzugs mindestens zwei Jahre ausgefallen ist. Nach vollständiger Nachzahlung der Rückstände erlischt das Stimmrecht automatisch.

§ 140 Abs. 2 AktG

kumulative stimmrechtslose Vorzugsaktie

Arten von Vorzugsaktien			
nach der Art des Vorzugs		nach der Art des Nachzahlungsanspruchs	
Die Aktien erhalten vor den Stammaktien einen Gewinnanteil (Vorabdividende).	Die Aktien erhalten einen erhöhten Gewinnanteil im Vergleich zu Stammaktien (Mehrdividende).	Die Aktien verbriefen einen gesetzlichen Anspruch auf Nachzahlung ausgefallener Vorzüge (kumulative Vorzugsaktie). Folge: Aufleben des Stimmrechts, wenn der Vorzugsbetrag zwei Jahre nicht gezahlt wird.	Die Aktien haben keinen Anspruch auf Nachzahlung ausgefallener Vorzüge (nicht kumulative Vorzugsaktie). Folge: Aufleben des Stimmrechts, wenn der Vorzugsbetrag nicht gezahlt wird.

Die Satzung der AG kann den gesetzlichen Anspruch auf Nachzahlung ausschließen (nicht kumulative stimmrechtslose Vorzugsaktie). Diese Art der Vorzugsaktie erlaubt börsennotierten Banken, die Vorzugsaktien als Kernkapital anrechnen zu lassen. Bei Vorzugsaktien ohne Nachzahlungsanspruch lebt das Stimmrecht des Vorzugsaktionärs auf, wenn in einem Jahr der Vorzugsbetrag ganz oder teilweise nicht gezahlt wird.

Aktien nach der Art der Übertragung

- Inhaberaktien
- Namensaktien
  Sonderform: Vinkulierte Namensaktien

Inhaberaktien

Inhaberaktien werden durch Einigung und Übergabe der Aktie übertragen.

Namensaktien

Bei **Namensaktien** ist zusätzlich die **Eintragung im Aktienregister** erforderlich. Die Aktiengesellschaft oder ein von ihr bevollmächtigter Dritter tragen darin den Aktionär mit Namen, Geburtsdatum, Adresse, Stückzahl oder Aktiennummern, bei Nennbetragsaktien mit dem Betrag ein.

Aktionärspflicht bei Namensaktien
§ 67 Abs. 1 AktG

Der Inhaber von Namensaktien ist verpflichtet, der AG die zur Führung des Aktienregisters notwendigen Angaben zu machen. Anstelle des wahren Inhabers wird häufig die depotführende Bank ins Aktienregister eingetragen, wenn der Inhaber nicht in Erscheinung treten will. Die Satzung der AG kann jedoch die Eintragung von Ermächtigten ausschließen oder beschränken, z. B. ab einer bestimmten Aktienzahl. Widerspricht die Eintragung im Aktienregister einer solchen Satzungsregelung, so verlieren die entsprechenden Aktien das Stimmrecht. Beschränkungen durch Satzung gelten nicht für Kreditinstitute, die bei Übertragungsvorgängen vorübergehend eingetragen werden.

Auskunftsrecht der AG bei Namensaktien

Auf **Verlangen der AG** hat der in das Aktienregister Eingetragene innerhalb angemessener Frist (i. d. R. 14 Tage) mitzuteilen, inwieweit ihm die Aktien auch gehören. Falls es sich nicht um seine eigenen Aktien handelt, muss er Angaben zu demjenigen machen, für den er die Aktien hält.

Bei Namensaktien, die von in- oder ausländischen Publikumsfonds gehalten werden, gilt das Investmentvermögen als Eigentümer.

Bei **vinkulierten Namensaktien** bedarf die Umschreibung der Zustimmung der Gesellschaft.

vinkulierte Namensaktien

Beispiel für vinkulierte Namensaktien

Die Lufthansa AG hat vinkulierte Namensaktien begeben, um die Beteiligungsverhältnisse der Aktionäre zu kontrollieren. Dies ist aufgrund gesetzlicher Vorschriften für die Aufrechterhaltung der Luftverkehrsbetriebsgenehmigung notwendig.

Vorteile von Namensaktien

Namensaktien bieten gegenüber Inhaberaktien eine Reihe von Vorteilen:

- Die **Verbindung zwischen Gesellschaft und Aktionär** kann ohne Einschaltung der Depotbanken durch Nutzung der gespeicherten Daten gepflegt werden.
- **Verschiebungen in der Aktionärsstruktur** können über eine Analyse der Angaben im Aktienregister erkannt werden.
- Die Namensaktie ist die **international verbreitete Aktienform**. Der gleichzeitige Handel an mehreren Börsen (sog. Global Listing) erfordert die Ausgabe von Namensaktien, wenn für alle Aktionäre die gleichen Rechte verbrieft sein sollen.

Besondere Aktien	
Berichtigungs-aktien (Gratisaktien)	Berichtigungsaktien entstehen aus der Umwandlung von offenen Rücklagen in Grundkapital. Die neuen Aktien gelten als voll eingezahlt. Die Rücklagen standen dem Aktionär auch vorher im Verhältnis seines Kapitalanteils zu. Für den Aktionär ändert sich der Wert seiner Beteiligung nicht.
Belegschafts-aktien	Belegschaftsaktien werden (oft zu einem Vorzugskurs) an Belegschaftsmitglieder ausgegeben. Für den Weiterverkauf muss häufig eine Sperrfrist beachtet werden.
Junge Aktien	Junge Aktien sind Aktien aus einer Kapitalerhöhung, die für das laufende Geschäftsjahr noch nicht bzw. noch nicht voll dividendenberechtigt sind. Nach dem nächsten Dividendentermin werden sie den „alten“ Aktien gleichgestellt. Bei zwei Kapitalerhöhungen in einem Geschäftsjahr kann es zur Ausgabe „jüngster“ Aktien kommen.
Globalaktien	Globalaktien sind Sammelurkunden über eine größere Zahl von Aktien. Sie dienen der Vereinfachung der Verwaltung und Verwahrung.
ADR (American Depositary Receipts)	Aktienzertifikate, die anstelle der amerikanischen Originalaktien gehandelt werden, da nationale Rechtsvorschriften den Handel mit Originalaktien an Auslandsbörsen beschränken.

4.4.3.3 Motive der Geldanlage in Aktien

Ziele der Aktienanlage

Mit einer Geldanlage in Aktien kann der Aktionär verschiedene Ziele verfolgen.

Die wichtigsten Motive sind:

- **Ertragsmotiv:** Beteiligung an einer AG als Ertrag bringende Kapitalanlage.
- **Sachwertmotiv:** Erwerb von Aktien, um Vermögen durch Anlage in Sachwerten gegen Geldwertverluste (Inflation) zu sichern und um über die Sachwertbeteiligung an Wertsteigerungen teilzunehmen.
- **Spekulationsmotiv:** Erwerb von Aktien, um durch Kurssteigerungen über An- und Verkäufe von Aktien Gewinne zu erzielen.

- **Mitsprache- oder Beherrschungsmotiv:** Beteiligung an einer AG, um Einfluss auf die Geschäftsführung zu nehmen oder das Unternehmen zu beherrschen.

Erwerb eigener Aktien

Aktiengesellschaften können unter bestimmten Auflagen eigene Aktien erwerben. Der Erwerb eigener Aktien kann vor allem dazu dienen,

- schwere Schäden von der Gesellschaft abzuwenden,
- Mitarbeitern Aktien anzubieten,
- §71 AktG Kreditinstituten Eigenhandelsmöglichkeiten mit eigenen Aktien zu ermöglichen (Der Handelsbestand darf 5 % des Grundkapitals nicht übersteigen. Der Erwerb setzt einen entsprechenden Beschluss der Hauptversammlung voraus.),
- den Aktienkurs zu stabilisieren. (Der Erwerb eigener Aktien setzt einen entsprechenden Beschluss der Hauptversammlung voraus und ist auf 10 % des Grundkapitals begrenzt.)

Vergleich Aktie – Industrieschuldverschreibung

Vergleich Aktie – Industrieschuldverschreibung

Aktie	Industrieschuldverschreibung
‣ Der Aktionär ist Teilhaber der Aktiengesellschaft. ‣ Aktienkapital ist Eigenkapital der Aktiengesellschaft. ‣ Der Aktionär hat ein Miteigentumsrecht. ‣ Der Aktionär hat Anspruch auf Anteil am Bilanzgewinn (variabler Ertrag). ‣ Dividendenzahlungen sind für die Aktiengesellschaft Gewinnverwendung. ‣ Dividende kann auf Dauer nur gezahlt werden, wenn Gewinne erzielt werden. ‣ Die Aktie ist grundsätzlich ein Sachwertpapier. ‣ Aktien weisen in der Regel sehr viel höhere Kursschwankungen und damit sowohl höhere Kursrisiken als auch höhere Kurs-Chancen auf als Industrieschuldverschreibungen.	‣ Der Inhaber ist Gläubiger der Aktiengesellschaft. ‣ Anleihekapital ist Fremdkapital für die Aktiengesellschaft. ‣ Der Inhaber hat ein Forderungsrecht (Rückzahlungsanspruch). ‣ Der Inhaber hat Anspruch auf Zinsen (fester Ertrag). ‣ Zinszahlungen sind für die Aktiengesellschaft Kosten. ‣ Zinsen müssen unabhängig von der Ertragslage der Gesellschaft bezahlt werden. ‣ Die Schuldverschreibung ist ein Geldwertpapier. ‣ Kursrisiken von Industrieschuldverschreibungen sind im wesentlichen Bonitäts- und Zinsänderungsrisiken.

4.4.3.4 Emission und Handel von Aktien

4.4.3.4.1 Ausgabe und Unterbringung von Aktien

‣ Kapitel 4.4.2.4.1

Bei Aktien ist die Fremdemission unter Einschaltung eines Bankenkonsortiums üblich.

Unterbringung

Bei der **Unterbringung von Aktien** werden **private Platzierungen** und die **Auflegung zur öffentlichen Zeichnung** bevorzugt. Bei der Auflegung zur öffentlichen Zeichnung (IPO; engl. initial public offering) sind Festpreisverfahren, Bookbuilding-Verfahren und Auktionsverfahren zu unterscheiden:

Festpreisverfahren

- Beim **Festpreisverfahren** liegt der Verkaufspreis vor Zeichnungsbeginn fest. Die Anleger werden im Verkaufsprospekt aufgefordert, ihre Zeichnungsangebote unter Angabe eines bestimmten Nennbetrages bzw. einer bestimmten Stückzahl abzugeben. Während der Zeichnungsfrist gilt der im Zeichnungsprospekt veröffentlichte Preis. Ist der Emissionsbetrag gezeichnet, kann die Zeichnung vorzeitig geschlossen werden. Im Rahmen der Konsortialquote entscheidet jede Konsortialbank autonom über die Zuteilung.

- Beim **Bookbuilding-Verfahren** werden die Anleger in die Preisfindung und Preisbildung einbezogen. Im Verkaufsprospekt wird eine Preisspanne für die Zeichnungsangebote angegeben. Die Anleger werden aufgefordert, ihre Zeichnungsgebote mit Betrag bzw. Stückzahl und Preisvorstellung abzugeben. Alle Zeichnungsgebote werden im zentralen Orderbuch des Konsortialführers (Bookrunner) erfasst. Der endgültige Zeichnungspreis wird anhand der vorliegenden Gebote ermittelt. Über die Zuteilungsquote für die jeweiligen Gebote entscheidet der Bookrunner.

Bookbuilding-Verfahren

- Beim **Auktionsverfahren** werden nur limitierte Zeichnungsaufträge entgegengenommen. Die höchsten Limits werden als erste zugeteilt. Die zugeteilten Aufträge werden einheitlich zu dem Preis des Zeichnungsauftrags abgerechnet, mit dessen Zuteilung das gesamte Emissionsvolumen untergebracht ist. Beim Auktionsverfahren gibt es keine Preisspanne.

Auktionsverfahren

Das Festpreisverfahren dient meist der Unterbringung von Aktien, die bereits an einer Börse notiert werden. Die AG möchte über eine Kapitalerhöhung gegen Einlagen durch die Ausgabe neuer Aktien Eigenkapital beschaffen. Das Bookbuilding-Verfahren und das sehr seltene Auktionsverfahren (Reverse Bookbuilding) werden meist genutzt, wenn die Aktien noch nicht an einer Börse notiert werden. Die Gründer der Gesellschaft wollen sich ganz oder teilweise von ihren Aktienbeständen trennen. Soll zusätzliches Eigenkapital geschaffen werden, so werden nicht nur die bei Gründung ausgegebenen Aktien, sondern zusätzlich Aktien aus einer Kapitalerhöhung gegen Einlagen angeboten.

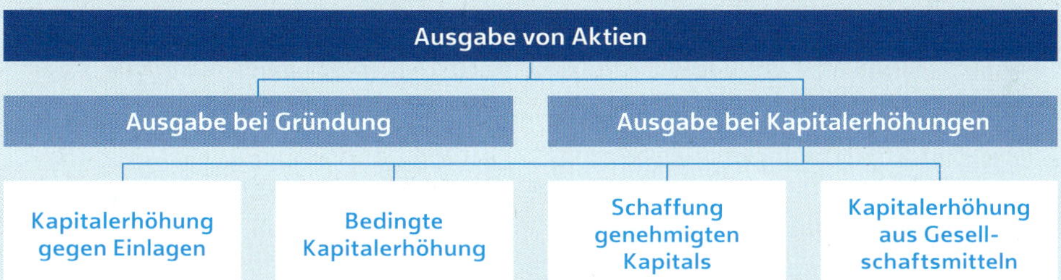

Ausgabe von Aktien

Bei der **Gründung** müssen sämtliche Aktien von den Gründern übernommen werden. Der Normalfall für die Beschaffung weiteren Eigenkapitals ist die **Kapitalerhöhung gegen Einlagen**, bei der die bisherigen Aktionäre ein gesetzliches Bezugsrecht haben. Die **bedingte Kapitalerhöhung** dient der Einlösung von Umtausch- oder Bezugsrechten aus Wandel- und Optionsanleihen, der Ausgabe von Belegschaftsaktien oder der Vorbereitung eines Zusammenschlusses. Durch **Schaffung genehmigten Kapitals** wird der Vorstand ermächtigt, das Kapital innerhalb von 5 Jahren gegen Einlagen zu erhöhen. Bei einer **Kapitalerhöhung aus Gesellschaftsmitteln** werden offene Rücklagen in Grundkapital umgewandelt.

§ 23 ff. AktG
§ 182 ff. AktG
§ 192 ff. AktG
§ 202 ff. AktG
§ 207 ff. AktG

Bei **Kapitalerhöhungen** haben die Aktionäre **ein gesetzliches Bezugsrecht**. Es ist ein Vorkaufsrecht der Altaktionäre und schützt sie (Verwässerungsschutz) vor

gesetzliches Bezugsrecht
§ 186 Abs. 1 AktG

- einer Verminderung ihrer Beteiligungs- und Stimmrechtsquote,
- einer Minderung des Wertes ihrer Beteiligung, insbesondere wenn der Bezugskurs deutlich unter dem aktuellen Kurs der Aktie liegt.

Bezugsrechte können auch das Recht gewähren, Anleihen mit einem Optionsrecht auf Aktien oder einem Wandlungsrecht in Aktien der Gesellschaft zu beziehen.

Das Bezugsrecht kann im Einzelfall durch Hauptversammlungsbeschluss mit Dreiviertelmehrheit ausgeschlossen werden. Der Bezugsrechtsausschluss ist insbesondere dann zulässig, wenn eine Kapitalerhöhung gegen Bareinlagen zehn Prozent des Grundkapitals der Gesellschaft nicht übersteigt und der Ausgabepreis der neuen Aktien den Börsenpreis nicht wesentlich unterschreitet.

rechnerischer Wert des Bezugsrechts

Beispiel zum rechnerischen Wert des Bezugsrechts

Der Bezugspreis der neuen Aktien ist im Allgemeinen niedriger als der Börsenkurs der alten Aktien. Das Bezugsrecht erhält damit einen rechnerischen Wert, weil der Inhaber der neuen Aktie genauso am Vermögen beteiligt ist wie der Inhaber der alten Aktie.

Beispiel:

Eine AG erhöht ihr Grundkapital von 600 Mio. Euro auf 900 Mio. Euro. Der Börsenkurs der alten Aktie beträgt 309,00 Euro, der Bezugspreis der neuen Aktie ist auf 150,00 Euro festgesetzt. Ein Aktionär dieser Gesellschaft erhält damit

auf 2 alte Aktien im Wert von	618,00 Euro
eine neue Aktie unter Zuzahlung von	150,00 Euro
Er hat damit 3 Aktien im Gesamtwert von	768,00 Euro

Nach Durchführung der Kapitalerhöhung hat eine Aktie einen Wert von 256,00 Euro (768 : 3 = 256). Durch die Kapitalerhöhung verliert die Altaktie 53,00 Euro. Dieser Verlust ist der rechnerische Wert des Bezugsrechts. Um eine neue Aktie zu erwerben, müsste ein Käufer 256,00 Euro aufwenden.

2 Bezugsrechte zu 53,00 Euro	106,00 Euro
und den Bezugspreis von	150,00 Euro
zusammen	256,00 Euro

Der tatsächliche Preis des Bezugsrechts richtet sich nach Angebot und Nachfrage.

Bezugsrechtsformel

Der rechnerische Wert des Bezugsrechts wird in der Praxis nach einer Formel errechnet:

$$B = \frac{K_a - K_n}{\frac{m}{n} + 1}$$

Dabei bedeuten:

B = rechnerischer Wert des Bezugsrechts,

K_a = Kurs der alten Aktien,

K_n = Ausgabepreis der neuen Aktien,

$\frac{m}{n}$ = Bezugsverhältnis $\frac{\text{altes Kapital}}{\text{Kapitalerhöhung}}$

erweiterte Bezugsrechtsformel

Wenn die neuen Aktien nicht voll dividendenberechtigt sind, muss die Formel um den Dividendennachteil bzw. Dividendenvorteil erweitert werden:

$$B = \frac{K_a - \left[K_n \begin{array}{l} + \text{Dividendennachteil} \\ - \text{Dividendenvorteil} \end{array}\right]}{\frac{m}{n} + 1}$$

4.4.3.4.2 Handel von Aktien

▸ Kapitel 4.4.7.2.2

Aktien werden in Deutschland an den Wertpapierbörsen und außerhalb der Wertpapierbörsen gehandelt.

Aktienhandel

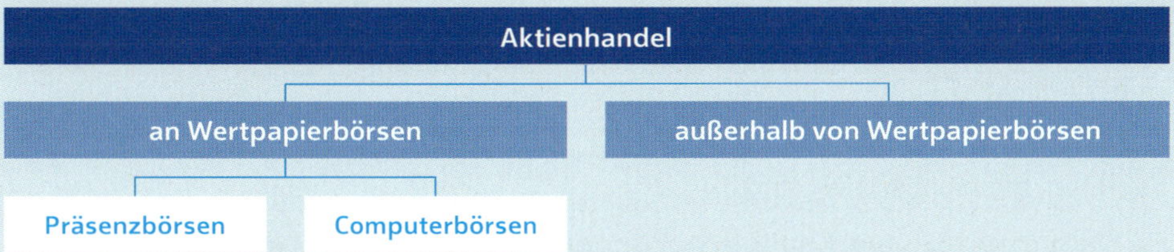

Handel an einer Wertpapierbörse

Voraussetzung für den Handel an einer Wertpapierbörse ist die Einführung der Aktien in den Börsenhandel. Die Zulassung von Aktien in einen organisierten Markt muss von der Aktiengesellschaft gemeinsam mit einem Kreditinstitut oder Finanzdienstleister beantragt werden. Dem Antrag auf Zulassung sind ein Prospekt und weitere zur Prüfung der Zulassungsvoraussetzungen erforderliche Nachweise beizufügen, z. B. Geschäftsberichte, Satzungen. Der von der BaFin zu billigende Prospekt muss alle für die Beurteilung der Aktie wichtigen Angaben enthalten.

Zulassung

Das **Zulassungsverfahren soll den Anleger vor Übervorteilung und Vermögensschäden schützen.** Die Zulassungsstelle der Wertpapierbörse kann aber nur die Vollständigkeit der Angaben prüfen. Eine materielle Prüfung ist nicht möglich. Emittent und begleitendes Institut haften daher als Gesamtschuldner für die Angaben (Prospekthaftung).

Prospekthaftung
§ 44 BörsG

Prospekthaftung

Prospekthaftung bei öffentlicher Platzierung von Wertpapieren

Für alle Wertpapiere, die erstmals öffentlich zur Zeichnung oder zum Verkauf angeboten werden, muss grundsätzlich ein von der BaFin gebilligter Verkaufsprospekt veröffentlicht werden. Erwerber von Wertpapieren, die aufgrund eines Prospektes zum Börsenhandel zugelassen sind, in dem für die Beurteilung der Wertpapiere wesentliche Angaben unrichtig oder unvollständig sind, können

1. von denjenigen, die für den Prospekt die Verantwortung übernommen haben, und
2. von denjenigen, von denen der Erlass des Prospekts ausgeht,

als Gesamtschuldnern die Erstattung des Erwerbspreises (höchstens des Ausgabepreises) und der mit dem Erwerb verbundenen Kosten verlangen, sofern das Erwerbsgeschäft nach Prospektveröffentlichung und innerhalb von sechs Monaten nach der Börseneinführung abgeschlossen wurde. Vom Prospektzwang gibt es Ausnahmen, z. B. bei der Emission von Anleihen durch Daueremittenten oder bei Emissionen, die eine Mindeststückelung oder einen Mindestnennbetrag von 100000 Euro und mehr pro Anleger aufweisen.

§ 21 ff. WpPG

Aktien, die in den Börsenhandel eingeführt sind, können auch außerbörslich gehandelt werden. **Preise im außerbörslichen Handel** werden zwischen den Marktteilnehmern frei vereinbart. Abschlüsse kommen am Telefon oder im Bildschirmhandel zustande. Besonders für den Eigenhandel der Banken mit Aktien und für die Ausführung von Aktienorders institutioneller Anleger, z. B. Versicherungen und Investmentfonds, haben sich außerbörsliche Handelsplattformen (sog. Multilaterale Handelssysteme bzw. Multilateral Trading Facilities, MTF), wie Chi-X, Bais Europe und Turquoise, etabliert. Preise für nicht börsennotierte Aktien (unnotierte Werte) werden unregelmäßig in Preislisten für unnotierte Werte veröffentlicht. Diese Preislisten geben keinen Anspruch auf Ausführung eines Auftrages.

außerbörslicher Handel

MTF

Nachhandelstransparenz

Wertpapierfirmen sind gesetzlich verpflichtet, außerbörsliche Käufe und Verkäufe von börsennotierten Aktien sowie Zertifikaten, die Aktien vertreten, gegenüber anderen Marktteilnehmern öffentlich bekannt zu machen (sog. **Nachhandelstransparenz**). Die Pflicht zur Preisveröffentlichung gilt sowohl für Kunden- als auch für Eigengeschäfte. Durch die Veröffentlichung soll auch im außerbörslichen Aktienhandel Markttransparenz entstehen. In der Praxis werden die Geschäftsdaten, z. B. Aktienart, Stückpreis und Handelszeit, über die Systeme der Deutsche Börse AG veröffentlicht.

Ausgenommen von der Meldepflicht sind alle außerbörslichen Geschäfte mit Wertpapieren, die nicht Aktien sind.

Bezugsrechtshandel

Für **Bezugsrechte aus Kapitalerhöhungen börsennotierter Werte** findet ein **Bezugsrechtshandel** statt. Dabei gelten folgende Regeln:

- Der Bezugsrechtshandel erstreckt sich über die gesamte Bezugsfrist mit Ausnahme der letzten beiden Börsentage der Bezugsfrist, die zur Erfüllung der abgeschlossenen Geschäfte frei bleiben sollen. Die Bezugsfrist dauert 14 Tage bis drei Wochen.
- Die alten Aktien werden vom ersten Tag der Bezugsfrist „ex Bezugsrecht“ gehandelt. Sämtliche unerledigten Aufträge in diesen Werten erlöschen mit Ablauf des vorhergehenden Börsentages.
- Beim elektronischen Börsenhandel über XETRA werden Bezugsrechte vom ersten bis zum vorletzten Tag des Bezugsrechtshandels fortlaufend gehandelt. Am letzten Handelstag findet lediglich eine Auktion statt. Am Ende dieses Tages noch bestehende Aufträge werden gelöscht.
- Getrennt handelbare Teilrechte entstehen, wenn auf den Aktienbestand eines Anlegers eine ganzzahlige Zuteilung von Berichtigungsaktien nicht möglich ist.

Bei Kapitalerhöhungen aus Gesellschaftsmitteln werden die alten Aktien vom ersten Tag der Frist zur Einreichung der Berechtigungsnachweise „ex Berichtigungsaktien (exBA)“ gehandelt.

4.4.3.5 Risiken bei Anlagen in Aktien

Neben den Basisrisiken einer Geld- und Vermögensanlage in Wertpapieren gibt es für den Aktionär spezielle Risiken aus Aktienanlagen.

▸ Kapitel 4.4.1.5

Spezielle Risiken

Spezielle Risiken bei Anlagen in Aktien

- Unternehmerisches Risiko
- Kursrisiko
- Risiko des Verlusts von Mitgliedschaftsrechten
- Dividendenrisiko
- Risiko des Delisting
- Risiko der Markteinschätzung
- Risiko der Kursprognose

unternehmerisches Risiko

Als Eigenkapitalgeber und Mitinhaber der Aktiengesellschaft ist der Aktionär an der wirtschaftlichen Entwicklung der Aktiengesellschaft beteiligt. Das **unternehmerische Risiko** besteht in der Gefahr, dass sich die wirtschaftliche Lage der Aktiengesellschaft anders entwickelt als erwartet. Im Extremfall kann das eingesetzte Kapital verloren werden (**Insolvenzrisiko**).

Kursrisiko

Das **Kursrisiko** besteht in der Gefahr einer negativen Kursentwicklung der Aktie. Zu unterscheiden sind das allgemeine Marktrisiko und das unternehmensspezifische Kursrisiko:

allgemeines Marktrisiko

- Das **allgemeine Marktrisiko** besteht in der Gefahr von Kursverlusten bei allgemein rückläufiger Entwicklung des gesamten Aktienmarktes oder des betreffenden Teilmarktes, die sich unabhängig von der besonderen Situation des einzelnen Unternehmens vollzieht. Es wird auch als **systematisches Risiko der Aktienanlage** bezeichnet.

unternehmensspezifisches Risiko

- Das **unternehmensspezifische Kursrisiko** bezeichnet die Gefahr von Kursverlusten aufgrund von Entwicklungen bei der jeweiligen Aktiengesellschaft, z. B. bei negativen Ertragsentwicklungen. Es wird auch als **unsystematisches Risiko der Aktienanlage** bezeichnet und kann durch eine breite Streuung (Diversifikation) gemindert werden.

Dividendenrisiko

Das **Dividendenrisiko** besteht in der Gefahr, dass die Dividende in gewinnschwachen oder in Verlustjahren gekürzt werden oder ausfallen kann.

Psychologie der Marktteilnehmer

Steigende oder fallende Aktienkurse hängen von der Einschätzung der Marktteilnehmer ab. Neben rationalen Überlegungen und objektiven Faktoren werden Entscheidungen zum Kauf oder Verkauf von Aktien von irrationalen Meinungen und massenpsychologischen Verhaltensweisen beeinflusst, die nicht vorhersehbar sind.

Risiko der Kursprognose

Gewinne und Verluste bei Aktienanlagen hängen maßgeblich vom Zeitpunkt des Kaufs und des Verkaufs ab (Timing). Kursprognosen versuchen, das Timing zu optimieren. Das **Risiko der Kursprognose** besteht in der Gefahr, dass die tatsächliche Marktentwicklung nicht der Kursprognose entspricht und dadurch Verluste entstehen. Bekannte Analyseverfahren für Kursprognosen sind die **Fundamentalanalyse** und die **Chartanalyse**.

Fundamentalanalyse

Chartanalyse

Fundamentalanalyse und Chartanalyse	
Fundamentalanalyse	**Chartanalyse (technische Analyse)**
Ziel der Fundamentalanalyse ist die Ermittlung des fairen Preises einer Aktie unter Verwendung externer und interner Daten des Unternehmens. Externe Daten sind z. B. erwartete konjunkturelle Entwicklungen, allgemeine Gewinn- und Zinserwartungen, die erwartete Liquiditätsentwicklung, Branchenerwartungen. Interne Daten des Unternehmens sind z. B. die Ertragskraft, die Kapital- und Vermögensstruktur, die Arbeitsproduktivität. Die Fundamentalanalyse basiert auf den klassischen Methoden der Bilanzanalyse, der Analyse der Erfolgsrechnung und auf kursbezogenen Verhältniszahlen, z. B. Dividendenrendite und Kurs-Gewinn-Verhältnis (KGV). Die Fundamentalanalyse kann Hinweise auf unter- und überbewertete Aktien geben.	Ziel der Chartanalyse sind Kursprognosen durch Analyse der Kursbewegungen der Vergangenheit. Die technische Aktienanalyse benutzt grafische Darstellungen von Kurs- und Umsatzverläufen (Charts) und verfolgt die Bewegungen der Kurse und Umsätze. Ihr Ziel ist es, Trendverläufe von Aktienkursen möglichst frühzeitig zu erkennen und aus typischen Erscheinungsbildern (Formationen) von Kurs- und Umsatzentwicklungen Kauf- und Verkaufssignale abzuleiten. Sie orientiert sich dabei ausschließlich an der bisherigen Kursentwicklung der Aktie des Unternehmens und anderer Aktien auf dem Aktienmarkt. Wenn viele Marktteilnehmer charttechnische Faktoren bei ihren Anlageentscheidungen zugrunde legen, können sich Kurse im Sinne einer „self-fulfilling prophecy" im Sinne der Kursprognosen entwickeln.

Risiko des Verlusts von Aktionärsrechten

Die in der Aktie verbrieften Mitgliedschaftsrechte können sich durch verschiedene Maßnahmen der Aktiengesellschaft verändern oder sogar verloren gehen (**Risiko des Verlusts oder der Änderung von Mitgliedschaftsrechten**). Möglich sind Rechtsformwechsel, Abspaltungen, Übernahmen oder Umwandlungen. Nach Umwandlungen kann der Anleger Gesellschafter eines Unternehmens werden, das nicht notwendigerweise die den Aktionärsrechten vergleichbaren Mitgliedschaftsrechte gewährt. Nach Unternehmensübernahmen kann unter Anwendung der jeweiligen Rechtsordnung ein Anleger gezwungen sein, die Mitgliedschaftsrechte an den neuen Hauptaktionär abzugeben (sog. Squeeze-out). Mit dem Squeeze-out kann auch die **Einstellung des Börsenhandels** einer Aktie (sog. Delisting) verbunden sein.

Risiko des Delisting

4.4.4 Investmentanteile

4.4.4.1 Grundlagen des Investmentgeschäfts

Verbriefte Rechte

Begriff des Fondsanteilscheins

Anteilscheine an offenen Investmentfonds (Fondsanteile) verbriefen nach deutschem Recht Miteigentum an einem Sondervermögen einer Kapitalverwaltungsgesellschaft (Investmentgesellschaft). Der Eigentümer eines Fondsanteilscheins hat

- **Miteigentum am Sondervermögen nach Bruchteilen,**
- **Anspruch auf Beteiligung an den Erträgen des Sondervermögens,**

- **mindestens einmal jährlich Anspruch auf Rücknahme des Anteilscheins zulasten des Sondervermögens,**
- **Anspruch auf ordnungsgemäße Verwaltung des Sondervermögens durch die Verwahrstelle.**

Grundidee

Grundidee des Investmentgeschäfts ist es, Anlegern
- eine Vermögensanlage nach dem Grundsatz der Risikomischung
- bereits mit kleineren Beträgen

zu ermöglichen, die von Fachleuten erfolgsorientiert betreut und verwaltet wird. Der Erwerb von Anteilen an Sondervermögen, die nach dem Prinzip der Risikomischung anlegen, ist aber nicht auf Anleger mit geringen Vermögen beschränkt, sondern wird zunehmend auch von institutionellen Anlegern genutzt.

Vermögensanlage nach dem Grundsatz der Risikomischung

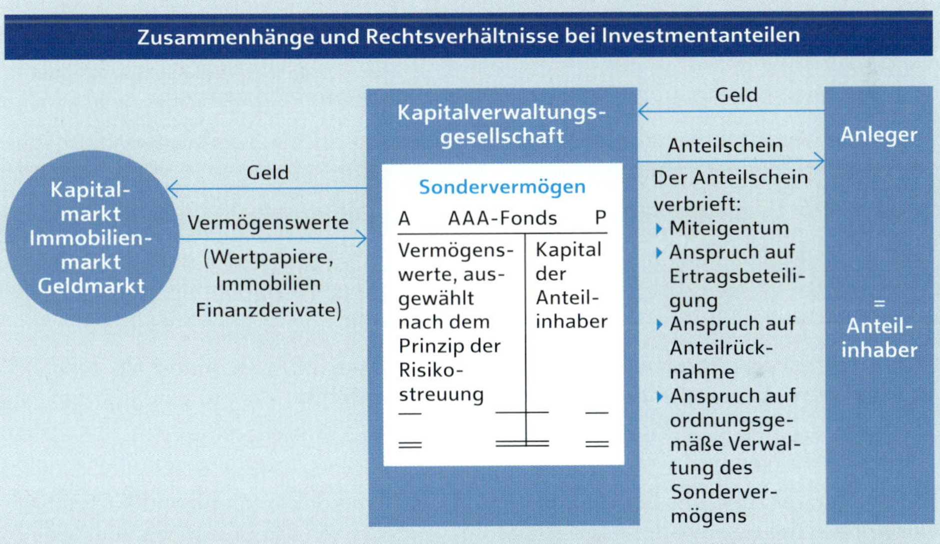

Zusammenhänge und Rechtsverhältnisse

Die Idee der Risikostreuung kann von Anlegern auch über den **Erwerb von Anlageaktien von offenen Investmentaktiengesellschaften mit veränderlichem Kapital oder offenen Investmentkommanditgesellschaften** genutzt werden.

Kapitalverwaltungsgesellschaften	
Kapitalverwaltungsgesellschaften sind Unternehmen mit Sitz und Hauptverwaltung im Inland, deren Geschäftsbetrieb auf die Verwaltung von Investmentvermögen ausgerichtet ist.	Die vom Investmentvermögen bestellte Kapitalverwaltungsgesellschaft darf nur in der Rechtsform der AG, GmbH oder GmbH & Co. KG betrieben werden. Der Geschäftsbetrieb bedarf grundsätzlich der Erlaubnis durch die BaFin.

Kapitalverwaltungsgesellschaft

Sondervermögen

Das durch die Ausgabe von Anteilscheinen erworbene Geld und die damit angeschafften Vermögenswerte bilden ein Sondervermögen. Die Gegenstände des

Sondervermögen

Sondervermögens können im Eigentum der Kapitalverwaltungsgesellschaft oder im Miteigentum der Anteilinhaber stehen. Einzelheiten regeln die Vertragsbedingungen. Das Sondervermögen ist vom eigenen Vermögen der Gesellschaft getrennt zu halten.

Eine Kapitalverwaltungsgesellschaft kann mehrere Sondervermögen bilden. Sie müssen sich durch ihre Bezeichnung unterscheiden und sind getrennt zu halten.

Vertragsbedingungen
§ 162 KAGB

Einzelheiten über das Rechtsverhältnis zwischen Anteilinhabern und Kapitalverwaltungsgesellschaft werden durch die **Vertragsbedingungen** geregelt. Sie müssen u. a. angeben,

- nach welchen Grundsätzen die Auswahl der Vermögenswerte erfolgt,
- ob die zum Sondervermögen gehörenden Gegenstände im Eigentum der Kapitalverwaltungsgesellschaft oder im Miteigentum der Anteilinhaber stehen,
- ob die Erträge des Sondervermögens auszuschütten oder wieder anzulegen sind,
- zu welchen Bedingungen Anteilscheine zurückgenommen werden,
- welche Vergütungen aus dem Sondervermögen an die Kapitalverwaltungsgesellschaft, die Verwahrstelle und an Dritte zu zahlen sind,
- wie hoch der Ausgabeaufschlag oder der Rücknahmeabschlag sind und welche Beträge zur Deckung von Kosten verwendet werden,
- in welcher Weise und zu welchen Stichtagen der Jahresbericht und der Halbjahresbericht erstellt und der Öffentlichkeit zugänglich gemacht werden.

Die Vertragsbedingungen sowie deren Änderungen müssen innerhalb von vier Wochen nach Antrag von der BaFin genehmigt werden.

Verwahrstelle

Verwahrstelle

Mit der **Verwahrung des Sondervermögens** sowie mit der Ausgabe und Rücknahme der Anteilscheine muss die Kapitalverwaltungsgesellschaft ein anderes Kreditinstitut (**Verwahrstelle**) beauftragen. Zwischen Kapitalverwaltungsgesellschaft und Verwahrstelle dürfen keine personellen Verflechtungen bestehen.

Die Verwahrstelle hat ausschließlich im Interesse der Anteilinhaber zu handeln. Sie muss jedoch die Weisungen der Kapitalverwaltungsgesellschaft ausführen, sofern diese nicht gegen gesetzliche Vorschriften oder die Vertragsbedingungen verstoßen. Die Verwahrstelle muss für das ihr übertragene Sondervermögen Sperrdepots und Sperrkonten einrichten und darauf achten, dass Verfügungen der Kapitalverwaltungsgesellschaft den Vorschriften entsprechen. Sie hat weiter dafür zu sorgen, dass

Kontrollfunktionen
§ 76 KAGB

- die Ausgabe und die Rücknahme von Anteilscheinen und die Berechnung des Wertes der Anteile den gesetzlichen Vorschriften und den Vertragsbedingungen entsprechen,
- der Gegenwert für Geschäfte, die für gemeinschaftliche Rechnung der Anteilinhaber getätigt wurden, innerhalb der üblichen Fristen in ihre Verwahrung gelangt,

- die Erträge des Sondervermögens gemäß den gesetzlichen Vorschriften und den Vertragsbedingungen verwendet werden,
- die festgelegten Anlagegrenzen eingehalten werden.

Publizitätspflicht

Kapitalverwaltungsgesellschaften müssen am Schluss jedes Geschäftsjahres für jedes Sondervermögen einen **Jahresbericht** erstellen und im elektronischen Bundesanzeiger bekanntmachen. Der Jahresbericht muss enthalten:

Jahresbericht
§101 KAGB

- einen Tätigkeitsbericht über das abgelaufene Geschäftsjahr,
- eine ausführliche Vermögensaufstellung (einschließlich einer Darstellung der während des Berichtszeitraums getätigten Käufe und Verkäufe),
- eine nach Art der Erträge und Aufwendungen gegliederte Ertrags- und Aufwandsrechnung,
- eine vergleichende Übersicht der letzten drei Geschäftsjahre,
- die Anzahl der am Berichtsstichtag umlaufenden Anteile und den Anteilwert.

Sie müssen zur Mitte des Geschäftsjahres einen Halbjahresbericht erteilen.

Verkaufsunterlagen

Am Erwerb von Investmentfonds interessierten **Privatkunden sind rechtzeitig vor Vertragsschluss**

- **die wesentlichen Anlegerinformationen und**
- **auf Verlangen der Verkaufsprospekt und der letzte veröffentlichte Jahres- und Halbjahresbericht zur Verfügung zu stellen.**

§297 KAGB

Bei Verkauf eines alternativen Investmentfonds, z.B. eines offenen Immobilienfonds, ist der Erwerber außerdem über den jüngsten **Nettoinventarwert** des Investmentvermögens oder den jüngsten Marktpreis der Anteile zu informieren.

Diese Verkaufsunterlagen sind dem Kunden auf einem **dauerhaften Datenträger** zu überlassen. Ein anderer dauerhafter Datenträger als Papier ist nur bei ausdrücklicher Zustimmung des Kunden zulässig.

Die Informationspflichten gelten für die Kapitalverwaltungsgesellschaft sowie das Wertpapierdienstleistungsunternehmen in der **Anlageberatung** und im **beratungsfreien Geschäft**. Neben den Informationspflichten nach dem Kapitalanlagegesetzbuch (KAGB) sind die Pflichten nach dem Wertpapierhandelsgesetz (WpHG) zu beachten.

WpHG-Pflichten
▸ Kapitel 4.4.8

Nach dem Kauf muss eine Vertragsdurchschrift ausgehändigt oder eine Kaufabrechnung übersandt werden. Darin muss die Höhe des Ausgabeaufschlags oder Rücknahmeabschlags ersichtlich sein. Außerdem muss eine Belehrung über das Widerrufsrecht für Haustürgeschäfte enthalten sein.

Inhalt und Umfang der **wesentlichen Anlegerinformationen** entsprechen dem Produktinformationsblatt bei anderen Finanzinstrumenten. Sie müssen alle für die Beurteilung der Anlage notwendigen Informationen in für den Durchschnittsanleger leicht verständlicher Form enthalten. Dazu gehören insbesondere auch Angaben zu den Fondsrisiken und zur Gesamtkostenquote (= Gesamte Verwaltungskosten des Fonds in Prozent des durchschnittlichen Inventarwerts im abgelaufenen Jahr; TER = total expense ratio).

Gesamtkostenquote

4.4.4.2 Arten von Investmentfonds

4.4.4.2.1 Übersicht

Arten von Investmentfonds nach KAGB

Arten von Investmentfonds

Publikumsfonds für Privatkunden (Publikumsinvestmentvermögen)

Offene Publikumsfonds

- Angebot als OGAW-Fonds (▸ Seite 295) oder als offener Immobilienfonds
- Rückgabe von Anteilen muss mindestens einmal im Jahr möglich sein

Geschlossene Publikumsfonds

- Angebot als Beteiligungsprodukte, z. B. Schiffsfonds
- Rückgaberecht mindestens einmal im Jahr muss nicht bestehen (▸ Kapitel 4.6.3.1)

Spezialfonds

- Dürfen nur von professionellen Anlegern, z. B. Versicherungen, oder semiprofessionellen Anlegern, z. B. Anlagen ab 200000 Euro, erworben werden
- Kein Vertrieb an Privatkunden

Rechtsgrundlage ist das Kapitalanlagegesetzbuch (KAGB) vom 22. Juli 2013.

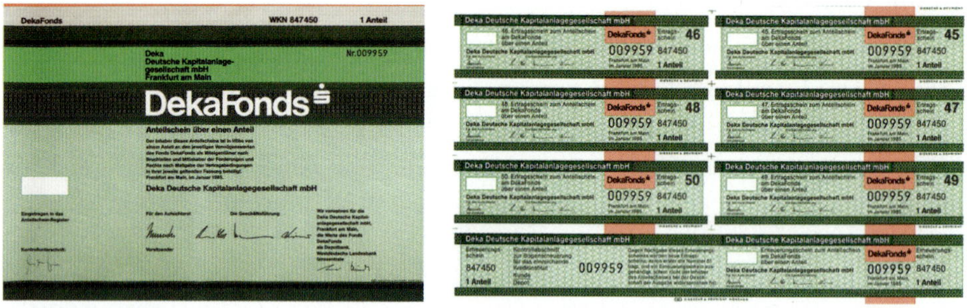

Investmentanteil

Investmentfonds nach den Anlagewerten

Aktienfonds
- Branchenfonds
- Länderfonds

Rentenfonds
- Nationale und internationale Rentenfonds
- Pfandbrieffonds

Geldmarktfonds
- Euro-Geldmarktfonds
- US-Dollar-Geldmarktfonds

Gemischte Fonds
- Gemischter Aktien- und Rentenfonds
- Gemischter Wertpapier- und Immobilienfonds
- Wandelanleihen- und Optionsscheinfonds

Dachfonds
- Fonds auf Hedgefonds
- Fonds auf Aktienfonds

Immobilienfonds

Besondere Formen von Investmentfonds	
Thesaurierende Fonds	Thesaurierende (akkumulierende) Fonds sind nicht ausschüttende Fonds. Alle Erträge werden wieder angelegt, was zu einem Zinseszinseffekt führt.
Laufzeitfonds **Sonderformen: Garantiefonds**	Laufzeitfonds haben eine festgelegte Endfälligkeit. Zu diesem Termin wird der Fonds aufgelöst. Jedem Anleger wird sein Anteil am Fondsvermögen ausgezahlt. Laufzeitfonds können mit einer Garantie über die Rückzahlung des eingesetzten Kapitals oder die erzielten Erträge ausgestattet sein.
Zielfonds (Target-, Lebenszyklusfonds)	Zielfonds sind Dachfonds, deren Anlagepolitik auf eine festgelegte Fälligkeit ausgerichtet ist. Je näher die Fälligkeit rückt, umso stärker wird der Aktienfondsanteil zugunsten von Renten- und schließlich Geldmarktfonds mit geringeren Preisschwankungen reduziert.
Tradingfonds (No load Fonds)	Tradingsfonds werden ohne Ausgabeaufschlag oder Rücknahmeabschlag ausgegeben. Sie verlangen daher eine höhere laufende Verwaltungsvergütung als Fonds mit Ausgabeaufschlag oder Rücknahmeabschlag (Classic Fonds).

4.4.4.2.2 Offene Publikumsfonds

Zugelassene Vermögensgegenstände und Anlagegrenzen

Offene Publikumsfonds

Offene Publikumsfonds dürfen innerhalb der Grenzen der europäischen Investmentrichtlinie in eine beliebige Mischung aus Wertpapieren, Geldmarktinstrumenten, Bankguthaben und Anteilen an anderen OGAW-Fonds investieren.

OGAW

OGAW

OGAW ist die Abkürzung für „Organismus für gemeinsame Anlagen in Wertpapieren". Die OGAW-Richtlinie der EU definiert die speziellen Anforderungen an Investmentfonds und ihre Verwaltungsgesellschaften, insbesondere die Regelungen zu den zulässigen Vermögensgegenständen, in die ein OGAW-regulierter Fonds investieren darf.

Die OGAW-Richtlinie schreibt außerdem Pflichtinformationen an die Fondsanleger vor, z. B. Verkaufsprospekte, Jahres- und Halbjahresberichte. OGAW-Fonds dürfen den Europäischen Pass nutzen, d. h. sie können in jedem EU-Land ohne zusätzliche weitere Genehmigung vertrieben werden.

Anlagegegenstände

Zugelassene Vermögensgegenstände für OGAW-Fonds	
Vermögensgegenstand	**Beispiele**
Wertpapiere	▸ Aktien, Anleihen oder Optionsscheine, die an Börsen zum Handel zugelassen oder in einen anderen organisierten Markt einbezogen sind ▸ Bezugsrechte aus Aktien im Sondervermögen ▸ Anteile an Fonds, wenn deren zuverlässige Bewertung möglich ist, das Verlustrisiko auf den Kaufpreis begrenzt ist und die börsentägliche Rücknahmepflicht durch diese Anlage nicht beeinträchtigt wird
Geldmarktinstrumente	Verzinsliche Wertpapiere mit einer Restlaufzeit bis zu 397 Tagen und Floater, die vom Bund, seinen Sondervermögen oder einem Mitgliedstaat der EU, des EWR oder der OECD begeben wurden
Bankguthaben	Kontoguthaben mit einer Laufzeit von höchstens 12 Monaten
Investmentanteile	Anteile an anderen Investmentfonds, wenn diese nach ihren Vertragsbedingungen nicht mehr als 10 % ihres Fondsvermögens in Anteilen an anderen Investmentfonds investieren dürfen

Derivate wie Futures und Optionen dürfen in begrenztem Umfang eingesetzt werden. Der Erwerb von Edelmetallen und Zertifikaten auf Edelmetalle ist nicht erlaubt. Innerhalb der frei bestimmbaren Anlagepolitik sind für die einzelnen Vermögenswerte bestimmte Anlagegrenzen gesetzt.

Das Chancen- und Risikoprofil eines Investmentfonds lässt sich durch die Auswahl der Vermögenswerte und die Bestimmung des Mischungsverhältnisses, z. B. der Anteil von Aktien und Anleihen bei einem gemischten Fonds, individuell bestimmen. Einzelheiten ergeben sich jeweils aus den wesentlichen Anlegerinformationen.

Anlagegrenzen

Wichtige Anlagegrenzen für OGAW-Fonds	
Wertpapiere und Geldmarktinstrumente desselben Ausstellers	höchstens 5 % des Fondsvermögens (bis zu 10 %, wenn die Vertragsbedingungen dies vorsehen und der Gesamtwert der Wertpapiere und Geldmarktinstrumente derselben Aussteller 40 % des Fondsvermögens nicht übersteigt)
Schuldverschreibungen und Schuldscheindarlehen staatlicher Stellen	bis zu 35 % des Fondsvermögens, wenn die Vertragsbedingungen dies vorsehen
Pfandbriefe und gedeckte Bankschuldverschreibungen	bis zu 25 % des Fondsvermögens, wenn die Vertragsbedingungen dies vorsehen
Bankguthaben	bis zu 20 % des Fondsvermögens dürfen bei einem einzelnen Kreditinstitut angelegt werden
Investmentfondsanteile	bis zu 20 % des Fondvermögens dürfen in Anteilen eines einzelnen Investmentfonds angelegt werden (höchstens 25 % der ausgegebenen Anteile)
Stammaktien desselben Ausstellers	alle Fonds einer KVG dürfen zusammen höchstens 10 % der gesamten Stimmrechte aus Aktien erwerben

Grundlegende Anlagestrategien

Anlagestrategien

Anlagestrategien von Investmentfonds werden vom Prinzip der Risikomischung (Diversifikation) bestimmt. Maßgebend sind sowohl die künftige Wertentwicklung (Performance) als auch das Risiko künftiger Wertschwankungen. Zum Beispiel bieten Aktienfonds meistens eine bessere Performance als Renten- oder Geldmarktfonds, tragen aber auch ein höheres Wertschwankungsrisiko.

Um bei einer Anlageberatung einen für den Kunden geeigneten Investmentfonds empfehlen zu können, werden Kennzahlen zur Performance und zum Risiko von Wertschwankungen der einzelnen Fonds eingesetzt. Die Eignung eines Investmentfonds im Hinblick auf den individuellen Anlagehorizont wird nach Möglichkeit bereits in der Produktbezeichnung sichtbar gemacht. Die Produktbezeichnung enthält neben dem Namen der Investmentgesellschaft meist Formulierungen, die neben den enthaltenen Vermögenswerten auch auf die Anlagestrategie schließen lassen.

Beispiele für Produktnamen bei Investmentfonds

- EURO-AkkuRent: thesaurierender Rentenfonds, der in auf Euro lautende Anleihen investiert.
- AsiaStars-Growth: Aktienfonds, der in asiatische Aktien investiert und auf langfristige Vermögenszuwächse durch Kursgewinne ausgerichtet ist.

Diversifikation

Diversifikation wird erreicht durch:

- Streuung über die verschiedenen zugelassenen Vermögenswerte,
- geografische Streuung der ausgewählten Vermögenswerte,
- Streuung über verschiedene Währungen, auf die Vermögenswerte lauten,
- Streuung über verschiedene Laufzeiten und über verschiedene Emittenten.

Hinweise zur Diversifikation

- Ein reiner Aktienfonds hat ein höheres Risiko als ein Dachfonds, der in eine Mischung aus Anteilen an Aktienfonds, Rentenfonds und Geldmarktfonds investiert.
- Global investierende Aktienfonds haben ein geringeres Risiko als Aktienländerfonds.
- Rentenfonds, die ausschließlich in USD-Anlagen investieren, haben aus der Sicht eines Anlegers im Euroraum ein höheres Risiko als Rentenfonds, die ausschließlich in Euroanleihen investieren.
- Rentenfonds, die ausschließlich in Anleihen mit langer Restlaufzeit investieren, haben ein höheres Zinsänderungsrisiko als Rentenfonds, die in Anleihen mit kurzer und mittlerer Restlaufzeit investieren.
- Ein Aktienfonds, der in DAX-Werte investiert, hat ein geringeres Risiko als ein Aktienbranchenfonds, der nur in Aktien der Pharmaindustrie investiert.

Aktiv und passiv gemanagte Fonds

Bei aktiv gemanagten Fonds werden Erwartungen über künftige Marktentwicklungen auf Basis fest definierter Entscheidungsprozesse umgesetzt. Die eigene Einschätzung des Fondsmanagers über künftige Marktentwicklungen ist Basis der Anlageentscheidung, z. B. Übergewichtung einzelner Aktien im Vergleich zum DAX. Ziel ist eine bessere Wertentwicklung (Performance) im Vergleich zum jeweiligen Referenzindex (Benchmark).

Da es nur wenigen Fondsmanagern gelungen ist, über einen längeren Zeitraum dieses Ziel auch zu erreichen, verzichten passiv gemanagte Investmentfonds bewusst auf aktive Anlageentscheidungen und bilden lediglich einen Index nach.

Indexfonds

Arten von Indexfonds

nach der Handelbarkeit
- börsengehandelte Indexfonds (Exchange Traded Funds, ETF)
- nicht börsengehandelte Indexfonds

nach der Indexart
- Indexfonds auf Kursindizes
- Indexfonds auf Performanceindizes

nach dem Indexinhalt
- Aktienindexfonds, z. B. auf Länder oder Branchen
- Rentenindexfonds
- Währungsindexfonds
- Rohstoffindexfonds
- Strategieindexfonds
- Immobilienindexfonds

nach der Art der Indexnachbildung
- echte Indexfonds (= direkte Nachbildung durch Kauf der im Index enthaltenen Vermögenswerte)
- swapbasierte Indexfonds (= indirekte Nachbildung durch Swapvereinbarungen mit anderen Kapitalmarktteilnehmern)

ETF

4.4.4.2.3 Offene Immobilienfonds

Immobilien-Sondervermögen

Immobilien-Sondervermögen bestehen aus vermieteten Wohn- und Geschäftsgrundstücken, Beteiligungen an Grundstücksgesellschaften sowie bis zu 5% aus Aktien steuerbegünstigter Immobilienaktiengesellschaften (**REITs**). Einem **Währungsrisiko** unterliegende Anlagen dürfen 30% des Fondsvermögens nicht übersteigen. **Kreditaufnahmen** sind auf 30% des Verkehrswertes der im Fonds befindlichen Immobilien begrenzt.

REIT
▸ Kapitel 4.6.2

Zur Berechnung aktueller Anteilswerte sind wegen fehlender Börsenpreise für die im Sondervermögen enthaltenen Vermögenswerte zeitnahe Immobilienbewertungen erforderlich. Sie werden von **Sachverständigen** vorgenommen, die zur Wahrung der Unabhängigkeit grundsätzlich nur zwei Jahre für eine Kapitalverwaltungsgesellschaft tätig sein dürfen. Die Häufigkeit der Immobilienbewertung und damit die Aktualität der berechneten Anteilswerte sind von den Rückgabemöglichkeiten der Anteile abhängig. Bei täglicher Möglichkeit zur Anteilsrückgabe werden die Immobilien kalendervierteljährlich neu bewertet.

wesentliche Anlegerinformationen

Im Rahmen einer Anlageberatung werden anstelle eines Produktinformationsblattes die **wesentlichen Anlegerinformationen** eingesetzt. Dabei muss im Kundengespräch der besondere Charakter der Anlageform erläutert werden, denn offene Immobilienfonds sind für eine **langfristige Geldanlage** konzipiert. Das angelegte Sondervermögen ist nicht täglich für Anteilsrückgaben liquidierbar. In der Vergangenheit führten verstärkte Rückgaben bei einigen Fonds zu Liquiditätsengpässen und zur Aussetzung der Anteilsrücknahme. Der Gesetzgeber hat daher eine **Mindesthaltefrist** vorgeschrieben. Außerdem wurde die Freibetragsregelung für Anteilsrückgaben aufgehoben.

Mindesthaltefrist

Besonderheiten offener Immobilienfonds

Besonderheiten offener Immobilienfonds			
	Erwerb bis zum 31.12.2012	**Erwerb zwischen 01.01. und 21.07.2013**	**Erwerb nach dem 21.07.2013**
Ausgabe und Rücknahme der Anteile	börsentäglich; die Vertragsbedingungen können feste Rücknahmetermine – mindestens einmal jährlich – vorsehen		
Ausschüttungen	mindestens 50% der erwirtschafteten Erträge; realisierte Veräußerungsgewinne zählen nicht zu den ausschüttungspflichtigen Erträgen		
Mindesthaltedauer	keine (erfüllt)	24 Monate	24 Monate
Kündigungsfrist (Rückgabefrist)	12 Monate		
Freibetrag für Anteilsrückgaben	30000,00 Euro (pro Kalenderhalbjahr)		keiner

§ 243 KAGB

Anlagevorschriften für offene Immobilienfonds	
Risikomischung	▸ Eine einzelne Immobilie darf zum Erwerbszeitpunkt höchstens 15% des Fondsvermögens ausmachen. ▸ Der Wert aller Immobilien mit einem Einzelwert von mehr als 10% des Fondsvermögens darf insgesamt höchstens 50% des Fondsvermögens ausmachen.

Anlagevorschriften für offene Immobilienfonds	
Liquidität	▸ Höchstens 49 % des Fondsvermögens dürfen als Liquidität (Bankguthaben, Geldmarktinstrumente, Geldmarktfonds und bestimmte Wertpapiere) gehalten werden. ▸ Mindestens 5 % des Fondsvermögens müssen als Liquidität täglich verfügbar sein.

§ 253 KAGB

4.4.4.3 Ausgabe, Handel und Preisermittlung

Ausgabe, Handel und Rücknahme

Ausgabe, Handel und Rücknahme von Anteilscheinen

Die **Ausgabe** von Anteilscheinen erfolgt durch die Kapitalverwaltungsgesellschaft über die Verwahrstelle. Der Ausgabepreis muss immer voll eingezahlt sein. Bei Publikumsfonds ist die laufende Ausgabe von Anteilscheinen durch öffentlichen Vertrieb über Kreditinstitute üblich. An der Frankfurter Wertpapierbörse können Anleger neue Fonds im Festpreisverfahren zeichnen und so ohne Ausgabeaufschlag erwerben.

Börsenhandel von Investmentfonds

An den Wertpapierbörsen Berlin, Düsseldorf, Frankfurt und Hamburg/Hannover werden Fondsanteile ab einem Anteil börsenmäßig fortlaufend gehandelt. Anleger können ausgewählte Fonds ohne Ausgabeaufschlag zum aktuellen Börsenpreis kaufen bzw. verkaufen. Insofern besteht bei diesen Fonds neben der Preisermittlung durch die Kapitalverwaltungsgesellschaft ein zweites Preisbildungssystem. Auch limitierte Aufträge sind möglich. Kapitalverwaltungsgesellschaften sind verpflichtet, **jederzeit** Anteilscheine nach Maßgabe der Vertragsbedingungen zulasten des Sondervermögens **zurückzunehmen**. Die Rücknahme erfolgt zum Rücknahmepreis durch die Verwahrstelle. Die Rücknahme kann unter besonderen Umständen ausgesetzt werden, was die Liquidierbarkeit beschränkt.

Preisermittlung

Die Kapitalverwaltungsgesellschaft oder die Verwahrstelle unter Mitwirkung der Kapitalverwaltungsgesellschaft ermitteln börsentäglich nach Börsenschluss einen **Ausgabepreis** und einen **Rücknahmepreis.** Grundlage für die Berechnung ist der **Nettoinventarwert**. Der Ausgabepreis für einen Anteil muss dem Wert des Anteils am Sondervermögen entsprechen. Auf den Anteilwert kann ein Ausgabeaufschlag erhoben werden, mit dem die Erwerbskosten für die Wertpapiere und die Ausgabekosten für die Anteilscheine gedeckt werden sollen. Bei börsengehandelten Fondsanteilen erfolgt die Preisermittlung dagegen nach Angebot und Nachfrage an Börsen.

Beispiel für die Preisermittlung bei einem Wertpapier-Sondervermögen

1. Wert des Sondervermögens

Wertpapiervermögen zum Tageswert (Kurswert)	188850000 Euro
+ Bankguthaben	21280000 Euro
+ Sonstiges Vermögen	320000 Euro
– Verbindlichkeiten	130000 Euro
= Fondsvermögen	210320000 Euro

2. Nettoinventarwert je Anteil (Anteilwert)

$$\frac{\text{Fondsvermögen}}{\text{Umlaufende Anteile}} = \frac{210320000 \text{ Euro}}{6825869 \text{ Stück}} = 30{,}81 \text{ Euro}$$

3. Ausgabepreis

Anteilwert + 3 % = 30,81 + 0,92 = 31,73 Euro

Der Rücknahmepreis entspricht dem Nettoinventarwert je Anteil. Er kann um einen Rücknahmeabschlag gemindert werden, wenn die Vertragsbedingungen dies vorsehen.

Ausgabe- und Rücknahmepreise werden meist **börsentäglich, mindestens aber zweimal im Monat, veröffentlicht.**

Cost-Averaging

Durchschnitts-Einstandspreis

Werden regelmäßig gleich bleibende Geldbeträge in Investmentanteilen angelegt, kann ein Anleger – insbesondere bei Anteilen an Aktienfonds – den Vorteil der Durchschnitts-Einstandspreise nutzen. In Zeiten niedriger Anteilspreise werden relativ mehr Anteile, in Zeiten hoher Anteilspreise relativ weniger Anteile gekauft. Dieser Vorteil des Cost-Averaging wird in einer neueren wissenschaftlichen Untersuchung bestritten.

Cost-Averaging

Beispiel für Cost-Averaging bei regelmäßiger Anlage

Bei regelmäßiger Anlage eines gleich bleibenden Geldbetrages in Investmentanteilen, z. B. bei Sparplänen, ergibt sich gegenüber dem Kauf einzelner Investmentanteile ein Vorteil.

Regelmäßige Anlage von 100 Euro

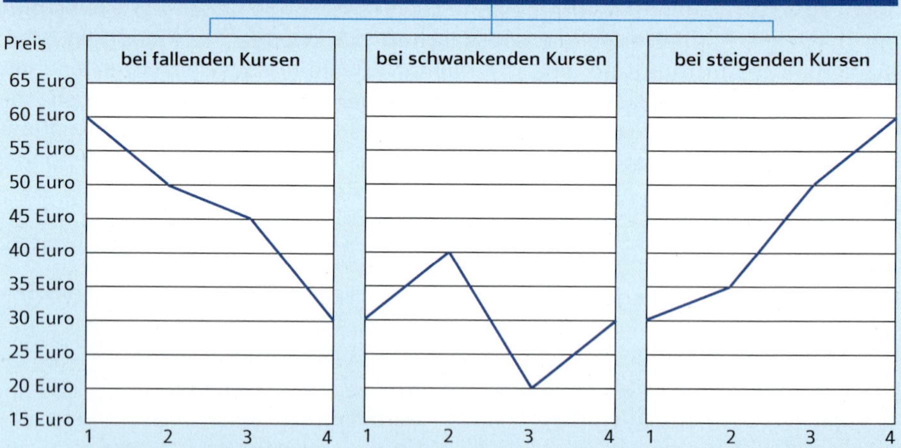

bei fallenden Kursen

Preis je Anteil Euro	erworbene Anteile
60	1,667
50	2,000
45	2,222
30	3,333
185	9,222
Durchschnitts-Ausgabepreis 185 : 4 = 46,25 Euro Durchschnitts-Einstandspreis für den Käufer 400 : 9,222 = 43,37 Euro	
Preisvorteil je Anteil: 2,88 Euro	

bei schwankenden Kursen

Preis je Anteil Euro	erworbene Anteile
30	3,333
40	2,500
20	5,000
30	3,333
120	14,166
Durchschnitts-Ausgabepreis 120 : 4 = 30 Euro Durchschnitts-Einstandspreis für den Käufer 400 : 14,166 = 28,24 Euro	
Preisvorteil je Anteil: 1,76 Euro	

bei steigenden Kursen

Preis je Anteil Euro	erworbene Anteile
30	3,333
35	2,857
50	2,000
60	1,667
175	9,857
Durchschnitts-Ausgabepreis 175 : 4 = 43,75 Euro Durchschnitts-Einstandspreis für den Käufer 400 : 9,857 = 40,58 Euro	
Preisvorteil je Anteil: 3,17 Euro	

Der Vorteil der regelmäßigen Anlage besteht darin, dass die Investmentanteile zu günstigen durchschnittlichen Preisen (Durchschnitts-Einstandspreis) erworben werden. Im Beispiel „bei fallenden Kursen" ergibt sich: Ein Sparer, der in jedem Monat einen Anteil gekauft hat, zahlte Preise zwischen 60 und 30 Euro. Im Durchschnitt bezahlte er 185 Euro : 4 = 46,25 Euro. Hätte er jeden Monat regelmäßig 100 Euro gespart, insgesamt also 400 Euro, hätte er 9,222 Anteile erhalten. Sein durchschnittlicher Einstandspreis errechnet sich mit 43,37 Euro. Die Differenz zwischen diesen beiden Einstandspreisen zeigt den Vorteil des Cost-Averaging.

4.4.4.4 Risiken bei Anlagen in Investmentanteilen

▸ Kapitel 4.4.1.5

Neben den Basisrisiken einer Geld- und Vermögensanlage in Wertpapieren bestehen für einen Erwerber von Investmentanteilen spezielle Risiken. Auch wenn das Vermögen eines Investmentfonds nach dem Grundsatz der Risikomischung angelegt ist, trägt der Anleger das volle Risiko der durch den Anteilschein repräsentierten Anlagen. Urteile von Rating-Agenturen, die sich auf Risiko- und Performancevergleiche und Beurteilungen der Managementqualität stützen, sollen Anlagenentscheidungen erleichtern.

Rating von Investmentfonds

Beispiel zum Rating von Investmentfonds

Standard & Poor's beurteilt mit ein bis fünf Sternen (Fund Stars) die Performance eines Fonds über einen Dreijahreszeitraum im Vergleich zu Fonds des gleichen Anlagesektors. In Ergänzung beurteilt das Fund Management Rating mit den Buchstaben A bis AAA wie weit sich das Fondsmanagement an die festgelegte Anlagepolitik und die definierten Anlageziele hält.

Spezielle Risiken

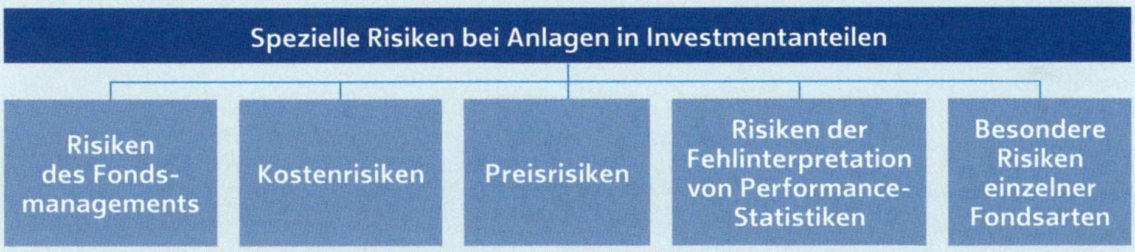

Risiko des Fondsmanagements

Die Entscheidung über die Auswahl der Werte eines Sondervermögens trifft – im Rahmen der durch die Anlagegrundsätze gezogenen Grenzen – das Fondsmanagement. Das **Risiko des Fondsmanagements** besteht darin, dass die Anlageentscheidungen des Fondsmanagements nicht den Zielvorstellungen des Anlegers entsprechen und verglichen mit anderen Fonds oder Indizes (sog. Benchmarks) negativ verlaufen. Zum Risiko des Fondsmanagements gehört auch die Gefahr eines unvorhergesehenen Wechsels des Fondsmanagements.

Kostenrisiken

Kostenrisiken ergeben sich durch die Spanne zwischen Ausgabepreisen und Rücknahmepreisen sowie aus den Vergütungen für die Fondsverwaltung. Vor allem bei kurzfristigen Anlagen können die sich hieraus ergebenden Kosten deutlich höher sein als bei einer Direktanlage.

Preisrisiken

Preisrisiken ergeben sich aus den Kurs- oder Marktpreisrisiken der im Sondervermögen vorhandenen Anlagewerte. Fonds mit Anlageschwerpunkten in risikoreichen Werten haben in der Regel höhere Preisrisiken als Rentenfonds mit erstklassigen Schuldverschreibungen oder Aktienfonds mit internationalen Standardwerten.

Performance-Risiken

Performance-Risiken sind Risiken aus Interpretationen von Entwicklungen in der Vergangenheit und aus Investment-Ranglisten. Performance-Zahlen gehen darüber hinaus meistens von bestimmten Voraussetzungen aus, z. B. Wiederanlage aller Erträge.

Risiken einzelner Fondsarten liegen in besonderen Fondskonstruktionen, z. B. bestehen bei Aktienfonds besondere Verlustrisiken bei Einsatz von Derivaten. Bei ausländischen Investmentfonds kann es Unsicherheiten in der Auslegung vertraglicher und gesetzlicher Regelungen geben. Offene Immobilienfonds haben Liquiditätsrisiken, wenn Anleger über das erwartete Maß hinaus Anteile zurückgeben. Die Einführung einer Mindesthaltefrist und einer Rückgabefrist soll Liquiditätsrisiken dieser Fonds eindämmen. Bei ETF ergeben sich spezielle Risiken aus der **Konstruktion der Indexnachbildung.** Bei physischer Nachbildung können die Erträge unter denen des nachgebildeten Index liegen, da Transaktionskosten im Zusammenhang mit Indexneugewichtungen oder Kapitalmaßnahmen die Wertentwicklung negativ beeinflussen. Bei synthetischen Indexnachbildungen tritt im Insolvenzfall des Swap-Partners des ETF-Anbieters ein Kontrahentenrisiko ein.

Vor- und Nachteile des Investmentsparens

Vor- und Nachteile des Investmentsparens für den Anleger am Beispiel des Wertpapier-Sondervermögens

Vorteile	Nachteile
▸ **Risikomischung** Wertpapierfonds enthalten Wertpapiere vieler Emittenten. Der Kursrückgang eines Papiers schlägt nur in geringem Umfang auf den Inventarwert durch. Sowohl das Kursrisiko als auch das Ertragsrisiko sind gemindert. ▸ **Kleine Stückelung** Anteilscheine an Investmentfonds können mit kleinen Anlagebeträgen erworben werden. Bei wesentlichen Preissteigerungen können die Anteilsrechte geteilt werden (Splitting). ▸ **Verwaltung durch Fachleute** Die Sondervermögen von Kapitalverwaltungsgesellschaften werden von Experten verwaltet, die ständig über die Marktentwicklung informiert sind. ▸ **Sicherheit** Die Vorschriften des KAGB über die Anlagepolitik, die Verwaltung und Haftung des Sondervermögens und der Zwang zur Einschaltung einer Verwahrstelle geben den Anlegern zusätzlichen Schutz. ▸ **Liquidität** Aufgrund der gesetzlichen Rücknahmeverpflichtung müssen Fondsanteile von der Kapitalverwaltungsgesellschaft jederzeit zum Inventarwert zurückgenommen werden. ▸ **Publizität** Kapitalverwaltungsgesellschaften veröffentlichen börsentäglich Ausgabe- und Rücknahmepreise. Sie sind ferner zur Veröffentlichung von Verkaufsprospekten, Jahresberichten und Halbjahresberichten verpflichtet.	▸ **Häufig nur durchschnittliche Wertentwicklung** Durch die breite Streuung des Fondsvermögens führen Kurssteigerungen einzelner Wertpapiere nicht zu entsprechenden Steigerungen beim Inventarwert des Fonds. Kapitalverwaltungsgesellschaften bieten daher auch spezialisierte Fonds an, z. B. Branchen- und Länderfonds. ▸ **Unbeweglichkeit großer Fondsvermögen** Große Sondervermögen können ihre Wertpapiere meistens nicht so schnell umschichten, wie dies aus der Anlagepolitik notwendig wäre. Massive Käufe können starke Kurssteigerungen, massive Verkäufe starke Kursverluste auslösen. Bei hohen Mittelzuflüssen haben offene Immobilienfonds Schwierigkeiten, schnell geeignete Anlageobjekte zu finden. ▸ **Kosten gegenüber Direktanlage höher** Die Geldanlage in Fondsanteilen kann durch Ausgabeaufschläge und durch Verwaltungskostenabzüge im Vergleich zur Direktanlage höhere Kosten verursachen. ▸ **Gefahr der Substanzausschüttung bei Aktienfonds** Bei Aktienfonds besteht die Gefahr, dass realisierte Kursgewinne oder Verkaufserlöse aus Bezugsrechten und damit Substanz ausgeschüttet wird.

4.4.5 Genussscheine

Genussscheine verbriefen Genussrechte. Genussrechte sind gesetzlich nicht geregelt. Sie werden in der Praxis als schuldrechtliche Beteiligungsrechte behandelt. Als Mischform von Anleihe und Aktie verbriefen sie Gläubigerrechte und Rechte, die nur Eigentümern von Unternehmen zustehen, z. B.

Begriff des Genussscheins

- **Beteiligung am Gewinn**
- **Einräumung von Bezugsrechten** (**Optionsgenussscheine**)
- **Einräumung von Umtauschrechten** (**Wandelgenussscheine**)
- **Beteiligung an Nutzungsrechten, z. B. Lizenzgebühren.**

Die Ausgestaltung von Genussrechten kann sehr vielfältig und unterschiedlich sein. Von den an deutschen Wertpapierbörsen gehandelten Genussscheinen verbrieft keine Emission die gleichen Rechte wie andere Emissionen.

Ausgestaltung von Genussrechten

Die umlaufenden Genussscheine sind meistens mit einer festen Grundverzinsung und mit einem Rückzahlungsversprechen ausgestattet. Darüber hinaus verbriefen sie unterschiedliche Rechte. Die Gestaltung von Genussrechten findet aber ihre Grenze bei der Gewährung von Mitgliedschaftsrechten. Genussscheine können z. B. kein Stimmrecht in der Hauptversammlung und kein Mitwirkungsrecht an der Geschäftsführung verbriefen. Sonderformen sind der Wandelgenussschein, der ein Wandlungsrecht in Aktien verkörpert und der nach der Wandlung untergeht, und der Optionsgenussschein, der eine Option auf den Erwerb von Aktien zu einem festgelegten Preis bietet. Nach Trennung oder Ausübung der Kaufoption bleibt der Genussschein erhalten.

Gestaltungsmöglichkeiten am Beispiel der Gewinnbeteiligung

Bezugsgröße: Jahresüberschuss, Bilanzgewinn, das ordentliche Betriebsergebnis, der Dividendensatz oder andere Gewinngrößen.

Ausschüttung: Garantierte Mindestausschüttung, dividendenabhängige Zusatzausschüttung, Ausschüttungsbegrenzung auf Höchstbetrag.

Rang der Gewinnansprüche gegenüber den Ansprüchen der Gesellschafter: vorrangig, gleichrangig, nachrangig.

▸ Kapitel 4.4.2.3.5

Durch Genussscheinausgabe beschafftes Kapital hat Eigenkapitalcharakter, wenn

Eigenkapitalcharakter von Genussrechtskapital

- es dem Unternehmen langfristig oder unbefristet zur Verfügung steht,
- der Genussscheininhaber am Gewinn und am Verlust beteiligt ist und
- der Genussscheininhaber im Insolvenzfall nachrangig gegenüber anderen Gläubigern befriedigt wird.

Ausschüttungen auf Genussrechtskapital werden beim Emittenten steuerlich als Ausschüttungen auf Fremdkapital, d. h. als gewinnmindernde Aufwendungen behandelt, wenn die Beteiligung der Anleger am Liquidationserlös des Unternehmens ausgeschlossen ist.

Genussscheine können von Unternehmen jeder Rechtsform ausgegeben werden. Im AktG ist die Ausgabe von Genussscheinen wie die Ausgabe von Wandel- und Gewinnschuldverschreibungen geregelt. Bei Kreditinstituten kann Genussrechtskapital unter bestimmten Voraussetzungen dem haftenden Eigenkapital zugerechnet werden. Durch Ausgabe von Genussscheinen können sich Unternehmen günstig eigenkapitalähnliches langfristiges Kapital beschaffen, das auch für risikoreichere Investitionen eingesetzt werden kann.

§ 221 AktG

Emissionsgründe

Genussscheine können in den Börsenhandel eingeführt werden. Die Kursnotiz erfolgt flat, d. h. die zeitanteilige Ausschüttung ist im Kurs enthalten. Es werden keine Stückzinsen verrechnet.

Spezielle Risiken

Risiken bei einer Geldanlage in Genussscheinen entsprechen je nach Ausgestaltung der verbrieften Genussrechte den Risiken der Anlage in Schuldverschreibungen und Aktien. **Spezielle Risiken bei Genussscheinen** sind
- das Ausschüttungsrisiko,
- das Rückzahlungsrisiko,
- das Haftungsrisiko.

Ausschüttungsrisiko

Rückzahlungsrisiko

Haftungsrisiko

Das **Ausschüttungsrisiko** besteht in der Gefahr, dass bei gewinnabhängigen Ausschüttungsregelungen im Falle eines Verlustes bei der emittierenden Gesellschaft keine Ausschüttung erfolgt. Verluste beim Emittenten können außerdem bei entsprechender Ausgestaltung des Genussscheins auch zu einer Aussetzung oder Reduzierung der Rückzahlung führen (**Rückzahlungsrisiko**). Ein **Haftungsrisiko** besteht für den Fall einer Insolvenz oder Liquidation des Unternehmens, sofern das Genussrechtskapital als nachrangiges Kapital aufgenommen wurde. Der Genussrechtsinhaber erhält in diesem Fall seinen Kapitaleinsatz erst zurück, nachdem alle Gläubigeransprüche befriedigt wurden.

4.4.6 Zertifikate

4.4.6.1 Begriff und Merkmale von Zertifikaten

Zertifikate sind Schuldverschreibungen mit besonderem Risikoprofil. Der Emittent verpflichtet sich nicht zur Rückzahlung des Nennwertes, sondern leistet bei Fälligkeit eine Zahlung, die von der Entwicklung eines bestimmten Basiswertes abhängt.

strukturierte Produkte

Zertifikate sind damit **strukturierte Produkte**. Sie entstehen aus der Kombination einer Schuldverschreibung mit einem oder mehreren anderen Finanzinstrumenten (Basiswerte oder Underlyings).

Basiswerte von Zertifikaten

- Aktien (▸ Kapitel 4.4.3)
- Termingeschäfte (▸ Kapitel 4.5.2 und 4.5.3)
- Anleihen (▸ Kapitel 4.4.2)
- Indizes (▸ Kapitel 4.4.7.2.4)
- Währungen (▸ Kapitel 6.2)
- Rohstoffe (▸ Kapitel 4.6.3.2)

Discountzertifikate

Beispiel für Discountzertifikate

Konstruktion: Ein Kreditinstitut begibt eine zinslose Inhaberschuldverschreibung als Zertifikat mit einer Laufzeit von 8 Monaten. Die Rückzahlung am Fälligkeitstag erfolgt in Abhängigkeit vom Aktienkurs der Siemens AG:

a) Liegt der Kurs der Siemens-Aktie unter 60 Euro, liefert die Emittentin eine Aktie (Bezugsverhältnis 1:1).

b) Liegt der Kurs der Siemens-Aktie bei 60 Euro oder höher, werden 60 Euro ausgezahlt.

Der Ausgabepreis des Zertifikats wird auf 45,65 Euro festgelegt.

Die Siemens-Aktie notiert zum Emissionszeitpunkt mit 51,59 Euro. Da der Aktienerwerb über das Zertifikat um 5,94 Euro günstiger als der Direkterwerb ist, wird die Anleihe unter dem Namen „Discountzertifikat" vertrieben. Der Abschlag wird erreicht, indem das Basisinstrument Anleihe mit einer Option verbunden wird. Der Anleger verkauft eine europäische Kaufoption auf Siemens-Aktien zum Basispreis von 60 Euro und kauft gleichzeitig eine Siemens-Aktie in Form des Zertifikats.

Der Käufer des Zertifikats ist Stillhalter in der Kaufoption und Käufer der Aktie. Als Stillhalter verpflichtet er sich, am Fälligkeitstag auf Verlangen eine Aktie zum Basispreis von 60 Euro zu liefern. Im Gegenzug erhält er eine Optionsprämie, die ihm als Preisnachlass auf den Aktienkauf angerechnet wird.

Bestandteile des Discountzertifikats	
Kauf einer Siemens-Aktie	Zahlung des um 5,94 Euro verminderten Kaufpreises von 45,65 Euro Lieferung der Aktie am Fälligkeitstag des Zertifikats in acht Monaten
Verkauf einer Kaufoption auf Siemens-Aktien	Der Stillhalter (Käufer des Zertifikats) hat auf Verlangen des Käufers (Emittentin des Zertifikats) am Fälligkeitstag eine Siemens-Aktie zu 60 Euro zu liefern. Der Stillhalter erhält die Optionsprämie von 5,94 Euro in Form eines Preisnachlasses beim Aktienkauf in Form des Discountzertifikats.

Chancen und Risiken: Einem begrenztem Gewinnpotenzial steht durch das Wahlrecht der Emittentin auf Lieferung der Aktie bei Fälligkeit des Zertifikats ein unbegrenztes Verlustpotenzial für den Fall des Kursrückgangs der Aktie unter den Einstandspreis von 45,65 Euro gegenüber. Bei starken Kurssteigerungen fällt die Rendite des Discountzertifikats gegenüber der Direktanlage in Aktien zurück, da sie nach oben begrenzt ist. Bei geringeren Kurssteigerungen und Kursrückgängen liegt die Wertentwicklung aber über der einer Direktanlage.

Chancen- und Risikoprofil des Discountzertifikats

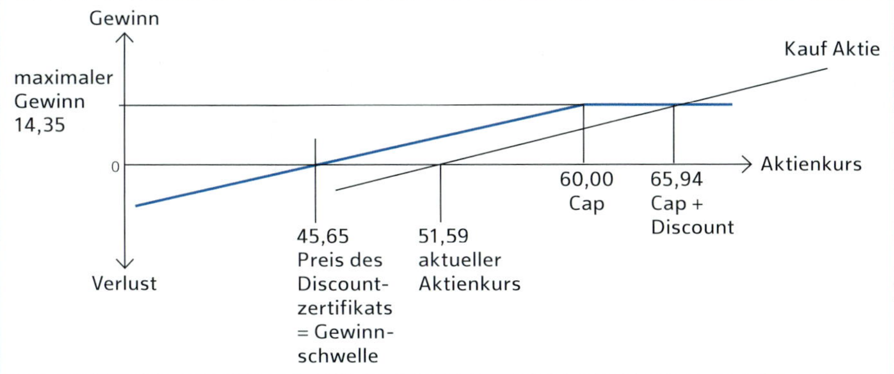

Kundennutzen: Discountzertifikate eignen sich für Anleger, die Ertragschancen aus Aktien nutzen wollen, gleichzeitig aber risikobewusst sind. Für die zugrunde liegende Aktie wird bei der Kursentwicklung eine Seitwärtsbewegung, allenfalls ein moderater Kursanstieg erwartet.

4.4.6.2 Arten von Zertifikaten

Zertifikate können nach verschiedenen Kriterien unterteilt werden.

Arten von Zertifikaten

nach der Laufzeit
- mit fester Laufzeit
- ohne Laufzeitbegrenzung (Open-End-Zertifikate)

nach dem Basiswert
- Aktienzertifikate
- Indexzertifikate bzw. Basketzertifikate
- Währungszertifikate
- Rohstoffzertifikate

nach dem Risikogehalt
- niedriges Risiko (Ziel Kapitalerhalt): Garantiezertifikate
- hohes Risiko (Ziel Spekulation): Hebelzertifikate

Financial Engineering

Zertifikate werden von Kreditinstituten oder Finanzdienstleistungsinstituten entworfen, um für den Anleger ein vorher definiertes Chancen- und Risikoprofil zu erreichen. Im Vergleich zu klassischen Anlageprodukten lassen sich damit Marktentwicklungen (Aufwärts-, Abwärts- oder Seitwärtsbewegungen) in individuelle Anlageprodukte umsetzen. Daher unterliegt das Angebot an Zertifikaten einem hohen Innovationstempo und verändert sich mit der jeweiligen Lage an den Kapitalmärkten. Ein direkter Vergleich zwischen den Produkten verschiedener Anbieter ist oft schwierig, da die Produktbezeichnung variiert und unterschiedliche Ausgestaltungen einen direkten Preisvergleich erschweren.

An der Frankfurter Wertpapierbörse (FWB) können Anleger über einen Online-Baukasten Zertifikate selbst entwickeln. Sie legen Produkttyp, Basiswert oder Laufzeit fest und erhalten dann ein Preisangebot von einem Emittenten. Danach wird das Zertifikat unverbindlich erzeugt und mit einer individuellen Wertpapierkennnummer versehen, anhand derer der Anleger das Produkt bereits kurz darauf über die eigene Depotbank handeln kann.

Zertifikate nach Risikoneigung und erwarteter Marktentwicklung

steigende Kurse und geringe Risikobereitschaft

Beispiel:
Garantiezertifikat

stagnierende Kurse bzw. Seitwärtsbewegung und geringe Risikobereitschaft

Beispiele:
- Discountzertifikat
- Aktienanleihe
- Bonuszertifikat

steigende bzw. fallende Kurse und hohe Risikobereitschaft

Beispiel:
Hebelzertifikat (bei steigenden Kursen Long-Variante, bei fallenden Kursen Short-Variante)

Übersicht über ausgewählte Zertifikate

Produkt	Funktionsweise	Chancen und Risiken	Kurserwartung und Risikoneigung des Anlegers
Garantie-zertifikat	Schutz vor Kursrückgängen durch garantierte Rückzahlung eines Festbetrages bei Fälligkeit des Zertifikats	Teilnahme (Partizipation) am Kursanstieg des Basiswertes in Höhe einer festgelegten Rate (bis 100 %) ohne Risiko von Kursverlusten beim Basiswert	Erwartung eines Kursanstiegs und Wunsch nach Absicherung gegen mögliche Kursrückschläge
Discount-zertifikat	Einstieg in den Basiswert mit Preisabschlag (Discount) im Vergleich zum Direkterwerb bei gleichzeitiger Begrenzung auf einen maximalen Gewinn	Bei Fälligkeit wird der Höchstbetrag ausgezahlt, wenn der Preis des Basiswerts über dem Höchstbetrag liegt (Risiko der Gewinnbegrenzung), anderenfalls wird der Basiswert geliefert. Der Anleger trägt damit Verlustrisiken bei Kursrückgängen, allerdings abgefedert durch den Discount.	Erwartung leicht fallender oder leicht steigender Kurse für den Basiswert, ungeeignet bei Erwartung eines starken Kursanstiegs oder Kursrückgangs
Bonus-zertifikat	Teilnahme an der Kursentwicklung des Basiswertes mit dem Vorteil, dass das Zertifikat bei Fälligkeit mit einem vorher festgelegten Aufgeld (Bonus) zurückgezahlt wird, sofern eine bestimmte Kursschwelle während der Laufzeit nicht erreicht oder unterschritten wird.	Kursschwelle wird nicht verletzt: Anleger erhält den Bonus und nimmt voll am Kursanstieg des Basiswertes teil. Kursschwelle wird verletzt: Der Bonus entfällt. Der Anleger nimmt an Gewinnen und Verlusten des Basiswerts wie beim Direkterwerb teil.	Erwartung stagnierender Kurse für den Basiswert, wobei ein stärkerer Kursanstieg des Basiswertes nicht ausgeschlossen wird und nicht verpasst werden soll.
Index-zertifikat	Teilnahme an der Kursentwicklung des Indexwertes als Teil einer passiven Anlagestrategie. Meist werden hohe Indexstände über Bezugsverhältnisse in anlegergerechte Angebote überführt (Bei 1/100 müsste ein Anleger 100 Zertifikate kaufen, um den ganzen Index abzubilden).	Teilnahme am Kursanstieg und Kursrückgang des Index	Passive Anlagestrategie mit Erwartung steigender Kurse für den Index
Hebel-zertifikat	Teilnahme am Kursanstieg (Bull-Variante) oder Kursrückgang (Bear-Variante) eines Basiswerts mit geringerem Kapitaleinsatz als bei Direktinvestition (Ausnutzung des Hebeleffekts)	Chancen und Risiken wie bei Futures, da der Hebel in beide Richtungen wirkt. Zusätzlich Risiko des vorzeitigen Totalverlusts, wenn der Kurs des Basiswertes die vereinbarte Knock-out-Schwelle unterschreitet (Bull-Variante) bzw. überschreitet (Bear-Variante).	Erwartung stark steigender Kurse (Bull-Variante) bzw. stark fallender Kurse (Bear-Variante) für den Basiswert

4.4.6.3 Handel von Zertifikaten

Zertifikate werden im außerbörslichen Direkthandel mit den Emittenten bzw. spezialisierten Wertpapierhandelsfirmen und an Wertpapierbörsen gehandelt.

Eine Kombination beider Handelsformen ist der **börsliche Direkthandel** an der FWB. Dabei senden Anleger über ihren Onlinebroker eine Anfrage eines Geld-/Briefkurses (Quote-Request) an die FWB und erhalten eine aktuelle Preisindikation. Wenn der Preis zusagt, können sie mit einem Klick eine Limit-Order aufgeben oder erneut einen Preis anfragen. Ausführungen erfolgen nach einem Quote-Request nur zum vorher angezeigten Preis oder besser.

Handel von Zertifikaten

im Direkthandel	im börslichen Direkthandel	an Wertpapierbörsen
Handel außerhalb der Börse über das Internet mit Emittenten oder Wertpapierfirmen	Handel über das Internet gegen Quotes der Emittenten oder Wertpapierfirmen und Ausführung als Börsenauftrag	Handel in elektronischen Systemen unter Preisüberwachung durch Handelsüberwachungsstellen

Preise für Zertifikate werden fortlaufend von Emittenten ermittelt. Die Kurse orientieren sich grundsätzlich an der Kursentwicklung der Basiswerte. Im Handel wird ein Geld- oder Kaufkurs sowie ein Brief- oder Verkaufskurs festgestellt. Die Emittenten verpflichten sich, das Zertifikat zum aktuellen Kurs zu kaufen oder zu verkaufen. Damit wird die Handelbarkeit der Zertifikate sichergestellt.

Im Handel außerhalb der Börse gilt für Kauf oder Verkauf die Kursstellung der Emittenten. Beim Handel über die Börse kann der Ausführungskurs auch innerhalb der Kursspanne zwischen Geld- und Briefkurs liegen. Für den börslichen Handel gibt es die Stuttgarter **EUWAX**, den Handel an der Frankfurter Wertpapierbörse sowie spezielle Börsensegmente an den Börsen in Düsseldorf und in Berlin.

4.4.6.4 Risiken bei Anlagen in Zertifikaten

‣ Kapitel 4.4.1.5

Neben den Basisrisiken bei einer Geld- und Vermögensanlage in Wertpapieren bestehen bei Zertifikaten besondere Risiken. Das Risikoprofil der einzelnen Zertifikate wird zudem durch die besonderen Risiken der jeweils zugrunde liegenden Basiswerte mitbestimmt.

Besondere Risiken bei Anlagen in Zertifikaten

- Emittentenrisiko
- Kursänderungsrisiko
- Korrelationsrisiko
- Risiko der Basiswertlieferung
- Wertverfallsrisiko

Emittentenrisiko

Das **Emittentenrisiko** bei Zertifikaten ist ein doppeltes Risiko. Einerseits besteht die Gefahr, dass der Emittent des Zertifikats Insolvenz anmelden muss und zahlungsunfähig wird. Andererseits besteht das Insolvenzrisiko auch für Unternehmen, deren Wertpapiere die Basiswerte des Zertifikats darstellen. Beide Fälle können zum Totalverlust führen.

Kursänderungsrisiko

Das **Kursänderungsrisiko** besteht in der Gefahr der Preisschwankungen bei den Basiswerten. Ändert sich der Preis des Basiswerts, ändert sich auch der Preis des Zertifikats. Je nach Zertifikatsbedingungen kann dies zu Totalverlusten führen, z. B. wenn eine Kursuntergrenze unterschritten wird.

Korrelationsrisiko

Das **Korrelationsrisiko** besteht in der Gefahr, dass die Wertentwicklung des Zertifikats von der Wertentwicklung des Basiswerts abweichen kann, weil zusätzliche und nicht vorhersehbare Faktoren, z. B. Änderungen des Zinsniveaus oder Wechselkursrisiken, die Preisentwicklung eines Zertifikats beeinflussen können.

Risiko der Basiswertlieferung

Das **Risiko der Basiswertlieferung** besteht in der Gefahr, dass am Laufzeitende des Zertifikats statt des Geldbetrags der Basiswert selbst geliefert wird. Dadurch entstehen für den Anleger neue Risiken.

Wertverfallsrisiko

Das **Wertverfallsrisiko** besteht in der Gefahr, dass sich der zugrunde liegende Basiswert so entwickelt, dass es während der Laufzeit des Zertifikats zu Verlusten kommt.

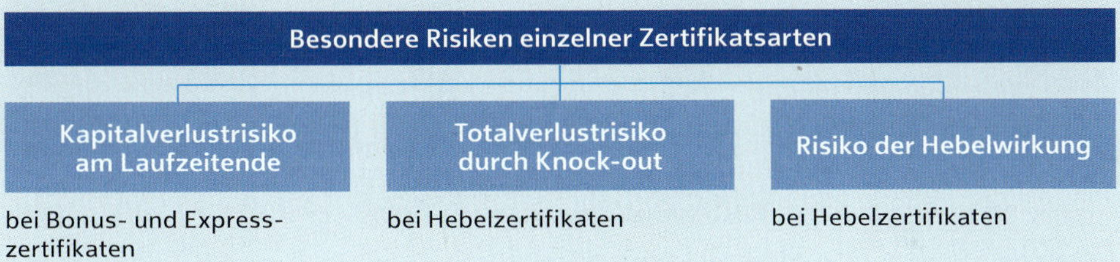

Kapitalverlustrisiko am Laufzeitende

Das **Kapitalverlustrisiko am Laufzeitende** besteht bei Bonus- und Expresszertifikaten in der Gefahr, dass eine festgelegte Barriere während der Laufzeit erreicht wurde. Statt des Bonus wird dann der zugrunde liegende Basiswert zum aktuellen Preis ausgezahlt.

Totalverlustrisiko durch Knock-out

Ein **Totalverlustrisiko durch Knock-out** besteht bei Hebelzertifikaten. Eine Knock-out-Vereinbarung führt bei Eintritt eines bestimmten Ereignisses, z. B. Unterschreiten einer Kursschwelle, zum Totalverlust.

Risiko der Hebelwirkung

Das **Risiko der Hebelwirkung** besteht bei Hebelzertifikaten in der Gefahr erhöhter Verlustrisiken, weil Schwankungen des Basiswerts sich überproportional auf den Preis des Zertifikats auswirken.

4.4.7 Handel von Wertpapieren an Wertpapierbörsen

4.4.7.1 Börsen als Zentralmärkte des Wertpapierhandels

4.4.7.1.1 Merkmale und Funktionen von Wertpapierbörsen

Begriff Wertpapierbörse

Wertpapierbörsen sind öffentlich-rechtliche Anstalten. Als Dienstleistungsunternehmen bieten sie einen organisatorischen, technischen und rechtlichen Rahmen für den Handel (Sekundärmarkt) von vertretbaren Kapitalwertpapieren.

Merkmale

Merkmale des Börsenhandels von Wertpapieren sind:

- Die Wertpapiere liegen zum Handel nicht körperlich weder zur Ansicht noch zur Übertragung vor.
- Die Handels- und Geschäftsbedingungen sind standardisiert.
- Geschäftsabschlüsse kommen durch wenige Angaben zwischen zugelassenen Händlern zustande. Die Vertragspartner müssen sich nur über Art des Wertpapiers, Nennwert oder Stückzahl des Geschäfts und den Preis einigen.
- Im Börsenhandel wird nur das Verpflichtungsgeschäft abgeschlossen. Die Erfüllung erfolgt außerhalb des Börsenhandels. Dabei wird häufig eine zentrale Gegenpartei (Zentraler Kontrahent) eingeschaltet.

Verpflichtungsgeschäft

Erfüllungsgeschäft

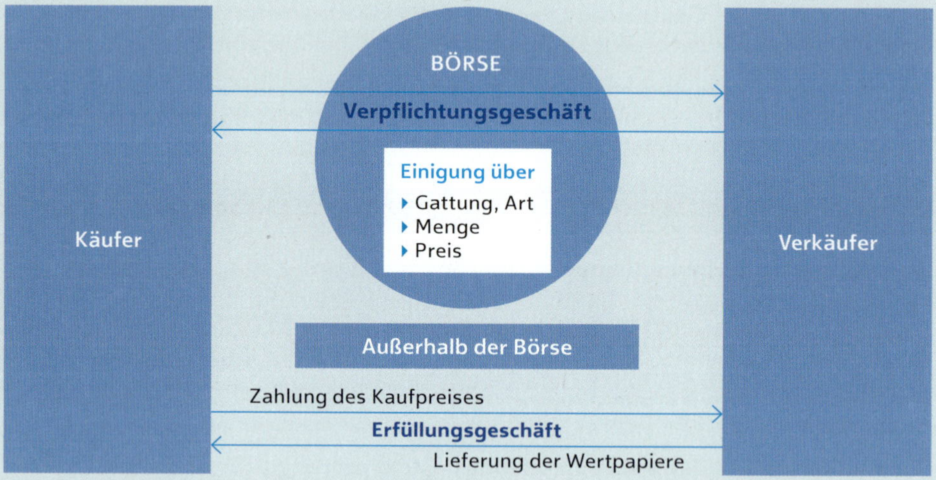

Die Konzentration des Handels auf einen Zentralmarkt mit standardisierten Handelsformen führt zu niedrigen Informations- und Abschlusskosten. Sie gewährleistet, dass stets viele Anbieter und Nachfrager vorhanden sind und Geschäftsabschlüsse mit hoher Wahrscheinlichkeit zustande kommen.

Funktionen

Funktionen der Wertpapierbörse

Kapitalumschlagfunktion	Kapitalbewertungsfunktion
‣ Anleger können zum An- und Verkauf von Wertpapieren auf einen regelmäßig stattfindenden Markt zurückgreifen. ‣ Zulassungsvorschriften für die gehandelten Wertpapiere sichern eine hinreichende Qualität und Handelsfähigkeit der Wertpapiere. ‣ Zentralmarktfunktion sichert ausreichende Liquidität.	‣ Das Zusammentreffen einer Vielzahl von Kauf- und Verkaufsaufträgen sichert, dass der jeweilige Preis der wirklichen Geschäftslage entspricht. ‣ Die Preise kommen nach festgelegten, bekannten Regeln zustande. ‣ Die Veröffentlichung der Kurse sichert eine hohe Markttransparenz.

Börsenkurse und ihre Veränderungen spiegeln die Beurteilung der Anleger über die Kapitalmarktentwicklung und über die wirtschaftliche Lage des Emittenten wider.

Wertpapierbörsen können **Parkettbörsen** (Präsenzbörsen) oder **Computerbörsen** sein. An Parkettbörsen werden Geschäfte unter Einschaltung von Skontroführern abgeschlossen. An Computerbörsen kommen Geschäfte vollautomatisch durch Zusammenführung von Kauf- und Verkaufsaufträgen zustande.

Parkettbörsen

Computerbörsen

Börsen	
Parkettbörsen	**Computerbörsen**
Preisfeststellung durch Skontroführer	Preisfeststellung durch elektronische Zusammenführung von Kauf- und Verkaufsaufträgen

4.4.7.1.2 Organisation der Wertpapierbörsen

Börsenstruktur in Deutschland

Wertpapierbörsen bestehen in Deutschland in den Bundesländern Berlin, Bremen, Hamburg, Baden-Württemberg (Stuttgart), Bayern (München), Niedersachsen (Hannover), Nordrhein-Westfalen (Düsseldorf) und Hessen (Frankfurt am Main). Die Deutsche Börse AG betreibt die **Frankfurter Wertpapierbörse (FWB)** als umsatzstärkste deutsche Börse. Die anderen Börsenplätze werden daher auch als **Regionalbörsen** bezeichnet. An der Wertpapierbörse Bremen findet kein Handel mehr statt.

Wertpapierbörsen in Deutschland

Wichtige Unternehmen der Deutschen Börse AG	
Clearstream International	Verwahrung von Wertpapieren und Abwicklung börslicher und außerbörslicher Geschäfte; deutscher Teil: Clearstream Banking AG
Deutsche Börse Systems	Betrieb der elektronischen Handelsplattformen Xetra und Eurex
Börse Frankfurt Zertifikate AG	Elektronischer Börsenhandel von strukturierten Produkten in Frankfurt, z. B. Zertifikate
Eurex	Börsenhandel von Termingeschäften; Eurex Clearing AG als zentrale Gegenpartei auch im Handel auf Xetra
Tradegate	Betrieb der Börse Berlin

▸ Kapitel 4.4.7.3

▸ Kapitel 4.5.5.3

▸ Kapitel 4.5.5.2

Die Entwicklung der Börsenstruktur wird durch neue Kommunikations- und Informationstechnologien vorangetrieben. So ist der Parketthandel fast vollständig durch den **elektronischen Wertpapierhandel** verdrängt worden. Dieser macht die physische Anwesenheit der Börsenteilnehmer überflüssig und hebt die räumliche Marktbegrenzung auf. In der Folge sind auch länderübergreifende Börsenzusammenschlüsse möglich.

Entwicklung der Börsenstruktur

Für die Preisermittlung an den deutschen Börsen wird grundsätzlich das Market-Maker-Prinzip oder das Auktionsprinzip angewendet. Mischformen aus beiden Preisermittlungsverfahren kommen vor.

Preisermittlungsverfahren

Verfahren zur Ermittlung von Börsenpreisen	
Market-Maker-Prinzip	**Auktionsprinzip**
▸ Ein Marktteilnehmer (Market-Maker) stellt verbindliche An- und Verkaufspreise (sog. Quotes) für das betreute Wertpapier. ▸ Die einzelnen Börsenaufträge werden gegen die Quotes des Market-Makers ausgeführt. ▸ Die Liquidität wird durch den Market-Maker bereitgestellt.	▸ Die einzelnen Börsenaufträge werden gesammelt und insgesamt gegeneinander ausgeführt. ▸ Die Börsenpreise werden durch einen Auktionator (sog. Spezialist) ermittelt, der das Orderbuch führt. ▸ Die Liquidität ergibt sich aus der Auftragslage.

Der Wettbewerb der deutschen Börsen untereinander findet vornehmlich über die eingesetzten Handelsmodelle zur Preisermittlung und den angebotenen Service statt, z. B. Handelszeiten oder Informationen über die Auftragslage im Orderbuch. Die EU-Richtlinie über Märkte für Finanzinstrumente (MiFID) verlangt die Abwicklung von Kundenaufträgen nach dem Prinzip der bestmöglichen Ausführung (Best Execution). Die Regionalbörsen garantieren deshalb bei der Preisermittlung die Berücksichtigung von Referenzmärkten. Referenzmarkt ist der Handelsplatz in Deutschland oder im Ausland, an dem das Wertpapier am häufigsten und mit den größten Umsätzen gehandelt wird, z. B. Xetra für DAX-Werte. Die Preisgarantie gewährleistet, dass der Auftrag mindestens zum Kurs am Referenzmarkt ausgeführt wird und damit von den geringsten Spannen zwischen An- und Verkauf profitiert.

Best-Execution-Verpflichtung

Referenzmärkte

besondere Handelsmodelle der Regionalbörsen

Spezielle Handelsmodelle ausgewählter Regionalbörsen

Börsenplatz	Handelsmodell	Beschreibung
München	gettex	Entgelt- und courtagefreier Handel für Privatanleger.
Stuttgart	EUWAX (European Warrant Exchange) für strukturierte Produkte, wie Zertifikate und Optionsscheine	Market-Maker-Prinzip im elektronischem Handel mit kontinuierlichen Auktionen. Market-Maker, i. d. R. die Wertpapieremittenten, sind bis zu bestimmten Auftragsgrößen zu Quotes verpflichtet. Ein Quality-Liquidity-Provider prüft die Quotes und stellt je nach Handelsart weitere Liquidität zur Verfügung. Ausführung zum Quote des Market-Makers oder besser.
Düsseldorf	Primärmarkt	Handel von Unternehmensanleihen in den Segmenten A, B und C (Einteilung in Abhängigkeit vom Renditeaufschlag der Anleihe im Vergleich zu Bundesanleihen).
Hamburg Hannover	–	Preisfeststellung durch Skontroführer auf Basis von Referenzmärkten und daraus abgeleiteten Handelsgarantien.

▸ Kapitel 4.4.3.4.2

Zusätzliche Konkurrenz erhalten die Börsen durch außerbörsliche Handelsplattformen. Durch die EU-Richtlinie MiFID ist der Zwang, Wertpapieraufträge von Kunden über Börsen abzuwickeln, entfallen. Die Auftragsausführung außerhalb einer geregelten Börse oder eines multilateralen Handelssystems setzt aber die Zustimmung des Kunden voraus, die z. B. zu Beginn einer Kundenbeziehung, auch als generelle Zustimmung eingeholt werden kann.

Xetra

Xetra

Xetra (**Ex**change **E**lectronic **Tra**ding) ist das elektronische Handelssystem der Deutschen Börse AG. **Xetra** führt ein zentrales Orderbuch, das von allen Marktteilnehmern in Deutschland und im Ausland jederzeit eingesehen werden kann. Das Orderbuch zeigt, zu welchen Preisen und zu welchen Mengen jeder gehandelte Wert angeboten und nachgefragt wird. Passende Kauf- und Verkaufsaufträge werden automatisch zusammengeführt (Mattching) und bestätigt. Durch die Automatisierung sinken die mit einer Order verbundenen Kosten. Die Marktteilnehmer können Wertpapiere sowohl in Auktionen als auch fortlaufend handeln. Im fortlaufenden Handel überbrücken Designated Sponsors Ungleichgewichte in marktengen Aktien, indem sie auf Anfrage gleichzeitig Kauf- und Verkaufsgebote (sog. Quotes) ins Orderbuch stellen.

Xetra MidPoint

Xetra MidPoint wickelt großvolumige Aktienaufträge in einem geschlossenen Orderbuch im fortlaufenden Handel zum Mittelkurs des aktuell besten Kauf- und Verkaufskurses aus dem offenen Orderbuch ab. **Xetra Best** Execution ermöglicht teilnehmenden Kreditinstituten die Internalisierung von Wertpapieraufträgen privater Kunden, d.h. die interne Ausführung gegen Eigenbestände. Der Best-Execution-Preis muss aber besser sein, als der Preis, der gleichzeitig im Xetra-Orderbuch entstanden wäre (sog. Price Improvement). Die Preisverbesserung kann über das Internet nachvollzogen werden. Darüber hinaus werden Orders mit Xetra Best grundsätzlich in einer Transaktion vollständig und sofort ausgeführt.

Xetra Best

Xetra International Market

Xetra International Market (**XIM**) ermöglicht den Handel großer europäischer Aktienwerte. Die auf XIM abgeschlossenen Geschäfte werden über Eurex Clearing verrechnet und im jeweiligen Heimatmarkt abgewickelt. Clearstream bildet für Eurex Clearing die Schnittstelle zu den Heimatmärkten, um die dortige Abwicklungsliquidität zu nutzen.

Börsenaufsicht und Börsenorgange

Die **Börsenaufsicht** dient dem Anlegerschutz.

Aufgaben der Börsenaufsicht

Börsenaufsicht

Rechtsaufsicht

- Aufsicht über Börsen und börsenähnliche Systeme
- Genehmigung der Errichtung einer Börse
- Genehmigung der Börsenordnung und Gebührenordnung
- Genehmigung des Erwerbs einer bedeutenden Beteiligung am Träger einer Börse

Marktaufsicht

- Überwachung der Preisfeststellung
- Überwachung der Börsengeschäftsabwicklung

Zuständigkeiten der Börsenaufsicht

Zuständig für die Börsenaufsicht sind:

- die **Bundesanstalt für Finanzdienstleistungsaufsicht (BaFin)**,
- die **Börsenaufsichtsbehörden der Bundesländer** mit einer Wertpapierbörse,
- die **Handeslüberwachungsstellen** der jeweiligen Wertpapierbörsen.

Die **BaFin** hat Missständen entgegenzuwirken, die die ordnungsmäßige Durchführung des Wertpapierhandels oder von Wertpapierdienstleistungen beeinträchtigen oder erhebliche Nachteile für den Wertpapiermarkt bewirken können.

Die **Börsenaufsichtsbehörden** der Bundesländer werden für die BaFin bei der Überwachung der Verbote von Insidergeschäften und der Verbote der Kurs- und Marktpreismanipulation an den ihrer Aufsicht unterliegenden Börsen tätig.

unmittelbare Marktaufsicht

Die **Handelsüberwachungsstelle** (HÜSt) der jeweiligen Wertpapierbörse übt die unmittelbare Marktaufsicht aus. Sie ist eigenständiges Organ der Börse, nimmt die ihr zugewiesenen Aufgaben und Befugnisse aber im öffentlichen Interesse wahr. Sie kontrolliert die Preisfindung und die Kursfeststellung, indem sie Daten über den Börsenhandel und die Börsengeschäftsabwicklung systematisch und lückenlos erfasst und auswertet. Außerdem führt sie notwendige Ermittlungen durch und berichtet regelmäßig an die Börsenaufsichtsbehörde.

Börsenrat

Oberstes Organ einer Wertpapierbörse ist der **Börsenrat.** Er trifft die grundsätzlichen Entscheidungen, z. B. Erlass von Börsen-, Gebühren- und Geschäftsordnung sowie von Geschäftsbedingungen für den Börsenhandel. Er bestellt und überwacht die Geschäftsführung. Im Börsenrat sind neben den Börsenteilnehmern auch Vertreter der Emittenten und Anleger vertreten. Auf diese Weise soll bei Entscheidungen ein möglichst breiter Interessenkonsens gefunden werden.

Börsengeschäftsführung

Die laufenden Leitungsaufgaben werden von der **Börsengeschäftsführung** wahrgenommen. Sie leitet die Börse in eigener Verantwortung.

Börsenteilnehmer

Marktteilnehmer

Börsenteilnehmer sind **Kreditinstitute** und **Finanzdienstleistungsinstitute**, z. B. Wertpapiermakler und Wertpapierhandelsunternehmen. Sie müssen von der Geschäftsführung der Wertpapierbörse zum Börsenhandel zugelassen werden. Die Zulassung kann auf die Teilnahme am elektronischen Handel beschränkt sein.

Voraussetzungen für eine Zulassung sind u. a.:

- Das Unternehmen muss gewerbsmäßig mit Wertpapieren handeln oder Geschäfte dieser Art vermitteln.
- Das Unternehmen muss einen kaufmännisch eingerichteten Geschäftsbetrieb haben, der die ordnungsgemäße Abwicklung der Börsengeschäfte sicherstellt.
- Für das Unternehmen tätige Personen müssen die für den Börsenhandel notwendige Zuverlässigkeit und berufliche Eignung besitzen.

§ 19 BörsG

- Das Unternehmen muss in der Lage sein, Sicherheit für die Erfüllung von Geschäften zu leisten, wenn die Börsenordnung Sicherheitsleistungen fordert.
- Zur Teilnahme am elektronischen Handelssystem Xetra muss das Unternehmen ein Konto bei der Deutschen Bundesbank und bei der Clearstream Banking AG unterhalten, die technischen Anforderungen erfüllen und die jederzeitige Erreichbarkeit während des elektronischen Handels sicher stellen.

Börsenhändler

Personen, die für ein zugelassenes Unternehmen Börsengeschäfte abschließen sollen (Börsenhändler), werden auf Antrag von der Börsengeschäftsführung zugelassen, wenn sie die erforderliche berufliche Eignung besitzen und die Börsenhändlerprüfungen an einer deutschen Börse abgelegt haben. Personen, die im elektronischen Handelssystem Xetra handeln sollen, müssen mit einem persönlichen Zugangscode ausgestattet sein.

Skontroführer
§ 27 ff. BörsG

An Parkettbörsen können Marktteilnehmer auf ihren Antrag von der Börsengeschäftsführung als **Skontroführer** zugelassen werden. Skontroführer haben die Aufgabe, Börsengeschäfte in den ihnen zur Skontroführung zugewiesenen Wertpapieren zu vermitteln und abzuschließen. Sie stellen Kurse fest und entscheiden über Zuteilungen. Sie müssen auf einen geordneten Marktverlauf hinwirken und alle ihnen zum Zeitpunkt der Ausführung vorliegenden Aufträge gleich behandeln.

An Computerbörsen übernehmen sogenannte **Spezialisten** die Funktion der Skontroführer.

Spezialisten

Im elektronischen Handelssystem Xetra können Marktteilnehmer die Zulassung als **Designated Sponsor** für den fortlaufenden Handel mit Aktien oder Anleihen beantragen. Der Designated Sponsor übernimmt gegen Vergütung durch den Emittenten die Verpflichtung, während der Handelszeit limitierte Aufträge sowohl für die Nachfrage- als auch für die Angebotsseite (Quotes) in das Handelssystem einzustellen und zu diesen Quotes Geschäftsabschlüsse zu tätigen. Die Deutsche Börse AG als Betreiber von Xetra legt Maßstäbe für die Liquidität und den Orderbuchumsatz von Wertpapieren fest. Werden die Maßstäbe nicht erfüllt, ist die Verpflichtung mindestens eines Designated Sponsor durch den Emittenten vorgeschrieben.

Designated Sponsor

4.4.7.1.3 Teilmärkte der Wertpapierbörsen

Finanzinstrumente können an Börsen im regulierten Markt und im unregulierten Markt (Freiverkehr) gehandelt werden. Der Unterschied liegt in den für den Emittenten zu beachtenden Transparenz- und Offenlegungsvorschriften. So gelten die Vorschriften zur Insiderüberwachung, zur Ad-hoc-Publizität und zur Transparenz über Wertpapiereigengeschäfte von Führungskräften des Emittenten (sog. Directors' Dealings) nur für Finanzinstrumente im regulierten Markt. Auch die Prospektpflicht und die Prospekthaftung gelten grundsätzlich nur im regulierten Markt.

Ad-hoc-Publizität
▸ Seite 69
Prospekthaftung
▸ Kapitel 4.4.3.4.2

Die höheren Kosten der Notierung im regulierten Markt für den Wertpapieremittenten führen zu besserem Anlegerschutz durch höhere Transparenz.

Börsen können, nach Genehmigung durch die Börsenaufsicht, den regulierten und den unregulierten Markt (Freiverkehr) durch zusätzliche Regelungen in Teilmärkte aufteilen.

Teilmärkte der Frankfurter Wertpapierbörse (FWB)

Wertpapiere	Zulassung im Marktsegment	Besondere Teilmärkte in Frankfurt
Aktien	Regulierter Markt	General Standard und Prime Standard
	Freiverkehr (Open Market)	Scale und Quotation Board
Anleihen	Regulierter Markt oder Freiverkehr	Prime Standard oder Scale
Investmentfonds	Regulierter Markt	Xetra Funds

Alle zum regulierten Markt zugelassenen Aktien werden im **General Standard** geführt. Verpflichtet sich der Emittent, bestimmte Folgepflichten zu erfüllen, so kann auf Antrag an die Zulassungsstelle eine Notierung im **Prime Standard** erfolgen.

Prime und General Standard

Pflichten im Prime Standard der FWB für Aktienemittenten

- Die regelmäßig nach den Vorschriften des WpHG zu veröffentlichenden Finanzinformationen (Jahresfinanzbericht, Halbjahres- bzw. Quartalsfinanzbericht oder Quartalsmitteilung) müssen auch in englischer Sprache veröffentlicht werden, um internationale Anlegerkreise verständlich zu informieren.
- Veröffentlichung eines Unternehmenskalenders mit wesentlichen Terminen
- Durchführung einer jährlichen Konferenz für Wertpapieranalysten
- Veröffentlichung von Ad-hoc-Meldungen auch in Englisch

§ 48 ff. Börsenordnung FWB

Die Notierung im Prime Standard ist Voraussetzung für die Aufnahme der Aktie in den Dax, MDax, TecDax oder SDax.

Beim Handel **im Freiverkehr** der Frankfurter Wertpapierbörse (Open Market) sind Notierungen im **Segment Scale** und im **Quotation Board** zu unterscheiden. Im **Segment Scale des Freiverkehrs** werden Wertpapiere von Unternehmen notiert, die höhere Anforderungen an Transparenz erfüllen. Eine Notierung im **Quotation Board** macht deutlich, dass Anlagen in diesen Wertpapieren mit höheren Risiken verbunden sein können. Die gehandelten Aktien müssen bereits an einem anderen inländischen oder ausländischen Handelsplatz zugelassen sein.

Zum 1. März 2017 wurde der Entry Standard durch das neue Segment Scale ersetzt. Hier werden Aktien und Unternehmensanleihen kleinerer und mittlerer Unternehmen mit erprobten Geschäftsmodellen notiert. Um aufgenommen zu werden, sind unter anderem Mindestgrößen hinsichtlich definierter Unternehmenskennzahlen zu erfüllen sowie die Zusammenarbeit mit einem Deutsche Börse Capital Market Partner vorzuweisen. Dieser prüft die Eignung des Unternehmens für das Segment und begleitet die Unternehmen auch nach dem Börsengang. Ebenfalls verpflichtend sind die von der Deutschen Börse beauftragten und bezahlten Research-Reports.

Scale

Zulassungsvoraussetzungen für Scale

Marktkapitalisierung 30 Mio. Euro und mindestens drei der fünf Kriterien:
- Umsatz mindestens 10 Mio. Euro,
- positives Jahresergebnis,
- positives bilanzielles Eigenkapital,
- Eigenkapital vor Börsengang mindestens 5 Mio. Euro,
- mindestens 20 Mitarbeiter.

Zur besseren Transparenz wird für das Segment der Scale All Share Index berechnet und veröffentlicht.

Anleihen können an der FWB im regulierten Markt oder im Freiverkehr (Open Market) zugelassen werden. In Hinblick auf die Transparenzanforderungen wird zwischen dem Prime Standard und dem Entry Standard unterschieden.

Teilmärkte der FWB für Anleihen

Prime Standard	Entry Standard
▸ Emittenten: Großunternehmen ▸ Veröffentlichung von 24 Unternehmenskennzahlen ▸ jährliche Konferenz für Kreditanalysten	▸ Emittenten: mittelständische Unternehmen ▸ Veröffentlichung von 9 Unternehmenskennzahlen

Im Hinblick auf die Preisbildung beim Handel der Anleihen werden die Teilmärkte Bonds, Select Bonds und Prime Bonds unterschieden.

Marktsegmente der FWB im Anleihehandel nach Preisbildung

Bonds (Standardsegment)	Bonds (Standardsegment)	Prime Bonds (Premiumsegment)
▸ beste Preise durch enge Geld-Brief-Spanne (Spread) ▸ alle Orderformen möglich (Stop, Loss, Best)	▸ Geld-Brief-Spanne von 30 Cent garantiert, teilweise niedriger ▸ Volumen bis 100000 Euro garantiert, teilweise darüber ▸ Orderausführung innerhalb von 90 Sekunden	▸ Geld-Brief-Spanne von 5 Cent garantiert ▸ Volumen bis 250000 Euro garantiert ▸ Orderausführung innerhalb von 90 Sekunden

In welchem Segment die einzelnen Anleihen gehandelt werden, bestimmen die Spezialisten, die die Anleihen für die jeweiligen Segmente anmelden. Zur besseren Orientierung der Anleger kennt die FWB außerdem elf inhaltliche Kategorien für Anleihen, z. B. „Emerging Markets Anleihen" und „Jumbo-Pfandbriefe".

Investmentanteile können zum Börsenhandel an der FWB im Teilmarkt Xetra Funds zugelassen werden. Der Teilmarkt umfasst die Segmente XTF (Exchange Traded Funds) für Indexfonds und **Xetra Active Funds** für aktiv gemanagte Fonds. Xetra Funds

Kennzeichen von Xetra Funds

- Zulassung von Anteilen in- und ausländischer Investmentfonds mit Vertriebszulassung in Deutschland, die einen Index ab- oder nachbilden, und Investmentfonds, deren Zusammensetzung mit Wertpapieren frei bestimmt werden kann (aktiv verwaltete Fonds)
- fortlaufender Handel von Investmentanteilen auf Xetra
- Mindestens ein Designated Sponsor im fortlaufenden Handel auf Xetra

4.4.7.2 Preisbildung an Wertpapierbörsen

4.4.7.2.1 Börsenpreise (Kurse)

Anforderungen an Börsenpreise

Börsenpreise sind Preise für Wertpapiere, die während der Börsenzeit an einer Wertpapierbörse im regulierten Markt oder im Freiverkehr zustande kommen. Zu unterscheiden sind: §24 Abs. 1 und §57 Abs. 2 BörsG
- Stücknotierungen (Euro je Stück)
- Prozentnotierungen (Prozent vom Nennwert)

Börsenpreise müssen ordnungsgemäß zustande kommen und der wirklichen Marktlage des Börsenhandels entsprechen. Insbesondere müssen den Handelsteilnehmern Angebote zugänglich und die Annahme der Angebote möglich sein.

Die Börsenpreise und die ihnen zugrunde liegenden Umsätze müssen den Handelsteilnehmern unverzüglich bekannt gemacht werden. Die Börsenordnung kann vorsehen, dass den Handelsteilnehmern vor Feststellung eines Börsenpreises zusätzlich der Preis des am höchsten limitierten Kaufauftrags und des am niedrigsten limitierten Verkaufsauftrags zur Kenntnis gegeben werden muss.

Art der Preisfeststellung

Die **Ermittlung der Börsenpreise** erfolgt durch Unternehmen (Skontroführer), die zur Feststellung von Börsenpreisen zugelassen sind, oder im elektronischen Handel. Ob die Preisfeststellung durch Skontroführer oder im elektronischen Handel erfolgt, legt die Börse mit Zustimmung der Börsenaufsichtsbehörde fest. Dabei hat die Börse die Markterfordernisse, den Anlegerschutz und die Erfordernisse eines ordnungsgemäßen Börsenhandels zu berücksichtigen. Bei weniger liquiden Wertpapieren kann die Preisfeststellung durch Skontroführer geboten sein.

Handelsformen zur Ermittlung von Börsenpreisen

Handelsformen

Formen zur Ermittlung von Börsenpreisen sind Auktion und fortlaufender Handel.

Auktion

In der **Auktion** werden alle zu einem bestimmten Zeitpunkt für ein Wertpapier vorliegenden Kauf- und Verkaufsaufträge berücksichtigt. Sie beginnt mit einer Vorphase (Aufrufphase), während der die Marktteilnehmer ihre Aufträge an einen Skontroführer erteilen oder in ein elektronisches Handelssystem eingeben. In der folgenden Preisermittlungsphase wird der Kurs für das Wertpapier nach dem **Meistausführungsprinzip** festgestellt.

Meistausführungsprinzip

Kriterien der Kursfeststellung nach dem Meistausführungsprinzip

1. Zum Kurs muss der größtmögliche Umsatz zustande kommen.
2. Zum Kurs müssen alle nicht limitierten Aufträge (Bestens- und Billigstaufträge) ausgeführt werden.
3. Alle über dem Kurs limitierten Kaufaufträge müssen ausgeführt werden.
4. Alle unter dem Kurs limitierten Verkaufsaufträge müssen ausgeführt werden.
5. Zum Kurs limitierte Kauf- und Verkaufsaufträge müssen wenigstens teilweise ausgeführt werden.

Wie weit ein Kurs diese Bedingungen erfüllt, lässt sich aus Kurszusätzen ablesen.

fortlaufender Handel

Im **fortlaufenden Handel** werden zwischen einzelnen Marktteilnehmern Einzelgeschäfte abgeschlossen. Jeder Preis gilt nur für das jeweilige Einzelgeschäft.

4.4.7.2.2 Kursfeststellung an der Computerbörse Xetra

An der Computerbörse werden Börsenpreise elektronisch festgestellt. Handelsformen sind die Auktion und der fortlaufende Handel.

Phasen der Auktion

Preisfeststellung in der Auktion

Eine Auktion besteht aus
- Aufrufphase,
- Preisermittlungsphase,
- Marktausgleichsphase.

Aufrufphase

In der **Aufrufphase** können die Marktteilnehmer Kauf- und Verkaufsaufträge (**Orders**) eingeben, ändern oder löschen. Die Dauer der Aufrufphase ist variabel. Handelsbetreuer (Designated Sponsors) können für zusätzliche Liqidität in dem betreuten Wertpapier sorgen. Dazu stellen sie gleichzeitig einen limitierten Kauf- und Verkaufsauftrag (**Quote**) ein.

Das ansonsten offene Orderbuch ist geschlossen. Lediglich der beste (höchste) Preis, zu dem Nachfrage besteht (Geldkurs oder engl. best bid), und der beste (niedrigste) Preis, zu dem Angebot besteht (Briefkurs oder engl. best ask), werden angezeigt, um eine Marktorientierung zu ermöglichen.

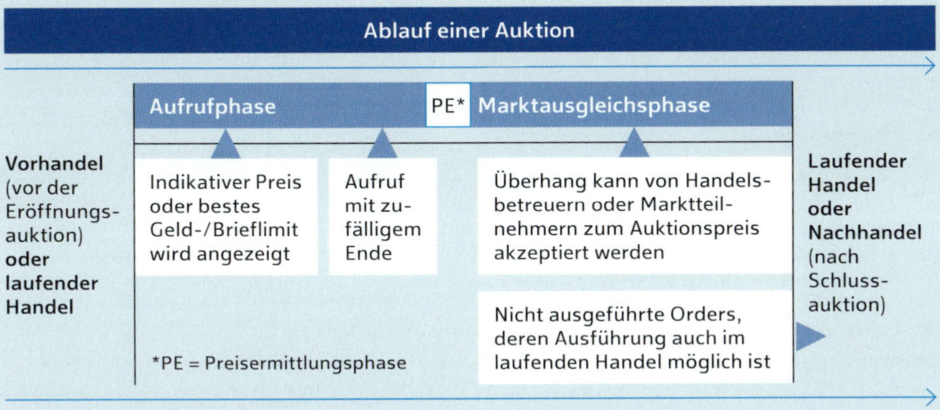

Beispiel für ein Orderbuch im Aktienhandel

Orderbuch

Nachfrage (bid) zu Geldkursen		Angebot (ask) zu Briefkursen	
Volumen (Stück)	Preis in Euro	Preis in Euro	Volumen (Stück)
1 000	**20,30**	**20,50**	500
350	20,25	20,60	450
2000	20,00	20,75	1 500
1 200	19,90	21,00	4000

Eine Ausführung ist derzeit nicht möglich, da der höchste Geldkurs **unter** dem niedrigsten Briefkurs liegt. In der Auktion werden zur Marktorientierung lediglich die Preise 20,30 Euro und 20,50 Euro angezeigt. Während des fortlaufenden Handels ist das gesamte Orderbuch offen.

In der **Preisermittlungsphase**, die nur wenige Sekunden dauert, wird der Auktionspreis nach dem Meistausführungsprinzip festgelegt. **Der Auktionpreis ist grundsätzlich der Preis, zu dem das höchste ausführbare Ordervolumen und der niedrigste Überhang entsteht.**

Preisermittlungsphase

Der Auktionspreis erfüllt damit folgende Kriterien:

- größtmöglicher Umsatz,
- Ausführung aller unlimitierten Aufträge,
- Ausführung aller über dem Auktionspreis limitierten Kaufaufträge,
- Ausführung aller unter dem Auktionspreis limitierten Verkaufsaufträge,
- wenigstens teilweise Ausführung der zum Auktionspreis limitierten Aufträge.

▸ Kapitel 4.4.7.2.1

Wenn ein Teil der ausführbaren Orders in der Preisermittlungsphase nicht ausgeführt werden konnte (Überhang der Käufe oder der Verkäufe), schließt sich die **Marktausgleichsphase** an. Der Überhang wird in zwei Schritten zunächst dem zuständigen Designated Sponsor und schließlich dem gesamten Markt zum Auktionspreis angeboten.

Marktausgleichsphase

Beispiel für die Preisfeststellung in der Auktion von Aktien

Orders und Quotes während der Aufrufphase

Kaufaufträge		Verkaufsaufträge	
Volumen (Stück)	Preis in Euro	Preis in Euro	Volumen (Stück)
350	Billigst	Bestens	160
610	33,00	37,00	580
830	33,50	36,50	800
450	34,00	36,00	780
540	34,50	35,50	750
580	35,00	35,00	540
790	35,50	34,50	670
890	36,00	34,00	380
550	36,50	33,50	530
670	37,00	33,00	420

Orderbuch (gekreuzt) am Ende der Aufrufphase

Kauf	ausführbare Kaufaufträge insgesamt (kumuliert)	Überhang Käufe	Kurs in Euro	Überhang Verkäufe	ausführbare Verkaufsaufträge insgesamt (kumuliert)	Verkauf
670	1020	–	37,00	4590	5610	580
550	1570	–	36,50	3460	5030	800
890	2460	–	36,00	1770	4230	780
790	**3250**	–	**35,50**	**200**	**3450**	**750**
580	3830	1130	35,00	–	2700	540
540	4370	2210	34,50	–	2160	670
450	4820	3330	34,00	–	1490	380
830	5650	4540	33,50	–	1110	530
610	6260	5680	33,00	–	580	420

Der Auktionspreis der Aktie beträgt 35,50 Euro. Zum Auktionspreis besteht ein Angebotsüberhang von 200 Aktien. In der Marktausgleichsphase wird der Überhang zunächst dem Handelsbetreuer der Aktie, danach dem gesamten Markt zum Auktionspreis angeboten. Finden sich keine Käufer, werden zum Preis von 35,50 Euro abgerechnet:

- die unlimitierten Kaufaufträge (350) und Verkaufsaufträge (160),
- die über dem Preis limitierten Kaufaufträge (2110),
- die unter dem Preis limitierten Verkaufsaufträge (2540),
- alle zum Preis limitierten Kaufaufträge (790),
- ein Teil der zum Preis limitierten Verkaufsaufträge (750 – 200 = 550). Hierbei gilt Zeitpriorität. Die zuerst eingestellten Orders haben Vorrang vor später eingestellten Orders.

Der Umsatz beträgt damit 115375 Euro (3250 Stück · 35,50 Euro).

Um eine angemessene Preiskontinuität zu gewährleisten, besteht im System ein von der Börse vorgegebener Preiskorridor. Liegt ein in der Preisermittlungsphase berechneter Auktionspreis außerhalb des Preiskorridors, so wird der Aufruf einmal verlängert, um weitere Aufträge aufzunehmen (**Volatilitätsunterbrechung**).

Sonderform fortlaufende Auktion mit Spezialisten

Das Handelsmodell **Fortlaufende Auktion mit Spezialisten** dient u. a. dem Handel von Anleihen aus dem regulierten Markt und dem Freiverkehr der FWB. Das Handelsmodell kombiniert die Vorteile eines Spezialisten mit denen des vollelektronischen Handels auf Xetra. Spezialisten sind Wertpapierhandelsunternehmen. Sie betreuen den Handel und stellen zur Orderausführung Liquidität zur Verfügung. Auch in kleineren Ordergrößen ermöglicht der Spezialist dadurch die Handelbarkeit der betreuten Werte mit hoher Preisqualität. Der Handel erfolgt in dem Modell ohne Courtage. Spezialisten stellen – im Gegensatz zu Designated Sponsors im fortlaufenden Handel – keine verbindlichen Kurse, sondern nur indikative Geld-/Briefkurse.

Preisfeststellung im fortlaufenden Handel

fortlaufender Handel

Der **fortlaufende Handel** schließt sich an die Auktion an. Im fortlaufenden Handel ist das Orderbuch offen. Es zeigt den Marktteilnehmern die Preislimits und die je Limit vorhandenen Ordervolumina. Jede neu eingestellte Order und jeder Quote wird vom System sofort auf Ausführbarkeit geprüft. Ist keine sofortige Ausführung möglich, verbleibt der Auftrag im Orderbuch.

Die **Zusammenführung von Kauf- und Verkaufsaufträgen** erfolgt nach den Kriterien:
- **Preispriorität** (primäres Kriterium),
- **Zeitpriorität** (sekundäres Kriterium)

Preispriorität

Nach dem Kriterium **Preispriorität** haben Kauforders mit dem höchsten Preislimit und Verkaufsorders mit dem niedrigsten Preislimit Vorrang. Unlimitierte Orders (Bestens- und Billigst-Orders) haben Vorrang gegenüber limitierten Orders.

Zeitpriorität

Nach dem Kriterium **Zeitpriorität** haben bei Orders mit gleicher Limitierung die zuerst eingegebenen Orders Vorrang bei der Ausführung. Dies gilt auch für unlimitierte Orders.

Beispiel für die variable Preisfeststellung im fortlaufenden Handel von Aktien

Orderbuch vor Eingabe einer Order

Nachfrage zu Geldkursen (bid)		Angebot zu Briefkursen (ask)	
Volumen (Stück)	Preis in Euro	Preis in Euro	Volumen (Stück)
100	36,00	**36,50**	**200**
250	35,50	37,00	250
200	35,00	37,50	500
		38,00	350

Die Hansebank gibt eine limitierte Kauforder eines Kunden über 300 Aktien ein (Limit 36,50 Euro). Nach dem Kriterium Preispriorität erwirbt die Hansebank sofort 200 Aktien zu 36,50 Euro. Über die Teilausführung von 200 Aktien erhält die Bank eine Abrechnung. Der verbleibende Teil der Order von 100 Aktien bleibt im Orderbuch und wird nach den Kriterien Preis- und Zeitpriorität sortiert. Als neue Orderlage ergibt sich:

Orderbuch vor Eingabe einer weiteren Order

Nachfrage zu Geldkursen (bid)		Angebot zu Briefkursen (ask)	
Volumen (Stück)	Preis in Euro	Preis in Euro	Volumen (Stück)
100	**36,50**	37,00	250
100	36,00	37,50	500
250	35,50	38,00	350
200	35,00		

Die Westbank gibt eine unlimitierte Verkaufsorder ihres Kunden (Bestens-Order) über 400 Aktien ein. Unlimitierte Verkaufsaufträge werden zum höchsten Kauflimit ausgeführt. Unlimitierte Kaufaufträge werden zum niedrigsten Verkaufslimit ausgeführt. Nach dem Kriterium Preispriorität haben unlimitierte Orders Vorrang vor limitierten Orders. Es ergeben sich daher folgende Abschlüsse:

- 100 Aktien werden zu 36,50 Euro an die Hansebank verkauft. Die Hansebank hat ihre Kauforder in zwei Teilausführungen jetzt voll abgewickelt.
- Weitere 100 Aktien werden zu 36,00 Euro verkauft.
- Die restlichen 200 Aktien werden zu 35,50 Euro verkauft.

Die Westbank hat die Verkaufsorder in drei Teilausführungen voll abgewickelt.

Auch im fortlaufenden Handel existiert ein Preiskorridor. Liegt ein potenzieller Preis außerhalb des definierten Korridors, wird zur Wahrung der Preiskontinuität eine **Volatilitätsunterbrechung in Form einer Auktion** eingeleitet.

4.4.7.2.3 Kursveröffentlichung und Berichterstattung

Kursveröffentlichungen

Preis- und Umsatzinformationen

Preis- und Umsatzinformationen aller deutschen Wertpapierbörsen, ihrer elektronischen Handelssysteme und der Eurex sowie Eurex Bonds werden elektronisch an das Informationsverteilsystem Consolidated-Exchange-Feed (CEF) übermittelt und von hier aus an eine Vielzahl anderer Kursdienste überspielt.

während der Börsenzeit

Während der Börsenzeit können Kurse in Echtzeit über Kurs-Informationssysteme bezogen werden. Banken geben ihren Kunden während der Börsenzeit über Monitore Börseninformationen. Private Anleger können Informationen über das Internet oder über spezielle Nachrichtensender erhalten.

nach Börsenschluss

Nach Börsenschluss werden alle Kurse der an deutschen Wertpapierbörsen gehandelten Wertpapiere im Internet als Kursblatt veröffentlicht. Bekanntmachungen der Börsenorgane werden ebenfalls elektronisch veröffentlicht.

Börsenindizes

Konzeption von Börsenindizes

Börsenindizes bilden die Kursentwicklung bestimmter Wertpapiere ab. **Ein Index bezieht sich auf einen festen Ausgangszeitpunkt und eine feste Basis.** So haben viele Aktienindizes der Deutschen Börse den 30. Dezember 1987 als Basis. Dies erleichtert die Vergleichbarkeit der Indizes untereinander. Am Basisdatum wird der Wert der im Index zusammengefassten Wertpapiere auf eine feste Basis (z. B. 1 000 beim Dax) gesetzt.

Die im Index enthaltenen Wertpapiere, ihre Gewichtung im Index, die Berechnungsart sowie die Regeln für den Austausch von Wertpapieren innerhalb des Index werden vom jeweiligen Indexanbieter festgelegt. Für die Verwendung (z. B. in Indexprodukten) erhalten die Indexanbieter Lizenzgebühren, da es sich um geschützte Warenzeichen handelt.

Führende Indexanbieter an den internationalen Kapitalmärkten sind:

- Dow Jones & Company Ltd. (z. B. Dow Jones Industrial Average Index),
- Morgan Stanley Capital International (z. B. MSCI-World Index),
- Deutsche Börse AG.

Indizes können als Kurs- oder Performanceindex berechnet werden. Zum Beispiel ist der F.A.Z.-Index ein Kursindex, der Dax dagegen ein Performanceindex.

Kurs- und Performanceindizes

Kursindex

Kursindizes (Preisindizes) werden aus den Kursen der einbezogenen Wertpapiere errechnet. Aktienindizes stellen die Kursentwicklung bereinigt um Erträge aus Bezugsrechten und Sonderzahlungen dar. Ein Rentenindex auf Kursbasis bildet das Renditenniveau am Kapitalmarkt ab. Ein niedriger (hoher) Stand deutet auf ein hohes (niedriges) Zinsniveau. Ausschüttungen in Form von Dividenden oder laufenden Zinszahlungen bleiben bei der Berechnung von Kursindizes unberücksichtigt.

Performanceindex

Bei der Berechnung von **Performanceindizes** wird dagegen unterstellt, dass Ausschüttungen wieder angelegt werden. Dividendenzahlungen werden somit in Aktien der ausschüttenden Gesellschaft angelegt und erhöhen den Indexwert. Ein Performanceindex zeigt damit, welches Ergebnis aus der Anlage in die zugrunde liegenden Wertpapiere insgesamt erzielbar ist. Die Deutsche Börse ermittelt ihre Indizes grundsätzlich aus Xetra-Kursen. Indizes werden entweder laufend (beim Dax sekündlich) oder einmal täglich berechnet und veröffentlicht. Indizes, die fortlaufend berechnet und veröffentlicht werden, werden als Laufindizes bezeichnet.

Laufindex

Indizes der Deutschen Börse AG

Wichtige Indizes der Deutschen Börse	
Deutscher Aktienindex (Dax)	30 größte deutsche Aktien (blue chips) im Prime Standard der FWB
Midcap Dax (MDax)	50 größte auf den Dax folgende Aktien aus klassischen Branchen im Prime Standard der FWB
Smallcap Dax (SDax)	50 größte auf den MDax folgende Aktien aus klassischen Branchen im Prime Standard der FWB
Technology Dax (TecDax)	30 größte Aktien aus Technologiebranchen im Prime Standard der FWB
Classic-All-Share Index	Alle Aktien aus klassischen Branchen im Prime Standard (ohne Dax-Werte)
Technology-All-Share Index	Alle Aktien aus Technologiebranchen im Prime Standard (ohne Dax-Werte)
HDax	Alle Aktien aus Dax, MDax und TecDax
Midcap Market Index	Alle Aktien aus MDax und TecDax
Prime-All-Share Index	Alle Aktien im Prime Standard der FWB; zusätzlich: Berechnung von 18 Branchenindizes (DaxSector)
Composite DaX (CDax)	Alle deutschen Aktien im Prime und General Standard der FWB

Wichtige Indizes der Deutschen Börse	
Commodity-Index (CX)	Der Index bildet die Preisentwicklung von 19 Rohstoffen (Commodities) in den Bereichen Agrarprodukte, Energie, Edel- und Industriemetalle sowie Viehwirtschaft ab.
Dividendenindex (DivDax)	15 Dax-Unternehmen mit der höchsten Dividendenrendite
Rentenindex (REX)	30 idealtypische Staatspapiere mit Laufzeiten von 1 bis
REXP (Perfomanceindex)	10 Jahren und Kupons von 6 %, 7,5 % und 9 %; insgesamt entsteht eine Anleihe mit einer Restlaufzeit von 5,49 Jahren und einem Kupon von 7,44 %
Pfandbrief-Index (PEX) PEXP (Performanceindex)	30 idealtypische Pfandbriefe mit Laufzeiten von 1 bis 10 Jahren und Kupons von 6 %, 7,5 % und 9 %
eb.rexx	Aus Preisstellungen führender Banken in Echtzeit berechneter Index für öffentliche Anleihen
Zertifikate-Index	Index für Garantie-, Bonus-, Discount- und Outperformance-Zertifikate. Die Berechnung erfolgt einmal täglich pro Zertifikatetyp aus Preisen repräsentativ ausgewählter Produkte durch Gewichtung mit dem jeweils am Markt investierten Volumen

Funktionen

Börsenindizes erfüllen drei Funktionen:

- Informationsfunktion
- Benchmarkfunktion
- Produktfunktion

Informationsfunktion

Mit dem Indexstand kann sich ein Anleger anhand einer Zahl einen Überblick über das Marktgeschehen verschaffen (Informationsfunktion). Zur Verdeutlichung einer Entwicklung über einen Zeitraum werden dazu auch **Charts** verwendet.

Benchmarkfunktion

Um den Erfolg von Wertpapieranlagen beurteilen zu können, dienen Börsenindizes als Vergleichsmaßstab (Benchmarkfunktion). Für die Vergleichbarkeit ist darauf zu achten, dass die in der Wertpapieranlage (z. B. Investmentfonds) enthaltenen Einzelwerte den in der Benchmark zusammengefassten Werten möglichst entsprechen.

Produktfunktion

Börsenindizes werden auch für Anlageprodukte verwendet (Produktfunktion). Dabei wird die Zusammensetzung eines Index nachgebildet, indem alle darin enthaltenen Wertpapiere gemäß ihrer Gewichtung erworben werden. Die Wertentwicklung des Anlageproduktes ist transparent, da sie weitgehend der Wertentwicklung des zugrunde liegenden Index entspricht. Bei der Beurteilung der Preisentwicklung von Indexprodukten ist wichtig, ob es sich bei dem zugrundeliegenden Index um einen Kurs- oder einen Performanceindex handelt. Da ein Kursindex keine Dividendenzahlungen und Bezugsrechtsabschläge berücksichtigt, muss der Erwerber eines entsprechenden Zertifikats darauf achten, dass ihm Dividendenzahlungen in anderer Weise vergütet werden.

Beispiele für Indexprodukte	
Indexderivate	Indexderivate werden an der Eurex als **Optionen und Futures** auf verschiedene nationale und europäische Aktienindizes angeboten. Zu dieser Produktgruppe zählen auch Indexoptionsscheine.
Index-zertifikate	Indexzertifikate sind zinslose, auf den Inhaber lautende Schuldverschreibungen, die nur den Anspruch auf Rückzahlung des Kapitalbetrages am Fälligkeitstag verbriefen. Sie haben keinen Nominalbetrag, sondern werden wie Aktien in Euro je Stück börsenmäßig gehandelt. Die Höhe der Rückzahlung hängt vom Wert des Bezugsobjekts (z. B. Stand eines Aktienindex) am Fälligkeitstag ab.
Indexfonds	Indexfonds investieren ihr Fondsvermögen entsprechend den Anlagegrundsätzen in Wertpapiere, die in einem zugrunde liegenden Index enthalten sind. Die Zusammensetzung kann einem Börsenindex oder einem von der Kapitalverwaltungsgesellschaft selbst festgelegten Indexkorb entsprechen. Durch Verzicht auf eigenständige Handelsentscheidungen (passives Portfoliomanagement) fallen geringere Kosten als bei aktiv gemanagten Investmentfonds an.

Indexprodukte

‣ Kapitel 4.5.5.2
‣ Kapitel 4.5.3.6
‣ Kapitel 4.4.6.2
‣ Kapitel 4.4.4.2.2

4.4.7.2.4 Faktoren der Kursbildung

Faktoren der Kursbildung

Wertpapierkurse und Preise von anderen Finanzinstrumenten werden ausschließlich von Angebot und Nachfrage bestimmt. **Angebot und Nachfrage** nach Wertpapieren hängen ab von

- **der allgemeinen Liquiditätslage und der Liquiditätsneigung der Anleger,**
- **den Erträgen einer Anlage im Vergleich zu den Renditen alternativer Anlagen,**
- **der Einschätzung des Risikos bzw. der Sicherheit der Anlage,**
- **subjektiven Faktoren,**
- **markttechnischen Faktoren,**

die wiederum Ergebnis einer Vielzahl wirtschaftlicher, politischer und psychologischer Vorgänge sind.

Allgemeine Liquiditätslage und Liquiditätsneigung der Anleger

Liquiditätslage

Hohe Liquidität belebt im Allgemeinen die Anlageneigung. Gesamtwirtschaftlich kann sie durch eine expansive Geldpolitik der Notenbank entstehen, einzelwirtschaftlich können sich Liquiditätszuwächse z. B. durch Rückzahlungen von Anleihen sowie Zins- und Dividendenzahlungen ergeben.

Angespannte Liquidität dämpft im Allgemeinen die Anlageneigung. Gesamtwirtschaftlich kann sie durch eine restriktive Geldpolitik der Notenbank, einzelwirtschaftlich z. B. durch Steuertermine ausgelöst werden.

Auch bei hoher gesamtwirtschaftlicher und einzelwirtschaftlicher Liquidität besteht manchmal keine Anlagebereitschaft. Ursache kann eine hohe Liquiditätsneigung sein, d. h. eine Vorliebe der Anleger für liquide Mittel. Sie wird z. B. durch ungünstige konjunkturelle Aussichten, ungünstige politische Ereignisse, enttäuschte oder fehlende Ertrags- oder Wachstumserwartungen und Erwartungen auf steigende Zinssätze am Kapitalmarkt ausgelöst.

Ertragsvergleich von Anlagen

Ertragsvergleich

Bei vorhandener Anlagebereitschaft und Liquidität ist der Ertrag ein wichtiger Bestimmungsfaktor für Angebot und Nachfrage auf den Finanzmärkten. Ertragsüberlegungen bestehen immer im **Vergleich verschiedener Erträge.** Vergleichsgrundlagen sind z.B. Ertragsziffern vergleichbarer Finanzinstrumente oder die durchschnittliche Dividendenrendite.

Shareholder Value

Bei Aktienanlagen können auch Fragen des **Shareholder-Value** eine Rolle spielen. Beim Shareholder-Value-Konzept werden alle Unternehmensentscheidungen konsequent danach ausgerichtet, das Vermögen der Aktionäre (Shareholder) durch Steigerungen des Kurswertes der Aktie und durch Dividendenzahlungen nachhaltig zu mehren.

Der **Stakeholder-Value**-Ansatz berücksichtigt neben den Interessen der Eigentümer auch die Interessen der Arbeitnehmer, Kunden, Lieferanten, Kreditgeber und des Staates. Die Unternehmensentscheidungen sind so auszurichten, dass über einen angemessenen Gewinn zukunftsorientierte Investitionen und ein langfristiges Überleben des Unternehmens gesichert werden.

Ertragskennziffern

Beispiele für Ertragskennziffern

Schuldverschreibungen	Aktien
▸ **Laufende Verzinsung** $= \frac{\text{Nominalzins x 100}}{\text{Kurs}}$ ▸ **Effektivverzinsung (Faustformel)** $= \frac{\text{Nominalzins} + \left(\frac{\text{RZ} - \text{AK}}{\text{Laufzeit}}\right)}{\text{Anschaffungskurs}} \text{ x 100}$ RZ = Rückzahlungskurs AK = Anschaffungskurs	▸ **Dividendenrendite** $= \frac{\text{Bardividende je Aktie x 100}}{\text{Kurs der Aktie}}$ ▸ **Gewinn pro Aktie** (bei Stückaktien) $= \frac{\text{Geschätzter Betriebsgewinn}}{\text{Zahl der ausgegebenen Aktien}}$ ▸ **Kurs-Gewinn-Verhältnis (KGV)** (Price-Earnings-Ratio) $= \frac{\text{Kurs der Aktie}}{\text{Geschätzter Gewinn je Aktie}}$ ▸ **Kurs-Cashflow-Verhältnis (KCV)** $= \frac{\text{Kurs der Aktie}}{\text{Cashflow je Aktie}}$ **Cashflow (Innenfinanzierungsbeitrag):** Betriebsergebnis + Abschreibungen auf Anlagen + Erhöhung der langfristigen Rückstellungen = Cashflow

Risiken von Anlagen

Risiken

▸ Kapitel 4.4.1.5

Risiken sind Gefahren von Kapitalverlusten und Ertragsminderungen. Anlagen in Wertpapieren unterliegen Basisrisiken, die für alle Anlagen gelten, und speziellen Risiken, die sich aus der Besonderheit eines Wertpapiers ergeben. Im Vordergrund bei Anlageentscheidungen und damit als Einflussfaktoren für die Kursbildung stehen Marktrisiken, **vor allem Kursrisiken, Zinsänderungsrisiken und Währungsrisiken.** Hilfen zur Einschätzung und zum Vergleich von Marktrisiken sind Berechnungen von Volatilitäten und Durations. Die **Volatilität** ist ein Maß für die Empfind-

Volatilität

lichkeit, mit der der Kurs eines Wertpapiers auf Veränderungen einer anderen Größe, z. B. auf Veränderungen des Marktzinses oder eines Index (z. B. Dax oder Rex), reagiert. Je größer die Volatilität, desto größer sind die Kursrisiken – desto größer sind andererseits aber auch die Kurschancen. Die **Duration** gibt die durchschnittliche Kapitalbindungsdauer eines verzinslichen Wertpapiers an. Je länger das Kapital gebunden ist, umso risikoreicher wird die Investition, umso stärker wird der Kurs bei Marktzinsveränderungen schwanken.

Duration

Die **Sicherheit festverzinslicher Papiere** bestimmt sich aus der Art des Papiers und der Zahlungsfähigkeit des Emittenten. Zur Beurteilung werden häufig Ratings eingesetzt. Für die Beurteilung der **Sicherheit von Aktien** haben die Analyse von Ertragskraft und Wachstumschancen des Unternehmens die frühere Substanzwertbetrachtung abgelöst.

Sicherheit

Subjektive Faktoren

Neben rationalen, auf objektiven Gegebenheiten beruhenden Überlegungen wird die Entscheidung zum Kauf oder Verkauf von Wertpapieren auch durch persönliche und massenpsychologische Ursachen beeinflusst. Eine wichtige massenpsychologische Erfahrung ist, dass die Mehrzahl der Anleger in einer Aufschwungphase (Hausse) erst kauft, wenn die Aufwärtsbewegung bereits in vollem Gang ist. In einer Abschwungphase (Baisse) zögern viele Anleger dagegen häufig zu lange mit dem Verkauf.

persönliche und massenpsychologische Ursachen

Beispiel zum Zusammenhang von subjektivem Empfinden und dem Risiko von Fehlentscheidungen

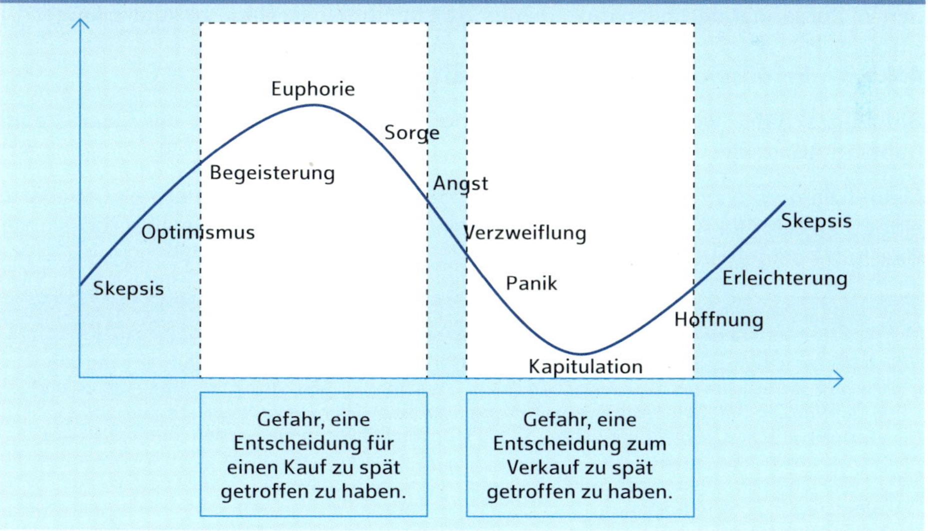

Markttechnische Faktoren

Markttechnische Faktoren sind **bei Anleihen z. B. die Kurspflege, bei Aktien z. B. Interessentenkäufe, die Zugehörigkeit zu einem Aktienindex oder Kapitalerhöhungen.** Markttechnisch ist auch der oft zu beobachtende Rückschlag nach einer starken Kurssteigerung. Bei einer längeren Baisse können Verkäufe von mit Kredi-

markttechnische Faktoren

ten finanzierten Aktien markttechnische Faktoren sein. Wenn der Kurswert der beliehenen Wertpapiere unter die Beleihungsgrenze zu sinken droht, werden Kredite durch den Verkauf der Wertpapiere abgedeckt.

Markttechnische Reaktionen können auch durch Leerverkäufe, Stop-Loss-Aufträge und den Hochfrequenzhandel ausgelöst werden.

Leerverkauf

Bei Aktien können Leerverkäufe und zur Ausführung gelangende Stop-Loss-Aufträge einen Kursrückgang beschleunigen.

Beispiel zu gedeckten Leerverkäufen		
1	Leihe	Ein Hedgefonds leiht sich 8000 Aktien der Beta AG bei einem Investmentfonds.
2	Verkauf	Der Hedgefonds verkauft die Aktien am gleichen Tag für 35 Euro pro Stück. Der Verkauf verstärkt den Abwärtstrend.
3	Kauf	Nachdem der Kurs der Aktie innerhalb von vier Tagen auf 28 Euro je Stück gefallen ist, kauft der Hedgefonds die Aktien in vier Aufträgen über je 2000 Stück zurück.
4	Gewinn	Der Hedgefonds realisiert einen Gewinn von 56000 Euro, gibt die 8000 Aktien an den Investmentfonds zurück und zahlt dafür eine laufzeitbezogene Leihgebühr.

Hochfrequenzhandel

Durch leistungsfähigere EDV-Systeme ist der Einsatz von Handelsprogrammen möglich, die selbstständig auf Basis programmierter Logiken Kauf- und Verkaufsaufträge zur Ausführung stellen (algorithmic trading). Dieser sog. **Hochfrequenzhandel** kann Preistrends innerhalb kürzester Zeit verstärken und so sich selbst verstärkende Preisspiralen auslösen. Er ist deshalb gesetzlich reglementiert. Volatilitätsunterbrechungen im Börsenhandel sollen dazu dienen, solche Kursausschläge zu kontrollieren.

4.4.7.3 Erfüllung der Börsengeschäfte

Erfüllung

Börsengeschäfte werden durch Lieferung gegen Zahlung über die Clearstream Banking AG erfüllt.

Clearstream wird grundsätzlich auch bei der Erfüllung außerbörslicher Geschäfte eingeschaltet. Alle Abwicklungssysteme sind auch für die Eingabe außerbörslicher Geschäfte eingerichtet.

Clearstream Banking AG

Clearstream Banking AG

Clearstream ist Wertpapiersammelbank im Sinne des Depotgesetzes. Ihre Aufgaben sind:
1. Durchführung der Girosammelverwahrung (Verwahrung und Verwaltung der anvertrauten Wertpapiere),
2. Abwicklung des Effektengiroverkehrs (Übertragung des Miteigentums am Sammelbestand durch Umbuchung),
3. Übernahme des Geldausgleichs (Gegenwertverrechnung).

Kunden von Clearstream können Kredit- und Finanzdienstleistungsinstitute mit Sitz im In- und Ausland sowie ausländische Zentralverwahrer und Wertpapier-Clearing-Institute sein. Die aus der Regulierung von Wertpapiergeschäften, Kapitaldiensten und anderen Dienstleistungen resultierenden Zahlungsvorgänge werden über das Konto von Clearstream bei der Deutschen Bundesbank verrechnet. Ein Kunde kann am Clearing-Geldverrechnungsverkehr teilnehmen, indem er seine Wertpapiergeschäfte über sein eigenes oder über das für einen Dritten bei der Deutschen Bundesbank geführte Konto abwickelt. Mit der Integration von Clearstream International in die Deutsche Börse AG ist ein europäisches Clearinghaus entstanden.

Alle an der Börse abgeschlossenen Geschäfte werden über eine spezielle Schnittstelle aus der Börsengeschäftsabwicklung **direkt an Clearstream weitergeleitet.** Die Kreditinstitute erhalten nach Börsenschluss **Lieferlisten,** in denen die von ihnen zu beliefernden Geschäfte zusammengestellt sind. Diese Listen dienen als Dispositionsgrundlage gegenüber Clearstream.

Zentraler Kontrahent

Zentrale Gegenpartei (Zentraler Kontrahent)

Die Eurex Clearing AG fungiert als **zentrale Gegenpartei** (CCP-Central Counterparty) bei Geschäften mit Aktien und Anleihen, die auf Xetra abgeschlossen werden. Auch Geschäfte mit Derivaten, die außerbörslich abgeschlossen wurden, können hierüber abgewickelt werden. Kommt ein Geschäft zustande, tritt die Eurex Clearing in das Geschäft ein und wird jeweils zur Gegenpartei. Damit besteht ein Ausfallrisiko jeweils nur gegenüber der zentralen Gegenpartei mit ihren besonderen Sicherheitseinrichtungen. Käufe und Verkäufe eines Handelsteilnehmers über das gleiche Wertpapier können für die Lieferung zusammengeführt werden (Netting). Dies senkt die Abwicklungskosten im Wertpapiergeschäft.

Lieferlisten

Die Verkäufer prüfen die in ihren **Lieferlisten** aufgeführten Positionen und beauftragen Clearstream mit der Lieferung, oder sie sperren die Lieferung. Je nach dem vom Verkäufer gewählten Verfahren werden angewendet:

- das **Positivverfahren,** bei dem der Verkäufer jedes einzelne Geschäft freigeben muss, oder
- das **Negativverfahren,** bei dem der Verkäufer einzelne Positionen sperren und damit von der Regulierung zurückhalten kann,

Lieferungsaufträge

Lieferungsaufträge werden an die **Wertpapierdisposition von Clearstream** weitergeleitet. Sie prüft die freigegebenen Lieferpositionen auf Depotdeckung. Zum vorhandenen Bestand werden dabei automatisch die gleichtägig gutzuschreibenden Wertpapiere hinzugerechnet. Die zu liefernden Posten werden als „disponierte Posten" gekennzeichnet. Die Umbuchung auf das Depotkonto der Käuferbank erfolgt Zug um Zug im Zusammenhang mit der Geldverrechnung (DvP = Delivery versus Payment-Verfahren).

Delivery- versus Payment-Verfahren

Geldbuchung

Für die **Geldbuchung** wird für jeden Börsenteilnehmer eine Regulierungsliste erstellt. Sie zeigt alle zur Lieferung freigegebenen Geschäfte. Die für jeden Teilnehmer ermittelten Salden der Gegenwerte aus allen Geschäften werden am Erfüllungstag direkt über die Geldkonten der Kreditinstitute bei der Deutschen Bundesbank ausgeglichen. Handelsteilnehmer müssen jeweils rechtzeitig Deckung anschaffen.

Effektengiroverkehr

Wesen des Effektengiroverkehrs

Der Effektengiroverkehr dient der Übertragung von Wertpapieren, die in einem Sammelbestand verwahrt werden. Die effektive Lieferung von Kreditinstitut zu Kreditinstitut wird durch eine buchmäßige Übertragung von Anteilsrechten am Sammelbestand ersetzt.
Voraussetzung hierfür sind:
- die Vertretbarkeit der Wertpapiere,
- Girosammelbestände bei zentralen Verwahrstellen.

Träger des deutschen Effektengiroverkehrs ist Clearstream Banking AG. Die dort hinterlegten Sammelbestände ändern sich durch Girosammel-Verfügungen nicht. Wertpapiere werden nicht bewegt.
Wertpapierkäufer werden Miteigentümer am Sammelbestand nach Bruchteilen und erwerben einen Herausgabeanspruch gegen die Wertpapiersammelbank.
Die Eigentumsübertragung geschieht durch Belastung des Sammeldepotkontos des verkaufenden und durch Gutschrift auf dem Sammeldepotkonto des kaufenden Kreditinstituts.

Abwicklungs-
schema

Übersicht über die Abwicklung eines Börsengeschäfts

Der **Hansabank AG** liegen vor:
- Verkaufsauftrag Kunde A
  1 000 Stück Electronic-AG-Aktien zum Kurs von 20,00 Euro je Stück
- Kaufauftrag Kunde B
  700 Stück Electronic-AG-Aktien billigst

Der **Metallbank AG** liegen vor:
Kaufauftrag Kunde C
300 Stück Electronic-AG-Aktien zum Kurs von 20,00 Euro je Stück

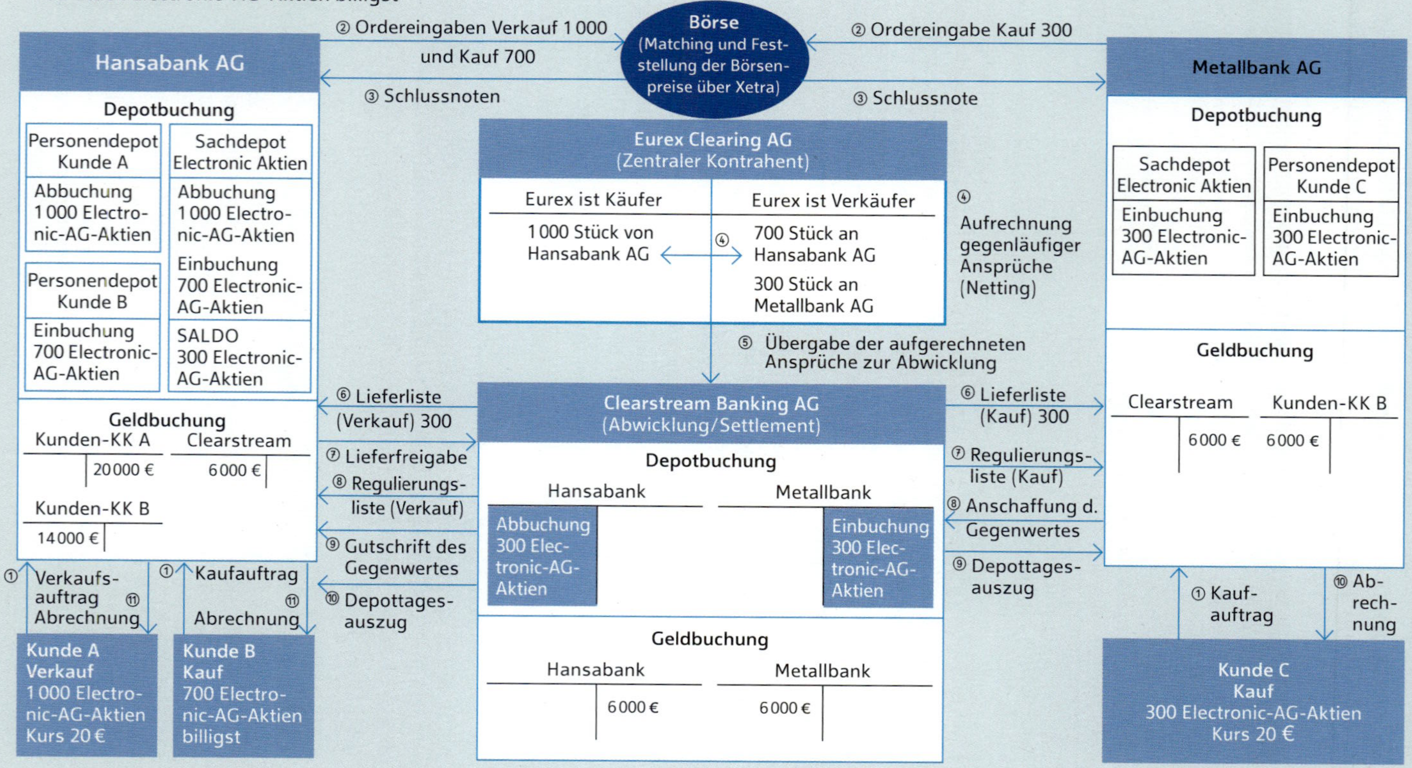

Die **Erfüllung von Börsengeschäften** mit Wertpapieren erfolgt nach deutschen Börsenusancen **zwei Bankarbeitstage nach dem Handelstag** (T + 2). T steht dabei für Handelstag.

TARGET 2 Securities

Das von der EZB getragene **TARGET 2 Securities** dient der Zahlung und Lieferung von grenzüberschreitenden Wertpapiergeschäften in Europa. Dadurch werden Kosten für die Abwicklung der grenzüberschreitenden Wertpapiergeschäfte gesenkt.

4.4.8 Dienstleistungen der Kreditinstitute im Wertpapiergeschäft

4.4.8.1 Anlageberatung

Anlageberatung ist die persönliche Beratung von Kunden über Geldanlagen in Finanzinstrumenten. Sie umfasst Anlageempfehlungen, die sich auf eine Prüfung der persönlichen Umstände des Anlegers stützen. Die Anlageentscheidung trifft der Kunde selbst, er trägt damit auch die Risiken aus Fehlentscheidungen.

Die Anlageberatung muss durch bei der BaFin registrierte Anlageberater oder – im Falle der Beratung gegen Honorar – durch bei der BaFin registrierte Honorar-Anlageberater erbracht werden. Vor der Beratung muss der Kunde über die Form der Anlageberatung aufgeklärt werden.

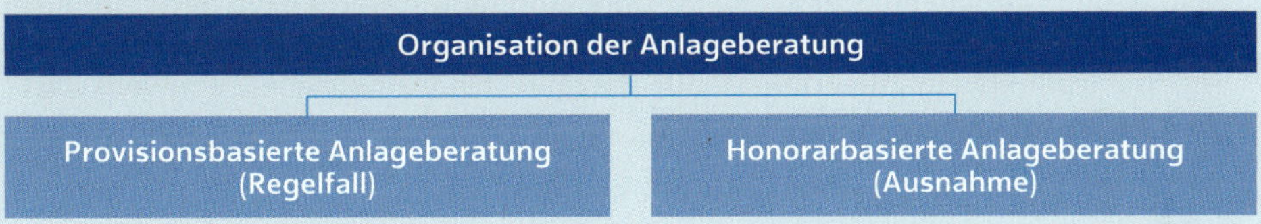

Die Honorar-Anlageberatung muss **organisatorisch**, **funktional** und **personell** von der übrigen Anlageberatung getrennt sein.

Zum Schutz der Anleger enthält das Wertpapierhandelsgesetz für diese Wertpapierdienstleistung der Kreditinstitute zahlreiche Informations-, Beratungs- und Dokumentationspflichten, deren Einhaltung durch die BaFin überwacht wird. Die Vorgaben werden durch die MiFID II (Markets in Financial Instruments Directive) und durch die MiFIR (Markets in Financial Instruments Regulation) weiterentwickelt.

§§ 34 f und g GewO

Der Vertrieb von Investmentfonds und Vermögensanlagen durch freie Finanzanlagenberater und -vermittler wird im Gegensatz zu Kreditinstituten nicht durch die BaFin, sondern durch die kommunalen Gewerbeämter beaufsichtigt. Freie Finanzanlagenberater und -vermittler müssen die Informations-, Beratungs- und Dokumentationspflichten des WpHG aber analog anwenden. Sie müssen grundsätzlich eine Sachkundeprüfung vor der IHK abgelegt haben und über eine Berufshaftpflichtversicherung verfügen.

Vorgaben Wertpapierhandelsgesetz

4.4.8.1.1 Vorgaben des Wertpapierhandelsgesetzes

Allgemeine Verhaltensregeln

Wertpapierdienstleistungsunternehmen sind verpflichtet,

- **Wertpapierdienstleistungen und Wertpapiernebendienstleistungen** mit der erforderlichen **Sachkenntnis, Sorgfalt und Gewissenhaftigkeit im Interesse ihrer Kunden** zu erbringen,
- §80 Abs. 1 WpHG sich um die **Vermeidung von Interessenkonflikten** zu bemühen und das Risiko der Beeinträchtigung von Kundeninteressen zu vermeiden.

Sie müssen

- **Kunden angemessene Informationen zu Finanzinstrumenten** und Wertpapierdienstleistungen zur Verfügung stellen, die ihnen Risikobeurteilungen und Anlageentscheidungen ermöglichen,
- **von Kunden Informationen einholen**
  - **über ihre Kenntnisse und Erfahrungen** in Bezug auf Geschäfte in Finanzinstrumenten und Wertpapierdienstleistungen,
  - **über ihre Anlageziele** und
  - **über ihre finanziellen Verhältnisse**,
- bereits im Vorfeld des Produktverkaufs dafür Sorge tragen, dass bestehende und neue Produkte nur der Kundengruppe angeboten werden, zu deren Bedürfnissen das Produkt auch passt (sog. Product Governance). Daher werden in einem Produktfreigabeverfahren für einzelne Finanzinstrumente jeweils **Zielmärkte** festgelegt.

Kriterien der Bestimmung eines Zielmarktes sind:

- Kundenkategorie,
- Anlageziele,
- Anlagedauer,
- Risikoindikator des Produktes,
- notwendige finanzielle Verlusttragfähigkeit des Kunden für das Produkt,
- notwendige Kenntnisse und Erfahrungen des Kunden für das Produkt.

Zielmarktdefinition

Beispiel der Zielmarktbestimmung für ein Zertifikat

Das Indexzertifikat ist für alle Kundenkategorien geeignet, die das Ziel Vermögensoptimierung mit einem mittel- bis langfristigen Anlagehorizont verfolgen. Das Indexzertifikat mit dem Risikoindikator 3 auf der Skala von 1 (sicherheitsorientiert, geringe Rendite) bis 7 (sehr risikobereit, höchste Rendite) kann nur von Anlegern mit Basiskenntnissen erworben werden, die Verluste bis zum vollständigen Verlust des eingesetzten Kapitals tragen können.

In der Praxis von standardisierten Anlageberatungen werden die produktbezogenen Zielmarktdaten automatisch mit den im WpHG-Bogen erhobenen Kundendaten zu Anlagezweck, Anlagedauer, Risikobereitschaft und den Kenntnissen bzw. Erfahrungen mit Finanzinstrumenten abgeglichen. Bei einer positiven Übereinstimmung wird dann eine Geeignetheitserklärung erstellt und der Produktverkauf abgewickelt.

Allgemeine Informationspflichten

Kreditinstitute müssen Wertpapierkunden **rechtzeitig und in verständlicher Form allgemeine Informationen** zur Verfügung stellen, damit die Kunden die Art und die Risiken der von ihnen angebotenen bzw. nachgefragten Finanzinstrumente oder Wertpapierdienstleistungen verstehen und auf dieser Grundlage ihre Anlageentscheidungen treffen können. Die allgemeinen Informationen sind dem Depotinhaber i. d. R. schriftlich zu geben. In der Praxis erhalten Neukunden dazu:

- institutsindividuelle allgemeine Kundeninformationen zum Wertpapiergeschäft und zu weiteren Finanzinstrumenten sowie
- die „Basisinformationen über Wertpapiere und weitere Kapitalanlagen", eine inhaltlich zwischen allen Kreditinstitutsgruppen abgestimmte Broschüre.

Basisinformationen

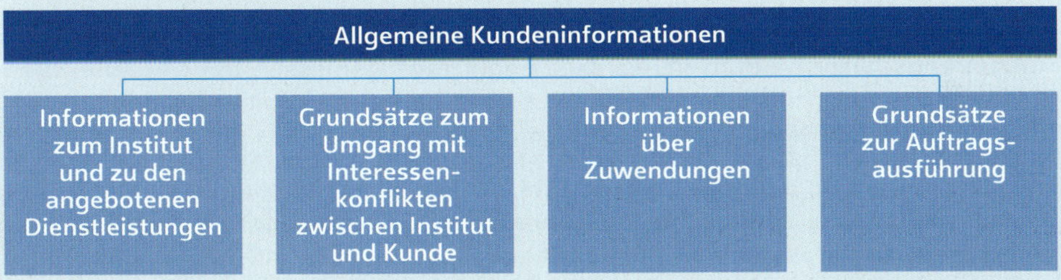

Zu den **Informationen über das Institut und die angebotenen Dienstleistungen** gehören u. a. Angaben über die Zugehörigkeit zu einer Einrichtung zur Einlagen- bzw. Institutssicherung, Informationen zur Bankensanierung und -abwicklung, die AGB und die Bedingungen für das Wertpapiergeschäft. Über die Kosten der Dienstleistungen informiert das Preisverzeichnis für Wertpapierdienstleistungen.

▸ Kapitel 7.3

Die **Grundsätze über den Umgang mit Interessenkonflikten** (sog. Compliance-Policy) informieren über die Gründe für mögliche Interessenkonflikte zwischen Kreditinstitut und Kunden sowie über die Maßnahmen zur Vermeidung dieser Konflikte.

Compliance

Compliance

Compliance bedeutet die Sicherstellung eines gesetzeskonformen Verhaltens durch entsprechende Unternehmensorganisation. Beispiele für organisatorische Maßnahmen im Wertpapierbereich sind die Einrichtung eines Beschwerdemanagements, Vorkehrungen zur Vermeidung von Interessenkonflikten zwischen Institut und Kunde, die Überwachung von Mitarbeitergeschäften und die Einrichtung von Vertraulichkeitsbereichen (sog. Chinese Walls) zur Trennung von Finanzanalysten und Marktmitarbeitern. Durch Compliance sollen Gesetzesverstöße und damit Reputationsschäden in Kreditinstituten verhindert werden. Compliance im Wertpapierbereich basiert auf:

- Gesetzen, z. B. § 80 WpHG und § 25a KWG,
- Rechtsverordnungen, z. B. Art. 33–43 MiFID II-DVO, und
- Verwaltungsvorschriften, z. B. Mindestanforderungen an Compliance und die weiteren Verhaltens-, Organisations- und Transparenzpflichten (MaComp).

Die dauerhaft eingerichtete Compliance-Funktion arbeitet unabhängig und informiert die Aufsichtsorgane des Instituts mindestens jährlich über die Angemessenheit der getroffenen Regelungen.
Im weiteren Sinne umfasst Compliance neben den Regelungen im Wertpapierbereich auch die Regelungen zur Einhaltung der Vorschriften zum Datenschutz, zur Geldwäschebekämpfung und zum Risikomanagement.

Die **Informationen über Zuwendungen** sind Folge des gesetzlich verankerten Verbots der Annahme oder Gewährung von Zuwendungen an Dritte im Zusammenhang mit der Erbringung von Wertpapierdienstleistungen. Das Verbot gilt nicht, wenn

- die Zuwendung darauf angelegt ist, die Qualität der Dienstleistung für den Kunden zu verbessern,
- der ordnungsgemäßen Erbringung der Dienstleistung für den Kunden nichts entgegensteht,
- Existenz, Art und Umfang der Zuwendungen dem Kunden vorher offengelegt werden.

Alle Zuwendungen und deren qualitätsverbessernde Verwendung sind in einem Verzeichnis festzuhalten.

Best Execution

Die **Grundsätze für die Auftragsausführung** legen für jede Wertpapiergruppe die Ausführungsplätze fest, an denen Kundenaufträge gemessen am Gesamtentgelt (Preis für das Finanzinstrument und sämtliche Kosten) gleichbleibend bestmöglich ausgeführt werden können (Best-Execution-Policy).

Führt die Betrachtung des Gesamtentgelts nicht zu einer eindeutigen Rangfolge der Ausführungsplätze, so sind die **Ausführungsgeschwindigkeit**, die **Ausführungswahrscheinlichkeit**, z.B. Marktliquidität am Börsenplatz, und die **Abwicklungssicherheit**, z.B. Anlegerschutz durch Handelsüberwachung bei Börsenaufträgen, mit einzubeziehen.

In der Praxis werden die Ausführungsgrundsätze zur Orderabwicklung als Leitwege in den DV-Systemen hinterlegt. Ein Kundenauftrag ohne Weisung wird dann automatisch an den Ausführungsplatz (Börse) gelenkt, der sich aus den Auftragsgrundsätzen ergibt.

Ausnahme für Investmentfonds

Nicht erfasst von der Verpflichtung zur bestmöglichen Auftragsausführung sind die Ausgabe und Rücknahme von **Investmentfondsanteilen**. Da Kundenweisungen bei der Auftragsausführung immer Vorrang vor den Ausführungsgrundsätzen haben, greift die Best-Execution-Verpflichtung, wenn der Kunde den Kauf bzw. Verkauf von Investmentfondsanteilen über eine Börse wünscht.

Kundenkategorien
§ 31a WpHG

Kundenkategorisierung

Kunden werden nach ihrer Schutzbedürftigkeit in drei Kategorien eingeteilt.

Kundenkategorien

Privatkunde	professioneller Kunde	geeignete Gegenpartei
Kunde mit hohem Schutzbedürfnis	Kunde mit geringem Schutzbedürfnis **Beispiele:** ‣ Börsenmakler ‣ Vermögensverwalter	Kunde ohne Schutzbedürfnis **Beispiele:** ‣ Pensionskassen ‣ Versicherungen

In der Bankpraxis werden fast alle Kunden der Kategorie Privatkunde zugeordnet. Der Kunde muss der Einstufung als Privatkunde weder zustimmen noch darüber informiert werden.

Anforderungen an Mitarbeiter

Alle Anlageberater in einem Wertpapierdienstleistungsunternehmen müssen **sachkundig** sein und über die für die Tätigkeit erforderliche **Zuverlässigkeit** verfügen. Der Nachweis der Sachkunde erfolgt beim Wertpapierdienstleistungsunternehmen, z. B. über Abschluss- und Arbeitszeugnisse oder Schulungsnachweise.

§ 87 Abs. 2 WpHG

Umfang der Sachkunde von Anlageberatern

Kundenberatung
- Bedarfsermittlung
- Lösungsmöglichkeiten
- Produktdarstellung und Information
- Serviceerwartungen des Kunden, Besuchsvorbereitung, Kundenkontakte, Kundengespräche, Kundenbetreuung

Rechtliche Grundlagen der Anlageberatung
- Vertragsrecht
- Rechtsvorschriften des WpHG und KAGB mit Bedeutung für die Anlageberatung oder die Anbahnung der Anlageberatung

Fachliche Grundlagen
- Funktionsweise der Finanzinstrumente
- Risiken der Finanzinstrumente
- Kosten
- steuerliche Wirkung der Geschäfte
- Unterschiede zwischen vergangenen und zukünftigen Wertentwicklungen und Grenzen von Prognosen

Die Sachkunde wird in der WpHG-Mitarbeiteranzeigeverordnung (WpHGMaAnzV) konkretisiert. Die an Anlageberater gestellten Anforderungen gelten auch für Vertriebsbeauftragte und Mitarbeiter, die mit der Compliance-Funktion beauftragt wurden. Für Mitarbeiter, die am 03.01.2018 als Anlageberater tätig sind, kann die notwendige Sachkunde bis längstens zum 03.07.2018 vermutet werden.

§ 1 Abs. 1 WpHGMaAnzV

Für die genannten Mitarbeitergruppen besteht eine **Registrierungspflicht** bei der BaFin. In einer Datenbank werden neben dem Namen und einer Identifikationsnummer (BaFin-ID) auch die Anzahl der berechtigten oder unberechtigten Beschwerden von Kunden, die sich auf Beratungen in Finanzinstrumenten beziehen, gespeichert. Sollten der BaFin auf Basis gemeldeter Beschwerden Verstöße einzelner Anlageberater gegen die Vorgaben des WpHG bekannt werden oder ergibt sich, dass ein Mitarbeiter nicht oder nicht mehr über die erforderliche Sachkunde und Zuverlässigkeit verfügt, kann die BaFin

Registrierungspflicht bei der BaFin

Sanktionen

1. dem Wertpapierdienstleistungsunternehmen untersagen, den Mitarbeiter in der angezeigten Tätigkeit einzusetzen, solange dieser die gesetzlichen Anforderungen nicht erfüllt,
2. das Wertpapierdienstleistungsunternehmen und den Mitarbeiter verwarnen bzw. mit einem Bußgeld belegen,
3. dem Wertpapierdienstleistungsunternehmen für eine Dauer von bis zu zwei Jahren untersagen, den Mitarbeiter in der angezeigten Tätigkeit einzusetzen.

4.4.8.1.2 Vorgeschriebene Dokumentationen im Rahmen der Anlageberatung

Arten von Dokumentationen

Dokumentationen gemäß WpHG

WpHG-Bogen ↔ **Geeignetheitserklärung**

Ziel: Dokumentation der grundsätzlichen Ausrichtung eines Anlegers.

Ziel: Eignung des empfohlenen Finanzinstruments für die Anlageziele und die Verlusttragfähigkeit des Privatkunden.

Zweck

Für die Dokumentationen nach dem Wertpapierhandelsgesetz (WpHG) werden in der Praxis Formblätter eingesetzt. Die Dokumentationen dienen dem Anlegerschutz und der Begrenzung des Haftungsrisikos der Kreditinstitute im Wertpapiergeschäft.

Einholung und Dokumentation von Kundenangaben

Beratungsbogen

Spätestens vor der Annahme von Aufträgen über den Kauf oder Verkauf von Finanzinstrumenten sind von Privatkunden Angaben über Kenntnisse und Erfahrungen, Anlageziele und die finanziellen Verhältnisse einzuholen. Kreditinstitute setzen dazu Beratungsbögen ein, mit denen alle Kundenangaben dokumentiert werden.

Kenntnisse und Erfahrungen

Anlageziele

finanzielle Verhältnisse

Wichtige Angaben im Beratungsbogen	
Kenntnisse und Erfahrungen	Angaben des Kunden, ▸ in welchen Anlageformen, z. B. Schuldverschreibungen, Aktien, Investmentanteile, Finanzderivate, er über Wissen verfügt ▸ welche Anlageformen er in der Vergangenheit bereits selbst genutzt hat (Umfang, Häufigkeit der Geschäfte, Zeitraum u. a.) ▸ Bildungsstand und Beruf (Schulabschluss, früher ausgeübte Berufe)
Anlageziele	Angaben des Kunden insbesondere über sein Interesse an ▸ kurzfristigen oder langfristigen Anlagen, z. B. für Zwecke der Altersversorgung und Ausbildung ▸ einmaligen oder wiederkehrenden Ausschüttungen (Erträgen) ▸ und über den Umfang seiner Risikobereitschaft
Finanzielle Verhältnisse	Angaben des Kunden ▸ zu seinen Einkommensverhältnissen, u. a. Art der Einkünfte, Höhe der Einkünfte, Einkommensquellen, monatliche Belastung aus Kreditverpflichtungen ▸ zu seinen Vermögensverhältnissen, u. a. Struktur des Vermögens, Verbindlichkeiten, Liquidität, soweit diese Angaben im Hinblick auf die beabsichtigten Geschäfte erforderlich sind

Bezüglich der Kundenangaben im Beratungsbogen gilt:

- Die **Angaben sind freiwillig**, liegen aber im Interesse des Kunden. Ohne Angaben kann keine Geeignetheits- bzw. Angemessenheitsprüfung erfolgen.
- Eine **Ergänzung oder Erneuerung** der Angaben ist notwendig, wenn wesentliche Veränderungen eingetreten sind.
- Eine **Unterschrift** des Kunden ist gesetzlich nicht erforderlich, wird jedoch zum Nachweis der Richtigkeit der erfassten Angaben erbeten.

Wenn ein Kunde Angaben verweigert, kann keine Anlageberatung durchgeführt werden. Aufträge können in diesem Fall aber als Execution-Only-Aufträge entgegengenommen werden.

Geeignetheitserklärung

Geeignetheitserklärung

Für jede Anlageberatung mit Finanzinstrumenten muss eine Geeignetheitserklärung angefertigt werden, wenn der Kunde als Privatkunde eingestuft wurde. Die Geeignetheitserklärung ist dem Kunden vor Vertragsabschluss in Papierform oder auf einem dauerhaften Datenträger auszuhändigen. Ein auf der Anlageberatung beruhender Vertragsschluss darf erst erfolgen, nachdem die Geeignetheitserklärung dem Kunden zur Verfügung gestellt wurde, damit dieser Gelegenheit hat, sie zur Kenntnis zu nehmen.

Wird die Anlageberatung unter Einsatz von Fernkommunikationsmitteln erbracht, kann die Geeignetheitserklärung dem Kunden unmittelbar nach Vertragsschluss, **spätestens nach fünf Werktagen** zur Verfügung gestellt werden.

Folgt auf die Anlageberatung kein Vertragsschluss (z. B. bei einer **Halteempfehlung** oder einer Empfehlung, ein Finanzinstrument **nicht zu kaufen**), ist die Geeignetheitserklärung dem Kunden zeitnah, **spätestens aber nach fünf Werktagen**, im Anschluss an die Anlageberatung zur Verfügung zu stellen. Dies gilt auch für Nicht-Kunden der Bank.

Soweit die Anlageberatung gegenüber einem **Bevollmächtigten** erbracht wird, ist die Geeignetheitserklärung diesem, somit der Person, die das jeweilige Gespräch geführt hat, zur Verfügung zu stellen.

Sprachaufzeichnungspflicht

Sprachaufzeichnungspflicht

Jede telefonische oder elektronische Kommunikation (z. B. SMS, E-Mail oder Videochat) mit Kunden, die zur Annahme, Übermittlung und Ausführung von Kundenaufträgen über Finanzinstrumente führen kann, muss aufgezeichnet werden. Ein Verzicht des Kunden auf die Sprachaufzeichnung ist ausgeschlossen. Kunden sind über die Sprachaufzeichnung einmalig zu informieren. Die Sprachaufzeichnungen sind als mögliche Beweismittel mindestens fünf Jahre aufzubewahren und Kunden auf Verlangen zur Verfügung zu stellen. § 83 WpHG

Geschäftsarten bei Wertpapieraufträgen von Privatkunden

4.4.8.1.3 Geschäftsarten und Prüfungspflichten

Die im Kundengespräch einzuholenden Angaben hängen von der Geschäftsart ab.

Anlageberatung

beratungsfreies Geschäft

Execution-Only-Auftrag

Prüfungspflichten

Geschäftsarten und Prüfungspflichten bei Wertpapieraufträgen

Anlageberatung	beratungsfreies Geschäft	Execution-Only-Auftrag
Beratung mit einer Empfehlung, die auf die persönlichen Umstände des Anlegers abgestellt ist.	Der Anlageentscheidung des Kunden geht keine Beratung und Anlageempfehlung des Kreditinstituts voraus. Der Kunde trifft die Anlageentscheidung allein.	Die Geschäftsart ist nur auf Initiative des Kunden möglich und auf Aufträge in nicht komplexen Finanzinstrumenten beschränkt, z. B. Aktien oder Investmentfonds.
Geeignetheitsprüfung Prüfung, ob die Anlage für den Kunden geeignet ist.	**Angemessenheitsprüfung** Prüfung, ob die Anlage für den Kunden angemessen ist.	**Keine Prüfungspflicht**
▸ Entspricht das konkrete Geschäft den Anlagezielen des Kunden? ▸ Sind die entstehenden Anlagerisiken für den Kunden finanziell tragbar? ▸ Kann der Kunde mit seinen Kenntnissen und Erfahrungen die Anlagerisiken verstehen?	▸ Kann der Kunde mit seinen Kenntnissen und Erfahrungen die mit seinem beabsichtigten Geschäft einhergehenden Anlagerisiken verstehen? ▸ Warnhinweis, falls dies nicht der Fall ist. Hält der Kunde die Anlageentscheidung trotzdem aufrecht, kann der Auftrag ausgeführt werden.	Informationspflicht, dass der Auftrag lediglich zur Ausführung angenommen wird.

Risikoklassen von Finanzinstrumenten

In der Praxis wird die Geeignetheit bzw. Angemessenheit automatisch geprüft, indem bei Eingabe einer Kundenorder die mit dem georderten Finanzinstrument hinterlegten Zielmärkte mit dem Zielmarkt des Kunden abgeglichen werden.

4.4.8.1.4 Information des Kunden

Alle Kundeninformationen, auch Werbeaussagen, müssen redlich, verständlich und eindeutig erteilt werden.

Anforderungen an Kundeninformationen

Allgemeine Anforderungen an Kundeninformationen

Information entsprechend dem Kunden- und Produktprofil	ausgewogene Darstellung von Chancen und Risiken	ausreichende und verständliche Information
Umfang und Intensität der Informationen sind von der Art des Finanzinstruments und der Kundenkategorie abhängig. Privatkunden sind bei komplexen Anlagen intensiver zu informieren als bei einfachen Anlageformen.	Informationen dürfen nicht einseitig nur die Vorteile einer Anlage betonen, sondern müssen auch deutlich auf relevante Risiken hinweisen.	Alle Informationen müssen für den durchschnittlichen Kunden nachvollziehbar und verständlich sein. Die Informationen sind so zu erteilen, dass sie einen Kunden nicht irreführen können.

Zusätzlich bestehen besondere Anforderungen an die Gestaltung von Informationen bei Vergleichen, die Darstellung von Wertentwicklungen (Performancedarstellungen) und für Angaben zur steuerlichen Behandlung. Die Anforderungen werden durch die Verordnung zur Konkretisierung der Verhaltensregeln und Organisationsanforderungen für Wertpapierdienstleistungsunternehmen festgelegt.

Produktinformation

Im Rahmen der Anlageberatung und im beratungsfreien Geschäft werden bei einer Kaufempfehlung an Privatkunden je nach Produktart unterschiedliche Informationsinstrumente (z. B. WAI oder PIB) eingesetzt.

Kunden sollen dadurch wesentliche Eigenschaften eines Finanzproduktes verstehen und mit anderen Produkten vergleichen können. Hierfür werden die Produkte auf zwei bis drei Seiten für Verbraucher verständlich und transparent beschrieben. Es handelt sich hierbei nicht um verkaufsunterstützende Beschreibungen, sondern um eine neutrale Beschreibung wesentlicher Eigenschaften der Produkte. Die Informationsinstrumente dienen der vorvertraglichen Aufklärung von Privatkunden. Sollen im Rahmen der Anlageberatung oder im beratungsfreien Geschäft Investmentanteile erworben werden, wird anstelle des Basisinformationsblattes bis 31.12.2019 die europarechtlich einheitliche „Wesentliche Information für den Anleger" überreicht. Bei Vermögensanlagen wird dagegen das Vermögensanlagen-Informationsblatt eingesetzt.

Informationspflichten und Instrumente bei der Beratung von Verbrauchern

Instrument	Beispiel	Rechtsgrundlage
Produktinformationsblatt (PIB)	Beratung über Aktienkauf	§ 31 Abs. 3a WpHG und § 5a Abs. 1 WpDVerOV
Wesentliche Anleger-information (WAI)	Beratung über Investment-fonds	§ 166 KAGB
Europäisches Basisinforma-tionsblatt (KID)	Beratung über Zertifikate-kauf	Art. 6 bis 8 EU-PRIIPs-VO
Riester-Produkt-informationsblatt	Beratung über Sparvertrag mit „Riester-Förderung"	§ 7a AltZertG
Vermögensanlage-Informationsblatt	Beratung über Sparbrief mit Nachrangabrede	§ 15 Abs. 1 VermAnlG

Basisinformationsblatt

Basisinformationsblatt

Das EU-weit standardisierte Basisinformationsblatt ersetzt seit 2018 in den meisten Anlageberatungen das bisher eingesetzte Produktinformationsblatt (PIB). Es ist beim Vertrieb von sog. Verpackten Anlageprodukten und Versicherungsanlageprodukten an Privatkunden einzusetzen. „Verpackt" sind Anlageprodukte zum einen, wenn das Geld des Kunden statt direkt nur indirekt am Kapitalmarkt angelegt wird (z. B. Investmentfonds). Zum anderen, wenn der Rückzahlungsbetrag Schwankungen unterliegt, da er von Referenzwerten oder der Preisentwicklung nicht direkt erworbener Produkte abhängt (z. B. Zertifikate oder Derivate). Aktien, einfache Anleihen und Riester-Produkte sind keine verpackten Anlageprodukte.

Inhalt und Anforderungen der europäischen Basisinformationsblätter	
Risikoindikator	Grafische Darstellung des Risikoindikators auf der Skala von 1 bis 7, der sich aus dem Markt- und Bonitätsrisiko zusammensetzt. Marktrisiko: Zuordnung über Produktkategorien und qualitative bzw. quantitative Daten. Bonitätsrisiko: Zuordnung über externe Ratings.
Performanceszenarien	Berechnung von mindestens vier Szenarien, die sich auf die empfohlene Haltedauer, Laufzeit ein Jahr und einen mittleren Zeitpunkt beziehen. Die Erläuterungen enthalten auch Aussagen über steuerliche Wirkungen.
Kosten	Darstellung der einmaligen und wiederkehrenden Kosten, eines Gesamtkostenindikators (Euro und Prozent) an bis zu drei Zeitpunkten und Aufschlüsselung der Kosten.
Beschwerderegeln	Beschreibung der Schritte, die für eine wirksame Beschwerde einzuhalten sind, zusammen mit Kontaktdaten des Produktherstellers.

Kosten-information

Kosteninformation

Kunden sind **vor Ausführung** einer Wertpapierdienstleistung über die entstehenden Kosten in Form einer **Gesamtkostenquote** (in Euro und in Prozent) zu informieren. Zu den Kosten gehört auch die Marge bei Abwicklung als Festpreisgeschäft.

In einer persönlichen Anlageberatung wird die Transparenz regelmäßig über den Verweis auf das in Papierform überreichte Basisinformationsblatt hergestellt. Bei Aufträgen über Aktien oder einfache Anleihen wird auf Musterabrechnungen für Käufe bzw. Verkäufe verwiesen. Bei Onlinebrokern und telefonischer Auftragserteilung werden PDF-Dokumente eingesetzt.

Zudem sind Kunden – erstmals in 2019 für das Jahr 2018 – **jährlich** über die angefallenen Kosten zu informieren. Die Aufstellung muss alle tatsächlichen Kosten und Nebenkosten für erbrachte Dienstleistungen in Bezug auf Finanzinstrumente enthalten und auch ihre Wirkung auf die Rendite beschreiben. Auch die tatsächlich vom Institut im Zusammenhang mit den Dienstleistungen empfangenen Zuwendungen sind in das jährliche Reporting einzubeziehen.

4.4.8.2 Abwicklung von Wertpapieraufträgen

4.4.8.2.1 Geschäftsformen bei der Abwicklung von Kundenaufträgen

Kundenaufträge werden als Wertpapierkommissionsgeschäfte oder als Festpreisgeschäfte abgewickelt.

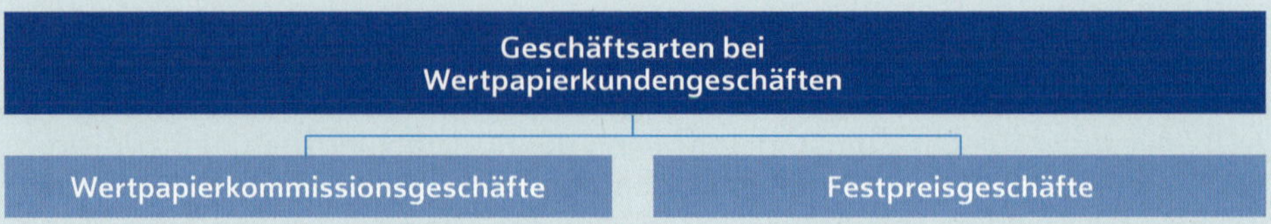

Wertpapierkommissionsgeschäfte

Wertpapierkommissionsgeschäfte
Begriff des Kommissionärs
Zentrale Gegenpartei
▸ Kapitel 4.4.7.3

Nach den **Sonderbedingungen für Wertpapiergeschäfte** führen Kreditinstitute Kundenaufträge im Wege der **einfachen Wertpapierkommission** aus. Hierzu schließen sie für Rechnung des jeweiligen Kunden mit einem anderen Marktteilnehmer oder mit einer zentralen Gegenpartei ein Kauf- oder Verkaufsgeschäft (Ausführungsgeschäft) ab, oder sie beauftragen einen anderen Kommissionär (Zwischenkommissionär), ein Ausführungsgeschäft abzuschließen.

Rechtsverhältnisse Wertpapierkommission

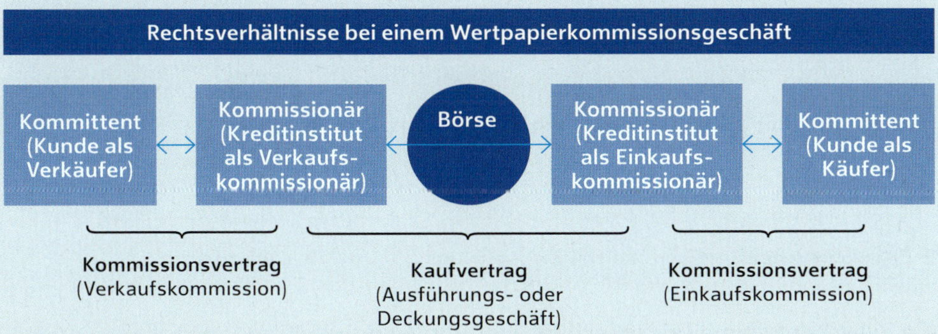

Internalisierung

Nach den **Sonderbedingungen für Wertpapiergeschäfte** kann ein Kundenauftrag, der im Wege des elektronischen Handels an der Börse abgewickelt wird, auch unmittelbar gegen das Kreditinstitut oder den Zwischenkommissionär, d. h. intern ausgeführt werden. Über die Ausführung informiert das Kreditinstitut den Kunden unverzüglich. Wurde der Auftrag im elektronischen Börsenhandel unmittelbar gegen das Kreditinstitut oder den Zwischenkommissionär ausgeführt, bedarf es keiner Benachrichtigung.

Einfache Wertpapierkommission

Einfache Wertpapierkommission

Bei der **einfachen Wertpapierkommission** sind die Kreditinstitute verpflichtet, ein **Ausführungs- oder Deckungsgeschäft mit einem Dritten** abzuschließen **oder** den **Selbsteintritt** ausdrücklich anzuzeigen. Ferner müssen sie

§ 405 HGB

Pflichten des Kommissionärs

- bei der Einkaufskommission den günstigsten Verkäufer, bei der Verkaufskommission den günstigsten Käufer auswählen,
- unverzüglich eine Ausführungsanzeige bei Ausführung der Kommission an den Kunden (Kommittenten) senden,
- dem Kunden über das Geschäft Rechenschaft ablegen, d. h. genaue Abrechnung über Erlöse und Aufwendungen geben,
- dem Kunden dasjenige herausgeben, was sie aus der Geschäftsbesorgung erlangt haben,
- dem Kunden für die Erfüllung des Geschäfts haften, wenn sie ihm nicht zugleich mit der Ausführungsanzeige den Partner des Ausführungsgeschäfts nennen.

§ 384 HGB

Bei der einfachen Wertpapierkommission bedarf es einer Zuordnung zwischen der Kundenorder und dem zur Ausführung dieser Order durchgeführten Ausführungsgeschäft. Beim Einsatz moderner Orderrouting-Systeme werden solche Zuordnungen automatisch vorgenommen. Die Kundenaufträge werden mit Ordernummern bezeichnet, die den Weg des Auftrags bis zur Schlussnote nachvollziehbar machen. Abzurechnen ist jeweils derjenige Kurs, der für den konkreten Auftrag am Markt bezahlt bzw. erzielt wurde. Außerdem muss den Kreditinstituten im Einzelfall die Nennung des Kontraktpartners möglich sein.

Zwischenkommission

Zwischenkommission

Rechtsverhältnisse Wertpapierzwischenkommission

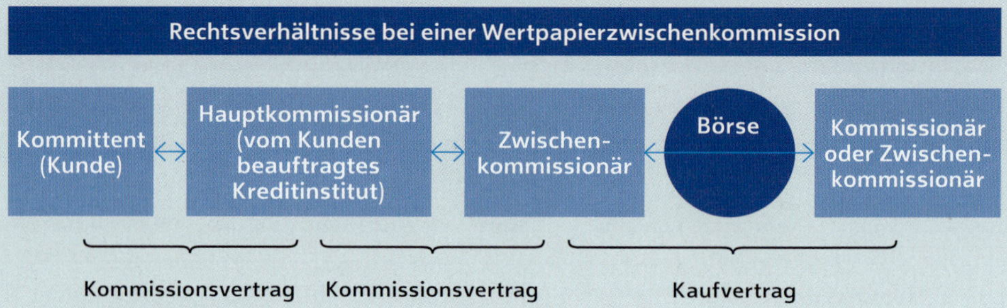

Ein **Zwischenkommissionsgeschäft** liegt vor, wenn **ein Kreditinstitut ein anderes Kreditinstitut** oder ein Wertpapierdienstleistungsunternehmen **beauftragt, ein Ausführungsgeschäft für einen Kundenauftrag abzuschließen.** Dies kann z. B. der Fall sein, wenn ein Kreditinstitut, das an einer Börse nicht vertreten ist, ein an der Börse zugelassenes Kreditinstitut (Börsenbank) mit dem Abschluss des Ausführungsgeschäfts beauftragt. Für den Kunden wird die Einschaltung des Zwischenkommissionärs nicht erkennbar. Der Hauptkommissionär haftet für die sorgfältige Auswahl des Zwischenkommissionärs.

Festpreisgeschäfte
§ 373 ff. HGB
§ 433 ff. BGB

Festpreisgeschäfte

Festpreisgeschäfte sind Kaufverträge. Das Kreditinstitut übernimmt vom Kunden die Wertpapiere als Käufer, oder es liefert die Wertpapiere an den Kunden als Verkäufer.

Bei Festpreisgeschäften gilt:

- Gegenüber dem Kunden besteht keine Rechenschaftspflicht über das Deckungsgeschäft.

Best-Execution-Verpflichtung

- Der Preis kann unabhängig vom Preis des Deckungsgeschäfts oder einer Börsennotierung frei vereinbart werden. Er muss zum Zeitpunkt des Angebots an den Kunden marktgerecht sein. Der vereinbarte Preis darf zum Zeitpunkt der Annahme durch den Kunden nicht überholt sein.
- Die Bank berechnet dem Kunden den vereinbarten Preis, bei verzinslichen Schuldverschreibungen unter Verrechnung anteiliger Zinsen (Stückzinsen).

4.4.8.2.2 Annahme von Kundenaufträgen

Angaben im Kundenauftrag

Inhalt des Auftrags

Kauf- und Verkaufsaufträge sollen folgende Angaben enthalten:

- Börsenmäßige Bezeichnung des Wertpapiers (bei Schuldverschreibungen auch Ausgabejahr, Serie oder Reihe sowie Zinssatz), möglichst Angabe der International Securities Identification Number (ISIN), bzw. genaue Bezeichnung des Eurex-Kontrakts,
- Auftragsmenge (Stückzahl bei Aktien und Investmentzertifikaten, Nennbetrag bei Schuldverschreibungen, Anzahl der Kontrakte bei Eurex-Geschäften),
- Kurslimite,
- Gültigkeitsdauer des Auftrags,
- Name und Anschrift des Auftraggebers,
- Kontonummer des Geldkontos und des Depotkontos,
- Verwahrungsart (Girosammel, Streifband, effektive Auslieferung),
- weitere Vereinbarungen, z. B. Ausführungsplatz, Lieferhinweis,
- Datum und Uhrzeit der Auftragsannahme, Unterschrift.

Eurex-Kontrakte

Bei Aufträgen über Eurex-Kontrakte sind außerdem folgende Angaben erforderlich:

- Verfallmonat,
- Ausübungspreis (nicht bei Futures),
- Opening-Transaction (Eröffnen einer Position) oder Closing-Transaction (Schließen oder Glattstellen einer Position).

Mündlich und telefonisch erteilte Aufträge sind schriftlich aufzunehmen. Jeder Auftrag muss deutlich erkennen lassen, ob es sich um einen Kauf oder Verkauf handelt. Abänderungen, Bestätigungen und Wiederholungen erteilter Aufträge müssen besonders gekennzeichnet werden.

Deckungsprüfung

ausreichende Deckung

Vor der Freigabe der Aufträge im Rahmen ihrer Handelssysteme prüfen die Kreditinstitute, ob der Kunde ausreichende Deckung besitzt. Bei Verkaufsaufträgen ist zu prüfen, ob die zu verkaufenden Wertpapiere im Depot des Kunden sind. Bei Kaufaufträgen ist zu prüfen, ob das Geldkonto des Kunden das erforderliche Guthaben oder eine ausreichende Kreditlinie ausweist.

Kurslimite

Kurslimite

Art des Limits	Beispiel	Erläuterungen
Limitierter Auftrag	24	Das Limit von 24 darf bei einem Kauf nicht überschritten, bei einem Verkauf nicht unterschritten werden.
Unlimitierter Auftrag (Market-Order)	billigst bestens	Der Auftrag soll auf jeden Fall ausgeführt werden. Eine Kursbegrenzung wird nicht gegeben. Der Kunde ist mit jedem erzielten Kurs einverstanden. Kaufaufträge ohne Limit werden „billigst“, Verkaufsaufträge ohne Limit „bestens“ ausgeführt.

Art des Limits	Beispiel	Erläuterungen
Stop-Auftrag (Stop-Market-Order)	Stop-Loss 34	Stop-Loss bezeichnet eine Kursuntergrenze. Wird der angegebene Kurs unterschritten, wird ein unlimitierter Verkaufsauftrag zum nächsten handelbaren Kurs ausgelöst. Ziel dieser Auftragsart ist es, zuvor erzielte Gewinne zu sichern oder Verluste zu begrenzen.
	Stop-Buy 45	Stop-Buy bezeichnet eine Kursobergrenze. Wird der genannte Kurs überschritten, wird ein unlimitierter Kaufauftrag ausgelöst. Ein Stop-Buy-Auftrag kann erteilt werden, wenn ein Anleger die Kursentwicklung nicht ständig beobachten kann, bei steigenden Kursen aber auf den fahrenden Zug aufspringen will. Die Order-Bezeichnung „Start-Buy" wäre in diesem Fall logischer.
Stop-Limit-Auftrag (Stop-Limit-Order)	Stop-Loss 34 Limit 30 Stop-Buy 45 Limit 48	Stop-Aufträge können auch mit einem Limit versehen werden. In diesem Fall wird nach Erreichen des Stop-Kurses kein unlimitierter, sondern ein limitierter Auftrag ausgelöst. Durch den Ordertyp können unerwünschte Ausführungen zu stark abweichenden Kursen, wie sie bei sehr starken Marktbewegungen möglich sind, vermieden werden. Trailing Stop-Aufträge beruhen auf einer herkömmlichen Stop-Order. Das Stop-Limit kann jedoch an Kursentwicklungen angepasst werden.
	Trailing Stop-Loss 100 Abstand 10	▸ Ein Trailing Stop-Loss-Kurs wird bei steigenden Kursen automatisch um einen festen oder prozentualen Abstand nach oben angepasst. Beispiel: Trailing Stop-Loss 100 Abstand 10: Aktueller Kurs steigt auf 115, Stop-Loss wird bei einem Abstand von 10 auf 105 nachgezogen. Falls der aktuelle Kurs jetzt auf 105 oder darunter fallen sollte, wird der Stop-Loss ausgelöst und die Verkaufsorder zum nächstmöglichen Kurs ausgeführt.
	Trailing Stop-Buy 50 Abstand 20%	▸ Ein Stop-Buy-Kurs wird bei fallenden Kursen automatisch nach unten angepasst. Beispiel: Trailing Stop-Buy 50 Abstand 20% Aktueller Kurs fällt von 45 auf 36, Stop-Buy wird um 20% von 50 auf 40 herabgesetzt. Falls der aktuelle Kurs jetzt auf 40 oder darüber steigen sollte, wird die Kauforder ausgelöst und zum nächstmöglichen Kurs ausgeführt. Trailing Stop-Loss-Aufträge bieten die Möglichkeit, bei konstantem Absicherungsniveau ohne ständige Marktbeobachtung bei steigenden Kursen Gewinne laufen zu lassen, und bei Kursrückgängen einen höheren Verkaufserlös zu erzielen. Trailing Stop-Buy-Aufträge bieten die Chance, die Einstiegskurse bei fallenden Kursen zu optimieren.

Für limitierte Aufträge berechnen einige Kreditinstitute eine Limitgebühr, wenn der Auftrag wegen eines nicht erreichten Limits nicht ausgeführt werden konnte. In einigen Börsensystemen können Aufträge mit den Ausführungsanweisungen versehen werden, z. B.

- **Fill or kill** (Gesamtausführung oder Löschung),
- **Immediate or cancel** (sofortige Ausführung und Löschung der nicht ausgeführten Teile) oder
- **All or none** (nur Gesamtausführung, keine Teilausführung).

Gültigkeitsdauer

Gültigkeitsdauer

Die Sonderbedingungen für Wertpapiergeschäfte der Kreditinstitute unterscheiden:

- **befristete Kundenaufträge,**
- **unbefristete Kundenaufträge.**

Im Xetra- und Eurex-Handel können Aufträge als **Good till date-Order** (datumsbezogen) und als **Good till cancelled-Order** (bis zur manuellen Löschung oder automatischen Löschung nach 90 Tagen) befristet werden. Aufträge ohne Gültigkeitsdauer sind tagesgültig.

Sofern keine Weisungen über die Gültigkeitsdauer vorliegen, gilt:

- **Preislich unlimitierte Aufträge gelten nur für einen Börsentag (Tagesorder).** Ist der Auftrag zu spät für eine gleichtägige Ausführung eingegangen, wird er für den nächsten Börsentag vorgemerkt. (Tagesorder)
- **Preislich limitierte Aufträge sind bis zum letzten Börsentag des laufenden Monats gültig (Ultimo-Order).** Aufträge, die am letzten Börsentag eines Monats eingehen und nicht gleichtägig ausgeführt werden können, werden für den gesamten nächsten Monat vorgemerkt. (Ultimo-Order)

Sonderfälle der Gültigkeitsdauer

Sonderfälle

Sachverhalt	Regelung
Dividendenzahlungen	Limitierte Aufträge erlöschen mit Ablauf des letzten Börsentages vor dem Dividendenabschlag. Der Kunde ist unverzüglich zu informieren.
Bezugsrechtsabschlag	Aufträge in Aktienwerten erlöschen mit Ablauf des letzten Börsentages vor dem Abrechnungstag (Ex-Tag) des Bezugsrechts.
Bezugsrechtshandel	Preislich unlimitierte Aufträge zum Kauf oder Verkauf von Bezugsrechten sind für die Dauer des Bezugsrechtshandels gültig, preislich limitierte Aufträge erlöschen am vorletzten Handelstag. Vorhandene Bezugsrechte, für die keine Weisung vorliegt, werden am letzten Handelstag bestens verkauft.
Auslosungen von Schuldverschreibungen	Die Kursnotierung von Schuldverschreibungen wird zwei Börsentage vor dem Auslosungstermin ausgesetzt. Aufträge erlöschen mit Ablauf des letzten Notierungstages vor der Auslosung.
Kursaussetzungen	Aufträge in einem Wertpapier, dessen Kurs ausgesetzt worden ist, erlöschen. Die Kreditinstitute unterrichten den Kunden hiervon unverzüglich, um ihm eine neue Disposition zu ermöglichen.

Besonderheiten der Terminbörse ▸ Kapitel 4.5.4.3

4.4.8.2.3 Ausführung von Kundenaufträgen

Anforderungen an die Ausführung

Kundenaufträge sind zeitnah in der Reihenfolge ihres Eingangs auszuführen. Börsenaufträge sind unverzüglich weiterzuleiten und in bestmöglichem Interesse des Kunden auszuführen. Aufträge, die erkennbar nicht mit dem Interesse des Kunden übereinstimmen, dürfen nur ausgeführt werden, wenn dem Kunden zuvor die Risiken verdeutlicht wurden. Wenn Dritte in die Ausführung eingeschaltet werden, sind sie sorgfältig auszuwählen. Über börslich ausgeführte Aufträge erhalten die Kreditinstitute Schlussnoten und nach Ende der Börsenzeit Lieferlisten.

§ 9 WpHG

Alle Geschäfte in meldepflichtigen Wertpapieren oder Derivaten sind der BaFin in elektronischer Form anzuzeigen. Den Inhalt regelt die Wertpapierhandels-Meldeverordnung. Die Datensätze werden automatisch im System TRICE aus den Anwendungen der Deutschen Börse erstellt.

Abrechnung

Abrechnung

Abrechnung der Kundenaufträge

Kundenaufträge werden anhand der Schlussnoten abgerechnet. Kundenabrechnungen werden in der Regel am Ausführungstag erstellt. Sie dienen zugleich als Ausführungsanzeige. Die Kundenabrechnung dient sowohl der Geld- als auch der Depotbuchung auf den Kundenkonten. Die Wertstellung der Gutschrift oder Belastung lautet zwei Börsentage nach dem Ausführungsdatum.

Abrechnungsbeispiele

Beispiele für die Abrechnung von Kundenaufträgen

1. Beispiel: Abrechnung eines Kommissionsgeschäfts

Die Creditbank AG, Hoechst, wird von einem Kunden beauftragt, 2 400 Stück Daimler-Aktien zu verkaufen. Die Creditbank AG (Lokalbank) gibt den Auftrag an ihre Korrespondenzbank in Frankfurt am Main, die Deutsche Bank AG (Börsenbank), weiter. Die Creditbank AG ist **Hauptkommissionär,** die Deutsche Bank AG ist **Zwischenkommissionär**. Der Auftrag wird zu 41,00 Euro je Stück ausgeführt.

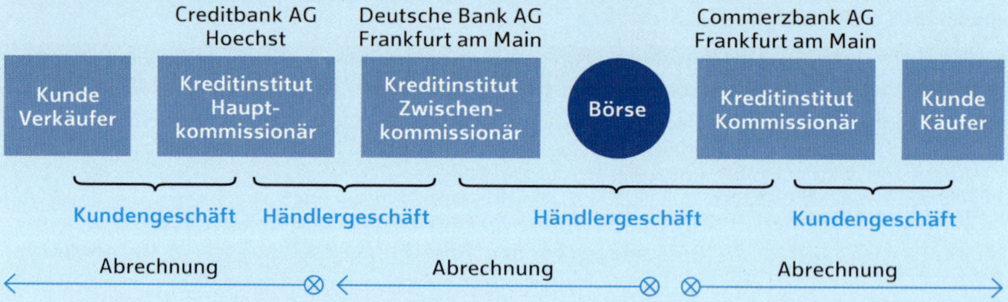

Haben
Wir übernahmen von Ihnen **EUR**
2 400 Stück Daimler-Aktien
zum Kurs von
41,00 EUR 98 400,00
∕. Prov. 984,00 EUR
∕. Court. 78,72 EUR ∕. 1 062,72
97 337,28

Haben
Wir übernahmen von Ihnen **EUR**
2 400 Stück Daimler-Aktien
zum Kurs von
41,00 EUR 98 400,00
∕. ½ Prov. 492,00 EUR
∕. Court. 78,72 EUR ∕. 570,72
97 829,28

Soll
Wir überließen Ihnen **EUR**
2 400 Stück Daimler-Aktien
zum Kurs von
41,00 EUR 98 400,00
+ Prov. 984,00 EUR
+ Court. 78,72 EUR + 1 062,72
99 462,72

2. Beispiel: Abrechnung eines Festpreisgeschäfts

Die Deutsche Bank AG in Hamburg verkauft 1 000 Stück Deutsche Werft-Aktien zu 18,75 Euro je Stück an einen Kunden.

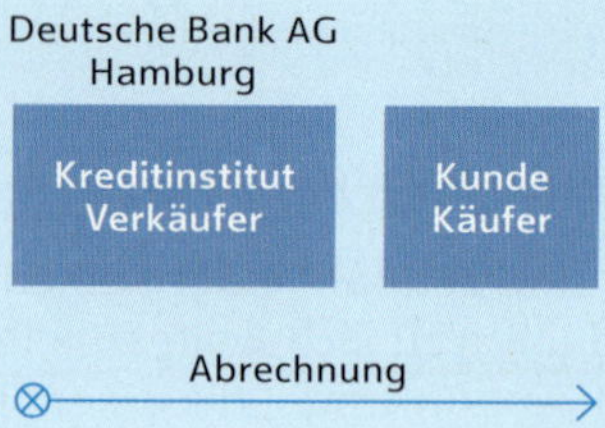

Soll
Wir überließen Ihnen **EUR**
1 000 Stück Deutsche
Werft-Aktien zu 18,75 EUR
18 750,00

Bei der Abrechnung von Kundenaufträgen über verzinsliche Wertpapiere sind **Stückzinsen** zu berücksichtigen. Stückzinsen entstehen beim Verkauf von verzinslichen Wertpapieren innerhalb eines laufenden Zinszahlungszeitraums. Sie umfassen den Zinsanspruch des Verkäufers vom letzten Zinszahlungstermin bis einschließlich des Tages vor der Erfüllung (sog. Stückzinsvaluta). Stückzinsen unterliegen der Abgeltungsteuer.

Stückzinsen

Steuern
▸ Kapitel 4.7.2.2

Beispiele für die Berechnung der Stückzinsvaluta		
Handelstag	**Erfüllungstag**	**Stückzinsvaluta**
Mittwoch, 8. Oktober	Freitag, 10. Oktober	Donnerstag, 9. Oktober
Donnerstag, 9. Oktober	Montag, 13. Oktober	Sonntag, 12. Oktober
Freitag, 10. Oktober	Dienstag, 14. Oktober	Montag, 13. Oktober
Gründonnerstag	Mittwoch nach Ostern	Dienstag nach Ostern
Mittwoch vor Ostern	Dienstag nach Ostern	Ostermontag

Stückzinsen aus Käufersicht und Verkäufersicht

Stückzinsen aus Käufersicht	Stückzinsen aus Verkäufersicht
Der Käufer erhält neben dem Wertpapier auch den Zinskupon geliefert. Am nächsten Zinstermin werden nachträglich die gesamten Zinsen für die abgelaufene Zinsperiode gezahlt. Da dem Käufer die Zinsen erst ab dem Tag zustehen, an dem er Eigentümer geworden ist (Erfüllungstag = Handelstag + 2 Börsentage), muss er den Zinsanspruch vom letzten Zinszahlungstermin bis einschließlich der Stückzinsvaluta an den Verkäufer zahlen.	Der Verkäufer überträgt zusammen mit dem Wertpapier den gesamten Zinsanspruch. Ihm stehen jedoch noch die Zinsen vom letzten Zinstermin bis einschließlich einen Tag vor Übergang des Eigentums an den Käufer zu (Stückzinsvaluta = Handelstag + 2 Börsengeschäftstage – 1 Kalendertag). Der auszugleichende Zinsanspruch taucht auf der Abrechnung unter der Bezeichnung Stückzinsen auf.

Die Höhe der Stückzinsen richtet sich nach der in den Anleihebedingungen festgelegten Zinsberechnungsmethode.

Zinsberechnungsmethoden

Zinsberechnungsmethoden

Bei der **deutschen Zinsmethode** wird jeder Monat mit 30 Zinstagen, das Jahr mit 360 Zinstagen gerechnet. Die Methode findet bei Wertpapierabrechnungen keine Verwendung, sie wird für die Zinsberechnungen gegenüber der Privatkundschaft angewandt, z. B. für Einlagen.

Bei der **englischen Zinsmethode** (Kapitalmarktmethode) wird sowohl der Monat als auch das Jahr taggenau (actual/actual) berücksichtigt. In Schaltjahren (z. B. 2008, 2012) wird entsprechend der Februar mit 29 Tagen und das Jahr mit 366 Tagen berücksichtigt. Fällt der 29. Februar in den Zinslauf des nächstfälligen Kupons, so ist das Schaltjahr bei der Berechnung zu berücksichtigen. Die Kapitalmarktmethode ist bei allen Wertpapieren, die nicht dem Geldmarkt zugerechnet werden, üblich.

Bei der **französischen Zinsmethode** (Eurozinsmethode) wird der Monat taggenau, das Jahr aber mit 360 Zinstagen berücksichtigt. Diese Methode ist am Geldmarkt üblich, z. B. bei variabel verzinslichen Anleihen (Floater) oder U-Schätzen.

Beispiel für die Abrechnung einer Kauforder über festverzinsliche Wertpapiere

Stückzinsberechnung

Kauf einer Unternehmensanleihe am Montag, den 02.02. (Handelstag) über nominal 20000 Euro, Nominalzins 7 %, Zinstermin 01.08., zu 112 %. Erfüllungstag: Mittwoch 04.02.; Stückzinsvaluta 03.02. Die auszugleichenden Stückzinstage (kein Schaltjahr) umfassen: August (31), September (30), Oktober (31), November (30), Dezember (31), Januar (31) und Februar (3) = insgesamt 187 Tage.

Kauf am 02.02.

20000 Euro, 7 % Unternehmensanleihe + 01.08. n. J. uff. zu 112 %, Kurswert	22400,00 EUR
+ Stückzinsen für 187 Tage $\frac{20000 \text{ EUR} \times 7 \times 187}{365 \times 100}$	717,26 EUR
+ Provision 0,4 % vom Kurswert*	89,60 EUR
Belastung Wert 04.02.	23206,86 EUR

* bei Kursen bis 100 % vom Nennwert

Eigentumsverschaffung

Eigentumsverschaffung bei Wertpapierkäufen

Gutschrift auf Girosammeldepot

§ 24 Abs. 2 DepotG

Der Eigentumsübergang tritt **durch Gutschrift auf Girosammeldepot** oder mit **Absendung des Stückeverzeichnisses** ein.

Sammelverwahrte Wertpapiere werden durch Gutschrift auf dem Depotkonto des Einkaufskommissionärs bei Clearstream geliefert. Nach den Geschäftsbedingungen von Clearstream geht der Mitbesitz (und damit das Miteigentum) Zug um Zug mit Abschluss des jeweiligen Clearing AG-Geldverrechnungsverfahrens auf den Begünstigten über, außerhalb des Clearing-Geldverrechnungsverkehrs mit Abschluss des Buchungsvorgangs.

Bei girosammelverwahrten Namensaktien müssen die depotführenden Kreditinstitute u. a. Namen und Adresse des Aktionärs an Clearstream Frankfurt übermitteln. Die Daten werden im System CASCADE RS verarbeitet und der Aktiengesellschaft für das elektronisch geführte Aktienregister weitergeleitet.

§ 67 Abs. 2 AktG

Aktionärsrechte, z. B der Besuch der Hauptversammlung, kann nur wahrnehmen, wer im Aktienregister eingetragen ist. Bei Clearstream werden für Namensaktien daher drei Bestände geführt:

- Hauptbestand: Bei diesen Aktien sind wirtschaftlicher Besitzer und im Aktienregister eingetragener Aktionär identisch.
- Freier Meldebestand: Der Aktionär ist wirtschaftlicher Besitzer durch Miteigentum am GS-Bestand, aber nicht im Aktienregister eingetragen.
- Zugewiesener Meldebestand: Der Aktionär ist wirtschaftlicher Besitzer und hat einen Antrag auf Eintragung ins Aktienregister gestellt. Die Umschreibung ist aber noch nicht erfolgt.

Absendung des Stückeverzeichnisses

§ 18 Abs. 3 DepotG

Bei **nicht sammelverwahrten Wertpapieren** muss der Einkaufskommissionär dem Kommittenten unverzüglich, spätestens binnen einer Woche, ein Verzeichnis der gekauften Stücke übersenden. Mit Absendung des Stückeverzeichnisses geht das Eigentum an den darin bezeichneten Wertpapieren auf den Kommittenten über.

Tafelgeschäfte

Tafelgeschäfte

Tafelgeschäfte liegen vor, wenn Kreditinstitute am Schalter Wertpapiere Zug um Zug gegen Barzahlung verkaufen oder effektive Stücke gegen Barzahlung kaufen. Bei Tafelgeschäften muss eine Legitimationsprüfung des Kunden und die Prüfung seiner devisenrechtlichen Stellung durchgeführt werden.

4.4.8.3 Verwahrung und Verwaltung von Wertpapieren

4.4.8.3.1 Geschlossenes Depot und offenes Depot

Depotgeschäfte

Depotgeschäfte

- **Geschlossenes Depot**: Verwahrung von Gegenständen
- **Offenes Depot**: Verwahrung und Verwaltung von Wertpapieren

Verwahrung im geschlossenen Depot liegt vor, wenn Gegenstände, z. B. Kunstwerke, Sammlungen, Schmuck, Urkunden (auch Wertpapiere), in den **feuer- und einbruchsicheren Tresorräumen** eines Kreditinstituts aufbewahrt werden. Es wird als geschlossenes Depot bezeichnet, weil das Kreditinstitut

- bei **Vermietung eines Schrankfaches** den **Inhalt des Faches** und
- bei **Annahme eines Verwahrstücks** den **Inhalt des Verwahrstücks**

nicht kennt.

offenes Depot

Verwahrung im offenen Depot liegt vor, wenn **Wertpapiere einem Verwahrer unverschlossen übergeben werden und der Verwahrer nicht nur mit der Aufbewahrung, sondern auch mit der Verwaltung der Wertpapiere beauftragt wird.**

§ 1 Abs. 1 S. 2 Nr. 5 KWG

Die Verwahrung und Verwaltung von Wertpapieren für andere ist ein Bankgeschäft. Einzelheiten werden im **Depotgesetz** geregelt, das vor allem dem Schutz des Depotkunden dienen soll, indem es

- das Eigentum des Kunden (Hinterlegers) an den Wertpapieren sichert, mit deren Verwahrung und Verwaltung er das Kreditinstitut beauftragt hat,
- die Verschaffung des Eigentums beim Erwerb von Wertpapieren über ein Kreditinstitut sichert, indem es den Einkaufskommissionär verpflichtet, dem Auftraggeber unverzüglich
  - das Miteigentum an einem Sammelbestand von Wertpapieren
  - oder das Eigentum an bestimmten, genau bezeichneten Stücken

  zu verschaffen.

4.4.8.3.2 Sammelverwahrung und Sonderverwahrung

Sammelverwahrung und Sonderverwahrung

Offenes Depot

- **Sammelverwahrung**: Der Hinterleger hat Miteigentum nach Bruchteilen an einem Wertpapiersammelbestand.
  - Die Sammelverwahrung ist die gesetzliche Regelverwahrung.
- **Sonderverwahrung**: Der Hinterleger hat Eigentum an den eingelieferten Stücken.

Girosammelverwahrung
§ 5 DepotG

Sammelverwahrung (Girosammelverwahrung)

Der Verwahrer darf vertretbare Wertpapiere einer Wertpapiersammelbank zur Sammelverwahrung anvertrauen, wenn die Papiere zur Sammelverwahrung zugelassen sind und der Hinterleger nicht ausdrücklich die gesonderte Aufbewahrung der Wertpapiere verlangt.

Miteigentum nach Bruchteilen

Durch die Einlieferung von Wertpapieren in die Sammelverwahrung verliert der Hinterleger das Sondereigentum an den Wertpapieren. Er erwirbt ein Miteigentum am Sammelbestand, das nach Bruchteilen bestimmbar ist. Der Hinterleger hat **kein** Recht auf Herausgabe der Stücke, die er eingeliefert hat. Er hat nur Anspruch auf Auslieferung von Wertpapieren in Höhe des hinterlegten Nennbetrags oder der hinterlegten Stückzahl. Bei Konkurs des Verwahrers hat der Hinterleger auch bei Sammelverwahrung ein Aussonderungsrecht.

Zentraler Sammelverwahrer in Deutschland ist Clearstream Banking AG.

Haussammelverwahrung

Anstelle der **Sammelverwahrung durch eine Wertpapiersammelbank (Girosammelverwahrung)** darf der Verwahrer die Wertpapiere selbst verwahren (**Haussammelverwahrung**), wenn der Hinterleger ihn dazu ausdrücklich und schriftlich ermächtigt hat. Diese Ermächtigung muss für jedes Verwahrungsgeschäft besonders erteilt werden. In der Praxis hat die Haussammelverwahrung keine Bedeutung.

Vorteile der GS-Verwahrung

Vorteile der Girosammelverwahrung (GS-Verwahrung) sind:

- Bei Wertpapierkäufen (Einkaufskommission) kann das Eigentum schnell und unkompliziert durch Umbuchung im Sammelbestand verschafft werden.
- Die Depotgebühren sind günstiger als die Gebühren der Sonderverwahrung.
- Verfügungen über Anteile an einem Sammelbestand können stückelos im Effektengiroverkehr ausgeführt werden.

▸ Kapitel 4.4.8.3

Sammelurkunden

Girosammelverwahrfähig sind auch Sammelurkunden, die mehrere Rechte verbriefen, die jedes für sich in vertretbaren Wertpapieren derselben Art verbrieft sein können.

Sammelurkunden (Globalurkunden)
Eine Sammelurkunde ist ein Wertpapier, „das mehrere Rechte verbrieft, die jedes für sich in vertretbaren Wertpapieren einer und derselben Art verbrieft sein könnten" (§ 9a DepotG). Emissionen der öffentlichen Hand und größere Teile von Wertpapieremissionen privater Emittenten werden in Sammelurkunden verbrieft, die bei Clearstream hinterlegt werden. Zu unterscheiden sind ▸ dauernde Sammelurkunden, ▸ interimistische Sammelurkunden, ▸ technische Sammelurkunden. Dauernde Sammelurkunden verbriefen die gesamte Emission für die ganze Laufzeit. Auslieferung effektiver Stücke kann nicht verlangt werden. Interimistische Sammelurkunden ermöglichen den Effektengiroverkehr und den Börsenhandel, solange noch keine effektiven Stücke vorhanden sind. Nach dem Druck der Wertpapiere werden sie durch effektive Stücke ersetzt. Technische Sammelurkunden verkörpern den Teil der Emission, der nach Erfahrungswerten für effektive Lieferungen nicht benötigt wird. Sie werden ausgestellt, um den Druck und die Verwahrung größerer Posten von Einzelurkunden einzusparen. Das Recht, Auslieferung effektiver Stücke zu verlangen, bleibt unberührt.

Sonderverwahrung (Streifbandverwahrung)

Der Verwahrer ist verpflichtet, die Wertpapiere der Hinterleger unter äußerlich erkennbarer Bezeichnung jedes Hinterlegers gesondert von seinen eigenen Beständen und von denen Dritter aufzubewahren,

- **wenn es sich um Wertpapiere handelt, die nicht zur Sammelverwahrung durch eine Wertpapiersammelbank zugelassen sind, oder** §2 DepotG
- **wenn der Hinterleger die gesonderte Aufbewahrung verlangt.**

Dem Depotkunden bleibt das Eigentum an der hinterlegten Wertpapierurkunde erhalten. Er bekommt dasselbe Wertpapier mit seiner spezifischen Buchstaben- und Nummernkennzeichnung zurück. Bei Konkurs des Verwahrers hat der Hinterleger ein Aussonderungsrecht.

Streifbandverwahrung

Bei Sonderverwahrung werden die Wertpapiere in Streifbändern, Mappen, Umschlägen oder anderen geeigneten Hüllen verwahrt. Daher wird diese Verwahrart auch als **Streifbandverwahrung** bezeichnet. Auf dem Streifband werden Name und Anschrift des Hinterlegers, Wertpapierart, Wertpapierkennnummer, Nennbeträge usw. vermerkt. Es ist in der Praxis üblich, die in Sonderverwahrung gegebenen Wertpapiere eines Kunden nach Gattungen zu ordnen und einzeln zu bändern. Mäntel und Bögen werden getrennt aufbewahrt und von verschiedenen Sachbearbeitern verwaltet. Beim Kauf von Wertpapieren für ein Streifbanddepot ist dem Käufer (Hinterleger) binnen einer Woche ein **Stückeverzeichnis** zu übersenden, in dem die einzelnen Stücke nummernmäßig aufgeführt sind. Mit diesem Verzeichnis kann der Kunde sein Eigentum an den bezeichneten Stücken beweisen.

Stückeverzeichnis §18 DepotG

Drittverwahrung

Kreditinstitute sind berechtigt, Wertpapiere ihrer Kunden unter ihrem eigenen Namen einem anderen Verwahrer (Drittverwahrer) zur Verwahrung anzuvertrauen. Hierzu bedarf es keiner besonderen Ermächtigung des Depotkunden.

§5 Abs. 1 DepotG

Drittverwahrungen

Drittverwahrungen sind üblich,

- wenn Wertpapiere im Sammelbestand einer Wertpapiersammelbank verwahrt werden,

- wenn der Zwischenverwahrer keine oder keine ausreichenden Tresoranlagen hat,
- wenn Wertpapiere bei einer Zentrale am Börsenplatz gelagert werden sollen.

Depotkunde = Hinterleger → Zwischenverwahrer → Drittverwahrer

Beispiele:

Zweigstelle → Hauptstelle
Filiale → Zentrale
Sparkasse → Girozentrale
Genossenschaftsbank → Zentralbank
Kreditinstitut → Wertpapiersammelbank

Depotrechtlich kommt es in der Praxis häufig zu Drittverwahrungsketten, weil Zweigstellen eines Kreditinstituts sowohl untereinander als auch in ihrem Verhältnis zur Hauptstelle als verschiedene Verwahrer gelten.

Beispiel:

Zweigstelle → Hauptstelle → Filiale Zentrale → Wertpapiersammelbank

Die Drittverwahrung bei einer Wertpapiersammelbank ist Voraussetzung für den stückelosen Effektengiroverkehr. Wertpapiersammelbank ist Clearstream International.

Grundsatz der Fremdvermutung
§4 Abs. 1 DepotG

Durch die Drittverwahrung werden die Rechte des Hinterlegers nicht beeinträchtigt. Auch sein Eigentumsanspruch bleibt in vollem Umfang erhalten. Durch den **Grundsatz der Fremdvermutung** gilt dem Drittverwahrer als bekannt, dass die Wertpapiere dem Verwahrer nicht gehören. Der Drittverwahrer muss die eingelieferten Wertpapiere als Kundenpapiere des Zwischenverwahrers ansehen.

Weiterverpfändung

Weiterverpfändung von Kundenpapieren an Drittverwahrer

Ein Zwischenverwahrer darf ihm anvertraute Wertpapiere grundsätzlich

- nur aufgrund einer ausdrücklichen und schriftlichen Ermächtigung seines Depotkunden und
- nur im Zusammenhang mit einer Kreditzusage gegenüber dem Depotkunden und
- nur an einen Drittverwahrer verpfänden.

Die Kreditzusage muss dokumentiert sein. Die Inanspruchnahme des Kredits durch den Depotkunden wird nicht vorausgesetzt.

Verpfändungsermächtigungen

Ermächtigung zur

- regelmäßigen Verpfändung (§12 Abs. 2 DepotG)
- beschränkten Verpfändung (§12 Abs. 3 DepotG)
- unbeschränkten Verpfändung (§12 Abs. 4 DepotG)

Die **Ermächtigung zur regelmäßigen Verpfändung** erlaubt es dem Zwischenverwahrer, sämtliche Wertpapiere der Depotkunden (Hinterleger), die diese Ermächtigung erteilt haben, als Sicherheit für die Gesamtsumme aller ihnen gewährten Refinanzierungskredite (Rückkredite) zu verwenden. Sofern der Zwischenverwahrer von dieser Ermächtigung Gebrauch macht, entsteht zwischen diesen Hinterlegern eine Gefahrengemeinschaft.

regelmäßige Verpfändung

Bei der **Ermächtigung zur beschränkten Verpfändung** kann der Zwischenverwahrer Wertpapiere des Hinterlegers nur bis zur Höhe des Rückkredits verpfänden, den er für diesen Kunden beim Drittverwahrer aufgenommen hat. Die verpfändeten Wertpapiere haften nur in Höhe des dem Hinterleger gewährten Kredits.

beschränkte Verpfändung

Mit der **Ermächtigung zur unbeschränkten Verpfändung** gestattet der Hinterleger dem Zwischenverwahrer, die hinterlegten Wertpapiere für alle Verbindlichkeiten des Zwischenverwahrers gegenüber dem Drittverwahrer und ohne Rücksicht auf die Höhe der ihm eingeräumten Kredite zu verpfänden.

unbeschränkte Verpfändung

4.4.8.3.3 Wertpapierrechnung

Für Wertpapiere, die im Ausland aufbewahrt werden, erhalten die deutschen Depotkunden unter Angabe des Lagerortes Gutschrift in Wertpapierrechnung (WR).

Wertpapierrechnung (WR)

Für die Verwahrung und Verwaltung von Wertpapieren im Ausland gilt:

- Der Kunde erlangt beim Erwerb von Wertpapieren im Ausland in der Regel kein Eigentum im Sinne des deutschen Rechts an den im Ausland verwahrten Stücken.
- Für Wertpapiergeschäfte im Ausland gilt ausländisches Recht.

Eigentümer der Wertpapiere ist grundsätzlich das die Gutschrift erteilende Kreditinstitut. Die am ausländischen Lagerort aufbewahrten Wertpapiere bilden einen Deckungsbestand für die im Inland erteilten WR-Gutschriften. Der Deckungsbestand unterliegt den ausländischen Geschäftsbedingungen, Usancen und Rechtsvorschriften.

Rechtlicher Eigentümer oder Miteigentümer des Deckungsbestandes ist das deutsche Kreditinstitut, das dieses Eigentum treuhänderisch zugunsten seines Depotkunden nach bestem Ermessen und unter Wahrung der Kundeninteressen ausübt. Anstelle des Eigentums an den Wertpapieren kann sich das Kreditinstitut auch eine andere am Lagerort übliche, dem Eigentum gleichwertige Rechtsstellung einräumen lassen.

Rechtsgeschäftliche Grundlage der Wertpapierrechnung ist das auf einem Geschäftsbesorgungsvertrag beruhende Treueverhältnis zwischen Depotbank und Depotkunden. Aus diesem Vertrag hat der Depotkunde nur einen schuldrechtlichen, keinen sachenrechtlichen Herausgabeanspruch (Lieferungsanspruch) sowie Anspruch auf den Ertrag.

Da es im Einzelfall darauf ankommen kann, dass dem ausländischen Verwahrer das Treueverhältnis offenkundig ist, lassen sich die Depotbanken vom ausländischen Verwahrer eine sog. Drei-Punkte-Erklärung unterschreiben. Hierin wird als Punkt 1 festgestellt: „Sie haben davon Kenntnis genommen, dass die Werte, die in dem ... Depot verbucht sind und zukünftig verbucht werden, unseren Kunden zustehen. Das Depot führen Sie mit dem Zusatz ‚Kundendepot'."

Drei-Punkte-Erklärung

4.4.8.3.4 Verwaltung

Dienstleistungen im Rahmen der Verwahrung

Depotführende Kreditinstitute übernehmen im Rahmen der Verwahrung bestimmte Dienstleistungen. Die einzelnen **Leistungspflichten** sind in den **Sonderbedingungen für Wertpapiergeschäfte** festgelegt:

- mindestens jährliche Erteilung von Depotauszügen,
- Einlösung von Zins-, Gewinnanteil- und Ertragscheinen sowie von rückzahlbaren Wertpapieren bei Fälligkeit,
- Besorgung neuer Zins-, Gewinnanteil- und Ertragscheinbogen (Bogenerneuerung),
- Überwachung der Auslosung und Kündigung von Schuldverschreibungen,
- Benachrichtigung über die Einräumung von Bezugsrechten mit der Bitte um Weisung,

Dienstleistungen bei der Verwahrung

- Verkauf sämtlicher zum Depotbestand des Kunden gehörender Bezugsrechte, wenn die Bank bis zum Ablauf des vorletzten Tages des Bezugsrechtshandels keine andere Weisung des Kunden erhalten hat,
- Benachrichtigung über den Verfall von Rechten aus Optionsscheinen und von Wandlungsrechten aus Wandelschuldverschreibungen mit der Bitte um Weisung,
- Weitergabe von Nachrichten aus den „Wertpapier-Mitteilungen" oder vom Emittenten, z. B. Informationen über Abfindungs- und Umtauschangebote.

§ 128 Abs. 1 AktG

Kunden mit depotverwahrten Aktien erhalten in zwei Fällen die Einberufung der Hauptversammlung unmittelbar durch ihr Kreditinstitut:

§ 123 Abs. 3 S. 3 AktG

1. Bei **Inhaberaktien börsennotierter Gesellschaften**, wenn der Kunde spätestens am 21. Tag (record date) vor der Hauptversammlung Aktien der Gesellschaft im Depot verwahrte.
   Ein Verkauf der Aktie nach dem record date bis zur Hauptversammlung, führt nicht zum Verlust der Rechte in der Hauptversammlung. Um die reibungslose Vorbereitung der Hauptversammlung zu gewährleisten, wird nur auf den Aktionärsbestand am 21. Tag vor der Hauptversammlung abgestellt und dieser Bestand eingefroren. Durch das Verfahren können Eigentum und Stimmrecht kurzfristig auseinanderfallen.

2. Bei **Namensaktien, bei denen das depotführende Kreditinstitut anstelle des Aktionärs im Aktienregister eingetragen ist** (sog. freier Meldebestand).
   Der freie Meldebestand umfasst bei girosammelverwahrten Namensaktien die Aktien, bei denen der Aktionär einer Eintragung ins Aktienregister widersprochen hat. Für depotführende Kreditinstitute in Deutschland besteht die Pflicht sich ins Aktienregister eintragen zu lassen, wenn die AG dies verlangt. Durch die Regelung soll eine niedrige Präsenz auf Hauptversammlungen vermieden werden.

§ 67 Abs. 4 S. 2 AktG

In der Mitteilung werden die Kunden auf die Möglichkeit hingewiesen, das Stimmrecht durch einen Bevollmächtigten, z. B. sein Kreditinstitut oder auch eine Vereinigung von Aktionären, ausüben zu lassen. Werden die Unterlagen zur Hauptversammlung dem depotführenden Institut durch die AG auf elektronischem Wege zugeleitet, so darf die Übermittlung an den Aktionär papiergebunden oder ebenfalls über ein elektronisches Postfach bzw. per E-Mail erfolgen.

Bei **Namensaktien, bei denen der Kunde selbst im Aktienregister eingetragen** ist, wird die Einberufung der Hauptversammlung direkt durch die AG versandt. Nur der im Aktienregister eingetragene Aktionär ist berechtigt, die Mitgliedschaftsrechte auszuüben.

§ 67 Abs. 2 AktG

Möchte der Kunde das Stimmrecht selbst ausüben, erhält er eine **Depotbescheinigung in Form einer Eintrittskarte**. Die Depotbescheinigung wird auf den 21. Tag (record date) vor der Hauptversammlung ausgestellt. Die Eintrittskarte kann am Tag der Hauptversammlung am Eingang vom Aktionär in einen Stimmkartenblock getauscht werden. Die Bestellung der Eintrittskarte muss der Gesellschaft **spätestens bis zum siebten Tag vor der Hauptversammlung** zugehen, um den Aktionär rechtzeitig zur Teilnehme an der Hauptversammlung anzumelden.

Die Satzunq der AG kann auch eine kürzere Frist vorsehen.

Ausübung von Stimmrechten aus Kundendepots

Kreditinstitute können die Ausübung von Stimmrechten aus Kundendepots übernehmen. Sie sind dazu aber nicht verpflichtet.

Sofern Kreditinstitute das Stimmrecht für Aktionäre ausüben oder ausüben lassen wollen, müssen sie vom Kunden mit der Wahrnehmung der Stimmrechte aus den hinterlegten Aktien beauftragt werden.

Der Auftrag zur Ausübung des Stimmrechts aus verwahrten Aktien (**Auftragsstimmrecht, Vollmachtstimmrecht**) kann erteilt werden

Auftragsstimmrecht

- für einen Einzelfall (**Einzelstimmrechtsvollmacht**) oder
- für alle Hauptversammlungen, auf denen das Kreditinstitut Stimmrechte ausüben will (**allgemeine Stimmrechtsvollmacht**).

Vollmachtstimmrecht

Bei einer unbefristet erteilten Stimmrechtsvollmacht ist der Kunde **einmal jährlich** vom Kreditinstitut auf die Möglichkeit des jederzeitigen Widerrufs der Vollmacht und auf andere Vertretungsmöglichkeiten hinzuweisen. Die Vollmacht muss nicht schriftlich, wohl aber in nachprüfbarer Form erteilt sein, da sie auch Gegenstand der Depotprüfung ist. Der Kunde kann die allgemeine Stimmrechtsvollmacht jederzeit widerrufen, er kann auch für einzelne Hauptversammlungen Stimmrechte auf andere übertragen oder sich für Hauptversammlungen, die er selbst besuchen will, Stimmkarten besorgen lassen. Die Vollmachtserklärung muss vollständig ausgefüllt sein und darf neben der Bevollmächtigung keine anderen Erklärungen enthalten.

Stimmrechtsvollmachten

Einzelstimmrechtsvollmacht	Allgemeine Stimmrechtsvollmacht
▸ gilt nur für die darin genau bezeichnete Hauptversammlung ▸ gilt nur einmalig	▸ gilt für alle Hauptversammlungen inländischer Aktien im Depot des Kunden ▸ gilt bis auf Widerruf

Einwendungen gegen das Auftragsstimmrecht

Gegen das Auftragsstimmrecht, das in diesem Zusammenhang auch als Depotstimmrecht bezeichnet wird, werden Einwendungen erhoben:

- Das Auftragsstimmrecht ermöglicht den Kreditinstituten, ihre Interessen durchzusetzen, ohne dass sie selbst Eigentümer von Aktien sein müssen.
- Das Auftragsstimmrecht führt zu einer Machtkonzentration bei den Kreditinstituten.
- Über das Auftragsstimmrecht besetzen die Kreditinstitute die Aufsichtsratsposten mit Bankenvertretern. Bei Kreditinstituten, die gleichzeitig auch Kreditgeber der Aktiengesellschaft sind, kann dies zu starken Interessenkollisionen führen.

§128 AktG

Für die Ausübung von Aktionärsstimmrechten durch Kreditinstitute und Finanzdienstleistungsinstitute gelten besondere Vorschriften:

Vorschläge zur Ausübung des Stimmrechts

- Bei Inhaberaktien und bei Namensaktien, bei denen das Kreditinstitut an Stelle des Aktionärs ins Aktienregister eingetragen ist, sind dem Aktionär eigene Vorschläge zur Ausübung des Stimmrechts zu den einzelnen Tagesordnungspunkten mitzuteilen, wenn beabsichtigt ist, das Depotstimmrecht auszuüben.

gesonderte Mitteilung

- Bei Namensaktien, bei denen das Kreditinstitut nicht in das Aktienregister eingetragen ist, sind eigene Vorschläge zur Ausübung des Stimmrechts nur zugänglich zu machen (z. B. auf einer Homepage). Eine gesonderte Mitteilung erfolgt nur, wenn das Kreditinstitut beabsichtigt, von den vorher bekannt gemachten Vorschlägen des Vorstands oder des Aufsichtsrats der Gesellschaft abzuweichen. Darauf ist der Aktionär einmal jährlich hinzuweisen.

Interesse des Aktionärs als Leitbild

- Bei den eigenen Vorschlägen hat sich das Kreditinstituts vom Interesse des Aktionärs leiten zu lassen und organisatorische Vorkehrungen dafür zu treffen, dass Eigeninteressen aus anderen Geschäftsbereichen nicht einfließen.

Pflicht zur Überwachung

- Ein Mitglied der Geschäftsleitung des Kreditinstitut ist zu benennen, das die Einhaltung der Pflichten sowie die ordnungsgemäße Ausübung der Stimmrechte überwacht.

Weisungen zur Ausübung des Stimmrechts

- Zusammen mit den eigenen Vorschlägen hat das Kreditinstitut den Aktionär um Erteilung von Weisungen zur Stimmrechtsausübung zu bitten. Den erteilten Weisungen ist zu folgen.
- Das Kreditinstitut hat darauf hinzuweisen, dass entsprechend den eigenen Vorschlägen abgestimmt wird, falls der Aktionär nicht rechtzeitig andere Weisungen erteilt.

Erleichterung der Weisung

- Zur Erleichterung der Weisungserteilung durch den Aktionär müssen Formblätter versandt oder Eingabemasken in elektronischen Medien zur Verfügung gestellt werden.

Personelle und kapitalmäßige Verflechtungen

- Auf personelle oder kapitalmäßige Verbindungen zwischen der Gesellschaft und dem Kreditinstitut ist gesondert hinzuweisen, wenn
  - ein Vorstandsmitglied oder Mitarbeiter des Kreditinstituts dem Aufsichtsrat der Gesellschaft angehört oder
  - ein Vorstandsmitglied oder Mitarbeiter der Gesellschaft dem Aufsichtsrat des Kreditinstituts angehört,
  - das Kreditinstitut mit 3 % oder mehr am Grundkapital der Gesellschaft beteiligt ist oder

- das Kreditinstitut einem Konsortium angehörte, das die innerhalb von fünf Jahren zeitlich letzte Wertpapieremission der Gesellschaft übernommen hat.

- In der eigenen Hauptversammlung des Kreditinstituts und der Hauptversammlung einer Gesellschaft, an der das Kreditinstitut mit mehr als 20 % am Grundkapital beteiligt ist, darf das Auftragsstimmrecht nur ausgeübt werden, wenn der Aktionär eine ausdrückliche Weisung zu den einzelnen Punkten der Tagesordnung erteilt hat.

Erfordernis ausdrücklicher Weisung

4.4.8.4 Vermögensverwaltung

Vermögensverwaltung (Finanzportfolioverwaltung) ist eine **Wertpapierdienstleistung der Kreditinstitute für vermögende Privatkunden und institutionelle Anleger.** Sie erstreckt sich auf

Vermögensverwaltung

- die Verwaltung und Betreuung von Wertpapiervermögen,
- die regelmäßige Analyse und Strukturierung von Vermögen,
- die Erarbeitung spezifischer Angebote zur Steueroptimierung,
- die Gründung und Verwaltung von Stiftungen, Nachlassverwaltungen und Testamentsvollstreckungen.

Mit dem **Abschluss eines Vermögensverwaltungsvertrages** überträgt der Kunde die Überwachung und Disposition seiner Depotwerte auf sein Kreditinstitut, das dadurch neben der Verwahrung und Verwaltung der Wertpapiere auch die Anlageentscheidungen übernimmt. Im Vermögensverwaltungsvertrag müssen festgelegt sein

Vermögensverwaltungsvertrag

- das zu verwaltende Vermögen,
- die Anlageziele des Auftraggebers,
- die Anlagestrategie,
- das Honorar des Kreditinstituts,
- die Zeiträume der regelmäßigen Berichterstattung über den Anlageerfolg und die Schwellen, ab denen eine sofortige Berichterstattung über Verluste erfolgen wird.

Vor Übernahme einer Vermögensverwaltung findet ein ausführliches Analysegespräch statt, in dem auf der Grundlage der persönlichen Ziele und Präferenzen (u. a. individuelle Vermögens- und Einkommenssituation, vorhandene Depotstruktur, Anlegermentalität, Zeithorizont der Anlage, persönliche Renditeerwartung, Liquiditätsbedarf, steuerliche Aspekte) eine Anlagestrategie vereinbart wird. Die laufende Information des Kunden kann durch Wertpapierabrechnungen, Ausschüttungsanzeigen, Kontoauszüge, Depotauszüge und Rechenschaftsberichte erfolgen.

Analysegespräch

Beispiele für Basisdepots der Vermögensverwaltung

Anlageziel	Risikobereitschaft	Strategie	Anlagepolitik
Einkommen	wenig ausgeprägt	konservativ	mindestens 70 % Anleihen
Einkommen und Wachstum	vorhanden	progressiv	ausgewogenes Verhältnis zwischen Aktien und Anleihen
Wachstum	ausgeprägt	spekulativ	mindestens 50 % Aktien, Beimischung von Finanzderivaten

Beispiele für Basisdepots

Vermögensverwaltungen werden von einigen Kreditinstituten im Rahmen von standardisierten Musterdepots bereits für Wertpapiervermögen zwischen 25000 und 50000 Euro angeboten. Diese Vermögensverwaltungen werden grundsätzlich über Investmentanlagen abgewickelt (sog. fondsgebundene Vermögensverwaltung). Der Erwerb von Dachfonds, die auf spezielle Anlegerprofile ausgerichtet sind, erlaubt ebenfalls einen günstigen Einstieg in die strukturierte Vermögensverwaltung.

▸ Kapitel 4.4.4.2.2

4.5 Anlagen in Finanzderivaten

4.5.1 Finanzderivate

4.5.1.1 Begriff der Finanzderivate

Begriff der Finanzderivate

Finanzderivate sind Rechte,

- **deren Preis unmittelbar oder mittelbar vom Börsen- oder Marktpreis anderer Basiswerte abhängt und**
- **bei denen der Vertragsabschluss und die Vertragserfüllung zeitlich auseinanderfallen (Termingeschäft).**

Derivate werden an Börsen und außerbörslich an „Over-the-Counter-Märkten" (OTC-Märkte) gehandelt. Börsengehandelte Derivate (Kontrakte) sind hinsichtlich Mengen, Laufzeiten und Basiswerten, bei Optionen auch hinsichtlich Basispreisen, standardisiert. Die Ausstattung von außerbörslich im OTC-Geschäft gehandelten Derivaten kann zwischen Käufer und Verkäufer frei vereinbart werden.

Meldepflicht für OTC-Derivate

Geschäfte mit OTC-Derivaten müssen aufgrund einer EU-Verordnung (EMIR)

- an ein Transaktionsregister gemeldet und
- über eine zentrale Gegenpartei abgewickelt werden.

§ 2 Abs. 2 WpHG

Derivate nach dem WpHG

Termingeschäfte auf folgende Basiswerte: ▸ Wertpapiere ▸ Geldmarktinstrumente ▸ Devisen ▸ Rechnungseinheiten ▸ Zinssätze u. ä. Erträge ▸ Indizes ▸ andere Derivate	finanzielle Differenzgeschäfte und andere spezielle Termingeschäfte	Termingeschäfte zur Übertragung des Ausfallrisikos von Kreditnehmern (Kreditderivate)	Termingeschäfte auf Waren, Frachtsätze, Emissionsrechte, Inflationsraten usw., wenn sie an einer Börse oder in einem multilateralen Handelssystem abgeschlossen wurden
Beispiele: ▸ Aktienoptionen ▸ Dax-Futures oder Optionen auf den Dax-Future an der Eurex	**Beispiel:** CFD (Contracts For Difference; futures-ähnliche Differenzgeschäfte)	**Beispiel:** Future auf den iTraxx (Index auf Kreditderivate in Form von Credit Default Swaps)	**Beispiele:** ▸ Future auf den harmonisierten Preisindex für die Eurozone (HVPI) ▸ Futures auf EU-Emissionsberechtigungen (EUA) an der EEX

Zu unterscheiden sind unbedingte und bedingte Termingeschäfte. Bei **unbedingten Termingeschäften** besteht für Käufer und Verkäufer Erfüllungszwang. Bei **bedingten Termingeschäften** hat der Käufer die Wahl, das Geschäft auszuüben oder es verfallen zu lassen.

Termingeschäfte

Termingeschäfte	
unbedingte Termingeschäfte	**bedingte Termingeschäfte**
Für alle Vertragspartner besteht eine bindende Erfüllungsverpflichtung. Sowohl Käufer als auch Verkäufer müssen ihrer Liefer- bzw. Abnahme- und Zahlungsverpflichtung nachkommen.	Der Käufer kann sein Recht ausüben oder verfallen lassen. Eine Liefer- oder Abnahmepflicht besteht nur für den Verkäufer (Stillhalter).
Beispiele: Futures und Swaps	Beispiel: Optionen

4.5.1.2 Arten der Finanzderivate

Arten der Finanzderivate

Finanzderivate		
Finanztermingeschäfte (Finanz-Futures)	Optionen (Options)	Finanzswaps

Finanz-Future

Ein **Finanztermingeschäft** (**Finanz-Future**) ist eine für beide Vertragspartner verbindliche Vereinbarung, einen bestimmten Basiswert zum jetzt vereinbarten Preis in der Zukunft zu liefern oder abzunehmen. Käufer und Verkäufer gehen eine bindende künftige Liefer- oder Abnahmeverpflichtung ein. In der Regel werden Finanz-Futures aber nicht durch Lieferung und Abnahme des Basiswerts erfüllt, sondern vor Fälligkeit durch Gegengeschäfte glattgestellt. Differenzen werden durch Barausgleich abgedeckt.

Futures, die außerbörslich an OTC-Märkten gehandelt werden, heißen **Forwards.**

Option

Ein **Optionsgeschäft** (**Option**) ist eine Vereinbarung, die für den Käufer das Recht begründet, eine bestimmte Menge eines bestimmten Basiswertes zu einem bei Vertragsabschluss festgelegten Preis innerhalb eines festgelegten Zeitraums oder zu einem in der Zukunft liegenden Termin zu kaufen (Call) oder zu verkaufen (Put). Der Käufer zahlt für dieses Recht bei Vertragsabschluss eine Prämie (Optionspreis).

Übt der Käufer die Option aus, ist der Verkäufer (Stillhalter) verpflichtet, den Basiswert zum vereinbarten Basispreis zu verkaufen oder zu kaufen. Übt der Käufer die Option nicht aus, verfällt das Optionsrecht.

Finanzswap

Ein **Finanzswap** ist ein terminiertes Tauschgeschäft über Zahlungsverpflichtungen. Die Vertragspartner tauschen Zahlungsverpflichtungen in verschiedenen Währungen (Währungsswap) oder Zinsverpflichtungen (Zinsswap), z. B. eine feste gegen eine variable Zinsverpflichtung auf einen bestimmten Kapitalbetrag.

Swaps werden in der Regel außerbörslich gehandelt.

Bedeutung

4.5.1.3 Bedeutung der Finanzderivate

Mit Derivaten können Marktrisiken der Basiswerte separiert und getrennt handelbar gemacht werden. Derivate dienen

Trading
Arbitrage
Hedging

- der spekulativen Ausnutzung von Preisänderungen (**Trading**),
- der weitgehend risikofreien Ausnutzung von Preisdifferenzen an unterschiedlichen Märkten zur gleichen Zeit, z. B. an Kassa- und Terminmärkten (**Arbitrage**),
- der Absicherung gegen Risiken aus erwarteten Preisänderungen (**Hedging**).

Hebelwirkung

Optionen und Finanzterminkontrakte (Futures) erfordern einen geringeren Kapitaleinsatz als eine Anlage in den entsprechenden Basiswerten. Je nach dem sich ergebenden Hebel führen Preisänderungen beim Basiswert zu erheblich stärkeren Preisänderungen bei den jeweiligen Derivaten. Sie bieten damit sowohl höhere Chancen als auch höhere Risiken als die Basiswerte (**Hebel-** oder **Leverage-Effekt**).

Beispiel zur Hebelwirkung bei Finanzderivaten

Ein Anleger investiert je 10000 Euro in Aktien und in Differenzgeschäfte auf Aktien (sog. CFD). Bei den CFD entsprechen die 10000 Euro einer Margin von 10 %, sodass das Handelsvolumen 100000 Euro an Aktien entspricht.

Kursveränderung	Aktien	Gewinn/Verlust	Gesamtkapital
–1 %	9900 Euro	–100 Euro	9900 Euro
0 %	10000 Euro	0 Euro	10000 Euro
+1 %	10100 Euro	+100 Euro	10100 Euro
Kursveränderung	**CFD**	**Gewinn/Verlust**	**Gesamtkapital**
–1 %	99000 Euro	–1000 Euro	9000 Euro
0 %	100000 Euro	0 Euro	10000 Euro
+1 %	101000 Euro	+1000 Euro	11000 Euro

Bei gleicher prozentualer Kursveränderung der Aktien hat der Anleger bei gleichem Kapitaleinsatz mit Derivaten (CFD) ein zehnmal höheres Gewinn- und Verlustpotenzial.

Mit Derivaten lassen sich Geschäfte gegen Preisschwankungen absichern, z. B. indem Verluste am Kassamarkt durch Gewinne am Terminmarkt ausgeglichen werden. Derivate bieten damit Möglichkeiten für verlässliche Kalkulationen unabhängig von der Entwicklung der Märkte. Mit Swaps lassen sich komparative Kostenvorteile nutzen.

4.5.2 Finanztermingeschäfte (Finanz-Futures)

4.5.2.1 Begriff des Finanz-Future

Begriff Finanztermingeschäft (Finanz-Future)

Finanztermingeschäfte (Finanz-Futures) sind standardisierte, börsenmäßig gehandelte Terminkontrakte auf Finanzinstrumente mit der vertraglichen Verpflichtung,

- eine bestimmte Menge eines Basiswertes (Kontraktgegenstand)
- zu einem bei Vertragsabschluss festgelegten Preis (Termin- oder Future-Preis)
- zu einem bei Vertragsabschluss vereinbarten späteren Zeitpunkt (Liefertag oder Erfüllungstag)
- zu liefern (Short Position)
- oder abzunehmen (Long Position).

Festgeschäfte

Finanztermingeschäfte sind Festgeschäfte. Käufer und Verkäufer gehen eine bindende Liefer- oder Abnahmeverpflichtung ein. In der Praxis werden sie im Allgemeinen aber nicht physisch erfüllt, sondern vor Fälligkeit durch Gegengeschäfte glattgestellt. Gekaufte Kontrakte werden vor Fälligkeit durch entsprechende Verkäufe, verkaufte Kontrakte durch entsprechende Käufe gleicher Kontrakte glattgestellt. Der Gewinn oder Verlust ergibt sich in diesem Fall aus dem Unterschied zwischen dem Eröffnungspreis und dem Preis des Glattstellungsgeschäftes.

4.5.2.2 Arten von Finanz-Futures

Zinstermingeschäfte

Zinstermingeschäfte basieren auf fiktiven Anleihen, Geldmarktpapieren oder Termingeld.

Fiktive Anleihen sind standardisierte künstliche Anleihen mit einem festen Zinssatz, z.B. 6 Prozent, und einer zu jedem Zeitpunkt konstanten Restlaufzeit, z.B. stets 10 Jahre. Das Lieferproblem bei einem Future auf eine fiktive Anleihe wird über einen Korb von lieferbaren Anleihen gelöst, die mithilfe eines Umrechnungsfaktors (Konversionsfaktor) vergleichbar gemacht werden.

Aktienindextermingeschäfte

Aktienindextermingeschäfte basieren auf einem Aktienindex, z.B. Dax. Ein Aktienindex-Future ermöglicht den Kauf eines ganzen Aktienkorbs. Der Kurs des Future gibt dabei den Preis an, den der Käufer bei Fälligkeit an den Verkäufer zahlen muss. Der Verkäufer muss dagegen den jeweiligen Aktienkorb liefern. Da eine effektive Lieferung des Index nicht möglich ist, wird der Aktienindex-Future durch Barausgleich erfüllt.

Devisentermingeschäfte

Devisentermingeschäfte basieren auf Währungen.

▸ Kapitel 6.5.2

Future-Kontrakte am Beispiel von Eurex-Futures

	Beispiel eines Zins-Futures (Kapitalmarktfuture)	**Beispiel eines Aktienindex-Futures**
	Euro-BUND-Future	**Dax-Future**
Kontraktgegenstand	Fiktive, idealtypische 6%-Bundesanleihe mit einer Restlaufzeit von 8,5 bis 10,5 Jahren	Deutscher Aktienindex (Dax)
Kontraktwert	100000 Euro	25 Euro je Indexpunkt, bei Mini-Dax-Futures 5 Euro (Beispiel: bei einem Dax von 9000 = 225000 Euro bzw. 45000 Euro bei Mini-Dax-Futures)

Future-Kontrakte am Beispiel von Eurex-Futures		
	Beispiel eines Zins-Futures (Kapitalmarktfuture)	**Beispiel eines Aktienindex-Futures**
	Euro-BUND-Future	**Dax-Future**
Preisermittlung	in Prozent vom Nominalwert; auf zwei Dezimalstellen	in Punkten; auf eine Dezimalstelle
Preisabstufungen (Ticks)	1 Tick = 0,01 % Tickwert = 10 Euro (0,01 % von 100000 Euro)	1 Tick = 0,5 Dax-Punkte Tickwert = 12,50 Euro (0,5 x 25 Euro)
Laufzeit	längstens neun Monate	
Liefermonate	Die jeweils drei nächsten Quartalsmonate des Zyklus März, Juni, September und Dezember	
Liefertag/ Erfüllungstag	10. Kalendertag des Liefermonats. Ist dieser Tag kein Börsentag, ist der davorliegende Börsentag Liefertag.	3. Freitag des Liefermonats. Ist dieser Tag kein Börsentag, der davor liegende Börsentag.
Letzter Handelstag	2 Börsentage vor dem Liefertag	Börsentag vor dem Schlussabrechnungstag
Lieferung/Erfüllung	Effektive Lieferung durch Bundesanleihen, die am Liefertag eine Restlaufzeit von 8,5 bis 10,5 Jahren haben. Die Schuldverschreibungen müssen ein Mindestemissionsvolumen von 5 Mrd. Euro aufweisen. Für jede lieferbare Anleihe errechnet die Eurex einen Preisfaktor, über den die unterschiedlichen Restlaufzeiten und Nominalzinssätze umgerechnet werden können.	Keine effektive Lieferung möglich, Erfüllung durch Barausgleich (Cash Settlement).

4.5.2.3 Grundpositionen von Finanz-Futures

Grundpositionen

Grundpositionen von Futures sind:

- Kauf eines Future bei Erwartung steigender Preise für den Basiswert (Long Future Position),
- Verkauf eines Future bei Erwartung sinkender Preise für den Basiswert (Short Future Position).

Long Future Position

Kauf eines Future (Long Future Position)

Durch den Kauf eines Future verpflichtet sich der Käufer, den Basiswert am Fälligkeitstag abzunehmen und den im voraus vereinbarten Preis zu zahlen. Unabhängig vom tatsächlichen Kassakurs am Erfüllungstag muss er den seinerzeit vereinbarten Preis bezahlen. Er erzielt einen Gewinn, wenn der Future-Preis zum Zeitpunkt der Glattstellung oder der Fälligkeit über dem ursprünglich vereinbarten Einstandspreis liegt. Er erleidet einen Verlust, wenn der Future-Preis bzw. Kurs des Basiswerts unter dem ursprünglich vereinbarten Einstandspreis liegt.

Verkauf eines Future (Short Future Position)

Short Future Position

Mit dem Verkauf eines Future verpflichtet sich der Verkäufer, den Basiswert am Fälligkeitstag zum im Voraus vereinbarten Preis zu liefern. Er erzielt einen Gewinn, wenn der Future-Kontrakt zum Zeitpunkt der Glattstellung oder der Fälligkeit unter dem ursprünglich vereinbarten Einstandspreis notiert. Er erleidet einen Verlust, wenn der Future-Preis bzw. Kurs des Basiswertes über dem ursprünglich vereinbarten Einstandspreis liegt.

Grundpositionen von Finanz-Futures

	Kauf eines Future (Long Future Position)	Verkauf eines Future (Short Future Position)
Erwartung	Kurssteigerungen (Aktien-Future) Sinkende Zinsen (Zins-Future)	Kursrückgänge (Aktien-Future) Steigende Zinsen (Zins-Future)
Motive	Haussespekulation (Aktien-Future) Sicherung günstiger Einstandspreise für späteren Kauf (Aktien-Future) Spekulation auf Zinsrückgang (Zins-Future) Absicherung gegen niedrigere Zinseinnahmen (Zins-Future)	Baissespekulation (Aktien-Future) Absicherung gegen Kursverluste durch Sicherung fester Verkaufspreise (Aktien-Future) Spekulation auf Zinsanstieg (Zins-Future) Absicherung gegen höhere Zinskosten (Zins-Future)
Gewinn-potenzial	unbegrenzt bei steigenden Kursen (Aktien-Future) bzw. sinkenden Marktzinsen (Zins-Future)	bei sinkenden Kursen (Aktien-Future) bzw. steigenden Marktzinsen (Zins-Future)
Verlust-potenzial	bei sinkenden Kursen (Aktien-Future) bzw. steigenden Marktzinsen (Zins-Future)	unbegrenzt bei steigenden Kursen (Aktien-Future) bzw. sinkenden Marktzinsen (Zins-Future)
Gewinn- und Verlust-profil	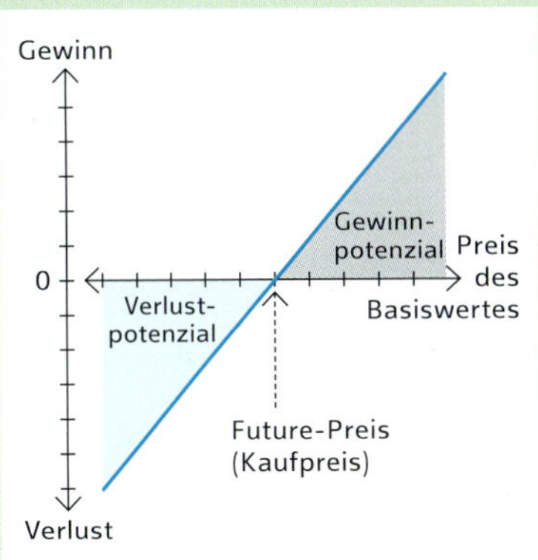	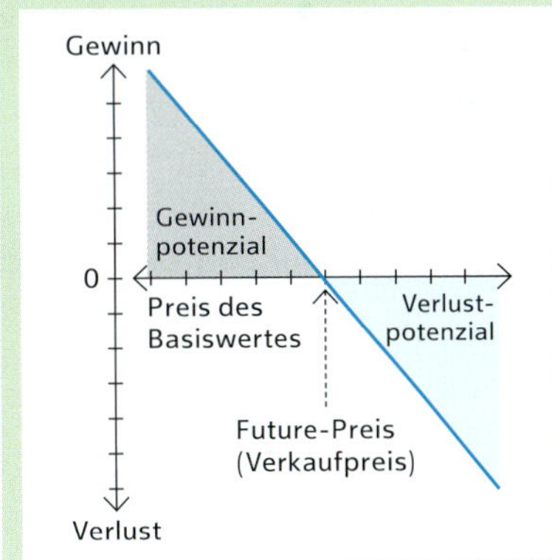

4.5.2.4 Erfüllung von Finanz-Futures

Finanztermingeschäfte werden nur selten durch effektive Lieferung und Abnahme des Basiswerts erfüllt. Meistens wird die eingegangene Verpflichtung durch ein Gegengeschäft aufgehoben (Glattstellung), d. h., vor Fälligkeit werden gekaufte Kontrakte durch Verkauf und verkaufte Kontrakte durch Rückkauf gleicher Kontrakte glattgestellt.

Glattstellung

Sofern eine Future-Position nicht glattgestellt wird, muss

- der Käufer eines Future die vereinbarte Kaufsumme bezahlen (er erhält dafür die Basiswerte),
- der Verkäufer eines Future die dem Kontrakt zugrunde liegenden Basiswerte liefern (er erhält dafür den seinerzeit festgelegten Preis).

Nicht vorhandene Basiswerte müssen am Kassamarkt zum aktuellen Marktpreis eingedeckt werden.

4.5.2.5 Preiseinflussfaktoren

Preiseinflussfaktoren

Preise und Preisentwicklung von Finanzterminkontrakten hängen ab

- vom Kassakurs des Basiswerts,
- vom Zinsniveau,
- von der Restlaufzeit des Future.

Wirkungen der Einflussfaktoren auf Future-Preise

Der Preis eines Zins-Future bzw. eines Aktienindex-Future ist	
umso höher, – je niedriger das Zinsniveau bzw. je höher der Stand des Index, – je höher die Finanzierungskosten einer entsprechenden Kassaposition, – je länger die Restlaufzeit.	**umso niedriger,** – je höher das Zinsniveau bzw. je niedriger der Stand des Index, – je niedriger die Finanzierungskosten einer entsprechenden Kassaposition, – je kürzer die Restlaufzeit.

Der Käufer eines Future-Kontraktes muss den vereinbarten Preis erst am Liefer- bzw. Erfüllungstag zahlen. Er kann das benötigte Kapital bis dahin Zins bringend anlegen. Der Verkäufer eines Future-Kontraktes erhält den Kaufpreis erst am Liefer- bzw. Erfüllungstag. Er hat dadurch einen Zinsnachteil, erhält jedoch so lange noch die Erträge aus den Basiswerten, z. B. Dividenden.

fairer Preis

Der theoretisch richtige oder **faire Preis** für ein Termingeschäft (Fair Value) ist derjenige Preis, bei dem die Vertragspartner nicht schlechter gestellt sind als bei einem entsprechenden Kassageschäft. Vereinfacht dargestellt, ergibt sich dieser Preis:

  Preis des Basiswerts am Kassamarkt
\+ Zinsen, die der Käufer aus der Geldanlage bis zum Erfüllungstag erhält
– Einkünfte, die der Verkäufer im gleichen Zeitraum aus dem Basiswert erhält (Zinsen, Dividenden)

Motive

4.5.2.6 Motive für den Kauf oder Verkauf von Futures

Futures werden sowohl als Sicherungs- als auch als Spekulationsinstrumente eingesetzt:

- Mit einem Aktienindex-Future kann z. B. das Kursänderungsrisiko für ein ähnlich zusammengesetztes Aktiendepot vermindert werden. Kursverluste am Kassamarkt (Basiswerte) werden durch Gewinne am Terminmarkt (Future) kompensiert bzw. Kursgewinne am Kassamarkt durch Verluste am Terminmarkt neutralisiert.

- Da bei Abschluss eines Future nur ein geringer Teil des Kontraktwertes als Sicherheit zu hinterlegen ist, kann ein Anleger Änderungen bei Zinsen, Aktienkursen oder Wechselkursen mit geringem Liquiditätseinsatz über den Hebel überproportional zu seinen Gunsten ausnutzen. Er geht allerdings das Risiko ein, bei entgegengesetzter Entwicklung überproportionale Verluste zu erleiden.

4.5.3 Optionen und Optionsscheine

4.5.3.1 Begriff der Option

Begriff Option

Optionen (Options) sind standardisierte, börsenmäßig gehandelte Vereinbarungen, die dem Käufer das Recht, aber nicht die Verpflichtung geben,

- eine bestimmte Menge eines bestimmten Basiswerts
- innerhalb eines festgelegten Zeitraums (Optionsfrist) oder zu einem festgesetzten Zeitpunkt (Optionstermin)
- zu einem bei Vertragsabschluss festgelegten Preis (Basispreis)
- zu kaufen (Call)
- oder zu verkaufen (Put).

Für das Recht zahlt der Erwerber dem Verkäufer der Option bei Abschluss des Geschäfts eine Prämie (Optionsprämie, Optionspreis).

Phasen des Optionsgeschäfts

Bei jedem Optionsgeschäft sind zwei Phasen zu unterscheiden:

1. **Begründung des Optionsrechts** (Kauf der Option unter Zahlung des Optionspreises),
2. **Ausübung des Optionsrechts** (Geltendmachen des Lieferanspruchs bzw. Andienung des Basiswertes und Zahlung bzw. Annahme des Basispreises).

Entscheidung

Stillhalter

Die Entscheidung, ob die Option ausgeübt werden soll, trifft ausschließlich der Käufer der Option (Optionsinhaber). Der Verkäufer der Option muss die Entscheidung des Käufers abwarten. Er wird deshalb auch **Stillhalter** genannt.

Der Optionsinhaber kann das Optionsrecht ausüben oder verfallen lassen. Nimmt er das Optionsrecht wahr, ist der Verkäufer (Stillhalter) verpflichtet, den Basiswert zum vereinbarten Basispreis zu kaufen oder zu verkaufen. Übt der Optionsinhaber das Optionsrecht innerhalb der Optionsfrist oder zum Fälligkeitstermin nicht aus, verfällt das Recht.

Während das Risiko des Optionsinhabers auf den Optionspreis begrenzt ist, kann der Stillhalter bei Kursentwicklungen, die seinen Erwartungen entgegenlaufen, ein Vielfaches der vereinnahmten Prämie verlieren.

4.5.3.2 Arten von Optionen

Arten von Optionen

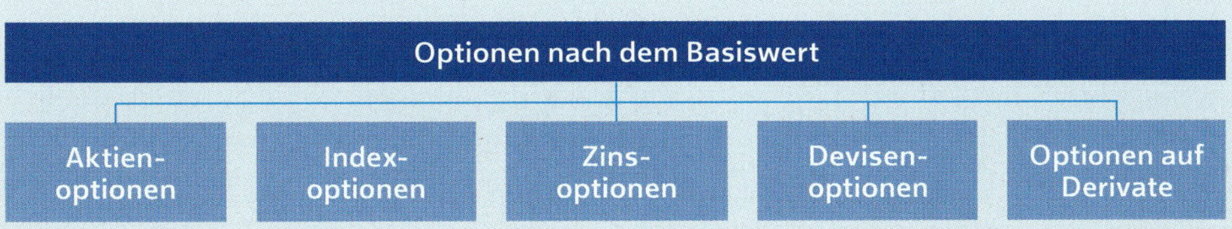

Basiswerte

Einer Option kann grundsätzlich jedes Finanzprodukt zugrunde liegen. Übliche Basiswerte (Underlyings) von Optionen sind:

- Aktien,
- Indizes, z. B. Aktienindizes wie Dax, Stoxx, oder Rentenindizes wie Rex,
- Zinssätze von Anleihen und Geldmarktwerten,
- Devisen, z. B. US-Dollar,
- Derivate, z. B. Futures und Swaps und andere Optionen.

<table>
<tr><th colspan="2">Optionskontrakte am Beispiel der Eurex-Aktienoption auf Dax-Werte</th></tr>
<tr><td>Kontrakt-gegenstand</td><td>Kaufoptionen (Calls) und Verkaufsoptionen (Puts) auf umsatzstarke deutsche Aktien.</td></tr>
<tr><td>Kontrakt-größe</td><td>In der Regel 100 Aktien des zugrundeliegenden Basiswerts.</td></tr>
<tr><td>Abstufungen</td><td>Der Optionspreis wird in Abstufungen von 0,01 Euro festgestellt.</td></tr>
<tr><td>Basispreis = Ausübungs-preis</td><td>Für jeden Call und Put stehen für jeden Verfallmonat mindestens drei Serien zur Verfügung mit je einem Basispreis im Geld (in-the-money), am Geld (at-the-money) und aus dem Geld (out-of-the-money).
<table>
<tr><th rowspan="2">Ausübungs-preise in Euro</th><th colspan="3">Ausübungspreisintervalle in Euro für Verfallmonate mit einer Restlaufzeit von</th></tr>
<tr><th>≤ 3 Monaten</th><th>4–12 Monaten</th><th>> 12 Monate</th></tr>
<tr><td>bis 2</td><td>0,05</td><td>0,10</td><td>0,20</td></tr>
<tr><td>2–4</td><td>0,10</td><td>0,20</td><td>0,40</td></tr>
<tr><td>4–8</td><td>0,20</td><td>0,40</td><td>0,80</td></tr>
<tr><td>8–20</td><td>0,50</td><td>1,00</td><td>2,00</td></tr>
<tr><td>20–52</td><td>1,00</td><td>2,00</td><td>4,00</td></tr>
<tr><td>52–100</td><td>2,00</td><td>4,00</td><td>8,00</td></tr>
<tr><td>100–200</td><td>5,00</td><td>10,00</td><td>20,00</td></tr>
<tr><td>200–400</td><td>10,00</td><td>20,00</td><td>40,00</td></tr>
<tr><td>> 400</td><td>20,00</td><td>40,00</td><td>80,00</td></tr>
</table></td></tr>
<tr><td>Verfall-monate</td><td>Die Aktienoptionen werden gemäß ihren Verfallmonaten in die Kategorien A und B unterteilt.
Basistitel in Gruppe A: Die drei nächsten aufeinander folgenden Monate und die drei darauf folgenden Monate aus dem Zyklus März, Juni, September und Dezember sowie die beiden darauf folgenden Monate des Zyklus Juni und Dezember.
Basistitel in Gruppe B: Die drei nächsten aufeinander folgenden Monate, die drei darauf folgenden Monate aus dem Zyklus März, Juni, September und Dezember, die vier darauf folgenden Monate des Zyklus Juni und Dezember sowie die zwei darauf folgenden Monate des Zyklus Dezember.</td></tr>
<tr><td>Laufzeiten</td><td>Gruppe A
1, 2, 3, 6, 9, 12, 18 und 24 Monate

Gruppe B
1, 2, 3, 6, 9, 12, 18, 24, 30, 36, 48 und 60 Monate</td></tr>
<tr><td>Letzter Handelstag</td><td>3. Freitag des Verfallmonats. Ist dieser Tag kein Börsentag, so ist der davor liegende Börsentag letzter Handelstag.</td></tr>
</table>

Optionskontrakte am Beispiel der Eurex-Aktienoption auf Dax-Werte	
Ausübung	Die Ausübung der Option ist an jedem Börsentag während der Laufzeit möglich (amerikanische Art), mit Ausnahme des Tages eines Dividendenbeschlusses.
Erfüllung	Physische Lieferung von 100 Aktien des zu Grunde liegenden Basiswertes. Erfüllungstag ist zwei Börsentage nach der Ausübung.

Zeitpunkt der Ausübung

Optionen nach dem Zeitpunkt der Ausübung

amerikanische Option	Bermuda-Option	europäische Option
Die Option kann jederzeit während der Laufzeit ausgeübt werden.	Die Option kann zu bestimmten Zeitpunkten während der Laufzeit ausgeübt werden.	Die Option kann ausschließlich zum Fälligkeitstermin ausgeübt werden.

An der Eurex gehandelte Optionen sind regelmäßig amerikanische Optionen.

4.5.3.3 Grundpositionen von Optionsgeschäften

Grundpositionen

Da an einer **Kaufoption** (Call) und an einer **Verkaufsoption** (Put) jeweils zwei Partner mit unterschiedlichen Erwartungen beteiligt sind, ergeben sich **vier Grundpositionen von Optionsgeschäften.**

Call
Put

Optionen (Options)

Kaufoption (Call)		Verkaufsoption (Put)	
Kauf einer Kaufoption (Long Call)	Verkauf einer Kaufoption (Short Call)	Kauf einer Verkaufsoption (Long Put)	Verkauf einer Verkaufsoption (Short Put)
Käufer erwirbt gegen Zahlung der Optionsprämie das **Recht**, den Basiswert zum vereinbarten Preis zu kaufen.	Verkäufer hat die **Pflicht**, bei Ausübung den Basiswert zum vereinbarten Preis zu liefern (Stillhalter in Wertpapieren*).	Käufer erwirbt gegen Zahlung der Optionsprämie das **Recht**, den Basiswert zum vereinbarten Preis zu verkaufen.	Verkäufer hat die **Pflicht**, bei Ausübung den Basiswert zum vereinbarten Preis abzunehmen (Stillhalter in Geld).
Erwartung: Steigende Kurse des Basiswertes während der Laufzeit der Option.	**Erwartung:** Gleichbleibende oder leicht fallende Kurse des Basiswertes während der Laufzeit der Option.	**Erwartung:** Fallende Kurse des Basiswertes während der Laufzeit der Option.	**Erwartung:** Gleichbleibende oder leicht steigende Kurse des Basiswertes während der Laufzeit der Option.

* Bei Ausübung einer Kaufoption hängt das Risiko des Stillhalters maßgeblich davon ab, ob er den Basiswert besitzt (gedeckter Call) oder erst beschaffen muss (nackter Call). Besitzt er den Basiswert, muss er ihn unter dem gegenwärtigen Marktpreis hergeben. Bei einem nackten Call muss er sich mit dem Basiswert eindecken, auch wenn der dafür zu zahlende Preis erheblich über dem vereinbarten Basispreis liegt.

Gewinn-/Verlustprofil von Optionen (Basispreis jeweils 100 Euro, Optionsprämie jeweils 10 Euro)		
	Kaufoption (Call)	**Verkaufsoption (Put)**
Long — **Kauf (Long)**	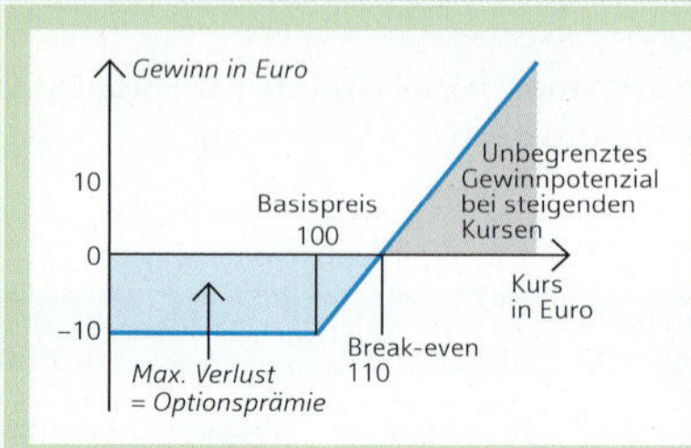	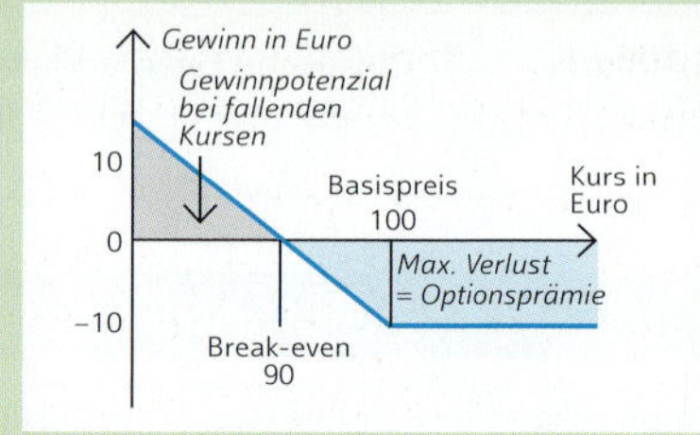
Short — **Verkauf (Short)**	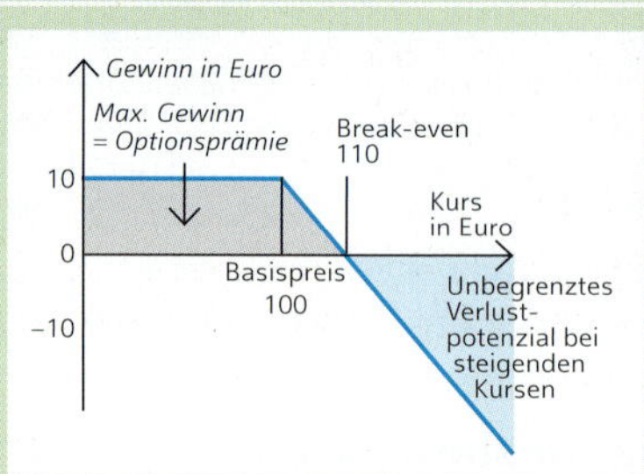	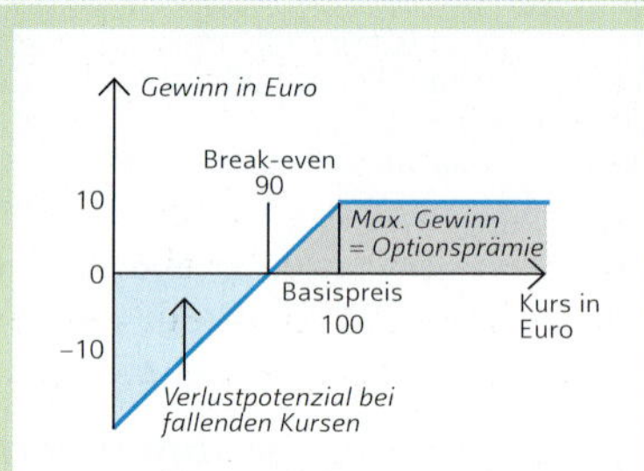

Die Grundpositionen können miteinander kombiniert werden, z. B.

Kombinationen

- **Spreads** als Kombination von gleichzeitigem Kauf und Verkauf gleichen Optionstyps. Sie bestehen aus Kauf und Verkauf gleicher Anzahl Calls oder Puts eines Basiswerts, die sich im Basispreis und/oder Verfalldatum unterscheiden.
  Bei Bull Spreads (Erwartung steigender Kurse der Basiswerte) wird der niedrigere Basispreis gekauft und der höhere verkauft, bei Bear Spreads (Erwartung sinkender Kurse der Basiswerte) wird der höhere Basispreis gekauft und der niedrigere verkauft.
- **Straddles** als Kombination von gleichzeitigem Kauf oder Verkauf einer gleichen Anzahl von Calls und von Puts eines Basiswerts mit gleichem Basispreis und gleichem Verfalldatum.
- **Strangles** als Kombination einer gleichen Anzahl von Calls und von Puts eines Basiswerts mit gleichem Verfalldatum, aber unterschiedlichen Basispreisen.

4.5.3.4 Begründung und Ausübung von Optionen

Beispiele		
	Kaufoption (Call)	**Verkaufsoption (Put)**
Basiswert	SAP	SAP
Basispreis	80,00 Euro	80,00 Euro
Optionspreis	10,00 Euro	10,00 Euro
Optionstyp	amerikanisch	amerikanisch
Verfalldatum	01.09.	01.09.

Kaufoption (Call)

Der **Käufer der Kaufoption (Long Call)** zahlt bei Begründung der Option eine Prämie von 10,00 Euro für das Recht, eine SAP-Aktie bis zum 01.09. zu einem Preis von 80,00 Euro kaufen zu können. Die Ausübung der Option lohnt sich nur, wenn der aktuelle Kurs der SAP-Aktie am Ausübungstag höher ist als der vereinbarte Basispreis von 80,00 Euro. Long Call

Der **Verkäufer der Kaufoption (Short Call) ist Stillhalter.** Er erhält bei Begründung der Option den Optionspreis (Prämie) und ist zur Lieferung der SAP-Aktie verpflichtet, wenn der Käufer der Option sein Optionsrecht ausübt. Short Call

Der Käufer der Kaufoption erleidet einen Verlust von höchstens 10,00 Euro, wenn der aktuelle Kurs der SAP-Aktie am Verfalltag niedriger als 80,00 Euro notiert. Bei Kursen zwischen 80,00 Euro und 90,00 Euro ist sein Verlust geringer als 10,00 Euro (Zone des verminderten Verlustes). Bei einem Kurs von 83,00 Euro beträgt der Verlust z. B. lediglich 7,00 Euro. Beträgt der Kurs genau 90,00 Euro, hat der Käufer weder Verlust erlitten noch Gewinn erzielt. Dieser Kurs wird deshalb als Break-even-Kurs bezeichnet. Bei Kursen über 90,00 Euro ist der Gewinn des Käufers theoretisch unbegrenzt. Für den Stillhalter spiegeln sich Verluste des Käufers als Gewinne und Gewinne des Käufers als Verluste.

Verkaufsoption (Put)

Der **Käufer der Verkaufsoption (Long Put)** zahlt bei Begründung der Option den Optionspreis von 10,00 Euro für das Recht, eine SAP-Aktie bis zum 01.09. zu einem Preis von 80,00 Euro verkaufen zu können. Die Ausübung der Option lohnt sich nur, wenn der aktuelle Kurs der SAP-Aktie am Ausübungstag niedriger ist als der vereinbarte Basispreis von 80,00 Euro. Long Put

Der **Verkäufer der Verkaufsoption (Short Put) ist Stillhalter.** Er erhält bei Begründung der Option den Optionspreis (Prämie) und ist zur Abnahme der SAP-Aktie verpflichtet, wenn der Käufer der Option sein Optionsrecht ausübt. Short Put

Beispiel

Beispiel: Gewinne und Verluste der Beteiligten in Abhängigkeit vom Kassakurs des Basiswerts

Kassakurse der SAP-Aktie	Kaufoption (Call)		Verkaufsoption (Put)	
	Käufer	Verkäufer (Stillhalter)	Käufer	Verkäufer (Stillhalter)
40,00	– 10,00	+ 10,00	+ 30,00	– 30,00
50,00	– 10,00	+ 10,00	+ 20,00	– 20,00
60,00	– 10,00	+ 10,00	+ 10,00	– 10,00
70,00	– 10,00	+ 10,00	0	0
80,00	– 10,00	+ 10,00	– 10,00	+ 10,00
90,00	0	0	– 10,00	+ 10,00
100,00	+ 10,00	– 10,00	– 10,00	+ 10,00
110,00	+ 20,00	– 20,00	– 10,00	+ 10,00
120,00	+ 30,00	– 30,00	– 10,00	+ 10,00
130,00	+ 40,00	– 40,00	– 10,00	+ 10,00

Der Käufer der Verkaufsoption erleidet einen Verlust von höchstens 10,00 Euro, wenn der aktuelle Kurs der SAP-Aktie am Verfalltag höher als 80,00 Euro notiert. Bei Kursen zwischen 70,00 Euro und 80,00 Euro ist sein Verlust geringer als 10,00 Euro

(Zone des verminderten Verlustes). Bei einem Kurs von 73,00 Euro beträgt der Verlust z. B. lediglich 3,00 Euro. Beträgt der Kurs genau 70,00 Euro, hat der Käufer weder Verlust erlitten noch Gewinn erzielt. Dieser Kurs wird deshalb als Break-Even-Kurs bezeichnet. Bei Kursen unter 70,00 Euro ist der Gewinn des Käufers theoretisch unbegrenzt. Für den Stillhalter spiegeln sich Verluste des Käufers als Gewinne und Gewinne des Käufers als Verluste.

4.5.3.5 Preiseinflussfaktoren

Preiseinflussfaktoren

Preise und Preisentwicklungen bei Optionen hängen ab

- vom Verhältnis des Kassakurses des Basiswertes zum Basispreis der Option,
- vom Zinsniveau,
- von der Volatilität, d. h. von der Kursschwankungsintensität des Basiswertes (Schwankungsbreite und Beweglichkeit des Kurses),
- von der Restlaufzeit der Option.

fairer Preis

Der theoretisch richtige oder **faire Preis** für eine Option (Fair Value) ist derjenige Preis, der keinen der Beteiligten übervorteilt. Er setzt sich aus dem **inneren Wert** und dem **Zeitwert** (Zeitprämie) zusammen.

Wirkungen der Einflussfaktoren auf Optionspreise	
Der Preis einer Aktien-Kaufoption (Call) ist umso höher, ▸ je höher der Aktienkurs (Kassakurs), ▸ je niedriger der Basispreis, ▸ je höher das Zinsniveau, ▸ je höher die Volatilität, ▸ je länger die Restlaufzeit.	**Der Preis einer Aktien-Verkaufsoption (Put) ist umso höher,** ▸ je niedriger der Aktienkurs (Kassakurs), ▸ je höher der Basispreis, ▸ je niedriger das Zinsniveau, ▸ je höher die Volatilität, ▸ je länger die Restlaufzeit.

Innerer Wert

Innerer Wert

Der innere Wert einer Option hängt vom Verhältnis zwischen dem Basispreis und dem aktuellen Kurs (Kassakurs) des Basiswerts ab. Es ist der Betrag, der sich bei Ausübung der Option realisieren lässt, d. h.

- bei einem Call die Differenz zwischen Kassakurs und Basispreis (Kassakurs minus Basispreis),
- bei einem Put die Differenz zwischen Basispreis und Kassakurs (Basispreis minus Kassakurs).

Beispiel

Basispreis einer Aktie	60,00 Euro
Aktueller Kurs	75,00 Euro
europäischer Optionstyp	
Innerer Wert eines Calls	15,00 Euro
Innerer Wert eines Puts	0,00 Euro

Für eine Kaufoption ist ein höherer Optionspreis als 15,00 Euro ungerecht. Bei einem Optionspreis von z. B. 18,00 Euro müsste der Käufer einer Option für den Kauf einer Aktie über die Option 60,00 Euro + 18,00 Euro = 78,00 Euro aufwenden. Er könnte sie in diesem Fall über den Kassamarkt günstiger erwerben.

Eine Verkaufsoption ist wertlos. Für den Käufer einer Verkaufsoption lohnt die Ausübung der Option nicht, da der aktuelle Kurs deutlich über dem Basispreis liegt. Bei Andienung des Basiswertes würde er nur den Basispreis von 60,00 Euro erlösen. Am Kassamarkt kann er dagegen 75,00 Euro erlösen.

Je nach dem Verhältnis von Basispreis und Kassakurs lassen sich unterscheiden:

- **Optionen im Geld** („in the money")
(Der **Basispreis des Call** liegt **unter dem Kassakurs,** der **Basispreis des Put** liegt **über dem Kassakurs**),
- **Optionen am Geld** („at the money")
(**Basispreise und Kassakurs** liegen **eng beieinander**),
- **Optionen aus dem Geld** („out of the money")
(Der **Basispreis des Call** liegt **über dem Kassakurs,** der **Basispreis des Put unter dem Kassakurs**).

Einen inneren Wert hat eine Option nur, wenn sie im Geld („in the money") ist.

Innerer Wert von Optionen

	Kaufoption (Call)	Kaufoption (Put)
Aktueller Kurs > Basispreis	Aktueller Kurs – Basispreis	null
Aktueller Kurs = Basispreis	null	null
Aktueller Kurs < Basispreis	null	Basispreis – Aktueller Kurs

Zeitwert

Zeitwert einer Option

Während sich der innere Wert einer Option am Ausübungs- oder Fälligkeitstag durch Vergleich von Basispreis und Kassakurs feststellen lässt, ist die Bewertung einer Option vor Fälligkeit schwieriger. Sie wird bestimmt von der Einschätzung der Preisentwicklung des Basiswertes und drückt sich im Zeitwert (Zeitprämie) aus. Der Zeitwert ergibt sich aus der Differenz zwischen dem Optionspreis und dem inneren Wert der Option. Er ist maßgeblich abhängig von der Volatilität des Basiswertes, von der Restlaufzeit der Option und vom Zinsniveau. Der Zeitwert nimmt im Zeitverlauf ab. Am Verfalltag der Option fällt er auf null.

Beispiel Zeitwert

Beispiel für den Zeitwert (Zeitprämie)

Aktueller Kurs der Aktie: 75,00 Euro
5 verschiedene Kaufoptionen mit unterschiedlichen Basis- und Optionspreisen

Basispreis	Optionspreis	Innerer Wert	Zeitprämie (Optionspreis ./. innerer Wert)	Zustand
50,00	26,00	25,00	1,00	deep in the money
70,00	10,00	5,00	5,00	in the money
75,00	7,00	0,00	7,00	at the money
80,00	3,00	0,00	3,00	out of the money
100,00	1,00	0,00	1,00	deep out of the money

Für die Bewertung von Optionen werden verschiedene Berechnungsmodelle verwendet. Am bekanntesten ist das Optionspreismodell von Black-Scholes, das die Determinanten des Optionspreises in einer Formel zusammenfasst. Mathematisch ermittelte Optionspreise haben jedoch eine eingeschränkte Aussagekraft, weil die

Modellvoraussetzungen die realen Entscheidungen der Marktteilnehmer nur begrenzt abbilden und weil sich Sonderentwicklungen, z. B. politische oder unternehmensspezifische Entscheidungen, mathematisch nur schwer quantifizieren lassen.

Optionskennzahlen

Optionskennzahlen (Risikoparameter)	
Delta	Das Options-Delta misst die Veränderung des Optionspreises bei einer Kursschwankung des Basiswerts um eine Einheit. Kaufoptionen haben ein positives, Verkaufsoptionen ein negatives Delta.
Gamma	Das Options-Gamma misst die Veränderung des Delta bei einer Kursbewegung des Basiswerts um eine Einheit.
Vega	Das Options-Vega misst die Reaktion des Optionspreises bei Schwankungen der Volatilität des Basiswerts.
Theta	Das Options-Theta drückt den täglichen Zeitwertverlust einer Option aus.

Optionsscheine

4.5.3.6 Optionsscheine

Optionen können in Wertpapieren verkörpert werden. **Optionsscheine (Warrants) verbriefen das Recht, aber nicht die Verpflichtung, eine bestimmte Menge eines Basiswerts zu kaufen (Call-Optionsscheine) oder zu verkaufen (Put-Optionsscheine) bzw. die Zahlung von Differenzbeträgen bei Zins- und Indexänderungen (Zinsoptionsscheine, Indexoptionsscheine) zu verlangen.**

Formen

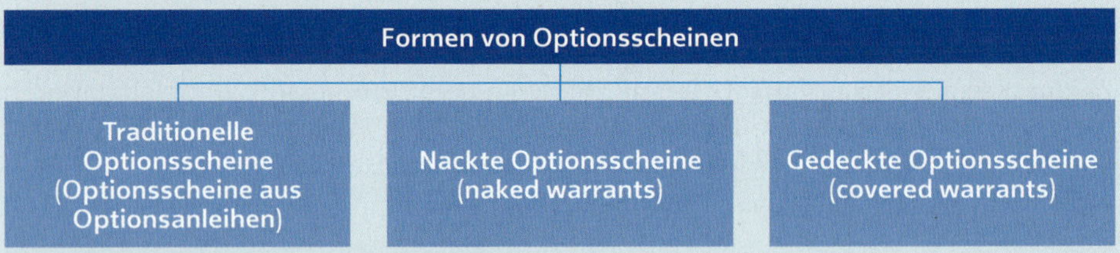

Traditionelle Optionsscheine
▸ Kapitel 4.4.2.3.5

Traditionelle Optionsscheine werden im Rahmen einer Optionsanleihe begeben. Sie können abgetrennt und separat gehandelt werden. Sie verbriefen im Regelfall das Recht auf effektive Lieferung des Basiswerts. In Deutschland kommen Aktienoptionsscheine vor. Traditionelle Optionsscheine sind grundsätzlich Kaufoptionsscheine (Call-Optionsscheine).

Nackte Optionsscheine

Nackte Optionsscheine werden ohne gleichzeitige Emission einer Anleihe begeben. Sie kommen als Call- und als Put-Optionsscheine in Umlauf. Sie stehen nicht im Zusammenhang mit Finanzierungsvorhaben von Unternehmen. Anstelle der Abnahme bzw. Lieferung des Basiswertes wird häufig ein Barausgleich vorgesehen.

Nackte Optionsscheine kommen vor als
- Zinsoptionsscheine,
- Währungsoptionsscheine,
- Indexoptionsscheine, z. B. auf den Dax,
- Rohstoffoptionsscheine, z. B. auf Gold,
- Basket-Optionsscheine,
- Turbo-Optionsscheine.

Zinsoptionsscheine verbriefen das Recht zum Kauf oder Verkauf von Schuldverschreibungen, z. B. Bundesanleihen, bzw. zum Erhalt von Ausgleichszahlungen in bar bei Überschreiten (Call) oder Unterschreiten (Put) eines bestimmten Kurses der zugrunde liegenden Schuldverschreibungen. **Währungsoptionsscheine** verbriefen das Recht zum Kauf oder Verkauf eines bestimmten Betrages in einer bestimmten Währung, z. B. 5000 US-Dollar, bzw. zum Erhalt einer Ausgleichszahlung bei Überschreiten (Call) oder Unterschreiten (Put) eines festgelegten Devisenkurses. **Indexoptionsscheine** verbriefen das Recht auf eine Ausgleichszahlung bei Überschreiten (Call) oder Unterschreiten (Put) eines bestimmten Indexstandes. **Rohstoffoptionsscheine** verbriefen in der Regel das Recht auf eine Ausgleichszahlung bei Überschreiten (Call) oder Unterschreiten (Put) eines bestimmten Preises eines bestimmten Rohstoffes. **Basket-Optionsscheine** berechtigen in der Regel zum Kauf eines genau definierten Korbes von Basiswerten, z. B. von Aktien bestimmter Länder oder Unternehmen bestimmter Branchen. **Turbo-Optionsscheine** berechtigen zum Bezug anderer Optionsscheine. Die Bezeichnung „Turbo" weist auf eine vergleichsweise hohe Hebelwirkung dieser Scheine hin.

Gedeckte Optionsscheine

Gedeckte Optionsscheine sind eine Sonderform der nackten Optionsscheine. Es sind Aktienoptionsscheine, bei denen der Emittent die veroptionierten Aktien im eigenen Bestand hält oder die Lieferansprüche der Optionsscheininhaber durch entsprechende Gegengeschäfte sichert.

Optionsscheine setzen, wenn sie attraktiv sein sollen, einen funktionierenden Zweitmarkt voraus. Sie werden daher häufig in den Börsenhandel eingeführt. Im Zusammenhang mit Optionsscheinnotierungen werden häufig auch das Aufgeld und der Hebel mitgeteilt.

Aufgeld

Das **Aufgeld** einer Option gibt an, um wie viel teurer

- der Kauf des Basiswertes durch Kauf und sofortige Ausübung des Optionsrechts gegenüber dem direkten Erwerb des Basiswertes (Kaufoption) bzw.
- der Verkauf des Basiswertes durch Kauf und sofortige Ausübung des Optionsrechts gegenüber dem direkten Verkauf des Basiswertes (Verkaufsoption) ist.

Beispiel zur Berechnung des Aufgelds bei einem Call-Optionsschein

Kurs des Optionsscheins:	40 Euro	Kurs der Aktie (Basiswert):	150 Euro
Basispreis:	100 Euro	Optionsverhältnis: 2 Optionsscheine	
Restlaufzeit:	2 Jahre	sind zum Bezug 1 Aktie erforderlich (2:1)	

$$\text{Aufgeld} = \frac{\text{Basispreis} + (\text{Kurs Optionsschein} \times \text{Optionsverhältnis}) - \text{Aktienkurs}}{\text{Aktienkurs}} \times 100$$

$$\text{Aufgeld} = \frac{100\ \text{Euro} + (40\ \text{Euro} \times 2) - 150\ \text{Euro}}{150\ \text{Euro}} \times 100 = 20\,\%$$

Wird das prozentuale Aufgeld auf die Restlaufzeit von 2 Jahren verteilt, ergibt sich ein jährliches Aufgeld von 10 %.

Hebel

Als **Hebel** (Leverage) einer Option wird das Verhältnis des Kapitalbetrags, der zum Kauf des Basiswertes aufgewendet werden muss, zum Kapitalbetrag, der für den Kauf eines Optionsscheins erforderlich ist, bezeichnet.

Beispiel zur Berechnung des Hebels für den Call-Optionsschein

$$\text{Hebel} = \frac{\text{Kurs der Aktie}}{\text{Kurs Optionsschein x Optionsverhältnis}} = \frac{\text{150 Euro}}{\text{40 Euro x 2}} = 1{,}875$$

Bei der Berechnung des Hebels wird unterstellt, dass sich Optionsscheinpreis und Aktienkurs um den gleichen absoluten Betrag verändern, das Aufgeld sich somit nicht verändert.

4.5.3.7 Motive für den Kauf oder Verkauf von Optionen

geringerer Kapitaleinsatz

Leerverkäufe

Der Kauf von Optionen erfordert einen erheblich geringeren Kapitaleinsatz als der Kauf des zugrunde liegenden Basiswertes. **Optionen können „leer“ verkauft werden,** d.h., die Basiswerte müssen bei Verkauf einer Option nicht im Besitz des Optionsverkäufers sein, binden also kein Kapital.

Sicherungs- und Spekulationsinstrumente

Optionen werden sowohl als Sicherungs- als auch als Spekulationsinstrumente eingesetzt:

- Der Käufer einer Kaufoption (Long Call) erwartet während der Laufzeit der Option steigende Kurse. Sein Verlustrisiko ist auf den bezahlten Optionspreis begrenzt. An einem Kursanstieg des Basiswerts nimmt er dagegen unbegrenzt teil, wenn der Kurs um mehr als den Optionspreis zuzüglich Kosten steigt.
- Der Verkäufer einer Kaufoption (Short Call) ist Stillhalter. Er erwartet während der Laufzeit der Option gleich bleibende oder nur leicht sinkende Kurse des Basiswerts. Wenn der Käufer von seinem Optionsrecht keinen Gebrauch macht, verdient er die Optionsprämie.
- Der Käufer einer Verkaufsoption (Long Put) erwartet während der Laufzeit der Option fallende Kurse. Sein Verlustrisiko ist auf den bezahlten Optionspreis begrenzt. An einem Kursrückgang des Basiswerts nimmt er dagegen unbegrenzt teil, wenn der Kurs um mehr als den Optionspreis zuzüglich Kosten fällt. Er kann sich in diesem Fall die Optionspapiere zum günstigen Kurs am Kassamarkt beschaffen und mit Gewinn zum höheren Basispreis andienen.
- Der Verkäufer einer Verkaufsoption (Short Put) ist Stillhalter. Er erwartet keine großen Kursbewegungen. Erfüllt sich diese Erwartung, macht der Erwerber der Verkaufsoption keinen Gebrauch von der Option und dient die Papiere nicht an. Der Stillhalter verdient die Prämie. Bei Andienung muss er die Papiere übernehmen, obwohl der zu zahlende Basispreis deutlich über dem Marktpreis bei Ausübung der Option liegt.

Eine Langfristbeobachtung hat ergeben, dass in der Vergangenheit die weitaus größere Zahl aller Optionen nicht ausgeübt wurde.

4.5.4 Risiken von Finanzderivaten

hohe Verlustrisiken

Hebelwirkung

Bei Termingeschäften stehen hohen Gewinnchancen auch **hohe Verlustrisiken** gegenüber. Sie ergeben sich **vor allem aus der Hebelwirkung** bei Finanzderivaten, d.h. aus der Konstruktion, mit relativ geringen Kapitaleinsätzen an den Wertveränderungen des Basiswerts überproportional teilzunehmen.

Verlustrisiken aus Termingeschäften

Grundrisiken

- Verfall- und Wertminderungsrisiko
- unbestimmbares Verlustrisiko
- Absicherungsrisiko
- zusätzliche Risiken bei kreditfinanzierten Geschäften

Risiken bei einzelnen Geschäftsarten

- Risiken beim Kauf von Optionen
- Risiken beim Verkauf von Optionen
- Risiken aus Future-Geschäften

Verlustursachen

Rechte aus Termingeschäften können verfallen oder an Wert verlieren, weil die mit diesen Geschäften verbundenen **Rechte nur befristet** sind. Je kürzer die Frist, desto höher kann das Risiko werden, weil z. B. Kursverluste zwar über einen längeren Zeitraum wieder ausgeglichen werden können, kurzfristige Kursveränderungen in nennenswertem Umfang aber eher selten sind. Das **Verlustrisiko** ist bei Futures und beim Verkauf von Optionen unbestimmbar. Eintretende Risiken können auch gestellte Sicherheiten übersteigen. Absicherungsgeschäfte (Glattstellungsgeschäfte) können möglicherweise nicht oder nur zu einem Verlust bringenden Preis getätigt werden. Das Verlustrisiko steigt bei kreditfinanzierten Termingeschäften, weil zusätzlich zum Verlust aus dem Termingeschäft auch die Zins- und Tilgungsleistungen für den Kredit erbracht werden müssen.

Für den **Käufer einer Option** führen Kursveränderungen des Basiswerts, z. B. einer Aktie oder eines Aktienindex, zu einer **Minderung oder zum Totalverlust der Optionsprämie,** wenn

- im Fall der Kaufoption (Long Call) die Kurse des Basiswerts fallen,
- im Fall der Verkaufsoption (Long Put) die Kurse des Basiswerts steigen.

Für den Verkäufer einer Option führen Kursveränderungen des Basiswerts zu **Verlusten, die die vereinnahmte Optionsprämie um ein Vielfaches übersteigen können,** wenn

- im Fall der Kaufoption (Short Call) die Kurse des Basiswerts steigen,
- im Fall der Verkaufsoption (Short Put) die Kurse des Basiswerts sinken.

Für Käufe und Verkäufe von Futures gelten entsprechende Beziehungen mit dem Unterschied, dass auch der Käufer eines Future das volle Verlustrisiko eingeht, weil auch für ihn eine bindende Abnahmeverpflichtung besteht.

4.5.5 Handel von Finanzderivaten

4.5.5.1 Übersicht über Handelsmöglichkeiten

Aufträge über in Wertpapieren verbriefte Finanzderivate, z. B. Optionsscheine und Hebelzertifikate, können an Wertpapierbörsen oder außerbörslich ausgeführt werden. Finanzderivate, die nicht in Wertpapieren verbrieft sind, werden in Form von Futures- und Optionskontrakten über die Terminbörse Eurex und als Termingeschäfte über Devisen und Edelmetalle außerbörslich ausgeführt.

Kapitel 6.5.2

Handel von Finanzderivaten

Handel von Finanzderivaten

- **in Wertpapieren verbriefte Finanzderivate**
  → Sonderbedingungen für Wertpapiergeschäfte
  - **Handel an Wertpapierbörsen**
    - Präsenzhandel
    - Elektronischer Handel (Xetra)
  - **Handel außerhalb der Börsen**
    Außerbörslicher Handel
- **nicht in Wertpapieren verbriefte Finanzderivate**
  → Sonderbedingungen für Termingeschäfte
  - **Handel außerhalb der Börsen**
    Außerbörslicher Handel
  - **Handel an Terminbörsen**
    Elektronischer Handel (Eurex)

Eurex

4.5.5.2 Handel von Optionen und Futures an der Eurex

Markt für Börsentermingeschäfte

Die Eurex ist ein eigenständiger, vollelektronischer Markt für Börsentermingeschäfte.

Eurex

Eurex (**Eur**opean **Ex**change) ist der Terminmarkt der Deutschen Börse AG.
Die Eurex ist an der European Energy Exchange (**EEX**) beteiligt, die einen europäischen Kassa- und Terminmarkt für Energieprodukte (Strom, Gas usw.) anbietet. Auf einer gemeinsamen Plattform von Eurex und EEX wird der Handel mit Emissionsrechten für CO2 in Form von Futures und Optionen auf Futures angeboten.

Die Eurex betreibt zwei außerbörsliche elektronische Handelsplattformen (Electronic Communication Networks): Die **Eurex Bonds GmbH** dient dem Kassahandel in europäischen Staatsanleihen, Unternehmensanleihen und Jumbopfandbriefen sowie dem Abschluss dazu passender Termingeschäfte zwischen Eurex-Teilnehmern. Die **Eurex Repo GmbH** bietet Teilnehmern eine Plattform für den Abschluss von Wertpapierpensionsgeschäften.

Börsenteilnehmer

Börsenteilnehmer

Börsenteilnehmer müssen zum Handel zugelassen werden. Unterschieden werden

- **Börsenteilnehmer, die Eigen- und Kundengeschäfte tätigen,**
- **Börsenteilnehmer, die zusätzlich Market-Maker-Aufgaben übernehmen.**

Market-Maker

Aufgabe eines Market-Makers ist es, auf Anfrage in den von ihm betreuten Basiswerten **verbindliche Geld- und Briefkurse (Quotes) zu stellen.** Ein Market-Maker ist für alle Optionsserien eines Basiswerts bzw. des betreuten Futures zur Kursstellung verpflichtet. Häufig sind mehrere Market-Maker in einem Basiswert aktiv.

Die Eurex hat eine eigene Handelsüberwachungsstelle, die sämtliche Handelsdaten und Daten der Geschäftsabwicklung erfasst und überwacht, sodass die Ordnungsmäßigkeit der Kursfeststellung und der Preisbildung gewährleistet ist.

Produkte

Produkte der Eurex sind die zum Handel auf einen bestimmten Basiswert zugelassenen **Options- und Futures-Kontrakte.**

Produkte der Eurex

Ausgewählte Produkte der Eurex

Geldmarktprodukte	Währungsprodukte	Kapitalmarktprodukte	Aktienprodukte	Indexprodukte
z. B. Dreimonats-Euribor-Future	z. B. EUR/USD-Futures	z. B. Euro-BUND-Future, Euro-BUXL-Future	z. B. Optionen auf deutsche, schweizerische, finnische, französische, italienische, US-amerikanische oder niederländische Aktien	z. B. Optionen auf den Dax oder Dax-Future, Futures auf Immobilien-Indizes, auf Agrarprodukte oder Dividenden einzelner Aktien

Geldmarktprodukte umfassen Futures und Optionen auf Futures auf kurzfristige Zinssätze am Geldmarkt. Sie beziehen sich auf den EURIBOR und EONIA als Referenzzinssätze und werden durch Barausgleich erfüllt. ▸ Kapitel 4.4.2.2

Währungsprodukte sind Futures und Optionen auf die Währungspaare EUR/USD, EUR/GBP, EUR/CHF, GBP/USD, GBP/CHF und USD/CHF.

Kapitalmarktprodukte umfassen Futures und Optionen auf Futures auf mittel- bis langfristige Zinssätze am Kapitalmarkt. Sie beziehen sich auf fiktive, idealtypische Anleihen (z. B. Euro-BUND-Future) und können durch Lieferung von Anleihen am Fälligkeitstag des Futures erfüllt werden. ▸ Kapitel 4.5.2.2

Aktienprodukte sind Optionen und Futures auf Aktien großer deutscher, europäischer und US-amerikanischer Gesellschaften. Die Optionen können jederzeit während der Laufzeit ausgeübt werden (amerikanische Optionen) und durch Lieferung von Aktien am Fälligkeitstag erfüllt werden. In Ausnahmefällen werden auch europäische Optionen auf Aktien angeboten. Aktienfutures werden eingesetzt, um das Gewicht einer Aktie in einem Portfolio zu verändern, ohne das Portfolio selbst zu verändern. Durch den Verkauf (Kauf) eines Futures reduziert (erhöht) sich das Gewicht der Aktie im Portfolio. So lässt sich die Wertentwicklung einer Aktie vom zugrundeliegenden Portfolio trennen, was der besseren Steuerung der Marktrisiken dient.

Indexprodukte sind z. B. Futures und Optionen auf in- und ausländische Aktienindizes (z. B. Dax, Dow Jones Euro Stoxx 50), spezielle Branchenindizes (z. B. Dow Jones Euro Stoxx – Branchenindex Banken) und im Handelssegment XTF der Deutschen Börse notierte Indexfonds. Alle Kontrakte werden durch Barausgleich erfüllt.

Handel und Preisbildung

Handelsphasen

Handelsphasen

An der Terminbörse gibt es börsentäglich vier Handelsphasen.

Perioden des Eurex-Handels	
Pre-Trading-Periode (Vorbörsliche Phase)	Börsenteilnehmer können Aufträge und Quotes eingeben und Informationen abfragen.
Opening-Periode (Eröffnungs-Phase)	Aufgrund der bis dahin eingegebenen Aufträge und Quotes wird ein vorläufiger Eröffnungspreis angezeigt, der zunächst noch durch weitere Aufträge und Quotes verändert werden kann. Im Rahmen des anschließenden Ausgleichsprozesses wird ein endgültiger Eröffnungspreis nach dem Meistausführungsprinzip ermittelt.
Trading-Periode (Handels-Phase)	Alle Optionsserien und Finanz-Terminkontrakte werden fortlaufend gehandelt.
Post-Trading-Periode (Nachbörsliche Phase)	Börsenteilnehmer können noch etwa zwei Stunden nach dem Ende der Handels-Phase Aufträge und Quotes in das System eingeben. Das Zusammenführen (Matching) der eingegebenen Aufträge und Quotes ist erst am folgenden Tag möglich. Nach Schließung der nachbörslichen Eingabe steht das System weiterhin zur Informationsabfrage zur Verfügung.

Aufträge und Quotes

Das System der Terminbörse arbeitet mit Orders (Aufträge) und Quotes (Angebote).

Orders

Orders (Aufträge) sind Kauf- oder Verkaufsaufträge über Optionen, Stillhalterpositionen oder Finanzterminkontrakte.

Das System der Terminbörse nimmt unlimitierte (bestens/billigst), limitierte, kombinierte und – bei Futures – Stop-Aufträge an. Aufträge müssen bei Eingabe als Eigenauftrag oder Kundenauftrag sowie als Eröffnungs- oder Glattstellungsgeschäft gekennzeichnet sein. Sie werden den Börsenteilnehmern vom System bestätigt.

Kombinierte Aufträge bei Optionen

Kombinierte Aufträge bei Optionen lauten auf gekoppelte Ausführung von zwei Einzelaufträgen. Sie werden als ein Auftrag behandelt, der aus zwei Teilen besteht. Sie müssen FOK- oder IOC-Aufträge sein.

Beispiele

- gleichzeitiger Kauf und Verkauf derselben Anzahl Kaufoptionen (Calls),
- gleichzeitiger Verkauf einer gleichen Anzahl von Kauf- und Verkaufsoptionen desselben Basiswertes.

Kombinierte Aufträge bei Futures

Kapitel 4.5.3.2

Kombinierte Aufträge bei Futures lauten auf gleichzeitige Ausführung von zwei Einzelaufträgen über Kauf und Verkauf der gleichen Anzahl von Kontrakten desselben Produkts, die sich nur in der Fälligkeit voneinander unterscheiden (Time Spread). **Stop-Aufträge** stellen eine **nur bei Future-Aufträgen** mögliche Ausführungsbeschränkung dar. Es handelt sich um limitierte Aufträge, die erst bei Erreichen eines Preislimits ausgeführt werden. Ist im laufenden Handel in dem jeweiligen Future-Kontrakt der für Stop-Aufträge angegebene Preis erreicht oder über- bzw. unterschritten, werden die Aufträge automatisch in der Reihenfolge ihrer Eingabe zu unlimitierten Aufträgen.

Auftragsarten bei Optionen

Auftragsarten im Eurex-Optionshandel

unlimitierte Aufträge (billigst/bestens)

- ohne Angabe einer Gültigkeitsdauer = Tagesorder (tagesgültig)
- mit Angabe einer Gültigkeitsdauer:
  - Good-till-cancelled (GTC) = gültig bis Widerruf
  - Good-till-date (GTD) = gültig bis Fristablauf

limitierte Aufträge (mit Preislimit)

- ohne Angabe einer Gültigkeitsdauer oder einer Ausführungsbeschränkung = Tagesorder (tagesgültig)
- mit Angabe einer Gültigkeitsdauer (uneingeschränkt limitierte Aufträge):
  - Good-till-cancelled = gültig bis Widerruf
  - Good-till-date = gültig bis Fristablauf
- mit Ausführungsbeschränkung (eingeschränkt limitierte Aufträge):
  - Fill-or-kill (FOK [Erfüllen oder löschen]) = sofortige Gesamtausführung oder Löschung des Auftrags
  - Immediate-or-cancel (IOC [Erfüllen soweit möglich, Rest löschen]) = sofortige Ausführung so weit wie möglich und Löschung des unausgeführten Teils

kombinierte Aufträge (mit Preislimit versehene Kombination von zwei Einzelaufträgen)

- mit Ausführungsbeschränkung (eingeschränkt limitierte Aufträge):
  - Fill-or-kill (FOK [Erfüllen oder löschen]) = sofortige Gesamtausführung oder Löschung des Auftrags
  - Immediate-or-cancel (IOC [Erfüllen soweit möglich, Rest löschen]) = sofortige Ausführung so weit wie möglich und Löschung des unausgeführten Teils

Quotes

Quotes (Angebote) sind verbindliche Geld- oder Briefkurse, zu denen ein Marktteilnehmer kauft oder verkauft. Sie können in das System eingegeben werden

- für Optionen nur von Market-Makern,
- für Futures von allen Marktteilnehmern.

Market-Maker sind verpflichtet, für alle Optionsserien der von ihnen betreuten Basiswerte auf Anforderung verbindliche Nachfrage- oder Angebotspreise (Quotes) zu stellen. Quotes können auch ohne Anforderung in das System der Terminbörse eingegeben werden. Dabei gilt:

- Quotes vor Handelsbeginn erlauben dem Market-Maker, an der Bildung der Eröffnungspreise für eine Serie teilzunehmen.
- Quotes während des Handels erlauben dem Market-Maker, kontinuierlich „einen Markt“ zu machen oder schnell auf Veränderungen zu reagieren.

Auftragsausführung (Matching)

Matching

Alle eingegebenen Orders (Aufträge) und Quotes (Angebote) werden im **elektronischen Orderbuch** erfasst. Dort werden sie automatisch nach den Kriterien Preis und Eingabezeitpunkt mit Prioritäten versehen. Unlimitierte Aufträge, sog. Market

Orders, erhalten die höchste Priorität. Limitierte Aufträge und Quotes werden so sortiert, dass die höchsten Nachfragekurse (Bid) und die niedrigsten Angebotskurse (Ask) Vorrang haben. Bei gleichem Preis hat die zuerst eingegebene Order Priorität. Unlimitierte Aufträge werden in jedem Fall vor limitierten Aufträgen ausgeführt.

Stehen sich zwei Aufträge nach den in den Handelsbedingungen festgelegten, börsenüblichen Regeln als ausführbar gegenüber, veranlasst das System automatisch den Geschäftsabschluss (Matching). Nicht sofort ausführbare oder nur teilweise ausgeführte Aufträge bleiben im Orderbuch weiterhin gespeichert.

▸ Kapitel 4.5.3.3

Das System bietet eine Reihe von Standardkombinationen wie z. B. Spreads, Straddles und Strangles an. Solche kombinierten Aufträge werden nicht in einem separaten Kombinationsorderbuch geführt, sondern in das normale Orderbuch eingestellt.

Zustandekommen von Geschäften

Alle Geschäfte an der Eurex kommen nur zwischen der Clearing-Stelle der Terminbörse und einem Clearing-Teilnehmer zustande. Für einen Börsenteilnehmer, der nicht Clearing-Mitglied ist, kommen Geschäfte nur über den Clearing-Teilnehmer zustande, über den er seine Geschäfte an der Terminbörse abwickelt.

Clearing

Clearing

Wenn ein Geschäftsabschluss zustande kommt, stellt sich die Eurex Clearing AG als Kontrahent beider Vertragspartner zwischen Käufer und Verkäufer. Sie stellt die Erfüllung aller an der Terminbörse eingegangenen Verpflichtungen sicher. Sie ist integrierter Teil der Terminbörse und führt die Abwicklung, Besicherung sowie die geld- und stückemäßige Regulierung aller an der Terminbörse abgeschlossenen Geschäfte durch. Die Eurex Clearing AG ist auch zentraler Kontrahent im Aktien- und Anleihehandel über Xetra und bei Geschäften mit Derivaten, die an OTC-Märkten abgeschlossen wurden.

▸ Kapitel 4.4.7.3

Kontraktpartner

Kontraktpartner der Clearing-Stelle können nur Clearing-Teilnehmer sein. Die Eurex unterscheidet

General-Clearing-Teilnehmer

- General-Clearing-Teilnehmer, die Eigengeschäfte, Kundengeschäfte und Geschäfte von Börsenteilnehmern ohne Clearing-Lizenz abwickeln können,

Direct-Clearing-Teilnehmer

- Direct-Clearing-Teilnehmer, die nur Eigengeschäfte, Kundengeschäfte und Geschäfte konzernverbundener Non-Clearing-Teilnehmer, mit denen eine 100 %ige Kapitalbeteiligung besteht, abwickeln dürfen,

Non-Clearing-Teilnehmer

- Non-Clearing-Teilnehmer, die keine Clearing-Lizenz besitzen und ihre Geschäfte über einen General-Clearer abwickeln lassen müssen.

Für Direct-Clearing-Mitglieder gelten geringere Eigenkapital- und Garantieanforderungen als für General-Clearing-Teilnehmer.

Sicherheitsleistungen

Die Eurex verlangt von ihren Clearing-Mitgliedern Sicherheitsleistungen (Margins). Ihre Höhe wird börsentäglich nach dem Risikogehalt der Produkte berechnet, wobei alle börslich und außerbörslich gehandelten Produkte eines Clearing-Mitglieds zusammengefasst und als Gesamtrisiko bewertet werden. Durch die Sicherheitsleistung sollen mit dem Termingeschäft verbundene Risiken abgesichert werden.

4.5.5.3 Handel von Optionsscheinen

Handel an Wertpapierbörsen

Kundenaufträge über Optionsscheine werden meist über die Börsenplätze Frankfurt oder Stuttgart ausgeführt. Die Preisbildung wird durch die zuständigen Börsenorgane, insbesondere die **Handelsüberwachungsstelle**, überwacht. In Frankfurt betreibt die Börse Frankfurt Zertifikate AG ein spezielles Handelssegment, in Stuttgart besteht das Handelssegment **EUWAX** (**Eu**ropean **Wa**rrant E**x**change). EUWAX

Der Handel erfolgt jeweils auf einem elektronischen System. **Kernelemente eines elektronischen Handelssystems** sind

- ein **elektronisches Orderbuch**, in dem Aufträge gesammelt und automatisch auf ihre Ausführbarkeit geprüft werden, und
- **Market-Maker** zur Verbesserung der Marktliquidität.

Market-Maker

Market-Maker bilden den Referenzmarkt für betreute Wertpapiere. Sie sind in den meisten Fällen identisch mit den Emittenten der Produkte. Sie sind während der Handelszeit verpflichtet, für ein bestimmtes Mindestvolumen fortlaufend **Quotes** (An- und Verkaufspreise) für die betreuten Produkte zu stellen. Die Quotes werden an das elektronische Handelssystem weitergeleitet und gehen so in die Preisermittlung ein. Für Kundenaufträge ist derjenige Quote am besten, der bei seinem gesuchten Volumen die geringste Differenz zwischen An- und Verkaufspreis (**Spread**) aufweist. Für die eingegebenen Quotes bestehen an den Börsen Standards, deren Einhaltung überwacht wird.

Quotes

Spreads

Außerbörslicher Handel

Direkthandel

Eine außerbörsliche Ausführung erfolgt als Kommissionsgeschäft mit dem Emittenten oder als Festpreisgeschäft im sogenannten Direkthandel. Der über Direktbanken auf Internetbasis organisierte **Direkthandel** mit den Emittenten oder spezialisierten Wertpapierfirmen ist durch ausgedehnte Handelszeiten geprägt. Anleger können bei einem ausgewählten Handelspartner verbindliche Kauf- und Verkaufskurse (Quotes) für die gewünschte Stückzahl eines speziellen Optionsscheins anfordern und Abschlüsse tätigen. Der außerbörsliche Handel unterliegt keiner staatlichen Aufsicht durch eine Handelsüberwachungsstelle.

4.6 Andere Anlagemöglichkeiten

Der Erfolg und das Risiko einer Vermögensanlage werden langfristig von der richtigen Aufteilung des Vermögens auf einzelne Anlageformen (Assetklassen) bestimmt.

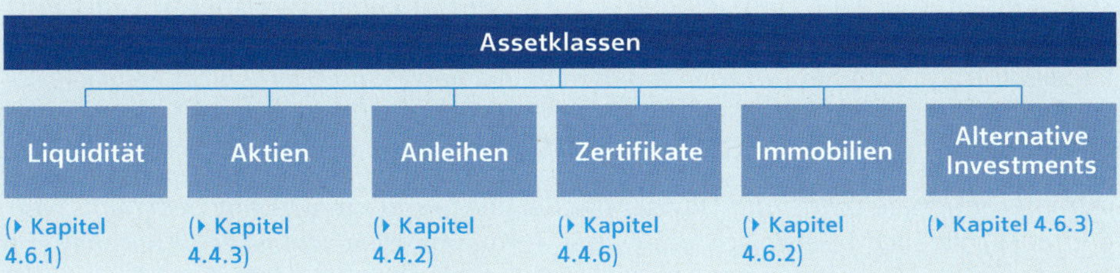

Asset-Allocation

Unter Beachtung der langfristigen Kundenziele und persönlicher und finanzieller Rahmenbedingungen beraten Kreditinstitute über die Aufteilung des Gesamtvermögens auf die einzelnen Assetklassen (Asset-Allocation).

Formen der Asset-Allocation	
strategisch	Aufteilung auf Assetklassen nach Ländern und Währungen
taktisch	Aufteilung auf Schuldnerklassen nach Branchen und Restlaufzeiten
operativ	Aufteilung auf Einzeltitel nach Fondsmanagern und Timing von Kauf/Verkauf

Zur Asset-Allocation können auch Anlagen in Investmentanteilen dienen.

Korrelation

Bei der Asset-Allocation wird auch der Zusammenhang in der Preisentwicklung von Vermögenswerten beachtet (Korrelationen).

So belegen Studien, dass z.B. die Preisentwicklung auf Aktien- bzw. Anleihemärkten und auf Rohstoffmärkten einen negativen Zusammenhang aufweist (negative Korrelation). In Zeiten sinkender Aktien- und Anleihekurse kann durch den Anstieg der Rohstoffpreise ein Risikoausgleich im Portfolio und damit eine stabile Rendite erreicht werden.

4.6.1 Anlagen auf dem Geldmarkt

Geldmarkt

Begriff Geldmarkt

Geldmarkt (Bankengeldmarkt) ist der Markt für kurzfristige Geldaufnahmen und Geldanlagen. Am Geldmarkt werden

- **Zentralbankguthaben von Kreditinstituten aufgenommen und ausgeliehen,**
- **Geldmarktpapiere von Zentralbanken an Kreditinstitute verkauft und zurückgekauft.**

Funktionen

Der Geldmarkt erleichtert den Kreditinstituten ihre Liquiditätsposition. Er dient

- zur Beschaffung von Zentralbankgeld, wenn sich aus der Gelddisposition des einzelnen Kreditinstituts ein Liquiditätsbedarf ergibt,
- zur Anlage von Zentralbankgeld, wenn sich aus der Gelddisposition des einzelnen Kreditinstituts Liquiditätsüberschüsse ergeben.

Der Geldmarkt bietet der Europäischen Zentralbank die Möglichkeit, durch Einsatz ihres notenbankpolitischen Instrumentariums die Liquiditätslage der Kreditinstitute zu beeinflussen und den Kreditgewährungsspielraum gemäß ihren geld- und währungspolitischen Zielen zu steuern.

Für Privatanleger und Unternehmen, die kein Bankgeschäft betreiben, gibt es bisher keinen direkten Zugang zum Geldmarkt. Ein indirekter Zugang eröffnet sich aber über Anteilscheine von Geldmarktfonds. Einlagenzertifikate, die ebenfalls als Geldmarktpapiere infrage kommen, werden auf dem deutschen Markt bisher nicht emittiert.

Geldhandel

Geldhandel

Der internationale Geld- und Devisenhandel läuft rund um die Uhr. Geschäfte werden ausschließlich telefonisch oder über Terminals abgeschlossen. Anschließend ausgetauschte Bestätigungen dienen lediglich Kontroll- und Buchungszwecken.

Beim Abschluss eines Geldhandelsgeschäftes muss Übereinstimmung erzielt werden über Betragshöhe, Laufzeit, Zinssatz und Anschaffung.

Geldsatz
Briefsatz

Viele Institute nennen im Geldhandel zwei Sätze, z. B. „Tagesgeld 0,50 zu 0,65“. 0,50 ist der Geldsatz. Das Kreditinstitut ist bereit, zum Zinssatz von 0,5 % Tagesgeld aufzunehmen, 0,65 ist der Briefsatz. Das Kreditinstitut ist bereit, Tagesgeld gegen 0,65 % Zinsen auszuleihen. Das gleichzeitige Nennen von Geld- und Briefsätzen erleichtert den Kreditinstituten, Geld „durchzuhandeln“, d. h. aufgenommenes Geld am gleichen Tag mit Zinsaufschlag an eine andere Geldmarktadresse weiterzugeben.

Gehandelte Gelder

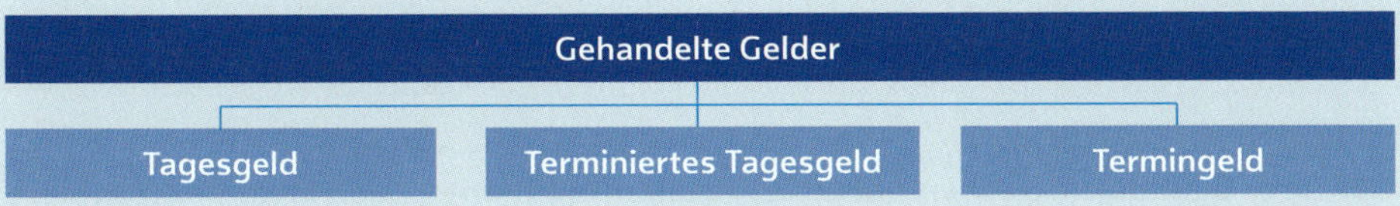

Tagesgeld
▸ Kapitel 4.2.2.2

Tagesgeld ist am Tag nach dem Abschluss zuzüglich der Zinsen zurückzuzahlen (**Overnight**). Referenzzins ist der EONIA (**E**uro **O**vernight **I**ndex **A**verage). Wird für Tagesgeld, das über das Wochenende oder einen Feiertag läuft, am Freitag bzw. am Tag vor dem Feiertag ein Zinssatz vereinbart, so gilt dieser auch für das Wochenende bzw. den Feiertag.

TOM/NEXT
SPOT/NEXT

Neben Tagesgeld (Overnight) gibt es **TOM/NEXT-Geschäfte** (tomorrow/next day) mit ein-werktägiger Valuta sowie **SPOT/NEXT-Geschäfte** mit 2-werktägiger Valuta.

Daneben wird auch **„tägliches Geld“** gehandelt. Es kann mit einer **Kündigungsfrist von einem Tag** zurückgefordert werden.

Beispiele

	Abschlusstag	Laufzeitbeginn	Fälligkeit
Overnight	10.06. (Mo.)	10.06.	11.06.
tom/next	10.06. (Mo.)	11.06.	12.06.
spot/next	10.06. (Mo.)	12.06.	13.06.

Terminiertes Tagesgeld

Terminiertes Tagesgeld hat eine fest vereinbarte Laufzeit zwischen mehr als einem, aber weniger als 30 Tagen. Es wird kalendermäßig verzinst, d. h., auch der 31. eines Monats wird in die Zinsberechnung einbezogen.

Termingeld

Termingeld hat eine Mindestlaufzeit von einem Monat (Monatsgeld). Weitere übliche Termingelder sind Dreimonatsgeld, Sechsmonatsgeld und Zwölfmonatsgeld. In der Praxis des Geldhandels kommen auch dazwischenliegende Laufzeiten vor.

- Die Anschaffung (Settlement) erfolgt Valuta 2-werktägig (sog. Spot-Valuta). Der Kapitalbetrag wird zwei Werktage nach dem Abschlusstag bereit gestellt. An diesem Tag beginnt auch der Zinslauf.
- Die Zinsen werden nach der internationalen Zinsmethode (Eurozinsmethode, act/360-Tage-Methode) berechnet. Die Zinstage werden kalendermäßig genau ausgezählt und auf ein Jahr mit 360 Tagen bezogen. Sie werden, wenn nichts anderes vereinbart ist, am Fälligkeitstag mit dem Kapital zurückgezahlt.

Grundlage der Zinsvereinbarungen im Termingeldhandel unter Kreditinstituten ist der EURIBOR (**Euro Interbank Offered Rate**). Der entsprechende Referenzzinssatz am Londoner Markt ist der **Euro-LIBOR** (**L**ondon **I**nterbank **O**ffered **R**ate).

▸ Kapitel 4.4.2.2

Geldmarktpapiere

Geldmarktpapiere

Geldmarktpapiere	
Staatspapiere	**private Geldmarktpapiere**
z. B. ▸ Unverzinsliche Schatzanweisungen ▸ Bundesschatzanweisungen	z. B. ▸ Certificates of Deposit (CD) ▸ Commercial Papers (CP)

Auf dem Geldmarkt werden neben Zentralbankguthaben auch Geldmarktpapiere gehandelt. Staatspapiere sind erstklassige kurzfristige Schuldverschreibungen eines EU-Mitgliedstaates. Private Geldmarktpapiere sind Certificates of Deposit (CD) und Commercial Papers (CP). CDs (Einlagenzertifikate) und CPs sind Inhaberpapiere. CDs werden von Kreditinstituten, CPs von Unternehmen mit erstklassiger Bonität emittiert.

▸ Kapitel 4.4.2.3.3

Für den Handel am deutschen Geldmarkt kommen zurzeit nur Unverzinsliche Schatzanweisungen und verzinsliche Bundesschatzanweisungen infrage.

Unverzinsliche Schatzanweisungen Bundesschatzanweisungen

Unverzinsliche Schatzanweisungen, Bundesschatzanweisungen

Unverzinsliche Schatzanweisungen (U-Schätze, Bubills) werden vom Bund über die Deutsche Finanzagentur im monatlichen Rhythmus emittiert. Sie haben eine Standardlaufzeit von 6 und 12 Monaten und werden im Tenderverfahren über die Bietergruppe Bundesemissionen begeben. Die Zinsberechnung erfolgt nach der Eurozinsmethode (act/360). Unverzinslich heißen die Papiere deshalb, weil sie ohne Zinsschein als Abzinsungspapiere unter Abzug des Zinsbetrags begeben und bei Fälligkeit zum Nennwert zurückgezahlt werden. Die Verzinsung ergibt sich aus der Differenz zwischen Nennwert und Kaufkurs.

U-Schätze werden nicht in den Börsenhandel eingeführt, können aber über Banken von jedermann erworben werden.

Bundesschatzanweisungen werden in vierteljährlichem Rhythmus mit einer Laufzeit von 2 Jahren angeboten. Sie werden im Tenderverfahren begeben. Die Zinsen werden tag- und jahrgenau berechnet (act/act).

Bundesschatzanweisungen werden in den Börsenhandel eingeführt. Die Deutsche Bundesbank nimmt im Auftrag und für Rechnung des Bundes am Börsenhandel teil.

Certificates of Deposit (CD)

Certificates of Deposit (CD)

CDs entstehen durch die Verbriefung von Termineinlagen bei Kreditinstituten. Sie sind als Inhaberpapiere handelbar, während Termineinlagen Buchschulden sind, die auf den Namen des Anlegers lauten und über die erst bei Fälligkeit verfügt werden kann. Laufzeiten von CDs können zwischen wenigen Tagen und fünf Jahren liegen. International haben sich Standardlaufzeiten von 30, 90 und 180 Tagen durchgesetzt. Die Zinszahlung erfolgt in der Regel bei Fälligkeit. Durch die Emission von CDs können sich Kreditinstitute bei Bedarf kurz- bis mittelfristige Passiva beschaffen, die schnell und in größeren Beträgen als zusätzliche Mittel zur Verfügung stehen. Käufer von CDs sind vorwiegend Geldmarktfonds, Versicherungen, Kreditinstitute und andere Unternehmen mit Liquiditätsüberschüssen.

4.6.2 Anlagen in Immobilien

Wesen der Immobilienanlage

Immobilienanlagen sind Geld- und Vermögensanlagen in Einfamilienhäusern, Mehrfamilienhäusern, Eigentumswohnungen, Gewerbebauten, gemischtwirtschaftlich genutzten Gebäuden und in Grundstücken (direkte Immobilienanlagen).
Bei Immobilienanlagen ist zu beachten:

Besonderheiten

- Jede Immobilie hat ihre besonderen Eigenschaften und stellt damit ein besonderes, einzigartiges Anlageobjekt dar.
- Immobilien erfordern im Vergleich zu anderen Kapitalanlagen sehr hohe Anlagebeträge.
- Immobilien haben grundsätzlich einen eingeschränkten Liquiditätsgrad.
- Erwerb und Verkauf unterliegen besonderen Vorschriften, z. B. notarielle Beurkundung des Kaufvertrags, Eintragung des Eigentumsübergangs im Grundbuch.
- Beim Erwerb ist die im jeweiligen Bundesland gültige Grunderwerbsteuer zwischen 3,5 % und 6,5 % zu zahlen. Immobilienbesitz unterliegt der Grundsteuer, die jährlich von den Gemeinden erhoben wird.
- Immobilienmärkte sind in der Regel örtliche Märkte.

Die meisten Anleger verbinden mit Immobilien die Vorstellung von Sicherheit und Wertbeständigkeit. Diese Vorstellung wird durch die Erfahrungen in der Vergangenheit gestützt. Sachwerte gewähren Inflationsschutz.

eigengenutzte Immobilien

Eigengenutzte Immobilien werden häufig aus persönlichen Erwägungen und Wünschen gebaut oder erworben. Renditeüberlegungen spielen nur selten eine entscheidende Rolle. Der Anleger beabsichtigt nicht, unbedingt eine Rendite zu erzielen. Ein wichtiges wirtschaftliches Kriterium ist aber auch für ihn die laufende Belastung aus der Finanzierung der Immobilie.

fremdgenutzte Immobilien

Fremdgenutzte Immobilien werden sowohl unter dem Gesichtspunkt der Wertsicherung als auch unter Rentabilitätsgesichtspunkten gebaut oder erworben. Die erzielbaren Renditen liegen momentan sogar über dem Kapitalmarktzins. Hinzu kommen Wertbeständigkeit und Wertsteigerungsmöglichkeiten von Immobilien.

indirekte Immobilienanlagen ▸ Kapitel 4.4.4.2.3

Indirekte Immobilienanlagen sind Beteiligungen an offenen oder geschlossenen Immobilienfonds oder der Erwerb von börsennotierten Immobilienaktien, Reits oder Zertifikaten auf Immobilienindizes.

REITs

Real Estate Investment Trusts

Real Estate Investment Trusts (REITs) sind börsennotierte Immobilien-Aktiengesellschaften, die von der Gewerbe- und Körperschaftsteuer befreit sind. Sie müssen mindestens 90 Prozent ihrer Gewinne als Dividenden ausschütten. Die Dividende unterliegt beim Anleger in voller Höhe der Besteuerung.
Deutsche Reit-Gesellschaften müssen ein Mindestgrundkapital von 15 Millionen Euro haben. Ihr Vermögen muss überwiegend in Gewerbeimmobilien angelegt sein. Innerhalb von 5 Jahren darf höchstens die Hälfte des Immobilienbestandes veräußert werden. Für stille Reserven aus Immobilien, die in einen Reit eingebracht werden, gilt ein auf drei Jahre befristeter Steuernachlass von 50 % (Exit Tax) auf den Wertansatz, wenn der Reit diese Immobilien mindestens 4 Jahre im Besitz hält.
Die Unterschiede zwischen Reits und anderen indirekten Immobilienanlagen sind:

- Vermeidung der doppelten Besteuerung der Ausschüttungen bei AG und Anleger im Vergleich zu normalen Immobilienaktien.
- Preisbildung durch Angebot und Nachfrage im Vergleich zu offenen Immobilienfonds.
- Hohe Liquidität durch Börsenhandel im Vergleich zu geschlossenen Immobilienfonds.

4.6.3 Alternative Investments

Alternative Investments

Der Begriff Alternative Investments (AI) ist nicht fest definiert. Er umfasst Anlageformen mit folgenden Kennzeichen:

- geringe bzw. negative Korrelation der Preisentwicklung mit Aktien und Anleihen,
- geringerer Liquiditätsgrad als bei börsennotierten Wertpapieren,
- geringere Transparenz im Vergleich zu anderen Assetklassen durch geringeren gesetzlichen Regulierungsgrad.

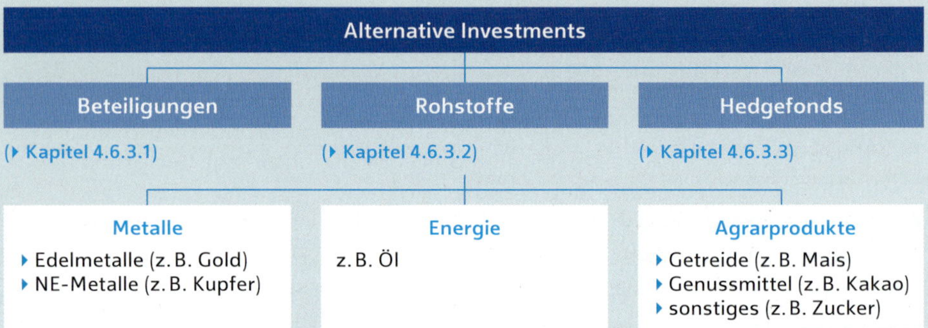

Die Anlagen werden im Rahmen der Vermögensstrukturierung (Asset-Allocation) zur Risiko- und Renditeoptimierung eingesetzt.

Wesen der Beteiligung

▸ Kapitel 4.4.8.1

4.6.3.1 Anlagen in Beteiligungen

Anlagen in Beteiligungen werden von Kreditinstituten in Form von Anteilen an geschlossenen Fonds angeboten. Privatkunden angebotene geschlossene Fonds sind entweder **risikogemischte oder nicht risikogemischte geschlossene Publikumsfonds** auf Basis des KAGB oder im Falle von ausländischen Gesellschaften **Vermögensanlagen** nach dem Vermögensanlagengesetz. In jedem Fall sind in der Anlageberatung die Vorgaben des WpHG zu beachten. Die Anlagen eignen sich für steuerorientierte Anleger, die aufgrund ihrer Einkommens- und Vermögensverhältnisse höhere Anlagebeträge aufbringen und auch die besonderen Risiken von Beteiligungsprodukten tragen können.

Kennzeichen

Kennzeichen einer Anlage in Beteiligungen sind:

- Mit vergleichsweise niedrigen Beträgen (meist ab 10000 Euro) kann sich ein Anleger durch Beteiligung als Kommanditist an einer geschlossenen Investment-KG an der Finanzierung großer Investitionsobjekte (z. B. Gewerbeimmobilien, Schiffe, Windkraftanlagen) beteiligen.
- In die Abwicklung der Investition und anschließende Verwaltung ist der Anleger nicht eingebunden.
- Durch die Beteiligung können Investitionsvorteile aus Anlageobjekten genutzt werden, die als Einzelanleger in der Regel nicht finanzierbar wären.
- Mit geschlossenen Fonds investiert der Anleger meist in Sachwertanlagen, die Inflationsschutz und Renditen unter Nutzung oft weitgehend steuerfreier Rückflüsse bieten.

- Die Anlage ist durch geringe Liquidität im Zweitmarkt und eine langfristige Kapitalbindung geprägt.

Der Anleger ist wirtschaftlich, steuerlich und haftungsrechtlich an Gesellschaften (z. B. als Kommanditist an einer GmbH & Co. KG) entweder direkt oder über ein Treuhandverhältnis indirekt beteiligt. Er erzielt meist Gewinneinkünfte im Rahmen der Einkünfte aus Gewerbebetrieb.

Anlageobjekte

Anlageobjekte für geschlossene Fonds sind häufig:

- Schiffe (Schiffsbeteiligungen, Schiffsfonds),
- Flugzeuge (Flugzeugfonds),
- in- und ausländische Immobilien (geschlossene Immobilienfonds),
- weiterverkaufte Lebensversicherungen (Lebensversicherungsfonds),
- Energie erzeugende Anlagen (Windkraft- oder New Energy-Fonds),
- Beteiligungen am Eigenkapital nicht börsennotierter Unternehmen (Private-Equity-Fonds als geschlossene Fonds),

§ 262 KAGB

Auch inländische geschlossene Fonds müssen das bei Anlegern eingesammelte Kapital nach dem **Grundsatz der Risikomischung** investieren. Der Grundsatz gilt als erfüllt, wenn **mindestens drei Sachwerte** enthalten sind oder bei wirtschaftlicher Betrachtung eine Streuung des Ausfallrisikos gewährleistet ist. Inländische geschlossene Fonds, die den Grundsatz der Risikomischung nicht einhalten, dürfen von Privatanlegern nur erworben werden, wenn sie **mindestens 20000 Euro** investieren und der Verkaufsprospekt und die wesentlichen Anlegerinformationen auf das Ausfallrisiko mangels Risikomischung hinweisen.

Grundlage für die Beratung von im Inland öffentlich angebotenen geschlossenen Fonds ist ein von der BaFin genehmigter **Verkaufsprospekt**. Der Verkaufsprospekt informiert über den Emittenten, den Inhalt der Beteiligung, das Chancen- und Risikoprofil und die steuerlichen Wirkungen. Die im Verkaufsprospekt gemachten Angaben werden durch die BaFin nur auf innere Widersprüche geprüft. Alle Chancen, Risiken und Kosten der Anlage sind in wesentlichen Anlegerinformationen zusammenzustellen.

Risiken bei Beteiligungen

Die in Prospekten angegebenen Renditen basieren auf Prognosen über zukünftige Erlöse und Kosten, die mit Unsicherheit behaftet sind. Beteiligungsprodukte sind durch unternehmerische Risiken und eine geringe Liquidität geprägt. Zusätzlich sind Nebenkosten (Nebenkostenrisiko) und Rechtsrisiken in Hinblick auf die steuerliche Behandlung zu berücksichtigen.

Vergleich von offenen und geschlossenen Fonds am Beispiel von Immobilienfonds

	offene Immobilienfonds	geschlossene Immobilienfonds
Anzahl der Immobilien im Fonds	viele mit großer regionaler Streuung; daraus ergibt sich ein niedriges Chancen- und Risikoprofil	eine oder wenige (drei Objekte für Risikomischung) ohne regionale Streuung; daraus ergibt sich ein hohes Chancen- und Risikoprofil
Anlagebetrag	ab 50 Euro	meist ab 5000 Euro, ab 20000 Euro sofern nicht risikogemischt
Flexible Ein- und Auszahlungen	möglich über Spar- und Auszahlpläne	nicht möglich

	offene Immobilienfonds	geschlossene Immobilienfonds
Liquidität	hoch durch Möglichkeit der Rückgabe und ggf. Börsenhandel	gering, da regelmäßig kein liquider Zweitmarkt besteht
Rechtsposition des Anlegers	Miteigentümer zu Bruchteilen am Sondervermögen	Gesellschafter mit unternehmerischer Haftung
Steuerliche Behandlung	Einkünfte aus Kapitalvermögen für Privatanleger	Einkünfte aus Gewerbebetrieb oder aus Vermietung und Verpachtung

Anlagen in Rohstoffen

4.6.3.2 Anlagen in Rohstoffen

Rohstoffanlagen können Anlagen in Edel- und Nichtedelmetallen (NE-Metalle), z. B. Gold, Kupfer oder Nickel, sowie in Agrar- und Energieprodukten, z. B. Kaffee, Baumwolle oder Öl, sein. Die Anlage kann **direkt**, z. B. Kauf von Goldbarren oder Abschluss von Terminkontrakten über Rohstoffe, oder **indirekt** über die Anlage in Aktien von Rohstoffproduzenten (z. B. Goldminenaktien), den Kauf von Zertifikaten auf einen Rohstoffindex, den Kauf von ETC oder den Kauf von Investmentanteilen (Investmentfonds mit physischer Goldanlage oder Rohstoffaktien) erfolgen.

Anlagemotive

Anlagen in Rohstoffen eignen sich für Kunden, die

- das Gesamtrisiko einer Vermögensanlage durch die Beimischung von Rohstoffen bei konstanter Renditeerwartung senken wollen (Rohstoffanlage zur Asset-Allocation),
- wenig Vertrauen zu Anlagen auf Konten oder in Wertpapieren haben,
- sachwertorientierte Anlagen bevorzugen,
- sich am Rohstoffmarkt spekulativ engagieren wollen.

Risiken von Rohstoffen

Zu den **speziellen Risiken** von Rohstoffanlagen gehört aus der Sicht eines Anlegers im Euro-Währungsgebiet das Währungsrisiko, da nahezu alle Rohstoffe auf Basis von US-Dollar gehandelt werden. Kreditinstitute bieten deshalb währungsgesicherte Rohstoffanlagen, beispielsweise in Form von Anlagezertifikaten an. Preisrisiken ergeben sich nicht nur aus der Verschiebung von Angebot und Nachfrage nach den einzelnen Rohstoffen. Bei Agrarprodukten wird die Preisentwicklung durch klimatische Bedingungen, bei Energieprodukten stark durch das politische Umfeld beeinflusst. Eine Veränderung dieser Faktoren ist für Anleger unkalkulierbar.

ETCs

Exchange Traded Commodities	
Exchange Traded Commodities (ETCs) sind börsengehandelte Rohstoffanlagen. Sie werden an der Frankfurter Wertpapierbörse fortlaufend im elektronischen Handelssystem Xetra gehandelt. Die Notierung der Schuldverschreibungen erfolgt in Euro pro Stück.	ETCs folgen in der Preisentwicklung den jeweils von Dow Jones Indizes berechneten Rohstoffindizes oder bei Edelmetallen dem Kassapreis. Anleger können mit ETCs in Rohstoffe investieren, ohne dabei Terminkontrakte erstehen oder Rohstoffe physisch beziehen zu müssen.

4.6.3.3 Hedgefonds

Hedgefonds

Hedgefonds sind Investmentvermögen, die in ihrer Anlagepolitik unreguliert oder kaum reguliert sind. Sie werden aktiv verwaltet. Zur Umsetzung ihrer Anlagepolitik setzen sie auch Käufe und Verkäufe von Edelmetallen, Derivaten und Warenterminkontrakten ein, nehmen Leerverkäufe vor und nehmen zur Erzielung von Hebeleffekten (Leverage) auch Kredite auf.

Leerverkäufe

Bei **Leerverkäufen** werden Vermögensgegenstände, z.B. Aktien, verkauft, die zu diesem Zeitpunkt noch gar nicht zum Sondervermögen gehören. Dadurch kann ein Hedgefonds beispielsweise auf fallende Kurse spekulieren (Eingehen von Short-Positionen).

Leverage

Leverage ist nach einer Definition der BaFin jede Methode, mit der der Investitionsgrad des Investmentvermögens durch Wertpapierdarlehen, Kreditaufnahme oder in Derivate eingebettete Hebelfinanzierungen erhöht wird. Zum Beispiel wird der Kauf eines Aktienpakets fremdfinanziert, um dieses Paket später mit Gewinn zu verkaufen. Ohne eigene Mittel einzusetzen, fließt dem Investmentvermögen beim Verkauf der Gewinn (abzüglich der Kreditkosten) als Vermögensmehrung zu. Andererseits besteht das Risiko, dass das Paket unter dem Einstandspreis verkauft werden muss und in diesem Fall ein Vermögensverlust entsteht.

In Deutschland aufgelegte und vertriebene Hedgefonds unterliegen der Aufsicht nach dem KAGB. In Deutschland zugelassene Kapitalverwaltungsgesellschaften können Single- und Dach-Hedgefonds auflegen. Dach-Hedgefonds können von Privatkunden erworben werden.

§ 225 KAGB

Dach-Hedgefonds dürfen sowohl inländische regulierte Single-Hedgefonds als auch ausländische Investmentvermögen mit vergleichbarer Anlagepolitik als Zielfonds erwerben. Bei der Auswahl der Zielfonds sind neben dem Grundsatz der Risikomischung weitere Vorschriften zu beachten, z.B. dürfen nicht mehr als 20% eines Dachfonds in einem Zielfonds angelegt sowie Leverage und Leerverkäufe für den Dachfonds nicht durchgeführt werden. Single-Hedgefonds, die als Spezialfonds nur an professionelle und semiprofessionelle Anleger verkauft werden dürfen, sind in ihren Strategien dagegen gesetzlich kaum beschränkt.

Hedgefonds gelten als sehr risikoreiche Geldanlage, auch wenn ihr Name („hedging" = Eingrenzung) eher auf Risikoabsicherungsstrategien hinweist.

Vergleich traditioneller Investmentfonds und Hedgefonds

Vergleich zwischen traditionellen Investmentfonds und Hedgefonds

Traditionelle Investmentfonds	Hedgefonds
‣ Anlagepolitik ist auf eine Renditeerzielung im Verhältnis zu einem Vergleichsmaßstab (Benchmark) ausgerichtet ‣ begrenzter Einsatz von Derivaten möglich; Hebeleffekt durch Fremdkapitalaufnahme und gezielte Leerverkäufe nicht erlaubt ‣ hohe Korrelation der Fondspreise mit der Preisentwicklung von klassischen Vermögenswerten ‣ generell keine Eigenbeteiligung der Fondsmanager	‣ Anlagepolitik ist auf die Erzielung absolut positiver Renditen ausgerichtet ‣ unbegrenzter Einsatz von Derivaten möglich; Hebeleffekt durch Fremdkapitalaufnahme und gezielte Leerverkäufe erlaubt ‣ niedrige Korrelation der Fondspreise mit der Preisentwicklung von klassischen Vermögenswerten ‣ Eigenbeteiligungen der Fondsmanager üblich

4.7 Besteuerung von Geld- und Vermögensanlagen

Bei der Kundenberatung über Geld- und Vermögensanlagen ist neben den Aspekten Liquidität, Rentabilität und Sicherheit einer Anlageform auch die steuerliche Behandlung einzubeziehen.

Steuern auf Geld- und Vermögensanlagen

Steuern auf Geld- und Vermögensanlagen

Steuern auf Erträge

- **Einkommensteuer** auf
  - Einkünfte aus Kapitalvermögen, z. B. Zinsen, Dividenden und Gewinne aus Wertpapierverkäufen
  - Einkünfte aus Vermietung und Verpachtung, z. B. Mieteinnahmen
  - Sonstige Einkünfte, z. B. Gewinne aus privaten Veräußerungsgeschäften
- **Solidaritätszuschlag** zur Einkommensteuer

Steuern bei Erwerb oder Veräußerung

- **Umsatzsteuer,** z. B. bei Depotverwahrung von Wertpapieren
- **Grunderwerbsteuer,** z. B. bei Immobilienkauf
- **Erbschaft- und Schenkungsteuer,** z. B. bei Erbschaft

Steuern auf Eigentum

- **Grundsteuer,** z. B. auf eine Eigentumswohnung

Abgeltungsteuer

Bei der **Auszahlung von Kapitalerträgen und bei Realisierung von Kursgewinnen** wird Einkommensteuer in Form der **Abgeltungsteuer** erhoben. Sie beträgt 25 % zuzüglich 5,5 % Solidaritätszuschlag und ggf. Kirchensteuer und wird von der auszahlenden Stelle einbehalten und anonym abgeführt. Mit der durch das auszahlende Institut abgeführten Abgeltungsteuer ist die Einkommensteuer abgegolten. Die Kapitalerträge bzw. realisierten Wertzuwächse brauchen in der Steuererklärung nicht mehr angegeben zu werden.

Die Abgeltungsteuer ist – wie die bei Auszahlung von Arbeitsentgelt durch den Arbeitgeber abgeführte Lohnsteuer – eine besondere Erhebungsform der Einkommensteuer. Der **Solidaritätszuschlag** in Höhe von 5,5 % ist eine Ergänzungsabgabe zur Einkommensteuer.

▸ Kapitel 4.7.4
▸ Kapitel 4.7.5

Andere Erträge aus Vermögensanlagen, z. B. Mieteinnahmen oder Gewinne aus privaten Veräußerungsgeschäften, sind mit dem persönlichen Steuersatz zu versteuern.

4.7.1 Grundzüge der Einkommensbesteuerung

4.7.1.1 Persönliche Steuerpflicht

persönliche Steuerpflicht

Die **persönliche Steuerpflicht** regelt, **wer Einkommensteuer zu zahlen hat**. Einkommensteuer wird von natürlichen Personen unabhängig vom Alter und der Nationalität erhoben. Juristische Personen zahlen Körperschaftsteuer.

Welteinkommensprinzip

Unbeschränkt steuerpflichtig sind natürliche Personen, die ihren **Wohnsitz oder gewöhnlichen Aufenthalt in der Bundesrepublik Deutschland haben**. In diesem Fall unterliegen **alle inländischen und ausländischen Einkünfte** der deutschen Einkommensteuer (sog. **Welteinkommensprinzip**).

Beschränkt steuerpflichtig sind natürliche Personen, die in der Bundesrepublik Deutschland Einkünfte erzielen, aber dort **keinen Wohnsitz oder gewöhnlichen Aufenthalt** haben. Der deutschen Einkommensteuer unterliegen nur die inländischen Einkünfte.

Ein gewöhnlicher Aufenthalt ist dort, wo sich jemand unter Umständen aufhält, die erkennen lassen, dass er an diesem Ort nicht nur vorübergehend verweilt. Ein gewöhnlicher Aufenthalt liegt regelmäßig spätestens dann vor, wenn der ununterbrochene Aufenthalt im Inland länger als **sechs Monate** dauert.

Kreditinstitute erfassen den Umfang der persönlichen Steuerpflicht ihrer Kunden im Rahmen der Legitimationsprüfung bei der Eröffnung von Konten.

4.7.1.2 Sachliche Steuerpflicht

sachliche Steuerpflicht

Die **sachliche Steuerpflicht** regelt, **was der Besteuerung zu unterwerfen** ist.

Das Einkommensteuergesetz definiert sieben Einkunftsarten, die in Gewinn- und Überschusseinkünfte aufgeteilt werden.

Sachliche Steuerpflicht

Gewinneinkunftsarten	Überschusseinkunftsarten
▸ Einkünfte aus Land- und Forstwirtschaft	▸ Einkünfte aus Vermietung und Verpachtung
▸ Einkünfte aus Gewerbebetrieb	▸ Einkünfte aus nichtselbstständiger Arbeit
▸ Einkünfte aus selbstständiger Arbeit	▸ Einkünfte aus Kapitalvermögen
	▸ Sonstige Einkünfte

Der **steuerpflichtige Gewinn** bei den Gewinneinkunftsarten ist

- bei Buchführungspflichtigen der Unterschiedsbetrag zwischen dem Betriebsvermögen am Schluss des Wirtschaftsjahres und dem Betriebsvermögen am Schluss des vorangegangenen Wirtschaftsjahres, zuzüglich Entnahmen und abzüglich Einlagen,
- bei nicht Buchführungspflichtigen der Überschuss der Betriebseinnahmen über die Betriebsausgaben.

Werbungskosten

Die **steuerpflichtigen Einkünfte** bei den Überschusseinkunftsarten werden als Überschuss der Einnahmen über die Werbungskosten und ggf. Freibeträge ermittelt. **Werbungskosten** stellen Ausgaben dar, die vom Steuerpflichtigen zum Erwerb, zur Sicherung und zum Erhalt von Einnahmen getätigt werden. Typische Beispiele von Werbungskosten bei Einkünften aus Kapitalvermögen sind Depotgebühren, Schrankfachmieten, Beiträge zu Aktionärsvereinigungen und Kosten für die Beratung über Kapitalanlagen. **Mit dem Sparer-Pauschbetrag sind alle Werbungskosten bei den Einkünften aus Kapitalvermögen abgegolten.**

4.7.1.3 Wichtige Begriffe des Einkommensteuerrechts

Einnahmen

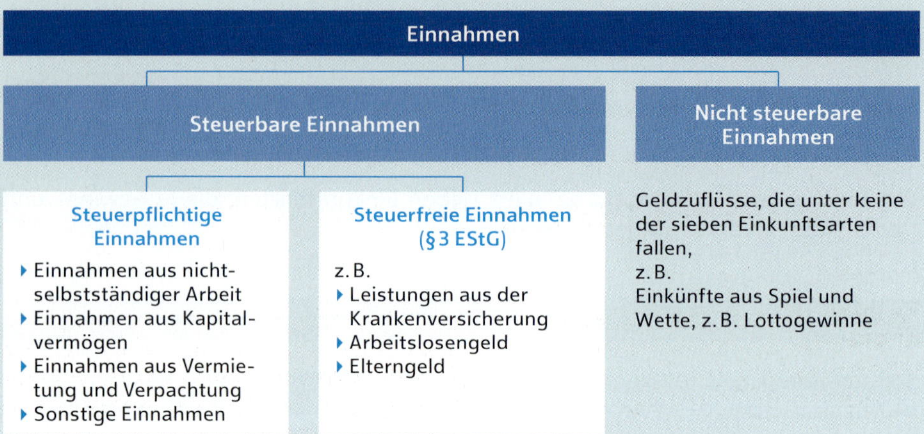

Einnahmen

Einnahmen fließen den Steuerpflichtigen meist in Geldform zu. Steuerbare Einnahmen können einer der sieben im Einkommensteuergesetz (EStG) genannten Einkunftsarten zugeordnet werden, andernfalls handelt es sich um nicht steuerbare Einnahmen, z. B. Lottogewinne.

Steuerbare Einnahmen können steuerpflichtig sein oder vom Gesetzgeber steuerfrei gestellt werden. Welche steuerbaren Einnahmen steuerfrei sind, wird im Einkommensteuergesetz geregelt.

Freibetrag und Freigrenze

Freibetrag
Freigrenze

Eine steuerpflichtige Einnahme führt nicht automatisch dazu, dass auch Einkommensteuer darauf erhoben wird, da im Gesetz **Freibeträge**, z. B. Sparer-Pauschbetrag, und **Freigrenzen**, z. B. 599,99 Euro bei privaten Veräußerungsgeschäften, gewährt werden.

Beispiel zu Freibetrag und Freigrenze

Ein alleinstehender Sparer erzielt Zinseinnahmen von 900 Euro. Bei den Einkünften aus Kapitalvermögen wird ein Freibetrag in Form des Sparer-Pauschbetrags von 801 Euro gewährt. Dadurch verringern sich die steuerpflichtigen Einkünfte aus Kapitalvermögen auf 99 Euro. Hätte es sich um eine Freigrenze gehandelt, wären 900 Euro steuerpflichtig gewesen.
Aus privaten Veräußerungsgeschäften erzielt der Sparer zusätzlich 600 Euro Gewinn. Da die Freigrenze von 599,99 Euro überschritten ist, ist der gesamte Gewinn steuerpflichtig. Hätte es sich um einen Freibetrag gehandelt, so wäre nur 1 Cent steuerpflichtig gewesen.

Zu versteuerndes Einkommen

zu versteuerndes Einkommen

Für die Berechnung der Einkommensteuer ist das **zu versteuernde Einkommen** maßgebend. Aus dem zu versteuernden Einkommen wird die tarifliche Einkommensteuer errechnet. Davon werden **Steuerermäßigungen**, wie z. B. im Ausland gezahlte Quellensteuern, abgezogen. Es ergibt sich die **festzusetzende Einkommensteuer**. Sie ist Basis für die Berechnung der Kirchensteuer und des Solidaritätszuschlags.

festzusetzende Einkommensteuer

Das zu versteuernde Einkommen wird über Zwischenschritte berechnet.

Wichtige Zwischengrößen bei der Ermittlung des zu versteuernden Einkommens

- **Summe der Einkünfte** = Saldo aus positiven und ggf. negativen Einkünften der sieben Einkunftsarten
- **Gesamtbetrag der Einkünfte** = Summe der Einkünfte ggf. abzüglich Altersentlastungsbetrag
- **Einkommen** = Gesamtbetrag der Einkünfte abzüglich Sonderausgaben und außergewöhnliche Belastungen
- **zu versteuerndes Einkommen** = Einkommen ggf. abzüglich Kinderfreibetrag

Sonderausgaben

Sonderausgaben sind Aufwendungen, die grundsätzlich privat veranlasst sind, aber wegen ihrer sozial- oder wirtschaftspolitischen Bedeutung dennoch steuerlich wirksam werden sollen, z. B. Kinderbetreuungskosten. Im Rahmen der Kundenberatung zur privaten Altersvorsorge sind Sonderausgaben in Form der Vorsorgeaufwendungen wichtig.

Sonderausgaben

Altersvorsorgeaufwand

Vorsorgeaufwendungen als Sonderausgaben

Altersvorsorgeaufwendungen	Sonstige Vorsorgeaufwendungen
• Beiträge zur gesetzlichen Rentenversicherung • Beiträge zu privaten Leibrentenversicherungen („Rürup-Rente“) • Beiträge für Absicherung gegen Berufs-/Erwerbsunfähigkeit innerhalb eines Rürup-Vertrags • Beiträge zu berufsständischen Versorgungseinrichtungen • Beiträge zu landwirtschaftlichen Alterskassen	• Beiträge zur Basiskranken- und Pflegeversicherung • Beiträge zur privaten Haftpflicht- und Unfallversicherung • Beiträge zur Arbeitslosen- und eigenständigen Berufsunfähigkeitsversicherung • Beiträge zur Risikolebensversicherung • Beiträge für Kapitallebens- und Rentenversicherungen, die vor dem 01.01.2005 abgeschlossen wurden, zu 88 %
Höchstbetrag in 2018: 86 % der Beiträge, maximal 86 % des Höchstbetrags von 20000 Euro (40000 Euro bei zusammen veranlagten Ehegatten).	**Höchstbetrag:** 2800 Euro für Selbstständige; 1900 Euro für Arbeitnehmer. Übersteigen die tatsächlich gezahlten Beiträge zur Basiskranken- und Pflegeversicherung den Höchstbetrag, so sind die tatsächlichen Beiträge abzugsfähig. Liegen die tatsächlich gezahlten Beiträge zur Basiskranken- und Pflegeversicherung unter dem Höchstbetrag, so können andere Beiträge bis zum Höchstbetrag geltend gemacht werden.

Beispiel zum Abzug sonstiger Vorsorgeaufwendungen (lediger Arbeitnehmer)

- Beitrag Krankenversicherung 1700 Euro; abzugsfähig davon 96 %, also **1632 Euro**
- Beitrag Pflegeversicherung 200 Euro; abzugsfähig sind **200 Euro**
- Beitrag sonstige Vorsorgeaufwendungen 400 Euro; abzugsfähig bis zum Höchstbetrag von 1900 Euro sind **68 Euro**

Außergewöhnliche Belastungen

außergewöhnliche Belastungen

Außergewöhnliche Belastungen können bei der Ermittlung des Einkommens abgezogen werden, **wenn einem Steuerpflichtigen zwangsläufig größere Aufwendungen als der überwiegenden Mehrzahl der Steuerpflichtigen gleicher Einkommensverhältnisse, gleicher Vermögensverhältnisse und gleichen Familienstandes erwachsen.** Aufwendungen gelten als **zwangsläufig,** wenn der Steuerpflichtige sich ihnen aus rechtlichen, tatsächlichen oder sittlichen Gründen nicht entziehen kann, wenn sie den Umständen nach notwendig sind und wenn sie einen angemessenen Betrag nicht übersteigen. Beispiele sind: Aufwendungen für die Beschäftigung einer Haushaltshilfe bei Alten oder bei Kranken, Aufwendungen aufgrund einer körperlichen oder geistigen Behinderung.

4.7.2 Einkünfte aus Kapitalvermögen

4.7.2.1 Grundlagen der Besteuerung

Seit dem 1. Januar 2009 werden alle Einkünfte aus Kapitalvermögen im Privatbereich einheitlich mit **Abgeltungsteuer von 25%** zuzüglich 5,5% Solidaritätszuschlag und ggf. Kirchensteuer belastet.

Die berechnete Abgeltungsteuer ist als Kapitalertragsteuer **kaufmännisch** zu runden. Der berechnete Solidaritätszuschlag und die Kirchensteuer werden dagegen nach der zweiten Nachkommastelle **gekappt**.

Zur Berechnung der Abgeltungsteuer dient folgende Formel:

$$\frac{E - (4 \cdot Q)}{4 + K}$$

E = Einnahmen aus Kapitalvermögen; Q = anrechenbare ausländische Quellensteuer; K = Kirchensteuersatz (8% oder 9%, je nach Bundesland)

Beispiel zur Berechnung der Abgeltungsteuer

Ein Kunde erhält eine Zinsgutschrift über 4000 Euro. Der Bank hat er einen Kirchensteuersatz von 8% angezeigt, ein Freistellungsauftrag liegt nicht vor. Die anrechenbaren ausländischen Quellensteuern aus ausländischen Einkünften betragen 600 Euro.

$$\frac{4000 - (4 \cdot 600)}{4 + 0{,}08} = 392{,}16 \text{ Euro}$$

Zinseinnahme	4000,00 Euro
./. Abgeltungsteuer	−392,16 Euro
./. Kirchensteuer	−31,37 Euro
./. 5,5% Solidaritätszuschlag zur Einkommensteuer	−21,56 Euro
= Kontogutschrift	3554,91 Euro

Bei der Formel zur Berechnung der Abgeltungsteuer werden anrechenbare ausländische Quellensteuern und die Kirchensteuer als abzugsfähige Sonderausgabe berücksichtigt. Zur Berechnung des Kirchensteuerabzugs greifen alle zur Berechnung der

Abgeltungsteuer verpflichteten auszahlenden Stellen, z.B. Versicherungen, Banken und Bausparkassen, einmal jährlich auf eine beim Bundeszentralamt für Steuern geführte Datenbank zurück (sog. Regelabfrage). Sie enthält die Konfessionszugehörigkeit der Steuerpflichtigen zum Stichtag 31.08. Bei einmalig oder unregelmäßig anfallenden Kapitalerträgen, z.B. Auszahlung einer Lebensversicherung, wird eine Anlassabfrage gestartet. Über die Regel- und Anlassabfrage werden die Kunden schriftlich informiert und auf die Möglichkeit des Widerspruchs hingewiesen. Kunden können durch Widerspruch beim Bundeszentralamt einen Sperrvermerk setzen, der die Übermittlung des Kirchensteuerabzugsmerkmals (KiStAM) an die auszahlenden Stellen verhindert. Lässt der Kunde die Kirchensteuer durch den Sperrvermerk nicht im automatischen Abzug abführen, so ist er dazu im Rahmen der Einkommensteuerveranlagung verpflichtet. Das Finanzamt des Kunden wird daher vom Bundeszentralamt für Steuern über die Zeiträume informiert, in denen der Sperrvermerk abgerufen wurde.

Kirchensteuer

Die Abgeltungsteuer wird

- **pauschal** auf alle Kapitaleinkünfte, also Zinsen, Dividenden und Kursgewinne erhoben;
- **anonym** von der auszahlenden Stelle, z.B. Kreditinstitut, einbehalten und an das Finanzamt abgeführt. (Bei inländischen Dividenden führt die Aktiengesellschaft die Abgeltungsteuer ab.)

Der Abzug der Abgeltungsteuer bewirkt, dass die **Einkommensteuer** damit **abgegolten** ist und die mit Abgeltungsteuer belegten Kapitaleinkünfte nicht mehr in der Steuererklärung angegeben werden müssen. Eine Veranlagung in der Einkommensteuererklärung ist auf Wunsch des Anlegers jedoch weiterhin möglich, z.B. wenn der individuelle Steuersatz unter dem pauschalen Steuersatz von 25 % liegt.

Wirkung der Abgeltungsteuer

Für Wertpapiere, die bis zum 31.12.2008 gekauft wurden, gilt jedoch ein **Bestandsschutz**. Sie werden nach der Rechtslage behandelt, die vor Einführung der Abgeltungsteuer galt. Das heißt, dass diese Wertpapiere jetzt **steuerfrei** veräußert werden können, da die Spekulationsfrist abgelaufen ist. Der Bestandsschutz gilt auch im Erbfall. Für Erben sind damit Wertpapiere, die vor dem 01.01.2009 vom Erblasser erworben wurden, wertvoller, da beim Verkauf keine Abgeltungsteuer auf den realisierten Kursgewinn anfällt. Für Investmentanteile, die vor dem Jahr 2009 angeschafft wurden, wurde die Steuerfreiheit der Veräußerungsgewinne durch die Neuregelung der Investmentbesteuerung zum 01.01.2018 teilweise aufgehoben. Der Bestandsschutz gilt bei dieser Wertpapierart nur noch für Wertzuwächse bis zum 31.12.2017.

Bestandsschutz

▸ Kapitel 4.7.3.3

4.7.2.2 Sparer-Pauschbetrag und Freistellungsauftrag

Der **Sparer-Pauschbetrag** beträgt

Sparer-Pauschbetrag

- 801 Euro für alleinstehende Steuerpflichtige,
- 1602 Euro für zusammen veranlagte Ehegatten und Lebenspartner. Der Betrag kann auch angesetzt werden, wenn nur ein Ehegatte Einnahmen aus Kapitalvermögen hat.

Mit dem Sparer-Pauschbetrag sind **alle Werbungskosten** im Zusammenhang mit den Einkünften aus Kapitalvermögen abgegolten. Der Sparer-Pauschbetrag kann nicht zu negativen Einkünften aus Kapitalvermögen führen.

Positive Einnahmen aus Kapitalvermögen werden bis zur Höhe des Sparer-Pauschbetrags steuerfrei gestellt. Die Regelung dient der Steuervereinfachung und erlaubt allen Steuerpflichtigen, einen Teil der Einkünfte aus Kapitalvermögen nicht versteuern zu müssen. Nicht ausgenutzte Beträge verfallen.

Der Sparer-Pauschbetrag kann nur im Rahmen der Veranlagung geltend gemacht werden. Da mit der Berechnung der Abgeltungsteuer bei Auszahlung von Kapitalerträgen bzw. bei Realisierung von Gewinnen aus Wertpapierverkäufen die Steuerpflicht aber endgültig erfüllt sein soll, können Steuerpflichtige der auszahlenden Stelle bis zur Höhe des Sparer-Pauschbetrags einen **Freistellungsauftrag** erteilen.

Wirkung eines Freistellungsauftrags

Bei Vorlage eines Freistellungsauftrags zahlt die auszahlende Stelle die Kapitalerträge bis zur Höhe des erteilten Freistellungsauftrags ohne Abzug von Abgeltungssteuer aus.

Erteilung eines Freistellungsauftrags

Der **Freistellungsauftrag**

- kann befristet oder unbefristet,
- schriftlich oder elektronisch auf amtlich vorgeschriebenem Vordruck,
- bis zum Höchstbetrag von 801 Euro bei Alleinstehenden bzw. 1602 Euro bei zusammen veranlagten Ehegatten und Lebenspartnern erteilt werden.

Er enthält neben persönlichen Daten auch die 11-stellige Steueridentifikationsnummer und kann nur für alle Konten, auf denen sich Privatvermögen befindet, erteilt werden. Zusammen veranlagte Ehegatten und Lebenspartner können einen **Einzelfreistellungsauftrag** für ihre Einzelkonten und -depots oder einen **gemeinschaftlichen Freistellungsauftrag** erteilen, der alle Einzel- und Gemeinschaftskonten erfasst. Dieser ermöglicht dann eine ehegattenübergreifende Verlustverrechnung.

Bei Tod eines Ehegatten gelten die gemeinsam erteilten Freistellungsaufträge für Konten des überlebenden Ehegatten bis zum Jahresende weiter. Danach muss ein neuer Freistellungsauftrag erteilt werden.

Freistellungsaufträge können nur zum Jahresende widerrufen oder befristet werden. Bei unterjähriger Erteilung gelten sie für das gesamte Kalenderjahr. Die Höhe kann jedoch im Laufe eines Jahres verändert werden.

Freistellungsaufträge können nicht erteilt werden u. a. für:

- Konten von Wohnungseigentümergemeinschaften,
- Mietkautionskonten, die nicht auf den Namen des Mieters lauten,
- Konten von Erbengemeinschaften.

§ 43 Abs. 2 Satz 7 EStG

Kreditinstitute melden Daten zum Freistellungsauftrag per Datenfernübertragung dem **Bundeszentralamt für Steuern**. Das Bundeszentralamt für Steuern darf den Sozialleistungsträgern die gemeldeten Daten mitteilen, soweit dies zur Überprüfung des bei der Sozialleistung zu berücksichtigenden Einkommens oder Vermögens erforderlich ist oder der Betroffene zustimmt.

Durch die Erteilung eines gemeinsamen Freistellungsauftrags bei zusammen veranlagten Ehegatten kann es zu Steuererstattungen bei einem Ehegatten aufgrund einer Transaktion des anderen Ehegatten kommen.

Beispiel zur Steuererstattung mit gemeinsamen Freistellungsauftrag über 500 Euro (Solidaritätszuschlag und Kirchensteuer sind unberücksichtigt)	
Steuerpflichtige Transaktion	**Abgeltungsteuer und Freistellungsauftrag**
14.01.: Der Ehemann erzielt durch einen Aktienverkauf einen Gewinn von 1 000 Euro, der auf den gemeinsamen Freistellungsauftrag von 500 Euro angerechnet wird.	verrechneter Freistellungsauftrag 500 Euro zu versteuernder Kapitalertrag 500 Euro Abgeltungsteuer 125 Euro Gutschrift (Ehemann) 875 Euro
08.02.: Die Ehefrau erhält Festgeldzinsen von 500 Euro; der gemeinsame Freistellungsauftrag ist ausgeschöpft.	zu versteuernder Kapitalertrag 500 Euro Abgeltungsteuer 125 Euro Gutschrift (Ehefrau) 375 Euro
13.06.: Dem Ehemann entsteht durch einen Aktienverkauf ein Verlust von 1 000 Euro, der mit dem Aktiengewinn verrechnet wird. Es ergibt sich eine Steuererstattung für den Ehemann über 125 Euro.	Der Freistellungsauftrag lebt mit 500 Euro wieder auf und wird sofort mit den Festgeldzinsen der Ehefrau verrechnet. Die Ehefrau bekommt also am 13.06. Steuern über 125 Euro erstattet, obwohl die Festgeldzinsen bereits am 08.02. gezahlt wurden. Gutschrift (Ehefrau) 125 Euro

4.7.2.3 NV-Bescheinigung

Statt eines Freistellungsauftrags kann ein Anleger seinem Kreditinstitut auch eine Nichtveranlagungs-Bescheinigung (**NV-Bescheinigung**) vorlegen. Im Unterschied zum Freistellungsauftrag werden dann ohne Betragsbegrenzung alle Kapitalerträge und realisierten Kursgewinne aus Wertpapieren ohne Abzug von Abgeltungsteuer ausgezahlt. Die NV-Bescheinigung ist regelmäßig für das Jahr der Ausstellung und die beiden Folgejahre gültig. Bei Ehegatten wird die NV-Bescheinigung auf den Namen der Eheleute ausgestellt.

Wirkung einer NV-Bescheinigung

Eine NV-Bescheinigung kann vom Steuerpflichtigen bei seinem Wohnsitzfinanzamt beantragt werden, wenn anzunehmen ist, dass keine Veranlagung zur Einkommensteuer zu erfolgen hat, da z. B. der Gesamtbetrag der Einkünfte den Grundfreibetrag nicht übersteigen wird. Dies betrifft häufig minderjährige Kinder und Rentner mit geringen Bezügen.

Beantragung einer NV-Bescheinigung

Erkennt der Steuerpflichtige, dass die Voraussetzungen für eine NV-Bescheinigung entfallen sind, so ist er verpflichtet, diese vom Kreditinstitut zurückzufordern und dem Finanzamt zurückzugeben. Das Finanzamt kann eine erteilte NV-Bescheinigung auch widerrufen.

Seit 2013 besteht für Kreditinstitute eine Meldepflicht für Kapitalerträge bei hinterlegter NV-Bescheinigung. Bis zum 1. März des Folgejahres müssen alle Kreditinstitute die Kapitalerträge melden, bei denen im Laufe des Vorjahres aufgrund der NV-Bescheinigung kein Steuerabzug vorgenommen wurde.

4.7.2.4 Kursgewinne und Kursverluste als Einnahmen aus Kapitalvermögen

Besteuerung von Kursgewinnen

Besteuerung von Veräußerungsgewinnen

Realisierte Kursgewinne aus dem Verkauf von Wertpapieren zählen unabhängig von der Haltedauer der Wertpapiere in voller Höhe zu den Einnahmen aus Kapitalvermögen. Ausgenommen sind Kursgewinne aus Wertpapieren, die vor dem 01.01.2009 erworben wurden (**Bestandsschutz**). Dieser Bestandsschutz wurde für Investmentanteile aufgehoben.

Gewinne aus Veräußerungsgeschäften mit Wertpapieren werden mit 25 % Abgeltungsteuer zuzüglich Solidaritätszuschlag und ggf. Kirchensteuer belastet. Als Gewinn gilt dabei die Differenz zwischen dem Anschaffungs- und dem Veräußerungspreis bzw. dem Einlösungsbetrag des Wertpapiers bei Fälligkeit. Emissionsdisagien bei verzinslichen Wertpapieren sind unabhängig von der Haltedauer des Wertpapiers als Kursgewinn steuerpflichtig. Bei Wertpapieren, die auf Fremdwährung lauten, sind die Beträge jeweils zum Zeitpunkt der Anschaffung und Veräußerung in Euro umzurechnen.

Fifo-Methode

Bei **girosammelverwahrten Wertpapieren** ist zur Gewinnermittlung die **Fifo-Methode** anzuwenden (Verbrauchsfolgeverfahren). Das Verfahren unterstellt, dass die zuerst gekauften Wertpapiere (first in) auch zuerst verkauft wurden (first out).

Beispiel zur Berechnung der Abgeltungsteuer bei girosammelverwahrten Aktien

Ein Depot mit Sietrak-Aktien zeigt folgende Bewegungen:

Verkauf/Kauf	Stück	Datum	Kurs
Kauf	100	30.06.14	50,00 Euro
Kauf	50	10.07.14	45,00 Euro
Verkauf	30	05.02.17	52,50 Euro
Verkauf	120	01.07.17	60,00 Euro

Beim Verkauf am 05.02.2017 wird unterstellt, dass diese Aktien am 30.06.2014 gekauft wurden. Der erzielte Gewinn beträgt 75 Euro (30 Aktien · 2,50 Euro). Darauf wird zum Verkaufszeitpunkt Abgeltungsteuer erhoben. Die am 01.07.2017 verkauften 120 Aktien enthalten 70 Aktien aus dem Kauf am 30.06.2014. Für diese Aktien beträgt der abgeltungsteuerpflichtige Gewinn jeweils 10 Euro, also insgesamt 700 Euro. Die restlichen 50 Aktien stammen aus dem Kauf vom 10.07.2014. Hier entsteht ein steuerpflichtiger Gewinn von 750 Euro (50 Aktien · 15 Euro).
Der gesamte Gewinn von 1 525 Euro zählt zu den Einnahmen aus Kapitalvermögen und wird mit Abgeltungsteuer jeweils zum Verkaufszeitpunkt belastet.

Verlustverrechnung

Analog zu den Gewinnen aus der Veräußerung, der Rückzahlung oder der Einlösung von Wertpapieren sind **Verluste als negative Einnahmen** anzusetzen.

Für die Verlustverrechnung gelten folgende Regeln:

- Verluste aus Aktienverkäufen können **nur** mit Gewinnen aus Aktienverkäufen verrechnet werden.
- Andere Verluste, z. B. aus dem Verkauf von Investmentanteilen, können auch mit Gewinnen aus Aktienverkäufen verrechnet werden.

Verlustverrechnungstöpfe

Zur Berechnung werden von Kreditinstituten daher zwei getrennte Verlustverrechnungstöpfe, ein **Aktienverlusttopf** und ein **sonstiger Verlusttopf**, geführt. Gezahlte Stückzinsen und andere Veräußerungsverluste werden in den sonstigen Verlusttopf eingestellt.

Bei der Verrechnung von Erträgen gegen Verluste werden Erträge

- zuerst (falls möglich) mit dem Aktienverlusttopf,
- dann mit dem sonstigen Verlusttopf und
- erst zum Schluss mit dem Freistellungsauftrag verrechnet.

Verluste führen zu einer Erstattung eventuell **bereits gezahlter Abgeltungsteuer. Sind die Verluste höher als die Erträge**, auf die bereits Abgeltungsteuer gezahlt wurde, kommt es zu einem **„Wiederaufleben" des Freistellungsauftrags** und erst dann zu einer Einstellung in den Verlusttopf. Zu beachten ist, dass ein **Verlust aus Aktienverkauf** nur dann zu einer Erstattung führt, wenn Abgeltungsteuer auf Aktiengewinne gezahlt wurde. Anderenfalls ist der Aktienverlust in den Aktienverlusttopf einzustellen oder er führt zu einem Wiederaufleben des Freistellungsauftrags, soweit dieser für Aktiengewinne in Anspruch genommen wurde.

Ehegattenübergreifende Verlustverrechnung

Für die **Verlustverrechnung zwischen Konten von Eheleuten** im Rahmen der Abgeltungsteuerberechnung gilt:

- Die ehegattenübergreifende Verlustverrechnung bezieht sich auf die Einzel- und Gemeinschaftskonten der zusammen veranlagten Ehegatten, sofern sie einen gemeinsamen Freistellungsauftrag erteilt haben. Gegebenenfalls ist ein Freistellungsauftrag über 0 Euro zu erteilen, wenn der Betrag von 1 602 Euro bereits bei anderen Instituten verteilt wurde.
- Die Verlustverrechnung und die damit u. U. verbundene Steuererstattung außerhalb der Veranlagung finden erst zum Jahresende und nicht unterjährig bei den einzelnen Transaktionen statt. Die Beträge werden in der Jahressteuerbescheinigung ausgewiesen.

Beispiel zum „Wiederaufleben" eines Freistellungsauftrags über 801 Euro

	Verlusttopf sonstige Anlagen
15.01.: gezahlte Stückzinsen von 1 000 Euro beim Kauf verzinslicher Wertpapiere	– 1 000 Euro
16.03.: Zinszahlung von 400 Euro für Termingeld	+ 400 Euro = – 600 Euro verbleibender Saldo
02.04.: Zinskupon Wertpapier 1 601 Euro	+ 1 601 Euro – 801 Euro Freistellungsauftrag = 200 Euro (50 Euro Abgeltungsteuer auf 200 Euro)
10.12.: Verkauf von gekauffen Anleihen mit Verlust von 400 Euro	– 400 Euro

Erläuterung: Der am 10.12. realisierte Verlust wird im sonstigen Verlusttopf verrechnet. Er wird gegen den bisher steuerpflichtigen Zinskupon von 200 Euro vom 02.04. verrechnet. Folgen sind die Erstattung von 50 Euro Abgeltungsteuer und das „Wiederaufleben" des Freistellungsauftrags in Höhe von 200 Euro.

Verlustbescheinigung

Auf Antrag des Kunden müssen Kreditinstitute nicht ausgeglichene Verluste bescheinigen. Der Antrag kann bis zum 15.12. eines Jahres für das laufende Jahr gestellt werden. Mit dieser Bescheinigung kann der Steuerpflichtige diese Verluste im Rahmen der Steuererklärung geltend machen. Wird die Bescheinigung an den Kunden erteilt, wird der nicht ausgeglichene Verlust nicht auf das neue Jahr vorgetragen, sondern der Verlustverrechnungstopf gelöscht.

Beispiele zur Verlustverrechnung
(Kein Freistellungsauftrag; Solidaritätszuschlag und Kirchensteuer bleiben unberücksichtigt)

Beispiel 1		**Beispiel 2**	
Verluste aus Aktienverkauf (Kauf der Aktien in 2017) Zinseinnahmen Abgeltungsteuer 250 Euro (25 % von 1 000 Euro)	1 500 Euro 1 000 Euro	Verluste aus Verkauf von Indexzertifikaten (Kauf in 2017) Zinseinnahmen Abgeltungsteuer 125 Euro (25 % von 500 Euro)	1 000 Euro 1 500 Euro
Steuererklärung: Einnahmen aus Kapitalvermögen – Sparer-Pauschbetrag = Einkünfte aus Kapitalvermögen	 1 000 Euro 801 Euro 199 Euro	Steuererklärung: Einnahmen aus Kapitalvermögen – Sparer-Pauschbetrag = Einkünfte aus Kapitalvermögen	 500 Euro 500 Euro 0 Euro

Erläuterung: Während in Beispiel 2 alle Verluste in einem Jahr verrechnet werden konnten, verbleibt in Beispiel 1 ein nicht verrechneter Aktienverlust. Beantragt der Kunde keine Verlustbescheinigung, so erfolgt ein Verlustvortrag. Werden im nächsten Jahr aus Aktiengeschäften beispielsweise Gewinne von 2000 Euro erzielt, so kann der bisher nicht verrechnete Verlust von 1 500 Euro verrechnet werden. Der Abgeltungsteuer unterliegen dann Aktiengewinne von 500 Euro.

4.7.2.5 Veranlagung bei Einkünften aus Kapitalvermögen

Veranlagung bei Kapitaleinkünften

Obwohl die Einkommensteuer des Anlegers durch den Abzug von Abgeltungsteuer **grundsätzlich abgegolten** ist, kann eine Veranlagung notwendig oder sinnvoll sein.

Veranlagungsoption zum individuellen Steuersatz

§ 32d Abs. 6 EStG

Steuerpflichtige, deren persönlicher Steuersatz unter dem Abgeltungsteuersatz liegt, haben die Wahlmöglichkeit, ihre Einkünfte aus Kapitalvermögen mit ihrem individuellen Steuersatz zu versteuern. Bei einem zu versteuernden Einkommen von ca. 16500 Euro (33000 Euro bei zusammen veranlagten Ehegatten) beträgt der Spitzensteuersatz 25 %. Die einbehaltene Abgeltungsteuer ist dann anzurechnen. Das Wahlrecht muss im Rahmen der Veranlagung geltend gemacht werden. Das Finanzamt ist dann zu einer „Günstigerprüfung" verpflichtet. Die Wahlmöglichkeit kann nur einheitlich für sämtliche Kapitalerträge eines Jahres (bei zusammen veranlagten Ehegatten nur für beide Ehegatten) geltend gemacht werden.

Berücksichtigung der Kirchensteuer

Lässt ein Kapitalanleger die Kirchensteuer nicht im automatischen Abzugsverfahren bei Auszahlung der Kapitalerträge abführen, so ist er dazu im Rahmen der Veranlagung zur Einkommensteuer verpflichtet, wenn die Einkünfte den Sparer-Pauschbetrag übersteigen.

Wahlveranlagung zum Abgeltungsteuersatz

§ 32d Abs. 4 EStG

Für Kapitalerträge, die der Kapitalertragsteuer unterlegen haben, kann der Steuerpflichtige eine Steuerfestsetzung zum Abgeltungsteuersatz von 25 % beantragen, um Tatbestände geltend zu machen, die beim Steuerabzug nicht bzw. nicht vollständig berücksichtigt wurden. Wichtige Fälle sind:

- Der **Sparer-Pauschbetrag** wurde nicht vollständig ausgenutzt.
- Es sollen noch **ausländische Quellensteuern** angerechnet werden.
- **Verluste** aus einem Depot bei einem anderen Kreditinstitut werden mittels einer Verlustbescheinigung nachgewiesen.

Beispiel zur Veranlagung der Kapitaleinkünfte

Ulrich Tarik, alleinstehend, hat bei der Sparkasse einen Freistellungsauftrag über 500 Euro hinterlegt. Aus verschiedenen Geldanlagen werden Zinsen von 750 Euro gutgeschrieben. Auf den Betrag von 250 Euro wurden 25 % Abgeltungsteuer, also 62,50 Euro zuzüglich Solidaritätszuschlag 3,43 Euro abgezogen. Das restliche Freistellungsvolumen von 301 Euro hat der Kunde über einen Freistellungsauftrag einer Investmentgesellschaft zugeteilt. Aus einem Sparplan über Investmentfondsanteile wurden lediglich 50 Euro an steuerpflichtigen Erträgen ohne Abzug von Abgeltungsteuer ausgezahlt. Für den Kunden ist die Abgabe einer Steuererklärung sinnvoll, da seine gesamten Einnahmen aus Kapitalvermögen in Höhe von 800 Euro durch Ansatz des Sparer-Pauschbetrags vollständig steuerfrei bleiben. Die einbehaltene Abgeltungsteuer und der Solidaritätszuschlag werden erstattet.

4.7.2.6 Depotübertragungen und Tafelgeschäfte

Die Regelungen zur Abgeltungsteuer sind auch bei Depotübertragungen und bei der Einlösung von Tafelpapieren zu beachten.

Depotübertragung

Bei der **Übertragung von Wertpapieren auf einen anderen Gläubiger** ist zwischen unentgeltlicher Übertragung und entgeltlicher Übertragung zu unterscheiden. Bei einer unentgeltlichen Übertragung, z. B. Schenkung, wird keine Abgeltungsteuer erhoben. Die unentgeltliche Übertragung muss von einem Kreditinstitut bis zum 31. Mai des Folgejahres per Datensatz dem Finanzamt angezeigt werden. Bei einer entgeltlichen Übertragung wird Abgeltungsteuer erhoben. Im Einkommensteuerrecht wird – ohne gesonderte Mitteilung – grundsätzlich eine steuerpflichtige entgeltliche Veräußerung unterstellt.

Entgeltliche Übertragung

§ 43 Abs. 1 EStG

Als Einnahme aus der Veräußerung gilt der Börsenpreis der Wertpapiere zum Übertragungszeitpunkt. Der **steuerpflichtige Veräußerungsgewinn** ergibt sich als **Differenz zwischen Börsenpreis und den Anschaffungskosten**. Liegen keine Anschaffungskosten für die Wertpapiere vor, gelten 30 % des Börsenpreises der Wertpapiere als Bemessungsgrundlage für die Abgeltungsteuer. Ein späterer Nachweis der Anschaffungskosten durch den Kunden ist ausgeschlossen.

Beispiel zur Abgeltungsteuer bei einem Depotübertrag (Solidaritätszuschlag und Kirchensteuer sind unberücksichtigt)

Hans Peters überträgt Aktien auf das Depot seines Sohnes Kai. Die Anschaffungskosten betrugen 1 000 Euro. Zum Zeitpunkt des Depotübertrags haben die Aktien einen Börsenpreis von 1 200 Euro. Hans Peters zahlt 50 Euro Abgeltungsteuer (zuzüglich Solidaritätszuschlag und ggf. Kirchensteuer) auf 200 Euro (1 200 Euro – 1 000 Euro). Kai führt die Aktien in seinem Depot mit Anschaffungskosten von 1 200 Euro.

Kann Hans Peters die Anschaffungskosten nicht nachweisen, beträgt die Bemessungsgrundlage für die Abgeltungsteuer 360 Euro (30 % des Börsenpreises von 1 200 Euro). Die Abgeltungsteuer beträgt 90 Euro.

Bei einer Schenkung (unentgeltliche Übertragung) wäre keine Abgeltungsteuer berechnet worden. Voraussetzung wäre eine entsprechende Anzeige an das Kreditinstitut, die es an das zuständige Finanzamt weiterzuleiten hätte. Bei Anzeige einer unentgeltlichen Übertragung hätte Kai Peters die Papiere zum Anschaffungspreis von 1 000 Euro weitergeführt.

Beim neuen Gläubiger der Wertpapiere stellt der Börsenpreis die Anschaffungskosten der Wertpapiere dar. Ein steuerpflichtiger Gewinn bzw. Verlust ergibt sich dann durch den Vergleich zwischen dem Verkaufspreis und den Anschaffungskosten.

Taxbox

In der Praxis nutzen Kreditinstitute bei Übertragungen von Kundendepots zwischen verschiedenen Institutsgruppen das System **Taxbox**. Es handelt sich um einen von Clearstream Banking Frankfurt entwickelten Service, der bestimmte Daten, z. B. Informationen zu Kauftransaktionen im Zusammenhang mit der Position und gegebenenfalls Daten zu früheren Verlusten des Privatanlegers an das Empfängerinstitut übermittelt. Somit kann das Empfängerinstitut die Abgeltungsteuer korrekt berechnen.

Tafelgeschäfte

Bei der **Einlösung von Wertpapieren im Tafelgeschäft** – nicht jedoch bei der Auslieferung von Wertpapieren aus einem Depot – wird ebenfalls Abgeltungsteuer erhoben. Als Bemessungsgrundlage gelten 30 % des Einlösungsbetrags.

Beispiel zur Abgeltungsteuer bei Tafelgeschäften (Solidaritätszuschlag und Kirchensteuer sind unberücksichtigt)

Eine Bank löst ein festverzinsliches Wertpapier bei Fälligkeit am 1. Mai im Nominalwert von 1 000 Euro ein. Das Wertpapier wird als effektives Stück am Schalter vorgelegt. Zusätzlich wird der letzte Kupon über 4 % p. a. zur Einlösung vorgelegt.

Bemessungsgrundlage für die Abgeltungsteuer sind 30 % des Einlösungsbetrags von 1 000 Euro, also 300 Euro, und der Zinskupon von 40 Euro. Auf den Betrag von 340 Euro werden 85 Euro Abgeltungsteuer einbehalten.

Abgeltungsteuer	85 Euro
Gutschrift (1 040 Euro – 85 Euro)	955 Euro

4.7.3 Besteuerung der Erträge einzelner Anlageformen

Einnahmen bei den Einkünften aus Kapitalvermögen

Positive Einnahmen	Negative Einnahmen
‣ Zinsen ‣ Dividenden ‣ Investmenterträge ‣ vereinnahmte Stückzinsen ‣ Gewinne aus dem Verkauf, der Einlösung oder Rückzahlung von Wertpapieren, die nicht dem steuerlichen Bestandsschutz unterliegen	‣ gezahlte Stückzinsen ‣ Verluste aus dem Verkauf, der Einlösung oder Rückzahlung von Wertpapieren, die nicht dem steuerlichen Bestandsschutz unterliegen

4.7.3.1 Zinstragende Anlageformen

Zinseinnahmen entstehen aus

Positive Einnahmen

- Zinsen für Kapitalanlagen, z. B. Zinsen aus Bausparguthaben,
- Zinsgutschriften aus verzinslichen Wertpapieren und
- vereinnahmten Stückzinsen beim Verkauf verzinslicher Wertpapiere.

Stückzinsen

Stückzinsen entstehen beim Verkauf von verzinslichen Wertpapieren innerhalb eines laufenden Zinszahlungszeitraums. Sie umfassen den Zinsanspruch des Verkäufers vom letzten Zinszahlungstermin bis einschließlich der Stückzinsvaluta (Stückzinsvaluta = Handelstag + 2 Bankgeschäftstage – 1 Kalendertag).

gezahlte Stückzinsen

Gezahlte Stückzinsen entstehen beim Kauf von festverzinslichen Wertpapieren. Sie werden dem Käufer belastet, sofern nicht genau am Kupontermin gekauft wird. Da bei Gutschrift des Zinskupons der gesamte Betrag als positive Einnahme der Abgeltungsteuer unterliegt, wird durch die Berücksichtigung der gezahlten Stückzinsen als negative Einnahmen sichergestellt, dass der wirtschaftlich korrekte Zinsbetrag der Einkommensteuer unterliegt. Kreditinstitute führen dazu Verlustverrechnungstöpfe.

Zuflussprinzip

Zinseinnahmen werden bei Auszahlung mit Abgeltungsteuer belegt, sofern kein ausreichender Freistellungsauftrag oder keine NV-Bescheinigung vorliegen. Die Berechnung der Abgeltungsteuer erfolgt in dem Jahr, in dem die Einnahmen zugeflossen sind (**Zuflussprinzip**). Eine Aufteilung von Zinsen im Sinne der buchhalterischen Rechnungsabgrenzung findet nicht statt.

Beispiel zum Zuflussprinzip

Ein Anleger investiert 10000 Euro vom 01.11. des laufenden Jahres bis zum 31.01. des Folgejahres zu 2 % p. a. als Festgeld. Bei Fälligkeit am 31.01. des Folgejahres werden 50 Euro Zinsen gutgeschrieben. Der Betrag ist am 31.01. des Folgejahres in voller Höhe und nicht anteilig mit 1/3 als Einnahme der Abgeltungsteuer zu unterwerfen.

Im Rahmen der Verlustverrechnungstöpfe werden auch Verluste aus dem Verkauf, der Einlösung oder Rückzahlung von Wertpapieren bei der Berechnung der Abgeltungsteuer berücksichtigt, sofern die Wertpapiere nicht unter den steuerlichen Bestandsschutz fallen.

4.7.3.2 Aktien

Besteuerung von Dividenden

Dividenden werden unter Abzug von 25 % Abgeltungsteuer (zuzüglich Solidaritätszuschlag und evtl. Kirchensteuer) ausgezahlt. Die Abgeltungsteuer wird bei inländischen Dividenden von der ausschüttenden Gesellschaft einbehalten.

Beispiel zur Dividendenbesteuerung (ohne Berücksichtigung des Solidaritätszuschlags zur Körperschaftsteuer und zur Abgeltungsteuer)	
Besteuerung der AG	
Dividende vor Körperschaftsteuer	1 200 Euro
./. Körperschaftsteuer (15 %)	./. 180 Euro
= Bardividende	= 1 020 Euro
Besteuerung des Aktionärs	
steuerpflichtige Bardividende	1 020 Euro
./. Abgeltungsteuer (25 %)	./. 255 Euro
= Dividende nach Steuern	= 765 Euro

4.7.3.3 Anteile an offenen Investmentfonds

Vorabbesteuerung auf Fondsebene

Vorabbesteuerung und Tariffreistellungen

Die Besteuerung von in- und ausländischen Publikumsfonds wurde zum 01.01.2018 umfassend neu geregelt. Erstmals sind auf der Ebene des Investmentfonds folgende Erträge vorab zu besteuern:

- inländische Dividenden mit 15 % Körperschaftsteuer (**inkl.** Solidaritätszuschlag),
- inländische Mieterträge und Veräußerungsgewinne aus Immobilien mit 15 % Körperschaftsteuer **zzgl.** 5,5 % Solidaritätszuschlag.

Alle anderen Fondserträge, wie z. B. Zinsen, ausländische Mieterträge oder Veräußerungsgewinne aus Wertpapieren, werden nicht auf der Ebene des Fonds, sondern weiterhin erst auf der Ebene des Anlegers besteuert. Die neu eingeführte Körperschaftsteuerpflicht auf Veräußerungsgewinne von Immobilien greift auch, wenn mehr als zehn Jahre zwischen Erwerb und Veräußerung vergangen sind. Steuerfrei sind nur die Wertsteigerungen der Immobilien vor dem 01.01.2018, wenn zwischen Anschaffung und Veräußerung mehr als zehn Jahre vergangen sind.

Beispiel zur Steuerpflicht von Immobilienfonds

Ein Immobilienfonds verkauft im Jahr 2023 ein Gebäude für 13 Mio. Euro, das 2012 für 10 Mio. Euro gekauft wurde. Am 31.12.2017 lag der Wert des Gebäudes bei 12 Mio. Euro.

Im Jahr 2023 muss der Immobilienfonds Körperschaftsteuer auf einen Wertzuwachs von 1 Mio. Euro zahlen (13 Mio. Euro – 12 Mio. Euro) und kann daher weniger an Anleger ausschütten. Der Wertzuwachs von 2 Mio. Euro bis zum 31.12.2017 bleibt steuerfrei, da zwischen Anschaffung (2012) und Verkauf (2023) bereits zehn Jahre vergangen sind.

Ausnahmen der Steuerpflicht auf Fondsebene

Eine wichtige Ausnahme von der Vorabbesteuerung des Investmentfonds sind Investmenterträge im Rahmen von

- zertifizierten Altersvorsorgeverträgen (sog. private Riester-Renten) und
- Basisrentenverträgen (sog. Rürup-Renten).

Hier bleiben inländische Dividenden, Mieten und Veräußerungsgewinne aus Immobilien auch weiterhin von der Körperschaftsteuer befreit. Die bisher geltenden Regeln zur nachgelagerten Besteuerung in der Auszahlphase bleiben bestehen.

Tariffreistellungen

Als Ausgleich für die Vorabbesteuerung bestimmter Erträge auf Fondsebene erhalten Anleger pauschale Tariffreistellungen. Die pauschalen, d. h. einzig von der Art des Investmentfonds abhängigen Freistellungen, bewirken eine Steuerfreiheit in Höhe eines bestimmten Prozentwertes. Dies soll einer Doppelbesteuerung auf Ebene des Investmentfonds und auf der Ebene des Anlegers entgegenwirken.

Pauschale Steuerfreistellungen für Investmentfonds für Privatanleger	
Aktienfonds (Aktienquote > 51 %)	30 % Freistellung
Mischfonds (Aktienquote > 25 %)	15 % Freistellung
Immobilienfonds (ausländische Immobilien < 51 %)	60 % Freistellung
Immobilienfonds (ausländische Immobilien > 51 %)	80 % Freistellung
Dachfonds	Tariffreistellung nach der Vermögensstruktur der Zielfonds (Aktienzielfonds gelten zu 51 % als Aktien, Mischzielfonds zu 25 % als Aktien)
Sonstige Fonds (z. B. Rentenfonds)	0 % Freistellung

Bei einer Änderung der Vermögenszusammensetzung im Fonds gelten die Fondsanteile mit der alten Steuerfreistellung als verkauft und zum gleichen Zeitpunkt mit der neuen Steuerfreistellung als neu angeschafft.

Beispiel zur Änderung von Tariffreistellungen im Fonds

Zur Mitte des Jahres sinkt in einem Aktienfonds der Aktienanteil auf 48 % des Fondsvermögens. Für die erste Jahreshälfte gilt die steuerliche Freistellung, z. B. von Ausschüttungen, von 30 % für Aktienfonds. Danach handelt es sich um einen Mischfonds mit einer steuerlichen Freistellung von 15 %.

Die pauschalen Steuerfreistellungen sind für die depotführende Stelle für die Berechnung der Abgeltungsteuer (zzgl. Solidaritätszuschlag und ggf. Kirchensteuer) wichtig. Abgeltungsteuer wird erhoben auf:

- Ausschüttungen,
- Vorabpauschalen und
- Veräußerungsgewinne bei Verkauf bzw. Rückgabe von Fondsanteilen.

Ausschüttungen

Besteuerung von Ausschüttungen beim Anleger

Wie bisher sind von Ausschüttungen des Investmentfonds an Anleger die Abgeltungsteuer, der Solidaritätszuschlag und ggf. Kirchensteuer abzuführen. Die Besteuerung von ausschüttungsgleichen Erträgen bei thesaurierenden Fonds wird seit 2018 durch die Vorabpauschalen ersetzt. Bei den Ausschüttungen sind die pauschalen Tariffreistellungen zu beachten.

Beispiel zur Wirkung der Tariffreistellung bei einem ausschüttenden Mischfonds

Aus dem angelegten Sondervermögen fließen dem Mischfonds im Jahr 2018 inländische Dividenden von 800 Euro und 200 Euro Zinserträge zu.

Vorabbesteuerung auf Fondsebene: Auf die Dividenden von 800 Euro muss der Fonds 120 Euro an Steuern (15 % Körperschaftsteuer inkl. Solidaritätszuschlag) an das Finanzamt überweisen und kann daher insgesamt 880 Euro (680 Euro + 200 Euro) an Anleger ausschütten.

Besteuerung beim Anleger: Von der Ausschüttung von 880 Euro sind 748 Euro (85 % der Ausschüttung) mit Abgeltungsteuer zu belegen, da eine pauschale Steuerfreistellung von 15 % für Mischfonds gilt. Die Quote ist auf die gesamte Ausschüttung anzuwenden, egal ob darin inländische Dividenden oder Zinsen enthalten sind. Ohne Freistellungsauftrag erhält der Anleger:

Belastungsvergleich beim Anleger

ab 01.01.2018 (InvStRefG)		bis 01.01.2018 (altes Recht)	
25 % Abgeltungsteuer auf 748 Euro	187,00 Euro	25 % Abgeltungsteuer auf 1 000 Euro	250 Euro
5,5 % SolZ auf Abgeltungsteuer	10,28 Euro	5,5 % SolZ auf Abgeltungsteuer	13,75 Euro
= Steuerabzug	197,28 Euro	= Steuerabzug	263,75 Euro
Auszahlung (880,00 Euro abzgl. Steuern)	682,72 Euro	Auszahlung (1 000 Euro abzgl. Steuern)	736,25 Euro

Vorabpauschalen

Besteuerung von Vorabpauschalen

Um insbesondere bei nicht ausschüttenden (thesaurierenden) inländischen und ausländischen Investmentfonds eine laufende Mindestbesteuerung beim Anleger zu erreichen, wird eine Vorabpauschale berechnet. Diese gilt dem Anleger am ersten Werktag des Folgejahres (erstmals: 01.01.2019) als steuerlich zugeflossen.

Die Vorabpauschale kommt zur Anwendung, wenn die Ausschüttung eines Fonds im Kalenderjahr geringer ist als die Wertentwicklung im Sinne einer risikolosen Basisverzinsung (sog. Basisertrag). Die Verwahrstelle berechnet den Basisertrag nach folgender Formel:

Basisertrag = Wert des Fonds zum 01.01. x 70 % des Basiszinses gem. BMF-Veröffentlichung (§ 18 Abs. 4 InvStG)

Der steuerliche Ansatz der Vorabpauschale entfällt, wenn

- keine positive Wertentwicklung vorhanden ist oder
- Ausschüttungen mindestens in Höhe der Vorabpauschale erfolgten.

Beispiel zur steuerlichen Wirkung der Vorabpauschale

Ein thesaurierender Aktienfonds weist folgende Rücknahmepreise aus:

Jahresanfang 100,00 Euro, Jahresende 100,55 Euro = Wertzuwachs 0,55 Euro.

Die Verwahrstelle ermittelt den Basisertrag mit 0,77 Euro je Anteil. Da die tatsächliche Wertsteigerung unter dem berechneten Basisertrag liegt, wird die Vorabpauschale mit 0,55 Euro festgesetzt. Hält ein Anleger 400 Anteile, so berechnet die Verwahrstelle Steuern in Höhe von 40,61 Euro.

400 Anteile x 0,55 Euro Vorabpauschale	220,00 Euro
abzgl. Tariffreistellung 30 % für Aktienfonds	66,00 Euro
= Basis für Abgeltungsteuer	154,00 Euro
25 % Abgeltungsteuer von 154,00 Euro	38,50 Euro
+ 5,5 % Solidaritätszuschlag	2,11 Euro
= Gesamtsteuerbelastung	**40,61 Euro**

Bei Verkauf der 400 Fondsanteile werden automatisch die gesamten bereits versteuerten Vorabpauschalen vom Veräußerungsgewinn abgezogen, um eine doppelte Besteuerung zu vermeiden.

Für die Steuerzahlungen auf die Vorabpauschalen kann die depotführende Stelle auch ohne Einwilligung des Anlegers auf dessen Verrechnungskonto bzw. Girokonto zugreifen. Allerdings steht dem Anleger ein Widerspruchsrecht zu, sofern durch die Steuerzahlung erstmals ein Sollsaldo auf dem Girokonto entstehen sollte bzw. ein bestehender Sollsaldo dadurch erhöht wird. §44 Abs. 1 S. 9 EStG

Besteuerung von Veräußerungsgewinnen bei Verkauf von Investmentfonds

Veräußerung von Anteilen

Alle Investmentfondsanteile in Depots von Privatkunden werden durch die gesetzliche Regelung fiktiv per 31.12.2017 verkauft und zum letzten Rücknahmepreis des Jahres 2017 am 01.01.2018 wieder fiktiv angeschafft. Durch diese Regelung erreicht der Gesetzgeber, dass alle ab 01.01.2018 entstehenden Wertsteigerungen – auch von Investmentfonds, die vor 2009 erworben wurden (sog. Altbestände) – steuerpflichtig werden. Die Wertsteigerung wird aber erst beim tatsächlichen Verkauf der Anteile vom Anleger versteuert.

Beispiel zur Besteuerung von Veräußerungsgewinnen

Ein Anleger hatte im Jahr 2010 Anteile an Mischfonds für 10000 Euro erworben. Am 31.12.2017 hatten die Anteile einen Rücknahmepreis von 13000 Euro. Zu diesem Wert wurden die Anteile am 01.01.2018 ins Depot wieder eingebucht. Die Investmentanteile werden im Jahr 2023 für 15000 Euro verkauft.

Durch die fiktive Veräußerung am 31.12.2017 wird ein steuerlicher Veräußerungsgewinn von 3000 Euro festgestellt. Die Abgeltungsteuer darauf fällt allerdings erst zum Verkaufszeitpunkt an. Der ab 01.01.2018 entstandene Gewinn von 2000 Euro ist bei Veräußerung in 2023 nur in Höhe von 85 % (= 1 700 Euro) steuerpflichtig, da die pauschale Steuerfreistellung von 15 % für Mischfonds durch das neue Steuerrecht anzuwenden ist. Die Abrechnung in 2023 zeigt:

Veräußerungsgewinn 3000,00 Euro (bis 2017) + Veräußerungsgewinn 1 700,00 Euro (ab 2018 zu 85 %)	4700,00 Euro
25 % Abgeltungsteuer auf Veräußerungsgewinn	1 175,00 Euro
5,5 % Solidaritätszuschlag auf Abgeltungsteuer	64,62 Euro
= Gesamtsteuerbelastung	1 239,62 Euro
Gutschrift aus Verkauf (Verkaufserlös abzgl. Steuern)	**13 760,38 Euro**

Freibetrag bei Altbeständen

Bei Altbeständen, die vor Einführung der Abgeltungsteuer im Jahr 2009 erworben wurden, gilt somit:

- Wertsteigerungen, die ab Erwerb bis zum 31.12.2017 entstanden sind, bleiben steuerfrei.
- Wertsteigerungen, die ab 01.01.2018 bis zum Verkauf entstehen, werden bei Veräußerung mit Abgeltungsteuer belegt.

Um Härten durch die Aufhebung des steuerlichen Bestandschutzes für Altbestände zu vermeiden, gibt es einen Freibetrag von 100 000 Euro pro Anleger. Der Freibetrag ist nicht übertragbar oder vererbbar.

Beispiel zur Besteuerung von Veräußerungsgewinnen bei Altbeständen

Ein Anleger hatte die im vorgenannten Beispiel gezeigten Anteile an Mischfonds für 10 000 Euro bereits im Jahr 2007 – also vor Einführung der Abgeltungsteuer im Jahr 2009 – erworben. Bei der Veräußerung im Jahr 2023 ergibt sich für die Wertsteigerung bis 31.12.2017 keine Steuerbelastung, da es sich um Altbestände handelt.

Der ab 01.01.2018 entstandene Wertzuwachs von 2000 Euro wird analog zum vorigen Beispiel zu 15 % von der Steuer freigestellt. Auf 1 700 Euro Wertzuwachs werden Abgeltungsteuer und Solidaritätszuschlag in Höhe von 448,37 Euro belastet. Da der steuerliche Wertzuwachs von 1 700 Euro unter dem persönlichen Freibetrag von 100 000 Euro liegt, erhält der Anleger die gezahlte Steuer im Wege der Veranlagung zur Einkommensteuer erstattet. Bis zum vollständigen Verbrauch des Freibetrags wird der verbleibende Freibetrag (hier: 98 300 Euro) vom Finanzamt festgestellt.

Wurden mehrere Fondsanteile erworben, z. B. im Rahmen von Investmentfonds-Sparplänen, so wird für die Ermittlung von Veräußerungsgewinnen beim Verkauf das Fifo-Prinzip angewendet. Zuerst angeschaffte Fondsanteile gelten auch als zuerst verkauft.

4.7.3.4 Lebensversicherungen

4.7.3.4.1 Absetzbarkeit der Versicherungsbeiträge

Absetzbarkeit der Kapitalversicherungsbeiträge

Beiträge zu Kapitalversicherungsverträgen (auf den Todesfall, auf den Todes- und Erlebensfall, auf einen festen Auszahlungstermin), die nach dem 01.01.2005 abgeschlossen werden, können steuerlich nicht mehr als sonstige Vorsorgeaufwendungen im Rahmen des Sonderausgabenabzugs nach § 10 EStG abgesetzt werden. Bestehen bleibt dagegen die Abzugsfähigkeit von Beiträgen für Altverträge, die bis zum 31.12.2004 zustande kamen. Voraussetzung ist eine Mindestvertragsdauer von 12 Jahren und eine mindestens 5-jährige ununterbrochene Beitragszahldauer.

sonstige Vorsorgeaufwendungen

Absetzbarkeit der Rentenversicherungsbeiträge

Altersvorsorgeaufwendungen

Beiträge zu privaten kapitalgedeckten Leibrentenversicherungsverträgen, die dem Alterseinkünftegesetz entsprechen und als Basisrente bezeichnet werden (z.B. die „Rürup-Rente"), können im Rahmen bestimmter Höchstbeträge (20000 Euro für Alleinstehende/40000 Euro für Verheiratete) als Altersvorsorgeaufwendungen steuermindernd berücksichtigt werden.

Einzelheiten zur Basisrente ▸ Kapitel 4.3.3.2

Absetzbar sind die Rentenversicherungsbeiträge aber nicht sofort in voller Höhe, sondern in jährlich ansteigenden Stufen bis zum Jahre 2025. Am Ende dieser Übergangszeit können Rentenversicherungsbeiträge im Rahmen bestimmter Höchstbeträge voll vom zu versteuernden Einkommen abgezogen werden.

Sonstige Vorsorgeaufwendungen

Beiträge zu Rentenversicherungsverträgen, die nach dem Alterseinkünftegesetz nicht zu einer kapitalgedeckten privaten Leibrente führen, können als sonstige Vorsorgeaufwendungen geltend gemacht werden (Höchstbetrag für Arbeitnehmer 1900 Euro, für alle anderen Steuerpflichtigen 2800 Euro). Werden Ehegatten zusammen veranlagt, steht jedem Ehegatten der Höchstbetrag gesondert zu.

sonstige Vorsorgeaufwendungen

Günstigerprüfung

Ist der Abzug von Vorsorgeaufwendungen in der bis zum 31.12.2004 geltenden Gesetzesregelung günstiger als die Berücksichtigung von Altersvorsorgeaufwendungen und sonstigen Vorsorgeaufwendungen in der seit dem 01.01.2005 geltenden Gesetzesfassung, so werden die Vorsorgeaufwendungen nach der alten Gesetzeslage berücksichtigt (**Günstigerprüfung**). Vorteile aus der Günstigerprüfung werden in der Zeit von 2011 bis 2020 schrittweise abgebaut. Ab 2020 entfällt dann die Günstigerprüfung völlig.

Günstigerprüfung

4.7.3.4.2 Besteuerung der Leistungen aus Lebensversicherungen

Besteuerung

Besteuerung von Leistungen aus Kapitalversicherungen

Zins- und Überschussanteile aus Kapitalversicherungen, die bis 31.12.2004 abgeschlossen worden sind, unterliegen grundsätzlich nicht der Einkommensteuer.

Für **nach dem 01.01.2005 abgeschlossene Lebensversicherungen wird bei Auszahlung im Erlebensfall zunächst Abgeltungsteuer auf den Unterschied zwischen Versicherungsleistung und eingezahlten Beträgen erhoben.** Eine Entlastung erfolgt im Rahmen der Steuererklärung, da das **Halbeinkünfteverfahren** angewendet wird, **wenn**

- **die Laufzeit mindestens 12 Jahre betrug** und
- **die Auszahlung nach dem 60. Geburtstag** (**bei Vertragsabschluss ab 01.01.2012: 62. Geburtstag**) **erfolgte**.

Durch Anwendung des Halbeinkünfteverfahrens bleibt die Hälfte des Unterschiedsbetrags zwischen Versicherungsleistung und eingezahlten Beiträgen steuerfrei. Die andere Hälfte wird mit dem persönlichen Steuersatz besteuert.

Beispiel zum Halbeinkünfteverfahren (Solidaritätszuschlag und Kirchensteuer sind unberücksichtigt)
Ein Anleger hat 30 Jahre lang monatlich 200 Euro in eine nach dem 31.12.2004 abgeschlossene Lebensversicherung eingezahlt. Bei Auszahlung von 120000 Euro hat er das 60. Lebensjahr vollendet. Sein persönlicher Steuersatz beträgt 40 %.
Auszahlung Bei Auszahlung wird auf den vollen Unterschiedsbetrag von 48000 Euro (120000 Euro – 72000 Euro [30 · 12 · 200 Euro]) Abgeltungsteuer von 25 % in Höhe von 12000 Euro erhoben.
Einkommensteuererklärung Im Rahmen der Einkommensteuererklärung wird das Halbeinkünfteverfahren angewandt. Auf 50 % des Unterschiedsbetrags, d. h. 24000 Euro, beträgt die Steuerlast 9600 Euro (40 % von 24000 Euro). Nach Anrechnung der einbehaltenen Abgeltungsteuer erhält der Anleger eine Steuererstattung von 2400 Euro (12000 Euro – 9600 Euro).

Besteuerung von Leistungen aus privaten Rentenversicherungen

Nachgelagerte Besteuerung

§ 22 Nr. 1 Satz 3 Buchst. a EStG

Einzelheiten zur nachgelagerten Besteuerung
▸ Kapitel 4.3.3.1.1

Lebenslange Renten aus privaten Rentenversicherungsverträgen (Leibrenten), die dem Alterseinkünftegesetz entsprechen (Basisrenten), unterliegen während der Rentenphase seit 2005 der nachgelagerten Einkommenbesteuerung. Der zu versteuernde Rentenanteil belief sich im Jahre 2005 zunächst auf 50 % der Jahresbruttorente. Er steigt seither für Neurentner jährlich an und wird im Jahre 2040 100 % erreichen.

Von dem zu versteuernden Rentenanteil wird eine Werbungskostenpauschale von 102 Euro sowie ein Sonderausgaben-Pauschbetrag von 36 Euro für Alleinstehende (72 Euro für Verheiratete) abgezogen. Außerdem ist der Grundfreibetrag von 9000 Euro für Alleinstehende (18000 Euro für Verheiratete) zu berücksichtigen.

Besteuerung nach dem Ertragsanteil

Besteuerung nach dem Ertragsanteil

Renten aus privaten Versicherungsverträgen, die nicht die Voraussetzungen für eine Basisrente nach dem Altereinkünftegesetz erfüllen, müssen nach wie vor mit ihrem Ertragsanteil (= Zins- und Überschussanteil) versteuert werden.

Werbungskosten und Sonderausgaben-Pauschale fallen wie bei der Basisrente an; ebenso der Grundfreibetrag. Der steuerpflichtige Ertragsanteil bestimmt sich aus dem Alter des Rentenberechtigten zu Beginn der Rentenzahlung. Beispielsweise beläuft sich bei einem Rentenbeginn mit Vollendung des 65. Lebensjahres der Ertragsanteil auf 18 %.

4.7.3.5 Kapitalanlagen im Ausland

Erträge aus ausländischen Wertpapieren

Doppelbesteuerungsabkommen

Erträge aus ausländischen Wertpapieren und anderen Kapitalanlagen im Ausland unterliegen der deutschen Einkommensteuer in voller Höhe einschließlich der im Ursprungsland bereits einbehaltenen Quellensteuern. Sofern **Doppelbesteuerungsabkommen** zwischen der Bundesrepublik Deutschland und dem ausländischen Staat bestehen, werden Quellensteuern

- auf Antrag bei der Ermittlung der Einkünfte abgezogen
- oder in der Bundesrepublik auf die deutsche Einkommensteuerschuld angerechnet.

Progressionsvorbehalt

Ausländische Einkünfte, die nicht bereits in der EU versteuert wurden, unterliegen dem Progressionsvorbehalt. Solche Einkünfte werden dem inländischen Einkommen hinzugerechnet. Danach wird der für das Gesamteinkommen maßgebliche Steuersatz ermittelt, aber nur auf das inländische Einkommen angewendet. Durch die progressiv steigenden Steuersätze wird im Ergebnis das inländische Einkommen höher belastet als ohne Zurechnung der ausländischen Einkünfte.

Um der Steuerhinterziehung von Kapitalerträgen im Ausland zu begegnen, hat die Organisation für wirtschaftliche Zusammenarbeit und Entwicklung (OECD) einen globalen Standard zum automatischen Informationsaustausch über Finanzkonten entwickelt. Derzeit nehmen 96 Staaten am automatischen Informationsaustausch nach AEOI (Automatic Exchange of Information) teil. Nach dem OECD-Standard für den automatischen Informationsaustausch beschaffen sich die teilnehmenden Länder Finanzinformationen von ihren Finanzinstituten und tauschen diese jährlich automatisch mit anderen Staaten aus. Die in Bezug auf Konten zu meldenden Finanzinformationen umfassen alle **Arten von Kapitalerträgen** (u. a. Zinsen, Dividenden, Einkünfte aus bestimmten Versicherungsverträgen und andere ähnliche Erträge), aber auch **Kontoguthaben und Erlöse aus der Veräußerung von Finanzvermögen.**

OECD-Standard für den automatischen Informationsaustausch über Finanzkonten, 2014, S. 2

Der erste automatische Informationsaustausch von Daten nach dem Finanzkonten-Informationsaustauschgesetz erfolgte im September 2017.

4.7.4 Einkünfte aus Vermietung und Verpachtung

Die steuerliche Behandlung von Immobilien richtet sich nach der Art der Objektnutzung. Werden Immobilien angeschafft oder hergestellt und dann vermietet, entstehen steuerpflichtige Einkünfte aus Vermietung und Verpachtung. Werden angeschaffte oder hergestellte Immobilien dagegen selbst genutzt, entfällt eine Besteuerung.

Einkünfte aus Vermietung und Verpachtung

Ermittlung der Einkünfte aus Vermietung und Verpachtung	
Einnahmen aus Vermietung und Verpachtung bei Zwei- und Mehrfamilienhäusern sowie vermieteten Einfamilienhäusern und Eigentumswohnungen	
Bruttoeinnahmen	______
⁒ Werbungskosten	⁒ ______
Einkünfte aus Vermietung und Verpachtung	______

Werbungskosten bei Einkünften aus Vermietung und Verpachtung sind insbesondere Finanzierungskosten (Schuldzinsen, Geldbeschaffungskosten), Erhaltungsaufwand (Reparaturen und Instandhaltung) und Abschreibungen.

Beispiel der Ermittlung der Einkünfte aus Vermietung und Verpachtung (Zweifamilienhaus)	
Mieteinnahmen	13800 Euro
– laufende Werbungskosten	17995 Euro
– Abschreibungen	14000 Euro
= Verlust aus Vermietung und Verpachtung	18195 Euro

Übersteigen die Werbungskosten die Einnahmen, entstehen Verluste aus Vermietung und Verpachtung. Sie führen zu einer Minderung des Gesamtbetrags der Einkünfte und damit zu einer Verringerung des zu versteuernden Einkommens.

Berechnungsgrundlage für Abschreibungen

Bemessungsgrundlage für die Berechnung von Abschreibungen sind die Anschaffungs- oder Herstellungskosten des Gebäudes oder Gebäudeanteils. Dazu zählen insbesondere:

- der Kaufpreis oder die Baukosten,
- die Grunderwerbsteuer in Höhe von 3,5 % bis 6,5 % des Kaufpreises,
- Kosten der Vermittlung durch Makler,
- Notargebühren für die Beurkundung des Kaufvertrags,
- Gerichtskosten für die Eintragung der Auflassungsvormerkung und der Eigentumsverschaffung.

Die Höhe der Abschreibung richtet sich nach dem Zeitpunkt der Anschaffung. Grundsätzlich gilt die lineare Abschreibungsmethode.

Abschreibung bei Mietwohnbauten

Lineare Gebäudeabschreibung

Lineare Abschreibung (§ 7 Abs. 4 EStG)
▸ Gilt für Altbauten und Neubauten. ▸ Kann von Bauherren und Erwerbern genutzt werden. ▸ Abschreibungsbetrag bei Fertigstellung des Gebäudes – nach dem 31.12.1924: 2,0 % – vor dem 01.01.1925: 2,5 % ▸ Im Jahr der Anschaffung oder Fertigstellung muss zeitanteilig abgeschrieben werden.

4.7.5 Besteuerung privater Veräußerungsgeschäfte

Private Veräußerungsgeschäfte

Private Veräußerungsgeschäfte liegen vor, wenn erworbene

- **bewegliche Wirtschaftsgüter**, d.h. Devisenguthaben, Gold oder Kunstwerke, **innerhalb von 12 Monaten,**
- **unbewegliche Wirtschaftsgüter**, d.h. Immobilien, **innerhalb von 10 Jahren**

wieder verkauft werden.

Wenn mit beweglichen Wirtschaftsgütern Einnahmen erzielt werden, verlängert sich die Frist von 12 Monaten auf 10 Jahre. Gewinne aus der Veräußerung von Gegenständen des täglichen Gebrauchs, z. B. von gebrauchten Pkw, fallen nicht unter die privaten Veräußerungsgeschäfte.

Spekulationsfrist

§ 23 Abs. 1 Satz 1 Nr. 2 EStG

Beispiel für Anwendung der Spekulationsfrist bei beweglichen Wirtschaftsgütern

Aus einem Devisentermingeschäft erhält ein Anleger USD auf ein Währungskonto geliefert. Auf das Guthaben werden Zinsen gutgeschrieben. Werden für Guthaben auf einem Währungskonto Zinsen gezahlt, so handelt es sich um eine Einnahmeerzielung. Ein steuerfreier Verkauf der Devisen ist nicht nach 12 Monaten, sondern erst nach 10 Jahren möglich. Ist das Währungskonto dagegen unverzinslich, gilt die Frist von 12 Monaten.

Sonstige Einkünfte

Die **steuerliche Erfassung privater Veräußerungsgeschäfte** erfolgt unter den **sonstigen Einkünften**. Realisierte Gewinne und Verluste aus dem An- und Verkauf von Wertpapieren, die nach dem 31.12.2008 angeschafft wurden, zählen unabhängig von der Haltefrist der Wertpapiere zu den Einkünften aus Kapitalvermögen.

Ermittlung von Gewinnen und Verlusten aus privaten Veräußerungsgeschäften

Veräußerungserlöse
./. Anschaffungskosten
./. Nebenkosten beim Verkauf
./. nachgewiesene Werbungskosten
= Gewinn oder Verlust

Private Veräußerungsgeschäfte mit Immobilien

Verkäufe von Immobilien innerhalb von 10 Jahren bleiben in zwei Fällen steuerfrei:

1. Die Immobilie wurde im Jahr der Veräußerung und den vorangegangenen beiden Jahren zu eigenen Wohnzwecken genutzt.
2. Die Immobilie diente im Zeitraum zwischen Anschaffung oder Fertigstellung und Veräußerung ausschließlich eigenen Wohnzwecken.

Beispiel für Anwendung der Spekulationsfrist bei Immobilien

Die Eheleute Peters haben im Jahr 2015 ein Haus für 180 000 Euro gekauft, das sie im Jahr 2018 wegen beruflicher Veränderungen für 220 000 Euro verkaufen. Es entsteht dadurch ein Gewinn aus privaten Veräußerungsgeschäften von 40 000 Euro. Dieser bleibt steuerfrei, wenn

- die Eheleute das Haus im gesamten Zeitraum 2015 bis 2018 selbst bewohnt und nicht vermietet hatten oder
- mindestens in den Jahren 2016 bis 2018 selbst bewohnt hatten.

Freigrenze

Gewinne aus privaten Veräußerungsgeschäften sind im Rahmen der sonstigen Einkünfte steuerpflichtig, wenn sie die Freigrenze von 599,99 Euro überschreiten. Gewinne bis 599,99 Euro bleiben steuerfrei.

4.7.6 Erbschaftsteuer und Schenkungsteuer

Erbschaftsteuer

Schenkungsteuer

Der Erbschaftsteuer bzw. Schenkungsteuer unterliegen insbesondere

- der Erwerb von Todes wegen,
- die Schenkung unter Lebenden,
- Zweckzuwendungen.

Zweckzuwendungen

Zweckzuwendungen sind Zuwendungen von Todes wegen oder Zuwendungen unter Lebenden zugunsten eines bestimmten Zwecks. Die Zuwendungen sind mit der Auflage verbunden, sie für einen bestimmten fremden Zweck oder für einen unbestimmten Personenkreis zu verwenden, z. B. für den Umweltschutz oder den Tierschutz.

Nach dem persönlichen Verhältnis des Erwerbers zum Erblasser oder Schenker werden drei Steuerklassen unterschieden:

Steuerklassen

- Steuerklasse I — der Ehegatte bzw. eingetragene Lebenspartner, die Kinder und Stiefkinder, die Abkömmlinge der Kinder und Stiefkinder sowie – bei Erwerben von Todes wegen – die Eltern und Großeltern;
- Steuerklasse II — die Geschwister, die Abkömmlinge von Geschwistern, die Stiefeltern, die Schwiegerkinder, die Schwiegereltern, der geschiedene Ehegatte bzw. aufgehobene Lebenspartnerschaften sowie – im Schenkungsfall – die Eltern und Großeltern;
- Steuerklasse III — alle übrigen Erwerber.

steuerpflichtiger Wert des Nachlasses

§ 183 und § 184 BewG

§ 182 Abs. 4 BewG

Der **steuerpflichtige Wert** des Nachlasses umfasst die Summe der vererbten Vermögenswerte nach Abzug bestimmter Belastungen und Kosten und der Freibeträge. Grundsätzlich müssen alle Vermögensgegenstände mit dem sogenannten „gemeinen Wert" angesetzt werden. Er entspricht dem Verkaufspreis, der am Todestag des Erblassers bzw. am Tag der Schenkung im gewöhnlichen Geschäftsverkehr für den Vermögensgegenstand zu erzielen wäre. Der Wert eines **unbebauten Grundstücks** wird aus der Fläche und den zuletzt festgestellten Bodenrichtwerten ermittelt. Bei **bebauten Grundstücken** kommt das **Vergleichswertverfahren** (insbesondere bei Ein- und Zweifamilienhäusern und Wohneigentum) oder das **Ertragswertverfahren** (bei Vermietungsobjekten, Geschäfts- und gemischt genutzten Grundstücken) zur Anwendung. Der Vergleichswert ergibt sich aus tatsächlich realisierten Kaufpreisen von Grundstücken, die hinsichtlich Lage, Zuschnitt und sonstiger Beschaffenheit mit dem vererbten Grundstück vergleichbar sind. Der Ertragswert wird aus ortsüblichen Mieten berechnet. Kann kein Vergleichswert oder Ertragswert ermittelt werden, so wird der Substanzwert der Immobilie (Bodenwert zuzüglich Herstellungskosten der Anlagen) angesetzt.

Besonderheiten gelten im Erbfall bei Immobilien:

§ 13 Abs. 1 Nr. 4b und c ErbStG

- Die **Vererbung einer selbst genutzten Wohnung** (sog. **Familienheim**) **an den Ehegatten oder an den eingetragenen Lebenspartner** ist steuerfrei, wenn die Immobilie nach Erwerb zehn Jahre lang vom Erwerber selbst bewohnt und genutzt wird. Eine Vermietung der Immobilie oder der Leerstand ist steuerschädlich. Die Pflegebedürftigkeit (Stufe III) oder der Tod des Ehegatten ist dagegen steuerunschädlich.
- Auch die Vererbung einer selbst genutzten Immobilie an **Kinder** ist steuerfrei, wenn diese das Familienheim mindestens zehn Jahre lang selbst bewohnen. Die Steuerfreiheit gilt allerdings nur bis zu einer Wohnfläche von 200 m^2. Ist das Familienheim z. B. 300 m^2 groß, müssen die Kinder den 200 m^2 übersteigenden Teil des Wertes der Immobilie versteuern.
- Für zu **Wohnzwecken vermietete Immobilien** werden nur 90 % des Wertes angesetzt.

Zum Nachlass gehörende **Verbindlichkeiten** mindern die steuerpflichtigen Werte des Nachlasses. Darüber hinaus gelten **persönliche und sachliche Freibeträge:**

persönliche und sachliche Freibeträge

1. allgemeine persönliche Freibeträge von 500000 Euro für den Ehegatten und eingetragenen Lebenspartner, 400000 Euro für Kinder und Stiefkinder, 200000 Euro für Enkel und 100000 Euro für alle übrigen Personen der Steuerklasse I, 20000 Euro für Personen der Steuerklasse II und für sonstige Personen der Steuerklasse III,
2. sachliche Freibeträge von 41000 Euro für Hausrat einschließlich Wäsche und Kleidungsstücke und 12000 Euro für andere bewegliche körperliche Gegenstände für Personen der Steuerklasse I und für eingetragene Lebenspartner, 12000 Euro für Hausrat und andere bewegliche körperliche Gegenstände, für Personen der Steuerklasse II und III (Die Befreiung gilt nicht für Zahlungsmittel, Wertpapiere, Münzen, Edelmetalle, Edelsteine und Perlen.).
   Für Ehegatten, eingetragene Lebenspartner und Kinder gelten im Erbfall besondere Versorgungsfreibeträge.

Erbschaftsteuertarif

Erbschaftsteuertarif

Wert des steuerpflichtigen Erwerbs in Euro	Steuersatz in Steuerklasse I	Steuersatz in Steuerklasse II	Steuersatz in Steuerklasse III
bis 75000	7%	15%	30%
300000	11%	20%	30%
600000	15%	25%	30%
6000000	19%	30%	30%
13000000	23%	35%	50%
26000000	27%	40%	50%
über 26000000	30%	43%	50%

5 Kredite für Kunden

5.1 Grundlagen des Kreditgeschäfts

5.1.1 Begriff des Kredits

Das Wort Kredit bezeichnet

Begriff Kredit

- **das Vertrauen in die Fähigkeit und Bereitschaft, Schulden ordnungsgemäß zurückzuzahlen** (lat. credere = glauben, vertrauen),
- **die befristete Überlassung von Kaufkraft,**
- **die als Kapital überlassenen Geldwerte.**

Kreditinstitute verstehen unter einem Kredit die zeitlich befristete Überlassung von Geldkapital gegen Zinsen. Zinsen sind das Entgelt für die Nutzung des überlassenen Kapitals.

Gelddarlehen
§ 488 ff. BGB

Rechtlich gesehen ist jeder Kredit, mit dem Bar- oder Buchgeld zur Verfügung gestellt wird, ein **Darlehen (Gelddarlehen)**. Ein **Darlehen ist die Überlassung von Geld** mit der Verpflichtung des Darlehensnehmers zur Zahlung der vereinbarten Zinsen und zur vertragsgemäßen Rückzahlung des Geldbetrages. Die Zinsen sind, soweit nichts anderes vereinbart ist, jährlich am Jahresende oder, wenn das Darlehen vor dem Ablauf eines Jahres zurückzuzahlen ist, bei Rückzahlung des Darlehens fällig.

Sachdarlehen
§ 607 BGB

Vom Gelddarlehen zu unterscheiden ist das Sachdarlehen. Beim **Sachdarlehen** überlässt der Darlehensgeber dem Darlehensnehmer eine vertretbare Sache. Der Darlehensnehmer ist verpflichtet, das vereinbarte Darlehensentgelt zu zahlen und bei Fälligkeit eine Sache gleicher Art, Güte und Menge zurückzugeben.

5.1.2 Kreditbedarf der Wirtschaftsteilnehmer

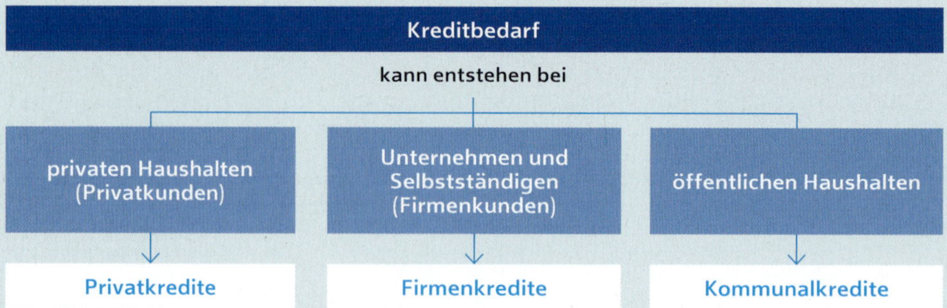

Kreditbedarf der Privatkunden

Kreditbedarf bei privaten Haushalten entsteht, wenn Ausgaben anfallen, die aus den laufenden Einkünften oder den Ersparnissen nicht bezahlt werden können. Lang- und mittelfristige Kredite dienen der Finanzierung von Immobilien und Gebrauchsgütern, z. B. Wohnungseinrichtungen und Personenkraftwagen. Kurzfristige Kredite dienen vor allem zur Überbrückung von Liquiditätsengpässen und zur Finanzierung von Dienstleistungen, z. B. Reisen. Kredite an private Haushalte sind in der Regel **Konsumkredite und Baufinanzierungskredite**.

Konsumkredite

Kreditbedarf bei Unternehmen und Selbstständigen entsteht, wenn Eigenkapital nicht in ausreichender Höhe zur Verfügung steht oder nicht eingesetzt werden soll. Kredite an Unternehmen und Selbstständige werden als **Firmenkredite** bezeichnet. Firmenkredite sind in der Regel **Produktivkredite**.

Kreditbedarf der Firmenkunden

Firmenkredite

Produktivkredite

Kreditbedarf bei öffentlichen Haushalten entsteht, wenn die Ausgaben für öffentlichen Konsum, öffentliche Investitionen und Transferzahlungen größer sind als die Einnahmen aus Steuern, Gebühren und Beiträgen. Kredite an öffentliche Haushalte werden als **Kommunalkredite** (**Kommunaldarlehen oder Kassenkredite**) bezeichnet.

Kreditbedarf der öffentlichen Haushalte

Zu den **öffentlichen Haushalten** zählen die Haushalte des Bundes, der Länder, der Gemeinden, der Gemeindeverbände und der Sozialversicherungsträger. Alle öffentlichen Haushalte werden zusammengefasst als **„Staat"** bezeichnet.

▸ Kapitel 5.4.3.2

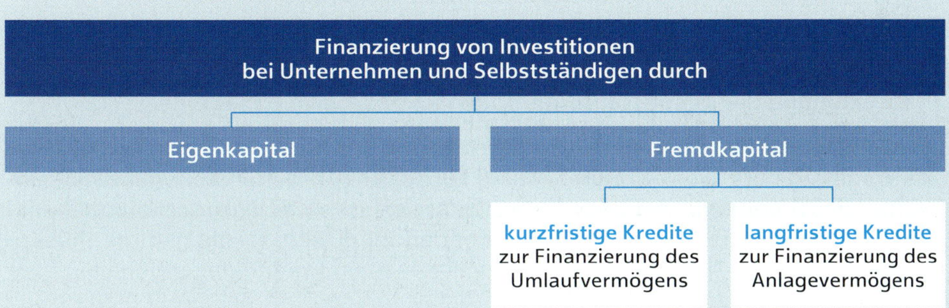

Finanzierung von Investitionen

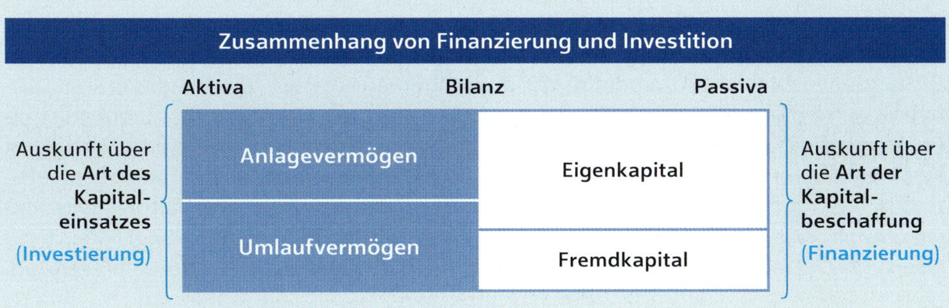

Zusammenhänge Kapitalbeschaffung und Kapitalverwendung

5.1.3 Abwicklung von Kreditgeschäften

5.1.3.1 Anbieten von Kreditleistungen

Angebotsgründe

Banken und Sparkassen wollen Mittel, die ihnen aus Einlagen der Kunden und aus aufgenommenen Geldern zufließen, Ertrag bringend anlegen. Im Rahmen ihrer **Finanzierungsleistungen** bieten sie **Kredite** an und werben für die Inanspruch-

Anbieten von Kreditleistungen

nahme ihrer Kreditleistungen. Die Initiative zum Abschluss eines Kreditgeschäfts geht jedoch meist vom Kreditnehmer aus.

Privatkunden werden in der Regel standardisierte Kredite angeboten.

Firmenkunden erwarten individuelle, auf ihre Unternehmenssituation zugeschnittene **Finanzierungsangebote.** Die Belastungen des Kreditnehmers aus Rückzahlungen (Tilgungen) und Zinsen müssen so gestaltet werden, dass sie in das Finanzkonzept des Kunden passen.

Kreditkosten

Die Höhe der **Kreditkosten** ist grundsätzlich von der Höhe der Geldbeschaffungskosten (Refinanzierungskosten) abhängig. Bei der Festsetzung der Konditionen eines Kredits berücksichtigen die Kreditinstitute aber auch die Bonität des Kunden. Die Kreditinstitute behalten sich bei variabel verzinslichen Krediten vor, den Zinssatz bei Veränderung des Geld- oder Kapitalmarktzinses herauf- oder herabzusetzen. Für längerfristige Darlehen werden oft **Festzinsvereinbarungen** getroffen.

Angebotsvoraussetzungen

Voraussetzungen für das Anbieten von Kreditleistungen sind

- die **Beachtung der Vorschriften des Kreditwesengesetzes,**
- die **Erfüllung der Mindestanforderungen an das Risikomanagement (MaRisk**).

▸ Kapitel 5.1.3.2.2
▸ Kapitel 7.2.2.4.3

Das **Kreditwesengesetz** verlangt die Offenlegung der wirtschaftlichen Verhältnisse des Kreditnehmers, wenn Kredite 750000 Euro oder 10 % des anrechenbaren Eigenkapitals des Kreditinstituts übersteigen. Vor Abschluss eines Verbraucherdarlehensvertrages ist die Kreditwürdigkeit des Kunden zu prüfen. Kreditinstitute müssen darüber hinaus die Anforderungen an die Bildung von Kreditnehmereinheiten bzw. von Gruppen verbundener Kunden, die Meldevorschriften bei Großkrediten und Millionenkrediten sowie bestimmte Anforderungen bei der Gewährung von Organkrediten beachten.

§ 48u KWG

Zur Begrenzung der Risiken aus der Vergabe von Darlehen zum Bau oder zum Erwerb von Wohnimmobilien im Inland enthält § 48u KWG besondere Regelungen. Es handelt sich hierbei um bestimmte Vorsorgemaßnahmen, die mögliche spekulative Übertreibungen an den Immobilienmärkten begrenzen sollen. In einem solchen Fall könnte die BaFin den Kreditinstituten bestimmte Kriterien für die Vergabe von Neukrediten verpflichtend vorgeben. Die Darlehensvergabe könnte beispielsweise dadurch eingeschränkt werden, dass eine Obergrenze für das Verhältnis zwischen Darlehenshöhe und Immobilienwert (Kreditvolumen-Immobilienwert-Relation) oder ein Zeitraum für die Rückzahlung eines bestimmten Darlehensteilbetrages (Amortisationsanforderung) vorgeschrieben wird. Bevor die BaFin auf die Instrumente zur Begrenzung der Darlehensvergabe zurückgreifen kann, muss sie eine Einschätzung zu den drohenden Risiken für die Finanzstabilität abgeben. Hierbei sind die Analysen und Bewertungen der Deutschen Bundesbank zu berücksichtigen. Ferner sind insbesondere die Vertreter der Kreditwirtschaft anzuhören und der Finanzausschuss des Deutschen Bundestages zu unterrichten. Die BaFin hat von der Möglichkeit der Nutzung der vorgenannten Instrumente bisher keinen Gebrauch gemacht.

Mindestanforderungen der BaFin an das Risikomanagement

Die **Mindestanforderungen an das Risikomanagement (MaRisk**) der BaFin verlangen von der Geschäftsleitung jedes Kreditinstituts die ordnungsgemäße Organisation des Kreditgeschäfts und die Überwachung der Kreditrisiken.

Der Vorstand hat u.a. Kriterien für das sogenannte risikorelevante Kreditgeschäft festzulegen. Hierbei handelt es sich um Kreditengagements, die nach Art, Umfang oder Komplexität als besonders risikobehaftet einzustufen sind. Für entsprechende Kreditgewährungen sind grundsätzlich zwei zustimmende Kreditbeurteilungen (Voten) von organisatorisch getrennten Bereichen erforderlich. Die Organisation des Kreditgeschäfts ist in die Bereiche „Markt" und „Marktfolge" aufzuteilen, die unterschiedliche Aufgaben wahrnehmen:

- Marktaufgaben sind Geschäftsanbahnung, Kundenbetreuung und Abgabe des Marktvotums im risikorelevanten Kreditgeschäft.
- Marktfolgeaufgaben sind die Abgabe eines weiteren unabhängigen Votums im risikorelevanten Kreditgeschäft sowie die Wahrnehmung der Aufgaben, die nicht vom Marktbereich ausgeübt werden dürfen, z.B. Betreuung von Problemkrediten und Entscheidung über die Risikovorsorge bei notleidenden Krediten.

Neben der von den MaRisk verbindlich vorgeschriebenen Zuordnung bestimmter Tätigkeiten zu den Bereichen Markt und Marktfolge verfügen die Kreditinstitute bei der Zuordnung weiterer Aufgaben im Kreditgeschäft, z.B. Kreditsachbearbeitung, Jahresabschlussanalyse, über einen Ermessensspielraum.

5.1.3.2 Kreditfähigkeit und Kreditwürdigkeit als Voraussetzung für die Inanspruchnahme von Bankkrediten

Kreditinstitute verwenden im Kreditgeschäft Mittel, die sie von Sparern und anderen Einlegern entgegen genommen haben und an diese Kunden zurückzahlen müssen (**fremde Mittel**). Sie sind den Einlegern daher in besonderem Maße verpflichtet,

- sowohl die Kreditfähigkeit
- als auch die Kreditwürdigkeit

der Kreditnehmer sorgfältig zu prüfen.

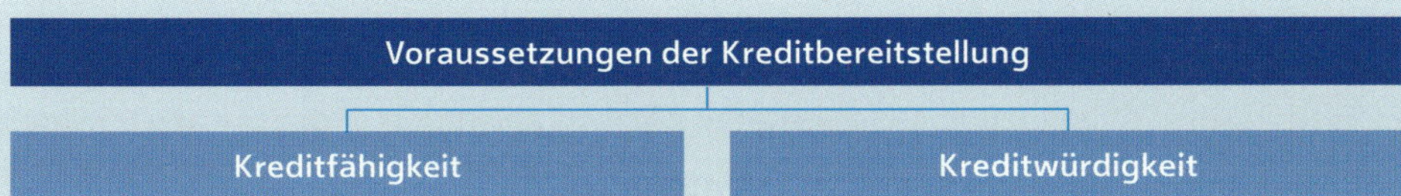

5.1.3.2.1 Feststellung der Kreditfähigkeit

Kredit-
fähigkeit

Kreditfähigkeit ist die Fähigkeit, rechtswirksam Kreditverträge zu schließen. Kreditfähig sind **natürliche Personen,** die voll geschäftsfähig sind, **juristische Personen des privaten und öffentlichen Rechts** und **Personenhandelsgesellschaften** (OHG, KG).

Beschränkt geschäftsfähige Minderjährige bedürfen zum Abschluss von Kreditverträgen der Zustimmung des gesetzlichen Vertreters (Eltern, Vormund), der wiederum die Genehmigung des Familiengerichts benötigt. **Nichtrechtsfähige Personenvereinigungen,** z.B. Erbengemeinschaften, können nur Kredite aufnehmen, wenn ihre Mitglieder gemeinschaftlich handeln und sich als Gesamtschuldner verpflichten.

Wenn der Kunde beim kreditgebenden Kreditinstitut ein Konto unterhält, ist eine besondere Prüfung der Kreditfähigkeit nicht erforderlich. In anderen Fällen muss er seine Kreditfähigkeit nachweisen. Bei Privatkunden geschieht dies durch Vorlage eines amtlichen Lichtbildausweises, z. B. Personalausweis, bei Firmenkunden durch Vorlage eines Auszuges aus einem öffentlichen Register, z. B. Handelsregister.

5.1.3.2.2 Beurteilung der Kreditwürdigkeit

Kreditwürdigkeit

Kreditwürdig sind Personen und Unternehmen, von denen eine **vertragsgemäße Erfüllung der Kreditverpflichtungen** erwartet werden kann. Unterschieden werden

- **die persönliche Kreditwürdigkeit** und
- **die materielle (wirtschaftliche) Kreditwürdigkeit.**

Persönliche Kreditwürdigkeit

Persönliche Kreditwürdigkeit ist gegeben, wenn derjenige, der für sich selbst oder für sein Unternehmen einen Kredit in Anspruch nimmt, aufgrund seiner Zuverlässigkeit, seiner beruflichen und fachlichen Qualifikation sowie seiner unternehmerischen Fähigkeiten Vertrauen verdient.

Materielle Kreditwürdigkeit

Materielle Kreditwürdigkeit ist gegeben, wenn die gegenwärtigen und künftig erwarteten **wirtschaftlichen Verhältnisse** Zins- und Rückzahlungsleistungen als gesichert erscheinen lassen.

Merkmale der materiellen Kreditwürdigkeit bei

privaten Haushalten	Unternehmen und Selbstständigen	öffentlichen Haushalten
‣ Einkommensverhältnisse ‣ Vermögenssituation	‣ Ertragslage ‣ Liquiditätslage ‣ Vermögens- und Kapitalstruktur	Steueraufkommen

‣ Seite 454, 460, 505

Kreditinstitute beurteilen die materielle Kreditwürdigkeit von privaten Haushalten und Unternehmen anhand bestimmter **Unterlagen**.

Einsichtnahme in die wirtschaftlichen Verhältnisse

Die richtige **Einschätzung eines Kreditengagements,** insbesondere seiner Risiken, setzt die **Einsichtnahme** des Kreditinstituts **in die wirtschaftlichen Verhältnisse** des Kreditnehmers voraus.

§ 18 KWG

Offenlegung der wirtschaftlichen Verhältnisse

Ein Kreditinstitut muss sich nach **§ 18 KWG** die **wirtschaftlichen Verhältnisse des Kreditnehmers offen legen** lassen, wenn der **Kredit** insgesamt den **Betrag von 750000 Euro oder 10 % des anrechenbaren Eigenkapitals des Kreditinstitutes übersteigt.** Die Offenlegung kann bei Unternehmen und Selbstständigen insbesondere durch die Vorlage der Jahresabschlüsse erfolgen. Von der Offenlegung kann abgesehen werden, wenn sie aufgrund der gestellten Sicherheiten oder aufgrund der für diesen Kredit mitverpflichteten Personen offensichtlich unbegründet ist. Welche Sicherheiten berücksichtigt werden können, hat das Kreditinstitut eigenverantwortlich risikoorientiert festzulegen. Wird auf die Kreditwürdigkeit eines Mitverpflichteten abgestellt, dann hat dieser seine wirtschaftlichen Verhältnisse offenzulegen.

Von der **laufenden Offenlegung** kann das Kreditinstitut absehen, wenn

- der Kredit durch Grundpfandrechte auf Wohneigentum, das vom Kreditnehmer selbst genutzt wird, gesichert ist,
- der Kredit vier Fünftel des Beleihungswertes nicht übersteigt
- **und** der Kreditnehmer die Zins- und Tilgungsleistungen störungsfrei erbringt.

Auch vor dem Abschluss eines Verbraucherdarlehensvertrages müssen Kreditinstitute die Kreditwürdigkeit des Kunden prüfen, z. B. auf Basis einer Selbstauskunft. §18a KWG, §§505a und 505b BGB

In diesem Zusammenhang ist dem Kunden vor dem Abschluss eines Immobiliar-Verbraucherdarlehens anhand eines Informationsblattes durch das Kreditinstitut mitzuteilen, welche Informationen und Nachweise für die Durchführung einer ordnungsgemäßen Kreditwürdigkeitsprüfung benötigt werden (z. B. Einkommen, Ausgaben, bestehende Finanzierungen). Die Kreditwürdigkeitsprüfung darf sich bei Immobiliar-Verbraucherdarlehen nicht hauptsächlich darauf stützen, dass der Wert der Immobilie den Darlehensbetrag übersteigt, oder auf die Annahme, dass der Wert der Immobilie zunimmt, es sei denn, der Darlehensvertrag dient dem Bau oder zur Renovierung der Immobilie. Die Prüfung ist zukunftsorientiert durchzuführen, beispielsweise ist ein geringeres Einkommen des Kunden nach dem Renteneintritt bei der Kapitaldienstrechnung zu berücksichtigen. Ein Verbraucherdarlehensvertrag darf nur bei einem positiven Ergebnis der Kreditwürdigkeitsprüfung abgeschlossen werden. Bei einer Anschlussfinanzierung oder Umschuldung eines Immobiliar-Verbraucherdarlehens ist eine erneute Kreditwürdigkeitsprüfung grundsätzlich nicht erforderlich, sofern keine erhebliche Erhöhung des Nettodarlehensbetrages erfolgt.

Bei einer deutlichen Erhöhung des Nettodarlehensbetrages ist die Bonität des Kunden erneut zu bewerten.

Das Verfahren der Kreditwürdigkeitsprüfung und die Angaben, auf die sich das Kreditinstitut hierbei stützt, sind festzulegen und zu dokumentieren.

Ein Verstoß gegen die Pflicht zur Kreditwürdigkeitsprüfung bei Verbraucherdarlehen hat für das Kreditinstitut weitreichende Folgen. Ein vertraglich vereinbarter gebundener Sollzins reduziert sich auf einen laufzeitadäquaten marktüblichen Zinssatz für Pfandbriefe. Bei einem vertraglich vereinbarten variablen Sollzins ermäßigt sich dieser auf den marktüblichen Zinssatz für europäische Interbankenanleihen mit einer Laufzeit von drei Monaten. Darüber hinaus kann der Kunde den Darlehensvertrag jederzeit fristlos kündigen, ohne dass eine Vorfälligkeitsentschädigung anfällt. Die vorgenannten Rechtsfolgen finden keine Anwendung, wenn bei einer ordnungsgemäßen Kreditwürdigkeitsprüfung der Darlehensvertrag aufgrund eines positiven Ergebnisses der Prüfung hätte geschlossen werden dürfen. Kann der Kunde seine Pflichten aus dem Darlehensvertrag nicht erfüllen, so kann das Kreditinstitut keine Ansprüche wegen der Pflichtverletzung gegenüber dem Kunden geltend machen, wenn bei ordnungsmäßiger Kreditwürdigkeitsprüfung der Darlehensvertrag nicht hätte geschlossen werden dürfen. §505d BGB

Mit dem Finanzaufsichtsrechtergänzungsgesetz wurden in §505e BGB und §18a Abs. 10a KWG Verordnungsermächtigungen geschaffen, die das Bundesministerium der Finanzen sowie das Bundesministerium der Justiz und für Verbraucherschutz geplante Änderungen ermächtigen, durch eine gemeinsame Rechtsverordnung Leitlinien zu Kriterien und Methoden der Kreditwürdigkeitsprüfung bei Immobiliar-Verbraucherdarlehensverträgen festzulegen. Der Referentenentwurf zur **Immobiliar-Kreditwürdigkeitsprüfungsleitlinien-Verordnung** (ImmoKWPLV) befindet sich derzeit in der Konsultation mit der Deutschen Kreditwirtschaft. Die weitere Entwicklung bleibt abzuwarten.

5.1.3.3 Kreditbesicherung

ausführliche Darstellung ▸ Kapitel 5.1.5

Banken und Sparkassen gewähren Kredite als

- **Blankokredite** oder
- **gesicherte Kredite.**

Blankokredite

Bei **Blankokrediten** verzichtet das Kreditinstitut auf die Stellung von Sicherheiten. Es vertraut aufgrund der Kreditwürdigkeit des Kunden darauf, dass dieser seine Verpflichtungen ordnungsgemäß erfüllen wird. Der Kreditnehmer haftet aber aus dem Kreditvertrag mit seinem gesamten Vermögen.

gesicherte Kredite

Bei **gesicherten Krediten** werden vertraglich bestimmte Sicherheiten bestellt. Das Kreditinstitut schützt sich dadurch vor einem möglichen Verlust aus dem Kreditengagement. Wenn der Kreditnehmer seine Verpflichtungen nicht ordnungsgemäß erfüllt, kann das Kreditinstitut die Sicherheit verwerten und daraus den Kredit zurückführen.

Sparkassen unterscheiden nach der Art der Besicherung

- **Realkredite**
- **Gedeckte Personalkredite** und
- **Blankokredite**

▸ Kapitel 5.3

Realkredite werden durch Bestellung von erstrangigen Grundpfandrechten gesichert. Gedeckte Personalkredite sind Kredite gegen andere werthaltige Sicherheiten, z. B. Bürgschaften und Zessionen.

Kreditsicherungsvertrag

Die Besicherung des Kredits wird im **Kreditvertrag oder in einem zusätzlichen Sicherungsvertrag (Kreditsicherungsvertrag)** festgelegt, der die Rechte und Pflichten des Sicherungsgebers und des Kreditinstituts (Sicherungsnehmer) regelt.

Sicherungsabrede

Zweckerklärung

Bei Bestellung nicht akzessorischer Sicherheiten muss eine **Sicherungsabrede** (Sicherungszweckerklärung) getroffen werden. Durch die **Zweckerklärung** werden Sicherheit und Kredit aneinander gebunden. Der Sicherungsgeber muss die Inanspruchnahme der Sicherheit nur dulden, wenn die Verwertung in Übereinstimmung mit dem vereinbarten Sicherungszweck geschieht. Zu unterscheiden sind:

weiter Sicherungszweck

- die Vereinbarung eines **weiten Sicherungszwecks**: Die Sicherheit dient nicht nur für das Darlehen, das Anlass für die Sicherheitenvereinbarung war, sondern auch für alle bestehenden, künftigen und bedingten Ansprüche, die der Bank gegen den Darlehensnehmer zustehen. Der weite Sicherungszweck darf grundsätzlich nur vereinbart werden, wenn Darlehensnehmer und Sicherungsgeber identisch sind, z. B. bei Grundpfandrechten der Grundstückseigentümer. ▸ Seite 498

enger Sicherungszweck

- die Vereinbarung eines **engen Sicherungszwecks**: Die Sicherheit dient nur für die Erfüllung der Forderungen, die im Sicherheitenvertrag aufgeführt sind. Soll die Sicherheit weitere Kredite absichern oder wird eine Umschuldung vorgenommen, muss ein neuer Sicherheitenvertrag geschlossen werden.

Eine Sicherungsvereinbarung kann in bestimmten Fällen sittenwidrig und damit nichtig sein, z.B. wenn eine unverhältnismäßig hohe Übersicherung vereinbart worden ist und die wirtschaftliche Freiheit des Sicherungsgebers erheblich beeinträchtigt wird (Knebelung).

Für Kreditsicherungsverträge mit verheirateten Kreditnehmern ist die Zustimmung beider Ehegatten erforderlich, wenn das gesamte Vermögen des Kreditnehmers als Sicherungsgut dienen soll oder die Sicherungsgegenstände zum ehelichen Haushalt gehören. Der andere Ehegatte muss nicht zustimmen, wenn abweichend vom gesetzlichen Güterstand der Zugewinngemeinschaft eine Gütertrennung vereinbart worden ist. **§§ 1365 und 1369 BGB**

Unabhängig von dem vertraglich begründeten Anspruch auf Bestellung einer Sicherheit geben die **Allgemeinen Geschäftsbedingungen** dem Kreditinstitut einen formularmäßigen Anspruch auf **Bestellung oder Verstärkung von Sicherheiten.**

Auszug aus Nr. 13 AGB Banken: Bestellung oder Verstärkung von Sicherheiten

Nr. 13 AGB Banken

(1) **Anspruch der Bank auf Bestellung von Sicherheiten**
Die Bank kann für alle Ansprüche aus der bankmäßigen Geschäftsverbindung die Bestellung bankmäßiger Sicherheiten verlangen, und zwar auch dann, wenn die Ansprüche bedingt sind (zum Beispiel Aufwendungsersatzanspruch wegen der Inanspruchnahme aus einer für den Kunden übernommenen Bürgschaft). ...

(2) **Veränderungen des Risikos**
Hat die Bank bei der Entstehung von Ansprüchen gegen den Kunden zunächst ganz oder teilweise davon abgesehen, die Bestellung oder Verstärkung von Sicherheiten zu verlangen, kann sie auch später noch eine Besicherung fordern. Voraussetzung hierfür ist jedoch, dass Umstände eintreten oder bekannt werden, die eine erhöhte Risikobewertung der Ansprüche gegen den Kunden rechtfertigen. ...

Die **Begrenzung des Besicherungsanspruchs** und die Verpflichtung des Kreditinstituts zur **Freigabe von Sicherheiten** ist ebenfalls in den AGB geregelt. **Nr. 16 Abs. 2 AGB Banken, Nr. 22 Abs. 2 AGB Sparkassen**

Der **Sicherheitenwert einer Sachsicherheit** richtet sich danach, **welcher Erlös bei einer möglichen Verwertung bzw. Liquidierung der Sicherheit erwartet werden kann**. Ist die Kreditsumme höher als die Summe der bewerteten Sicherheiten, so entsteht ein Blankoanteil, der auf die Bonität, d.h. die materielle Kreditwürdigkeit des Kreditnehmers abgestellt werden muss. Basis des Sicherheitenwertes sind der Beleihungswert bzw. bei Wertpapieren der Marktwert sowie die Beleihungsgrenze. Die maximalen Beleihungsgrenzen sowie die Verfahren zur Ermittlung des jeweiligen Beleihungswertes sind in internen Wertermittlungsanweisungen und Kreditrichtlinien festgelegt. Die tatsächliche Ausnutzung der Beleihungsgrenze stellt den Beleihungsauslauf dar. Bewertung von Kreditsicherheiten

Der **Sicherheitenwert einer Personensicherung** richtet sich nach den wirtschaftlichen Verhältnissen des Sicherungsgebers, z.B. des Bürgen. Im Zweifel ist dieser Sicherheit erst dann ein reeller Sicherheitenwert beizumessen, wenn sie durch eine Sachsicherheit „unterlegt" ist, dem Kreditinstitut also ein zusätzliches dingliches Verwertungsrecht eingeräumt wird.

Kredit-kompetenzen

5.1.3.4 Kreditentscheidung

Institutsinterne Regelungen für Befugnisse zur Kreditbewilligung (Kreditkompetenzen) legen fest, bis zu welcher Höhe die Entscheidungsträger Kredite gewähren dürfen. Nach den Mindestanforderungen an das Risikomanagement (MaRisk) der BaFin sind für eine Kreditentscheidung grundsätzlich zwei zustimmende Voten der Bereiche „Markt" und „Marktfolge" erforderlich. Soweit die Entscheidung von einem Ausschuss getroffen wird, müssen die Mehrheitsverhältnisse so festgelegt sein, dass der Bereich Marktfolge nicht überstimmt werden kann.

▸ Kapitel 5.1.3.1

Adressen-ausfallrisiko

Durch diese Regelung sollen unabhängige Beurteilungen über das Adressenausfallrisiko in die Kreditentscheidung einfließen. Das **Adressenausfallrisiko** ist die Gefahr des teilweisen oder vollständigen Ausfalls einer von einem Geschäftspartner vertraglich zugesagten oder erwarteten Leistung. Im Kreditgeschäft ist dies insbesondere die Gefahr des teilweisen oder vollständigen Ausfalls vereinbarter Zins- und Tilgungsleistungen sowie die Gefahr verspäteter Leistungen.

Bei voneinander abweichenden Voten ist der Kredit abzulehnen oder zur Entscheidung auf eine höhere Kompetenzstufe zu verlagern.

Für Kreditentscheidungen in bestimmten Geschäftsarten oder unterhalb bestimmter Größenordnungen, die unter Risikogesichtspunkten festzulegen sind, kann die Geschäftsleitung bestimmen, dass nur ein Votum erforderlich ist. In der Praxis gilt dies für das standardisierte Kreditgeschäft, z. B. Dispositionskredite, Ratenkredite, standardisierte Baufinanzierungen.

Kreditprotokoll

Die Kreditgenehmigung erfolgt grundsätzlich aufgrund einer Beschlussvorlage (Kreditprotokoll). Wichtige Punkte der Beschlussvorlage sind

- Gesamtobligo einschließlich neu beantragter Kredite
- Verwendungszweck
- Konditionen
- Sicherheiten einschließlich ihrer Sicherheitenwerte und Darstellung der Blankoanteile
- Beurteilung der Kreditwürdigkeit
- Vertretbarkeit der Kreditgewährung

Mitarbeiter der **Sparkassen** haben die Bestimmungen der sparkassenrechtlichen Vorschriften, z. B. des Sparkassengesetzes des jeweiligen Bundeslandes und der Satzung ihrer Sparkasse, zu beachten. Mitarbeiter der **Kreditgenossenschaften** haben die Bestimmungen des Genossenschaftsgesetzes und der Satzung zu beachten. Die Generalversammlung setzt eine Höchstgrenze für die Kreditgewährung an einen Kreditnehmer fest (Beschränkung der Kreditgewährung).

5.1.3.5 Abschluss und Inhalt des Kreditvertrags

Vertrag
§ 145 ff. BGB

Ein Kreditvertrag kommt wie jeder Vertrag durch zwei gegeneinander gerichtete, übereinstimmende Willenserklärungen (Antrag und Annahme) zustande. Rechtlich ist der Kreditvertrag ein **Darlehensvertrag.**

Darlehens-vertrag
§ 488 ff. BGB

In den meisten Fällen geht die Initiative zum Abschluss eines Kreditvertrages vom Kunden aus. Er bittet um Einräumung eines Kredits und stellt einen Kreditantrag. Das Kreditinstitut prüft diesen Antrag und führt mit dem Kunden Verhandlungen über die Kredithöhe und -laufzeit, die Höhe des Sollzinses sowie die zu bestellenden

Sicherheiten. Bei einem positiven Ergebnis der Kreditwürdigkeitsprüfung erfolgt i. d. R. die Kreditzusage. Die Zusage des Kreditinstituts ist eine Annahme des Kreditantrags mit Änderungen und stellt rechtlich gesehen einen neuen Antrag dar (erste Willenserklärung). Mit der Annahme der Kreditzusage durch den Kreditnehmer (zweite Willenserklärung) kommt der Kreditvertrag (Darlehensvertrag) zustande. §150 BGB

Zustandekommen des Kreditvertrags (Darlehensvertrag)

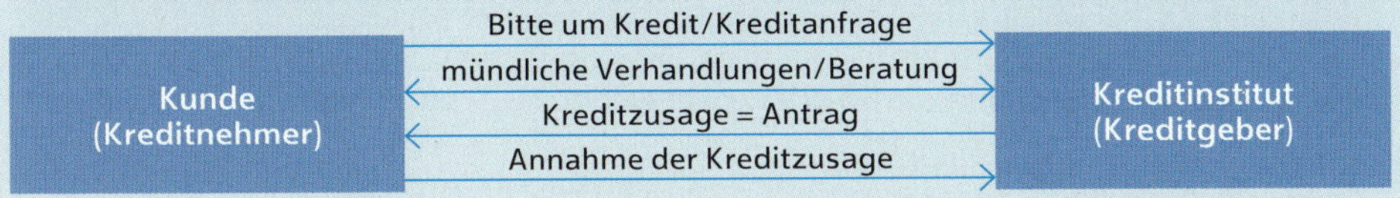

Die Willenserklärungen des Kreditinstituts und des Kreditnehmers werden regelmäßig schriftlich in einem Kreditvertrag zusammengefasst. Er enthält Vereinbarungen über Vereinbarungen im Kreditvertrag

- die **Art des Kredits,**
- die **Höhe des Kredits,**
- die **Laufzeit des Kredits,**
- die **Rückzahlung des Kredits,**
- die **Kündigungsmöglichkeiten,**
- die **Kosten des Kredits,**
- die **Besicherung des Kredits,**
- den **Gerichtsstand,**
- die **Anerkennung der AGB.**

Die **Allgemeinen Geschäftsbedingungen** werden Bestandteil des Kreditvertrages, wenn das Kreditinstitut bei Vertragsabschluss §305 Abs. 2 BGB

- den Kreditnehmer ausdrücklich, z. B. im Kreditvertrag, auf die AGB hinweist,
- von dem Kreditnehmer das Einverständnis über die Geltung der AGB verlangt, z. B. durch Unterschrift auf dem Kreditvertrag,
- dem Kreditnehmer ermöglicht, den Inhalt der AGB zur Kenntnis zu nehmen, z. B. Aushändigung oder deutlich sichtbarer Aushang.

Bei Privatkrediten sind besondere gesetzliche Verpflichtungen hinsichtlich Vertragsgestaltung, Widerrufsmöglichkeiten und Informationspflichten zu beachten. Kapitel 5.2.1

Kreditbereitstellung

5.1.3.6 Kreditbereitstellung

Der Bankkredit kann als **Geld- oder Kreditleihe** bereitgestellt werden.

Geldleihe und Kreditleihe

Bereitstellung des Kredits

Geldleihe	Kreditleihe
Das Kreditinstitut stellt dem Kreditnehmer **Geld** zur Verfügung: ▸ **Kontokorrentkredit** Der Kreditnehmer kann bis zur vereinbarten Kredithöhe über sein Konto verfügen. Zwischenzeitliche Zahlungseingänge gelten nicht als Tilgungen (revolvierender Kredit). ▸ **Darlehen** Das Darlehen wird in einer Summe zur Verfügung gestellt. Zahlungseingänge gelten als Kredittilgungen (nicht revolvierender Kredit). ▸ **Wechselkredit** Das Kreditinstitut kauft von dem Kreditnehmer noch nicht fällige Wechsel an und stellt ihm den Gegenwert abzüglich Zinsen zur Verfügung.	Das Kreditinstitut stellt dem Kreditnehmer seine eigene **Kreditwürdigkeit** zur Verfügung: ▸ **Akzeptkredit** Das Kreditinstitut akzeptiert vom Kreditnehmer ausgestellte Wechsel. ▸ **Avalkredit** Das Kreditinstitut übernimmt eine Bürgschaft oder Garantie für den Kreditnehmer.

5.1.3.7 Kreditüberwachung und Kreditrisikocontrolling

Jede Kreditgewährung ist mit **Risiken** behaftet.

Risikosteuerung gemäß MaRisk

Aufgrund der **Mindestanforderungen an das Risikomanagement** (**MaRisk**) braucht jedes Kreditinstitut

- aussagekräftige **Risikoklassifizierungsverfahren** für die erstmalige bzw. die turnusmäßige oder anlassbezogene Beurteilung des Adressenausfallrisikos,
- aussagekräftige Verfahren zur
  - **Früherkennung von Kreditrisiken,**
  - **Steuerung von Kreditrisiken** (Risikomanagement) und
  - **Überwachung von Kreditrisiken** (Risikocontrolling).

Die Zuständigkeit für diese Verfahren ist zwingend außerhalb des Marktbereichs anzusiedeln.

Frühwarnsystem

Verfahren zur Früherkennung von Risiken dienen insbesondere der rechtzeitigen Identifizierung von Kreditnehmern, bei deren Engagements sich erhöhte Risiken abzuzeichnen beginnen (Adressenausfallrisiko). Damit soll das Kreditinstitut in die Lage versetzt werden, in einem möglichst frühen Stadium Gegenmaßnahmen einleiten zu können, z.B. durch Kontaktaufnahme zum Kunden oder außerplanmäßige Überprüfung der Sicherheiten. In diesem Zusammenhang muss auch entschieden werden, ob der Kunde weiterhin von seinem bisherigen Berater betreut wird oder ob eine Überleitung an eine spezialisierte Abteilung zur Intensivbetreuung oder Problemkreditbearbeitung erfolgt. Das Frühwarnsystem soll sowohl messbare Zahlen (quantitative Merkmale) als auch die eher schwer messbaren „weichen Faktoren" (qualitative Merkmale) umfassen. Dazu sind vor allem quantitative und qualitative Risikomerkmale auszuwählen, die Aufschlüsse über zukünftige Entwicklungen geben.

Risikoüberwachung

Maßnahmen der Risikoüberwachung sind z.B.

- die Prüfung der Kreditwürdigkeit in regelmäßigen Zeitabständen,
- die Überwachung der gestellten Sicherheiten,

- die Kontrolle der Einhaltung der Vertragsbedingungen,
- die Überwachung der Umsatzentwicklung auf dem Konto,
- die Beobachtung der Branchenentwicklung einschließlich der Situation von Lieferanten und Abnehmern des Kreditnehmers.

5.1.3.8 Beendigung des Kreditverhältnisses

Beendigung des Kreditverhältnisses

Beendigung des Kreditverhältnisses durch

- Rückzahlung des Kredits
- Zeitablauf
- Kündigung

Mit der **Rückzahlung** des Kredits enden Kreditverhältnisse, bei denen die Schuld vertragsgemäß in festen Teilbeträgen (Raten) oder in einem Betrag getilgt wird. Rückzahlung

Durch **Zeitablauf** enden Kredite, die in laufender Rechnung für einen bestimmten Zeitraum zur Verfügung gestellt wurden. Das Konto soll am Ende der Laufzeit ausgeglichen sein oder ein Guthaben aufweisen. Zeitablauf

Die **Kündigung** ist die einseitige Erklärung des Kreditnehmers oder Kreditgebers, das Kreditverhältnis zu einem bestimmten Zeitpunkt beenden zu wollen. Kündigung

Kündigung durch den Kreditnehmer (Darlehensnehmer)

§ 489 Abs. 2 BGB variable Verzinsung

Ordentliches Kündigungsrecht des Kreditnehmers

§ 488 Abs. 3 BGB unbestimmte Laufzeit

Darlehensverträge ohne Sollzinsbindung (variabler Zinssatz) und Darlehensverträge, in denen kein Rückzahlungstermin vereinbart ist, kann der Darlehensnehmer **jederzeit unter Einhaltung einer Kündigungsfrist von drei Monaten** kündigen.

Darlehensverträge mit gebundenem Sollzinssatz (Festzinsvereinbarung) kann der Darlehensnehmer kündigen, Sollzinsbindung

- **wenn die Sollzinsbindung abläuft, mit einer Frist von einem Monat**. Die Kündigung kann frühestens für den Ablauf des Tages ausgesprochen werden, an dem die Sollzinsbindung endet. § 489 Abs. 1 Nr. 1 BGB
- **nach Ablauf von 10 Jahren unter Einhaltung einer Kündigungsfrist von sechs Monaten.** § 489 Abs. 1 Nr. 2 BGB

Ein Allgemein-Verbraucherdarlehen, bei dem kein Rückzahlungstermin vereinbart ist, kann der Darlehensnehmer grundsätzlich ohne Einhaltung einer Frist kündigen. Abweichend hiervon kann im Darlehensvertrag eine Kündigungsfrist von maximal einem Monat vereinbart werden. § 500 Abs. 1 BGB

Bei einer ordentlichen Kündigung muss der Kreditnehmer den Kredit innerhalb von zwei Wochen nach Wirksamwerden der Kündigung zurückzahlen, sonst gilt die Kündigung als nicht erfolgt. § 489 Abs. 3 BGB

Außerordentliches Kündigungsrecht des Kreditnehmers

Darlehensverträge mit Sollzinsbindung, die durch ein Grund- oder Schiffspfandrecht gesichert sind, kann der Darlehensnehmer bei berechtigtem Interesse vor- § 490 Abs. 2 BGB zeitig kündigen. Ein solches Interesse liegt z. B. vor, wenn der Darlehensnehmer die beliehene Sache anderweitig verwenden, z. B. verkaufen will. Eine vorzeitige Kündigung ist jedoch frühestens sechs Monate nach vollständigem Empfang des Darlehens unter Beachtung einer Kündigungsfrist von drei Monaten möglich. In diesem Fall ist der Darlehensnehmer verpflichtet, dem Darlehensgeber den Schaden zu ersetzen, der ihm aus der vorzeitigen Kündigung entsteht (**Vorfälligkeitsentschädigung**).

Vorzeitige Rückzahlung eines Verbraucherdarlehens durch den Kreditnehmer

§ 500 Abs. 2 BGB Ein Verbraucherdarlehen kann der Kunde grundsätzlich jederzeit ganz oder teilweise vorzeitig zurückzahlen. Bei Immobiliar-Verbraucherdarlehen mit einem vereinbarten gebundenen Sollzins ist die vollständige oder teilweise Rückzahlung während der Sollzinsbindung nur möglich, wenn hierfür ein berechtigtes Interesse des Darlehensnehmers, z. B. Verkauf der als Sicherheit dienenden Immobilie, besteht. Beabsichtigt der Darlehensnehmer eine vorzeitige Rückzahlung des Dar-
§ 493 Abs. 5 BGB lehens, hat ihm das Kreditinstitut die hierfür erforderlichen Informationen, z. B. die Höhe des zurückzuzahlenden Betrags, unverzüglich auf einem dauerhaften Datenträger zur Prüfung mitzuteilen. Sofern der Darlehensnehmer zum Zeitpunkt der Rückzahlung einen bei Vertragsabschluss vereinbarten gebundenen Sollzins schul-
§ 502 Abs. 1 BGB det, kann das Kreditinstitut für den durch die Rückzahlung entstandenen Schaden eine **Vorfälligkeitsentschädigung** verlangen.

§ 505d Abs. 1 BGB Der Kunde kann darüber hinaus ein Verbraucherdarlehen jederzeit fristlos kündigen, wenn das Kreditinstitut keine ordnungsgemäße Kreditwürdigkeitsprüfung durchgeführt hat. In diesem Fall darf das Kreditinstitut dem Kunden keine Vorfälligkeitsentschädigung in Rechnung stellen. Dies gilt jedoch nicht, sofern bei einer ordnungsgemäßen Kreditwürdigkeitsprüfung der Darlehensvertrag hätte geschlossen werden dürfen.

Vorfälligkeitsentschädigung

Der Bundesgerichtshof (BGH) hat die Verfahren für die Berechnung der Vorfälligkeitsentschädigung in Grundsatzurteilen allgemeinverbindlich geregelt. Zulässig sind:
1. der Aktiv-/Passiv-Vergleich,
2. der Aktiv-/Aktiv-Vergleich.

Beim **Aktiv-/Passiv-Vergleich** wird unterstellt, dass die vorzeitig zurückgezahlten Mittel für die Restlaufzeit in Kapitalmarkttiteln öffentlicher Schuldner angelegt werden. Für die Vorfälligkeitsentschädigung wird der vereinbarte Darlehenszins mit der Rendite fristenkongruenter Kapitalmarkttitel verglichen. Diese Renditen werden laufend von der Deutschen Bundesbank ermittelt und veröffentlicht.

Beim **Aktiv-/Aktiv-Vergleich** wird unterstellt, dass das Kreditinstitut die vorzeitig zurückgeführten Mittel fristenkongruent wieder als Darlehen an neue Kunden verleiht. In diesem Fall muss das Kreditinstitut den entgangenen Nettogewinn und die Verluste aus der Wiederanlage zu einem niedrigeren Zins offenlegen.

Bei der Berechnung der Vorfälligkeitsentschädigung sind insbesondere der Zinsschaden sowie der ersparte Verwaltungsaufwand und die ersparten Risikokosten des Kreditinstituts zu berücksichtigen. Ferner sind mögliche Sondertilgungsrechte des Kunden einzubeziehen, für die keine Vorfälligkeitsentschädigung geleistet werden muss.

Bei Allgemein-Verbraucherdarlehensverträgen ist die Vorfälligkeitsentschädigung auf 1 % bzw., wenn der Zeitraum zwischen der vorzeitigen und der vertraglich vereinbarten Rückzahlung ein Jahr nicht überschreitet, auf 0,5 % des vorzeitig zurückgezahlten Betrages beschränkt. Die Vorfälligkeitsentschädigung darf dabei den Betrag der Zinsen, den der Darlehensnehmer in dem Zeitraum zwischen der vorzeitigen und der vereinbarten Rückzahlung entrichtet hätte, nicht überschreiten.

Kündigung durch den Kreditgeber (Darlehensgeber)

Ordentliches Kündigungsrecht des Kreditgebers

Der Kreditgeber kann wie der Kreditnehmer einen Kreditvertrag mit unbestimmter Laufzeit mit einer Frist von drei Monaten kündigen. Bei einem Allgemein-Verbraucherdarlehen mit unbestimmter Laufzeit kann ein Kündigungsrecht für den Darlehensgeber vertraglich vereinbart werden. In diesem Fall darf die Kündigungsfrist zwei Monate nicht unterschreiten.

§ 488 Abs. 3 BGB

§ 499 Abs. 1 BGB

Außerordentliches Kündigungsrecht des Kreditgebers

Der Kreditgeber kann in der Regel nur dann fristlos kündigen, wenn sich nach Vertragsabschluss

§ 490 Abs. 1 BGB

- die Vermögensverhältnisse des Kreditnehmers oder
- die Werthaltigkeit einer gewährten Sicherheit erheblich verschlechtern

Verschlechterung der Bonität oder der Sicherheit

und der Kreditnehmer keine neuen Sicherheiten anbietet.

Zur Kündigung bedarf es einer Prognose, die auf den Zeitpunkt der Kreditrückzahlung bezogen ist. Beruht die Verschlechterung der Werthaltigkeit auf einer von einem Dritten gestellten Personalsicherheit, z. B. Bürgschaft, so ist die Vermögenslage des Dritten maßgeblich.

Bei Allgemein-Verbraucherdarlehen kann das Kreditinstitut die Auszahlung des Darlehens aus einem sachlichen Grund verweigern, sofern kein Rückzahlungstermin vereinbart ist und eine entsprechende vertragliche Regelung getroffen wurde. Die Gründe sind dem Darlehensnehmer mitzuteilen.

§ 499 Abs. 2 BGB

Das Kreditinstitut kann einen Verbraucherdarlehensvertrag ebenfalls kündigen, wenn der Darlehensnehmer die für die Kreditwürdigkeitsprüfung relevanten Informationen wissentlich vorenthalten oder gefälscht hat.

§ 499 Abs. 3 BGB

Der **Tod des Kreditnehmers** beendet den Kreditvertrag **nicht**. Die Rechte und Pflichten aus dem Kreditvertrag gehen vielmehr auf die Erben des verstorbenen Kreditnehmers über.

Bei den Kündigungsregelungen wird zum Teil zwischen befristeten und unbefristeten Krediten unterschieden. Zu den befristeten Krediten zählen befristete Dispositions- und Kontokorrentkredite, endfällige Darlehen, Tilgungsdarlehen sowie Annuitätendarlehen mit einem Festzins für die gesamte Laufzeit. Zu den unbefristeten Krediten werden Dispositions- und Kontokorrentkredite ohne Befristung sowie Annuitätendarlehen mit veränderlichem Sollzinssatz oder nur anfänglicher Sollzinsbindung gezählt.

befristete und unbefristete Kredite

5.1.4 Einteilung der Bankkredite

Kreditinstitute unterscheiden Kredite nach Kreditnehmern in Privat-, Firmen- und Kommunalkredite. Kredite an Privat- und Firmenkunden werden jeweils als standardisierte Kredite oder als Individualkredite angeboten.

bankmäßige Einteilung der Kredite

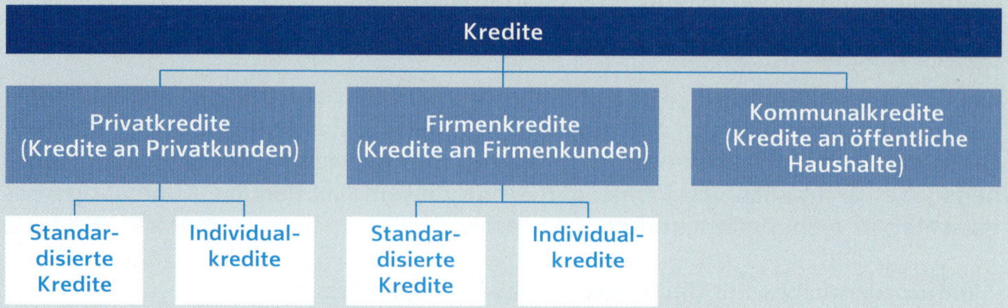

standardisierte Kredite

Standardisierte Kredite (auch als **normierte Kredite** bezeichnet) sind Kredite, die von einem Kreditinstitut nach bestimmten einheitlich geltenden Bedingungen (Kredithöhe, Laufzeit, Kosten usw.) gewährt und abgewickelt werden. Standardisierte Kredite zählen zum sog. **Mengengeschäft** der Kreditinstitute.

Individualkredite

Individualkredite sind Kredite, die von einem Kreditinstitut nach Bedingungen gewährt und abgewickelt werden, die für den Einzelfall vereinbart sind.

Im Privatkundengeschäft überwiegen standardisierte Kredite, Firmenkredite und Kommunalkredite sind in der Regel Individualkredite.

▸ Kapitel 5.3

Der Bereich **Baufinanzierungen** umfasst vor allem die Bearbeitung von grundpfandrechtlich gesicherten Darlehen und Bauspardarlehen für Privatkunden.

Weitere Einteilungsgesichtspunkte sind die Fristigkeit, die Art des Mitteleinsatzes, die Art der Bereitstellung und die Art der Besicherung der Kredite.

Einteilung von Krediten

Einteilung von Krediten

Einteilungsgesichtspunkt	Kennzeichnung	Beispiele
1. Fristigkeit		
▸ **kurzfristige Kredite**	Kredite mit einer Laufzeit bis zu einem Jahr	Kontokorrentkredit
▸ **mittelfristige Kredite**	Kredite mit einer Laufzeit von einem Jahr bis zu 5 Jahren	Ratenkredit
▸ **langfristige Kredite**	Kredite mit einer Laufzeit von mehr als 5 Jahren	Investitionskredit, Realkredit
2. Art des Mitteleinsatzes		
▸ **Geldleihe**	Zurverfügungstellung von Bar- oder Buchgeld	Kontokorrentkredit, Diskontkredit
▸ **Kreditleihe**	Zurverfügungstellung der eigenen Kreditwürdigkeit	Akzeptkredit, Avalkredit
▸ **Weitergeleitete Kredite**	Kredite für fremde Rechnung	Treuhandkredit
▸ **Sonderformen der Finanzierung**	Vermietung Ankauf von Forderungen	Leasing Factoring
3. Art der Bereitstellung		
▸ **Darlehen**	Bereitstellung des Kreditbetrages in einer Summe, Rückzahlung in festgelegten Raten oder in einer Summe	Ratenkredit, Baufinanzierung

Einteilungsgesichtspunkt	Kennzeichnung	Beispiele
▸ **Kontokorrentkredite**	Bereitstellung als Kreditlinie, bis zu der auf dem Konto verfügt werden kann	Dispositionskredit
▸ **Wechselkredite**	Bereitstellung als Kreditlinie, bis zu der Wechsel angekauft werden	
4. Art der Besicherung		
▸ **Gesicherte Kredite**	Kredite gegen besonders vereinbarte Personen- oder Sachsicherheiten	Kredit gegen Stellung einer Bürgschaft, Kontokorrentkredit gegen Sicherungsübereignung
▸ **Blankokredite**	Kredite ohne besonders vereinbarte Sicherungen	Dispositionskredit
Sparkassen unterscheiden nach der Art der Besicherung:		
▸ **Realkredite**	langfristige Kredite gegen Bestellung von Grundpfandrechten nach Maßgabe der Beleihungsgrundsätze	Kredit gegen erstrangige grundpfandrechtliche Sicherung
▸ **Gedeckte Personalkredite** (gesicherte Personalkredite)	Kredite gegen werthaltige Sicherheiten, z. B. nachrangige Grundpfandrechte, Sicherungsübereignung von Waren und anderen beweglichen Sachen, Abtretung oder Verpfändung von Forderungen, Bürgschaft oder Mithaftung	Kontokorrentkredit gegen Sicherungsübereignung
▸ **Ungedeckte Personalkredite** (Blankokredite)	Kredite ohne besonders vereinbarte Sicherungen	Dispositionskredit

kurzfristige Kredite

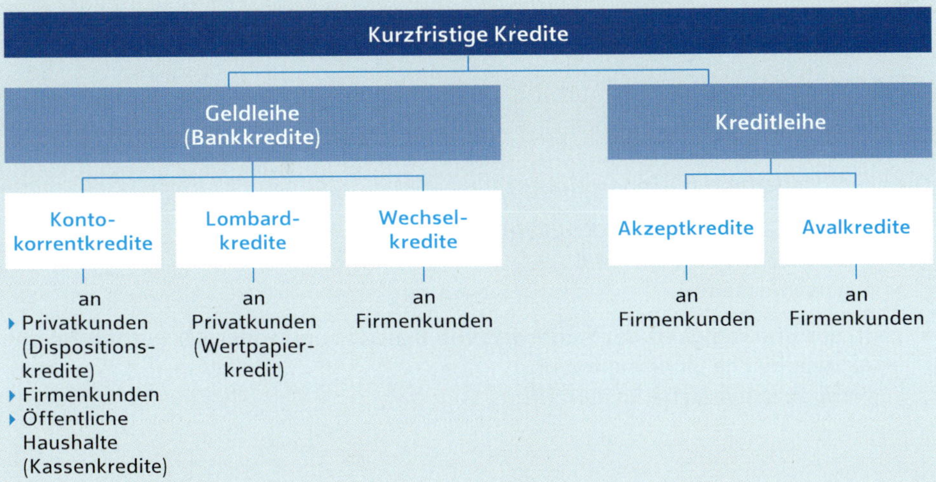

mittel- und langfristige Kredite

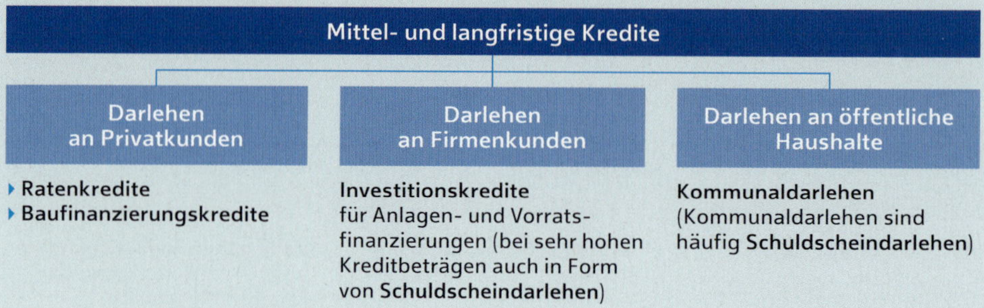

5.1.5 Kreditsicherheiten

5.1.5.1 Überblick über die Kreditsicherheiten

Kreditsicherheiten

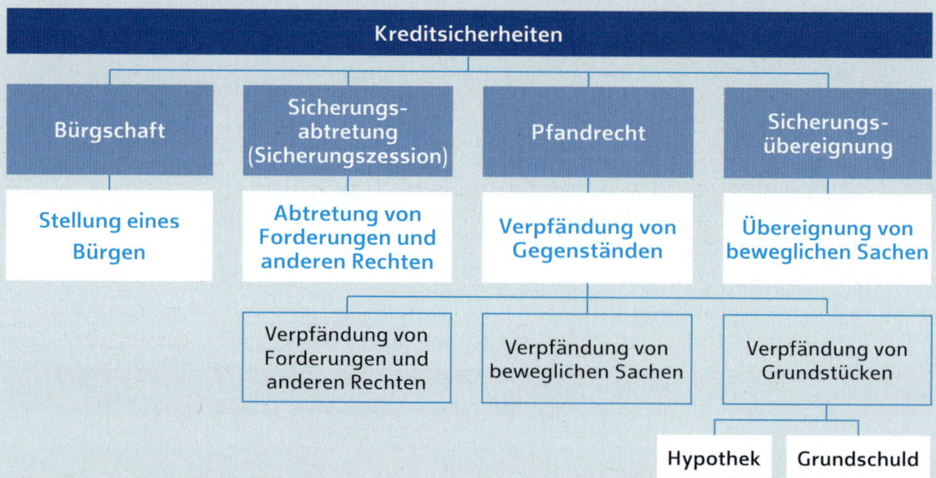

Die Kreditsicherheiten können eingeteilt werden

- nach dem **Gegenstand der Kreditsicherheit** in
  - **Personensicherheiten** und
  - **Sachsicherheiten,**
- nach der **Abhängigkeit der Sicherheit von Bestand und Höhe der Forderung** in
  - **akzessorische Sicherheiten** und
  - **nicht akzessorische Sicherheiten.**

5.1.5.1.1 Personensicherheiten und Sachsicherheiten

Kreditsicherheiten

Personensicherheiten
- Bürgschaft
- Bürgschaftsähnliche Kreditsicherheiten (Garantie, Schuldmitübernahme)

Sachsicherheiten
- Sicherungsabtretung von Forderungen
- Pfandrecht an beweglichen Sachen, Grundstücken, Forderungen und anderen Rechten
- Sicherungsübereignung von beweglichen Sachen

Personensicherheiten

Personensicherheiten bestehen in schuldrechtlichen Ansprüchen gegen dritte Sicherungsgeber (Bürge, Garant, Schuldmitübernehmer), die durch Vertrag die Gewähr übernehmen, dass die Verpflichtungen des Kreditnehmers erfüllt werden. Der Sicherungsgeber haftet wie der Kreditnehmer mit seinem gesamten Vermögen. Der Wert einer Personensicherheit hängt daher von den wirtschaftlichen Verhältnissen des Sicherungsgebers ab.

§ 17 AktG
§ 18 Abs. 1 AktG
Patronatserklärung

Eine Unternehmung, die von einem anderen Unternehmen abhängig ist oder unter der Leitung eines anderen Unternehmens steht, kann eine Personensicherheit in Form einer sog. **Patronatserklärung** stellen. Die Patronatserklärung ist nicht gesetzlich geregelt und kann daher vertraglich frei vereinbart werden. In Abhängigkeit vom Umfang der Verpflichtung der Muttergesellschaft für die Tochtergesellschaft wird zwischen **harten und weichen Patronatserklärungen** unterschieden. Bei einer harten Patronatserklärung übernimmt die Muttergesellschaft die Verpflichtung, die Tochtergesellschaft finanziell stets so auszustatten, dass diese ihre Kreditverpflichtungen erfüllen kann. Das Kreditinstitut hat zwar keinen direkten Anspruch auf Kreditrückzahlung, kann aber bei Nichterfüllung Schadenersatzansprüche stellen. Dagegen übernimmt die Muttergesellschaft bei einer weichen Patronatserklärung keine bindende Verpflichtung, z. B. bestätigt sie lediglich die Kenntnisnahme von der Kreditaufnahme durch die Tochtergesellschaft.

Kreditauftrag
§ 778 BGB

Anstelle einer Patronatserklärung wird teilweise eine Kreditgewährung im Rahmen eines Kreditauftrags gewählt. Hierbei wird das Kreditinstitut von der Muttergesellschaft beauftragt, dem Tochterunternehmen ein Darlehen zu gewähren. Die Muttergesellschaft haftet der beauftragten Bank oder Sparkasse für dieses Darlehen als Bürge.

Sachsicherheiten

Sachsicherheiten bestehen in dinglichen Verwertungsrechten an Forderungen, an beweglichen Sachen, an Grundstücken und an anderen Rechten. Sicherungsgeber kann der Kreditnehmer oder ein Dritter sein. Das Kreditinstitut kann sich bei Nichterfüllung der Kreditverpflichtungen durch Verwertung des Rechts bzw. der Sache befriedigen. Der Wert einer Sachsicherheit hängt daher von dem erzielbaren Verwertungserlös ab.

5.1.5.1.2 Akzessorische und nicht akzessorische Sicherheiten

Kreditsicherheiten

akzessorische Sicherheiten	nicht akzessorische Sicherheiten (treuhänderische Sicherheiten)
▸ Bürgschaft ▸ Pfandrecht an beweglichen Sachen, Forderungen und anderen Rechten ▸ Hypothek	▸ Sicherungsabtretung von Forderungen und anderen Rechten ▸ Sicherungsübereignung von beweglichen Sachen ▸ Sicherungsgrundschuld

Akzessorische Sicherheiten

Akzessorische Sicherheiten sind vom Bestand einer Forderung des Kreditinstituts an den Kreditnehmer **abhängig.** Besteht aus der Kreditgewährung eine Forderung, ist die Sicherheit rechtswirksam vorhanden. Besteht die Forderung aus der Kreditgewährung noch nicht oder nicht mehr, ist auch die Sicherheit nicht rechtswirksam.

Nicht akzessorische Sicherheiten

Nicht akzessorische Sicherheiten sind nicht vom Bestand einer Forderung des Kreditinstituts an den Kreditnehmer **abhängig.** Sie können auch ohne Bestehen einer Forderung verwertet bzw. in Anspruch genommen werden. **Es sind abstrakte Sicherheiten.** Sicherungsabtretung, Sicherungsübereignung und Sicherungsgrundschuld werden auch als **treuhänderische (fiduziarische) Sicherheiten** bezeichnet. Das Kreditinstitut als Sicherungsnehmer ist nach dem Grundsatz von Treu und Glauben verpflichtet, die Interessen des Sicherungsgebers zu beachten. In der Praxis wird durch eine besondere **Sicherungsabrede** (Sicherungsvereinbarung) eine Verbindung von Forderung und Sicherheit hergestellt.

Pflichten bei nicht akzessorischen Sicherheiten

Pflichten des Kreditinstituts als treuhänderischer Sicherungsnehmer

1. **Das Kreditinstitut darf seine Rechte an dem Sicherungsgegenstand nur dann ausüben, wenn der Kreditnehmer seine Pflichten aus dem Kreditvertrag nicht erfüllt.** Es darf also nur unter dieser Voraussetzung
   - eine sicherungsweise abgetretene Forderung einziehen,
   - eine sicherungsübereignete Sache verkaufen,
   - aus einer sicherungsweise bestellten Grundschuld die Zwangsvollstreckung in ein Grundstück betreiben.
2. **Das Kreditinstitut muss den Sicherungsgegenstand nach Beendigung des Kreditverhältnisses freigeben.** Es muss
   - eine sicherungsweise abgetretene Forderung auf den Sicherungsgeber zurückübertragen,
   - das Eigentum an einer sicherungsübereigneten Sache auf den Sicherungsgeber zurückübertragen,
   - eine sicherungsweise bestellte Grundschuld für den Eigentümer freigeben.

5.1.5.2 Bürgschaft

5.1.5.2.1 Wesen der Bürgschaft

Wesen der Bürgschaft
§ 765 BGB

Die Bürgschaft ist ein Vertrag, durch den sich der Bürge verpflichtet, dem Gläubiger für die Erfüllung der Verbindlichkeiten des Schuldners einzustehen. Der Vertrag verpflichtet nur den Bürgen (einseitig verpflichtender Vertrag).

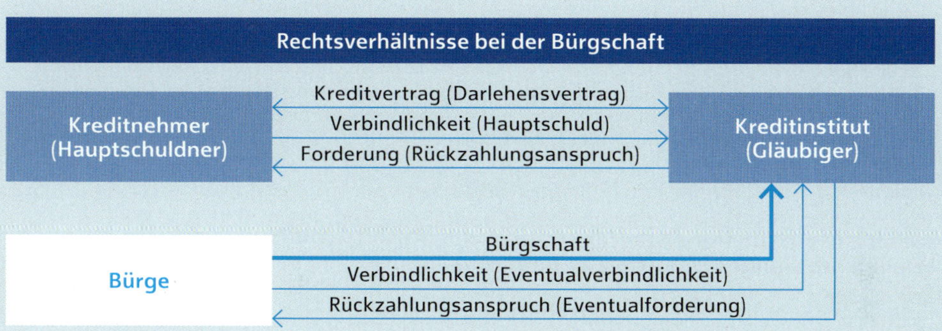

Die Bürgschaft setzt das Bestehen einer Hauptschuld voraus. Sie ist von der Hauptschuld abhängig. Aus der **Akzessorietät der Bürgschaft** folgt:

Akzessorietät der Bürgschaft

Die Bürgschaft ist wirkungslos, wenn keine Hauptschuld besteht.

- Die Bürgschaft kann auch für eine künftig entstehende Verbindlichkeit übernommen werden. § 765 BGB
- Für die Höhe der Bürgschaft ist der Bestand der Hauptschuld maßgebend. Erhöht sich die Schuld des Kreditnehmers durch Zinsen, so erhöht sich auch die Verbindlichkeit des Bürgen. Verringert sich die Hauptschuld, so verringert sich auch die Bürgschaftsverpflichtung. § 767 BGB
- Wird der Bürge vom Gläubiger zur Zahlung aufgefordert, so kann er dem Gläubiger gegenüber alle Einreden geltend machen, die auch dem Hauptschuldner zustehen, z. B. die Einrede, dass der Gläubiger dem Schuldner die Forderung gestundet habe. § 768 BGB
- Die Bürgschaft erlischt, wenn die Hauptschuld nicht mehr besteht. Die Bürgschaft erlischt außerdem, wenn der Gläubiger im Falle einer zeitlich befristeten Bürgschaft den Bürgen nicht unverzüglich nach Zeitablauf in Anspruch nimmt. § 777 BGB
- Gibt der Gläubiger ein die Hauptschuld zusätzlich sicherndes Recht, z. B. ein Pfandrecht, ohne Zustimmung des Bürgen auf, wird der Bürge insoweit frei, als er aus dem aufgegebenen Recht hätte Ersatz verlangen können. § 776 BGB

Wenn und soweit der Bürge den Gläubiger befriedigt, geht die Forderung gegen den Hauptschuldner auf ihn über. § 774 BGB

Ist der Bürge kein Kaufmann, muss er die Bürgschaftserklärung schriftlich abgeben. § 766 BGB
Ist der Bürge Kaufmann, kann er sich im Rahmen seines Handelsgeschäftes auch mündlich verbürgen. Kreditinstitute verlangen stets schriftliche Bürgschaftserklärungen. § 350 HGB

Arten der Bürgschaft

5.1.5.2.2 Arten der Bürgschaft

Bürgschaft

Gewöhnliche Bürgschaft	Selbstschuldnerische Bürgschaft
▸ Der Bürge hat das Recht, vom Gläubiger die Vorausklage gegen den Hauptschuldner zu verlangen (Einrede der Vorausklage – § 771 BGB). ▸ Der Bürge ist erst zur Zahlung verpflichtet, nachdem der Gläubiger erfolglos in das bewegliche Vermögen des Hauptschuldners vollstreckt hat.	▸ Der Bürge hat nicht das Recht, vom Gläubiger die Vorausklage gegen den Hauptschuldner zu verlangen (§ 773 BGB). ▸ Der Bürge ist sofort zur Zahlung verpflichtet, wenn der Hauptschuldner bei Fälligkeit die verbürgte Verbindlichkeit nicht zahlt.

gewöhnliche Bürgschaft

Eine **gewöhnliche Bürgschaft** liegt vor, wenn im Bürgschaftsvertrag keine besonderen Vereinbarungen getroffen worden sind.

selbstschuldnerische Bürgschaft
§ 773 BGB
§ 349 HGB

Eine **selbstschuldnerische Bürgschaft** liegt vor, wenn

- der Bürge als Privatperson im Bürgschaftsvertrag auf die Einrede der Vorausklage verzichtet hat oder
- der Bürge Kaufmann ist und die Bürgschaft für ihn ein Handelsgeschäft darstellt.

Besondere Arten der Bürgschaft

Ausfallbürgschaft

Die **Ausfallbürgschaft** (Schadlosbürgschaft) ist eine im BGB nicht geregelte Art der Bürgschaft. Der Gläubiger kann den Bürgen nur in Anspruch nehmen, wenn er nachweist, dass er bei der verbürgten Forderung einen Verlust erlitten hat. Ein Ausfall gilt als eingetreten, wenn der Gläubiger ohne Erfolg versucht hat, durch Zwangsvollstreckung in das gesamte Vermögen des Hauptschuldners Befriedigung zu erlangen, und dabei nicht oder nicht in voller Höhe befriedigt worden ist.

modifizierte Ausfallbürgschaft

Eine **modifizierte Ausfallbürgschaft** liegt vor, wenn im Bürgschaftsvertrag eine Vereinbarung getroffen wurde, wann der Ausfall als eingetreten gelten soll (z. B. „Der Ausfall wird als eingetreten angesehen bei Zahlungseinstellung des Hauptschuldners" oder „spätestens einen Monat nach Kreditfälligkeit").

Mitbürgschaft
§ 769 BGB
§ 421 BGB

Die **Mitbürgschaft** ist eine gemeinschaftliche Bürgschaft mehrerer Personen für dieselbe Verbindlichkeit. Die Bürgen haften gesamtschuldnerisch. Der Gläubiger kann nach seiner Wahl jeden Bürgen ganz oder teilweise in Anspruch nehmen. Der in Anspruch genommene Bürge hat neben der Forderung gegen den Hauptschuldner einen Ausgleichsanspruch gegenüber den anderen Mitbürgen.

Teilbürgschaft

Die **Teilbürgschaft** ist ebenfalls eine gemeinschaftliche Bürgschaft mehrerer Personen für dieselbe Verbindlichkeit. Jeder Bürge haftet nur für den von ihm verbürgten Teilbetrag. Der Gläubiger entscheidet über die Reihenfolge der Inanspruchnahme der Bürgen.

Rückbürgschaft

Die **Rückbürgschaft** ist eine Bürgschaft gegenüber einem anderen Bürgen. Der Rückbürge haftet dem anderen Bürgen für dessen Rückgriffsansprüche gegenüber dem Hauptschuldner.

Nachbürgschaft

Bei einer **Nachbürgschaft** haftet der Bürge dem Gläubiger dafür, dass ein anderer Bürge (Vor- oder Hauptbürge) seine Verpflichtungen erfüllt.

5.1.5.2.3 Bürgschaftsähnliche Kreditsicherheiten

Bürgschaftsähnliche Sicherheiten sind Verträge, die wie die Bürgschaft der Sicherung von Krediten durch Dritte dienen. In ihrem rechtlichen Inhalt unterscheiden sie sich von der Bürgschaft.

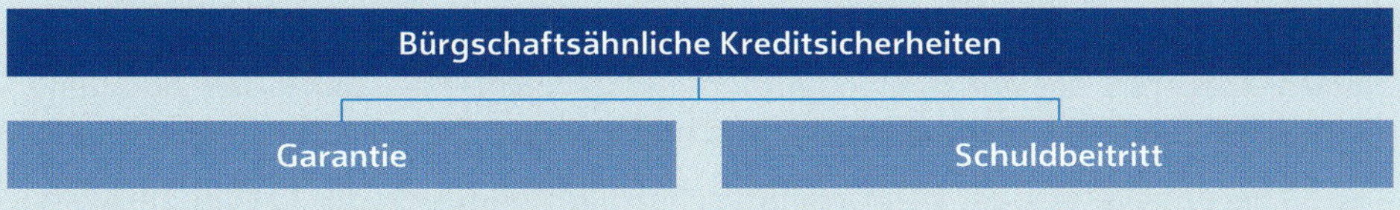

Die Garantie ist ein Vertrag, durch den sich ein Dritter (Garant) verpflichtet, für einen bestimmten Erfolg einzustehen und insbesondere den Schaden zu übernehmen, der sich aus einem bestimmten unternehmerischen Handeln ergeben kann. Im Gegensatz zur Bürgschaft ist die Garantieverpflichtung eine **abstrakte Schuld**, d. h. sie ist rechtlich von einem zugrunde liegenden Schuldverhältnis losgelöst. Die Garantie bietet daher dem Kreditgeber einen weitergehenden Sicherheitswert als die Bürgschaft. Garantie

Der Schuldbeitritt (Schuldmitübernahme) ist ein Vertrag, mit dem ein Dritter gegenüber dem Gläubiger die Verpflichtung eingeht, zusätzlich zu dem Schuldner für dieselbe Verbindlichkeit zu haften. Da der Dritte als zusätzlicher Schuldner dem Schuldverhältnis beitritt, liegt eine gesamtschuldnerische Haftung vor. Schuldbeitritt §421 BGB

5.1.5.3 Sicherungsabtretung (Zession)

5.1.5.3.1 Wesen der Abtretung

Wesen der Abtretung

Zur Sicherung von Bankkrediten können Forderungen und andere Rechte des Kreditnehmers sicherungsweise an das Kreditinstitut übertragen (abgetreten) werden.

Die sicherungsweise Abtretung einer Forderung

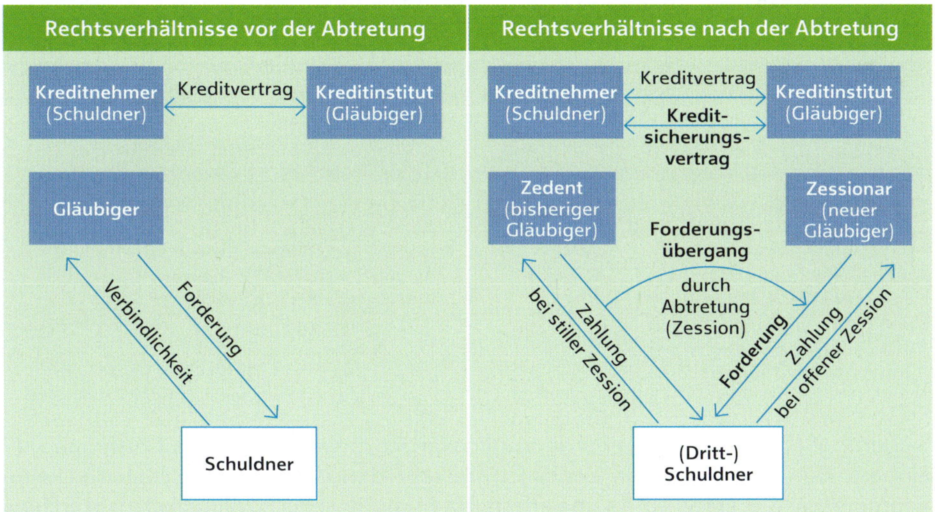

Der Abtretungsvertrag wird zwischen dem Gläubiger der Forderung (**Zedent**) und dem Sicherungsnehmer (**Zessionar**) ohne Mitwirkung des **Drittschuldners** geschlossen. Er ist formfrei gültig. Die Abtretung ist ohne Benachrichtigung des Drittschuldners rechtswirksam. Mit Abschluss des Abtretungsvertrags tritt der neue Gläubiger an die Stelle des bisherigen Gläubigers. Wurde eine Forderung mehrfach

Zedent
Zessionar
Drittschuldner
§398 BGB

abgetreten, richtet sich die Rangfolge der Abtretungen nach dem Zeitpunkt ihrer Bestellung (Prioritätsprinzip). Sollte eine Zahlung durch den Drittschuldner an den zeitlich späteren Zessionar erfolgen, ist dieser zur Herausgabe des erhaltenen Betrages an den ersten Zessionar verpflichtet.

Der Sicherungsvertrag ist das Grundgeschäft, mit dem sich der Kreditnehmer zur sicherungsweisen Abtretung einer Forderung verpflichtet (Verpflichtungsgeschäft). Die **Abtretung** ist das zur Erfüllung vorgenommene **Verfügungsgeschäft.**

Die **sicherungsweise Abtretung** erfolgt nur zur Sicherung der Ansprüche des Kreditinstituts gegen den Kreditnehmer. Daher bleiben sowohl die Forderung der Bank gegenüber dem Kreditnehmer als auch die Forderung des Kreditnehmers (Zedent) gegen seinen Schuldner unabhängig voneinander bestehen.

fiduziarische Abtretung

Das Kreditinstitut erwirbt die abgetretene Forderung treuhänderisch (**fiduziarische Abtretung**). Die Forderung kann nur dann eingezogen werden, wenn der Kreditnehmer seinen Verpflichtungen aus dem Kreditvertrag nicht nachkommt.

Grundsätzlich sind alle Forderungen abtretbar, auch bedingte und künftig entstehende, sofern sie genügend bestimmbar sind.

§ 400 BGB

Ein **gesetzliches Abtretungsverbot** besteht für alle unpfändbaren Forderungen. Das Verbot bezieht sich vor allem auf Lohn- und Gehaltsforderungen innerhalb der Pfändungsfreigrenzen sowie auf höchstpersönliche Ansprüche, z. B. auf Schadenersatz.

5.1.5.3.2 Arten der Abtretung

Eine Forderung kann mit Wissen oder ohne Wissen des Drittschuldners abgetreten werden.

Abtretung von Forderungen

Stille Zession	Offene Zession
▸ Der Drittschuldner wird von der Abtretung nicht benachrichtigt. ▸ Der Drittschuldner zahlt mit schuldbefreiender Wirkung an den Zedenten (§ 407 BGB). ▸ Der Zedent ist verpflichtet, den Zahlungseingang an den Zessionar abzuführen.	▸ Der Drittschuldner wird von der Abtretung benachrichtigt. ▸ Der Drittschuldner kann nur an den Zessionar mit schuldbefreiender Wirkung zahlen.

stille Zession

Recht auf Offenlegung

Sicherungsabtretungen von Forderungen werden meistens als stille Zessionen vereinbart. Der Vorteil für den Zedenten besteht darin, dass sein Schuldner keine Kenntnis von der Kreditaufnahme erhält. Das Kreditinstitut hat ein **Recht auf Offenlegung** der Zession, das **vertraglich nicht ausgeschlossen** werden kann.

Bei Sicherungsabtretungen von Forderungen aus Warenlieferungen und Leistungen können **einzelne Forderungen (Einzelabtretungen**) oder aufgrund eines Vertrages **laufend Forderungen bis zu einer festgesetzten Höhe abgetreten werden (Rahmenabtretungen**).

- Sicherungsabtretungen von Forderungen aus Warenlieferungen und Leistungen
  - Einzelabtretungen
  - Rahmenabtretungen
    - Mantelzessionen
    - Globalzessionen

Mantelzession

Bei der Mantelzession tritt der Kreditnehmer bestehende Forderungen gegen mehrere Drittschuldner ab und verpflichtet sich, laufend weitere Forderungen zur Sicherung des Kredits abzutreten. Der Mantelzessionsvertrag kann stille oder offene Zessionen vorsehen. Bei stillen Zessionen hat der Kreditnehmer Blankobenachrichtigungsschreiben einzureichen, mit denen das Kreditinstitut die Abtretungen offenlegen kann. Um die abzutretenden Forderungen bestimmbar zu machen, muss der Kreditnehmer Aufstellungen über die Drittschuldner (Debitorenlisten) bzw. Rechnungsdurchschriften einreichen, aus denen Name und Anschrift der Drittschuldner, Betrag, Gegenstand der Lieferung oder Leistung sowie Rechnungs- und Fälligkeitstag ersichtlich sind. Mit Übergabe der Debitorenliste bzw. der Rechnungsdurchschriften gehen die aufgeführten Forderungen auf das Kreditinstitut über. Die **Übergabe** ist eine rechtlich notwendige zusätzliche Handlung; sie hat **konstitutive Wirkung.**

Globalzession

Bei der Globalzession tritt der Kreditnehmer alle gegenwärtigen und künftig entstehenden Forderungen gegen bestimmte Drittschuldner ab. Im Gegensatz zur Mantelzession gehen die künftigen Forderungen bereits im Augenblick ihrer Entstehung auf das Kreditinstitut über. Die **Übergabe von monatlichen Bestandsmeldungen,** die die Namen der Drittschuldner und die Forderungsbeträge ausweisen, hat **nur deklaratorische Bedeutung.** Das Kreditinstitut kann anhand dieser Meldungen die ausreichende Absicherung des Kredits überprüfen. Die Forderungen müssen genügend bestimmbar sein. Der Abtretungsvertrag kann z. B. vorsehen, dass sämtliche Forderungen gegen Kunden im Land Hessen oder sämtliche Forderungen gegen Kunden mit den Anfangsbuchstaben A bis K abgetreten werden. Bei stillen Zessionen hat der Kreditnehmer Blankobenachrichtigungsschreiben einzureichen.

Bei beiden Arten der Rahmenabtretung soll der Kreditnehmer seine Schuldner veranlassen, Zahlungen nur auf das Konto bei dem kreditgebenden Institut zu leisten. Die eingehenden Zahlungen dienen dazu, den Kredit zurückzuführen. Will der Kreditnehmer den Kredit in ursprünglicher Höhe weiter in Anspruch nehmen, muss er neue Forderungen abtreten.

Zahlen die Drittschuldner auf andere Konten des Kreditnehmers oder übersenden sie Schecks, ist der Kreditnehmer verpflichtet, diese Zahlungseingänge an das Kredit gebende Institut abzuführen.

Bei Beendigung des Kreditverhältnisses ist das Kreditinstitut verpflichtet, sicherungsweise abgetretene, aber noch nicht eingegangene Forderungen auf den Kreditnehmer zurückzuübertragen.

Vergleich Mantelzession und Globalzession

Vergleich von Mantelzession und Globalzession

	Mantelzession	Globalzession
Grundlage	Rahmenvertrag	Rahmenvertrag
Zweck	laufende Abtretung von Forderungen	laufende Abtretung von Forderungen
Übergang der Forderungen	mit Einreichung der Debitorenaufstellung bzw. der Rechnungsdurchschriften	mit Entstehung der Forderungen
Einzureichende Unterlagen	Debitorenaufstellungen, Rechnungsdurchschriften, Blankobenachrichtigungsschreiben	monatliche Bestandsmeldungen, Blankobenachrichtigungsschreiben
Bestimmbarkeit der Forderungen	durch Debitorenaufstellungen oder Rechnungsdurchschriften	durch genaue Kennzeichnung der Forderungsgruppen

5.1.5.4 Pfandrecht

Wesen des Pfandrechts

5.1.5.4.1 Wesen des Pfandrechts

§ 1204 BGB

Das Pfandrecht ist ein zur Sicherung einer Forderung bestimmtes dingliches Recht an fremden Sachen oder Rechten, das den Gläubiger berechtigt, sich durch Verwertung des verpfändeten Gegenstandes zu befriedigen. Das Pfandrecht ist von dem Bestehen einer Forderung abhängig (**Akzessorietät des Pfandrechts**). Das Pfandrecht haftet nur für den jeweiligen Forderungsbestand und für Zinsen. Wurde eine Sache mehrfach verpfändet, richtet sich die Rangfolge der Pfandrechte nach dem Zeitpunkt ihrer Bestellung (Prioritätsprinzip).

Vom vertraglichen Pfandrecht sind das gesetzliche Pfandrecht und das Pfändungspfandrecht zu unterscheiden. Ein **gesetzliches Pfandrecht** steht z. B. dem Vermieter, dem Verpächter und dem Spediteur zu. Ein **Pfändungspfandrecht** erwirbt der Gläubiger durch Pfändung im Wege der Einzelzwangsvollstreckung.

5.1.5.4.2 Arten des vertraglichen Pfandrechts

Arten des vertraglichen Pfandrechts

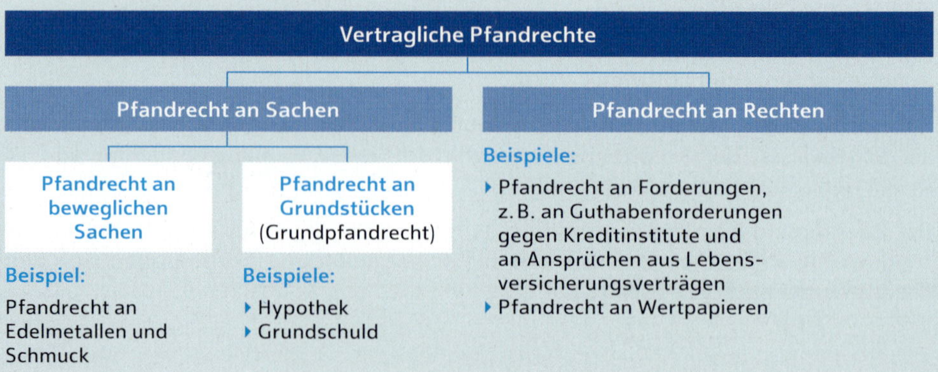

5.1.5.4.3 Bestellung eines Pfandrechts an einer beweglichen Sache

Pfandrecht an einer beweglichen Sache

Zur Bestellung eines Pfandrechts an einer beweglichen Sache sind erforderlich

- die **Einigung zwischen dem Eigentümer (Verpfänder) und dem Gläubiger (Pfandnehmer) über die Entstehung des Pfandrechts** und
- die **Übergabe der Sache** an den Pfandgläubiger (**Faustpfandprinzip**).

Faustpfandprinzip

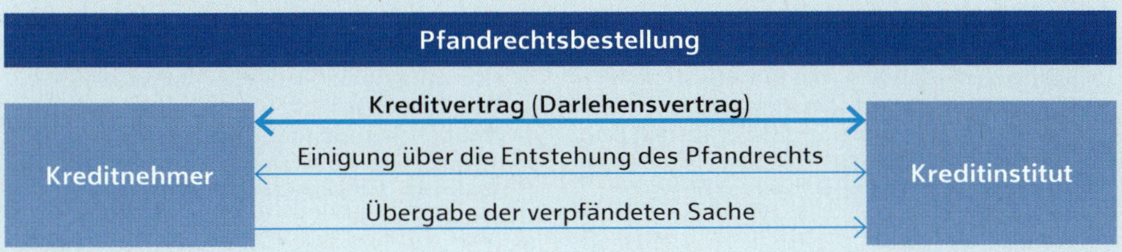

Nachteile des Pfandrechts

Die Verpfändung ist für den Sicherungsgeber mit dem Nachteil verbunden, dass er den verpfändeten Gegenstand nicht mehr nutzen kann. Ferner ist die Verwahrung der verpfändeten Sachen für den Sicherungsnehmer problematisch, z. B. wegen fehlender Lagermöglichkeit.

Bestellung eines Pfandrechts an einer beweglichen Sache

Unmittelbarer Besitzer der Pfandsache vor der Verpfändung:	Zur Verpfändung sind erforderlich:	
‣ der **Eigentümer** Beispiel: Schmuck, der vom Eigentümer verwahrt wird	‣ **Einigung über die Entstehung des Pfandrechts** + ‣ **Übergabe der Pfandsache** Der Pfandgläubiger wird unmittelbarer Besitzer.	§ 1205 Abs. 1 Satz 1 BGB
‣ der **Eigentümer** Beispiel: Ware im Lager des Eigentümers, die nicht in den Alleinbesitz des Pfandgläubigers übergehen soll	‣ **Einigung über die Entstehung des Pfandrechts** + ‣ **Einräumung des Mitbesitzes durch Mitverschluss** Die Einräumung des Mitbesitzes ersetzt die Übergabe. Der Pfandgläubiger wird unmittelbarer Besitzer. Er erlangt gemeinschaftlichen Besitz mit dem Eigentümer.	§ 1206 BGB
‣ der **Pfandgläubiger** Beispiel: Schmuck, der vom Pfandgläubiger verwahrt wird	‣ **Einigung über die Entstehung des Pfandrechts** Die Übergabe ist nicht erforderlich, weil der Pfandgläubiger bereits unmittelbaren Besitz hat.	§ 1205 Abs. 1 Satz 2 BGB
‣ ein **Dritter** Beispiel: Ware, die in einem Lagerhaus gelagert ist	‣ **Einigung über die Entstehung des Pfandrechts** + ‣ **Übertragung des mittelbaren Besitzes durch Abtretung des Herausgabeanspruchs** + ‣ **Anzeige der Verpfändung an den unmittelbaren Besitzer** Die Übertragung des mittelbaren Besitzes und die Anzeige an den unmittelbaren Besitzer ersetzen die Übergabe.	§ 1205 Abs. 2 BGB § 870 BGB

AGB Pfandrecht
Nr. 14 AGB Banken
Nr. 21 AGB Sparkassen

Der Kunde räumt der Bank oder Sparkasse durch Anerkennung der AGB ein Pfandrecht an Werten ein, die im bankmäßigen Geschäftsverkehr in den Besitz oder die

Verfügungsmacht des Kreditinstituts gelangen (sog. **AGB-Pfandrecht**). Von dem Pfandrecht werden z.B. für den Kunden verwahrte Wertpapiere oder geführte Kontoguthaben erfasst. Das Pfandrecht sichert alle bestehenden und künftigen Ansprüche des Kreditinstituts aus der Geschäftsverbindung mit dem Kunden.

Sachenrechtliche Begriffe

- **Eigentum** ist die rechtliche Herrschaft über eine Sache. Der Eigentümer kann vom Besitzer die Herausgabe der Sache verlangen.
- **Besitz** ist die tatsächliche Herrschaft über eine Sache. Zu unterscheiden sind:
  - §868 BGB §866 BGB **unmittelbarer und mittelbarer Besitz:** Der unmittelbare Besitzer übt die tatsächliche Herrschaft direkt aus. Der mittelbare Besitzer übt die Herrschaft kraft eines Rechtsverhältnisses aus, das ihm den Besitz vermittelt. (Beispiel: Der Pfandgläubiger wird unmittelbarer Besitzer, der Eigentümer, der den unmittelbaren Besitz überträgt, wird durch die Verpfändung mittelbarer Besitzer.)
  - **Alleinbesitz und Mitbesitz:** Der Alleinbesitzer übt die tatsächliche Herrschaft allein, die Mitbesitzer üben sie gemeinschaftlich aus.

Verwertung des Pfandes

Voraussetzung für die Verwertung eines verpfändeten Gegenstandes ist die Pfandreife, das heißt, die Forderung des Kreditinstituts muss fällig und die Verwertung der Pfandsache dem Eigentümer angedroht worden sein. Die Verwertung erfolgt i.d.R. durch öffentliche Versteigerung der Pfandsache.

Grundpfandrechte ▸ Kapitel 5.3.4.3.3

5.1.5.4.4 Bestellung eines Pfandrechts an einem Grundstück

Zur Bestellung eines Grundpfandrechts (Hypothek, Grundschuld) sind erforderlich

- **die Einigung zwischen dem Grundstückseigentümer und dem Gläubiger über die Entstehung des Grundpfandrechts** und
- §873 BGB **die Eintragung der Grundpfandrechtsbestellung im Grundbuch.**

5.1.5.4.5 Bestellung eines Pfandrechts an einem Recht

Bestellung eines Pfandrechts an einem Recht		
	1. Erfordernis	**Einigung über die Entstehung des Pfandrechts**
	2. Weitere Erfordernisse	
§1280 BGB	▸ **bei Verpfändung von Forderungen**	**Anzeige an den Schuldner** Durch die Benachrichtigung soll das Pfandrecht erkennbar gemacht werden und der Pfandgläubiger vor unberechtigten Verfügungen des Gläubigers geschützt werden.
§1293 BGB	▸ **bei Verpfändung von** – **Inhaberwertpapieren**	**Übergabe des Wertpapiers** Inhaberpapiere werden wie bewegliche Sachen verpfändet. Es wird nicht das Recht aus dem Papier, sondern das Papier selbst verpfändet.
§1292 BGB	– **Orderwertpapieren**	**Übergabe des indossierten Wertpapiers** Auch bei Orderpapieren wird das Papier verpfändet. Zur Rechtsübertragung ist zusätzlich ein Indossament erforderlich (Blankoindossament oder Pfandindossament).
	– **Wertpapieren im Depot des Kreditgebers**	**Keine Übergabe des Wertpapiers erforderlich** Die Übergabe des Wertpapiers ist nicht erforderlich, da der Pfandgläubiger bereits unmittelbaren Besitz erlangt hat.

Bestellung eines Pfandrechts an einem Recht	
– **Wertpapieren im Depot eines Drittinstituts**	**Abtretung des Herausgabeanspruchs und Anzeige** Wird das verpfändete Wertpapier durch ein anderes Kreditinstitut verwahrt, ist der Herausgabeanspruch des Sicherungsgebers an den Pfandgläubiger abzutreten und die Abtretung dem Verwahrer des Wertpapiers anzuzeigen.

5.1.5.5 Sicherungsübereignung

5.1.5.5.1 Wesen der Sicherungsübereignung

Wesen der Sicherungsübereignung

Die Sicherungsübereignung ist die Übereignung von beweglichen Sachen an das Kreditinstitut zur Sicherung eines Kredits.

Die Sicherungsübereignung ist gesetzlich nicht geregelt. Sie wurde aus der Praxis heraus als Ersatz für die Pfandrechtsbestellung entwickelt. Sie ist die geeignete Form der Kreditbesicherung in den Fällen, in denen der Kreditnehmer Sicherheiten anbietet, die er zur Ausübung seines Berufs oder zur Fortführung seines Unternehmens weiterhin benötigt. Der unmittelbare Besitz kann nicht übertragen werden.

Die Sicherungsübereignung erfolgt durch Einigung zwischen dem Sicherungsgeber und dem Sicherungsnehmer. Um die zur Übereignung erforderliche Übergabe der Sache zu vermeiden, wird ein **Besitzmittlungsverhältnis (Besitzkonstitut)** vereinbart, in der Regel ein Leih- oder Verwahrvertrag. Der Sicherungsgeber (Kreditnehmer) leiht die übereignete Sache vom Sicherungsnehmer (Kreditinstitut) oder er verwahrt sie für den Sicherungsnehmer.

§§ 929 und 930 BGB Besitzkonstitut

Durch das Besitzmittlungsverhältnis zwischen Kreditnehmer und Kreditinstitut wird erreicht, dass der Kreditnehmer weiterhin unmittelbarer Besitzer der Sache bleibt, das Kreditinstitut aber mittelbarer Besitzer und Eigentümer wird.

Rechtsverhältnisse bei der Sicherungsübereignung

Rechtsverhältnisse bei der Sicherungsübereignung

Vorgang der Sicherungsübereignung

Kreditnehmer ⟷ Kreditinstitut

① Einigung über den Eigentumsübergang

② Vereinbarung eines Besitzmittlungsverhältnisses (Besitzkonstitut)

Wirkungen der Sicherungsübereignung

Kreditnehmer bleibt unmittelbarer Besitzer.

Er übt direkt die tatsächliche Herrschaft über die Sache aus.

Kreditinstitut wird mittelbarer Besitzer und Eigentümer.

- Es übt indirekt die tatsächliche Herrschaft über die Sache aus.
- Es übt die rechtliche Herrschaft über die Sache aus.

Bei jeder Sicherungsübereignung sind **zwei Erfordernisse** zu beachten:

- Der **Sicherungsgeber und der Sicherungsnehmer** müssen sich über die **Eigentumsübertragung am Sicherungsgut einig sein.**
- **Das Sicherungsgut muss im Sicherungsübereignungsvertrag genau bestimmt sein (Individualisierung).** Jeder Außenstehende muss allein mithilfe der Vertragsunterlagen in der Lage sein, das Sicherungsgut eindeutig zu identifizieren.

Der Sicherungsübereignungsvertrag verschafft dem Kreditinstitut **treuhänderisches Eigentum.** Die sicherungsübereigneten Gegenstände können nur dann vom Kreditinstitut verwertet werden, wenn der Kreditnehmer seinen Verpflichtungen aus dem Kreditvertrag nicht nachkommt. Die Gegenstände werden weiterhin in der Bilanz des Kreditnehmers ausgewiesen.

Bei Insolvenz des Kreditnehmers hat das Kreditinstitut kein Aussonderungsrecht, wie z. B. ein Lieferant, der Waren unter Eigentumsvorbehalt geliefert hat. Das Kreditinstitut wird vielmehr einem Pfandgläubiger gleichgestellt und hat ein Recht auf **abgesonderte Befriedigung**.

5.1.5.5.2 Arten der Sicherungsübereignung

Sowohl eine einzelne Sache als auch eine Sachgesamtheit können sicherungsübereignet werden.

Arten der Sicherungsübereignung

Sicherungsübereignung

Sicherungsübereignung einer einzelnen Sache	Sicherungsübereignung mehrerer Sachen (Sachgesamtheit)
Bestimmung des Sicherungsgutes (Individualisierung) durch genaue Bezeichnung im Sicherungsübereignungsvertrag **Beispiel:** Sicherungsübereignung von Kraftfahrzeugen	Bestimmung des Sicherungsgutes (Individualisierung) durch Vertragsgestaltung ▸ Markierungsvertrag **Beispiel:** Sicherungsübereignung von Maschinen in einer Werkshalle ▸ Raumsicherungsvertrag **Beispiel:** Sicherungsübereignung von Waren in einem Lager

5.1.5.6 Überblick über die Grundpfandrechte

Überblick über Grundpfandrechte

dingliche Verwertungsrechte

Grundpfandrechte sind Belastungen von Grundstücken. Der Gläubiger des Grundpfandrechts kann Zahlung aus dem Grundstück verlangen. Der Grundstückseigentümer muss die **Zwangsvollstreckung** in sein Grundstück dulden, wenn die Kreditverpflichtungen nicht erfüllt werden. Grundpfandrechte werden daher als **dingliche Verwertungsrechte** bezeichnet.

Arten der Grundpfandrechte

Hypothek	Grundschuld
Die Hypothek ist ein Pfandrecht an einem Grundstück zur Sicherung einer Forderung. Voraussetzung ist das Bestehen einer persönlichen Forderung. Die Hypothek ist akzessorisch.	Die Grundschuld ist ein Pfandrecht an einem Grundstück. Das Bestehen einer persönlichen Forderung ist nicht erforderlich. Die Grundschuld ist abstrakt.

Eine ausführliche Darstellung der Grundpfandrechte findet sich im Abschnitt 5.3.4 Baufinanzierungen. ▸ Kapitel 5.3.4

5.2 Standardisierte Privatkredite

Verbraucherdarlehensgeschäft

Standardisierte Privatkredite gehören zum **Verbraucherdarlehensgeschäft** der Banken und Sparkassen. Sie werden in erster Linie **Lohn- und Gehaltsempfängern** gewährt. **Studenten** können Kredite zur Finanzierung des Studiums beantragen. Studentendarlehen sind während des Studiums in der Regel tilgungsfrei.

Die Kredite sind normiert und können dadurch rationell bearbeitet und kostengünstig angeboten werden. Trotz sehr weitgehender Standardisierung können sie den Kundenwünschen hinsichtlich Kreditbetrag und Kreditlaufzeit flexibel angepasst werden.

Standardisierte Privatkredite werden als Kontokorrentkredite und als Darlehen angeboten. Sie werden von den Kreditnehmern zur Überbrückung von Liquiditätsengpässen und zur Finanzierung von Gebrauchsgütern, z. B. Anschaffung von Möbeln oder technischen Geräten, sowie von Dienstleistungen, z. B. Urlaubsreisen oder medizinischen Dienstleistungen, aufgenommen. Baufinanzierungskredite dienen der Finanzierung von Immobilien. ▸ Kapitel 5.3

Standardisierte Privatkredite (Verbraucherdarlehen)

Kontokorrentkredite	Darlehen
▸ Dispositionskredite ▸ Geduldete Überziehungskredite ▸ Wertpapierkredite	▸ Ratenkredite (Anschaffungsdarlehen) ▸ Baufinanzierungskredite ▸ Bauspardarlehen

5.2.1 Vorschriften über Verbraucherdarlehensverträge

§ 491 ff. BGB

§ 13 BGB

Bei Verbraucherdarlehen gelten zum Schutz der Kunden besondere Vorschriften. Als **Verbraucher** gelten natürliche Personen, die ein Rechtsgeschäft zu einem Zweck abschließen, der zum Zeitpunkt des Vertragsschlusses überwiegend weder ihrer gewerblichen noch ihrer selbstständigen beruflichen Tätigkeit zugerechnet werden kann.

Anwendungsbereich

Nach den Regelungen des BGB werden die Verbraucherdarlehen in Allgemein-Verbraucherdarlehen und in Immobiliar-Verbraucherdarlehen unterschieden.

Bei Allgemein-Verbraucherdarlehen handelt es sich um entgeltliche Kreditgewährungen an Verbraucher ab einem Nettokreditbetrag von 200 Euro, z. B. Ratenkredite und Dispositionskredite. Die Regelungen für Allgemein-Verbraucherdarlehen
§ 513 BGB sind auch auf **Existenzgründungsdarlehen** an natürliche Personen mit einem Nettodarlehensbetrag bis 75 000 Euro anzuwenden.

Bei Immobiliar-Verbraucherdarlehen handelt es sich um entgeltliche Kreditgewährungen an Verbraucher, die durch ein Grundpfandrecht oder eine Reallast besichert sind oder die dem Erwerb einer Immobilie bzw. dem Erhalt des Eigentumsrechts an einer Immobilie oder dem Erwerb bzw. der Erhaltung von grundstücksgleichen Rechten dienen, z. B. Baufinanzierungskredite.

Nicht erfasst werden Darlehen zur Erhaltung der Substanz einer Immobilie, sofern sie nicht grundpfandrechtlich besichert sind, z. B. ungesicherte **Modernisierungsdarlehen**. Diese Darlehen unterliegen den Regelungen für Allgemein-Verbraucherdarlehen. Vom Anwendungsbereich der Verbraucherdarlehensvorschriften sind
▸ Kapitel 5.3.2.5 **Immobilienverzehrkredite** vollständig ausgenommen.

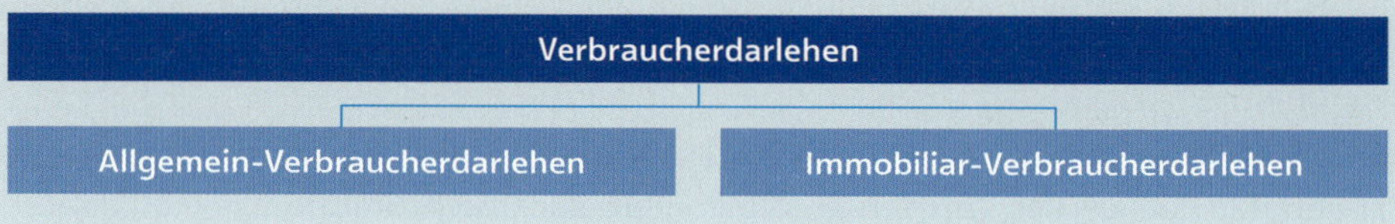

Art. 247a § 1 EGBGB

Produktinformationsblatt bei Immobiliar-Verbraucherdarlehen

Vor einer Beratung zu einem Immobiliar-Verbraucherdarlehen ist der Kunde vom Kreditinstitut mit einem **Produktinformationsblatt** allgemein über die Produktmerkmale des Darlehens zu informieren. Diese Information muss insbesondere folgende Sachverhalte enthalten:

- Name und Anschrift des Kreditinstituts
- Darlehenszweck
- angebotene Arten von Sollzinssätzen
- repräsentatives Beispiel des Nettodarlehensbetrags, der Gesamtkosten, des Gesamtbetrags und des effektiven Jahreszinses
- mögliche Sicherheiten, Darlehenslaufzeiten, sonstige Kosten
- Rückzahlungsmöglichkeiten
- Bedingungen der vorzeitigen Rückzahlung

Vorvertragliche Informationspflichten

§ 491a BGB **Vor Abschluss eines Verbraucherdarlehensvertrages ist das Kreditinstitut verpflichtet, den Darlehensnehmer über bestimmte Kreditbedingungen zu informieren.** Die vorvertraglichen Informationen sind bei Allgemein-Verbraucherdarlehen und Immobiliar-Verbraucherdarlehen unterschiedlich ausgestaltet.

Bei **Allgemein-Verbraucherdarlehen** ist der Darlehensnehmer über bestimmte Kreditmerkmale vor Abgabe der Vertragserklärung in Textform zu informieren. Diese umfassen insbesondere folgende Sachverhalte:

- Art des Darlehens,
- Nettodarlehensbetrag,
- Gesamtbetrag (Summe aus Nettodarlehensbetrag und Gesamtkosten),
- Sollzinssatz sowie Kriterien für eine mögliche Änderung des Zinssatzes,
- effektiver Jahreszins,
- sonstige Kosten des Kredits,
- Verzugszinssatz,
- Vertragslaufzeit,
- Betrag, Zahl und Fälligkeit der einzelnen Teilzahlungen,
- Hinweis auf ein Widerrufsrecht,
- zu bestellende Sicherheiten.

Für die Unterrichtung des Darlehensnehmers ist ein europaweit standardisiertes Merkblatt **„Europäische Standardinformationen für Verbraucherkredite“** zu verwenden. Bei Überziehungskrediten (z. B. Dispositionskrediten) ist für die Information des Kunden die Verwendung dieses Merkblatts nicht zwingend vorgeschrieben.

Das Kreditinstitut ist ferner verpflichtet, dem Kunden vor Abschluss des Darlehensvertrages **angemessene Erläuterungen** zu geben, damit dieser beurteilen kann, ob der Vertrag dem von ihm verfolgten Zweck entspricht und seinen Vermögensverhältnissen gerecht wird. Der Inhalt und die Form der Erläuterung sind nicht gesetzlich vorgeschrieben.

Bei einem **Immobiliar-Verbraucherdarlehen** muss dem Darlehensnehmer mitgeteilt werden, welche Informationen bzw. Nachweise er innerhalb welchen Zeitraums dem Kreditinstitut zur Durchführung der **Kreditwürdigkeitsprüfung** vorzulegen hat. Der Darlehensnehmer ist ferner darüber zu informieren, dass die Kreditwürdigkeitsprüfung zwingend ist und nur durchgeführt werden kann, wenn die hierfür benötigten Informationen und Nachweise vollständig bereitgestellt werden. Die Kreditwürdigkeitsprüfung ist vor Abschluss des Darlehensvertrages vorzunehmen.

Unverzüglich nachdem das Kreditinstitut die für die Kreditwürdigkeitsprüfung erforderlichen Informationen und Nachweise erhalten hat, ist es verpflichtet, dem Darlehensnehmer vorvertragliche Informationen zum nachgefragten Darlehen in Textform zu übermitteln. Hierfür ist das **ESIS-Merkblatt** (European Standardised Information Sheet) zu verwenden. Die zu erteilenden Informationen werden durch das ESIS-Merkblatt vorgegeben und umfassen folgende Sachverhalte:

- Angaben zum Kreditgeber,
- Hauptmerkmale des Kredits, z. B. Kreditbetrag, Laufzeit, Kreditart,
- Zinssatz und andere Kosten,
- Häufigkeit und Anzahl der Ratenzahlungen,
- Höhe der einzelnen Raten,
- Beispiel eines Tilgungsplans,
- zusätzliche Auflagen, z. B. Abschluss einer Gebäudeversicherung,
- Konsequenzen einer vorzeitigen Rückzahlung, u. a. Angaben zur Vorfälligkeitsentschädigung,
- flexible Merkmale, z. B. Hinweis auf eine Übertragbarkeit des Darlehens,
- sonstige Rechte des Kreditnehmers, u. a. Widerrufsinformation,

- Angabe der Beschwerdestelle,
- Konsequenzen einer Nichteinhaltung der Verpflichtungen aus dem Kreditvertrag,
- zusätzliche Informationen, z.B. Hinweis auf Aushändigung eines Vertragsentwurfes,
- zuständige Aufsichtsbehörde.

Das ESIS-Merkblatt ist außerdem jedem bindenden Vertragsvorschlag beizufügen. **Weitere vorvertragliche Informationen**, z.B. Hinweis auf einen möglichen Forderungsverkauf durch den Darlehensgeber, sind in einem gesonderten Dokument zu erteilen, das dem ESIS-Merkblatt beizufügen ist.

Das Kreditinstitut ist ferner dazu verpflichtet, dem Kunden analog den Regelungen zu den Allgemein-Verbraucherdarlehen vor Abschluss des Darlehensvertrages **angemessene Erläuterungen** zu geben.

§511 BGB

Beratungsvertrag bei Immobiliar-Verbraucherdarlehen

Das Kreditinstitut hat dem Kunden vor Erteilung einer individuellen Empfehlung für ein Immobiliar-Verbraucherdarlehen verschiedene Informationen auf einem dauerhaften Datenträger vorab zur Verfügung zu stellen. Hierbei handelt es sich um die Höhe eines evtl. Beratungsentgelts sowie um einen Hinweis, ob das Kreditinstitut seiner Empfehlung im Wesentlichen eigene Produkte oder auch Produkte anderer Anbieter zugrunde legt. Vor der Erbringung der **Beratungsleistung** hat sich die Bank oder Sparkasse über den Bedarf des Kunden, seine persönliche und finanzielle Situation sowie seine Präferenzen und Ziele zu informieren. Auf Basis dieser Informationen und realistischer Annahmen hinsichtlich der mit der Kreditinanspruchnahme verbundenen Risiken, z.B. Risiko eines Zinsanstiegs bei auslaufender Sollzinsbindung, hat das Kreditinstitut die von ihm **angebotenen Produkte auf Geeignetheit zu prüfen.** Auf Basis dieser Prüfung hat die Bank oder Sparkasse dem Kunden ein oder mehrere geeignete Produkte zu empfehlen bzw. darauf hinzuweisen, dass es kein Produkt empfehlen kann. Die Empfehlung ist dem Kunden auf einem dauerhaften Datenträger zur Verfügung zu stellen.

Schriftform

§492 Abs. 1 BGB

§126a BGB

Der **Verbraucherdarlehensvertrag ist grundsätzlich schriftlich zu schließen**. Ein Vertragsabschluss in elektronischer Form ist möglich. In diesem Fall wird die Kundenunterschrift durch eine qualifizierte elektronische Signatur ersetzt.

Die Schriftform ist gewahrt, wenn Antrag und Annahme durch die Vertragsparteien jeweils getrennt schriftlich erklärt werden. Die Erklärung des Kreditgebers braucht nicht unterschrieben zu werden, wenn sie mithilfe einer elektronischen Einrichtung erstellt wird.

Vertragsinhalt

§492 Abs. 2 BGB

Der Verbraucherdarlehensvertrag muss in Abhängigkeit von der Kreditart bestimmte **Mindestangaben** enthalten, die in weiten Teilen mit dem Inhalt der vorvertraglichen Information übereinstimmen. Bei einem Immobiliar-Verbraucherdarlehen müssen zusätzlich die Voraussetzungen und die Berechnungsmethode für den Anspruch auf Vorfälligkeitsentschädigung, soweit das Kreditinstitut beabsichtigt, diesen bei vorzeitiger Rückzahlung des Darlehens geltend zu machen, in dem Darlehensvertrag genannt werden.

Der Kunde hat das Recht, einen **Vertragsentwurf** zu verlangen, es sei denn, das Kreditinstitut ist zum Vertragsabschluss nicht bereit. Bei einem Immobiliar-Verbraucherdarlehen ist das Kreditinstitut verpflichtet, dem Darlehensnehmer die Aushändigung einen Vertragsentwurfs anzubieten, wenn es ein Angebot oder einen bindenden Vorschlag, z. B. für einen Sollzinssatz, unterbreitet. §491a Abs. 2 BGB

Nach dem Vertragsabschluss ist das Kreditinstitut dazu verpflichtet, dem Darlehensnehmer eine **Abschrift des Vertrags** zur Verfügung zu stellen. Der Darlehensnehmer kann während der Vertragslaufzeit jederzeit die Bereitstellung eines **Tilgungsplans** verlangen. § 492 Abs. 3 BGB

Effektiver Jahreszins

Beim **effektiven Jahreszins** handelt es sich um den Preis eines Kredits, ausgedrückt als jährlicher Prozentsatz des Gesamtkreditbetrags. Über den effektiven Jahreszins sollen unterschiedliche Kreditangebote vergleichbar werden. § 6 PAngV

Ermittlung des effektiven Zinssatzes

Bei der **Ermittlung des effektiven Jahreszinses** sind alle **preisbestimmenden** Faktoren zu berücksichtigen, die sich unmittelbar auf den Kredit und seine Vermittlung beziehen und bei regelmäßigem Kreditverlauf anfallen. Dazu gehören z. B. Sollzinssatz, Zinssollstellungstermine, jährliche Tilgung bei planmäßiger Laufzeit und Kreditvermittlungskosten. Für die Berechnung des effektiven Jahreszinses ist die in einer Anlage der Preisangabenverordnung angegebene mathematische Formel zu verwenden.

Der effektive Jahreszins ist für die Gesamtlaufzeit des Kredits zu berechnen, wenn diese der Dauer der Sollzinsbindung des Kredits entspricht. Sofern die Gesamtlaufzeit des Kredits und die Sollzinsbindung nicht identisch sind, wird für die Berechnung des effektiven Jahreszinses bei Immobiliar-Verbraucherdarlehen eine fiktive Gesamtlaufzeit von 20 Jahren und bei Allgemein-Verbraucherdarlehen von einem Jahr unterstellt. Bei Darlehensverträgen, bei denen die Sollzinsbindung vor der vollständigen Rückzahlung des Kredits endet und bei denen die Fortführung zu einem variablen Sollzins erfolgt, wird angenommen, dass der Sollzinssatz nach Ablauf der Sollzinsbindung dem variablen Sollzinssatz entspricht, der zum Zeitpunkt der Berechnung des effektiven Jahreszinses gilt. Der variable Sollzins darf den gebundenen Sollzins jedoch nicht überschreiten. Wie stark sich der angenommene variable Sollzinssatz auf den effektiven Jahreszins auswirkt, hängt überwiegend von der nach Ablauf der Zinsbindung verbleibenden Darlehenslaufzeit und dem Zinsniveau bei Berechnung des effektiven Jahreszinses ab. In Niedrigzinsphasen, in denen ein variabler Sollzins i. d. R. niedriger als ein Zinssatz mit Sollzinsbindung ist, kann dieses Rechenverfahren dazu führen, dass der effektive Jahreszins unter dem anfänglichen Sollzinssatz liegt. Effektivzins-Paradoxon

Die bei der Berechnung des effektiven Jahreszinses getroffenen Annahmen sind sowohl in der vorvertraglichen Information als auch im Darlehensvertrag anzugeben.

Werbung für Kreditverträge

Werbung für Kreditverträge

§ 6a PAngV

Die Werbung für den Abschluss eines Kreditvertrages unter Angabe eines Zinssatzes muss in klarer, eindeutiger und auffallender Form insbesondere folgende Pflichtangaben enthalten:

- Sollzinssatz,
- Nettodarlehensbetrag,
- effektiver Jahreszins,
- Höhe und Anzahl der Raten,
- Hinweis auf grundpfandrechtliche Absicherung bei Immobiliar-Verbraucherdarlehen.

Beim Sollzinssatz ist anzugeben, ob es sich um einen variablen oder einen festen Zinssatz handelt. Die Informationspflicht soll verhindern, dass der Kunde durch eine einzige Zahlenangabe, z. B. einen besonders günstigen Sollzinssatz, in die Irre geführt wird.

Die Angaben in der Werbung sind mit einem repräsentativen Beispiel zu unterlegen. Bei der Auswahl des Beispiels muss die Bank oder Sparkasse von einem effektiven Jahreszins ausgehen, von dem erwartet wird, dass mindestens zwei Drittel der aufgrund der Werbung zustande kommenden Kreditverträge zu dem angegebenen oder einem niedrigeren effektiven Jahreszins abgeschlossen werden. Hierdurch soll das Werben mit „Lockvogelangeboten" verhindert werden.

Widerrufsrecht des Kreditnehmers

Widerrufsrecht

§ 495 BGB
§ 355 BGB
§ 356b BGB

Der Darlehensnehmer kann Verbraucherdarlehensverträge innerhalb einer Frist von 14 Tagen widerrufen. Dies gilt jedoch nicht für eingeräumte Überziehungskredite nach § 504 Abs. 2 BGB und geduldete Überziehungskredite nach § 505 BGB. Der Widerruf ist auf einem dauerhaften Datenträger (z. B. Brief, Telefax, E-Mail) zu erklären und muss keine Begründung enthalten. Der Kreditnehmer ist in der vorvertraglichen Information sowie im Kreditvertrag auf sein Widerrufsrecht hinzuweisen. Die Widerrufsfrist beginnt mit Erhalt der Widerrufsinformation, jedoch nicht vor Abschluss des Darlehensvertrages und nicht, bevor der Kreditnehmer die im Kreditvertrag erforderlichen Pflichtangaben erhalten hat, z. B. Angabe des effektiven Jahreszinses. Enthält der dem Kreditnehmer zur Verfügung gestellte Darlehensvertrag nicht sämtliche Pflichtangaben, beginnt die Widerrufsfrist erst mit Nachholung der fehlenden Angaben. In diesem Fall beträgt die Widerrufsfrist einen Monat. Bei einem Immobiliar-Verbraucherdarlehen erlischt das Widerrufsrecht bei einer fehlenden oder mangelhaften Widerrufsbelehrung spätestens zwölf Monate und 14 Tage nach dem Vertragsschluss. Zur Wahrung der Widerrufsfrist genügt die rechtzeitige Absendung des Widerrufs. Durch den Widerruf kann der Kreditnehmer erreichen, dass seine Willenserklärung zum Vertragsabschluss nicht wirksam wird.

§ 357a BGB

Wenn der Kunde seinen Widerruf ordnungsgemäß erklärt hat, wird der Vertrag rückabgewickelt. Kreditbeträge, die dem Verbraucher zugeflossen sind, muss er einschließlich der in der Zwischenzeit aufgelaufenen Zinsen innerhalb von 30 Tagen zurückzahlen. Die Frist beginnt mit der Absendung der Widerrufserklärung.

Informations- und Belehrungspflichten bei außerhalb von Geschäftsräumen geschlossenen Verträgen und bei Fernabsatzgeschäften

§ 312b BGB

Das Kreditinstitut muss bei Geschäftsabschlüssen außerhalb der Geschäftsräume sowie bei Fernabsatzgeschäften besondere Informations- und Belehrungspflichten beachten. Bei Geschäftsabschlüssen **außerhalb der Geschäftsräume** handelt es sich um Verbraucherdarlehensverträge, bei denen der Kundenberater und der Kreditnehmer beim Vertragsabschluss beide körperlich anwesend sind. Der Geschäftsabschluss erfolgt aber nicht in den Geschäftsräumen des Kreditinstituts, sondern z. B. beim Kunden zu Hause. **Fernabsatzgeschäfte** liegen vor, wenn die Vertragsanbahnung und der Vertragsabschluss ohne gleichzeitige körperliche Anwesenheit des Kundenberaters und des Kreditnehmers erfolgen, z. B. Vertragsabschluss über Telefon, Briefpost, Telefax oder E-Mail. Unter anderem muss dem Kunden rechtzeitig vor Abschluss des Vertrags mitgeteilt werden:

§ 312c BGB

§ 312d BGB

- die Identität des Darlehensgebers, z. B. Name, Anschrift und gesetzliche Vertreter des Instituts, zuständige Aufsichtsbehörde, Gerichtsstand,
- die Art des Zustandekommens des Vertrags sowie
- die Widerrufsbelehrung.

§ 312g BGB

Bei Sicherheitenverträgen mit Verbrauchern, die außerhalb der Geschäftsräume des Kreditinstituts oder im Fernabsatz abgeschlossen werden, sind ebenfalls entsprechende Informations- und Belehrungspflichten von der Bank oder Sparkasse zu beachten. Hierzu nutzen die Kreditinstitute schriftliche Verbraucherinformationen.

Bei Streitigkeiten im Zusammenhang mit Fernabsatzverträgen über Finanzdienstleistungen kann der Verbraucher die Schlichtungsstelle bei der Deutschen Bundesbank anrufen.

5.2.2 Kontokorrentkredite für Privatkunden

5.2.2.1 Wesen und Bedeutung des Kontokorrentkredits

Wesen und Bedeutung des Kontokorrentkredits

Der Kontokorrentkredit ist ein Kredit, den der Kreditnehmer durch Verfügungen über sein Kontokorrentkonto bis zur festgesetzten Kreditgrenze (Limit) in Anspruch nehmen kann.

Bedeutung des Kontokorrentkredits	
für den Kreditnehmer	**für das Kreditinstitut**
‣ Der Kontokorrentkredit erhöht die Dispositionsfreiheit (Ausnutzung nach dem jeweiligen Kreditbedarf). ‣ Der Kontokorrentkredit verursacht nur in Höhe des beanspruchten Kreditbetrages Kosten (Verzinsung des jeweiligen Sollsaldos). ‣ Der nicht ausgenutzte Teil des Kontokorrentkredits ist eine Liquiditätsreserve.	‣ Der Kontokorrentkredit ist eine Anlagemöglichkeit für Fremdmittel (Sichteinlagen, Termineinlagen, aufgenommene Gelder). ‣ Zinseinnahmen aus Kontokorrentkrediten sind eine wichtige Ertragsquelle.

Kontokorrentkredite an Privatkunden

Dispositionskredit	Geduldeter Überziehungskredit	Wertpapierkredit
= eingeräumter Überziehungskredit	= ohne vorherige Vereinbarung in Anspruch genommener Kredit	

revolvierender Kredit

Der Kontokorrentkredit ist ein revolvierender Kredit. Er kann während seiner Laufzeit den Wünschen und Erfordernissen des Kreditnehmers entsprechend beansprucht und wieder abgedeckt werden. Zwischenzeitliche Rückführungen des Kredits durch Gutschriften auf dem Konto gelten nicht als Tilgung. Der Kreditnehmer kann während der Laufzeit stets bis zur Höhe des Kreditlimits verfügen.

5.2.2.2 Dispositionskredit

Wesen des Dispositionskredits

5.2.2.2.1 Wesen und Abwicklung des Dispositionskredits

Der Dispositionskredit ist ein auf dem Kontokorrentkonto eingeräumter Überziehungskredit an Privatkunden.

Abschluss und Abwicklung

Der Kreditvertrag kann als Präsenzgeschäft in den Geschäftsräumen der Bank oder als Fernabsatzgeschäft auf fernkommunikativem Wege, z.B. aufgrund eines per Post übermittelten Angebots, abgeschlossen werden.

Dispositionskredit als Präsenzgeschäft

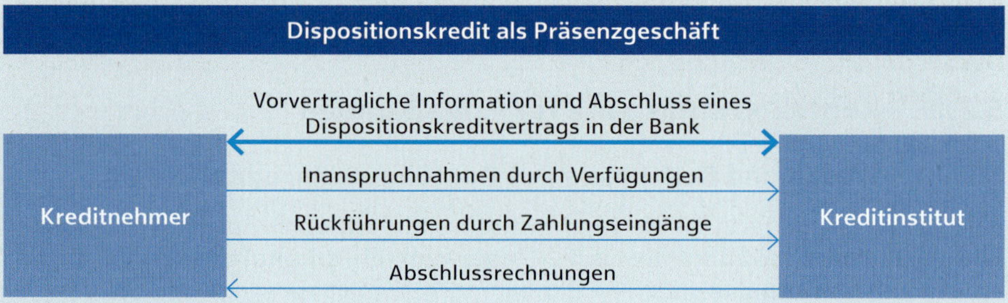

Dispositionskredit als Fernabsatzgeschäft

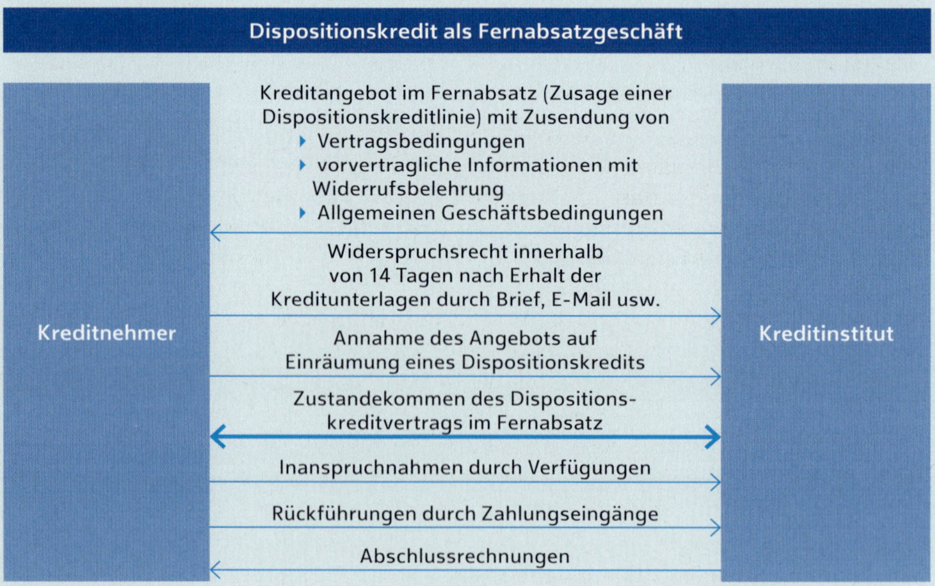

- Kontoverfügungen sind Überweisungsaufträge, Scheckziehungen, Lastschriftabbuchungen, Barabhebungen usw.
- Kreditrückführungen erfolgen durch Überweisungseingänge, Scheckgutschriften, Bareinzahlungen usw.
- Mit der Abschlussrechnung werden Zinsen und andere Kosten kapitalisiert. Abschlussrechnungen werden i. d. R. vierteljährlich erteilt.
- Viele Kreditinstitute neigen wegen der im Fernabsatzgeschäft zu beachtenden zusätzlichen Informations- und Belehrungspflichten zu Präsenzabschlüssen.

Ein **bestimmter Verwendungszweck** für die mit dem Dispositionskredit bereitgestellten Mittel sowie regelmäßige Tilgungen werden nicht vereinbart. Der Dispositionskredit wird vielmehr im Zusammenhang mit dem laufenden Zahlungsverkehr des Kunden in Anspruch genommen. Über ihn kann der Kunde frei disponieren.

Die **Kredithöhe** ist in der Regel abhängig von der Höhe des regelmäßig auf dem Konto eingehenden **Nettoeinkommens.** Häufig wird dem Kunden das Dreifache seines Nettogehalts als Verfügungsrahmen eingeräumt. Durch die laufenden Gehaltseingänge wird die Überziehung jeweils ganz oder teilweise wieder abgedeckt. Der Kreditnehmer kann das Konto je nach Bedarf überziehen und dadurch auch auf unvorhergesehene Ausgaben flexibel reagieren.

5.2.2.2.2 Kosten des Dispositionskredits

Kosten

Für eingeräumte Dispositionskredite berechnen Kreditinstitute

Zinsen zu einem variablen Satz auf den jeweiligen Sollsaldo. Die während des Abrechnungszeitraums aufgelaufenen Zinsen werden i. d. R. vierteljährlich **kapitalisiert.**

Das Kreditinstitut hat den Sollzinssatz für Dispositionskredite in eindeutiger und auffallender Weise über den eigenen Internetauftritt zu veröffentlichen.

Art. 247a § 2 Abs. 2 EGBGB

Änderungen eines variablen Sollzinssatzes werden bei Verbraucherdarlehen grundsätzlich erst wirksam, nachdem der Kreditnehmer auf einem dauerhaften Datenträger über den angepassten Sollzins informiert wurde.

§ 493 Abs. 3 Satz 1 BGB

Alternativ kann das Kreditinstitut mit dem Kunden vertraglich einen abweichenden Zeitpunkt für die Wirksamkeit der Anpassung des Sollzinssatzes vereinbaren. Voraussetzung hierfür ist, dass die Anpassung des Sollzinses auf die Veränderung eines objektiven, eindeutig bestimmten und öffentlich zugänglichen Referenzzinssatzes, z. B. Euribor, EZB-Zinssätze, zurückgeht. Der für Anpassungen zugrunde gelegte Referenzzinssatz ist im Kreditvertrag zu nennen. Ferner muss der Kreditnehmer die Möglichkeit zur Einsichtnahme der Höhe des Referenzzinssatzes in den Geschäftsräumen der Bank oder Sparkasse haben. Das Kreditinstitut überprüft die Entwicklung des Referenzzinssatzes regelmäßig zu vereinbarten Stichtagen. Bei einer Veränderung des Referenzzinssatzes wird der Vertragszins entsprechend zu dem im Kreditvertrag vereinbarten Zeitpunkt angepasst. Der Kreditnehmer ist über die Höhe des Sollzinses in regelmäßigen Zeitabständen zu unterrichten, z. B. mit dem Rechnungsabschluss.

§ 493 Abs. 3 Satz 2 BGB

§ 492 Abs. 7 BGB

Für die **Kontoführung,** d. h. für eine von der Krediteinräumung unabhängige Leistung, verlangen die Kreditinstitute Entgelte, die auch für jedes mit Guthabensaldo geführte Privatgirokonto berechnet werden:

- Grundpreis für die Kontoführung,
- Entgelte für Buchungsposten,
- Portoauslagen.

5.2.2.2.3 Kreditwürdigkeitsprüfung

persönliche Kreditwürdigkeit

Die **persönliche Kreditwürdigkeit** des Kunden ist die wichtigste Voraussetzung für die Kreditgewährung. Der Kunde muss persönliche Eigenschaften, wie z. B. einwandfreien Ruf, Glaubwürdigkeit und Zuverlässigkeit, besitzen, die darauf schließen lassen, dass er den Willen zur Rückzahlung des Kredits hat. Er sollte in der Lage sein, seine Möglichkeiten selbst realistisch einzuschätzen, und er sollte nur solche Verpflichtungen eingehen, die er erfüllen kann. Kreditinstitute können die Zahlungsmoral des Kunden aus der bisherigen Kontoführung und der Rückführung früherer Kredite beurteilen.

materielle Kreditwürdigkeit

Die **materielle (wirtschaftliche) Kreditwürdigkeit** von Privatkunden ist gegeben, wenn die Einkommens- und Vermögensverhältnisse sowie ein sicherer Arbeitsplatz gewährleisten, dass der Kredit zurückgezahlt werden kann.

Unterlagen

Als **Unterlagen zur Prüfung der wirtschaftlichen Kreditwürdigkeit** können dienen

- Einkommensnachweise, evtl. Einkommensteuerbescheide,
- Auskünfte des Kundenbetreuers über die bisherige Umsatzentwicklung auf dem Konto,
- Selbstauskunft des Kunden,
- SCHUFA-Auskunft,
- Grundbuchauszüge,
- Arbeitsverträge.

Besicherung

5.2.2.2.4 Besicherung des Dispositionskredits

Der Dispositionskredit wird in den meisten Fällen als **Blankokredit** gewährt, da sich das Kreditinstitut vor der Einräumung von der Kreditwürdigkeit des Kunden überzeugt hat und daher auf die Stellung besonderer Sicherheiten verzichtet.

▸ Seite 441

Das Kreditinstitut kann sich aber auf sein **AGB-Pfandrecht** berufen. Vom AGB-Pfandrecht werden z. B. beim Kreditinstitut unterhaltene Sparguthaben und verwahrte Wertpapiere des Kunden erfasst. Bei betragsmäßig hohen Dispositionskrediten kann darüber hinaus eine Besicherung durch Abtretung von Lohn- und Gehaltsforderungen oder von Kapitallebensversicherungen, durch Beibringung einer Bürgschaft oder durch Abschluss einer Restschuldversicherung infrage kommen.

5.2.2.2.5 Besondere Vorschriften

§ 504 BGB

Für Dispositionskredite, die Kreditinstitute ihren Kunden zu privaten Zwecken einräumen, enthält das BGB besondere Vorschriften. Danach gelten die **strengen Formvorschriften** für ein Verbraucherdarlehen, z. B. schriftlicher Abschluss des Kreditvertrages, Angabe des effektiven Jahreszinses, **teilweise nicht, wenn**

- das Kreditinstitut den Vertragsinhalt dem Kunden spätestens unverzüglich nach Vertragsabschluss auf einem dauerhaften Datenträger mitteilt,
- außer den Zinsen für den in Anspruch genommenen Kredit keine weiteren Kosten in Rechnung gestellt werden und
- die Zinsen nicht in kürzeren Perioden als drei Monaten belastet werden.

Informations-pflichten

Vor der Inanspruchnahme eines Überziehungskredits muss das Kreditinstitut den Kreditnehmer u. a. unterrichten über

- die Höchstgrenze des Kredits,
- den im Zeitpunkt der Unterrichtung geltenden Sollzinssatz,
- die Bedingungen, unter denen der Sollzinssatz geändert werden kann,
- die Regelungen der Vertragsbeendigung.

Über Änderungen ist der Kunde auf einem dauerhaften Datenträger zu unterrichten.

Während der Inanspruchnahme des Überziehungskredits hat das Kreditinstitut den Kunden regelmäßig insbesondere über die Höhe des eingeräumten Kredits und die Höhe des Sollzinssatzes auf einem dauerhaften Datenträger zu unterrichten. Die Unterrichtung über eine Zinssatzänderung kann auch in Form eines Ausdrucks im Zusammenhang mit dem Kontoauszug erfolgen.

§ 504a BGB

Sofern ein Kunde seinen Überziehungskredit ununterbrochen über einen Zeitraum von sechs Monaten und durchschnittlich in Höhe eines Betrags von über 75 Prozent des vereinbarten Kreditbetrages in Anspruch nimmt, hat ihm das Kreditinstitut **eine Beratung zu möglichen kostengünstigeren Alternativen zum Überziehungskredit** (z. B. einen Ratenkredit) in Textform **anzubieten.** Die Beratung hat in Form eines persönlichen Gesprächs zu erfolgen. Für dieses können auch Fernkommunikationsmittel genutzt werden. Der Ort und die Zeit des Beratungsgesprächs sind zu dokumentieren. Nimmt der Kunde das Beratungsangebot nicht an oder schließt er keine kostengünstigere Kreditvariante ab, hat das Kreditinstitut das Beratungsangebot bei erneutem Überschreiten der oben genannten Schwellwerte zu wiederholen. Dies gilt nicht, wenn der Kunde auf weitere Beratungsangebote ausdrücklich verzichtet.

5.2.2.2.6 Beendigung des Kreditverhältnisses

Beendigung des Kreditverhältnisses

Der **Kreditnehmer** kann das Kreditverhältnis jederzeit beenden, indem er den Sollsaldo ausgleicht. **Für das Kreditinstitut** kann ebenfalls ein jederzeitiges Kündigungsrecht vertraglich vereinbart werden. Bei einer Kündigung hat das Kreditinstitut die berechtigten Interessen des Kreditnehmers zu beachten. Es darf insbesondere nicht zur Unzeit kündigen.

5.2.2.3 Geduldeter Überziehungskredit

5.2.2.3.1 Wesen des geduldeten Überziehungskredits

Wesen des geduldeten Überziehungs-kredits

Der geduldete Überziehungskredit ist ein Kredit, den ein Privatkunde auf seinem Girokonto in Anspruch nimmt, ohne dass eine entsprechende Vereinbarung mit dem Kreditinstitut getroffen worden ist.

Eine **geduldete Überziehung** liegt vor, wenn der Kunde

- ohne Einräumung einer Kreditlinie oder
- über eine eingeräumte Kreditlinie hinaus

Verfügungen trifft, die vom Kreditinstitut zunächst hingenommen werden. Der Unterschied zur eingeräumten Überziehung besteht darin, dass **zuerst die Inanspruchnahme durch den Kunden** erfolgt und **danach erst die Entscheidung der**

Bank oder Sparkasse, ob sie die Überziehung dulden will oder nicht. Diese Entscheidung ist von der Beurteilung der persönlichen und materiellen Kreditwürdigkeit des Kunden abhängig.

Eine nicht vereinbarte Überziehung kann entstehen

- **ohne Mitwirkung des Kreditinstituts** und **ohne die Möglichkeit der Abweisung,** z. B. durch
  - Lastschriften aufgrund von Zahlungen im Electronic-Cash-Verfahren;
- **unter Mitwirkung des Kreditinstituts nach einer Interessenabwägung zugunsten des Kunden,** z. B. durch
  - Belastung von Darlehensraten für einen anderen Kredit,
  - Einlösung von Lastschriften und Schecks.

Das Kreditinstitut wird in diesen Fällen abwägen, ob die Nachteile für den Kunden bei einer Nichteinlösung größer sind als das eigene Kreditrisiko.

§ 505 BGB **Vereinbaren das Kreditinstitut und der Kunde im Girokontovertrag einen Überziehungszins, ist der Kunde bei Vertragsabschluss in Textform über die Höhe des Sollzinssatzes und sämtliche weiteren Kosten**, die ab dem Zeitpunkt der Überziehung anfallen, sowie die Bedingungen, unter denen sie angepasst werden können, **zu informieren**. Diese Informationen sind dem Kunden ferner in regelmäßigen Zeitabständen auf einem dauerhaften Datenträger mitzuteilen.

Kommt es zu einer erheblichen Überziehung von mehr als einem Monat, ist der Kunde darüber hinaus unverzüglich mittels eines dauerhaften Datenträgers auf das Bestehen und den Betrag der Überziehung hinzuweisen. Außerdem muss ihm die Höhe der Überziehungszinsen mitgeteilt werden.

§ 505 Abs. 2 BGB Bei einer ununterbrochenen geduldeten Überziehung von über drei Monaten, deren Höhe die Hälfte des durchschnittlichen monatlichen Geldeingangs innerhalb der letzten drei Monate auf diesem Girokonto übersteigt, ist dem Kunden **eine Beratung zu günstigeren Finanzierungsalternativen** in Textform **anzubieten**. Die Beratung hat in Form eines persönlichen Gesprächs zu erfolgen. Der Ort und die Zeit des Beratungsgesprächs sind zu dokumentieren.

Kosten

5.2.2.3.2 Kosten des geduldeten Überziehungskredits

Für geduldete Überziehungen legen die Kreditinstitute regelmäßig einen **um etwa 3 bis 5 Prozentpunkte höheren Zinssatz** als für Dispositionskredite zugrunde. Der höhere Zinssatz dient dem Ausgleich von Mehraufwendungen, insbesondere infolge der Abdeckung des erhöhten Kreditrisikos und höherer Geldbeschaffungskosten.

Art. 247a § 2 Abs. 2 EGBGB Das Kreditinstitut hat den Zinssatz für geduldete Überziehungen in eindeutiger und auffallender Weise über den eigenen Internetauftritt zu veröffentlichen.

Zusätzlich zu den Zinsen und Kosten werden Kontoführungsentgelte und Portoauslagen in Rechnung gestellt.

Beispiel Zinsberechnung für ein Privatgirokonto mit einem Dispositionskredit in Höhe von 10000 Euro

12 %	Zinsen für eingeräumten Überziehungskredit	= 213,17 Euro
16,5 %	Zinsen für geduldeten Überziehungskredit	= 4,58 Euro
		217,75 Euro

Wert		Euro	Tage	# 12 %	# 16,5 %
31.12.	S	7500,00	25	1875	
25.01.	S	4500,00			
	S	12000,00	5	500	100
30.01.	H	5500,00			
	S	6500,00	5	325	
05.02.	S	3500,00			
	S	10000,00	23	2300	
28.02.	H	5500,00			
	S	4500,00	31	1395	
29.03.	H	5500,00			
	H	1000,00	1		
31.03.					
			90	6395	100

5.2.2.4 Wertpapierkredit (Lombardkredit)

5.2.2.4.1 Wesen und Abwicklung des Wertpapierkredits

Der echte Lombardkredit ist ein Darlehen, das über einen festen Betrag lautet, in einer Summe zur Verfügung gestellt und durch Verpfändung von beweglichen Sachen oder Rechten gesichert wird. Er wird auf einem separaten Darlehenskonto zur Verfügung gestellt. In dieser Form wird der Lombardkredit heute nur selten gewährt. Kreditinstitute und Kreditnehmer bevorzugen den unechten Lombardkredit.

echter Lombardkredit

Der unechte Lombardkredit wird auf dem Kontokorrentkonto bereitgestellt und durch Verpfändung von börsengängigen Wertpapieren gesichert. Er wird überwiegend Privatkunden gewährt.

unechter Lombardkredit

Während der Dispositionskredit im Allgemeinen ständig prolongiert wird, ist der Lombardkredit grundsätzlich ein **kurzfristiger Einzelkredit,** der durch Rückzahlung in einer Summe oder in Teilbeträgen getilgt wird.

Abwicklung des Wertpapierkredits

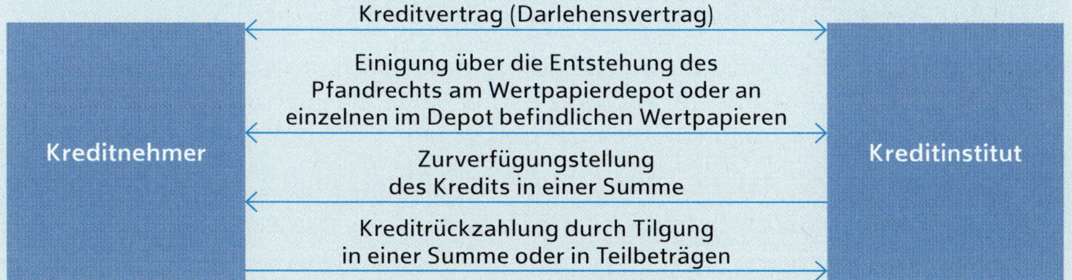

Arten des Wertpapierkredits

5.2.2.4.2 Arten des Wertpapierkredits

In der **Praxis des Kreditgeschäfts** werden zwei Arten des Wertpapierkredits unterschieden

- der **Wertpapierlombard,** der die Beleihung vorhandener, im Depot verwahrter Wertpapiere vorsieht, und
- der **finanzierte Wertpapierkauf.**

Wertpapierlombard

Bankkunden nehmen **Kredite unter Beleihung von Wertpapieren** auf, wenn sie kurzfristig Geld benötigen, ihre Wertpapiere jedoch nicht verkaufen wollen.

finanzierter Wertpapierkauf

Der als **finanzierter Wertpapierkauf** bezeichnete Wertpapierkredit wird dem Kreditnehmer zum Kauf von Wertpapieren gewährt. Die mit dem Kreditbetrag erworbenen Wertpapiere dienen gleichzeitig zur Besicherung des Kredits. Während der Laufzeit des Kredits kann der Kunde die Wertpapiere nicht veräußern. Da die Kreditinstitute die Wertpapiere nicht in voller Höhe beleihen, muss der Kreditnehmer einen bestimmten Teil der Papiere mit eigenen Mitteln finanzieren.

Bewertung von Sicherheiten

5.2.2.4.3 Bewertung der Sicherheiten

Die Pfandrechtsbestellung an Wertpapieren ist einfach durchzuführen, da sich die Papiere im Girosammel- oder Streifbanddepot befinden.

Börsengängige Wertpapiere bieten eine gute Sicherheit für Kredite. Sie können grundsätzlich ohne Schwierigkeiten über die Börse veräußert werden. Der Verkaufserlös dient dann zur Rückführung des Kredits.

Um auch bei sinkenden Kursen stets eine ausreichende Sicherung zu haben, beachten Kreditinstitute bestimmte **Beleihungsgrundsätze.**

Beleihungsgrundsätze

Sparkassen dürfen beleihen

- mündelsichere Schuldverschreibungen bis zu 90 % des Kurswertes,
- sonstige börsenfähige Wertpapiere z. B. Aktien bis zu 60 % des Kurswertes,
- Investmentanteile bis zu 60 % des Rücknahmepreises,
- Sparkassenbriefe und Sparkassenobligationen bis zum Nennwert.

Andere Kreditinstitute beleihen Wertpapiere in ähnlicher Höhe. Einheitliche Beleihungsgrundsätze gibt es bei ihnen nicht. Die Höhe eines Wertpapierkredits ist neben den wirtschaftlichen Verhältnissen des Kreditnehmers von dem Risikogehalt der verpfändeten Wertpapiere abhängig.

5.2.3 Ratenkredit

Wesen und Abwicklung des Ratenkredits

5.2.3.1 Wesen und Abwicklung des Ratenkredits

Der Ratenkredit ist ein Verbraucherdarlehen, das Privatkunden mittel- oder langfristig in einer Summe zur Verfügung gestellt wird. Der Betrag wird einem Darlehenskonto des Kreditnehmers belastet und seinem Girokonto gutgeschrieben.

Die Rückzahlung des Ratenkredits erfolgt in gleich bleibenden monatlichen Teilbeträgen (Raten) entsprechend einem festgelegten Tilgungsplan.

In der Bankpraxis werden Ratenkredite auch unter den Produktbezeichnungen Privatdarlehen, Persönlicher Kredit oder Anschaffungsdarlehen angeboten.

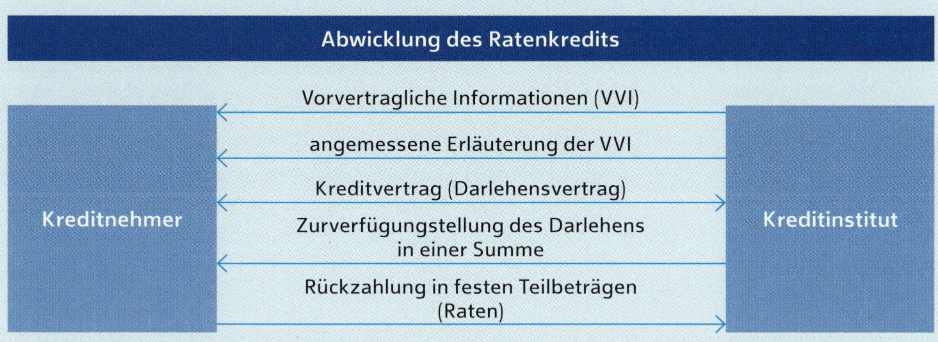

Ratenkredite dienen überwiegend zur Beschaffung von privat genutzten langlebigen Gebrauchsgütern oder zur Finanzierung von Dienstleistungen. Der **Verwendungszweck** wird meistens in den Kreditvertrag aufgenommen.

Ratenkredite sind **standardisierte Kredite.** Mindest- und Höchstbeträge, z. B. von 1000 bis 30000 Euro, Mindest- und Höchstlaufzeiten, z. B. von einem bis zu vier Jahren, und die Kreditkosten sind institutseinheitlich festgelegt (normiert).

Abrufdarlehen

Eine Alternative zum Ratenkredit ist das **Abrufdarlehen**. Hierbei handelt es sich um einen Kreditrahmen, der von der Bank oder Sparkasse auf einem separaten Kreditkonto i. d. R. unbefristet zur Verfügung gestellt wird und vom Kunden flexibel in Anspruch genommen werden kann. Für die Inanspruchnahme wird ein variabler Sollzinssatz berechnet. Mit dem Kunden wird eine Mindesttilgung vereinbart. Darüber hinaus sind auch weitere Tilgungsleistungen möglich. Das Abrufdarlehen kann vom Kreditnehmer nach erfolgter Tilgung jederzeit erneut bis zum vereinbarten Kreditrahmen beansprucht werden.

5.2.3.2 Kosten des Ratenkredits

Kosten des Ratenkredits

Als Kreditkosten berechnen Kreditinstitute **Zinsen** auf der Grundlage eines **variablen oder festen Jahressatzes** vom tatsächlich in Anspruch genommenen Kreditbetrag. Nach der Rechtsprechung des BGH dürfen Kreditinstitute dem Kunden neben den Zinsen kein einmaliges Entgelt für die Bearbeitung (Bearbeitungsgebühr) berechnen. Dies wird damit begründet, dass die Bank oder Sparkasse keine Leistung, wie z. B. die Bonitätsprüfung, in Rechnung stellen darf, die überwiegend im Eigeninteresse des Kreditinstituts erfolgt.

Der Ratenkredit wird i. d. R. als Annuitätendarlehen abgewickelt. Der Kunde hat über die gesamte Laufzeit des Kredits gleich bleibende monatliche Annuitäten an das Kreditinstitut zu zahlen.

Die monatlich vom Kreditnehmer zu zahlende Annuität kann aus entsprechenden Tabellen entnommen werden (siehe Seite 460).

Beispiel für die Errechnung der monatlichen Rate und der zu leistenden Gesamtsumme (Kreditbetrag 15000,00 Euro, Laufzeit 48 Monate, Jahreszins 6%)

Formel:

$$A = K \cdot \frac{qn \cdot (q - 1)}{qn - 1} \qquad q = 1 + \frac{p}{100 \cdot 12}$$

A = Monatsrate n = Laufzeit
K = Kreditbetrag p = Jahreszins

Beispielrechnung:

$$q = 1 + \frac{6}{100 \cdot 12} \; 1{,}005$$

$$A = 15000 \cdot \frac{1{,}005^{48} \cdot 0{,}005}{1{,}005^{48} - 1} \; 352{,}28 \text{ Euro}$$

Höhe der monatlichen Rate 352,28 Euro

Gesamtbetrag aller Zahlungen
(48 Monatsraten x 352,28 Euro) 16909,44 Euro

Höhe der monatlichen Annuität bei einem Kreditbetrag von 15000,00 Euro				
Sollzins p. a.	**Laufzeit in Monaten**			
	24	**36**	**48**	**60**
6,00%	664,81 Euro	456,33 Euro	352,28 Euro	289,99 Euro
6,50%	668,19 Euro	459,74 Euro	355,72 Euro	293,49 Euro
7,00%	671,59 Euro	463,16 Euro	359,19 Euro	297,02 Euro
7,50%	674,99 Euro	466,59 Euro	362,68 Euro	300,57 Euro

Kreditwürdig-keitsprüfung

5.2.3.3 Kreditwürdigkeitsprüfung

Wie beim Dispositionskredit sind grundsätzlich die **persönliche Zuverlässigkeit** sowie das **sichere und regelmäßige Einkommen** des Kunden für die Kreditentscheidung von Bedeutung. Als kreditwürdig gilt ein Antragsteller im Allgemeinen,

- wenn er als Arbeitnehmer ein festes, ungekündigtes Arbeitsverhältnis nachweisen kann und ein Arbeitsplatzverlust nicht zu erwarten ist oder wenn er als Freiberufler in gesicherten Einkommensverhältnissen lebt,
- wenn der Kreditbetrag in einem angemessenen Verhältnis zum Einkommen und zu den laufenden Verpflichtungen steht und die Kreditraten im Rahmen der zumutbaren Belastung liegen.

Für die Kreditentscheidung nutzen die Kreditinstitute die Ergebnisse der **Haushaltsrechnung** und des **Kreditscorings**.

Verfahren der Kreditwürdigkeitsprüfung

Verfahren der Kreditwürdigkeitsprüfung

	Haushaltsrechnung	Kreditscoring
Methode	Gegenüberstellung der Einnahmen und Ausgaben des Antragstellers	Feststellung der Wahrscheinlichkeit der vertragsgemäßen Erfüllung des Kreditvertrags
Zweck	▸ Ermittlung der nachhaltigen Zahlungsfähigkeit des Kreditnehmers ▸ Ermittlung der monatlich zumutbaren Belastung und der Kapitaldienstfähigkeit	▸ Ermittlung der statistischen Ausfallwahrscheinlichkeit der Kreditforderung ▸ Ermittlung eines risikogerechten Zinssatzes

Haushaltsrechnung

In der Haushaltsrechnung wird die **zumutbare Belastung** des Kreditnehmers ermittelt. Dazu wird der Gesamtbetrag der monatlichen Nettoeinkünfte dem Gesamtbetrag der monatlichen Ausgaben gegenübergestellt. Für Lebenshaltungskosten und unvorhersehbare Ausgaben werden Pauschalen angesetzt. Nur wenn ein angemessener monatlicher Einkommensüberschuss vorhanden ist, kann das Kreditinstitut davon ausgehen, dass der Kredit störungsfrei zurückgezahlt werden wird.

Zumutbare Belastung

Übersteigen die monatlichen Raten für einen neuen Kredit die zumutbare Belastung, besteht u. U. die Möglichkeit, den Kreditnehmer

- von einer längeren Laufzeit mit monatlich niedrigeren Kreditraten oder
- von einem geringeren Kreditbetrag

zu überzeugen.

Kreditscoring

Kreditscoring ist ein standardisiertes, mathematisch-statistisches Verfahren zur Beurteilung von Kreditnehmern. Es ist eine Entscheidungshilfe bei der Annahme oder der Ablehnung eines Kreditantrags (Antragsscoring) und bei der Bewertung eines laufenden Kreditengagements (Verlaufsscoring). Mittels Kreditscoring wird prognostiziert, ob der Antragsteller seinen Kredit zurückzahlen wird. Im Rahmen des Kreditscorings werden u. a. folgende **Merkmale** bewertet:

Merkmale

- Familienstand,
- Anzahl unterhaltsberechtigter Kinder,
- ausgeübter Beruf,
- Beschäftigungsdauer im ausgeübten Beruf,
- Höhe des frei verfügbaren Einkommens,
- Erfahrungen mit dem Kunden,
- angebotene Sicherheiten,
- SCHUFA-Auskunft.

Gewichtung und Bepunktung der Merkmale

Diese Merkmale werden bepunktet. Die Gewichtung der den einzelnen Merkmalen zugeteilten Punkte beruht auf langjährigen statistischen Auswertungen von vertragsmäßig und nicht vertragsmäßig zurückgeführten Krediten. Die einzelnen Punkte (Scores) werden zu einem Gesamtscore addiert. Auf Basis des Gesamtscores werden verschiedene Risikoklassen gebildet. Hierbei wird angenommen, dass die Kunden innerhalb der Risikoklassen eine gleiche Ausfallwahrscheinlichkeit aufweisen.

Der Kunde wird auf der Grundlage seines Gesamtscores einer Risikoklasse zugeordnet. Für eine positive Kreditentscheidung muss der erreichte Gesamtscore mindestens den vom Kreditinstitut festgelegten Grenzwert erreichen.

Vorteile des Kreditscorings

Vorteile des Kreditscorings	
für das Kreditinstitut	**für den Antragsteller**
‣ Systematisierung und Vereinheitlichung des Kreditentscheidungsprozesses ‣ Früherkennung von Risiken ‣ Risikominderung und Risikosteuerung im Kreditgeschäft ‣ kurze Entscheidungswege ‣ Ausschluss von subjektiven Entscheidungskriterien der Bankmitarbeiter	‣ objektivierte Kreditentscheidung ‣ rationellere Bearbeitung des Kreditantrags ‣ geringere Kosten der Kreditbearbeitung

Risiken des Kreditscorings

Die **Prognose** für den einzelnen Kreditantrag muss **nicht immer zutreffen**. Aufgrund der wenig transparenten Entscheidungsfindung kann das Kreditscoringverfahren zu Akzeptanzproblemen bei Kunden und Mitarbeitern führen.

§ 34 BDSG

Der Kunde kann von dem Kreditinstitut eine Auskunft über die für ihn in den letzten sechs Monaten ermittelten Scoringwerte, die zur Berechnung genutzten Daten sowie das Zustandekommen und die Bedeutung der Scoringwerte verlangen.

SCHUFA-Scoring

Bei der Kreditvergabe können sich die Vertragspartner der SCHUFA anhand einer SCHUFA-Auskunft darüber informieren, welche Kreditverhältnisse der Kreditnehmer bisher eingegangen ist und ob diese vertragsgemäß abgewickelt wurden. Die Scorewerte werden auf Basis der bei der SCHUFA gespeicherten Informationen, mit Ausnahme der Anzahl der eingeholten Eigenauskünfte, berechnet. Datenschützer kritisieren, dass die SCHUFA die Parameter für das Berechnungsverfahren nicht veröffentlicht hat und somit die Ermittlung der Scorewerte nicht transparent ist. Die SCHUFA hat von der Veröffentlichung der Berechnungsmethode bisher abgesehen, weil sie eine bewusste Beeinflussung der Scoreergebnisse ausschließen will. Zusammen mit der Auskunft fließt dieser Wert als eine von vielen Variablen in den Entscheidungsprozess ein und jedes Kreditinstitut entscheidet dann nach seinen eigenen geschäftspolitischen Vorgaben, ob und zu welchen Konditionen ein Kredit vergeben wird.

Die Standardscores der SCHUFA sind so skaliert, dass sie Punktwerte von 1 bis maximal 9999 angeben. Je höher der Scorewert ausfällt, umso geringer ist die Risikoquote. Die Risikoquote sagt aus, mit welcher Wahrscheinlichkeit mit einer Vertragsstörung, z. B. Kreditausfall, zu rechnen ist. Um das System überschaubarer zu gestalten, werden die Ergebnisse in den Ratingstufen von A bis P zusammengefasst, wobei A für die Klasse mit den höchsten Scorewerten und der geringsten Ausfallwahrscheinlichkeit steht. Die Ratingstufen N, O und P gelten für Personen, für die bereits Informationen zu nicht vertragsgemäßem Verhalten („Negativmerkmale") vorliegen.

Ratingstufen, Punktzahlen und Risikoquoten bei dem branchenspezifischen SCHUFA-Standardscore für Bankkunden

■ **Ratingstufen, Punktzahlen und Risikoquoten bei dem branchenspezifischen SCHUFA-Standardscore für Bankkunden**

	Rating-stufe	Punktzahl	Risiko
keine offenen Negativ-merkmale	A	9863–9999	0,80 %
	B	9772–9862	1,64 %
	C	9709–9771	2,47 %
	D	9623–9708	3,10 %
	E	9495–9622	4,38 %
	F	9282–9494	6,21 %
	G	8774–9281	9,50 %
	H	8006–8773	16,74 %
	I	7187–8005	25,97 %
	K	6391–7186	32,56 %
	L	4928–6390	41,77 %
	M	1–4927	60,45 %
mit offenen Negativ-merkmalen	N	4112–9999	48,47 %
	O	1107–4111	77,57 %
	P	1–1106	96,08 %

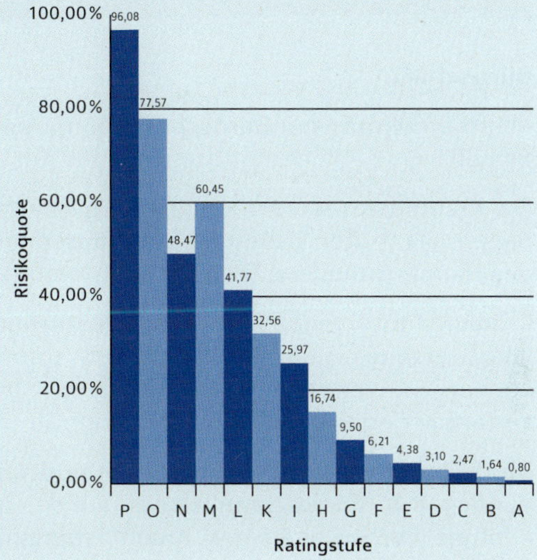

Eigene Darstellung, Zahlen nach www.schufa.de/branchenscore, SCHUFA-Score für Bankkunden, abgerufen am 26.01.2018

Kreditanfragen werden im SCHUFA-Datenbestand eines Verbrauchers ein Jahr lang gespeichert und können in die Scoreberechnung einfließen. Kreditinstitute können bei ihrer Meldung der Anfrage an die SCHUFA zwischen Verbrauchern unterscheiden, die sich nach individuellen Kreditkonditionen erkundigen, und Verbrauchern, die ein konkretes Kreditangebot einholen. Die Anfrage nach individuellen Kreditkonditionen wird nicht für die Berechnung von Scorewerten herangezogen.

Der Kunde kann einmal im Jahr eine kostenlose schriftliche Eigenauskunft von der SCHUFA hinsichtlich der über ihn gespeicherten Daten sowie seines aktuellen Scores verlangen. Dagegen besteht nach aktueller Rechtsprechung für den Kunden kein Auskunftsrecht in Bezug auf die konkrete Berechnung der Score-Werte. Die SCHUFA ist nicht verpflichtet, dem Kunden mitzuteilen, welche Merkmale in welcher Gewichtung bei der Score-Berechnung relevant sind. § 34 BDSG

5.2.3.4 Besicherung des Ratenkredits

Besicherung des Ratenkredits

Für die Besicherung kommen im Allgemeinen in Betracht:

- Mitverpflichtung des Ehegatten oder Lebenspartners,
- Bürgschaft,
- Abtretung von Lohn- oder Gehaltsforderungen,
- Abtretung von Ansprüchen aus Lebensversicherungen,
- Abtretung von Guthabenforderungen,
- Sicherungsübereignung des anzuschaffenden Gegenstandes,
- Abschluss einer Restschuldversicherung.

Mitverpflichtung

Mitverpflichtung des Ehegatten oder Lebenspartners

Bei Ratenkrediten an Verheiratete oder Lebensgemeinschaften verlangen die Kreditinstitute sehr häufig die **Mitverpflichtung** des Partners in Form des **Schuldbeitritts** (Schuldmitübernahme als Mitantragsteller für den Kredit). Der Partner verpflichtet sich, **zusätzlich zum Kreditschuldner für dieselbe Verbindlichkeit** einzustehen.

Bürgschaft

▸ Kapitel 5.1.5.2

Bürgschaft

Mit Übernahme einer Bürgschaft übernimmt der Bürge die **Haftung für eine fremde Schuld.**

Die Kreditinstitute nehmen nur Bürgschaften an, die ihnen umfassende Sicherheit bieten. Sie prüfen daher die Bonität des Bürgen mit gleicher Gründlichkeit wie die des Hauptschuldners. Dies gilt auch, wenn nahe Familienangehörige bürgen.

Kreditinstitute verlangen stets **selbstschuldnerische Bürgschaften,** um bei Zahlungsunfähigkeit des Kreditnehmers sofort den Bürgen in Anspruch nehmen zu können. Sie vermeiden dadurch ein u. U. langwieriges und kostspieliges Prozessverfahren gegen den Hauptschuldner.

enger Sicherungszweck

Höchstbetragsbürgschaft

Kündigung der Bürgschaft

Bürgschaften von Privatpersonen sind mit einem **engen Sicherungszweck** verbunden, d. h. sie beschränken sich auf den angegebenen Kredit und gelten nicht für künftige Forderungen des Kreditinstituts. Die Kreditinstitute nehmen im **Privatkreditgeschäft nur Höchstbetragsbürgschaften** herein. Das Risiko des Bürgen ist damit auf den im Bürgschaftsvertrag benannten Höchstbetrag beschränkt. Die Bürgschaftsformulare weisen außerdem eine **Kündigungsregelung** auf, die es dem Bürgen ermöglicht, unter Einhaltung einer Kündigungsfrist zu kündigen. Seine Haftung bleibt bestehen, beschränkt sich aber auf die Höhe der Verbindlichkeit des Hauptschuldners bei Wirksamwerden der Kündigung. Die Kündigung beendet nicht die Haftung des Bürgen, sondern führt lediglich zu einer Beschränkung seiner Haftung.

Bürgschaften von Personen ohne ausreichendes Einkommen bzw. Vermögen sind wirtschaftlich wertlos und werden nicht akzeptiert. Bürgschaften von Angehörigen mit geringem Einkommen und Vermögen sind darüber hinaus rechtlich problematisch. Sie können sittenwidrig und damit nach § 138 BGB nichtig sein, wenn

- ein auffälliges Missverhältnis zwischen der übernommenen Haftung und der finanziellen Leistungsfähigkeit des Bürgen besteht,
- der Bürge aus „familiärer Hilfsbereitschaft" zur Bürgschaft gedrängt wurde.

Kreditinstitute, die Vertragspartner der SCHUFA sind, melden Bürgschaftsübernahmen für Konsumentenkredite und deren vertragsgemäße bzw. nicht vertragsgemäße Abwicklung.

Sicherungsabtretung

▸ Kapitel 5.1.5.3

Abtretung von Lohn- oder Gehaltsforderungen

Die sicherungsweise Abtretung des pfändbaren Teils der monatlichen Bezüge erfolgt meist als **stille Zession.** Der Arbeitgeber wird zunächst nicht benachrichtigt.

Das Kreditinstitut verpflichtet sich, die Abtretung nur offenzulegen, wenn die gesicherten Forderungen fällig sind und der Kreditnehmer mit seinen Zahlungen in Verzug ist. Die Offenlegung ist dem Kreditnehmer mit einer Frist von vier Wochen anzudrohen.

Stille Lohn- und Gehaltsabtretungen bergen für das Kreditinstitut besondere Risiken. Sie können durch geeignete Maßnahmen ausgeschlossen oder zumindest reduziert werden.

Risiken und Schutzmaßnahmen bei Lohn- und Gehaltsabtretungen

Risiken stiller Gehaltsabtretungen

Schutzmaßnahmen gegen Abtretungsrisiken

Risiken	Maßnahmen des Kreditinstituts
▸ Der Gehaltsanspruch besteht nicht. Es besteht kein Arbeitsverhältnis.	▸ Vorlage der letzten Gehaltsabrechnungen und des Arbeitsvertrages, ▸ Offenlegung der Zession gegenüber dem Arbeitgeber.
▸ Der Arbeitnehmer leitet Teile der eingehenden Gehaltszahlungen nicht an das Kreditinstitut weiter.	▸ Offenlegung der Zession gegenüber dem Arbeitgeber, ▸ Überwachung der Kontoführung des Arbeitnehmers.
▸ Das Gehalt ist bereits abgetreten.	▸ Anforderung einer Erklärung des Arbeitnehmers, dass das Gehalt noch nicht abgetreten wurde.
▸ Das Gehalt darf aufgrund von Tarifvertrag, Betriebsvereinbarung oder einzelvertraglicher Regelung nicht abgetreten werden.	▸ Überprüfung des Arbeitsvertrags sowie einschlägiger Listen der Verbände auf Abtretungsverbote.

Eine **Abtretung von Beamtenbezügen** ist nur als **offene Zession** möglich. Die auszahlende Kasse muss durch Aushändigung einer öffentlich oder amtlich beglaubigten Urkunde von der Abtretung benachrichtigt werden.

Der **Wert von Lohn- und Gehaltsabtretungen als Kreditsicherheit** hängt ab

- von der Höhe des pfändungsfreien Betrages,
- vom Umfang der Unterhaltsverpflichtungen des Kreditnehmers und
- von der Bonität des Arbeitgebers.

§850c ZPO

Abtretung von Lebensversicherungsansprüchen

Abtretung von Lebensversicherungsansprüchen

Die Abtretung von Ansprüchen aus einem Kapitallebensversicherungsvertrag muss nach den Allgemeinen Geschäftsbedingungen der Versicherungsgesellschaften durch den Versicherungsnehmer angezeigt werden. Hierbei ist auch ein evtl. bestehendes Bezugsrecht für die Versicherungsleistung zu widerrufen. Die Abtretung ist **grundsätzlich als offene Zession** vorzunehmen. Zur Sicherstellung der Offenlegung der Abtretung wird die Abtretungsanzeige des Versicherungsnehmers i.d.R. von dem Kreditinstitut an die Versicherungsgesellschaft versandt.

Kapitallebensversicherung ▸ Kapitel 4.3.2.2

Bei einer **Kapitallebensversicherung** auf den Todes- und Erlebensfall wird die Versicherungssumme

- beim Tod des Versicherten oder
- zu einem vereinbarten Zeitpunkt, z.B. Erreichen des 60. Lebensjahres,

fällig. Stirbt der Kreditnehmer während der Kreditlaufzeit, wird die volle Versicherungssumme an das Kreditinstitut ausgezahlt und dient zur Abdeckung des Restdarlehens. Während der vertraglich vereinbarten Laufzeit hat die Versicherung einen bestimmten Rückkaufswert. Der **Rückkaufswert** ist der Betrag, den die Versicherungsgesellschaft bei Kündigung des Vertrages durch den Versicherungsnehmer zurückzahlen würde. Das Kreditinstitut erfragt bei der Abtretungsvereinbarung den gegenwärtigen Rückkaufswert von der Versicherungsgesellschaft.

Rückkaufswert

Da die Versicherungsgesellschaften die Zahlung der Versicherungssumme von der Vorlage des Versicherungsscheins (Versicherungspolice) abhängig machen können, verlangen Kreditinstitute regelmäßig die Übergabe.

Abtretung von Guthaben-forderungen

Abtretung von Guthabenforderungen

Abtretungen von Forderungen an Guthaben bei anderen Kreditinstituten sollen aus Sicherheitsgründen stets als offene Zessionen erfolgen.

§ 808 BGB

Bei der Abtretung einer Forderung aus einem Sparkonto ist die Übergabe des Sparbuchs zur Rechtswirksamkeit der Abtretung nicht erforderlich, wird von den Kreditinstituten aber aus Sicherheitsgründen verlangt. Mit der Übergabe des Sparbuchs sollen unberechtigte Verfügungen des Kreditnehmers nach der Abtretung verhindert werden.

Aus rechtlichen Gründen kann sich die kreditgebende Bank oder Sparkasse nur Guthabenforderungen gegen andere Kreditinstitute abtreten lassen. Eine Abtretung gegen sich selbst würde zu einer Vereinigung von Forderung und Verbindlichkeit in einer Person und damit zum Erlöschen der Forderung führen. Guthabenforderungen gegen sich selbst kann sich das Konto führende Kreditinstitut nur verpfänden lassen (Beispiel AGB-Pfandrecht).

Sicherungs-übereignung

▸ Kapitel 5.1.5.5

Sicherungsübereignung

Bei **Anschaffungsdarlehen** über höhere Beträge, z. B. für Kfz-Finanzierungen, verlangen die Kreditinstitute gelegentlich zusätzlich zur Mitverpflichtung des Ehepartners oder zur Gehaltsabtretung die **Sicherungsübereignung des anzuschaffenden Gegenstandes.**

Bei einer Kfz-Finanzierung ist das finanzierte und zu übereignende Kraftfahrzeug im Sicherungsübereignungsvertrag durch Angabe des Fabrikats, der Fahrzeug-Identifizierungsnummer und des polizeilichen Kennzeichens genau zu bezeichnen.

Aus Sicherheitsgründen verlangt das Kreditinstitut die **Übergabe der Zulassungsbescheinigung Teil II**. Zur Übertragung des Eigentums an einem Kraftfahrzeug ist weder die Umschreibung noch die Übergabe der Zulassungsbescheinigung Teil II erforderlich. Nach Aushändigung der Zulassungsbescheinigung an das Kreditinstitut ist es dem Kreditnehmer aber nicht mehr möglich, das Fahrzeug an einen gutgläubigen Dritten zu übereignen. Der Käufer kann bei fehlender Übergabe der Zulassungsbescheinigung nicht den Schutz des guten Glaubens an das Eigentum des Verkäufers beanspruchen.

Zur Risikominderung verlangen Kreditinstitute in der Regel den Abschluss einer **Vollkaskoversicherung.** Der Kreditnehmer ist Versicherungsnehmer und verpflichtet, die Prämien für die Kasko- und die Haftpflichtversicherung zu zahlen. Die Versicherungsgesellschaft wird um Ausstellung eines Sicherungsscheins gebeten, durch den das Kreditinstitut die Rechte aus der Versicherung erwirbt, ohne selbst Versicherungsnehmer zu sein.

Restschuld-versicherung

Restschuldversicherung

In vielen Fällen vereinbart das Kreditinstitut mit dem Ratenkreditnehmer den **Abschluss einer Restschuldversicherung.** Diese Risikoversicherung bietet dem Kreditinstitut **Schutz vor Forderungsausfällen,** wenn der Kunde während der Kreditlaufzeit **stirbt, berufsunfähig** oder **unverschuldet arbeitslos** wird. In diesen Fällen wird die bestehende restliche Kreditschuld durch die Versicherung getilgt.

Zu unterscheiden sind zwei Varianten der Restschuldversicherung:

1. Die Versicherungssumme wird jährlich so angepasst, dass sie die jeweils noch bestehenden Kreditschulden im Todesfall abdeckt. Entsprechend entwickeln sich die Versicherungsprämien.
2. Die Versicherungssumme sinkt unabhängig vom tatsächlichen Restschuldverlauf linear.

Der Kreditnehmer muss die Prämien für die Restschuldversicherung bei Abschluss des Kredit- und Versicherungsvertrages im Voraus bezahlen. Die Versicherungsprämie ist abhängig von Alter, Geschlecht, Kredithöhe, Kreditlaufzeit, Versicherungsumfang und Versicherungsgesellschaft. Die Prämien der Restschuldversicherung werden bei der Effektivzinsberechnung von Ratenkrediten berücksichtigt, wenn ihr Abschluss Voraussetzung für die Kreditvergabe ist.

5.2.3.5 Kündigung von Verbraucherdarlehensverträgen

Kündigung durch den Kreditnehmer (Darlehensnehmer)

Kündigung durch den Kreditnehmer

§ 500 Abs. 2 BGB

§ 502 BGB

Der Darlehensnehmer kann einen Allgemein-Verbraucherdarlehensvertrag jederzeit vorzeitig zurückzahlen. Bei einem Allgemein-Verbraucherdarlehen mit Festzinsvereinbarung kann das Kreditinstitut für den durch die Rückzahlung entstandenen Schaden eine Vorfälligkeitsentschädigung verlangen.

Kündigung durch das Kreditinstitut

Kündigung durch das Kreditinstitut

§ 498 BGB

Das Kreditinstitut kann einen Ratenkredit kündigen, wenn der Darlehensnehmer in **Zahlungsverzug** geraten ist. Die Kündigung ist möglich, wenn

- der Darlehensnehmer mit **mindestens zwei aufeinander folgenden Raten** in Rückstand ist und der Rückstand bei einer Laufzeit des Ratenkredits bis zu drei Jahren mindestens 10 Prozent, bei einer Laufzeit von mehr als drei Jahren mindestens 5 Prozent des Nennbetrages des Darlehens beträgt und
- das Kreditinstitut dem Kunden **erfolglos eine zweiwöchige Zahlungsfrist** gesetzt und darauf hingewiesen hat, dass es bei Nichtzahlung der überfälligen Raten die **gesamte Restschuld fällig stellen** wird.

Dem Darlehensnehmer ist spätestens mit der Fristsetzung ein Gespräch über die Möglichkeit einer einverständlichen Regelung anzubieten.

5.3 Baufinanzierungen

5.3.1 Voraussetzungen für die Bereitstellung von Baufinanzierungskrediten

Baufinanzierungskredite dienen bei Privatpersonen zur Finanzierung

- der Herstellung oder des Erwerbs eines Wohnhauses,
- der Herstellung oder des Erwerbs einer Eigentumswohnung,
- des Ausbaus oder der Modernisierung eines Wohnhauses oder einer Eigentumswohnung.

▸ Kapitel 5.3.2

Kernelemente der Baufinanzierung sind Realkredite und Bauspardarlehen.

5.3.1.1 Ermittlung des Finanzierungsbedarfs

Im Rahmen der Baufinanzierungsberatung werden zunächst die Gesamtkosten der Immobilieninvestition zusammengestellt. Daraus kann anschließend der Gesamtfinanzierungsbedarf ermittelt werden.

Gesamtkosten der Baufinanzierung

Elemente der Gesamtkosten	
Grundstückskosten	▸ Kaufpreis des Baugrundstücks ▸ Erschließungskosten
Kosten der Herstellung des Baukörpers einschließlich der Außenanlagen	▸ Herstellungskosten des Gebäudes oder der Eigentumswohnung bzw. Objektkaufpreis, wenn das Grundstück im Kaufpreis enthalten ist ▸ Baunebenkosten, z. B. Architektenkosten, Kosten für die Beantragung der Baugenehmigung ▸ Kosten für die Herstellung der Außenanlagen, z. B. Gartengestaltung, Wege ▸ Kaufpreis oder Herstellungskosten für die Garage oder den Stellplatz ▸ Modernisierungskosten
Erwerbsnebenkosten	▸ Grunderwerbsteuer in Höhe von 3,5 % bis 6,5 % des Kaufpreises des Grundstücks (die Höhe der Grunderwerbsteuer wird von den Bundesländern festgelegt) ▸ Notargebühren ▸ Gebühren des Grundbuchamtes ▸ Maklercourtage
Finanzierungskosten	▸ Bauzeitzinsen ▸ Notar- und Grundbuchgebühren für die Grundschuldeintragung
Sonstige Kosten	▸ Umzug ▸ Einbauküche ▸ Möbel

Gesamtfinanzierungsbedarf

Ermittlung der Gesamtkosten und des Gesamtfinanzierungsbedarfs am Beispiel eines Neubauvorhabens (vereinfachtes Beispiel)

Kosten	**Euro**
Kosten des Grundstücks (600 m^2)	60 000
Erschließungskosten	6000
Grunderwerbsteuer, z. B. 3,5 % des Kaufpreises	2100
Notarkosten für die Abwicklung des Kaufvertrags einschließlich Grundbuchkosten für die Eigentumsumschreibung (2 % des Kaufpreises)	1 200
Baukosten für das Einfamilienhaus einschließlich Kosten für die Herrichtung der Außenanlagen und Baunebenkosten (Als angemessen gelten Baunebenkosten bis 15 % und Kosten für die Außenanlagen bis 5 % der Baukosten)	200 000
Gesamtkosten = Gesamtfinanzierungsbedarf	**269 300**

Der Gesamtfinanzierungsbedarf ist durch entsprechende Eigen- und Fremdmittel abzudecken.

Finanzierung von Bauvorhaben

Eigenfinanzierung

Bereitstellung von Eigenmitteln in Geld- oder Sachwerten
- Guthaben
- Bausparguthaben
- Grundstücke
- Arbeitsleistungen

Fremdfinanzierung

Bereitstellung von Fremdmitteln

zur vorläufigen Finanzierung (kurz- und mittelfristig)
- Bankkredite zur Vorfinanzierung von Eigen- und Fremdmitteln
- Bankvorausdarlehen zur Finanzierung von Ansparguthaben für einen abzuschließenden Bausparvertrag (das Bankvorausdarlehen wird aus dem zugeteilten Bausparvertrag abgelöst)
- Vorschaltdarlehen
- Bankkredite zur Zwischenfinanzierung von Eigen- und Fremdmitteln

zur endgültigen Finanzierung (langfristig)
- Realkredite
- Bauspardarlehen
- Arbeitgeberdarlehen
- Öffentliche Baudarlehen
- Verwandtendarlehen

5.3.1.2 Ermittlung der Kreditwürdigkeit

Wie bei den standardisierten Privatkrediten muss auch bei der Bereitstellung von Baufinanzierungskrediten die materielle Kreditwürdigkeit geprüft werden. Da Baufinanzierungen aufgrund ihrer Laufzeit von bis zu 30 Jahren über viele Jahre eine hohe Belastung des Haushaltsbudgets darstellen, kommt der Prüfung der Einkommens- und Vermögensverhältnisse, insbesondere der Prüfung der Nachhaltigkeit des Einkommens, eine besondere Bedeutung zu. Eine an den Einkommensverhältnissen orientierte Kapitaldienstgrenze, die die maximale Belastung aus der Baufinanzierung darstellt, sollte grundsätzlich nicht überschritten werden.

5.3.1.3 Geeignete Beleihungsobjekte

Finanzierungs- und Beleihungsobjekte im privaten Wohnungsbau sind

- unbebaute Grundstücke,
- Grundstücke, die überwiegend Wohnzwecken dienen (Hausgrundstücke),
- Wohneigentum,
- Erbbaurechte für Wohnhäuser und Wohnungserbbaurechte.

Häufig sind im privaten Wohnungsbau die Finanzierungsobjekte mit den Beleihungsobjekten identisch. Das Finanzierungsobjekt dient also unmittelbar als Sicherungsobjekt.

5.3.1.4 Ermittlung des Beleihungswerts

Bei der Wertermittlung für eine Immobilie wird zwischen Verkehrswert und Beleihungswert unterschieden.

Verkehrswert

§ 194 Baugesetzbuch

Der **Verkehrswert** einer Immobilie ist der ohne Berücksichtigung persönlicher oder außergewöhnlicher Verhältnisse **gegenwärtig am Markt erzielbare Preis**. Er wird häufig auch als **Marktpreis** bezeichnet.

Beleihungswert

Der **Beleihungswert** einer Immobilie ist der **für ein Kreditinstitut langfristig und sicher erzielbare Wert**. Das Kreditinstitut muss für den Zeitraum der Finanzierung sicher sein, den angenommenen Wert des Beleihungsobjektes bei einer Verwertung erzielen zu können. Der Beleihungswert darf keine spekulativen Elemente enthalten und nie höher als der Verkehrswert sein.

Die **Verfahren zur Ermittlung des Beleihungswerts** sowie zur Bestimmung der Beleihungsgrenze sind in den Wertermittlungsrichtlinien bzw. in den Kreditrichtlinien der Kreditinstitute enthalten.

BelWertV

Pfandbriefbanken, also Kreditinstitute, die das Pfandbriefgeschäft betreiben, müssen zur Ermittlung des Beleihungswerts **die Beleihungswertermittlungsverordnung (BelWertV) anwenden**. Sie wurde von der Bundesanstalt für Finanzdienstleistungsaufsicht (BaFin) auf Grundlage des Pfandbriefgesetzes erlassen. Daneben sind die Anforderungen der BelWertV grundsätzlich von den Kreditinstituten zu beachten, die eine Privilegierung ihrer Realkredite bei der Eigenkapitalunterlegung nach den aufsichtsrechtlichen Vorschriften in Anspruch nehmen wollen.

Bewertungsgutachten

Die BelWertV stellt ferner strenge Anforderungen an die Form des Bewertungsgutachtens und an die Tätigkeit der Gutachter, die in oder für Pfandbriefbanken tätig sind. Gutachten, die vom Darlehensnehmer vorgelegt oder in Auftrag gegeben werden, sind nicht zulässig. Die Gutachten müssen Aussagen zur Objekt- und Standortqualität, zum regionalen Immobilienmarkt, zu den Objekteigenschaften und zur Beleihungsfähigkeit des Objekts enthalten.

§ 24 BelWertV

Bei der Beleihung einer wohnwirtschaftlich genutzten Immobilie kann eine vereinfachte Wertermittlung vorgenommen werden, wenn der über die Immobilie abzusichernde Darlehensbetrag unter Einbeziehung aller Vorlasten den Betrag von

400000 Euro (sog. **Kleindarlehensgrenze**) nicht übersteigt. Die Erleichterung besteht vor allem darin, dass auch ein ausreichend geschulter und qualifizierter Kreditsachbearbeiter die Wertermittlung erstellen kann. Dieser darf aber nicht die abschließende Kreditentscheidung treffen. Diese Vorschrift zielt vor allem auf das risikoarme Massengeschäft.

Verfahren der Beleihungswertermittlung

Verfahren der Beleihungswertermittlung		
Vergleichswertverfahren (§ 19 BelWertV)	**Ertragswertverfahren (§ 8ff. BelWertV)**	**Sachwertverfahren (§ 14ff. BelWertV)**
Basis sind die nachhaltig am Markt erzielbaren Preise für Objekte, die hinsichtlich Ausstattung, Lage, Bausubstanz usw. mit dem Beleihungsobjekt vergleichbar sind.	Basis sind die nachhaltig am Markt erzielbaren Mieterträge. Der Ertragswert setzt sich aus dem kapitalisierten Jahresreinertrag und dem Bodenwert zusammen.	Basis sind die angemessenen Herstellungskosten des Gebäudes (einschließlich Baunebenkosten und Außenanlagen) sowie die angemessenen Anschaffungskosten des Grundstücks. Der Sachwert setzt sich aus dem Bodenwert und dem Bauwert zusammen. Um eventuellen Baupreisschwankungen Rechnung zu tragen, ist von den Herstellungskosten des Gebäudes ein Sicherheitsabschlag von mindestens 10 % in Abzug zu bringen. Ferner ist ein weiterer Abschlag von den Herstellungskosten zur Berücksichtigung der Wertminderung wegen Alters vorzunehmen.
Um den Beleihungswert festzusetzen, wird vom Vergleichswert in der Regel ein Sicherheitsabschlag von mind. 10 % vorgenommen.		
Das Vergleichswertverfahren wird überwiegend bei Eigentumswohnungen verwendet.	Das Ertragswertverfahren wird überwiegend bei Mehrfamilienhäusern, nicht zur Eigennutzung vorgesehenen Eigentumswohnungen und gewerblichen Objekten angewendet.	Das Sachwertverfahren wird überwiegend bei selbst genutzten Einfamilien- und Zweifamilienhäusern sowie bei Eigentumswohnungen angewendet.
Zur Ermittlung des Beleihungswerts sind der Ertragswert und der Sachwert des Beleihungsobjekts getrennt zu ermitteln. Maßgeblich für den Beleihungswert ist regelmäßig der Ertragswert, der nicht überschritten werden darf. Bei Ein- und Zweifamilienhäusern sowie Eigentumswohnungen kann der Beleihungswert am Sachwert orientiert werden und eine Ertragswertermittlung entfallen, wenn das zu bewertende Objekt zur Eigennutzung geeignet ist. Der Beleihungswert kann sich in diesen Fällen auch an einem Vergleichswert orientieren; neben der Ertragswertermittlung kann hierbei auch die Sachwertermittlung entfallen.		

Vergleichswertverfahren
Ertragswertverfahren
Sachwertverfahren

Bodenwert
Bauwert

Beispiel für die Ermittlung des Beleihungswertes und der Beleihungsgrenze eines eigengenutzten Einfamilienhauses (Neubau) nach dem Sachwertverfahren

1. Ermittlung des Bodenwertes

Grundstücksgröße: 800 m²			
Gezahlter Kaufpreis: 120 Euro/m²			
Angemessener Kaufpreis: 100 Euro/m²			80000 Euro
Erschließungskosten:			20000 Euro
Bodenwert			100000 Euro

2. Ermittlung des Bauwertes

Umbauter Raum			
Wohnhaus:	600 m³		
Garage:	80 m³		
Angemessene Baukosten			
Wohnhaus:	300 Euro/m³	180000 Euro	
Garage:	75 Euro/m³	6000 Euro	186000 Euro
Außenanlagen (auf 5 % geschätzt)			9300 Euro
Herstellungswert			195300 Euro
./. Sicherheitsabschlag (auf 20 % gerundet)			39000 Euro
Baunebenkosten (auf 10 % geschätzt und gerundet)			15600 Euro
Bauwert (gerundet)			171900 Euro

3. Ermittlung des Sachwertes

Bodenwert	100000 Euro
Bauwert	171900 Euro
Sachwert (gerundet)	272000 Euro

4. Festsetzung des Beleihungswertes

Der Beleihungswert beträgt nach dem Sachwertverfahren	
Beleihungswert	272000 Euro

5. Ermittlung der Beleihungsgrenze für einen Realkredit

Beleihungsgrenze (60 % des Beleihungswertes, abgerundet)	163000 Euro

Zur Kapitalisierung des Jahresreinertrags im Rahmen des Ertragswertverfahrens werden unterschiedlich hohe Zinssätze – je nach Art des Objektes – zugrunde gelegt: z. B. von 5 % bei Mietwohngrundstücken bis 9 % bei Gewerbegrundstücken. Ein höherer Zinssatz führt zu einem niedrigeren Kapitalisierungsfaktor (Multiplikator) und damit zu einem geringeren Ertragswert.

Ertragswertverfahren

Das **Ertragswertverfahren** führt getrennte Berechnungen für

- das in der Regel **nicht abnutzbare Grundstück** und
- das **der Abnutzung unterworfene Gebäude**

durch.

Dabei wird die Tatsache berücksichtigt, dass Grund und Boden im Gegensatz zu Gebäuden keiner Wertminderung durch Alter unterworfen ist. Der Abnutzung des Gebäudes wird durch restlaufzeitbezogene Reduzierung des Multiplikators Rechnung getragen. Der Kapitalisierungsfaktor kann aus entsprechenden Tabellen entnommen werden. Für Grund und Boden wird eine fiktive „ewige" Restnutzungsdauer unterstellt.

Auszug aus der Kapitalisierungsfaktorentabelle

Restnutzungsdauer	Kapitalisierungszins			
	5,5%	6,0%	6,5%	7,0%
38 Jahre	15,80	14,85	13,98	13,19
39 Jahre	15,93	14,95	14,06	13,26
40 Jahre	16,05	15,05	14,15	13,33
41 Jahre	16,16	15,14	14,22	13,39
42 Jahre	16,26	15,22	14,29	13,45

Beispiel für die Ermittlung des Ertragswertes

Beleihungsobjekt
Grundstücksgröße: 800 m²
Grundstückspreis: 200 Euro/m²
Mehrfamilien-Wohnhaus, Wohnfläche: 320 m²
Jahresbruttomiete: 46000 Euro
Bewirtschaftungskosten: 30%
Restnutzungsdauer: 40 Jahre
Kapitalisierungszinssatz: 6%

Jahresbruttomiete	46000 Euro
⁒ 30% Bewirtschaftungskosten	13800 Euro
Jahresnettomiete	32200 Euro
⁒ Grundstücksertragsanteil (6% p.a. aus dem Grundstückswert von 160000 Euro)	9600 Euro
= Gebäudeertragsanteil	22600 Euro
Kapitalisierungsfaktor bei 40 Jahren Restnutzungsdauer: 15,05	
Gebäudeertragswert	340130 Euro
+ Grundstücksertragswert (= Grundstückswert)	160000 Euro
Ertragswert	500130 Euro

Das gespaltene Ertragswertverfahren wird bei der Beleihungswertermittlung insbesondere für differenziert zu beurteilende Renditeobjekte angewendet.

5.3.2 Arten der Baufinanzierungskredite

5.3.2.1 Realkredit

5.3.2.1.1 Wesen des Realkredits

Der Realkredit ist ein langfristiges Darlehen, das durch ein oder mehrere Grundpfandrechte gesichert ist (Realkredit im weiten Sinn).

Begriff des Realkredits

Realkredite dienen zum Erwerb von Baugrundstücken, zur Erstellung und Renovierung von Wohnhäusern sowie zum Erwerb von Eigentumswohnungen und Wohnhäusern (privater Wohnungsbau).

§ 14 PfandBG
Beleihungswert

gedeckter Personalkredit

1b-Darlehen

Nach den **Vorschriften des Pfandbriefgesetzes darf ein Realkredit nur bis zu 60 % des Beleihungswertes** (Beleihungsauslauf) vergeben werden und ist in der Regel durch ein **erstrangig eingetragenes Grundpfandrecht** zu besichern (**Realkredit im engen Sinne**). Darlehen oder einzelne Darlehensteile, die über die 60 %-Grenze hinaus gewährt werden, sind gedeckte oder ungedeckte Personalkredite. Gedeckte Darlehen oder Darlehensteile werden auch als **nachrangige Darlehen oder 1b-Darlehen** bezeichnet.

Darlehensgeber

Darlehensgeber zur Finanzierung des privaten Wohnungsbaus sind

- Realkreditinstitute,
- Sparkassen und Landesbanken,
- Bausparkassen,
- Kreditbanken,
- Kreditgenossenschaften.

Neben Kreditinstituten treten u. a. auch die Träger der Sozialversicherung, z. B. die Deutsche Rentenversicherung Bund und die Landesversicherungsanstalten, sowie private Versicherungsgesellschaften und Privatpersonen als Kapitalgeber auf.

5.3.2.1.2 Bedingungen für Realkredite

Darlehensbedingungen

Die Bedingungen der Kreditinstitute für Realkredite regeln insbesondere

- die **Höhe des Sollzinssatzes** und des **Auszahlungskurses** bzw. des Disagios,
- die **Zeit der Sollzinsbindung** (Zinsfestschreibung),
- die **Art und Höhe der Tilgung** und die **Art der Tilgungsverrechnung**,
- die **Möglichkeit der vorzeitigen Kündigung,**
- die **Möglichkeit zur Leistung von Sondertilgungen**.

Zinssatz und Auszahlungskurs

Zinssatz und Auszahlungskurs

Zinssatz und Auszahlungskurs bestimmen die **Zinskosten des Darlehensnehmers** bzw. die **Zinserträge des Kreditinstituts.**

- Der **Zinssatz** bestimmt die Höhe des **laufenden Entgelts für die Inanspruchnahme des Darlehens (laufende Verzinsung).**
- Der **Auszahlungskurs** für das Darlehen bestimmt
  - die Höhe des **einmaligen Entgelts** (Der Abschlag vom Nennbetrag des Realkredits wird als **Damnum** oder **Disagio** [Abgeld] bezeichnet),
  - die Höhe des tatsächlich zur Verfügung gestellten Darlehensbetrags.

Damnum

Zinssatz und Auszahlungskurs stehen in einem bestimmten rechnerischen Verhältnis zueinander.

Beispiel für Zinssatz und Auszahlungskurs beim Realkredit

Darlehensgewährung	100000 Euro
Zinssatz	2% p.a.
Auszahlungskurs	95%
▸ **Zinssatz:**	
Zinszahlung des Kreditnehmers für das 1. Jahr	2000 Euro
▸ **Auszahlungskurs:**	
Darlehensschuld und zu verzinsender Darlehensbetrag	100000 Euro
– Damnum (Disagio)	5000 Euro
= tatsächlich zur Verfügung gestellter Darlehensbetrag	**95000 Euro**

Beispiel für den wirtschaftlichen Zusammenhang von Disagio und laufender Verzinsung

Ein Realkredit von 100000 Euro wird mit einer Zinsbindungsfrist von fünf Jahren gewährt.

Auszahlung:	100%
Zinssatz:	3%
Zinsen p.a.	3000 Euro
Zinsen in 5 Jahren	15000 Euro
Gesamtkosten in 5 Jahren	**15000 Euro**

entsprechen einander ⟷ im wirtschaftlichen Ergebnis

Auszahlung:	95%
Zinssatz:	2%
Zinsen p.a.	2000 Euro
Zinsen in 5 Jahren	10000 Euro
+ Disagio	5000 Euro
Gesamtkosten in 5 Jahren	**15000 Euro**

Unterschiedliche Bedingungen mit gleichem wirtschaftlichen Ergebnis lassen sich (unter der Voraussetzung gleicher Laufzeit bzw. Zinsbindungsfrist) durch Vergleich der **Effektivzinssätze** erkennen.

▸ Kapitel 5.2.1

	Beispiel 1:	Beispiel 2:
Auszahlung	100%	95%
Nominaler Sollzinssatz	3%	2%
Laufzeit bzw. Sollzinsbindung	5 Jahre	5 Jahre
Effektiver Jahreszins	3%	3,09%

Nach einem Urteil des Bundesgerichtshofs ist das bei Vertragsbeginn einbehaltene **Disagio** eine **laufzeitabhängige Zinsvorauszahlung** mit Verrechnung auf die Zinsbindungsfrist. Das Kreditinstitut ist grundsätzlich nicht verpflichtet, ein unverbrauchtes Disagio zu erstatten, wenn ein Darlehensvertrag auf Wunsch des Kunden vorzeitig aufgelöst wird.

Banken und Sparkassen bieten ihren Kunden in der Regel die Wahl zwischen mehreren Varianten von Auszahlungskurs/Disagio und Sollzinssätzen.

Bei Vereinbarung eines Disagios muss der Kreditnehmer die entstehende Lücke entweder durch höhere Eigenmittel ersetzen oder einen höheren Kredit aufnehmen. Das Disagio kann bei einem vermieteten Objekt steuerlich bei den Einkünften aus Vermietung und Verpachtung als Werbungskosten geltend gemacht werden.

Sollzinsbindung und Konditionenanpassung

Zinsbindung und Konditionenanpassung

Je nach Zinserwartung kann der Kreditnehmer verschiedene Zinsvereinbarungen treffen.

Zinsvereinbarungen

Zinsvereinbarungen

Vereinbarung eines Festzinses	Vereinbarung variabler Zinsen
▸ Sollzinsbindung für die gesamte Darlehenslaufzeit ▸ Sollzinsbindung für einen bestimmten Zeitraum, z. B. 10 Jahre	▸ Laufende Anpassung des Darlehenszinssatzes an die Marktlage auf Basis der Veränderung eines Referenzzinssatzes ▸ **Sonderformen:** – Cap/Floor-Vereinbarung (Vereinbarung einer Zinsober- und/oder Zinsuntergrenze) – Indexierung (Bindung der Zinsanpassung an die Entwicklung eines Marktzinssatzes, z. B. 3-Monats-EURIBOR)

festverzinsliches Darlehen

Bei einer **Zinsfestschreibung** bleibt der Zinssatz während der Sollzinsbindung konstant. Der Kreditnehmer kann mit einer gleichbleibenden Belastung kalkulieren, Sondertilgungen sind i. d. R. nicht möglich.

variabel verzinsliches Darlehen

Wählt der Kreditnehmer eine **variable Zinskondition**, so kann sich der Zinssatz bei Zinsänderungen am Geld- und Kapitalmarkt verändern. Tilgungen des variabel verzinslichen Darlehens sind unter Berücksichtigung der gesetzlichen Kündigungsfrist möglich. Von Vorteil ist die Vereinbarung eines variablen Zinses, wenn der Kreditnehmer mit sinkenden Zinssätzen rechnet. Außerdem können kurzfristig eintretende Geldzuflüsse, z. B. aus einer Erbschaft oder aus den Verkauferlösen aus einer anderen Immobilie, zu Tilgungen genutzt werden.

Forward-Darlehen

Bei einem **Forward-Darlehen** handelt es sich um ein Darlehen, das erst zu einem bestimmten Zeitpunkt in der Zukunft beginnt. Mit einem Forward-Darlehen kann ein Kunde bereits bei Vertragsabschluss einen Anschlusszinssatz für eine in den nächsten Jahren auslaufende Sollzinsbindung vereinbaren.

Tilgung und Tilgungsverrechnung

Tilgung und Tilgungsverrechnung

Für Realkredite gibt es unterschiedliche Tilgungsarten:

- **Annuitätendarlehen:** Der Kreditnehmer erbringt **jährlich gleichbleibende Leistungen (Annuitäten)**, die in vierteljährlichen oder monatlichen Raten gezahlt werden können. Verzinst wird die jeweilige Restschuld des Darlehens. Der sinkende Zinsanteil erhöht den Anteil der Tilgung an der gleichbleibenden Annuität.
- **Tilgungsdarlehen:** Der Kreditnehmer erbringt **jährlich fallende Leistungen.** Bei konstantem Tilgungsbetrag sinkt der Zinsanteil, da nur die jeweilige Restschuld des Darlehens zu verzinsen ist.
- **Festdarlehen:** Der Kreditnehmer zahlt das Darlehen am Ende der Laufzeit **in einer Summe** zurück.

Vergleich von Annuitäten- und Tilgungsdarlehen

Annuitätendarlehen

Annuitätendarlehen

Darlehensbetrag		100000 Euro, Auszahlung am 31. März
Sollzinssatz 4 % p. a.	=	4000 Euro
Tilgung 2 % p. a.	=	2000 Euro
Jährliche Leistung (Annuität)	=	6000 Euro
Vierteljährliche Zahlung	=	1500 Euro

Die Tilgungsleistungen steigen um ersparte Zinsen. Die Annuitäten bleiben konstant.

Die **vierteljährlichen Tilgungsleistungen** werden **sofort verrechnet.** Der Zinsanteil sinkt vierteljährlich.

	Darlehensbetrag	Zinsen	Tilgung	Annuität
31. März	100000,00 Euro	1000,00 Euro	500,00 Euro	1500,00 Euro
	⁒ 500,00 Euro			
30. Juni	99500,00 Euro	995,00 Euro	505,00 Euro	1500,00 Euro
	⁒ 505,00 Euro			
30. Sept.	98995,00 Euro	989,95 Euro	510,05 Euro	1500,00 Euro
	⁒ 510,05 Euro			
31. Dez.	98484,95 Euro	984,85 Euro	515,15 Euro	1500,00 Euro 6000 Euro
		⋮	2030,20 Euro	⋮
nach Ablauf des 1. Jahres am 31. März	⁒ 515,15 Euro 97969,80 Euro	⋮	⋮	⋮

Bei vierteljährlicher Verrechnung beträgt der verbleibende Darlehensbetrag nach Ablauf des 1. Jahres 97969,80 Euro gegenüber 98000,00 Euro bei jährlicher Verrechnung. Das Darlehen ist früher getilgt als bei jährlicher Verrechnung.

Tilgungsdarlehen

Tilgungsdarlehen

Darlehensbetrag		100000 Euro
Sollzinssatz 4 % p. a.	=	4000 Euro
Tilgung 2 % p. a.	=	2000 Euro

Die jährlichen Tilgungsleistungen bleiben konstant. Die Zinsleistungen sinken. Die Leistungsraten fallen.

	Darlehensbetrag	Zinsen	Tilgung	Leistungsrate
nach Ablauf des	100000,00 Euro	4000,00 Euro	2000,00 Euro	6000,00 Euro
	⁒ 2000,00 Euro			
1. Jahres	98000,00 Euro	3920,00 Euro	2000,00 Euro	5920,00 Euro
	⁒ 2000,00 Euro			
2. Jahres	96000,00 Euro	3840,00 Euro	2000,00 Euro	5840,00 Euro
	⁒ 2000,00 Euro			
3. Jahres	94000,00 Euro	3760,00 Euro	2000,00 Euro	5760,00 Euro
	⁒ 2000,00 Euro	⋮	⋮	⋮
4. Jahres	96000,00 Euro	⋮	⋮	⋮

Das Darlehen ist erst nach 50 Jahren getilgt. Tilgungsdarlehen kommen selten vor. Für eine Laufzeit unter 30 Jahren müsste der jährliche Tilgungssatz mindestens 3,5 % betragen.

Vorzeitige Kündigung

§ 500 Abs. 2 BGB

Der Darlehensnehmer kann einen Realkredit mit einem gebundenen Sollzinssatz während der Sollzinsbindung ganz oder teilweise vorzeitig zurückzahlen, wenn seine berechtigten Interessen dies gebieten, z. B. wenn er ein Bedürfnis nach anderweitiger Verwertung des beliehenen Grundstücks hat. Der Darlehensnehmer muss dem Kreditinstitut durch Bezahlung einer **Vorfälligkeitsentschädigung** den Schaden ersetzen, der aus der **vorzeitigen Rückzahlung** entsteht.

Vorfälligkeitsentschädigung

▸ Kapitel 5.1.3.8

Wenn dem Darlehensnehmer ein **ordentliches Kündigungsrecht** zusteht, z. B. bei Ablauf der Sollzinsbindung oder bei der Vereinbarung eines variablen Sollzinssatzes, und er die entsprechenden Kündigungsfristen einhält, kann das Kreditinstitut **keine Vorfälligkeitsentschädigung** beanspruchen.

§ 489 BGB

Bauspardarlehen

5.3.2.2 Bauspardarlehen

Das Bauspardarlehen ist ein zweck- und objektgebundener langfristiger Kredit, der von Bausparkassen gewährt wird und in der Regel durch Eintragung eines zweitrangigen Grundpfandrechts gesichert ist. Voraussetzung für den Erhalt eines Bauspardarlehens ist ein **Bausparvertrag** (ausführliche Darstellung im Abschnitt 4.3.1.2).

▸ Kapitel 4.3.1.2

Für das Bauspardarlehen wird zugunsten der Bausparkasse eine Grundschuld eingetragen. Meistens steht die **Grundschuld an zweiter Rangstelle,** da die erste Rangstelle für die Besicherung eines Realkredits benötigt wird. Der Bausparer (Bauspardarlehensnehmer) zahlt **nach der Auszahlung der Bausparsumme** gleich bleibende Leistungen (**Annuitäten**).

Bausparkassen beleihen selbstgenutzte Wohnimmobilien bis zur Höhe von 100 % des Beleihungswertes der Immobilie. Bei einer darüber hinausgehenden Beleihung verlangen sie zusätzlich eine Bankbürgschaft.

Zwischenfinanzierung

Noch nicht zuteilungsreife Bausparverträge werden von der Bausparkasse selbst oder von anderen Kreditinstituten **zwischenfinanziert**. Erfolgt die **Zwischenfinanzierung** der Bausparsumme durch ein anderes Kreditinstitut, wird eine **Grundschuld** zugunsten dieses Instituts **als Sicherheit** eingetragen. Nach Ablösung des Zwischenkredits durch die Auszahlung der Bausparsumme wird die Grundschuld an die Bausparkasse abgetreten.

Die Grundschuld kann auch sofort zugunsten der Bausparkasse eingetragen werden. Die Bausparkasse kann dann entweder die Grundschuld für die Zeit der Zwischenfinanzierung treuhänderisch für das zwischenfinanzierende Kreditinstitut verwalten oder die Grundschuld an das Kreditinstitut abtreten mit der Vereinbarung der späteren Rückübertragung.

Wohnungsbaufinanzierung

5.3.2.3 Wohnungsbaufinanzierung

Wohnungsbaufinanzierung ist die Zusammenfassung verschiedener Finanzierungsarten zur Deckung des Kapitalbedarfs bei einem Bauvorhaben. Zur Wohnungsbaufinanzierung zählen auch die Vor- und Zwischenfinanzierung.

Finanzierung von Bauvorhaben

Grundformen der Finanzierung von Bauvorhaben am Beispiel des Kaufs einer Eigentumswohnung

Finanzierungsmittel	**Finanzierungsdurchführung**	**Sicherung der Fremdmittel**
1. Beispiel: Kaufpreis der Eigentumswohnung 278000 Euro Erwerbsnebenkosten 28000 Euro **Gesamtkosten 306000 Euro** Beleihungswert 250000 Euro **Finanzierungssumme 306000 Euro** Bankguthaben 72000 Euro Zuteilungsreifer Bausparvertrag 84000 Euro Ansparleistung (Bausparguthaben) 34000 Euro Bauspardarlehen 50000 Euro Realkredit 150000 Euro	**Bauspardarlehen** 50000 Euro **Realkredit** 150000 Euro **Eigene Mittel** 106000 Euro	← **Grundschuld** an 2. Rangstelle (Bausparkasse) ← **Grundschuld** an 1. Rangstelle (Kreditinstitut)
2. Beispiel: Kaufpreis der Eigentumswohnung 290000 Euro Erwerbsnebenkosten 23000 Euro **Gesamtkosten 313000 Euro** Beleihungswert 270000 Euro **Finanzierungssumme 313000 Euro** Bankguthaben 74000 Euro Zuteilungsreifer Bausparvertrag 57000 Euro Ansparleistung 23000 Euro Bauspardarlehen 34000 Euro Realkredit 1. Rangstelle 162000 Euro Nachrangiges Darlehen 20000 Euro	**Bauspardarlehen** 34000 Euro **Nachrangiges Darlehen** 20000 Euro **Realkredit** 162000 Euro **Eigene Mittel** 97000 Euro	← **Grundschuld** an 3. Rangstelle (Bausparkasse) ← **Grundschuld** an 2. Rangstelle (Kreditinstitut) ← **Grundschuld** an 1. Rangstelle (Kreditinstitut)

Baufinanzierung aus einer Hand

Baufinanzierung aus einer Hand ist eine Gemeinschaftsfinanzierung des Kreditinstituts des Bauherrn mit einem Realkreditinstitut und einer Bausparkasse. Sie wird auch als **Verbundfinanzierung** bezeichnet.

Finanzierungsverbund

In einem **Finanzierungsverbund** arbeiten verschiedene Gruppen von Kreditinstituten zusammen, z. B.

- Sparkassen und Landesbausparkassen (öffentliche Bausparkassen),
- Kreditbanken, Realkreditinstitute und private Bausparkassen,
- Kreditgenossenschaften und Bausparkasse Schwäbisch Hall.

Bei der Baufinanzierung aus einer Hand (Verbundfinanzierung) werden die benötigten Fremdmittel (Realkredit, Bauspardarlehen, Zwischenfinanzierungskredit) unter der **Federführung eines Instituts** bewilligt und ausgezahlt. Die einzelnen Finanzierungsbausteine können so ausgewählt und kombiniert werden, dass sich eine passende individuelle Baufinanzierung für den einzelnen Kreditnehmer ergibt (Bausteinprinzip).

Voraussetzung jeder Baufinanzierung sind Eigenmittel. Sie sollten 20–25% der Gesamtkosten betragen. Bei Neubauvorhaben können sie durch Eigenleistungen aufgestockt oder ersetzt werden. Der Unterschied zwischen Gesamtkosten und Eigenfinanzierung muss mit Kreditmitteln erbracht werden. Einige Kreditinstitute finanzieren bis zu 100% des angemessenen Kaufpreises bzw. der Herstellungskosten. Darlehen von Pfandbriefbanken, die zur Absicherung von Hypothekenpfandbriefen dienen, dürfen nur bis 60% des Beleihungswertes gewährt werden (Realkredit im engen Sinne). Grundsätzlich ist zu beachten, dass Grundpfandrechte nur bis 80% des Beleihungswertes als werthaltig gelten. Beleihungen darüber hinaus sind als nachrangige Darlehen auf die Bonität des oder der Kreditnehmer abzustellen. In diesem Fall müssen entsprechende Bonitätserfordernisse erfüllt werden.

Gesamtbaufinanzierung

Im Gegensatz zur Baufinanzierung aus einer Hand wird bei der **Gesamtbaufinanzierung ein einziges Darlehen** von nur **einem Kreditinstitut** zur Verfügung gestellt.

5.3.2.4 Nicht zweckgebundene Grundschuldkredite

Nicht zweckgebundene Grundschuldkredite sind langfristige Darlehen, die für Finanzierungen aller Art angeboten und durch erst- oder nachrangig eingetragene Grundschulden gesichert werden. Nicht zweckgebundene Grundschuldkredite werden unter unterschiedlichen Bezeichnungen angeboten, z. B. als **Persönliches Hypothekendarlehen** oder als **Allzweckhypothek.**

5.3.2.5 Inverse Hypothek

inverse Hypothek

Eine besondere Form der Belastung von Immobilien mit Grundpfandrechten ist die sogenannte inverse Hypothek. Es handelt sich hierbei um Immobilienverzehrkredite nach § 491 Abs. 3 Satz 4 BGB. Merkmal der inversen Hypothek ist, dass das Darlehen nicht dem Erwerb oder der Sanierung von Immobilien dient, sondern der Auszahlung einer Rente. Eigentümer von lastenfreien Immobilien können ihre Immobilie neu beleihen und sich als **Gegenleistung eine lebenslange monatliche Zahlung** gewähren lassen. Sie selbst oder ihre Erben können dann zu gegebener Zeit entscheiden, ob sie das Darlehen durch Veräußerung der Immobilie zurückzahlen oder die Hypothek mit Eigenkapital ablösen möchten. Diese Variante der Immobilienbeleihung weist für den Immobilieneigentümer folgende Vorteile auf:

- Liquiditätsbeschaffung ohne die Immobilie verkaufen zu müssen,
- zugleich Teilnahme an möglichen Wertsteigerungen der Immobilie.

Bei der Ermittlung des voraussichtlich maximalen Kreditbetrags und somit der lebenslangen Zahlung sind folgende Faktoren zu berücksichtigen:

- langfristiger Immobilienwert unter Beachtung zukünftiger Verkaufsaussichten,
- voraussichtliche Zinsentwicklung,
- die Lebensalterprognose, z. B. anhand von Sterbetafeln.

5.3.3 Abwicklung von Baufinanzierungskrediten

Wohnimmobilienkreditrichtlinie

Mit dem Gesetz zur Umsetzung der **Wohnimmobilienkreditrichtlinie** wurden europäische Vorgaben für Immobilienfinanzierungen in deutsches Recht überführt. Durch die gesetzlichen Änderungen sollen insbesondere eine nachhaltige und verantwortungsvolle Kreditvergabe sowie die Verbesserung der Beratungsqualität sichergestellt werden. Die Neuregelungen traten zum 21. März 2016 in Kraft. Die wesentlichen Änderungen umfassten folgende Sachverhalte:

- Der Begriff des **„Immobiliar-Verbraucherdarlehens“** und damit der Anwendungsbereich der Verbraucherschutzvorschriften wurden weiter gefasst.
- Die Vorgaben zur **Kreditwürdigkeitsprüfung** wurden ausgeweitet.
- Zur vorvertraglichen Information des Darlehensnehmers wurde das **ESIS-Merkblatt** (European Standardised Information Sheet) eingeführt.
- Für die **Baufinanzierungsberatung** wurden gesetzliche Vorgaben definiert.

Die Abwicklung von Baufinanzierungskrediten wurde durch die vorgenannten Sachverhalte in einigen Bereichen deutlich verändert. Auf Einzelheiten zur Kreditwürdigkeitsprüfung wird in Kapitel 5.1.3.2.2 und auf weitere Regelungen in Kapitel 5.2.1 eingegangen.

▸ Kapitel 5.1.3.2.2
▸ Kapitel 5.2.1

In den **Vorverhandlungen** berät das Kreditinstitut den Kreditnehmer über die Gesamtfinanzierung und prüft, ob die zu erwartenden monatlichen Belastungen aus den Zinsen und Tilgungszahlungen für die Fremdfinanzierung aus dem „nachhaltig gesicherten Einkommen“ des Kreditnehmers tragbar erscheinen.

Abwicklung des Realkredits

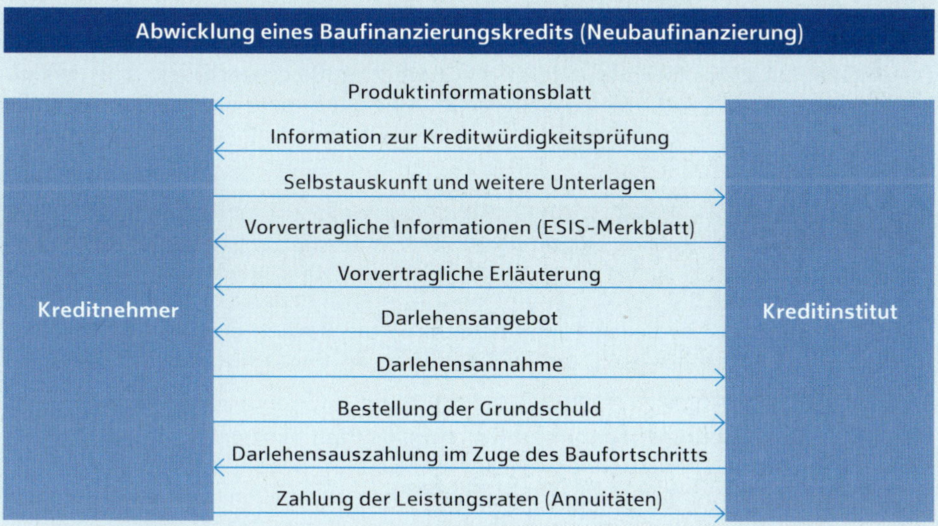

Kreditentscheidung

Das Kreditinstitut benötigt für die **Kreditentscheidung** und für die **Ermittlung des Beleihungswerts** verschiedene **Unterlagen.** Es prüft die eingereichten Unterlagen und ermittelt den Beleihungswert und die Beleihungsgrenze. Bei der Festsetzung der Darlehenshöhe werden die schon im Grundbuch in Abteilung II und Abteilung III eingetragenen Lasten (**Vorlasten**) berücksichtigt.

Unterlagen

Unterlagen für die Kreditentscheidung und für die Ermittlung des Beleihungswerts	
bei Neubauobjekten	**bei bereits bestehenden Objekten**
‣ Aktueller Grundbuchauszug ‣ Auszug aus dem Liegenschaftsbuch ‣ Abzeichnung der Flurkarte ‣ Baupläne (möglichst genehmigt) und Bauzeichnungen, -beschreibungen und -berechnungen sowie Kostenvoranschläge ‣ Abschrift des Kaufvertrages (bei Kauf eines Neubaues bzw. eines Fertighauses) ‣ Vertragskopien von Werkverträgen ‣ Gebäudeversicherungsnachweis	‣ Aktueller Grundbuchauszug ‣ Auszug aus dem Liegenschaftsbuch ‣ Abzeichnung der Flurkarte ‣ Lichtbilder des Gebäudes ‣ Abschrift des Kaufvertrages ‣ Baupläne (möglichst genehmigt) und Bauzeichnungen, -beschreibungen und -berechnungen sowie Kostenvoranschläge bei Erweiterungen, Umbauten und Modernisierungen ‣ Gebäudeversicherungsnachweis

Der Vertrag über den Baufinanzierungskredit (**Darlehensvertrag**) **kommt durch Angebot** (**Antrag**) **und Annahme zustande.**

Im **Präsenzgeschäft** erfolgt die Unterzeichnung des Darlehensvertrags grundsätzlich in den Räumen der Bank durch beide Parteien im Rahmen des abschließenden Kundengesprächs.

Angebotsverfahren und Antragsverfahren

Im **Fernabsatz** sind das **Angebotsverfahren** und das **Antragsverfahren** zu unterscheiden. Beim Angebotsverfahren erhält der Kunde einen von der Bank unterschriebenen Darlehensvertrag zugesandt und nimmt diesen durch Unterzeichnung an. Beim Antragsverfahren erhält der Kunde einen noch nicht unterzeichneten Darlehensvertrag oder einen Darlehensantrag. Durch Unterzeichnung des Darlehensvertrags bzw. Darlehensantrags gibt der Kunde ein Angebot ab, das die Bank durch Unterzeichnung des Darlehensvertrags bzw. durch Zusendung eines Kreditbestätigungsschreibens annimmt.

Die **Auszahlung des Kredits** erfolgt im Zuge des Baufortschritts, z.B. bis zu 50% bei Rohbauabnahme, bis zu weiteren 25% bei Innenputzfertigstellung und die restlichen 25% bei Bezugsfertigkeit. In der Praxis sind auch andere Regelungen möglich.

Für bereitgestellte (zugesagte), aber noch nicht in Anspruch genommene Darlehen berechnen Kreditinstitute im Allgemeinen nach Ablauf einer bestimmten Frist **Bereitstellungszinsen.** Wird das gesamte Darlehen oder ein Darlehensteilbetrag nicht abgenommen, dann hat der Kunde den hieraus entstehenden Schaden dem Kreditinstitut zu ersetzen. In diesen Fällen berechnen die Banken und Sparkassen eine **Nichtabnahmeentschädigung**, die in Anlehnung an die Ermittlung der Vorfälligkeitsentschädigung berechnet wird.

‣ Seite 429

Durch das **Risikobegrenzungsgesetz** wurden für Baufinanzierungen, im BGB als Immobiliar-Verbraucherdarlehensverträge bezeichnet, besondere Regelungen erlassen, die den Kreditnehmer vor wirtschaftlichen Nachteilen aus einem Weiterverkauf der Darlehensforderung schützen sollen. **Für Immobiliar-Verbraucherdarlehensverträge gilt:**

§ 491a Abs. 1 BGB

- Der Kreditnehmer muss in den vorvertraglichen Informationen auf die Möglichkeiten des Kreditverkaufs hingewiesen und aufgeklärt werden.

§ 496 Abs. 2 BGB

- Ein möglicher Verkauf der Darlehensforderung, z.B. an einen Finanzinvestor, muss dem Kreditnehmer bei einem offenen Verkauf unverzüglich angezeigt werden.

- Drei Monate vor Ablauf der Sollzinsbindung bzw. des Darlehensvertrags muss der Darlehensgeber den Darlehensnehmer über seine Bereitschaft zu einer Fortführung des Darlehensverhältnisses und über den zum Zeitpunkt der Unterrichtung angebotenen Sollzinssatz informieren. §493 Abs. 1 BGB
- Immobiliar-Verbraucherdarlehensverträge dürfen im Gegensatz zu den Regelungen für Allgemein-Verbraucherdarlehensverträge nur gekündigt werden, wenn der Kreditnehmer mit mindestens zwei aufeinander folgenden Raten und zugleich mit mindestens 2,5 % des Nennbetrags des Darlehens in Verzug ist. §498 Abs. 2 BGB
- Der Kreditnehmer kann gegenüber dem neuen Grundschuldgläubiger die gleichen Einreden geltend machen, die er auch gegenüber seinem ursprünglichen Vertragspartner hätte geltend machen können. Dies gilt insbesondere für die Sicherungszweckerklärung. §1192 Abs. 1a BGB
- Die Sicherungsgrundschuld muss mit einer Fristsetzung von sechs Monaten separat gekündigt werden, um eine Verwertung zu ermöglichen. §1193 BGB

5.3.4 Besicherung von Baufinanzierungskrediten durch Grundpfandrechte

Grundpfandrechte

Grundpfandrechte sind dingliche Rechte an Grundstücken und grundstücksgleichen Rechten. Sie dienen insbesondere bei **Baufinanzierungen** als die bedeutendsten **Kreditsicherheiten.**

Die wichtigsten Grundpfandrechte sind die **Hypothek** und die **Grundschuld.** Sie werden als Belastungen in Abteilung III des Grundbuches eingetragen.

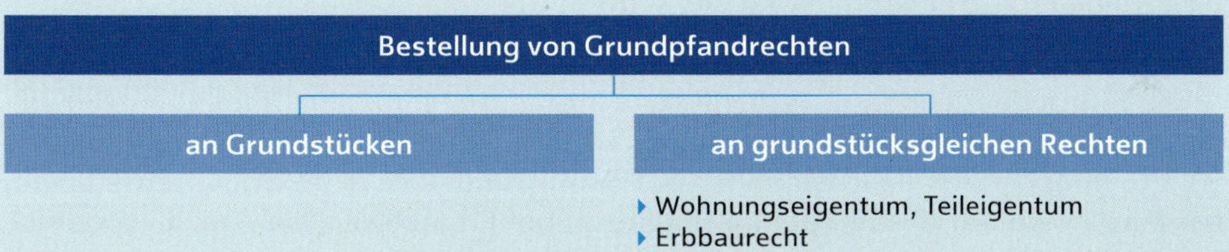

5.3.4.1 Grundstück und grundstücksgleiche Rechte

5.3.4.1.1 Grundstück

Begriff des Grundstücks

Grundstück

Ein Grundstück ist ein abgegrenzter Teil der Erdoberfläche, der im Bestandsverzeichnis eines Grundbuchblattes unter einer eigenen laufenden Nummer geführt wird.

Von dem **rechtlichen Grundstücksbegriff** ist der **vermessungstechnische Begriff des Flurstücks** zu unterscheiden. Grundstücke werden nach rechtlichen Gesichtspunkten im **Grundbuch** erfasst, das beim **Amtsgericht (Grundbuchamt)** geführt wird. Flurstücke werden nach Lage, Größe und Nutzungsart im **Kataster** erfasst, das bei der **Vermessungsverwaltung (Katasteramt)** geführt wird.

Flurstück und andere vermessungstechnische Begriffe	
Flurstück ist die kleinste vermessungstechnische Einheit der Katasterführung. Ein Flurstück wird auch als **Parzelle** bezeichnet. Mehrere Flurstücke bilden eine **Flur.** Für jede Flur führt das Katasteramt eine **Flurkarte** (Katasterhandzeichnung). Die zusammenhängenden Fluren eines Gebietes heißen **Gemarkung.** Eine Gemarkung ist das Gebiet einer Gemeinde. Für jede Gemarkung führt das Katasteramt eine Gemarkungskarte.	Ein Grundstück kann mit einem Flurstück identisch sein. Es kann aber auch mehrere Flurstücke umfassen. Das Katasteramt führt neben den Gemarkungs- und Flurkarten das **Liegenschaftsbuch.** Im Liegenschaftsbuch werden die Flurstücke eines Eigentümers innerhalb einer Gemeinde zusammengefasst.

Flurstück
Flur
Flurkarte
Liegenschaftsbuch
Gemarkung

Wesentliche Bestandteile und Zubehör

Wesentliche Bestandteile und Zubehör des Grundstücks

Wesentliche Bestandteile sind „Bestandteile einer Sache, die voneinander nicht getrennt werden können, ohne dass der eine oder andere zerstört oder in seinem Wesen verändert wird". (§ 93 BGB)

§ 94 BGB

Wesentliche Bestandteile eines Grundstücks sind

- **Sachen, die mit dem Grund und Boden fest verbunden sind,** insbesondere **Gebäude, und**
- **Erzeugnisse des Grundstücks,** z. B. Pflanzen, solange sie mit dem Boden zusammenhängen.

§ 93 BGB

Das Eigentum an einem Grundstück erstreckt sich auch auf die wesentlichen Bestandteile des Grundstücks. Der Eigentümer eines Grundstücks ist auch Eigentümer des auf dem Grundstück errichteten Gebäudes. Wesentliche Bestandteile können nicht Gegenstand besonderer Rechte sein.

Zubehör
§§ 97, 98 BGB

Zubehör eines Grundstücks sind **bewegliche Sachen,** die dauernd dem wirtschaftlichen Zweck des Grundstücks dienen und in einem bestimmten räumlichen Verhältnis zum Grundstück stehen. Ein solches **wirtschaftliches Abhängigkeitsverhältnis** ist z. B. gegeben bei Baumaterialien auf dem Grundstück eines Bauunternehmers, bei Maschinen auf einem Fabrikgrundstück, bei Ersatzteilen auf dem Grundstück einer Autoreparaturwerkstatt.

Grundpfandrechte erstrecken sich auch auf Bestandteile und Zubehör des belasteten Grundstücks.

5.3.4.1.2 Grundstücksgleiche Rechte

Wohnungseigentum und Teileigentum

Wohnungseigentum
Teileigentum

Wohnungseigentum ist Sondereigentum (Alleineigentum) an Räumen, verbunden mit Miteigentum nach Bruchteilen an einem Grundstück und seinen wesentlichen Bestandteilen. Teileigentum ist eine Verbindung von **Sondereigentum an gewerblich genutzten Räumen mit Bruchteilsmiteigentum**. Wohnungseigentum und Teileigentum werden zusammengefasst als Raumeigentum bezeichnet. Raumeigentum ist veräußerlich und vererbbar. Rechtsgrundlage ist das Wohnungseigentumsgesetz.

Erbbaurecht

Erbbaurecht

Ein Erbbaurecht ist das veräußerliche und vererbbare Recht, auf oder unter der Oberfläche eines fremden Grundstücks ein Bauwerk zu haben. Das errichtete **Bauwerk** ist **nicht wesentlicher Bestandteil des Grundstücks, sondern wesentlicher Bestandteil des Erbbaurechts.** Eigentümer des Bauwerks ist daher nicht der Grundstückseigentümer, sondern der Erbbauberechtigte.

§1 ErbbauRG

5.3.4.2 Grundbuch

5.3.4.2.1 Wesen und Bedeutung des Grundbuchs

Wesen und Bedeutung des Grundbuchs

Das Grundbuch ist ein amtliches Register, das die Rechtsverhältnisse eines Grundstücks der Öffentlichkeit darlegt. Es gibt Auskunft darüber,
- wer **Eigentümer eines Grundstücks** ist,
- welche **Lasten und Beschränkungen auf einem Grundstück** ruhen.

Besondere Grundbücher sind
- das **Wohnungsgrundbuch** als Grundbuch für Wohnungseigentum (Teileigentumsgrundbuch als Grundbuch für Teileigentum),
- das **Erbbaugrundbuch** als Grundbuch für Erbbaurechte.

Elektronisches Grundbuch

Die Einführung des **elektronischen Grundbuchs** ermöglicht die papierlose Führung von Grundbüchern und die sofortige Überprüfung der vorhandenen Eintragungen. Zuständig für die Führung der elektronischen Grundbücher sind die jeweiligen Bundesländer.

Die Eintragungen werden elektronisch unterschrieben und in einer Datenbank abgelegt. Die Daten können auch von externen Stellen, z. B. von Notaren und Kreditinstituten, über das Internet abgerufen werden.

Vorteile

Vorteile des elektronischen Grundbuchs sind:

- Die Grundbuchämter haben jederzeit elektronischen Zugriff auf alle Grundbuchdaten. Sie können Anträge computerunterstützt bearbeiten.
- Andere Behörden, die auf Grundbuchinformationen zugreifen müssen, können die Möglichkeit der Fernabfrage nutzen.
- Kreditinstitute, Bausparkassen oder Notare können nach Erteilung einer Zulassung Grundbuchdaten per Fernabfrage abrufen. Andere Interessenten können ebenfalls einfacher und schneller an Grundbuchdaten gelangen. Jedes Grundbuchamt kann auch über den Inhalt von Grundbüchern aus anderen Bezirken Auskunft geben.

Ausdrucke

Originale des Grundbuches sind ausschließlich die elektronisch gespeicherten Eintragungen. Das Grundbuchamt nimmt „Ausdrucke“ und „amtliche Ausdrucke“ vor. Die am eigenen Drucker gefertigten Ausdrucke stehen diesen „Ausdrucken“ aber nicht gleich, sondern haben nur Informationscharakter.

öffentliches Register

Das Grundbuch ist ein **öffentliches Register.** Jeder, der ein **berechtigtes Interesse** darlegt, kann
- in das Grundbuch und in Urkunden, auf die sich Grundbucheintragungen gründen oder beziehen, Einsicht nehmen und
- Ausdrucke bzw. amtliche Ausdrucke verlangen.

öffentlicher Glaube

§ 892 BGB

Das Grundbuch genießt **öffentlichen Glauben.** Zugunsten desjenigen, der sich beim Erwerb eines Rechts an einem Grundstück, z. B. beim Eigentumserwerb, auf den Inhalt des Grundbuchs verlässt, gelten die Grundbucheintragungen als richtig. Der gutgläubige Erwerb eines Rechts wird geschützt.

Der öffentliche Glaube erstreckt sich nicht

- auf Angaben über Größe, Wirtschaftsart und Lage des Grundstücks,
- auf öffentliche Lasten, die auf dem Grundstück ruhen (z. B. Grundsteuer),
- auf Eintragungen, gegen deren Richtigkeit ein Widerspruch eingetragen ist.

Wer die Unrichtigkeit eines Grundbuchs kennt, kann nicht den Schutz des öffentlichen Glaubens in Anspruch nehmen.

Grundbuchordnung

Rechtsgrundlagen für die Führung des Grundbuchs und für die Verfahren bei Eintragungen und Löschungen sind die **Grundbuchordnung** und die Verordnung zur Durchführung der Grundbuchordnung (Grundbuchverfügung). **Rechtsgrundlagen für Eigentumsübertragungen, Bestellungen von Grundpfandrechten und anderen Lasten** sind das **BGB,** das **Wohnungseigentumsgesetz** und das **Erbbaurechtsgesetz.**

Einrichtung des Grundbuchs

5.3.4.2.2 Einrichtung des Grundbuchs

Das Amtsgericht (Grundbuchamt) führt ein Grundbuch für alle privaten Grundstücke eines Amtsgerichtsbezirks (Grundbuchamtsbezirks).

Für jedes einzelne Grundstück wird ein besonderes Grundbuchblatt geführt, das mit einer laufenden Nummer versehen ist. In einem Grundbuchblatt können mehrere Flurstücke verzeichnet sein.

Das Grundbuchblatt ist das eigentliche Grundbuch des einzelnen Grundstücks. Entsprechendes gilt für Grundbuchblätter im Wohnungs- und im Erbbaugrundbuch.

Grundbuchblatt

Das **Grundbuch (Grundbuchblatt)** besteht aus **drei Teilen.**

Neben dem Grundbuchblatt führt das Grundbuchamt für jedes Grundstück eine **Grundakte.** Sie enthält:

Grundakte

- die **Urkunden und gerichtlichen Protokolle,** die zu Eintragungen geführt haben,
- ein **Handblatt,** das eine genaue, laufend vervollständigte Abschrift des Grundbuchblattes ist.

Aufschrift

Die Aufschrift dient der rechtlichen Identifizierung des Grundstücks bzw. des Wohnungseigentums oder des Erbbaurechts. Sie nennt das das Grundbuch führende Amtsgericht, den Grundbuchbezirk und die Blattnummer.

Bestandsverzeichnis

Das Bestandsverzeichnis dient der tatsächlichen Kennzeichnung des Grundstücks. Es nennt die Gemarkung, die Nummern der Flurkarte, des Flurstücks und des Liegenschaftsbuchs, die Wirtschaftsart und Lage des Grundstücks, die Größe des Grundstücks, den Bestand sowie Zuschreibungen und Abschreibungen.

Im Bestandsverzeichnis werden auf Antrag außerdem die **Rechte** eingetragen, **die mit dem Eigentum an dem Grundstück verbunden sind,** z. B. Wegerecht an einem fremden Grundstück. Das Recht des „herrschenden" Grundstücks wird im Bestandsverzeichnis, die Belastung des „dienenden" Grundstücks wird in der Zweiten Abteilung eingetragen.

Abteilungen des Grundbuchs

Erste Abteilung ▸ Kapitel 5.3.4.3.1

Die Erste Abteilung dient der Erfassung der Eigentumsverhältnisse. Sie nennt den Eigentümer, die Grundlage der Eintragung, Veränderungen und Löschungen.

Zweite Abteilung ▸ Kapitel 5.3.4.3.2

Die Zweite Abteilung dient der Erfassung von Lasten und Beschränkungen mit Ausnahme der Grundpfandrechte. Sie nennt die Art der Last und den Begünstigten bzw. die Art der Beschränkung, Veränderungen und Löschungen.

Dritte Abteilung ▸ Kapitel 5.3.4.3.3

Die Dritte Abteilung dient der Erfassung von Grundpfandrechten. Sie nennt den Geldbetrag des Grundpfandrechts, die Art und Verzinsung des Grundpfandrechts und den Begünstigten (Berechtigten) sowie Veränderungen und Löschungen.

Die Geldbeträge von Grundpfandrechten und Reallasten können in Euro, US-Dollar, Schweizer Franken oder der Landeswährung eines der Mitgliedstaaten der EU eingetragen werden.

Aufschrift

Amtsgericht Burgwedel

Grundbuch von

Bezirk Mellendorf

Blatt 3428

Bestands-
verzeichnis

Amtsgericht Burgwedel | Grundbuch von Mellendorf | Blatt 3428 | Bogen 1 | **Bestandsverzeichnis**

Laufende Nummer der Grundstücke	Bisherige laufende Nummer der Grundstücke	Bezeichnung der Grundstücke und der mit dem Eigentum verbundenen Rechte: Gemarkung (Vermessungsbezirk)	Karte: Flur	Karte: Flurstück	Liegenschaftsb.	Wirtschaftsart und Lage	Größe: ha	Größe: a	Größe: m²
		a	b	b	c/d	e	ha	a	m²
1	2	3					4		
1	–	Mellendorf	9	47/56		Gebäude- und Freifläche, Wohnen, Gartenstraße		6	08
2 / zu 1	–	1/2 Miteigentumsanteil an dem Grundstück							
		Mellendorf	9	47/55		Weg, Gartenstraße		1	42

Amtsgericht Burgwedel | Grundbuch von Mellendorf | Blatt 3428 | Bogen 1 | **Bestandsverzeichnis**

Bestand und Zuschreibungen: Zur lfd. Nr. d. Grundstücke	Bestand und Zuschreibungen	Abschreibungen: Zur lfd. Nr. d. Grundstücke	Abschreibungen
5	6	7	8
1,2/zu 1	Von Blatt 3376 hierher übertragen am 11.11.2004. Schmidt		

Erste
Abteilung

Amtsgericht Burgwedel | Grundbuch von Mellendorf | Blatt 3428 | Bogen 1 | **Abteilung I**

Laufende Nummer der Eintragungen	Eigentümer	Laufende Nummer der Grundstücke im Bestandsverzeichnis	Grundlage der Eintragung
1	2	3	4
1	HeikoFrank, geb. am 25.03.1970	1,2/zu1	Aufgelassen am 06.09.2004 und eingetragen am 11.11.2004. Schmidt

Zweite Abteilung

Amtsgericht Burgwedel | **Grundbuch von** Mellendorf | **Blatt** 3428 | Bogen 1 | **Abteilung II**

Laufende Nummer der Eintragungen	Laufende Nummer der betroffenen Grundstücke im Bestandsverzeichnis	Lasten und Beschränkungen
1	2	3
1	1	Befristete Rückauflassungsvormerkung für die Gemeinde Wedemark, Wedemark. Gemäß Bewilligung vom 06.09.2004 (URNr. 128/04, Notar Schultze, Burgwedel) eingetragen am 11.11.2004. Schmidt

Amtsgericht Burgwedel | **Grundbuch von** Mellendorf | **Blatt** 3428 | Bogen 1 | **Abteilung II**

Veränderungen		Löschungen	
Laufende Nummer d. Spalte 1		Laufende Nummer d. Spalte 1	
4	5	6	7
1	Das Recht hat den Rang nach Abt. III Nr. 1. Eingetragen am 19.07.2005. Schmidt		

Dritte Abteilung

Amtsgericht Burgwedel | **Grundbuch von** Mellendorf | **Blatt** 3428 | Bogen 1 | **Abteilung III**

Laufende Nummer der Eintragungen	Laufende Nummer der belasteten Grundstücke im Bestandsverzeichnis	Betrag	Hypotheken, Grundschulden, Rentenschulden
1	2	3	4
1	1,2/zul	100000 EUR	Einhunderttausend Euro brieflose Grundschuld mit 18 % Zinsen jährlich für die Stadtsparkasse Wunstorf in Wunstorf. Vollstreckbar nach § 800 ZPO. Gemäß Bewilligung vom 29.06.2005 (URNr. 189/2005, Notar Prof. Dr. Peters, Hannover) im Rang vor Abt. II Nr. 1 eingetragen am 19.07.2005. Schmidt

Grundbuch-eintragungen

5.3.4.2.3 Verfahren bei Grundbucheintragungen

Das Verfahren für Grundbucheintragungen ist in der Grundbuchordnung (GBO) festgelegt. Grundsätzlich erfolgen **Eintragungen** durch

- **Antrag** und
- **Bewilligung**

Grundlagen von Grundbucheintragungen

Antrag §13 GBO
Bewilligung §19 GBO
§29 GBO

Antrag	Bewilligung
▸ Der Antrag kann von jeder am Eintragungsverfahren beteiligten Person gestellt werden. **Beispiele:** – Grundstückseigentümer – Begünstigter eines einzutragenden Grundpfandrechts	▸ Derjenige, dessen Recht von der Eintragung betroffen ist, muss die Eintragung bewilligen. **Beispiel:** Grundstückseigentümer für die Bestellung eines Grundpfandrechts
▸ Schriftform genügt.	▸ Die Bewilligung muss durch eine notarielle oder eine öffentlich beglaubigte Urkunde erfolgen.

In der Praxis werden Antrag und Bewilligung regelmäßig in derselben Urkunde erklärt. Meistens geschieht dies in Form einer **notariellen Urkunde.**

Löschung

Die **Löschung einer Grundbucheintragung** erfolgt durch Eintragung eines Löschungsvermerks in einer besonderen Spalte der betreffenden Abteilung. Der gelöschte Sachverhalt wird außerdem durch Unterstreichung gekennzeichnet.

5.3.4.3 Eintragungen in den drei Abteilungen des Grundbuchs

5.3.4.3.1 Eintragungen in Abteilung I des Grundbuchs

Abteilung I

In **Abteilung I** des Grundbuchs werden die **Eigentumsverhältnisse** bei Grundstücken eingetragen.

Eigentumsverhältnisse bei Grundstücken

- **Alleineigentum**
  z. B. als Eigentum
  - einer natürlichen Person
  - einer juristischen Person
  - einer Personenhandelsgesellschaft
- **Gemeinschaftliches Eigentum**
  - **Miteigentum nach Bruchteilen**
    z. B. als Eigentum von zwei Personen je zur Hälfte
  - **Gesamthandseigentum**
    z. B. als Eigentum einer BGB-Gesellschaft oder einer Erbengemeinschaft

Gemeinschaftliches Eigentum

Gemeinschaftliches Eigentum

Bei **Miteigentum nach Bruchteilen** steht zwei oder mehr Personen anteilig Miteigentum zu, wobei die Teile nicht real, sondern nur ideell bestimmt sind (Beispiel: Eheleute sind als gemeinsame Grundstückseigentümer „zu je ½ ideellen Anteil" im Grundbuch eingetragen). Jeder Bruchteilseigentümer kann über seinen Miteigentumsbruchteil verfügen, z. B. durch Veräußerung, ohne dass andere Miteigentumsbruchteile berührt werden (§ 741 ff. BGB).

Bei **Gesamthandseigentum** steht zwei oder mehr Personen gemeinsam Miteigentum zu. Es bestehen keine Anteile. Alle Miteigentümer können nur gemeinschaftlich verfügen.

Grundlage des Eigentumserwerbs

In der Ersten Abteilung wird auch die **Grundlage des Eigentumserwerbs** eingetragen. Grundlage des Eigentumserwerbs ist in der Regel die Auflassung.

Auflassung

§ 925 BGB

Die Auflassung ist die dingliche Einigung zwischen Veräußerer und Erwerber über den Eigentumsübergang. Sie muss bei gleichzeitiger Anwesenheit des Veräußerers und des Erwerbers vor einem Notar erklärt werden. In der Praxis wird sie regelmäßig mit in den Grundstückskaufvertrag aufgenommen. Der Grundstückskaufvertrag (schuldrechtlicher Vertrag) muss notariell beurkundet werden. Kaufvertrag und Auflassung sind aber rechtlich streng zu unterscheiden.

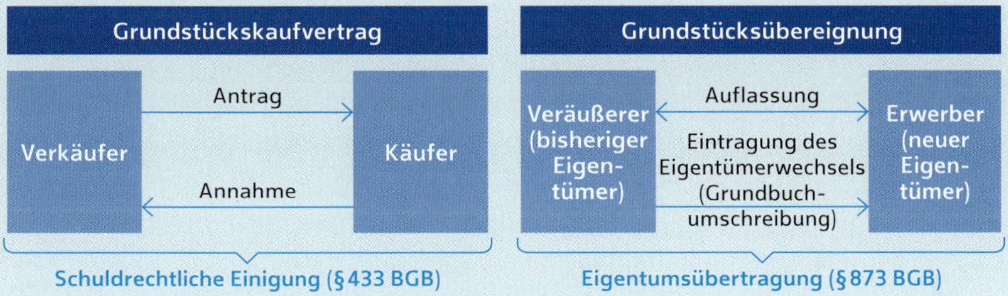

§ 433 BGB
§ 873 BGB

Grundlage des Eigentümerwechsels bei Grundstücken können auch sein

- Erbschein bei Eigentumserwerb durch Erbfolge,
- Zuschlag bei Eigentumserwerb im Wege der Zwangsversteigerung.

Erbschein

Zuschlag

Voraussetzung für die Eintragung des Eigentümerwechsels sind Antrag und Bewilligung. Ferner sind die Auflassung nachzuweisen und bestimmte behördliche Bescheinigungen vorzulegen, z. B. Unbedenklichkeitsbescheinigung des Finanzamtes über die erfolgte Zahlung der Grunderwerbsteuer, Nachweis über die Nichtausübung des Vorkaufsrechts der Gemeinde.

Abteilung II

5.3.4.3.2 Eintragungen in Abteilung II des Grundbuchs

Lasten und Beschränkungen

In **Abteilung II** werden **Lasten** und **Beschränkungen** eingetragen.

Lasten und Beschränkungen

- **Belastungen des Grundstücks**
  Beispiele:
  - Dienstbarkeiten
  - Vorkaufsrecht
  - Erbbaurecht
- **Verfügungsbeschränkungen des Eigentümers**
  Beispiel:
  Vermerk über die Anordnung der Zwangsversteigerung
- **Auflassungsvormerkung**

Dienstbarkeiten

Dienstbarkeiten sind dingliche, grundbuchlich gesicherte Rechte an Grundstücken.

Dienstbarkeiten

- **Grunddienstbarkeit (§ 1018 BGB)**
  - Recht zugunsten eines anderen Grundstückseigentümers
    Beispiele:
    - Wegerecht
    - Bebauungsbeschränkung
  - vererbbares und veräußerliches Recht
- **Beschränkt persönliche Dienstbarkeit (§ 1090 BGB)**
  besonders geregelt: Wohnungsrecht (§ 1093 BGB)
  - Recht zugunsten einer bestimmten Person
  - nicht vererbbares und nicht veräußerliches Recht
- **Nießbrauch (§ 1030 BGB)**
  - Recht zugunsten einer bestimmten Person
    Beispiel:
    Recht auf Erhalt von Mietzinsen
  - nicht vererbbares und nicht veräußerliches Recht
- **Dauerwohnrecht, Dauernutzungsrecht (§ 31 WEG)**
  - Recht zugunsten eines Wohnberechtigten (Nutzungsberechtigten)
    Beispiel:
    Recht zur gewerblichen Nutzung von Räumen
  - vererbbares und veräußerliches Recht

weitere mögliche Lasten

Weitere mögliche Lasten in Abteilung II	
Reallast	Sie gibt dem Begünstigten das Recht, aus dem Grundstück wiederkehrende Leistungen, z. B. Geldzahlungen, Lieferungen von Nahrungsmitteln zu verlangen.
Vorkaufsrecht	Es gibt dem Begünstigten das Recht, in einen vom Grundstückseigentümer mit einem Dritten über das Grundstück geschlossenen Kaufvertrag zu den darin ausgehandelten Bedingungen einzutreten. Vorkaufsrechte zugunsten von Gemeinden (gesetzliche Vorkaufsrechte) werden **nicht** ins Grundbuch eingetragen.
Erbbaurecht	Es ist das vererbliche oder veräußerliche Recht, auf oder unter einem fremden Grundstück ein Bauwerk zu haben.
Altenteil	Es ist eine Kombination von Reallast und Wohnungsrecht.

§ 1105 BGB

§ 1094 BGB

§ 1 ErbbauRG

Verfügungsbeschränkungen des Eigentümers sollen die Veräußerung oder Belastung des Grundstücks verhindern. Mit ihrer Eintragung kann sich ein Dritter nicht mehr auf den Schutz des guten Glaubens berufen. Verfügungsbeschränkungen

Beispiele für Verfügungsbeschränkungen des Eigentümers	
Vermerk über die Anordnung der Nachlassverwaltung	Der Erbe kann das Grundstück nicht veräußern oder belasten.
Vermerk über die Eröffnung des Insolvenzverfahrens	Der Grundstückseigentümer kann als Schuldner im Insolvenzverfahren das Grundstück nicht veräußern oder belasten.
Vermerk über die Anordnung der Zwangsversteigerung oder Zwangsverwaltung	Der Grundstückseigentümer kann das Grundstück nicht mehr veräußern, aber noch belasten.

Die **Auflassungsvormerkung** ist eine **Eintragung zur Sicherung des Anspruchs auf Eigentumsübertragung im Grundbuch.** Sie wird regelmäßig in Grundstückskaufverträgen zugunsten des Käufers (Erwerbers) vereinbart und bewilligt. Verfügungen, die nach Eintragung einer Vormerkung getroffen werden, sind unwirksam, wenn sie den zu sichernden Anspruch vereiteln oder beeinträchtigen würden. Auflassungsvormerkung §883 Abs. 1 BGB §883 Abs. 2 BGB

Die Auflassungsvormerkung wird von Amts wegen gelöscht, wenn der neue Eigentümer in der Abteilung I des Grundbuchs eingetragen wird.

5.3.4.3.3 Eintragungen in Abteilung III des Grundbuchs

Abteilung III

In **Abteilung III** des Grundbuchs werden die **Grundpfandrechte** eingetragen.

Wesen der Grundpfandrechte

Wesen der Grundpfandrechte

Ein **Grundpfandrecht** ist aus der Sicht des **Eigentümers** eine **Belastung seines Grundstücks.**

Für den **Begünstigten** ist ein Grundpfandrecht ein **dingliches Verwertungsrecht**, das ihm eine bevorrechtigte Rechtsstellung einräumt. Wenn die zugrunde liegende Forderung nicht zurückgezahlt wird, kann der Grundpfandrechtsgläubiger Zahlung „aus dem Grundstück“ verlangen. Die Zahlung aus dem Grundstück erfolgt durch Verwertung des Grundstücks im Wege der **Zwangsvollstreckung.**

Damit hat der Grundpfandrechtsgläubiger ein weitreichenderes Recht als ein Gläubiger, der lediglich einen schuldrechtlichen Anspruch hat.

Mit Grundpfandrechten können auch grundstücksgleiche Rechte (Wohnungseigentum/Teileigentum, Erbbaurecht) belastet werden.

Arten der Grundpfandrechte

Arten der Grundpfandrechte

Hypothek

Hypothek

Die Hypothek ist die Belastung eines Grundstücks in der Weise, dass an denjenigen, zu dessen Gunsten die Hypothek eingetragen ist (Hypothekengläubiger), eine bestimmte Geldsumme aus dem Grundstück wegen einer Forderung zu

§1113 BGB **zahlen ist.** Wie das Pfandrecht an einer beweglichen Sache setzt die Hypothek das Bestehen einer Forderung voraus. Die Hypothek ist akzessorisch.

Beispiel: Ein Grundstückseigentümer belastet sein Grundstück mit einer Hypothek als Sicherheit für ein Darlehen, das er selbst aufgenommen hat.

- Der **Hypothekengläubiger (Darlehensgeber)** hat **zwei Ansprüche:**
  - einen **dinglichen Anspruch aus der Hypothek** und
  - einen **persönlichen Anspruch aus dem Darlehen.**
- Der dingliche Anspruch ist wegen der Akzessorietät der Hypothek von dem Bestehen des persönlichen Anspruchs abhängig.
- Der **dingliche Anspruch aus der Hypothek** umfasst:
  - die Forderung,
  - die gesetzlichen Zinsen der Forderung,
  - die Kosten der Rechtsverfolgung. (§1118 BGB)
- Der dingliche Anspruch ist auf Zahlung aus dem Grundstück, d.h. auf Duldung der Zwangsvollstreckung in das Grundstück, gerichtet. Er erstreckt sich auf (§1147 BGB, §1113 BGB)
  - das **Grundstück,**
  - die vom Grundstück getrennten **Erzeugnisse** und **sonstigen Bestandteile** des Grundstücks, (§1120 BGB)
  - das **Zubehör des Grundstücks,** (§1120 BGB)
  - **Miet- und Pachtforderungen,** (§1123 BGB)
  - **Versicherungsforderungen,** (§1127 BGB)
  - **Ansprüche auf wiederkehrende Leistungen zugunsten des Grundstückseigentümers,** z.B. Reallast. (§1126 BGB)
- Dem dinglichen Anspruch des Hypothekengläubigers entspricht die dingliche Haftung des Grundstücks.
- Der **persönliche Anspruch aus dem Darlehen** erstreckt sich auf das gesamte Vermögen des Schuldners. Dem persönlichen Anspruch des Gläubigers entspricht die persönliche Haftung des Schuldners.

Grundschuld

Grundschuld

Die Grundschuld ist die Belastung eines Grundstücks in der Weise, dass an den Grundschuldgläubiger eine bestimmte Geldsumme aus dem Grundstück zu zahlen

§1191 BGB **ist.** Die Grundschuld ist abstrakt, d.h. sie ist nicht vom Bestand einer Forderung abhängig. Sie kann im Grundbuch als verzinsliche Verpflichtung eingetragen werden.

Der Eigentümer kann auch für sich selbst eine Grundschuld an seinem Grundstück bestellen (Eigentümergrundschuld). Der Grundstückseigentümer kann

Eigentümergrundschuld §1196 BGB

- damit eine Rangstelle für eine später einzutragende Fremdgrundschuld als Sicherheit für ein Darlehen freihalten,
- durch Abtretung und Übergabe des Grundschuldbriefs jederzeit eine Sicherheit für einen Kredit geben, ohne dass der Begünstigte im Grundbuch eingetragen wird und Umschreibungskosten entstehen.

Beispiel 1: Ein Grundstückseigentümer belastet sein Grundstück mit einer Grundschuld zugunsten des Volksbundes Deutsche Kriegsgräberfürsorge, um sicherzustellen, dass aus seinem Nachlass eine bestimmte Geldsumme an die Kriegsgräberfürsorge gezahlt wird.

- Der Grundschuldgläubiger hat einen **dinglichen Anspruch aus der Grundschuld.**
- Der dingliche Anspruch aus der Grundschuld erstreckt sich auf das Grundstück, die vom Grundstück getrennten Erzeugnisse und sonstigen Bestandteile des Grundstücks, das Zubehör des Grundstücks, Miet- und Pachtforderungen, Versicherungsforderungen und Ansprüche auf wiederkehrende Leistungen zugunsten des Grundstückseigentümers. Er entspricht damit dem dinglichen Anspruch aus der Hypothek.
- Der Grundschuldgläubiger hat **keinen** persönlichen Anspruch gegen den Grundstückseigentümer. Es besteht keine persönliche Schuld.

Beispiel 2: Ein Grundstückseigentümer belastet sein Grundstück mit einer Grundschuld als Sicherheit für ein Darlehen, das er aufgenommen hat.

- Eine Grundschuld, die zur Sicherung eines Darlehens bestellt wird, ist eine **Sicherungsgrundschuld.** Wirtschaftlich besteht ein Zusammenhang zwischen der Grundstücksbelastung und der Darlehensaufnahme. Rechtlich besteht kein Zusammenhang. Die Sicherungsgrundschuld ist ebenfalls eine **abstrakte Schuld.**
- Der Grundschuldgläubiger (Darlehensgeber) hat zwei Ansprüche
  - einen **dinglichen Anspruch aus der Grundschuld** und
  - einen **persönlichen Anspruch aus dem Darlehen.**
- Der dingliche Anspruch ist wegen der Abstraktheit der Grundschuld nicht von dem Bestehen des persönlichen Anspruchs abhängig.

Seite 497

Briefrechte und Buchrechte

Brief- oder Buchrecht

Grundpfandrechte können **Brief- oder Buchrechte** sein. Bei einem Briefrecht wird zusätzlich zur Grundbucheintragung ein Hypothekenbrief bzw. ein Grundschuldbrief ausgestellt. Briefrechte werden vom Grundpfandgläubiger erst mit Übernahme des Briefes erworben.

§ 1117 BGB

Nach dem BGB sind **Briefrechte** die Regel. Das BGB lässt aber zu, dass eine Brieferteilung ausgeschlossen werden kann (**Briefausschluss** durch Einigung des Grundstückseigentümers mit dem Gläubiger und Eintragung im Grundbuch). In der Praxis wird meistens Briefausschluss vereinbart. Für den Kunden entfallen dadurch die Kosten der Briefausstellung, für das Kreditinstitut wird die Verwaltung des Grundpfandrechtes vereinfacht.

§ 1116 Abs. 1 BGB
Briefausschluss
§ 1116 Abs. 2 BGB

Widerspruch

Widerspruch im Grundbuch

Der **Widerspruch** ist eine **vorläufige Eintragung,** die sich gegen die im Grundbuch ausgewiesene Rechtslage wendet. Bei falscher Grundbucheintragung soll der Widerspruch verhindern, dass ein Dritter von dem scheinbar Berechtigten im Schutz des öffentlichen Glaubens Rechte erwirbt. Der bei dem betroffenen Recht eingetragene Widerspruch (meist aufgrund einer einstweiligen Verfügung) lässt dem Berechtigten Zeit, die Berichtigung des Grundbuchs zu veranlassen.

vorläufige Eintragung
§ 899 BGB

Übertragung der Grundpfandrechte

Übertragung der Grundpfandrechte

Grundpfandrechte können vom Berechtigten auf einen Dritten übertragen werden. Solche **Übertragungen** werden z. B. erforderlich, wenn bei **Baufinanzierungen** die Vorfinanzierung und die endgültige Finanzierung durch zwei verschiedene Darlehensgeber erfolgen. Der vorfinanzierende Darlehensgeber, der durch ein Grundpfandrecht gesichert ist, überträgt das Grundpfandrecht nach Ablösung der Vorfinanzierung auf den endgültig finanzierenden Darlehensgeber.

Eine Grundschuld kann durch eine Abtretung übertragen werden. Bei einer Briefgrundschuld sind hierfür eine schriftliche Abtretungserklärung und die Übergabe des Grundschuldbriefes erforderlich. Für die Abtretungserklärung ist die öffentliche Beglaubigung bzw. die notarielle Beurkundung nicht vorgeschrieben. Trotzdem wird die Abtretungserklärung i. d. R. öffentlich beglaubigt, weil in diesem Fall der neue Gläubiger die Abtretung jederzeit in das Grundbuch eintragen lassen kann. Bei einer Buchgrundschuld ist neben der Abtretungserklärung die Eintragung der Abtretung im Grundbuch Voraussetzung für eine wirksame Übertragung.

Einteilung der Grundpfandrechte nach der Verkehrsfähigkeit

Einteilung der Grundpfandrechte

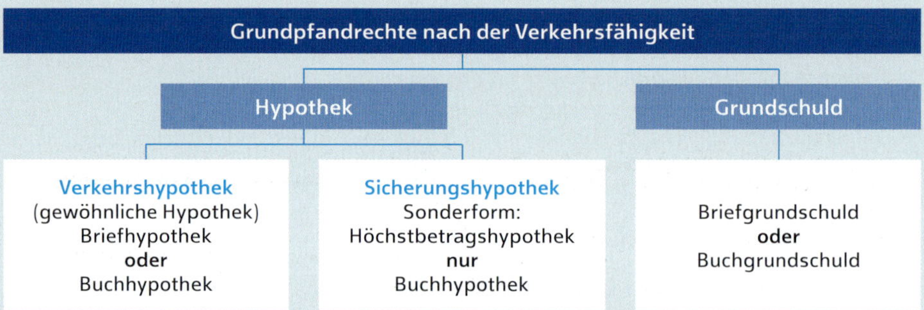

Verkehrshypothek

Die **Verkehrshypothek** ist durch folgende Merkmale gekennzeichnet:

- **Der öffentliche Glaube des Grundbuchs erstreckt sich auf die Forderung.**
  Die **Höhe der Forderung** richtet sich nach der Grundbucheintragung. Der Gläubiger kann sich auf die Eintragung berufen. Er muss seine Forderung nicht nachweisen. Macht der Grundstückseigentümer geltend, dass die Forderung nicht mehr oder nicht mehr in voller Höhe besteht, muss er diese Behauptung beweisen. Eine Verkehrshypothek kann daher gutgläubig erworben werden, auch wenn keine persönliche Forderung besteht. (§ 1138 BGB)

- **Die Hypothek kann Brief- oder Buchhypothek sein.**
  Die Verkehrshypothek ist verkehrsfähig, weil der öffentliche Glaube des Grundbuchs sich auch auf die Forderung erstreckt.

- **Die Einreden des Eigentümers sind beschränkt.**
  Einreden, z. B. Stundung sei vereinbart worden, können grundsätzlich nur gegen den ursprünglichen Gläubiger erhoben werden. Ein gutgläubiger Erwerber der Hypothek braucht nur Einwendungen gegen sich gelten zu lassen, die aus dem Grundbuch ersichtlich sind. (§ 1137 BGB)

- **Das Wiederaufleben der Hypothek ist nicht möglich.**
  Erlischt die zugrunde liegende Forderung, wird die Hypothek ohne Umschreibung zur Eigentümergrundschuld. Die Hypothek lebt auch nicht wieder auf, wenn die Forderung neu entsteht.

§§1163 Abs. 1, 1177 BGB

Beispiel: Kein Wiederaufleben der Hypothek

Annahme: Zur Absicherung eines Kontokorrentkredits ist eine Verkehrshypothek über 50000 Euro mit 10% Zinsen im Grundbuch eingetragen.

Kreditinanspruchnahme	01.03.	50000 Euro	S
Überweisungseingang	15.03.	10000 Euro	H
Saldo		40000 Euro	S
Lastschrift	25.03.	8000 Euro	S
Saldo		48000 Euro	S

Persönlicher Anspruch des Kreditinstituts am 25.03. aufgrund des Kredits
48000 Euro plus Zinsen auf die Kreditbeanspruchung
Dinglicher Anspruch des Kreditinstituts am 25.03. aufgrund der Hypothek
40000 Euro plus 10% Zinsen auf die Kreditbeanspruchung
Entstandene (verdeckte) Eigentümergrundschuld: 10000 Euro

Die **Sicherungshypothek** weist gegenüber der Verkehrshypothek folgende Besonderheiten aus:

Sicherungshypothek
§1184 BGB

- Die Hypothek wird als „Sicherungshypothek" im Grundbuch eingetragen.
- Der Gläubiger muss die Forderung und die Forderungshöhe nachweisen.
- Die Sicherungshypothek ist stets Buchhypothek. Eine Briefausstellung ist ausgeschlossen.

§1185 BGB

Eine **Sicherungshypothek** wird in das Grundbuch eingetragen, wenn die **Zwangsvollstreckung in das Grundstück** erfolgen soll.

Kapitel 5.5.4.2

Eine **Sonderform der Sicherungshypothek** ist die **Höchstbetragshypothek**. Das belastete Grundstück haftet nur bis zu dem im Grundbuch eingetragenen Höchstbetrag, in den Zinsen eingerechnet werden. Bei Rückzahlung der Forderung entsteht eine Eigentümergrundschuld, die als Hypothek wieder auflebt, wenn erneut eine Forderung entsteht.

Höchstbetragshypothek
§1190 BGB

Die **Grundschuld** ist durch folgende Merkmale gekennzeichnet:

Grundschuld

- **Der öffentliche Glaube gilt für den dinglichen Anspruch.** Die Höhe des dinglichen Anspruchs richtet sich nach der Grundbucheintragung.
- **Die Grundschuld kann Brief- oder Buchgrundschuld sein.** Sie ist verkehrsfähig.
- **Die Grundschuld kann als verzinsliche dingliche Schuld eingetragen werden.**
- **Der Grundstückseigentümer kann keine Einreden aus dem Grundgeschäft geltend machen.**

Sicherungsgrundschuld

Sicherungsgrundschuld

Die Grundschuld ist ihrem rechtlichen Charakter nach abstrakt, d.h. unabhängig von einer zugrunde liegenden Forderung. Grundsätzlich kann der Grundschuldgläubiger seinen dinglichen Verwertungsanspruch geltend machen, ohne eine Forderung nachweisen zu müssen.

Sicherungsabrede

Zweckerklärung

In der Praxis des Kreditgeschäfts wird die Grundschuld jedoch zur Sicherung von Forderungen des Kreditinstituts bestellt. Man spricht in diesem Fall von der **Sicherungsgrundschuld.** Die Sicherungsgrundschuld ist eine Grundschuld, die durch einen besonderen Vertrag zwischen Sicherungsgeber und Sicherungsnehmer (**Sicherungsabrede**) zur Sicherung einer Forderung bestimmt wird. Zwischen dem Kreditverhältnis und der Grundschuld wird durch die **schuldrechtliche Vereinbarung** der Sicherungsabrede die vertragliche Verknüpfung hergestellt. Die Sicherungsabrede ist in einer **Zweckerklärung** enthalten.

Rechtsbeziehungen bei der Sicherungsgrundschuld

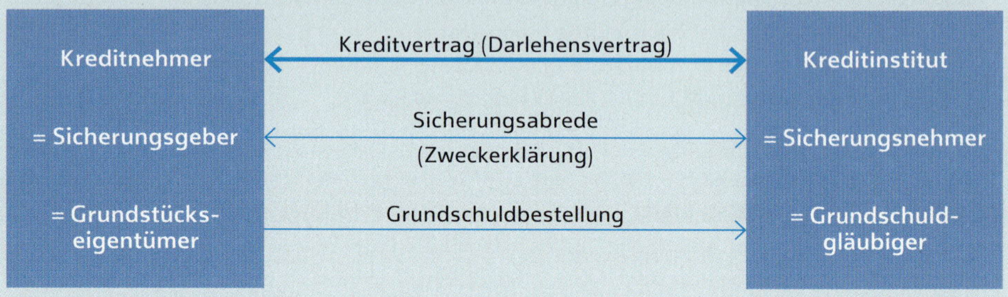

Die **Sicherungsabrede (Zweckerklärung) bewirkt,** dass das Kreditinstitut

- die Zwangsvollstreckung in das Grundstück nur betreiben darf, wenn der Kreditnehmer seine Pflichten aus dem Kreditvertrag nicht erfüllt,
- die Grundschuld bei Beendigung des Kreditverhältnisses freigeben muss (Pflicht zur Rückübertragung).

erweiterte Sicherungsabrede

Die Zweckerklärung kann sich nicht nur auf eine bestimmte Forderung, sondern auch auf alle Forderungen des Kreditinstituts, und zwar sowohl auf bestehende als auch auf künftige Forderungen beziehen. Damit kann eine **Sicherungsgrundschuld** zur **Besicherung des gesamten Kreditengagements** eines Kunden dienen. Gegen diese **erweiterte Sicherungsabrede** bestehen in der Rechtsprechung keine Bedenken, wenn Sicherungsgeber (Grundstückseigentümer) und Schuldner personengleich sind.

enge Sicherungsabrede

Ist der Kreditnehmer nicht zugleich Sicherungsgeber, liegt eine Drittsicherung vor. Nach der Rechtsprechung des BGH könnte auch bei einer Drittsicherung ein weiter Sicherungszweck vereinbart werden, sofern der Sicherungsgeber durch eine individuelle Aufklärung über den Haftungsumfang der Grundschuld informiert wird. Da die individuelle Aufklärung des Sicherungsgebers in der Praxis schwer umzusetzen und zu beweisen ist, wird bei einer Drittsicherung i. d. R. eine **enge Sicherungsabrede** vereinbart. Die Grundschuld dient in diesem Fall der **Sicherung eines konkret benannten Kredits**.

Löschung der Grundpfandrechte

Löschung der Grundpfandrechte

Zahlt der Schuldner ein durch eine Hypothek oder Grundschuld gesichertes Darlehen zurück, so kann der Grundstückseigentümer die **Freigabe des Grundpfandrechts** verlangen.

Der Grundpfandrechtsgläubiger hat dem Eigentümer

- den **Hypotheken- oder Grundschuldbrief auszuhändigen** und
- die **zur Berichtigung des Grundbuchs** oder zur **Löschung des Grundpfandrechts erforderlichen Unterlagen** als öffentliche oder öffentlich beglaubigte Urkunden zu übergeben.

Zur Berichtigung des Grundbuchs bzw. Löschung des Grundpfandrechts dienen

löschungsfähige Quittung

Löschungsbewilligung

- die **löschungsfähige Quittung** bzw.
- die **Löschungsbewilligung.**

Vergleich löschungsfähige Quittung und Löschungsbewilligung

Löschungsfähige Quittung	Löschungsbewilligung
‣ Die löschungsfähige Quittung ist eine Urkunde, mit der der Gläubiger bescheinigt, dass er wegen seiner hypothekarisch gesicherten Forderung befriedigt ist. ‣ Der Eigentümer kann mit dieser Urkunde die Hypothek **löschen oder auf sich umschreiben lassen.** ‣ Löschungsfähige Quittungen werden in der Praxis nicht mehr ausgestellt.	‣ Die Löschungsbewilligung ist eine Urkunde, mit der der Gläubiger die Löschung der Hypothek oder der Grundschuld bewilligt. ‣ Der Eigentümer kann mit dieser Urkunde die Hypothek oder Grundschuld **nur löschen lassen.** ‣ Eine Umschreibung auf den Eigentümer ist grundsätzlich nicht möglich.

Gesetzlicher Löschungsanspruch

Ein Grundpfandrecht schließt seit 1978 **das Recht** ein, **vom Grundstückseigentümer die Löschung vorrangiger oder gleichrangiger Grundpfandrechte zu verlangen,** sobald der Grundstückseigentümer sie erworben hat, z. B. durch Rückzahlung des Kredits (gesetzlicher Löschungsanspruch).

§ 1179a BGB

Der gesetzliche Löschungsanspruch kann durch Vereinbarung zwischen Gläubiger und Grundstückseigentümer ausgeschlossen oder eingeschränkt werden. Ausschluss und Einschränkung müssen im Grundbuch eingetragen werden.

gesetzlicher Löschungsanspruch

Löschungsvormerkungen, die vor dem Inkrafttreten der Änderung eingetragen wurden, bleiben gültig.

Zwangsweise Befriedigung des Grundpfandrechtsgläubigers

Zahlt der Schuldner ein durch ein Grundpfandrecht gesichertes Darlehen nicht zurück, so kann der Gläubiger aufgrund seines dinglichen Anspruchs die **Zwangsvollstreckung** in das Grundstück betreiben.

Zwangsvollstreckung
§ 1147 BGB

Die Zwangsvollstreckung in das unbewegliche Vermögen erfolgt durch

- **Zwangsversteigerung,**
- **Zwangsverwaltung** oder
- **Eintragung einer Zwangssicherungshypothek.**

§866 ZPO

Die drei Maßnahmen können einzeln oder nebeneinander eingeleitet werden.

Bei einer Zwangsversteigerung sollen die Ansprüche des Gläubigers aus dem Versteigerungserlös des Grundstücks, bei einer Zwangsverwaltung aus den Erträgen des Grundstücks befriedigt werden. Durch die Eintragung der Zwangssicherungshypothek werden die Ansprüche des Gläubigers nicht unmittelbar befriedigt, es erfolgt lediglich die dingliche Sicherung der Forderung.

vollstreckbarer Titel

Voraussetzung für die Zwangsvollstreckung in das Grundstück ist ein **vollstreckbarer Titel,** der durch das gerichtliche Mahnverfahren oder durch ein Gerichtsverfahren erworben werden kann.

Zwangsvollstreckungsklausel

Kreditinstitute verlangen, dass sich der Eigentümer bereits durch eine entsprechende Willenserklärung in der Urkunde zur Bestellung des Grundpfandrechts freiwillig der Zwangsvollstreckung unterwirft. Die **Zwangsvollstreckungsklausel** wird bei dem betreffenden Grundpfandrecht in das Grundbuch eingetragen. Das Kreditinstitut als Grundpfandrechtsgläubiger gelangt damit ohne langwieriges Prozessverfahren zu einem vollstreckbaren Titel.

§1181 BGB

Durch Befriedigung des Gläubigers im Wege der Zwangsvollstreckung erlischt das Grundpfandrecht kraft Gesetz. Ebenfalls gelöscht werden die mit dem die Zwangsvollstreckung betreibenden Recht gleichrangigen oder nachrangigen Rechte.

Rangordnung

5.3.4.4 Rangordnung der in Abteilung II und III des Grundbuchs eingetragenen Rechte

Die in Abteilung II und III des Grundbuchs eingetragenen Belastungen sind Rechte Dritter. Diese Rechte haben eine **Rangordnung.** Der Rang eines Rechts ist sein Verhältnis zu anderen Rechten am selben Grundstück. Er bestimmt entscheidend den Wert eines Rechtes.

§879 BGB

Bei Rechten, die in **derselben Abteilung** eingetragen werden, wird die Rangordnung durch die **Reihenfolge der Eintragungen,** bei Rechten, die in **verschiedenen Abteilungen** eingetragen werden, wird die Rangordnung durch das **Datum der Eintragungen** festgelegt.

Bei einer **Zwangsversteigerung** eines Grundstücks muss das Recht im höheren Rang vor dem Recht im niedrigeren Rang voll befriedigt werden.

Beispiel für die Bedeutung der Rangordnung bei einer Zwangsversteigerung des Grundstücks

Eintragung in Abteilung II:			Ergebnis der Zwangsversteigerung		
1. Reallast	100000 Euro	01.03.2000			250000 Euro
Eintragungen in Abteilung III:			**Rangordnung:**		**Befriedigung:**
1. Grundschuld	120000 Euro	20.04.2000		Euro	Euro
2. Grundschuld	80000 Euro	01.06.2001	1. Rang Reallast	100000	100000
			2. Rang Grundschuld	120000	120000
			3. Rang Grundschuld	80000	30000

Die Rangfolge im Grundbuch ist daher für die Besicherung von Baufinanzierungskrediten von großer Bedeutung.

Die gesetzlich bestimmte Rangordnung kann korrigiert werden.

Korrektur der gesetzlich bestimmten Rangordnung durch

Rangvorbehalt

Ein Rangvorbehalt sichert einem Recht **von vornherein** einen bestimmten Rang und bewirkt dadurch eine vom Gesetz abweichende Rangordnung.

Rangänderung

Eine Rangänderung bewirkt **nachträglich** eine Änderung der vom Gesetz bestimmten Rangordnung.

Rangvorbehalt
§881 BGB
Rangänderung
§880 BGB

Beispiele für die Bedeutung von Rangvorbehalt und Rangänderung bei einer Zwangsversteigerung

Fall 1: Rangvorbehalt

Annahme: Im **Beispiel oben** wird bei der Reallast in Abt. II ein **Rangvorbehalt** zugunsten der Grundschuld Abt. III/1 im Grundbuch eingetragen.

Folgen für die Zwangsversteigerung:

Rangordnung:		**Befriedigung:**
	Euro	Euro
1. Rang Grundschuld	120000	120000
2. Rang Reallast	100000	100000
3. Rang Grundschuld	80000	30000

Fall 2: Rangänderung

Annahme: Im **Beispiel oben** wird zwischen den beiden Grundschuldgläubigern und dem Berechtigten aus der Reallast eine **Rangänderung** zugunsten der Grundschuldgläubiger im Grundbuch eingetragen.

Folgen für die Zwangsversteigerung:

Rangordnung:		**Befriedigung:**
	Euro	Euro
1. Rang Grundschuld	120000	120000
2. Rang Grundschuld	8000	80000
3. Rang Reallast	100000	50000

5.4 Firmenkredite

Kreditinstitute stellen Unternehmen und Selbstständigen Fremdkapital in Form von Firmenkrediten zur Verfügung. Firmenkredite werden als kurzfristige oder langfristige Kredite angeboten.

Firmenkredite

kurzfristige Kredite

- Kontokorrentkredite
- Wechselkredite
- Akzeptkredite
- Avalkredite

langfristige Kredite

Investitionskredite

Einteilung der Firmenkredite

5.4.1 Finanzierung von Unternehmen und Selbstständigen

Jedes Unternehmen benötigt Kapital zur Finanzierung von Investitionen und der laufenden Geschäftstätigkeit.

Finanzierung = Kapitalbeschaffung

Finanzierung ist Kapitalbeschaffung und Kapitalbereitstellung. Kapital kann als **Geldkapital,** z. B. durch Geldeinlage eines Gesellschafters oder durch Aufnahme eines Bankkredits (Zufluss von Zahlungsmitteln), oder als **Sachkapital,** z. B. durch Sacheinlagen eines Gesellschafters bereitgestellt werden.

Eigen- und Fremdfinanzierung

Innen- und Außenfinanzierung

Finanzierung kann eingeteilt werden

- **nach den Kapitalgebern** in **Eigenfinanzierung** (Beschaffung bzw. Bildung von Eigenkapital) und **Fremdfinanzierung** (Beschaffung von Fremdkapital),
- **nach der Kapitalherkunft** in **Innenfinanzierung** (Kapitalbildung im Unternehmen) und **Außenfinanzierung** (Kapitalzufluss von außen).

Arten der Finanzierung

- **Eigenfinanzierung**
  - **Selbstfinanzierung** (Innenfinanzierung): Bildung von Eigenkapital, z. B. durch Nichtausschütten von Gewinnen oder Unterbewertung von Vermögenswerten
  - **Einlagen- oder Beteiligungsfinanzierung** (Außenfinanzierung): Beschaffung von Eigenkapital, z. B. durch Aufnahme neuer Gesellschafter in eine Personenhandelsgesellschaft oder Erhöhung des Eigenkapitals einer AG
- **Fremdfinanzierung**
  - **Kreditfinanzierung** (Außenfinanzierung): Beschaffung von Fremdkapital, z. B. durch Aufnahme von Bank- oder Lieferantenkrediten

Innenfinanzierung: Selbstfinanzierung
Außenfinanzierung: Einlagen- oder Beteiligungsfinanzierung, Kreditfinanzierung

Stellung der Kapitalgeber

Eigenkapital	Fremdkapital
Beteiligung am Vermögen	Rückzahlungsanspruch in Höhe des überlassenen Kapitals
Einflussmöglichkeit auf die Geschäftspolitik	Anspruch auf Verzinsung
Beteiligung an Gewinn und Verlust	
kein Rückzahlungsanspruch	

Aus der **Sicht der Unternehmen** ist die Fremdfinanzierung über Bankkredite vor allem dadurch gekennzeichnet, dass die Kreditüberlassungsdauer grundsätzlich befristet ist und Zins- und Tilgungszahlungen eine feste Liquiditätsbelastung darstellen.

Die **Kreditaufnahme** wird begrenzt durch

- die **Kreditwürdigkeit**,
- die zur Verfügung stehenden **Kreditsicherheiten**.

In Kreditverträgen mit Firmenkunden können Ausschließlichkeitserklärung und Negativerklärung vorkommen.

Die **Ausschließlichkeitserklärung** verpflichtet den Kreditnehmer, nur bei dem Kredit gebenden Institut Konten zu unterhalten.

Ausschließlichkeitserklärung

Die **Negativerklärung** verpflichtet den Kreditnehmer, ohne Einverständnis des Kredit gebenden Instituts Grundbesitz weder zu veräußern noch zu belasten **oder** dritten Personen keine Sicherheiten zu bestellen **oder** keine Kredite bei Dritten aufzunehmen.

Negativerklärung

Daneben besteht die Möglichkeit, in dem Kreditvertrag bestimmte **Covenants** zu vereinbaren. Es handelt sich hierbei um Verpflichtungserklärungen des Kreditnehmers, während der Kreditlaufzeit klar definierte Bedingungen, z.B. eine bestimmte Mindesteigenkapitalquote, einzuhalten.

Covenants

Eine Mischung von Eigen- und Fremdfinanzierung bietet die Mezzanine-Finanzierung.

Mezzanine-Kapital

Mezzanine-Kapital

Mezzanine-Kapital ist rechtlich Fremdkapital, das unter bestimmten Voraussetzungen wirtschaftlich dem Eigenkapital zugerechnet werden kann. Für das zur Verfügung gestellte Fremdkapital wird eine Nachrangigkeit vereinbart. Die Gläubiger werden im Insolvenzfall vor den Eigenkapitalgebern, aber nach den übrigen Fremdkapitalgebern befriedigt. Für die Mezzanine-Finanzierung sind i.d.R. keine Sicherheiten zu stellen. Aufgrund der Nachrangigkeit liegt der Zinssatz für Mezzanine-Kapital meistens deutlich über dem Zinssatz einer klassischen Fremdkapitalfinanzierung.

Eine Alternative zur klassischen Fremdfinanzierung über Kreditinstitute stellt die digitale Kreditvermittlung durch sogenannte „FinTechs" im Rahmen einer **Crowdfinanzierung** dar. Hierbei wird über eine Internetplattform Geld von Investoren eingesammelt, das dann an die Kreditnehmer weitergeleitet wird.

Crowdfinanzierung

5.4.2 Kurzfristige Kredite an Firmenkunden

5.4.2.1 Kontokorrentkredit

5.4.2.1.1 Wesen und Abwicklung des Kontokorrentkredits

Der Kontokorrentkredit an Unternehmen und Selbstständige ist ein Betriebskredit mit i.d.R. individuell festgelegten Bedingungen. Er dient der Finanzierung der Erstellung und des Absatzes betrieblicher Leistungen.

Wesen und Abwicklung des Kontokorrentkredits

Abwicklung des Kontokorrentkredits an Firmenkunden

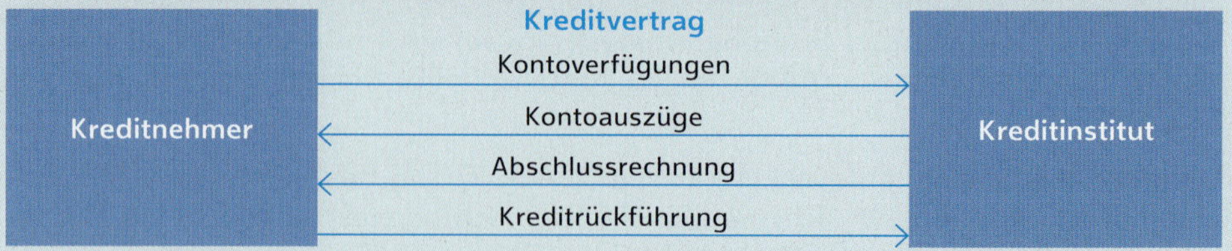

- Der Kreditvertrag enthält die Vereinbarung, dass das Kreditinstitut bis zur festgesetzten Kreditgrenze Zahlungen aus dem Kontokorrentkonto leistet.
- Kontoverfügungen sind Überweisungsaufträge, Scheckziehungen, Lastschriftabbuchungen, Barabhebungen usw.
- Mit der Abschlussrechnung werden Zinsen und andere Kosten kapitalisiert.
- Kreditrückführungen erfolgen durch Überweisungseingänge, Scheckgutschriften, Inkassoaufträge, Bareinzahlungen usw.

Der Kontokorrentkredit wird in der Regel für ein Jahr oder bis auf Weiteres (b. a. w.) zugesagt. Bei ordnungsmäßiger Kontoführung sind Banken und Sparkassen zu Prolongationen bereit.

Der Kontokorrentkredit wird über das **Kontokorrentkonto des Kunden** in Anspruch genommen. Er kann auch über ein **Kreditsonderkonto** zur Verfügung gestellt werden.

Arten des Kontokorrentkredits

5.4.2.1.2 Arten des Kontokorrentkredits

Kontokorrentkredite an Unternehmen und Selbstständige	
Betriebsmittel- oder Umsatzkredit	▸ Der Betriebsmittel- oder Umsatzkredit dient u. a. der Finanzierung von Einkäufen, der Ausnutzung von Lieferantenskonti (Vermeidung der teureren Lieferantenkredite) und der Zielgewährung an Abnehmer. ▸ Er wird aus Umsatzerlösen zurückgezahlt. ▸ Er verstärkt die liquiden Mittel des Kreditnehmers und erhöht so die Dispositionsfreiheit des Unternehmens.
Saisonkredit	▸ Der Saisonkredit ist eine besondere Art des Betriebsmittel- oder Umsatzkredits. ▸ Er wird von Unternehmen benötigt, die einen saisonbedingt unterschiedlich hohen Bedarf an liquiden Mitteln haben. ▸ Er finanziert die Zeitspanne zwischen Einkauf und Absatz.
Überziehungskredit	Der Überziehungskredit ist ein Kontokorrentkredit, bei dem der Kontoinhaber ohne Absprache mit dem Kreditinstitut sein Konto oder sein Kreditlimit überzieht.
Zwischenkredit	▸ Der Zwischenkredit ist ein Überbrückungskredit. Er dient der Zwischenfinanzierung von langfristigen Darlehen für Investitionen und Bauvorhaben. ▸ Er wird durch Auszahlung des langfristigen Darlehens abgelöst.

Eurokredit

Bei einer konstanten Inanspruchnahme eines Teils des Kontokorrentkredits kann ein **Eurokredit** für den Kunden eine Alternative sein. Ein Eurokredit, der auch als aktives Termingeld bezeichnet wird, ist ein auf einem separaten Kreditkonto bereitgestellter Festkredit mit i. d. R. kurzfristiger Laufzeit und einem gebundenen Sollzinssatz. Die Höhe des Zinssatzes orientiert sich an einem Geldmarktzinssatz, z. B. dem EURIBOR. Mit einem Eurokredit wird der dauerhaft beanspruchte Teil des Kontokorrentkredits zu einem für den Kunden vergleichsweise günstigen Zinssatz finanziert. Der Kredit wird unter gleichzeitiger Kürzung der Kontokorrentkreditlinie eingeräumt. Bei Fälligkeit wird er durch den Kontokorrentkredit ausgeglichen, der wieder auf den ursprünglichen Kreditbetrag erhöht wird.

5.4.2.1.3 Kosten des Kontokorrentkredits

Kosten des Kontokorrentkredits

Kreditinstitute rechnen **Kontokorrentkonten für Unternehmen und Selbstständige monatlich** ab. Sie erreichen damit eine **kurzfristige Kapitalisierung** der Zinsen und der übrigen Kreditkosten.

Kreditinstitute berechnen
- Zinsen,
- Überziehungsprovision,
- Grundpreis für die Kontoführung,
- Entgelte für Buchungsposten,
- Entgelte für Kontoauszüge,
- Portoauslagen.

Der **Zinssatz** ist ein Nettozinssatz. Er enthält kein Entgelt für die Kreditbereitstellung. Die **Überziehungsprovision** hat Zinscharakter und wird zusätzlich zu den Sollzinsen in Rechnung gestellt
- bei Überziehung des Kontos ohne Kreditvereinbarung,
- bei Überziehung des eingeräumten Kreditlimits,
- bei Beanspruchung des Kredits über die vereinbarte Laufzeit hinaus.

Manche Kreditinstitute verwenden statt Überziehungsprovision die Bezeichnung Überziehungszinsen.

Nach der Rechtsprechung des BGH darf dem Kunden grundsätzlich kein Entgelt für die Kreditbearbeitung (Bearbeitungsgebühr) in Rechnung gestellt werden. Dies gilt nicht nur für Kontokorrentkredite, sondern auch für sämtliche anderen Firmenkredite. Nach Auffassung des BGH haben die Banken und Sparkassen die für die Kreditbearbeitung anfallenden Kosten durch den laufzeitabhängig bemessenen Zins zu decken und können daneben kein laufzeitunabhängiges Bearbeitungsentgelt verlangen. Etwas anderes gilt nur für den Fall, dass ein zusätzlicher Bearbeitungspreis individuell zwischen Kreditinstitut und Kunden ausgehandelt wird. Hierfür ist die Bank oder Sparkasse beweispflichtig.

5.4.2.1.4 Kreditwürdigkeitsprüfung

Kreditwürdigkeit

Unterlagen für die Kreditwürdigkeitsprüfung

Unterlagen

Unterlagen, die zur Beurteilung der Kreditwürdigkeit von Firmenkunden herangezogen werden können, sind

- Steuerbescheide,
- Auskünfte der Kontoführung,
- externe Auskünfte,
- Auszüge aus öffentlichen Registern,
- Gesellschaftsverträge,
- Jahresabschlüsse für die Unternehmensbeurteilung und Unternehmensanalyse,

- unternehmensinternes und -externes Zahlenmaterial zur betriebswirtschaftlichen Analyse der Lage und der Aussichten.

Steuerbescheide können zur Beurteilungsgrundlage der wirtschaftlichen Situation von freiberuflich Tätigen, Gewerbetreibenden und Landwirten, die nicht buchführungspflichtig sind, gemacht werden.

Auskünfte der Kontoführung über Umsatzentwicklung auf dem Konto und Abwicklung früherer Kredite können bei Kreditnehmern, die bereits Kunden des Kreditinstituts sind, herangezogen werden.

Externe Auskünfte sind Selbstauskünfte des Kreditnehmers oder Auskünfte von Auskunfteien, Kreditschutzorganisationen, anderen Kreditinstituten, Lieferanten, Industrie- und Handelskammern, Handwerkskammern und Verbänden.

Auszüge aus öffentlichen Registern, z. B. Handelsregister, Vereinsregister, Grundbuch, geben Auskünfte über bestimmte für das Kreditgeschäft wichtige Rechtsverhältnisse.

Gesellschaftsverträge geben Informationen über die rechtlichen Grundlagen, insbesondere über Haftungsregelungen, Geschäftsführungs- und Vertretungsbefugnisse und über Gewinnentnahmemöglichkeiten durch die Gesellschafter.

Unternehmensbeurteilung

Unternehmensbeurteilung

Kreditentscheidungen einer Bank oder Sparkasse müssen auf Informationen über das Unternehmen, über seine gegenwärtige Lage und über seine Aussichten fußen. Im Mittelpunkt stehen Informationen über

- **Produkte und Märkte des Unternehmens** (technische und wirtschaftliche Produktqualität? Marktchancen und Risiken? Konkurrenzfähigkeit? Betriebswirtschaftliche Qualität des Marketing? Stand der Vertriebsorganisation? Zertifizierung nach ISO-Normen? usw.),
- **Planung der Unternehmensentwicklung** (Produkt- und Sortimentsentwicklung? Umsatz-, Ertrags- und Aufwandsplanung? Investitions- und Finanzierungsplanung? Planungsrealisierung in der Vergangenheit? Planungsdurchführbarkeit? Mögliche externe Einflussfaktoren, z. B. technologische Entwicklung, Verhaltensänderungen bei Konsumenten? usw.),
- **Aktuelle Situation des Unternehmens** (Vermögens- und Finanzlage? Höhe von Eigen- und Fremdkapital im Zeit- und Branchenvergleich? Liquiditätsentwicklung? Kreditlinien bei Banken und Lieferanten und ihre Ausnutzung? Selbstfinanzierungsmöglichkeiten? Rentabilität von Eigenkapital und Gesamtkapital? Umsatz- und Ertragsentwicklung im Zeit- und Branchenvergleich? Auftragsbestand? Kapazitätsauslastung? usw.),
- **Unternehmensführung** (Qualität des Managements? Personalentwicklung? Organisationsqualität? usw.).

Eine **Unternehmensanalyse anhand der Jahresabschlüsse (Bilanzanalyse und Analyse der Gewinn- und Verlustrechnung)** kann dabei nur einige der angeführten Fragen beantworten. Die Unternehmensanalyse liefert **gegenwartsbezogene Informationen** (statische Betrachtungsweise). Darüber hinaus ist eine **zukunftsbezogene Analyse** erforderlich.

Unternehmensanalyse (Bilanz- und G+V-Analyse)

Unternehmensanalyse

Die Unternehmensanalyse soll Informationen zur **Beurteilung der Ertrags-, Vermögens- und Finanzlage** liefern. Die Kreditinstitute nutzen zur Unternehmensanalyse vielfach EDV-Anwendungen, mit deren Hilfe die Jahresabschlüsse der Kreditnehmer ausgewertet und **Kennzahlen** zur weitergehenden Analyse im Zeit- und Branchenvergleich ermittelt werden. Zusätzlich kann eine **Kapitalflussrechnung**, z.B. als **Bewegungsbilanz**, durchgeführt werden.

Kennziffern zur Finanzlage

Beurteilung der Finanzlage

Kennzahl	Formel	Aussage
Eigenkapitalquote	$= \frac{\text{Eigenkapital} \times 100}{\text{Bilanzsumme}}$	**Kapitalstruktur:** Aussage über das Risikodeckungspotenzial
Anlagenquote	$= \frac{\text{Anlagevermögen} \times 100}{\text{Bilanzsumme}}$	**Vermögensstruktur:** Aussage über die Anlageintensität
Anlagendeckungsgrad I	$= \frac{\text{Eigenkapital} \times 100}{\text{Anlagevermögen}}$	**Finanzierung:** Aussage über Fristenentsprechung von Investitionen und Kapital
Anlagendeckungsgrad II	$= \frac{(\text{Eigenkapital} + \text{langfr. Fremdk.}) \times 100}{\text{Anlagevermögen}}$	
Bar-Liquidität (Liquidität 1. Grades)	$= \frac{\text{Liquide Mittel 1. Ordnung} \times 100}{\text{kurzfristige Verbindlichkeiten}}$	**Liquidität:** Aussage über die Fähigkeit des Unternehmens, am Bilanzstichtag kurzfristige Zahlungsverpflichtungen zu erfüllen

Liquide Mittel 1. Ordnung = Kassenbestand, Bankguthaben, Schecks

Ferner einzugsbedingte und umsatzbedingte Liquidität:

- **Einzugsbedingte Liquidität** = Liquide Mittel 1. Grades + Forderungen aus Lieferungen und Leistungen
- **Umsatzbedingte Liquidität** = Liquide Mittel 1. Grades + Forderungen + Vorräte

Kennziffern zur Erfolgslage

Beurteilung der Erfolgslage

Kennzahl	Formel	Aussage
Eigenkapitalrentabilität	$= \frac{\text{Betriebsergebnis} \times 100}{\text{Eigenkapital}}$	**Kapitalverzinsung:** Aussage über die Verzinsung des eingesetzten Kapitals
Gesamtkapitalrentabilität	$= \frac{\left(\begin{array}{l}\text{Betriebsergebnis} \\ + \text{Zinsaufwand}\end{array}\right) \times 100}{\text{Bilanzsumme}}$	

Beurteilung der Erfolgslage

Umsatzrentabilität $= \frac{\text{Betriebsergebnis} \times 100}{\text{Gesamtleistung}} \times \frac{\text{Umsatz}}{\text{Kapital}}$ – Aussage über den prozentualen Anteil des operativen Ergebnisses an der Gesamtleistung

Return on Investment (ROI) $= \frac{\text{Betriebsergebnis} \times 100}{\text{Umsatz}}$ – Aussage über den Rückfluss des investierten Kapitals

Betriebsergebnis

Umsatzerlöse (ohne Umsatzsteuer)
+/− Bestandsveränderungen
+ andere aktivierte Eigenleistungen
= Gesamtleistung
− Materialaufwand
− Personalaufwand
− planmäßige Abschreibungen auf Sachanlagen
− sonstige ordentliche Aufwendungen
+ sonstige ordentliche Erträge
= Teil-Betriebsergebnis
+ Zinserträge
− Zinsaufwendungen
= Betriebsergebnis

Kapitaleinsatz kann sein:
- der Kapitaleinsatz zu Beginn des Geschäftsjahres (Anfangskapital) oder
- ein durchschnittlicher Kapitaleinsatz, z. B. Anfangsbestand + Endbestand : 2

Cashflow

Betriebsergebnis
+ ordentliche Abschreibungen auf Anlagen
+ Zuführung zu den langfristigen Rückstellungen
= Cashflow

Cashflow-Rate $= \frac{\text{Cashflow} \times 100}{\text{Gesamtleistung}}$

(Cashflow und Cashflow-Rate:) Aussage über die Finanzierungsfähigkeit des Unternehmens aus eigener Kraft

Kreditrating im Firmenkreditgeschäft

Kreditrating bei Firmenkunden

Das Kreditrating ist ein standardisiertes Verfahren zur Beurteilung der wirtschaftlichen Fähigkeiten eines Kreditnehmers, in Zukunft seinen Zahlungsverpflichtungen termingerecht nachzukommen. Das Rating ermittelt die Ausfallwahrscheinlichkeit eines Kreditengagements.

Ratingsystem

Ratingsysteme erlauben Kreditinstituten eine zuverlässige Einschätzung der Risiken ihres Kreditgeschäfts und das frühzeitige Erkennen von Risikohäufungen. Ratingsysteme bilden die Grundlage für die Kreditentscheidungen und erleichtern die Kreditüberwachung.

Im Rahmen eines Kreditratings werden verschiedene Themenkomplexe abgebildet und bewertet:

Rating-komponenten

- Jahresabschlussanalyse (Bilanzanalyse),
- Mittelfristige Unternehmensplanung,
- Bilanzpolitik,
- Liquiditätsrating,
- Qualitatives Rating (Management, Unternehmensumfeld),
- Branchenrating.

Gewichtung und Bewertung

Die einzelnen Bewertungsergebnisse werden zu einer Gesamtbewertung der wirtschaftlichen Bonität, dem Rating, zusammengefasst. Diese Zusammenfassung der Einzelbewertungen erfolgt mithilfe eines komplexen Rechenwerks. Das Rating wird auf einer Punkte- oder Buchstabenskala (z. B. 1–18 Punkte oder AAA, AA, A+, A, BB, B+, B, C, D) abgebildet.

5.4.2.1.5 Besicherung des Kontokorrentkredits

Besicherung des Kontokorrentkredits

Sicherheiten für Kontokorrentkredite im Firmenkreditgeschäft sind vor allem
- Bürgschaften,
- Sicherungsabtretungen von Forderungen aus Warenlieferungen und Dienstleistungsgeschäften,
- Sicherungsübereignungen von Maschinen, Waren und Vorräten,
- Grundschulden (Sicherungsgrundschulden).

Bürgschaften

Bürgschaft
▸ Kapitel 5.1.5.2

Zur Besicherung von Krediten nehmen die Kreditinstitute nur **selbstschuldnerische Bürgschaften** an. Sie können damit den Bürgen sofort in Anspruch nehmen, wenn der Kreditnehmer (Hauptschuldner) seinen Verpflichtungen nicht nachkommt.

Die Kreditinstitute nehmen im Regelfall betragsmäßig begrenzte Bürgschaften (Höchstbetragsbürgschaften, die Zinsen und Kosten einschließen) mit einem engen Sicherungszweck zur Sicherung eines konkret benannten Kredits herein. Dies erfolgt vor dem Hintergrund, dass die Ausweitung der Haftung durch eine spätere zusätzliche Kreditaufnahme des Hauptschuldners für den Bürgen nach § 305c Abs. 1 BGB überraschend sein kann und somit unwirksam wäre. Nach der Rechtsprechung des BGH besteht lediglich bei geschäftserfahrenen Personen die Möglichkeit, eine Höchstbetragsbürgschaft mit weitem Sicherungszweck zur Sicherung der gesamten Geschäftsverbindung des Hauptschuldners hereinzunehmen. In diesem Fall muss der Bürge nicht nur in Kreditgeschäften erfahren sein, sondern auch rechtlich auf die Höhe der Kreditverpflichtung des Hauptschuldners und somit auf den Umfang seiner Haftung Einfluss nehmen können. Der Bürge haftet bis zum benannten Bürgschaftsbetrag.

Kreditinstitute verlangen in der Regel, dass der Bürge im **Bürgschaftsvertrag** folgenden **Vereinbarungen** zustimmt:

- Die Bürgschaftsverpflichtung erlischt nicht bei vorübergehender Abdeckung des Schuldsaldos.
- Die Bürgschaft gilt zeitlich unbefristet.
- Die Ansprüche des Kreditinstituts gegen den Kreditnehmer gehen weder ganz noch teilweise auf den Bürgen über, bevor nicht der Kredit vollständig abgedeckt ist. Zahlungen des Bürgen gelten bis dahin als Sicherheitsleistung.

- Verbürgen sich mehrere Personen für eine Kreditschuld, so ist ihre Bürgschaft eine Mitbürgschaft.

§ 766 BGB

Nach dem BGB ist für Bürgschaftserklärungen die **Schriftform** vorgeschrieben. Ist der Bürge Kaufmann und wird die Bürgschaft im Rahmen seines Handelsgewerbes abgegeben, kann er sich auch mündlich verbürgen. In der Praxis des Kreditgeschäfts verlangen die Kreditinstitute aber auch in diesem Fall aus Beweisgründen eine schriftliche Bürgschaftserklärung.

§ 350 HGB

Sicherungsabtretung

Kapitel 5.1.5.3

Sicherungsabtretung von Forderungen aus Warenlieferungen und Leistungen

Das Kreditinstitut kann in der Regel davon ausgehen, dass der Kreditnehmer die Bonität seiner Abnehmer vor Entstehen seiner Forderungen geprüft hat. Das Kreditinstitut kann die Abtretung ihm nicht genehmer Forderungen ablehnen und die Abtretung neuer Forderungen verlangen. Zu beachten ist, dass manche Drittschuldner die Abtretung von ihrer Zustimmung abhängig machen.

Mantel- und Globalzession

Kapitel 5.1.5.3.2

Firmenkunden haben regelmäßig Forderungen gegen eine Vielzahl von Abnehmern. Bei Abtretungen zur Besicherung von Firmenkrediten handelt es sich daher meist um Rahmenabtretungen. **Rahmenabtretungen** können **Mantelzessionen oder Globalzessionen** sein.

Risiken bei der Sicherungsabtretung

Risiken

Bei einer Abtretung ist für das Kreditinstitut nachteilig, dass der Drittschuldner auch dem Zessionar gegenüber alle **Einreden** geltend machen kann, die er gegen den Gläubiger (Zedenten) vorbringen kann, z. B. Einrede der Zahlungsverweigerung wegen falscher oder mangelhafter Lieferung. Kreditinstitute verlangen daher stets eine gewisse Überdeckung des Kredits durch Zessionen, z. B. für die Einräumung eines Kontokorrentkredits in Höhe von 200000 Euro Forderungsabtretungen in Höhe von 250000 Euro.

§ 404 BGB

Stille Zessionen, die vor allem bei der Abtretung von Forderungen aus Warenlieferungen und Leistungen vorkommen, bergen für das Kreditinstitut besondere Risiken. Sie können durch geeignete Schutzmaßnahmen ausgeschlossen oder zumindest reduziert werden.

Risiken stiller Forderungsabtretungen aus Warengeschäften

Schutzmaßnahmen gegen Abtretungsrisiken

Risiken und Schutzmaßnahmen bei Forderungsabtretungen aus Warenlieferungen

Risiken	Schutzmaßnahmen der Kreditinstitute
Es wurden keine Waren geliefert. Die Forderung besteht nicht.	Offenlegung der Zession gegenüber den Abnehmern der Waren (= Drittschuldner) Einsichtnahme in die Geschäftsbücher des Zedenten (Kreditnehmer, Lieferant)
Der Kreditnehmer (Zedent) leitet die Kundenzahlungen nicht an das Kreditinstitut weiter.	Offenlegung der Zession gegenüber den Abnehmern der Waren Überwachung der Kontoführung des Zedenten
Der Kreditnehmer (Zedent) hat die Forderungen bereits an ein anderes Kreditinstitut abgetreten.	Erklärung des Zedenten, dass die Forderungen noch nicht abgetreten wurden (Es gilt der Grundsatz der zeitlichen Vorrangigkeit)

Risiken	Schutzmaßnahmen der Kreditinstitute
▸ Der Kreditnehmer (Zedent) tritt Forderungen ab, deren Abtretung vertraglich zwischen ihm und seinen Kunden ausgeschlossen war.	▸ Vorlage der Verträge mit den Abnehmern
▸ Die abgetretene Forderung ist mit einem verlängerten Eigentumsvorbehalt belastet. Es gilt der Grundsatz der zeitlichen Vorrangigkeit.	▸ Nur Teilabtretung des Betrags, der über die Kaufpreisforderung des Vorlieferanten hinausgeht ▸ Vereinbarung eines Anwartschaftsrechts auf die Forderung nach der vollständigen Bezahlung durch den Lieferanten ▸ Überwachung der Zahlungen an die Vorlieferanten
▸ Einreden der Kunden (Drittschuldner) gegen ihre Zahlungsverpflichtungen, z. B. Aufrechnung, mangelhafte Lieferung, Anfechtung, Verjährung.	▸ Sofortige Benachrichtigung des Kreditinstituts durch den Kreditnehmer bei Beeinträchtigung der abgetretenen Forderungen ▸ Überdeckung des Kredits durch geeignete andere Sicherheiten

Die **Wirkung eines Abtretungsverbots** nach § 399 BGB wird durch § 354a HGB **eingeschränkt.** Danach ist eine **Abtretung,** die trotz eines vereinbarten Abtretungsverbots vorgenommen wird, **voll wirksam** und begründet im Insolvenzfall des Zedenten ein Absonderungsrecht für das Kreditinstitut. Voraussetzung ist, dass das Rechtsgeschäft, das diese Forderung begründet hat, für beide Teile ein Handelsgeschäft war oder der Drittschuldner eine juristische Person des öffentlichen Rechts ist und die Abtretung eine Geldforderung betrifft. Der Drittschuldner kann mit schuldbefreiender Wirkung an den bisherigen Gläubiger leisten, auch wenn er von der Abtretung Kenntnis hat.

§ 399 BGB
§ 354a HGB

Damit haben z. B. Lieferanten von Großunternehmen trotz vereinbarten Abtretungsverbots die Möglichkeit, ihre Forderungen als Kreditsicherheit zu verwenden. Die Großunternehmen als Drittschuldner, deren Interesse es ist, ihren Zahlungsverkehr übersichtlich zu halten, gehen kein Risiko ein, da sie weiterhin mit schuldbefreiender Wirkung an ihre Lieferanten zahlen können.

Sowohl bei stillen als auch bei offenen Zessionen können sich Risiken für das Kreditinstitut ergeben, wenn Forderungen abgetreten werden oder abgetreten werden sollen, die mit einem verlängerten **Eigentumsvorbehalt** belastet sind. Erheben sowohl ein Lieferant aus seinem Eigentumsvorbehalt als auch ein Kreditinstitut aus einer Sicherungsabtretung Anspruch auf eine Forderung, gilt der Grundsatz der zeitlichen Vorrangigkeit (Prioritätsprinzip).

Zu beachten ist jedoch die Entscheidung des Bundesgerichtshofs, dass ein Globalzessionsvertrag, der zeitlich vor einer Eigentumsvorbehaltsregelung abgeschlossen wurde, in den meisten Fällen

Beispiel für die Kollision von verlängertem Eigentumsvorbehalt und Sicherungsabtretung

Ein Hersteller liefert am 1. Oktober Waren an einen Großhändler und vereinbart einen verlängerten Eigentumsvorbehalt. Der Großhändler verkauft die Waren am 15. Oktober an einen Einzelhändler und schließt am 20. Oktober mit einem Kreditinstitut einen Vertrag über die sicherungsweise Abtretung dieser Forderung. Die Forderung ist nicht an das Kreditinstitut, sondern aufgrund des zeitlich vorher vereinbarten Eigentumsvorbehalts bei Entstehen an den Lieferanten abgetreten.

Kollision von verlängertem Eigentumsvorbehalt und Sicherungsabtretung

unwirksam ist, weil den Kreditinstituten bekannt sein muss, dass bei Warenlieferungen ohne sofortige Bezahlung grundsätzlich ein Eigentumsvorbehalt für den Lieferanten vereinbart wird. Kreditinstitute lassen sich daher in der Praxis ein Anwartschaftsrecht auf die abzutretende Forderung zusichern.

Insolvenzverfahren
▸ Kapitel 5.5.5
§ 166 Abs. 2 InsO
§§ 170, 171 InsO

Ist über das Vermögen des Zedenten (Kreditnehmer) das **Insolvenzverfahren eröffnet** worden, geht das **Verwertungsrecht auf den Insolvenzverwalter** über. Nur der Verwalter, nicht das Kreditinstitut, kann die abgetretenen Forderungen einziehen. Ohne Bedeutung ist dabei, ob die Sicherungszession dem Drittschuldner angezeigt war oder nicht.

Für die Feststellung des Rechts und den Forderungseinzug durch den Verwalter hat das Kreditinstitut einen **Kostenbeitrag** von insgesamt 9 % an die Insolvenzmasse zu leisten, d. h. dem Kreditinstitut werden nur 91 % seiner Forderungen ausgezahlt.

Sicherungsübereignung
▸ Kapitel 5.1.5.5

Sicherungsübereignungen

Sicherungsübereignungen von Maschinen und Einrichtungsgegenständen

Markierungsvertrag

Werden Maschinen sicherungsübereignet, erfolgt die genaue Kennzeichnung durch Markierung, z. B. Anbringen von Schildern mit bestimmten Buchstaben, Zahlen oder Zeichen (**Markierungsvertrag**) und/oder durch Angabe der Fabrikmarken, Typbezeichnungen und Herstellernummern im Sicherungsübereignungsvertrag.

Werden Betriebseinrichtungen von Gewerbetreibenden oder Praxiseinrichtungen von Ärzten sicherungsübereignet, erfolgt die genaue Kennzeichnung durch Beschreibung im Sicherungsübereignungsvertrag.

Sicherungsübereignungen von Waren und Vorräten

Raumsicherungsvertrag

Werden Waren oder Vorräte sicherungsübereignet, schließen das Kreditinstitut und der Kreditnehmer einen **Raumsicherungsvertrag.** Im Raumsicherungsvertrag werden die Waren oder Vorräte genau bezeichnet und der Aufbewahrungsort angegeben (Beispiel: „Der Kreditnehmer übereignet dem Kreditinstitut die gesamten Rohholzbestände, die auf dem Lagerplatz 1 vor dem Sägewerk liegen.“). Unter Umständen wird dem Sicherungsübereignungsvertrag zur genauen Bestimmung des Lagerortes eine Skizze beigefügt.

Zu unterscheiden sind
- die **Sicherungsübereignung eines Lagers mit festem Bestand,**
- die **Sicherungsübereignung eines Lagers mit wechselndem Bestand.**

Im Raumsicherungsvertrag für die Sicherungsübereignung eines Lagers mit wechselndem Bestand ist zu vereinbaren, wann und wodurch **Lagerauffüllungen in das Sicherungseigentum des Kreditinstituts** übergehen (Beispiel: „Alle künftig zu übereignenden Rohholzbestände gehen in das Sicherungseigentum des Kreditinstituts über, sobald sie auf den Lagerplatz 1 vor dem Sägewerk verbracht sind.“).

monatliche Bestandsmeldung

Der Kreditnehmer ist verpflichtet, dem Kreditinstitut **monatliche Bestandsmeldungen** zu machen.

Der Kreditnehmer ist meistens **berechtigt, dem Lager Sicherungsgut zu entnehmen.** Entnimmt er Sicherungsgut zum Zwecke der Verarbeitung, erfolgt die Verarbeitung im Auftrag des Kreditinstituts. Entnimmt er Waren zum Verkauf, erfolgt der

Verkauf im eigenen Namen, aber für Rechnung des Kreditinstituts (kommissionsweiser Verkauf).

Ein im Raumsicherungsvertrag festgelegter Mindestbestand muss grundsätzlich eingehalten werden. Für den Fall der **Nichteinhaltung des Mindestbestandes** sind **Vereinbarungen über Ersatzsicherheiten** zu beachten:

Ersatzsicherheiten

- **Bei Verarbeitung** geht das **Eigentum an den Halb- oder Fertigerzeugnissen** auf das Kreditinstitut über.
- Bei **Verkauf** sind die entstandenen **Forderungen an das Kreditinstitut abgetreten,** sofern die Verkaufserlöse nicht abgeführt worden sind.

Verwertung von sicherungsübereigneten Gegenständen

Verwertung durch freihändigen Verkauf

Das Kreditinstitut ist verpflichtet, die sicherungsübereigneten Sachen im unmittelbaren Besitz des Kreditnehmers zu belassen, solange nicht die Belange des Kreditinstituts gefährdet sind. Es darf einen **Herausgabeanspruch erst dann geltend machen,** wenn der Kreditnehmer seine **Verpflichtungen aus dem Kreditvertrag nicht mehr ordnungsgemäß erfüllt.** Das Kreditinstitut hat nach den AGB ein Wahlrecht, wenn mehrere Sachen sicherungsübereignet sind. Es darf aber nicht mehr Sachen verwerten, als zur Abdeckung der Kreditansprüche notwendig sind.

Das Kreditinstitut führt die **Verwertung durch freihändigen Verkauf** durch. Es ist nicht verpflichtet – wie bei der Verwertung von verpfändeten Gegenständen –, eine öffentliche Versteigerung durchführen zu lassen. Das Kreditinstitut muss sich bemühen, einen **möglichst hohen Gegenwert** durch den Verkauf zu erzielen. Bei einer Verschleuderung macht es sich gegenüber dem Kreditnehmer schadenersatzpflichtig. Das Kreditinstitut hat ein **Selbsteintrittsrecht.** Wenn es hiervon Gebrauch macht, muss es die Sachen zu einem angemessenen Preis anrechnen.

Selbsteintrittsrecht

Risiken bei der Sicherungsübereignung

Risiken

- **Preisrückgang und Verwertungsschwierigkeiten** können den Wert des Sicherungsgutes mindern. Die Kreditinstitute versuchen, sich gegen diese Gefahren durch eine Überdeckung zu schützen.
- Das Sicherungsgut kann bereits vorher einem anderen Kreditinstitut übereignet worden sein (**Gefahr der Doppelübereignung**). Das Kreditinstitut würde dann kein Eigentum erwerben, da ein gutgläubiger Erwerb nur bei Übergabe nach § 932 BGB, nicht aber durch Besitzkonstitut nach § 930 BGB möglich ist.

Doppelübereignung
§ 932 BGB
§ 930 BGB

- Auf dem Sicherungsgut kann ein **Eigentumsvorbehalt** lasten. Das Kreditinstitut erwirbt dann kein Eigentum, da ein gutgläubiger Erwerb nur bei Übergabe, nicht aber durch Besitzkonstitut möglich ist. Im Sicherungsübereignungsvertrag wird daher vereinbart, dass dem Kreditinstitut ein Anwartschaftsrecht auf Eigentumserwerb übertragen wird. Das Kreditinstitut behält sich das Recht vor, Verbindlichkeiten bei den Lieferanten für Rechnung des Kreditnehmers zu bezahlen.

Eigentumsvorbehalt

- Werden Materialien sicherungsübereignet, die der Kreditnehmer verarbeiten will, erwirbt er **durch** die **Verarbeitung Eigentum** an der hergestellten Sache. Um das zu verhindern, vereinbart das Kreditinstitut mit dem Kunden, dass er die Verarbeitung im Auftrag des Kreditinstituts vornimmt. Damit behält das Kreditinstitut in jedem Zeitpunkt das Eigentum.

§ 950 BGB

- Die Sicherungsgegenstände können als **wesentliche Bestandteile** oder **Zubehör eines Grundstücks** für eine Hypothek oder Grundschuld haften. Dies ist vor Abschluss des Kreditsicherungsvertrags im Grundbuch zu überprüfen.

Vermieterpfandrecht
§ 562 BGB
Verpächterpfandrecht
§ 592 BGB

- Der Wert der Kreditsicherung kann durch ein gesetzliches **Vermieterpfandrecht** oder gesetzliches **Verpächterpfandrecht** beeinträchtigt werden. Ein solches Pfandrecht geht dem Sicherungseigentum vor, wenn die Einbringung der Sachen vor der Sicherungsübereignung erfolgte. Kreditinstitute sind bei der Sicherungsübereignung von Sachen, die sich auf einem gemieteten oder gepachteten Grundstück oder in gemieteten oder gepachteten Räumen befinden, bemüht, eine Verzichtserklärung des Vermieters oder Verpächters zu erhalten. Ist dies nicht möglich, muss das Kreditinstitut die regelmäßige und pünktliche Bezahlung der Miete oder der Pacht überwachen, um die Ausübung des gesetzlichen Pfandrechts zu verhindern.

§ 932 BGB
§ 366 HGB

- Ein unredlicher Kreditnehmer könnte sicherungsübereignete Gegenstände an einen Dritten übereignen. Der Dritte würde unter Umständen kraft guten Glaubens an das Eigentum nach § 932 BGB oder kraft guten Glaubens an die Verfügungsberechtigung nach § 366 HGB Eigentum erwerben. Das Kreditinstitut würde sein Eigentum verlieren.

Insolvenzverfahren
▸ Kapitel 5.5.5
§ 166 Abs. 1 InsO

Ist über das Vermögen des Kreditnehmers (Sicherungsgeber) das **Insolvenzverfahren eröffnet** worden, so werden die sicherungsübereigneten Gegenstände, die im Besitz des Schuldners sind, **ausschließlich durch den Insolvenzverwalter,** nicht durch das Kreditinstitut, **verwertet.** Damit soll verhindert werden, dass nach Eröffnung des Insolvenzverfahrens dem Unternehmen Sachen entzogen werden, die für die eventuelle Unternehmensfortführung unerlässlich sind.

§§ 170, 171 InsO

Bei der Verwertung sicherungsübereigneter Gegenstände sind für die Feststellung des Absonderungsrechts 4 % und für die Verwertung durch den Verwalter 5 % vom Verwertungserlös zuzüglich Umsatzsteuer, sofern diese durch die Verwertung ausgelöst wird, als **Kostenbeitrag** an die Insolvenzmasse zu zahlen.

5.4.2.2 Wechselkredit

Wesen des Wechselkredits

5.4.2.2.1 Wesen des Wechselkredits

Der Wechselkredit ist ein Kredit, den der Kreditnehmer durch Verkauf von Wechseln bis zur vereinbarten Kreditgrenze in Anspruch nehmen kann. Das Kreditinstitut kauft noch nicht fällige Wechsel an und gewährt damit dem Verkäufer der Wechsel für die Zeit vom Ankaufstag bis zum Verfalltag einen Kredit. Der Verkäufer erhält den Barwert des Wechsels (Wert des Wechsels am Ankaufstag) gutgeschrieben. Die Differenz zwischen dem **Barwert** und dem **Nennwert** (Wert des Wechsels am Verfalltag) ist der beim Ankauf des Wechsels abgezogene Zins für den Kredit. Er wird als **Diskont** bezeichnet.

Barwert
Nennwert
Diskont

Bei der Diskontierung werden die Zinsen kalendermäßig genau berechnet. Das Jahr wird mit 360 Tagen angenommen (**Euro-Zinsmethode**).

Die Rückzahlung des Wechselkredits erfolgt nicht durch den Kreditnehmer, sondern durch den Bezogenen, der den Wechsel bei Fälligkeit einlöst.

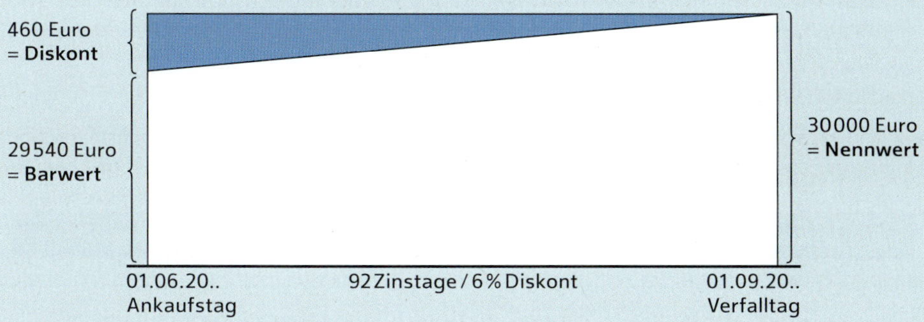

Da Handelswechsel im Allgemeinen eine Höchstlaufzeit von drei Monaten haben, handelt es sich bei Wechselkrediten um eine **kurzfristige Kreditgewährung.** Die Wechselkreditzusage wird jedoch regelmäßig „bis auf Weiteres" gegeben. Der Wechselkredit dient vornehmlich der Finanzierung des Warenumschlags bei **Firmenkunden.** Das der Wechselziehung zugrunde liegende Geschäft soll die Rückzahlung des Kredits sichern. Wechsel, bei denen diese Voraussetzungen gegeben sind, werden als **Handelswechsel** bezeichnet.

Der Wechsel

Das Wechselgesetz unterscheidet zwischen gezogenem und eigenem Wechsel.

gezogener Wechsel (Tratte)
Annahmeerklärung

Der **gezogene Wechsel** ist die unbedingte Anweisung des Ausstellers an den Bezogenen, eine bestimmte Geldsumme an einem bestimmten Zeitpunkt an den durch die Wechselurkunde als berechtigt Ausgewiesenen (Wechselnehmer) zu zahlen (**unbedingte Zahlungsanweisung**). Er wird im Handelsverkehr auch als Tratte bezeichnet.

akzeptierter Wechsel (Akzept)

Wenn der Bezogene seine Schuld auf dem Wechsel durch eine Annahmeerklärung (Akzept) anerkennt, tritt zur Zahlungsanweisung ein unbedingtes Zahlungsversprechen. Der akzeptierte Wechsel wird im Handelsverkehr auch kurz als Akzept bezeichnet.

eigener Wechsel (Solawechsel)

Der **eigene Wechsel** ist ein **unbedingtes Zahlungsversprechen.** Der Aussteller verpflichtet sich, eine bestimmte Geldsumme an einem bestimmten Zeitpunkt an den durch die Wechselurkunde als berechtigt Ausgewiesenen zu zahlen. Der eigene Wechsel wird auch als Solawechsel bezeichnet.

Abstraktheit der Wechselschuld

In der Wechselurkunde verbriefte Forderungen bzw. Verbindlichkeiten sind losgelöst vom zugrunde liegenden Handels- oder Finanzgeschäft, d. h. sie sind abstrakt.

Grundschema Wechselverkehr

Grundschema der Abwicklung im Wechselverkehr, dargestellt am Beispiel des gezogenen, an fremde Order gestellten Wechsels

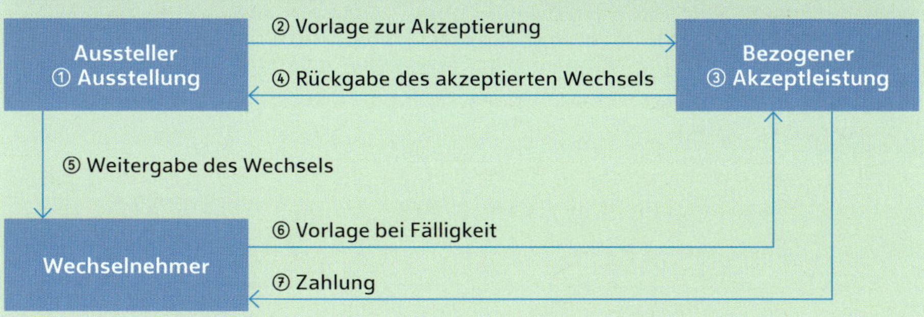

Bedeutung des Wechsels

Der Wechsel diente früher vor allem der Finanzierung von Warengeschäften (verlängertes Zahlungsziel zwischen Großhändler und Einzelhändler) und der Sicherung der Zahlung. Der Großhändler konnte den akzeptierten Wechsel bei seinen Lieferanten in Zahlung geben oder sich bei seiner Bank durch einen Wechselkredit liquide Mittel beschaffen. Heute kommt der Wechsel im Wirtschaftsleben nur noch selten vor.

Einheitsformular

Für die Ausstellung von Wechseln wird ein Einheitsformular verwendet. Es enthält die im Wechselgesetz vorgeschriebenen Angaben (gesetzliche Bestandteile) und weitere Angaben, die die Wechselbearbeitung erleichtern sollen (sog. kaufmännische Bestandteile).

Angaben auf einem Einheitswechsel und Inhalt der Wechselurkunde

Angaben auf einem Einheitswechsel

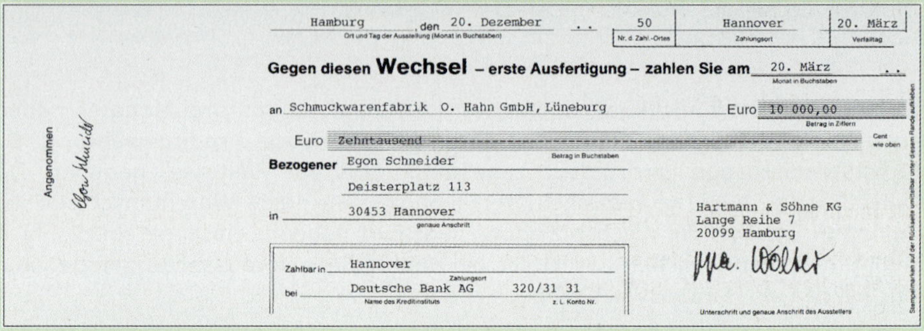
Hamburg, den 20. Dezember .. 50 Hannover 20. März
Ort und Tag der Ausstellung (Monat in Buchstaben) Nr. d. Zahl.-Ortes Zahlungsort Verfalltag
Gegen diesen **Wechsel** – erste Ausfertigung – zahlen Sie am 20. März ..
Monat in Buchstaben
an Schmuckwarenfabrik O. Hahn GmbH, Lüneburg Euro 10 000,00
Betrag in Ziffern
Euro Zehntausend Cent wie oben
Betrag in Buchstaben
Bezogener Egon Schneider
Deisterplatz 113
in 30453 Hannover
genaue Anschrift
Angenommen Egon Schneider
Hartmann & Söhne KG
Lange Reihe 7
20099 Hamburg
ppa. Wolter
Unterschrift und genaue Anschrift des Ausstellers
Zahlbar in Hannover
Zahlungsort
bei Deutsche Bank AG 320/31 31
Name des Kreditinstituts z. L. Konto Nr.

Inhalt der Wechselurkunde

gesetzliche Bestandteile **Art. 1 WG**

Gesetzliche Bestandteile:
- die Bezeichnung als „Wechsel" im Text der Urkunde
- die unbedingte Anweisung, eine bestimmte Geldsumme zu zahlen
- den Namen des Bezogenen
- die Verfallzeit
- die Angabe des Zahlungsorts
- den Namen des Wechselnehmers
- Ort und Tag der Ausstellung
- die Unterschrift des Ausstellers

kaufmännische Bestandteile

Kaufmännische Bestandteile:
- die Nummer des Zahlungsorts
- die Wiederholung des Zahlungsorts am oberen Rand des Wechsels
- die Wiederholung des Verfalltags am oberen Rand des Wechsels
- der Zusatz „erste Ausfertigung", „zweite Ausfertigung", wenn mehrere Ausfertigungen des Wechsels existieren
- die Wiederholung der Wechselsumme in Ziffern
- der Zahlstellenvermerk, wenn der Wechsel bei einem Kreditinstitut zahlbar ist
- die Anschrift des Ausstellers

Indossament

Ein Wechsel kann durch Einigung und Übergabe des indossierten Wechsels übertragen werden. Mit dem Indossament erklärt der Berechtigte, dass der Bezogene bei Fälligkeit nicht an ihn, sondern an einen neuen Wechselgläubiger zahlen soll.

Wechselprotest

Der Wechsel ist am Zahlungstag oder an einem der beiden folgenden Werktage zur Zahlung vorzulegen. Wird der Wechsel nicht eingelöst, kann der Wechselinhaber Protest erheben. Der Wechselprotest ist eine öffentliche Urkunde, die bestätigt, dass der Wechsel zur richtigen Zeit am richtigen Ort zur Zahlung vorgelegt und nicht bezahlt wurde.

Rückgriff **Art. 47 ff. WG**
Wechselmahnbescheid
Wechselprozess

Mit einem protestierten Wechsel kann der Wechselinhaber Rückgriff bei den Personen nehmen, die auf dem Wechsel unterschrieben haben. Er kann auch einen Wechselmahnbescheid ausstellen lassen oder einen Wechselprozess führen. Der Wechselprozess führt schnell zu einem vollstreckbaren Titel, da als alleiniges Beweismittel die Wechselurkunde zugelassen ist (Urkundenprozess).

5.4.2.2.2 Abwicklung des Wechselkredits

Abwicklung des Wechselkredits

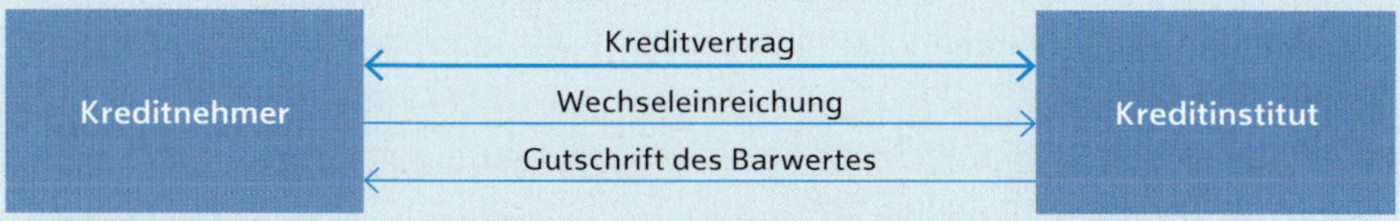

- Der Kreditvertrag enthält die Vereinbarung, dass das Kreditinstitut bis zur festgesetzten Kreditgrenze (Diskontlinie) Wechsel vom Kreditnehmer ankauft.
- Die Kreditrückzahlung erfolgt durch Einlösung der Wechsel.

5.4.2.2.3 Bedeutung des Wechselkredits

Bedeutung des Wechselkredits

Bedeutung des Wechselkredits	
für den Kreditnehmer	**für das Kreditinstitut**
▸ Der Kreditnehmer wandelt später fällige Wechselforderungen in sofort verfügbare Liquidität um. ▸ Der Wechsel dient im Wesentlichen als Kreditsicherheit.	▸ Das Kreditrisiko ist im Allgemeinen gering, da mehrere Verpflichtete wechselmäßig als Gesamtschuldner haften. ▸ Das Kreditinstitut kann mit einem schnellen Kreditrückfluss zu bestimmten Terminen rechnen.

5.4.2.3 Akzeptkredit

5.4.2.3.1 Wesen des Akzeptkredits

Wesen des Akzeptkredits

Ein Kreditinstitut gewährt einen Akzeptkredit, indem es bis zu einer vereinbarten Kreditgrenze vom Kreditnehmer ausgestellte Wechsel akzeptiert. Durch die Akzeptierung stellt das Kreditinstitut dem Kunden seine **eigene Kreditwürdigkeit** zur Verfügung (**Kreditleihe**).

Kreditleihe

Die Akzeptkreditverträge sehen fast immer vor, dass die Akzepte von dem Akzept gebenden Kreditinstitut selbst angekauft werden. Der Ankauf durch die Akzeptbank ist eine zusätzliche **Barkreditgewährung** (**Geldleihe**).

Theoretisch stehen dem Kreditnehmer zwei weitere Verwendungsmöglichkeiten zur Verfügung. Er kann das Akzept als Zahlungsmittel weitergeben oder es von einem anderen Kreditinstitut ankaufen lassen.

Außen- und Innenverhältnis

Außen- und Innenverhältnis beim Akzeptkredit

Im **Außenverhältnis,** d.h. im Verhältnis einem Dritten gegenüber, der das Akzept besitzt (Wechselgläubiger), ist das Kreditinstitut durch seine Akzeptleistung eine wechselmäßige Verpflichtung eingegangen. Es ist daher zur Einlösung des Wechsels verpflichtet, unabhängig davon, ob der Kreditnehmer für Deckung sorgt.
Im **Innenverhältnis,** d.h. im Verhältnis zwischen Kreditinstitut und Kreditnehmer, ist der Kunde (Wechselaussteller) Schuldner des Kreditinstituts. Nicht aus dem Wechsel, sondern aufgrund des Kreditvertrages, der eine Geschäftsbesorgung zum Inhalt hat, ist der Kreditnehmer verpflichtet, spätestens einen Werktag vor Verfall den Gegenwert für die Einlösung des Bankakzepts anzuschaffen. Aus diesem Grunde gewähren die Kreditinstitute Akzeptkredite nur an Kunden mit einwandfreier Bonität.

Mit Akzeptkrediten werden vor allem kurzfristig abzuwickelnde Warengeschäfte größeren Umfangs finanziert, bei denen die Zahlungsfrist der Laufzeit der Bankakzepte entspricht, sodass die Wechsel aus dem Verkaufserlös der finanzierten Ware eingelöst werden („self-liquidating"). Der Akzeptkredit ist ein Betriebskredit.

Im Außenhandel werden Akzeptkredite zur Finanzierung von Ein- und Ausfuhrgeschäften in Anspruch genommen.

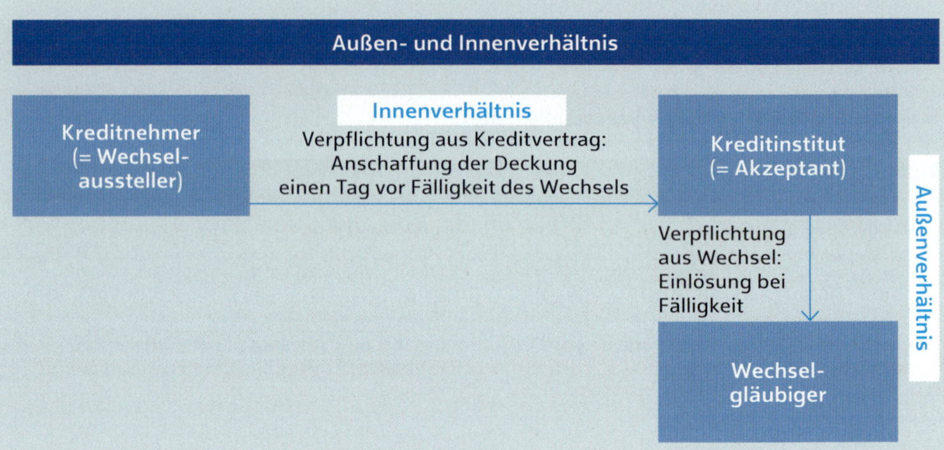

5.4.2.3.2 Abwicklung des Akzeptkredits

Abwicklung des Akzeptkredits

Der Kreditvertrag enthält regelmäßig die Vereinbarung, dass das Kreditinstitut zwei Kredite gewährt: einen **Akzeptkredit** und einen **Wechselkredit.**

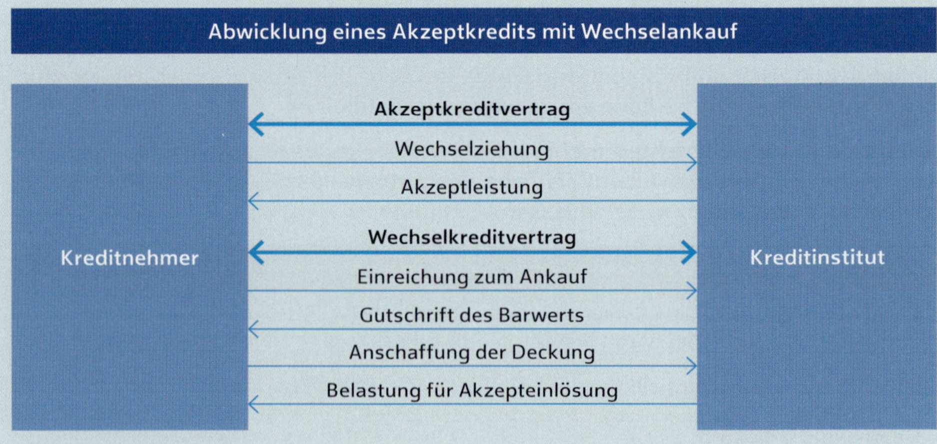

Solange das Akzept im Besitz der Bank ist, sind Forderung und Schuld aus dem Wechsel in einer Person vereinigt. Die Bank darf das angekaufte Akzept in der Bilanz weder als Diskontwechsel noch als Akzeptverbindlichkeit ausweisen.

5.4.2.4 Avalkredit

5.4.2.4.1 Wesen des Avalkredits

Wesen des Avalkredits

Kreditleihe

Der Avalkredit ist ein Kredit, den ein Kreditinstitut durch Übernahme einer Bürgschaft oder Stellung einer Garantie gewährt. Das Kreditinstitut stellt keine liquiden Mittel, sondern die **eigene Kreditwürdigkeit** zur Verfügung (**Kreditleihe**).

Das Bankaval dient zur Sicherung einer Verbindlichkeit des Kreditnehmers gegenüber seinem Gläubiger.

- Mit der Übernahme einer Bürgschaft verpflichtet sich das Kreditinstitut, für die Verbindlichkeiten des Kreditnehmers einem Dritten gegenüber einzustehen (Bankbürgschaft). Die Bürgschaft ist akzessorisch, d.h. vom Bestand sowie von Umfang und Dauer der verbürgten Forderung abhängig.

Bankbürgschaft
§ 765ff. BGB

- Mit der Stellung einer Garantie verpflichtet sich das Kreditinstitut einem Dritten gegenüber, für einen bestimmten künftigen Erfolg einzustehen oder die Gewähr für einen künftigen, noch nicht entstandenen Schaden zu übernehmen (Bankgarantie). Die Garantie ist abstrakt, d.h. unabhängig vom Entstehen und Fortbestehen der zu sichernden Forderung.

Bankgarantie

Bankbürgschaften und Bankgarantien begründen **Eventualverbindlichkeiten** für das Kreditinstitut. Nur wenn der Avalkreditnehmer (Hauptschuldner) seine Verpflichtungen nicht erfüllt, entsteht für das Kreditinstitut eine echte Verbindlichkeit. Die Eventualverbindlichkeit wird auf der Passivseite unter dem Bilanzstrich als Bilanzvermerk ausgewiesen.

Eventualverbindlichkeiten

Für den Kreditnehmer empfiehlt sich ein Avalkredit, wenn ein Gläubiger Sicherheiten für Verbindlichkeiten oder für versprochene Leistungen verlangt. Der Avalkredit erweist sich vor allem bei Stundungen von Verbindlichkeiten gegenüber der öffentlichen Hand als zweckmäßig.

5.4.2.4.2 Abwicklung des Avalkredits

Abwicklung des Avalkredits (Bankbürgschaft)

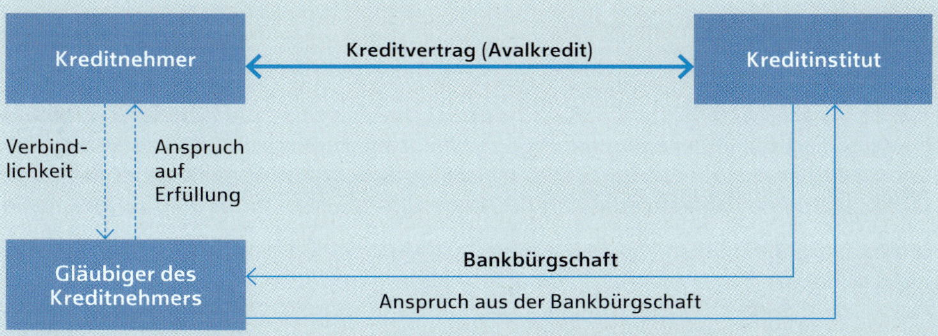

- Der Kreditvertrag enthält die Vereinbarung, dass das Kreditinstitut durch Übernahme einer Bürgschaft für die Verbindlichkeit des Kreditnehmers einem Dritten gegenüber einsteht.
- Die Bürgschaftserklärung wird schriftlich von dem Kreditinstitut abgegeben. Die Bürgschaftsurkunde wird dem Begünstigten direkt oder über den Kreditnehmer übergeben.
- Die Bürgschaftsverbindlichkeit des Kreditinstituts erlischt, wenn die verbürgte Forderung erloschen ist. In der Praxis wird regelmäßig vereinbart, dass die Bürgschaftsverbindlichkeit außerdem erlischt, wenn die Bürgschaftsurkunde zurückgegeben wird.

§ 349 HGB

Kreditinstitute haften aus Bürgschaften stets selbstschuldnerisch, da Bürgschaftsübernahmen für sie Handelsgeschäfte sind. Kreditinstitute können aber durch ausdrückliche Vereinbarung auch Ausfallbürgschaften übernehmen.

Die Laufzeit des Avalkredits hängt von dem Zweck der Bürgschaft oder der Garantie ab. Vorherrschend sind kurzfristige Avalkreditgewährungen. Avalkredite können auch unbefristet gegeben werden.

revolvierender Kredit

Avalkredite werden häufig aufgrund eines Rahmenvertrags revolvierend gewährt. Nach Beendigung eines Avals können erneut Avale unter Anrechnung auf den Rahmenkredit in Anspruch genommen werden.

Aval mit Verpflichtung zur Zahlung auf erstes Anfordern

Aval ohne Verpflichtung zur Zahlung auf erstes Anfordern

Bei Avalkrediten **mit der Verpflichtung zur Zahlung auf erstes Anfordern** ist die Bank oder Sparkasse verpflichtet, die Bürgschaftssumme sofort auszuzahlen, wenn der Avalgläubiger den Eintritt des Bürgschaftsfalls plausibel vorträgt. Einwendungen aus dem Vertragsverhältnis zwischen dem Auftraggeber des Avals und dem Bürgschaftsbegünstigten können nicht geltend gemacht werden. Entsprechende Streitigkeiten sind im Nachgang gerichtlich zu klären. Bei einem Avalkredit **ohne Verpflichtung zur Zahlung auf erstes Anfordern** muss das Kreditinstitut Einwendungen seines Kunden aus dem Grundgeschäft mit dem Avalgläubiger beachten. Es darf die Bürgschaftssumme erst nach Klärung dieser Einwendungen auszahlen.

Bedeutung des Avalkredits

5.4.2.4.3 Bedeutung des Avalkredits

Bedeutung des Avalkredits	
für den Kreditnehmer	**für das Kreditinstitut**
‣ Der Kreditnehmer vermeidet den Einsatz liquider Mittel (durch Stundung oder durch Verzicht auf Geldhinterlegung). ‣ Der Kreditnehmer zahlt nur Avalprovision und keine Zinsen. ‣ Der Kreditnehmer braucht im Allgemeinen keine Sicherheiten zu stellen.	Das Kreditinstitut muss liquide Mittel nur zur Verfügung stellen, wenn es aus der Bürgschaft bzw. der Garantie in Anspruch genommen wird.

Arten der Avalkredite

5.4.2.4.4 Arten des Avalkredits

Mit der Gewährung eines Avalkredits stellt das Kreditinstitut ein **Aval** zur Verfügung. Ein Aval ist eine Bankbürgschaft oder eine Bankgarantie (**Bankaval**).

Bankavale

Avale, die eine Bürgschaft zum Inhalt haben	Avale, die eine Garantie zum Inhalt haben
‣ Bürgschaften für Stundungen von Kaufgeldern ‣ Bürgschaften für Stundungen von Steuern und Zöllen ‣ Bürgschaften für Frachtstundungen ‣ Prozessbürgschaften	‣ Anzahlungsgarantien ‣ Lieferungs- und Leistungsgarantien ‣ Gewährleistungsgarantien ‣ Bietungsgarantien Garantien sind vor allem im Auslandsgeschäft bedeutungsvoll.

‣ Kapitel 6.4.3

Beispiele für Bankavale

Beispiele für Bankavale	
Bürgschaft für Stundungen von Kaufgeldern	Stundungen von Kaufgeldern gewähren die staatlichen Forstverwaltungen bei Holzverkäufen und die Bundesmonopolverwaltung für Branntwein, wenn der Käufer eine Bankbürgschaft stellen kann. Das Kreditinstitut verpflichtet sich bei Übernahme einer Bürgschaft gegenüber der staatlichen Forstverwaltung bzw. gegenüber der Bundesmonopolverwaltung, für die Verbindlichkeit des Kunden einzustehen.
Bürgschaft für Stundungen von Steuern und Zöllen	Steuern und Zölle dürfen als öffentliche Abgaben nur gestundet werden, wenn zu ihrer Sicherung eine selbstschuldnerische Bankbürgschaft gestellt wird.
Bürgschaft gegenüber einem anderen Kreditgeber	Kredite im Rahmen von Bauzwischenfinanzierungen werden oftmals nur gegen Bestellung einer Bankbürgschaft gewährt, z. B. Vorfinanzierung eines noch nicht zugeteilten Bausparvertrages durch die Bausparkasse selbst. Das Kreditinstitut verpflichtet sich gegenüber dem Kreditgeber, z. B. gegenüber der Bausparkasse, für Ansprüche des Kreditgebers einzustehen.
Anzahlungsgarantie	Anzahlungen, die Lieferer oder Hersteller zur Vorfinanzierung von Lieferungs- oder Leistungsverträgen erhalten, sollen gesichert werden. Das Unternehmen, das eine Anzahlung erhält, stellt durch sein Kreditinstitut ein Aval. Durch ein Anzahlungsaval verpflichtet sich das Kreditinstitut gegenüber dem Abnehmer oder Besteller seines Kunden zur Rückzahlung des angezahlten Betrages, falls der Kreditnehmer seine Lieferungs- oder Leistungspflichten nicht erfüllt.
Lieferungs- und Leistungsgarantie	Die Ausführung vergebener Aufträge zur Lieferung oder Leistung soll gesichert werden. Das Unternehmen, das eine Lieferungs- oder Leistungspflicht zu erfüllen hat, stellt durch sein Kreditinstitut ein Aval. Durch ein Lieferungs- und Leistungsaval verpflichtet sich das Kreditinstitut, dass sein Kunde die festgelegte Lieferung oder Leistung erbringt oder dass anderenfalls das Kreditinstitut die Garantiesumme zahlt.
Gewährleistungsgarantie	Die Durchsetzung von Gewährleistungsansprüchen aus Lieferungen und Leistungen soll gesichert werden, ohne dass der Lieferer oder Unternehmer für die Dauer der Gewährleistungsfrist eine Sicherheit in Geld stellen muss. Das Gewährleistungsaval ist eine besondere Form des Lieferungs- und Leistungsavals. Durch ein Gewährleistungsaval verpflichtet sich das Kreditinstitut, für die Erfüllung von Ansprüchen aus einer Gewährleistung bis zum Betrag der vertraglich festgelegten Garantiesumme einzustehen. Das Kreditinstitut kann aus der Garantie nur auf Zahlung von Geld in Anspruch genommen werden.
Mietbürgschaft	Der Anspruch des Vermieters gegenüber dem Mieter auf vertragsgemäße Nutzung der Mietsache und Mietzahlung soll gesichert werden, ohne dass der Mieter hierfür eine Mietsicherheit in Geld hinterlegen muss. Durch die Mietbürgschaft verpflichtet sich das Kreditinstitut gegenüber dem Vermieter zum Schadenersatz als Geldleistung bei Vertragsverletzungen durch den Mieter.

Kosten

5.4.2.4.5 Kosten des Avalkredits

Kreditinstitute berechnen den Avalkreditnehmern für die Avalübernahme eine Avalprovision, die in Prozent der Bürgschafts- bzw. Garantiesumme ausgedrückt wird.

Die Avalprovision wird im Allgemeinen monatlich oder vierteljährlich berechnet und dem Kreditnehmer belastet.

5.4.3 Langfristige Kredite im Firmenkreditgeschäft und an öffentliche Haushalte

Investitionskredite an Firmenkunden

5.4.3.1 Investitionskredite im Firmenkreditgeschäft

Investitionskredite sind langfristige Darlehen zur Produktionsfinanzierung. Kreditinstitute geben Investitionskredite aus eigenen Mitteln und aus fremden Mitteln.

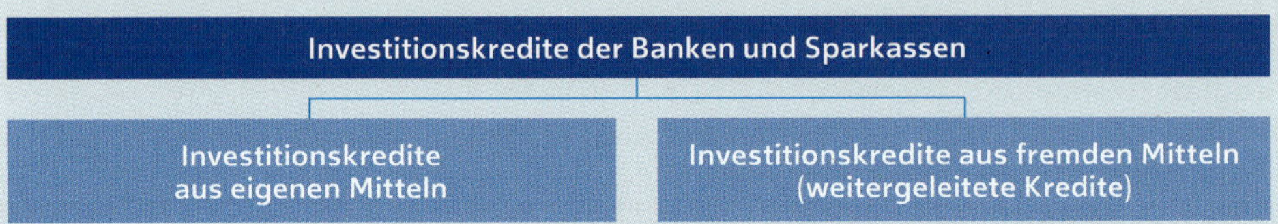

5.4.3.1.1 Investitionskredite aus eigenen Mitteln der Kreditinstitute

Investitionskredite an Unternehmen

Investitionskredite an Unternehmen

Investitionskredite dienen zur **Finanzierung der Herstellung oder der Beschaffung von Anlagegütern** (Gebäude, Produktionsanlagen, Maschinen, Transporteinrichtungen) und der **Beschaffung von Vorräten** (Vergrößerung der Vorräte).

Investitionskredite zur Anlagenfinanzierung haben eine Laufzeit bis zu 15 Jahren. Die Laufzeit entspricht meistens dem Abschreibungszeitraum. Damit soll sichergestellt werden, dass die Tilgungen aus den Abschreibungserlösen finanziert werden.

Als Sicherheiten für Investitionskredite kommen u.a. Grundschulden und Bürgschaften infrage. Kreditgarantiegemeinschaften geben Ausfallbürgschaften für langfristige Investitionskredite. Es sind Selbsthilfeeinrichtungen der mittelständischen Wirtschaft zur Stützung von Unternehmen, die keine ausreichenden Kreditsicherheiten bieten können.

▸ Kapitel 5.3.4.3.3

Investitionskredite für gewerbliche Bauvorhaben werden wie Baufinanzierungskredite abgewickelt. Die Darlehen werden durch Eintragung von Grundschulden gesichert. Sie werden auch als standardisierte Kredite angeboten.

Bei der **Ermittlung des Beleihungswertes** gewerblich genutzter Grundstücke gelten Wertermittlungsgrundsätze wie im privaten Wohnungsbau. Die Nachhaltigkeit der Erträge aus gewerblich genutzten Grundstücken ist aber nicht in gleicher Weise gewährleistet wie bei Wohnbauprojekten. Außerdem verlieren gewerblich genutzte Gebäude stärker und schneller an Wert. Diese Tatsachen müssen bei der Festsetzung der Bewirtschaftungskosten, des Kapitalisierungszinsfußes und der Risikoabschläge berücksichtigt werden.

Besondere Formen der gewerblichen Investitionskredite sind

- **standardisierte Investitionskredite (Programmkredite),**
- **Schuldscheindarlehen,**
- **nachrangige Darlehen.**

Langfristige Spezialkredite sind die **Schiffshypothekarkredite.**

Standardisierte Investitionskredite

Standardisierte Investitionskredite

Standardisierte Investitionskredite (Programmkredite) bieten die Kreditinstitute für den mittel- und langfristigen Kreditbedarf der mittelständischen Wirtschaft an. Übliche Bezeichnungen sind: Gewerblicher Anschaffungskredit, Mittelstandskredit, Industriedarlehen usw.

Die Laufzeit von standardisierten Investitionskrediten beträgt im Allgemeinen bis zu 15 Jahren. Sie kann bei großen Investitionsfinanzierungen bis auf 20 Jahre ausgedehnt werden. Innerhalb der einzelnen Kreditprogramme legen die Kreditinstitute Obergrenzen fest. Bei der Verzinsung können variable oder feste Zinssätze vereinbart werden. Die Kredite können als Tilgungs-, Abzahlungs- oder Festdarlehen in Anspruch genommen werden. Als Sicherheiten kommen die zu finanzierenden Gegenstände selbst (Sicherungsübereignung) oder der gewerbliche Grundbesitz (Grundschulden) infrage. Bei grundbuchlicher Absicherung sind die Besonderheiten bei der Beleihung gewerblich genutzter Grundstücke zu beachten.

Schuldscheindarlehen

Schuldscheindarlehen

Große Investitionskredite werden häufig als **Schuldscheindarlehen** gewährt.

Zwischen dem Kreditinstitut und dem Kreditnehmer wird ein **Darlehensvertrag** geschlossen, in dem die Kredithöhe (in der Regel Beträge über mehrere Millionen Euro), die Rückzahlung (in einer Summe), die Verzinsung und die Sicherheiten (in der Regel Blankokredite) festgelegt werden. Vereinbart wird außerdem, ob das Kreditinstitut die Darlehensforderung im ganzen oder in Teilbeträgen an andere Kreditgeber abtreten kann. Die Kreditinstitute refinanzieren sich überwiegend bei Kapitalsammelstellen.

Nachrangige Darlehen

Nachrangdarlehen

Nachrangige Darlehen sind mit einer Rangrücktrittserklärung gegenüber anderen Gläubigern versehen. Die Erklärung bewirkt, dass die Ansprüche des nachrangigen Gläubigers im Falle einer Liquidation, einer Insolvenz oder eines Nachlassverfahrens während der Laufzeit des Darlehens hinter den Ansprüchen einiger oder aller anderen Gläubiger zurücktreten.

Wegen der Nachrangigkeit und der fehlenden oder ungenügenden Besicherung fordern Gläubiger von Nachrangdarlehen neben einer festen Verzinsung in der Regel einen gewinnabhängigen Risikoaufschlag für die Kapitalüberlassung.

Schiffshypothekarkredite

Schiffshypothekarkredite

Schiffshypothekarkredite sind langfristige Darlehen, die gegen Eintragung von Hypotheken im Schiffsregister (Schiffshypotheken) gewährt werden. Schiffshypothekarkredite dienen zum Bau, Umbau sowie zum Erwerb und zur Reparatur von Schiffen. Kreditgeber sind Schiffspfandbriefbanken, Landesbanken und staatliche Kreditanstalten sowie Sparkassen und Kreditbanken.

§ 22 PfandBG

Schiffshypotheken, die als Deckung für Schiffspfandbriefe dienen (deckungsfähige Schiffshypotheken), müssen bestimmten Erfordernissen entsprechen. Die Beleihung darf 60 % des Wertes des Schiffes nicht übersteigen. Das Darlehen ist als Tilgungsdarlehen zu gewähren. Die Darlehensdauer darf höchstens 20 Jahre betragen.

Eine Schiffshypothek hat die Rechtsnatur einer Sicherungshypothek. Sie ist daher stets Buchhypothek. Sie entsteht durch Einigung und Eintragung im Schiffsregister.

Investitionskredite an Selbstständige

Investitionskredite an Selbstständige

Praxisdarlehen

Investitionskredite an Selbstständige, z. B. Ärzte, Rechtsanwälte, Notare, Wirtschaftsprüfer, Steuerberater, sind langfristige, im Allgemeinen standardisierte Darlehen zur Finanzierung der Praxiseinrichtung (**Praxisdarlehen**). Sie werden als Annuitäten- oder Festdarlehen gewährt und haben eine Laufzeit bis zu 20 Jahren.

Von den Kreditnehmern wird eine bestimmte Eigenbeteiligung an den Finanzierungsaufwendungen zur Praxiseinrichtung verlangt.

Als **Sicherheiten** kommen infrage: Sicherungsübereignung der Praxiseinrichtung, Abtretung der Ansprüche aus Lebensversicherungen und Bürgschaften. Bei Ärzten lassen sich die Kreditinstitute die Honorarforderungen abtreten.

Investitionskredite an land- und forstwirtschaftliche Betriebe

Investitionskredite an die Land- und Forstwirtschaft

Bei der **Ermittlung des Beleihungswertes** landwirtschaftlich genutzter Grundstücke gelten Wertermittlungsgrundsätze wie bei der Finanzierung des privaten Wohnungsbaus. Die Kreditinstitute haben auf die Besonderheiten landwirtschaftlicher Betriebe zu achten (unterschiedlicher Bodenwert, unterschiedliche Nutzungsart, Hoflage, flächenmäßige Geschlossenheit oder Zersplitterung des Betriebes, Spezialkulturen usw.). Wohn- und Wirtschaftsgebäude können bei Kleinbetrieben gesondert bewertet werden, wenn eine flächenunabhängige Verwertung möglich erscheint.

Als **Sicherheiten** können die zu finanzierenden Gegenstände selbst (Sicherungsübereignung) oder der landwirtschaftliche Grundbesitz (Eintragung von Grundschulden) dienen.

5.4.3.1.2 Investitionskredite aus fremden Mitteln (Weitergeleitete Kredite)

Weitergeleitete Kredite

Investitionskredite aus fremden Mitteln sind langfristige **Darlehen,** die vom Bund oder den Bundesländern aus besonderen Kreditprogrammen zur Verfügung gestellt werden. Sie dienen z. B. bei konjunkturell schwacher Entwicklung der öffentlichen Förderung bestimmter Wirtschaftszweige oder bestimmter Investitionen. Außerdem sollen mit den Mitteln dieser Programme Existenzgründungen, bestimmte neue Technologien, der Umweltschutz und die Sicherung von Arbeitsplätzen gefördert werden.

Öffentliche Förderungsprogramme

Öffentliche Förderungsprogramme

Öffentliche Förderung besteht vor allem

- in der Bereitstellung zinsgünstiger Kredite, z. B. Kredite aus dem ERP-Existenzgründungsprogramm der Kreditanstalt für Wiederaufbau (KfW),
- in der Bereitstellung von Zinsbeihilfen, z. B. Zinszuschussprogramm der Freien und Hansestadt Hamburg,
- in der Bereitstellung von Bürgschaften, z. B. Ausfallbürgschaften der Kreditgarantiegemeinschaften.

Die Kreditmittel aus öffentlichen Förderungsprogrammen werden über die **Kreditinstitute mit Sonderaufgaben** vergeben, vor allem über die **Kreditanstalt für Wiederaufbau** (KfW Mittelstandsbank). Die Kreditanträge sind grundsätzlich über die Hausbanken zu stellen. Die Mittel werden unter Einschaltung der Hausbanken zur Verfügung gestellt.

Aus der Sicht der Hausbanken handelt es sich um **Weitergeleitete Kredite.**

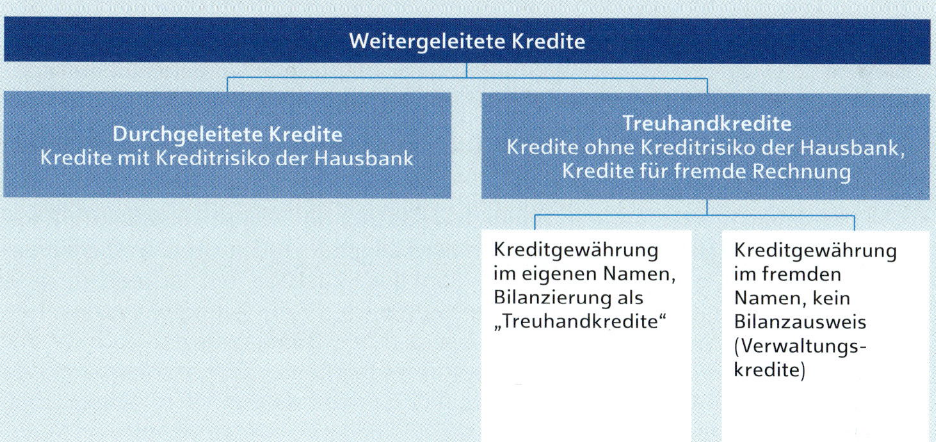

Von besonderer Bedeutung sind die **Kreditmittel,** die von der Kreditanstalt für Wiederaufbau **aus dem ERP-Programm** gewährt werden.

ERP-Programm

ERP-Programm

ERP ist die Abkürzung für **European Recovery Program (Europäisches Wiederaufbauprogramm),** mit dem die USA ihre Nachkriegswirtschaftshilfe für Westdeutschland durchführten. Die deutschen Zahlungen für Lieferungen (ein Großteil war unentgeltlich) wurden zu einem Sondervermögen zusammengefasst und von den USA der Bundesrepublik zur Verfügung gestellt. Nach Abschluss des Wiederaufbaus dient das ERP-Sondervermögen heute der Förderung der deutschen Wirtschaft.

Weitere Informationen unter www.kfw.de

Ausgewählte Förderkredite der KfW Mittelstandsbank für gewerbliche Unternehmen (Stand Dezember 2017)	
ERP-Gründerkredit – StartGeld	Bis zu 100000 Euro für Investitionen und Betriebsmittel für Existenzgründer, kleine Unternehmen und Freiberufler bis 5 Jahre nach Gründung.
ERP-Kapital für Gründung	Bis zu 500000 Euro pro Antragsteller zur Finanzierung von Gründungs- und Festigungsinvestitionen für Existenzgründer und junge Unternehmen, die weniger als 3 Jahre am Markt tätig sind.
KfW-Unternehmerkredit	Bis zu 25 Mio. Euro je Vorhaben zur Finanzierung von Investitionen und Betriebsmitteln für mittelständische Unternehmen und Freiberufler, die länger als 5 Jahre am Markt tätig sind.
ERP-Digitalisierungs- und Innovationskredit	Bis zu 25 Mio. Euro pro Vorhaben zur Finanzierung von Digitalisierungsvorhaben und Innovationsvorhaben für kleine und mittlere Unternehmen sowie Freiberufler.
Erneuerbare Energien – Standard	Bis zu 50 Mio. Euro Kredit je Vorhaben für Fotovoltaikanlagen, Anlagen zur Stromerzeugung und zur kombinierten Strom- und Wärmeerzeugung aus erneuerbaren Energien.

Kredite aus den Programmen der KfW Mittelstandsbank werden teilweise als **Nachrangdarlehen** eingeräumt.

Nachrangdarlehen

Nachrangdarlehen zeichnen sich dadurch aus, dass der Darlehensgeber im Rang hinter die Forderungen aller übrigen Fremdkapitalgeber zurücktritt. Damit erlangen die Darlehen eine eigenkapitalähnliche Funktion. Zu beachten ist jedoch, dass natürliche Personen als Endkreditnehmer persönlich für die Rückzahlung des Darlehens haften. Nachrangdarlehen verbessern durch Bündelung der Vorteile von Fremd- und Eigenkapital die Bonität eines Unternehmens und erleichtern ihm den Zugang zu weiteren Finanzierungsmitteln. Für die Nachrangdarlehen gelten differenzierte Zinssätze, die sich an der Bonität orientieren. Unternehmen mit guter Bonität profitieren von niedrigen Zinssätzen, schwächere Unternehmen erhalten ebenfalls Kapital, jedoch zu einem risikogerechten Preis. Die durchleitenden Banken werden vom Bund bzw. der KfW Mittelstandsbank vom Ausfallrisiko freigestellt.

Mikrokredite

Für Gründer und junge Unternehmer besteht die Möglichkeit, Kleinstkredite bis zu 20000 Euro zu beantragen (**Mikrokredite**). Der Antrag muss über ein Mikrofinanzinstitut, z. B. Gründungszentrum, gestellt werden. Die Abwicklung erfolgt über eine mit dem Mikrofinanzinstitut kooperierende Bank. Die Bank wird durch den Mikrofinanzfonds Deutschland, der u. a. von der KfW, dem Bundesministerium für Wirtschaft und Energie sowie dem Bundesministerium für Arbeit und Soziales gespeist wird, von der Haftung freigestellt.

5.4.3.2 Kommunaldarlehen

Kommunaldarlehen sind **langfristige Kredite an Bund, Länder, Städte, Gemeinden, Kreise, Gemeindeverbände und kommunale Zweckverbände.**

Im weiteren Sinne zählen außerdem zu den Kommunaldarlehen

- Kredite an andere Körperschaften und Anstalten des öffentlichen Rechts,
- Kredite an privatrechtliche Schuldner, die durch Kommunalbürgschaften gesichert sind.

Kommunaldarlehen dienen der Finanzierung von Investitionsvorhaben der öffentlichen Hand, z. B. Straßenbau, Bau von Kindergärten, Schulen, Sportstätten, Altenheimen, Maßnahmen zum Umweltschutz. Die Kredite werden ohne Absicherung gegeben. Kreditgeber im Kommunaldarlehensgeschäft sind Sparkassen, Landesbanken, Realkreditinstitute und Kreditbanken. Kommunaldarlehen werden auch als **Schuldscheindarlehen** abgewickelt.

Public Private Partnership

Investitionen in öffentliche Infrastruktur werden zum Teil im Rahmen einer **Public Private Partnership** (PPP) durchgeführt. Hierbei handelt es sich um eine Kooperation der öffentlichen Hand mit privaten Unternehmen. Beispielsweise übernimmt ein privates Bauunternehmen die Planung, den Bau, die Finanzierung und den Betrieb eines Schulzentrums, das von der Kommune gegen ein vertraglich vereinbartes Entgelt genutzt wird. Aus Sicht der Kommune liegen die Vorteile u. a. in der Entlastung des Gemeindehaushaltes und der Möglichkeit, vom Fachwissen des privaten Partners profitieren zu können. Für das Bauunternehmen liegt der Vorteil in der Erschließung eines neuen Geschäftsfeldes mit entsprechenden Ertragschancen.

5.4.4 Konsortialkredit

Bei einem Konsortialkredit handelt es sich um die gemeinschaftliche Kreditvergabe von zwei oder mehreren Kreditinstituten an einen Kreditnehmer. In der zwischen den Instituten zu schließenden Konsortialvereinbarung werden u. a. die jeweiligen Quoten an der Finanzierung und die Sicherstellung geregelt. Die Kreditrisiken werden auf die Konsortialpartner verteilt.

5.5 Notleidende Kredite

Notleidende Kredite

Als notleidend werden Kredite bezeichnet, deren vertragsgemäße Rückzahlung nicht mehr gewährleistet ist. Die Kreditinstitute sind bemüht, Kreditgefährdungen von vornherein vorzubeugen.

5.5.1 Maßnahmen zur Begrenzung von Kreditrisiken

Maßnahmen zur Risikobegrenzung

Kreditinstitute versuchen durch geeignete Maßnahmen Kreditrisiken zu erkennen und zu begrenzen. Maßnahmen sind u. a.:

- Beurteilung der persönlichen und materiellen Kreditwürdigkeit der Kreditnehmer vor Abschluss von Kreditverträgen,
- Wiederholung der Kreditwürdigkeitsprüfung während des Kreditverhältnisses,
- Überwachung der Einhaltung der vertraglichen Bedingungen (bei zweckgebundenen Kreditvergaben Kontrolle der vereinbarten Verwendung),
- Regelmäßige Überprüfung der Werthaltigkeit gestellter Sicherheiten,
- Außerordentliche Überprüfung von Engagements, wenn dem Kreditinstitut aus externen oder internen Quellen Informationen zufließen, die auf eine negative Änderung der Risikoeinschätzung eines Engagements oder gestellter Sicherheiten hindeuten,

- Abschluss von Kreditversicherungen,
- Festlegung und laufende Überwachung kunden- und objektbezogener Kreditlimite.

Außerdem streuen Kreditinstitute ihre Kredite über unterschiedliche Kreditnehmer, Branchen und Objekte.

Maßnahmen zur Verhinderung von Kreditgefährdungen

Maßnahmen	Ziel
Kreditwürdigkeitsprüfung Kreditlimite Kreditsicherheiten Kreditüberwachung Kreditversicherung Kreditstreuung	→ Vermeidung von Verlusten aus Forderungsausfällen

5.5.2 Maßnahmen bei notleidenden Krediten

Maßnahmen bei notleidenden Krediten

Ist ein Kreditnehmer in Zahlungsschwierigkeiten geraten, wird das Kreditinstitut im Allgemeinen zunächst versuchen, dem Kunden durch besondere Vereinbarungen entgegenzukommen, z. B. durch Umschuldungen, Stundungen oder vorübergehend erhöhte Kreditlinien.

Bei **deutlicher Verschlechterung der Kreditwürdigkeit**, bei **anhaltenden Zahlungsschwierigkeiten** oder bei **drohender Zahlungsunfähigkeit** des Kreditnehmers kann das Kreditinstitut unterschiedliche **Maßnahmen** ergreifen:

- Es kann eine **Verstärkung der Sicherheiten verlangen**.
- Es kann den **Kredit kündigen**. Der Kredit wird „fällig gestellt". Wenn sich die Vermögensverhältnisse des Kreditnehmers oder der Wert gestellter Sicherheiten verschlechtern und der Kreditnehmer seinen Pflichten nicht mehr nachkommen kann, hat das Kreditinstitut ein **außerordentliches Kündigungsrecht**. Es ist in diesem Fall berechtigt, die sofortige volle Rückzahlung des Kredits zu verlangen.

Nr. 19 Abs. 3 AGB Banken
Nr. 26 Abs. 2 AGB Sparkassen

- Es kann das **AGB-Pfandrecht geltend machen**, d. h. alle **Werte**, die in seinem Besitz sind und nach den AGB für Ansprüche des Kreditinstituts haften, **sperren und zurückhalten**.
- Es kann die gestellten **Sicherheiten geltend machen**, z. B. durch Offenlegung von Zessionen und Inbesitznahme von sicherungsübereigneten Gegenständen.
- Es kann die **Sicherheiten verwerten**, z. B. abgetretene Forderungen einziehen, sicherungsübereignete Gegenstände verkaufen oder bei Grundpfandrechten von der Zwangsvollstreckungsklausel Gebrauch machen, z. B. durch Einleitung einer Zwangsversteigerung aufgrund der freiwilligen Unterwerfung des Kreditnehmers unter eine Zwangsvollstreckung.

Maßnahmen bei notleidenden Krediten

Maßnahmen		Ziel
Kreditkündigung	→	Eintreiben der Kreditforderungen
Geltendmachung des AGB-Pfandrechts	→	
Geltendmachung der Sicherheiten	→	
Verwertung der Sicherheiten	→	

5.5.3 Erlangung vollstreckbarer Titel

Erlangung vollstreckbarer Titel

Hat das Kreditinstitut keine oder keine ausreichenden Möglichkeiten, auf Kreditsicherheiten zurückzugreifen, muss es versuchen, aus dem sonstigen beweglichen und unbeweglichen Vermögen des Kreditnehmers Befriedigung zu erhalten. Voraussetzung dafür sind **vollstreckbare Titel,** d.h. Urkunden, durch die Vollstreckungen in das Vermögen des Schuldners gerichtlich genehmigt werden.

Erlangung eines vollstreckbaren Titels

- im gerichtlichen Mahnverfahren
- im Klageverfahren

Beide Verfahren sind in der **Zivilprozessordnung** (ZPO) geregelt.

Im gerichtlichen Mahnverfahren erlangt der Antragsteller einen vollstreckbaren Titel durch einen **Mahnbescheid,** der für vollstreckbar erklärt wird (**Vollstreckungsbescheid**). Das gerichtliche Mahnverfahren ist ein vereinfachtes, schriftliches Verfahren zur gerichtlichen Durchsetzung von Geldforderungen. §699 ZPO

Im Klageverfahren erlangt der Antragsteller einen vollstreckbaren Titel durch ein **vollstreckbares Urteil.** Das gerichtliche Verfahren wird durch eine Klage eingeleitet. §704 ZPO

Die Erlangung eines vollstreckbaren Titels im gerichtlichen Mahnverfahren ist zeitsparender und kostengünstiger.

5.5.3.1 Gerichtliches Mahnverfahren

gerichtliches Mahnverfahren

Für gerichtliche Mahnverfahren ist ohne Rücksicht auf die Höhe des Anspruchs das Amtsgericht zuständig, bei dem der Antragsteller seinen Wohnsitz oder Geschäftssitz hat. Das gerichtliche Mahnverfahren wird durch einen **Mahnantrag** (Antrag auf Erlass eines Mahnbescheids) eingeleitet. Anträge können auch elektronisch über das Internet gestellt werden. Beim elektronischen Mahnverfahren werden die Mahn- und Vollstreckungsbescheide durch einen Großrechner des Amtsgerichts vollautomatisiert erstellt. Der **Mahnbescheid** enthält die Aufforderung, innerhalb von zwei Wochen nach Zustellung des Mahnbescheids die behauptete Schuld mit Zinsen und Kosten zu begleichen oder dem Gericht mitzuteilen, ob und in welchem Umfang dem Anspruch widersprochen wird. Der Mahnbescheid wird dem Antragsgegner zugestellt.

§689 ZPO
Mahnantrag
§690 ZPO
§692 ZPO

§699f. ZPO

Wenn der Schuldner seine Verbindlichkeit nicht begleicht und keinen Widerspruch einlegt, kann der Gläubiger einen **Vollstreckungsbescheid** beantragen, der dem Schuldner ebenfalls zugestellt wird. Der Schuldner kann gegen den Vollstreckungsbescheid innerhalb von zwei Wochen nach Zustellung Einspruch einlegen. Wenn der Schuldner nicht zahlt und keinen Einspruch einlegt, erlangt der Gläubiger nach Ablauf der Einspruchsfrist einen Vollstreckungstitel. Damit kann er Zwangsvollstreckungsmaßnahmen in das Vermögen des Schuldners einleiten.

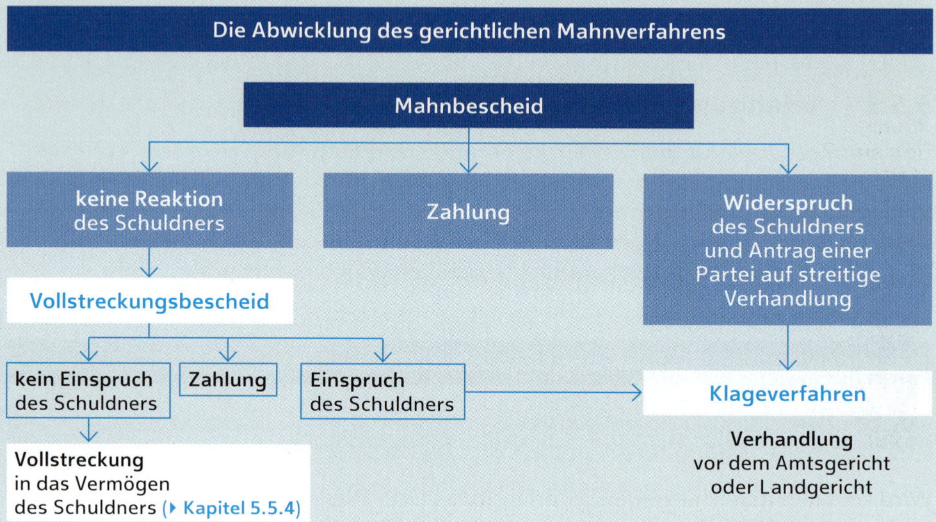

§688 Abs. 2 Nr. 1 ZPO

Das Mahnverfahren kann nicht für Ansprüche aus einem **Verbraucherdarlehn** ausgelöst werden, wenn der Effektivzins den Basiszinssatz nach § 247 BGB um mehr als 12 Prozentpunkte übersteigt. In diesen Fällen muss sofort Klage erhoben werden.

Klageverfahren
§128ff. ZPO
§371ff. ZPO

5.5.3.2 Klageverfahren

Zuständigkeit der Gerichte bei Klagen aus Verträgen

Sachliche Zuständigkeit (§ 23 f. GVG)

- **Amtsgericht** für Vermögensstreitigkeiten bei Streitwerten **bis zu 5000 Euro** (Bei bestimmten Streitigkeiten ist das Amtsgericht auch ohne Rücksicht auf den Wert des Streitgegenstandes zuständig, z. B. in Mietsachen und Aufgebotsverfahren.)
- **Landgericht** für Vermögensstreitigkeiten bei Streitwerten **über 5000 Euro**

Örtliche Zuständigkeit (§ 29 ZPO, § 269 BGB) Gerichtsstand

- **Wohnort bzw. Geschäftssitz des Schuldners (gesetzliche Regelung)**
- Im Geschäftsverkehr mit Kaufleuten und juristischen Personen des öffentlichen Rechts kann ein von der gesetzlichen Regelung abweichender Gerichtsstand vereinbart werden.

Über eine Klage wird mündlich verhandelt. Kläger und Beklagter müssen für ihre Behauptungen den Beweis antreten. Zulässige Beweismittel sind: Beweis durch Augenschein, Zeugenbeweis, Beweis durch Sachverständige, Beweis durch Urkunden und Beweis durch Parteivernehmung.

Berufung
§ 511 ff. ZPO
Revision
§ 545 ff. ZPO

Gegen ein Urteil können innerhalb einer bestimmten Frist beim jeweils übergeordneten Gericht **Rechtsmittel** in Form der **Berufung** und der **Revision** eingelegt werden. Mit der Einlegung eines Rechtsmittels wird die Überprüfung des Urteils durch das übergeordnete Gericht erzwungen.

Rechtsmittel

Berufung	Revision
Durch die Berufung wird die **Überprüfung des Urteils in tatsächlicher Hinsicht** (Tatsachenfeststellung) und in rechtlicher Hinsicht (Rechtsanwendung) erzwungen.	Durch die Revision wird nur die **Überprüfung des Urteils in rechtlicher Hinsicht** erzwungen (Voraussetzungen: Grundsätzliche Bedeutung der Rechtssache, Weiterentwicklung des Rechts, Sicherung einer einheitlichen Rechtsprechung).

Amtsgericht (1. Instanz) → Landgericht (2. Instanz)

Landgericht (1. Instanz) → Oberlandesgericht (2. Instanz) → Bundesgerichtshof (3. Instanz)

Wird kein Rechtsmittel eingelegt, erlangt das Urteil Rechtskraft. Es ist unanfechtbar und vollstreckbar. Ist ein Urteil noch nicht rechtskräftig, kann es für vorläufig vollstreckbar erklärt werden.

5.5.4 Zwangsvollstreckung in das Vermögen des Schuldners

Zwangsvollstreckung

Vollstreckbarer Titel

Die Zwangsvollstreckung ist ein gesetzlich geregeltes Verfahren, mit dem ein Gläubiger Ansprüche gegen seinen Schuldner zwangsweise durchsetzen kann. Voraussetzung für die Zwangsvollstreckung ist ein **vollstreckbarer Titel.**

Vollstreckbarer Titel (= öffentliche Urkunde)

Zahlungstitel	Duldungstitel
Vollstreckungstitel, der den Schuldner zur Zahlung einer Geldsumme zwingt: ‣ rechtskräftiges und vorläufig vollstreckbares Urteil (§ 704 ZPO) ‣ Vollstreckungsbescheid (§ 699 ZPO) ‣ vollstreckbare Urkunde (§ 794 ZPO)	Vollstreckungstitel, der den Grundstückseigentümer zur Duldung der Zwangsvollstreckung zwingt: ‣ Urteil ‣ vollstreckbare Urkunde

Zur Durchführung der Zwangsvollstreckung erhält der Gläubiger eine **vollstreckbare Ausfertigung des Titels.** Der Ausfertigung ist der Zusatz „Vorstehende Ausfertigung wird dem (Bezeichnung der Partei) zum Zwecke der Zwangsvollstreckung

§ 725 ZPO

§ 750 ZPO

erteilt“ zugefügt. Diese Vollstreckungsklausel wird bei Urteilen und Vollstreckungsbescheiden vom Gericht, bei einer vollstreckbaren Urkunde vom Notar erteilt. Die vollstreckbare Ausfertigung des Titels muss dem Schuldner zugestellt werden.

Wie die Zwangsvollstreckung durchgeführt wird, richtet sich danach, ob in das bewegliche Vermögen oder in das unbewegliche Vermögen des Schuldners vollstreckt wird.

Zwangsvollstreckung

- **in das bewegliche Vermögen des Kreditschuldners**
  - **Körperliche Sachen**
    - Pfändung **und**
    - Verwertung durch Gerichtsvollzieher
  - **Forderungen und andere Vermögensrechte**
    - Pfändung **und**
    - Verwertung
- **in das unbewegliche Vermögen des Kreditschuldners**
  - **Grundstücke**
    - Eintragung einer Sicherungshypothek **oder/und**
    - Zwangsversteigerung **oder/und**
    - Zwangsverwaltung
  - **Schiffe, Schiffsbauwerke**
    - Eintragung einer Schiffshypothek **oder**
    - Zwangsversteigerung

Verfahrensvorschriften finden sich nicht nur in der **Zivilprozessordnung** (ZPO), sondern auch in dem **Gesetz über die Zwangsversteigerung und Zwangsverwaltung** (ZVG).

Zwangsvollstreckung in das bewegliche Vermögen

5.5.4.1 Zwangsvollstreckung in das bewegliche Vermögen

Pfändung und Verwertung körperlicher Sachen

§ 808 Abs. 1 ZPO

Eine Pfändung körperlicher Sachen, die sich im Gewahrsam des Schuldners befinden, wird dadurch bewirkt, dass der Gerichtsvollzieher die Sachen in Besitz nimmt. Geld, Kostbarkeiten und Wertpapiere **müssen** durch den Gerichtsvollzieher in den Besitz genommen werden. Andere Sachen sind im Gewahrsam des Schuldners zu belassen, sofern nicht die Befriedigung des Gläubigers hierdurch gefährdet wird. Der Gerichtsvollzieher hat die Wirksamkeit der Pfändung durch **Anlegen von Siegeln** oder auf sonstige Weise ersichtlich zu machen.

§ 808 Abs. 2 ZPO

unpfändbare Sachen

Bestimmte Sachen des Schuldners sind der Pfändung nicht unterworfen (**unpfändbare Sachen**). Es handelt sich dabei insbesondere um die Sachen, die dem persönlichen Gebrauch oder dem Haushalt dienen und die der Schuldner zu einer seiner Berufstätigkeit und seiner Verschuldung angemessenen, bescheidenen Lebens- und Haushaltsführung benötigt. Eine genaue Aufzählung der unpfändbaren Sachen gibt § 811 ZPO.

§ 811 ZPO

§ 814 ZPO

Die **Verwertung gepfändeter Sachen** erfolgt regelmäßig **im Wege der öffentlichen Versteigerung.** Bei der Versteigerung ist zu beachten, dass der Zuschlag nur auf ein Gebot erteilt werden darf, das mindestens die Hälfte des gewöhnlichen Verkaufswertes der Sache erreicht (**Mindestgebot**). Aus dem Versteigerungserlös wird der Gläubiger nach Abzug der Vollstreckungskosten befriedigt. Wird ein Überschuss erzielt, steht dieser dem Schuldner zu. Sind Wertpapiere gepfändet worden, so hat sie der Gerichtsvollzieher freihändig zum Tageskurs zu verkaufen, sofern sie einen Börsen- oder Marktpreis haben. Sie sind zu versteigern, wenn sie keinen Börsen- oder Marktpreis haben. Ist Geld gepfändet worden, ist das gepfändete Geld dem Gläubiger abzuliefern.

§ 817a ZPO

§ 821 ZPO

§ 815 Abs. 1 ZPO

Der Schuldner kann die Pfändung verhindern, indem er seine Verbindlichkeiten an den Gerichtsvollzieher bezahlt. Der Gerichtsvollzieher ist befugt, Zahlungen in Empfang zu nehmen und dem Schuldner den Vollstreckungstitel auszuliefern.

§ 754 ZPO

Pfändung und Verwertung von Forderungen und anderen Vermögensrechten

Pfändung von Forderungen

Forderungen werden durch Zustellung eines gerichtlichen Pfändungsbeschlusses gepfändet. Der **Pfändungsbeschluss** verbietet dem Drittschuldner, an den Schuldner zu zahlen, und dem Schuldner, über die Forderung zu verfügen. Der Gläubiger kann verlangen, dass der Drittschuldner innerhalb von zwei Wochen nach der Zustellung des Pfändungsbeschlusses erklärt, ob und inwieweit er die Forderung als begründet anerkennt und Zahlungen zu leisten bereit ist, ob und welche Ansprüche andere Personen an die Forderung stellen, ob und gegen welche Ansprüche die Forderung bereits für andere Gläubiger gepfändet ist sowie ob es sich bei dem Konto, dessen Guthaben gepfändet worden ist, um ein Pfändungsschutzkonto nach § 850k Abs. 7 ZPO handelt (**Drittschuldnererklärung**). Die Pfändung einer Forderung wird mit Zustellung des Pfändungsbeschlusses an den Drittschuldner wirksam.

Pfändungsbeschluss

§ 829 Abs. 1 ZPO

§ 840 ZPO

§ 829 Abs. 3 ZPO

Eine gepfändete Geldforderung wird dem Gläubiger zur Einziehung überwiesen. Regelmäßig ist daher mit dem Pfändungsbeschluss gleichzeitig der Überweisungsbeschluss verbunden (**Pfändungs- und Überweisungsbeschluss**). Der Gläubiger ist dadurch berechtigt, die überwiesene Forderung im eigenen Namen einzuziehen und sich daraus für seine Ansprüche zu befriedigen. Bei einem Kreditinstitut gepfändete Guthaben einer natürlichen Person dürfen dem Gläubiger erst vier Wochen nach Zustellung des Überweisungsbeschlusses überwiesen werden.

Pfändungs- und Überweisungsbeschluss

§ 835 ZPO

Der Schuldner kann bei seinem Kreditinstitut die Führung eines **Pfändungsschutzkontos (P-Konto)** beantragen. Für dieses Konto wird vom Kreditinstitut jeweils für den laufenden Monat ein Pfändungsschutz in Höhe eines Pfändungsfreibetrages berücksichtigt. Ein Arbeitseinkommen von nicht mehr als 1 133,80 Euro im Monat ist unpfändbar. Neben dem unpfändbaren Teil des Arbeitseinkommens können auch Kindergeldzahlungen und weitere Sozialleistungen vom Pfändungsschutz des P-Kontos erfasst werden. Voraussetzung hierfür ist jedoch, dass der Schuldner dem Kreditinstitut durch eine Bescheinigung, z. B. der Familienkasse oder des Sozialleistungsträgers, nachweist, dass die entsprechenden Beträge nicht pfändbar sind. Ferner kann das Vollstreckungsgericht auf Antrag einen abweichenden pfändungsfreien Betrag festsetzen, der dem Kreditinstitut entsprechend nachzuweisen ist. Wird das Guthaben auf dem P-Konto gepfändet, kann der Schuldner jeweils bis zum Ende des Monats über Guthaben in Höhe des monatlichen Pfändungsfreibetrages verfügen. Das entsprechende Guthaben wird somit nicht von der Pfändung erfasst. Sofern der Schuldner in dem jeweiligen Monat nicht über den pfändungsfreien Betrag verfügt, wird dieses Guthaben in dem folgenden Monat zusätzlich zu dem Pfändungsfreibetrag des laufenden Monats nicht von der Pfändung erfasst. Hierdurch kann der Schuldner seine Lebenshaltungskosten, z. B. Miete, trotz vorhande-

Pfändungsschutzkonto

▸ Kapitel 2.4.2.2

§ 850k ZPO

§ 850 ZPO

§ 850c ZPO

ner Pfändung weiterhin begleichen. Es kommt somit zu keiner Sperrung des Kontos aufgrund der Pfändung. Die Leistung des Kreditinstituts an den Schuldner hat befreiende Wirkung. Dies gilt aber nicht, wenn der Bank oder Sparkasse die Unrichtigkeit der vom Schuldner vorgelegten Bescheinigung hinsichtlich des Pfändungsfreibetrages bekannt ist. Für normale Girokonten ist ein entsprechender Pfändungsschutz nicht möglich.

5.5.4.2 Zwangsvollstreckung in das unbewegliche Vermögen

Zwangsvollstreckung in das unbewegliche Vermögen
§ 866 ZPO

§ 866 ZPO (Zwangsvollstreckung in ein Grundstück)	
Die Zwangsvollstreckung in ein Grundstück erfolgt durch Eintragung einer Sicherungshypothek, durch Zwangsversteigerung und durch Zwangsverwaltung.	Der Gläubiger kann verlangen, dass eine dieser Maßregeln allein oder neben den übrigen ausgeführt wird. Die Sicherungshypothek darf nur für einen Betrag von mehr als 750 Euro eingetragen werden.

§ 867 ZPO

Die **Eintragung einer Sicherungshypothek** dient der Sicherung der Rechte des Gläubigers (**Zwangshypothek**). Die Eintragung erfolgt auf Antrag des Gläubigers. Zur Befriedigung aus dem Grundstück durch Zwangsversteigerung genügt der vollstreckbare Titel, auf dem die Eintragung der Zwangshypothek vermerkt ist.

geringstes Gebot

Die **Zwangsversteigerung** eines Grundstücks wird von dem zuständigen Amtsgericht durchgeführt. Der Versteigerungstermin wird öffentlich bekanntgegeben. In der Bekanntmachung wird der Einheitswert und der vom Vollstreckungsgericht festgesetzte Verkehrswert genannt. Das Gericht setzt das sog. **„geringste Gebot"** fest. Dadurch soll sichergestellt werden, dass die Verfahrenskosten und die vorrangigen Forderungen gedeckt sind. Gebote unter dem geringsten Gebot werden bei der Versteigerung nicht zugelassen.

Fünf-Zehntel-Grenze
§ 85a ZVG

Im ersten Termin der Zwangsversteigerung ist der Zuschlag durch das Vollstreckungsgericht zu versagen, wenn das höchste Gebot unter Anrechnung der bestehen bleibenden Rechte weniger als fünf Zehntel des festgelegten Verkehrswertes beträgt. Die Fünf-Zehntel-Grenze soll den Schuldner vor der Verschleuderung seiner Immobilie schützen.

Sieben-Zehntel-Grenze
§ 74a ZVG

Liegt das höchste Gebot unter Berücksichtigung der bestehen bleibenden Rechte zwar über der Fünf-Zehntel-Grenze, aber unter sieben Zehnteln des Verkehrswertes, kann ein Gläubiger, dessen Forderung bei Zuschlag ganz oder teilweise ausfallen würde, aber bei einem Gebot von sieben Zehnteln gedeckt wäre, die Versagung des Zuschlags beantragen. Durch die Sieben-Zehntel-Grenze soll der Gläubiger vor einem zu großen Ausfall seiner Forderung geschützt werden.

Wird der Zuschlag einmal wegen des Nichterreichens der Fünf-Zehntel-Grenze oder der Sieben-Zehntel-Grenze versagt, gelten diese Grenzen in den folgenden Versteigerungsterminen nicht mehr.

Bei Anordnung einer **Zwangsverwaltung** wird vom Gericht ein Zwangsverwalter eingesetzt, der die Erträgnisse des Grundstücks einzieht und abführt.

eidesstattliche Vermögensauskunft
§ 802c ff. ZPO

5.5.4.3 Abgabe einer eidesstattlichen Vermögensauskunft

Der Gläubiger kann beantragen, dass der Schuldner eine **eidesstattliche Vermögensauskunft** vor dem Gerichtsvollzieher des zuständigen Amtsgerichts abgeben muss.

Mit der eidesstattlichen Vermögensauskunft wird der Kreditnehmer gezwungen, ein genaues Verzeichnis seiner Vermögenswerte herzugeben und die Richtigkeit an Eides statt zu versichern. Die Vermögensauskunft wird vom Gerichtsvollzieher als elektronisches Dokument aufgenommen und in die Datenbank des in jedem Bundesland bestimmten zentralen Vollstreckungsgerichts eingestellt. Der Gerichtsvollzieher hat dem Gläubiger nach Hinterlegung des Verzeichnisses unverzüglich einen Ausdruck des Vermögensverzeichnisses zuzuleiten. Auf die Datenbank haben alle Gerichtsvollzieher Zugriff. Ein Vermögensverzeichnis ist nach Ablauf von zwei Jahren seit Abgabe der Auskunft oder bei Eingang eines neuen Vermögensverzeichnisses zu löschen.

Bei den zentralen Vollstreckungsgerichten wird ein **Schuldnerverzeichnis** geführt. In das Schuldnerverzeichnis wird ein Schuldner eingetragen, wenn er seiner Pflicht zur Abgabe der Vermögensauskunft nicht nachgekommen ist oder eine Vollstreckung nach dem Inhalt des Vermögensverzeichnisses offensichtlich nicht geeignet wäre, zu einer vollständigen Befriedigung des Gläubigers zu führen.

Schuldnerverzeichnis
§ 882b ff. ZPO

Die Eintragung wird auf Antrag nach Begleichung der Verbindlichkeit oder nach Ablauf von drei Jahren seit dem Tag der Eintragungsanordnung gelöscht.

5.5.5 Insolvenzverfahren

Insolvenzverfahren

Ziele des Insolvenzverfahrens

Das **Insolvenzverfahren** setzt an die Stelle von Vollstreckungsmaßnahmen einzelner Gläubiger ein **gemeinschaftliches Verfahren** aller Gläubiger. Durch die Einleitung eines Insolvenzverfahrens soll erreicht werden,

§ 1 InsO

- dass das Vermögen des Schuldners gemeinschaftlich verwertet und der Erlös verteilt wird oder
- dass über die Aufstellung eines Insolvenzplans die Fortführung des Unternehmens ermöglicht wird.

Dem redlichen Schuldner soll durch das Insolvenzverfahren Gelegenheit gegeben werden, sich von seinen restlichen Verbindlichkeiten zu befreien.

Insolvenzantrag

Insolvenzantrag
§ 13 InsO

Der Insolvenzantrag kann durch Gläubiger oder durch den Schuldner selbst beim Insolvenzgericht (grundsätzlich Amtsgericht am Landgerichtssitz) gestellt werden. Gründe für die Beantragung eines Insolvenzverfahrens sind:

Insolvenzgründe

- Zahlungsunfähigkeit,
- drohende Zahlungsunfähigkeit,
- Überschuldung.

Zahlungsunfähigkeit liegt vor, wenn der Schuldner nicht in der Lage ist, die fälligen Zahlungspflichten zu erfüllen. Zahlungsunfähigkeit ist anzunehmen, wenn der Schuldner die Zahlungen eingestellt hat.

Zahlungsunfähigkeit
§ 17 Abs. 2 InsO

Drohende Zahlungsunfähigkeit liegt vor, wenn der Schuldner **voraussichtlich** nicht in der Lage sein wird, die bestehenden Zahlungspflichten im Zeitpunkt der Fälligkeit zu erfüllen. Drohende Zahlungsunfähigkeit wird mithilfe eines Finanzplans fest-

drohende Zahlungsunfähigkeit
§ 18 Abs. 2 InsO

gestellt, in den die bestehenden, jedoch noch nicht fälligen Verbindlichkeiten mit einbezogen sind. Die Eröffnung des Insolvenzverfahrens wegen drohender Zahlungsunfähigkeit kann nur der Schuldner beantragen.

Überschuldung
§ 19 InsO

Überschuldung liegt vor, wenn das Vermögen des Schuldners die bestehenden Verbindlichkeiten nicht mehr deckt, es sei denn, die Fortführung des Unternehmens ist nach den Umständen wahrscheinlich. Der Tatbestand der Überschuldung ist in zwei Schritten zu prüfen. Zuerst ist zu untersuchen, ob bei Zugrundelegung der realisierbaren Verkehrswerte der Vermögenspositionen eine rechnerische Überschuldung vorliegt. Ist dies der Fall, ist im zweiten Schritt auf Basis einer Rentabilitätsprognose zu beurteilen, ob das Unternehmen auf Dauer existenzfähig ist. Sofern dies nicht der Fall ist, liegt eine rechtliche Überschuldung vor. Der Insolvenzgrund Überschuldung gilt nur für juristische Personen.

Schutzschirmverfahren
§ 270b InsO

Der Schuldner kann bei drohender Zahlungsunfähigkeit oder bei Überschuldung beim Insolvenzgericht ein sogenanntes Schutzschirmverfahren beantragen. Der Schuldner hat mit dem Antrag eine mit Gründen versehene Bescheinigung eines in Insolvenzsachen erfahrenen Steuerberaters, Wirtschaftsprüfers oder Rechtsanwalts oder einer Person mit vergleichbarer Qualifikation vorzulegen, aus der sich ergibt, dass drohende Zahlungsunfähigkeit oder Überschuldung, aber keine Zahlungsunfähigkeit vorliegt und die angestrebte Sanierung nicht offensichtlich aussichtslos ist. Bei diesem Verfahren hat der Schuldner die Möglichkeit, innerhalb einer Frist von bis zu drei Monaten in Eigenverwaltung unter der Aufsicht eines vorläufigen Sachwalters einen Insolvenzplan zu erarbeiten. Während des Verfahrens kann das Gericht Zwangsvollstreckungsmaßnahmen gegen den Schuldner untersagen.

Arten des Insolvenzverfahrens

Arten des Insolvenzverfahrens

Arten der Insolvenzverfahren

- Regelinsolvenzverfahren
- Verbraucherinsolvenzverfahren

Regelinsolvenzverfahren
§§ 11–216 InsO
Verbraucherinsolvenzverfahren
§§ 304–311 InsO

Das **Regelinsolvenzverfahren** gilt für juristische Personen, z. B. Aktiengesellschaften und Gesellschaften mit beschränkter Haftung, Personenhandelsgesellschaften, z. B. OHG und KG, sowie selbstständig tätige natürliche Personen. Das **Verbraucherinsolvenzverfahren** gilt für natürliche Personen, die keiner oder nur einer geringfügigen selbstständigen wirtschaftlichen Tätigkeit nachgehen.

Ablauf des Regelinsolvenzverfahrens

Insolvenzantrag
§ 13 InsO

Abweisung mangels Masse
§ 26 Abs. 1 InsO

Das Regelinsolvenzverfahren wird durch einen Insolvenzantrag beim zuständigen Amtsgericht eingeleitet. Antragsberechtigt sind der Gläubiger und der Schuldner. Das Gericht entscheidet anschließend, ob das Verfahren eröffnet oder eingestellt wird. Der Antrag auf Eröffnung des Insolvenzverfahrens wird abgewiesen, wenn das Vermögen des Schuldners voraussichtlich nicht ausreicht, um die Kosten des Verfahrens zu decken. Das Gericht kann bereits in der Entscheidungsphase Sicherungsmaßnahmen anordnen und einen vorläufigen Insolvenzverwalter oder einen vorläufigen Gläubigerausschuss einsetzen.

Das Gericht soll auf Antrag des Schuldners, des vorläufigen Insolvenzverwalters oder eines Gläubigers einen vorläufigen Gläubigerausschuss einsetzen. Sofern der Schuldner im vorangegangenen Geschäftsjahr bestimmte Größenmerkmale hinsichtlich der Bilanzsumme, der Umsatzerlöse und der im Jahresdurchschnitt beschäftigten Mitarbeiter überschritten hat, ist ein entsprechender Ausschuss zwingend einzusetzen. Dagegen ist auf die Einsetzung eines vorläufigen Gläubigerausschusses zu verzichten, wenn der Geschäftsbetrieb des Schuldners eingestellt ist oder die Einsetzung im Hinblick auf die zu erwartende Insolvenzmasse unverhältnismäßig wäre. Der vorläufige Gläubigerausschuss wirkt bei der Auswahl des Insolvenzverwalters mit. Er ist hinsichtlich des Anforderungsprofils an den Verwalter zu befragen. Das Gericht darf von einem einstimmigen Vorschlag des vorläufigen Gläubigerausschusses zur Person des Insolvenzverwalters nur abweichen, wenn die vorgeschlagene Person nicht geeignet ist.

vorläufiger Gläubigerausschuss
§ 22a InsO

Die Eröffnung des Insolvenzverfahrens wird vom Gericht sofort öffentlich bekannt gemacht. Den Gläubigern und Drittschuldnern sowie dem Schuldner wird der Eröffnungsbeschluss zugestellt. **Mit der Eröffnung des Verfahrens** bestimmt das Gericht den Insolvenzverwalter. Der **Insolvenzverwalter** erhält das **Verwaltungs- und Verfügungsrecht über die Insolvenzmasse und führt das Unternehmen fort**. Die Gläubiger müssen jetzt ihre Forderungen beim Insolvenzverwalter anmelden und ihm mitteilen, welche Sicherungsrechte sie an beweglichen Sachen oder Rechten des Schuldners geltend machen. Die Drittschuldner dürfen nicht mehr an den Schuldner, sondern nur noch an den Verwalter zahlen. Verfügungen des Schuldners nach der Eröffnung des Insolvenzverfahrens über Gegenstände der Insolvenzmasse sind unwirksam. Der Insolvenzverwalter bewertet das Vermögen des Schuldners, prüft alle Forderungen und stellt ein Verzeichnis aller Gläubiger auf.

Bekanntmachung der Insolvenzeröffnung
§ 30 InsO

Ernennung des Insolvenzverwalters
§ 27 Abs. 1 InsO

Forderungsanmeldung
§ 28 InsO
§ 174 ff. InsO

Zur **Insolvenzmasse** zählt das gesamte Vermögen, das dem Unternehmer (Schuldner) zurzeit der Eröffnung des Verfahrens gehört bzw. das er während des Insolvenzverfahrens erlangt. Die Insolvenzmasse dient der gemeinschaftlichen Befriedigung aller Gläubiger, die zum Zeitpunkt der Eröffnung des Insolvenzverfahrens einen Vermögensanspruch gegen den Schuldner haben.

Insolvenzmasse
§ 35 InsO

Insolvenzgläubiger
§ 38 InsO

Das Gericht kann einen **Gläubigerausschuss** einsetzen. In dem Ausschuss sollen die absonderungsberechtigten Gläubiger, die Gläubiger mit den höchsten Forderungen und die Kleingläubiger vertreten sein. Außerdem soll ihm ein Vertreter der Arbeitnehmer angehören. Die Mitglieder des Gläubigerausschusses sollen den Insolvenzverwalter bei seiner Geschäftsführung unterstützen und überwachen.

§ 69 InsO

Ferner haben sie sich über den Gang der Geschäfte zu unterrichten und insbesondere den Geldverkehr und -bestand prüfen zu lassen. Ob ein Gläubigerausschuss eingesetzt werden soll, wird von der Gläubigerversammlung beschlossen. Hat das Insolvenzgericht bereits einen Gläubigerausschuss eingesetzt, so beschließt die Gläubigerversammlung über dessen Fortführung.

§ 68 Abs. 1 InsO

Vom Insolvenzgericht wird eine **Gläubigerversammlung** einberufen. Zur Teilnahme an der Versammlung sind alle absonderungsberechtigten Gläubiger, alle Insolvenzgläubiger, der Insolvenzverwalter, die Mitglieder eines Gläubigerausschusses sowie der Schuldner berechtigt. Die Aufgaben der Gläubigerversammlung umfassen u. a. die Wahl bzw. Abwahl eines Insolvenzverwalters und die Zustimmung zu besonders bedeutsamen Rechtshandlungen des Insolvenzverwalters. Die Versammlung wird vom Insolvenzgericht geleitet.

Gläubigerversammlung
§ 74 ff. InsO

Berichtstermin
§ 156 Abs. 1 InsO

Insolvenzplan
§ 217 InsO

Debt to Equity Swap
§ 225a Abs. 2 InsO

Im **Berichtstermin** hat der Insolvenzverwalter der Gläubigerversammlung über die wirtschaftliche Situation des Schuldners und ihre Ursachen zu berichten. Insbesondere hat er darzulegen, ob Aussichten bestehen, das Unternehmen zu erhalten. Die Gläubiger können den Insolvenzverwalter beauftragen, einen Insolvenzplan auszuarbeiten. Zur Vorlage eines Insolvenzplans sind auch der Schuldner und der Insolvenzverwalter selbst berechtigt. In einem **Insolvenzplan** können u. a. die Befriedigung der Insolvenzgläubiger, die Verwertung und Verteilung der Insolvenzmasse sowie die Verfahrensabwicklung abweichend von den Vorschriften der InsO geregelt werden. Im Insolvenzplan kann insbesondere vorgesehen werden, dass Forderungen der Gläubiger in Gesellschaftsanteile des Schuldners umgewandelt werden sollen (Debt to Equity Swap). Damit kann in die Rechte der Gesellschafter des Schuldners eingegriffen werden. Eine Umwandlung gegen den Willen der Gläubiger ist nicht möglich.

Ablauf des Regelinsolvenzverfahrens

Antrag auf Eröffnung des Insolvenzverfahrens beim zuständigen Amtsgericht

Gläubiger oder Schuldner stellt Antrag wegen
- Zahlungsunfähigkeit oder
- drohender Zahlungsunfähigkeit (nur bei Antrag des Schuldners) oder
- Überschuldung (nur bei juristischen Personen und bestimmten Gesellschaften)

↓

Insolvenzgericht

- prüft Eröffnungsvoraussetzungen
- stellt fest, ob ausreichend Insolvenzmasse vorhanden ist
- prüft sonstige Gründe, die zur Abweisung führen können

↓

Eröffnungsbeschluss und Einleitung des Insolvenzverfahrens

↓

Berichtstermin

- Bericht des Insolvenzverwalters über wirtschaftliche Lage des Schuldners und mögliche Sanierungschancen
- Entscheidung der Gläubigerversammlung über Fortgang des Insolvenzverfahrens
- Gläubiger können Verwalter beauftragen, einen Insolvenzplan auszuarbeiten

↓

Sanierung	Liquidation	Übertragende Sanierung
Wiederherstellung der Ertragskraft in der Hand des bisherigen Unternehmensträgers	Verwertung der Insolvenzmasse	Übertragung des Unternehmens, eines Betriebs oder eines Betriebsteils auf Dritte

↓

Gleichmäßige Verteilung des Verwertungserlöses an die Insolvenzgläubiger

↓

Aufhebung des Insolvenzverfahrens

Vgl. www.existenzgruender.de, Übersicht Nr. 6 Regelinsolvenzverfahren, abgerufen am 06.02.2017 (geändert)

Ziel des Insolvenzplans ist, die Insolvenzgläubiger bestmöglich zu befriedigen und ggf. das Unternehmen zu sanieren. Von der Zielrichtung lassen sich folgende Insolvenzpläne unterscheiden:

Insolvenzpläne

1. Sanierungsplan: Wiederherstellung der Ertragskraft des verschuldeten Unternehmens,
2. Übertragungsplan: Verkauf des Unternehmens,
3. Liquidationsplan: Verwertung der Vermögensgegenstände des Unternehmens im einzelnen.

Die Gläubigerversammlung entscheidet über die Annahme des vorgelegten Insolvenzplans und beschließt, ob das Unternehmen des Schuldners saniert, verkauft oder liquidiert wird.

Annahme durch die Gläubigerversammlung

Verwertung der Insolvenzmasse

Verwertung der Insolvenzmasse
§ 159 InsO

Wenn die Gläubigerversammlung die Liquidation des Unternehmens beschlossen hat, muss der Verwalter unverzüglich das zur Insolvenzmasse gehörende Vermögen verwerten und den erzielten Erlös an die Gläubiger verteilen.

Nicht zur Insolvenzmasse gehören Gegenstände, die nicht Eigentum des Schuldners sind und deshalb ausgesondert werden. Ein **Recht auf Aussonderung,** d. h. auf Herausgabe ihres Eigentums, haben **Eigentümer von Gegenständen, die dem Schuldner miet- oder leihweise überlassen worden sind**. So können z. B. Leasinggeber sowie Lieferanten, die Waren unter Eigentumsvorbehalt geliefert haben, verlangen, dass ihnen ihr Eigentum zurückgegeben wird.

Aussonderungsrecht
§ 47 InsO

Ein **Absonderungsrecht** besteht für **Gegenstände, die mit einem Pfandrecht belastet oder sicherungsübereignet sind**. Diese Gegenstände fallen in die Insolvenzmasse. Sicherungsübereignete Gegenstände dürfen nur vom Insolvenzverwalter verwertet werden. Damit soll verhindert werden, dass Gläubiger nach Eröffnung des Insolvenzverfahrens dem Unternehmen Gegenstände entziehen, die für die einstweilige Fortführung des Unternehmens von Bedeutung sind. Der Erlös steht den Sicherungsnehmern zu.

Absonderungsrecht
§ 49 ff. InsO

Forderungen, die der Schuldner zur Sicherung eines Anspruchs abgetreten hat, **darf der Verwalter einziehen.** Kreditinstitute, die Sicherungsübereignungen oder Forderungsabtretungen als Kreditsicherheiten hereingenommen haben, können diese Sicherheiten im Insolvenzverfahren nicht mehr selbst verwerten.

abgetretene Forderungen
§ 166 Abs. 2 InsO

Der Insolvenzverwalter ist nach Verwertung einer sicherungsübereigneten Sache oder einer abgetretenen Forderung berechtigt, aus dem Verwertungserlös vorweg die Kosten der Feststellung und der Verwertung für die Insolvenzmasse zu entnehmen. Die Kosten der Feststellung werden mit pauschal 4 % und die Kosten der Verwertung mit pauschal 5 % des Verwertungserlöses angesetzt.

§ 170 Abs. 1 InsO

§ 171 InsO

Ablauf des Verbraucherinsolvenzverfahrens

Das Verbraucherinsolvenzverfahren ist auf natürliche Personen anwendbar, die keine selbstständige wirtschaftliche Tätigkeit ausüben oder ausgeübt haben. Sofern der Schuldner eine selbstständige wirtschaftliche Tätigkeit ausgeübt hat, ist das Verbraucherinsolvenzverfahren nur anwendbar, wenn seine Vermögensverhältnisse überschaubar sind und gegen ihn keine Forderungen aus Arbeits-

Verbraucherinsolvenz
§ 304 InsO

verhältnissen bestehen. Überschaubar sind die Vermögensverhältnisse, wenn der Schuldner weniger als 20 Gläubiger hat.

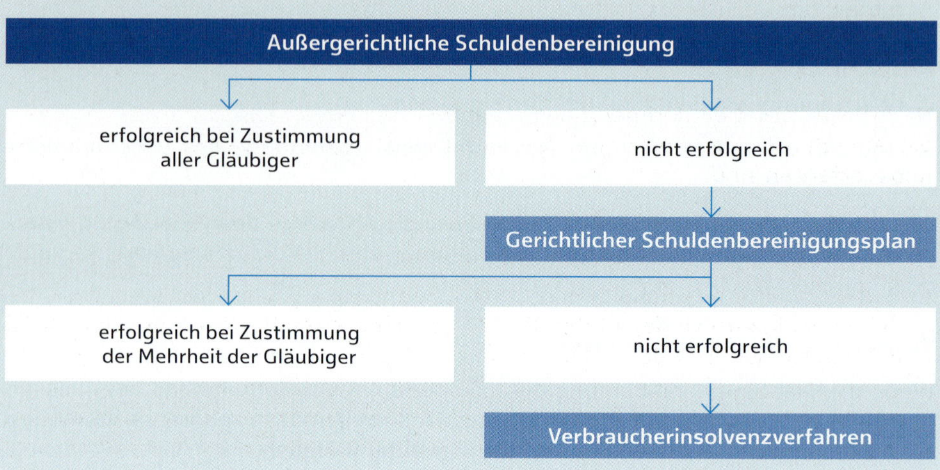

Das Verbraucherinsolvenzverfahren wird in mehreren Schritten abgewickelt:

Außergerichtliche Einigung
§ 305a InsO

- Zunächst muss der Schulder versucht haben, sich mit seinen Gläubigern außergerichtlich zu einigen. Bei dem **außergerichtlichen Einigungsversuch** legt der Schuldner einen **Schuldenbereinigungsplan** vor. Darin muss er seine Vermögensverhältnisse sowie alle Gläubiger und sämtliche Schulden offen legen. Im Schuldenbereinigungsplan muss der Schuldner einen angemessenen Vorschlag zur Bereinigung der Schulden unterbreiten. Stimmen alle Gläubiger zu, was nur selten vorkommt, erübrigt sich das weitere Insolvenzverfahren.

Insolvenzantrag
§ 305 InsO

- Scheitert die außergerichtliche Schuldenbereinigung, so hat der Schuldner die Bescheinigung darüber zusammen mit seinem **Antrag auf Eröffnung des Insolvenzverfahrens** dem Gericht unverzüglich vorzulegen. Der Schuldner hat zusammen mit dem Insolvenzantrag einen Schuldenbereinigungsplan, ein Verzeichnis seines Einkommens und Vermögens, einen Antrag auf Erteilung von Restschuldbefreiung oder die Erklärung, dass Restschuldbefreiung nicht beantragt werden soll, sowie eine Übersicht seiner Gläubiger und Verbindlichkeiten dem Gericht einzureichen.

Zustellung an die Gläubiger
§ 307 InsO

- Das Gericht stellt den Gläubigern die vom Schuldner überlassenen Unterlagen zu und fordert zur Abgabe einer Stellungnahme zum Schuldenbereinigungsplan auf. Wenn das Gericht die Annahme des Plans durch die Gläubiger für unwahrscheinlich hält, kann es auf das Verfahren des Schuldenbereinigungsplans verzichten.

Zustimmung der Gläubiger

Ersetzung der Zustimmung
§ 309 InsO

- Sofern ein **Schuldenbereinigungsplan** weitergeleitet wird, haben sich die Gläubiger binnen einer Frist von einem Monat zum Plan zu äußern. Bei Zustimmung aller Gläubiger wird der Plan angenommen. Stimmt die Mehrheit der Gläubiger dem Schuldenbereinigungsplan zu und repräsentiert diese zustimmende Mehrheit auch mehr als die Hälfte der Summe der Forderungen, so kann das Gericht die fehlende Zustimmung einzelner Gläubiger auf Antrag eines Gläubigers oder des Schuldners ersetzen und damit den Schuldenbereinigungsplan in Kraft setzen.

- Scheitert auch der gerichtliche Schuldenbereinigungsversuch, folgt das **Verbraucherinsolvenzverfahren**. Das Gericht bestimmt einen Prüfungstermin für die Forderungen und einen **Insolvenzverwalter**, der das verwertungsfähige Vermögen des Schuldners verteilt. Insolvenzverfahren §311 InsO

Restschuldbefreiung

Natürliche Personen und **persönlich haftende Unternehmer** können von den verbleibenden Schulden befreit werden. **Voraussetzungen für das Restschuldbefreiungsverfahren sind:** Restschuldbefreiung §§286–303a InsO

- **Durchführung des Insolvenzverfahrens** und Verteilung der Vermögenswerte des Schuldners an die Gläubiger,
- **Wohlverhalten des Schuldners vor der Beantragung**. Das bedeutet, dass der Schuldner innerhalb der letzten fünf Jahre nicht wegen Bankrott, Verletzung der Buchführungspflicht oder Gläubigerbegünstigung zu einer Geldstrafe von mehr als 90 Tagessätzen oder einer Freiheitsstrafe von mehr als drei Monaten verurteilt worden sein darf. Außerdem darf er in den letzten drei Jahren in Kreditanträgen oder bei der Beantragung von Leistungen aus öffentlichen Mitteln keine vorsätzlich oder grob fahrlässig unrichtigen oder unvollständigen Angaben über seine finanziellen Verhältnisse gemacht haben. Wohlverhalten des Schuldners §290 Abs. 1 InsO

Der Schuldner ist verpflichtet, während der Laufzeit des Restschuldbefreiungsverfahrens eine **angemessene Erwerbstätigkeit auszuüben**. Bei Arbeitslosigkeit muss er jede zumutbare Arbeit annehmen. Das Einkommen, das seinen persönlichen Bedarf übersteigt (**pfändbare Bezüge**), muss er **an seinen Treuhänder abführen**, der damit die Gläubiger befriedigt. §295 Abs. 1 InsO §292 Abs. 1 InsO

Nach einer dreijährigen **Wohlverhaltensperiode** kann das Gericht den Schuldner nach Anhörung der Gläubiger und des Insolvenzverwalters oder Treuhänders von seinen restlichen Schulden befreien, sofern er in diesem Zeitraum 35 % der Gläubigerforderungen sowie die Verfahrenskosten beglichen hat. Der Schuldner muss in diesem Fall Auskunft über die Mittelherkunft erteilen. Erbringt der Schuldner zumindest die Verfahrenskosten, so kann er die Befreiung nach fünf Jahren beantragen. Sonst erhält er sie nach sechs Jahren. §300 InsO §287 Abs. 2 InsO

5.5.6 Verjährung von Ansprüchen

Rechtsansprüche unterliegen der Verjährung. Nach Ablauf der Verjährungsfrist ist der Schuldner berechtigt, die geschuldete Leistung zu verweigern (Einrede der Verjährung). Wenn der Schuldner die Einrede der Verjährung geltend macht, verliert der Gläubiger zwar nicht seine Forderung, er kann die Forderung aber nicht mehr gerichtlich eintreiben. Verjährung §194 BGB §214 BGB

Die **regelmäßige Verjährungsfrist** beträgt **drei Jahre.** Sie **beginnt mit dem Schluss des Jahres, in dem** regelmäßige Verjährungsfrist §195 BGB §199 Abs. 1 BGB

1. der Anspruch **entstanden** ist, **und**
2. **der Gläubiger Kenntnis** von den den Anspruch begründenden Umständen und der Person des Schuldners erlangt hat oder ohne grobe Fahrlässigkeit hätte erlangen müssen.

absolute Verjährungsfrist
§ 199 Abs. 4 BGB

Unabhängig von Kenntnis oder grob fahrlässiger Unkenntnis gilt eine Verjährungsfrist von 10 Jahren. Sie beginnt mit der Entstehung des Anspruchs.

Hemmung der Verjährung
§ 203 BGB
§ 204 BGB
§ 209 BGB

Die Verjährung kann gehemmt werden. Der Zeitraum der Hemmung wird nicht in die Verjährungsfrist eingerechnet. Nach Beendigung der Hemmung läuft die Verjährungsfrist weiter. Hemmungen entstehen z. B. durch Erhebung einer Klage, Zustellung eines Mahnbescheids, Stundung, ein begründetes Leistungsverweigerungsrecht, Verhandlungen zwischen Schuldner und Gläubiger über den Anspruch oder die den Anspruch begründenden Umstände.

Neubeginn der Verjährung
§ 212 Abs. 1 BGB

Die Verjährung beginnt erneut, wenn der Schuldner den Anspruch des Gläubigers anerkennt, z. B. durch Abschlagszahlung, Zinszahlung, Sicherheitsleistung oder der Anspruch gerichtlich oder behördlich vollstreckt wird.

Besondere Verjährungsfristen

	Besondere Verjährungsfristen	
§ 438 BGB	Gewährleistungsfristen aus Kaufverträgen	2 Jahre
	Mängelansprüche bei einem Bauwerk und bei Sachen, die für ein Bauwerk verwendet wurden und dessen Mangelhaftigkeit verursachen	5 Jahre
§ 196 BGB	Rechte an einem Grundstück sowie die Ansprüche auf Gegenleistung	10 Jahre
§ 197 BGB	Herausgabeansprüche aus Eigentum und anderen dinglichen Rechten sowie aus rechtskräftig festgestellten Ansprüchen	30 Jahre

Die besonderen Verjährungsfristen beginnen grundsätzlich mit Entstehung des Anspruchs bzw. mit der Übergabe bzw. Ablieferung der Sache.

5.6 Leasing und Factoring

5.6.1 Leasing

5.6.1.1 Begriff des Leasings

Begriff des Leasings

Leasing ist Vermietung oder Verpachtung von beweglichen oder unbeweglichen Gütern durch Finanzierungsinstitute (Leasinggesellschaften) oder durch die Hersteller der Güter.

Leasing ist eine **Sonderform der Finanzierung.** An die Stelle von Kauf mit Eigen-, Fremd- oder Mischfinanzierung tritt Miete oder Pacht. Der Vermietende oder Verpachtende wird **Leasinggeber**, der Mieter oder Pächter **Leasingnehmer** genannt.

Leasing ist **kein Bankgeschäft** im Sinne des § 1 Abs. 1 KWG. Leasinggesellschaften sind Finanzdienstleistungsinstitute gemäß § 1 Abs. 1a Satz 2 Nr. 10 KWG.

Leasinggesellschaften (Leasinggeber) sind meistens Tochtergesellschaften von Kreditinstituten. Als Rechtsform dominiert die GmbH.

5.6.1.2 Formen des Leasings

Formen des Leasings

<table>
<tr><th>Einteilungs-gesichtspunkte</th><th>Kennzeichnung der Leasingformen</th></tr>
<tr><td>Dauer und Kündbarkeit des Leasingvertrags</td><td>

Financial-Leasing
Financial-Leasing oder Finanzierungs-Leasing ist Leasing mit mittel- oder langfristigen Vertragszeiten, bei denen meistens eine unkündbare Grundmietzeit vereinbart wird. Die Mietobjekte werden in der Regel nach den Vorstellungen und Bedürfnissen der Mieter angekauft oder hergestellt. Der Mieter hat häufig ein Kaufrecht am Mietobjekt nach Beendigung des Mietverhältnisses.
Die Mietdauer ist regelmäßig so lange und die Miete so hoch, dass der Leasinggeber den überwiegenden Teil seiner Investitionskosten für das Mietobjekt aus den Mieten amortisieren kann.

Operate-Leasing
Operate-Leasing ist Leasing mit kurzfristigen Vertragszeiten. Kurzfristig bezieht sich dabei auf das Verhältnis der Mietdauer zur betriebsgewöhnlichen Nutzungsdauer der Mietsache. Operate-Leasingverträge können für wenige Stunden, einige Tage, Wochen oder Monate geschlossen werden. Sie werden kaum für länger als ein Jahr geschlossen.
Vermieter sind häufig Hersteller oder Händler der Mietobjekte oder Unternehmen, die sich auf die Deckung einer speziellen Mietnachfrage eingestellt haben, z. B. Autovermieter.

</td></tr>
<tr><td>Stellung des Leasinggebers</td><td>

Direktes Leasing (Hersteller-Leasing)
Die Vermietung oder Verpachtung erfolgt durch den Hersteller der Güter oder dessen rechtlich ausgegliederte, aber wirtschaftlich abhängige Leasinggesellschaft.

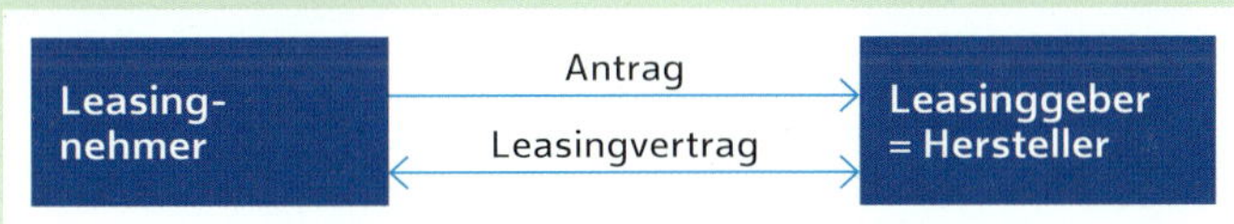

Beim Hersteller-Leasing steht das Interesse des Herstellers am Absatz seiner Produkte im Vordergrund, dabei kann es sich sowohl um die Mietobjekte selbst handeln, z. B. Fotokopiergeräte, als auch um die Betriebsstoffe und Hilfsmittel, z. B. Fotokopiermaterial. Beim Hersteller-Leasing überwiegt das Finanzierungs-Leasing, weil nur die langfristige Vermietung einen gesicherten Ertrag aus dem Mietobjekt gewährleistet. Hersteller-Leasingverträge werden häufig mit besonderen Dienstleistungen des Herstellers verbunden, z. B. Wartung, Lieferung von Betriebsstoffen.

Indirektes Leasing
Die Vermietung oder Verpachtung wird von herstellerunabhängigen Leasinggesellschaften betrieben. Leasinggesellschaften haben als Geschäftsaufgabe ausschließlich die Vermietung von mobilen oder immobilen Investitionsgütern bzw. von langlebigen Gebrauchsgütern.

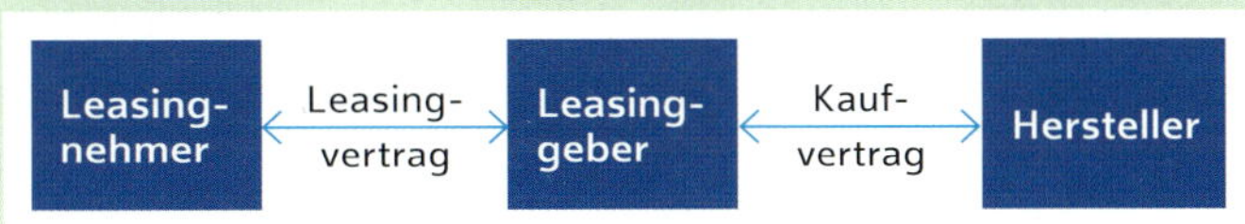

</td></tr>
</table>

Einteilungs-gesichtspunkte	Kennzeichnung der Leasingformen
Art des Leasing-Gegenstandes	▸ **Immobilien-Leasing** Immobilien-Leasing ist die Vermietung und Verpachtung von Grundstücken und Gebäuden sowie von ganzen Betriebsanlagen. Bei den Betriebsanlagen handelt es sich häufig um eine Vielzahl selbstständiger Wirtschaftsgüter (Maschinen), die jedoch nur als Sachgesamtheit wirtschaftlich genutzt werden können. ▸ **Mobilien-Leasing** Mobilien-Leasing ist die Vermietung von Maschinen oder Betriebsvorrichtungen, die einzeln genutzt werden können. Die Vermietung einzelner Ausrüstungsgegenstände wird auch als **Equipment-Leasing** bezeichnet. Mobilien-Leasing kommt vor als **Investitionsgüter-Leasing** und als **Konsumgüter-Leasing.** Leasing-Gegenstände sind z. B. Datenverarbeitungsanlagen, Büromaschinen und Kraftfahrzeuge.
Vereinbarung von Dienstleistungen	▸ **Full-Service-Leasing** Die Leasinggesellschaft übernimmt die Wartung des Leasing-Gegenstandes, den Reparaturdienst, die Versicherungen und andere Service-Leistungen. ▸ **Teil-Service-Leasing** Wartungs-, Reparatur-, Versicherungspflichten usw. werden vertraglich zwischen Leasingnehmer und Leasinggeber aufgeteilt. ▸ **Net-Leasing** Beim Net-Leasing trägt der Leasingnehmer alle Wartungs-, Reparatur- und Versicherungspflichten selbst.
Sonderformen	▸ **Sale-and-lease-back** Der Leasingnehmer verkauft Wirtschaftsgüter, deren Eigentümer er ist und die normalerweise bereits von ihm genutzt werden, an eine Leasinggesellschaft, um sie dann von der Leasinggesellschaft wieder zu mieten. In der Regel handelt es sich um Immobilien (Fabrikanlagen), die zum Verkehrswert gehandelt werden. Durch den Verkauf der Anlage setzt der Unternehmer das bisher in diesem Investitionsgut gebundene Kapital frei. Die zufließende Liquidität kann für andere unternehmerische Aufgaben genutzt werden. ▸ **Revolving-Leasing** Beim Revolving-Leasing ist der Leasing-Gegenstand nach Ablauf einer bestimmten Frist gegen einen anderen Leasing-Gegenstand auszuwechseln. ▸ **Special-Leasing** Von Special-Leasing spricht man, wenn ein Leasing-Gegenstand so speziell auf die Bedürfnisse des Leasingnehmers zugeschnitten ist, dass er nach Ablauf der vereinbarten Mietzeit sinnvoll nur vom Leasingnehmer weitergenutzt werden kann.

Leasingverträge

5.6.1.3 Leasingverträge

In der Praxis kommen Leasingverträge in sehr unterschiedlicher Ausgestaltung vor.

Grundsätzlich sind **Vollamortisationsverträge** und **Teilamortisationsverträge** zu unterscheiden.

Die Leasingzahlungen während der unkündbaren Grundmietzeit decken bei **Vollamortisationsverträgen** mindestens die Anschaffungs- oder Herstellungskosten für den Leasing-Gegenstand, die Finanzierungs-, Risiko- und Verwaltungskosten sowie die Gewinnspanne des Leasinggebers. Für die Zeit nach Ablauf der Grundmietzeit sehen die Verträge unterschiedliche Formen der weiteren Nutzung des Leasingobjektes vor.

Bei **Teilamortisationsverträgen** erhält der Leasinggeber über die Leasingraten nur einen Teil seiner Anschaffungs- oder Herstellungskosten, Refinanzierungs-, Risiko- und Verwaltungskosten sowie Gewinnzuschläge. Es ist daher notwendig, dass der Leasinggeber sich vom Leasingnehmer den noch nicht amortisierten Teil absichern lässt, z. B. durch die Verpflichtung des Leasingnehmers, den Leasing-Gegenstand zu einem vorher vereinbarten Preis zu übernehmen. Alternativ kann vertraglich vereinbart werden, dass der Leasing-Gegenstand an den Leasinggeber zurückgegeben und von diesem zum aktuellen Marktwert an einen Dritten verkauft wird.

Angebotsvergleich

Beim Vergleich verschiedener Leasingangebote müssen die Kerndaten der Angebote identisch sein. Neben der Ausgestaltung des Leasingvertrages als Voll- oder Teilamortisationsvertrag wirkt sich insbesondere eine vereinbarte **Leasingsonderzahlung** auf die Höhe der laufenden Leasingraten aus. Eine zu Beginn des Leasingvertrages zu entrichtende Sonderzahlung kann die Höhe der laufenden Leasingraten deutlich reduzieren.

Bei einem Angebotsvergleich für ein Pkw-Leasing sollten u. a. folgende Vertragsdaten identisch sein:

- Vertragsart (Voll- oder Teilamortisationsvertrag),
- Kaufpreis des Pkw,
- Höhe einer evtl. Leasingsonderzahlung,
- kalkulierter Restwert des Pkw am Ende des Leasingvertrages,
- Grundmietdauer,
- Kilometerbegrenzung,
- Serviceleistungen.

Ein isolierter Vergleich der Leasingraten führt zu keinem sachgerechten Ergebnis.

5.6.1.4 Vorteile und Nachteile des Leasings

Vorteile des Leasings

Vorteile des Leasings für den Leasingnehmer können sein:

- Der Leasing-Gegenstand muss nicht im Voraus bezahlt werden. Die monatlichen Leasingzahlungen können während der gesamten Mietzeit aus den Erträgen, die der Einsatz des Leasing-Gegenstandes erbringt, geleistet werden.
- Investitionen können auch bei fehlenden Eigenmitteln getätigt werden.
- Leasing schont die eingeräumten Kreditlinien des Leasingnehmers.
- Da bei Leasing die Leasinggesellschaft Eigentümerin des Leasingobjektes bleibt, sind in der Regel keine besonderen Sicherheiten vom Leasingnehmer zu stellen.
- Bei kurzfristigen Leasingverträgen ist eine schnelle Anpassung an den technisch-wirtschaftlichen Fortschritt unter Ausschaltung des Investitionsrisikos möglich.
- Mietraten können vom Leasingnehmer teilweise steuerlich abgesetzt weden, wenn er nicht wirtschaftlicher Eigentümer des Leasingobjektes wird und der Gegenstand nicht in seiner Steuerbilanz auszuweisen ist. Hierzu ist eine unkündbare Grundmietzeit zu vereinbaren, die mehr als 40 %, jedoch weniger als 90 % der betriebsgewöhnlichen Nutzungsdauer des Leasing-Gegenstandes beträgt.

- Leasingraten bilden eine klare Kalkulationsgrundlage, da sie über die ganze Mietdauer fest sind.
- Die Bilanzierung des Leasing-Gegenstandes erfolgt beim Leasinggeber. Es kommt somit beim Leasingnehmer zu keiner Bilanzverlängerung, die sich auf die Bilanzkennzahlen negativ auswirken kann.

Nachteile des Leasings

Nachteile des Leasings für den Leasingnehmer können sein:

- Der Leasingnehmer hat verhältnismäßig hohe laufende Mietkosten, die je nach Vertragsdauer 20% bis 40% über der Kaufsumme des Leasing-Gegenstandes liegen können.
- Während der Grundmietzeit ist der Leasingnehmer gebunden. Kommt es für das Unternehmen wider Erwarten zu rückläufigem Absatz oder rückläufigen Preisen, können die mit dem Leasing verbundenen hohen Fixkosten zu einer Gefahr werden.
- Während der Grundmietzeit kann der Leasingnehmer z. B. eine Maschine nicht zurückgeben (Gefahr der technischen Überalterung). Der Eigentümer einer Maschine kann dagegen den Restwert abschreiben und aus einem etwaigen Verkaufserlös die Neuanschaffung teilfinanzieren.

5.6.1.5 Vergleich Ratenkredit und Leasing

Vergleich Ratenkredit und Leasing am Beispiel eines Kfz

	Ratenkredit	Leasing
Stellung des Kfz-Nutzers	Eigentümer des Kfz	Mieter des Kfz
Verfügungsmöglichkeiten	Kfz kann während der Vertragslaufzeit verkauft werden oder als Kreditsicherheit dienen	Verkauf oder Nutzung als Kreditsicherheit ist nicht möglich
Nutzungsbeschränkungen	keine	Beachtung der vertraglich vereinbarten Kilometerbegrenzung, keine Möglichkeit, das Kfz zu verändern
Stundungen, Ratenaussetzungen	möglich	nicht möglich
Serviceleistungen	keine	Möglichkeit, weitere Serviceleistungen zu vereinbaren, z. B. Wartung
Ratenhöhe	Ratenhöhe in Abhängigkeit von der Vertragslaufzeit	Vertragstypisch niedrige Leasingraten beim Teilamortisationsvertrag
Kosten	Kreditzinsen	Gesamtaufwand ist meist höher als beim Ratenkredit, da neben den Finanzierungskosten noch die Kosten und die Gewinnmarge der Leasing-Gesellschaft abzudecken sind
Verwendung des Kfz am Vertragsende	Verkauf zum aktuellen Gebrauchtwagenpreis oder weitere Nutzung	Rückgabe des Kfz am Vertragsende an den Leasinggeber oder Kaufoption

5.6.2 Factoring

Factoring

Begriff des Factoring

Factoring ist der laufende Ankauf von Forderungen aus Warenlieferungen oder Dienstleistungen durch ein Finanzierungsinstitut (Factoring-Gesellschaft). Angekauft werden noch nicht fällige Forderungen, die aus der regelmäßigen Belieferung gewerblicher Abnehmer stammen. Grundlage der Geschäftsbeziehungen zwischen Factoring-Gesellschaft und Factoring-Kunden ist ein Factoring-Vertrag, der rechtlich gesehen ein Kaufvertrag ist.

Abwicklung des Factoring

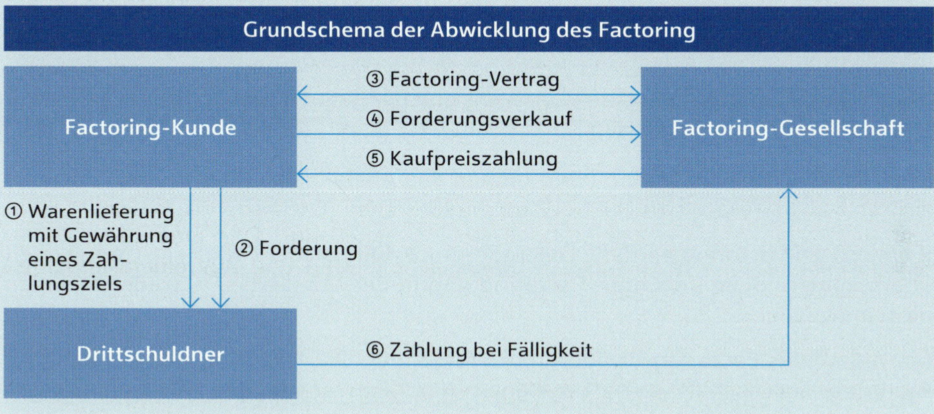

Rechtliche Unterschiede zwischen Factoring und Kreditgewährung gegen Zession

Factoring	Kreditgewährung gegen Zession
‣ Forderungsankauf, geregelt durch Kaufvertrag ‣ Abtretung der Forderungen zur Erfüllung des Kaufvertrags ‣ Kein Anspruch auf Rückübertragung der abgetretenen Forderungen	‣ Forderungsabtretung, geregelt durch Kreditsicherungsvertrag ‣ Sicherungsweise Abtretung der Forderungen ‣ Anspruch auf Rückübertragung der abgetretenen Forderungen

Factoring ist **kein Bankgeschäft** im Sinne des § 1 Abs. 1 KWG. Factoring-Gesellschaften sind keine Kreditinstitute. Es sind Finanzunternehmen gemäß § 1 Abs. 3 Satz 1 Nr. 2 KWG. Factoring-Gesellschaften sind in der Regel Tochtergesellschaften von Kreditinstituten.

Für das Factoring eignen sich grundsätzlich alle Forderungen mit Ausnahme von Ansprüchen gegen Endverbraucher. In der Praxis werden vornehmlich kurzfristige Forderungen, die aus Zahlungszielen von längstens 90 Tagen entstehen, angekauft. Forderungen aus Verträgen, für die sich längerfristige Gewährleistungsansprüche ergeben, sind nicht geeignet für den Ankauf durch Factoring-Gesellschaften.

Factoring wird in erster Linie durch mittelständische Unternehmen der Industrie und des Großhandels in Anspruch genommen. Die Hauptbedeutung des Factoring-Verfahrens wird von diesen Kunden in der Beschaffung von liquiden Mitteln gesehen. Darüber hinaus ist die Übernahme des Ausfallrisikos durch die Factoring-Gesellschaft sowie die Übertragung des Inkasso- und Mahnwesens sehr wichtig.

Der konkrete Umfang der vom Kunden in Anspruch genommenen Leistungen der Factoring-Gesellschaft wird individuell vertraglich vereinbart.

Funktionen der Factoring-Gesellschaft

Funktionen der Factoring-Gesellschaft

Finanzierungsfunktion	Delkrederefunktion	Dienstleistungsfunktion
Übernahme der Finanzierung	Übernahme des Ausfallrisikos	Übernahme des Forderungseinzugs und anderer Serviceleistungen

Finanzierungsfunktion

Die Factoring-Gesellschaften bevorschussen die angekauften Forderungen ihrer Klienten (**Finanzierungsfunktion**).

Delkrederefunktion

Die Factoring-Gesellschaften übernehmen das Ausfallrisiko (Kreditrisiko) und verzichten auf Regressansprüche bei Zahlungsausfällen (**Delkrederefunktion**).

echtes und unechtes Factoring

Beim **echten Factoring** wird die Delkrederefunktion von der Factoring-Gesellschaft übernommen. Beim **unechten Factoring** nimmt der Kunde die Delkrederefunktion nicht in Anspruch.

Der Ablauf des Factoring-Verfahrens ist folgender: Der Factoring-Kunde reicht der Factoring-Gesellschaft seine jeweiligen Ausgangsrechnungen (Rechnungen an Abnehmer) ein. Für jeden Abnehmer werden Limite zwischen dem Factoring-Kunden und der Factoring-Gesellschaft vereinbart. Im Rahmen dieser Kundenlimite übernimmt die Factoring-Gesellschaft das Delkredererisiko für die Debitoren des Factoring-Kunden zu 100 %. Die Factoring-Gesellschaft bevorschusst im Rahmen dieser Kundenlimite die Ausgangsrechnungen des Factoring-Kunden in der Regel bis zu 80 bzw. 90 %. Der Factoring-Kunde kann selbst entscheiden, ob, zu welchem Zeitpunkt und in welchem Umfang er von der Bevorschussung Gebrauch machen will. Die restlichen 10 bzw. 20 % der Forderungen werden auf einem Sperrkonto für etwaige Ansprüche aus Mängelrügen und aus Skonti bzw. Boni gebucht. Der Factoring-Kunde kann hierüber verfügen, sobald seine Abnehmer volle Zahlungen an die Factoring-Gesellschaft geleistet haben bzw. sobald feststeht, dass eine Forderung ausgefallen ist (Eintritt des Delkrederefalls).

Da die Factoring-Gesellschaft das Ausfallrisiko übernommen hat, kann der Factoring-Kunde die Gesellschaft ohne besonderen Nachweis für die Zahlungsunfähigkeit seiner Abnehmer 90 Tage nach Rechnungsfälligkeit in Anspruch nehmen.

Servicefunktion

Die Factoring-Gesellschaften übernehmen auch Dienstleistungen für ihre Kunden wie Führen der Debitoren-Buchhaltung, Übernahme des Inkasso- und Mahnwesens, Bonitätsprüfungen der Abnehmer. Sie bieten ihren Kunden damit Rationalisierungsvorteile (**Dienstleistungs- oder Servicefunktion**).

Kosten des Factoring

Die **Kosten des Factoring** setzen sich aus der Factoring-Gebühr und den Zinsen zusammen. Die Factoring-Gebühr ist abhängig vom Umfang der in Anspruch genommenen Leistungen der Factoring-Gesellschaft. Sie wird als Prozentsatz vom Rechnungsbetrag berechnet. Die Factoring-Gebühr ist auch Entgelt für die Übernahme des Ausfallrisikos. Zinsen muss der Factoring-Kunde für die Bevorschussung der Forderungen vom Tage der Inanspruchnahme des Vorschusses bis zum Zahlungseingang bzw. bis zum Eintritt des Delkrederefalls bezahlen.

Vorteile des Factoring für den Kunden sind

Vorteile des Factoring

- Verbesserung der Liquiditätslage, da durch den Verkauf der Forderungen Kapital freigesetzt wird,
- Vermeidung des Ausfallrisikos bei Zahlungsunfähigkeit der Abnehmer,
- Einsparung von Verwaltungskosten durch Übertragung des Einzugsverfahrens und des Mahnwesens an die Factoring-Gesellschaft.

Nachteile des Factoring für den Kunden sind

Nachteile des Factoring

- Kosten des Factoring liegen in Abhängigkeit vom Umfang der in Anspruch genommenen Leistungen der Factoring-Gesellschaft i.d.R. erheblich über den Kosten eines Kontokorrentkredits.
- Die Factoring-Gesellschaft wird sich beim Forderungseinzug genau an die zwischen Kunden und Drittschuldner getroffenen Vereinbarungen halten, z.B. an das vereinbarte Zahlungsziel. Dieses straffe Forderungsmanagement kann im Einzelfall zu einer Belastung der Kundenverbindung zwischen Factoring-Kunde und Drittschuldner führen.
- Durch die Nutzung zusätzlicher Dienstleistungen, z.B. Abwicklung der Debitorenbuchhaltung, steigt die Abhängigkeit des Kunden von der Factoring-Gesellschaft. Der Aufbau eigener Ressourcen zur Rückverlagerung entsprechender Tätigkeiten ist meist sehr kostenintensiv.

Der Ankauf kurzfristiger Forderungen aus Ausfuhrgeschäften wird als **Exportfactoring** bezeichnet.

▸ Kapitel 6.4.1.3

6 Auslandsgeschäfte der Kreditinstitute

6.1 Grundlagen des Auslandsgeschäfts

6.1.1 Außenwirtschaftsverkehr

Formen des Außenwirtschaftsverkehrs

Außenwirtschaftsverkehr

Unter **Außenwirtschaftsverkehr** versteht man den Güter-, Dienstleistungs-, Kapital-, Zahlungs- und sonstigen Wirtschaftsverkehr mit dem Ausland. Außerdem gehört dazu der Verkehr mit Auslandswerten, z. B. Immobilien, und Gold zwischen Inländern.

Formen des Außenwirtschaftsverkehrs

AWG
AWV

Der Außenwirtschaftsverkehr ist grundsätzlich frei. Die wichtigsten Rechtsgrundlagen für den Außenwirtschaftsverkehr sind das **Außenwirtschaftsgesetz** (AWG) und die **Außenwirtschaftsverordnung** (AWV). Sie sehen bestimmte Grenzen und Handlungspflichten für Exporteure und Importeure vor.

Inländer
Ausländer

Inländer und Ausländer gemäß AWG

Inländer sind:
1. natürliche Personen mit Wohnsitz oder gewöhnlichem Aufenthalt im Inland,
2. juristische Personen und Personengesellschaften mit Sitz oder Ort der Leitung im Inland,
3. Zweigniederlassungen ausländischer juristischer Personen oder Personengesellschaften, wenn die Zweigniederlassungen ihre Leitung im Inland haben und es für sie eine gesonderte Buchführung gibt,
4. Betriebsstätten ausländischer juristischer Personen oder Personengesellschaften im Inland, wenn die Betriebsstätten ihre Verwaltung im Inland haben.

Ausländer sind alle Personen und Personengesellschaften, die keine Inländer sind.

Pflichten für Exporteure

Bei der Ausfuhr von Waren sind beispielsweise die öffentliche Sicherheit sowie auswärtige Interessen zu schützen. Exporteure müssen Wirtschaftssanktionen (Embargos) der EU sowie Resolutionen des Sicherheitsrates der Vereinten Nationen beachten. Genehmigungspflichtig ist daher die Ausfuhr von Kriegswaffen, von sonstigen Rüstungsgütern sowie von sog. Dual-Use-Gütern. Das sind zivil und militärisch nutzbare Güter.

Pflichten für Importeure

Für die Einfuhr von Waren gibt es besondere Verfahrens- oder Meldevorschriften, die sich aus dem Recht der Europäischen Gemeinschaft ergeben.

Kreditinstitute beraten und unterstützen ihre Kunden im Rahmen des Außenwirtschaftsverkehrs bei der Abwicklung von Zahlungen und bei der Beachtung der Meldevorschriften für Inländer.

Meldevorschriften für den Außenwirtschaftsverkehr

Für die Träger der Wirtschaftspolitik und für alle am Außenwirtschaftsverkehr Beteiligten ist es wichtig, ständig genaue **Informationen über die Entwicklung der außenwirtschaftlichen Beziehungen** zu haben. Für den Außenwirtschaftsverkehr gelten daher **Meldevorschriften.** Die Meldungen sind Basis für die Zahlungsbilanz der Bundesrepublik Deutschland.

Melde-vorschriften

Die wichtigste von jedem Inländer zu beachtende Meldevorschrift ergibt sich nach der AWV für Zahlungen (Überweisungen, Lastschriften, Kreditkarten-, Bar- oder Scheckzahlungen).

Meldepflicht für Zahlungen gemäß § 67 AWV

Grundsatz	Ausnahmen
Inländer haben Zahlungen zu melden, die sie 1. von Ausländern oder für deren Rechnung von Inländern entgegennehmen (eingehende Zahlungen) oder 2. an Ausländer oder für deren Rechnung an Inländer leisten (ausgehende Zahlungen).	▸ Zahlungen bis zu 12500 Euro oder Gegenwert in Fremdwährung ▸ Zahlungen für Importe und Exporte von Waren ▸ Zahlungen bei Aufnahme und Tilgung kurzfristiger Kredite

Alle Meldungen sind direkt vom Meldepflichtigen elektronisch bei der Deutschen Bundesbank einzureichen. Als Standardverfahren bietet die Deutsche Bundesbank hierfür das Allgemeine Meldeportal Statistik (AMS) an.

6.1.2 Risiken im Außenwirtschaftsverkehr

Geschäfte im Außenwirtschaftsverkehr unterliegen größeren Risiken als Inlandsgeschäfte.

Risiken im Außenwirtschaftsverkehr

- Weite Entfernungen, unterschiedliche Rechtsordnungen und Geschäftsauffassungen, unterschiedliche Währungen, verschiedenartige politische Systeme sowie durch verschiedene Sprachen und technische Einrichtungen bedingte Kommunikationsstörungen bergen besondere Probleme.
- Gilt bei Vertragsabschlüssen fremdes Recht, ist die rechtliche Situation des deutschen Vertragspartners nicht immer eindeutig einzuschätzen.

Zug-um-Zug-Geschäfte

Bei der Erfüllung von Kaufverträgen im Außenhandel ergeben sich Risiken vor allem dadurch, dass ein direktes Zug-um Zug-Geschäft (Übergabe der Ware gegen Zahlung) nicht ohne Weiteres möglich ist. Es lässt sich daher nicht ausschließen, dass ein Vertragspartner den Vertrag nicht, nur teilweise oder mangelhaft erfüllt. Klagen auf Vertragserfüllung vor ausländischen Gerichten sind häufig schwierig zu führen (fremde Sprache, fremdes Recht, fremdes Gerichtsverfahren, Abwicklung über fremde Korrespondenzanwälte). Urteile deutscher Gerichte lassen sich häufig nicht durchsetzen, da nicht alle ausländischen Gerichte Amtshilfe bei Vollstreckungen leisten.

Risikoüberblick

Bonitätsrisiken

Länderrisiken

Währungsrisiken

Risiken im Außenwirtschaftsverkehr	
Wirtschaftliche Risiken (Bonitätsrisiken)	Wirtschaftliche Risiken sind Gefahren, die aus mangelnder Bonität eines Vertragspartners entstehen. ▸ **Risiken des Exporteurs sind z. B.** – das Fabrikationsrisiko, d. h. die Gefahr, dass der Importeur während der Fertigungsphase zahlungsunfähig oder vertragsbrüchig wird, – das Abnahmerisiko, d. h. die Gefahr, dass der Importeur die vertragsgemäß gelieferte Ware nicht abnimmt, – das Delkredererisiko, d. h. die Gefahr, dass der Importeur seine Zahlungsverpflichtungen nicht vertragsgemäß erfüllt. ▸ **Risiken des Importeurs sind z. B.** – das Bestellrisiko, d. h. die Gefahr, dass der Exporteur vor Auslieferung der Ware lieferunfähig oder anderweitig vertragsbrüchig wird, – das Lieferrisiko, d. h. die Gefahr, dass der Exporteur seinen Lieferpflichten nicht vertragsgemäß nachkommt. ▸ **Risiken des Kapitalanlegers sind z. B.** – das Rückzahlungsrisiko, d. h. die Gefahr, dass der Schuldner die Kapitalanlage bei Fälligkeit nicht zurückzahlt, – das Ertragszahlungsrisiko, d. h. die Gefahr, dass der Schuldner Zinsen, Gewinnanteile oder andere Erträge nicht vereinbarungsgemäß bezahlt. Im weiteren Sinne gehören zu den wirtschaftlichen Risiken auch die Gefahr von Fehlinvestitionen im Ausland, ungenügende Auslastungen inländischer, für Exportfertigungen geschaffener Kapazitäten, Aufwendungen für nicht erfolgreiches Auslandsmarketing.
Politische Risiken (Länderrisiken)	Politische Risiken sind Gefahren, die durch Maßnahmen von Regierungen und Behörden, aber auch durch Krieg, Aufruhr, Revolution u. Ä. entstehen. Diese Risiken können sowohl Waren (Beschlagnahme, Entzug der Verfügungsrechte, Vernichtung, Beschädigung) als auch Vermögenswerte und Zahlungen betreffen (Konvertierungs-, Transfer- und Zahlungsverbot, Moratorium; sogenannte KTZM-Risiken).
Wechselkursrisiken (Währungsrisiken)	Wechselkursrisiken sind Verlustgefahren durch Veränderungen der Kursrelationen zwischen den Währungen der Vertragsparteien bzw. der Drittwährung, in der die Zahlung geleistet werden soll. ▸ **Für den Exporteur,** der in fremder Währung abschließt, besteht das Risiko, dass er beim Verkauf der Devisenerlöse weniger Euro erhält, als er in seiner Kalkulation zugrunde gelegt hat. ▸ **Für den Importeur,** der in fremder Währung abschließt, besteht das Risiko, dass er mehr Euro zum Ankauf der benötigten Devisen ausgeben muss, als er bei seiner Kalkulation angenommen hat. ▸ **Für den Kapitalanleger,** der in fremder Währung anlegt und/oder Erträgnisse in fremder Währung erhält, besteht das Risiko des relativen Verlustes gegenüber gleichwertigen Anlagen in Heimatwährung. Wechselkursrisiken können sowohl wirtschaftliche Ursachen als auch politische Ursachen haben.
Bei Ex- und Importen sowie Lohnveredelungsgeschäften treten darüber hinaus **Transportrisiken** auf, d. h. Gefahren des Verlustes oder der Beschädigung der Ware beim Transport. Sie werden in der Regel durch den Abschluss von Transportversicherungen abgedeckt.	

6.1.3 Besonderheiten bei Außenhandelsgeschäften

sichere Erfüllung

Um eindeutige Auslegungen und eine sichere Erfüllung (möglichst Zug-um-Zug-Abwicklung) bei Außenhandelsverträgen zu ermöglichen, werden

▸ Kapitel 6.1.3.1

- internationale Regeln zur Auslegung der hauptsächlich verwendeten **Lieferbedingungen** in Außenhandelsverträgen benutzt,

- international übliche, eindeutig definierte **Zahlungsbedingungen** vereinbart,
- **Dokumente** als Instrumente zur Erfüllung der Lieferpflicht und zur Auslösung der Zahlungspflicht verwendet.

▸ Kapitel 6.1.3.2

▸ Kapitel 6.1.3.3

6.1.3.1 Incoterms® 2010

Mit den Incoterms® 2010 (**I**nternational **Co**mmercial **Terms**) wurden Regeln und Definitionen international üblicher und gebräuchlicher Lieferbedingungen geschaffen. Erarbeitet und herausgegeben wurden sie von der Internationalen Handelskammer, Paris (ICC). Die **Incoterms® 2010 regeln insbesondere**

internationale Lieferbedingungen

- **den Kostenübergang vom Verkäufer auf den Käufer,**
- **den Gefahrenübergang vom Verkäufer auf den Käufer.**

Seit dem 1. Januar 2011 sind mit den Incoterms® 2010 elf Handelsklauseln gültig, die nach der Transportart eingeteilt werden. Die Klauseln gelten grundsätzlich nur, wenn sie ausdrücklich im Kaufvertrag vereinbart werden. Dabei soll der benannte Ort oder Hafen so genau wie möglich bezeichnet werden, z. B. FCA Sandtorkai 54, Hamburg, Germany, Incoterms® 2010.

▸ siehe Abbildung auf Folgeseite

Die Incoterms® 2010 regeln nicht Eigentumsübergang, Zahlungsbedingungen, Mängelrügen und Gerichtsstand.

6.1.3.2 Zahlungsbedingungen

Die Zahlungsbedingungen regeln die Art und Weise der Zahlung. Bei der Vereinbarung von Zahlungsbedingungen haben Verkäufer (Exporteur) und Käufer (Importeur) unterschiedliche Interessen.

Interessen von Exporteuren und Importeuren

Interessen bei der Festlegung von Zahlungsbedingungen

Der Exporteur ist interessiert,	Der Importeur ist interessiert,
▸ die Zahlung möglichst früh zu erhalten, am besten vor Auslieferung der Ware ▸ Zahlungen in seiner Heimatwährung zu erhalten und Transferrisiken auf den Importeur abzuwälzen ▸ das Risiko des Zahlungsausfalls und des Zahlungsverzugs auszuschalten ▸ keine Zahlungsziele einräumen zu müssen	▸ möglichst spät zu zahlen, am besten nach Erhalt der Ware oder nach Eingang des Erlöses aus dem Weiterverkauf der Ware ▸ Zahlungen in seiner Heimatwährung zu leisten und Transferrisiken auf den Exporteur abzuwälzen ▸ das Risiko der Nicht- oder Schlechtbelieferung auszuschalten ▸ Kreditaufnahmen zu vermeiden

Übliche Zahlungsbedingungen im Außenhandel sind:

Zahlungsbedingungen im Außenhandel

- **Vorauszahlung** (Advance Payment, Prepayment),
- **Dokumenten-Akkreditiv** (Letter of Credit, L/C),
- **Dokumente gegen Kasse** (Documents against Payment, D/P),
- **Dokumente gegen Akzept** (Documents against Acceptance, D/A),
- **Zahlung nach Erhalt der Ware,**
- **Offenes Zahlungsziel.**

Kosten- und Gefahrenübergang in den Incoterms® 2010

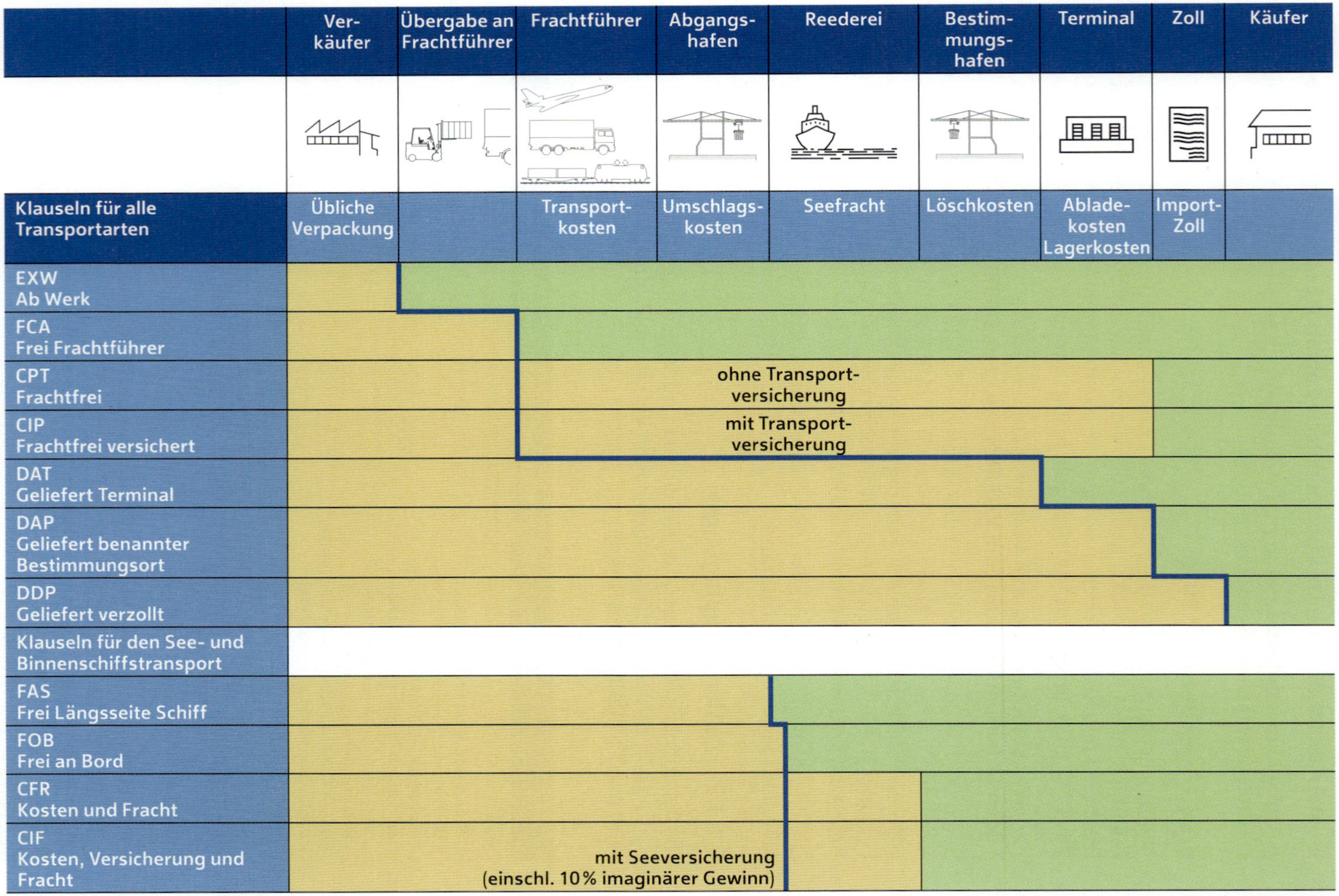

Diese Übersicht ist nicht als einzige Informationsquelle zu verwenden, sondern sollte immer zusammen mit dem Originaltext der Incoterms® 2010 genutzt werden. Die Incoterms® 2010 sind zu beziehen unter www.iccgermany.de.

Incoterms® 2010

Klausel	Bedeutung / ... Lieferort	Transportversicherung	Ausfuhrabfertigung	Einfuhrabfertigung	Gefahrenübergang Verkäufer auf Käufer	Kostenübergang Verkäufer auf Käufer
KLAUSELN FÜR ALLE TRANSPORTARTEN						
EXW (ex works)	Ab Werk / ... benannter Lieferort (auch Lager usw.)	keine Verpflichtung	Käufer	Käufer	Lieferort	Lieferort
FCA (free carrier)	Frei Frachtführer / ... benannter Lieferort (Übergabe an den ersten Frachtführer) (Käufer zahlt den Haupttransport)	keine Verpflichtung	Verkäufer	Käufer	Lieferort	Lieferort
CPT (carriage paid to)	Frachtfrei / ... benannter Bestimmungsort (Ort der Übergabe an den ersten Frachtführer) (Verkäufer zahlt den Haupttransport)	keine Verpflichtung	Verkäufer	Käufer	Lieferort (Übergabe an den ersten Frachtführer)	Bestimmungsort
CIP (carriage and insurance paid to)	Frachtfrei versichert / ... benannter Bestimmungsort (Ort der Übergabe an den ersten Frachtführer) (Verkäufer zahlt den Haupttransport)	Verkäufer Mindestdeckung Kaufpreis + 10 % = 110 %	Verkäufer	Käufer	Lieferort (Übergabe an den ersten Frachtführer)	Bestimmungsort
DAT (delivered at terminal)	Geliefert Terminal / ... benannter Terminal im Bestimmungshafen /-ort (Verkäufer zahlt den Haupttransport)	keine Verpflichtung	Verkäufer	Käufer	Terminal / Bestimmungshafen /-ort (Ware ist entladen)	Terminal / Bestimmungshafen / -ort (Ware ist entladen)
DAP (delivered at place)	Geliefert benannter Bestimmungsort (Verkäufer zahlt den Haupttransport)	keine Verpflichtung	Verkäufer	Käufer	Bestimmungsort (Ware ist entladebereit)	Bestimmungsort (Ware ist entladebereit)
DDP (delivered duty paid)	Geliefert verzollt / ... benannter Bestimmungsort (verzollt, versteuert)	keine Verpflichtung	Verkäufer	Verkäufer	Bestimmungsort (Ware ist entladebereit)	Bestimmungsort (Ware ist entladebereit)
KLAUSELN FÜR DEN SEE- UND BINNENSCHIFFS-TRANSPORT						
FAS (free alongside ship)	Frei Längsseite Schiff / ... benannter Verschiffungshafen (Käufer zahlt den Haupttransport)	keine Verpflichtung	Verkäufer	Käufer	Verschiffungshafen	Verschiffungshafen
FOB (free on board)	Frei an Bord / ... benannter Verschiffungshafen (die Ware wird an Bord geliefert) (Käufer zahlt den Haupttransport)	keine Verpflichtung	Verkäufer	Käufer	An-Bord-Lieferung	An-Bord-Lieferung

Klausel	Bedeutung / ... Lieferort	Transportversicherung	Ausfuhrabfertigung	Einfuhrabfertigung	Gefahrenübergang Verkäufer auf Käufer	Kostenübergang Verkäufer auf Käufer
CFR (cost and freight)	Kosten und Fracht / ... benannter Bestimmungshafen (die Ware wird an Bord geliefert) (Verkäufer zahlt den Haupttransport)	keine Verpflichtung	Verkäufer	Käufer	An-Bord-Lieferung	Bestimmungshafen
CIF (cost insurance and freight)	Kosten, Versicherung und Fracht / ... benannter Bestimmungshafen (die Ware wird an Bord geliefert) (Verkäufer zahlt den Haupttransport)	Verkäufer Mindestdeckung Kaufpreis + 10% = 110%	Verkäufer	Käufer	An-Bord-Lieferung	Bestimmungshafen

Die englisch-deutsche Ausgabe der Incoterms® 2010-Regeln ist bei ICC Germany e. V. unter www.iccgermany.de zu beziehen.

Zahlungsbedingungen und Bankleistungen

	Zahlungsbedingungen	Bankleistungen
Vorauszahlung	Bei **Vorauszahlung** ist der Käufer (Importeur) verpflichtet, den Rechnungsbetrag zu einem vereinbarten Termin vor Lieferung zu bezahlen. Für den Exporteur sind damit alle Risiken ausgeschaltet. Alle Risiken trägt der Importeur. Er hat keine Sicherheit, die bestellte Ware zu erhalten und muss vorzeitig Liquidität bereitstellen und ggf. finanzieren. In der Praxis wird zur Absicherung häufig eine Bankgarantie des Verkäufers (Exporteurs) gefordert. Volle Vorauszahlungen lassen sich aufgrund des internationalen Wettbewerbs kaum noch durchsetzen. Bei Investitionsgütern werden jedoch häufig **Anzahlungen** vereinbart.	▸ Zahlung: **Clean Payment** ▸ Kapitel 6.3.2 ▸ Sicherheitsleistung: **Anzahlungsgarantie** ▸ Kapitel 6.4.3
Dokumenten-Akkreditiv	Ein **Dokumenten-Akkreditiv** ist die vertragliche Verpflichtung einer Bank, im Auftrage des Importeurs gegen Übergabe vorgeschriebener Dokumente, die den Versand einer bestimmten Ware beweisen, Zahlung zu leisten oder eine andere finanzielle Leistung zu erbringen. Die Risiken von Exporteur und Importeur sind bei dieser Zahlungsbedingung relativ ausgeglichen. Die wirtschaftlichen Risiken des Exporteurs bestehen darin, dass er die vorgeschriebenen Dokumente nicht erbringen kann oder dass die Akkreditivbank zahlungsunfähig wird. Der Importeur trägt das Risiko, dass zwar akkreditivgemäße Dokumente geliefert werden, die Ware jedoch nicht den vertraglichen Vereinbarungen entspricht.	▸ **Akkreditiveröffnung** ▸ **Akkreditivabwicklung** ▸ Kapitel 6.3.3.2
Dokumenteninkasso	Bei der Zahlungsbedingung **Dokumente gegen Kasse** wird die Zahlungspflicht des Importeurs durch Präsentation der Dokumente ausgelöst. Der Exporteur trägt das Risiko, dass der Importeur die Dokumente nicht aufnimmt. Der Importeur trägt das Risiko, dass er zwar die vereinbarten Dokumente erhält, die Ware jedoch nicht den vertraglichen Vereinbarungen entspricht.	▸ **Inkassoabwicklung** ▸ Kapitel 6.3.3.1
	Bei der Zahlungsbedingung **Dokumente gegen Akzept** tritt an die Stelle der Zahlung die Akzeptierung einer den Dokumenten beigefügten Tratte. Der Exporteur räumt dem Importeur damit ein Zahlungsziel ein und trägt das Einlösungsrisiko aus dem Wechsel.	▸ **Inkassoabwicklung** ▸ **Diskontierung**

Zahlungsbedingungen	Bankleistungen
Zahlung nach Erhalt der Ware (Zahlung gegen Rechnung) ermöglicht dem Importeur, die Ware vor Bezahlung in Empfang zu nehmen. Die Lieferrisiken trägt allein der Exporteur. Er gibt die Ware ohne Sicherheiten aus der Hand. Bei **offenem Zahlungsziel** erhält der Importeur eine Zahlungsfrist. Damit kann er bei sofortiger Zahlung in der Regel Skonto in Anspruch nehmen, bei Ausnutzung des Zahlungsziels kann er die Rechnung häufig aus seinem Verkaufserlös für die Importware bezahlen. Der Exporteur übernimmt durch die Zieleinräumung ein zusätzliches Risiko. Die Zahlungsbedingungen Zahlung nach Erhalt der Ware (Zahlung gegen Rechnung) und offenes Zahlungsziel setzen Vertrauen des Exporteurs in die Zahlungsfähigkeit bzw. Kreditwürdigkeit des Importeurs voraus.	▸ **Clean Payment** ▸ Kapitel 6.3.2
Bei Zahlungsbedingungen, die Kreditaufnahmen erfordern, bieten Kreditinstitute **Außenhandelsfinanzierungen** (▸ Kapitel 6.4) an.	

Zahlung gegen Rechnung

offenes Zahlungsziel

6.1.3.3 Dokumente

Bedeutung der Dokumente

Bei der Abwicklung von Außenhandelsgeschäften wird die Ware vom Verkäufer in der Regel nicht an den Käufer, sondern an Dritte (Spediteure, Frachtführer) übergeben. Der Nachweis der ordnungsmäßigen Übergabe wird in diesem Fall durch Dokumente geführt.

Begriff der Dokumente

Dokumente sind Papiere, die im Außenhandel im Zusammenhang mit Warengeschäften ausgestellt werden. In ihrer rechtlichen Ausgestaltung handelt es sich um Warenbegleitpapiere, Beweisurkunden, Legitimationsurkunden oder Warenwertpapiere.

Art. 19–25 ERA

Im Akkreditivgeschäft müssen Dokumente den Anforderungen der Einheitlichen Richtlinien und Gebräuche für Dokumenten-Akkreditive (ERA 600 – Revision 2007) entsprechen.

Verwendung von Dokumenten

Dokumente bieten Möglichkeiten der **Lieferungs- und Zahlungssicherung:**

- Mit Dokumenten kann der Verkäufer den Nachweis führen, dass er seine **Lieferpflichten erfüllt** hat.
- Durch die Andienung (Vorlage) von Dokumenten kann die **Zahlung ausgelöst** werden.
- Durch Übergabe von Dokumenten kann die **Verfügungsgewalt** über die Ware vom Verkäufer auf den Käufer **übertragen** werden.
- Durch die Verwendung von Dokumenten können **Kreditinstitute bei der Erfüllung** von Außenhandelsgeschäften **eingeschaltet werden.**

Dokumentensatz

In der Regel muss der Exporteur dem Importeur einen **Satz Dokumente** vorlegen, z. B. Konnossement, Versicherungspolice und Handelsrechnung. Woraus ein Satz Dokumente jeweils besteht, wird im Kaufvertrag vereinbart.

Arten der Dokumente

Dokumente im Außenhandel

Dokumente im Außenhandel

Transportdokumente

Dokumente, die die Ware verkörpern
- Konnossement
- Ladeschein

Versandnachweise mit nachträglichem Verfügungsrecht
- Internationaler Eisenbahnfrachtbrief (CIM)[1]
- Internationaler Lkw-Frachtbrief (CMR)[2]
- Luftfrachtbrief
- Internationale Spediteurübernahmebescheinigung (FCR)[3]

Versandnachweise ohne nachträgliches Verfügungsrecht
- Posteinlieferungsschein
- Kurierempfangsbestätigung
- Nicht begebbarer Seefrachtbrief

Multimodale Transportdokumente
Dokumente über mindestens zwei verschiedene Beförderungsarten

Versicherungsdokumente
- Versicherungspolice
- Versicherungszertifikat

Handels- und Zolldokumente
- Handelsrechnung (Faktura)
- Konsulatsfaktura
- Zollfaktura
- Ursprungszeugnis
- Tratten
- Sonstige Zertifikate und Atteste, z. B.
  - Gesundheitszertifikate
  - Qualitätszertifikate
  - Analysenzertifikate
  - Inspektionszertifikate
  - Gewichtsnoten
  - Packlisten

Beim Weiterverkauf von Importwaren werden außerdem **Lagerscheine** und **Delivery-Orders** verwendet.

[1] CIM = Convention Internationale concernant le Transport des Marchandises par Chemin de Fer (Internationales Übereinkommen über den Eisenbahnfrachtverkehr)
[2] CMR = Convention relative au Contrat de Transport International des Marchandises par Route (Internationales Übereinkommen für den Straßengüterverkehr)
[3] FCR = Forwarding Agents Certificate of Receipt

Transportdokumente

Konnossement

Funktion des Konnossements

Das Konnossement (Bill of Lading, B/L) ist das Transportdokument des Seefrachtverkehrs. Mit dem Konnossement kann der Exporteur den Frachtvertrag und die Übergabe der zu befördernden Ware an den Verfrachter beweisen. Das Konnossement verbrieft dem legitimierten Inhaber einen Anspruch auf Auslieferung der Ware im Bestimmungshafen.

§ 650 HGB

Das Konnossement ist ein Wertpapier, das schwimmende Ware verkörpert. Die Übergabe des Konnossements an den Berechtigten hat dieselbe Wirkung wie die Übergabe der Ware selbst. Da Konnossemente dazu dienen können, die verkörperte Ware auf Dritte zu übertragen, sind sie Traditionspapiere.

Traditionspapiere

Traditionspapiere sind Warenwertpapiere, bei denen die Übergabe des Papiers die Übergabe der Ware ersetzt (traditio = Übergabe). Mit der Übergabe eines Traditionspapiers kann Eigentum und Besitz übertragen werden. Einigung über den Eigentumsübergang an der Ware und Übergabe des Papiers genügen, um den Erwerber zum Eigentümer der Ware zu machen. Einigung über die Entstehung des Pfandrechts an der Ware und Übergabe des Papiers genügen, um ein Pfandrecht an der Ware zu bestellen.

Traditionspapiere verkörpern schwimmende oder lagernde Ware, solange sich die Ware beim Verfrachter, Frachtführer oder Lagerhalter befindet, der das Papier ausgestellt hat. Sie repräsentieren die Ware und ermöglichen Verfügungen über schwimmende oder lagernde Ware, ohne die Ware direkt übergeben zu müssen.

Traditionspapiere sind Konnossement, Ladeschein und Order-Lagerschein.

Traditionspapiere

Das Konnossement wird in mehreren Originalen ausgestellt. Jedes Original für sich vertritt die Ware, d.h., der Verfrachter kann die Ware im Bestimmungshafen gegen Vorlage einer Originalausfertigung ausliefern. Die übrigen Originale verlieren dabei ihre Gültigkeit. Der Importeur wird daher darauf achten, dass er den vollen Konnossementssatz mit allen Originalen erhält. Wenn er einen unvollständigen Satz Konnossemente aufnimmt, lässt sich nicht ausschließen, dass ein Dritter sich die Ware ausliefern lässt oder anderweitig über die Ware verfügt.

Konnossementsoriginale

Neben den Originalkonnossementen werden häufig noch Konnossementskopien ausgestellt. Sie tragen den Vermerk „Copy, not negotiable". Sie dienen zur Abwicklung von Einfuhr- und Verzollungsformalitäten, verkörpern nicht die Ware und berechtigen nicht zu Verfügungen.

Konnossementskopien

Das Konnossement wird in der Praxis fast immer an Order gestellt:

- entweder an eine bestimmte Order (Beispiel: „Otto Holt KG oder Order" bzw. „an die Order Otto Holt KG" – Anspruch auf Auslieferung hat die Otto Holt KG)
- oder an Order ohne Nennung des Berechtigten (Beispiel: „an Order" bzw. „an eigene Order" – Anspruch auf Auslieferung hat der Ablader, d.h. derjenige, der die Ware am Schiff abgeliefert hat).

Orderkonnossement

Die Übertragung des Auslieferungsanspruchs erfolgt in der Regel durch Blankoindossament. Dadurch genügt die Übergabe des Konnossements, um die Verfügungsgewalt über die Ware zu übertragen. Die Ware kann auf diese Weise bereits vor ihrem Eintreffen im Bestimmungshafen auch mehrfach weiterveräußert werden. Damit der Frachtführer erfährt, wer zum Zeitpunkt des Eintreffens der Ware im Bestimmungshafen Inhaber des Konnossements ist, enthält das Konnossement häufig eine „notify address", an die der Frachtführer sich bei Dampferankunft wenden kann.

Übertragung des Auslieferungsanspruchs

Konnossemente nach Art der Abladung der Ware

Bordkonnossement (shipped on board B/L)	Übernahmekonnossement (received for shipment B/L)
▸ bestätigt die erfolgte Verladung der Ware an Bord eines namentlich genannten Seeschiffes ▸ gibt Sicherheit, dass die Ware sich auf dem Seeweg zum Empfänger befindet	▸ bestätigt lediglich die Übernahme der Ware zur Verladung ▸ Verschiffungstermin kann unsicher sein, auch wenn bereits ein Schiff benannt ist

Bordkonnossement und Übernahmekonnossement

In der Praxis wird grundsätzlich ein vollständiger Satz rein gezeichneter, an Order ausgestellter und blanko indossierter Bordkonnossemente verlangt (Full set clean Ocean Bill of Lading made out to order and blank endorsed).

„reines“ Konnossement

„Rein“ ist ein Konnossement, das keine Vermerke über Mängel an der Ware und/oder der Verpackung enthält. Vermerke wie z. B. „verbeulte Fässer“ machen ein Konnossement unrein.

Konnossemente müssen so schnell weitergegeben werden, dass sie den Berechtigten rechtzeitig vor Dampferankunft im Bestimmungshafen erreichen. Kann der Berechtigte die Ware nicht bei Ankunft in Empfang nehmen, entstehen u. U. zusätzliche Kosten für die Einlagerung der Ware. Konnossemente, die nicht rechtzeitig vorliegen, gelten als **„stale“** (alt).

Konnossemente im Bankverkehr

Konnossemente im Bankverkehr

Inkasso- und Akkreditivpapier | **Kreditsicherheit**

- Als **Inkasso- und Akkreditivpapier** kann das Konnossement verwendet werden, weil es den Auslieferungsanspruch auf die Ware im Bestimmungshafen verkörpert. Ohne Konnossement sind keine Verfügungen über die Ware möglich. Im Akkreditivgeschäft werden an Konnossemente besondere Anforderungen gestellt, die in den „Einheitlichen Richtlinien und Gebräuchen für Dokumenten-Akkreditive“ festgelegt sind.
- Als **Kreditsicherheit** eignet sich das Konnossement, weil es Traditionspapier ist. Mit dem Konnossement kann die schwimmende Ware sicherungsübereignet oder verpfändet werden.

Sonderformen des Konnossements

Besondere Formen des Konnossements sind:

- **Durchkonnossement (Through B/L)** für Transporte mit mehreren Frachtführern,
- **Charterpartie-Konnossement (Charter-Party B/L)** für Transporte im Rahmen von Schiffscharterverträgen.

Ladeschein

Ladeschein

Der Ladeschein, auch Flusskonnossement genannt, ist das Transportdokument des Frachtverkehrs auf Binnenwasserstraßen. Er ist wie das Konnossement ein Wertpapier, das schwimmende Ware verkörpert.

Frachtbrief

Frachtbrief

Der **Frachtbrief** kommt im **Eisenbahnverkehr, Straßengüterverkehr** und **Luftfrachtverkehr** vor. Er ist

- **Beweisurkunde über den Abschluss des Frachtvertrages,**
- **Bescheinigung über den Auftrag** des Absenders an den Frachtführer, die **Ware** an den im Frachtbrief benannten Empfänger **auszuliefern,** und
- **Warenbegleitpapier.**

Der Frachtbrief ist **kein Traditionspapier** und kein Wertpapier. Er verkörpert weder die versandte Ware noch einen Auslieferungsanspruch. Er verbrieft jedoch in der Regel ein **Dispositionsrecht,** das es ermöglicht, die Ware anzuhalten, zurückzurufen oder an einen anderen Empfänger ausliefern zu lassen. Voraussetzungen für die Ausübung des Dispositionsrechts sind, dass §433 HGB

- das Frachtbriefdoppel bzw. eine entsprechende Ausfertigung des Frachtbriefs vorgelegt wird und
- die Ware noch nicht an den Empfänger ausgeliefert wurde.

Im Bankverkehr kommen Frachtbriefdoppel als **Inkasso- und Akkreditivpapiere** sowie als **Kreditsicherheit** vor.

Sie sind als Inkasso- und Akkreditivpapiere geeignet, weil der Absender nicht mehr nachträglich über die Ware verfügen kann, wenn er sie aus der Hand gegeben hat. Als Kreditsicherheit sind sie verwendbar, wenn als Empfänger der Waren eine Korrespondenzbank oder ein der Bank verbundener Spediteur angegeben ist.

Internationale Spediteurübernahmebescheinigung (FCR-Dokument)

Spediteurübernahmebescheinigung

Die **Internationale Spediteurübernahmebescheinigung** ist kein unmittelbares Transportdokument, sondern eine **Beweisurkunde** über den Abschluss eines Speditionsvertrages. Der Spediteur bestätigt, dass er bestimmte Güter mit der unwiderruflichen Weisung zur Beförderung und zur Auslieferung an einen bestimmten Empfänger übernommen hat. Diese Weisung kann nur gegen Rückgabe der Original-Bescheinigung widerrufen oder abgeändert werden. Das FCR-Dokument verkörpert weder einen Auslieferungsanspruch noch ein dingliches Recht an der beförderten Ware. Die Ware wird dem Empfänger ohne Vorlage des Papiers ausgeliefert.

Im Bankverkehr kann die Internationale Spediteurübernahmebescheinigung als Inkassopapier und als Akkreditiv-Dokument verwendet werden, weil der Absender durch die Weitergabe des Dokuments die Möglichkeit zur nachträglichen Verfügung aufgibt.

Post- und Kurierversanddokumente

Posteinlieferungsschein

Der mit dem Aufgabedatum abgestempelte **Posteinlieferungsschein** ist die Empfangsbescheinigung der Post, dass sie eine Postsendung zur Beförderung und Auslieferung an einen bestimmten Empfänger erhalten hat.

Kurierempfangsbestätigung

Die **Kurierempfangsbestätigung** ist ein von einem Kurier oder einem Expressdienst ausgestelltes Dokument, das den Empfang der Ware zur Beförderung ausweist.

Multimodale Transportdokumente

Ein multimodales Transportdokument deckt **kombinierte Transporte** mit mindestens zwei verschiedenen Beförderungsarten ab, z.B. kombinierte See- und Landtransporte. Es wird häufig für Containertransporte ausgestellt. Der Aussteller des Dokuments übernimmt die Frachtführerhaftung für den gesamten Transportweg vom Absendeort bis zum Bestimmungsort. Das multimodale Transportdokument ersetzt die sonst für die verschiedenen Abschnitte des Transports erforderlichen Einzeldokumente.

Zu den multimodalen Transportdokumenten zählt u.a. das von der Internationalen Handelskammer anerkannte Negotiable Multimodal Transport Bill of Lading, das von Spediteuren ausgestellt wird.

Versicherungsdokumente

Versicherungsdokumente beweisen den Abschluss einer Transportversicherung, mit der die Ware gegen Transportrisiken versichert wird.

Versicherungspolice und Versicherungszertifikat

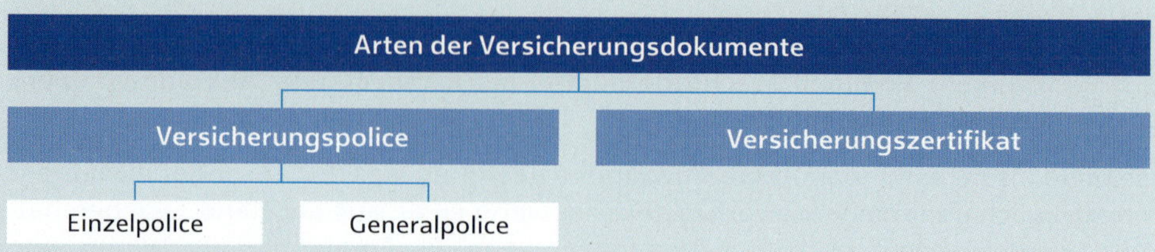

Eine **Einzelpolice** wird bei Versicherung eines bestimmten einzelnen Warentransports ausgestellt. Eine **Generalpolice** wird ausgestellt, wenn laufend Transporte gegen gleichartige Risiken über einen Rahmenvertrag (Globalversicherungsvertrag) versichert werden. **Versicherungszertifikate** werden auf der Grundlage einer Generalpolice für einzelne Warentransporte ausgestellt. Sie beweisen den Versicherungsanspruch aus dem Globalversicherungsvertrag für den einzelnen Transport.

Transportversicherungspolicen und -zertifikate sind gekorene Oderpapiere. Sie werden aber meistens auf den Inhaber ausgestellt („for account of whom it may concern", „Schäden zahlbar an den Inhaber dieses Versicherungsscheins" o. Ä.).

Handels- und Zolldokumente

Handelsrechnung

Handelsrechnung

Die Handelsrechnung gibt genaue Informationen über das Warengeschäft. Sie enthält in der Regel Angaben über:

- Namen und Geschäftssitz von Käufer und Verkäufer
- Genaue Warenbezeichnung
- Warenmenge (Anzahl, Gewicht)
- Verpackung und Markierung der Sendung
- Preis und Preisbasis (FOB, CIF u. Ä.)
- Lieferungsbedingungen und Zahlungsbedingungen
- Transportweg und Transportmittel.

Lautet die Lieferungsbedingung **FOB Verschiffungshafen,** versteht sich auch der Preis FOB Verschiffungshafen. Der Verkäufer rechnet in den Preis alle Kosten ein, die ihm entstehen, bis die Ware an Bord des Seeschiffes ist (**FOB-Preis**). Lautet die Lieferungsbedingung **CIF Bestimmungshafen,** versteht sich auch der Preis CIF Bestimmungshafen. Der Verkäufer rechnet zusätzlich zu den Kosten, die bereits im FOB-Preis enthalten sind, noch die Kosten für den Seetransport zum Bestimmungshafen und die Versicherungskosten ein (**CIF-Preis**). Der Importeur muss zusätzlich zum CIF-Preis noch Kosten der Entladung, Importzölle und Kosten für den Transport zum Zielort tragen.

Die Handelsrechnung dient der vertragsgemäßen Abwicklung zwischen den Geschäftsparteien und als Unterlage für Einfuhrprüfung und Verzollung. Sie muss deshalb nach den Vorschriften des Einfuhrlandes aufgemacht sein.

Einzelne Länder verlangen die Beglaubigung der Handelsrechnung durch die örtliche Industrie- und Handelskammer oder durch ihr Konsulat. In diesem Fall spricht man von einer **„legalisierten Handelsrechnung“.**

legalisierte Handelsrechnung

Proforma-Rechnungen enthalten keine Zahlungsaufforderung. Sie werden gelegentlich vom Importeur für die Beschaffung der Einfuhrgenehmigung oder zur Devisenfreigabe benötigt.

Proforma-Rechnung

Nach den Einfuhrbestimmungen mancher Länder muss die Handelsrechnung von einer **Sichttratte** (bei Zielgewährung von einer **Ziel- oder Nachsichttratte**) begleitet sein.

Konsulatsfaktura und Zollfaktura

Konsulatsfaktura und Zollfaktura dienen der Verzollung im Einfuhrland.

Die **Konsulatsfaktura** wird auf Vordrucken des Konsulats des Einfuhrlandes erstellt und vom Konsulat durch Unterschrift legalisiert. In der Konsulatsfaktura bestätigt das Konsulat die Marktüblichkeit (Angemessenheit) des Preises.

Konsulatsfaktura

Die **Zollfaktura** wird ebenfalls auf besonderen Formularen ausgestellt und muss die Unterschriften des Exporteurs und eines „Zeugen“ tragen.

Zollfaktura

Ursprungszeugnis

Das Ursprungszeugnis bescheinigt oder beglaubigt die Herkunft der Ware. Je nach Ursprungsland und Warenart wird das Ursprungszeugnis von Industrie- und Handelskammern, Behörden oder Wirtschaftsverbänden ausgestellt.

Ursprungszeugnis

Sonstige Zertifikate und Atteste

Zertifikate und Atteste

Gesundheitszertifikate bescheinigen, dass Güter, insbesondere tierische oder landwirtschaftliche Erzeugnisse, unversehrt und frei von Krankheiten sind. **Qualitätszertifikate** bescheinigen z. B. die Verwendung einwandfreien Materials für die Herstellung der Ware oder das mängelfreie Funktionieren von Maschinen. **Analysenzertifikate** bescheinigen die chemische Zusammensetzung, die chemische Reinheit oder auch bestimmte physikalische Eigenschaften einer Ware. **Inspektionszertifikate** sind Sachverständigenzeugnisse über die Besichtigung und Prüfung von Waren, z. B. bei Weizenlieferungen über die Provenienz, die Qualität, den Feuchtigkeitsgehalt und den Befall mit lebenden und toten Käfern. Ferner kommen vor: Aufmaßlisten, Wiegezertifikate, Gewichtsnoten, Werksatteste, Packlisten u. Ä.

Lagerdokumente

Orderlagerschein und **Namenslagerschein** sind Urkunden, in denen der **Lagerhalter bestätigt, bestimmte Waren zur Lagerung übernommen zu haben.** Er verpflichtet sich, diese Waren nur gegen Vorlage des Lagerscheins auszuliefern. Lagerscheine sind Warenwertpapiere.

Orderlagerscheine sind Traditionspapiere. Sie eignen sich im Bankverkehr daher gut als Kreditsicherheit für eine kurzfristige Importanschlussfinanzierung. Zur Sicherungsübereignung bzw. Verpfändung der Importware sind nur Einigung, Indossament und Übergabe des Lagerscheins erforderlich. Orderlagerscheine dürfen nur von staatlich ermächtigten Lagerhaltern ausgestellt werden.

Orderlagerschein

Namenslagerschein

Namenslagerscheine sind **keine Traditionspapiere.** Die Übereignung bzw. Verpfändung der Ware erfordert die Einigung über den Eigentumsübergang bzw. die Einigung über die Entstehung des Pfandrechts, die Abtretung des Herausgabeanspruchs gegen den Lagerhalter und die Übergabe des Lagerscheins. Bei einer Verpfändung muss außerdem der Lagerhalter benachrichtigt werden.

6.2 Devisen und Devisenkurse

6.2.1 Wesen und Arten der Devisen

Begriff der Devisen

Devisen sind Zahlungsmittel in ausländischer Währung als

- **täglich fällige Guthaben bei Kreditinstituten oder**
- **Schecks und Wechsel, die auf ausländische Währung lauten und im Ausland zahlbar sind.**

Kapitel 6.5

Für den internationalen Zahlungsverkehr sind vor allem täglich fällige Guthaben von Bedeutung, die inländische Kreditinstitute bei ausländischen Kreditinstituten unterhalten. Da diese Bankguthaben an bestimmten Plätzen im Ausland verfügbar sind, und dort ausgezahlt werden können, spricht man von **„Auszahlungen“**, so z. B. bei US-Dollar von „Auszahlung New York“, bei Pfund Sterling von „Auszahlung London“. Der Devisenhandel zwischen Kreditinstituten befasst sich ausschließlich mit Auszahlungen.

Sorten sind Noten und Münzen in ausländischer Währung.

Arten der Devisen

Einteilung der Devisen

nach der Konvertierbarkeit (Umtauschbarkeit)

- frei konvertierbare Devisen
- beschränkt konvertierbare Devisen
- nicht konvertierbare Devisen

nach der Verfügbarkeit

- Kassadevisen
- Termindevisen

Frei konvertierbare Devisen können unbeschränkt in andere Währungen umgetauscht werden. Sie werden auch als Hartwährungen bezeichnet. **Beschränkt konvertierbare Devisen** unterliegen Umtauschbeschränkungen. Sie können z. B. nur von bestimmten Personenkreisen oder für bestimmte Zwecke in andere Währungen umgetauscht werden. Der Umtausch kann auch betragsmäßigen Beschränkungen unterworfen sein. Solche Währungen werden auch als Weichwährungen bezeichnet. **Nicht konvertierbare Währungen** unterliegen einer Devisenbewirtschaftung. Der Umtausch in andere Währungen ist verboten oder nur mit Einzelgenehmigung möglich (Devisenzwangsbewirtschaftung).

Kassadevisen stehen dem Käufer sofort (in der Praxis zwei Geschäftstage nach dem Kauf), **Termindevisen** stehen dem Käufer erst zu einem späteren Zeitpunkt zur Verfügung.

6.2.2 Devisenkurse

6.2.2.1 Wechselkurssysteme

Wechselkurse

Devisen- oder Wechselkurse sind Preise für ausländische Zahlungsmittel. Sie geben das Austauschverhältnis zwischen zwei Währungen an. Sie können sich am Devisenmarkt aufgrund von Angebot und Nachfrage bilden, sie können aber auch vom Staat oder einer Währungsbehörde fixiert werden. Die Grundentscheidung wird durch die Festlegung des Wechselkurssystems getroffen.

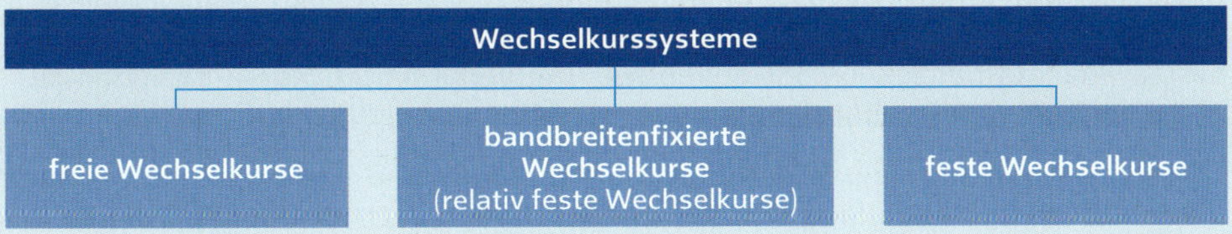

freie Wechselkurse

Floating

Bei **freien Wechselkursen** bildet sich das Austauschverhältnis zwischen zwei Währungen ausschließlich aufgrund von **Angebot und Nachfrage** (Floating). Reines Floating liegt vor, wenn die Zentralbanken der beteiligten Staaten auch bei stärkeren Kursbewegungen nicht durch Devisenkäufe oder Devisenverkäufe eingreifen. Wenn die Zentralbanken trotz freier Wechselkurse intervenieren, um die Devisenkurse zu stabilisieren, spricht man von kontrolliertem oder verschmutztem Floating.

relativ feste Wechselkurse

Bei **bandbreitenfixierten Wechselkursen** werden Austauschverhältnisse zwischen den Währungen (**Paritäten**) und Schwankungsbreiten (**Höchst- und Niedrigstkurse**) für die Kursbildung festgelegt. Innerhalb der Schwankungsbreite können sich die Devisenkurse nach Angebot und Nachfrage bilden. Bei Erreichen des Höchstkurses für eine Währung interveniert die Zentralbank durch zusätzliches Devisenangebot, bei Erreichen des Niedrigstkurses durch entsprechende Devisennachfrage. Die Höchst- und Niedrigstkurse werden daher auch als **Interventionspunkte** bezeichnet.

WKM II

Ein Beispiel für bandbreitenfixierte Wechselkurse ist der Wechselkursmechanismus II (WKM II) der Europäischen Wirtschafts- und Währungsunion. Eine mindestens zweijährige Teilnahme daran ist u.a. Voraussetzung, damit ein EU-Mitgliedstaat den Euro als Währung einführen kann. Die jeweilige Währung darf um einen vorher festgelegten Leitkurs zum Euro mit einer Bandbreite von ±15 % schwanken. Auf Antrag des Beitrittslandes sind engere Bandbreiten möglich.

feste Wechselkurse

In einem **System fester Wechselkurse** verändern sich die Devisenkurse nicht. Alle Fremdwährungsbeträge, die z.B. von Kreditinstituten oder anderen Unternehmen nachgefragt oder angeboten werden, muss die Zentralbank **zum festen Kurs** abgeben oder aufnehmen.

6.2.2.2 Kassakurse und Terminkurse

Devisenkurse

- **Kassakurse** – Preise für Kassadevisen
- **Terminkurse** – Preise für Termindevisen

Devisenkurse

Devisenkassa- und Devisenterminkurse bilden sich frei an den Devisenmärkten. Devisen werden telefonisch – häufig über Makler – oder über das Reuters Dealing System im Interbankenverkehr gehandelt. Die vereinbarten Kurse beziehen sich immer auf das jeweils abgeschlossene Geschäft.

Devisenkassageschäfte werden mit Wertstellung zwei Bankarbeitstage nach Geschäftsabschluss erfüllt. **Devisentermingeschäfte** sind feste Vereinbarungen, einen vereinbarten Devisenbetrag zu einem fest vereinbarten Kurs zu einem späteren Zeitpunkt zu liefern bzw. abzunehmen. Üblich sind Fälligkeiten von ein, drei und sechs Monaten nach Abschluss. Es können aber auch andere Laufzeiten, z. B. 53 Tage, vereinbart werden. Für USD, Yen und Euro kommen Fälligkeiten bis zu fünf Jahren vor.

Mengennotierungen

Devisenkurse werden in der Europäischen Wirtschafts- und Währungsunion als **Mengennotierungen** festgestellt. Außer in der Eurozone wird die Mengennotierung auch in den USA und Großbritannien verwendet. Dabei erfolgen

- der **Verkauf der ausländischen Währung** (= Ankauf der inländischen Währung [Euro]) zum **Geldkurs,** z. B. Überweisung von USD zulasten eines Euro-Kontos.
- der **Ankauf der ausländischen Währung** (= Verkauf der inländischen Währung [Euro]) zum **Briefkurs**, z. B. Gutschrift eines USD-Überweisungseingangs auf einem Euro-Konto.

Mengennotierung und Preisnotierung	
Bei der **Mengennotierung** wird festgestellt, wie viele ausländische Währungseinheiten für eine oder 100 inländische Währungseinheiten gezahlt werden. Beispiel: 1 Euro entspricht 1,2021 CHF	Bei der **Preisnotierung** wird festgestellt, welcher Preis in inländischer Währung für eine oder hundert Einheiten ausländischer Währung zu zahlen ist. Beispiel: 100 CHF entsprechen 83,19 Euro

Referenzkurse der EZB

Die EZB veröffentlicht über elektronische Informationsdienste und auf ihrer Internetseite in Zusammenarbeit mit den nationalen Zentralbanken gegen 14:15 Uhr **Referenzkurse** für 32 wichtige internationale Währungen.

Die Abrechnung von Fremdwährungsgeschäften gegenüber Kunden erfolgt durch das Kreditinstitut ausschließlich auf Basis frei gehandelter Marktkurse. Die Umrechnungskurse werden dem Kunden

- entweder auf Anfrage mitgeteilt,
- oder täglich zu einem bestimmten Zeitpunkt als bankinterner Referenzkurs festgestellt und auf der Internetseite des Instituts veröffentlicht,

- oder bei größeren Umrechnungsbeträgen individuell mit dem Kunden auf Marktbasis vereinbart.

Maßgebend sind die Ausführungen im Preis- und Leistungsverzeichnis bzw. die Kreditkartenbedingungen.

Auch im Sortengeschäft werden Marktpreise in Form der Mengennotierung veröffentlicht. Die An- und Verkaufspreise liegen außerhalb der Geld- und Briefkurse im Devisengeschäft, da u. a. Kosten der Lagerhaltung einkalkuliert werden.

Beispiel für Sortenpreise

Für Sortengeschäfte in USD veröffentlicht eine Bank: 1,1675 USD – 1,0941 USD.
Der Kunde erhält also für 1 Euro 1,0941 USD (Sortenverkauf der Bank) bzw. er muss 1,1675 USD geben, um 1 Euro zu erhalten, wenn er USD-Noten an die Bank verkauft (Sortenankauf der Bank).

Zu Abrechnungszwecken werden auch **gespannte Kurse** genutzt, die zwischen dem Mittelkurs und dem Geld- bzw. Briefkurs liegen. Zu diesen Kursen wird z. B. auch zwischen Zentralen und Filialen abgerechnet. gespannte Kurse

Beispiel für Devisenkurse (Schweizer Franken, CHF)

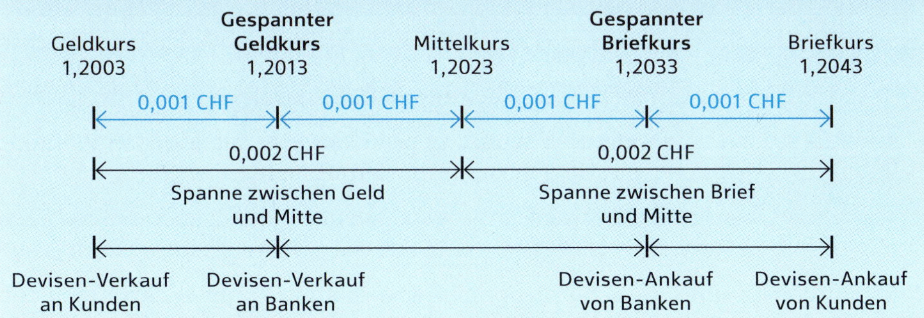

6.3 Dienstleistungen der Kreditinstitute im internationalen Zahlungsverkehr

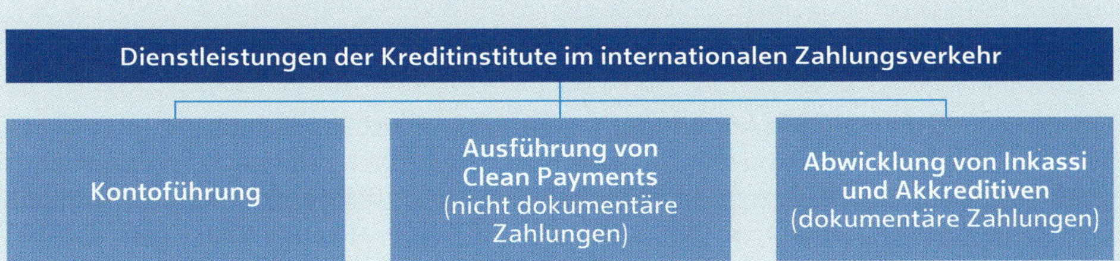

Dienstleistungen im internationalen Zahlungsverkehr

Im Rahmen des Auslandsgeschäfts führen Kreditinstitute Währungskonten für Inländer und Euro-Konten für Ausländer. Der überwiegende Teil internationaler Zahlungen wird als **nicht dokumentäre Zahlungen** (Clean Payments) ausgeführt.

▸ Kapitel 6.4

Dokumentäre Zahlungen werden vor allem gewählt, wenn für Außenhandelsgeschäfte Finanzierungen notwendig sind.

6.3.1 Voraussetzungen für Zahlungsverkehrsleistungen im Auslandsgeschäft

Voraussetzungen

Voraussetzungen für die Abwicklung des Auslandszahlungsverkehrs waren früher **Korrespondentenverhältnisse mit ausländischen Banken**. Nur global tätige Banken konnten eine selbstständige Zahlungsabwicklung über Landes- und Währungsgrenzen hinweg im eigenen Niederlassungsnetz durchführen. Vor dem Hintergrund der hohen Kosten eines weit verzweigten Korrespondentennetzes bieten neu entstandene **Clearingsysteme** einen alternativen Abwicklungsweg für Auslandszahlungen.

Clearingsysteme

▸ Kapitel 3.3.4.2

Korrespondentenverhältnisse

Ein Korrespondentenverhältnis liegt vor, wenn zwei Kreditinstitute gegenseitig füreinander Bankgeschäfte ausführen. Zu unterscheiden sind A-Korrespondenten (mit Kontoverbindung) und B-Korrespondenten (lediglich Austausch von Kontrolldokumenten).

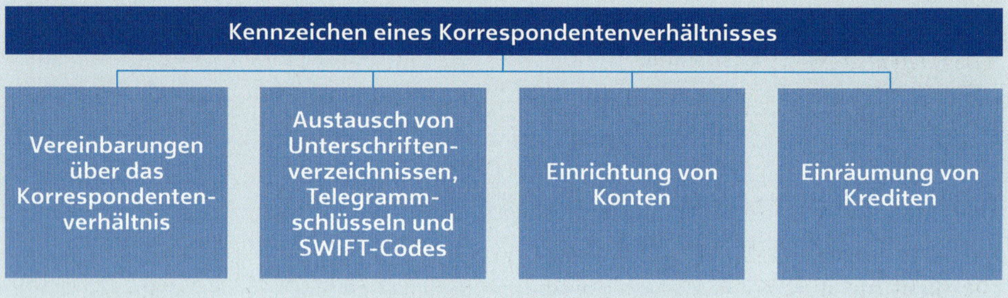

Agency Arrangements

Vereinbarungen über das Korrespondentenverhältnis (**Agency Arrangements**) sind notwendig, um die gegenseitigen Pflichten und Ansprüche (z. B. Provisionsansprüche) der Korrespondenzbanken festzulegen. Besteht keine Kontoverbindung, muss vereinbart sein, wie verrechnet wird. Üblich ist die Einschaltung einer dritten Bank (Remboursbank), bei der eine der beiden Korrespondenzbanken ein Konto unterhält. Insbesondere für die standardisierte Zahlungsabwicklung im Euro- bzw. EU-Raum wurden von einzelnen Kreditinstitutsgruppen strukturierte Korrespondentennetze entwickelt (z. B. Eurogiro der Postbanken). Sie sind durch eine Bündelung von Zahlungen auf wenige Korrespondenten und eine automatische Leitwegsteuerung gekennzeichnet.

Clublösungen

Unterschriftenverzeichnisse

Unterschriftenverzeichnisse werden zwischen Korrespondenzbanken ausgetauscht, um vor Ausführung von Aufträgen die Echtheit und die Rechtsgültigkeit der Unterschriften von zeichnungsberechtigten Personen (Vertretern) prüfen zu können. **Telegrammschlüssel** werden benötigt, um telegrafisch erteilte Aufträge auf ihre Ordnungsmäßigkeit prüfen zu können. Numerische und alphanumerische **Codes** werden für elektronische Aufträge vereinbart.

Kreditlinien

Korrespondenzbanken räumen sich im Interesse einer einfachen Geschäftsabwicklung häufig gegenseitig Kredite ein. Mithilfe von **Kreditlinien** (**Fazilitäten**) können Zahlungs- und Finanzierungsgeschäfte reibungslos abgewickelt werden.

Zur beleglosen und vollautomatischen Abwicklung von dokumentären und nicht dokumentären Zahlungen dient das SWIFT-System.

SWIFT

SWIFT

SWIFT (Society for Worldwide Interbank Financial Telecommunication) ist eine Gesellschaft, die ein internationales Datenübertragungsnetz für Finanznachrichten zwischen ihren Mitgliedern betreibt. Mitglieder und Träger der Gesellschaft sind vorwiegend Kreditinstitute.
Über SWIFT können folgende Nachrichtenkategorien übertragen werden:

- Nachrichten zum Zahlungsverkehr,
- Nachrichten zum Wertpapiertransfer,
- Nachrichten zu Devisen- und Geldmärkten,
- Nachrichten aus dem dokumentaren Zahlungsverkehr,
- administrative Nachrichten.

SWIFT ist eine technische Plattform zur Nachrichtenübermittlung, kein Verrechnungs- oder Clearingsystem. Die Nachrichten über Zahlungen werden in vorgegebenen Formaten (MT = message type) elektronisch übermittelt.
Das Datennetzwerk hat drei wichtige Bestandteile. System-Kontrollzentren betreiben das Netzwerkmanagement und die Netzwerkkontrolle. Sie stellen Programme und Datenbanken bereit. Auf der darunterliegenden Stufe nehmen Slice Prozessoren die Speicherung, Auslieferung und Weiterleitung von Nachrichten vor. Unter den Slice Prozessoren sind regionale Prozessoren angeordnet, die die Ein- und Ausgabeknoten für die Systemteilnehmer bilden und die Nachrichten kurzfristig bis zum Erhalt der Bestätigung durch den übergeordneten Slice Prozessor oder durch den Teilnehmer speichern.
SWIFT bietet eine Reihe von Vorteilen:

- SWIFT-Nachrichten sind standardisierte Nachrichten; Auslegungsschwierigkeiten und Missverständnisse werden vermieden.
- SWIFT-Nachrichten sind vor Fälschungen und vor Verlust sicher.
- SWIFT-Nachrichten werden sehr schnell übertragen.
- SWIFT-Nachrichten werden zuverlässig dokumentiert (Weg, Sendezeit, Empfangszeit usw.).
- SWIFT-Nachrichten sind kostengünstig.

6.3.2 Nicht dokumentäre Zahlungen

nicht dokumentäre Zahlungen

Nicht dokumentäre Zahlungen (reine Zahlungen, Clean Payments) sind Zahlungen, die nicht mit einem Inkasso- oder Akkreditivgeschäft verbunden sind. Zahlungsinstrumente für nicht dokumentäre Zahlungen sind Überweisungen und Schecks.

6.3.2.1 Ausgehende Zahlungen

Zahlungen in das Ausland

Zahlungen in das Ausland können veranlasst werden durch

- einen **Zahlungsauftrag im Außenwirtschaftsverkehr,**
- eine **SEPA-Überweisung,**
- einen **Internationalen Zahlungsauftrag** (IPI = International Payment Instruction),
- **Ausstellung eines Schecks,**
- **Beschaffung und Aussendung eines Bankenorderschecks.**

SEPA-Überweisung ▸ Kapitel 3.4.3

Meldepflichtige ausgehende Zahlungen sind vom Auftraggeber selbst in elektronischer Form an die Deutsche Bundesbank zu melden.

Zahlungen durch Überweisung

Inländische Zahlungspflichtige können Überweisungsaufträge in Euro oder fremder Währung beleghaft oder in elektronischer Form erteilen.

Der **Zahlungsauftrag im Außenwirtschaftsverkehr** kann für **alle Auslandszahlungen** in **allen Währungen** verwendet werden.

Die **SEPA-Überweisung** kann für **Euro-Zahlungen** in EU- und EWR-Staaten sowie in die Schweiz und Monaco benutzt werden. Bei den letztgenannten Ländern muss der BIC des Empfängerinstituts als Pflichtangabe vorliegen.

IPI **Internationale Zahlungsaufträge (IPI)** werden von ausländischen Rechnungsstellern an inländische Kunden verschickt. Der Beleg kann für grenzüberschreitende Zahlungen bis 12500 Euro oder Gegenwert in anderer Währung in Europa eingesetzt werden. Verwendungszweck, Name und IBAN des Begünstigten, Gebührenregelung sowie häufig der Rechnungsbetrag und die Währung sind bereits vorgedruckt. Seit 2006 kann der Beleg auch im Inlandszahlungsverkehr verwendet werden.

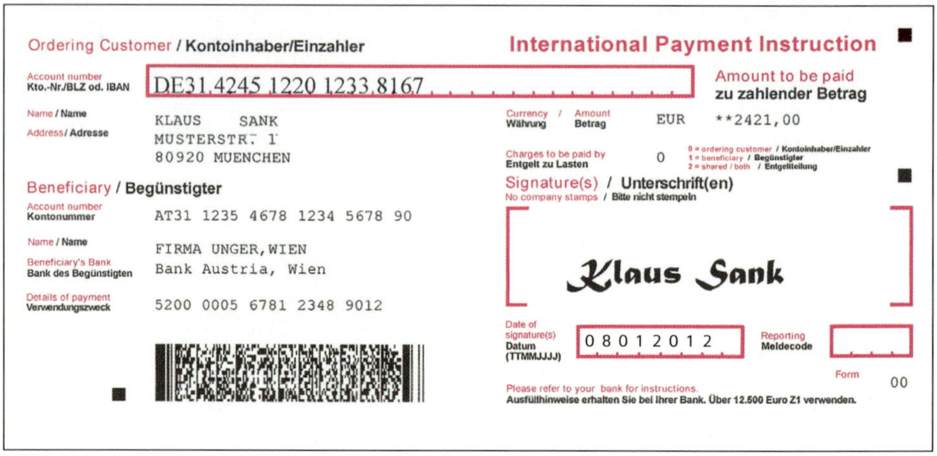
Ordering Customer / Kontoinhaber/Einzahler
International Payment Instruction
Account number Kto.-Nr./BLZ od. IBAN DE31 4245 1220 1233 8167
Amount to be paid zu zahlender Betrag
Name / Name KLAUS SANK
Address / Adresse MUSTERSTR. 1
80920 MUENCHEN
Currency / Währung EUR Amount / Betrag **2421,00
Charges to be paid by Entgelt zu Lasten 0
0 = ordering customer / Kontoinhaber/Einzahler
1 = beneficiary / Begünstigter
2 = shared / both / Entgeltteilung
Beneficiary / Begünstigter
Account number Kontonummer AT31 1235 4678 1234 5678 90
Name / Name FIRMA UNGER, WIEN
Beneficiary's Bank Bank des Begünstigten Bank Austria, Wien
Details of payment Verwendungszweck 5200 0005 6781 2348 9012
Signature(s) / Unterschrift(en)
No company stamps / Bitte nicht stempeln
Klaus Sank
Date of signature(s) Datum (TTMMJJJJ) 08012012
Reporting Meldecode
Form 00
Please refer to your bank for instructions.
Ausfüllhinweise erhalten Sie bei Ihrer Bank. Über 12.500 Euro Z1 verwenden.

International Payment Instruction

Im **Firmenkundenbereich** entwickelt sich **EDIFACT** als Instrument für die elektronische Weiterleitung von Geschäftsdaten. Bei zunehmender Verbreitung von EDIFACT wird es auch für Banken notwendig, Zahlungsdaten daraus (FINPAY-Nachrichten) elektronisch weiterverarbeiten zu können.

ZAHLUNGSAUFTRAG IM AUSSENWIRTSCHAFTSVERKEHR

1

52: An Kreditinstitut/Zahlungsdienstleister
Sparkasse Hannover
Postfach 145 · 30001 Hannover

Referenz des Kontoinhabers

IBAN: DE91 2505 0180 0038 5932 11

Zahlung zu Lasten: 1 = Euro-Konto, 2 = Währungskonto — **1** — Keine Angabe bedeutet Zahlung zu Lasten des Euro-Kontos

32: Währung: GBP | Betrag: 26.000,00 | Zielland: | Version: 0007

50: Name des Kontoinhabers/Zahlers: GEHR, INGO
Straße: IHMESTR. 3
Postleitzahl: 30171 | Ort: HANNOVER

57: Bank/Zahlungsdienstleister des Zahlungsempfängers (bevorzugt als BIC) | BIC (SWIFT-Code): BARCGB22 | Ist sowohl der BIC als auch Name und Anschrift der Bank/des Zahlungsdienstleisters ausgefüllt, wird die Zahlung gemäß BIC ausgeführt.
Name des Kreditinstituts/des Zahlungsdienstleisters des Zahlungsempfängers: BARCLAYS
Straße: CHURCHILL PLC.
Ort/Land: LONDON E145HP

IBAN bzw. Konto-Nr. des Zahlungsempfängers und Bank-Code (max. 34 Stellen): GB76BARC20570130223869
59: Name des Zahlungsempfängers: COPELAND E. F.
Straße: 115 HURWORTH AVE.
Ort/Land: WINDSOR BARKSHIRE
70: Verwendungszweck (nur für Zahlungsempfänger): MG-A

Zusätzliche Weisungen für das Kreditinstitut/den Zahlungsdienstleister (z. B. zum Weisungsschlüssel)

Ausführungsart (Keine Angabe bedeutet Standart) — **0**
0 = Standard (SWIFT)
1 = Eilig (SWIFT)
2 = Scheckziehung
3 = Scheckziehung an Kontoinhaber

Weisungsschlüssel (Weisungen für Kreditinstitut/Zahlungsdienstleister) — **0**
0 = keine besondere Weisung
1 = Avis an Bank des Zahlungsempfängers
2 = Telefonavis an den Zahlungsempfänger
3 = Telex-/Fax-Avis an den Zahlungsempfänger
4 = Zahlung gegen Legitimation

71: Entgeltregelung (Keine Angaben bedeutet „0". Innerhalb des EWR nur „0" möglich.) — **1**
0 = Entgeltteilung eigenes Entgelt z.L. Kontoinhaber fremdes Entgelt z.L. Zahlungsempfänger
1 = alle Entgelte z.L. Kontoinhaber
2 = alle Entgelte z.L. Zahlungsempfänger

Bei Zahlungen zu Lasten Währungskonto Entgelte zu Lasten
1 = Euro-Konto
2 = Währungskonto
(Ohne Weisung wird das zu belastende Konto angesprochen)

Bitte Pflicht zur gesonderten Meldung gemäß Außenwirtschaftsverordnung beachten! Bei Rückfragen wenden Sie sich bitte an die Hotline: 0800 1234 111 (entgeltfrei, nur aus dem deutschen Festnetz erreichbar) bzw. an die E-Mail: statistik-s21@bundesbank.de.
Weitere Informationen zum Meldewesen im Außenwirtschaftsverkehr erhalten Sie auch im Internet unter www.bundesbank.de.

21.01.20..
Datum

Telefon/Durchwahl

Gehr
Unterschrift(en)/Stempel

Kontoführung/Sicherungsstempel

2

Bitte bevorzugt mit Schreibmaschine ausfüllen. Bei Handschrift sind Großbuchstaben zu verwenden.

Zahlungsauftrag im Außenwirtschaftsverkehr

Scheckzahlungen im Auslandsverkehr

Zahlungen durch Scheck

Im Auslandszahlungsverkehr werden Schecks verwendet, wenn **Zahlungen in Drittwährungen** erfolgen sollen, z. B. Zahlungen in US-Dollar nach Südamerika, oder wenn im Empfängerland Scheckzahlungen bevorzugt werden.

Scheckzahlungen

Zahlungen durch Scheck

Bank-auf-Bank-Ziehung (Banken-Orderscheck)	Kunde-auf-Bank-Ziehung
Ziehung eines Schecks durch die Bank des Zahlungspflichtigen auf ihre Korrespondenzbank	Ziehung eines Schecks durch den Zahlungspflichtigen auf sein Kreditinstitut

Banken-Orderscheck

Banken-Orderscheck

Abwicklung einer Zahlung mit Banken-Orderscheck

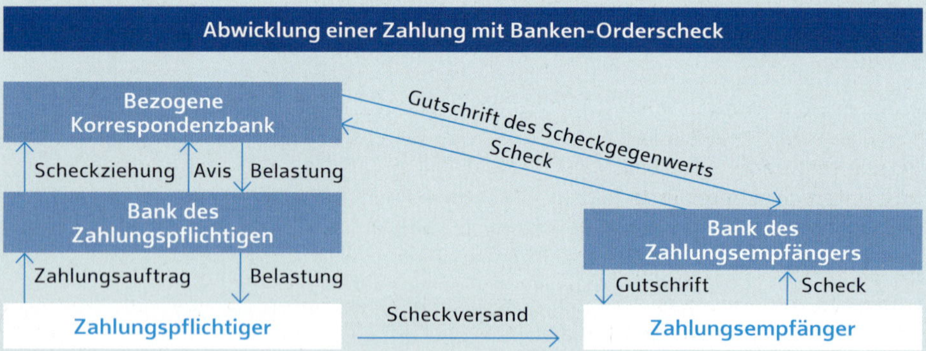

Banken-Orderscheck

SWIFT to Cheque-Verfahren

Der Banken-Orderscheck wird an die Order des Zahlungsempfängers ausgestellt. Er muss vor der Einreichung zur Einlösung indossiert werden. Er wird meistens vom Zahlungspflichtigen direkt an den Zahlungsempfänger gesandt. Beim **SWIFT to Cheque-Verfahren** beauftragt die Bank des Zahlungspflichtigen per SWIFT eine Korrespondenzbank im Land des Zahlungsempfängers mit der Ausstellung und dem Versand eines Bankenorderschecks. Dadurch werden Postlaufzeiten und Versandrisiken reduziert.

Gegenüber dem Zahlungspflichtigen wird der Scheck zum Devisengeldkurs abgerechnet.

6.3.2.2 Eingehende Zahlungen

Überweisungen

Inländer können **Überweisungen von Ausländern in fremder Währung** oder **in Euro** erhalten.

Zahlungen aus dem Ausland

Das Kreditinstitut des Zahlungsempfängers bekommt für **Fremdwährungseingänge** Gutschrift bei einer Korrespondenzbank im Ausland. Für **Euro-Eingänge** belastet das Kreditinstitut des Zahlungsempfängers die bei ihm geführten Euro-Konten der Korrespondenzbanken, oder es erhält bei einem dritten Kreditinstitut Euro-Gutschrift. Zahlungseingänge für fremde Kreditinstitute werden weitergegeben, Zahlungseingänge für Kunden abgerechnet und gutgeschrieben.

Überweisungseingänge

Euro- oder Fremdwährungsgutschrift

Bei **Fremdwährungseingängen** (Deviseneingängen) kann der Zahlungsempfänger entscheiden, ob er **Gutschrift in Euro oder in Fremdwährung** haben will. Wünscht der Zahlungsempfänger Gutschrift in Fremdwährung, erteilt das Kreditinstitut Gutschrift auf einem Kundenfremdwährungskonto.

Wünscht der Zahlungsempfänger Gutschrift in Euro, beauftragt er das Kreditinstitut, den Devisenbetrag zu verkaufen. Das Kreditinstitut kauft den Devisenbetrag gegen Euro vom Zahlungsempfänger. Für die Umrechnung legt das Kreditinstitut daher den **Briefkurs** zugrunde. Vom Gegenwert werden Abwicklungsgebühr, Courtage und Spesen abgezogen. Der Kunde erhält Gutschrift mit der Wertstellung zwei Geschäftstage später.

Beispiel einer Abrechnung eines US-Dollar-Eingangs zum Briefkurs	
Deviseneingang	12000,00 USD
12000 USD : 1,2378 =	9694,62 EUR
– 1,5‰ Abwicklungsprovision	14,54 EUR
– 0,25‰ Courtage	2,42 EUR
Gutschrift	9677,66 EUR

Schecks

Scheckeingänge

Aus dem Ausland eingehende Schecks kann der Zahlungsempfänger von seinem Kreditinstitut ankaufen lassen oder zum Inkasso (Gutschrift nach Eingang des Gegenwertes) geben. Bei Einreichung muss der Scheck auf der Rückseite indossiert und unterschrieben werden. Ist der Vermerk „nicht an Order“ angebracht, so kann der Scheck nur vom Begünstigten eingereicht werden.

Bank-auf-Bank-Ziehungen werden angekauft und e. V. gutgeschrieben, wenn die Unterschriften des ausstellenden Kreditinstituts anhand der Unterschriftenverzeichnisse geprüft werden können. Andere Scheckziehungen werden von Kreditinstituten e. V. gutgeschrieben, wenn die Einreicher kreditwürdig sind.

Wünscht der Einreicher für Fremdwährungsschecks Euro-Gutschrift, kauft das Kreditinstitut den Scheck zum **Sichtkurs (Scheckankaufskurs)** an.

Scheckankaufskurs

Der Sichtkurs liegt über dem Briefkurs. Er soll den Zinsverlust des Kreditinstituts für die Dauer des Scheckeinzugs ausgleichen.

Beispiel für die Berechnung des Sichtkurses für den Ankauf von US-Dollar-Schecks	
Briefkurs für 1 Euro/Dollar	1,2378 USD
+ ½ Spanne zwischen Brief- und Geldkurs	0,0030 USD
= **Sichtkurs**	1,2408 USD

Wenn Kreditinstitute zum Briefkurs abrechnen, belasten sie i. d. R. Zinsen für die Zeit des Scheckeinzugs.

Risiken der Scheckzahlung

Die Annahme von Auslandsschecks als Zahlungsmittel birgt **erhöhte Risiken**, auf die in einer Kundenberatung hingewiesen werden sollte. Schecks sollten nur dann als Zahlung akzeptiert werden, wenn der Geschäftspartner gut bekannt ist. Wird der Scheck bei der Einreichung unter dem Vorbehalt des Eingangs des Scheckgegenwerts gutgeschrieben, bedeutet eine Verfügung über den Betrag ein Risiko. Obwohl der Betrag bereits als Gutschrift auf dem Konto des Scheckeinreichers erscheint, muss der Gegenwert erst noch vom Kreditinstitut des Scheckausstellers eingezogen werden. Das kann bei Auslandsschecks längere Zeit in Anspruch nehmen. Bei Nichteinlösung wird der Betrag u. U. erst nach längerer Zeit auf dem Konto des Scheckeinreichers zurückbelastet. Zudem kann das Risiko aus einer Rückbelastung wegen Scheckfälschung zeitlich nicht begrenzt werden.

Die Deutsche Bundesbank rechnet zum Einzug eingereichte Fremdwährungsschecks gängiger Währungen zu veröffentlichten Scheckeinzugskurse um.

6.3.3 Dokumentäre Zahlungen

6.3.3.1 Dokumenteninkasso

Begriff und Arten des Dokumenteninkassos

Begriff des Dokumenteninkasso

Ein Dokumenteninkasso ist eine Zahlungsabwicklungs- und Zahlungssicherungsform, bei der dem Zahlungspflichtigen unter Mitwirkung von Kreditinstituten Dokumente ausgehändigt werden gegen

- **Zahlung des Gegenwerts (Dokumente gegen Kasse) oder**
- **Akzeptierung eines Wechsels (Dokumente gegen Akzept).**

Arten des Dokumenteninkassos

Arten des Dokumenteninkassos

D/P-Inkasso	D/A-Inkasso
Documents against Payment-Inkasso: „Dokumente gegen Kasse“	Documents against Acceptance-Inkasso: „Dokumente gegen Akzept“

Mit einem Dokumenteninkasso können Warengeschäfte Zug um Zug erfüllt werden. Grundlage für die Abwicklung von Dokumenteninkassi sind die Einheitlichen Richtlinien für Inkassi – Revision 1995 (ERI 522) der Internationalen Handelskammer Paris.

ERI

Dokumente gemäß ERI

Dokumente sind nach den ERI Zahlungspapiere und Handelspapiere:

- **Zahlungspapiere** sind Wechsel, Solawechsel, Schecks und andere zum Erlangen von Zahlungen dienende Dokumente,
- **Handelspapiere** sind Rechnungen, Transportdokumente, Dispositionsdokumente und andere Dokumente.

Die Einheitlichen Richtlinien für Inkassi unterscheiden:

einfache Inkassi

- **einfache Inkassi** (Inkassi von Zahlungspapieren, die nicht von Handelspapieren begleitet sind),

dokumentäre Inkassi

- **dokumentäre Inkassi** (Inkassi von Zahlungspapieren, die von Handelspapieren begleitet sind, und Inkassi von Handelspapieren, die nicht von Zahlungspapieren begleitet sind).

Beteiligte und Rechtsbeziehungen beim Dokumenteninkasso

Beteiligte

Beteiligte bei einem Dokumenteninkasso sind der Auftraggeber, die Einreicherbank, die Inkassobank, die vorlegende Bank und der Bezogene:

- **Auftraggeber** ist der Kunde, der seiner Bank den Inkassoauftrag erteilt.
- **Einreicherbank** ist die vom Auftraggeber mit der Durchführung eines Inkassos betraute Bank.
- **Inkassobank** ist jede mit der Durchführung eines Inkassos befasste Bank mit Ausnahme der Einreicherbank.
- **Vorlegende Bank** ist die **Inkassobank,** die dem Bezogenen die Dokumente vorlegt.
- **Bezogener** ist derjenige, dem die Dokumente zur Zahlung bzw. Akzeptierung vorzulegen sind.

Rechtsbeziehungen

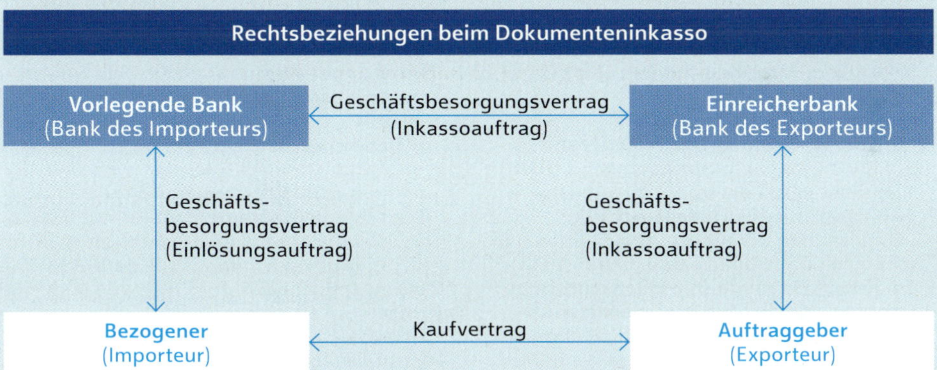

Stehen Einreicherbank und vorlegende Bank nicht miteinander in Geschäftsverbindung, wird eine gemeinsame Korrespondenzbank als **Inkassobank** eingeschaltet.

Die Einreicherbank betraut als Inkassobank die vom Auftraggeber benannte Bank. Fehlt eine solche Weisung, schaltet die Einreicherbank eine Bank ihrer Wahl als Inkassobank ein.

Inkassoauftrag

Alle zum Inkasso übersandten Dokumente müssen von einem Inkassoauftrag begleitet sein, der angibt, dass das Inkasso den ERI 522 unterliegt, und in dem vollständige und genaue Weisungen erteilt werden. Die beteiligten Kreditinstitute dürfen nur entsprechend diesen Weisungen sowie in Übereinstimmung mit den Einheitlichen Richtlinien für Inkassi verfahren.

Inhalt des Inkassoauftrags
Art. 4 ERI

Ein Inkassoauftrag sollte die folgenden Informationen enthalten:

- Bank, von der das Inkasso zuging (Einreicherbank oder – bei Einschaltung einer Korrespondenzbank – Inkassobank),
- Auftraggeber,
- Bezogener,
- vorlegende Bank,
- einzuziehender Betrag und Währung,
- Auflistung der beigefügten Dokumente und Angabe der Anzahl jedes Dokuments,
- Bedingungen, unter denen Zahlung und/oder Akzeptierung zu erhalten ist,
- Bedingungen für die Aushändigung von Dokumenten,
- einzuziehende Gebühren und Zinsen,
- Art der Zahlung und Form des Zahlungsavises,
- Weisungen für den Fall von Nichtzahlung, Nichtakzeptierung und/oder Nichterfüllung anderer Weisungen.

Pflichten und Rechte der beteiligten Banken nach den Einheitlichen Richtlinien für Inkassi

Form der Vorlegung
Zahlung

- **Form der Vorlegung**
  Bei Sicht zahlbare Dokumente müssen von der vorlegenden Bank unverzüglich zur Zahlung vorgelegt werden. Nicht bei Sicht zahlbare Dokumente müssen,
  - sofern Akzeptierung verlangt wird, unverzüglich zur Akzeptleistung,
  - sofern Zahlung verlangt wird, spätestens am Fälligkeitsdatum zur Zahlung vorgelegt werden.

Haftung der Bank

- **Haftung und Verantwortlichkeit**
  Die Banken handeln „nach Treu und Glauben und mit angemessener Sorgfalt". Sie müssen prüfen, ob die erhaltenen Dokumente den im Inkassoauftrag aufgezählten Dokumenten zu entsprechen scheinen. Falls Dokumente fehlen, muss derjenige Beteiligte sofort benachrichtigt werden, von dem die Bank den Inkassoauftrag erhielt. Weitere Verpflichtungen zur Prüfung der Dokumente bestehen nicht.
  Banken handeln für Rechnung und auf Gefahr des Auftraggebers. Sie übernehmen keine Haftung oder Verantwortung für
  - Folgen von Verzögerungen und/oder Verlusten bei der Übermittlung von Nachrichten, Briefen und Dokumenten,
  - Verzögerungen, Verstümmelungen oder sonstige Irrtümer aus der Übermittlung einer Telekommunikation,
  - Irrtümer bei der Übersetzung oder Auslegung von technischen Ausdrücken,
  - Folgen aus der Unterbrechung ihrer Geschäftstätigkeit durch Fälle höherer Gewalt, Unruhen, Aufruhr, Aufstand, Krieg, Streiks, Aussperrungen u. Ä.
- **Zahlung**
  Inkassi müssen in der Währung bezahlt werden, die im Inkassoauftrag vorgeschrieben ist. Eingezogene Inkassobeträge müssen in Übereinstimmung mit dem Inkassoauftrag unverzüglich der Bank zur Verfügung gestellt werden, von der der Inkassoauftrag zuging.
  Teilzahlungen können angenommen werden
  - bei einfachen Inkassi, wenn und soweit Teilzahlungen nach dem am Zahlungsort geltenden Recht gestattet sind,
  - bei dokumentären Inkassi nur, wenn der Inkassoauftrag eine ausdrückliche Ermächtigung hierzu enthält.
  Die Dokumente werden dem Bezogenen in jedem Fall aber erst nach Erhalt der vollen Zahlung freigegeben.

Protest

- **Protest**
  Der Inkassoauftrag soll besondere Weisungen für den Fall der Nichtakzeptierung oder Nichtzahlung enthalten. Wenn solche Weisungen fehlen, sind die mit dem Inkasso befassten Banken nicht verpflichtet, die Dokumente wegen Nichtzahlung oder Nichtakzeptierung protestieren oder einem entsprechenden rechtlichen Verfahren unterwerfen zu lassen.

Notadresse

- **Notadresse**
  Falls der Auftraggeber einen Vertreter benennt, der als Notadresse bei Nichtakzeptierung oder Nichtzahlung tätig werden soll, sollen seine Befugnisse im Inkassoauftrag klar und vollständig angegeben werden. Die Banken nehmen Weisungen der Notadresse nicht entgegen, wenn entsprechende Angaben fehlen.

Benachrichtigungen

Benachrichtigungen
Die Inkassobank muss derjenigen Bank, von der ihr der Inkassoauftrag zuging, jeweils unverzüglich zusenden
- Bezahltmeldung oder
- Akzeptmeldung oder
- Meldung über Nichtzahlung oder Nichtakzeptierung.

Bei Nichtakzeptierung oder Nichtzahlung sollte die vorlegende Bank versuchen, die Gründe hierfür festzustellen und diejenige Bank unverzüglich entsprechend benachrichtigen, von der ihr der Inkassoauftrag zuging. Bei Erhalt einer Meldung über Nichtakzeptierung oder Nichtzahlung muss die Einreicherbank geeignete Weisungen für die weitere Behandlung der Dokumente erteilen. Falls der vorlegenden Bank innerhalb von 60 Tagen nach ihrer Meldung keine Weisungen zugehen, kann sie die Dokumente ohne weitere Verantwortlichkeit auf dem umgekehrten Inkassoweg zurückgeben.

D / P-Inkasso (Documents against Payment-Inkasso)

D/P-Inkasso

Dokumente gegen Kasse

Dokumente gegen Zahlung

Eine dokumentäre Zahlung wird über ein **D/P-Inkasso** abgewickelt, wenn zwischen Exporteur und Importeur die Zahlungsbedingungen **„Dokumente gegen Kasse"** oder **„Dokumente gegen Zahlung"** vereinbart worden ist. Der Inkassoauftrag enthält die Weisung, die Dokumente gegen Zahlung des Gegenwertes auszuhändigen.

Begleittratte

Einige Länder verlangen, dass D/P-Dokumente von **Sichttratten** (Sight Drafts) begleitet sein müssen. Die Wechsel (Tratten) haben in diesen Fällen keine rechtliche Bedeutung.

D/P-Dokumente können auch von **Nachsichttratten** begleitet werden. Die Zahlungsbedingung kann z. B. lauten „Dokumente gegen Zahlung 30 Tage nach Sicht". Der Bezogene soll die Tratte akzeptieren. Die Dokumente erhält er jedoch erst bei Einlösung seines Akzepts. Diese Zahlungsbedingung gibt dem Exporteur eine große Sicherheit. Er hat noch die Verfügungsgewalt über die Ware, während sich der Importeur bereits wechselmäßig zur Zahlung verpflichtet hat. Die Nachsichtfrist kann so festgesetzt werden, dass die Laufzeit des Wechsels etwa der Versand- oder Verschiffungsdauer entspricht und das Akzept bei Ankunft der Ware fällig wird. Anstelle einer Nachsichttratte kann auch ein zu akzeptierender Tagwechsel ausgestellt werden.

Schema der Abwicklung eines D/P-Inkassos

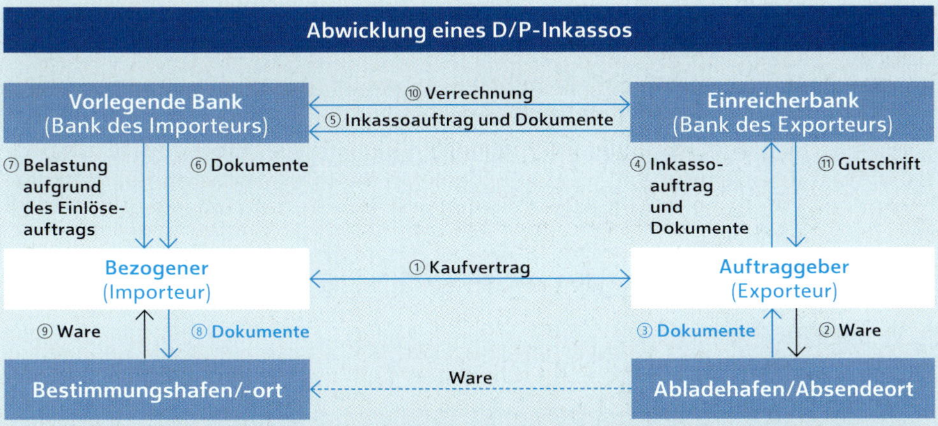

zahlbar bei erster Präsentation

Wenn der Exporteur nichts anderes vorgeschrieben hat, muss der Bezogene die Dokumente „bei erster Präsentation" einlösen. Der Auftraggeber kann aber auch vorschreiben „zahlbar ... Tage nach Vorlage" oder „zahlbar bei Dampferankunft".

Der Bezogene darf die Ware vor der Zahlung weder besichtigen, bemustern noch den Einfuhr- und Verzollungsvorgang durchführen. Der Bezogene kann die Dokumente bei der vorlegenden Bank einsehen und prüfen. Wenn die vorlegende Bank dem Bezogenen die Möglichkeit geben will, die Dokumente auf ihre Übereinstimmung mit dem Kaufvertrag zu prüfen, kann sie auf eigenes Risiko eine „Andienung zu getreuen Händen" vornehmen. Nach der in Hamburg bei Importinkassi geltenden Usance sind die Dokumente spätestens bis 16 Uhr des Andienungstages zurückzugeben, wenn kein Einlösungsauftrag erteilt wird.

Andienung zu getreuen Händen

D / A-Inkasso (Documents against Acceptance-Inkasso)

Dokumente gegen Akzept

Eine dokumentäre Zahlung wird über ein **D/A-Inkasso** abgewickelt, wenn zwischen Exporteur und Importeur die Zahlungsbedingung **„Dokumente gegen Akzept"** vereinbart worden ist. Der Inkassoauftrag enthält die Weisung, die Dokumente nur gegen Akzeptierung einer auf den Importeur gezogenen Tratte auszuhändigen. Der Auftraggeber muss dabei klare Weisungen für den Fall erteilen, dass der Bezogene die Akzeptleistung verweigert oder sein Akzept bei Fälligkeit nicht einlöst. Der Auftraggeber muss außerdem die Einreicherbank genau anweisen, wie mit dem Akzept verfahren werden soll.

Wenn ein sog. „bankavaliertes Akzept" verlangt wird, hat die Bank des Importeurs eine Wechselbürgschaft zu übernehmen.

6.3.3.2 Dokumenten-Akkreditiv

6.3.3.2.1 Wesen des Dokumenten-Akkreditivs

Begriff Dokumenten-Akkreditiv

Ein Dokumenten-Akkreditiv ist eine vertragliche Verpflichtung eines Kreditinstituts, im Auftrag, für Rechnung und nach Weisungen eines Kunden gegen Übergabe bestimmter Dokumente und bei Erfüllung bestimmter Bedingungen eine bestimmte Geldzahlung oder eine andere finanzielle Leistung zu erbringen.

ERA 600

Art. 2 ERA

Nach den **Einheitlichen Richtlinien und Gebräuchen für Dokumenten-Akkreditive (ERA 600 – Revision 2007)** ist ein Akkreditiv jede **unwiderruflich** feststehende Vereinbarung der Bank des Importeurs (eröffnende Bank), vorgelegte Dokumente bei konformer Dokumentenvorlage zu honorieren oder zu negoziieren.

Konforme Dokumentenvorlage heißt, dass die vorgelegten Dokumente den Akkreditivbedingungen, den ERA 600 und den Standards internationaler Bankpraxis entsprechen. Die Standards in der internationalen Bankpraxis, insbesondere mit Blick auf die Dokumentenprüfung, werden in dem von der Internationalen Handelskammer (ICC) in Paris veröffentlichten International Standard Banking Practice (ISBP 745) zusammengefasst.

Honorieren heißt, in Abhängigkeit von der Benutzbarkeit

- bei Sicht zu zahlen,
- eine Verpflichtung zur hinausgeschobenen Zahlung zu übernehmen und bei Fälligkeit zu zahlen oder
- einen vom Exporteur gezogenen Wechsel (Tratte) zu akzeptieren und diesen bei Fälligkeit zu zahlen.

Negoziierung ist der Ankauf von Tratten und/oder Dokumenten aus einer konformen Dokumentenvorlage unter Vorleistung von Geldmitteln an den Exporteur durch eine Bank. Die Negoziierung ist ein in vielen Ländern übliches Finanzierungsinstrument.

Unter die Einheitlichen Richtlinien und Gebräuche für Dokumenten-Akkreditive fallen auch **Stand-by-Letters of Credit,** soweit die Regeln nach Sinn und Zweck anwendbar sind. Stand-by-Letters of Credit sind garantieähnliche Sicherungsmittel, bei denen die Leistungspflicht der eröffnenden Bank oft von der Vorlage von Erklärungen des Begünstigten und/oder Sichttratten abhängig ist.

Abstraktheit des Dokumenten-Akkreditivs
Art. 4 ERA
Art. 5 ERA

Ein Dokumenten-Akkreditiv ist von dem Kaufvertrag oder einem anderen Vertrag, auf dem es wirtschaftlich beruht, völlig getrennt. Kreditinstitute, die Dokumenten-Akkreditive abwickeln, haben in keiner Weise etwas mit diesen Verträgen zu tun und sind nicht durch diese Verträge gebunden. Alle Beteiligten im Akkreditivgeschäft befassen sich mit Dokumenten und nicht mit Waren, Dienstleistungen oder anderen Leistungen.

Ein Kreditinstitut, das eine Akkreditivverpflichtung eingeht, gibt ein **abstraktes Schuldversprechen im Sinne von § 780 BGB** ab.

6.3.3.2.2 Beteiligte und Rechtsbeziehungen beim Dokumenten-Akkreditiv

Beteiligte

Beteiligte bei einem Dokumenten-Akkreditiv sind der Akkreditivauftraggeber, die eröffnende Bank, die avisierende bzw. bestätigende Bank und der Begünstigte:

- **Akkreditivauftraggeber** ist der Importeur, der seine Bank beauftragt, das Akkreditiv zugunsten des Exporteurs zu eröffnen.
- **Eröffnende Bank** ist die Bank des Importeurs. Sie gibt ein Zahlungsversprechen zugunsten des Exporteurs ab.
- **Avisierende Bank** ist die Bank, die dem Exporteur das Akkreditiv bekanntgibt, ohne selbst eine Verbindlichkeit zu übernehmen (häufig die Bank des Exporteurs).
- **Bestätigende Bank** ist die Bank, die dem Exporteur das Akkreditiv mitteilt und selbst ein Zahlungsversprechen abgibt.
- **Begünstigter** ist der Exporteur, zu dessen Gunsten sich die eröffnende Bank zur Zahlung verpflichtet.

Rechtsbeziehungen

Die **Rechtsbeziehungen** zwischen den Beteiligten beim Dokumenten-Akkreditiv hängen davon ab, ob bei einem unwiderruflichen Akkreditiv nur eine Bank eine Verpflichtung übernommen hat (**unbestätigtes Akkreditiv**) oder zusätzlich eine andere Bank eine solche Verpflichtung übernommen hat (**bestätigtes Akkreditiv**).

Akkreditive können **unterschiedliche Ansprüche für den Begünstigten,** z.B. Anspruch auf Zahlung, Anspruch auf Akzeptleistung, Anspruch auf Negoziierung, begründen.

unbestätigtes Dokumenten-Akkreditiv

Rechtsbeziehungen bei einem unwiderruflichen, unbestätigten Dokumenten-Akkreditiv

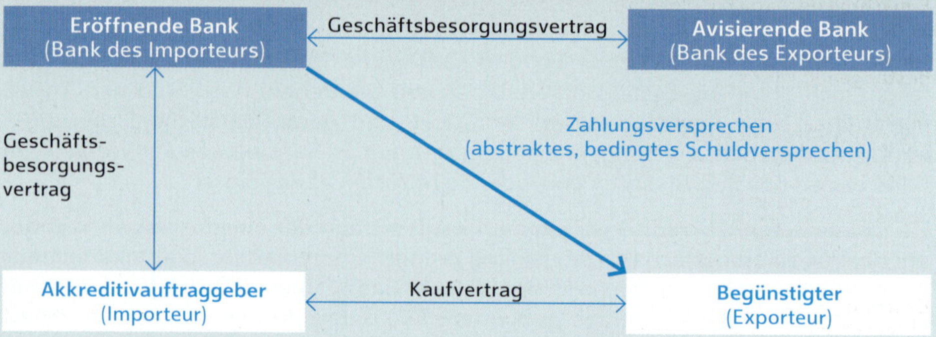

Vertragsbeziehungen

- Der **Kaufvertrag zwischen Importeur und Exporteur,** in dem Akkreditiv-Zahlung vereinbart ist, verpflichtet den Importeur, für Eröffnung und Avisierung des Akkreditivs zu sorgen, und den Exporteur, rechtzeitig vertragsgemäße Ware zu versenden und dem Importeur die vereinbarten Dokumente vorzulegen („anzudienen").

Geschäftsbesorgungsverträge

- Der **Geschäftsbesorgungsvertrag zwischen Importeur (Akkreditivauftraggeber) und der eröffnenden Bank** verpflichtet die eröffnende Bank, das Akkreditiv zu stellen und für die Avisierung gegenüber dem Begünstigten zu sorgen. Ein unwiderrufliches Akkreditiv begründet eine feststehende Verpflichtung der eröffnenden Bank (Art. 7 Abs. a ERA).

abstraktes Schuldversprechen

- Die eröffnende Bank gibt mit dem **Zahlungsversprechen** gegenüber dem Begünstigten ein **abstraktes, bedingtes Schuldversprechen** ab. Wenn der Begünstigte seine Akkreditivverpflichtung erfüllt, ist die eröffnende Bank ihm gegenüber zur Zahlung verpflichtet – ohne Rücksicht auf die Zahlungsfähigkeit des Akkreditivauftraggebers. Dieser haftet seinerseits der eröffnenden Bank aus dem Geschäftsbesorgungsvertrag.

Zahlstelle

- Der **Geschäftsbesorgungsvertrag zwischen der eröffnenden Bank und der avisierenden Bank** verpflichtet die avisierende Bank, dem Begünstigten die Akkreditiveröffnung mitzuteilen. Ist die avisierende Bank ermächtigt zu zahlen, ist sie **Zahlstelle.** Sie hat dann bei der Abwicklung des Akkreditivs mitzuwirken (Entgegennahme der Dokumente, Prüfung der Dokumente auf ihre Übereinstimmung mit den Akkreditivbedingungen, Weiterleitung der Dokumente an die eröffnende Bank, Auszahlung des Dokumentengegenwertes an den Begünstigten im Auftrag der eröffnenden Bank).

Rechtsbeziehungen bei einem unwiderruflichen, bestätigten Dokumenten-Akkreditiv

bestätigtes Dokumenten-Akkreditiv

Bestätigung

Art. 8 Abs. a ERA

Ermächtigt oder ersucht die eröffnende Bank eine andere Bank, ihr unwiderrufliches Akkreditiv zu bestätigen und hat diese ihre Bestätigung hinzugefügt, so begründet diese **Bestätigung** (zusätzlich zur Verpflichtung der eröffnenden Bank) eine **feststehende Verpflichtung der bestätigenden Bank**.

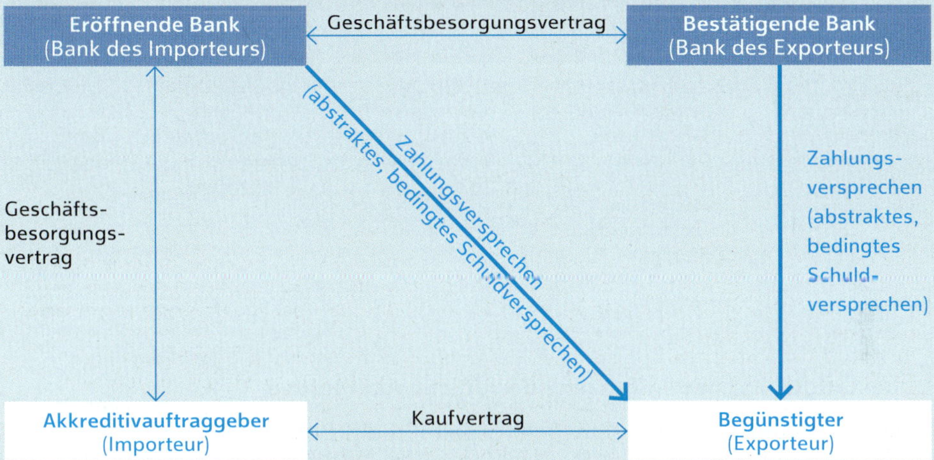

Rechtsbeziehungen bei einem unwiderruflichen, unbestätigten Akkreditiv mit Akzeptleistung durch die avisierende Bank

unbestätigtes Dokumenten-Akkreditiv mit Akzeptleistung

An die Stelle der Zahlungsverpflichtung tritt die Verpflichtung der eröffnenden Bank, für das Bankakzept und für dessen spätere Einlösung zu sorgen. Akzeptbank kann die eröffnende Bank oder eine andere Bank sein, z. B. die avisierende Bank.

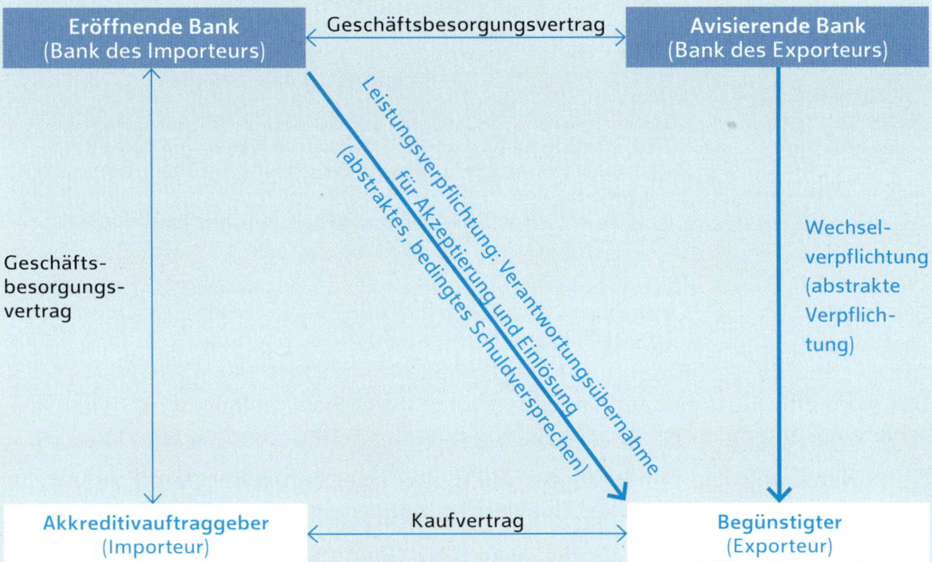

6.3.3.2.3 Arten des Dokumenten-Akkreditivs

Arten des Dokumenten-Akkreditivs

Arten des Dokumenten-Akkreditivs

nach der Art der Verpflichtung
- Unwiderrufliche unbestätigte Akkreditive
- Unwiderrufliche bestätigte Akkreditive

nach der Art der Benutzbarkeit
- Zahlungsakkreditive
  - Sichtzahlungsakkreditive
  - Deferred-Payment-Akkreditive
- Akzeptierungsakkreditive
- Negoziierungsakkreditive

nach der Übertragbarkeit
- Übertragbare Akkreditive
- Nicht übertragbare Akkreditive

nach der Revolvierbarkeit
- Revolvierende Akkreditive
- Nicht revolvierende Akkreditive

Sonderformen
- Commercial Letters of Credit
- Gegenakkreditive
- Packing Credits

Unbestätigte und bestätigte unwiderrufliche Akkreditive

unwiderrufliches Akkreditiv
Art. 7 ERA

Ein **unwiderrufliches Akkreditiv** (Irrevocable Credit) begründet eine feststehende Verpflichtung der eröffnenden Bank.

Verpflichtungen der eröffnenden Bank aus einem unwiderruflichen Akkreditiv

Akkreditivklausel	Die eröffnende Bank ist bei Vorlage der vorgeschriebenen Dokumente und der Erfüllung der Akkreditivbedingungen verpflichtet,
Sichtzahlung	▸ bei Sicht zu zahlen
hinausgeschobene Zahlung	▸ an dem nach den Akkreditivbedingungen bestimmbaren Datum zu zahlen (ggf. mehrere Daten)
Akzeptleistung durch die eröffnende Bank durch eine andere bezogene Bank	▸ Tratten, die vom Begünstigten auf die eröffnende Bank gezogen sind, zu akzeptieren und sie bei Fälligkeit zu bezahlen **oder** ▸ Tratten, die vom Begünstigten auf die eröffnende Bank gezogen sind, zu akzeptieren und bei Fälligkeit zu bezahlen, falls die im Akkreditiv vorgeschriebene Bank die auf sie gezogenen Tratten nicht akzeptiert. Falls die bezogene Bank von ihr akzeptierte Tratten bei Fälligkeit nicht einlöst, sind sie von der eröffnenden Bank zu bezahlen.
Negoziierung	▸ vom Begünstigten gezogene Tratten und/oder unter dem Akkreditiv vorgelegte Dokumente ohne Rückgriff auf Aussteller und/oder gutgläubige Inhaber zu bezahlen.

Benutzbarkeit
Art. 6 ERA

Das Akkreditiv muss eindeutig angeben, ob es durch Sichtzahlung, durch hinausgeschobene Zahlung, durch Akzeptleistung oder durch Negoziierung benutzbar ist.

Ein **unwiderrufliches, unbestätigtes Akkreditiv** sieht neben der Verpflichtung der eröffnenden Bank keine zusätzliche Verpflichtung einer anderen Bank vor.

Ein **unwiderrufliches, bestätigtes Akkreditiv** (Confirmed Credit) liegt vor, wenn neben der eröffnenden Bank eine andere Bank zusätzlich eine Verpflichtung übernimmt. Die Art der Verpflichtung hängt davon ab, was das Akkreditiv vorsieht. Der Begünstigte hat Ansprüche gegen die eröffnende und die bestätigende Bank. Eine Bestätigung des Akkreditivs wird der Begünstigte verlangen, wenn ihm die eröffnende Bank unbekannt ist oder wenn das Transfer- oder Konvertierungsrisiko zu hoch erscheint. Art. 8 ERA

Eingegangene Verpflichtungen der Banken aus unwiderruflichen Akkreditiven können ohne Zustimmung der eröffnenden Bank, des Begünstigten und gegebenenfalls der bestätigenden Bank weder geändert noch annulliert werden. Art. 10 ERA

Zahlungsakkreditive, Akzeptierungsakkreditive und Negoziierungsakkreditive

Zahlungsakkreditive, Akzeptierungsakkreditive und Negoziierungsakkreditive können als unbestätigte und bestätigte Akkreditive vorkommen.

Das **Zahlungsakkreditiv** kann sein Zahlungsakkreditiv

- **Sichtzahlungsakkreditiv (Sichtakkreditiv)** oder
- **Deferred-Payment-Akkreditiv** (Akkreditiv mit hinausgeschobener Zahlung).

Beim **Sichtzahlungsakkreditiv (Sichtakkreditiv)** hat der Begünstigte bei Vorlage der vorgeschriebenen Dokumente und Erfüllung der Akkreditivbedingungen Anspruch auf Zahlung. Sichtzahlungsakkreditiv

Beim **Deferred-Payment-Akkreditiv** räumt der Begünstigte dem Akkreditiv-Auftraggeber ein offenes Zahlungsziel ein. Beispiel: Zahlung 90 Tage nach Verladedatum. Für den Begünstigten entsteht kein Risiko. Er hat einen datumsmäßig bestimmbaren Anspruch aus dem Akkreditiv. Deferred-Payment-Akkreditiv

Beim **Akzeptierungsakkreditiv** räumt der Begünstigte dem Akkreditiv-Auftraggeber ein Zahlungsziel gegen Akzeptleistung ein. Hierfür gibt es zwei Möglichkeiten: Akzeptierungsakkreditiv

1. Das Akkreditiv sieht die Akzeptleistung durch die eröffnende Bank vor. Der Begünstigte zieht Tratten auf die eröffnende Bank, die die Bank akzeptiert und bei Fälligkeit bezahlt.

2. Das Akkreditiv sieht die Akzeptleistung durch eine andere bezogene Bank vor. Der Begünstigte zieht Tratten auf die eröffnende Bank. Diese ist verpflichtet, die Tratten zu akzeptieren und bei Fälligkeit zu bezahlen, falls die im Akkreditiv vorgeschriebene bezogene Bank auf sie gezogene Tratten nicht akzeptiert.

Die Sicherheit des Begünstigten besteht in dem wechselmäßigen Zahlungsversprechen der eröffnenden Bank.

Beim **Negoziierungsakkreditiv** zieht der Begünstigte Tratten. Die eröffnende Bank verpflichtet sich, diese Tratten und/oder unter dem Akkreditiv vorgelegte Dokumente ohne Rückgriff auf den Aussteller und/oder gutgläubige Inhaber zu bezahlen. Negoziierungsakkreditiv

Übertragbare und nicht übertragbare Akkreditive

Ein **übertragbares Akkreditiv** ist ein Akkreditiv, bei dem der Begünstigte berechtigt ist, die zur Zahlung, Akzeptleistung oder Negoziierung ermächtigte Bank zu beauftragen, das Akkreditiv im Ganzen oder zum Teil einem oder mehreren anderen Begünstigten (Zweitbegünstigten) verfügbar zu stellen. Ein Akkreditiv kann nur über- übertragbares Akkreditiv Art. 38 ERA tragen werden, wenn es von der eröffnenden Bank ausdrücklich als „übertragbar" (transferable) bezeichnet worden ist.

Die Rechtsnatur der Akkreditivübertragung ist umstritten. Die Wirkung einer Übertragung geht über eine Abtretung (Zession) hinaus. Der Zweitbegünstigte erhält einen abstrakten Zahlungsanspruch. Die eröffnende Bank darf dem Zweitbegünstigten keine Einwendungen aus ihrem Rechtsverhältnis zum Erstbegünstigten entgegenhalten.

Akkreditivübertragung gemäß **Art. 38 ERA**

Akkreditivübertragung nach den ERA

1. Sofern im Akkreditiv nichts anderes angegeben ist, kann ein übertragbares Akkreditiv nur einmal übertragen werden. Teile eines übertragbaren Akkreditivs (die im Ganzen den Gesamtbetrag des Akkreditivs nicht überschreiten) können getrennt übertragen werden, sofern Teilverladungen nicht untersagt sind; die Gesamtheit derartiger Übertragungen gilt als nur eine Übertragung des Akkreditivs.
2. Das Akkreditiv kann nur zu den im Originalakkreditiv angegebenen Bedingungen übertragen werden mit der Ausnahme, dass
   - der Akkreditivbetrag,
   - die im Akkreditiv etwa genannten Preise pro Einheit,
   - das Verfalldatum,
   - das letzte Datum für die Vorlage der Dokumente und
   - die Verladefrist

   insgesamt oder einzeln ermäßigt oder verkürzt werden können.
3. Der Name des Erstbegünstigten kann an die Stelle des Akkreditiv-Auftraggebers gesetzt werden.
4. Der Erstbegünstigte hat das Recht, seine eigenen Rechnungen (und Tratten) an die Stelle derjenigen des Zweitbegünstigten zu setzen, und zwar mit Beträgen, die den im Akkreditiv angegebenen Originalbetrag nicht übersteigen und mit den im Akkreditiv gegebenenfalls angegebenen Originalpreisen pro Einheit.
   Bei einem solchen Rechnungs- (und Tratten-)Austausch kann der Erstbegünstigte aufgrund des Akkreditivs den Unterschiedsbetrag erheben, der gegebenenfalls zwischen seinen Rechnungen und denen des Zweitbegünstigten besteht.

nicht übertragbares Akkreditiv

Art. 39 ERA

Bei einem **nicht übertragbaren Akkreditiv** kann der Begünstigte seinen Anspruch auf den Erlös aus dem Akkreditiv abtreten.

Revolvierende und nicht revolvierende Akkreditive

revolvierendes Dokumenten-Akkreditiv
nicht revolvierendes Dokumenten-Akkreditiv

Ein **revolvierendes Dokumenten-Akkreditiv** gestattet dem Begünstigten, das Akkreditiv bis zu einem festgesetzten Höchstbetrag wiederholt auszunutzen. Das revolvierende Akkreditiv füllt sich nach Ausnutzung automatisch wieder auf, das **nicht revolvierende Akkreditiv** erlischt nach Ausnutzung.

6.3.3.2.4 Bankmäßige Abwicklung eines Dokumenten-Akkreditivs

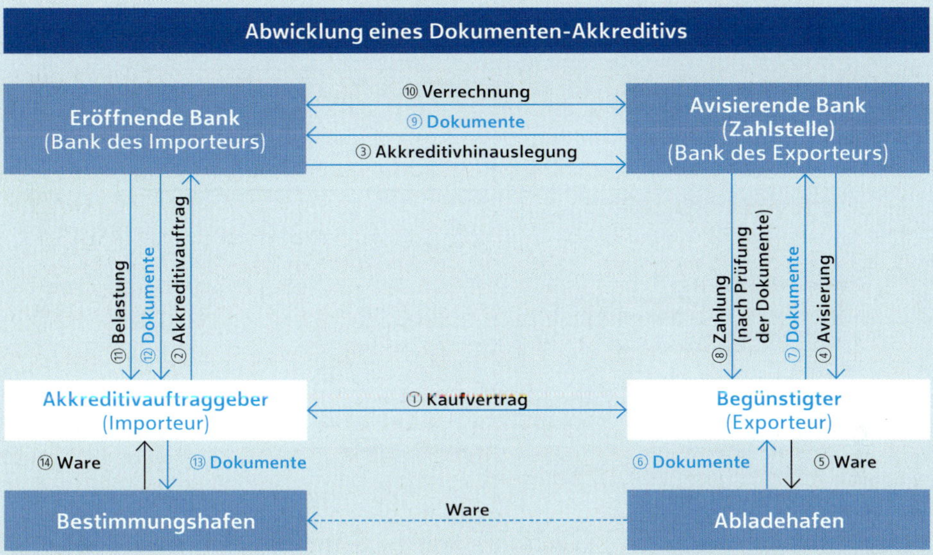

Abwicklung eines Dokumenten-Akkreditivs

Auftrag des Importeurs zur Akkreditiveröffnung

Aufträge zur Eröffnung von Dokumenten-Akkreditiven müssen vollständig und genau sein. Sie müssen angeben, gegen welche Dokumente Zahlung, Akzeptleistung oder Negoziierung vorgenommen werden soll.

Ein **Akkreditiv-Eröffnungsauftrag** sollte folgende Angaben enthalten:

Inhalt des Akkreditiv-Eröffnungsauftrages

- **Art des Akkreditivs** (nicht übertragbar oder übertragbar, unbestätigt oder bestätigt),
- **Einbeziehung der ERA** (auch bei Eröffnung über SWIFT),
- **Übermittlung des Akkreditivs** (brieflich, Telekommunikation),
- **Verfall des Akkreditivs** (Datum, Ort),
- **Akkreditivbetrag** (Betrag, Circabetrag, Währung),
- **Auftraggeber** (Name, Anschrift),
- **Begünstigter** (Name, Bankverbindung),
- **Benutzbarkeit** (Zahlstelle, Art der Akkreditivleistung),
- **Warenbeschreibung** (Warenart, Menge, Preise),
- **Verladung** (Verladungsort, Bestimmungsort, Teilverladungen und Umladungen),
- **Lieferungsbedingungen,**
- **zu präsentierende Dokumente** (Bezeichnung der erforderlichen Dokumente, jeweilige Anzahl, Zusätze und Vermerke auf den Dokumenten),
- **Vorlage der Dokumente** (Frist ab Ausstellung des Transportdokuments),
- **Aufteilung der fremden Spesen,**
- **Avisierung des Akkreditivs** (brieflich, Telekommunikation).

Akkreditiveröffnungsauftrag

50: Auftraggeber / Konto	an (Sparkasse) zur Weiterleitung an (Landesbank) ______
Bankverbindung des Begünstigten (soweit bekannt)	31: gültig bis ... in ...
Eröffnung – falls nicht über SWIFT – ☐ durch (Luft-)Post ☐ Mit Vorankündigung durch Telekommunikation ☐ durch Telekommunikation (als Instrument für die Inanspruchnahme)	59: Begünstigter
☐ Das Akkreditiv soll übertragbar sein.	32: Währung und Betrag in Ziffern: Betrag in Worten:
49: Bestätigung des Akkreditivs durch Auslandsbank ☐ nicht gewünscht ☐ gewünscht ☐ kann erfolgen	39: ☐ höchstens ☐ +/– %
71: Ausländische Bankgebühren gehen ☐ zu unseren Lasten ☐ zu Lasten des Begünstigten	41: Akkreditiv benutzbar bei
Versicherung wird abgeschlossen. ☐ von uns ☐ vom Begünstigten	durch ☐ Sichtzahlung ☐ Akzeptleistung ☐ Negoziierung ☐ hinausgeschobene Zahlung
43: Teillieferungen ☐ erlaubt ☐ nicht erlaubt 43: Umladungen ☐ erlaubt ☐ nicht erlaubt	
44A: Ort der Übernahme/Versand von/Empfangsort 44E: Verladehafen/Abgangsflughafen 44F: Übergabehafen/Bestimmungsflughafen 44B: endgültiger Bestimmungsort/zum Transport nach/Ort der Auslieferung 44C: letztes Verladedatum	gegen Vorlage nachstehend genannter Dokumente 42: ☐ und Tratte(n) des Begünstigten per gezogen auf
45: Ware (möglichst **kurze Warenbezeichnung**)	45: Lieferungsbedingungen gem. Incoterms 2010 (unter Angabe des Verlade-/Bestimmungshafens) ☐ FOB ☐ CFR ☐ CIF oder (sonstige vereinbarte Lieferungsbedingungen) ☐

46: Dokumente

☐ unterzeichnete Handelsrechnung (fach)

☐ Transportdokumente **(bitte genau bezeichnen)**

☐ Versicherungspolice oder Versicherungszertifikat, ausweisend »Prämie bezahlt«

☐ Weitere Dokumente

48: Die Dokumente sind innerhalb von Tagen nach dem Verladedatum, jedoch innerhalb der Gültigkeitsdauer des Akkreditivs vorzulegen.

47: Zusätzliche Bedingungen

Die Belastung erfolgt zu Lasten des Kontos ______ in unserem Hause.

Wir beauftragen Sie, Ihr **unwiderrufliches** Dokumentenakkreditiv für unsere Rechnung – zu Lasten unseres Kontos – in Übereinstimmung mit vorstehenden Weisungen zu eröffnen.

Die Allgemeinen Geschäftsbedingungen der kontoführenden Sparkasse sowie die nachfolgend abgedruckten Bedingungen werden anerkannt.

Sachbearbeiter/Tel. Nr. ______

Ort, Datum	Ort, Datum
Firmenstempel und rechtsverbindliche Unterschrift(en)	Firmierung und Unterschriften der Sparkasse

Landesbank

145 030.000 D1 (Fassung Aug. 2014) - v3.2
© Deutscher Sparkassenverlag - EHP 0590 **104.01**

Die Akkreditiveröffnung durch die Bank des Importeurs

Akkreditiveröffnung

Die Bank des Importeurs eröffnet aufgrund der Weisungen ihres Kunden das Akkreditiv. Sie beauftragt eine Bank, dem Begünstigten das Akkreditiv zu avisieren. Wenn eine eröffnende Bank eine avisierende Bank durch eine authentisierte Telekommunikation (z. B. SWIFT) beauftragt, ein Akkreditiv zu avisieren, gilt die Telekommunikation als das Instrument für die Inanspruchnahme des Akkreditivs. Eine briefliche Bestätigung ist nicht erforderlich. Sollte sie dennoch erfolgen, ist die avisierende Bank nicht verpflichtet, diese briefliche Bestätigung mit dem durch Telekommunikation erhaltenen Auftrag zu vergleichen, es sei denn, die Telekommunikation enthält den Hinweis „vollständige Einzelheiten folgen" o. Ä.

Art. 11 ERA

Die Banken übernehmen keine Haftung oder Verantwortung, wenn die von ihnen erteilten Weisungen nicht ausgeführt werden.

Art. 37 ERA

Hinweis auf ERA 600
Art. 1 ERA

In das Dokumenten-Akkreditiv ist ein Hinweis aufzunehmen, aus dem sich ergibt, dass das **Akkreditiv gemäß den Einheitlichen Richtlinien und Gebräuchen für Dokumenten-Akkreditive, Revision 2007, ICC Publikation Nr. 600,** eröffnet worden ist. Das Akkreditiv muss vollständig und genau sein.

Art. 6 ERA

Wichtige Einzelangaben im Akkreditiv

- Das Akkreditiv muss eindeutig angeben, ob es durch Sichtzahlung, durch hinausgeschobene Zahlung, durch Akzeptleistung oder durch Negoziierung benutzbar ist.
- Das Akkreditiv muss die Bank benennen, bei der es benutzbar ist. Ein Akkreditiv, das bei jeder Bank benutzbar ist, ist immer auch bei der eröffnenden Bank benutzbar.
- Das Akkreditiv muss ein Verfalldatum für die Vorlage der Dokumente zwecks Zahlung, Akzeptleistung oder Negoziierung enthalten. Alle Dokumente müssen durch den Exporteur bzw. in seinem Auftrag Handelnde spätestens am Verfalldatum vorgelegt werden.

Prüfung der Dokumente

Dokumentenprüfung

Die Banken müssen alle im Akkreditiv vorgeschriebenen **Dokumente** mit angemessener Sorgfalt prüfen, um festzustellen, ob sie **ihrer äußeren Aufmachung nach den Akkreditiv-Bedingungen zu entsprechen scheinen.** Der eröffnenden und der bestätigenden Bank stehen jeweils **fünf Bankarbeitstage** nach dem Tag des Dokumentenerhalts zu, die Dokumente zu prüfen.

Bearbeitungsfristen

Wichtige Fragen bei der Dokumentenprüfung	
Fristen	‣ Sind alle Dokumente vor oder am Datum der Dokumentenvorlage ausgestellt? ‣ Wurde der Termin für das Verladedatum eingehalten?
allgemeine Anforderungen an Dokumente	‣ Stehen Angaben in einem Dokument im Widerspruch zum Akkreditiv oder zu anderen Dokumenten? ‣ Erfüllt der Inhalt eines Dokuments die Funktion des Dokuments? ‣ Liegt von jedem Dokument die geforderte Anzahl an Originalen vor? ‣ Liegen der Akkreditivbetrag, die Menge oder der Preis pro Einheit in der Toleranz von ± 10 %, sofern im Akkreditiv beim entsprechenden Wert die Worte „etwa" oder „ungefähr" angegeben sind?

Wichtige Fragen bei der Dokumentenprüfung	
Transport-dokumente	▸ Wurden im Akkreditiv verlangte Original-Transportdokumente in der angegebenen Frist bzw. nicht später als 21 Kalendertage nach dem Verladedatum, aber in jedem Fall nicht später als am Verfalldatum des Akkreditivs vorgelegt? ▸ Entsprechen die Empfänger- bzw. „Notify"-Adressen in Transportdokumenten exakt den Akkreditivbedingungen? ▸ Enthalten die Transportdokumente keine Klauseln oder Vermerke, die auf mangelhaften Zustand der Ware und/oder Verpackung hinweisen? (Die Worte „clean" oder „clean on board" müssen nicht auf dem Dokument erscheinen.) ▸ Entsprechen die Transportdokumente den Vorgaben von Art. 19 bis 25 ERA?
Versicherungs-dokumente	▸ Weist das Versicherungsdokument den Deckungsbetrag aus und ist dieser in der Akkreditivwährung ausgestellt? ▸ Entspricht die Versicherungsdeckung mindestens 110 % des CIF-/CIP-Wertes der Ware, sofern im Akkreditiv keine Angaben zur Deckung enthalten sind? ▸ Weist das Versicherungsdokument aus, dass mindestens die Risiken des gesamten Transportwegs gedeckt sind?

Bei **konformer Dokumentenvorlage** muss die eröffnende Bank honorieren. Eine vorhandene bestätigende Bank muss ebenfalls honorieren oder negoziieren und die Dokumente dann an die eröffnende Bank versenden.

Bei **nicht konformer Dokumentenvorlage** können die Banken eine Honorierung bzw. Negoziierung ablehnen. Dies ist dem Einreicher zusammen mit allen Unstimmigkeiten, die zur Ablehnung führten, mitzuteilen. Entscheidet sich die eröffnende Bank für die Ablehnung der Dokumente, kann sie sich auch an den Auftraggeber mit der Frage wenden, ob er die Dokumente trotz Abweichungen aufnehmen möchte. Die Rückfrage verlängert die Frist von 5 Bankarbeitstagen nicht. Erklärt der Auftraggeber einen **Verzicht auf Geltendmachung der Unstimmigkeiten**, so werden die Dokumente ohne weitere Rücksprache mit dem Einreicher an den Auftraggeber gegen Honorierung ausgehändigt. Abgelehnte Dokumente werden an den Einreicher zurückgesandt, wenn keine anderen Weisungen erfolgen bzw. kein Verzicht erklärt wurde.

el.ERA

Weist ein Akkreditiv ausdrücklich aus, dass es dem **Anhang zu den ERA für die Vorlage elektronischer Dokumente (el.ERA) der ICC** unterliegt, so können auch elektronische Dokumente präsentiert werden. Die eröffnende Bank muss die Dateiformate vorgeben, die sie öffnen kann. Andernfalls muss sie bei Präsentation jedes Datenformat akzeptieren, auch wenn sie es nicht öffnen bzw. verarbeiten kann.

Haftung der Banken

Nach den Einheitlichen Richtlinien und Gebräuchen für Dokumenten-Akkreditive (ERA 600) übernehmen die Banken **keine Haftung oder Verantwortung für Form, Vollständigkeit, Genauigkeit, Echtheit, Verfälschung oder Rechtswirksamkeit von Dokumenten.**

Vom Ergebnis der Dokumentenprüfung hängt es ab, ob und zu welchem Zeitpunkt der begünstigte Exporteur die Leistung aus dem Akkreditiv erhält.

Aufnahme und Nichtaufnahme von Akkreditivdokumenten

Ergebnis der Dokumentenprüfung

keine Beanstandungen	Beanstandungen
‣ Ist das Akkreditiv bei der avisierenden Bank zahlbar, hat der Begünstigte bei einem Sichtakkreditiv Anspruch auf die im Akkreditiv zugesagte Leistung (z. B. Zahlung, Akzeptierung eines Wechsels). ‣ Ist das Akkreditiv bei der eröffnenden Bank zahlbar, kann die Bank des Begünstigten die Dokumente ankaufen oder bevorschussen.	‣ Mitteilung über Ablehnung der Dokumentenaufnahme an den Einreicher mit Auflistung aller Unstimmigkeiten. ‣ Kontaktaufnahme der eröffnenden Bank mit ihrem Auftraggeber, ob dieser die Dokumente trotz Abweichungen aufnehmen möchte: – bei Verzicht auf Geltendmachung der Unstimmigkeiten erfolgt Aushändigung der Dokumente und Leistung aus dem Akkreditiv, – ansonsten erfolgt Rücksendung der Dokumente an den Einreicher.

Verrechnung des Gegenwerts

Die **Verrechnung des Gegenwerts der Akkreditivleistung** erfolgt zwischen der Bank, die an den Begünstigten geleistet hat, und der eröffnenden Bank, wenn sie miteinander in Kontoverbindung stehen. Anderenfalls muss eine dritte Bank (sog. Remboursbank) eingeschaltet werden.

6.4 Finanzierungsleistungen der Kreditinstitute im Auslandsgeschäft

Außenhandelsfinanzierungen

Außenhandelsfinanzierungen

kurzfristige Außenhandelsfinanzierungen	mittel- und langfristige Außenhandelsfinanzierungen
‣ Importkredite ‣ Exportkredite ‣ Exportfactoring	‣ AKA-Kredite ‣ KfW-Kredite ‣ Bankkredite ‣ Forfaitierungen

Kreditinstitute übernehmen außerdem Garantien im Rahmen von Avalkrediten.

Die Kreditinstitute geben zur Finanzierung von Außenhandelsgeschäften Bankkredite grundsätzlich in gleicher Weise wie zur Finanzierung von Inlandsgeschäften. Aufgrund der Eigenarten der Außenhandelsgeschäfte sind aber bei der Außenhandelsfinanzierung besondere Formen der Besicherung und der Abwicklung notwendig. Kredite können in Euro oder in Fremdwährung eingeräumt werden.

6.4.1 Kurzfristige Außenhandelsfinanzierungen

6.4.1.1 Importkredite

Wesen und Besonderheiten der Importkredite

kurzfristige Importfinanzierung

Kreditinstitute stellen ihrer Importeurkundschaft auf Wunsch kurzfristige Mittel zur Verfügung, mit denen **der Zeitraum von der Bezahlung des Importgeschäfts bis zum Eingang der Erlöse aus dem Weiterverkauf der Importware** überbrückt werden kann. Bei Akkreditiven kann auch die Akkreditiveröffnung finanziert werden.

Anschlussfinanzierung

Ob und für welchen Zeitraum bei einem Importeur ein Kreditbedarf besteht, hängt von den Zahlungsbedingungen ab, die mit dem ausländischen Verkäufer und mit den inländischen Abnehmern vereinbart wurden. Finanzierungsbedarf tritt vor allem bei Zielverkäufen der Importware an die inländischen Abnehmer auf. Da diese Finanzierung im Anschluss an das eigentliche Importgeschäft erforderlich wird, wird sie auch als **Anschlussfinanzierung** bezeichnet.

Als **Sicherheiten** für Importkredite dienen Dokumente bzw. die importierte Ware oder Forderungen aus dem Weiterverkauf der Importware. Zusätzlich oder alternativ kommen andere bankübliche Sicherheiten infrage. Voraussetzung für eine Kreditgewährung ist die entsprechende Bonität des Importeurs. Die Finanzierungsdauer beträgt üblicherweise bis zu 90 Tagen. Importkredite werden in der Regel partiebezogen über speziell eingerichtete Konten abgewickelt.

Formen der Importkredite

Arten von Importkrediten

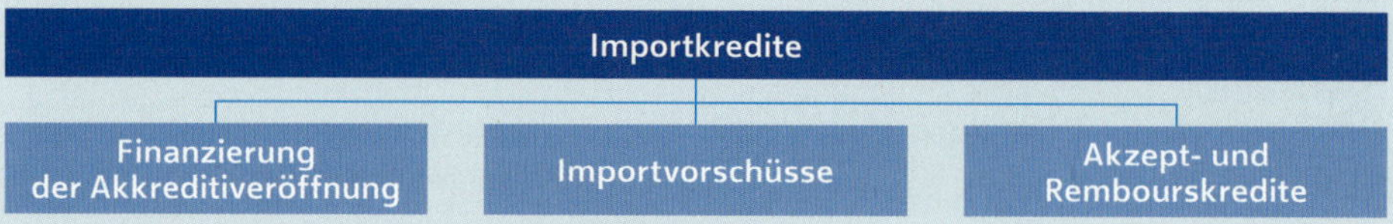

Finanzierung der Akkreditiveröffnung

Die eröffnende Bank kann bei einem Sichtzahlungsakkreditiv vom Importeur verlangen, dass er den Akkreditivbetrag anschafft, bevor sie ihr Schuldversprechen zugunsten des ausländischen Verkäufers abgibt. Verzichtet sie hierauf, muss der Importeur den Deckungsbetrag erst bereitstellen, wenn die ausländische Bank die Aufnahme der Dokumente avisiert. Die eröffnende Bank finanziert damit die Akkreditiveröffnung. Sie übernimmt bis zur Bezahlung der Dokumente durch den Auftraggeber ein Kreditrisiko.

Importvorschüsse

Importvorschüsse

Zur Einlösung von Inkasso- oder Akkreditivdokumenten gewähren die Kreditinstitute Importvorschüsse. Die Bevorschussung der Dokumente wird aus den Erlösen der weiterverkauften Ware abgedeckt.

Die Höhe des Vorschusses ist abhängig

- von der Bonität des Importeurs,
- von der Marktgängigkeit und Preisstabilität der Ware.

Kreditinstitute bevorschussen Dokumente bis zu 100 % des Einstandspreises der Ware. Die Differenz zwischen dem Einstandspreis und dem Verkaufspreis ist die Sicherheitsspanne.

Solange die Kreditinstitute im Besitz der Dokumente sind, haben sie nach den AGB ein **Pfandrecht an den durch die Dokumente verkörperten Waren.** Mit der Auslieferung der Dokumente an den Importeur geben sie das Pfandrecht auf.

Zur **Sicherstellung des Importvorschusses** vereinbaren die Kreditinstitute mit dem Kreditnehmer, dass er sich der Dokumente nur in bestimmter Weise bedienen darf bzw. andere Sicherheiten zu stellen hat.

Besicherungsmöglichkeiten

Besicherungsmöglichkeiten für einen Importvorschuss		
1. Möglichkeit: Einlagerung der Ware und Übereignung der eingelagerten Ware durch Übergabe des Lagerscheins	**2. Möglichkeit:** Lieferung der weiterverkauften Ware an die Abnehmer und Abtretung der Forderungen aus dem Weiterverkauf	**3. Möglichkeit:** Versendung der weiterverkauften Ware an die Abnehmer und Einreichung der Versandpapiere

Akzeptkredite und Rembourskredite

Akzeptkredite

Importgeschäfte können durch **Akzeptkredite inländischer Kreditinstitute** finanziert werden, sofern es sich um „self-liquidating-Geschäfte" handelt.

Importgeschäfte können auch durch **Akzeptkredite ausländischer Kreditinstitute** auf der Grundlage eines Dokumentenakkreditivs finanziert werden. Dieser **dokumentäre Akzeptkredit** heißt **Rembourskredit.**

Rembourskredit

Der Rembourskredit ist ein Kredit, bei dem die Bank des Exporteurs oder eine dritte Bank (Remboursbank) auf der Grundlage eines Dokumentenakkreditivs für Rechnung und im Auftrag der Importeurbank (= akkreditiveröffnende Bank) eine Tratte des Exporteurs gegen Einreichung akkreditivgemäßer Dokumente akzeptiert.

Rembourskredite werden wie Akzeptkredite nur an erstklassige Kunden und nur zur Finanzierung kurzfristig abzuwickelnder Importgeschäfte gewährt. Sie sind für den Importeur kostenmäßig günstig, wenn die Zinsen für den Wechselkredit (Diskont) und die Akzeptprovision im Land der Remboursbank niedriger sind als im Land des Importeurs.

Abwicklung eines Rembourskredits

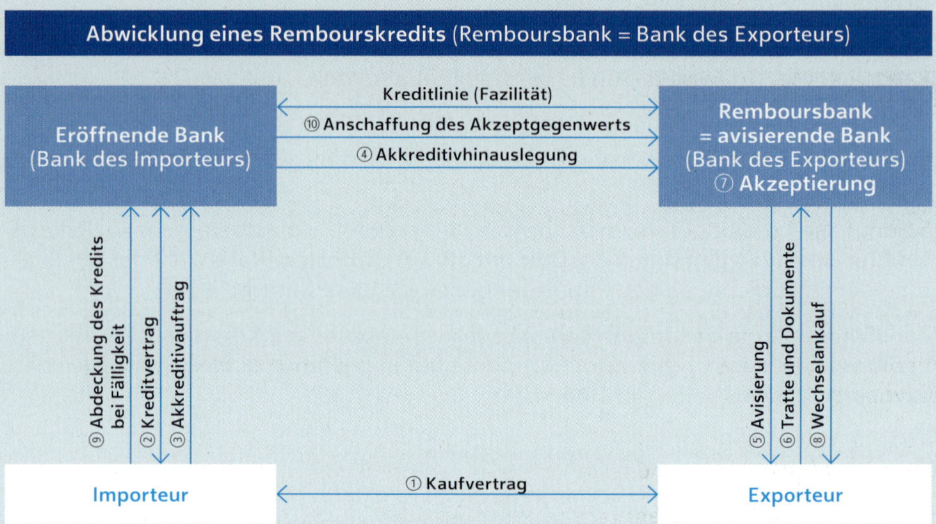

Voraussetzungen für einen Rembourskredit

Voraussetzungen für den Rembourskredit sind:

- Der Exporteur muss bereit sein, ein **Akzeptierungsakkreditiv** anzunehmen. Er erhält den Gegenwert der Dokumente durch Akzeptierung der von ihm auf seine Bank gezogenen Nachsichttratte.
- Da der Rembourskredit im Auftrag der Importeurbank gewährt wird, muss der Importeurbank bei der Remboursbank eine **Kreditlinie** (**Fazilität**) zur Verfügung stehen.

Dem Importeur wird für die Laufzeit des Wechsels ein Zahlungsziel eingeräumt. Er muss den Akzeptbetrag so frühzeitig anschaffen, dass die Remboursbank spätestens einen Tag vor Verfall im Besitz der Deckung ist und ihr Akzept zulasten der Importeurbank einlösen kann.

6.4.1.2 Exportkredite

Wesen und Besonderheiten der Exportkredite

kurzfristige Exportfinanzierung

Kreditinstitute bieten Exporteuren **Finanzierungsmöglichkeiten für die Zeit vom Abschluss des Kaufvertrags für das Exportgeschäft bis zum Eingang der Erlöse an.**

Ob und für welchen Zeitraum bei einem Exporteur ein Kreditbedarf besteht, hängt von den Zahlungsbedingungen ab, die mit dem ausländischen Käufer vereinbart wurden.

Als **Sicherheiten** für Exportkredite dienen die exportierte Ware bzw. die Forderung gegen den ausländischen Importeur. Zusätzlich oder alternativ kommen andere bankübliche Sicherheiten infrage. Voraussetzung für eine Kreditgewährung ist die entsprechende Bonität des Exporteurs.

Formen der Exportkredite

Arten von Exportkrediten

Bevorschussung und Ankauf von Exportdokumenten

Kreditinstitute geben Exporteuren Kredite auf Dokumente aus Inkasso- und Akkreditivgeschäften.

Kreditgewährungen auf Exportdokumente werden aus dem Inkasso- bzw. Akkreditiverlös abgedeckt. Voraussetzung für die Kreditgewährung sind

- einwandfreie Beschaffenheit der Dokumente,
- Verwertbarkeit der Dokumente (Indossierung),
- zweifelsfreie Bonität des Einreichers bzw. Begünstigten.

Als **Sicherheit** verlangen die Kreditinstitute in der Regel

- die Sicherungsübereignung der Ware und
- eine offene Abtretung der Ansprüche aus staatlichen Ausfuhrgarantien und Ausfuhrbürgschaften (Kreditversicherung).

Kreditgewährung auf Exportdokumente

Kreditgewährung auf Inkassodokumente	Kreditgewährung auf Akkreditivdokumente
‣ **Exportvorschuss auf D/P-Dokumente** Die Bank kann dem Einreicher ein einzelnes Inkasso bis zu 85 % des Inkassobetrags bevorschussen (**Einzelvorschuss**). Die Bank kann einem Einreicher laufend bis zu 85 % des Inkassobestandes Vorschuss gewähren (**Globalvorschuss**). ‣ **Ankauf (Negoziierung) von D/P-Dokumenten** Die Bank kann die Dokumente vom Einreicher ankaufen, der dann sofort über den vollen Gegenwert verfügen kann. ‣ **Ankauf (Diskontierung) von D/A-Akzepten** Die Bank kann Akzepte aus D/A-Inkassi diskontieren und dem Einreicher damit den Dokumentengegenwert voll zur Verfügung stellen.	‣ **Exportvorschuss auf Akkreditivdokumente** Die Bank kann dem Begünstigten für die Postlaufzeit der Dokumente einen Vorschuss geben, wenn das Akkreditiv nicht bei der avisierenden Bank, sondern bei der eröffnenden Bank benutzbar ist. Die Möglichkeit eines Vorschusses wird gewählt, wenn die Dokumente nicht genau den Akkreditivbedingungen entsprechen. ‣ **Ankauf (Negoziierung) von Akkreditivdokumenten** Die Bank kann die Akkreditivdokumente vom Einreicher ankaufen und ihm somit bis zur Einlösung durch die eröffnende Bank einen Kredit gewähren. Die Möglichkeit eines Ankaufs wird gewählt, wenn die Dokumente genau den Akkreditivbedingungen entsprechen.

Exportvorschüsse

Negoziierungen

Diskontierungen

Ausfuhrgarantien und Ausfuhrbürgschaften der Bundesrepublik Deutschland

Hermesdeckungen

Für die **Forderungen deutscher Exporteure gegen ausländische Besteller** aus Warenlieferungen oder Dienstleistungen übernimmt die **Bundesrepublik Deutschland** über ein von ihr beauftragtes Konsortium, bestehend aus der **Euler Hermes Kreditversicherungs-AG** und der **PWC Deutsche Revision AG,** Ausfuhrgarantien und Ausfuhrbürgschaften.

Selbstbeteiligung

Ausfuhrgarantie

Eine **Garantie** wird übernommen, wenn der ausländische Besteller ein in privatwirtschaftlicher Form betriebenes Unternehmen ist. Die Garantie deckt das wirtschaftliche Risiko der Zahlungsunfähigkeit des Schuldners und politische Risiken wie Zahlungsverbote, Konvertierungs- und Transferverzögerungen und hoheitliche Maßnahmen, die bei der Abwicklung eines Exportvertrags Schäden verursachen.

Ausfuhrbürgschaft

Eine **Bürgschaft** wird übernommen, wenn der ausländische Besteller ein Staat, eine Behörde oder eine Körperschaft öffentlichen Rechts ist.

Die Bürgschaft deckt die gleichen politischen Risiken wie die Garantie sowie das Risiko, dass die Forderung nicht innerhalb von 6 Monaten nach vereinbarter Fälligkeit bezahlt wird.

Tritt bei Abwicklung des Exportgeschäfts ein Garantie- oder Bürgschaftsfall ein, so entschädigt der Bund nicht den gesamten Ausfall, sondern nur den Ausfall abzüglich einer vom Exporteur zu tragenden **Selbstbeteiligung.**

Diese Selbstbeteiligung beträgt in der Regel für die politischen Risiken 5 %. Für die Nichtzahlungsrisiken beträgt die Selbstbeteiligung 15 % des Ausfalls.

Die sich aus den Garantien und Bürgschaften gegen den Bund ergebenden Ansprüche können die Exporteure an Kreditinstitute abtreten, wodurch es ihnen ermöglicht oder zumindest erleichtert wird, für die den ausländischen Bestellern eingeräumten Lieferantenkredite eine Refinanzierung zu erlangen.

Negoziierungskredite

Negoziierungskredit

Negoziierungskredite sind Finanzierungsformen, bei denen Dokumente oder dokumentäre Tratten (von Dokumenten begleitete Tratten) auf der Grundlage von **Drawing Authorisations** (Ziehungsermächtigungen) **angekauft** werden. Voraussetzungen sind Akkreditive, die eine Negoziierung vorsehen.

Order to Negotiate

Mit einer **Order to Negotiate (OTN)** erteilt die Bank des Importeurs der Exporteurbank den Auftrag, die auf die Importeurbank gezogene und von akkreditivgemäßen Dokumenten begleitete Tratte zu negoziieren. Mit einer **Authority to Purchase (Authority to Pay, Letter of Authority)** ermächtigt die Importeurbank zur Negoziierung der auf den Importeur gezogenen Tratte.

Akzeptkredite und Rembourskredite

▸ Kapitel 5.4.2.3
▸ Kapitel 6.4.1.1

Exportgeschäfte können durch **Akzept**- und **Rembourskredite** finanziert werden.

6.4.1.3 Exportfactoring

Exportfactoring
▸ Kapitel 5.6.2

Exportfactoring ist der Ankauf kurzfristiger Forderungen aus Ausfuhrgeschäften durch Factoringgesellschaften. Exportfactoring ist für Exporteure geeignet, die einen gleich bleibenden Kundenkreis in bestimmten Ländern beliefern und ihren ausländischen Abnehmern Zahlungsziele bis zu 120 Tagen einräumen. Factoring eignet sich nicht für Klein- und Einzelexporte. Factoringgesellschaften finanzieren gegen eine Gebühr 80 bis 90 % der Rechnungsbeträge.

6.4.2 Mittel- und langfristige Exportfinanzierungen

6.4.2.1 AKA-Kredite

Die Ausfuhrkreditgesellschaft mbH (AKA) gewährt zur Finanzierung von Exportgeschäften (Lieferungen und/oder Leistungen)

AKA – Ausfuhrkreditgesellschaft mbH

- **Lieferantenkredite an deutsche Exporteure,**
- **Finanzkredite an ausländische Besteller** oder deren Banken.

Außerdem kauft sie durch Ausfuhrgewährleistungen des Bundes gedeckte Exportforderungen deutscher Exporteure an.

6.4.2.2 KfW-Kredite

Kreditanstalt für Wiederaufbau

Die KfW Ipex Bank übernimmt die **Finanzierung von langfristigen Exportgeschäften.** Dabei gewährt sie in der Regel die Kredite **zweckgebunden an ausländische Besteller,** und zwar vornehmlich für Lieferungen in Entwicklungsländer. Mit dem **Bestellerkredit** wird die bei Auszahlung des Kredits offenstehende Forderung des deutschen Exporteurs in voller Höhe abgedeckt.

Der KfW stehen zur Exportfinanzierung in Entwicklungsländer Mittel aus dem ERP-Sondervermögen zur Verfügung. Sie beschafft sich darüber hinaus auf dem Kapitalmarkt Finanzierungsmittel durch Ausgabe von Schuldverschreibungen.

Exportkredite der KfW werden grundsätzlich unter der Voraussetzung von Ausfuhrgarantien und -bürgschaften des Bundes zugesagt. Bei der Finanzierung großer industrieller Vorhaben werden die Kredite in Zusammenarbeit mit den Hausbanken der Exporteure bzw. der AKA auch als Konsortialkredite bereitgestellt.

In geeigneten Fällen gewährt die KfW auch **Finanzkredite** an ausländische Darlehensnehmer, die nicht an deutsche Lieferungen gebunden sind.

6.4.2.3 Mittel- und langfristige Exportkredite der Universalbanken

mittel- und langfristige Exportkredite

Banken und Sparkassen gewähren aus eigenen oder anderweitig beschafften Mitteln mittel- und langfristige Exportkredite, wenn die Voraussetzungen zur Bereitstellung von Sicherheiten durch Ausfuhrbürgschaften oder -garantien des Bundes nicht gegeben sind und daher eine Inanspruchnahme der AKA und der KfW nicht möglich ist.

6.4.2.4 Forfaitierung

Forfaitierung

Forfaitierung ist der Ankauf mittel- und langfristiger Exportforderungen unter Verzicht des Rückgriffs auf den Forderungsverkäufer im Fall der Nichtzahlung durch den Schuldner.

Der Forfaitierung liegt ein **Kaufvertrag** zwischen dem Exporteur als **Forderungsverkäufer (Forfaitist)** und einer Bank oder einem Spezialinstitut als **Forderungskäufer (Forfaiteur)** zugrunde.

Durch die Forfaitierung gehen alle Rechte aus der Forderung, aber auch die Risiken auf den Forfaiteur über. Bei Zahlungsunfähigkeit des Schuldners kann der **Forfaiteur keinen Rückgriff auf den Forderungsverkäufer** nehmen. Das gilt auch, wenn sich die politischen und wirtschaftlichen Verhältnisse im Lande des Importeurs durch Unruhen, Streiks oder kriegerische Auseinandersetzungen verschlechtern und die Zahlungsverpflichtungen aus diesen Gründen nicht erfüllt werden können. Der Forfaiteur trägt neben dem Transfer-, Konvertierungs- und Zahlungsrisiko u. U. auch ein Währungsrisiko. Der **Forfaiteur trägt also wirtschaftliche und politische** Risiken **Risiken.** Der Exporteur haftet lediglich für den rechtlichen Bestand der Forderung und für Mängelrügen aus dem Grundgeschäft (Gewährleistungsrisiko).

Aus Sicherheitsgründen werden in erster Linie **abstrakte, d. h. vom Grundgeschäft losgelöste Forderungen forfaitiert.** Aus diesem Grunde wird das Finanzierungsgeschäft **auf Wechselbasis** abgewickelt. Da ein Rückgriff auf den Exporteur nicht erfolgen soll, kann kein gezogener Wechsel verwendet werden. Der Aussteller (Exporteur) kann seine Haftung für die Zahlung der Wechselsumme nicht ausschließen. **Art. 9 Abs. 2 WG** Um eine Haftungsausschlusserklärung außerhalb des Wechsels zu vermeiden, wird regelmäßig ein Solawechsel verwendet, bei dem der Importeur Aussteller und der Exporteur Wechselnehmer ist. Der Exporteur überträgt seine Rechte an den Forfaiteur mit einem **Angstindossament** (Zusatz beim Indossament „ohne Rückgriff", **Art. 15 Abs. 1 WG** „ohne Regress" oder „without recourse") und schließt damit seine Haftung für die Zahlung des Wechsels aus.

Zur Sicherung der Forderung und damit des wechselmäßigen Zahlungsversprechens des Importeurs muss eine **Bankgarantie** oder **Bankbürgschaft** gestellt werden.

In der Regel werden Exportforderungen über hohe Beträge forfaitiert. Die Finanzierungskosten für den Exporteur sind höher als bei vergleichbaren Finanzierungen. Sie richten sich nach den Refinanzierungskosten (Refinanzierung am Euromarkt) und der Einschätzung des wirtschaftlichen und politischen Risikos, das nicht durch eine HERMES-Kreditversicherung abgedeckt werden kann. Der Exporteur hat den Vorteil, dass er seine Liquidität verbessert und das Forderungsausfallrisiko (sowie das Kursrisiko bei Fremdwährungsforderungen) abwälzt.

6.4.3 Garantiegeschäfte der Kreditinstitute

Durch Garantien verpflichten sich Banken (Garant) im Auftrag eines Kunden (Garantieauftraggeber) unwiderruflich und selbstschuldnerisch bei Eintritt genannter Bedingungen auf erstes Anfordern des Begünstigten zur Zahlung des Garantiebetrags. Garantien sind abstrakt, d. h. der Begünstigte löst die Zahlung allein durch die Behauptung aus, der Garantiefall sei eingetreten.

Sofern in der Garantieerklärung darauf Bezug genommen wird, gelten für die Garantie die von der ICC herausgegebenen „Einheitlichen Richtlinien für auf Anfordern zahlbare Garantien" (URDG 758 von 2010).

Durch eine **Anzahlungsgarantie** (engl. down payment bond) verpflichtet sich das Kreditinstitut gegenüber dem ausländischen Importeur zur Rückzahlung des angezahlten Betrags, falls der deutsche Exporteur seine Lieferungs- oder Leistungspflichten nicht erfüllt.

Arten der Garantien

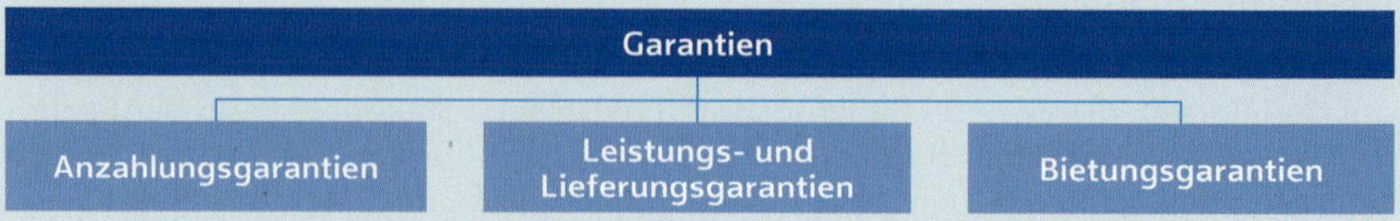

Durch **Leistungs- und Lieferungsgarantien** (engl. performance bonds) verpflichtet sich das Kreditinstitut, dafür zu sorgen, dass sein Kunde die festgelegte Leistung oder Lieferung erbringt, oder andernfalls die vertraglich festgelegte Strafe (Konventionalstrafe) zu zahlen.

Besondere Formen der Leistungs- und Lieferungsgarantien sind:

- **Zahlungsgarantien** (engl. payment guarantees), die Exporteuren gegenüber zur Sicherung ihrer Ansprüche auf Zahlung abgegeben werden. Der Importeur vermeidet so eine Anzahlung.
- **Gewährleistungsgarantien** (engl. maintenance bonds), bei denen die Bank mit der Garantiesumme (i.d.R. 5%–20% des Auftragswertes) für Gewährleistungsansprüche einsteht, die der Auftraggeber während einer vertraglich festgesetzten Garantiezeit bei nachträglich festgestellten Mängeln geltend macht, ohne dass eine Nachbesserung oder Behebung erfolgt.
- **Konnossementsgarantien** (engl. bill of lading guarantees), die für verloren gegangene oder noch nicht vorgelegte Konnossements-Originale abgegeben werden. Meist deckt die Konnossementsgarantie 125% bis 150% des Warenwertes ab. Das Kreditinstitut verpflichtet sich entweder
  - **gegenüber dem Importeur,** dass ihm aus fehlenden Konnossements-Originalen kein Schaden entsteht oder
  - **gegenüber dem Reeder,** dass es bei Verfügungen des Importeurs ohne Vorlage des Konnossements für berechtigte Ansprüche Dritter eintreten wird oder die Original-Konnossemente nachliefern wird. In der Regel übernimmt die Bank des Importeurs die Konnossements-Garantie durch einen **Letter of Indemnity.**

Bietungsgarantien (engl. bid bonds) werden von Kreditinstituten für Kunden übernommen, die sich an Ausschreibungen beteiligen. Durch eine Bietungsgarantie sichert sich die ausschreibende Stelle dagegen ab, dass der Bieter zwar den Zuschlag erhält, den Auftrag aber nicht übernimmt. Die Bietungsgarantie (i.d.R. 5%–10% vom Ausschreibungswert) soll die Kosten decken, die durch eine erneute Ausschreibung entstehen.

Garantien werden meistens zeitlich befristet und mit der Zusage übernommen, auf erste Anforderung zu zahlen. Eine Garantie ist eine abstrakte Sicherheit, die gesetzlich nicht geregelt ist.

Ähnlich wie im Akkreditivgeschäft kann ein ausländisches Kreditinstitut eingeschaltet werden, das die Garantie „bestätigt" und damit eine eigene Verpflichtung übernimmt (indirekte Garantie). Üblich sind in der Praxis aber auch direkte Aussendungen an den Garantiebegünstigten.

direkte und indirekte Garantie

HANSABANK AG
Hamburg

Import-Export-Agency
Antony Mazuri
Lagos, Nigeria 2018-07-31

Liefer-Garantie Nr. 57.346

Nach den uns vorliegenden Angaben haben Sie mit der Firma
Adreas Strauss & Co.
Spitalerstr. 16
20095 Hamburg
als Verkäufer den Vertrag Nr. 627/68/WA über die Lieferung von
35 Drehbänken - Modell KB 608/C
über den Gesamtpreis von 512 189,00 Euro FOB Hamburg geschlossen.

Gemäß den Bedingungen des Liefervertrages ist eine Liefergarantie in Höhe von 51 218,90 Euro = 10 % des Vertragswertes vorzulegen.

Dies vorausgeschickt, verpflichten wir, die HANSABANK AG, Hamburg, uns hiermit unwiderruflich, auf Ihre erste schriftliche Anforderung hin jeden Betrag bis zum Höchstbetrag von insgesamt

51 218,90 Euro (in Worten: einundfünfzigtausendzweihundertachtzehn 90/100 Euro)

an Sie zu zahlen, vorausgesetzt, Ihr Anforderungsschreiben enthält Ihre Bestätigung, dass der Verkäufer seine vertraglichen Lieferverpflichtungen nicht erfüllt hat.

Ihr Anforderungsschreiben ist uns über Ihre Hausbank zuzuleiten, die die Ordnungsmäßigkeit Ihrer Unterschrift(en) bestätigt.

Unsere Garantieverpflichtung erlischt – unabhängig von der Rückgabe dieser Garantieurkunde – spätestens am
31. Oktober 20..
sofern uns nicht bis zu diesem Zeitpunkt Ihre schriftliche Inanspruchnahme zugegangen ist.

Diese Garantieurkunde ist uns ohne besondere Aufforderung zurückzugeben, sobald die Garantie gegenstandslos geworden ist.

Es gilt das Recht der Bundesrepublik Deutschland. Erfüllungsort und Gerichtsstand ist Hamburg.

HANSABANK AG

Lieferungsgarantie

6.4.4 Kreditlinien zwischen Kreditinstituten

Kreditinstitute, die mit ausländischen Banken Geschäftsbeziehungen unterhalten, gewähren oftmals ihren ausländischen Partnern Kredite und nehmen Kredite in Anspruch. Eingeräumte Kredite werden als **Kreditlinien** bezeichnet.

Kreditlinien zwischen Banken sind erforderlich

- bei **Postlaufkrediten,** die der auftraggebenden Bank kurzfristige Kontoüberziehungen ermöglichen. Bei Akkreditivabwicklungen auf der Grundlage eines Postlaufkredits muss die eröffnende Bank die Deckung erst anschaffen, nachdem ihr die Aufnahme der Dokumente mitgeteilt worden ist, Postlaufkredite
- bei **Rembourskrediten,** da die akzeptgebende Bank ihre Verpflichtung im Auftrag und für Rechnung der eröffnenden Bank übernimmt,
- bei **Akkreditivbestätigungen** im Auftrag der eröffnenden Bank,
- bei **Negoziierung von Dokumenten** im Auftrag der Korrespondenzbank,
- bei **Garantien,** die eine Bank im Auftrag eines anderen Kreditinstituts stellt.

6.5 Devisenhandelsgeschäfte der Kreditinstitute

Gegenstand des Devisenhandels (Foreign Exchange-Handel, Forex- bzw. FX-Handel) sind **Auszahlungen.** Es sind die von inländischen Kreditinstituten bei ausländischen Korrespondenzbanken **auf Nostrokonten unterhaltenen Fremdwährungsguthaben.** Auszahlungen

Devisengeschäfte werden getätigt

- **im Auftrag der Kundschaft,**
- **für eigene Rechnung.**

Bei **Devisengeschäften im Auftrag der Kundschaft** besorgen die Kreditinstitute für ihre Kunden Devisen oder übernehmen von ihnen Devisen. Kundengeschäfte

Bei **Devisengeschäften für eigene Rechnung** (Eigenhandel) kaufen und verkaufen die Kreditinstitute Devisen, um durch Käufe und Verkäufe zu unterschiedlichen Kursen Gewinne zu erzielen (Arbitragegeschäfte). Die Handelsumsätze dieser **Interbankgeschäfte** sind wesentlich größer als die Handelsumsätze, die aufgrund von Kundenaufträgen erfolgen. Anbieter und Nachfrager auf den Devisenmärkten sind neben den Kreditinstituten die Zentralbanken und große multinationale Unternehmen außerhalb des Bankenbereichs. Eigenhandelsgeschäfte Interbankgeschäfte

Die Teilnahme von Privatanlegern an den Devisenmärkten kann als Geld- und Vermögensanlage in auf Fremdwährung lautenden Finanzinstrumenten oder durch direkte Teilnahme am Devisenhandel zu Spekulationszwecken erfolgen.

Teilnahme von Privatanlegern an Devisenmärkten

Führung eines Fremdwährungskontos

- meist Tagesgeldkonten in Fremdwährung
- meist kein Kontoführungsentgelt
- Entgelt für Fremdwährungstausch

Erwerb von Finanzinstrumenten in Fremdwährung

- Währungsanleihen (▸ Kapitel 4.4.2.3.4)
- Währungszertifikate (▸ Kapitel 4.4.6)
- Devisenoptionsscheine (▸ Kapitel 4.5.3.6) oder Devisenoptionen (▸ Kapitel 6.5.2)
- aktiv oder passiv gesteuerte Devisenfonds (▸ Kapitel 4.4.2)

Direkte Teilnahme am Devisenhandel

- Kauf und Verkauf von Devisen, meist über darauf spezialisierte Onlinebroker
- Nutzung der Hebelwirkung (Leverage) durch Hinterlegung einer Sicherheitsleistung (sog. Marginkonto), die nur einen Bruchteil des gesamten Positionswertes ausmacht

6.5.1 Handel mit Kassadevisen

Devisenkassahandel

Der Devisenkassahandel umfasst den Kauf und Verkauf von Devisen, die spätestens zwei Geschäftstage nach Abschluss zur Verfügung stehen. Kassadevisen sind sofort verfügbare Devisen.

Kassadevisen werden **im Interbankgeschäft** grundsätzlich nicht bilateral Fremdwährung gegen Landeswährung gehandelt (Beispiele: Verkauf von Schweizer Franken gegen Euro oder Kauf von japanischen Yen gegen Euro), sondern **multilateral über US-Dollar gehandelt** (Beispiele: Verkauf von Schweizer Franken gegen US-Dollar oder Kauf von japanischen Yen gegen US-Dollar).

Beispiele für Devisen-Cross-Rates

	Euro	USD	GBP	Yen	CHF
Euro	–	1,2384	0,7898	147,5900	1,2019
USD	0,8075	–	0,6378	119,1741	0,9705
GBP	1,2661	1,5680	–	186,8606	1,5216
Yen	0,0068	0,0084	0,0054	–	0,0081
CHF	0,8321	1,0304	0,6572	122,8023	–

Multilateraler Handel ist **Handel von Fremdwährung gegen Fremdwährung.** Der **US-Dollar** dient dabei als **Transportwährung** oder **Basiswährung.** Beispiel: Eine deutsche Bank will Schweizer Franken verkaufen und Pfund Sterling kaufen. Sie verkauft die Schweizer Franken in der Schweiz gegen US-Dollar und kauft in Großbritannien Pfund Sterling gegen US-Dollar. In jedem Land werden Dollar gegen Landeswährung gehandelt. Über die Dollarkurse werden die übrigen Kursbewertungen errechnet. Beispiel: Der Wert des Euro in Schweizer Franken wird über den US-Dollar-Kurs in der Schweiz und in der WWU errechnet. Ein so errechneter Kurs heißt **„Cross-Rate“.**

Cross-Rate

Usancen im Interbankenhandel

Im Interbankenhandel, der über Telekommunikationsmittel abgewickelt wird, bestehen bestimmte **Gepflogenheiten** (Usancen):

- Die Preisangabe eines Währungspaares erfolgt durch den Devisenhändler immer zweiseitig, d.h. mit Angabe eines Geldkurses (engl. Bid) und eines Briefkurses (engl. Ask).
- Die Differenz zwischen Bid und Ask wird als Spread bezeichnet. Die Preisstellung ist umso besser, je enger der Spread ist.
- Die Preisveränderung wird in pips (percentage in point) gemessen. Verändert sich der Preis beim Währungspaar EUR/USD beispielsweise von 1,2010 auf

1,2012, so sind dies 2 pips. Bei Wechselkursen, die eine Stelle vor dem Komma haben, entspricht 1 pip also einer Preisänderung von 0,0001.

- Der gehandelte Devisenbetrag wird an einem bestimmten Bankplatz (Auszahlung) bei einer bestimmten Bank zur Verfügung gestellt. Auszahlungsplatz und Bank werden bei Abschluss genannt.
- Kassadevisen werden **zweiarbeitstägig Valuta kompensiert** gehandelt. Das abgeschlossene Geschäft wird zwei Arbeitstage nach Abschluss erfüllt, wobei die US-amerikanischen Feiertage berücksichtigt werden müssen, da der US-Dollar als Basiswährung dient. Kauft eine französische Bank in Deutschland US-Dollar, schafft sie am 2. Arbeitstag Euro bei der deutschen Bank an. Die deutsche Bank schafft am 2. Arbeitstag US-Dollar in New York an. Verkauft eine deutsche Bank in Großbritannien Pfund Sterling gegen US-Dollar, schafft sie am 2. Arbeitstag Pfund Sterling in London an und erhält in New York US-Dollar.

Valuta kompensiert

Aufgabe der **Devisenhandelsabteilung der Bank** ist es, benötigte Fremdwährungsbeträge in der erforderlichen Höhe, zur richtigen Zeit und am richtigen Platz zu möglichst günstigen Kursen zu beschaffen und bereitzustellen sowie nicht benötigte Fremdwährungsbeträge zu möglichst günstigen Kursen zu verkaufen.

Verkauf eines Fremdwährungsbetrages

Beispiel für den Verkauf eines Fremdwährungsbetrages

Auf dem bei der Bank of America, New York, geführten Nostrokonto der Creditbank AG ist aus Zahlungseingängen für Kunden ein Guthaben in Höhe von 3000000 US-$ entstanden.
Da die Creditbank erfahrungsgemäß nur ein Guthaben von 2000000 US-$ zur Abwicklung ihrer Dollarzahlungsgeschäfte benötigt, verkauft sie 1000000 US-$ an die Handelsbank AG als „Auszahlung New York“. Die Handelsbank bittet um Anschaffung auf ihrem Konto bei der Trust Company, New York.

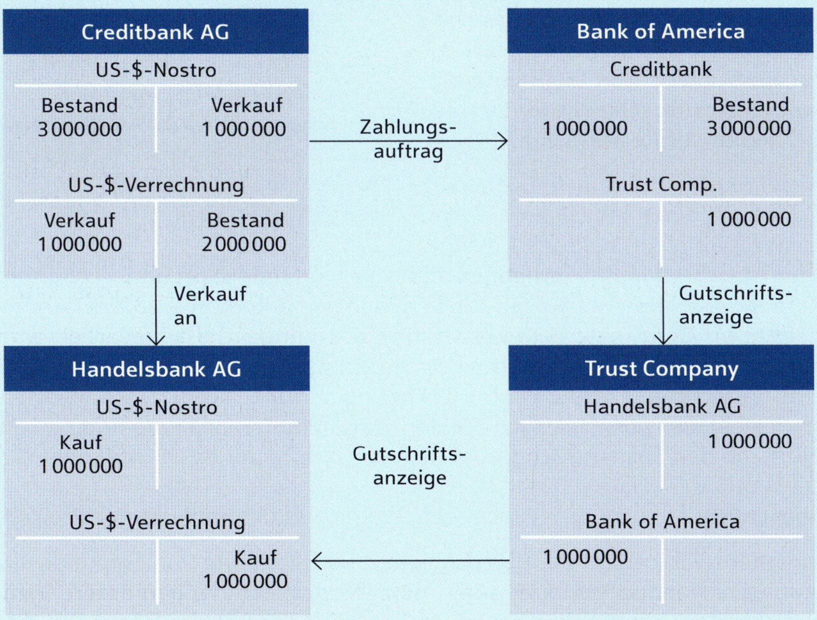

Abwicklung über CLS

Zur Reduzierung des Ausfallrisikos bei Devisenhandelsgeschäften nutzen einige Banken das Abwicklungssystem CLS (Continous Linked Settlement) der CLS Bank International. Hier werden Geschäfte Zug um Zug abgewickelt, wenn beide Geschäftspartner ihre Zahlungen getätigt haben. Möglich wird dies durch die Verknüpfung der Zahlungsverkehrssysteme mehrerer Länder.

6.5.2 Handel mit Termindevisen

Devisenterminhandel

Der Devisenterminhandel umfasst den Kauf und Verkauf von später verfügbaren Devisen (Termindevisen). Käufer und Verkäufer von Termindevisen müssen ihre Geschäftsabschlüsse erst später, z. B. in drei oder sechs Monaten, erfüllen.

Kreditinstitute schließen **Devisentermingeschäfte** ab

Anlässe für Devisentermingeschäfte

- mit der **Nichtbankenkundschaft,** wenn diese Verträge über Leistungen in Fremdwährung abgeschlossen hat und damit Kursrisiken eingegangen ist,
- mit **anderen Banken** zur Absicherung von Kursrisiken, die z. B. entstanden sind
  - aus Geldaufnahmen und Geldanlagen (Kurssicherung eigener Zahlungsverpflichtungen aus Fremdwährungs-Anleihen, Kurssicherung eigener Fremdwährungsbestände auf Nostrokonten im Ausland),
  - aus Termingeschäften mit der Nichtbankenkundschaft.

Outright- oder Sologeschäfte

Outrightgeschäfte

Outright- oder Sologeschäfte kommen im Kundengeschäft vor. Exporteure verkaufen und Importeure kaufen **zu Kurssicherungszwecken** später fällige Devisen aus Verträgen, die in Fremdwährung abgeschlossen sind. Sie erreichen sichere Kalkulationsgrundlagen, wenn sie die Kursrisiken (Gefahr von Kursänderungen aufgrund unterschiedlicher Einflüsse) auf Kreditinstitute abwälzen.

Beispiel für Abschluss eines Devisentermingeschäfts zwischen einem Kreditinstitut und einem Exporteur

Der Exporteur hat aus einer Ziellieferung in sechs Monaten 500000 GBP zu erwarten. Um das Kursrisiko abzuwälzen, verkauft er den Pfund-Betrag per sechs Monate. Er erhält den Devisenbetrag nicht zum Kassakurs am Tage des Deviseneingangs, der zum gegenwärtigen Zeitpunkt ungewiss ist, sondern zum heutigen Terminkurs (0,7930 als Terminkurs Briefseite 6 Monate).

Termingeschäft mit Laufzeitoption

Sofern auf der Kundenseite in Bezug auf den Zeitpunkt einer künftigen Fremdwährungszahlung Unsicherheit besteht, kann zur Absicherung ein **Termingeschäft mit Laufzeitoption** abgeschlossen werden. Termingeschäfte mit Laufzeitoption bilden eine Alternative zu Devisenoptionsgeschäften. Im Gegensatz zum klassischen Outrightgeschäft wird das Termingeschäft mit Laufzeitoption nicht an einem bestimmten Tag, sondern nach Wahl des Kunden, innerhalb einer festgelegten Zeitperiode erfüllt. Die im Geschäft enthaltene Option bezieht sich ausschließlich auf den Zeitpunkt der Erfüllung und enthält kein Wahlrecht, ob das Termingeschäft bei Fälligkeit überhaupt erfüllt wird oder nicht.

Swapgeschäfte

Swapgeschäfte

Kreditinstitute versuchen, die durch Ankäufe und Verkäufe von Termindevisen im Kundengeschäft entstehenden Aktiv- und Passivpositionen (Forderungen und Verbindlichkeiten) intern auszugleichen. Dies ist in der Regel nur zum Teil möglich.

Offene Devisenpositionen dürfen als Marktrisikopositionen im Rahmen der Solvabilitätsverordnung nur in begrenztem Umfange gehalten werden. Zur Abwälzung von Kursrisiken, die Kreditinstitute aus Outrightgeschäften eingegangen sind, nehmen sie entsprechende Kassa-Gegengeschäfte und **Swapgeschäfte** vor.

Solvabilitätsverordnung
▸ Kapitel 7.2.2

Beispiel eines Swapgeschäfts

1. Die Bank **kauft** von einem Exporteur 500000 US-Dollar **per drei Monate.**
2. Die Bank **verkauft** daraufhin **im Kassahandel** 500000 US-Dollar (zweiarbeitstägig Valuta kompensiert).

Die Bank hat nunmehr zwei „offene Positionen", die sie mit einem **Swapgeschäft** ausgleicht:

3. Die Bank **kauft** 500000 USD per Kasse (zweiarbeitstägig Valuta kompensiert) und **verkauft** 500000 USD **per drei Monate.**

S	**Termin USD**	H
500000		

S	**Kassa USD**	H
		500000

S	**Kassa USD**	H
500000		500000

S	**Termin USD**	H
500000		500000

	Termingeschäft 11:20 Uhr	**Kassageschäft 11:24 Uhr**	**Swaptransaktion 11:31 Uhr**
3 Monate	Terminkauf Dollar gegen Euro		Terminverkauf Dollar gegen Euro
Spot		Kassakauf Dollar gegen Euro	Kassakauf Dollar gegen Euro

Ein Swapgeschäft mit Devisen besteht aus der Verbindung eines Termingeschäfts mit einem Kassageschäft. „Swap" heißt „tauschen". Zwei Fälligkeiten werden getauscht, **Termin** (spätere Fälligkeit) **gegen Kassa** (sofortige Fälligkeit):

Wesen des Swapgeschäfts

- **Verkauf von Termindevisen** und gleichzeitig **Kauf von Kassadevisen,**
- **Kauf von Termindevisen** und gleichzeitig **Verkauf von Kassadevisen.**

Auch Kauf und Verkauf von Devisen mit unterschiedlichen Terminen zählen zu den Swapgeschäften. Charakteristisch ist, dass in jedem Fall „beide Seiten" des Swapgeschäfts mit demselben Partner abgeschlossen werden.

Am Interbankenmarkt werden Devisentermingeschäfte nur als Swapgeschäfte abgeschlossen.

Gehandelt werden in erster Linie sog. Standardtermine, d.h. drei und sechs Monate. Andere Abschlüsse sind aber möglich. Devisenterminkurse weichen von den Kassakursen ab.

Beispiel für Unterschiede zwischen Terminkursen und Kassakursen

Kurse	**Terminkurse**		**Kassakurse**
	3 Monate	**6 Monate**	
1 Euro in USD	1,2394 – 1,2397	1,2404 – 1,2408	1,2318 – 1,2378
1 Euro in JPY	147,52 – 147,59	147,47 – 147,54	148,02 – 148,50

Aus der Sicht einer mengennotierten Währung, z.B. Euro, wird die **Differenz zwischen Termin- und Kassakurs als Report** (Aufschlag auf den Kassakurs) **oder Deport** (Abschlag auf den Kassakurs) bezeichnet.

Report
Deport

- Ist der **Terminkurs höher als der Kassakurs,** spricht man von einem **Report.**
- Liegt der **Terminkurs unter dem Kassakurs,** spricht man von einem **Deport.**

Swapsatz

Reports und Deports werden als **Swapsätze** bezeichnet.

Beispiel für Report und Deport

Termin > Kasse = Report			Termin < Kasse = Deport		
	Geld	Brief		Geld	Brief
Terminkurs USD (3 Monate)	1,2394	1,2397	**Terminkurs JPY** (3 Monate)	147,52	147,59
Kassakurs USD	1,2318	1,2378	**Kassakurs JPY**	148,02	148,50
Report	+ 0,0076	+ 0,0019	**Deport**	– 0,50	– 0,91

Die Swapsätze (auch Swapstellen oder Forward Points) dienen auch der Preisangabe für den Terminkurs im Handel mit Termindevisen. Die Swapsätze und damit die Unterschiede zwischen den Termin- und Kassakursen ergeben sich nur aus dem unterschiedlichen Zinsniveau zwischen den Währungen. Der Terminkurs einer Währung ist damit nicht Ausdruck der vom Markt für die Zukunft erwarteten Entwicklung einer Währung, sondern lediglich Ausdruck von Zinsunterschieden. Es gilt:

- Zinsniveau Euro > Zinsniveau Fremdwährung = Abschlag (**Deport**), also Terminkurs < Kassakurs
- Zinsniveau Euro < Zinsniveau Fremdwährung = Aufschlag (**Report**), also Terminkurs > Kassakurs

Reports und Deports (Swapsätze) stellen die Kurssicherungskosten dar. Sie tendieren dazu, die Zinssatzdifferenzen auszugleichen. Geldanlagegeschäfte zur Ausnutzung von Zinsdifferenzen sind grundsätzlich nur so lange möglich, bis die Zinsdifferenz zwischen zwei Währungen durch die Kurssicherungskosten ausgeglichen ist. Swapsätze und Differenzen in den Zinssätzen sind im Übrigen nicht vollkommen identisch. Geldanlagen in fremden Währungen einschließlich der Kurssicherungsgeschäfte verursachen Kosten durch die Inanspruchnahme von verschiedenen Leistungen. Diese Kosten sind in die Ertragsüberlegungen einzubeziehen.

Die Preisstellung von Terminkursen in Form von Swapsätzen erfolgt, weil die zugrunde liegenden Zinsdifferenzen sich weniger häufig ändern als die Kassakurse der Währungen. Würde ein Terminkurs quotiert, müsste dieser bei jeder Veränderung des Kassakurses angepasst werden. Zudem erlaubt die Preisstellung auf Basis der Swapsätze den Marktteilnehmern einen schnelleren Vergleich der Angebote verschiedener Banken.

Ohne die Berücksichtigung von Spannen zwischen Geld- und Briefseite bei den Devisenkassakursen und den Zinssätzen können die Swapsätze mit nachfolgender Formel berechnet werden:

$$\text{Swapsatz} = \frac{\text{Kassakurs x Zinsdifferenz x Tage}}{(360 \text{ x } 100) + (\text{Zinssatz für die Fremdwährung x Tage})}$$

Beispiel für die Ermittlung des Swapsatzes

Kassakurs EUR/USD: 1,2369
Laufzeit: 3 Monate (91 Tage)
USD-Zins für 3 Monate: 0,20 %
EUR-Zins für 3 Monate: 0,01 %

$$\frac{1{,}2369 \times (0{,}20 - 0{,}01) \times 91 \text{ Tage}}{(360 \times 100) + (0{,}20 \times 91 \text{ Tage})} = +\,0{,}00059 \text{ USD}$$

Da das USD-Zinsniveau über dem vergleichbaren Euro-Zinsniveau liegt, wird der Swapsatz als Aufschlag (Report) auf den Kassakurs addiert.
Der errechnete Terminkurs Euro/USD für 3 Monate beträgt 1,2375 (1,2369 + 0,0006)

Devisenoptionsgeschäfte

Devisenoption
▸ Kapitel 4.5.5.1

Devisenoptionen (currency options) werden in Deutschland nicht an Terminbörsen gehandelt, sondern außerbörslich als sog. OTC-Optionen den Geschäftskunden direkt von Kreditinstituten zur Kursabsicherung angeboten. Als **bedingtes Termingeschäft** geben Devisenoptionen dem Käufer das Recht

▸ Kapitel 4.5.3

- gegen Zahlung einer festgesetzten Optionsprämie an das Kreditinstitut,
- einen festgelegten Währungsbetrag,
- zu einem festgelegten Preis (Basispreis, strike),
- an einem festgelegten Verfalltag,
- zu kaufen (Kaufoption, Call-Option) oder
- zu verkaufen (Verkaufsoption, Put-Option).

europäische Optionen

Von deutschen Kreditinstituten angebotene Devisenoptionen sind regelmäßig europäische Optionen, d. h. die Ausübung der Option erfolgt am Verfalltag. Der Begriff Kauf- und Verkaufsoption bezieht sich auf die gehandelte Währung. Bei einer Devisenoption EUR/USD ist dies der Euro. Bei Geschäften auf USD-Basis ist beispielsweise ein EUR/USD-Call für Exporteure geeignet, da er zum Kauf von Euro und zum Verkauf von USD berechtigt. Ein EUR/USD-Put ist für Importeure geeignet, da er zum Verkauf von Euro gegen USD berechtigt.

Einsatz der Devisenoption

Währungen und Laufzeiten

Kreditinstitute bieten Devisenoptionen für alle wichtigen Währungen, z. B. USD, Schweizer Franken, Yen und GBP. Neben Standardlaufzeiten von einer Woche bis zu zwei Jahren, sind auch ungerade Laufzeiten (sog. broken-dates) – meist gegen Aufpreis – handelbar. Die Optionsprämien werden meist in Prozent angegeben. Der Wert wird auf den Betrag der gehandelten Währung bezogen.

Vergleich Devisenoption und Devisentermingeschäft

Als bedingtes Termingeschäft bieten Devisenoptionen dem Käufer die Möglichkeit der Ausübung bzw. des Verfalls des Optionsrechts. Dadurch kann er von Chancen in der Währungsentwicklung profitieren, gleichzeitig aber die Währungsrisiken ausschalten. Bei Devisentermingeschäften sind dagegen sowohl die Risiken, als auch die Chancen der Wechselkursentwicklung ausgeschaltet.

Die Gründe für den Abschluss von Devisenoptionsgeschäften anstelle von Devisentermingeschäften zeigt folgendes Beispiel.

Beispiel für den Einsatz von Devisenoptionen

Ein deutscher Maschinenbauer beteiligt sich an einer Ausschreibung für die Lieferung von Maschinenteilen in die USA. Bekommt er den Zuschlag, so erhält er in drei Monaten einen USD-Eingang. Er steht vor der Frage, welches Instrument zur Absicherung des Wechselkursrisikos geeignet ist.
Der Abschluss eines Devisentermingeschäfts zum Zeitpunkt der Ausschreibung als Maßnahme zur Absicherung gegen Währungsrisiken ist problematisch, da es als unbedingtes Termingeschäft auch erfüllt werden muss, wenn der Maschinenbauer keinen Zuschlag für das Exportgeschäft erhält. Der Exporteur müsste die USD zum Erfüllungszeitpunkt liefern und könnte Verluste erleiden, wenn sich der USD-Wechselkurs ungünstig entwickelt. Er entscheidet sich daher zum Abschluss einer Devisenoption, da sie zwei Vorteile bietet:

1. Die Devisenoption als bedingtes Termingeschäft räumt ihm ein Recht auf Ausübung ein. Erhält er keinen Zuschlag bei der Ausschreibung, so lässt er die Option verfallen. Sein maximaler Verlust ist auf die bei Abschluss gezahlte Optionsprämie begrenzt.
2. Bei der Devisenoption kann der Exporteur im Vergleich zum Devisentermingeschäft zusätzliche Währungsgewinne bei einer günstigen Wechselkursentwicklung erzielen.

Der Exporteur erwirbt daher einen EUR/USD-Call mit einer Laufzeit von drei Monaten. Er ist berechtigt, aber nicht verpflichtet, am Fälligkeitstag in drei Monaten von der Bank 100000 Euro zu kaufen und im Gegenzug USD zum Basispreis von 1,23 EUR/USD zu liefern. Bei Abschluss muss er die Optionsprämie von 0,02 USD, also insgesamt 2000 USD (100000 Euro x 0,02 EUR/USD) an die Bank als Optionsverkäufer zahlen. Damit hat er den geplanten Deviseneingang von 125000 USD aus dem Exportgeschäft zum Kurs von 1,25 EUR/USD (Basispreis + Optionsprämie) gesichert.
Die Tabelle zeigt die Entscheidungen über die Ausübung der Option im Hinblick auf die mögliche Wechselkursentwicklung bis zum Fälligkeitstag auch im Vergleich zu einem alternativen Abschluss eines Devisentermingeschäftes zum Kurs von 1,25.

	Alternativen der Auftragserteilung	
Alternativen der Kursentwicklung bis Fälligkeit der Option	Zuschlag erteilt (Eingang von 125000 USD)	Kein Zuschlag erteilt
Aufwertung des USD = Abwertung Euro (fallender Kurs, also Erhalt von mehr USD je Euro) z. B. 1,00 EUR/USD Kassapreis	▸ Keine Ausübung der Option, Verlust der Prämie von 2000 USD. ▸ Tausch der verbleibenden 123000 USD in 123000 Euro in der Kasse. ▸ Mehrertrag gegenüber der Optionsausübung 23000 Euro. ▸ Im Vergleich zum Termingeschäft ergibt sich ein Vorteil von 23000 Euro.	▸ Keine Ausübung der Option, da kein Auftrag erteilt. ▸ Verlust der Prämie von 2000 USD. ▸ Beim Termingeschäft hätten 125000 USD geliefert werden müssen, die zum Kassakurs für 125000 Euro hätten gekauft werden müssen. Verlust mit 25000 Euro größer als bei Abschluss der Devisenoption.

Abwertung des USD = Aufwertung Euro (steigender Kurs, also Erhalt von weniger USD je Euro) z. B. 1,50 EUR/USD Kassapreis	▸ Option wird ausgeübt. ▸ Lieferung von 125000 USD und Erhalt von 100000 Euro (nach Verrechnung der Prämie). ▸ Kein Vorteil der Option im Vergleich zum Termingeschäft.	▸ Option wird ausgeübt. ▸ Lieferung von 125000 USD und Erhalt von 100000 Euro (nach Verrechnung der Prämie). ▸ Erfüllung durch Kauf der 125000 USD gegen 83333 Euro in der Kasse. ▸ Gewinn 16667 Euro. ▸ Kein Vorteil der Option im Vergleich zum Termingeschäft.

Ob eine Devisenoption oder ein Devisentermingeschäft für die Absicherung des Währungsrisikos geeignet ist, hängt von der erwarteten Kursentwicklung der Fremdwährung im Zeitraum zwischen Entstehung der Währungsposition und der Fälligkeit der Fremdwährungszahlung ab. Für die Kundenberatung lassen sich folgende Grundsätze aufstellen:

Kundenberatung über Devisenoptionen

- Bei **Importeuren** mit Zahlungsausgang in Fremdwährung:
  - Wird eine Aufwertung der Fremdwährung erwartet, bietet sich ein Devisentermingeschäft an.
  - Wird eine Abwertung der Fremdwährung erwartet, bietet sich ein Devisenoptionsgeschäft an. Wie beim Devisentermingeschäft sind die Risiken einer ungünstigen Wechselkursentwicklung abgesichert, dagegen bleiben die Chancen aus einer günstigen Wechselkursentwicklung gewahrt.

Erwartungen des Importeurs

- Bei **Exporteuren** mit Zahlungseingang in Fremdwährung:
  - Wird eine Abwertung der Fremdwährung erwartet, bietet sich ein Devisentermingeschäft an.
  - Wird eine Aufwertung der Fremdwährung erwartet, bietet sich ein Devisenoptionsgeschäft an. Wie beim Devisentermingeschäft sind die Risiken einer ungünstigen Wechselkursentwicklung abgesichert, dagegen bleiben die Chancen aus einer günstigen Wechselkursentwicklung gewahrt.

Erwartungen des Exporteurs

Auch ohne Devisentermin- oder -optionsgeschäfte können bei Geschäftsabschluss in Fremdwährung entstehende Kursrisiken durch eine Kombination von Kassageschäften und Fremdwährungskonten abgesichert werden:

weitere Möglichkeiten zur Kurssicherung

- Bei **Importeuren** mit Zahlungsausgang in Fremdwährung:
  Kauf der Fremdwährung als Kassageschäft; Anlage bis zur Fälligkeit der Zahlung auf einem Fremdwährungskonto; Begleichung der Importrechnung aus dem angelegten Währungsbetrag einschließlich Zinserträgen. Die Kurssicherung setzt eine ausreichende Liquidität in Euro voraus.
- Bei **Exporteuren** mit Zahlungseingang in Fremdwährung:
  Aufnahme eines Währungskredits mit einer Laufzeit, die auf den Zahlungseingang abgestimmt ist; sofortiger Tausch der Fremdwährung in Euro zur Kurssicherung; Anlage der Liquidität in Euro bis zur Fälligkeit des Kredits; Tilgung des Währungskredits einschließlich Zinsen aus dem Zahlungseingang.

7 Bankrisiken und Risikosteuerung

Die Geschäftspolitik der Kreditinstitute ist auf Rentabilität ausgerichtet. Zur Erreichung des Rentabilitätsziels gehen Kreditinstitute bewusst Risiken ein, bei deren Eintritt Verluste entstehen können. Wegen der besonderen Bedeutung der Kreditwirtschaft für eine Volkswirtschaft besteht ein öffentliches Interesse, die im Finanzsektor bestehenden Risiken zu erkennen und zu begrenzen, um die Stabilität des Finanzsystems zu gewährleisten und im Notfall zur Bankenrettung keine Steuergelder einsetzen zu müssen.

7.1 Risiken und Risikoarten

Definition „Risiko“

Ein Risiko ist eine Verlust- oder Schadensgefahr. Sie besteht darin, dass eine zukünftige Entwicklung ungünstiger verläuft als erwartet oder geplant.

Mit dem Eintritt eines Risikos ist stets eine Vermögensminderung verbunden, d.h. eine Minderung des Eigenkapitals. Stärkere Verluste können die Rückzahlung des Fremdkapitals und damit die Einlagen der Kunden gefährden.

Risikoarten

Bankrisiken

- **Kreditrisiko**
  z. B.
  - Bonitätsrisiko
  - Kontrahentenrisiko
  - Länderrisiko
- **Marktpreisrisiko**
  z. B.
  - Aktienkursrisiko
  - Optionsrisiko
  - Rohstoffpreisrisiko
  - Währungsrisiko
  - Zinsänderungsrisiko
- **Operationelles Risiko**
  z. B.
  - Personalrisiko
  - DV-Risiko
- **Liquiditätsrisiko**
  z. B.
  - Terminrisiko
  - Abrufrisiko
  - Marktliquiditätsrisiko
  - Refinanzierungsrisiko

Kreditrisiko
Adressenausfallrisiko

Das Kreditrisiko besteht darin, dass Kreditnehmer ihren Verpflichtungen gegenüber einem Kreditgeber nicht fristgerecht oder überhaupt nicht nachkommen.

In Banken und Sparkassen spielt das Kreditrisiko in Form des **Bonitätsrisikos** im Kreditgeschäft die größte Rolle. Sind die Vertragspartner andere Banken oder professionelle Marktteilnehmer, wird das Kreditrisiko auch als **Kontrahentenrisiko** bezeichnet. Bei ausländischen Kreditnehmern kann zum individuellen Kreditrisiko das **Länderrisiko** hinzutreten, wenn aufgrund fehlender Transferfähigkeit oder Transferbereitschaft fällige Zins- und Tilgungsleistungen nicht oder nicht fristgerecht geleistet werden. Bei Krediten in Fremdwährung kann zudem das Währungsrisiko als Marktpreisrisiko hinzukommen, falls eine entsprechende Absicherung fehlt.

Marktpreisrisiko

Marktpreisrisiken bestehen darin, dass Vermögensminderungen durch eine Veränderung von Marktpreisen eintreten. Wichtige Marktpreisrisiken sind das **Zinsänderungsrisiko**, das **Aktienkursrisiko**, das **Optionsrisiko**, das **Rohstoffpreisrisiko** (bei Edelmetallbeständen) sowie bei allen auf Fremdwährung lautenden Bilanzposten das **Währungsrisiko**. Ein **Zinsänderungsrisiko** im Anlagebuch entsteht im Wesentlichen durch die Fristentransformation, wenn z. B. zusätzliche Erträge durch die kurzfristige Aufnahme von Geldern und deren längerfristige Anlage erzielt werden sollen.

Fristentransformation
▸ Kapitel 1.1.1

Das operationelle Risiko (Betriebsrisiko) in Kreditinstituten umfasst die Gefahr von Verlusten durch die Unangemessenheit oder das Versagen von internen Verfahren, Menschen und Systemen oder durch den Eintritt externer Ereignisse.

Operationelles Risiko

Beispiele für das operationelle Risiko

Risikoursache	Beispiel für Risikoereignis und die Folgen
Interne Verfahren	Ein Devisenhändler überschreitet sein Händlerlimit, was aufgrund mangelnder Kontrollen nicht erkannt wird. In der Folge entstehen beträchtliche Verluste.
Menschen	Beratungs- oder Erfassungsfehler führen zu kostspieligem Korrekturaufwand oder Schadenersatzklagen.
Systeme	Bei einem Ausfall der EDV müssen kostspielige manuelle Verfahren als Ersatz eingesetzt werden.
Externe Ereignisse	Durch einen Katastrophenfall entstehen hohe Sachschäden, die den Geschäftsbetrieb einschränken.

Unter dem Liquiditätsrisiko wird die Gefahr verstanden, dass ein Kreditinstitut seinen Zahlungsverpflichtungen nicht mehr uneingeschränkt nachkommen kann.

Liquiditätsrisiko

Geldanlagen mit befristeter Laufzeit sind zu einem vereinbarten Termin zurückzuzahlen. An diesem Termin müssen entsprechende liquide Mittel vorgehalten werden. Die Gefahr, dass zu einem Termin nicht genug Gelder vorhanden sind, wird als **Terminrisiko** bezeichnet. Kreditinstitute stellen Kunden variable Kreditlinien in Form von Kontokorrentkrediten zur Verfügung und nehmen Einlagen entgegen, über die ohne Kündigungsfrist verfügt werden kann. Aus der Inanspruchnahme von Kreditlinien und Rückforderungen täglich fälliger Einlagen ergibt sich ein schwer planbarer Liquiditätsbedarf, da die Verhaltensweisen der Kunden nicht vorhersehbar sind. Dieses Liquiditätsrisiko wird als **Abrufrisiko** bezeichnet.

Terminrisiko

Abrufrisiko

Ein **Marktliquiditätsrisiko** entsteht, wenn beispielsweise ein Kreditinstitut aufgrund von Störungen am Geldmarkt keine Möglichkeit hat, sich kurzfristig Geld zu beschaffen. Ein **Refinanzierungsrisiko** entsteht bei einem Missverhältnis in der Laufzeit zwischen Aktiva und Passiva. Es entsteht, wenn beispielsweise kurzfristig zur Verfügung stehende Passivmittel im Aktivgeschäft längerfristig verwendet werden und die Refinanzierung der fälligen Einlagen nicht sichergestellt ist.

Marktliquiditätsrisiko

Refinanzierungsrisiko

7.2 Risikosteuerung und Risikobegrenzung

Auf der Basis international gültiger Übereinkommen (Basel III) begrenzen in Deutschland zahlreiche gesetzliche Vorschriften, insbesondere das KWG, die Risikoübernahme durch Kreditinstitute, um die Stabilität des deutschen Finanzsystems sicherzustellen. Zusätzlich haben die einzelnen Kreditinstitutsgruppen in Deutschland Sicherungseinrichtungen begründet, die Anleger vor Verlusten schützen und die Stabilität des Finanzsystems gewährleisten.

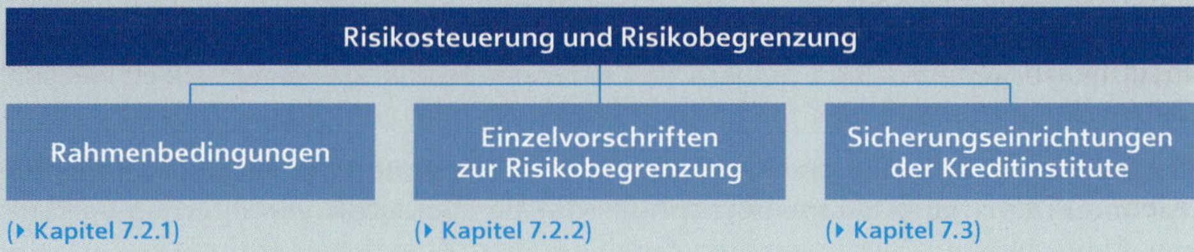

7.2.1 Rahmenbedingungen der Risikosteuerung

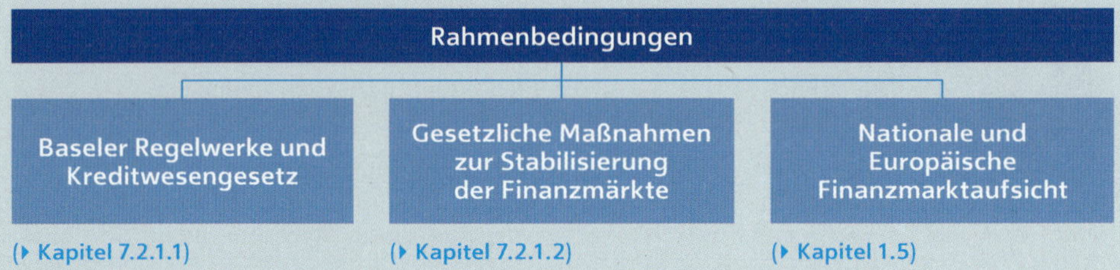

7.2.1.1 Baseler Regelwerke und das Kreditwesengesetz

Systemrelevante Banken

Die deutsche und die europäische Finanzwirtschaft sind in Form von **systemrelevanten Banken** mit dem weltweiten Finanzsystem verbunden. Als systemrelevant wird eine Bank eingestuft, wenn ihr Marktaustritt aufgrund der Größe oder Verflechtung mit anderen Instituten zu gravierenden Störungen oder zum Zusammenbruch des weltweiten Finanzsystems führen könnte. Um einheitliche Regeln für das weltweit verflochtene Finanzsystem aufzustellen, arbeiten die Aufsichtsbehörden auf internationaler Ebene im **Baseler Ausschuss für Bankenaufsicht t (BCBS)** zusammen. Der bei der Bank für Internationalen Zahlungsausgleich (BIZ) in Basel angesiedelte Ausschuss besteht aus den Zentralbanken und Aufsichtsbehörden der wichtigsten Industrieländer. Die hier beschlossenen Regeln sollen einen weltweit gültigen Rahmen für die Beaufsichtigung der Finanzwirtschaft bilden.

Die zuletzt aufgestellten Vorgaben bilden seit dem Jahr 2014 als Basel-III-Regelwerk eine einheitliche Grundlage für die Aufsicht.

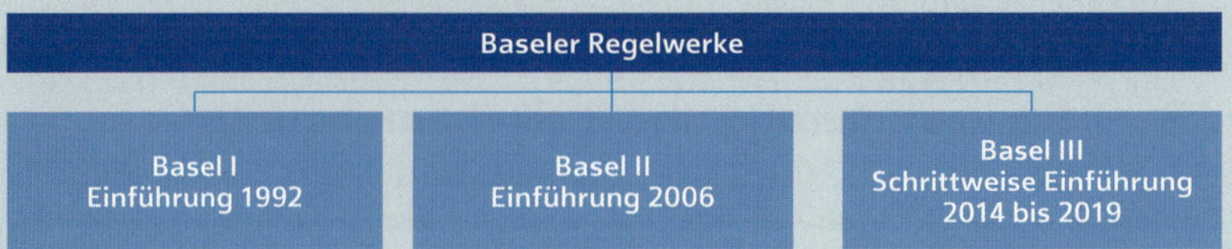

Die Vorschriften aus Basel III werden für deutsche Banken über eine EU-Verordnung und eine EU-Richtlinie wirksam. Eine EU-Verordnung (CRR, Capital Requirements Regulation) gilt unmittelbar in der EU und muss nicht über nationale Gesetze umgesetzt werden. Sie bildet damit einen einheitlichen Rechtsrahmen für alle Kreditinstitute in der EU. Ergänzt wird die EU-Verordnung durch zahlreiche für alle Kreditinstitute in der EU verbindlich zu beachtende Standards der europäischen Bankaufsichtsbehörde (EBA).

Die EU-Richtlinie CRD IV (Capital Requirements Directive IV) wird in Deutschland vor allem durch Änderungen des KWG umgesetzt.

KWG-Vorschriften

KWG-Vorschriften zur Risikobegrenzung bei Kreditinstituten

Vorschriften, die eine angemessene Eigenmittelausstattung verlangen	Vorschriften, die risikobegrenzte Kreditgewährungen verlangen	Vorschriften, die eine jederzeitige Zahlungsbereitschaft verlangen	Vorschriften, die ein angemessenes Risikomanagement und eine ordnungsgemäße Geschäftsorganisation verlangen
§§ 10, 10a bis 10i Anforderungen an die Eigenmittelausstattung	§ 13 Großkredite § 14 Millionenkredite § 15 Organkredite §§ 19 und 21 Kreditbegriff	§ 11 Liquidität	§ 25a Besondere organisatorische Pflichten der Institute § 26a Offenlegung

7.2.1.2 Gesetzliche Maßnahmen zur Stabilisierung der Finanzmärkte

Seit Mitte des Jahres 2008 hat eine weltweite Finanzmarktkrise zu einem starken Vertrauensverlust von Kunden gegenüber Banken und von Banken untereinander geführt. Auslöser der weltweiten Krise waren US-amerikanische Immobilienfinanzierungen an bonitätsschwache Kreditnehmer, sog. Subprime-Kredite. Diese wurden über ABS-Transaktionen auch bei vielen europäischen Banken als Käufer platziert. Im Zuge der Krise wurden systemrelevante Kreditinstitute mittels milliardenschwerer Hilfen durch den Staat gestützt und teilweise auch verstaatlicht. Folgende Maßnahmen sollen solche Interventionen in der Zukunft überflüssig machen:

Subprime-Kredite

ABS
▸ Seite 267

§ 30h WpHG

- **Das Verbot ungedeckter Leerverkäufe** in börsengehandelten Wertpapieren, die von EU-Mitgliedstaaten ausgegeben wurden, die den Euro eingeführt haben. Das Verbot umfasst auch bestimmte Kreditderivate (Credit Default Swaps), weil diesen Instrumenten eine Verstärkung der Eurokrise zugeschrieben wird.
  Ein ungedeckter Leerverkauf liegt vor, wenn der Verkäufer der Wertpapiere am Ende des Tages, an welchem das jeweilige Geschäft abgeschlossen wurde, nicht Eigentümer aller verkauften Wertpapiere ist und auch keinen Anspruch auf Übereignung einer entsprechenden Anzahl von Wertpapieren hat. Einzelheiten regelt die EU-Leerverkaufsverordnung.

Trennbankensystem

- **Einführung eines Trennbankensystems** am 1. Juli 2015: Kundeneinlagen von Kreditinstituten sollen dadurch gesichert werden, dass Geschäftsbereiche der Kreditinstitute, in denen spekulative Geschäfte getätigt werden, bei Erreichen bestimmter Schwellenwerte in ein eigenständiges Finanzhandelsinstitut ausgelagert werden müssen. Durch die Abtrennung spekulativer Finanzhandelstätigkeiten in eigenständige Institute können diese bei Bedarf leichter abgewickelt werden. Zudem müssten sich diese Institute statt über Kundeneinlagen zu Marktbedingungen mit einer angemessenen Risikoprämie mit Fremdkapital refinanzieren. Eine Abtrennung ist u. a. erforderlich, wenn im Jahresabschluss nach HGB die Summe der Handelsbestände und der Wertpapiere der Liquiditätsreserve den Betrag von 100 Mrd. Euro übersteigt oder der Wert größer als 20 % der Bilanzsumme ist.

Phasen der Finanzmarktkrise

Euro-Rettungsschirm

EFSF

ESM

Phasen der weltweiten Finanzmarktkrise

Phase 1: Begünstigt durch eine lang anhaltende Niedrigzinspolitik führte 2008 eine starke Bautätigkeit zu einer **Spekulationsblase am US-amerikanischen Immobilienmarkt.** Ein Zinsanstieg und zunehmende Zahlungsausfälle bonitätsschwacher Kreditnehmer (Subprime) lösten einen Preisverfall am Immobilienmarkt aus, da immer mehr Immobilien zwangsversteigert wurden. Dies führte zu weiteren Kreditkündigungen und beschleunigte den weiteren Preisverfall.

Phase 2: Die Probleme am US-amerikanischen Immobilienmarkt strahlten auf andere Kapitalmärkte aus. Betroffen waren insbesondere Banken, die mit Immobilienkrediten hinterlegte Wertpapiere im Bestand hatten. Dies führte zu einem massiven Vertrauensverlust unter den Banken und brachte den Interbankengeldmarkt fast zum Erliegen. Grund hierfür war die Furcht, dass eine andere Bank, der man im Geldmarkt Refinanzierungsmittel zur Verfügung stellt, bei der Rückzahlung ausfällt. Die Zentralbanken mussten zur Überbrückung Liquidität bereitstellen und eine expansive Geldpolitik einläuten. Die Immobilienkrise weitete sich zu einer **Bankenkrise** aus, die weltweit zu zahlreichen Bankschließungen führte.
Um Auswirkungen auf die Realwirtschaft zu vermeiden, wurden weltweit Konjunkturpakete und Bankenrettungspläne entwickelt.

Phase 3: Die Notwendigkeit, angeschlagene Banken durch staatliche Rettungsmaßnahmen und sogar Verstaatlichungen zu stützen, lenkte die Aufmerksamkeit der Kapitalmärkte auf die Verschuldung einzelner Mitgliedstaaten der EU. Ausgehend von Griechenland über Irland weitete sich die Bankenkrise zu einer **Staatenkrise** aus. Da Mitgliedsländer der EU stark betroffen sind, wurde ein Rettungsschirm für die Gemeinschaftswährung Euro beschlossen, um die Refinanzierung einzelner Staaten an den Kapitalmärkten sicherstellen zu können. Da die Skepsis der Kapitalmärkte gegen hochverschuldete Euro-Staaten anhält, wird der vorläufige Euro-Rettungsschirm (**E**uropäische **F**inanz-**S**tabilisierungs-**F**azilität, **EFSF**) erweitert und zu einem dauerhaften Instrument in Form eines **E**uropäischen **S**tabilitäts-**M**echanismus (**ESM**) weiterentwickelt. Darüber hinaus trägt der Ankauf von Staatsanleihen unter Druck geratener Euro-Staaten durch die EZB zu einer Marktstabilisierung bei.

Phase 4: Die Politik leitet umfangreiche **gesetzgeberische Initiativen** ein, um zukünftig die Belastung der Steuerzahler aus notwendigen Rettungsaktionen zu begrenzen. Verschiedene Initiativen sollen helfen, Spekulationsblasen zu vermeiden, staatliche Rettungen für das Bankensystem überflüssig zu machen und das Vertrauen der Kapitalmärkte in verschuldete Staaten wieder herzustellen.

7.2.2 Einzelvorschriften zur Risikobegrenzung

Die Rechtsvorschriften, die zur Stabilität der Kreditwirtschaft beitragen sollen, können nach ihrem Wirkungsbereich eingeteilt werden.

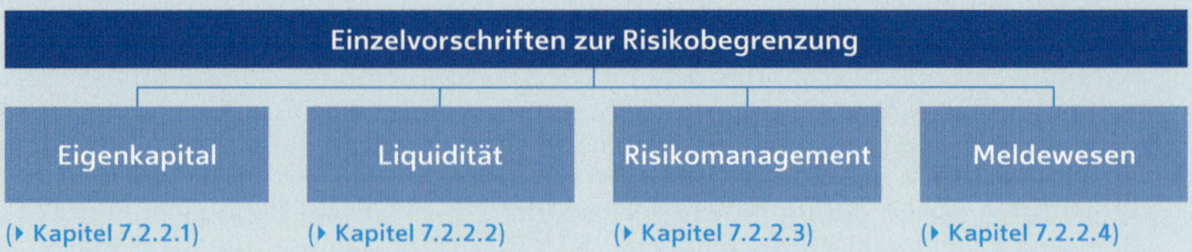

7.2.2.1 Vorschriften zur Eigenkapitalausstattung

Die Kreditinstitute müssen im Interesse der Erfüllung ihrer Verpflichtungen gegenüber ihren Gläubigern, insbesondere im Interesse der Sicherheit der ihnen anvertrauten Vermögenswerte, angemessene Eigenmittel haben. Dies gilt auch für Institutsgruppen, Finanzholding-Gruppen und Finanzkonglomerate.

§10 KWG

Eigenmittel sind primärer Risikoträger. Sie haben

- **eine Haftungsfunktion,** indem sie Verluste, die durch den Eintritt von Risiken entstehen, abdecken und damit die Zahlungsfähigkeit des Instituts sichern.

Haftungsfunktion

- **eine Begrenzungsfunktion,** indem sie die Aufnahme fremder Mittel, den Abschluss risikobehafteter Geschäfte und damit den Umfang der Geschäftstätigkeit eines Kreditinstituts beschränken.

Begrenzungsfunktion

Beispiel für die Begrenzungsfunktion der Eigenmittel

Ein Kreditinstitut verfügt über 1 Mio. Euro Eigenkapital. Die Bankenaufsicht verlangt für das risikobehaftete Kreditgeschäft eine Unterlegung mit:

(1) 8,0% Eigenkapital
(2) 10,5% Eigenkapital

Im ersten Fall können Kredite von 12,5 Mio. Euro, im zweiten Fall lediglich in Höhe von 9,62 Mio. Euro vergeben werden. Eigenkapital begrenzt als Engpassfaktor also die Risikoübernahme.

Ob Institute über ausreichende Eigenmittel verfügen, wird auf Basis von drei **Mindesteigenkapitalquoten** überprüft:

Mindesteigenkapitalquote

- der harten Kernkapitalquote,
- der Kernkapitalquote und
- der Gesamtkapitalquote.

Im Zähler der Formel stehen dabei jeweils die einzelnen Bestandteile der Eigenmittel abzüglich eventueller Kapitalabzüge. Im Nenner stehen die risikogewichteten Anrechnungsbeträge für Adressenausfallrisiken sowie die Anrechnungsbeträge für Marktpreisrisiken und operationelle Risiken. **Grundsätzlich müssen die Bankrisiken mit mindestens 8% Eigenmitteln unterlegt sein. Die Mindesteigenmittelanforderung von 8% erhöht sich seit dem Jahr 2016 durch die Einführung von Kapitalpuffern.**

Eigenmittelbestandteile

7.2.2.1.1 Eigenmittelbestandteile und Kapitalabzüge

Eigenmittel im Sinne des Bankaufsichtsrechts sind nicht mit dem Eigenkapital im Sinne des Bilanzrechts identisch. Die Eigenmittel eines Instituts bestehen aus bis zu drei unterschiedlichen Kapitalbestandteilen.

Ordnet man die **Eigenmittel nach ihrer Qualität**, so steht das **harte Kernkapital** an erster Stelle, gefolgt vom **zusätzlichen Kernkapital** und dem **Ergänzungskapital**. Daher gibt es auch Anforderungen im Hinblick auf die Mindesteigenmittelanforderung von 8%. Diese muss zu mindestens 4,5% mit hartem Kernkapital, zu 1,5% mit zusätzlichem Kernkapital und höchstens zu 2% mit Ergänzungskapital erfüllt werden.

Da sich die Anforderungen an die Qualität der Eigenmittelbestandteile durch Basel III verschärft haben, bestehen für bisher anerkannte Kapitalinstrumente, die nun

Übergangsregeln

nicht mehr anerkannt werden, Bestandsschutzregeln. Die Anrechnung der Mittel ist mit jährlich abnehmenden Raten bis zum Jahr 2021 möglich.

Offenlegungsbericht

Die Zusammensetzung der Eigenmittel ist jährlich vom Institut zu veröffentlichen. Dazu gehört auch eine Überleitung vom Eigenkapital laut Bilanz zu den Eigenmitteln für Zwecke der Bankenaufsicht.

	Kernkapital		Ergänzungskapital
	Hartes Kernkapital	Zusätzliches Kernkapital	
Verlustteilnahme	Volle laufende Verlustbeteiligung		Verlustteilnahme nur im Insolvenzfall
Dauerhaftigkeit	Keine Laufzeitbegrenzung zulässig; keine Rückzahlung außer bei Liquidation; keine verpflichtenden Ausschüttungen zulässig	Keine Laufzeitbegrenzung zulässig; u. U. frühestens nach 5 Jahren durch Institut kündbar	Mindestlaufzeit 5 Jahre
Beispiele	Kapital aus der Emission von Stammaktien, Gewinnrücklagen und andere offene Rücklagen, § 340 g HGB Reserven	Kapital aus der Emission von Vorzugsaktien, stille Einlagen	Langfristige nachrangige Verbindlichkeiten, z. B. Kapitalsparbriefe, und § 340f HGB Reserven (bis max. 1,25 % der risikogewichteten Aktiva für das Kreditrisiko)

Kapitalabzüge

Bei der Erfüllung der Mindesteigenkapitalanforderungen werden i. d. R. vom harten Kernkapital bestimmte **Kapitalabzüge** vorgenommen. Es handelt sich dabei um bestimmte Posten der Aktivseite der Institutsbilanz, z. B. immaterielle Vermögensgegenstände, Geschäfts- oder Firmenwerte (Goodwill), aktive latente Steuern und bestimmte Beteiligungen innerhalb der Finanzbranche.

7.2.2.1.2 Anrechnungsbeträge für wichtige Risikoarten

Eigenkapitalunterlegung von Kreditrisiken

Unterlegung von Kreditrisiken

Die wichtigste Risikokategorie in Kreditinstituten ist das Kreditrisiko. **Zur Berechnung des Eigenkapitalbedarfs** können die Institute **zwischen dem Standardansatz und dem auf internen Ratings basierenden Ansatz (IRB-Ansatz) wählen**. Der wesentliche Unterschied der beiden Verfahren liegt in der Verwendung von Bonitätseinstufungen durch Ratings.

Unterschiede zwischen dem Standardansatz und dem IRB-Ansatz bei Kreditrisiken

Standardansatz	IRB-Ansatz
‣ vorgegebenes Risikogewicht ‣ internes Rating kann nur in Preiskalkulation verwendet werden	‣ berechnetes Risikogewicht ‣ internes Rating wird für die Preiskalkulation und Eigenkapitalunterlegung verwendet

Im **Standardansatz** finden grundsätzlich nur externe Ratings Verwendung. Diese werden durch namhafte Ratingagenturen wie Standard & Poors, Moody's oder Fitch IBCA festgestellt. Liegt für einen Kreditnehmer kein externes Rating vor, was für den deutschsprachigen Raum fast ausnahmslos der Fall ist, so wird der Kredit grundsätzlich mit einem aufsichtsrechtlich vorgegebenen Risikogewicht von 100% in die Berechnung einbezogen.

Verwendung von Ratings

Eine durch das Kreditinstitut intern festgestellte Ratingnote findet bei der Berechnung des regulatorischen Eigenkapitalbedarfs im Standardansatz keine Verwendung. Dafür dient das bankinterne Rating der Berechnung eines bonitätsabhängigen Kreditzinssatzes.

Der Eigenkapitalbedarf ergibt sich aus der Zuordnung der Kredite zu Forderungsklassen mit festem Risikogewicht.

Beispiele für Risikogewichte im Standardansatz

Kreditart	Forderungsklasse	Risikogewicht
Konsumfinanzierung für Privatpersonen	Mengengeschäft (Retail)	75%
Gewerbliche Baufinanzierung	Gewerbeimmobilienkredite (bis 60% Beleihungs- bzw. 50% Marktwert)	50%
Private Baufinanzierung	Wohnimmobilienkredite (bis 80% Beleihungs- bzw. Marktwert)	35%

Ratings im IRB-Ansatz

Der **IRB-Ansatz** arbeitet mit bankinternen Ratingnoten. Voraussetzung dafür ist, dass die zur Berechnung der statistischen Ausfallwahrscheinlichkeit dienenden Ratingverfahren durch Prüfer der Bundesbank für die Verwendung freigegeben wurden.

Beim IRB-Ansatz nutzt das Kreditinstitut die mit bankinternen Verfahren festgelegte Ratingnote sowohl bei der Berechnung des regulatorischen Eigenkapitalbedarfs als auch für die Preiskalkulation.

Beispiel zu Risikogewichten

Eine Bank vergibt einen unbesicherten Kredit an ein Unternehmen, das über kein externes Rating verfügt. Der Kredit wird der Forderungsklasse „Unternehmen" zugeordnet. Die mit bankinternen Verfahren festgelegte Ratingnote 7 entspricht einer Ausfallwahrscheinlichkeit von 1,5%. Das bedeutet, dass in den nächsten 12 Monaten damit gerechnet wird, dass von 1000 Kunden mit der Ratingklasse 7 genau 15 Kunden ausfallen.

Wählt die Bank den Standardansatz, so findet das bankinterne Rating nur in der Preiskalkulation Verwendung. Im Solvenzmeldewesen wird ein Risikogewicht von 100% verwendet, sodass der Kredit in voller Höhe mit regulatorischem Eigenkapital zu unterlegen ist.

Verwendet die Bank den IRB-Ansatz, so geht die Ausfallwahrscheinlichkeit von 1,5% neben anderen Faktoren in eine Formel ein, die im Ergebnis ein Risikogewicht von z. B. 98,46% ergibt.

Anrechnung von Sicherheiten

Durch Verwendung von **Maßnahmen zur Minderung des Kreditrisikos** (Kreditrisikominderungstechniken), wie die Besicherung von Krediten oder die Nutzung von Kreditderivaten, kann der regulatorische Eigenkapitalbedarf reduziert werden. Für die Banken bedeutet dies eine Abwägung zwischen dem Vorteil einer Ersparnis von Eigenkapital und den Kosten für die Hereinnahme und Bearbeitung der Sicherheiten bei der Kreditvergabe.

Beispiel zu Kreditrisikominderungstechniken im Standardansatz

Ein Kunde erhält zur Finanzierung eines Mehrfamilienhauses ein Darlehen über 500000 Euro. Der Beleihungswert der als Sicherheit dienenden Immobilie beträgt 250000 Euro. Für einen Anteil von bis zu 80 % des Beleihungswertes (= 200000 Euro) kommt das reduzierte Risikogewicht von 35 % für wohnwirtschaftliche Realkredite zur Anwendung:

200000 Euro × 35 % × 8 % = 5600 Euro Eigenkapitalbedarf
300000 Euro × 75 % × 8 % = 18000 Euro Eigenkapitalbedarf

Der gesamte regulatorische Eigenkapitalbedarf beträgt damit ohne Kapitalpuffer 23600 Euro. Ohne Besicherung hätte der Kredit 30000 Euro Eigenmittel gebunden (500000 Euro x 75 % x 8 %). Durch die geringere Eigenkapitalanforderung bei der Bestellung von Sicherheiten kann der Kreditzinssatz für den Kunden sinken.

Nach EU-Vorgaben kann das niedrige Risikogewicht von 35 % auf den Teil der privaten Baufinanzierung angewendet werden, der **80 % des Beleihungswertes** der Immobilie nicht übersteigt.

Die niedrigeren Risikogewichte bei immobilienbesicherten Forderungen basieren auf der Annahme, dass der inländische Immobilienmarkt stabil ist und die Kreditausfallverluste bei Verwertung der Sicherheiten entsprechend gering sind. Zur Überprüfung dieser Annahme müssen die Institute der Bankenaufsicht halbjährlich Daten zu tatsächlichen Verlusten aus Immobilienkrediten melden (Höchstverlustratenerhebung, sog. „Hard Test").

Hard Test

Eigenkapitalunterlegung von operationellen Risiken

Unterlegung von operationellen Risiken

Für die Berechnung der Eigenkapitalanforderung aus operationellen Risiken kann ein Kreditinstitut zwischen drei verschiedenen Verfahren wählen. Die Verfahren unterscheiden sich hinsichtlich ihrer Komplexität und ihrer Eigenschaft, das tatsächliche Risiko zutreffend abzubilden.

Verfahren	Erläuterung zur Berechnung der Kapitalanforderung
Basisindikatoransatz	15 % des durchschnittlichen Bruttoertrags* der letzten drei Jahre. Der Bruttoertrag eines Jahres wird aus Monatsdurchschnitten an vorgegebenen Stichtagen berechnet. In die Berechnung gehen nur positive Werte ein.
Standardansatz	Hier wird der Bruttoertrag* einzeln für acht Geschäftsfelder (z. B. Privatkundengeschäft, Vermögensverwaltung) berechnet. Der durchschnittliche Bruttoertrag der letzten drei Jahre aus jedem einzelnen Geschäftsfeld wird mit einem vorgegebenen Gewichtungsfaktor von 12 % bis 18 % multipliziert und ergibt die Kapitalanforderung. Der Bruttoertrag eines Jahres wird aus Monatsdurchschnitten an vorgegebenen Stichtagen berechnet. In die Berechnung gehen nur positive Werte ein.

Verfahren	Erläuterung zur Berechnung der Kapitalanforderung
Fortgeschrittener Messansatz	Berechnung der Kapitalanforderung auf Basis eines institutsindividuellen statistischen Modells mit umfangreichen Daten über Schadenfälle und deren Verteilung. Vor Einsatz des Modells muss eine intensive Prüfung und Freigabe durch die Bankenaufsicht erfolgen.

* Der Bruttoertrag ist die Summe folgender Posten der Gewinn- und Verlustrechnung: Zinsüberschuss, laufende Erträge, Erträge aus Gewinngemeinschaften etc., Provisionsüberschuss, Nettoergebnis des Handelsbestandes und sonstige betriebliche Erträge

7.2.2.1.3 Kapitalpuffer

Arten von Kapitalpuffern

Kapitalerhaltungspuffer	Antizyklischer Kapitalpuffer	Systemrisikopuffer
‣ 2,5 % der risikogewichteten Forderungen ‣ gestaffelter Aufbau von 2016 bis 2019 (beginnend mit 0,625 %) ‣ Bildung aus hartem Kernkapital in Gewinnperioden	‣ Vorgabe durch nationale Aufseher in Ländern mit starkem Kreditwachstum ‣ derzeit in Deutschland keine Anwendung ‣ bis zu 2,5 % der risikogewichteten Forderungen ‣ gestaffelter Aufbau von 2016 bis 2019 (beginnend mit 0,625 %)	‣ gilt nur für systemrelevante Banken ‣ in Abhängigkeit von der Systemrelevanz zwischen 0 % bis 3,5 % hartes Kernkapital in Bezug zu den risikogewichteten Aktiva ‣ einzelne Mitgliedstaaten der EU können über den Höchstwert hinausgehen

§§ 10c bis 10g KWG

Die Mindesteigenmittelanforderung von 8 % wird beginnend mit dem Jahr 2016 durch maximal drei zusätzliche Kapitalpuffer aus hartem Kernkapital erweitert. Diese Kapitalpuffer werden in „guten Zeiten" aufgebaut und können in „schlechten Zeiten" abgebaut werden, ohne dass die Bankenaufsicht gezwungen wäre, dem Institut wegen Unterschreiten der Mindestkapitalanforderungen die Banklizenz zu entziehen. Bei Unterschreiten der Kapitalpuffer wird aber die Gewinnausschüttung der Institute, z. B. die Ausschüttung von Dividenden, eingeschränkt. Zusätzlich muss das Institut der BaFin einen **Kapitalerhaltungsplan** zur Genehmigung vorlegen, der die Maßnahmen und den Zeitplan zur Erfüllung der Kapitalpufferanforderungen enthält.

Kapitalpuffer

Kapitalerhaltungsplan

Der Systemrisikopuffer beträgt für **global systemrelevante Banken** in Abhängigkeit von der Systemrelevanz 1 % bis 3,5 %, für **national systemrelevante Banken** liegt der Höchstwert bei 2 % der Risikoaktiva. Um weitere systemische oder das gesamte Finanzsystem betreffende Risiken (sog. makroprudenzielle Risiken) zu begrenzen, kann die BaFin einen Kapitalpuffer für **systemische Risiken** festlegen.

Systemrisikopuffer

Muss eine Bank gleichzeitig den Kapitalpuffer für systemische Risiken und für global systemrelevante Banken einhalten, so ist der höhere von beiden zu erfüllen. Im Falle von systemischen Risiken, die sich ausschließlich auf inländische Risikopositionen beziehen, werden beide Kapitalpuffer addiert.

7.2.2.1.4 Verschuldungsquote

Leverage Ratio

Eine Ergänzung zu den dargestellten Mindesteigenkapitalanforderungen ist die quartalsweise Berechnung und Offenlegung einer einfachen, nicht risikobasierten Verschuldungsquote (Leverage Ratio). Die Kennzahl bildet das Verhältnis von Kernkapital zu bilanziellen und außerbilanziellen Positionen ab.

$$\frac{\text{Kernkapital x 100}}{\text{Bilanzaktiva + außerbilanzielle Positionen}} \geq 3\,\%$$

Durch die Vorgabe von 3 % können sich Institute mit dem 33-Fachen ihres Kernkapitals verschulden.

7.2.2.2 Vorschriften zur Liquidität

Auf europäischer Ebene wurden die Liquiditätsvorschriften nach den Vorgaben von Basel III harmonisiert und durch die European Banking Authority (EBA) konkret ausgestaltet. Die Vorschriften zur LCR wurden seit 2015 schrittweise eingeführt und gelten wie die Vorgaben zur Strukturkennziffer (NSFR) verbindlich seit 2018.

Liquiditätsvorschriften

Kurzfristige Liquiditätskennziffer (LCR, Liquidity Coverage Ratio)

- Beurteilung der Liquidität unter Stressbedingungen im Bereich bis 30 Tage
- Meldung: monatlich
- Formel:

$$\frac{\text{Bestand hochliquide Aktiva}}{\text{(Zahlungsabflüsse – Zahlungszuflüsse)}}$$

- Mindestwert: ≥ 1

Strukturkennziffer (NSFR, Net Stable funding Ratio)

- Beurteilung der strukturellen Liquidität im Bereich bis zu einem Jahr
- Meldung: quartalsweise
- Formel:

$$\frac{\text{Verfügbare stabile Refinanzierung}}{\text{Erforderliche stabile Refinanzierung}}$$

- Mindestwert: ≥ 1

Beobachtungskennziffern

- Vertragliche Ablaufbilanz
- Refinanzierungskonzentrationen
- Verfügbare lastenfreie Aktiva
- Marktindikatoren
- Liquiditätsdeckungskennzahl für Fremdwährungen

LCR

NSFR

Die Konzeption der Liquiditätskennziffer LCR dient der Begrenzung des Liquiditätsrisikos einer Bank im kurzfristigen Monatszeitraum. Ziel der Strukturkennziffer NSFR ist die Sicherstellung einer stabilen Refinanzierungsbasis und die Vermeidung von Liquiditätslücken jenseits der 30-Tage-Frist. Zu den Passivposten, die eine stabile Refinanzierung bieten, gehören neben dem Eigenkapital insbesondere Privatkundeneinlagen, andere Einlagen, die unter eine Einlagensicherung fallen, und Verbindlichkeiten aus begebenen Wertpapieren. Zu den Aktiva, die eine stabile Refinanzierung erfordern, gehören Barmittel, Aktien und Edelmetallbestände sowie Forderungen aus Derivaten.

7.2.2.3 Vorschriften zum Risikomanagement

Risikomanagement

Nach § 25a KWG muss ein Institut über eine ordnungsgemäße Geschäftsorganisation verfügen. Dazu gehört vor allem ein angemessenes und wirksames Risikomanagement, auf dessen Basis ein Institut die Risikotragfähigkeit laufend sicherzustellen hat.

MaRisk

Die **Mindestanforderungen an das Risikomanagement** (**MaRisk**) füllen die Vorgaben des KWG inhaltlich aus. Sie sind modular aufgebaut, was eine schnelle Anpassung an veränderte Bedingungen und Erweiterungen erlaubt. Die MaRisk bestehen aus einem Allgemeinen Teil (AT) und einem Besonderen Teil (BT).

§ 25c Abs. 3a und 3b KWG

Vorsätzliche oder fahrlässige Verstöße gegen ein ordnungsgemäßes Risikomanagement können mit Gefängnis oder Geldbuße für die Geschäftsleitung eines Instituts bestraft werden, wenn das Institut deshalb im Bestand gefährdet wird.

Ein Risikomanagement besteht mindestens aus fünf Elementen.

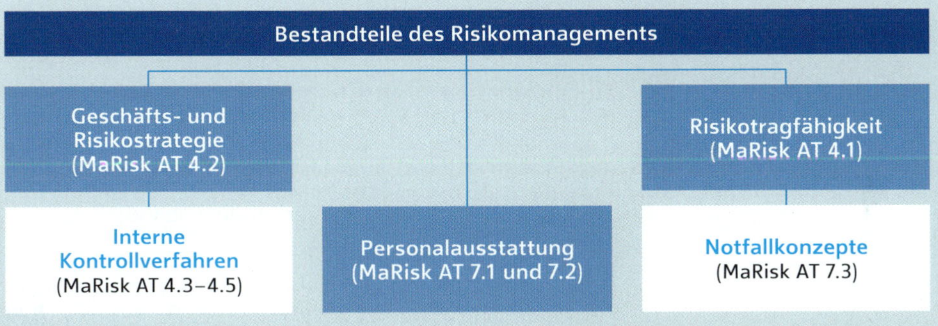

Geschäfts- und Risikostrategie

Jedes Institut muss über eine nachprüfbare **Geschäfts- und Risikostrategie** verfügen, die auf eine nachhaltige Entwicklung des Instituts ausgerichtet ist. Dazu gehören auch Prozesse zur Planung, Umsetzung, Beurteilung und Anpassung der Strategie.

Risikotragfähigkeit

Zur Sicherstellung der **Risikotragfähigkeit** müssen alle wesentlichen Risiken identifiziert und definiert werden. Im Rahmen einer Risikoinventur müssen Risikokonzentrationen berücksichtigt werden und mögliche wesentliche Beeinträchtigungen der Vermögens-, Ertrags- und Liquiditätslage geprüft werden.

Interne Kontrollverfahren

Interne Kontrollverfahren bestehen aus dem internen Kontrollsystem (IKS) und der internen Revision. Im Rahmen der Aufbau- und Ablauforganisation müssen Verantwortungsbereiche klar abgegrenzt sowie Prozesse, Aufgaben, Verantwortlichkeiten und Kompetenzen klar definiert sein. Es muss sichergestellt werden, dass Mitarbeiter keine miteinander unvereinbaren Tätigkeiten ausüben. Organisatorisch müssen

- Markt- und Handelsbereiche und
- Kreditentscheidungsbereich (Marktfolge) sowie Funktionen des Risikocontrollings und der Abwicklung und Kontrolle von Handelsgeschäften

voneinander getrennt sein.

Das **interne Kontrollsystem** umfasst

Risikocontrolling

- Risikosteuerungs- und Risikocontrollingprozesse zur Identifizierung, Beurteilung, Steuerung, Überwachung und Kommunikation der wesentlichen Risiken und damit verbundener Risikokonzentrationen,
- eine Risikocontrolling- und Compliance-Funktion.

Ausgewählte Maßnahmen zur Risikosteuerung

Kreditrisiko
- Limitierung je Branche, Land, Risikoklasse (passive Steuerung)
- Teilnahme am Handel von Kreditrisiken über Börsen oder Verbriefungen (aktive Steuerung)
- Einsatz von Kreditderivaten

Marktpreisrisiko
- Kauf und Verkauf des Basisinstruments (z. B. Aktie, verzinsliches Wertpapier oder Fremdwährungsposten)
- Einsatz von Derivaten als Absicherung (z. B. Zins- oder Aktienfutures, Zins- oder Aktienoptionen, Warentermingeschäfte, Devisentermin- oder -optionsgeschäfte)

Operationelles Risiko
- Abschluss von Versicherungen
- Optimierung von Prozessen und Abläufen

Liquiditätsrisiko
- Kauf und Verkauf verzinslicher Wertpapiere
- Einsatz von Zinsderivaten

Risikobericht

In angemessenen Abständen, mindestens vierteljährlich, muss der **Risikobericht** den Geschäftsführungs- und Aufsichtsorganen die Risikosituation des Instituts darstellen. Aus den Ergebnissen regelmäßig durchzuführender **Stresstests** über wesentliche Risiken ist der Handlungsbedarf zu prüfen.

Die Geschäftsleitung muss sicherstellen, dass die qualitative und quantitative **Personalausstattung** und der Umfang und die Qualität der technischen Ausstattung zu den betriebsinternen Erfordernissen, den Geschäftsaktivitäten und zur Risikosituation des Instituts passen.

Notfallkonzepte

Für zeitkritische Aktivitäten und Prozesse müssen **Notfallkonzepte** existieren, deren Wirksamkeit und Angemessenheit in regelmäßigen Tests zu prüfen ist.

Whistleblower
§ 25a Abs. 1 Satz 4 KWG

Ergänzender Bestandteil des Risikomanagements ist ein „Whistleblower-Prozess“, bei dem Mitarbeiter des Instituts unter Wahrung der Vertraulichkeit ihrer Identität Rechtsverstöße und strafbare Handlungen in ihrem Unternehmen an eine geeignete Stelle melden können.

7.2.2.4 Bankaufsichtliches Meldewesen

Meldewesen

Zum Schutz der Anleger und zur Sicherung der Stabilität des Finanzsystems müssen Institute regelmäßig bestimmte Meldungen an die Bankenaufsicht abgeben. Auf Basis dieser Meldungen analysiert die Bankenaufsicht die Ertrags- und Risikolage der Institute und ihre Verflechtungen im Finanzsystem mit dem Ziel, wirtschaftliche Schieflagen frühzeitig zu erkennen, und Gegenmaßnahmen einleiten zu können. Das Meldewesen ist in der EU einheitlich.

Umfang der Meldungen

Finanzinformationen (sog. FINREP)	Solvenzmeldungen (sog. COREP)	Groß- und Millionenkredite
Einzelne Kredit- bzw. Finanzdienstleistungsinstitute müssen i. d. R. quartalsweise detaillierte Finanzinformationen melden. (▸ Kapitel 7.2.2.4.1)	Detaillierte Meldungen zur Struktur der Eigenmittel und zu den einzelnen damit zu unterlegenden Risikopositionen. (▸ Kapitel 7.2.2.4.2)	Groß- und Millionenkredite müssen quartalsweise gemeldet werden. (▸ Kapitel 7.2.2.4.3)

7.2.2.4.1 Meldungen über Finanzinformationen am Beispiel des Basismeldewesens

Auf der Basis von § 25 Abs. 3 KWG wurde die Finanz- und Risikotragfähigkeitsinformationen-Verordnung (FinaRisikoV) erlassen. Sie definiert Meldeanforderungen für Finanzinformationen an Kredit- und Finanzdienstleistungsinstitute, sofern nach dem deutschen HGB bilanziert wird. Ebenfalls wird hier der Inhalt eines halbjährlich zu meldenden Risikotragfähigkeitsberichts festgelegt. Die Meldungen der Finanzinformationen sind i. d. R. vierteljährlich zum Quartalsultimo abzugeben. FinaRisikoV

Umfang der Meldungen nach FinaRisikoV

Vermögensstatus	Gewinn- und Verlustrechnung	Plan-, Gewinn- und Verlustrechnung	Sonstige Angaben
z. B. ausgewählte Posten der Aktiv- und Passivseite der Bilanz, gegliedert gem. RechKredV mit Aufgliederungen	z. B. Zinsergebnis, Provisionsergebnis, allgemeiner Verwaltungsaufwand und Bewertungsergebnis (aufgeteilt nach Kreditgeschäft, Wertpapiere der Liquiditätsreserve und des Anlagevermögens und Beteiligungen)	wie GuV, jedoch mit geplanten Werten	z. B. Aufteilung des Zinsergebnisses in Konditionen- und Strukturbeitrag, stille Reserven und Lasten aus Wertpapieren außerhalb des Handelsbestandes und Derivaten, Zinsänderungsrisiken im Anlagebuch

7.2.2.4.2 Solvenzmeldewesen

Das europaweit einheitliche Solvenzmeldewesen erlaubt der Bankenaufsicht einen sehr tiefgreifenden Einblick in die Struktur der Eigenmittel und die zu unterlegenden Risikopositionen. Der Umfang der Meldungen variiert nach den verschiedenen Ansätzen zur Ermittlung der Eigenkapitalanforderungen (Kreditrisiko-Standardansatz oder IRB-Ansatz). Solvenzmeldungen

Häufigkeit der Solvenzmeldungen

vierteljährlich	halbjährlich	jährlich
Meldungen zu Eigenkapitalbestandteilen, Eigenkapitalanforderungen und Kapitalquoten mit Aufgliederungen	Meldungen zur Solvenz der Institutsgruppe durch übergeordnetes Institut	Meldungen zum operationellen Risiko durch das übergeordnete Institut

Die Meldehäufigkeit kann durch die Bankenaufsicht nach Prüfung verändert werden.

7.2.2.4.3 Risikobegrenzung und Überwachung des Kreditgeschäfts

Vorschriften zur Risikobegrenzung im Kreditgeschäft

Das Kreditgeschäft hat traditionell eine hohe Bedeutung für die Entwicklung eines Instituts, ist aber auch die wichtigste Quelle bankgeschäftlicher Risiken. Neben der Beschränkung der Geschäftsmöglichkeiten durch die Pflicht zur Unterlegung der Adressenausfallrisiken mit haftendem Eigenkapital bzw. mit Eigenmitteln enthält das KWG besondere Vorschriften für das Kreditgeschäft.

Vorschriften zur Zusammenfassung mehrerer Einzelschuldner

Kreditnehmereinheit

Gruppe verbundener Kunden

Um Risiken im Kreditgeschäft aus rechtlichen oder wirtschaftlichen Verflechtungen mehrerer Einzelschuldner besser erkennen zu können, hat der Gesetzgeber den Begriff der Gruppe verbundener Kunden (GvK) und der Kreditnehmereinheit definiert. Die Begriffe sind nicht deckungsgleich und gelten für unterschiedliche Bereiche der Bankenaufsicht.

Kreditnehmereinheit und Gruppe verbundener Kunden

Kreditnehmereinheit	Gruppe verbundener Kunden	
Definition in § 19 Abs. 2 KWG Anzuwenden für Meldungen der Millionenkredite nach § 14 KWG	**Definition in CRR** Anzuwenden für die Meldung von Großkrediten	**Definition in § 19 Abs. 3 KWG** Anzuwenden für die ▸ Offenlegung der wirtschaftlichen Verhältnisse nach § 18 KWG ▸ Meldungen der Organkredite nach § 15 KWG

Meldung und Begrenzung von Großkrediten

Großkredite

Mit der Einführung von Basel III wurde das bisher national ausgestaltete Meldewesen für Großkredite auf europäischer Ebene harmonisiert. Als Großkredite sind grundsätzlich zu melden:

- Kredite an Kreditnehmer oder an eine Gruppe verbundener Kunden, die mindestens 10 % der anrechenbaren Eigenmittel erreichen oder übersteigen,
- die 10 größten Kredite des Kreditinstituts an Finanzinstitute und nicht beaufsichtigte Finanzunternehmen und
- große Kredite ab 300 Mio. Euro.

Die Institute haben ihre Großkredite nach § 13 KWG vierteljährlich der Deutschen Bundesbank anzuzeigen. Einzelne Großkredite sind auf 25 % der anrechenbaren Eigenmittel begrenzt. Handelt es sich bei dem Kreditnehmer um ein Institut, so gilt der höhere Wert von 25 % der anrechenbaren Eigenmittel oder 150 Mio. Euro. Die Deutsche Bundesbank überwacht die Einhaltung der Großkredit-Obergrenzen sowie die Risikostreuung der Großkredite eines Instituts. Die Meldung gibt der Bankenaufsicht wertvolle Hinweise über die betrags- und branchenmäßige Risikokonzentration im Kreditgeschäft der Institute.

Großkredit-grenze

Voraussichtlich ab dem 1. Januar 2019 sollen die Vorschriften über Großkredite nach Vorschlägen des Baseler Ausschusses weiter verschärft werden. So soll sich die Großkreditdefinitionsgrenze zukünftig auf das Kernkapital des Instituts beziehen.

Meldung von Millionenkrediten

Millionenkredit

Ein Millionenkredit liegt vor, wenn der einem Kreditnehmer bzw. einer Kreditnehmereinheit gewährte Kredit **mindestens 1 Mio. Euro** beträgt. Der Kreditbegriff und die Definition der Kreditnehmereinheit ergeben sich aus den §§ 19 und 20 KWG.

Evidenzzentrale

Die Institute haben vierteljährlich ihre Millionenkredite nach § 14 KWG der Deutschen Bundesbank anzuzeigen. Die Evidenzzentrale für Millionenkredite bei der Deutschen Bundesbank ermittelt aus den Meldungen die Gesamtverschuldung je Kreditnehmer und Kreditnehmereinheit. Die Kreditgeber werden anschließend in einer Rückmeldung über die Gesamtverschuldung ihrer Kreditnehmer unterrichtet. Diese Informationen werden für eigene Analysen, z. B. bei drohenden Insolvenzen von Unternehmen, bis hin zu Globalauswertungen zur Erkennung möglicher Risiken für die Stabilität des Finanzsystems genutzt.

Vorschriften über Organkredite

Organkredite
§ 15 KWG

Organkredite sind Kreditgewährungen an Personen oder Unternehmen, die eng mit dem Kreditinstitut verbunden sind.

Von den Organkreditvorschriften werden z. B. Kredite an Vorstandsmitglieder oder Tochterunternehmen des Kreditinstituts erfasst. Die Gewährung eines Organkredits erfordert neben dem einstimmigen Beschluss sämtlicher Geschäftsleiter die Zustimmung des Aufsichtsorgans. Ferner dürfen Organkredite nur zu marktmäßigen Konditionen gewährt werden. Die Konditionen müssen sich an den Kreditbedingungen anderer Kunden mit einem vergleichbaren Risiko orientieren.

7.3 Sicherungseinrichtungen für Kreditinstitute

In Deutschland besteht eine EU-weit harmonisierte gesetzliche Mindestsicherung von Einlagen und Verbindlichkeiten aus Wertpapiergeschäften (gesetzlicher Einlagen- und Anlegerschutz). Das Mindestniveau wird durch die seit Langem bestehenden freiwilligen Systeme der Einlagensicherung und Institutssicherung der jeweiligen Institutsgruppen ergänzt.

Einlagen- und Anlegerschutz

gesetzlicher Mindestschutz

- 100 % der Einlagen bis maximal 100000 Euro pro Person
- 90 % der Verbindlichkeiten aus Wertpapiergeschäften bis zu einem Gegenwert von 20000 Euro

verbandsmäßige Instituts- und Einlagensicherung

Institutssicherung

- der Sparkassen-Finanzgruppe
- der genossenschaftlichen Finanzgruppe

Einlagensicherung

der Kreditbanken durch den Einlagensicherungsfonds des Bundesverbandes deutscher Banken

Finanzierung der Einlagensicherung

Als Teil der Bankenunion wird auch die Finanzierung der Einlagensicherungssysteme in den einzelnen EU-Staaten harmonisiert. In allen Mitgliedstaaten müssen die Kreditinstitute innerhalb von zehn Jahren 0,8 % der durch die Einlagensicherung geschützten Einlagen in das nationale System einzahlen. Die EU plant, die nationalen Einlagensicherungsfonds zumindest teilweise bis zum Jahr 2024 zu einem gemeinsamen EU-Fonds zusammenzuführen. Um Transfereffekte zwischen den nationalen Fonds bis zum Jahr 2024 zu unterbinden, sehen die EU-Vorschläge vor, dass nur die Länder Zugang zum EU-Fonds erhalten, die ihren nationalen Einlagensicherungsfonds mit 0,8 % der geschützten Einlagen vollständig aufgebaut haben. Gegen die Pläne zur Vergemeinschaftung besteht in Deutschland Widerstand.

Informationsmedien für Kunden zur Einlagensicherung

Informationsbogen	AGB	Preisaushang	Weitere Medien
Standardisierte Information (§ 23a KWG) vor Aufnahme der Geschäftsbeziehung, danach jährliche Zurverfügungstellung (eine Kundenbestätigung ist nicht erforderlich)	Ausführungen zum Schutzniveau und zur Funktionsweise	Information über die Zugehörigkeit zu einer Sicherungseinrichtung	‣ Verbraucherinformation bei Fernabsatzgeschäft ‣ Internetseite des Sicherungssystems (Information über zugehörige Institute)

7.3.1 Verbandsmäßige Instituts- und Einlagensicherung

Verbandseigene Sicherungseinrichtungen der Kreditinstitute

in Form der

- **Institutssicherung**
  - bei Sparkassen: dreiteiliges institutsbezogenes Sicherungssystem der Sparkassen-Finanzgruppe
  - bei Kreditgenossenschaften: zweiteilige Sicherungseinrichtung des BVR
- **Einlagensicherung**
  - bei anderen Banken:
    - Einlagensicherungsfonds des Bundesverbandes Öffentlicher Banken Deutschlands e. V.
    - Einlagensicherungsfonds des Bundesverbandes deutscher Banken e. V. (ESF)
    - Bausparkassen-Einlagensicherungsfonds

Institutssicherung

Einlagensicherung

Institutssicherung

Sparkassenbereich

Die **Institutssicherung der Sparkassen-Finanzgruppe** schützt alle Sparkassen, die Landesbanken und die Landesbausparkassen. **Drei institutssichernde Einrichtungen** sind als Sicherungssystem miteinander verknüpft:

- die **11 Stützungsfonds der regionalen Sparkassen- und Giroverbände,**
- die **Sicherungsreserve der Landesbanken und Girozentralen,**
- der **Sicherungsfonds der Landesbausparkassen.**

Risikomonitoring

Das als Einlagensicherungssystem anerkannte institutsbezogene Sicherungssystem (§ 43 EinSiG) schützt die Gläubiger vor Forderungsverlusten und Zahlungsverzug. Das Sicherungssystem wird nicht erst im Stützungsfall, sondern bereits dann aktiv, wenn sich bei einem Mitglied **wirtschaftliche Schwierigkeiten** abzeichnen. Die Satzungen sehen in diesem Fall umfangreiche Handlungsmöglichkeiten vor. Zur Feststellung der Risikolage wird ein Risikomonitoring-System eingesetzt. Die Mittel des Stützungsfonds werden durch **risikoorientierte Umlagen** aufgebracht.

Haftungsverbund

Die Sicherungsreserve der Landesbanken und Girozentralen und der Sicherungsfonds der Landesbausparkassen schützen jeweils die angeschlossenen Institute. Alle drei Sicherungseinrichtungen sind zusammengeschlossen, sodass im Krisenfall das Gesamtvolumen aller Fonds zur Verfügung steht.

Garantiefonds BVR

Die zweiteilige Sicherungseinrichtung des BVR für die freiwillige Institutssicherung besteht aus dem Garantiefonds des BVR und dem Garantieverbund. Der **Garantiefonds** soll wirtschaftliche Schwierigkeiten **bei den genossenschaftlichen Kreditinstituten** beheben und dadurch die Sicherheit der Einlagen der Kunden gewährleisten. Die Mittel des Garantiefonds werden durch Umlagen aufgebracht.

Garantieverbund BVR

Zweck des **Garantieverbundes** ist es, in Ergänzung der Maßnahmen des Garantiefonds das Eigenkapital der genossenschaftlichen Kreditinstitute gegen Risiken oder Verluste abzuschirmen. Während der Garantiefonds Barmittel umfasst, enthält der Garantieverbund Garantieerklärungen der Mitgliedsinstitute gegenüber dem BVR.

Der gesetzliche Einlagenschutz bis 100000 Euro wird durch die BVR Institutssicherung GmbH gewährleistet.

Einlagensicherung

Einlagensicherungsfonds BdB

Der **Einlagensicherungsfonds des Bundesverbandes deutscher Banken** (**BdB**) hat zusammen mit der EIS-Einlagensicherungsbank die Aufgabe, für angeschlossene Privatbanken eine Einlagensicherung anzubieten, die das gesetzliche Schutzniveau von 100000 Euro übersteigt. Durch den Einlagensicherungsfonds werden Einlagen von Nichtbanken bis zu 20 % des haftenden Eigenkapitals des jeweiligen Kreditinstituts gegen Verluste gesichert.

Das Niveau der Sicherung im Einlagensicherungsfonds des BdB soll schrittweise verändert werden: Ab dem Jahr 2020 soll es noch 15 % und ab 2025 noch 8,75 % des haftenden Eigenkapitals der Bank betragen.

Kundeneinlagen, die in Inhaberschuldverschreibungen verbrieft sind, werden – anders als bei der verbandsmäßigen Institutssicherung – nicht geschützt. Die Mittel des Einlagensicherungsfonds werden durch Umlagen der angeschlossenen privaten Banken aufgebracht. Die Höhe der Umlage richtet sich nach dem Geschäftsumfang und einer jährlich vorgenommenen Bonitätseinschätzung für das angeschlossene Institut.

7.3.2 Gesetzliche Einlagensicherung und Anlegerentschädigung

Gesetzliche Einlagensicherung und Anlegerentschädigung

Einlagensicherung

- Grundlage: Einlagensicherungsgesetz
- Niveau: 100 % der Einlagen bis maximal 100000 Euro pro Person (bei Gemeinschaftskonten also 100 % von 2 x 100000 Euro)
- Einrichtung: Entschädigungseinrichtung deutscher Banken GmbH bzw. Entschädigungseinrichtung des Bundesverbandes öffentlicher Banken Deutschlands GmbH, Sicherungssysteme der Sparkassen und Volksbanken

Anlegerentschädigung

- Grundlage: Anlegerentschädigungsgesetz
- Niveau: 90 % der Verbindlichkeiten aus Wertpapiergeschäften bis zu einem Gegenwert von 20000 Euro
- Einrichtung: Entschädigungseinrichtung der Wertpapierhandelsunternehmen (EdW) als Sondervermögen der KfW

geschützte Einlagen

Geschützte Einlagen sind Kontoguthaben und Forderungen aus Namensschuldverschreibungen, die auf Euro oder Währung eines Staates des Europäischen Wirtschaftsraums lauten. Forderungen aus Inhaber- oder Orderschuldverschreibungen (z. B. Zertifikate) gelten nicht als gesetzlich geschützte Einlagen. In bestimmten Fällen können auch Beträge über 100000 Euro hinaus ausnahmsweise geschützt sein. Voraussetzung ist, dass diese Gelder im Entschädigungszeitpunkt nicht länger als sechs Monate auf dem Konto eingegangen sind.

Beispiel für Einlagensicherung über mehr als 100000 Euro

Auf einem Privatkonto wird eine Zahlung von 350000 Euro aus einem privaten Immobilienverkauf kurz vor der Insolvenz der kontoführenden Bank gutgeschrieben.

geschützte Anlagen

Geschützte Ansprüche aus Wertpapieranlagen sind Ansprüche auf Verschaffung des Eigentums an Wertpapieren oder Auszahlung von Geldern im Zusammenhang mit Wertpapiergeschäften (z. B. Zinserträge, Verkaufserlöse), sofern sie auf Euro oder Währung eines Staates des Europäischen Wirtschaftsraums lauten. Ansprüche aus einer fehlerhaften Anlageberatung oder Insolvenz eines Wertpapieremittenten sind nicht abgedeckt.

Einlagen bei deutschen Niederlassungen von Instituten mit Sitz in einem anderen EU-Staat sind in Höhe des Mindestschutzniveaus bis 100000 Euro über das jeweilige Einlagensicherungssystem des EU-Staates abgesichert.

nicht geschützte Kunden

Einlagen von Kreditinstituten, Finanzdienstleistungsinstituten, Kapitalverwaltungsgesellschaften, Versicherungen, öffentlichen Stellen sowie mittleren und großen Kapitalgesellschaften fallen nicht unter den gesetzlichen Mindestschutz.

Entschädigungsfall

Der Eintritt eines gesetzlichen Entschädigungsfalls ist von der BaFin festzustellen und im Bundesanzeiger zu veröffentlichen. Die Einlagensicherungssysteme müssen spätestens 7 Tage nach Feststellung des Entschädigungsfalls die geschützten Einlagen auszahlen.

Literaturverzeichnis

1. **Gesamtdarstellungen der Bankbetriebslehre**
   Eilenberger, Guido: Bankbetriebswirtschaftslehre. München: R. Oldenbourg Verlag.
   Hartmann-Wendels, Thomas/Pfingsten, Andreas/Weber, Martin: Bankbetriebslehre. Berlin: Springer Verlag.

2. **Darstellungen von Teilgebieten der Bankbetriebslehre**
   Beike, Rolf/Schlütz, Johannes: Finanznachrichten lesen – verstehen – nutzen. Stuttgart: Schäffer-Poeschel-Verlag.
   Häberle, Siegfried Georg: Handbuch der Außenhandelsfinanzierung. München: R. Oldenbourg Verlag.
   Lehr, Wolfgang/Flemming, Günter/Busch, Rainer: Außenwirtschaftsalphabet. Köln: Bank-Verlag.
   Lindmayer, Karl H.: Geldanlage und Steuer. Wiesbaden: Gabler Verlag.
   Schulte, Manfred/Fütterer, Tobias/Eckert, Manfred: Die Praxis des Kreditgeschäfts. Stuttgart: Deutscher Sparkassenverlag.
   Zeidler, Simon A. u. a.: Bankgeschäfte mit Auslandsbezug. Köln: Bank-Verlag.

3. **Nachschlagewerke**
   Gabler Bank Lexikon. Wiesbaden: Gabler Verlag.
   Handbuch der Kreditwirtschaft für Banken und Sparkassen (Ergänzungssammlung). Regensburg: Walhalla Fachverlag.

4. **Bücher zur Prüfungsvorbereitung**
   Grill, Hannelore/Perczynski, Hans: Wirtschaftslehre des Kreditwesens, Aufgabensammlung, Köln: Bildungsverlag EINS.
   Grill, Hannelore/Perczynski, Hans: Strukturwissen Bankwirtschaft, Köln: Bildungsverlag EINS.

5. **Zeitschriften**
   Bankfachklasse. Wiesbaden: Gabler Verlag.
   Bankinformation. Wiesbaden: Deutscher Genossenschaftsverlag.
   Bankmagazin. Wiesbaden: Gabler Verlag.
   Bank Praktiker. Heidelberg: Finanz Colloquium.
   Die Bank. Köln: Bank-Verlag.
   Monatsberichte der Europäischen Zentralbank.
   Zeitschrift für das gesamte Kreditwesen. Frankfurt am Main: Fritz Knapp Verlag.

   nur noch online:
   Monatsberichte der Deutschen Bundesbank.
   Sparkasse. Stuttgart: Deutscher Sparkassen Verlag.

Abkürzungsverzeichnis

ABB	Allgemeine Bedingungen für Bausparverträge
ABS	Asset Backed Securities
AEAO	Anwendungserlass zur Abgabenordnung
AG	Aktiengesellschaft
AGB	Allgemeine Geschäftsbedingungen
AKA	Ausfuhrkreditgesellschaft m. b. H.
AKB	Anderkontenbedingungen
AKT	Automatischer Kassentresor
AktG	Aktiengesetz
ALG	Arbeitslosengeld
AltZertG	Altersvorsorgeverträge-Zertifizierungsgesetz
AN	Arbeitnehmer
AO	Abgabenordnung
Art.	Artikel
AWG	Außenwirtschaftsgesetz
AWV	Außenwirtschaftsverordnung
BaFin	Bundesanstalt für Finanzdienstleistungsaufsicht
BAföG	Bundesausbildungsförderungsgesetz
BauSparG	Gesetz über das Bausparen
BBankG	Bundesbankgesetz
BBk	Bundesbank
BdB	Bundesverband deutscher Banken
BDSG	Bundesdatenschutzgesetz
BelWertV	Beleihungswertermittlungsverordnung
BGB	Bürgerliches Gesetzbuch
BGH	Bundesgerichtshof
BIC	Business Identifier Code
B/L	Bill of Lading
BörsG	Börsengesetz
BSE	Belegloser Scheckeinzug
BUZ	Berufsunfähigkeits-Zusatzversicherung
BVG	Bundesversorgungsgesetz
BVI	Bundesverband Investment und Asset Management e. V.
BVR	Bundesverband der Deutschen Volksbanken und Raiffeisenbanken
BZSt	Bundeszentralamt für Steuern
CD	Certificate of Deposit
CDS	Credit Default Swaps
CIF	Cost, Insurance, Freight
CP	Commercial Paper
D/A	Documents against Acceptance
Dax	Deutscher Aktienindex
DeckRV	Deckungsrückstellungsverordnung
DepotG	Depotgesetz
DK	Die Deutsche Kreditwirtschaft
D/P	Documents against Payment
DrittelbG	Drittelbeteiligungsgesetz
DTA	Datenträgeraustausch
DTAUS	Datenträgeraustauschverfahren
DV	Datenverarbeitung

Abkürzungsverzeichnis

EBA	European Banking Authority
ECAF	Eurosystem Credit Assessment Framework (Rahmenwerk für Bonitätsbeurteilungen im Eurosystem)
EdB	Entschädigungseinrichtung deutscher Banken GmbH
edc	electronic debit card
EDIFACT	Electronic Data Interchange For Administration, Commerce And Transport
EDV	Elektronische Datenverarbeitung
EFSF	Europäische Finanz-Stabilisierungs-Fazilität
EFTA	European Free Trade Association (Island, Norwegen, Liechtenstein, Schweiz)
EG	Europäische Gemeinschaft
eG	eingetragene Genossenschaft
EGBGB	Einführungsgesetz zum Bürgerlichen Gesetzbuch
EigRentG	Eigenheimrentengesetz
EIOPA	European Insurance and Occupational Pensions Authority
e.K.	eingetragener Kaufmann/eingetragene Kauffrau
e. Kffr.	eingetragene Kauffrau
ELS	Elektronischer Schalter, Euro-Link-System
EMZ	Elektronischer Massenzahlungsverkehr
EPC	European Payments Council
ERA	Einheitliche Richtlinien und Gebräuche für Dokumenten-Akkreditive
ErbbauRG	Gesetz über das Erbbaurecht
ErbStDV	Erbschaftsteuer-Durchführungsverordnung
ErbStG	Erbschaftsteuergesetz
ERI	Einheitliche Richtlinien für Inkassi
ERP	European Recovery Program
ESA	European Supervisory Authorities
ESFS	European System of Financial Supervision
ESIS	European Standard Information Sheet
ESM	Europäischer Stabilitäts-Mechanismus
ESMA	European Securities and Markets Authority
ESRB	European Systemic Risk Board
ESt	Einkommensteuer
EStG	Einkommensteuergesetz
ESZB	Europäisches System der Zentralbanken
ETF	Exchange Traded Funds
EU	Europäische Union
Eurex	European Exchange
EURIBOR	Euro Interbank Offered Rate
EUWAX	European Warrant Exchange
E.v.	Eingang vorbehalten
e.V.	eingetragener Verein
EWIV	Europäische wirtschaftliche Interessenvereinigung
EWR	Europäischer Wirtschaftsraum
EWS	Europäisches Währungssystem
EZB	Europäische Zentralbank
EZL	Elektronischer Zahlungsverkehr mit Lastschriften
EZÜ	Elektronischer Zahlungsverkehr für Überweisungen
EZV	Elektronischer Zahlungsverkehr

FamFG	Gesetz über das Verfahren in Familiensachen und in Angelegenheiten der freiwilligen Gerichtsbarkeit
FDL	Finanzdienstleistungsfiliale
Fifo	First in – first out
FinDAG	Gesetz über die Bundesanstalt für Finanzdienstleistungsaufsicht
FinTS	Financial Transaction Service
FMSA	Finanzmarktstabilisierungsanstalt
FOB	Free On Board
FRN	Floating Rate Note
FWB	Frankfurter Wertpapierbörse
GA	Geldautomat
GBO	Grundbuchordnung
GeldtransferVO	Geldtransferverordnung
GenG	Genossenschaftsgesetz
GG	Grundgesetz
GmbH	Gesellschaft mit beschränkter Haftung
GmbHG	GmbH-Gesetz
GS	Girosammelverwahrung
GSE	Großbetrag-Scheckeinzug
GVG	Gerichtsverfassungsgesetz
GwG	Geldwäschegesetz
GZ	Girozentrale
GZS	Gesellschaft für Zahlungssysteme
HBCI	Home Banking Computer Interface
HGB	Handelsgesetzbuch
HRG	Hauptrefinanzierungsgeschäft
HVPI	Harmonisierter Verbraucherpreisindex
IBAN	International Bank Account Number
IFRS	International Financial Reporting Standards
INCOTERMS®	International Commercial Terms
InsO	Insolvenzordnung
InvStG	Investmentsteuergesetz
IPI	International Payment Instruction
IRB-Ansatz	Internal Ratings Based-Ansatz
ISE	Imagegestützter Scheckeinzug
ISIN	International Securities Identification Number (für Wertpapiere)
ISMA	International Securities Markets Organisation
ISO	Internationale Standard-Organisation
ISS	Informations- und Steuerungssystem
IT	Informationstechnologie
KAD	Kontoauszugsdrucker
KAGB	Kapitalanlagegesetzbuch
KESt	Kapitalertragsteuer
KfW	Kreditanstalt für Wiederaufbau
KG	Kommanditgesellschaft
KGaA	Kommanditgesellschaft auf Aktien
KSt	Körperschaftsteuer
KVG	Kapitalverwaltungsgesellschaft
KWG	Kreditwesengesetz

Abkürzungsverzeichnis

LBS	Landesbausparkasse
LIBOR	London Interbank Offered Rate
LPartG	Lebenspartnerschaftsgesetz
LRG	Längerfristiges Refinanzierungsgeschäft
Ltd.	Limited
MaRisk	Mindestanforderungen an das Risikomanagement
MiFID	Markets in Financial Instruments Directive
MTN	Medium Term Note
MünzG	Münzgesetz
MuSa	Mustersatzung
NV-Bescheinigung	Nichtveranlagungsbescheinigung
NZB	Nationale Zentralbank
OHG	Offene Handelsgesellschaft
OTC	Over-the-Counter
PAngV	Preisangabenverordnung
PartGG	Gesetz über Partnerschaftsgesellschaften Angehöriger Freier Berufe
PEP	Politisch exponierte Personen
PfandBG	Pfandbriefgesetz
PIB	Produktinformationsblatt
PIN	Persönliche Identifikationsnummer
P-Konto	Pfändungsschutzkonto
PM	Payments Module
POS	Point of Sale
PSD	Payment Services Directive
RechKredV	Verordnung über die Rechnungslegung der Kreditinstitute und Finanzdienstleistungsinstitute
Reits	Real Estate Investment Trusts
REX	Rentenindex
RMBD	Retail Mortgage-Backed Debt
ROI	Return on Investment
RTGS	Real Time Gross Settlement
SB	Selbstbedienung
SCE	Societas Cooperative Europea
ScheckG	Scheckgesetz
SchlichtVerfO	Schlichtungsstellenverfahrensordnung
SCHUFA	Schutzgemeinschaft für allgemeine Kreditsicherung
SCT	SEPA Credit Transfer
SDD	SEPA Direct Debit
SDR	Special Drawing Right (Sonderziehungsrecht des Internationalen Währungsfonds)
SE	Societas Europaea
SEAG	SE-Ausführungsgesetz
SEEG	Gesetz zur Einführung der Europäischen Gesellschaft
SEPA	Single Euro Payments Area
SGB	Sozialgesetzbuch
SLS	Schriften-Lese-System

Soffin	Sonderfonds Finanzmarktstabilisierung
SolvV	Solvabilitätsverordnung
SSP	Single Shared Platform
StGB	Strafgesetzbuch
StPO	Strafprozessordnung
SWIFT	Society for Worldwide Interbank Financial Telecommunication
TAN	Transaktions-Nummer
TARGET	Transeuropean Automated Real Time Gross Settlement Express Transfer
UCI	Unique Creditor Identifier
UG	Unternehmergesellschaft
UKlaG	Unterlassungsklagengesetz
URV	Unternehmensregisterverordnung
UZV	Unfall-Zusatzversicherung
VAG	Gesetz über die Beaufsichtigung der Versicherungsunternehmen
VermBDV	Verordnung zur Durchführung des Fünften Vermögensbildungsgesetzes
VermBG	Vermögensbildungsgesetz
VL	Vermögenswirksame Leistungen
VO	Verordnung
VVaG	Versicherungsverein auf Gegenseitigkeit
VVG	Gesetz über den Versicherungsvertrag
WEG	Wohnungseigentumsgsetz
WG	Wechselgesetz
WoPG	Wohnungsbau-Prämiengesetz
WpHG	Wertpapierhandelsgesetz
WR	Wertpapierrechnung
WWU	(Europäische) Wirtschafts- und Währungsunion
Xetra	Exchange Electronic Trading (Handelssystem der Deutsche Börse AG)
XTF	Exchange Traded Funds
ZAG	Zahlungsdiensteaufsichtsgesetz
ZfA	Zentrale Zulagenstelle für Altersvermögen
ZPO	Zivilprozessordnung
ZzV	Zahlungsanweisung zur Verrechnung

Sachwortverzeichnis

C

D

Sachwortverzeichnis

G

H

Sachwortverzeichnis

Sachwortverzeichnis

S

Sachwortverzeichnis

Synoptische Übersicht

Synoptische Übersicht Berufsbildpositionen, Lernfelder, Lehrbuchentsprechungen				
Ausbildungsberufsbild der Ausbildungsordnung Bankkauffrau/Bankkaufmann vom 30. Dezember 1997 Berufsbildpositionen 3, 4 und 5	Ausbildungsjahr	**Lernfelder des Rahmenlehrplans für den Ausbildungsberuf Bankkauffrau/Bankkaufmann vom 17. Oktober 1997** Lernfelder 2, 4, 5, 7, 10 und 11	Ausbildungsjahr	**Entsprechungen in diesem Buch**
Kontoführung und Zahlungsverkehr				
1. Kontoführung	1	**Konten führen**	1	**2 Konten für Kunden**
2. Nationaler Zahlungsverkehr	1			**3 Zahlungsverkehr**
3. Internationaler Zahlungsverkehr	3	**Auslandsgeschäfte abwickeln**	3	**6 Auslandsgeschäfte der Kreditinstitute**
Geld- und Vermögensanlage				**4 Geld- und Vermögensanlagen**
1. Anlage auf Konten	1	**Geld- und Vermögensanlagen anbieten**		**4.1 Anlageziele und Beratung der Anleger**
2. Anlage in Wertpapieren	2	**Besondere Finanzinstrumente anbieten und über Steuern informieren**	1	**4.2 Anlagen auf Konten und in Sparbriefen**
3. Anlage in anderen Finanzprodukten	2			**4.4 Anlagen in Wertpapieren**
				4.5 Anlagen in Finanzderivaten
				4.6 Andere Anlagemöglichkeiten
			2	**4.7 Besteuerung von Geld- und Vermögensanlagen**
				4.3 Anlagen in Bausparverträgen, Lebensversicherungen und staatlich geförderten Altersvorsorgeprodukten
Kreditgeschäfte				**5 Kredite für Kunden**
1. Standardisierte Privatkredite	2	**Privatkredite bearbeiten**	2	**5.2 Standardisierte Privatkredite**
2. Baufinanzierung	3	**Baufinanzierungen und**		**5.3 Baufinanzierungen**
3. Firmenkredite	3	**Firmenkredite bearbeiten**	3	**5.4 Firmenkredite**